Raymundo
Faoro
**Os donos
do poder**

Raymundo Faoro
Os donos do poder

FORMAÇÃO DO
PATRONATO POLÍTICO
BRASILEIRO

PREFÁCIO
José Eduardo Faria

PÓSFÁCIO
Bernardo Ricupero e Gabriela Nunes Ferreira

FORTUNA CRÍTICA
*Richard Graham, Simon Schwartzman
e Marcelo Jasmin*

1ª reimpressão

Copyright © 1958 by herdeiros de Raymundo Faoro
Copyright desta edição © 2021 by Editora Schwarcz S.A.

Grafia atualizada segundo o Acordo Ortográfico da Língua Portuguesa de 1990, que entrou em vigor no Brasil em 2009.

Capa e projeto gráfico
Victor Burton

Imagem de capa
Relevo (amarelo-preto) n. 3, de Luciano Figueiredo, 2010.
Acrílica sobre tela, 50 × 50 cm. Coleção particular. Cortesia Galeria Leme.
Reprodução de Filipe Berndt

Índice remissivo
Luciano Marchiori

Revisão
Ana Maria Barbosa, Luciane H. Gomide e Adriana Moreira Pedro

Dados Internacionais de Catalogação na Publicação (CIP)
(Câmara Brasileira do Livro, SP, Brasil)

Faoro, Raimundo, 1925-2003
    Os donos do poder : Formação do patronato político brasileiro / Raimundo Faoro ; prefácio de José Eduardo Faria ; posfácio de Bernardo Ricupero e Gabriela Nunes Ferreira ; fortuna crítica de Richard Graham, Simon Schwartzman e Marcelo Jasmin. — 1ª ed. — São Paulo : Companhia das Letras, 2021.

    Bibliografia.
    ISBN 978-65-5921-096-1

    1. Brasil — Política e governo I. Faria, José Eduardo. II. Ricupero, Bernardo. III. Ferreira, Gabriela Nunes. IV. Graham, Richard. V. Schwartzman, Simon. VI. Jasmin, Marcelo. VII. Título.

21-66738   CDD-320.981

Índice para catálogo sistemático:
1. Brasil : Política e governo   320.981
Cibele Maria Dias — Bibliotecária — CRB-8/9427

Todos os direitos desta edição reservados à
EDITORA SCHWARCZ S.A.
Rua Bandeira Paulista, 702, cj. 32
04532-002 — São Paulo — SP
Telefone: (11) 3707-3500
www.companhiadasletras.com.br
www.blogdacompanhia.com.br
facebook.com/companhiadasletras
instagram.com/companhiadasletras
twitter.com/cialetras

À Maria Pompéa

*Nicht nur der Vernunft von Jahrtausenden
— auch ihr Wahnsinn bricht an uns aus.
Gefährlich ist es, Erbe zu sein.*

Sumário

Prefácio, José Eduardo Faria > 11
Prefácio à segunda edição > 23

I | Origem do Estado português > *25*
II | A Revolução Portuguesa > *47*
III | O congelamento do estamento burocrático > *87*
IV | O Brasil até o governo-geral > *111*
V | A obra da centralização colonial > *151*
VI | Traços gerais da organização administrativa, social, econômica e financeira da colônia > *179*
VII | Os pródromos da Independência > *247*
VIII | As diretrizes da Independência > *281*
IX | A reação centralizadora e monárquica > *317*
X | O sistema político do Segundo Reinado > *341*
XI | A direção da economia no Segundo Reinado > *395*
XII | O renascimento liberal e a República > *435*
XIII | As tendências internas da República Velha > *487*
XIV | República Velha: os fundamentos políticos > *555*
XV | Mudança e revolução > *629*

Conclusão — A viagem redonda:
do patrimonialismo ao estamento > *693*

Notas > 709
Posfácio — Os donos do poder: Um romance sem heróis, Bernardo Ricupero e Gabriela Nunes Ferreira > 755
Resenha, por Richard Graham > 775
Atualidade de Raymundo Faoro, Simon Schwartzman > 779
Uma sociologia da ausência: Raymundo Faoro e Os donos do poder, Marcelo Jasmin > 783
Índice remissivo > 801

Prefácio | *José Eduardo Faria*

> *Senhor, fazei por esta guisa: Dai aquilo que vosso não é, e prometei o que não tendes, e perdoai a quem vos não errou, e ser-vos-á mui grande ajuda parta tal negócio em que sois postos.*
>
> Conselho de Alvaro Paez ao Mestre de Avis,
> transcrito citado por Raymundo Faoro

Os donos do poder: *A Formação do patronato político brasileiro* é um esforço de reconstrução da história de Portugal e Brasil num período de seis séculos, com ênfase na relação de subordinação da sociedade ao Estado neles prevalecente. A tese é que nem um nem outro país teria tido um passado feudal ou semifeudal, com o predomínio do campo sobre as cidades. A partir do final do século XIV, Portugal, como ocorreria com o Brasil mais de um século depois, ficou submetido à força de um poder central em que o rei, ao criar condições para o advento de um capitalismo politicamente orientado, mediante estratégias de cooptação, manipulação de privilégios e imposição de monopólios, abriu caminho para que as atividades mercantis se submetessem às necessidades do Estado.

Para Faoro, o poder político não era exercido para atender aos interesses dos donos das terras nem das classes burguesas. Pelo contrário, era exercido em causa própria por um grupo social que dominava o aparato político-administrativo, extraindo daí os benefícios de poder, prestígio e riqueza. Era um grupo — o chamado estamento burocrático — surgido com a formação do Estado português entre o final no século XV e o início do século XVI, do qual emergiria mais tarde entre nós o que Faoro classificou como "patronato político brasileiro".

Obra fundamental de interpretação da história brasileira, ela teve uma trajetória curiosa e, até certo ponto, paradoxal. Originalmente, foi publicada em 1958 por uma editora respeitada, porém regional, fora dos círculos acadêmicos e distante do coração econômico e político do país. O livro ganhou o prêmio José Veríssimo da Academia Brasileira de Letras em 1959. Contudo, passou quase desapercebido do público. E teria sido ignorado pela imprensa não fosse uma resenha extensa, bastante severa e até certo ponto injusta, de autoria do crítico Wilson Martins, professor de literatura da Universidade de Nova York, publicada no Suplemento Literário do jornal *O Estado de S. Paulo*.[1]

O lançamento do livro, no qual Faoro apresenta as bases interpretativas do patrimonialismo sem os detalhamentos históricos que seriam incorporados na edição seguinte, ocorreu num período caracterizado por forte efervescência democrática e grandes discussões políticas. Uma época também marcada pela crença de que a industrialização iniciada em 1937 com o Estado Novo, fundada numa política de substituição de importações e acelerada na década de 1950 pelo Plano de Metas do governo Juscelino Kubitschek, poria fim aos resquícios do passado colonial do país. Um tempo em que houve um acirrado debate entre cientistas sociais, economistas e historiadores do eixo Rio de Janeiro-São Paulo sobre industrialização tardia, relações entre centro e periferia, subdesenvolvimento e dependência.

Pouco mais de uma década e meia depois, quando a democracia fora suprimida por uma ditadura militar e o Estado aumentara seu intervencionismo na economia, com base em ambiciosos planos nacionais de desenvolvimento, *Os donos do poder*, revisto e extremamente ampliado com pormenores históricos e a inclusão do período de Getúlio Vargas, foi republicado em 1975 graças a um convênio da editora original com a Editora da Universidade de São Paulo (Edusp). Com 4 mil exemplares, a primeira edição tinha 271 páginas e 140 notas bibliográficas. Já a segunda incluía dois novos capítulos, 1335 notas bibliográficas e cerca de quinhentas páginas a mais. Ela alcançou enorme sucesso de público e crítica, a ponto de ter sete tiragens, tornando-se um clássico da formação do pensamento social brasileiro.

A mesma faceta paradoxal do livro está igualmente presente na figura de seu próprio autor, filho de uma família simples de agricultores do nordeste gaúcho. Sem formação em história, por ser bacharel em direito, e sem atuação acadêmica, por ser advogado de carreira em tempo integral, Raymundo Faoro escreveu um trabalho seminal de interpretação histórica do país. E, embora não tenha feito nem mestrado nem doutorado, destacou-se pelo refinamento da análise, pelo profundo conhecimento de história e pelo modo como se valeu dos conceitos, das tipologias e dos métodos interpretativos de um dos nomes clássicos da sociologia, Max Weber (1864-1920), até então pouco conhecido entre nós.

A não realização de um curso de pós-graduação no país ou no exterior, contudo, teve seu preço. Se por um lado o livro recebeu resenhas favoráveis pela qualidade do texto, como lembra o crítico Franklin de Oliveira e amigo de Faoro,[2] por outro

---

1 Wilson Martins, "A velha classe". *O Estado de S. Paulo*, 25 abr. 1959.
2 Franklin de Oliveira, "O legado de Faoro". *Folha de S Paulo*, 17 abr. 1979.

foi alvo de críticas dos setores acadêmicos, por "não haver estabelecido, com a nitidez indispensável, as grandes linhas de seu estudo".[3] E também por contar com parágrafos excessivamente longos, frases intermináveis e muitas vezes elípticas, excessos de metáforas e ausência de afirmações diretas e objetivas, o que tornou a leitura do livro "penosa, [...] uma vez que a história e a crítica histórica compõem-se, ao mesmo tempo, de pormenores e de análises globais — de análises globais tanto mais seguras e indestrutíveis quanto mais rigorosamente exatos forem os pormenores de fato em que se assentam", nas palavras de Wilson Martins.

Entre a primeira e a segunda edição, Faoro trocou a advocacia privada convencional em Porto Alegre pela advocacia pública, em 1960, no recém-criado estado da Guanabara. Bem-sucedido, tornou-se presidente do Conselho da Ordem dos Advogados do Brasil (OAB), atuando de modo firme e corajoso na vida política nacional, exercendo crescente influência crítica. Foi quando, nos períodos mais duros da ditadura militar, classificou o famigerado Ato Institucional nº 5 como "pistola engatilhada" contra a sociedade e se lançou na defesa do restabelecimento do habeas corpus como condição necessária, ainda que não suficiente, para o início de uma negociação pela redemocratização.

Nesses embates, que lhe deram visibilidade e abriram caminho na mídia para que se tornasse colunista até as vésperas de sua morte, em 2003, opôs-se de modo contundente ao liberalismo pouco rigoroso, eclético e ultrapassado dos advogados brasileiros de velha guarda — os chamados *juristas-políticos* que, sem compreender as nuances, os meandros e o éthos dos sombrios porões da ditadura, pediam a rendição imediata dos militares.[4] Esses bacharéis eram homens de cultura e conhecedores profundos de direito público, originários, em sua maioria, das elites tradicionais brasileiras e formados em faculdades públicas de direito criadas no século XIX como parte do esforço de construção do Estado nacional. Também tinham — ou haviam tido — acentuado poder de mando na sociedade.

Arguto intérprete da conjuntura política, Faoro sabia muito bem que a insistência dos juristas-políticos na rendição imediata, sem concessões, teria por consequência o fortalecimento da ala mais radical, rasteira e intelectualmente indigente das Forças Armadas. Aquele tipo de oposição sem sutileza era o que os porões dos quartéis precisavam como justificativa para tentar um golpe, que acabaram não conseguindo dar. A atuação política de Faoro no combate contra o autoritarismo contribuiu para pontuar a direção que seu diagnóstico teórico apontava para o país. Em entrevista que me foi concedida por Faoro e publicada no *Jornal da Tarde* e em *O Estado de S. Paulo*, em 1978, ele deu uma declaração importante:

---

[3] Wilson Martins, op. cit.
[4] José Eduardo Faria, "Juristas fora da curva: Três perfis". *Revista Direito GV*, São Paulo, v. 12, n. 2, 2016.

Estamos saindo de um sistema autoritário, de natureza estamental, para um sistema de conflito de classes [...]. O que tenho em mente não é o liberalismo clássico (dos juristas políticos), no sentido das liberdades de, mas um liberalismo moderno, no sentido das liberdades para. Um liberalismo mais ligado ao povo, do qual ele estava distanciado. Costuma-se dizer que o liberalismo tradicional morreu, quando, na verdade, ele superou-se — termo esse que deve ser encarado em perspectiva hegeliana. As velhas liberdades se transformaram em novas liberdades, de tal forma que hoje elas não mais conteriam os vícios de antigamente. O que salvou o liberalismo foi sua extensão a todas as forças da sociedade civil, as quais lhe deram atualidade e consciência política.[5]

Com base nesse argumento, ele reconhecia que uma nova elite política, capaz de refletir criticamente sobre a ditadura militar da época, vinha descobrindo que seu papel era o de preparar terreno para algo maior. Ou seja, a formulação de um projeto e uma convocação à vontade nacional, rumo à democratização e à conciliação do Estado com a sociedade civil. Para Faoro, essa elite não ignorava a possibilidade de ocupar progressivamente o espaço político e manifestava sua convicção de que seu papel, num período sombrio, era lutar pela preservação das garantias fundamentais que ainda permaneciam intactas e ampliá-las o máximo possível numa conjuntura diversa, articulando as manifestações dos diferentes grupos sociais em movimentos que não fossem nem radicais nem fanáticos, preparando assim um caminho que todos os brasileiros poderiam percorrer, construindo uma ordem legítima e democrática.[6]

Foram esses os contextos — o do debate sobre abordagens capazes de analisar o problema do subdesenvolvimento em sua dimensão política e social e o da resistência à ditadura militar e luta pela redemocratização do país — em que o livro *Os donos do poder* se converteu num dos marcos da historiografia brasileira. E foi no segundo contexto, particularmente, que seu autor se destacou por levar a OAB a falar por toda a sociedade civil na luta contra a ditadura militar, sem se partidarizar.

Um dos fatores que talvez explique o pouco sucesso do livro em seu lançamento e sua consagração década e meia depois está relacionado justamente ao ambiente econômico e cultural do país. Na substituição do regime democrático pelo regime ditatorial, a agenda que tratava de temas como estagnação, subdesenvolvimento e a construção de uma vontade política orientada por um projeto de nação cedeu vez para outra agenda, voltada à concepção de um Estado desenvolvimentista, de um *Brasil grande potência*, e, por consequência, às ideias de planificação, de elaboração

---

5 Raymundo Faoro, "Faoro, em nome da lei". *Jornal da Tarde*, entrevista concedida a José Eduardo Faria, 6 maio 1978.
6 Por questão de espaço, não incluí na entrevista o aprofundamento dessa ideia, feito por Faoro, mas utilizei num editorial do *Jornal da Tarde*, intitulado "Esse liberalismo que nunca deixou de existir" (15 maio 1978).

de um processo de planejamento controlado por tecnocratas, de formulação autoritária de políticas econômicas de longo prazo.

Na resistência à opressão e aos valores ufanistas em que o poder militar tentava se alicerçar, economistas e cientistas políticos aprofundaram o argumento de que não se pode analisar o desenvolvimento sem levar em conta, por exemplo, o passado colonial, as estruturas agrárias, as desigualdades socioeconômicas e o modo de funcionamento das instituições. A ideia era que uma ciência social que abstrai questões históricas e relações sociais de poder assimétricas seria pouco relevante.[7]

Outro fator que ajuda a entender por que o livro de Faoro teve pouca repercussão no final da década de 1950 e enorme sucesso a partir da metade da década de 1970 foi apontado por Schwartzman[8] e por Ricupero.[9] Trata-se da crítica feita por Faoro ao que designava por "marxismo ortodoxo" ou convencional, então dominante na historiografia brasileira de cariz estrutural — aquela que procura interpretar a história na perspectiva de longo prazo. Segundo o marxismo convencional, o Brasil foi originariamente uma sociedade rural de moldes semifeudais que ainda não conseguira criar uma burguesia nacional capaz de promover o desenvolvimento econômico dentro de um capitalismo moderno, forjando com isso uma classe operária igualmente moderna que implantasse o socialismo. Para Faoro, as formas de expropriação econômico-social prevalecentes na trajetória do país, entre os tempos de d. Manuel e Vargas, não se coadunavam no esquema interpretativo das lutas de classes do marxismo dogmático.

Caminhando na linha de uma sociologia compreensiva dos valores culturais de cada sociedade e período histórico, recorrendo aos conceitos de Max Weber e algumas vezes indo muito além deles ou, então, os interpretando a seu modo, bem como descartando a ideia de que o sistema político seria simples manifestação dos interesses de classe, na versão definitiva de seu livro Faoro transformou a noção de estamento burocrático em conceito-chave para explicar por que "a longa caminhada dos séculos [...] não é a exceção de certos períodos, nem o estágio, o degrau para alcançar outro degrau, previamente visualizado".

Estamento é "um grupo de indivíduos com análoga função social ou com influência em determinado campo de atividade", explica ele. É um modo peculiar de estratificação, baseado na honra, que se destaca por ter camadas mais fechadas do que as classes sociais e mais abertas do que as castas. Como grupo ou camada social,

---

[7] Lembro-me de um debate nesse sentido a que assisti durante um simpósio interdisciplinar na Unicamp, em 1975 (estimulado por Carlos Guilherme Mota, então livre-docente em história contemporânea pela USP), no qual *Os donos do poder* foi citado como princípio de autoridade para reforçar esse argumento.

[8] Simon Schwartzman, "Atualidade de Raymundo Faoro". *Revista de Ciências Sociais*, Rio de Janeiro, v. 46, n. 2, pp. 207-13, 2003.

[9] Bernardo Ricupero, *Sete lições sobre as interpretações do Brasil*. São Paulo: Alameda, 2011.

estamento não se confunde com classe, que é determinada economicamente — estamentos governam, enquanto as classes negociam, argumenta Faoro. Por fim, no estamento a mobilidade social é maior do que no sistema de castas e é menor do que no sistema de classes sociais.

No entanto, o estamento de que fala o autor de *Os donos do poder* não é o do clero nem o da nobreza. É o estamento de pessoas privilegiadas, que buscam e/ou têm prestígio e honra social, possuem qualificação para o exercício do poder e têm consciência de pertencer a um mesmo grupo. No mundo tradicional, essas pessoas eram do tipo de senhorio político. No mundo moderno são do tipo chamado por Weber de poderio legal com base numa burocracia administrativa. Já para Faoro, constituem um tipo de dominação política em que o exercício do poder não é uma função pública baseada na meritocracia, na racionalidade administrativa e num sistema de regras e normas, mas é objeto de apropriação ou posse privada.

A próxima distinção é entre feudalismo e patrimonialismo. Sucintamente, o feudalismo envolve uma forma de dominação política tradicional nos contextos em que o campo predomina sobre as cidades e as estruturas de poder são descentralizadas, baseadas na autoridade patriarcal — portanto, sujeitas aos caprichos e à subjetividade do dominador. Já o patrimonialismo é uma forma de dominação política tradicional comum a sociedades centralizadas e nas quais o urbano tende a prevalecer sobre o rural. Ao longo da história, esse patrimonialismo pessoal se transforma em patrimonialismo estatal.

> Num estágio inicial, o domínio patrimonial, desta forma constituído pelo estamento, apropria as oportunidades econômicas de desfrute de bens, das concessões, dos cargos, numa confusão entre o setor público e o privado, que, com o aperfeiçoamento das estruturas, se extrema em competências fixas, com divisão de poderes. O caminho burocrático do estamento [...] não desfigura a realidade fundamental, impenetrável às mudanças. O patrimonialismo pessoal se converte em patrimonialismo estatal, que adota o mercantilismo como a técnica de operação da economia.[10]

Para ele, o estamento burocrático é de caráter basicamente patrimonialista e é integrado pelos altos servidores da casa real que partilham um mesmo sentido de honra. Faoro mostra como, graças à expansão da economia monetária, do comércio e das cidades, em Portugal, a dinastia de Avis converteu o patrimonialismo tradicional, fundado nas prerrogativas dos proprietários de terras, num novo sistema de poder baseado no patrimonialismo estamental.

10 Raymundo Faoro, *Os donos do poder*. Porto Alegre: Globo; São Paulo: Edusp, 1975, p. 736.

Esse processo teria sido consolidado pela dinastia dos Bragança, gerando um Estado monárquico centralizador e uma economia submetida às regras e determinações definidas pela burocracia real. Entre nós, nos tempos de d. Pedro I e d. Pedro II, com suas complexas estruturas jurídico-políticas herdadas do Estado português, o estamento burocrático é integrado pelos altos servidores imperiais. Após o advento da República, em 1889, é formado pelos grupos técnicos e funcionais que assessoram os chefes de Estado.

"O Estado projeta-se, independente e autônomo, sobre as classes sociais e sobre a própria nação", afirma o autor. E, em seu interior, o estamento patrimonialista se apropria da máquina estatal, captura a soberania do Estado e promove uma ruptura entre Estado e nação. "Estado e nação, governo e povo, são realidades diversas, que se desconhecem." Assim, em vez de integrar, o estamento patrimonialista comanda. Ele não conduz, governa. E, conforme seus interesses, incorpora as novas gerações necessárias ao seu serviço, cooptando-as.

Nessa linha de raciocínio, o Estado patrimonialista se destaca por contar com uma estrutura que vive em função de si mesma. Que busca objetivos por ela própria definidos. E que partilha oportunidades de ganho entre os chamados "amigos do rei", ou seja, servidores e funcionários leais da Casa Real que recebem títulos nobiliárquicos, terras, cotas de nomeações para empregos públicos, vantagens em troca de encargos — enfim, favores de toda ordem. É uma estrutura que não se deixa limitar por poderes externos, argumenta Faoro, uma vez que detém, ela própria, em caráter privativo, o encargo de estabelecer regras e normas com a parcialidade que considerar adequada a qualquer tema e a cada conjuntura.

Ao tentar identificar desse modo quem efetivamente são os verdadeiros donos do poder, o "patronato político brasileiro", Faoro propõe-se a explicar como esse patrimonialismo, que vincula práticas comerciais e atividades econômicas a um estrato burocrático situado no interior da máquina estatal, moldou a sociedade portuguesa e, por consequência, a brasileira, ao longo de quase seis séculos — mais precisamente, entre a monarquia de d. João I e a ditadura de Getúlio Vargas.

A tese de Faoro é que o Estado português de d. João I e d. Manuel, do qual derivou o Estado brasileiro, foi marcado por uma forma de dominação política típica dos sistemas centralizados. "Como realidade, e, em muitos momentos, mais como símbolo do que como realidade, o chefe provê, tutela os interesses particulares, concede benefícios e incentivos, distribui mercês e cargos, dele se espera que faça justiça sem atenção às normas objetivas e impessoais", escreve ele.

Na ausência de um contrapeso descentralizador, esse Estado evoluiu para formas modernas de patrimonialismo burocrático-autoritário, em contraposição às formas do estado de direito — dominação legal-racional, na linguagem weberiana. Foi por isso que tanto em Portugal quanto no Brasil as classes não se vincularam a partidos nem conseguiram uma expressão política autônoma. Entre o povo, por um lado, e o rei, o imperador ou o ditador, por outro, sempre houve uma burocracia, ou seja, um estamento burocrático dinâmico e restritivo.

A nobreza e a burguesia, afirma Faoro no livro, jamais gozaram de poder suficiente para se contrapor ao poder inquestionável do monarca. Assim, "os nobres, mais do que uma tradição que independesse da Coroa, dela recebiam o prestígio, sendo praticamente funcionários do rei". Desse modo, nas instituições forjadas entre nós pela Coroa portuguesa, consolidou-se um Estado bem mais forte do que a sociedade, "em que o poder centrípeto do rei, no período colonial, e do imperador, ao longo do século XIX, e do Executivo, no período republicano, criou forte aparelho burocrático alicerçado no sentimento de fidelidade pessoal".[11]

A conclusão de Faoro é que no período analisado houve uma "viagem redonda do patrimonialismo ao estamento" em seis séculos — título do último capítulo, que é também uma síntese da trajetória desse período. Contrapondo-se à ideia marxista de transitoriedade do patrimonialismo, Faoro enfatiza a persistência secular da estrutura patrimonial, "resistindo, galhardamente, inviolavelmente, à repetição, em fase progressiva, da experiência capitalista". Em outras palavras, a estrutura político-social resistiu a todas as "transformações fundamentais, aos desafios mais profundos, à travessia de um oceano largo", afirma o autor.[12]

Durante esses seis séculos, o patrimonialismo estatal se manteve predominantemente voltado ao lucro como jogo e aventura, comenta Faoro no primeiro e extenso parágrafo do capítulo final. Para compreender esse argumento, vale a pena recorrer a uma longa citação:

> O capitalismo politicamente orientado [...], centro de aventura, da conquista e da colonização, moldou a realidade estatal, sobrevivendo, e incorporando na sobrevivência, o capitalismo moderno, de índole industrial, racional na técnica e fundado na liberdade do indivíduo — liberdade de negociar, de contratar, de gerir a propriedade sob a garantia das instituições. A comunidade política conduz, comanda, supervisiona os negócios, como negócios privados seus, na origem, como negócios públicos depois, em linhas que se demarcam gradualmente.[13]

Para Faoro, por mais que o mundo tenha se transformado ao longo desses séculos, em princípio o estamento burocrático pouco mudou. Adequando-se às mudanças sem modificar suas estruturas, continuou imperando, regendo e governando em nome próprio, num círculo impenetrável de comando. Amoldou-se às transições, segundo ele, "concentrando no corpo estatal os mecanismos de intermediação, com

---

11 Ibid., pp. 736-9.
12 Ibid., p. 733.
13 Ibid.

suas manipulações financeiras, monopolistas, de concessão pública de atividade de controle do crédito, de consumo, de produção privilegiada, numa gama que vai da gestão direta à regulamentação material da economia".

Se há um reparo com relação a esse argumento, é que o autor não teria dado o devido valor ao fato de que, apesar de manter algumas características originais do patrimonialismo, esse estamento foi variando a maneira como se relacionou com outros agentes econômicos e sociais nesses seis séculos. Em alguns momentos, por causa de sua abrangente burocracia, esse sistema chegou a ser confundido com Estado e até com excesso de Estado, quando na realidade não se compatibilizava nem mesmo com o conceito moderno de nação, reconhece Faoro. Também aqui vale a pena recorrer a outra longa citação:

> O estamento burocrático, fundado no sistema patrimonial do capitalismo politicamente orientado, adquiriu o conteúdo aristocrático, da nobreza da toga e do título. A pressão da ideologia liberal e democrática não quebrou, nem diluiu nem desfez o patronato político sobre a nação, impenetrável ao poder majoritário, mesmo na transação aristocrático-plebeia do elitismo moderno. [...] O Estado, pela cooptação sempre que possível, pela violência se necessário, resiste a todos os assaltos, reduzido, nos seus conflitos, à conquista dos membros graduados de estado-maior. E o povo, palavra e não realidade dos contestatários, que quer ele? Este oscila entre o parasitismo, a mobilização das passeatas sem participação política, e a nacionalização do poder [...]. A lei, retórica e elegante, não o interessa. A eleição, mesmo formalmente livre, lhe reserva a escolha entre opções que ele não formulou.[14]

Evidentemente, dadas as dificuldades de ordem terminológica do texto e mesmo das interpretações que Raymundo Faoro faz dos conceitos weberianos, por vezes limitando sua capacidade explicativa, não se pode aceitar integralmente, sem crítica ou reserva, a visão que ele tem do patrimonialismo, do poder estamental e do Estado brasileiro.

Por um lado, *Os donos do poder* destaca-se pela profusão de dados históricos nos campos da política e do direito, em cada uma das épocas analisadas pelo autor, o que dá a dimensão da densidade das pesquisas que fez entre a primeira e a segunda edição do livro. Por outro lado, contudo, ao tratar todos os períodos históricos como derivados conceitualmente da ação dos estamentos e da verticalidade da dominação patrimonial, sua interpretação dos seis séculos de viagem redonda, ainda que não seja reducionista, acaba sendo excessivamente "monotônica" ou "unidimensional", como afirma um de seus críticos.[15]

14 Ibid., p. 748.
15 Fernando Henrique Cardoso, *Pensadores que inventaram o Brasil*. São Paulo: Companhia das Letras, 2013, pp. 251, 258 e 260.

Ver cada conjuntura histórica como a repetição do mesmo modelo estamental patrimonialista, de raízes pré-modernas, sem especificar situações históricas diversas, prejudica a compreensão de tramas socioeconômicas complexas.[16] Ao mesmo tempo, também limita a interpretação dos constrangimentos à própria capacidade do Estado patrimonial de pairar acima das classes como árbitro de todos os interesses, assim como dificulta a identificação das especificidades do estamento burocrático e de sua evolução de estamento aristocrático para burocracia profissional moderna. Não só ao longo do século XX houve reformas e transformações estruturais reais (ainda que não lineares e uniformes) na organização da administração pública como também uma paralela institucionalização das ciências sociais no Brasil adensou o corpo teórico e empírico a esse respeito.

Também não se pode negar em *Os donos do poder* certo viés na interpretação do mundo português, bem como generalizações sociológicas que propiciaram leituras equivocadas no sentido de que o patrimonialismo acabaria se convertendo num equivalente funcional para qualquer forma de intervenção estatal. Cabe indicar ainda que interpretações historiográficas mais recentes, como por exemplo as que relativizam o caráter precocemente mercantil do Estado português, envelheceram algumas passagens do clássico de Faoro.[17]

Não se pode esquecer, por fim, o impacto das transformações econômicas propiciadas pelas técnicas de produção e de comunicação surgidas entre as duas décadas finais do século XX e as décadas iniciais do século XXI. Ao reorganizar o comércio e o sistema financeiro mundial, elas de um lado acarretaram a perda de autonomia política dos Estados frente aos mercados financeiros e, de outro, a transferência de parte de suas competências para entidades internacionais e supranacionais e o desenlaçamento entre Estado e o direito positivo, entreabrindo com isso a tendência de esvaziamento do estamento burocrático e de expansão da burocracia das empresas mundiais e dos organismos multilaterais.

Nada disso, contudo, compromete este livro que se transformou numa referência obrigatória do pensamento social brasileiro.

São Paulo, dezembro de 2020

---

16 Simon Schwartzman, *Bases do autoritarismo brasileiro*. Rio de Janeiro: Campus, 1988.
17 Laura de Mello Souza, "Raymundo Faoro: Os donos do poder". In: Lourenço Dantas Mota (Org.), *Introdução ao Brasil: Um banquete nos trópicos*. São Paulo: Senac, 1999, p. 337.

Referências bibliográficas

CARDOSO, Fernando Henrique. *Pensadores que inventaram o Brasil*. São Paulo: Companhia das Letras, 2013.
FAORO, Raymundo. "Faoro, em nome da lei". *Jornal da Tarde*, entrevista concedida a José Eduardo Faria, 6 maio 1978.
FARIA, José Eduardo. "Juristas fora da curva: Três perfis". *Revista Direito GV*, São Paulo, v. 12, n. 2, 2016.
MARTINS, Wilson. "A velha classe". *O Estado de S. Paulo*, 25 abr. 1959.
RICUPERO, Bernardo. *Sete lições sobre as interpretações do Brasil*. São Paulo: Alameda, 2011.
SCHWARTZMAN, Simon. *Bases do autoritarismo brasileiro*. Rio de Janeiro: Campus, 1988.
_____. "Atualidade de Raymundo Faoro". *Revista de Ciências Sociais*, Rio de Janeiro, v. 46, n. 2, pp. 207-13, 2003.
SOUZA, Laura de Mello. "Raymundo Faoro: Os donos do poder". In: DANTAS MOTA, Lourenço (Org.). *Introdução ao Brasil: Um banquete nos trópicos*. São Paulo: Senac, 1999.

Prefácio à segunda edição

Montaigne, que nega ao autor o direito de alterar o texto de um livro hipotecado ao público, justificou as suas infidelidades ao princípio, com este subterfúgio resvaladio: *J'adjouste, mais je ne corrige pas*. Posso afirmar, sem receio ao olho malicioso e zombeteiro do francês quinhentista, que a tese deste ensaio é a mesma de 1958, íntegra nas linhas fundamentais, invulnerável a treze anos de dúvidas e meditação. A forma, todavia, está quase totalmente refundida, outra a disposição dos assuntos, adequado o estilo às minhas exigências atuais. Houve o acréscimo de dois capítulos e a adição de inúmeras notas, ordenadas ao fim do volume, para orientar o leitor acerca das fontes do trabalho.

Os conceitos básicos — patrimonialismo, estamento, feudalismo, entre outros — estão fixados com maior clareza, indicada a própria ambiguidade que os distingue, na ciência política. A perplexidade que alguns leitores da primeira edição demonstraram, ante uma terminologia aparentemente bizarra, estará atenuada, neste novo lançamento. Advirta-se que este livro não segue, apesar de seu próximo parentesco, a linha de pensamento de Max Weber. Não raro, as sugestões weberianas seguem outro rumo, com novo conteúdo e diverso colorido. De outro lado, o ensaio se afasta do marxismo ortodoxo, sobretudo ao sustentar a autonomia de uma camada de poder, não diluída numa infraestrutura esquemática, que daria conteúdo econômico a fatores de outra índole. Estão presentes, nas páginas que se seguem, os clássicos da ciência política, Maquiavel e Hobbes, Montesquieu e Rousseau, relidos num contexto dialético. As hipóteses e conjeturas, em aberta rebeldia aos padrões consagrados, inspiram-se no propósito de abarcar, num lance geral, a complexa, ampla e contraditória realidade histórica. Um longo período, que vai do Mestre de Avis a Getúlio Vargas, valoriza as raízes portuguesas de nossa formação política, até agora desprezadas em favor do passado antropológico e esquecidas pela influência de correntes ideológicas, originárias da França, da Inglaterra e dos Estados Unidos, só traduzidas nos últimos 150 anos. Na evocação não se pode evitar o eu de um longínquo pesadelo, com certas "rabugens de pessimismo", como lembrou um amável crítico, mais amigo do que crítico.

Contraí, na elaboração deste ensaio, nas suas duas feições, muitas dívidas, que não comprometem a responsabilidade dos credores. A maior de todas devo-a a Guilhermino Cesar, que, ainda em Porto Alegre, no carinhoso convívio de muitos anos, discutiu as hipóteses e suscitou questões novas, franqueando-me sua biblioteca para o estudo e a pesquisa. O próprio título do livro, ao que apurei, saiu de uma de suas súbitas inspirações. Augusto Meyer e Jorge Moreira leram os originais. Paulo Olinto Vianna e Sílvio Duncan cuidaram da revisão, com paciência e amor à minúcia. Arthur Cezar Ferreira Reis, no preparo desta edição, socorreu-me com preciosas indicações bibliográficas, acompanhadas do empréstimo do livro raro. Amandino Vasconcellos Beleza, com seu vigilante bom gosto, leu os originais, aparando erros e atalhando incongruências. Genolino Amado incumbiu-se da revisão das provas tipográficas, em testemunho de generosa amizade. Não devo esquecer, neste elenco, o meu editor, representado por José Otávio Bertaso, que se decidiu à aventura e ao risco, confiado apenas no mérito discutível do livro, em homenagem a um autor que, sem conhecê-lo, enviou-lhe os originais pelo correio — "alma forte e coração sereno", como dele diria o maior de seus editados, Simões Lopes Neto.

Rio de Janeiro, fevereiro de 1973

I

Origem do Estado português

1 | *A guerra, o fundamento da ascendência dos reis. As bases da monarquia patrimonial: as contribuições e os concelhos > 27*
2 | *Os fundamentos ideológicos da monarquia: o direito romano > 35*
3 | *O Estado patrimonial e o Estado feudal > 40*

1 | *A guerra, o fundamento da ascendência dos reis. As bases da monarquia patrimonial: as contribuições e os concelhos*

A PENÍNSULA IBÉRICA formou, plasmou e constituiu a sociedade sob o império da guerra. Despertou, na história, com as lutas contra o domínio romano, foi o teatro das investidas dos exércitos de Aníbal, viveu a ocupação germânica, contestada vitoriosamente pelos mouros. Duas civilizações — uma do Ocidente remoto, outra do Oriente próximo — pelejaram rudemente dentro de suas fronteiras pela hegemonia da Europa. Das ruínas do Império Visigótico, disciplinado e enriquecido pela cultura dos vencidos, dilacerado em pequenos reinos, gerou-se um mundo novo e ardente, que transmitiu sua fisionomia aos tempos modernos. Do longo predomínio da espada, marcado de cicatrizes gloriosas, nasceu, em direção às praias do Atlântico, o reino de Portugal, filho da revolução da independência e da conquista. "O reino de Portugal" — dirá, já com anacrônica arrogância, um anônimo escritor do século XVII — "é tão guerreiro, que nasceu com a espada na mão, armas lhe deram o primeiro berço, com as armas cresceu, delas vive, e vestido delas, como bom cavaleiro, há de ir para a cova no dia do juízo." Dos fins do século XI ao XIII, as batalhas, todos os dias empreendidas, sustentadas ao mesmo tempo contra o sarraceno e o espanhol, garantiram a existência do condado convertido em reino, tenazmente. A amálgama dos dois fragmentos — o leonês e o sarraceno —, ambos conquistados com esforçada temeridade, criou a nova monarquia, arrancada, pedaço a pedaço, do caos. Do elemento leonês lhe veio a armadura e a fisionomia, ao elemento sarraceno impôs seu molde, recebendo, de seu lado, vestígios guardados no caráter e no espírito. "Estes dois fatos pertencem à história do país: constituem as fontes dessa civilização."[1] No topo da sociedade, um rei, o chefe da guerra, general em campanha, conduz um povo de guerreiros, soldados obedientes a uma missão e em busca de um destino.

A singular história portuguesa, sulcada interiormente com a marcha da supremacia do rei, fixou o leito e a moldura das relações políticas, das relações entre o rei e os súditos. Ao príncipe, afirma-o prematuramente um documento de 1098, incumbe reinar (*regnare*), ao tempo que os senhores, sem a auréola feudal, apenas exercem o *dominare*, assenhoreando a terra sem governá-la.[2] Ainda uma vez a guerra, a conquista e o alargamento do território que ela gerou, constitui a base real, física e tangível, sobre que assenta o poder da Coroa. O rei, como senhor do reino, dispunha, instrumento de poder, da terra, num tempo em que as rendas eram predominantemente derivadas do solo. Predomínio, como se verá, não quer dizer exclusivismo, nem a sede dinâmica, expressiva da economia. A Coroa conseguiu formar, desde os primeiros golpes da reconquista, imenso patrimônio rural (bens "requengos", "regalengos", "regoengos", "regeengos"), cuja propriedade se confundia com o domínio da casa real, aplicado o produto nas necessidades coletivas ou pessoais, sob as circunstâncias que distinguiam mal o bem público do bem particular, privativo do príncipe. A conquista ao sarraceno ou ao inimigo se incorporava ao domínio do rei, ao reinado, se não apropriada a terra por legítimos títulos prévios. Afonso Henriques, primeiro rei de Portugal, no remoto ano de 1140, alude a "todo herdamento e vinhas, e almoinhas, e figueiras que para mim tomei nas cercanias de Évora". D. Dinis, em 1308, lembrava ao concelho de Santarém ser o proprietário das terras, visto que "El Rey Dom Affonso o primeiro Rey de Portugal, que filhou Santarem e Lisboa a Mouros, logo em começo da povoança da terra as filhou assinadamente para sy, como filhou todollos outros Reguengos, e todallas outras cousas, que ha...".[3] Acentue-se, por temor à generalização, que a obra de restauração, já completa no século XIII, respeitou a propriedade individual. Os moçárabes, antigos cristãos arabizados, os descendentes dos colonos africanos e asiáticos, os sucessores dos súditos e vassalos dos reis de Oviedo e Leão tiveram seus bens reconhecidos. Sobravam, todavia, à margem desses quistos, largos domínios para apropriar: as terras dos mouros, reduzidas, pelo extermínio ou pela batalha, a terras sem dono; as terras fiscais dos sarracenos, aquelas reservadas a empresas de colonização ou a objetivos vinculados à estrutura do Estado; as confiscadas aos particulares, em represália a crimes ou traições; as que caíam sob o poder do rei em razão do direito de monhadego ou monaria, isto é, o direito da Coroa de herdar os bens dos vilões (*vilani*) que morriam sem prole.[4] Do patrimônio do rei — o mais vasto do reino, mais vasto que o do clero e, ainda no século XIV, três vezes maior que o da nobreza[5] — fluíam rendas para sustentar os guerreiros, os delegados monárquicos espalhados no país e o embrião dos servidores ministeriais, aglutinados na corte. Permitia, sobretudo, a dispensa de largas doações rurais, em recompensa aos serviços prestados pelos seus caudilhos, recrutados, alguns, entre aventureiros de toda a Europa.

Os dois caracteres conjugados — o rei senhor da guerra e o rei senhor de terras imensas — imprimiram a feição indelével à história do reino nascente. A crise de 1383-5, de onde nascerá uma nova dinastia, a dinastia de Avis, dará a fisionomia definitiva aos elementos ainda dispersos, vagos, em crescimento. Um fato quantitativo, o rei como o maior proprietário, ditará, em consonância com a chefia da guerra, a índole qualitativa, ainda mal colorida, da transformação do domínio na soberania — do *dominare* ao *regnare*. O centro supremo das decisões, das ações temerárias, cujo êxito geraria um reino e cujo malogro lançaria à miséria um conde, impediu que, dispersando-se o poder real em domínios, se constituísse uma camada autônoma, formada de nobres proprietários. Entre o rei e os súditos não há intermediários: um comanda e todos obedecem. A recalcitrância contra a palavra suprema se chamará traição, rebeldia à vontade que toma as deliberações superiores. O chefe da heterogênea hoste combatente não admite aliados e sócios: acima dele, só a Santa Sé, o papa, e não o clero; abaixo dele, só há delegados sob suas ordens, súditos e subordinados.[6] Excepcionalmente, em atenção ao costume dos soldados estrangeiros, vindos da Idade Média francesa, a concessão de terras acarretava, além da propriedade, o gozo da soberania, traço de cunho feudal. O tempo, girando sob o tropismo da índole geral do país, se incumbiu de absorver e anular esses pontos extravagantes de direito estrangeiro. A independência da nobreza territorial e do clero, com lastro em seu domínio de terras, frustrou-se, historicamente condicionada e tolhida, enferma de uma fragilidade congênita. A concessão de senhorio ou de uma vila, filha da liberalidade do rei, não importava na atribuição de poder público, salvo em medida limitada. A Coroa separava nos nobres — ricos-homens, infanções e cavaleiros — a qualidade de funcionário da qualidade de proprietário. Seu poder, na verdade avultado, derivava da riqueza, e não das funções públicas. Nos tormentosos dois séculos iniciais do reino de Portugal traçaram-se limites nítidos entre o exercício de um cargo e a propriedade privilegiada. O país se dividia em circunscrições administrativas e militares, as "terras" ou "tenências", cujo superior governo cabia a um chefe, o "*tenens*", dentro das quais se constituíam distritos, os "préstamos", administrados por um prestameiro designado pelo rei. A função pública de primeiro nível cabia ao nobre, senhor da terra ou alheio ao solo jurisdicionado. Igualmente, as circunscrições judiciais (julgados) e as circunscrições fiscais (almoxarifados) dependiam, no provimento dos cargos, da exclusiva escolha régia. O corpo de funcionários recebia a remuneração das rendas dos casais, aldeias e freguesias, dos estabelecimentos não beneficiados com a imunidade fiscal. Os cargos eram, dentro de tal sistema, dependentes do príncipe, de sua riqueza e de seus poderes. Extremava-se tal estrutura da existente na Europa contemporânea, marcando um prematuro traço de modernidade.[7] O rei, quando precisava do serviço militar da nobreza territorial, pagava-a, como se paga a um funcionário. As soldadas marcam o vínculo de subordinação, origem das futuras *quantias*, periodicamente distribuídas, e que darão causa, no momento de apertura do tesouro real no século XIV, à conversão em terras, largamente doadas por um rei aparentemente pródigo.

Entre o esquema, traçado pela lógica da história, e a realidade, convulsionada por forças em tumulto, há um salto e muitas discordâncias. O laço de subordinação entre o rei e a nobreza territorial e o clero não se fixou sem muitas escaramuças e muitas resistências. A fraqueza da classe territorial, derivada das fronteiras inscritas na transferência da terra, se robusteceu, em movimento paralelo à expansão dos poderes régios, com a exploração das imunidades dos domínios. Entre a Coroa e a nobreza trava-se, em direção oposta à ordem esboçada nos desígnios da realeza, uma longa e porfiada batalha, da qual resulta a derrota das veleidades feudais. As doações de terras, em retribuição a serviços de guerra ou aos serviços da estirpe, privilegiavam os nobres com a jurisdição privativa sobre os moradores e a completa isenção de tributo. Sob essa base, idêntica à da fidalguia encontrada pela dinastia borgonhesa ou afonsina, furtava-se a aristocracia do garrote da realeza.[8] Enquanto a imunidade tributária permaneceu indisputada, no curso dos séculos, salvo com a sisa, fixada para todos no século XIV, a jurisdição privativa não gozou da mesma sorte. Percebeu bem a realeza que o poder de julgar envolve, em última análise, o poder de sujeitar o homem a uma camada intermediária e autônoma. Sem a jurisdição, o súdito ficaria liberto da obediência, preso apenas a uma lealdade de segundo grau, indireta, convertido o poder supremo em ficção. Daí a doutrina, já sustentada tenazmente no período da dinastia borgonhesa: "O direito e costume geral do reino, dizia el-rei d. Dinis em 1317, eram e tinham sido sempre que em todas as doações régias se entendesse reservada para a Coroa a justiça maior, a suprema jurisdição, em reconhecimento ao maior senhorio".[9] À medida que estendiam a atribuição jurisdicional, os reis conquistavam súditos, os quais, por um movimento convergente, procuravam fugir às prerrogativas da nobreza e do clero. Lavradores, artesãos e mercadores despontavam como aliados da Coroa, reforçados com a solidariedade da organização municipal, os concelhos. O velho direito de Castela, consolidado no *Fuero Viejo*, vigente em Portugal, reservava ao rei, nas doações ou nos senhorios, certas prerrogativas (justiça, moeda, fossado ou jantar), tidas como inerentes à sua preeminência na sociedade política. Algumas vezes, é verdade, à margem dos padrões gerais, premida pelos variados lances a que se expunha, a monarquia transigia em doações peculiares, com o abandono de suas prerrogativas.

À exacerbação dos privilégios da nobreza territorial e do clero, responderam os reis com o incremento de uma instituição, pretensamente recebida da velha, e em alguns momentos influente, ordem romana. O município, arma comum à estratégia política da realeza na Europa, mereceu especial estímulo, na mesma medida em que se ensoberbeciam os potentados rurais. Os concelhos, conservados tenuemente pela tradição, no início desvinculados de carta de foral, pouco representavam, no curso dos dois primeiros séculos da monarquia portuguesa.[10] Temerosa do domínio autônomo das camadas que a apoiavam — o clero e a nobreza —, a realeza deslocou sua base de sustentação, criando as comunas e estimulando as existentes, no incremento da realidade capaz de lhe proporcionar suporte político, fiscal e militar. Buscava o trono a aliança, submissa e servil, do povo — o terceiro Estado. Já Afonso II († 1223), na luta contra o clero, pôde bem avaliar a força desse novo instrumento político, ao enfrentar, ajudado pela plebe furiosa, um poderoso bispo e seu cabido. Os forais — a carta de foral —, pacto entre o rei e o povo, asseguravam o predomínio do soberano, o predomínio já em caminho do absolutismo, ao estipularem que a terra não teria outro senhor senão o rei. Com a instituição dos concelhos logrou a política medieval ferir a prepotência eclesiástica, num meio que levaria a subjugar a aristocracia. A essa razão se agregava outra, inspirada na índole militar do país, em estreita conexão com o fundamento político do alargamento da forma municipal. Decretada a criação do concelho, que deveria organizar uma povoação, reedificá-la ou reanimá-la, procurava o rei impor-lhe o dever de defendê-la militarmente contra seus inimigos, os mouros ou os vizinhos estrangeiros. Criava-se, obediente à monarquia, uma milícia gratuita, infensa às manipulações da nobreza ou do clero — batizados os antigos *municeps* e *castellanus* com o nome de alcaide, palavra sugerida pela invasão árabe. Abria-se, dessa forma, um campo neutro aos privilégios aristocráticos, muitos deles — os *coutos* e as *honras* — isentos da prestação militar, paga pelo rei quando dela necessitava. Finalmente, os concelhos somavam à renda do príncipe, oriunda de seu patrimônio fundiário, largas contribuições. As imunidades da propriedade aristocrática não permitiam que a casa real dela retirasse os avultados meios de que carecia, para as despesas da guerra e de seu incipiente corpo burocrático. Esse último vínculo — entre as contribuições e o tesouro régio — suscita a comercialização, a redução em riqueza móvel, do patrimônio do soberano. Por aí se canalizará o influxo, poderoso dentro de dois séculos, de caráter patrimonial do Estado, indistinta a riqueza particular da pública. Os *mordomos*, sob a chefia do almoxarife, todos incipientes funcionários públicos, proviam a casa real das arrecadações nos mais distantes lugarejos. A concessão de forais permitiu melhor sistema de cobrança, com o arrendamento dos direitos aos concelhos, mais tarde substituído pelo arrendamento a particulares. Facilitava-se com a medida, além disso, o amoedamento das arrecadações, numa prematura transformação da economia natural para a economia monetária.

> Fundar uma vila ou povoação, ato de benemerência régia, era converter em moeda sonante o produto bruto da fazenda agrícola. Os impostos locais estabelecidos, as multas na quantidade dos delitos passíveis dessa pena, a prestação ajustada pelos direitos de proprietário abandonados, tudo isso constituía receita considerável. Em cada povoação os tabeliães pagavam, pelo exercício do cargo, uma anuidade. E não desdenhava o dador do foral pequenos mananciais de renda, alguns singulares. É destes a disposição no estatuto da Covilhã, segundo o qual se cobrava das *mulheres mundanas* um soldo cada mês, pelo direito de exercerem a profissão...[11]

Guerra, ascendência do rei com a rede de seus agentes cobrindo o país, controlando-o e dirigindo-o, domesticação sem aniquilamento da nobreza — são os traços que imprimem o caráter à sociedade nascente. Um braço, dia a dia mais vigoroso, completará o quadro, com a entrada do povo nos cálculos políticos, amparado nos concelhos, sob o ditado da velha feição romana. Astúcia e paciência erguerão, do desprezo e do alheamento, uma classe, com a qual o soberano dividirá lucros e moeda: terá êxito a caça ao tigre por meio da lebre.[12] Os ingressos da Coroa levarão o sangue, o calor, o estímulo e a vida a todas as atividades, agricultura, comércio e indústria do reino. Há um jogo de pressões e influências recíprocas, que associam o predomínio do soberano nas rendas mais altas e nos misteres mais humildes. A propriedade do rei — suas terras e seus tesouros — se confunde nos seus aspectos público e particular. Rendas e despesas se aplicam, sem discriminação normativa prévia, nos gastos de família ou em obras e serviços de utilidade geral.

O rei, na verdade, era o senhor de tudo — tudo hauria dele a legitimidade para existir —, como expressão de sua autoridade incontestável, bebida vorazmente da tradição visigótica e do sistema militar. Discernir e especificar a fonte dos ingressos da realeza será trabalho de revelação da própria estrutura econômica do reino. Mostrará a análise a base do poder supremo, sua estrutura e profundidade, fonte das remunerações aos guerreiros, funcionários em embrião, homens da corte, letrados em for. Não há dúvidas: a parte fixa, permanente, previsível dos rendimentos do príncipe flui da propriedade fundiária (os bens reguengos, "regalengos", "regoengos", "regeengos"), senhorio territorial como outro qualquer, seja da nobreza ou do clero, singularizado com o fim de servir ao chefe do Estado e se destinar, eventualmente, a objetivos que hoje se diriam públicos. Essa propriedade territorial sofria duas modalidades de exploração: a indireta e a direta. A exploração indireta, por sua vez, gerava duas espécies de rendas: uma que se aproxima da que caracteriza o moderno arrendamento, temporário, o cultivo da herdade; na outra, o lavrador detinha o domínio útil do solo, transmissível entre vivos e por herança, revertendo ao rei o foro. Na gestão direta do imóvel, os colonos se obrigavam a prestar, gratuitamente, alguns dias de trabalho por ano, não excluído o salário, em moeda ou in natura. Essa — a exploração direta — era a regra do trato da pecuária, adotada também, em menor parcela, nas culturas arvenses, vinhas e olivais.[13] Dessa circunstância — o rei "principal lavrador da nação", com celeiros e adegas espalhados por todos os confins de seus domínios, atarefados os seus mordomos na cobrança de foros e rendas — concluiu-se ser a monarquia portuguesa uma "monarquia agrária".[14] O fato, repita-se, não pode ser posto em dúvida: as rendas do soberano, na parte mais considerável, fluíam da terra. A conclusão, todavia, aparentemente lógica, não se concilia com as demais características do reino, em que o soberano se confunde com o titular, pelo menos eventual ou sobreproprietário, de toda a riqueza e de toda a economia. As garras reais, desde cedo, se estenderam ao comércio, olhos cobiçosos no comércio marítimo. Já nos meados do século XIII, estimulado pela conquista de Lisboa em 1147, o comércio marítimo mostra os sinais do seu futuro próximo, ativo com as trocas dos produtos da Inglaterra, Flandres, França, Castela e Andaluzia.[15] Dispunha o país, para o tráfico internacional, de assentada economia de sal, pescado, vinhos, azeite, frutas, couros, cortiça — produtos que lhe proporcionavam os têxteis flamengos e italianos, o ferro da Biscaia, as madeiras do Norte, a prata da Europa central e oriental, as especiarias, o açúcar.[16] Portugal, além disso, cobria-se de feiras, ardentes e ativas na promoção do comércio interno, já vinculado à navegação internacional. Tudo dependia, comércio e indústria, das concessões régias, das delegações graciosas, arrendamentos onerosos, que, a qualquer momento, se poderiam substituir por empresas monárquicas. São os fermentos do mercantilismo lançados em chão fértil. Dos privilégios concedidos — para exportar e para importar — não se esquecia o príncipe de arrecadar sua parte, numa apropriação de renda que só analogicamente se compara aos modernos tributos. No fim do século XIV a sisa, devida ao Tesouro pelos consumidores na compra e venda e na troca de mercadorias, ocupa o primeiro lugar no orçamento, recaindo sobre toda a gente, nobres, eclesiásticos e plebeus, com o rompimento do privilégio da imunidade. Era o comércio, atestado num fato fiscal, atravessando, sob o patrocínio soberano, todas as camadas da população, estimulado na organização dos concelhos. Nas fendas da monarquia agrária, mais ficção do que realidade, cresciam os outros rendimentos da Coroa. Da propriedade não fundiária — do domínio eminente e não efetivo — bem como do exercício da soberania ainda mal definida decorriam variadas, múltiplas, coloridas e pitorescas contribuições. Ligado às origens da monarquia destaca-se o quinto da guerra, instituído na luta contra os sarracenos, que se materializava na taxa de 20% sobre os despojos tomados ao inimigo, fonte dos dispersos domínios reais em todo o território. Uma tentativa de classificação, sem desfigurar a realidade com padrões conceituais modernos:

> a) os réditos com origem na agricultura e no pastoreio — cânones, porções, direituras e miunças dos herdamentos régios, jugadas dos herdamentos dos herdadores peões, o montado pago sobre certas pastagens, as vendas da produção direta; b) réditos provenientes da circulação interna e do mercado — portagens, açougagem, alcavalas; c) os réditos provenientes do comércio externo — dízimas, portagens; d) as multas judiciais, ou calúnias e coutos; e) réditos provenientes da atividade industrial — vieiros e minas, dízima do pescado, taxa de mesteres; f) serviços prestados ao rei ou aos oficiais régios — geiras de malados júniores e outros, almocreverias e carretos, serviço de remadores na frota real [...] ou suas compensações monetárias; g) jantar ou colheita; h) emissões de moeda. Extraordinariamente, recorria-se ao pedido ou finta ou talha.[17]

Não são de desdenhar, ainda, as rendas colhidas da dízima eclesiástica, das pensões de tabelionato e da justiça civil. Dessa ampla rede vinham os tesouros régios, moedas, ouro e prata, que avultam nos testamentos dos soberanos, numa indicação da nascente economia monetária. A simplificação da cobrança, já se notou, levou ao calculado incremento da ordem municipal. A Coroa criava rendas de seus bens, envolvia o patrimônio particular, manipulava o comércio para sustentar o séquito, garantia a segurança de seu predomínio.

Este o primeiro ato do drama. O súdito — o súdito qualificado, o nobre, já absorvido o clero nas malhas do poder supremo, e o súdito sem esporas — não paga serviços, tangíveis ou abstratos, como o contribuinte moderno. Um poderoso sócio, sócio e patrão, tosquia a melhor lã, submetendo o proprietário nominal à obrigação de cuidar da ovelha. A nobreza, agarrada aos velhos privilégios, ainda se manterá no nível de companheira do soberano. Um pouco mais e ela, já cercada, com as unhas embotadas, dividirá, domesticada depois de uma revolução, o segundo lugar com a burguesia. A ideologia completará a obra, vencendo as consciências e roubando à imaginação o estandarte da resistência. O Estado patrimonial, implacável nos seus passos, não respeitará o peso dos séculos, nem os privilégios da linhagem antiga.

2 | *Os fundamentos ideológicos da monarquia: o direito romano*

O CONTEÚDO DO ESTADO, capaz de ajustar juridicamente as relações entre o soberano e os súditos, formou-se de muitos fragmentos, colhidos numa longa tradição. O ponto inicial, quanto ao caráter político, pode ser situado na Constituição de Diocleciano (285-305). O direito será o de Justiniano (527-65), cujas codificações se propagaram no Ocidente, modelo indelével do pensamento jurídico.

Fixados os dois marcos — a organização política e o conjunto de regras jurídicas —, não se presume uma continuidade sem quebra, no curso de sete séculos. A sequência se funda no aproveitamento, ao sabor das circunstâncias sociais, de retalhos e restos vivos, conjugados para estruturar uma ideologia, só esta coerente. O trabalho de reconstrução espiritual deformará muitas realidades, roubadas de sua significação íntima, transfiguradas em corpos diferentes, de cor diversa, com outra fisionomia. Há o trabalho surdo, em que as ideias se filtram nos costumes, e o trabalho de criação consciente, ao modo de uma obra de arte, que a Escola de Bolonha (séculos XII e XIII) sistematizará. De uma e de outra fonte correrão as águas para se encontrar no Estado moderno: o Estado que consagra a supremacia do príncipe, a unidade do reino e a submissão dos súditos a um poder mais alto e coordenador das vontades. No fundo, os sinos da catedral submersa, que os godos e os árabes não puderam calar.

As colunas fundamentais, sobre as quais assentaria o Estado português, estavam presentes, plenamente elaboradas, no direito romano. O príncipe, com a qualidade de senhor do Estado, proprietário eminente ou virtual sobre todas as pessoas e bens, define-se, como ideia dominante, na monarquia romana. O rei, supremo comandante militar, cuja autoridade se prolonga na administração e na justiça, encontra reconhecimento no período clássico da história imperial.[18] O racionalismo formal do direito, com os monumentos das codificações, servirá, de outro lado, para disciplinar a ação política, encaminhada ao constante rumo da ordem social, sob o comando e o magistério da Coroa.

O direito escrito dos visigodos se construiu sobre o direito romano e a influência do clero, penetrada esta dos rasgos principais das antigas codificações justinianas. Bem verdade que os costumes, além do extenso território das práticas extralegais, conservaram caráter godo, sobrepondo-se, em muitos assuntos, à ordem jurídica formalizada. De outro lado, a dispersão da autoridade, fenômeno geral na Idade Média, conspirava em favor do predomínio do direito costumeiro do *costume da terra*, réplica continental do *Common Law*. Sobre esse manto de muitas cores e de muitos retalhos, o direito romano já se impõe como o modelo do pensamento e o do ideal de justiça — uma ideologia ainda em formação, germinando obscuramente. Não subsistiria se não a fecundasse o adubo dos interesses, que se aproveitam da armadura espiritual, conservando-a por fora e dilacerando-a na intimidade. O clero, desde o distante século VI, convertido o rei visigótico ao catolicismo, trabalhou para romanizar a sociedade. Serviu-se, para essa obra gigantesca, do direito romano, o qual justificava legalmente seus privilégios, revelando-se o instrumento ideal para cumprir uma missão e afirmar um predomínio. A Península Ibérica, unida à cabeça papal, absorveu as lições dos clérigos-juristas, que se espalham pela Europa, sobretudo a partir dos séculos XI e XII. Culmina esse movimento, já contestada a supremacia do clero, com as obras jurídicas e legislativas de Afonso X (1267-72), rei de Castela, autor do monumento das *Siete partidas*, e do rei português Afonso III (1246 ou 1248-79) com sua ordenação sistemática sobre o processo.[19]

O domínio do clero e da nobreza, empreendido pelo rei, encontrou, nesse instrumento, os meios espirituais de justificação. A obra dos juristas e imperadores romanos serviu, vê-se logo, a fins opostos aos previstos pelo clero, num movimento que dá conteúdo novo às formações ideológicas. As duas fases dessa luta obedecem aos padrões, acabados e perfeitos, do jurismo justinianeu. A primeira batalha, rijamente estimulada pelos soberanos portugueses, buscou nos municípios romanos a forma adequada à instituição dos concelhos, de cujo expressivo papel histórico já se fez menção. Certo, uma viva polêmica se instaurou, a esse propósito, nas letras portuguesas e europeias, com graves danos à tese sustentada por Herculano e Gama Barros, que não hesitaram em ver na organização municipal dos concelhos a face romana.[20] No centro da divergência há uma incompreensão: o município português se filia à origem romana, mas à sua feição ideológica, não à sua continuidade real. A forma, o modelo, a estrutura são romanos — o conteúdo, os fins a que se destina, as funções que desempenha são modernos, e, em muitos pontos, incompatíveis com o molde abstrato antigo. Este é o sentido, de resto, da influência romana. Por isso, os princípios justinianeus apareceram em certo momento, no momento de atuar, corrigir e dominar, e não em todos os tempos. A incorporação dos enxertos velhos se opera seletivamente, infundindo vida a um corpo apagado, sem alma própria. Não importa a observação em afirmar o papel passivo da ideologia: ela pressiona, se interpenetra, ou, em casos extremos, frustra a realidade. Impossível será, todavia, dissociá-la do sistema ou da estrutura social, dentro da qual vive e atua, perecendo se afastada do húmus que a tonifica. Igualmente, a segunda fase do movimento lançado para erguer o príncipe sobre as camadas que o querem tolher, dividindo com ele o poder, se apoia sobre o direito romano. O primeiro passo será o depuramento do direito romano do direito canônico,[21] dissonância que traduz a discórdia entre o clero e a Coroa. Entram em cena, nessa luta, os letrados, filhos diretos ou indiretos da Escola de Bolonha (séculos XII e XIII) e das universidades europeias, progressivamente implantadas. Define-se, a partir da corte, a distinção entre o *dominare*, reservado à nobreza territorial, e o *regnare*, exclusivo do príncipe, embrião da futura doutrina da soberania, cujo proprietário será o rei. Refinado o pensamento, o conceito de propriedade do reino se elevará para reconhecer ao soberano a qualidade de defensor, administrador e acrescentador, teoria que assenta sobre o domínio eminente e não real. São as vésperas — vésperas de alguns séculos — do absolutismo.

Ao tempo que combatia o particularismo da nobreza territorial, a recepção do direito romano não favorecia os interesses comerciais. Raciocínio simplificador poderia, ao situar uma face do problema, evocar a outra, como se, entre as duas, não se interpusesse, mais alto, o príncipe, titular de grandes, poderosos e extensos interesses econômicos. O comércio já criara, no seio da Idade Média, o seu próprio direito, fundamento e origem do moderno direito comercial — com suas sociedades comerciais e os títulos de crédito. A Inglaterra, mãe do capitalismo moderno, pôde desenvolver seus instrumentos legais de relações econômicas, sem que o direito romano exercesse papel de relevo. A direção que suscitou o recebimento do direito romano será de outra índole: a disciplina dos servidores em referência ao Estado, a expansão de um quadro de súditos ligados ao rei, sob o comando de regras racionais, racionais só no sentido formal. A calculabilidade do novo estilo de pensamento jurídico, reduzida ao aspecto formal, não exclui, na cúpula, o comando irracional da tradição ou do capricho do príncipe, em procura da quebra aos vínculos das camadas nobres. Não ganhou a justiça foros de impessoalidade, assegurada nas garantias processuais isentas da interferência arbitrária dos julgados. O cronista do século XV, Fernão Lopes, não consegue repudiar, embora não aprove no íntimo, os desvairados atos de justiça de d. Pedro I († 1367). Usou o desesperado amante de Inês de Castro "de justiça sem afeição", sem que a igualdade de tratamento a todos os delinquentes traduzisse a moderna igualdade perante a lei. Graduava as penas de acordo com seu enlouquecido juízo, sem obediência a cânones prefixados. A um adúltero mandou, em sua câmara, "cortar-lhe aqueles membros que os homens em maior apreço têm". Por sua própria mão, meteu a tormento um dos assassinos de Inês de Castro, sem poupar chicotadas aos criminosos. Justiça salomônica, cuja caricatura fez do governador Sancho Pança o modelo dos juízes do caso a caso, espectro racional a serviço das decisões arbitrárias. As instituições não gozam de campo próprio de atuação, visto que estão subordinadas ao poder do príncipe, capaz de decidir da vida e da morte, reminiscência próxima do rei general, competente para julgar todos os soldados. Verdade que, nos calcanhares, a nobreza territorial, dominada mas não domesticada, rosna ameaças rancorosas, à espreita do momento de lançar-lhe os dentes, cautelosa.

O renascimento jurídico romano, estimulado conscientemente para reforço do Estado patrimonial, serviu de estatuto à ascensão do embrionário quadro administrativo do soberano, gérmen do ministerialismo. Ainda aqui, a tradição visigótica infiltrou, no reino recém-constituído, os fluidos poderosos das ideias e instituições romanas. As ondas da era de Diocleciano, contaminadas do orientalismo dos príncipes despóticos, atingem o mundo novo, ditando-lhe, em acolhimento seletivo, a ordem antiga. Os funcionários romanos se transmutaram na aristocracia goda, que se afastou da sua imagem original pela riqueza territorial. O papel da última, porém, sofreu limites severos na sua independência ou autonomia, com a política real de agrupar, na corte, os nobres, atrelados a funções públicas, que os amarravam ao poder do soberano. Por via do leito, cavado no século III, não lograram as impetuosas águas descentralizadoras apagar a organização antiga. A Península Ibérica teria sido conquistada, mas não germanizada, fiel a uma utopia perdida, atuante como uma visão poética, capaz de imantar as imaginações, se os interesses a evocarem.[22] O elemento catalisador das baronias territoriais foi o *officium palatinum* ou *aula regia*, criação de Diocleciano, composta dos principais oficiais da monarquia, magistrados superiores, civis e militares, órgão onde se fundiam a aristocracia burocrática dos romanos e a militar dos godos. O recrutamento, condicionado pela tradição, obedecia à liberdade do rei, que nela incluía servos de sua casa, ao lado de senhores territoriais. Consultiva por natureza, pesava, sem embargo, nas decisões da realeza, capaz até de depor um rei, condenado ao desterro aviltante — como acontecera com o desventurado Vamba (672-80). Mais importante do que a *aula regia* e os concílios, destituídos de atribuições diretas de comando, era o corpo ministerial, responsável pelos negócios da Coroa, antecipação da organização moderna, sem nítida separação de competência, indistinto o patrimônio régio do patrimônio da nação. Incluíam-se nesse conselho:

> o *comus thesaurorum*, a um tempo almoxarife e *Ministério da Fazenda*; o *comus patrimoniorum*, uma espécie de ministro do império; o *comus notoriorum*, semelhante a um procurador-geral da Coroa; o *comus spathiorum*, general em chefe das guardas do rei (cousa diversa do exército, que então se formava com os contingentes da nobreza e dos concelhos); o *comus scanciorum*, mordomo-mor; o *comus cubiculi*, camareiro-mor; o *comus stabuli*, estribeiro-mor; e, finalmente, o *comus exercitus*, ministro da Guerra.[23]

Essa ordem política, com a conquista sarracena, se desintegrou — desintegrou-se mas não se perdeu, conservada na tradição. A reconquista a revalorizou, único padrão espiritualmente mantido no renovo do poder real. O barão não se extremou, nem se estereotipou no feudalismo: as populações só aceitam, hipnotizadas por um estilo antigo, a única predominância do rei, chefe dos exércitos. O barão define sua sobranceria como funcionário, e não como senhor — os agrupamentos de moradores, as *behetrias*, reivindicam autonomia, só obediente ao chefe supremo.[24] Há um traço do feudalismo mas não o feudalismo, como instituição. O direito público — que define as relações entre o rei e os súditos — continua visigótico,[25] assegurando as prerrogativas intangíveis do rei. No século XV, essa linha de pensamento levaria um rei a se reconhecer titular do poder absoluto. A organização ministerial renasceu, ela também, dos escombros da monarquia visigótica, por sua vez impregnada de romanismo. O mais elevado cargo, exercido sob o direto comando do rei, modifica-se, quanto à preeminência, tal como na ordem visigótica, de acordo com as condições do reino. Sob as aperturas da guerra de reconquista e de definição do país, a principal função caberá ao comandante do Exército, comandante superior na ausência do rei — o alferes-mor (*signifer*). Essa função, simbolizada na competência para levar o pendão do rei, cabia, em tempo de paz, a um escudeiro. No século XIII, os personagens mais importantes do reino, os que mais assiduamente frequentavam o rei, eram os guardas dos livros dos réditos da Coroa (*recabedo regni*): o alferes, o mordomo e o chanceler. O chefe da administração civil, equiparado ao alferes, era o mordomo da corte (*mordomus curiae*). Sob a influência inglesa, em 1382, criaram-se os postos de condestável e marechal da hoste, cabendo ao primeiro superintender o Exército e tomar-lhe a vanguarda, cargo que, como o de maior honra do reino, coube a Nuno Álvares, durante a crise de 1383-5.[26] Ao marechal da hoste se atribuíam as funções de primeiro auxiliar do condestável, com as funções de chefe dos órgãos judiciários em campanha.[27] À indistinção das atribuições, sucede, sob a pressão dos juristas, uma organização de competências cada vez mais fixas. Há, portanto, uma linha ideológica contínua entre o império de Diocleciano e o reinado da reconquista: linha cortada de muitos acidentes, reconstituída pelos letrados, no limiar da Renascença.

> Para acabar de destruir a preponderância e até o equilíbrio dos elementos políticos a pena do jurista, mais pesada que o montante do soldado, porque representava a inteligência, achava-se na balança ao lado do cetro. Educados na admiração da sociedade romana na época do império, deslumbrados pela indubitável superioridade das suas instituições civis sobre as rudes e incompletas usanças tradicionais da Idade Média, os letrados acolhiam com o mesmo culto supersticioso as máximas da política despótica dos césares.[28]

Não antecipemos, porém, a hora do absolutismo, nem a hora singular de João das Regras, capaz de formar, com suas mãos cultas e astutas, uma nova dinastia, saída da espada da nação popular.

3 | *O Estado patrimonial e o Estado feudal*

Os mencionados fundamentos sociais e espirituais reúnem-se para formar o Estado patrimonial. A realidade econômica, com o advento da economia monetária e a ascendência do mercado nas relações de troca, dará a expressão completa a esse fenômeno, já latente nas navegações comerciais da Idade Média. A moeda — padrão de todas as coisas, medida de todos os valores, poder sobre os poderes — torna esse mundo novo aberto ao progresso do comércio, com a renovação das bases de estrutura social, política e econômica. A cidade toma o lugar do campo. A emancipação da moeda circulante, atravessando países e economias até então fechadas, prepara o caminho de uma nova ordem social, o capitalismo comercial e monárquico, com a presença de uma oligarquia governante de outro estilo, audaz, empreendedora, liberta de vínculos conservadores.[29] Torna-se possível ao príncipe e ao seu estado-maior organizar o Estado como se fosse uma obra de arte, criação calculada e consciente. As colunas tradicionais, posto que não anuladas ou destruídas, graças aos ingressos monetários, ao exército livremente recrutado e aos letrados funcionários da Coroa, permitem a construção de formas mais flexíveis de ação política, sem rígidos impedimentos ou fronteiras estáveis.[30] É o Estado moderno, precedendo ao capitalismo industrial, que se projeta sobre o Ocidente.

Na aparente sequência sem acidentes, que parte da guerra e amadurece no comércio, com o príncipe senhor da espada e das trocas, há um sério problema histórico. Seria a nova construção política um acontecimento só possível depois da ruína do feudalismo ou teria ele uma linha própria de crescimento, sem vínculo necessário com o sistema reinante na Europa central? A questão, de feitio enganadoramente teórico, tem largo alcance no tempo: será uma das determinantes que explicará a história da sociedade brasileira. Sua ressonância alcançará o século xx, envolvendo apaixonada polêmica, ditando a interpretação histórica da estrutura econômica vigente. No bojo da tese central há outras duas: o feudalismo na Península Ibérica em Portugal e o feudalismo no Brasil.

Há um dogma, frio, penetrante, expansivo, que pretende comandar a interpretação histórica. A sociedade capitalista, no Ocidente, se gerou das ruínas da sociedade feudal. A era capitalista, caracterizada pela propriedade da burguesia dos meios de produção e da exploração do trabalho assalariado, teria seu ponto de partida no século xvi. Os acontecimentos singulares dessa época — as navegações e os descobrimentos, as colônias e os novos mercados — aceleraram uma transformação fundamental da história, convertida, pelo seu volume, de quantitativa em qualitativa, segundo o enunciado de uma lei da dialética. A produção da economia natural, com trocas apenas do supérfluo, cedeu o lugar às manufaturas, iniciando o irreversível e fatal movimento da acumulação do capital, que expropriou as terras dos produtores, separando-os, também na produção artesanal, dos meios de produção. Rompe-se, com essas alavancas, o mundo feudal, substituído pelo mundo capitalista, este aniquila o primeiro, com armas que, um dia, se voltarão contra o novo sistema.[31] O feudalismo, fase necessária no Ocidente europeu, seria um momento da divisão do trabalho, que se projeta em formas diversas de propriedade. Sucedeu ao primeiro estágio, o tribal, o período estatal e comunal, alcançando o sistema feudal, prelúdio da era capitalista. Cidade e campo, polarizados com a propriedade territorial e corporativa, respectivamente, se identificam numa ordem patriarcal e hierárquica.[32] Feudalismo e economia natural seriam termos correlatos.[33] O ponto importante, que caracteriza a economia da Idade Média, identificada em bloco com o feudalismo, reside na propriedade dos meios de produção. Regia, antes do advento do capitalismo, a pequena indústria, calcada na propriedade do artesão sobre os meios produtivos, e, no campo, a agricultura de lavradores limitados a plantar para as suas necessidades, ou pouco mais.

> Os meios de trabalho — a terra, os implementos agrícolas, a oficina, as ferramentas — eram meios de trabalho dos indivíduos, destinados tão só ao uso individual, e, portanto, necessariamente pequenos, minúsculos, limitados. Por isso mesmo pertenciam, em regra, ao próprio produtor.[34]

O tear individual cedeu lugar ao tear coletivo, a roca foi substituída pela máquina de fiar — a produção perde o caráter individual, entregue a forças coletivas, que convertem o trabalho em mercadoria, degradando-o à condição de coisa, perdida a identidade do homem na índole anônima de seus produtos. Inegável, no quadro medieval, além da feição idealizadora, a cor idílica, adequada para se opor ao negro painel do capitalismo. Idade Média e feudalismo, reduzido este, fundamentalmente, a uma forma de trabalho, se confundem. Dela — e só dela, imperativamente — brota o capitalismo, filho das contradições aninhadas no seu seio: uma classe oprimida, a burguesia das cidades, se ergue contra os nobres, esmagando-os, primeiro no campo econômico e depois na arena política. Outra consequência do modelo marxista: o capitalismo, responsável pela ruína feudal, é o capitalismo das manufaturas, fase primeira do capitalismo industrial. Isto não exclui, é verdade, que, a seu serviço, em países diferentes, ele se projete no capitalismo comercial, caracterizado na troca de produtos manufaturados alheios, por mercadorias arrancadas do próprio solo, do mar ou das navegações. O contexto da nova época terá caráter universal, arrastando, nas suas águas, as nações que trabalham nas usinas, as nações inertes e as nações que buscam, na aventura, a riqueza e a opulência. Ainda uma observação. As épocas econômicas do mundo asiático, antigo e feudal são fases, encadeadas sob o vínculo progressivo e ascendente, que culminou na época moderna.[35] A história segue um curso linear — embora reconheça a doutrina a ausência de feudalismo nos Estados Unidos e a não peculiaridade de certas relações sociais tidas como específicas da Idade Média.[36]

Essa doutrina, construída sobre uma tradição histórica, recebida sem exame crítico de profundidade, infiltrou-se na teoria, ganhando o prestígio dos lugares-comuns. Ela contaminou os estudos do século XX, empenhada em, por toda parte, sobretudo nos países subdesenvolvidos, descobrir a "estrutura feudal", os "restos feudais", perdidos no mundo universal do capitalismo. Os estudos do século XIX, sobre os quais brotou a tese marxista, pareciam apoiá-la, com raros dissidentes. A Europa seria, sem maiores dúvidas, um universo feudal desmoronado, no século XV, sob o peso das manufaturas e das monarquias. Os movimentos anteriores — políticos e sociais — seriam, quando existentes, antecipações de um curso histórico geral.[37] O problema não seria pertinente a este ensaio se o feudalismo não houvesse deixado, no seu cortejo funerário, vivo e persistente legado, capaz de prefixar os rumos do Estado moderno. Patrimonial e não feudal, o mundo português, cujos ecos soam no mundo brasileiro atual, as relações entre o homem e o poder são de outra feição, bem como de outra índole a natureza da ordem econômica, ainda hoje persistente, obstinadamente persistente. Na sua falta, o soberano e o súdito não se sentem vinculados à noção de relações contratuais, que ditam limites ao príncipe e, no outro lado, asseguram o direito de resistência, se ultrapassadas as fronteiras de comando.[38] Dominante o patrimonialismo, uma ordem burocrática, com o soberano sobreposto ao cidadão, na qualidade de chefe para funcionário, tomará relevo a expressão.[39] Além disso, o capitalismo, dirigido pelo Estado, impedindo a autonomia da empresa, ganhará substância, anulando a esfera das liberdades públicas, fundadas sobre as liberdades econômicas, de livre contrato, livre concorrência, livre profissão, opostas, todas, aos monopólios e concessões reais.

O feudalismo não cria, no sentido moderno, um Estado. Corporifica um conjunto de poderes políticos, divididos entre a cabeça e os membros, separados de acordo com o objeto do domínio, sem atentar para as funções diversas e privativas, fixadas em competências estanques. Desconhece a unidade de comando — gérmen da soberania —, que atrai os fatores dispersos, integrando-os; apenas concilia, na realização da homogeneidade nacional, os privilégios, contratualmente reconhecidos, de uma camada autônoma de senhores territoriais.

Não há feudalismo sem a superposição de uma camada de população sobre outra, dotada uma de cultura diversa. O ajuste, a adaptação das duas estruturas se processa, num momento sobretudo (não necessariamente) de economia natural e de trânsito precário, tornando difícil ou impossível a troca de mercadorias. O feudalismo, fenômeno não somente europeu, significa, portanto, um acidente, um desvio na formação da nação politicamente organizada. Não se apresenta ele no mundo grego ou no mundo romano, onde uma linha sem interrupção se fixou, desde a tribo até ao Estado universal. Há insuperável incompatibilidade do sistema feudal com a apropriação, pelo príncipe, dos recursos militares e fiscais — fatores que levam a intensificar e racionalizar o Estado, capaz, com o suporte econômico, de se emancipar, como realidade eminente, das forças descentralizadas que o dispersam, dividem e anulam. Mesmo nos países de tradição feudal, a emergência desses elementos golpeou o desenvolvimento de suas expressões caracterizadoras.[40] O incremento do comércio, de outro lado, acelera o aparecimento do sistema patrimonial, contrário à ordem feudal.[41] O feudalismo, realidade histórica e sistema social, não se constrói, dessa sorte, mediante modelos arbitrários, esquematicamente simplificados. Ele há de se retratar num *tipo ideal*, capaz de, fielmente, reconstruir um momento histórico, em traços simultâneos, que, reunidos, formam o conceito da realidade. O sistema se compõe de elementos militares, econômico-sociais e políticos; a identificação de um caráter disperso não o caracteriza — lembra aspectos feudais, que, como tais, são o oposto do feudalismo. O chamado feudalismo português e brasileiro não é, na verdade, outra coisa do que a valorização autônoma, truncada, de reminiscências históricas, colhidas, por falsa analogia, de nações de outra índole, sujeitas a outros acontecimentos, teatro de outras lutas e diferentes tradições. De outro lado, o feudalismo suporta diversas bases, em que predominam um e outro fator essencial, sem a exclusão de seus elementos fundamentais. O elemento militar do regime feudal caracteriza a situação de uma camada (estamento — ver adiante) vinculada ao soberano por um contrato — um contrato de status, calcado na lealdade, sem subordinação incondicional. Sob o aspecto econômico-social, aos senhores está reservada uma renda, resultante da exploração da terra. Politicamente, a camada dominante, associada ao rei por convívio fraternal e de irmandade, dispõe de poderes administrativos e de comando, os quais, para se atrelar ao rei, dependem de negociações e entendimentos. Dos três elementos, que somente reunidos constituem o feudalismo, resulta, com respeito ao soberano, a imunidade armada, capaz de se extremar na resistência, elevada à categoria de um direito. O serviço ao rei e o serviço aos senhores, por meio do conceito de vassalagem, não constitui uma obrigação ou um dever — forma um apoio livre, suscetível de ser retirado em qualquer tempo.[42]

Situado teórica e historicamente, o conteúdo do sistema feudal ressalta do enunciado a sua incompatibilidade com o mundo português desde os primeiros atos do drama da independência e da reconquista. A velha tese de Alexandre Herculano, sustentada com paixão, está hoje consagrada, sem embargo das isoladas resistências: Portugal não conheceu o feudalismo.[43] Não se vislumbra, por mais esforços que se façam para desfigurar a história, uma camada, entre o rei e o vassalo, de senhores, dotados de autonomia política. O feudalismo, acidente político e de direito público, não se configura, historicamente, sem que reúnam os elementos que o fazem um regime social. O argumento de que se deve procurar-lhe o cerne no sistema econômico, no enquadramento das forças de produção, peca por uma fraqueza fundamental. Se ele não logrou provocar, na superfície, as florações sociais, jurídicas e institucionais — as chamadas superestruturas —, essa incapacidade denuncia a própria incerteza da infraestrutura, da base. Quer, todavia, como regime econômico, por empréstimo ou como fenômeno comum europeu, quer como realidade social, militar e política, esteve ele ausente de Portugal, salvo, como assinalado, em algumas ilhas francesas, logo absorvidas no contexto nacional. A persistência, no curso da história, de magnatas territoriais, não os extrema, apesar dos poderes decorrentes da riqueza e das dependências que ela gera, na caracterização de um sistema que, para se aperfeiçoar, exige o conjunto de outras atribuições, imunidades e competências de ordem pública. A terra obedecia a um regime patrimonial, doada sem obrigação de serviço ao rei, não raro concedida com a expressa faculdade de aliená-la. O serviço militar, prestado em favor do rei, era pago. O domínio não compreendia, no seu titular, autoridade pública, monopólio real ou eminente do soberano.

    Estado patrimonial, portanto, e não feudal, o de Portugal medievo. Estado patrimonial já com direção pré-traçada, afeiçoado pelo direito romano, bebido na tradição e nas fontes eclesiásticas, renovado com os juristas filhos da Escola de Bolonha. A velha lição de Maquiavel, que reconhece dois tipos de principado, o feudal e o patrimonial, visto, o último, nas suas relações com o quadro administrativo, não perdeu o relevo e a significação.[44] Na monarquia patrimonial, o rei se eleva sobre todos os súditos, senhor da riqueza territorial, dono do comércio — o reino tem um *dominus*, um titular da riqueza eminente e perpétua, capaz de gerir as maiores propriedades do país, dirigir o comércio, conduzir a economia como se fosse empresa sua.[45] O sistema patrimonial, ao contrário dos direitos, privilégios e obrigações fixamente determinados do feudalismo, prende os servidores numa rede patriarcal, na qual eles representam a extensão da casa do soberano. Mais um passo, e a categoria dos auxiliares do príncipe comporá uma nobreza própria, ao lado e, muitas vezes, superior à nobreza territorial. Outro passo ainda e os legistas, doutores e letrados, conservando os fumos aristocráticos, serão sepultados na vala comum dos funcionários, onde a vontade do soberano os ressuscita para as grandezas ou lhes vota o esquecimento aniquilador. A economia e a administração se conjugam para a conservação da estrutura, velando contra as forças desagregadoras, situadas na propriedade territorial, ansiosas de se emanciparem das rédeas tirânicas que lhes impedem a marcha desenvolta. Há, em todos os tempos e com maior veemência num contexto feudal de vizinhança, o impulso do domínio territorial de se projetar numa nobreza, cuja forma de preponderar será o aprisionamento do príncipe num sistema feudal. Enquanto o mundo não está dominado, em toda a sua extensão, pelo capitalismo industrial, o risco de um feudalismo importado está sempre presente. Ele não pôde, incontestavelmente, se fixar no reino português, voltado, desde o berço, para um destino patrimonial, de preponderância comercial. Nem por isso deixaram de rondar perigos próximos, sagazmente combatidos e anulados em todo o tempo, pela ordem em ascensão, comandada pelo rei, com os préstimos dos comerciantes, letrados e militares, grupos interessados na incolumidade do tesouro real, forte e centralizador, rico e generoso.

Uma nação se projeta, gerada sob a pressão de forças singulares, na Idade Moderna, antecipando um desenvolvimento que só amadureceria dois séculos depois na Europa. A monarquia agrária, hipótese de trabalho carinhosamente cultivada pela historiografia portuguesa,[46] não passou de um esboço, varrido da terra com a abertura de Lisboa ao oceano. O comércio definiu o destino do reino, meio natural do financiamento da obra da reconquista e da independência. De tal maneira o tráfico se converteu no modo próprio de expandir suas atividades, que Portugal, embriagado de imprevidência, abandonou a cultura do trigo, para adquiri-lo em mercados estrangeiros, a melhor preço do que o produzido em seus vales.[47] Uma trajetória sem interrupção, iniciada com as exportações para Flandres, Inglaterra e Mediterrâneo, culmina nas grandes navegações.

> A maior parte da população portuguesa na Idade Média vivia da agricultura. Exato. Não obstante, o traço característico da vida econômica não é dado pela exploração do solo. A atividade comercial e marítima que resultou da modalidade do povoamento da costa e da exploração do mar é que representa o elemento decisivo que define o gênero de vida nacional português baseado na pesca, na salinação e nas trocas dos produtos comerciáveis da terra. Graças ao desenvolvimento do tráfico oceânico, os mercadores portugueses puderam desde muito cedo estabelecer estreitas e cordiais relações com a Flandres.[48]

Entre o comércio medieval, de trocas costeiras, e o comércio moderno, com as navegações longas, há o aparecimento da burguesia desvinculada da terra, capaz de financiar a mercancia. Há, sobretudo, o aparecimento de um órgão centralizador, dirigente, que conduz as operações comerciais, como empresa sua: o príncipe. Nenhuma exploração industrial e comercial está isenta de seu controle — guarda, todavia, para seu comando imediato os setores mais lucrativos, que concede, privilegia e autoriza à burguesia nascente, presa, desde o berço, às rédeas douradas da Coroa. As outorgas de atividades, dispersas e tímidas, ganham relevo com as grandes viagens, com os reis senhores incontestáveis dos mares e das rotas abertas na África, Ásia e América. O Estado torna-se uma empresa do príncipe, que intervém em tudo, empresário audacioso, exposto a muitos riscos por amor à riqueza e à glória:

empresa de paz e empresa de guerra.[49] Estão lançadas as bases do capitalismo de Estado, politicamente condicionado, que floresceria ideologicamente no mercantilismo, doutrina, em Portugal, só reconhecida por empréstimo, sufocada a burguesia, na sua armadura mental, pela supremacia da Coroa. A camada dirigente, com o rei no primeiro plano, o futuro régio mercador da pimenta, deverá ao comércio seu papel de comando, sua supremacia, sua grandeza. A estrutura patrimonial levará, porém, à estabilização da economia, embora com maior flexibilidade do que o feudalismo. Ela permitirá a expansão do capitalismo comercial, fará do Estado uma gigantesca empresa de tráfico, mas impedirá o capitalismo industrial.[50] Quando o capitalismo brotar, quebrando com violência a casca exterior do feudalismo, que o prepara no artesanato, não encontrará, no patrimonialismo, as condições propícias de desenvolvimento. O trânsito, a compra e a venda, o transporte, o financiamento ensejarão o gigantismo dos órgãos de troca, com o precário enriquecimento da burguesia, reduzida ao papel de intermediária entre as outras nações. A atividade industrial, quando emerge, decorre de estímulos, favores, privilégios, sem que a empresa individual, baseada racionalmente no cálculo, incólume às intervenções governamentais, ganhe incremento autônomo. Comanda-a um impulso comercial e uma finalidade especulativa, alheadores das liberdades econômicas, sobre as quais assenta a Revolução Industrial. Daí se geram consequências econômicas e efeitos políticos, que se prolongam no século xx, nos nossos dias. Os países revolvidos pelo feudalismo, só eles, na Europa e na Ásia, expandiram uma economia capitalista, de molde industrial. A Inglaterra, com seus prolongamentos dos Estados Unidos, Canadá e Austrália, a França, a Alemanha e o Japão lograram, por caminhos diferentes, mas sob o mesmo fundamento, desenvolver e adotar o sistema capitalista, integrando nele a sociedade e o Estado. A Península Ibérica, com suas florações coloniais, os demais países desprovidos de raízes feudais, inclusive os do mundo antigo, não conheceram as relações capitalistas, na sua expressão industrial, íntegra. A coincidência é flagrante e, vista da perspectiva desta última metade do século xx, será capaz de provocar a revisão da tese de Max Weber, que vinculou o espírito capitalista à ética calvinista.[51] Entre coincidência e causalidade há, é certo, um caminho a percorrer, longo caminho de muitas pesquisas, laboriosas investigações e hipóteses ousadas.

Guerra, quadro administrativo, comércio, a supremacia do príncipe — quatro elementos da moldura do mundo social e político de Portugal. Dentro do quadro, há um drama que precipitará a emergência de uma estrutura permanente, viva no Brasil, fixada na queda de uma dinastia, consolidada numa batalha, amadurecida com a expedição de Ceuta (1415).

II

A Revolução Portuguesa

1 | *Preliminares da revolução de 1383-5: a nobreza, a burguesia e d. Fernando > 49*
2 | *A Revolução de Avis: vitória da burguesia sob a tutela do rei > 56*
3 | *O estamento: camada que comanda a economia junto ao rei > 62*
4 | *Da aventura ultramarina ao capitalismo de Estado > 68*
5 | *A ideologia do estamento: mercantilismo, ciência e direito > 77*

1 | *Preliminares da revolução de 1383-5: a nobreza, a burguesia e d. Fernando*

A OBRA DA CONSOLIDAÇÃO DA MONARQUIA PORTUGUESA, condicionada pelo capitalismo político,[1] chegará ao seu ponto culminante por meio de uma revolução, a mais profunda e a mais permanente de todas as revoluções que varreram a história do pequeno reino. Preparam-na causas remotas e acidentes próximos, todos conjugados para a abertura de uma nova idade, a sétima idade — "na qual se levantou outro mundo novo, e nova geração de gentes", na palavra profética do cronista.[2] Na segunda metade do século XIV, uma velha camada, a aristocracia territorial, subitamente fortalecida, procurava afirmar, com exclusividade, seu domínio político. De outro lado, a categoria mais rica, a burguesia comercial, longamente associada à Coroa, sabia que sua hora havia soado, a hora de juntar à riqueza o poder político. O dilaceramento das duas facções, ao ameaçar a própria existência da nação, provocou uma guerra externa, expressão de uma tenaz, porfiada e autêntica luta intestina. Perece uma dinastia, a dinastia afonsina, filha da infância do reino; em seu lugar, ergue-se a gloriosa dinastia de Avis (1385-1580), plataforma social e política da conquista do mundo desconhecido pelas audaciosas naus de Vasco da Gama. Nasce, assistida pela violência, pelo dissídio, pela guerra, a nação épica de *Os lusíadas*, sonho de curta duração, meteórico, que deixou, na sua cauda de luz, uma constelação ainda íntegra.

As bases da revolução começaram a ser lançadas com o movimento que aproxima, uma de outras, as populações do litoral, com a abertura do comércio marítimo, primeiro com produtos agrícolas, depois com a pesca e o sal. Há, nessa caminhada, uma longa história, já ardente no domínio dos sarracenos na Península — os portugueses sucederam ao comércio árabe, que já havia definido a vocação marítima do país, vocação geograficamente condicionada na convergência atlântica da terra. Moçárabes e muçulmanos preparam, com o tráfico pelo mar, a jornada ultramarina e a grandeza de uma camada popular, a burguesia comercial. Documentos do século XII demonstram que, na concessão de privilégios para os oficiais de navios e nas mercadorias reexportadas, persistia uma atividade antiga, rapidamente em expansão após a reconquista. Em consonância com a realidade econômica, as instituições se renovam, permitindo o florescimento das suas virtualidades. Às camadas privilegiadas — nobreza e clero — se contrapõe a ascensão popular, protegida pelas comunas, que crescem, na Europa medieval, dentro de um contexto geral, só ideologicamente filiado às tradições romanas. A fixação da monarquia portuguesa, contemporaneamente à revolução comunal europeia, teve efeito acelerador nas garantias e privilégios dos concelhos — no princípio ilhas de liberdade dentro da armadura aristocrática.

> Ao findar o século XIII, malgrado as discórdias das classes, mal sujeitas a um cetro ainda vacilante, sente-se que a nação está de pé. Fica povoada a costa de norte a sul e formado o gênero de vida nacional pelo comércio marítimo com base na agricultura. Os *homens bons* e a *arraia-miúda* dos concelhos, a peonagem que tão brilhantes provas deu nas Novas de Tolosa, formam ao lado do monarca, ao qual apoiam nas tentativas de unificar as classes, sob o império da mesma lei. A própria língua portuguesa, o rude mas saboroso romance medieval, por influência dessas classes urbanas, sai definitivamente do latim e balbucia, através dos documentos oficiais, a soberania e a unificação da grei. E já nas águas da beira-mar, nas viagens de pesca ao longo dos litorais ou de longo curso a países distantes, uma gente nova e audaz alça sobre as esbeltas caravelas a rêmige das latinas.[3]

O Porto, que busca o lugar de metrópole social do reino, por meio de um burguês, ousa firmar o primeiro tratado de comércio com a Inglaterra, em nome dos mercadores, marinheiros e pescadores.[4] É o litoral, são as cidades que anseiam pelo comando da política comercial, modificando, com a presença de suas instituições, as relações sociais do campo. O comércio de trânsito, abraçando a Europa, está próximo da plena maturidade. Lisboa seria o teatro da nova era, projetada sobre o mar e sobre o mundo.

Nos meados do século XIV entram a ferver as causas próximas da grande revolução, da gloriosa revolução que completou e aperfeiçoou o reino. Um acidente prepara-lhe o ânimo popular, conturbado com as consequências sociais e econômicas da grande peste de 1348. Provavelmente pereceu um terço da população, atingida sem nenhum meio de defesa, senão a súplica ao céu.[5] No campo, alteraram-se, de imediato, as relações de trabalho e de riqueza: ao lado da escassez de servidores, os jornaleiros, dizimados em maior número pelo flagelo, as heranças, avolumando-se em poucas mãos, em virtude de muitos proprietários desaparecidos, enriqueceram pessoas que, desse modo, aumentaram seu patrimônio ou abandonaram a condição servil. A nobreza, assentada sobre os bens rústicos, encontrou-se sem trabalhadores, ao tempo que novos proprietários, até então jornaleiros, pretendiam a ela se equiparar na ociosidade, padrão visível do alto Estado.

> O leitor de agora, conhecedor da lei que relaciona os preços com a intensidade da oferta e da procura, prevê facilmente o que veio a dar-se: uma revolução nos salários. Faltavam obreiros para o trafegar das glebas, e fugia-se a servir pela paga antiga. De aí se origina o

conflito econômico entre a classe dos empregadores e a dos jornaleiros — estes exigindo maior estipêndio, ou buscando profissão de seu maior agrado, aqueles esforçando-se por obrigar os "vis" a servirem por soldada que lhes impunha a lei.[6]

Afonso IV, para remediar os graves inconvenientes do conflito, que percutiam imediatamente na produção agrícola, expediu aos concelhos a circular de 3 de julho de 1349. Justificou a medida com o conhecimento da denúncia, chegada aos seus reais ouvidos, de que homens que antes da peste se ocupavam no serviço alheio, agora, convertidos em herdeiros, se tinham em tão grande conta, a ponto de abandonar e desprezar a vida antiga. Outros, explica o monarca, empregados no trabalho rural, exigiam, fados na escassez de mão de obra, tal preço para seus serviços que os proprietários, vergados com tais despesas, abandonam as culturas e os rebanhos. Ordena que os concelhos nomeiem dois árbitros, escolhidos entre os homens bons, burgueses aliados aos nobres, no momento, em consequência de interesses comuns, para que arrolem as pessoas capazes de exercer algum ofício ou em condições de trabalhar para outrem, com a inclusão daqueles que, antes do flagelo, estavam nesses casos e agora se recusavam a prestar seu trabalho. Todas as pessoas cadastradas seriam obrigadas a continuar nos seus misteres ou noutros em que o concelho lhes reconhecesse capacidade, mediante o salário que lhes taxasse. A exclusão do arrolamento se poderia fazer, mediante prova da qualidade da pessoa e do valor dos bens, circunstâncias que, reconhecidas, permitiam o emprego no trato da mercancia, lavoura ou outra ocupação mais nobre. Aos recalcitrantes sobravam açoites, multas e degredo, penas impostas pelos juízes municipais, prevista uma recompensa aos acusadores. Conquistava a burguesia urbana, com a lei draconiana, um poderoso aliado no campo, até então fechado à solidariedade. O povo miúdo do interior, amargurado e ressentido, transformado em servo da gleba, estaria, daí por diante, à espera de um aceno para vingar o agravo imposto no muramento à ascensão econômica e social. A nobreza e os demais proprietários rurais, apertando rudemente a tampa da panela, acumulavam o vapor da explosão. O bloco rural, soldado pela tradição secular, abria a primeira fenda por onde se infiltraria o predomínio da burguesia urbana, sob o futuro estandarte do Mestre de Avis.

Na confluência desses caudais, alimentados de velhas águas e de águas novas, águas turvas e águas claras, sobe ao trono d. Fernando I (1367-83). A obra do aperfeiçoamento do reino, todavia, começada com o primeiro rei, se completará sob a vigilância de outras mãos, mais astutas, destras e enérgicas. A política do último rei da dinastia fundadora da monarquia, dilacerada numa crise que ameaçava sepultar a própria independência, não chegou a corporificar uma doutrina de transação. Retrata-se na atarefada preocupação de atender reivindicações contrárias, cada uma à medida da pressão, da burguesia e da nobreza. O "mancebo valente, ledo, enamorado, amador de mulheres e muito amigo de se chegar a elas" não encontrou uma sociedade unida. O setor rural vivia a guerra civil latente, perigosamente aprestada para o desenlace sangrento. Não obstante, tal a vivacidade da economia comercial, nenhum rei antes dele foi mais rico, tamanhos os tesouros que seus pais e avós juntaram. Os direitos reais, que definem a apropriação de renda dos negócios, enchiam as arcas, fluindo das alfândegas. O chefe do Estado desempenhava as funções de banqueiro da nação, sócio e animador das exportações.

> E não vos admireis [adverte o cronista] de isto ser assim e muito mais, porque os reis antes de ele tinham tal procedimento com o povo, sentindo-o por seu serviço e proveito, que era forçoso serem todos ricos e os reis terem grandes e grossas rendas. Porque eles emprestavam sobre fiança dinheiro aos que queriam carregar, e tinham, duas vezes no ano, dízima do retorno que lhes vinha; e visto o que cada um ganhava, deixava logo a dízima do ganho em começo de pagamento. E assim, sem sentirem, pagavam a pouco e pouco e eles ficavam ricos e el-rei recuperava todo o seu.
>
> Havia também em Lisboa residentes de muitas terras, não em uma só casa, mas em muitas casas cada uma de sua nação, assim como genoveses e prazentins e lombardos e catalões de Aragão e de Meiorca e milaneses e corsins e biscainhos e outros de outras nações a quem os reis davam privilégios e liberdades, sentindo-o de seu serviço e proveito. Estes faziam vir e expediam do reino grandes e grossas mercadorias, a ponto que, fora as outras cousas que nesta cidade podiam abundantemente carregar, só de vinhos achando-se um ano em que se carregaram doze mil tonéis, além dos que levaram depois os navios no segundo carregamento de março. E para tanto vinham de diversas partes muitos navios a Lisboa, de guisa que, contando aqueles que vinham de fora e os que havia no reino, jaziam muitas vezes diante da cidade quatrocentos e quinhentos navios de carga, e estavam à carga no rio de Sacavém, e na ponte de Montijo, da parte do Ribatejo, sessenta e setenta navios em cada lugar, carregando sal e vinhos. [...] El-rei D. Fernando não comprava para carregar nenhuma daquelas cousas que os mercadores compram, e de que habitualmente vivem, só possuindo as que auferia dos seus direitos reais. E se alguns mercadores queriam encarregar-se de lhe trazer de fora de seus reinos as cousas de que precisava para seus armazéns, não carregava ele próprio nenhuma delas, dizendo que o seu desejo era que os mercadores de sua terra fossem ricos e abastados, e não fazer-lhes cousas que fosse em seu prejuízo e abaixamento de sua honra. E por isso mandava que nenhum residente estrangeiro comprasse por si nem por outrem, fora da cidade de Lisboa, nenhum haver, grande nem pequeno, a não ser para seu próprio mantimento, exceto vinhos, fruta e sal. Mas nos mercados da cidade podiam comprar livremente, para carregar, quaisquer mercadorias.
>
> A nenhum senhor, nem fidalgo, nem clérigo, nem outra pessoa poderosa, consentia que comprasse qualquer mercadoria para revender, porquanto tirariam dessa forma o modo de vida aos mercadores da sua terra, dizendo que parecia contra razão que tais pessoas tivessem atividades que lhes eram pouco próprias, tanto mais que isso lhes era proibido por direito.[7]

O jovem rei encontrava um país rico e, na área mais ativa, próspero, embora minado no campo. O cronista dá relevo ao comércio de produtos nativos — vinhos, sal e frutas —, indicando palidamente o comércio de trânsito, perceptível na presença de numerosas naus e de muitos estrangeiros.

O caminho da política nacional estaria esboçado se um soberano pudesse conduzi-la livremente. Pelo incremento do comércio alcançaria o reino a prosperidade, suplantando as dificuldades agrícolas. As guerras com Castela, tradicionalmente sustentadas pelos séquitos militares da nobreza, fortaleceram esta camada, que urgia por pagamentos e dinheiro para a empresa, vista como obra insensata pela opinião pública, opinião pública já nítida e predominantemente de cor burguesa. Duas correntes opostas mostram-se até nos conselhos do rei, depois de percorrerem as praças e os solares.

> Uma, a predominante porque era a que se conformava mais com o gênio extravagante, versátil e descuidado do rei, impelia às cegas o governo do país, para o caminho das aventuras; a outra, pelo contrário, quando o soberano ou os conselheiros mais aceitos não lhe embargavam o curso, introduzia leis que deviam favorecer o comércio, reprimir a insolência dos poderosos, prover sobre o desenvolvimento da agricultura, ou produzir outros benefícios. Mas os desatinos do soberano anulavam em grande parte o que havia de bom nessas reformas.[8]

Atrás das medidas legislativas, das censuras da opinião e dos conselhos políticos havia a causa do mal-estar do reino, corporificada no poderio crescente da nobreza. A turbulenta política exterior levou ao dramático e súbito esgotamento do outrora opulento tesouro real. A penúria sugeriu ao rei, mais imprevidente que pródigo, a doação à nobreza — em ressarcimento às *quantias* atrasadas — de terras da Coroa. O reino — na concepção patrimonialista do Estado — é terra do rei, que a podia doar apesar das resistências, ainda difusas, de diversa doutrina, empenhada em preservar a incolumidade da riqueza monárquica. De outro lado, ferido com a malquerença da burguesia, o soberano ainda mais se extremava nas simpatias à nobreza, desejoso de lhe ganhar o apoio e a adesão. Sob a pressão desse impulso — o reequilíbrio de uma aliança tradicionalmente comprometida —, as doações de vilas e herdades passaram a se fazer com a transferência da jurisdição, em recuo a uma trilha já consagrada. O povo — a burguesia comercial — reclamava, nas cortes (1372), contra a política retrógrada: queria que a "justiça não tivesse senhores", que o monarca reservasse, para si, "a maior justiça".[9] Temia-se — sempre o mesmo receio — o retorno a normas de cunho feudal, tidas como definitivamente afastadas. A outra corrente, antiaristocrática, permaneceu coesa, capaz de levar o rei, joguete à mercê de abalos contrários, ao estabelecimento de regras e normas, convenientes ao comércio. A aguda crise agrária, que não amainou com as drásticas medidas de Afonso IV, inspirou a Fernando a célebre *Lei das Sesmarias* (possivelmente de 1375), ditada pela sugestão das cortes, nas quais era saliente a influência burguesa. Diga-se, em parêntese, que a burguesia, assenhoreando-se da administração municipal, preponderante sobretudo em Lisboa e no Porto, tinha voz nas cortes, às quais concorriam seus delegados e procuradores. A lei, depois incorporada às *Ordenações Afonsinas*, guarda, na verdade, matiz duplo, nem burguês nem aristocrático. Será, ao não aderir aos interesses do proprietário agrícola, uma vitória burguesa, sem representar um desprestígio da nobreza. Lei de compromisso — inexequível senão com um governo novo, liberto dos impedimentos das travas de uma facção a outra. Somente depois da revolução de 1383-5, tentou-se executá-la, claudicantemente, agora na sua feição antiaristocrática. A escassez de mantimentos, sobretudo de trigo e cevada, levou aos dois meios para alcançar o objetivo: obrigando ao cultivo das terras e constrangendo os lavradores ao trabalho agrícola — dupla coação, que atingia, numa ponta, o proprietário.

> Mandou que todos os que tivessem herdades próprias e emprazadas ou por outro qualquer título, fossem constrangidos a lavrá-las e semeá-las. [...] E que fosse fixado tempo conveniente, aos que houvessem de lavrar, para começarem a aproveitar as terras, debaixo de certas penas. E quando os donos das herdades as não aproveitassem nem dessem a aproveitar, a justiça as entregasse por certa importância a quem as lavrasse, deixando o seu dono de receber a respectiva renda, que deveria ser despendida em proveito comum da terra onde estivessem essas herdades. [...] E que todos os que eram ou costumavam ser lavradores, assim como os filhos e netos de lavradores, e quaisquer outros que em vilas ou cidades ou fora delas morassem, usando de ofício que não fosse tão proveitoso ao bem comum como era o ofício da lavra, fossem constrangidos a lavrar, salvo se tivessem de seu valor quinhentas libras, que seriam umas cem dobras. E se não possuíssem herdades suas, lhes fizessem dar das outras para se aproveitarem, ou vivessem por soldadas com os que houvessem de lavrar, fixando-se-lhes soldada justa. [...] Outrossim mandava que todos os que se achassem a vadiar, intitulando-se escudeiros e moços de el-rei ou da rainha e dos infantes e de quaisquer outros senhores e não fossem notoriamente conhecidos como tais ou mostrassem certidão de como andavam em serviço daqueles de quem se diziam, fossem logo presos e postos a bom recado pela justiça dos lugares onde andassem, e constrangidos a servir na lavoura e em outra cousa.[10]

Não parou aí, nessa difusa lei, o impulso burguês, ao qual cedeu o hesitante e fraco d. Fernando. Duas medidas favoreceram diretamente o comércio marítimo, em benefício dos armadores: os privilégios concedidos "aos mercadores, moradores e vizinhos de Lisboa", para o fomento da construção de navios e a genial criação dos seguros marítimos (1383). O primeiro expediente tem algum cunho nacionalista — "melhor seria se o lucro que os navios estrangeiros recebiam dos fretes fosse recebido pelos seus naturais." (*Crônica*.) O segundo visava ao estabelecimento "de uma associação de todos os donos das naus, pela qual tais perdas se remediassem e seus donos não caíssem em áspera pobreza" (Idem). Parece certo que, entrado o último quartel do século XIV, o comércio marítimo se sentia capaz de, pelos próprios recursos, explorar as vantagens do trânsito, associando-se e vinculando-se solidariamente. À chusma de aventureiros internacionais sucede um grupo em vias de organização, ávido de se apropriar dos lucros até então dispersos, pulverizados, migratórios.

Malgrado todas as concessões, d. Fernando se identificava, aos olhos do povo e da burguesia comercial, a um soberano vendido à nobreza. Fernão Lopes alude com frequência ao mal-estar da população urbana, fixado sobretudo no repúdio ao casamento com d. Leonor Teles, "louçã e elegante e de bom corpo", sem acrescentar igual veemência de sentimento por parte da nobreza. O protesto teria fundamento, obscuramente, inarticuladamente, na aproximação da futura rainha à facção da nobreza mais ciosa de seus privilégios, inclinada à aliança espanhola, cuja Coroa era propícia à permanência das conquistas sociais da aristocracia. Esta a linha final da dissensão, mal prevista, ainda no campo das probabilidades remotas: a entrega do reino à tutela castelhana, permanente ameaça, instaurada no primeiro dia da independência. Pela autonomia do reino, velava uma classe, poderosa cada hora mais, preparada para enfrentar a coligação aristocrática.

2 | *A Revolução de Avis: vitória da burguesia sob a tutela do rei*

O ÚLTIMO ATO SE APROXIMA, último ato de um rei e de uma dinastia. A nobreza, ajudada pelo clero a ela coligado por interesses comuns, vigorosamente tecidos no manto monárquico, prepara o lance decisivo. Com o Tratado de Salvaterra de Magos (2 de abril de 1383), assinado seis meses antes da morte do soberano, d. Beatriz, a única filha de d. Fernando, casada com o rei de Castela, seria a sucessora nominal do trono, sob a regência da rainha-mãe, d. Leonor Teles, até que aquela tivesse um filho varão, reunindo no mesmo cetro os dois reinos, que se conservariam nominalmente independentes. Morto o rei, a aristocracia alçou voz pela rainha de Castela, d. Beatriz: "Arraial! arraial! pela rainha d. Beatriz de Portugal, nossa senhora". Grandes murmúrios, protestos e motins repeliram o fato consumado: reagiu Lisboa, Santarém e Elvas. "— Agora se vende Portugal dado, que tantas cabeças e sangue custou a ganhar, quando foi tomado aos mouros." A perturbação, a perplexidade, a indecisão tomaram conta do reino, sobretudo dos núcleos urbanos e burgueses. A fórmula do momento, de expectativa, incerteza, surgiu: "Arraial, arraial! Aquele de quem for o reino o levará" (*Crônica de el-rei dom Fernando*).

Entre a legitimidade na sucessão hereditária e a soberania nacional, a nascente, agressiva e revolucionária soberania nacional, estava o dissídio instaurado. A solução deveria favorecer o irmão de d. Fernando, o infante d. João, filho de d. Pedro e de d. Inês de Castro, impedido de entrar em Portugal, encarcerado em Castela. Com essa ascensão ao trono, a aristocracia encontraria uma saída honrosa, a parte da aristocracia comprometida com a independência nacional. Impossível o meio-termo, também voltado contra o princípio da legitimidade, sobrava apenas a revolução, cujo resultado levaria a submissão a Castela ou à afirmação da soberania nacional. De qualquer forma, a vez era a da espada e do sangue.

Urgia, para que se cristalizasse a política antissenhorial, descobrir um líder, definir uma orientação, ferir a autoridade da rainha-mãe, d. Leonor Teles. A burguesia comercial, na sua facção mais extremada, chegou a articular, vagamente, difusamente, o estabelecimento de uma república, de molde veneziano. Para esse passo extremo, faltava-lhe força, necessitada de ajustar, para o triunfo, a aliança com a "arraia-miúda" e a facção nobre não bandeada para Castela. Um homem de gênio, letrado comprometido com a burguesia, Álvaro Pais, insufla e prepara o Mestre de

Avis, filho bastardo de d. Pedro, para ocupar o vácuo do poder. Esse Álvaro Pais, "homem honrado e de boa fazenda", ex-chanceler-mor de d. Pedro e de d. Fernando, gozava de grande prestígio em Lisboa, onde manobrava os vereadores.

> Eis um homem que realiza em si algumas das mais altas qualidades do estadista: o conhecimento dos homens e das turbas, o sentido das realidades políticas e a ciência de os utilizar, e essa previsão e inventivas sagazes, que permitem preparar com método as condições do êxito.[11]

O plano político para deflagrar a revolução — a cartada extrema estava agora decidida — incluía, como primeiro passo, o assassínio do conde d. João Fernandes Andeiro, chefe da facção castelhana e amante da rainha. Hesitou o Mestre de Avis, "o cobiçoso de honra": não queria apenas vingar um agravo pessoal, queria uma ação com maiores consequências. Adivinhando o sentimento nacional e penetrando o pensamento do instigador do movimento, pede o auxílio popular.

> Especialmente dizia o Mestre que quem se quisesse aventurar a tal feito, principalmente dentro da cidade, necessitava de alguma ajuda do povo, por causa do perigo que podia sobrevir. [...] E quanto à ajuda do povo, em que o Mestre falou muito, respondeu que, se o Mestre o quisesse fazer, ele lhe oferecia a cidade em sua ajuda.[12]

Um valia o outro, o conspirador e o líder — a semente caíra em terreno ardente de ambição. O golpe veio a 6 de dezembro de 1383, pouco mais de um mês após a morte de d. Fernando: caía o chefe do grupo castelhano, um dos executores do tratado de abril, o traidor Tratado de Salvaterra de Magos. O povo, atiçado por Álvaro Pais, que o fomentou com a falsa notícia de que o séquito da odiada rainha procurava matar o Mestre, acode de toda parte aclamando o novo líder. Estava deflagrada a rebelião, o tumulto, o saque — o campo sente os reflexos e acompanha Lisboa: os homens forçados ao trabalho com os salários tabelados acompanham a revolução, juntando a ela as achas do seu ressentimento. O povo miúdo satisfaz sua ira antiga, acrescentando-a de violenta roubalheira "as expropriações pelo próprio Mestre, para satisfazer a corrente das desforras plebeias que lhe facultava os soldados para a sua luta".[13] Poupava o Mestre, todavia, os aliados certos, os comerciantes judeus, evitando a insubmissão descontrolada das turbas.

> Desta maneira que tendes ouvido se levantarem os povos noutros lugares, havendo grande cisma e divisão entre os grandes e os pequenos. O qual ajuntamento dos pequenos povos que então assim se formava chamavam naquele tempo "arraia-miúda". Os grandes, à primeira, escarnecendo dos pequenos, chamavam-lhes "povo do Messias de Lisboa", que cuidavam que os havia de remir da sujeição de el-rei de Castela. E os pequenos aos

grandes, depois que cobraram coragem e se juntaram todos em um, chamavam-lhes "traidores cismáticos", que seguiam o partido dos castelhanos para darem o reino a quem não pertencia. E ninguém, por grande que fosse, se atrevia a contradizer isto, nem a falar cousa nenhuma por si, porque sabia que, como falasse, morte má tinha logo prestes, sem ninguém lhe poder valer. [...] Quanta discórdia pensais que era entre pais e filhos, irmãos e irmãos, mulheres e maridos? A ninguém era ouvida razão nem desculpa que quisesse alegar. Mas quando algum falava "Fulano é deles!" não havia nada que lhe salvasse a vida, nem justiça que o livrasse de suas mãos. E isto era especialmente contra os melhores e mais honrados [categorizados] que havia nos lugares, dos quais muitos foram postos em grande cajom [ocasião] de morte, e roubados de quanto haviam. E deles com medo fugiam para as vilas que tinham voz por el-rei de Castela; outros se iam para fora do reino, deixando seus bens e tudo quanto haviam, os quais logo o Mestre dava a quem lhos pedia; e os miúdos corriam após eles, e buscavam-nos e prendiam-nos tão de vontade que parecia que lidavam pela fé.[14]

A alta burguesia, presa aos vínculos do soberano, que lhes outorgava as concessões de comércio, foi arrastada, não sem hesitações, ao centro do furacão, por ela estimulado.

O Regedor e Defensor do Reino, em dois anos de guerra, se converte em d. João I, primeiro rei da dinastia de Avis (1385-1580). A guerra externa, lançada por Castela com o apoio da ala mais extremada da aristocracia portuguesa, pertence ao contexto da guerra civil, que define, passo a passo, a reestruturação do reino. Astutamente, sagazmente, Álvaro Pais traça o roteiro da ação do príncipe em nascimento: "Senhor, fazei por esta guisa: dai aquilo que vosso não é, prometei o que não tendes, e perdoai a quem vos não errou, e ser-vos-á de mui grande ajuda para tal negócio em que sois posto" (*Crônica de dom João I*). Os poderes do chefe, fixados pela concepção patrimonial do Estado, exacerbados com a guerra externa e interna, ganham relevo, agressividade e cínica expansão. Em três direções, o conselho realista se realiza: nas doações de terras à hoste combatente, em detrimento dos bens da aristocracia trânsfuga, nos privilégios concedidos à burguesia comercial e na elevação dos letrados legistas. As três categorias se projetam no círculo ministerial e nos conselhos do novo dirigente, dando feição luzida a uma aristocracia erguida da revolta. Nuno Álvares Pereira, o condestável da campanha militar, torna-se o maior proprietário do reino, não sem a censura dos legistas, preocupados em manter a supremacia do rei, superior a todos, inclusive pela grandeza do senhorio territorial.

Ao jurista, representado em João das Regras, coube conciliar as facções, amalgamando-as, articulando-as e incorporando-as ao Estado. Sua primeira obra foi institucionalizar a dupla chefia do governo, com a prevalência do poder revolucionário. O aclamado Regedor e Defensor do Reino, por arte dos sofismas do chanceler-mor, o dr João das Regras, reivindica o trono, com argumentos de legitimidade. Os fidalgos, relutantes em quebrar um princípio tradicionalmente assentado, envolvidos pela "sutileza e clareza de bem falar", reconheceram, no bastardo, o rei, depois que se lhes mostrou a nulidade dos casamentos de onde provinham os demais pretendentes. Triunfou o direito romano, com sua maneira retórica de raciocínio, consagrando as cortes de Coimbra, verdade que ao lado da espada, o novo príncipe. A sociedade urbana e popular tinha um rei — feito da revolução burguesa, da espada improvisada e dos argumentos dos juristas. Burgueses e legistas velavam para que a monarquia, duramente construída, não se extraviasse numa confederação de magnatas territoriais, enriquecidos com as doações de terras, outorgadas para recompensar serviços e lealdades. Nuno Álvares, dono da metade do país, sofreu dura restrição ao gozo de suas propriedades, restrição que o cronista atribui, sem compreendê-la, só à inveja. Inspirava o jurista, ao recomendar a tomada dos territórios distribuídos no calor da guerra, o propósito de que ninguém, salvo o rei, tivesse vassalos, alvitre que o soberano aceitou indiretamente, ao adquirir parte das terras doadas. Conscientemente, procurava-se "defender a ideia do Estado, favorável à burguesia, contra esse súbito alastramento da concepção oposta — a do regime senhorial, a do bando épico".[15] Não renasce, nos senhorios territoriais, o germe feudal, incompatível com a estrutura da monarquia, vigilante às perigosas expansões da sepultada ordem feudal. Para completar a obra, o bisneto de d. João I entregará ao carrasco um neto da filha do Condestável — do Condestável Nuno Álvares, do qual brotará a Casa de Bragança, celeiro de uma futura nova dinastia (1640). O retoque final na lenta, penosa, incerta obra de muitos séculos deu-o a guerra, no campo de Aljubarrota (14 de agosto de 1385). Mais do que o lance das armas, retrata o acontecimento o desespero do rei de Castela, inconformado com a humilhação de ser batido por um bastardo e sua coorte de plebeus. Nascia uma nova Europa, para surpresa da fidalguia arrogante.

> Pensais vós — lamenta-se o inconsolável e derrotado rei de Castela — que não sei eu que a muitos reis e senhores aconteceu já isto que me veio agora? Não sou eu tão simples que isso não entenda. E se vós dizeis que outro tanto e tal aconteceu a meu pai, verdade é que assim foi, mas rogo-vos que me digais de que homens foi meu pai vencido? Foi-o do príncipe de Gales, que era um muito grande senhor e tão bem-sucedido que pelejou com el-rei de França e o venceu e levou preso a Inglaterra. E de que gente foi meu pai vencido? Foi-o de ingleses, que são a for da cavalaria do mundo, tanto que vencido por eles não deixava de ficar honrado. E eu de quem fui vencido e desbaratado? Fui-o do mestre de Avis de Portugal, que nunca em sua vida fez feito que montasse coisa que seja para contar. E de que gente fui eu vencido? Fui-o de chamorros que, ainda que Deus me fizesse tanta mercê que os tivesse todos atados com cordas e os degolasse por minha mão, minha desonra não seria vingada.[16]

Das humilhações de um rei nasceu a glória de outro rei. Sobre os destroços da cavalaria medieval, a infantaria, projeto de exército popular, assegurava a independência e assenhoreava a soberania para o reino. Uma constelação de interesses, longamente fermentados, articulava classes e camadas para argamassar a monarquia. O fervor popular, a ardente adoração da arraia-miúda, não proclamou apenas um senhor, ao molde tradicional. Do sofrimento popular, do sangue dos exaltados partidários, das cinzas revolucionárias, um novo tipo de autoridade nascia, à imagem do primeiro rei: o carisma.[17] A autoridade legal e racional, filha dos argumentos, raciocínio e sutilezas de João das Regras, serviu apenas de moldura intelectual. Qualificado com a auréola do poder extraordinário, logrará d. João I, encadeado à estrutura patrimonial, erguer seu domínio acima do círculo da burguesia, tornando-a, de patrocinadora da monarquia, em servidora. A nobreza, ferida de muitas traições, purgada com a fuga para Castela, enriquecida de novas linhagens, deixará de sonhar com os castelos feudais, presa às rédeas do trono. Certo, ela absorverá grande parte da burguesia comercial, voltada para o campo — mas pagará caro a insensata tentativa de conquistar privilégios que ameacem lançar sombra ao paço real. A sétima idade abre-se na história, na palavra do cronista, idade que durará até a consumação dos séculos.

> Fazemos aqui a sétima idade, na qual se levantou outro mundo novo e nova geração de gentes. Porque filhos de homens de tão baixa condição que não cumpre dizer, por seu bom serviço e trabalho foram neste tempo feitos cavaleiros, chamando-se logo de novas linhagens e apelidos; e outros se apegaram a fidalguias antigas de que já não havia memória, de modo que, pelas dignidades e honras e ofícios do reino em que os pôs este senhor, sendo Mestre, e depois que foi rei, vieram a subir tanto pelo tempo adiante que os seus descendentes hoje em dia usam dom e são chamados em grande conta. E assim como o Filho de Deus chamou os seus apóstolos dizendo que os faria pescadores de homens, assim muitos destes que o Mestre promoveu pescaram tantos para si, pelo seu grande e honroso Estado, que alguns houve que traziam permanentemente consigo vinte e trinta homens de cavalo, e na guerra que se seguiu acompanhavam-nos trezentas e quatrocentas lanças e alguns fidalgos de linhagem.[18]

Fernão Lopes, o fiel cronista, o historiador que exalta os acontecimentos, filho ele próprio da era nova, acentua e dá relevo às transformações sociais e econômicas que a revolução consagrou. Com ele nasce uma história nova, ajustada ao tempo, preocupada com a realidade profunda e com a ideologia, alheia à tradição narrativa de Tucídides.[19] Note-se, todavia, o traço de fina malícia: a revolução não emancipa uma classe, a da arraia-miúda conduzida pelo alto comércio marítimo e urbano; ela nobilita, sob o comando dos legistas, uma camada longamente preparada para a ascensão social e política. Uma revolução traída?[20] Não houve nenhuma traição:

as conquistas burguesas perseveram nos anos seguintes, a sisa, agora o principal imposto, quebrou as imunidades aristocráticas, penetrando em todas as transações de compra, venda e troca. Reforçaram-se as bases dos armadores, fazendo germinar a arrancada, aventura e epopeia da conquista ultramarina. Verdade que a nobreza não desapareceu, nem perdeu o papel de fator do poder, sequer se transformou em elite nominal, destituída da real influência. Ao seu lado, com a função dinâmica de conduzir a economia e partilhar a direção da sociedade, instalou-se a burguesia, transformada de grupo de pressão em, também ela, fator do poder. Não se limitava mais a atuar, perdida nos concelhos municipais, nas pressões urbanas, sobretudo de Lisboa, Porto e Santarém, ou, vez ou outra, nas cortes. Ela estava dentro do Estado. Mas o sistema de domínio político não lhe foi confiado, com a demissão do soberano. A burguesia conquistou o seu lugar; mas, sobre ela, havia uma cabeça, dona de maior riqueza, a proprietária virtual de todo o comércio, cabeça com ideias, projetos e planos, saídos das mãos dos juristas, armados de raciocínios, cheios de enredos, armadilhas e sofismas, capazes de erguer, por toda parte, a sombra da forca. A monarquia se define na crise de 1383-5 — mas as bases vinham de longe, filtradas das impurezas que os privilégios senhoriais e territoriais ameaçavam sepultar.

3 | *O estamento: camada que comanda a economia junto ao rei*

A REALIDADE DO ESTADO PATRIMONIAL, afastada a situação feudal, que ensejaria uma confederação política, amadureceu num quadro administrativo, de caráter precocemente ministerial. A direção dos negócios da Coroa exigia o trato da empresa econômica, definida em direção ao mar, requeria um grupo de conselheiros e executores, ao lado do rei, sob a incontestável supremacia do soberano. Há não apenas tributos a colher, onde quer que haja movimento de bens, senão receitas a arrecadar, como participação do príncipe em todos os negócios, senhor ele próprio de todas as transações, lucros e vantagens. Cada vez mais a nota tônica dos tempos novos percute sobre a navegação oceânica, em direção a Flandres e, daí, para o Norte da Europa, com as garras ávidas em incursões no mundo árabe, distanciando-se da renda fundiária e da circulação das feiras internas, inaptas a sustentar a grande empresa marítima. De senhor virtual do território eleva-se o Estado, em nome do rei,

> em agente econômico extremamente ativo (como forçava as casas senhoriais a lançarem-se nos empreendimentos comerciais-marítimos), buscando na navegação oceânica e respectivos tráficos, bem como em certas atividades industriais novas as rendas que a terra já não lhe dá em montante que satisfaça as necessidades crescentes e que a contração econômica lhe nega no mercado interno.[21]

Para isso, o Estado se aparelha, grau a grau, sempre que a necessidade sugere, com a organização político-administrativa, juridicamente pensada e escrita, racionalizada e sistematizada pelos juristas.

Essa corporação de poder se estrutura numa comunidade: o estamento.[22] Para a compreensão do fenômeno, observe-se, desde logo, que a ordem social, ao se afirmar nas classes, estamentos e castas, compreende uma distribuição de poder, em sentido amplo — a imposição de uma vontade sobre a conduta alheia. A estratificação social, embora economicamente condicionada, não resulta na absorção do poder pela economia. O grupo que comanda, no qual se instala o núcleo das decisões, não é, nas circunstâncias históricas em exame, uma classe, da qual o Estado seria mero delegado, espécie de comitê executivo.[23] A classe se forma com a agregação de interesses econômicos, determinados, em última instância, pelo mercado.

A propriedade e os serviços oferecidos no mercado, redutíveis, propriedade e serviços, a dinheiro, determinam a emergência da classe, com o polo positivamente e o polo negativamente privilegiados. A classe e seus membros, por mais poderosa que seja, pode não dispor de poder político — pode até ocorrer o contrário, uma classe rica é repelida pela sociedade, marcada de prestígio negativo, como os usurários e banqueiros judeus dos séculos XV e XVI de Portugal. A classe se forma de um grupo disperso, não repousa numa comunidade, embora possa levar, pela identidade de interesses, a uma ação congregada, a associações e comunidades, criadas e desfeitas ao sabor das atividades propostas ocasionalmente ou de fins a alcançar, em benefício comum. De outra natureza é o estamento — primariamente uma camada social e não econômica, embora possa repousar, em conexão não necessária real e conceitualmente, sobre uma classe. O estamento político — de que aqui se cogita, abandonado o estamento profissional, por alheio ao assunto — constitui sempre uma comunidade, embora amorfa: os seus membros pensam e agem conscientes de pertencer a um mesmo grupo, a um círculo elevado, qualificado para o exercício do poder. A situação estamental, a marca do indivíduo que aspira aos privilégios do grupo, se fixa no prestígio da camada, na honra social que ela infunde sobre toda a sociedade. Essa consideração social apura, filtra e sublima um modo ou estilo de vida; reconhece, como próprias, certas maneiras de educação e projeta prestígio sobre a pessoa que a ele pertence, não raro hereditariamente. Para incorporar-se a ele, não há a distinção entre o rico e o pobre, o proprietário e o homem sem bens. Ao contrário da classe, no estamento não vinga a igualdade das pessoas — o estamento é, na realidade, um grupo de membros cuja elevação se calca na desigualdade social. À abertura das classes, para as quais basta a dotação de meios econômicos ou de habilitações profissionais para integrá-las, opõe-se a tendência à exclusão dos recém-vindos, dos *parvenus*, não raro aceitos na camada senão depois de mais de uma geração. A entrada no estamento depende de qualidades que se impõem, que se cunham na personalidade, estilizando-lhe o perfil. Os estamentos florescem, de modo natural, nas sociedades em que o mercado não domina toda a economia, a sociedade feudal ou patrimonial. Não obstante, na sociedade capitalista, os estamentos permanecem, residualmente, em virtude de certa distinção econômica mundial, sobretudo nas nações não integralmente assimiladas ao processo de vanguarda. Há o estamento, de outro lado, das sociedades modernas, não rigorosamente vinculado à sobrevivência de traços antigos, como o gentleman inglês, tal as famílias tradicionais, o grupo de pretensas maneiras elevadas, o círculo dos políticos categorizadamente profissionais, de alto nível, próximos do poder e em torno dele gravitando. O estamento supõe distância social e se esforça pela conquista de vantagens materiais e espirituais exclusivas. As convenções, e não a ordem legal, determinam as sanções para a desqualificação estamental, bem como asseguram privilégios materiais e de maneiras. O fechamento da comunidade leva à apropriação de oportunidades econômicas, que desembocam, no ponto extremo, nos monopólios de atividades lucrativas e de cargos públicos. Com isso, as convenções, os estilos de vida incidem sobre o mercado, impedindo-o de expandir sua plena virtualidade de negar distinções pessoais. Regras jurídicas, não raro, enrijecem as convenções, restringindo a economia livre, em favor de quistos de consumo qualificado, exigido pelo modo de vida. De outro lado, a estabilidade econômica favorece a sociedade de estamentos, assim como as transformações bruscas, da técnica ou das relações de interesses, os enfraquecem. Daí que representem eles um freio conservador, preocupados em assegurar a base de seu poder. Há estamentos que se transformam em classes e classes que evolvem para o estamento — sem negar seu conteúdo diverso. Os estamentos governam, as classes negociam. "Os estamentos são órgãos do Estado, as classes são categorias sociais" (econômicas).[24]

Significa essa realidade — o Estado patrimonial de estamento — que a forma de domínio, ao contrário da dinâmica da sociedade de classes, se projeta de cima para baixo. Todas as camadas, os artesãos e os jornaleiros, os lavradores e os senhores de terras, os comerciantes e os armadores, orientam suas atividades dentro das raias permitidas, respeitam os campos subtraídos ao controle superior, submetem-se a regras convencionalmente fixadas. Junto ao rei, livremente recrutada, uma comunidade — patronato, parceria, oligarquia, como quer que a denomine a censura pública — manda, governa, dirige, orienta, determinando, não apenas formalmente, o curso da economia e as expressões da sociedade, sociedade tolhida, impedida, amordaçada.[25] O comércio, velho aliado do rei, não governa: mal logra estruturar a ideologia mercantilista, subjugado pelo estamento, com suas tradições, normas jurídicas e pendores espirituais. Os senhores territoriais e o clero, ao primeiro arreganho de independência, sofrem, no peito, o rude golpe do soberano e sua comunidade de governo. Uma debilitada articulação de classes é presidida pelo estamento, capaz de empalidecê-las interiormente.

Há, com a emergência do fenômeno, um tipo de Estado que não se confunde com o Estado absoluto, bem como com um tipo de comunidade dirigente do grupo de funcionários. As duas realidades, absolutismo e funcionalismo, estão em germe no Estado patrimonial de estamento, sem com elas se identificar. Reduzido o estamento a uma comunidade de dependentes do tesouro da Coroa, haverá a sua degradação à burocracia — embora uma burocracia de caráter aristocrático, com uma ética e um estilo de vida particularizados, impregnado do espírito pré-capitalista. No Estado absoluto, resíduo do patrimonialismo, viverão, atuantes, submersos mas vivos, os privilégios, condicionamento da vontade do soberano. O estamento — estado-maior da autoridade pública — apressa, consolidando-a, a separação entre a coisa pública e os bens do príncipe. O reino não é mais o domínio do rei: o soberano é o domínio da nação. Os delegados do rei, com direitos próprios que o estamento prestigia, não representam sua casa, senão o país. Quem delimita as fronteiras, que o Estado patrimonial não lograra firmar são os juristas, agora com o primeiro lugar nos conselhos da Coroa. A tradição, que o direito romano derramara, em resíduos sem coerência, ganha caráter racional, consciente, concertado — graças à palavra, acatada, respeitada, dos juristas. Há um rumor antiaristocrático na reorganização política e administrativa do reino, antiaristocrático com o sentido de oposição à nobreza territorial, sem caracterizar um movimento democrático. Uma aristocracia nova ocupará o lugar da velha aristocracia, incapaz esta, em todo o curso da história portuguesa, de ordenar o Estado à sua feição, instrumento, numa oportunidade, da política do rei contra o clero, vítima, mais tarde, da aliança do soberano com a burguesia. Agora, as categorias tradicionais — clero, nobreza territorial, burguesia — se reduzem, pelo predomínio da Coroa, a celeiros de recrutamento nos conselhos e nos círculos ministeriais. Articulados junto ao trono, não atuam mais com o caráter e os estilos do clero, nobreza e burguesia: recebem o cunho de uma camada de domínio, a ela se amoldam, como a prata se dobra à impressão dos caracteres que a fazem moeda. As cortes de 1385 distinguem quatro ordens de pessoas, capazes de tomar assento no plenário das decisões políticas: prelados, fidalgos, letrados, cidadãos.[26] Ao lado das outras três categorias, ganha relevo o letrado, cuja matéria-prima constituirá o aparelho público da Fazenda, Justiça e Administração Superior. Com d. João I consolida-se uma tendência que vinha de longe, desde a monarquia visigótica, e, atravessando-a, do *império romano*. Os cargos de alferes-mor e mordomo-mor perdem o relevo, em favor do chanceler, principal responsável pela administração.

> Estava à frente da chancelaria, a secretaria onde se lavravam e registravam os diplomas régios e que era constituída por pessoal permanente e cada vez mais numeroso, clérigos, notários, tabeliães da corte, escrivães ou escribas. As decisões do rei só depois de redigidas faziam fé, e tinham os diplomas de ser selados com o selo régio cujo detentor era o chanceler, embora, naturalmente, ele o confiasse a funcionários de confiança (tenente dos selos, guarda-selos). O diploma, uma vez redigido sobre ementa dada pelo ministro de despacho que tivesse tratado com o rei, era revisto pelo chanceler e só depois selado. Durante muito tempo o chanceler assistia também ao despacho.[27]

O direito, prolatado pelo rei, torna-se, gradativamente, direito escrito, anulando o direito costumeiro medieval. O ministro do rei, para desempenhar a função em harmonia com o rumo novo, deve ser um letrado, inicialmente o clérigo desligado da nobreza do clero, depois o jurista oriundo da universidade. Desde o século XII, por via do direito romano, próprio a justificar a supremacia, um dia absoluta, do rei, os letrados ou legistas ganham, passo a passo, o primeiro lugar nos conselhos e nos órgãos executivos. Na cúria régia do primeiro rei eles já têm um papel — por meio do *magister albertus* —, que, no século XIV, seria o primeiro lugar, o lugar indisputado de João das Regras. Graças à sua atuação, desde a segunda metade do século XIII, as funções públicas se diferenciam por competências estereotipadas, fundadas na distinção básica da administração pública da administração do serviço doméstico do rei.[28] Depois de dividir as funções com a fidalguia, eles se tornam titulares exclusivos dos grandes cargos, embrionariamente ministeriais. A crise de 1383-5 definiu a entrada, para o mando e para as decisões, dos legistas no paço real. Não se trata, todavia, como apressadamente se poderia concluir, de uma facção, subitamente enobrecida, que conquista o poder. O equilíbrio das forças e dos fatores de poder, envolvidos e freados pela supremacia econômica, militar e carismática do rei, desaguou numa comunidade, encarregada, sob a presidência do soberano, de administrar, distribuir justiça e definir as leis. Aclamado o Mestre Regedor e Defensor do Reino, dos sete conselheiros que escolheu, para com ele dividir a responsabilidade do governo, quase todos eram legistas, em cujo corpo avultavam Álvaro Pais e João das Regras.

> Estava definitivamente estabelecida a preponderância dos legistas. O que eles podiam valer a favor da nova dinastia mostrara-o nas Cortes de 1385 a dialética de um dos mais notáveis, João das Regras, que, cingindo com audácia as pretensões dos que fundavam na hereditariedade o direito a ocupar o trono, se propôs demonstrar a plena liberdade, que assistia então aos povos, de colocar a Coroa no Mestre de Avis. Eram, no entanto, as escolas estrangeiras principalmente que ministravam a ciência aos nossos compatriotas, porque, segundo se afirmava nas Cortes de Lisboa de 1372, havia muitos portugueses que iam fora do país seguir os estudos, que a universidade (o Estudo Geral) pelo seu Estado decadente não estava no caso de lhes proporcionar.
>
> A importância dos legistas, constituindo já eles uma classe própria, foi crescendo sempre; e no meado do século XV os doutores ocupavam na sociedade um lugar tão elevado que, proibindo Afonso V, nas Cortes de Lisboa de 1459, o uso da seda, excetua cavaleiros, fidalgos, doutores, e suas mulheres, as donzelas de suas famílias e da família dos infantes, do duque e dos primos dele rei.
>
> No século XVI os legistas formavam uma espécie de casta. Os cargos da magistratura superior eram geralmente desempenhados, no meado desse século, por famílias ligadas mais ou menos entre si pelos laços do parentesco. Os mesmos lugares subalternos da administração judicial andavam providos comumente em pessoas que dependiam dos empregados superiores.[29]

Retifique-se o exagero: os legistas não constituíam uma classe ou uma casta. Eles se agregaram, com maior voz, numa comunidade, onde todas as parcialidades se representavam. O estamento, com o colorido particular que lhe infunde o século XIV, zela pela supremacia do poder nacional, poder ao mesmo tempo civil em oposição à nobreza e ao controle do poder econômico. A nobreza perdeu a ampla imunidade fiscal, sujeita que ficou à sisa, o primeiro imposto geral e permanente de Portugal, logo representando três quartos das rendas públicas. Os legistas golpearam os senhores territoriais, já feridos na pessoa do condestável Nuno Álvares, que foi forçado a devolver terras doadas pelo soberano, com a chamada lei mental. Firmado o princípio da inalienabilidade dos bens da Coroa ficaria certo que as doações de terras se fariam com a reserva de reversão, se não preenchidas algumas condições na sucessão (indivisibilidade, primogenitura, masculinidade). A troco de moeda deteriorada, o rei poderia, ainda, reaver herdades doadas sob o aperto da guerra, pagando à nobreza os salários (contias) das jornadas militares. O serviço militar tornava-se, de sorte, um serviço público, remunerado ao talante do rei, obrigatório sem o subterfúgio de consentimento. A nobreza cedia todos os seus privilégios ancestrais: no futuro, só lhe restaria, ares cortesãos, despida a arrogância, pedir um lugar no governo, fonte única de poder, de prestígio, de glória e de enriquecimento. Por seu turno, a burguesia, orgulhosa de seus êxitos, sentirá, sem definir uma ideologia própria, que seu papel se reduz a agente do rei, o futuro insigne mercador da pimenta. Mas o soberano será, também ele, despojado de atribuições — perderá a marca de proprietário do reino, convertido em seu administrador, defensor e zelador: o principado eleva-se acima do príncipe. O *imperium* ocupará o lugar do *dominium*, sem, todavia, desvirtuar o princípio patrimonial, exacerbado, a seguir, nas jornadas ultramarinas. O conglomerado de direitos e privilégios, enquistados no estamento, obriga o rei, depois de suscitá-lo e de nele se amparar, a lhe sofrer o influxo: a ação real se fará por meio de pactos, acordos, negociações. No seu seio, haverá a luta permanente na caça ao predomínio de uma facção sobre outra; a teia jurídica que o envolve não tem o caráter moderno de impessoalidade e generalidade; a troca de benefícios é a base da atividade pública, dissociada em interesses reunidos numa única convergência: o poder e o tesouro do rei.[30] Sobre a nação, acima de suas classes, de seus grupos e de seus interesses — este o ponto fundamental a fixar —, uma comunidade, que se fecha sobre si própria, comanda e dirige, pronta para as grandes empresas. O Estado atinge a perfeição capaz de lançá-lo ao grande salto, às suas portas desde dois séculos, da expansão no mundo. Somente essa organização política ensejaria, naquela hora, a magna arrancada ultramarina.

4 | Da aventura ultramarina ao capitalismo de Estado

A GEOGRAFIA teve papel de fundamental relevo na história das navegações. Ela não explica, por força própria, os acontecimentos que iriam engrandecer o século. Indica, entretanto, a causa dos fracassos das tentativas italianas, cujo ativo comércio medieval as privilegiava para buscar, por via marítima, as fontes das preciosas mercadorias orientais. A geografia, se elevada a causa autônoma, sugeriria aos espanhóis o comando da empresa ultramarina, cujo povo estava ativamente empenhado nas trocas mediterrâneas. A conjugação de outros fatores, todavia, além do cais europeu, assentado nas costas portuguesas, elegeu Portugal para a aventura ultramarina. Os séculos XIII e XIV concentraram, nas costas portuguesas, o comércio atlântico, de troca de produtos locais ou no trânsito de especiarias vindas do Mediterrâneo. Nos dois extremos — Mediterrâneo e Flandres —, as atividades marítimas se expandiram para o Norte da África e para a França e a Inglaterra. Uma obra legislativa, de seguros marítimos e participação nas sociedades do mar, acompanhou essa áspera, duvidosa e difícil trajetória. Um elemento deu unidade, alma e energia ao chamado "milagre luso" (Renan) ou ao "enigma português":[31] o Estado, de origem patrimonial, articulado em estamento. A obra de alargamento do mundo europeu não cabia na capacidade dos particulares, na forma do modelo genovês de comércio. O conglomerado hispânico, dilacerado em disputas e guerras, assoberbado pela nobreza territorial, revelava-se, no século XV, imaturo para organizar, com cálculo e continuidade, um feito ao mesmo tempo comercial, militar e administrativo.[32]

Uma falsa observação pode sugerir que Portugal seria uma monarquia agrária,[33] voltada para o comércio marítimo, dedicada à troca de seus excedentes rurais. A doutrina levaria, desenvolvendo-se coerentemente, a identificar na via marítima uma atividade periférica, alheia ao cerne do reino, mediante a impressão de que, a poucas léguas de Lisboa ou do Porto, cuidava a população do cultivo dos campos ou do pastoreio, sem nenhum vestígio de maresia. O país estaria precariamente unido, com a independência real de dois sistemas econômicos. Quando muito, a expansão ultramarina seria uma fugaz e temerária aventura, falsa revolução de superfície, sepultada nas ruínas do império mal digerido. "A atividade marítima" — contesta Jaime Cortesão — "está não só nas raízes da nacionalidade, donde sobe como a seiva para o tronco, mas é como que a linha medular que dá vigor e unidade a toda a sua história."[34] Voltemos ao assunto, já esboçado no curso deste ensaio.

Portugal não conheceu, no íntimo de sua teia social e econômica, o predomínio da economia agrária, capaz de, plenamente realizado, levar à quase soberania da nobreza territorial. A mola que orienta o comércio marítimo e a formação territorial é uma só, definida desde a reconquista, inscrita no Estado patrimonial. A concessão de herdades agrícolas, de chãos incultos ou de terrenos sem dono não afastava, no futuro, a intervenção do rei.[35] A aquisição da terra não se consolidava senão mediante o cultivo, fiscalizado pelo soberano e sua justiça, realidade ainda viva na lei das sesmarias de d. Fernando. A plena propriedade não excluía, como limite interno, a obrigação de arrotear o prédio,[36] dedicado tanto à economia nacional e aos proventos do erário régio como ao gozo e desfrute do senhor do domínio.[37] Destaque-se, ainda, que os grandes proprietários territoriais, laicos ou eclesiásticos, como a própria Coroa, não se empenham na exploração agrícola, partida a terra em tratos enfitêuticos. O senhor rural era, dessa sorte, um cobrador de rendas e foros, convertidos em dinheiro.[38] O sistema se desviava da economia natural, ajustando-se aos interesses ligados ao comércio. Há procedência, nesse particular, no vínculo entre economia monetária e capitalismo, não necessariamente o capitalismo industrial.

O contexto econômico de Portugal, no século xv, obedece a um núcleo ativo, dinâmico, associado ao Estado. Burguesia e domínio territorial estavam domesticados ao mesmo fim, sob as rédeas do soberano. A empresa marítima não encontrou resistências, no reino, de uma facção agrária. A oposição, realmente existente, surgiu do grupo empenhado no comércio costeiro, receoso da grande e temerária expansão, por terras que se não haveriam de dominar. O Velho do Restelo, símbolo da política conservadora, não alegou, contra a expedição de Vasco da Gama, o exclusivismo de Portugal na agricultura — teve em conta a guerra contra o inimigo próximo, o árabe, que seria esquecido em troca de uma fantasia remota.

> Não tens junto contigo o ismaelita,
> Com quem sempre terás guerras sobejas?
> Não segue ele do arábio a lei maldita,
> Se tu pola de Cristo só pelejas?
> Não tem cidades mil, terra infinita,
> Se terras e riqueza mais desejas?
> Não é ele por armas esforçado,
> Se queres por vitórias ser louvado?
>
> CI
>
> Deixas criar às portas o inimigo
> Por ires buscar outro de tão longe,
> Por quem se despovoe o reino antigo,

> Se enfraqueça e se vá deitando a longe!
> Buscar o incerto e incógnito perigo,
> Por que a fama te exalte e te lisonje,
> Chamando-te senhor, com larga cópia,
> Da Índia, Pérsia, Arábia e de Etiópia!
> (*Os Lusíadas*, Canto 4º)

Essas razões não existiriam para a primeira conquista, a vizinha Ceuta. O país não se despovoaria — objeção que denunciaria o cuidado agrário — senão que encontraria novos estabelecimentos, naturalmente conexos e vinculados ao reino. Os argumentos de d. Manuel seriam os mesmos de d. João I, às vésperas de Ceuta (1415). O cronista João de Barros alude que o rei venturoso elegeu, em favor da aventura, que a Índia acrescentaria o patrimônio do reino, "para que mais liberalmente possa distribuir por cada um o galardão de seus serviços".

> Porque — prossegue a palavra real — se da costa da Etiópia, que quase de caminho é descoberta, este meu reino tem adquirido novos títulos, novos proveitos e rendas, que se pode esperar indo mais adiante com este descobrimento, se nem podemos conseguir aquelas orientais riquezas tão celebradas dos antigos escritores, parte das quais por comércio tem feito tamanhas potências como são Veneza, Gênova, Florença e outras mui grandes comunidades da Itália.[39]

Em oitenta anos — entre Ceuta e Vasco da Gama — a mentalidade não mudou: o comércio exigia maiores lucros, maiores rendas e maiores vantagens. Comércio, note-se sempre e uma vez mais, conduzido pelo rei, herdeiro do Estado patrimonial, cercado pelo estamento, que discutia razões e objeções. Dentro desse contexto, como seria possível manter, na forma da lei inexequível, a nobreza alheia à mercancia, visto que a mercancia cobria de fogo todas as imaginações e tisnava todas as mãos?

Portugal, com seu escasso milhão de habitantes, com 10% ou 15% da população vivendo na orla marítima, em cidades, Lisboa a maior com suas 40 mil ou 50 mil almas, faz-se, no século XV, a plataforma das expedições ultramarinas. A magna empresa do século XIV, da qual a descoberta do Brasil se fixa como um elo necessário, só foi possível depois do lento, continuado e sólido contexto comercial de alguns séculos. A praia portuguesa consolidou, muito cedo, a posição de vínculo das relações entre o Mediterrâneo e o Norte da Europa. Lisboa, a cidade "de muitas e desvairadas gentes" de Fernão Lopes, foi o centro e o núcleo de irradiação de comerciantes ingleses, flamengos, alemães, galegos e biscainhos, ao lado de comerciantes aragoneses, catalães, franceses, italianos. Um ativo comércio de transporte — oposto à política de fixação, "fixação para designar o investimento dos lucros do transporte em fainas produtoras nos territórios nacionais, em vez de deixarmos que os ditos lucros passassem todos a gente estranha para pagamento do muito que nós exportáramos"[40] — tomou conta da nação, quiçá gangrenando-a irremediavelmente, definitivamente. Ela, a política de transporte, prefigura o futuro comércio do açúcar, das especiarias asiáticas, do pau-brasil e dos produtos brasileiros, inclusive o ouro e os diamantes. A história, uma vez aberta ao dinamismo, não contempla atos gratuitos e inconsequentes — ela devora, segundo uma ideia que seria cara a Hegel, homens e instituições. O vinho, o azeite, as frutas e o sal — as quatro pedras da economia portuguesa — estimularam as trocas no Norte e no Sul. Este era o lado português do comércio, completado pelas matérias-primas importadas do Norte (cereais, madeiras, metais, alcatrão e breu) e pelas mercadorias manufaturadas (tecidos de lã, panos, aprestos navais e enxárcias).[41] O aspecto cosmopolita, todavia, calcado sobre o cais atlântico, dará, provavelmente, a nota tônica que marcará a relevância de Portugal no mundo, indicando o flanco íntimo, oculto, pouco pesquisado da arrancada ultramarina. Desde muito longe, os comerciantes estrangeiros, sobretudo os italianos, gozavam, mercê de favores do soberano, de privilégios para desenvolver suas atividades, sediadas em Lisboa.[42] Essas garantias, "cartas de segurança" ou "carta de segurança real", atribuíam ao seu titular a certeza "de que coisa alguma lhe seria tomada ou penhorada de suas mercadorias, ouro e prata, e não seria posto embargo nem exercida represália sobre elas, ainda que el-rei houvesse guerra com a terra de sua naturalidade".[43] Com as concessões régias, escoava-se a produção portuguesa e obtinham os mercados portugueses reciprocidade de outras nações — era o resíduo nacionalista dos favores do príncipe —, mas, sobretudo, concentrava-se em Portugal o centro das transações mundiais do comércio, bolsa da Europa, ninho das especulações de toda sorte. A mercancia europeia, cujo setor mais vibrátil e mais moderno pertencia aos italianos, não se limitava ao transporte, a carregar e descarregar mercadorias, senão que se dedicava às sutis e finas operações de dinheiro, aplicando-se, mais tarde, no plano local, a cobrar rendas públicas e adjudicar contratos reais.[44] Exportadores e importadores, banqueiros, intermediários, em alguns momentos ciumentamente vigiados pelos mercadores nacionais, para cujo gozo os soberanos reservavam o mercado interno, constituíam, sob a vigilância e a proteção real, o impulso das navegações, costeiras, primeiro, e ultramarinas mais tarde.

Nessa paisagem policroma, tarjada de linhas ardentes e de linhas ávidas, explica-se a calculada obra de Ceuta, mãe das jornadas da África, Ásia e América. A chave de todas as dúvidas está no cronista do feito, o obscuro Azurara,[45] desvendadas por Sérgio.[46] A obra foi planejada pelo rei, do alto, senhor da guerra e das atividades da paz, estimulado pela nobreza e pela burguesia. O que se tinha em mira seria uma guerra, trabalho de militares, os nobres há muito tempo ociosos,[47] lançada depois de maduros conselhos, onde toda a comunidade palaciana opinou, reduzidos os pareceres a argumentos pelos letrados. A aristocracia, não aquinhoada de novas terras, isolada do comércio, precisava de rendosos postos, dentro do estamento. Ceuta foi a solução, a Ceuta cobiçada pela burguesia cosmopolita, centro irradiador do comércio africano, sob os cuidados dos detestados mouros. A decisão cabe ao rei, que, definida a campanha, busca o apoio dos homens do dinheiro, os quais viam na empresa o lucro fácil, pingue, nababesco.

> Passado tempo, expõe o rei aos infantes as suas dúvidas: dificuldade de se obter dinheiro para a expedição; de reunir uma frota de grandeza necessária, bem como o armamento e as vitualhas, de recrutar a tropa que levariam; de manter a praça depois da conquista; e aproveitar Castela a sua ausência para lhe atacar os seus vassalos. Os infantes, muito bem estudadas essas objeções, tornam ao pai para lhe dizerem que o dinheiro se poderá haver por escambo [empréstimo] dos mercadores de vosso reino, falando vossa mercê com eles

que quanto aos navios se empregariam os do comércio, buscando-os na Galiza, na Biscaia, em Inglaterra, em Alemanha (não deitavam eles até cá por via do sal, dos azeites e dos vinhos?); que num desses navios viriam, decerto, "muitos homens bons estrangeiros para vos servir"; que o Castelhano não se moveria (por vários motivos que nos não importam), sendo que "aliás se conseguiria gente para ficar de atalaia nas fronteiras".[48] A proposta da expedição, maduramente pesada e discutida pelo antigo Mestre de Avis, não veio da burguesia nem da velha nobreza. Saiu da cabeça de João Afonso, membro do Estado-maior do rei, vedor de sua fazenda, homem que, pelas suas funções, estava em permanente e íntimo contato com a burguesia marítima. O estamento filtra, pondera e tece um plano que daria ao Tesouro real grossas compensações. Essa a realidade, mais prosaica e menos bela do que a da lenda, que via na conquista de Ceuta um torneio de cavalaria: o rei, ao armar cavaleiros seus três filhos, teria decidido a realização de um golpe de grande estilo, desferido contra o islamita.[49]

Importa fixar, dentro do emaranhado de explicações e dúvidas históricas, que o ataque a Ceuta tinha o escopo de se apropriar do centro do comércio do Mediterrâneo, que fluía da África e da Ásia, com o ouro sudanês e as especiarias trazidas pelas caravanas. A empresa, posto que vinculada à burguesia comercial e cosmopolita, servia à nobreza e infamava o zelo cruzado — cruzado e não missionário — do clero. A religião, no século xv, em Portugal, era a expressão ardente da causa nacional, da independência e da missão do reino: elo que congregava não apenas o homem a Deus, mas o homem à pátria. Mais do que uma obra de grupos, empresa de interesses, a conquista se caracterizou como manifestação do capitalismo de Estado — senhores territoriais, comerciantes, letrados, todos se congregam sob um comando superior, representado por um corpo dirigente, que recruta os membros de toda parte, sem guardar o caráter de mandatário.[50] Nenhuma classe, nenhum conjunto de cobiças ou ambições, por si só, seria capaz de movimentar as naus rumo ao alto-mar — nem o comércio, imperfeitamente autônomo, nem a nobreza territorial, com as garras aparadas depois da crise de 1383-5, nem o clero, de há muito subjugado. Todos colaboraram na grande arrancada, submissos, famintos de honras e de saques, ávidos de lucros, ardentes de fé — todos por si sob a bandeira real, que os cobria e lhes dava cor, vida e energia. O estamento, só ele, esquivo, encoberto, impessoal, representava a realidade — tudo o mais, mera aparência. Seu espírito: cruzada, rapina, pirataria, comércio, dilatação do império e da fé.

Depois de Ceuta, Sagres se instaura, consagrando a continuidade da aventura, agora convertida em empresa. O lance isolado não se perde no mar; ele se faz sistema. O infante d. Henrique (1394-1460) não é o pai do comércio e da expansão ultramarinas. Limita-se a dirigir a empresa marítima, racionalmente planejada e racionalmente expandida. Foi a era de d. Henrique: o comércio africano, modelo do futuro comércio ultramarino, patrimônio inalienável da Coroa, reconhecido pelas bulas papais, se empreendeu em duas modalidades: por conta do príncipe ou mediante delegação régia. Não se confunda esse sistema com o exclusivismo nacional, nem com o açambarcamento da Coroa — o comércio era, na verdade, atividade do Estado, que podia delegá-la ou confiá-la a particulares, mediante concessão de privilégios. O monopólio era sempre virtual, sempre possível, mas só em alguns casos estabelecido de fato. O tráfico africano obedecia, na realidade, à mesma trilha adotada no comércio costeiro, ao comércio de excedentes agrícolas e ao comércio de trânsito. Lisboa, ninho de estrangeiros, prosseguiu na sua efervescência cosmopolita, com banqueiros e armadores associados à obra do príncipe. As viagens às novas descobertas, África, Ásia e América, estavam ao alcance dos particulares, nacionais e estrangeiros, contanto que se submetessem ao patrocínio real, com a aceitação das condições impostas, todas definidas na concessão do privilégio, conversível, em última instância, a uma sociedade de lucros. Os banqueiros italianos, flamengos e alemães formigavam na capital do reino e nas feitorias, credenciados agentes públicos. Os venezianos, transferindo suas atividades para Portugal, tornaram-se o eixo principal do financiamento às expedições ultramarinas, mais necessários ainda depois da expulsão dos judeus do reino. Eles antecedem os Welsers de Augsburgo, os Fuggers, molas do tráfico intercontinental. O mercado principal de compra não era o reino, mas a Europa, com a feitoria de Antuérpia como centro, para onde se transferira, em 1496, a feitoria de Flandres. O comércio europeu, com os metais do Norte e as mercadorias necessárias à troca de produtos asiáticos, era condição indispensável ao tráfico ultramarino. Sem a rede comercial que se estendia da Itália à Inglaterra não seria possível alimentar as compras africanas e asiáticas: o monopólio régio, por isso, se reduzia a uma superintendência comercial, orientadora da circulação.[51] Esse o talhe, o perfil do capitalismo monárquico português, politicamente orientado.

A Coroa, só ela e mais ninguém, dirige a empresa que é seu monopólio inalienável. As terras descobertas, como se fossem conquistadas, pertenciam, de direito e de fato, à monarquia. Senhora das terras e dos homens, é-o, também, das rotas e do tráfico. Do exclusivo domínio sobre as descobertas e conquistas decorre, naturalmente, o monopólio do comércio, que leva ao capitalismo monárquico, sistema experimental de exploração econômica ultramarina.

Do novo patrimônio advém nova riqueza, geradora de força política e econômica. Os novos homens e as novas terras, com as suas mercadorias altamente comerciáveis, amealhadas pelo monarca, aumentam, consideravelmente, a padronádiga da Coroa. A soberania da realeza não só é mantida mas largamente dilatada.

Outrossim, como sucedia na reconquista, o monarca pode fazer concessões dos novos domínios, sem, contudo, abdicar do mando. A Coroa não delega a soberania, mas apenas o governo de forma a podê-lo retomar a qualquer instante. Do mesmo modo pode, se lhe convém, delegar a exploração do comércio mediante concessão graciosa (caso da concessão ao infante dom Henrique) ou arrendamento oneroso (pau-brasil a Fernão de Noronha), sem, contudo, perder o monopólio que decorre da propriedade dele, podendo também retomá-la quando entender.

A realeza, para garantir a posse da conquista, constrói, como o fez nos primeiros tempos da formação nacional, fortalezas militares destinadas a garantir a posse efetiva das novas terras e assegurar a regularidade dos resgates. No ultramar voltam a encontrar-se o colono, o militar, o mercador e o missionário. Ao lado do forte crescem, paralelas, a feitoria comercial e a igreja. Portugal crescia, assim, pela ocupação militar, pela exploração mercantil e pela evangelização — constantes da história ultramarina. Como atributo da sua soberania conserva o "quinto" de caráter militar.[52]

Importa assinalar, sem extravio no pormenor da expansão marítima, o rumo da formação política, urgida pelas conquistas. O Estado se incha de servidores, que engrossam o estamento, ramificado na África, Ásia e América, mas sobretudo concentrado no reino, com a multidão de "pensionistas" e dependentes, fidalgos e funcionários, todos sôfregos de ordenados, tenças e favores — o rei paga tudo, abusos e roubos, infortúnios comerciais e contratos fraudados. Ia-se à Índia, diz uma testemunha do tempo, como quem vai vindimar a sua vinha. No país, os cargos são para os homens, e não os homens para os cargos.[53] O sistema não pode renovar-se, expandir-se, saindo das malhas dos enredos públicos, quer para incrementar a indústria, quer para se libertar da autofagia das suas organizações comerciais. Não encontrou, entretanto, um final catastrófico, súbito, senão que se enrijeceu numa tessitura permanente, congelada, aderida ao corpo social da nação. A atividade mercantil, desenvolvida até ao delírio, mas dentro das raias que lhe assinalava a ordem econômico-política, não alcançou a forma do capitalismo industrial. Nem mesmo o artesanato conseguiu ganhar expansão, conquistando o mercado interno. Toda a atividade econômica se concentrava no trato de mercadorias importadas, para a troca com outras mercadorias importadas, vindas umas da África, Ásia e América e outras dos países marítimos da Europa. Na periferia, o interior agrícola, limitado ao azeite, vinho e frutas, voltado para o comércio, não se organiza para suprir sequer as necessidades nacionais. O círculo autárquico — de tradição medieval — rompe-se totalmente, em proveito do frenético trânsito de mercadorias. O trigo, cujo cultivo preocupou a corte de d. Fernando I, inspirando-lhe a famosa Lei das Sesmarias (± 1375), passou a ser adquirido no exterior, por pouco lucrativo seu plantio.[54] De outro lado, a Coroa, cada vez mais empenhada no tráfico, lança-se sempre mais a fundo na aventura ultramarina. A empresa, à medida que se expande, exige novos e maiores recursos, para o sustento da máquina administrativa da exploração comercial, dispendiosa com os gastos da vigilância militar, da vigilância das devassas e correições, dos fiscais sobre os fiscais. A monarquia, em cada novo passo, compromete-se com o capitalismo internacional, nos empréstimos, contratos e compromissos. A Coroa está em todos os monopólios que lhe pertencem: pimenta, pau-brasil, escravos. O capitalismo politicamente orientado, estruturado sobre o estamento, não haure energia íntima para se renovar, tornar-se flexível e ensejar a empresa livre.

> Em primeiro lugar, constitui o seu capital graças ao imposto sobre as atividades comerciais-industriais privadas, logo a sua prosperidade é comandada pelo florescimento destas atividades; mas, como exerce ele próprio a mercancia, açambarca os tratos de apetitosos lucros e assim restringe o campo dos particulares, anemiza o setor particular e acaba por se anemizar a si próprio. Em segundo lugar, conquanto empresa mercantil, não organizou a sua gestão consoante as normas destas empresas. Em terceiro lugar, os privilégios chamam a si os lucros, não se poupa para autofinanciamento e a fim de realizar novos investimentos. E como o Estado não assenta sobre as rendas fundiárias, mas mantém uma ordenação jurídica em Estados ou ordens (estamentos), essas rendas vão sobretudo para o clero e os senhores, dando-se um atraso da estruturação capitalista da própria sociedade quando o Estado parecia ter enveredado por este caminho.[55]

O estamento, cada vez mais de caráter burocrático, filho legítimo do Estado patrimonial, ampara a atividade que lhe fornece os ingressos, com os quais alimenta sua nobreza e seu ócio de ostentação, auxilia o sócio de suas empresas, estabilizando a economia, em favor do direito de dirigi-la, de forma direta e íntima. O encadeamento das circunstâncias históricas, que parte do patrimonialismo e alcança o estamento, fecha-se sobre si mesmo, com a tutela do comércio de trânsito, fonte do tesouro régio, do patrimônio do rei, fonte das rendas da nova aristocracia, erguida sobre a revolução do Mestre de Avis, engrandecida na pirataria e na guerra que incendeiam os oceanos Índico e Atlântico. A jornada da pimenta, sucessora da jornada do ouro e do escravo, precursora da jornada do pau-brasil, se dissolvia em tenças, comendas e mercês, para fortuna da espada aventureira e dos administradores suspeitos de pouca honra. Um soldado, que "nem receia mal pelo que disser nem espera bens pelo que lisonjear", definirá o lucro da aventura: "é dinheiro de encantamento, que se converte em carvões".[56]

5 | *A ideologia do estamento: mercantilismo, ciência e direito*

A PRECOCIDADE DO COMÉRCIO PORTUGUÊS sugere a valorização social do comerciante e a valorização econômica do comércio. Simetricamente, seria de esperar que os mercadores obtivessem, senão o domínio, ao menos uma parcela de autoridade política, compatível com sua função na sociedade. Tudo aconteceu, dentro das expectativas históricas, no século XIV, com a subida ao poder da dinastia de Avis. A velha aliança do rei com a burguesia, concertada para domesticar o poder da nobreza, parecia ter alcançado seu grau extremo, com a emancipação econômica e política do comerciante. O grande burguês de Lisboa e do Porto, carregando no séquito a "arraia-miúda", foi o principal fator da revolução de 1383-5, simbolizado seu prestígio na direção da luta sucessória confiada a Álvaro Pais. Um órgão do Estado, exclusivamente integrado de comerciantes, ocupa papel de relevo, embora não o primeiro lugar, nas deliberações do soberano. Não interviessem outros elementos históricos, a tendência do momento levaria a criar, das ruínas da nobreza, um sistema político burguês, ao estilo genovês ou ao futuro estilo holandês.

A realidade desmentiu as promessas da história. Nem a ordem política, nem a ordem ideológica favoreceram o espraiamento da corrente subterrânea, há alguns séculos em procura do leito à for da terra. O comércio permaneceu, depois de algum momento de expansão autônoma, subjugado pelas rédeas manipuladas pela Coroa; o comerciante, principal colaborador da magna revolução da história portuguesa, recolheu-se aos seus bairros sem prestígio, insultado pelos brios fidalgos da nova dinastia. Teria havido — isto explicaria o retraimento da arrancada do comerciante rumo à honra social — uma traição: o mercador, enriquecido com os transportes, as exportações, os empréstimos, se afidalgou, não raro renunciando ao negócio e se radicando no solo, com a revivescência do velho estilo aristocrático.[57] O *bourgeois gentilhomme* teria ocupado a cena, com seu ridículo e com *les visions de noblesse et de galanterie qu'il est allé se mettre en tête*,[58] corrompendo velhos costumes, sabendo pouca gramática e pagando bem aos seus exploradores. Na verdade, indubitável o afidalgamento, não houve nenhuma traição. A burguesia comercial, dependente do rei, continuou presa aos vínculos tradicionais, subjugada ao papel de órgão delegado do supremo mercador, o rei em pessoa. Ao lado do príncipe, dentro do paço, uma camada de letrados, para cujo recrutamento a origem nobre não tem nenhum peso, forma-se, sobretudo, de rebentos de famílias burguesas, aptas a dar aos filhos educação universitária. Não foi a burguesia que renegou sua posição: ela apenas se acomodou ao Estado-maior dirigente, que a cerca, tritura e lhe cunha interiormente o estilo de vida. Essa marca social, essa estratificação, impediu-lhe a autônoma emancipação, lançando sobre ela — fundamento da estrutura — o descrédito ao negócio e ao trabalho manual, em favor de valores que consagraram à ociosidade letrada. É o estamento, ao tempo que não criava uma ideologia própria, vigoroso bastante para sufocar o aparecimento de um pensamento social novo. Certo, um setor ficou alheio ao contágio, inassimilável: a burguesia judia, saliente no século XIV, a ponto de ser preservada do ódio popular pelo Mestre de Avis. Mas ela pagaria caro pela diferenciação e autonomia.

O envolvimento ideológico do comércio, motor e alma do Estado, explica a permanência do pensamento econômico medieval em plena fase da expansão ultramarina, no momento da atividade subterrânea, nos portos portugueses, da quase plutocracia europeia. Ao praticar o mercantilismo, o português não pensou dentro dos moldes da realidade, permaneceu encarcerado nas ideias medievais, adversas ao tráfico do dinheiro e ao comércio. Os interesses econômicos se subordinavam à salvação da alma, verdadeiro fim da vida, entendida a atividade econômica como integrante da conduta moral, ditada pela moral teológica. Os motivos econômicos, extraviados de suas inspirações éticas, seriam suspeitos de pecado.[59] Para um dos mais respeitados pensadores do século XIV, o comerciante, se vende íntegra e intransformada uma mercadoria, deve ser expulso do templo de Deus, como praticante da usura.[60] O infante d. Pedro (1392-1449), irmão de d. Henrique, o Navegador, ele próprio concessionário do comércio marítimo, isento por ato expresso do quinto das expedições da pirataria, proclama o nenhum valor das coisas materiais — "são coisas vãs em que jaz fundada a nossa cobiça", que só valem porque podem ser dadas.[61] O mestre de escrita de d. Manuel, o "excelso mercador da pimenta", não saía da mesma trilha adversa à usura, aos empréstimos e à cobiça de bens materiais, fiel ao pensamento tomista. A ética medieval sobreviveu, no pensamento dos letrados e da corte, estranhamente contemporânea da aventura ultramarina. Ela explica que o reino expulse, de golpe, a riqueza judaica, em nome de valores obsoletos, não ajustados à ativa mercancia do século XV. O poder do dinheiro, sem articulação na ordem estatal, fundido com o estamento, não merecia reconhecimento, visto por estranho, anormal, perturbador. Excluído do corpo da nação, o judeu se alheava da solidariedade à nobreza política — que vivia na corte, e não a que sobrevivia do domínio da terra —, criando, fora dos eixos da máquina do Estado, uma categoria burguesa independente, a única camada autônoma. Contra esse segmento se voltaram, em consequência, os interesses dos beneficiários do comércio da Coroa — os nobres e os arrendatários ou concessionários nacionais. A aristocracia cortesã, com os cargos militares e administrativos e com as sinecuras honoríficas, colhia o principal benefício do negócio, turbado por um grupo que não colaborava, integrando-se à sua rede. Constituía um setor privado, que feria a ordem econômica, tal como estruturado, ameaçando a classe comercial indígena, armada de nascentes preconceitos nacionalistas, protegidos estes pela Coroa, ciosa do comando da economia.[62] O influxo da ideologia sobre a realidade freava o desenvolvimento da atividade econômica, dificultando-lhe o amadurecimento. Todos se beneficiavam do comércio, sem embargo de agravar os mercadores com o desprezo mais veemente e agressivo. Somente no século XVIII, já em plena decadência do comércio ultramarino, o mercantilismo, praticado de fato, conquistou o espírito da sociedade portuguesa. Antes disso, houve apenas, à margem da lei, que condenava explicitamente a usura, fiel ao direito canônico, algumas transações, urgidas pelo tipo de capitalismo reinante, o capitalismo politicamente orientado. Dessa conta são as permissões de emprestar ao rei, mediante juros, para que a Coroa, com suas especulações, pudesse assegurar as subvenções aos nobres e ao clero, detentores e irradiadores do pensamento oficial.[63]

> Podemos, pois, concluir dizendo que até às reformas pombalinas a concepção dominante no nosso país foi a da escolástica, aristotélica e tomista. Os problemas econômicos foram naturalmente concebidos no quadro dos princípios éticos do tomismo na linha do pensamento medieval. Os autores que vieram a público com obras de interesse econômico, como Mendes de Vasconcelos, Solis e Severino de Faria, se revelam preocupações mercantilistas, fazem-no de forma bastante moderada e no quadro geral das ideias tradicionais. Se Duarte Gomes Solis (1561-1630) denota um interesse mais marcado pelo comércio e pelo crédito não se deverá esquecer de que era um cristão-novo. Os outros mercantilistas mais avançados e que se insurgem mesmo contra o estado de coisas entre nós existente e em particular contra certos princípios dominantes eram homens que viveram largo tempo no estrangeiro, que na maioria dos casos escreveram as suas obras no estrangeiro, não tendo estas sido publicadas antes da revolução Pombalina. O próprio Pombal, não se poderá esquecer, era um diplomata e a sua estadia no estrangeiro, particularmente em Londres, exerceu, como é sabido, uma grande influência na orientação que deu ao seu governo.[64]

A discrepância entre a prática e o pensamento infunde a suspeita de hipocrisia, nas camadas dominantes, encharcadas de ideais éticos e com os pés afundados na mercancia. A ideologia coerente com a realidade seria o mercantilismo, só tardiamente afirmado nos escritores portugueses. Veio tarde o ideário, mas veio para não mais sair, transmitido ao Brasil, onde, apesar do deslumbramento liberal dos séculos XIX e XX, perdurou na política econômica, quer no setor público, quer no setor privado. Ainda em 1932 se falou, eruditamente, do "paradoxal mercantilismo brasileiro", ativo nas medidas administrativas e na ação de governo, negado na doutrina e nos debates teóricos.⁶⁵ O mercantilismo empírico português, herdado pelo Estado brasileiro, fixou-se num ponto fundamental, inseparável de seu conteúdo doutrinário, disperso em correntes, facções e escolas. Esse ponto, claramente emergente da tradição medieval, apurado em especial pela monarquia lusitana, acentua o papel diretor, interventor e participante do Estado na atividade econômica. O Estado organiza o comércio, incrementa a indústria, assegura a apropriação da terra, estabiliza preços, determina salários, tudo para o enriquecimento da nação e o proveito do grupo que a dirige. O mercantilismo opera, sob tal constelação, como agente unificatório e centralizador, versado contra o disperso e universal mundo da Idade Média. O Estado, dessa forma elevado a uma posição prevalente, ganha poder, internamente, contra as instituições e classes particularistas, e, externamente, se estrutura como nação em confronto com outras nações. Do seu seio, mediante esse estímulo, floresce o absolutismo, consagrado na razão de Estado.⁶⁶ Influxos recíprocos — Estado e comércio — geram o sistema mercantilista, próprio à expansão do aparelhamento estatal, condutor da economia e beneficiário da atividade comercial, preocupada, não raro, com a ilusão monetária. Ele permitiu, justificando-a racionalmente, a política de transporte do tráfico africano, asiático e americano, que supôs, sem a fixação de fontes produtoras nacionais, que o Estado seria rico se fluísse, no país, muito dinheiro, em boas e sonantes moedas. A atividade mercantil, desvinculada da agricultura e da indústria, não permitiu a acumulação de capitais no país: a prata e o ouro, depois de perturbar e subverter o reino, fugiam para as manufaturas e as cidades europeias, em louca disparada.

> Parece — confessa um fidalgo — que este dinheiro da Índia é excomungado, porque não luz a nenhum de nós. [...] É dinheiro de encantamento [retruca o soldado, traindo o desdém medieval pela riqueza, no fundo o pecado da riqueza] que se converte em carvões; o mais dele vai por onde veio. *Donde o diabo traz a lebre lá lhe leva a pele*; e veio por canais infernais, pelos mesmos se torna a ir. O mais dele é de sangue de inocentes; e assi como o dinheiro por que foi vendido o Filho de Deus se não comprou com ele mais do que um pedaço de chão infrutuoso que não servia mais que para sepultura de mortos e para cama de bichos, assi estoutros nunca lhe vereis morgados feitos com o seu dinheiro: tudo vai a parar num campo de mortos, em bichos e sujidades, em que por derradeiro o mais deles vem a parar.⁶⁷

Era o resultado da especulação — a mola, por alguns séculos, da riqueza, fruto do golpe audaz, do expediente astuto, da aventura temerária, e não do trabalho continuado, do cálculo e da poupança.

O império da mesma direção — o pensamento importado e tardo, a realidade tumultuária — levou ao atraso científico e ao enrijecimento do direito, ao serviço, ambas as fraquezas, do Estado-maior de domínio. A utilização técnica do conhecimento científico, uma das bases da expansão do capitalismo industrial, sempre foi, em Portugal e no Brasil, fruta importada. Não brotou a ciência das necessidades práticas do país, ocupados os seus sábios, no tempo de Descartes, Copérnico e Galileu, com o silogismo aristotélico desdenhoso da ciência natural. Verney, já no século XVIII, em nome de uma plêiade de sábios educados no estrangeiro, clama contra o atraso do ensino nacional, acadêmico, aéreo, falso. Portugal, cheio de conquistas e glórias, será, no campo do pensamento, o "reino cadaveroso", o "reino da estupidez": dedicado à navegação, em nada contribuiu para a ciência náutica; voltado para as minas, não se conhece nenhuma contribuição na lavra e na usinagem dos metais. Toda a vida intelectual, depois da fosforescência quinhentista,

> ficou reduzida a comentários. Comentar os livros da antiguidade; comentar, subtilizar, comentar. Era um jogo de subtilezas formais, um jogo verbal de ilusões aéreas. [...] Por toda parte, na Europa, vemos o triunfo do moderno espírito, do espírito crítico e experimentalista. Por toda parte? Não digo bem. Menos aqui, na Península Ibérica; menos aqui, em Portugal. [...] Temos que confessar que viemos para trás; temos que declarar que tudo morreu. Nada passou do espírito científico para o século XVII português; pelo contrário: o século XVII, aqui, é peripatético e medieval.[68]

A ciência se fazia para as escolas e para os letrados, e não para a nação, para suas necessidades materiais, para sua inexistente indústria, sua decrépita agricultura ou seu comércio de especulação. Uma camada de relevo político e social monopolizava a cultura espiritual, pobre de vida e de agitação. Fora dela, cobertos de insultos, ridicularizados, os reformadores clamavam no deserto, forçados a emigrar para a distante Europa, envolvida em outra luz.

O direito português, precocemente consolidado, tem o mesmo sentido: serviu à organização política mais do que ao comércio e à economia particular. Articulou-se no Estado de estamento, como elo, cimento de solidariedade de interesses, expressando sua doutrina prática e sua ideologia. O incremento da ideia de regular as relações jurídicas por meio de normas gerais, e não de regras válidas caso a caso, coincide com o aumento da autoridade do rei, sobretudo em desfavor dos privilégios do clero e da nobreza. O soberano passa da função de árbitro dos dissídios, de fonte das decisões, para o papel de chefe do governo e chefe do Estado: diante dele não estão mais pessoas qualificadas pela tradição, pelos títulos, senão súditos, embora não ainda súditos abstratos e cobertos pela igualdade jurídica. O príncipe se comunica com os seus vassalos — e só o rei tem vassalos — por meio do regulamento, que, ao reconhecer os direitos fixos do estamento, delimita-os. Leis para quase funcionários, aptas a ressalvar a supremacia real e capazes de organizar, por meio dos cargos e privilégios, a ordem política do reino. As *Ordenações Afonsinas* (1446 ou

1447), obra consequente da Revolução de Avis, preocupam-se, fundamentalmente, com as atribuições dos cargos públicos, inclusive os militares e municipais; os bens e privilégios da Igreja, os direitos do rei e da administração fiscal, a jurisdição dos donatários e as prerrogativas dos fidalgos são miudamente especificados. Depois de construída a arquitetura administrativa, especificam-se os direitos civil, processual e penal.

> As ordenações afonsinas representam os esforços de três reinados sucessivos para coordenar a legislação e dar-lhe unidade, significando ao mesmo tempo a decadência do direito local e o progressivo desenvolvimento da autoridade do rei. O conhecimento dos direitos inerentes à soberania não se foi buscar ao estudo dos antigos usos do reino, mas sim à lição do direito romano. É o próprio legislador que o confessa. E de fato, as ideias sobre o poder do rei, que predominam neste código, são as das leis imperiais, conquanto se ressalvem as leis do reino e o direito tradicional.[69]

Às *Ordenações Afonsinas*, que não lograram durar, sucederam as *Ordenações Manuelinas* (1521), reclamadas pela introdução de reformas administrativas e financeiras, sobretudo concernentes à administração local, reformas que alteraram profundamente o novo código. O caráter de compilação, de que se revestia o primeiro, cede lugar a uma reformulação de todo o campo do direito, de que se excluía a legislação sobre a Fazenda real, objeto das *Ordenações da Fazenda*. Um período de rápidas transformações, com a descoberta de novos mundos, levando o reino a se ajustar à realidade ultramarina, ferida a consolidação com inúmeras *leis extravagantes*, levou, em 1603, à edição das *Ordenações Filipinas*, o mais persistente código legislativo de Portugal e do Brasil, confirmado, em 1640, por d. João IV, o primeiro rei da dinastia de Bragança. As *Ordenações Filipinas* são, básica e principalmente, o estatuto da organização político-administrativa do reino, com a minudente especificação das atribuições dos delegados do rei, não apenas daqueles devotados à justiça, senão dos ligados à corte e à estrutura municipal. Elas respiram, em todos os poros, a intervenção do Estado na economia, nos negócios, no comércio marítimo, nas compras e vendas internas, no tabelamento de preços, no embargo de exportações aos países mouros e à Índia. A codificação expressa, além do predomínio incontestável e absoluto do soberano, a centralização política e administrativa. O município — o velho concelho, antigo aliado do rei contra os nobres — não era mais necessário, como peça autônoma no xadrez social. Ele, filho dileto de uma política de caça ao leão (nobreza) pela lebre (burguesia), na imagem de Alexandre Herculano, tornou-se, volvidos dois séculos, empecilho à centralização. Perdido em distâncias não vigiadas pelos olhos desconfiados da corte, fez-se suspeito de namoro com a nobreza, a nobreza nova erguida do pó pela resolução do Mestre de Avis. Coube a d. João II (1481-95), o Príncipe Perfeito, reconquistar a pura linha inicial, aberta por d. João I, para dar o retoque definitivo à supremacia real — e, com ela, à centralização e ao poder absoluto.

> Perfeito não quer dizer sem nódoa, mas sim acabado, completo; não tem aqui uma significação moral, tem um valor político. Dom João II é um exemplar *perfeito* do gênero dos príncipes da renascença, para quem Maquiavel escreveu (um pouco depois) o catecismo: é um mestre da moderna arte de reinar.[70]

Ele sabia, ao feitio do futuro mestre dos príncipes de sua estirpe, pai da doutrina da pele de leão e da pele de raposa, de acordo com as necessidades do tempo, que havia "tempos para usar de coruja, e outros para usar de falcão". Reconquistou, não como falcão nem como leão, mas com as garras do lobo, todos os privilégios que seu pai, o gordo, mole e displicente Afonso V, prodigalizara à nobreza. Seu aliado seria o povo, restaurando o cunho carismático da lealdade ao soberano — povo sem intermediação dos concelhos — e da nobreza dependente da Coroa. Reduzido às "estradas do reino em senhorio", reconquistou as bases de sua supremacia, disciplinando a nobreza e reduzindo o comércio à função de auxiliar do patrimônio real. Um processo político, simulacro de processo, degola o mais poderoso e rico senhor do reino, o duque de Bragança, rebento de Nuno Álvares, o condestável de d. João I. O duque de Viseu, chefe da resistência, encontrou a morte nas punhaladas desferidas pelo rei em pessoa. A corte, erma dos fidalgos que a terra tornara poderosos, se enche de cosmógrafos, navegadores e guerreiros, todos reunidos para engrandecimento da casa real, livre de impedimentos tradicionais, do suspeito peso feudal. A empresa ultramarina, rumo à Índia e à América, podia ser empreendida sem o risco da Fronda, sob a tranquila direção do soberano, apenas condicionado pelo seu Estado-maior, o estamento, por ele próprio recrutado, livremente; livremente, mas não arbitrariamente.

A supremacia definitiva do rei, assegurada com a efusão de sangue dos duques de Bragança e de Viseu, com os corolários da centralização e da unificação do direito, coroou a obra monárquica, a monarquia precocemente capitalista, de cunho patrimonial e estamental. Não ganhou a burguesia, com essa estrutura, agora acabada, a sua emancipação. O secular trabalho de amadurecimento não resultou em seu proveito, senão em benefício do Estado. As *Ordenações* não regulam, não disciplinam relações jurídicas individuais, tendo em conta a harmonia dos interesses em pugna. O direito se dirigia ao delegado real, ao agente do soberano, e só daí se projetava ao indivíduo, instrumento de desígnios superiores, vigiado de cima, do alto, sem autonomia moral e sem incolumidade jurídica. Um exemplo: o título XXXIV do segundo livro das *Ordenações Filipinas* tem em mira, lido de acordo com a moderna concepção do direito, a participação de um quinto do produto das minas em favor do rei. A norma, tal como escrita, cuida do *Provedor dos Metais*, autoridade que licencia a atividade do dono da terra, senhor de uma rede de funcionários. Não havia, a rigor, direito civil, nem direito comercial, mas direito administrativo, que se prolonga na tutela de direitos dos indivíduos, presos e encadeados, freados e jungidos à ordem política. As relações privadas, por irrelevantes, ficaram entregues aos usos e costumes, privadas da dignidade do documento escrito, com o selo real. Enquanto Lisboa formigava de mercadores estrangeiros — as "muitas e desvairadas gentes" de Fernão Lopes — o comércio, como se aludiu, vivia à custa dos privilégios concedidos pelo rei, entregando-se à atividade de carregar e descarregar mercadorias, o "comércio de trânsito", expandindo-se no "comércio de dinheiro". Atividade sem qualificação social, malgrado a importância dos financiadores estrangeiros da aventura da África e da Índia e da empresa do Brasil — atividade, realmente, sem estáveis garantias jurídicas. Os italianos, ingleses, alemães e flamengos, que o rei associava aos seus empreendimentos, não ousavam exprimir uma ideologia autônoma, não fixaram um direito próprio, nem se emanciparam socialmente. A disciplina imposta sobre os particulares não era, dessa sorte, economicamente inspirada, mas de conteúdo político. Ela servia não ao comerciante e ao comércio, racional, calculável na sua expressão, mas ao Estado e ao estamento. A lógica das leis e das decisões estava longe da impessoalidade e da igualdade dos valores, senão que sofria ao arbítrio do príncipe, que alterava o regime jurídico de acordo com sua conveniência, sem se prender às resistências dos interessados. Arbítrio, porém, não significa capricho, vinculado que estava à comunidade dirigente.[71] A codificação nada tem a ver, substancialmente, com a burguesia comercial, nem manifesta uma pressão ou um anseio desta. A Inglaterra, país clássico do capitalismo, não precisou consolidar seu direito para assegurar a plena expansão de seu sistema econômico. Ela dispensou os códigos e o direito romano, por impulso da sua realidade econômica, fundada na ordem privada, a qual floresceu na industrialização. A unidade do mercado nada tem a ver com a unidade do direito, levada a cabo sob outras inspirações e para outros fins.[72] Longe estará o direito racional, racional no seu conteúdo e não meramente como forma, calculável nos seus efeitos, previsível nas consequências dos contratos por ele disciplinados. Ele só assentará em pressupostos alheios ao Estado patrimonial, numa realidade política que separa a sociedade da organização de poder, com o predomínio e a incolumidade das liberdades. Provavelmente — outra hipótese conexa com a que vincula o capitalismo ao feudalismo — somente onde uma comunidade, um grupo, uma classe pôde subsistir sem a interferência do príncipe se consolidou o direito como categoria inviolável ao arbítrio do Estado. Fora daí, numa estrutura de predomínio absoluto das interferências estatais, a realidade jurídica será sempre uma sombra do poder político, altaneiro, incontrastável, ameaçador.[73] As atividades econômicas, os interesses, os contratos não se reduzem, dentro desse contexto social, ao ganho, ao lucro e às vantagens materiais. Tudo se subordina à glória, à honra, ao incremento dos valores que o estamento corporifica, atolado na cobiça mas com a cabeça nas nuvens. O cronista diria, ao definir a obra do século XVI, que os homens não se ilustram "em edificar, plantar e obras mecânicas, que procedem mais da cópia do dinheiro que da grandeza do ânimo e força do engenho", mas no "crescer em nome, posto que os meios às vezes o façam diminuir e de todo perder, porque poucas vezes se ajunta o muito sem infâmia".[74]

O capitalismo comercial, politicamente orientado, só ele compatível com a organização política estamental, sempre gradativamente burocrática, ajusta a si o direito, limita a ideologia econômica, expande-se em monopólios, privilégios e concessões. Os parceiros da jornada da África, Ásia e América se entendem e se ajudam, estabilizando a economia, nela intervindo íntima e diretamente, sob a tutela do soberano. O Brasil, de terra a explorar, converte-se, em três séculos de assimilação, no herdeiro de uma longa história, em cujo seio pulsa a Revolução de Avis e a corte de d. Manuel.

O congelamento do estamento burocrático

1 | *A cidade comercial: a corte barroca e o funcionário > 89*
2 | *O congelamento e a paralisia do Estado barroco > 99*
3 | *Elite e estamento > 104*

1 | *A cidade comercial: a corte barroca e o funcionário*

O Estado, envolvido por uma camada de domínio, um estado-maior de governo, o estamento de feição burocrática, se alimenta de uma classe, a classe comercial, que ele despreza e avilta. Entre os dois grupos, as relações se estruturam no plano existencial, econômico, sem levar a um estilo de vida comum; aristocrático é só o estamento, só ele está junto da corte, só ele influencia as decisões da Coroa. O comércio enriquece; o estamento consome senhorialmente, pouco preocupado com a sorte da galinha dos ovos de ouro. As duas camadas, não obstante suas discordâncias sociais, se entendem num plano subterrâneo, obscuro, incerto: embarcadas na mesma empresa, o fomento das navegações e dos lucros será o fim comum. Separa-os a partilha. A corte, os nobres dissipam, são os parasitas; os comerciantes cuidam, cheios de cobiça e de pecado, do ganho. Somente o rei, a casa do rei e a gente do rei, concilia a mercancia com a grandeza moral: o comércio, nas suas mãos, será obra grata a Deus e necessária à pátria. O rei d. Manuel, pai da veniaga e da nobreza, apelidou-se de "Senhor da Conquista, Navegação e Comércio da Etiópia, Arábia, Pérsia e Índia", sob os auspícios e a proteção das bulas papais. O reino, consagrado o absolutismo — domados os municípios, posta a freios a nobreza e comprados os comerciantes com as sobras do tráfico ultramarino —, o reino era uma vasta casa de negócio, que se transformava, na sua fisionomia externa, de acordo com os interesses ultramarinos. Em 1500, a corte ardia no desejo de explorar as riquezas da Índia.

> A pimenta que trariam as naus, o preço porque havia de vender-se em Flandres, com que novas conquistas poderia alargar-se a área das transações, era o em que os governantes punham o pensamento, e os cortesãos sequiosos a esperança. Das altas esferas a ideia obsessora comunicou-se à coletiva o que chamaram fumos da Índia. Designação justa, porque seu objeto do fumo tinha a inconsistência, e dele veio ter a duração efêmera.[1]

O Estado era a nobreza a serviço do rei — as aventuras empobreciam a nação, aventuras da África e da Índia, mas davam os meios da grande vida à aristocracia, com os governos, capitanias de fortalezas e armadas, os soldos, os ofícios e, por último, o contrabando, as pilhagens e os avanços na Fazenda real. Os nobres não podiam comerciar, atividade privativa do rei e seus comerciantes domésticos, mas deles era o fruto do tráfico.

A corte e a cidade, esta o complemento daquela, a residência real cercada do bulício e da febre comercial, marcam a fisionomia do século XVI, o século da Índia. O país define-se como o prolongamento da cidade: Lisboa, com 50 mil habitantes, rege a monarquia, com seu 1 milhão de habitantes. O barroco converte-se no estilo da arte e da política:[2] o olhar "se sente deslumbradoramente desorientado pela desordem", a imponência colossal, de linhas confusas, substitui a claridade pela luz e pela cor; a exuberância ocupa o lugar da simplicidade.[3]

Era a Lisboa [evoca Cortesão a Lisboa Manuelina] policroma dos faustosos mercadores de toda a Europa, entre os quais predominavam os elegantes florentinos, reluzente das armas cavaleiras e negrejante de hábitos monásticos; e ainda a Lisboa dos moiros — alvanéis, azulejadores e aramistas, que nas tardes de festa bailava e ondulava aljubas alvas, ao som dos alaúdes e pandeiros. O marítimo burgo falava desvairadas línguas. A veniaga cosmopolita disputava os produtos dos descobrimentos, dentre os quais avultavam o oiro da Mina e o açúcar da ilha. Era na Rua Nova, a principal artéria comercial de então encostada ao lanço meridional das muralhas, quase à beira de água, aproximadamente no lugar onde hoje fica a Rua dos Capelistas, que drapejavam e luziam os primores e mercancias forasteiras.

Mas Lisboa via-se e revia-se mais na ribeira das Naus, nas Taracenas, Almazém da Mina, nos espalmadoiros e estaleiros: aí, sim, mais que em alhures inconfundível, era glória dos seus e pasmo dos alheios.

Desde que nos últimos anos o entreposto do tráfico africano passara de Lagos para ali, se criara a Casa da mina e se lançaram com destino à Índia os primeiros navios, toda a ribeira trabalhava, fervia, reboava com a azáfama do mar. Já para além do extremo nascente das muralhas, junto às portas da Cruz, fumegavam os fornos, que coziam o trigo para o biscoito das armadas. Mais abaixo, a seguir, negrejavam, viscosos, os cais do carvão e da madeira. Depois, ladeando o esteiro, naquele tempo ainda alagado, do terreiro do paço, estendia-se a uma banda a alfândega e da outra, prolongando-se até ao Corpo santo, estanceavam a Casa da mina, as taracenas, as ferrarias, e logo as tanoarias, contra o barrocal de s. Francisco. Sobre o vozeio do populacho, que duma a outra banda enxameava, zoava e ensurdecia o trom dos rijos mesteirais que rebatiam as cavilhas férreas ou os arcos e aduelas para a louça das naus.[4]

Todo o reino estava embarcado na exploração do mundo: as caravelas voltavam carregadas de especiarias, escravos, açúcar, para contentamento da Europa. A capital festiva, a Lisboa quinhentista, expandia o rumor de sua febre a todos os extremos do mundo. "Cegos e atolados em suas cobiças e interesses", os nautas portugueses se apresentavam como piratas e comerciantes, pouco acreditados na sinceridade de sua fé. A censura de um menino, no mar próximo da China, mostra o outro lado da experiência asiática, o lado não heroico, alheio ao entusiasmo de João de Barros e de Camões.

Sabeis porque vo-lo digo? Porque vos vi louvar a Deus depois de fartos, com as mãos alevantadas e c'os beiços untados, como homem que lhes parece que basta arreganhar os dentes ao céu, sem satisfazer o que tem roubado. Pois entendei que o Senhor da mão poderosa não nos obriga tanto a bulir c'os beiços quanto nos defende tomar o alheio, quanto mais roubar e matar, que são dois pecados tão graves quanto depois de mortos conhecereis no rigoroso castigo de sua divina justiça.[5]

Para legitimar a sua ação nos mares — ação de pilhagem, comércio e pirataria, envolvidos no ânimo cruzado —, o rei português fundava-se numa doutrina jurídica que lhe garantiria a exploração dos continentes recém-descobertos e apoiaria a expulsão dos comerciantes locais, sobretudo os mouros. A tradição do Estado patrimonial, já desenvolvida com o trabalho e as restrições do estamento, distingue a propriedade do ofício de reger. O rei acumula dois títulos: a regência e o senhorio. A regência, que se vincula ao reger e ao título de rei, abrange a "jurdição sobre todos os que vivem no seu reino", sem o poder de dar e vender o que é dos vassalos. O rei só tem a dignidade real no reino; fora dele, nas terras e mares que descobrir, intitula-se senhor.

Conforme ao qual direito e propriedade de nome, el-rei dom Joam, o segundo se intitulou por senhor e não rei de Guiné, porque sobre os povos da terra não tinha jurdição, e porém teve senhorio, dela. Ca ninguém lha defendeu, nem entre os negros havia demarcações de Estados, e pudera-se esta terra conceder ao primeiro ocupante, quanto mais a ele que tinha a doação dos sumos pontífices, que são senhores universais para distribuir pelos fiéis da católica Igreja, as terras, que estão em poder daqueles que não são súditos dela.

Por o qual modo, e ação el-rei dom Manuel também se chamou senhor da conquista, navegação, e comércio da Etiópia, Arábia, Pérsia e Índia, porque os sumos pontífices tinham concedido a este reino tudo o que descobrissem do Cabo Bojador até a oriental plaga, em que se compreendia toda a Índia, ilhas, mares, portos, pescarias etc., segundo mais compridamente se contém nas doações. [...]

Descobriu navegação de mares incógnitos, por os quais se navega destas partes de Portugal por aquelas orientais da Índia, tomou posse deste caminho da navegação por o título dela. Descobriu terras habitadas de gentio idólatra, e mouros heréticos, para se poderem conquistar e tomar das mãos deles como de injustos possuidores, pois negam a glória, que devem a seu criador, e remidor, intitulou-se por senhor delas. Descobriu o comércio das especiarias, as quais eram tratadas e navegadas por aqueles povos infiéis, por o mesmo modo, pois era senhor do caminho e da conquista da terra também lhe convinha o senhorio do comércio dela. Para os quais não houve mister mais escritura que a primeira doação apostólica, e trazê-los ele em seu ditado, quanto mais que ao presente já são confirmados por o direito de usucapiones (como dizem os juristas) de mais de cinquenta e tantos anos de posse [...].[6]

Voltava Portugal, para legitimar as conquistas, ao direito formado na reconquista, num retorno de três séculos. Para os negócios do reino, no trato das relações entre o rei e os vassalos, valia a ordem nova, que já separava o *imperium* do *dominium*, o reino do senhorio. Uma camada política dividia a regência, ao tempo que afastara o rei da propriedade de seus bens, só em casos extremos sujeita a se confundir nos serviços públicos. Para a África, Índia e América não vigorava, porém, o mesmo princípio, visto que, no império ultramarino, não se admitia uma categoria de nobres e funcionários, dotados de direito próprio. A doutrina, posto que coerente com a tradição portuguesa, a despeito de seu caráter de revivescência de um resíduo em vias de esclerosamento, encontrava pela frente a reivindicação europeia e moderna da abertura dos mares. João de Barros conhece a objeção, calcada na convivência das nações, mas dela não se arreceia. Responde aos gentios e mouros de uma maneira e aos cristãos de modo diverso: duas línguas para o mesmo fato. A um mostra o alcance dos canhões e a outro circunscreve a doutrina à Europa.

> Quanto à navegação, foi sempre tão grande a potência de nossas armadas naquelas partes orientais, que, por sermos com elas senhores de seus mares, quem quer navegar, ora seja gentio, ora mouro, para segura e pacificamente o poder fazer, pede um salvo-conduto aos nossos capitães que lá andam, ao qual eles comumente chamam cartaz, e, se este infiel é achado, não sendo dos lugares onde temos fortalezas, ou que estão em nossa amizade, com justo título o podemos tomar em boa guerra.
>
> Porque, ainda que por direito comum os mares são comuns e potentes aos navegantes, e também por o mesmo direito somos obrigados a dar servidão às propriedades, que cada um tem confrontadas conosco, ou para que lhe convenha ir por não ter outra via pública, esta lei há lugar somente em toda a Europa acerca do povo cristão, que, como por fé e batismo, está metido no grêmio da Igreja romana, assim no governo de sua polícia se rege pelo direito romano.[7]

Mas não para no senhorio o comando de Portugal nos continentes novos, que se particulariza na conquista e comércio, além da navegação, esta reivindicando a clausura dos mares, fora da Europa. Com o direito de conquista se ajusta o estabelecimento de fortalezas — que impõe às naus a reverência do superior poder armado. Quanto ao comércio, há algumas nuanças, decorrentes das relações de Portugal com a terra descoberta. Três modos se fixaram, desde os primeiros passos:

> o primeiro é quando se faz nas terras e senhorios acima nomeados que houvemos por conquista, contratamos com os povos da terra como vassalo com vassalo de um senhor, cujos direitos das entradas e saídas são da Coroa deste reino. O segundo modo, é termos contratos perpétuos com os reis e senhores da terra, de a certo preço nos darem suas mercadorias e receberem as nossas, assim como está assentado com os reis de Cananor,

de Chale, de Cochi, de Coulão, e Ceilão, os quais são senhores da frol de toda a especiaria que há na Índia. E porém, este modo de contratar, é somente acerca das especiarias que eles dão aos oficiais de el-rei, que ali residem em suas feitorias, para carga das naus que vêm a este reino, e todas as outras cousas, que não são especiarias, estas tais são livres e comuns para todo português e natural da terra poder tratar, o preço das quais cousas está na vontade dos contratantes sem ser atado nem taxado a uma justa valia. O terceiro modo é navegarem nossas naus e navios por todas aquelas partes, e, conformando-nos com o uso da terra, contratarmos com os naturais dela, por comutação de uma cousa por outra ao seu preço e ao nosso.[8]

Por estes meios, com tais doutrinas, inspiradas na tradição já em vias de desaparecimento no reino, afastou Portugal, na Europa, o comércio veneziano das especiarias, e, na Índia, combateu, perturbou e aniquilou o controle mouro sobre o trato oriental. A coligação veneziano-moura sofreu rude golpe, permanecendo a influência italiana no Ocidente e na empresa ultramarina com o negócio dos financiamentos das frotas e do tráfico. Portugal entrou no negócio com a guerra, com a presença do Estado custodiando o comércio e protegendo os transportes — o que explica o monopólio comercial da Coroa e a influência dos homens da espada e da administração em todo o curso da meteórica aventura. Ao tempo que consolidava, no reino, uma estrutura política — o Estado patrimonial de estamento, composto o estamento de militares e funcionários, com a submissão do comércio —, a atividade ultramarina desequilibra a velha e rígida ordem social indiana. O mundo, tangido pelas naus, se ajusta ao padrão português, sob o império de circunstâncias econômicas que se universalizam. Inaugura-se um ciclo que somente a Revolução Industrial alterará, sem atingir, todavia, o sistema português, que se agarrou, com angústia e obstinação, ao comercialismo, com a política de trânsito de mercadorias, sem fixação interna de fontes de produção exportável. Para o ponto de vista indiano, a política portuguesa, tal como a sente João de Barros, caracteriza-se pela supremacia naval. Daí que a Índia não fosse atravessada pela influência portuguesa, limitada aos contatos costeiros.

> A criação de um mercado mundial de especiarias, consequência do seu enorme afluxo para a Europa, acarretou modificações na economia das regiões costeiras e insulares que produziam tais gêneros, porém não afetou profundamente as grandes potências do interior, pelo menos ao tempo dos portugueses.[9]

De outro lado, o surpreendente encontro de mouros no Oriente, solidamente instalados no comércio indiano, que levavam mercadores até a Europa italiana por caminhos terrestres, reacendeu nos portugueses o ânimo cruzado de ódio ao infiel. Não cabia, diante de tal realidade, o espírito evangelizador, só possível entre povos dóceis à pregação, como os futuros índios do Brasil. A fé e o império, a que aludem *Os lusíadas*, combinam-se, na própria palavra do poeta, com a devastação de "terras viciosas". Com esse componente inesperado, o mouro mercador das costas indianas, a empresa marítima ganhou a dignidade de empresa militar, tangida no espírito de expandir a fé contra o islamismo. A mistura de qualidades heterogêneas conferiu à jornada ultramarina o aspecto, ao mesmo tempo, de cinismo, disfarçando o comércio, e de crueldade, resto de um antigo e obstinado ódio. Um juízo histórico carregado de dureza viu, na empresa ultramarina, apenas a pirataria, que deixava grossos cabedais nas mãos untadas da administração do reino e das conquistas.[10]

Esse desordenado espelho quinhentista, refletindo imagens encontradas, em tumulto e febril, reproduz um sistema coerente. O reino, renascido e revigorado com a Revolução de Avis, incapaz de digerir a presa, entregava-a, na sua parte suculenta, aos banqueiros italianos e do Norte da Europa, contentando-se com as sobras ostentatórias, que escorregavam para as garras ávidas da nobreza — militares e funcionários. O comerciante, estrangeiro e nacional, exercia o tráfico mediante concessão ou delegação real, com a outorga de privilégios. Na armada de Cabral o rei associou, além de dois validos seus, o florentino e banqueiro Marchioni, atrás do qual está a mão dos Médicis: trata-se do mesmo Bartolomeu Marcioni denunciado pelo cronista, "o qual era morador em Lisboa, e o mais principal em substância de fazenda que ela naquele tempo tinha feito".

> Ca ordenou [explica melhor João de Barros] el-rei, para que os homens deste reino, cujo negócio era comércio, tivessem em que poder tratar, dar-lhe licença que armassem naus para estas partes, delas a certos partidos e outras a frete, o qual modo de trazer a especiaria a frete ainda hoje se usa. E, porque as pessoas a que el-rei concedia esta mercê, tinham por condição de seus contratos, que eles haviam de apresentar os capitães das naus ou navios, que armassem, os quais el-rei confirmava, muitas vezes apresentavam pessoas mais suficientes para o negócio da viagem e carga que haviam de fazer, do que eram nobres por sangue.[11]

O comerciante não devia ser nobre, mas o capitão do navio, homem mais de guerra do que de comércio, devia ter o sangue azul. Distinção, hoje frívola, que, ao tempo, separava duas faces da empresa: o comando real, para onde corriam os benefícios, e a execução material, ramificada num contexto europeu, cosmopolita. A rede se estende e contrai, envolvendo a Europa, nos impérios dos Fugger, Welser, Hochstötter, Affaitati — cujas unhas acutilam Lisboa, a Itália, a Holanda, a Alemanha, perdendo-se na Índia. As mercadorias de troca eram compradas, em toda parte, com o crédito consignado às filiais portuguesas, aprestadas, também, no financiamento de navios e de produtos exportáveis. Todas as vias, entretanto, chegavam ao rei, planejador da empresa e necessitado de recurso para construir e armar as frotas. O ponto final e o ponto de partida se reuniam num feixe dotado de dinamismo vibrátil, organizado administrativamente, com civis e militares, para proporcionar o amplo aproveitamento do banquete ultramarino, que acabaria numa febril embriaguez, incapaz de nutrir e reunir os tecidos. Órgãos administrativos se expandiram, inflando-se de funcionários e delegados do rei: as Casas da Guiné, Mina e Índia e a Feitoria de Antuérpia. A Casa da Índia, cuja importância desterrou para a sombra os mecanismos do comércio africano, superintendia toda a atividade ultramarina, com a colocação de funcionários e o registro, em regimentos e alvarás, de suas atribuições. Era, ao mesmo tempo, a Bolsa, o banco e a administração do comércio indiano. Ao débil comércio de Bruges, com a feitoria portuguesa, sucedeu Antuérpia, para onde se transferiu no século XVI. O Estado arcava com os compromissos financeiros, sempre às portas da ruína, desfalcado com o enxame de funcionários e militares que vigiavam o comércio.

> Índia e África, se empobreciam o Estado, enriqueciam a casta nobre, que desfrutava os governos, capitanias de fortalezas e armadas, e os proventos inerentes, além do soldo, aos ofícios. Os cargos dos governos e das fortalezas davam-se por três anos, para contentar quanto possível o maior número. Em graças transferíveis, que os beneficiários muitas vezes vendiam. As mulheres igualmente participavam nesta distribuição de favores régios, como prêmio de serviços de pais e maridos — tal o caso da condessa de Atalaia, viúva —; e o comando de naus e armadas era mercê frequente, que negociavam.[12]

Era o resultado fatal, inelutável do rei comerciante, confundida a exploração econômica com a guerra e a administração pública. Tudo acabaria — mesmo alterado o modo de concessão do comércio — em grossa corrupção, com o proveito do luxo, que uma geração malbaratara, legando à estirpe a miséria e o fumo fidalgo, avesso ao trabalho. A corte, povoada de senhores e embaixadores, torna-se o sítio preferido dos comerciantes, todos, porém, acotovelados com a chusma dos pretendentes — pretendentes de mercês econômicas, de cargos, capitanias e postos militares. Um clássico da língua os vê por toda parte, com um estilo de vida apurado e definido. A linhagem vale pouco, menos ainda o merecimento: a conquista ao emprego, ao posto, à dignidade se faz à custa da intriga bem tecida, da conversa doce.

> E como neste tempo os homens estão já desenganados de quão pouco valem merecimentos; que (por eles o não serem) vieram a chamar valia às aderências, e lhes tem mostrado a experiência a verdade daquele rifão que cada um dança segundo os amigos que tem na sala e que só põe em pé os serviços quem os arrima a boa parede, por mais arrastados que andassem na opinião da gente, já nenhum pretendente discreto faz tanto cabedal deles como de ministros que o ouçam, criados que o admitam, amigos que o lembrem, ricos que o abonem, terceiros que o cheguem e peitos que o despachem. Para

> o que o avisado, depois de fazer o sinal da cruz à sua pretensão, primeiro sabe os que valem com o Príncipe, depois disto os que têm lugar e entrada com os privados, logo conhecer os criados mais mimosos; em sabendo a sala do valido, tomá-la de empreitada, ser contínuo no passeio dele, aonde a todos a primeira cortesia e o mais humilde seja a sua, o riso sempre na boca, os oferecimentos na língua, os olhos só no seu intento; dar o melhor lugar a todos, porque acaso não falte a algum que pode ser em seu favor; não se aparte da vista do que granjeia; faça-se encontradiço aonde o veja, na igreja tomar o lugar da porta, na sala, a saída, no acompanhamento, o dianteiro, para parar aonde fique tomando os olhos do privado, para assim, ou com a continuação mereça, ou com a importunação o despache; use do traje limpo, mas não custoso, o comer, leve, mas concertado, porque argúem moderação com gravidade; o falar, sempre à vontade do ministro, dizendo os améns a todas as suas orações; mostrar-se ao favor, humilde, à repreensão, agradável, à esperança, contente, ao desengano, confiado; falar a todos no seu negócio, porque muitas vezes acerta um, de que ele não esperava, abrir caminho a seu despacho; [...] vê tudo e olha pouco; vigia porque, como dizem, a quem vela, tudo se lhe revela, mas, com os olhos no que procura, dissimula o que vê; ouve e não escuta: e assim, as más respostas dos ministros cansados ou insolentes não o escandalizam, antes lhes mostra alegria fazendo do escândalo matéria de agradecimento; cheira de longe o que receia, e dissimula, fingindo confiança no que merece; apalpa e tenta todos os meios de seu remédio e finge-se ignorante a tudo o que lhe releva; [...] acomodar a vontade com a sua em um voluntário e forçoso cativeiro.[13]

A voracidade comercial, a conquista ao serviço do trato das especiarias, a artilharia encobrindo a avareza culminam numa corrente burocrática, presidida pelo rei. O funcionário está por toda parte, dirigindo a economia, controlando-a e limitando-a a sua própria determinação. Uma realidade política se entrelaça numa realidade social: o cargo confere fidalguia e riqueza. A venalidade acompanha o titular, preocupado em se perpetuar no exercício da parcela de poder que o acompanha. A expressão completa dessa comédia se revela numa arte, cultivada às escondidas: a arte de furtar. A nota de crítica e de censura flui de duas direções, ao caracterizar o enriquecimento no cargo como atividade ilícita: a ética medieval, adversa à cobiça, e a ética burguesa, timidamente empenhada em entregar o comércio ao comerciante. A disciplina do comércio se confunde com a malsinada arte, no depoimento do encoberto escritor do século XVII:

> Na compra do salitre, e pimenta, sucede quase o mesmo lá nessas partes: vinha-nos de Maduré o salitre por particulares a duas patacas o bar, que são dezesseis arrobas; comprava-se todo para a Coroa de Portugal com grandíssimo lucro: não achavam os ministros reais polpa em droga tão barata, para empolgarem as unhas: trataram de a haver dos Naiques, que são os reis daquele império, os quais sabendo a estima, que fazíamos

do que eles arbitravam como se fosse arêa, fizeram logo estanque, de que não deixam sair o salitre por menos de vinte patacas o bar: e o mesmo sucedeu na pimenta por toda a Índia, por se cevarem mais do devido as unhas dos ministros em seus pagamentos.[14]

Onde há comércio há governo: a administração segue a economia, organizando-a para proveito do rei, senhor e regente do tráfico. Dessa confusão de águas não resulta apenas a peita, a corrupção, senão a enxurrada de servidores e pretendentes a servidores, de soldados e dependentes, de reivindicadores de pensões para a velhice.

Há certo que se gasta neste reyno todos os annos das rendas Reaes quasi hum milhão, ou o que se acha na verdade, em salarios de officiais, e ministros, que assistem ao governo da justiça, e menêo das couzas pertencentes à Coroa: e he mais que certo, que um a ametade dos tais Ministros, e pode bem ser que com a terça parte delles, se daria melhor expediente a tudo; porque nem sempre muitos alentão mais a empreza, e se ella se póde effeituar com poucos, a multidão só serve de enleyo. Se basta hum Provedor em cada Provincia, para que são cinco ou seis? Se basta um Corregedor para vinte léguas de destrito, para que são tantos, quantos vemos? Tantos escrivaens, meirinhos, e alcaides, em cada Cidade, em cada Villa, e aldea, de que servem; se basta hum para escrevinhar, e meirinhar este mundo, e mais o outro? Este alvitre se deu ao Rey de Castella não ha muitos annos, e não pegou; póde bem ser, que por ser bom para nós. Se esmarmos bem as rendas Reaes das Provincias, e as discutirmos, acharemos que lá ficão todas pelas unhas destes galfarros despendidas em salarios, e pitanças. Entremos nas sete Casas desta Corte, mas que seja na Alfandega, e Casa da India, acharemos tantos officiais, e ministros, que não há quem se possa revolver com elles: e todos bem ordenados: e todos são tão necessarios, que menos póde ser fizessem melhor tudo. [...] Engordão particulares com salarios, e emmagrecem as rendas Reaes no commum, e não ha porisso melhores expedientes: muita couza fantastica se sustenta mais por uso, que por urgencia.[15]

Não há só a multidão de funcionários: estes acumulam dois, três e quatro cargos, ajudados de muitos oficiais, no cultivo do ócio, agarrando com as unhas ardentes todo o comércio, a economia inteira. O padre Vieira, consultado pelo rei d. João IV acerca da conveniência de instituir um ou dois capitães-mores, não tergiversou:

Digo que menos mal será um ladrão que dois; e que mais dificultosos serão de achar dois homens de bem que um [...]. Tais são os dois capitães-mores em que se repartiu este governo: Baltasar de Sousa não tem nada, Inácio do Rego não lhe basta nada; e eu não sei qual é maior tentação, se a necessidade, se a cobiça.[16]

O quadro será necessariamente negro e amargo, satírico e contundente. Atrás da enxurrada de funcionários, militares e pensionistas está a ruína. Todos sentem que a mascarada, sem renovo e sem seivas mais jovens, acabará em ressaca: há ricos e opulentos, mas o reino não reverdece. As subvenções, os ordenados, as pensões devoravam o Estado, para o proveito ostentatório da fidalguia, da fidalguia encasulada no cargo público.[17] Esta a vida da empresa patrimonial sem apoio na produção doméstica, só esta capaz de se expandir na indústria. Outras nações ocuparão o vácuo, na esteira das caravelas — Portugal continuará de pé, cevando-se do Brasil, congelado, arcaicamente, na sua arquitetura barroca.

2 | *O congelamento e a paralisia do Estado barroco*

O PATRIMONIALISMO, organização política básica, fecha-se sobre si próprio com o estamento, de caráter marcadamente burocrático. Burocracia não no sentido moderno, como aparelhamento racional, mas da apropriação do cargo — o cargo carregado de poder próprio, articulado com o príncipe, sem a anulação da esfera própria de competência. O Estado ainda não é uma pirâmide autoritária, mas um feixe de cargos, reunidos por coordenação, com respeito à aristocracia dos subordinados. A comercialização da economia, proporcionando ingressos em dinheiro e assegurando o pagamento periódico das despesas, permitiu a abertura do recrutamento, sem que ao funcionário incumbissem os gastos da burocracia, financiando os seus dependentes. Todos, cargos elevados — que davam nobreza ou qualificavam origem aristocrática —, como os cargos modestos, hauriam a vida e o calor do tesouro, diretamente vinculado à vigilância do soberano. O comércio, controlado ou explorado pelo príncipe, é, por sua vez, a fonte que alimenta a caixa da Coroa. O modelo de governo, que daí se projeta, não postula o herói feudal, nem o chefe impessoal, atado à lei. O rei é o bom príncipe, preocupado com o bem-estar dos súditos, que sobre eles vela, premiando serviços e assegurando-lhes participação nas rendas. Um passo mais, num reino onde todos são dependentes, evocará o pai do povo, orientado no socorro aos pobres. Ao longe, pendente sobre a cabeça do soberano, a auréola carismática encanta e seduz a nação. O sistema de educação obedece à estrutura, coerentemente: a escola produzirá os funcionários, letrados, militares e navegadores. Mas os funcionários ocupam o lugar da velha nobreza, contraindo sua ética e seu estilo de vida. O luxo, o gosto suntuário, a casa ostentatória são necessários à aristocracia. O consumo improdutivo lhes transmite prestígio, prestígio como instrumento de poder entre os pares e o príncipe, sobre as massas, sugerindo-lhes grandeza, importância, força.[18]

Essa realidade, impedindo a calculabilidade e a racionalidade, tem efeito estabilizador sobre a economia. Dela, com seu arbítrio e seu desperdício de consumo, não flui o capitalismo industrial, nem com este se compatibiliza. O capitalismo possível será o politicamente orientado — a empresa do príncipe para alegria da corte e do Estado-maior de domínio que a aprisiona. A indústria, a agricultura, a produção, a colonização será obra do soberano, por ele orientada, evocada, estimulada, do alto, em benefício nominal da nação. Onde há atividade econômica lá estará o delegado do rei, o funcionário, para compartilhar de suas rendas, lucros, e, mesmo, para incrementá-la. Tudo é tarefa do governo, tutelando os indivíduos, eternamente menores, incapazes ou provocadores de catástrofes, se entregues a si mesmos. O Estado se confunde com o empresário, o empresário que especula, que manobra os cordéis do crédito e do dinheiro, para favorecimento dos seus associados e para desespero de uma pequena faixa, empolgada com o exemplo europeu. Todo o influxo externo, de produção de bens ou de aquisição de técnicas, sofre o efeito triturador e nacionalizador do estamento, que retarda a modernização do país. A árvore, submetida ao oxigênio viciado de estufa, não perece; produz sempre os mesmos frutos, cada vez mais pecos, sem polpa, amarelos. Enquanto o mundo corre o seu destino, a Península Ibérica, mesmo túrgida com as colônias americanas, para as quais transferirá sua herança política e administrativa, esfria e se congela. A nobreza funcionária, pobre de horizontes mais amplos, teimosamente empenhada em viver o seu estilo de vida, amortalha-se nas roupas de conquista, mumifica-se com a própria carne. Ela trocara, na palavra de um cronista, "boa capa por mau capelo". O mercantilismo, que arrastara o Estado a mercadejar, devorava-se a si próprio, comendo a cauda — impedindo o setor particular de florescer, ele submete a fidalguia a uma perigosa dieta, entre a fome e a morte. A crise, atingindo a nobreza, fere todo o reino, sobre o qual ela incrusta suas unhas envenenadas. Nem o açúcar do Brasil, nem o escravo africano, nem o ouro de Minas Gerais — nada salvará este mundo, condenado à mansa agonia de muitos séculos.

A doença — "doença medular, da qual até hoje não conseguiu erguer-se"[19] — tem muitos sintomas; tratada com várias terapêuticas, mostrou-se infensa ao remédio, rebelde ao escrutínio das causas. Ela não mata, mas paralisa, com o desprezo até da independência nacional, sacrificada durante sessenta anos. O único segmento da nação que poderia ensejar o renascimento econômico, o setor não absorvido pelo controle público e rebelde à tutela, abandonou o país, forçado por obscuros brios nacionalistas ou de monopólio do poder político. A inquisitorial fúria purificadora expulsou, esmagou e acabou com o judeu, abrindo um vácuo que o inglês preencheria — o judeu, no caso, foi apenas um símbolo, menos que uma realidade, do burguês moderno, flexível e permeável aos novos tempos.[20] Entre causa e efeito — entre a doença e os sintomas — há um largo campo escuro, povoado de dissídios e debates. A incompatibilidade do português com o espírito capitalista recebeu, de um extremo a outro, a explicação do sangue celta e da "preguiça espanhola".[21] No fundo de todas as tentativas de definir o mal, no tumultuoso contexto histórico, há o reconhecimento de que a nação foi sufocada por um sistema gerado de suas entranhas, sistema um dia, há dois séculos, responsável por sua grandeza. O molusco, depois de se desenvolver, abandonou na praia a concha, protetora de seu crescimento, agora inútil calcário ornamental. O movimento revolucionário do primeiro rei de Avis, desfigurado e vazio, serve à estagnação e à regressão econômica. A Lisboa de Fernão Lopes, a de muitas e desvairadas gentes, a Lisboa manuelina, torna-se, segundo um testemunho vincado de amargo exagero, uma "capital de fidalgos ociosos, de plebeus mendigos e de rufões".[22] Ela se estagnou na metrópole comercial, sem o viço e a atividade de outro tempo, intermediando os bons negócios dos países industriais com as colônias. A camada superior, perdida na sua pompa de promessas, desdenha o trabalho e a produção, tais como entendidos pelas nascentes virtudes burguesas. A Revolução Industrial passou ao longe de suas praias, com seu ar escuro, incompreendida pelo lucro fácil das especulações ultramarinas. Os servidores públicos — nobres e burocratas — vestiam-se com as roupas das manufaturas inglesas, cobriam as mulheres de joias lavradas na Holanda, comiam o trigo importado, tudo à custa do ouro que, célere, mal lhes pousava nas mãos. Quando um brado de pessimismo aponta a miséria do dia seguinte, é ainda ao Estado que se pede o remédio, o Estado fonte de todos os milagres e pai de todas as desgraças.

> Governava-se então pela nobreza e para a nobreza [...] o espírito aristocrático da monarquia opondo-se naturalmente aos progressos da classe média, impediu o desenvolvimento da burguesia, a classe moderna por excelência, civilizadora e iniciadora, já na indústria, já nas ciências, já no comércio. Sem ela, o que podíamos nós ser nos grandes trabalhos com que o espírito moderno tem transformado a sociedade, a inteligência e a natureza? O que realmente fomos: nulos, graças à monarquia aristocrática! Essa monarquia, acostumando o povo a servir, habituando-o à inércia de quem espera tudo de cima, obliterou o sentimento instintivo da liberdade, quebrou a energia das vontades, adormeceu a iniciativa; quando mais tarde lhe deram a liberdade, não a compreendeu; ainda hoje não a compreende, nem sabe usar dela... Os netos dos conquistadores de dois mundos podem, sem desonra, consumir no ócio o tempo e a fortuna, ou mendigar pelas secretarias um *emprego*: o que não podem, sem indignidade, é *trabalhar!* Uma fábrica, uma oficina, uma exploração agrícola ou mineira, são coisas impróprias da nossa fidalguia. Por isso as melhores indústrias nacionais estão nas mãos dos estrangeiros, que com elas se enriquecem, e se riem das nossas pretensões. Contra o trabalho manual, sobretudo, é que é universal o preconceito: parece-nos um símbolo servil! Por ele sobem as classes democráticas em todo o mundo, e se engrandecem as nações; nós preferimos ser uma aristocracia de pobres ociosos, a ser uma democracia próspera de trabalhadores. É o fruto que colhemos duma educação secular de tradições guerreiras e enfáticas.[23]

O mundo quinhentista apenas consagrou, fortaleceu e enriqueceu uma estrutura secular. Portugal voltado para o Oriente e o Ocidente seguiu as mesmas pegadas do Portugal mercador marítimo e costeiro. Mercadores e nobres — "o fidalgo tratante, ligado ao capitalista cosmopolita, em detrimento da burguesia média e geograficamente espalhada"[24] — formavam o grupo dominante, sob a vigilante superintendência da Coroa. A perda da independência, em 1580, estava na lógica dos acontecimentos: a união filipina assegurava a melhor exploração, por parte da nobreza associada à mercancia, das oportunidades oferecidas pelo Estado. Nobreza, alto clero, grande comércio, todos caminham para, num momento de profunda crise, somarem ao seu organismo estatal falido o florescente Império Espanhol. Já não era mais — insista-se — a velha nobreza fundiária, mas a nobreza das mercês do tesouro, em marcha batida para adquirir a pele burocrática. Ela se fecha sobre a nação, apropria-se da soberania nacional, controla o governo, amesquinhando as demais classes, indiferente à autonomia do reino. A Inquisição torna-se um instrumento do statu quo, a serviço do bloqueio social, tecido do alto, no seio do estamento, contra a expansão de forças econômicas alheias aos vínculos diretores do Estado. Daí por diante — com reflexo no Brasil — o mundo barroco, sem ânimo para galgar outra perspectiva, aprisiona Portugal e seu herdeiro ocidental.[25]

As reações contra o chamado marasmo português clamavam, dentro do círculo de ferro do mercantismo, pela ação do Estado. Contra ele voltavam-se as acusações e as censuras, ferindo seu fiscalismo e sua voracidade, conjugados para alimento de funcionários. A favor da ordem estabelecida erguiam-se outras vozes, reclamando ação, iniciativa, planos, como se, dentro dele, não existisse o setor autônomo que fazia, nos mesmos séculos, a grandeza da Europa. A atividade, assim reclamada e assim evocada, exercia-se por meio de explosões espasmódicas, confundindo o paciente trabalho com a aventura, a laboriosa empresa com a especulação. Havia, nas manifestações impacientes de modernização e progresso, a veleidade de suscitar, de golpe, messianicamente, a indústria e a riqueza aos saltos. Tudo, a curto prazo, acabava em crise — crise do ouro, crise do açúcar, crise inflacionária. Interferia, nesses saltos e cabriolas, um sistema político-econômico, que vinculava a quebra da estagnação com a especulação, febre característica do comercialismo. Uma classe recebia os estímulos para a obra de um dia ou de uma década: o intermediário, o financiador, o comissário, o banqueiro, o lançador de ações, e não o lançador de fábricas e usinas. Esse é um ciclo de muitos séculos: prisão de frustrações e de ouro. O arcaísmo da estrutura social — o patrimonialismo que floresce na sua criatura, o estamento — leva, confrontado com a economia mundial em desenvolvimento, para outros rumos, a maior consolidação do escudo de ferro que constrange o país. O comércio exterior, o mercado mundial, conduzem e pressionam a economia interna, num momento em que há, cada vez menos, nações isoladas. Quem dita o ritmo é a economia mundial, forçando a ela se adaptarem, expressando, com o ajuste, modernização e progresso. A empresa particular, pobre de recursos e de substância para acompanhar a corrida, se arrima ao Estado, que, ao tutelá-la, regula interiormente, sob os cuidados do Estado-maior de domínio, que a provê e lhe estimula os passos. O círculo vicioso se reconstitui, sob o acicate desse novo fator, acentuando as funções estabilizadoras — estabilizadoras qualitativamente — da camada dirigente, pai da economia e mãe de seus próprios membros. A sincronia do ritmo força a queimar etapas, em saltos que deixam, atrás de si, muitos resíduos obsoletos, incapazes de mudar sua fisionomia interior. Este quadro tem muitos séculos: séculos portugueses e séculos brasileiros, todos unidos sob a mesma linha, intangível ao corte, à renovação e ao desaparecimento.

3 | Elite e estamento

O ESTAMENTO, quadro administrativo e estado-maior de domínio, configura o governo de uma minoria. Poucos dirigem, controlam e infundem seus padrões de conduta a muitos. O grupo dirigente não exerce o poder em nome da maioria, mediante delegação ou inspirado pela confiança que do povo, como entidade global, se irradia. É a própria soberania que se enquista, impenetrável e superior, numa camada restrita, ignorante do dogma do predomínio da maioria. Não há, entretanto, mesmo quando ainda não se consagram os princípios democráticos, o governo isolado, absolutamente alheio do povo: o recíproco influxo entre maioria e minoria, mesmo nas tiranias mais cruas, responde pela estabilidade dos regimes políticos.

> *Quello* [lembra Machiavelli, o clássico Machiavelli] *che ha per nimici i pochi, facilmente e sanza molti scandoli si assicura: ma chi ha per nimico l'universale non si assicura mai: e quanta più crudeltà usa, tanto più debole diventa il suo principato. Talché il maggiore rimedio che ci abbia, è cercare di farsi il popolo amico.*[26]

A minoria exerce o governo em nome próprio, não se socorre da nação para justificar o poder, ou para legitimá-lo jurídica e moralmente. Uma tradição, expressa algumas vezes em doutrina, tranquiliza a consciência dos governantes, formados na escola aristocrática. Os poucos — os quarenta ou cinquenta do filósofo florentino[27] — governam e mandam porque devem dirigir, porque deles é a supremacia política e social. O comitê executivo, agarrado às rédeas, representa — este de fato representa — um segmento que se apropria do Estado, sem condescendência com a presumível vontade do povo. A nação só não deve se organizar para se converter em inimiga, no limite do jugo tolerável. O contato entre governo e governados, distante, frio, indiferente, só ganha dramaticidade nesse limite extremo, no limiar da conduta que despoja o povo de sua honra e do pão. Fora daí, pela violência ou pela astúcia, com a mão suave ou com a mão severa, tudo se permite, contanto que não se quebre a comunidade armada junto da Coroa.

A nobreza burocrática, vincada pela tradição apurada da secular aristocracia, não se confunde com a *elite*, a *classe política* ou dirigente, a oligarquia destilada pela ação organizatória de um grupo. Não é o mundo, algo sombrio, algo fantástico, dos descendentes de Machiavelli, de Mosca, Pareto e Michels.[28] A elite governamental, dentro da rede social da aristocracia, da qual o estamento tece sua estrutura externa, obedece ao cunho do estilo de vida, das normas de conduta da nobreza burocrática. Só por abuso terminológico, por transposição analógica, confundir-se-á a aristocracia com a elite, erro de que se acautelou Pareto.[29] As inspirações que ditaram a teoria da classe dirigente, sem revalorizarem a herança aristocrática, se embebem na ideologia da classe média, atemorizada, na virada do século XIX ao XX, com a caótica e anárquica afluência das massas. Volta-se, em duplo combate, contra duas frentes: a nobreza em desintegração e o socialismo triunfante. Ideologia de defensiva, castigada pelo espírito de trincheira, medrosa de um passo adiante, perplexa com o renovamento do passado. Polemicamente, as baterias se assestam, no primeiro campo de fogo doutrinário, contra o dogma da soberania popular, mais contra a sombra de Rousseau do que contra o Rousseau histórico. O governo, o efetivo comando da sociedade, não se determina pela maioria, mas pela minoria que, a pretexto de representar o povo, o controla, deturpa e sufoca. Trata-se de um fenômeno secretado pela ordem democrática, dentro dela gerado mas em oposição ao seu princípio fundamental. A contradição já está inscrita no próprio *Contrato social*, jacobinamente inimigo da representação popular:

> À prendre le terme dans la rigueur de l'acception, il n'a jamais existé de véritable democratie, et il n'en existera jamais. Il est contre l'ordre naturel que le grand nombre gouverne et que le petit soit gouverné. On ne peut imaginer que le peuple reste incessamment assemblé pour vaquer aux affaires publiques, et l'on voit aisément qu'il ne saurait établir pour cela des comissions sans que la forme de l'administration change. [...] La souverainité ne peut être représentée, par la même raison qu'elle ne peut être aliénée; elle consiste essentiellement dans la volonté générale, et la volonté ne se représente point: elle est la même, ou elle est autre; il n'y a point de milieu. Les députés du peuple ne sont donc ni ne peuvent être ses représentants, ils ne sont que ses commissaires; ils ne peuvent rien conclure défnitivement. Toute loi que le peuple en personne n'a pas ratifée est nulle; ce n'est point une loi. Le peuple anglais pense être libre; il se trompe fort, il ne l'est que durant l'élection des membres du parlement; sitôt qu'ils sont élus, il est esclave, il n'est rien. Dans les courts moments de sa liberté, l'usage qu'il en fait mérite bien qu'il la perde.[30]

Enquanto Rousseau e os adeptos da soberania popular aspiram à pureza da doutrina, convertida em dogma, os elitistas a negam, vencidos pela experiência histórica dos sistemas representativos. A democracia, nas teses dos últimos, continua viva, reduzida a uma, mais ou menos aberta, concorrência de elites. A própria ordem social se convulsiona, degenera ou se envenena mortalmente, se a classe dirigente — a classe política de Mosca, classe em sentido sociologicamente impróprio — não se renova. A autenticidade das forças sociais, que operam de baixo para cima, se mantém pura, mediante o processo de circulação e revitalização das elites. A história não é senão um cemitério de elites, que correm, ao longo do leito secular, como um rio: a classe dirigente de hoje não será a mesma de ontem.[31] A "lei de bronze da oligarquia" impõe o domínio de poucos sobre uma base democrática, por força da coesão e da organização da minoria, amalgamando incessantemente os contingentes novos, que novas transformações elevam à cúpula. Numa linha progressiva, a classe dirigente, no Estado moderno, tomaria maior consistência com o desenvolvimento da burocracia, que se derrama na tecnocracia. Os valores da supremacia política, ciosamente guardados no primeiro impulso da teoria elitista, cujas raízes teriam sido plantadas por Maquiavel, por força da própria dinâmica do sistema, se desumanizariam no primado totalitário da eficiência econômica dos governos. O discutível espírito de defesa da liberdade, que estaria inscrito no seu cerne, se converteria no estrangulamento da convivência democrática.[32] De outro lado, o governo das elites levaria, em substituições sucessivas, a negar todo o conteúdo de representatividade das forças sociais: primeiro o partido, depois o comitê executivo, por fim o chefe. Essa crítica partiu do campo marxista, no qual, a despeito da concepção do Estado como expressão da classe dominante, o elitismo conquistou indisfarçáveis posições.[33] A classe dirigente, a elite ou a classe política seria, dessa sorte, um produto destilado por qualquer sistema, sistema aristocrático ou democrático, com os caracteres dependentes do solo que a gerou. Seria, se mais bem aprofundada a análise, uma excrescência do mecanismo representativo, distorção necessária do exercício da soberania popular, perecível sempre que reivindicar autonomia social e independência política. Num grau mais alto de degenerescência — degenerescência que se evidencia pela esclerose — se coloca em lugar das forças sociais que a suscitam, anunciando perturbações doentias na sociedade e na política. Está longe do estamento — este, como a classe e a casta, uma forma de estratificação social —, vinculado, por motivos de sobrevivência histórica, à aristocracia pré-burguesa, anterior ao princípio da soberania popular como fundamento político, moral e teórico do Estado. Só se aproxima do estamento, concretamente implantado na história portuguesa e brasileira, pelo seu conteúdo minoritário.

Num sistema democrático ou num sistema aristocrático, com ou sem o predomínio do estamento, pode haver a ausência de elite. Ausência de elite no sentido de não se constituir, com a estabilidade necessária para o cumprimento de objetivos e missões, uma camada dirigente. São os momentos de crise de liderança, provocados pelo aniquilamento das forças que sustentavam a velha estrutura sem a emergência de novas expressões correspondentes às energias que ganham o primeiro plano. Os pastores se afastam do rebanho, que os considera seus parasitas e não condutores.

> *Ayant oublié le public, elle néglige par surcroît les subordonnés; après s'être séparée de la nation, elle se sépare de sa suite. C'est un état-major en congé qui fait bombance et ne prend plus soin des sous-officiers; vienne un jour de bataille, personne ne marche après lui, on cherche des chefs ailleurs.*[34]

Fatal será, em tais circunstâncias, circunstâncias submetidas a transformações rápidas, a caracterização da anarquia, da dissolução que nem sempre prenuncia a revolução. Numa ordem de estamento, o vazio é rapidamente preenchido, por meio de chefes e líderes designados do seio da camada de domínio, líderes e chefes de que ninguém conhecia o nome. Esse preenchimento das funções institucionalizadas do poder se faz num sentido conservador, num compasso provisório de espera, até que, da faixa dirigente, se decantem os dirigentes. Há, nesse processo, o jogo de muitos artifícios e falsidades: as mudanças estruturais provocam o alheamento da elite, em seu lugar opera a comunidade que a sustenta, que prové a sociedade de liderança. Essa liderança, em deslocamentos dentro da mesma faixa de origem, conquista a confiança popular e lhe infunde, de cima, a representação arbitral de interesses comuns. Nessa dança, orquestrada pelo estamento, não entra o povo: quem seleciona, remove e consolida as chefias é a comunidade de domínio, num ensaio maquiavélico de captação do assentimento popular. A soberania popular funciona às avessas, numa obscura e impenetrável maquinação de bastidores, sem o efetivo concurso da maioria, reduzida a espectador que cala ou aplaude. Aqui está o ponto de contato da classe dirigente com o estamento, força, este, aparentemente de reserva, depositário, na realidade, das energias políticas. Por via desse circuito, torna-se claro que elite e estamento são realidades diversas, articulada a primeira no serviço da segunda, que a define, caracteriza e lhe infunde a energia.[35] Há, todavia, situações em que as funções da sociedade se desenvolvem por via do estamento, não perfeitamente caracterizado ou confundido com a elite, despida esta de sua individualidade conceitual.

Uma longa herança — herança social e política — concentrou o poder minoritário numa camada institucionalizada. Forma-se, dessa sorte, uma aristocracia, um estamento de caráter aristocrático, do qual se projeta, sem autonomia, uma elite, um escol dirigente, uma "classe" política. Ele forma a base do Estado, sempre que ondas sucessivas, tumultuárias, renovadoras, não o varrem, em nome do poder majoritário. Neste caso, a crise de democratização expele, repudia, afasta a instituição minoritária, como estrato, como comunidade, deixando em seu lugar apenas uma elite, variável, ondulante, submetida à circulação permanente.

Ce capital de pouvoir minoritaire [escreve Hauriou, avaliando no Estado moderno a contribuição do passado aristocrático] *deposé maintenant dans nos institutions governamentales, tout particulièrement dans celles de notre pouvoir exécutif et dans les corps législatifs constitués, est la limite du pouvoir majoritaire de la nation. La nation est propriétaire du pouvoir minoritaire, mais elle ne l'exerce pas et elle n'en délègue pas l'exercice. Il est assumé par une élite de fonctionnaires et de représentants qui animent les institutions et qui, dans l'exercice de leurs fonctions, sont des gérents d'affaires doués d'autonomie.*

> *La combinaison réalisée dans nos États modernes entre le pouvoir minoritaire, qui est de fondation, et le pouvoir majoritaire du peuple, qui est d'acquisition récente, reproduit,* mutatis mutandis, *celle que Mommsen a baptisée, à propos de Rome, du nom d'État patricio-plébéien.*[36]

O predomínio será, de acordo com as vicissitudes diversas das nações, patrício ou plebeu. Essa componente plebeia, todavia, deve-se à democracia do século XIX, onde ela se realizou, em consórcio com a Revolução Industrial. Nosso modelo — o Estado português prolongado no Brasil — não conheceu esse influxo, senão por empréstimo, permanecendo, na sua substância, patrício. O poder minoritário, não envolvido, não interiormente arejado pela avalancha majoritária, adquire um caráter pétreo, independente da nação. Afirma, na hipótese, por força de seu isolamento, conteúdo estamental. É dele — e não de uma elite — que tratam Manheim e Toynbee, quando denunciam as minorias dominantes, que, em certas circunstâncias, se fecham sobre si próprias, esgotadas de energia criadora, meras intermediadoras do pensamento universal num círculo nacional. O grupo, a comunidade restrita e selecionada, provê a sociedade de sua concepção do mundo, unificando as tendências e as correntes em curso numa constelação coerente de ideias, sentimentos e valores. Estamento será seu conceito, quer se denomine elite, classe dirigente, classe política, intelligentsia. Aproxima-se, nos extremos casos de fechamento sobre si próprio, da casta, sem tocar no tipo classe social. Em consequência de sua estruturação autônoma, desdenhosa do contato íntimo das categorias sociais que atuam na base da pirâmide, tem caráter escolástico, acadêmico, no sentido de se alhear dos problemas concretos da vida e da sociedade. Preocupa-se mais em preservar sua unidade de pensamento, numa sistematização nem sempre dogmática, do que com a reelaboração teórica dos fatos, da história própria. Seu pensamento político será de caráter abstrato, voltado para as doutrinas universais, sufocado no idealismo das fórmulas.[37] Essa minoria — outrora criadora, outrora responsável pelo destino de uma nação —, anestesiada pelo seu êxito, incapaz de se renovar, perde o compasso e o ajuste com novas forças sociais. A idolização do passado fecha-lhe as fontes criadoras, perdidas as instituições numa glorificação das estátuas mortas. Toda a sociedade se retarda, no seu *feri*, seduzida por formas arcaicas, que a sufocam, num congelamento mal adequado à circulação do sangue. O influxo das transformações mundiais, com a civilização universal exigindo a penetração em todos os povos, se processa por meio dessa camada, sem a colaboração da classe média, responsável na Europa dos séculos XVIII e XIX pela mudança da face da sociedade. Os países aprisionados pelo estamento se modernizam, ocidentalizando-se, por via de um plano do alto, imposto à nação, com a teorização, retardada de muitas décadas, de processos espontâneos nas sedes criadoras. O mundo se parte em mundo metropolitano, diretor e condutor, e mundo de retaguarda, alheando ainda mais a minoria do conjunto da nação. O estamento absorve as técnicas importadas, refreando a elite ocidentalizadora, para que as novas ideias, as ideologias não perturbem o domínio da sociedade, domínio, mesmo vestido de palavras novas, tradicionalmente cunhado.[38]

Somente a perspectiva histórica dará o traço que completará o quadro. O estamento como categoria autônoma, superior à sociedade, emancipado do caudal triturador da história — este o problema não solvido. Quatro séculos de hesitações e de ação, de avanços e recuos, de grandeza e de vacilação serão a resposta de um passado teimosamente fixado na alma da nação. Estado e nação, governo e povo, dissociados e em velado antagonismo, marcham em trilhas próprias, num equívoco renovado todos os séculos, em contínua e ardente procura recíproca.

O Brasil até o governo-geral

1 | *A invenção edênica da América > 113*
2 | *A integração da conquista no comércio europeu > 119*
3 | *Colonização como prolongamento do sistema de feitorias > 123*
4 | *A colonização: regime político e administrativo das capitanias. Vínculos da colônia com a metrópole > 130*
5 | *A distribuição de terras: mudança do sentido da sesmaria, com o predomínio do conteúdo dominial sobre o administrativo > 138*
6 | *O chamado feudalismo brasileiro > 143*

1 | *A invenção edênica da América*

A DESCOBERTA DO BRASIL entrelaça-se na ultramarina expansão comercial portuguesa. Episódio, bem verdade, perturbador e original, incapaz de se articular totalmente nas navegações africanas e asiáticas. Diante do português emergiu não apenas um mundo novo, mas também um mundo diferente, que deveria, além da descoberta, suscitar a invenção de modelos de pensamento e de ação. O primeiro golpe de vista, embaraçado com a realidade exótica, irredutível aos esquemas tradicionais, apenas revelou a esperança de novos caminhos dentro do pisado quadro mercantilista. O descobridor, antes de ver a terra, antes de estudar as gentes, antes de sentir a presença da religião, queria saber de ouro e prata. Na noite de 24 de abril, na primeira sexta-feira do descobrimento, o capitão Pedro Álvares Cabral travou a entrevista solene com os donos da terra. Essa troca de gestos, que o fiel escrivão registrou, desnuda muitas intenções e prenuncia uma decepção. Ela indica a inaptidão de ver fora das viseiras douradas do comércio e dos metais preciosos:

> O Capitão, quando eles vieram, estava sentado em uma cadeira, bem vestido, com um colar de ouro mui grande ao pescoço, e aos pés uma alcatifa por estrado. Sancho de Tovar, Simão de Miranda, Nicolau Coelho, Aires Correia, e nós outros que aqui na nau com ele vamos, sentados no chão, pela alcatifa. Acenderam-se tochas. Entraram. Mas não fizeram sinal de cortesia, nem de falar ao Capitão nem a ninguém. Porém um deles pôs olho no colar do Capitão, e começou de acenar com a mão para a terra e depois para o colar, como que nos dizendo que ali havia ouro. Também olhou para um castiçal de prata e assim mesmo acenava para a terra e novamente para o castiçal como se lá também houvesse prata.
>
> Mostraram-lhes um papagaio pardo que o Capitão traz consigo: tomaram-no logo na mão e acenaram para a terra, como quem diz que os havia ali. Mostraram-lhes um carneiro: não fizeram caso. Mostraram-lhes uma galinha; quase tiveram medo dela: não lhe queriam pôr a mão; e depois a tomaram como que espantados.
>
> Deram-lhes ali de comer: pão e peixe cozido, confeitos, fartéis, mel e figos passados. Não quiseram comer quase nada daquilo; e, se alguma coisa provavam, logo a lançavam fora. Trouxeram-lhes vinho numa taça; mal lhe puseram a boca; não gostaram nada, nem quiseram mais. Trouxeram-lhes água numa albarrada. Não beberam. Mal a tomaram na boca, que lavaram, e logo a lançaram fora.

> Viu um deles umas contas de rosário, brancas; acenou que lhe dessem, folgou muito com elas, e lançou-as ao pescoço. Depois tirou-as e enrolou-as no braço e acenava para a terra e de novo para as contas e para o colar do Capitão, como dizendo que dariam ouro por aquilo.
>
> Isto tomávamo-nos nós assim por assim o desejarmos.[1]

A vista utilitária, no contexto comercial, cobre o primeiro contato com a terra nova, para cuja compreensão nenhuma referência do mundo conhecido se apresenta. Nem o branco, nem o preto, nem o mouro servem para identificar a gente, com a comparação. A surpresa é total, capaz de desorientar as categorias mentais do europeu. Não havia notícia de ouro e prata:

> Eles não lavram, nem criam. Não há aqui boi, nem vaca, nem cabra, nem ovelha, nem galinha, nem qualquer outra alimária, que costumada seja ao viver dos homens. Nem comem senão desse inhame, que aqui há muito, e dessa semente e fruitos, que a terra e as árvores de si lançam. E com isto andam tais e tão rijos e tão nédios que o não somos nós tanto, com quanto trigo e legumes comemos. [...] Nela, até agora, não pudemos saber que haja ouro, nem prata, nem coisa alguma de metal ou ferro; nem lho vimos. Porém a terra em si é de muitos bons ares, assim frios e temperados, como os de Entre Doiro e Minho, porque neste tempo de agora os achávamos como os de lá.
>
> Águas são muitas; infindas. E em tal maneira é graciosa que, querendo-a aproveitar, dar-se-á nela tudo, por bem das águas que tem.[2]

Essa terra desprovida de ouro e prata, de trigo e de gado, de ferro e de vinho mereceria o desprezo do traficante ávido de lucros, de comércio, de metais preciosos e de especiarias. Nada disso transparece na carta de Pero Vaz de Caminha, na outra face de sua crônica. Um membro da camada dirigente, como o burocrata escrivão, não via só o lado mercantil da descoberta. O letrado traía preocupações diversas, que se sublimariam numa visão diferente do Novo Mundo, insinuando-lhe outro destino, mais refinado, mais sutil, de alcance mais largo. Para o comércio a terra era imprestável — resgatavam-se apenas "coisinhas de pouco valor", na língua desdenhosa do cronista. Portugal — e a Europa do século XVI — não era apenas a próspera mercancia, a riqueza fácil. A aventura da Índia, as navegações de intermediação para o Norte e o Sul da Europa, ao tempo que consumiam as ambições e as cobiças, deixavam, à borda da sociedade opulenta, uma larga faixa de espuma de pobres, desditados, ressentidos com a fácil riqueza alheia que mais lhe afrontava a miséria. Para essa gente, desprezada, faminta, esfarrapada, expulsa dos campos, não aquinhoada pelos nobres altivos ou pelos comerciantes retirados das navegações, desajustada nas cidades, para ela era necessário, em favor da tranquilidade de todos, um escoadouro. A visão paradisíaca, criada pelo grupo dominante, filtrada da imaginação dos letrados, servia para calar os ódios guardados. Longe, em outros hemisférios, fora do caldeirão das cobiças, havia terras virgens, habitadas de bons selvagens, onde a vida se oferece sem suor, para glória de Adão antes do pecado. Essa a imagem que desenha Pero Vaz de Caminha, em consonância com o quadro que seria o mesmo de Pero de Magalhães Gandavo, setenta anos depois pintado, de modo mais consciente, como o mesmo seria o de Montaigne, ainda no século XVI. A visão do escrivão da armada não se apresenta como a fantasia de letrado ocioso: ela tem um rumo, obscuramente fermentado nos problemas do seu país e do seu continente. Muitas peças constroem o palco do paraíso: os homens e as mulheres andam nus, "sem coisa alguma que lhes cobrisse suas vergonhas", todos são saudáveis, "mancebos e de bons corpos", as mulheres são bem-feitas e redondas, não plantam nem criam, e, sobretudo, estão libertos da autoridade, do "acatamento ou medo". Embora esquivos — esquivos como "animais monteses", ou "como pardais, do cevadoiro" —, a "gente é boa e de boa simplicidade". A inocência dos indígenas aponta para um caminho inesperado: a inocência é o caminho do cristianismo. "E, segundo que a mim e a todos pareceu, esta gente não lhes falece outra coisa para ser toda cristã, senão entender-nos, porque assim tomavam aquilo que nos viam fazer, como nós mesmos, por onde nos pareceu a todos que nenhuma idolatria, nem adoração tem." As primeiras vítimas da elaborada imagem do letrado não foram os patrícios de além-mar. A mesma fascinação, desfigurada em palavras e em teologia, feria, de modo direto, os homens da armada, os mais rudes, os mais grosseiros, homens sem letras. "Creio, Senhor" — denuncia a carta — "que com estes dois degredados ficam mais *dois grumetes*, que esta noite se saíram desta nau no esquife, fugidos para terra. Não vieram mais." O paraíso fora feito para eles, eles eram os senhores da terra nova. Mais tarde, outro português, também letrado, completaria o pensamento de Pero Vaz de Caminha e justificaria a ação dos grumetes desertores: a terra seria boa "especialmente para que todos aqueles que nestes Reinos vivem em pobreza nem duvidem escolhê-la para seu amparo: porque a mesma terra he tal, e tam favoravel aos que a vão buscar, que a todos agasalha e convida com remedio por pobres e desamparados que sejão".[3] Gandavo não esquece de situar o aspecto inédito, singular da terra estranha, alheia às classificações possíveis: "de cuja semelhança nem ficarão pouco admirados, porque era diferente de Guiné, e fora do comum parecer de toda outra que tinhão visto".[4] Um apelo a mais, além das delícias edênicas prometidas por Caminha, se apresenta ao imigrante potencial: a libertação ao trabalho. Libertação que completa todas as liberdades — ensejando vida aristocrática, de acordo com os suspirados modelos europeus.

> Os mais dos moradores que por estas Capitanias estão espalhados, ou quasi todos, tem suas terras de sesmaria dadas pelos Capitães e Governadores da terra. E a primeira cousa que pretendem acquirir, são escravos para nellas lhes fazerem suas fazendas e si huma

pessoa chega na terra e alcançar dous pares, ou meia duzia delles (ainda que outra cousa nam tenha de seu) logo tem remedio para poder honradamente sustentar sua família: porque hum lhe pesca e outro lhe caça, os outros lhe cultivão e grangeão sua roças e desta maneira nam fazem os homens despeza em mantimentos com seus escravos, nem com suas pessoas. Pois daqui se pode inferir quanto mais serão acrecentadas as fazendas daquelles que teverem duzentos, trezentos escravos, como ha muitos moradores na terra que nam tem menos desta contia, e dahi para cima.[5]

Não passe despercebida a expressão do texto — *honradamente sustentar sua família* — que transfere o suor e as fadigas ao indígena, com o enobrecimento súbito do colono. Atração afidalgadora, atração contra o peso da autoridade, atração contra a repressão sexual — tudo indicava, no Mundo Novo, o chamado anárquico da sociedade sem restrições. A nota mais ardente, de tantos apelos, seria a da índia nua: "o europeu saltava em terra escorregando em índia nua; os próprios padres da Companhia precisavam descer com cuidado, senão atolavam o pé em carne".[6] Um europeu do século XVI, o mais universal dos escritores europeus do seu século, descreve o Mundo Novo, ativando-o, enriquecendo-o de apelos e sugestões, transformando-o num convite a uma larga clientela de desajustados, de desamparados e de excluídos aos bens da sociedade fechada do tempo. No Brasil não se morre senão de velhice, onde a gente vive "*en une admirable simplicité et ignorance, sans lettres, sans loy, sans relligion quelconque*".[7] O povo nada tinha de selvagem, ou melhor, seria tão selvagem como selvagens são os frutos da natureza. A idade de ouro ainda existia, preservada das corrupções europeias, na ingenuidade original — lá não há

> *aucune espèce de trafque; nul cognoissance de lettres; nulle science de nombres; nul nom de magistrat, ny de superiorité politique; nul usage de service, de richesse ou de pauvreté; nuls contrats; nulles successions; nul partages; nulles occupations qu'oysives; nul respect de parenté que commun; nuls vestements; nulle agriculture; nul metal; nul usage de vin ou de bled. Les paroles mesmes qui signifent la mensonge, la trahison, la dissimulation, l'avarice, l'envie, la detraction, le pardon, inouïes.*

Nesse país não há trabalho, nem medo, nem governo, nem submissão.[8]

Um país sem ouro nem prata, desprovido das riquezas da Índia, não oferecia nada ao nobre, ao comerciante, ao burocrata. Ele se convertia, ao revés, no alvo das esperanças, as mais ardentes esperanças escondidas, dos setores da sociedade não acomodados nem assimilados à prosperidade dos grupos dominantes e dirigentes. Esses sonhos, abertos a todas as fantasias, tinham um endereço: eles silenciariam ressentimentos e revoltas, que os letrados adivinhavam fermentando na plebe, no pó e na lama. Intencionalmente ou inconscientemente, a função da utopia serviu de válvula de escape, doutrina da felicidade terrena, num momento em que as recompensas celestes sofriam a contestação das agitações irreligiosas, acaso refreadas na Idade Média. O tema — sempre o mesmo em Pero Vaz de Caminha, Gandavo, Pero Lopes de Sousa, com entroncamentos na visão de Colombo e do Américo Vespúcio de sua talvez apócrifa carta *Mundus Novus* — acena para o desejo mal formulado de liberdade, liberdade como ausência de constrangimento e repressão, como alheamento ao trabalho e à própria decrepitude da doença e da velhice.[9] Esse clichê inspirou o plano da colonização, com dois impulsos: o governamental, ao dar saída e ajustar um leito às camadas excêntricas ao enriquecimento das navegações; e o popular, de acolhimento às promessas de uma vida nova, *honrada*, de ascensão social súbita. Bem verdade que no escopo governamental mesclava-se, certamente com predomínio, a preocupação da descoberta das minas e do incremento da riqueza do açúcar, trunfo do comércio internacional que empolgava Lisboa. Com o curso do tempo, a imagem do paraíso se esvairá, perdida, com a assimilação do Novo Mundo pelo velho, na embriaguez mercantil.

A visão edênica do Novo Mundo, primeiro capítulo da invenção da América, trazia, nas descrições dos viajantes e dos humanistas, a abertura possível para uma crise europeia, sem a qual, mais tarde, a colonização não se teria consolidado. Uma rápida expansão demográfica, iniciada nos meados do século XV, irrompe em todos os países, na França e na Espanha, na Itália e nos Bálcãs. Entre 1500 e 1600 a população dobra de volume, com uma taxa provável de sete por mil ao ano. A revolução biológica cria, de súbito, um problema social, que atordoa os reis, inquieta os proprietários rurais e ameaça os habitantes das cidades. O homem, cujo trabalho facilmente recrutável acelera as atividades econômicas, torna-se, de golpe, uma carga, anunciando, ainda no curso do século, a horda de vagabundos, mendigos e bandidos que vagueiam sem emprego nos campos e nas vilas.[10] Em Portugal, a nobreza, a burocrática e a da terra, os capitalistas e os comerciantes, estimulados pelos lucros do Oriente, tornam-se mais ricos e mais ostentatórios na exibição de seu luxo, enquanto o povo, mais numeroso, faz-se mais pobre e mais consciente de sua miséria. "A condição das massas populares deteriora-se francamente, com a instabilidade de emprego, a indigência, a mendacidade, as errâncias — entramos no mundo dos pícaros e dos vagabundos."[11] O pavor das ondas populares, empobrecidas e ameaçadoras, criminosas e sem pouso, favorece, entre os grandes, a traição da anexação espanhola. Essa foi uma saída, saída de emergência, que não acalmou as imaginações, nem satisfez os espíritos. A reação intelectual foi de outra índole: apontar, como remédio à pressão dos males, carregados com o prenúncio dos desastres, para a utopia, verde e viva em outros mundos, além dos mares. Reação das camadas dominantes: esta terra, a terra nossa é má; longe dela, porém, há outra, onde correm os rios de mel, que podem ser bebidos sem o risco à ordem social vigente. Solução, todavia, ambígua; ao prometer o distante não podia disfarçar o mal-estar presente, quotidiano, junto dos olhos e das mãos. Um livro de 1515 reúne o encontro de todas as tendências, consciente das ameaças e das injustiças. A *Utopia*, de Thomas More, propôs-se objetivos tangíveis, "garantir a existência a todos os membros da sociedade, a fim de que ninguém se visse na necessidade de roubar, primeiro, e morrer, depois". A "massa imensa de gente ociosa", expulsa da agricultura, convertidos os campos em pastagens, nada tem a fazer, senão o roubo, que o enforcamento punirá. Acumula-se à revolução demográfica, na Inglaterra e um pouco por toda parte, o reflexo dos primeiros vagidos da indústria têxtil, sedenta de lã.

> Preferem [pergunta o santo, acerca dos desempregados] arrastar sua miséria mendigando? Não tardam em ser atirados na prisão como vagabundos e gente sem eira nem beira. No entanto, qual é o seu crime? É o de não achar ninguém que queira aceitar os seus serviços, ainda que eles os ofereçam com o mais vivo empenho. E, aliás, como empregar esses homens? Eles só sabem trabalhar a terra; não há então nada a fazer com eles, onde não há mais semeaduras nem colheitas.[12]

O inimigo da subversão encontra uma saída para as revoltas que fermentam e azedam no seio do povo: a fantástica *Utopia*. Os bandos dos *sturdy beggars* não precisavam desse consolo: as terras da Irlanda foram seu refúgio imediato, enquanto as ilhas do sonho esperariam outros hóspedes, da Europa continental. Mas o encantamento continuaria ainda por cem anos, antes que a realidade o tisnasse, amargamente:

> *Letters should not be known: riches, poverty,*
> *And use of service, none: contract, succession,*
> *Bourn, bound of land, tilth, vineyard none:*
> *No use of metal, corn, or wine, or oil:*
> *No occupation, all men idle, all:*
> *And women too, but innocent and pure:*
> *No sovereignty.*
> (*The Tempest*, Act two, Scene one)

2 | *A integração da conquista no comércio europeu*

O MUNDO IDÍLICO, voltado para o pobre homem filho da miséria, primeiro capítulo da invenção da América,[13] durou pouco e desapareceu como um sonho. Ele desempenharia seu papel, mensagem cifrada das camadas dominantes aos desamparados, na hora da colonização. A América não seria um exílio, nem o degredo: seria o reino da aventura, do salto da fome à ostentação senhorial. Ainda aí, nessa mágica transformação, há, subterraneamente, o fio da rede mercantil que devora o mundo. O império da utopia não nega, combate ou se opõe à realidade: ele a substitui, colocando, em lugar do ouro e da prata, a fantasia, para chegar aonde o ouro e a prata levam. Ninguém foge ao tempo e à história. Essa máscara, máscara tecida de sonho e de imaginação, cairá, devorada, primeiro pela atividade mercantil, depois pela colonização, que a visão edênica ajudará a promover. Quando a Europa impõe à América suas trocas, seu estilo comercial, seu sistema de exploração, o encantamento se retrai, e o duro dia a dia, amargo e sem perspectivas, falará sua linguagem. A imagem realista será antecipada por Hans Staden e Jean de Léry, ainda no século XVI, para os quais o bom selvagem não passa de um bárbaro, selvagem sem entranhas e sem sentimentos puros.

O primeiro ato da abordagem americana, no qual o Brasil figura como uma conquista, segundo o esquema de João de Barros, pouco difere do sistema africano ou asiático. A "carta de paus puxada num jogo de trunfo em ouros"[14] tinha algum valor. Havia, na terra nova, um símile das mercadorias orientais: o pau-brasil. Por aí se prolongaria a estrutura comercial, sem quebra de orientação, mediante o monopólio real, logo declarado. A aliança entre a atividade econômica do rei e a dos comerciantes declara-se, de imediato, consorciando a força militar das armadas com a exploração comercial. O monopólio real não se exerceu diretamente, mas mediante concessão: o rei permaneceria comerciante, sem envolvimento imediato no negócio, mas vigilante, com o aparelhamento estatal a serviço de seus interesses. O primeiro concessionário, um cristão-novo, Fernão de Loronha, associou à empresa os mais ricos comerciantes de Lisboa. A concessão se fez mediante carta de privilégio, na forma das antigas praxes portuguesas com respeito aos comerciantes estrangeiros.[15] O sistema armava-se em três lados: o rei, concessionário e garante da integridade do comércio, com suas armadas e suas forças civis de controle do território; o contratador, armador de naus, vinculado aos financiadores europeus, interessados, por sua vez, na redistribuição da mercadoria na Europa; e o estabelecimento americano, a feitoria, de velha tradição, largamente utilizada na Índia e na África, reduzida, no Brasil, a "apenas abrigos para reunião e proteção das diferentes mercadorias à espera de transporte".[16] Com estes três elementos — o político, o comercial e o territorial — articula-se mais um elo na expansão marítima e comercial europeia, cujo molde remonta à Idade Média, com a precedência de venezianos e genoveses. As componentes originais perduraram por três séculos, com alterações apenas adjetivas: os comerciantes, em certo momento, não podiam ser estrangeiros; as feitorias se alargaram em estabelecimentos produtivos, com mercadorias adequadas à demanda universal. No centro, permanente seria o domínio da realeza — o estamento —, vinculada ao capitalismo europeu. Os italianos introduziram o tipo das feitorias e o sistema de dirigir e financiar os negócios, herança mediterrânea que Portugal utilizou e ampliou, com a originalidade da presença do Estado.[17] A vigilância pública, com o interesse do estamento, explica o aparente paradoxo de uma sociedade calcada no comércio acentuar o status senhorial e militar, em contraste com as fontes reais de existência.[18]

Diante de tais coordenadas, compreende-se a redução do espaço geográfico do Novo Mundo ao espaço administrativo. O plano inicial, de confiar a defesa territorial aos arrendatários, não protegia a conquista contra a cobiça internacional, inconformada em ser excluída do testamento de Adão, lavrado pelo papa em favor da Península Ibérica. O Estado — repetindo uma vez mais o sistema oriental — veio em socorro do seu negócio. A *feitorização* mais do que a *colonização*[19] não evitava as incursões francesas, frequentes desde 1504, nem a cobiça espanhola, perdidos todos, corsários e capitães, na imensa costa brasileira, capaz de alimentar um comércio lucrativo. A feitoria demonstrou, desde logo, um ponto vicioso, incontrolável, precário: a instabilidade dos habitantes da terra, irredutíveis à obediência, incapazes de tratados leais e inacessíveis à escravidão. Entre eles, os franceses concertavam alianças, tão fluidas como as portuguesas, diluindo-se todas em cera e em lodo. Sem a disciplina do elemento humano, a América seria presa do aventureiro que a colonizasse, isto é, que nela estabelecesse núcleos estáveis, leais, de população. Das armadas guarda-costas evoluiu o governo português para um sistema misto: a armada guarda-costa e exploradora combinada com a expedição colonizadora, comandada, a primeira, por Martim Afonso de Sousa (1530-2). O expediente não resolveu o problema, que seria o de fazer a descoberta efetiva pela posse, maneira única de fechar o comércio brasileiro ao corsário. Diogo de Gouveia, português residente na França, percebe o perigo, atento ao comércio internacional, que, em expansão, fragmentaria a conquista. Seu conselho queria o povoamento junto das bases de exploração do pau-brasil: "Quando lá houver sete ou oito povoações" — escrevia ao rei — "estas serão bastantes para defenderem aos da terra que não vendam o brasil a ninguém e não o vendendo as naus não hão de querer lá ir para vir de vazio".[20] A feitoria, mesmo protegida pelas armadas periódicas, fracassava. A entrada de colonos, degredados, desertores, náufragos, não concentrados em regiões administrativas vigiadas pela burocracia real, também se revelaria inócua. A maioria se extraviaria no ambiente, assimilada ao indígena, com muitas mulheres, esquecendo o uso da orgulhosa língua europeia. O pau-brasil, mercadoria situada no contexto mercantil europeu, sugeria a mudança dos métodos de ocupação do território. Na verdade, atrás do negócio visível e palpável, a esperança — quase a promessa, inculcada pelo êxito espanhol nas suas colônias americanas —, a esperança de ouro e prata só se tornaria possível com a posse do território. Esse passo — no momento decisivo da mudança de propósitos — indica-o a expedição de Martim Afonso de Sousa, cujas velas corriam a costa, desesperadas para alcançar notícias dos metais preciosos. O cronista da empresa pousa o olhar distraído sobre os índios e os animais. Ele só perde a frieza quando surgem indícios de ouro e prata, indícios vagos, entre informações nebulosas, no Sul do território. A poesia edênica, ardente na carta de Pero Vaz de Caminha, começa a apagar-se, com o sentido posto na deslealdade feroz do indígena.[21] O modelo asiático não se desarticula, de golpe: sofre as adaptações que o meio sugeria, sobretudo pela areia movediça representada pela população local. O indígena não comerciava nos moldes da Índia, já trabalhada pelo comércio mouro e italiano, trocando mercadorias por mercadorias ou mercadorias por ouro. O selvagem americano devia ser subjugado, para se integrar na rede mercantil, da qual Portugal era o intermediário. Sem essa providência perder-se-ia o pau-brasil, e, sobretudo, a esperança dos metais preciosos se desvaneceria. Ainda uma vez, a atividade oficial, pública, da realeza assentaria o novo esquema, do qual o açúcar é um resultado, não a inspiração. A obra caberia ao sucessor do mole, flácido e apagado d. Manuel, o mercador da pimenta. D. João III (1521-57) inaugura o sistema americano de exploração mercantil, a um tempo dirigido contra a concorrência europeia e contra a dispersão do litoral. A linha fundamental, de caráter mercantil, seria a de encolher o espaço da exploração econômica aos tentáculos burocráticos. O Brasil, tal como a Índia, seria um negócio do rei, integrado na estrutura patrimonial, gerida pela realeza, versada nas armas e cobiçosamente atenta ao comércio. Nada — nem a ilusão dos historiadores, nem a dispersão do território imenso — afastará a empresa de Portugal de suas diretrizes fundamentais, plantadas pelas mãos de d. João I. A obra da efetiva conquista não será, na realidade, filha apenas do esforço do reino, que, intoxicado pela Índia, começava a dar sinais de cambalear em plena opulência — ela virá do preço, da

> Lisboa-bazar, cosmopolita e comercial dos novos ricos da especiaria, com os seus burgueses opulentos, os seus banqueiros italianos, os seus feitores alemães, os seus sapientes humanistas, os seus artistas magníficos, os seus fidalgos já educados nos requintes da Renascença e no fausto do Oriente, [...] moldura colorida de uma corte hirta de pragmática e formalismo.[22]

A realidade americana não logrou romper as rédeas condutoras, instaladas na praia de onde partiam as armadas e os navios de comércio.

A verdade é que a Coroa, no que toca aos senhorios de ultramar, não renunciou, senão em termos restritos, à ação direta, e ainda assim o fez nos casos em que esta não prometesse imediatamente bom sucesso. [...] É importante assinalar que mesmo essa preeminência do poder real, tendente não raro a amenizar a iniciativa privada, não impediu que, no cenário americano, onde tudo deveria atenuá-la, permanecesse intacta a fórmula que presidira desde o começo a expansão portuguesa e que pôde ser comparada a uma linha de feitorias e fortalezas de dez milhas de comprido. Os colonos que na Índia eram chamados *bate-praias*, segundo o testemunho [...] de Sassetti, tinham uma réplica nos do Brasil que, de acordo com a observação famosa de frei Vicente do Salvador, viviam a arranhar as fraldas do mar como caranguejos.[23]

Por esse caminho — o vínculo da empresa do Brasil ao Portugal extrovertido economicamente — começou o drama da dependência, a que se votou o império de ultramar, nas pegadas tradicionais da mãe-pátria. O comércio europeu alcança, nos seus tentáculos, a colônia americana, estruturalmente incapaz de buscar do seu largo território e de suas riquezas interiores a autonomia das próprias determinações, agrilhoada aos padrões comerciais instalados nas costas portuguesas, persistente herança do mundo mediterrâneo. As origens impõem um destino. O polo imantado pelo pau-brasil será o mesmo do açúcar, do ouro e do café. Sobre suas correntes de expansão para o interior pesarão, advertidos ou invisíveis, os cordéis do rígido tecido internacional, que colherá nas suas malhas o Estado.

3 | *Colonização como prolongamento do sistema de feitorias*

NA DINÂMICA MERCANTIL E EUROPEIA, que avassala os três continentes e os oceanos, uma aparente regressão.[24] Regressão, para muitos historiadores, de caráter feudal, com o estabelecimento agrícola, autônomo, em lugar do polvo comercial, vinculado ao mundo dos negócios, concentrado em Lisboa, mas não comandado por Portugal. Um dado comprovaria a tese, dado não apreciado convenientemente no estudo do primeiro século da colonização: o açúcar, mercadoria vinculada ao movimento comercial, encontra-se, nas duas primeiras décadas do século XVI, em crise de superprodução nos mercados portugueses.[25] A expedição de Martim Afonso de Sousa e o regime das capitanias hereditárias (1534-49) se alimentariam de outro propósito, provavelmente o de fixar populações ociosas e assegurar, com a povoação, a defesa do território. Essa particularidade infundiria à conquista um rumo característico, alheio à mão diretora do comércio, longe da estreita vigilância pública. Daí, sobre as ondas do impulso inicial, a sociedade se constituiria cada vez mais brasileira, com sentido de autonomização. O império manuelino, militar e marítimo, comercial e especulador, sofreria súbito colapso com o plano de d. João III. A colonização, redescobertos os motivos edênicos, seria uma transmigração, festiva e aventureira, na descoberta do outro mundo e do mundo novo, calçado de promessas e ilusões. A iniciativa particular, "sumítico" o Estado, teria operado maravilhas.[26] O engenho de açúcar, mais tarde próspero, acentuaria a tendência, consolidando-a, de modo definitivo, permanente, estável.

Nada mais enganador. A colonização foi obra do Estado, como as capitanias representaram delegação pública de poderes, sem exclusão da realeza. Na verdade, o açúcar aparece palidamente nos preparativos e debates acerca da colonização. A famosa carta do dr Diogo de Gouveia, escrita em 1532, faz supor que a colonização não se vincula aos engenhos, mas aponta para a defesa do pau-brasil, o mais importante aspecto do comércio da Coroa, cobiçado belicosamente pelos franceses.[27]

> Mas não era só a defesa ocasional da colônia ameaçada [escreveu equivocadamente Paulo Merêa] que a Coroa deste modo garantia, era a sua exploração e aproveitamento, o seu desenvolvimento econômico e a formação de uma nova sociedade, ideal que alguns anos atrás não se antolharia ao espírito dos governantes, mas que nesta altura, sobretudo

depois do ensaio magnífico de Martim Afonso, se oferecia com irresistível sedução. O que se conhecia do país era já mais que suficiente para convencer os nossos estadistas de que, em vez de uma simples série de feitorias para o tráfico de artigos de somenos valor, o futuro da grande colônia estava no seu povoamento em larga escala e desde já no seu aproveitamento agrícola pela transplantação dos processos experimentados nos arquipélagos adjacentes.[28]

Na mesma sequência, o processo revelaria outra tradição, duvidosamente feudal:

A descoberta do Brasil enquadra-se no grande programa marítimo e comercial inaugurado pela viagem de Vasco da Gama; a colonização da vasta terra americana afastou-se, porém, das normas comerciais e burguesas do primeiro século do imperialismo português para reviver os métodos de como que autocolonização aristocrática e agrária, aplicados no próprio Portugal ao território reconquistado aos mouros. [...] Só em nova fase de atividade portuguesa — a propriamente colonizadora, a do fim do século XVI e parte do século XVII — o Brasil teria força de trunfo no jogo das competições imperialistas das nações europeias. Essa transformação, em virtude da repentina valorização do açúcar nos mercados aristocráticos e burgueses da Europa.[29]

A colonização brasileira — especialmente o regime das donatarias — trairia a revivescência de métodos anteriores à Revolução de Avis, métodos empregados e revigorados nas ilhas atlânticas.

A fragilidade da tese é patente — apesar da imensa autoridade dos que a sustentam. São interesses comerciais, triunfantes na Europa e derivados dos valores que assoberbavam o reino, que ditam, por meio do Estado, a exploração social e econômica do Brasil. Primeiro, o pau-brasil e a defesa do caminho das Índias, depois o açúcar. No meio de tais empresas — esperança veemente e sempre alerta —, a visão das minas, já buscadas por Martim Afonso de Sousa. O açúcar, depois de lançado o primeiro engenho em São Vicente, entrelaça, sem descontinuidade, a corrente mercantil.[30] Mais tarde, nas cartas de doações e nos forais, ao lado da garantia à exploração do pau-brasil, vislumbra-se o incremento aos engenhos, financiados, como o de São Vicente, pelos capitalistas de Lisboa, portugueses e estrangeiros. Assinalou Varnhagen, pondo em dúvida a primazia de São Vicente, que já em 1526 entrou em Portugal algum açúcar "de Pernambuco e Tamaracá".[31] No momento da concessão das donatarias já se sabia, com segurança, da possibilidade do cultivo da cana, certeza que autorizaria os donatários e colonos a levantar recursos e concertar financiamentos. A elevação dos preços, já evidente na segunda década de 1500, seria responsável pelo predomínio, já quarenta anos depois, do açúcar brasileiro no mercado europeu.

Assim como o privilégio [lembra J. Lúcio de Azevedo] outorgado ao donatário, de só ele fabricar e possuir moendas e engenhos de água, denota ser a lavoura do açúcar a que se tinha especialmente em mira introduzir.

De efeito, em nenhuma parte se ofereciam de modo tão cabal as condições necessárias para esta espécie de cultura: terras à discrição, adequado clima, e o elemento humano da produção, representado pela escravatura. Os índios, habitantes do país, de que eram as hordas inumeráveis, iam por seu turno experimentar, como os povos de África, as crueldades da civilização.[32]

A empresa colonizadora, da qual as capitanias foram a primeira expressão de grande envergadura, tem nítido, claro, inconfundível caráter capitalista. Situa-se no contexto do capitalismo comercial, politicamente orientado, do Portugal de Avis. A suposta regressão feudal aponta para um paradigma inexistente, o falso paradigma do feudalismo português. Esse fantasma, prestigiado por Sombart, Oliveira Martins, Sílvio Romero, e, pode dizer-se, pela generalidade dos historiadores, tem contra si a própria tradição e o momento mercantilista europeu.[33] A colonização não se afasta, nesse primeiro lance, de um meio, expediente ou artifício para consolidar as bases comerciais. Não visava a uma transmigração, segundo o modelo futuro da América setentrional e saxônica, mas a reforçar um baluarte contra as investidas ao monopólio das conquistas, só admitidas ao comércio com a metrópole, investidas que aliciavam o indígena e lhe alienavam a obediência aos senhores. Terá o mesmo caráter do grandioso plano de Afonso de Albuquerque, lançado em Goa, a Goa que permaneceu portuguesa quatrocentos anos, plano urdido ainda ao tempo do rei venturoso d. Manuel. Plano e execução mordidos de zombarias, vibrados pela nobreza e seus escrúpulos: povoar a terra, permitindo o casamento da "gente baixa" com mulheres da terra, fixando-a ao solo.

> Consideradas as quais cousas [registra o cronista] e também vendo o sítio daquela cidade, e que a comarca das terras que tinha derredor, prometia de si grandes esperanças para segurar o Estado da Índia, se fosse povoada, e podia ficar por metrópole das mais, que ao diante conquistássemos, e esta povoação não podia ser sem consórcio de mulheres, pôs em ordem de casar alguma gente portuguesa com estas mulheres da terra, fazendo cristãs as que eram livres, e outras cativas, que os homens tomaram naquela entrada, e tinham para seu serviço; se algum homem se contentava dela para casar, comprava a seu senhor, e por casamento a entregava a este como a seu marido, dando-lhe à custa d'El Rei dezoito mil reais para ajuda de tomar sua casa, e com isso palmares, e herdades daquelas, que na ilha ficaram devolutas com a fugida dos mouros.
>
> O gentio da terra, logo no princípio, quando Afonso d'Albuquerque lhe tomava suas filhas, se algum homem se contentava dela para a ter por mulher, recebiam nisto escândalo, e haviam que lhe era feito força; porém, depois que viram as filhas honradas com

fazenda na terra, o que antes não tinham e que eles por razão delas eram bem tratados, e prevaleciam sobre o outro gentio, houveram que quem tinha mais filhas de que se alguém contentasse, tinha a vida mais segura.[34]

A aptidão portuguesa para os casamentos racialmente promíscuos se dissolve num jogo de conveniências: a conveniência intencional do colonizador e a conveniência do soldado, que se transformava em colono, mediante auxílio público. A falta de mulheres portuguesas conjuga-se com a elevação de fortuna do conquistador e dos nativos. A matéria-prima desse jogo era a "gente baixa", gente sem fortuna e sem brasões, o súdito inerme nas mãos dos capitães. A obra não se realiza sem a censura aguda, penetrante, desmoralizadora do cronista e sem a censura frontal, cortante, viva, da nobreza. João de Barros não se poupa de relatar, tal o alvoroço de casar, que, numa cerimônia noturna, mal provida de tochas, trocaram-se as esposas. "Peró, quando veio ao dia seguinte, caindo no engano da troca, desfizeram este enleio, tomando cada um a que recebeu por mulher, ficando o negócio da honra tal por tal."[35] Os fidalgos e Afonso de Albuquerque dissentiam, num procedimento prévio, provavelmente, do futuro debate sobre a colonização. O grande problema era a tentativa de erguer um império sobre a "gente vil", com alguma referência, evasiva, rápida, quase oculta sob a pele alva. A página esquecida é a chave de muitos enigmas, de muitos enganos e de muitas hipóteses armadas nas asas do vento.

E como, neste princípio, a gente baixa não fazia muitos escrúpulos no modo do casar, ora fosse escrava de algum fidalgo, de que ele tivera já uso, ora novamente tomada da manada do gentio, e feito cristã, a recebia por mulher, e contentava-se com o dote que lhe Afonso d'Albuquerque dava, e mimos que lhes fazia, chamando a estes tais esposos, genros, e às mulheres, filhas, eram todas estas cousas matéria de zombaria entre alguns fidalgos. Principalmente, quando ouviam dizer a Afonso d'Albuquerque, que ele esperava em Deus arrancar as cepas de má casta que havia naquela cidade, que eram os mouros, e plantar cepas católicas, que frutificassem em louvor de Deus, dando povo que por seu nome, com pregação e armas, conquistassem todo aquele Oriente. Ao que diziam estes mofadores entre si, que aquele seu bacelo era de vidonho labrusco em ser mistiço [sic], principalmente por ser da mais baixa planta do reino, que seria para ele parreiras d'ante a ponta, que o primeiro asno de trabalho que viesse àquela cidade, lhas havia de roer; porque de gente tão vil, como era aquela, que aceitava casar por aquele modo, não se podia esperar fruto, que tivesse honra, nem as qualidades para aquelas grandes esperanças de Afonso d'Albuquerque. Contra as quais razões destes homens de pouca consideração, a regra do mundo estava em contrário; pois vemos que todo foi povoado de mais baixos princípios, e de gente, a que podemos chamar enxerto de homens. Ca, se eles olharem aos princípios de Roma nossa cabeça, monarca do império romano, o mais nobre de toda a terra, acharam que foi um consórcio de gente pastoril ou (por melhor dizer) uma acolheita de malfeitores; e que as moças sabinas, que eles tiveram para ter por mulheres, se eram mais alvas por razão do clima, não seriam de mais nobre sangue, que as canaris, nem tinham mais conhecimento de Deus, nem seus maridos lhes haviam de ensinar alguma católica doutrina, nem em os seus esposórios concorreram duas tenções em um vínculo de consentimento, como quer o ato matrimonial; somente um ímpeto de força, cujo fim foi um comum estupro, ao tempo que o bailador movia os pés ao som da frauta pastoril, segundo moteja o seu poeta Juvenal. E por não andar por todo o mundo buscando todas as grandes povoações dele principiadas de mui baixos fundadores, venhamos aos exemplos de casa, e perguntemos à ilha da madeira, terceiras, Cabo-Verde, são Tomé, quem foram seus primeiros povoadores; e responder-vos-ão que o não querem dizer, por honra de seus netos que hoje vivem, e podem já por nobreza contender com um gentil-homem romano.

Finalmente, como Afonso d'Albuquerque nestas cousas tinha discurso de muita prudência, peró que soubesse quantos danadores havia desta sua obra, não deixava de ir com ela avante; e, por mais confundir estes contrários dela entre estes casados escolheu os de melhor qualidade, e mais aptos, por os quais repartiu os ofícios do governo da cidade: assim como vereadores, almotacéis, juízes, alcaides etc. Mas o demônio urdia tantas cousas por inveja desta santa obra, que teve Afonso d'Albuquerque grande trabalho em a sustentar contra parecer, e vontade de muitos. Porque, como a gente nobre fazia mais conta de se tornar a este reino de Portugal, que dos casamentos dele [...]. E segundo o trabalho que levou na povoação, e conservação desta cidade logo nestes primeiros princípios, com verdade se pôde dizer que muito mais embates teve por isso, do que foram os combates pola conquistar das mãos dos mouros; e mais se lhe deve pela primeira obra, que por esta segunda, porque povoá-la, e defendê-la das contradições dos nossos, foi obra própria sua; e conquistá-la, foi de todos.[36]

O sentido da colonização está claro: o povoamento como obra auxiliar da conquista. O casamento, com a assistência religiosa tornando-o estável, seria o núcleo da lealdade ao país, confundido, no ânimo cruzado dos portugueses, com a fé. A terra seria absorvida pelos colonos — gente sem escrúpulos de diferenças de classe e de honra. O importante do relato do cronista está na oposição dos fidalgos, para os quais a conquista era uma aventura, aventura comercial da qual cumpria extrair, rapidamente, duramente, toda a seiva. O povoamento, com a mistura de raças — só aceitável pela gente baixa, mais atenta à vida melhor do que à honra social —, confundia-se com a democrática organização da cidade, com os cargos locais atribuídos à gente do povo. As relações raciais se submetem a um quadro mais vasto, tecido pelas relações sociais. Vivia, no fundo da empresa, a ausência da superposição de camadas, fonte provável da distância, do conflito e da hostilidade — ausência de superposição de camadas que trai o alheamento de vínculos feudais, acaso capazes de explicar a estranheza entre brancos e vermelhos na colonização americana. Decorre daí a assimilação fácil, correntia, frequente, ao preço — segundo a suspeita dos fidalgos — da troca de lealdades: o primeiro asno de trabalho poderia roer o enxerto, perdido no atoleiro da imensidade do Oriente. "Com pregação e armas" fixava-se a conquista, com casamentos o povoamento floresceria, assegurando a estabilidade da exploração comercial. O precedente romano, lançado para arredondar o argumento, voltava-se, na verdade, em favor da obra nas ilhas atlânticas, esta também de inspiração moderna, sem apelo à rota tradição feudal da reconquista ou da burguesia convertida, por traição, à nobreza.

A colonização, implantada por d. João III, não se desvincula, portanto, do momento europeu, nem desvaria da rota mercantil portuguesa. Significou um ajustamento, um corretivo, um aperfeiçoamento do sistema das feitorias. Feitorias que se prolongam no engenho de açúcar, depois de se haverem constituído sobre o pau-brasil. O esboço é o mesmo aplicado à Índia, onde o povoamento também foi tentado, coberto de zombarias e atacado de oposições. Há, sem dúvida, no plano das hereditárias, boa parcela de atividade entregue à iniciativa particular. Iniciativa particular ao feitio português, do Portugal dos monopólios régios: delimitada a certos campos, e, ainda assim, tutelada, dirigida e estimulada. Iniciativa particular de estufa, dentro da estrutura da política mercantilista, sem o traço de autonomia — quase de rebeldia e de desafio ao Estado — do capitalismo industrial futuro, apoiado no modelo de pensamento de Adam Smith.[37] Empreendimento na essência capitalista, sem recuo analógico a modelos mortos.[38]

> Em suma e no essencial, todos os grandes acontecimentos desta era que se convencionou com razão chamar dos "descobrimentos" articulam-se num conjunto que não é senão um capítulo da história do comércio europeu. Tudo que se passa são incidentes da imensa empresa comercial a que se dedicam os países da Europa a partir do século XV, e que lhes alargará o horizonte pelo Oceano afora. Não têm outro caráter a exploração da costa africana e a descoberta e colonização das ilhas pelos portugueses, o roteiro das Índias, a descoberta da América, a exploração e ocupação de seus vários setores. [...] Nestas condições, "colonização" ainda era entendida como aquilo que dantes se praticava; fala-se em colonização, mas o que o termo envolve não é mais que o estabelecimento de feitorias comerciais, como os italianos vinham de longa data praticando no Mediterrâneo, a Liga Hanseática no Báltico, mais recentemente os ingleses, holandeses e outros no extremo norte da Europa e no Levante; como portugueses fizeram na África e na Índia. Na América a situação se apresenta de forma inteiramente diversa: um território primitivo habitado por rala população indígena incapaz de fornecer qualquer coisa de realmente aproveitável. Para os fins mercantis que se tinham em vista, a ocupação não se podia fazer como nas simples feitorias, com um reduzido pessoal incumbido apenas do negócio, sua administração e defesa armada; era preciso ampliar estas bases, criar um povoamento capaz de abastecer e manter as feitorias que se fundassem, e organizar a produção dos gê-

neros que interessassem o seu comércio. A ideia de povoar surge daí, e só daí. [...] Há um ajustamento entre os tradicionais objetivos mercantis que assinalam o início da expansão ultramarina da Europa, e que são conservados, e as novas condições em que se realizará a empresa. Aqueles objetivos, que vemos passar para o segundo plano nas colônias temperadas, se manterão aqui, e marcarão profundamente a feição das colônias do nosso tipo, ditando-lhes o destino. No seu conjunto, e vista no plano mundial e internacional, a colonização dos trópicos toma o aspecto de uma vasta empresa comercial, mais complexa que a antiga feitoria, mas sempre com o mesmo caráter que ela, destinada a explorar os recursos naturais de um território virgem em proveito do comércio europeu. É este o verdadeiro *sentido* da colonização tropical, de que o Brasil é uma das resultantes; e ele explicará os elementos fundamentais, tanto no econômico como no social, da formação e evolução históricas dos trópicos americanos.[39]

Este rumo histórico — este sentido — tem diante de si os séculos, rumo que se infla de açúcar, de tabaco, de ouro e de café. A colônia e a metrópole, com a orquestração comandada da metrópole, traço inicial do povoamento, asseguram, os dois termos, sua permanência com a mudança de nome dos dois polos. A realidade econômica e social se articulará num complexo político, que governa as praias e atravessa os sertões, por meio do financiamento aos meios de produção, sobretudo do escravo, e dos vínculos aos compradores europeus.

4 | *A colonização: regime político e administrativo das capitanias. Vínculos da colônia com a metrópole*

A COLONIZAÇÃO, obra necessária ao comércio e à posse da conquista, exigia cabedais largos. A gente viria das sobras da Índia, dos inadequados à jornada, famintos de terras e cobiçosos de fortuna imediata, seduzidos pela enganadora visão do paraíso terrestre. Para o comando da empresa, os burocratas adestrados nos negócios do reino e do Oriente, burocratas de nobre cepa, militares de experiência e tangidos interiormente pelo sentimento de lealdade ao rei. A estrutura do plano, amadurecido depois de ocultos debates, perdidos nas câmaras do paço, obedeceria à iniciativa e ao controle do rei. D. João III tinha diante dos olhos o esquema das especiarias: a coordenação de capitais, navios e armadas, para a realização de um negócio seu. As feitorias estavam à vista, com o ajustamento da nova realidade, realidade que a extensão territorial dispersa e a escassez de mercadorias imediatamente comerciáveis desmantela. Para a continuidade do empreendimento, tecido com a experiência tradicional, seriam necessários recursos que o rei não possuía e o reino não lograria congregar, senão penosamente, retraídos os financiadores diante do fomento de produtos, no momento, pouco rentáveis. Daí uma reforma de sistema: cada feitoria seria uma agência de distribuição de terras, de cobrança de tributos, cumulado o poder administrativo com as funções bancárias. O meio para credenciar os exploradores seria o mesmo empregado para animar o comerciante tardo, os privilégios, privilégios extraordinários para uma aventura fora dos padrões usuais. Se é verdade que, ao tempo da instituição das capitanias, não estava falida a empresa da Índia, nem raspado o Tesouro, não se pode contestar que faltavam capitais para o novo plano, comprometidos todos com o Oriente. O sistema da pimenta — a simplificação vai por amor à clareza —, ao investir o Estado de funções mercantis, cobriu-o de dívidas, arrecadando, por esse meio, as expectativas dos resultados econômicos futuros. Maior a empresa, mais largos os proveitos, maiores serão os compromissos de pagamento, mais largos os endividamentos aos banqueiros europeus. Não sobra nenhum recurso excedente para a empresa com retornos de cinco e dez anos, só possível se o empresário se confundir com o financiador ou se aquele desligar suas obrigações do Estado. Este o círculo, círculo necessariamente aberto à iniciativa particular, definida como uma concessão real. A iniciativa particular, insista-se, torna-se admissível porque, no campo a ela reservado, o poder público se abstém, sem desprezar-lhe a atenção, a vigilância e o controle.

Em que babilônicas orgias, em que dissipações estupendas se consumiam os réditos do império ultramarino, as rendas da pimenta, os dízimos do açúcar e das especiarias, o ouro de Sofala? Na própria sustentação desse império colonial, na construção e aparelhamento das armadas, no soldo dos exércitos e das tripulações, na edificação e concerto das fortalezas, se engolfava tudo. Em 1524, com a esquadra em que Vasco da Gama levou para a Índia dois mil e setecentos homens, gastaram-se a mais do ordinário 200.000 cruzados. Quatro anos depois, quando se suspeitava da ofensiva dos rumes, a armada de Nuno da Cunha transportou dois mil e oitocentos homens para a conquista de Diu, elevando-se as despesas extraordinárias com a expedição de guerra a outros tantos centos de milhares de cruzados. Em 1529 foi preciso pagar os 350.000 cruzados de ouro estipulados para o acordo das Molucas, preço enorme que viera a custar a recusa pirrônica de D. Manuel em aumentar com cem reais a moradia do exaltado Fernão de Magalhães, sem contar a perda da glória trespassada ao ativo do Estado. Em 1533, o equipamento, soldo e transportes dos oitocentos homens que D. Pedro de Castelo Branco levou à Índia custaram 100.000 cruzados. No ano seguinte foi o cerco de Çafim, em cujo socorro e no provimento de Azamor e Cabo de Gué se dispenderam outros 100.000 cruzados. Em 1538, os aprestos de guerra da grande armada do Oriente, conduzida pelo vice-rei D. Garcia de Noronha, acompanhado de mais de quatro mil homens, ficaram por 300.000 cruzados de ouro. No ano de 42 a situação do erário agravava-se em tais proporções que se abandonaram as praças de Azamor e Çafim, gastando-se com as armadas, transportes e indenizações aos moradores e nas obras vultosas da defesa de Mazagão outros 300.000 cruzados. Estas eram as dissipações fabulosas do austero D. João III! Um apontamento de frei Luís de Sousa, extraído de um códice do Conde de Castanheira, permite-nos avaliar as causas determinantes do volume que haviam atingido as dívidas da Coroa. Em 1534, o rendimento do reino, incluindo os almoxarifados, ilhas e tratos da Índia e Mina, fora de 279 contos e meio, somando as despesas 247:350$000! Ficava pois um saldo de pouco mais de trinta e dois contos para fazer face às despesas extraordinárias do mesmo exercício, entre as quais a de Çafim orçava por 400:000$000, e o pagamento de juros vencidos, que já a esse tempo eram de 160:000$000 anuais.[40]

Este era o quadro do reino, denunciando o déficit, atribuído ao serviço dos empréstimos, o vício do sistema. O comércio de trânsito — a importação e a exportação de mercadorias estrangeiras — não fixava a riqueza no reino, obrigado, para manter o negócio, ao financiamento local e estrangeiro. Sem produção para a troca dos produtos orientais, via-se Portugal condenado à mera especulação, sorvidos os lucros reais pelos banqueiros e os criadores de riquezas escambáveis, com seus tecidos, artigos manufaturados. Só lhe restava o papel de intermediário, prenúncio da irremediável ruína próxima, sem crédito para outras iniciativas. O momento sugere rumo diverso — diverso mas não novo — do esquema da Índia. Na essência, todavia, o quadro conservaria suas cores, sua tinta, seu desenho: um território a devorar, sob os dentes agudos e as garras flexíveis dos guerreiros, capitães e juristas. A ordem política, administrativa e jurídica — representada nas armadas, nos homens de presa, nos burocratas — precederia, orientaria, conduziria a conquista econômica. Arde, diante da imensidade americana, a alma de Avis, armadura de nobres engastada de comércio, de negócios e de traficância. Nenhuma originalidade, nas praias do além-mar atlântico, desse consórcio: também na Índia, apesar das censuras e proibições ao nobre que trafica, havia a outorga de uma parcela de pimenta.

> E, além deste soldo — atribuível à "gente limpa" —, tinham mais dois quintais e meio de pimenta ao partido do meio em cada um ano, a qual podiam carregar em as naus, que viessem para este reino, que lhe podia importar cinco mil reais; e a gente do mar, capitães, alcaides-mores, feitores, escrivães, e todo outro oficial, a este respeito tinham suas quintaladas segundo a qualidade de seu ofício.[41]

A capitania seria um estabelecimento militar e econômico, voltado para a defesa externa e para o incremento de atividades capazes de estimular o comércio português. A autoridade pública se constitui armadura prévia sempre que haja produtos a exportar e plantações a fixar. O escasso dinheiro do Tesouro inspirou, à custa dos donatários, o domicílio de "sentinelas vigilantes" no litoral brasileiro.[42] As capitanias, constituídas na base do sistema político-administrativo do reino, com as adaptações sugeridas pela extensão brasileira, assentavam sobre a *carta de doação* e o *foral*.

> Pela carta de doação fazia el-rei mercê da capitania de determinada porção de território, abrangendo nessa mercê hereditária a concessão de importantes atributos da autoridade soberana. Posteriormente era dado à capitania um foral, no qual se fixavam, consoante o próprio formulário desses diplomas, os "direitos, foros, tributos e coisas" que na respectiva terra se haviam de pagar ao rei e ao capitão donatário.[43]

A capitania era inalienável e indivisível, sujeita à sucessão mesmo de "fêmeas, bastardos, transversais e ascendentes", em desvio da lei mental. O "capitão e governador" representava os poderes do rei, como administrador e delegado, com jurisdição sobre o colono, português ou estrangeiro, mas sempre católico. As terras eram distribuídas aos moradores, que as deviam agricultar em certo prazo, sob o mesmo espírito da velha Lei das Sesmarias de d. Fernando. Ao governador cabia um número amplo de léguas, dez a dezesseis, como terra livre e isenta, distribuída a porção em lotes não contíguos, proibindo-se-lhe alargar o domínio com doações e presentes. Desde logo, o mais lucrativo negócio, aquele vinculado ao comércio internacional e conquistado no capitalismo comercial, pendia de licença do governador, como eventual monopólio seu.

> & Outrosy me praz por fazer merce ao dito Duarte Coelho e todos seus soçesores e que esta capitanya e gouernamça vyer de juro e herdade para sempre que elles tenham e ajam todas as moendas dagoa marynhas de sall e quaesquer outros enjenhos de qualquer calidade que seja que na dita capitanya e gouernamça se poderem fazer e ey por bem que pesoa alguma nem posa fazer as ditas moendas marynhas nem engenhos senam o dito capitam e governador ou aquelles a que ele para yso der licença de que lhe pagaram aquelle foro ou trebuto que se com elles conçertar.

A agricultura, o comércio e a indústria eram livres aos colonos, dentro de um campo rigidamente fixado, com exclusão das moendas e engenhos, bem como dos monopólios reais, como o pau-brasil, escravos, especiarias e drogas, expressa, desde logo, a reserva do quinto dos metais e pedras preciosas. O comércio com o gentio só era permitido aos moradores da capitania, com severas penas cominadas aos infratores. O capitão e governador seria, portanto, um colono, com suas terras próprias, como qualquer outro colono. Avultavam os privilégios que se lhe concediam, ainda como particular, privilégios tradicionalmente outorgados aos comerciantes ligados ao reino, na metrópole. Sobre essa qualidade, de ordem particular, sobressaíam as suas funções públicas — aquelas que destacavam a capitania de uma fazenda, equiparando-a a uma província. Agora, a despeito da hereditariedade do cargo, das atribuições amplas, ele agia em nome do rei, sujeito implicitamente aos seus ditames, como se depreende ao limitar os negócios do rei dos seus, quer na justiça, no comércio e no regime fiscal. Não se trata, agora, de privilégios econômicos, mas de competência pública, sempre restrita, restrita quer pelas ordenações do reino ou pelo conceito então reinante dos poderes centralizadores do soberano. É o contexto geral da estrutura de governo, plantada, desenvolvida e fixada desde Avis, que explica a contradição aparente — mais forjada do que aparente — entre as donatarias e a organização político-administrativa do reino. O capitão podia criar vilas, nomear ouvidores, dar tabelionatos tanto de notas como judiciais, tudo, porém, sujeito à alçada, com a reserva vigilante, embora nem sempre clara, do monarca. Os direitos fiscais do capitão denunciam, ainda uma vez, o predomínio real, de cujos rendimentos o agente local participava, mas sem poder levantar tributos ao seu talante, nem acrescentar o valor dos existentes. Resguardava-se o soberano, lembrado das concepções historicamente gravadas na história de sua dinastia, contra os abusos dos senhores territoriais, se não quebrasse o domínio com a descontinuidade da terra.

Entre os privilégios outorgados, havia a condição de que teriam as capitanias, de dez em dez léguas de frente para o mar, um nostro de doze quilômetros no mínimo de largura pertencente ao patrimônio real, no gênero dos reguengos da metrópole. As doações não formariam, portanto, todos maciços, porém sucessão de faixas que iam da costa até ganhar a incerta linha de Tordesilhas, de modo a ainda mais acentuar o caráter paraestatal da empresa. [...] No acertado entender de modernos historiadores, dava el-rei a terra para o donatário administrá-la como província ao invés de propriedade privada.

Ainda uma limitação decisiva:

Reservava-se el-rei o direito de conservar íntegras ou modificar as capitanias segundo os interesses do Estado e possivelmente da colônia caso surgisse ocasião. Mais uma vez se evidenciava neste ponto o motivo das doações. Deviam, como era natural, os donatários prover à sua prosperidade, porém, de modo a simultaneamente beneficiar a Coroa onipotente e onipresente.[44]

O governo-geral (1549) não representou — como pareceu a Duarte Coelho, já contaminado pelo vapor de potentado rural — uma quebra do sistema: simples ajustamento, como ajustamento foi o regime das donatarias dentro da centralização de Avis, centralização calcada no comércio amplo e no círculo apertado da nobreza dos cortesãos, burocraticamente orientados.

A Coroa não confiou a empresa a homens de negócios, entregues unicamente ao lucro e à produção. Selecionou, para guardar seus vínculos públicos com a conquista, pessoas próximas do trono, burocratas e militares, letrados ou guerreiros provados na Índia, a pequena nobreza, sedenta de glórias e riquezas.[45] Numa faixa de 195 léguas de litoral, à borda do mar, de Itamaracá a São Vicente, desenvolveu-se toda a vida do século XVI. Aí se cumpriam os propósitos iniciais das capitanias: defesa da costa e internamento nos sertões, internamento paulatino e mediante autorização administrativa. Os fidalgos da Casa Real, os veteranos do Oriente, prósperos ou abatidos pelas adversidades, não afastaram seus passos da vista do mar: no mar estava a autoridade do soberano, precariamente presente nas caravelas e embarcações que iam e vinham de Portugal. As donatarias, reduzindo o espaço geográfico ao espaço administrativo, não lograram dispersar o comando de além-mar, cuja influência burocrática controlava o natural extravio territorial.[46]

Logo que o sistema deu mostras, quinze anos volvidos, de ferir, ameaçar ou afrouxar o laço curto da lealdade, a metrópole reage, drasticamente, quebrando as promessas de perpetuidade do plano anterior. A nobreza togada, a nobreza colada ao manto real, dá o grito de alarma e volta-se ao velho, tradicional e vigoroso leito de Avis. A Coroa busca manter aquele mesmo sistema de povoamento litorâneo, permitindo contato mais fácil e direto com a metrópole e ao mesmo tempo previne, ou chama exclusivamente a si, enquanto tem forças para fazê-lo, as entradas ao sertão, tolhendo, aqui, sobretudo, o arbítrio individual.[47]

O pequeno reino, com seu escasso 1,2 milhão de habitantes, prezava, acima de tudo e como é natural, sua integridade política. Velava, contra as forças dispersivas, contra as distâncias autonomistas, contra as empresas econômicas independentes, o estado-maior de domínio — o estamento — dependente do rei e senhor do reino. A colonização é negócio seu, dentro do quadro marítimo e universal, sob o controle financeiro da Coroa, com os ramos, que lhe sugavam o tutano, espalhados por toda a Europa. Sobre as capitanias avultava o protetorado do soberano, pronto, ao menor sinal de desvio, a anular, com uma penada, o contrato escrito e a palavra empenhada. Muitos anos correrão antes que os potentados rurais ganhem substância e consciência para romper as correntes, lance sempre adiado, veleidade de alguns séculos, veleidade cortada pela manutenção, na Independência, da velha Coroa, americanizada mas não nacionalizada. Tudo volta às origens, dentro de uma estrutura secular: os navios que trouxeram os donatários e os colonos não trouxeram um povo que transmigra, mas funcionários que comandam e guerreiam, obreiros de uma empresa comercial, cuja cabeça ficou nas praias de Lisboa. Os capitães fundavam vilas, para agregar num núcleo de vigilância as atividades comerciais e estruturar o interesse fiscal. O controle da arrecadação tributária cabia, em algumas capitanias, ao governador, e, nas mais numerosas, segundo o molde rígido do reino, a funcionários de Lisboa, o *feitor* ou *almoxarife*, o *provedor* e o *contratador*. Soma-se a essas preocupações a da defesa, defesa contra o corsário e o indígena, interesse, em última análise, redutível ao fisco e ao negócio. As vilas se criavam antes da povoação, a organização administrativa precedia ao afluxo das populações. Prática que é modelo da ação do estamento, repetida no Império e na República: a criação da realidade pela lei, pelo regulamento. A economia, a sociedade se amoldarão ao abstrato império das ordens régias — em lugar do ajustamento, em troca de concessões, o soberano corrigirá as distorções com a espada, a sentença e a punição. A América seria um reino a moldar, na forma dos padrões ultramarinos, não um mundo a criar. A inflexibilidade dos capitães da Índia será o modelo da dureza dos funcionários reinóis no Brasil, com a mão direita na espada e a outra no chapéu, pronto este para a zumbaia ao superior, dono, em Portugal, das masmorras e dos castigos.

O contraste com as colônias inglesas, um século depois fundadas, sobressai de modo patente. Hegel já denunciara a diferença, ao notar que a América do Norte saxônica foi colonizada, advertindo no papel periférico do Estado na última.[48] Na verdade, o impulso inicial dos dois sistemas, o britânico e o português, obedecia a uma comum inspiração mercantilista. O propósito de fixar, longe da pátria, o excedente demográfico atuou somente de maneira secundária. Portugal e Inglaterra esperavam auferir das colônias produtos aptos a satisfazerem os mercados metropolitanos. A Irlanda consumiu, no primeiro arranco, as populações expulsas do campo em virtude da transformação do cultivo em pastagens, passo que caracterizou o despertar do capitalismo manufatureiro. Thomas More, na sua época, escreveu em vão a *Utopia*: só um século depois foi ela habitada, para decepção de muitos e engano de poucos. Os comerciantes da City, os financiadores da empresa agrícola americana, tal como os reis de Portugal e seus associados capitalistas, queriam lucros rápidos, vantagens imediatas, pronto retorno do capital.[49] Um traço, todavia, extremou um sistema de outro, assegurando-lhes fisionomias substancialmente diversas. A retaguarda econômica era outra. A Inglaterra estava em plena ascensão capitalista, do capitalismo industrial, capaz de projetar para as colônias a complementaridade da metrópole, situação que lhes projetava autonomia, sem a dependência de satélite de Portugal, este também vergado a um contexto estranho a si próprio. Ao cuidado de encontrar na América as especiarias e os metais preciosos, à preocupação de cultivar produtos tropicais se casou a tendência dos colonos de fazer das colônias um refúgio à miséria europeia, às suas dissensões religiosas, recuperando-se das frustrações da Irlanda.[50] Além disso, a empresa anglo-saxônica não obedecia, por alheia ao Estado, a uma obra de guerra, tangida pela defesa interna e externa — era, só e simplesmente, um trabalho de colonização, de plantação. Não se unia a um complexo mundial de conquistas, exploradas pelo rei e seus comerciantes privilegiados, vigiados por militares e burocratas. Seu caráter se determinou, por consequência, numa transmigração de povoadores que bateram as praias e florestas americanas para ficar, com seus recursos, seus instrumentos agrícolas, seu gado, reproduzindo, na terra distante, a cultura da mãe-pátria. Daí a índole única, particular, significativa da migração inglesa na América. O Estado, visto o sistema privado de colonização, não atravessou o oceano, nem se perpetuou, com o aparelhamento exportado, nesse lado do Atlântico. Os ingleses transmigrados formaram sua própria organização política e administrativa, esquecidos do superado resíduo feudal. Não os contaminou a presença vigilante, desconfiada e escrutadora, do funcionário reinol: por sua conta, guardadas as tradições de *self-government* e de respeito às liberdades públicas, construíram as próprias instituições.[51] A Inglaterra dispunha, no momento da transmigração, de um arsenal de homens e mulheres acostumados ao duro trabalho agrícola, sem que o desdém do cultivo da terra pelas próprias mãos os contaminasse, desdém aristocrático e ibérico. Uma classe média — o *yeomen* —, proprietária de pequenas fazendas, industriosa e de espírito livre, fornecia o modelo das ambições do proletariado agrícola, liberto da servidão havia dois séculos. Uma última nota no quadro diferencial: o inglês trouxe a sua mulher para a colônia, ao contrário do português, que a esqueceu, preocupado com a missão de guerra e de conquista, adequada ao homem solteiro. Mulher sem o cuidado do ócio, para a qual o escravo supria os trabalhos domésticos, devotada ao cultivo, à colheita, às tarefas industriais domésticas, ao trato com empregados. Os casais recebiam das companhias colonizadoras o dobro das terras, sugerindo o trabalho duplo, no arado e no cuidado da choupana.[52] A família não sofreu, com a ausência do ócio feminino, a marca patriarcal, a nobreza poligâmica, a complacência da miscigenação. As relações inter-raciais, este é o outro lado da medalha, não se suavizaram, fechadas as oportunidades do priápico aproveitamento do indígena. O traço secundário — a fixação do excedente demográfico, excedente físico e econômico — conquistou o primeiro plano, recobrindo a face mercantilista da travessia do mar, passagem ajudada pela expansão capitalista, do capitalismo industrial que o inglês projetou no mundo. O inglês fundou na América uma pátria: o português, um prolongamento do Estado. A Inglaterra, hostil à centralização, vencida a transação do feudalismo com o capitalismo, repeliu o paternal guarda-chuva real. Os dissidentes da ortodoxia religiosa, desde os primeiros passos nas praias americanas, respiraram o ar da liberdade contra injunções políticas da metrópole. A sobrevivência aristocrática nas suas instituições não perturbou a autonomia comercial e industrial, sem se constituir numa burocracia de nobres, sobrevivência alheia ao controle do Estado. Portugal, na era seiscentista, estava sufocado pelo Estado absoluto, centralizador, armado de um estamento que consolidava a supremacia e o controle da realeza em todos os negócios, empresas, aventuras e planos.[53] Seria perigoso erro de perspectiva medir a conquista e a colônia como realidades alheias às metrópoles, de onde lhes vinha o sangue e a respiração, umbilicalmente. A partir do século XVII, a situação se alterará, por efeito do centrifuguismo territorial, sem quebrar o comando de Lisboa, infiltrado em todos os poros de vida da área portuguesa.

5 | *A distribuição de terras: mudança do sentido da sesmaria, com o predomínio do conteúdo dominial sobre o administrativo*

A OBRA POLÍTICA E COMERCIAL da colonização tinha como ponto de apoio a distribuição das terras. Aí se fixava o centro da empresa, calcada sobre a agricultura, capaz de condensar populações e criar as cobiçadas riquezas de exportação. A monarquia lusitana, nessa tarefa de povoar o território imenso, encontrou, nas arcas de sua tradição, um modelo legislado: as sesmarias.

> A história territorial do Brasil [disserta o mais profundo pesquisador jurídico do assunto] começa em Portugal.
> É no pequeno reino peninsular que vamos encontrar as origens remotas do nosso regime de terras. A ocupação do nosso solo pelos capitães descobridores, em nome da Coroa portuguesa, transportou, inteira, como num grande voo de águias, a propriedade de todo o nosso imensurável território para além-mar — para o alto senhorio do rei e para a jurisdição da Ordem de Cristo.[54]

Vibra, nas normas jurídicas que orientaram a distribuição do solo aos colonos, a velha lei consolidatória de d. Fernando I (provavelmente 1375), lei de transação entre a burguesia rural e a aristocracia agrária, não aplicada no tempo, mas incorporados seus princípios nas Ordenações Afonsinas, Manuelinas e Filipinas. A feição mais importante do instituto — a reversão da terra não cultivada à Coroa — conservou-se graças à Revolução de Avis, com o perfil de predomínio da coisa pública — dos fins e objetivos públicos — sobre a ordem particular. A terra se desprende, desde o século XIV, de seu caráter de domínio, adstrito ao proprietário, para se consagrar à agricultura e ao repovoamento, empresas promovidas pelo rei a despeito da concepção de propriedade como prolongamento da pessoa, da família ou da estirpe. O quadro jurídico, de acordo com o direito vigente na colônia, era desta forma previsto nas Ordenações (Man., liv. IV, tít. 67; Filip., liv. IV, tít. 43, § 1, 3 e 4), vinculando a sesmaria ao aproveitamento:

> 3. E em qualquer caso que os sesmeiros deem sesmarias, assinem sempre tempo aos que as derem ao mais de cinco anos, e daí para baixo, segundo a qualidade das sesmarias, que

as lavrem e aproveitem sob esta pena [...]. E não lhes assinando certo termo a que as aproveitem, nós, por esta Ordenação lhes havemos por assinados cinco anos.

E serão avisados os Sesmeiros que não deem maiores terras a uma pessoa, que os que razoadamente parecer que no dito tempo poderão aproveitar. 4. E se as pessoas, a que assi forem dadas as sesmarias, as não aproveitarem ao tempo, que lhes for assinado, ou no tempo que nesta Ordenação lhes assinamos, quando expressamente lhes não for assinado, façam logo os Sesmeiros executar as penas, que lhes forem postas, e deem as terras que não estiverem aproveitadas a outros que as aproveitem, assinando-lhes tempo e pondo-lhes a dita pena.

E as que lhes acharem aproveitadas, lhes deixarão com mais algum logradouro do que não estiver aproveitado, quando lhes parecer necessário para as terras que lhes ficam.

E as que não estiverem aproveitadas darão sem ser citada a pessoa a que primeiro foram dadas.

A transposição do instituto para as terras incultas do Brasil provocou alguns transtornos jurídicos. A adaptação à realidade nova não desvirtuou o sistema. "Sesmarias" — na linguagem das Ordenações — "são propriamente as datas de terras, casais ou pardieiros, que foram ou são de alguns senhores e que, já em outro tempo, foram lavradas e aproveitadas e agora o não são." (Man., liv. IV, tít. 67; Filip., liv. IV, tít. 43.) As glebas desaproveitadas corresponderam, na América, às terras virgens, trocado o sentido de *sesmeiro*, originalmente o funcionário que dá a terra, para o titular da doação, o colono. O rei, em nome da Ordem de Cristo, já longamente absorvida pela Coroa, distribuiu, por meio dos donatários, os chãos aráveis, sem nenhum encargo a não ser o dízimo. Isento de foro, de contribuição aos capitães, o colono — o morador — só respondia pelo não cultivo, cláusula essencial na restrição do domínio, ao soberano e à sua justiça. Excluído ficava, desde logo, entre o proprietário e a autoridade qualquer liame senão o de subordinação política, limpo de vestígios feudais. Ao capitão governador reservaram-se, como se notou, as moendas e marinhas de água, dependendo os engenhos de licença, para a qual podia a autoridade fixar tributo. Tributo variável de capitania a capitania, da gratuidade à participação na renda.

Essa a base das concessões liberais de sesmarias, sem que os concedentes guardassem a modéstia dos modelos reinóis, empolgados com a imensidão territorial, generosos em dar sesmarias largas,

> de quatro, cinco, dez, vinte léguas, muitas vezes em quadra, isto é, 16, 100, e mais léguas, e isto em toda a Colônia: a sesmaria doada a Brás Cubas, lembra Eduardo Zenha, abrangia parte dos atuais municípios de Santos, Cubatão e São Bernardo do Campo, enquanto, no Nordeste, foram frequentes as concessões de terras, mais largas do que Estados de nossos dias, como as da Casa da Torre, dos Guedes de Brito, de Certão etc.

Além de receber, de uma vez, extensões imensas, tornava-se usual, ainda, repetirem-se as datas, contemplando-se o mesmo colono com sucessivas sesmarias, em épocas e lugares diferentes. Pelo menos até o fim do século XVII não encontramos, nem na lei nem na prática, nenhuma restrição. Se os donatários somente podiam separar, para si, dez léguas, vedando-se-lhes "tomar terra allgua de sesmarya para sy nem para sua molher, nem para o filho erderio", não podendo distribuir com os outros filhos "mays terras da que teverem dada a qualquer outra pessoa" — quanto aos colonos nunca houve restrição; e os imensos latifúndios da Casa da Torre, da Casa da Ponte, da Casa do Sobrado, de João Pais, de Vieira etc., resultaram, todos, de sucessivas datas de terras. Somente a partir de 1759 — mais ou menos — e talvez por força da carta régia de 20 de outubro de 1753 — é que vamos encontrar, na Documentação Histórica, por exemplo, a exigência de somente se concederem sesmarias a quem não houvesse recebido outras anteriores. [...][55]

Subverte-se, por força da malícia dos fatos, o esquema de d. Fernando I (1375). A distribuição de terras com o fim de agricultar os campos, cobrindo-os de cereais, cede lugar à concessão de florestas para povoar. O cultivo viria por outro meio: pelo índio escravo e pelas plantações financiadas para o açúcar. A doação de chãos bravios continua, todavia, a ainda corresponder a uma "concessão administrativa",[56] presa, com rédea legalmente curta, aos propósitos colonizadores. O colono — aqui permanece íntegro o espírito do último rei da dinastia de Borgonha e das Ordenações — seria um agente de uma imensa obra semipública, pública no desígnio e particular na execução. O aproveitamento — aproveitar é a palavra escrita por Pero Vaz de Caminha, recolhida das Ordenações e repetida no regimento de Tomé de Sousa — não seria mera formalidade, nem reminiscência histórica sem conteúdo legal. Se, na ausência de reclamações, com a abundância de terras, a cláusula restritiva pouco se aplicava, em caso de disputa ela mostrava vida enérgica:

> sesmaria não aproveitada era sesmaria cuja concessão caducara irremediavelmente, como se vê de alguns episódios conservados no Tombo do Mosteiro de São Bento de Olinda. Em 1576, por exemplo, Gaspar Pires recebera uma data que, não aproveitada no prazo de lei, fora, em 1623, redistribuída a Pedro Barroso, de cujos herdeiros a houveram os beneditinos. [...] Podia haver transigência e fechar de olhos diante de sesmaria não aproveitada no prazo, mas nunca a exigência foi dispensada, constituindo, mesmo, o ponto mais saliente do sistema.[57]

A largueza no distribuir provinha, também, do pouco valor das terras; terra e cultivo não eram termos correlatos; para o cultivo eram necessários escravos, caros e difíceis depois que se desfez a ilusão do préstimo do indígena. A imagem idílica de Gandavo, com os dois pares ou meia dúzia de escravos índios para o trato de uma vida honrada,[58] durou pouco, o tempo da fugaz *colônia de povoamento*, dedicada à subsistência e à ilusão da família transmigrada.

Logo que, em curtos anos, os produtos de exportação ganharam o primeiro plano — primeiro e quase exclusivo plano monocultor —, a terra só valeria com grossos investimentos, sobretudo com a compra do escravo africano. Num quadro válido para o açúcar e o café, no curso de trezentos anos, a terra representaria o valor de um décimo do valor da escravaria.[59] Esse trânsito sugeria os capitais para o financiamento da empresa — com os banqueiros e negociantes de toda a Europa mobilizados nos empréstimos e adiantamentos. Sobretudo, a mudança de rumo, mudança que o contexto comercial da economia acelerou, refletiu sobre o sentido da propriedade territorial, que se afasta da concessão administrativa para ganhar conteúdo dominial. O pretendente à sesmaria deveria provar ser homem de posses, capaz de ajustar o destino da terra aos produtos exportáveis. O solo, ao contrário dos propósitos inscritos nas cartas de doação e nos forais dos donatários, passou a ser suscetível de foros. A terra, de base do sustento, expandiu-se para título de afidalgamento, com o latifúndio monocultor em plena articulação.

> A concessão de sesmaria não é mais a distribuição compulsória, em benefício da agricultura, das nossas terras marinhas, ao tempo tributárias do Mestrado de Cristo; antes reveste o aspecto de uma verdadeira doação de domínios régios, a que só a generosidade dos doadores serve de regra.
>
> Essa influência, cujos efeitos é impossível desconhecer, encontra lugar, afinal, nos quadros jurídicos da época, a partir de 1695, data em que se determinou a imposição de foros nas sesmarias — "segundo a grandeza ou bondade da terra".
>
> Esta só providência envolvia uma transformação completa da situação jurídica do solo colonial.
>
> Realmente.
>
> Tributárias ao mestrado de Cristo, as terras do Brasil, a teor das Ordenações, no título das sesmarias, não podiam ser apropriadas, nem pelo próprio mestrado, podendo unicamente ser concedidas de sesmaria, sem pensão ou foro, apenas com o tributo do dízimo.
>
> À imposição de foros, nas sesmarias do Brasil, equivalendo a uma apropriação legal do respectivo domínio direto, feria de frente esse preceito e inaugurava, entre nós, o regime dominialista da instituição das sesmarias, que perde, desde então, o seu caráter de restrição administrativa do domínio privado e do das entidades públicas, para assumir definitivamente a feição de concessão, segundo os preceitos ordinários, de latifúndios, talhados no domínio régio.[60]

A realidade americana torce o conteúdo da lei, transformando a terra, de instrumento régio de colonização e povoamento, em garantia permanente do investimento agrícola. De outro lado, dentro da mesma corrente, a sesmaria, meio jurídico para apegar a terra à capacidade de cultivo, serviu para consagrar as extensões latifundiárias. Tudo por obra do açúcar e da expansão do gado, afirmando a tendência, no plano político, da autonomia do potentado rural. Potentado rural envolvido e, em muitos momentos, paralisado pelos poderes econômicos que manipularam a venda do escravo e o mercado comprador europeu. A administração colonial, com sede em Lisboa, desconfiada e arguta, não assistiria impassível ao seu aniquilamento: à pressão centrífuga revidaria com medidas centralizadoras, no cerne das quais vibrava o domínio político da realeza. Já no fim do século XVIII as sesmarias só seriam outorgadas se não superiores a três léguas, fixado o máximo, em algumas capitanias, a meia légua. (Em geral, uma data media uma légua quadrada, que importava em 9 mil braças de 2,20 metros.) A apropriação da terra em largas porções, transformando um deserto no domínio de uma rala população, fez proliferar o dependente agrícola, o colono de terras aforadas e arrendadas. Criou, também, uma classe de posseiros sem títulos, legitimados, em 1822, com a qualidade de proprietários, com medida (Resolução de 17 de julho de 1822) que anulou o regime das sesmarias. A evolução do instituto chegou ao fim: de concessão administrativa ao domínio, do domínio à posse, até o novo estatuto promulgado em 1850, que consagrou o sistema da compra das terras devolutas.[61] Entra-se, com o desvirtuamento do sentido do sistema sesmarial, no reino do açúcar, com a monocultura e o escravo africano. A casa-grande conquista a paisagem, projetando a sombra da senzala, gravitando, ambas, sobre o dinheiro, fator não raro esquecido em favor da falsa arrogância do plantador e senhor de engenho.

6 | *O chamado feudalismo brasileiro*

O SISTEMA DE COLONIZAÇÃO DO BRASIL teria lançado, no mundo rural, as raízes do feudalismo indígena. Feudalismo nascido neste lado do Atlântico, gerado espontaneamente pela conjunção das mesmas circunstâncias que produziram o europeu. Feudalismo renascido na América, renovo da velha árvore multissecular portuguesa. Feudalismo, no século XVI ainda vivo na Península Ibérica, que se prolongou no Brasil. Teses de muitas cores, teimosas todas e fascinadas pelo mundo feudal, chave que explicaria muitos séculos de história. Perdido na sua integridade histórica ou como tipo ideal, persistiria a reminiscência, por meio dos "traços", "aspectos", "restos" — no horizonte remoto, ou diante dos olhos, sempre o feudalismo. O quadro teórico daria consistência, conteúdo e inteligência ao mundo nostálgico de colonos e senhores de engenho, opulentos, arbitrários, desdenhosos da burocracia, com a palavra desafiadora à flor dos lábios, rodeados de vassalos prontos a obedecer-lhes ao grito de rebeldia. Senhores de terras e senhores de homens, altivos, independentes, atrevidos — redivivas imagens dos barões antigos. A Idade Média europeia arderia, transformada em outra língua e em trajes diferentes, em Pernambuco e em São Vicente.

> Nada mais surpreendente [dirá um escritor deslumbrado com a grande vida dos primeiros colonos] do que o estudo da vida e dos costumes da aristocracia rural do Sul e do Norte, durante os primeiros séculos coloniais, principalmente nos seus dois centros mais vivazes: Pernambuco e São Paulo. Dir-se-ia um recanto de corte europeia transplantada para o meio da selvageria americana. Tamanhas as galas e louçanias da sociedade, o seu maravilhoso luxo, o seu fausto espantoso, as graças e os requintes do bom tom e da elegância.
> Da nobreza de Pernambuco, nos começos do II século, diz o autor do *Valeroso Lucideno*, que por miserável é tido entre ela quem não tem um serviço de prata, e que as damas são tão ricas nas vestes e nos adereços, com que se adornam, que parecem "chovidas em suas cabeças e gargantas as pérolas, rubis, esmeraldas e diamantes" [...]. Entre os senhores de engenho é, ao que parece, por esse tempo, a vida uma perpétua festa, uma ininterrupta troca de folganças e prazeres [...]. Esses aristocratas de Pernambuco guardam ainda as tradições hípicas do tempo de dom Duarte, o rei cavaleiro, que havia composto o *Livro de ensynança do bem cavalgar toda sela*. É de vê-los então no seu amor pelas touradas, pelas corridas, pelas cavalhadas. Cavaleiros exímios, cheios de donaire e arrojo, primam na elegância e gentileza

da montaria, na riqueza dos jaezes, todos cobertos de prata, na destreza com que toureiam, no garbo com que praticam os jogos da argolinha, das alcancias, das canas.

Os do Sul têm a mesma distinção — eles são instruídos e cultos, o tratamento continua suntuoso e fidalgo. Eles — os do Norte e os do Sul — superam a metrópole:

> Pela elevação dos sentimentos, pela dignidade, mesmo pelo fausto e fortuna que ostentam, esses aristocratas, paulistas ou pernambucanos, mostram-se muito superiores à nobreza da própria metrópole. Não são eles somente homens de cabedais, com hábitos de sociabilidade e de luxo; são também espíritos do melhor quilate intelectual e da melhor cultura. Ninguém os excede nos primores do bem falar e do bem escrever.[62]

A expressão plástica da tese do feudalismo brasileiro mostra, com abundância de provas, o processo que a ditou. O senhor de latifúndios e de escravos — o senhor de engenho —, opulento e liberal nos gastos, se incorpora a uma categoria social, a aristocracia ou a nobreza, de ordem rural. O fazendeiro, sempre vinculado ao açúcar, se transmuta em nobre, por analogia com o aristocrata europeu, também ele proprietário de terras. De nobre se faz culto e instruído, exigindo o poder político, que a independência lhe daria, em plano nacional, acima do refúgio de quatro séculos nas acanhadas municipalidades.[63] Há um trânsito entre os Estados, em estratificação ascendente: da riqueza à aristocracia e da aristocracia ao poder político. Uma simplificação completará o sistema: nobreza territorial será sempre nobreza feudal. Outra face da mesma persuasão funda-se em duas hipóteses: a colonização se processou sob o sistema feudal, com as chamadas colônias de plantação,[64] ou a colonização americana, ferida pelas circunstâncias, retrocedeu à era feudal, estimulada pelas capitanias.[65] O caráter aristocrático teria decorrido dos donatários, realmente vinculados a pequenas casas nobres de Portugal. A conjugação de todos esses fatores — a forma de colonização, o enriquecimento, o transplante da nobreza, o retrocesso a um modelo gerador da sociedade portuguesa — ativou-se com a dispersão territorial dos capitães e colonos, fixando, nas suas casas senhoriais, a autoridade política, anuladas as mãos do rei pela distância. O primeiro século teria sido "o nosso século feudal de colonização", como o batizou Sílvio Romero, período que, segundo Oliveira Martins, se prolongaria até o século XVIII, com vivas persistências, na forma da generalidade das opiniões, ainda no momento presente.

> A conclusão iniludível [acentua um lúcido representante da corrente feudalizadora] é que o modo ou regime de colonização posto em prática no Brasil por D. João III foi real e verdadeiramente de caráter feudal, embora, no momento de ser ele adotado, meio século já se tivesse escoado sobre o túmulo da Idade Média; embora o feudalismo puro

não tivesse existido em Portugal, como pretende A. Herculano; embora as leis do reino bafejadas pelo hábito imperialista do direito romano trouxessem expressas nas suas letras a condenação dos privilégios feudais.

A característica jurídica do primitivo sistema colonial brasileiro decorre, portanto, da sua própria natureza de instituição anacrônica, imperfeita e artificialmente implantada em terras do novo mundo.

Os direitos dos colonos livres e os dolorosos deveres dos trabalhadores escravos codificavam-se na vontade e nos atos do donatário — chefe militar e chefe industrial, senhor das terras e da justiça, distribuidor de sesmarias e de penas, fabricador de vilas e empresário de guerras indianófobas.

Acima dos capitães-governadores estava, decerto, o rei, naqueles poderes de que não havia feito cessão e outorga, e estavam as Ordenações e leis gerais do reino naquilo que não tinha sido objeto de determinações especiais nas cartas de doação e foral. Mas ficou visto e constatado que estas cartas deixavam quase completa soberania política aos donatários, nas respectivas circunscrições enfeudadas.

Assim, embora em geral nos domínios do direito privado, a legislação da metrópole fosse a reguladora das relações entre os diversos elementos constitutivos das colônias, na esfera do direito público a situação era outra: aí o poder onímodo, excepcional, dos governadores proprietários abria brechas no edifício legislativo da mãe-pátria.[66]

As indicações bibliográficas revelam um problema altamente polêmico. Parece difícil agrupar num setor nuclear as linhas essenciais da tese feudal, esposada, com argumentos não raro em conflito, pela generalidade dos historiadores brasileiros. O feudalismo colonial não teria, como demonstra a longa transcrição de Martins Júnior, a pureza do sistema europeu. Não seria uma expressão legal, mas uma tendência social, emergente contra preceitos das Ordenações. O feudalismo teria caracteres atípicos — "sem as cores tradicionais do sistema europeu, antes de anacronismos e arremedos e mais de tendências".[67] Ele teria brotado, conservando-se vivo por muitos séculos, da organização política e territorial das capitanias. Os donatários — os capitães governadores — teriam sido os troncos do sistema feudal, consolidado pela transmissão plena e hereditária da propriedade e pela amálgama, em suas mãos, da soberania e da propriedade.[68] Dessa base inicial, constituída realmente da aristocracia portuguesa, o sistema se teria ampliado aos senhores de terras, aos potentados rurais, aos latifundiários, sob o argumento de que a terra era, mesmo no Portugal quinhentista, "o principal e mais importante meio de produção".[69] A extensão do conceito teria, em seu abono, um documento de valor indiscutível no livro de Antonil:

O ser senhor de engenho é título que muitos aspiram, porque traz consigo o ser servido, obedecido e respeitado de muitos. E se for, qual deve ser, homem de cabedal e governo, bem se pode estimar no Brasil o ser senhor de engenho, quando proporcionadamente se estimam os títulos entre os fidalgos do Reino [...]. Dos senhores dependem os lavradores que têm partidos arrendados em terras do mesmo engenho, como os cidadãos dos fidalgos; e quando os senhores são mais possantes e bem aparelhados de todo o necessário, afáveis e verdadeiros, tanto mais são procurados, ainda dos que não têm a cana cativa, ou por antiga obrigação, ou por preço que para isso receberam.[70]

A transposição — de senhor de engenho a fidalgo — obedece a um pressuposto. Não basta o cabedal, é necessário cabedal e governo, para que se confiram a ele os poderes senhoriais. Além disso, o trânsito de uma a outra ordem não se calca na realidade, senão que aponta para a analogia, que é um confronto de fatos próximos e não iguais. Não há dúvida, entretanto, que o modelo de Antonil, seu ponto de referência, é a organização feudal, com base nas dependências da terra.

Para evitar o risco das inúteis repetições (ver cap. I, III), sem pretender solucionar a polêmica, definitivamente instaurada na historiografia brasileira, a tese mais convincente em nossa história repele o chamado feudalismo brasileiro. A empresa de plantação teve nítido cunho capitalista — dentro do capitalismo mercantil e politicamente orientado do século XVI português. As relações entre os capitães governadores e o rei e entre os potentados rurais e o governo tiveram, de outro lado, acentuado cunho patrimonial, pré-moderno. O donatário caracteriza-se pela qualidade dupla, de fazendeiro e autoridade, sem a fusão de ambas, fusão incompatível com a ordem legal portuguesa, vigorante no século XVI. Opõe-se ao feudalismo a própria natureza dos favores concedidos aos donatários, favores de estímulo a uma empresa que o rei engordava para colher benefícios futuros — é o capitalismo politicamente orientado em ação. O rei delimitou as vantagens da colonização, reservando para si o dízimo das colheitas e do pescado, o monopólio do comércio do pau-brasil, das especiarias e das drogas, o quinto das pedras e metais preciosos. O governo português não punha no negócio o seu capital, ao tempo escasso e comprometido em outras aventuras. Servia-se dos particulares — nobres e ricos, com suas clientelas e parentes sem cabedal acenando-lhes com a opulência e o lucro fácil, móveis de ação tipicamente capitalistas, como capitalista seria a oferta aos pobres da fácil vida americana. A propriedade rural brasileira tomou fôlego e se expandiu para a exploração de artigos exportáveis, ligados ao mercado mundial, pela via de Lisboa. Não encontrou ela, ao se constituir, uma camada social a que se pudesse superpor, formando a estratificação de dois graus, entre senhores e vassalos. O feudalismo brasileiro se reduz, em consequência, na palavra de um historiador, a uma "figura de retórica".[71] Não havia, no sistema brasileiro, nem o feudo nem o vínculo de vassalagem, triturados ambos pela economia mercantil, derretidos pelo açúcar. O rei subordinava as pessoas, o governo dirigia as ações — prontos a quebrar as resistências, mesmo as erguidas por um homem da altura e com os serviços de Duarte Coelho. Essa relação vertical não se coaduna com o feudalismo, no qual vive a ideia de pacto entre camadas desiguais, mas estruturadas rigidamente em privilégios.[72]

Se carece de fundamento o primeiro pressuposto do feudalismo brasileiro, expresso na índole das donatarias, igualmente falsa é a extensão que alcança os senhores de engenho e latifundiários, com iguais caracteres. O chefe da plantação (*plantage*), por ser rico ou pelo poder que a opulência lhe dá, seria um aristocrata, logo convertido, pela auréola de grandeza, em homem culto, de maneiras finas, em festa permanente. A advertência contra o engano parte de Marc Bloch: mesmo a classe dominante não forma, só por esse fato, uma nobreza. A nobreza, para se caracterizar, deve reunir duas condições: o estatuto jurídico que confirma e materializa a superioridade por ela pretendida e a perpetuação do estatuto na descendência. A "nobreza capitalista" não passa de abuso de linguagem.[73] Por outro lado, além do exagero terminológico, há a realidade, também adversa à equiparação. A riqueza dos colonos dos primeiros séculos é uma lenda, enganadoramente criada para embelezar a história.

> País de Cocagne [lembra Gilberto Freyre] cousa nenhuma: terra de alimentação incerta e vida difícil é que foi o Brasil dos três séculos coloniais. A sombra da monocultura esterilizando tudo. Os grandes senhores rurais sempre endividados. As saúvas, as enchentes, as secas dificultando ao grosso da população o suprimento de víveres. O luxo asiático, que muitos imaginam ao Norte açucareiro, circunscreveu-se a famílias privilegiadas de Pernambuco e da Bahia. E este mesmo um luxo mórbido, doentio, incompleto. Excesso numas cousas, e esse excesso à custa de dívidas; deficiências noutras. Palanquins forrados de seda, mas telha-vã nas casas-grandes e bichos caindo na cama dos moradores.[74]

A dívida, encadeada à monocultura, indica a projeção do sistema econômico da plantação. A terra, em si, pouco valia no conjunto da empresa, valor relativo no século XVI, como ainda no século XIX: a riqueza necessária, para a empresa, era o escravo. "A maior parte da riqueza" — anota o autor do *Diálogo das grandezas do Brasil* — "dos lavradores desta terra consiste em terem poucos ou muitos escravos."[75] Gandavo, frei Gaspar da Madre de Deus, todos certificam a mesma realidade, ainda persistente no século XIX, quando o valor dos escravos chegou a alcançar mais de 70% do conjunto da terra, instalações e construções do estabelecimento cafeeiro.[76] Fácil é perceber a fonte das inquietações do senhor de engenho, e a raiz do endividamento permanente. O escravo, chave da prosperidade, era também o lado sensível, o lado instável da empresa. Dele vem a vida de apertos e angústias, entre o luxo e os gastos imoderados de alguns colonos. "E dava-se na terra" — esclarece Varnhagen acerca dos colonos de Pernambuco do primeiro século — "a circunstância de serem todos gastadores, de modo que ainda com tais rendas, que eram enormes para aquele século, havia muitas dívidas, em virtude dos escravos de Guiné, que morriam em grande número."[77]

A plantação, na verdade situada em torno do açúcar e do engenho, está a mostrar, se vista pela perspectiva do escravo e da exportação, sua verdadeira e quase inédita fisionomia. Ela não se caracteriza pelo latifúndio, pela autarquia agrícola, tal como se consolidou na decadência do mundo antigo, ao limiar da Idade Média. O *oikus* (K. Rodbertus), expressão da economia natural, capaz de cobrir suas necessidades internamente com o apelo apenas secundário ao mercado, não serve de modelo à economia colonial brasileira.[78] A face econômica e mercantil do engenho — monocultor desde as suas origens — se revela na produção para exportar. Enganou-se Capistrano de Abreu, ao acentuar, depois de reconhecer o dualismo do engenho, o aspecto autônomo, vinculando-o à economia natural.[79] Dessa duplicidade, a historiografia brasileira deu maior relevo, relevo muitas vezes decorativo, ao lado interno, no contraste senhor e escravo. A tradição tem origens remotas, fixadas provavelmente no livro de frei Vicente do Salvador (começo do século XVIII), em passo que lembra, pelos olhos de um bispo de Tucumán, o provimento das casas ricas de todos os gêneros necessários ao consumo.[80] O setor dinâmico do engenho era o externo, o das transações internacionais, que orientava o açúcar ao mercado e trazia o escravo, à custa de juros mordentes e lucros extorsivos. Aí entrava o comércio, numa rede que envolvia e atava donatários, senhores de engenho, mercadores, não raro com empresas organizadas. Esse traço, com sua tinta predominante, não está alheio aos cronistas coloniais, mais lúcidos que os homens do século XIX, seduzidos, já na decadência de setores outrora vivazes, com a autarquia fazendeira. O dinheiro, a *onzena*, o transportador marítimo, o comerciante são realidades familiares ao autor do *Diálogo das grandezas do Brasil*, num mundo preocupado com o lucro fácil, capaz de permitir o regresso a Portugal. Essa rápida antecipação a um tema deste ensaio está traçada para acentuar, em estudo mais amplo noutro capítulo, a presença, ao lado do tráfico, da autoridade real, vinculada, entrelaçada, abraçada aos ganhos da colônia. Onde a riqueza aflora aí está o rei. Advertia bem o mais profundo conhecedor do Estado português aos colonos, ao se regozijar pela não descoberta de minas. O ouro e a prata — e o açúcar tinha a mesma dignidade — atrairiam os oficiais públicos, que haveriam de transformar os senhores em feitores.

> Quantos ministros reais e quantos oficiais de justiça, de fazenda, de guerra, vos parece que haviam de ser mandados cá para a extração, segurança e remessa deste ouro ou prata? Se um só destes poderosos tendes experimentado tantas vezes, que bastou para assolar o Estado, que fariam tantos? Não sabeis o nome do serviço real (contra a tenção dos mesmos reis), quanto se estende cá ao longe e quão violento é e insuportável? Quantos administradores, quantos provedores, quantos tesoureiros, quantos almoxarifes, quantos escrivães, quantos contadores, quantos guardas no mar e na terra e quantos outros ofícios

de nomes e jurisdições novas se haviam de criar ou fundir com estas minas, para vos confundir e sepultar nelas? Que tendes, que possuís, que lavrais, que trabalhais, que não houvesse de ser necessário para serviço de El-Rei ou dos que se fazem mais reis com este especioso pretexto? No mesmo dia havíeis de começar a ser feitores, e não senhores de toda a vossa fazenda.[81]

Não se neguem, todavia, os efeitos descentralizadores, dispersivos das donatarias. Efeitos inevitáveis, decorrentes do isolamento geográfico, da extensão da costa, capazes de gerar núcleos de autoridade social, sem que a administração real permitisse a consolidação da autonomia política. As oligarquias locais, resistentes ao controle central, terão sua base no século XVI, mal toleradas sempre, desde o advento do governo-geral e da progressiva centralização logo instaurada. Tudo está longe do feudalismo, da aristocracia territorial, dos monarcas latifundiários. Olhos vigilantes, desconfiados, cuidavam para que o mundo americano não esquecesse o cordão umbilical, que lhe transmitia a força de trabalho e lhe absorvia a riqueza. O rei estava atento ao seu negócio.

V

A obra da centralização colonial

1 | *O governo-geral: causas de sua criação* > 153
2 | *Os municípios e a centralização* > 159
3 | *Os colonos e os caudilhos: a conquista do sertão* > 166

1 | *O governo-geral: causas de sua criação*

A EXPERIÊNCIA DAS DONATARIAS MALOGRARA, se medido o êxito pelos padrões dos orientadores administrativos da empresa.

As donatarias fracassaram como plano político, orientado à defesa do inimigo externo, guloso das riquezas do Brasil, e ao controle do gentio, em revolta perpétua. Sem essas duas garantias, o risco atingia o negócio do rei — o pau-brasil e os incipientes e já promissores engenhos de açúcar. Imaginou a corte um sistema de delegação de autoridade, à custa dos agentes locais, conferindo-lhes vantagens reais em troca de encargos, com a vista aplicada aos monopólios, rendas e tributos.

O malogro, sob esse ângulo, era uma realidade. Mas só houve malogro administrativo porque, sob o aspecto econômico e financeiro, a conquista prometia muito. Os dois núcleos que prosperaram — Pernambuco e São Vicente — inspiraram a reforma do sistema. O governo-geral não nasce da ruína da colônia, mas da esperança de seus lucros. Martim Afonso, donatário de São Vicente, pouco se interessou pelos seus domínios, empolgado pelas glórias da Ásia. Piratininga e Santos, fundado o último núcleo pelo seu procurador Brás Cubas, se expandiam, com o auxílio e estímulo dos financiadores estrangeiros, Venistes, Erasmos e Adornos, com o incremento de engenhos, lotados de colonos portugueses e de escravos, não ainda os escravos africanos.[1] Pernambuco conseguiu fixar outro polo de desenvolvimento, com o cultivo de algodão, cana e mantimentos. Os colonos, dispersos e sem fortuna em outras partes da costa, se abrigam na capitania de Duarte Coelho, que, animado com o progresso, contratou com mercadores ricos da Europa a construção de engenhos de açúcar.[2] As outras capitanias sucumbiam, embora com os olhos voltados para o açúcar. Vasco Fernandes Coutinho, o mais desgraçado dos capitães — "gastados muitos mil cruzados que trouxe da Índia, e muito patrimônio que tinha em Portugal, acabou tão pobremente que chegou a lhe darem de comer por amor de Deus, e não sei se teve um lençol seu em que o amortalhassem".[3] Francisco Pereira Coutinho, "fidalgo mui honrado, de grande fama e cavalarias em a Índia", não escapou ao mesmo cruel destino, prosseguindo frei Vicente do Salvador na sua narrativa:

> Esteve de paz alguns anos com os gentios e começou dois engenhos. Levantando-se eles depois, lhos queimaram e lhe fizeram guerra por espaço de sete ou oito anos, de

maneira que lhe foi forçado e aos que com ele estavam embarcarem-se em caravelões e acolherem-se à capitania dos ilhéus, onde o mesmo gentio, obrigado da falta do resgate que com eles faziam, se foram ter com eles, assentando pazes e pedindo-lhes que se tornassem, como logo fizeram com muita alegria. Porém levantando-se uma tormenta deram à costa dentro na baía na ilha Taparica, onde o mesmo gentio os matou e comeu a todos, exceto um Diogo Álvares, por alcunha posta pelos índios o Caramuru, porque lhe sabia falar a língua.[4]

Num mundo em que, ao lado do pau-brasil, desponta o açúcar, quase o imediato sucedâneo do ouro e da prata, com o comércio do escravo, outro monopólio real, assanhou-se o estamento que cercava o monarca. Havia muito a perder, com postos que o rei não proveria, se continuasse o plano das donatarias. O maior perigo, além da ineficiência do esquema de segurança confiado aos capitãesgovernadores, vinha da ascendente privatização dos donatários e colonos. A dispersão territorial, agravada com a entrega da autoridade aos delegados do rei e aos latifundiários, alarmava mais do que as investidas dos corsários e gentios. Crescia, na orla marítima, ao alcance dos navios portugueses, um inimigo poderoso, que desafiava a corte, para a qual governo e centralização eram sinônimos. O comando da economia e da administração deveria, para conservar o já tradicional edifício do governo português, concentrar-se nas zelosas e ciumentas mãos, mãos ávidas de lucros e de pensões, do estamento burocrático. O afastamento desse círculo era uma afronta, um desafio e uma tentativa de roubo. Cada homem, se rico, senhor de escravos, tornava-se "república, nem zela ou trata do bem comum, senão cada um do bem particular", com as "coisas trocadas, porque toda ela não é república, sendo-o cada casa".[5] O exercício da guerra ao indígena e a obra da defesa externa acentuavam esse traço, fazendo da autoridade local o corpo de uma força militar autônoma. Os governadores tornavam-se verdadeiros sátrapas, ampliando, por efeito das necessidades e pelo estímulo da ausência de vigilância, a esfera de suas delegações. Os colonos hauriam a autoridade de seus recursos, insubordinando-se contra os donatários, sem respeito ao próprio rei, distante, calado, inerme. Para a nobreza que cercava o rei, bem como para a que emigrara, vinculada ainda pela carreira e pelos serviços à lealdade ao monarca, as praias americanas seriam apenas um viveiro de criminosos turbulentos, prontos a cometer o mais terrível dos crimes, o de lesa-majestade. A obra de centralização e de construção do reino, desafiada e empreendida contra muitas rebeldias autonomistas, atrás das quais vibrava o imaginário perigo da corda feudal, não poderia retroceder e renovar um velho combate, já historicamente vencido. Pero de Góis, donatário de São Tomé, dá o grito de alarma a d. João III:

> [...] tudo nasce da pouca justiça e pouco temor de Deus e de V. A. que em algumas partes desta terra se faz e há, por donde se, de V. A. não é provida, perder-se-á todo o Brasil antes

de dois anos, e isto não com gastar nada mais que cumpramos seus forais e não consintamos andar a saltear a costa, tudo o que para isto cumpre eu o tenho escrito largo ao seu feitor da casa da Índia, peço a V. A. o mande vir ante mim e dele sendo informado proveja esta sua terra, onde estão muitos engenhos d'água feitos, e pode já agora render muito havendo paz na terra, a qual não pode haver sem cessarem os roubos nela aos nossos feitos (29 de abril de 1546).[6]

Duarte Coelho, no fim desse ano de 1546, já havia advertido contra certos colonos que "não sei se lhes chame povoadores ou se lhes diga e chame salteadores".[7] A turbulência ameaçava tudo perder, não se esquecendo um missivista de lembrar que, com a ruína, se desfariam em pó os engenhos, cada momento mais preciosos. Os colonos gravitavam em círculos cada vez mais particulares de interesses, copiando os modelos de autoridade dos capitães e deles se desvinculando. Uns e outros, donatários e colonos, obedeciam a um impulso, o mesmo impulso que levara à Ásia, mas sem as rédeas curtas da administração do soberano. Eles não pretendiam povoar e colonizar, mas arrecadar, depressa e de golpe, a riqueza, riqueza sem suor e com muita audácia. A plantação era, em outra escala e com outros instrumentos, o que fora o comércio da Índia e o que seria a febre do ouro, mais tarde. Usam da terra "não como senhores, mas como usufrutuários, só para a desfrutarem e a deixarem destruída".[8] A meta era o retorno a Portugal, para a vida mansa e opulenta da corte, nas glórias de mandar e se fazer respeitado. Mercadores e agricultores provisórios, doidos para dourar o peito vil com as condecorações de títulos e brasões.

Fracassaram as capitanias, mas prosperava a terra; malograva-se o sistema, mas vingava o negócio. O instrumental de controle, de comando e de governo devia ser reformulado, guardados os objetivos que inspiraram o plano ineficaz, ferido na turbulência, na inaptidão de consolidar a segurança externa e interna. O localismo emergia, anárquico — capitães houve que foram presos e maltratados, como Francisco Pereira Coutinho e Campos Tourinho, acusados de hereges e infiéis aos ditames de Lisboa. A renovação da autoridade viria como um revide, que reergueria do pó a autoridade real, amesquinhada na pessoa de seus agentes. O expediente seria simples e fulminante: a concentração do poder, situado num governo estabelecido entre os dois focos ativos da colônia. Duarte Coelho sentiu o golpe, dando ao rei contas do alvoroço, tumulto e confusão que a medida causou aos colonos, temerosos do encurtamento de suas liberdades e privilégios. Parece que o esforçado capitão via, na origem das mudanças, os "armadores e contratadores", como sempre de braços dados com o estamento português.[9] A Nova Lusitânia (Pernambuco) foi atendida, com a mitigação da reforma no seu território. Exceção que durou pouco, obra mais contemporizadora do que definitiva. O Brasil merecia a quebra da fé jurada: a Coroa, obsessiva de seus monopólios, estava certa de que a colonização, empreendida sob seu comando, traria maiores rendas, além de cargos para os fiéis vassalos.[10]

Os quinze anos das donatarias, tempo muito curto para definir uma tendência ou para definir um rumo, sofrem drástico corretivo. O governo-geral, instituído em 1548, instalado na Bahia, no ano seguinte, não extinguiu as capitanias. De imediato, as atribuições públicas dos capitães se incorporam no sistema do governo-geral, fiscalizados por um poder mais alto, em assuntos militares, da Fazenda e da Justiça. A instituição, no seu lado particular, prolongou-se até o século XVIII, quando a última capitania reverteu ao patrimônio real, reversão tardia, em homenagem à outorga vitalícia e hereditária. Para a chefia do novo sistema escolheu d. João III um homem de experiência nos negócios ultramarinos, provado na África e na Índia, o fidalgo Tomé de Sousa. O regimento, lavrado a 17 de dezembro de 1548, "é um documento básico, verdadeira carta magna do Brasil e sua primeira Constituição, tendente à unificação territorial e jurisdicional, já com os elementos aptos para uma colonização progressiva".[11] A carta de nomeação de Tomé de Sousa (7 de janeiro de 1549), fundada na doutrina de que a competência administrativa dos donatários poderia ser revogada, fixa com clareza os poderes do governador, temporariamente designado e com ordenado certo. O fidalgo da casa real, já graduado na burocracia do reino, recebia a "mercê dos cargos de capitão da povoação e terras da dita Bahia de Todos os Santos e de governador-geral da dita capitania e das outras capitanias e terras da costa do dito Brasil por tempo de três anos e com 40 mil reais de ordenado em cada um ano". Ordena o soberano, sem meias palavras, aos capitães e governadores que obedeçam,

> e cumpram, e façam o que lhes o dito Tomé de Sousa de minha parte requerer e mandar, segundo forma dos regimentos e provisões minhas, que para isso leva, e lhe ao diante forem enviadas sem embargo de pelas doações por mim feitas aos capitães das ditas terras do Brasil lhes ter concedido que nas terras das ditas capitanias não entrem em tempo algum corregedor nem alçada, nem outras algumas justiças para nelas usarem de jurisdição alguma por nenhuma via ou modo que seja, nem menos sejam os ditos capitães suspensos de suas capitanias e jurisdições delas.

Conclui, esclarecendo melhor todo o conteúdo da autoridade de Tomé de Sousa, que seria insensível à alegação dos privilégios vitalícios e hereditários

> [...] hei ora por bem de minha certa ciência por esta vez para estes casos e para todo o contido nos regimentos que o dito Tomé de Sousa, derrogar as ditas doações e tudo o nela contido, em quanto forem contra o que se contém nesta carta e nos ditos regimentos e provisões, posto que nas ditas doações haja algumas cláusulas derrogatórias ou outras quaisquer de que por direito e minhas ordenações se devesse de fazer expressa e especial menção e derrogação, as quais hei aqui por expressas e declaradas como se *de verbo ad verbum* fossem nesta carta escritas, sem embargo de quaisquer direitos, leis e ordenações que

haja em contrário e da ordenação do livro II, título 49, que diz que nenhuma ordenação se entenda ser derrogada se da substância dela se não fizer expressa menção, porque tudo hei por bem e mando que se cumpra e guarde de minha certa ciência.[12]

O documento mostra, com toda a evidência, um fato desdenhado pelos historiadores: a capitania se compunha de dois institutos, o público e o patrimonial. O feixe de direitos públicos podia ser revogado, sem quebra da fé ou da palavra régia, dado que o direito português, no século XVI, entendia ser privativo do rei o poder de gerir a administração do reino. O lado patrimonial da capitania, este sim, era vitalício e hereditário, inviolável ao próprio rei, que retomou os direitos nele compreendidos por compra, renúncia dos proprietários, ou justo confisco. O rei não usurpou e infundadas eram as queixas de Duarte Coelho, filhas de um sentimento vizinho à rebeldia, ao querer assegurar os privilégios de governo, confundindo-os com a empresa particular.

O regimento e a carta de nomeação não superpõem, senão que absorvem na autoridade do governador-geral a autoridade dos capitães donatários. Tomé de Sousa, em nome do rei, passou a subordinar os agentes coloniais, reduzidos todos, mesmo se nomeados pelos donatários, em agentes do soberano, obrigados a prestar miúdas contas de seus encargos. O governador-geral cuidaria, sobretudo, da defesa contra o gentio e da defesa contra o estrangeiro, com o cuidado de vigiar o litoral. De outro lado, disciplinaria os donos de embarcações, perturbadoras das relações entre as capitanias, ao abrigo das linhas oficiais. Ninguém, daí por diante, poderia construir e armar navios e caravelões sem licença, vedado ao colono o comércio com os índios senão pelos cânones aprovados pelo governo. Os moradores não podiam, também, entrar no sertão, sem a licença direta do soberano. Essas diretrizes, no seu conjunto, indicam a consciente e deliberada preocupação de reduzir o espaço econômico ao espaço administrativo, mantendo o caranguejo agarrado à praia. O povoamento e a colonização deveriam estar ao alcance dos instrumentos de controle e de repressão da metrópole, de seus navios e das suas forças obedientes na colônia. A Coroa está atenta para

> manter aquele mesmo sistema de povoamento litorâneo, permitindo contato mais fácil e direto com a metrópole e ao mesmo tempo previne, ou chama exclusivamente a si, enquanto tem forças para fazê-lo, as entradas ao sertão, tolhendo, aqui sobretudo, o arbítrio individual.[13]

A Real Fazenda instala, pouco a pouco, seus mil olhos, muitas vezes desnorteados com a extensão territorial, denunciando "o cunho largamente mercantil da ação colonial dos reis portugueses".[14] A centralização era o meio adequado, já cristalizado tradicionalmente, para o domínio do Novo Mundo.

O governo-geral instituiu um sistema desconfiado da ascendência absoluta do governador. Para os negócios da Fazenda e da Justiça, com regimentos particulares, criou o rei o ouvidor-mor e o provedor-mor, com atribuições específicas, não subordinadas ao governador. Nos casos omissos, o governador devia consultar as outras autoridades, além de outros funcionários e pessoas idôneas, constituindo as "juntas gerais", instituição que, no curso dos anos, conservou relativa importância, sem que a inovação justifique plenamente a afirmativa de Varnhagen, de constituírem elas um governo constitucional.[15] O provedor-mor, aquinhoado de largas atribuições, reuniria na sua repartição os dispersos agentes da Fazenda, racionalizando e contabilizando as cobranças. O ouvidor-mor cuidaria da justiça nas capitanias, com alçada sujeita aos recursos a Lisboa. Com essas medidas, completava-se a obra de incorporação e absorção dos assuntos públicos da colônia à autoridade real, por meio de seus agentes diretos. Era a unidade administrativa, judicial e financeira, assentada sobre a disciplina da atividade econômica. A obra, empreendida no papel, correspondeu, em grande parte, à execução na realidade. As distâncias grandes e as comunicações difíceis deixavam, nas dobras do manto de governo, muitas energias soltas, que a Coroa, em certos momentos, reprimirá drasticamente, e, em outros, controlará pela contemporização. A rede oficial não cobrirá todo o mundo social, inaugurando, com o viço haurido nas capitanias, um dualismo de forças entre o Estado e a vida civil. Dentro das fronteiras abertas no regimento e na carta de nomeação de Tomé de Sousa consolidou-se, na colônia, o regime político e administrativo metropolitano. O novo sistema durou enquanto durou a colônia. Por via dele, na sua moldura, às vezes rígida, outras vezes flutuante, a Coroa dominou, controlou e governou sua conquista.

2 | Os municípios e a centralização

A POLÍTICA DE RÉDEAS CURTAS imposta aos potentados rurais, aos aspirantes de autonomização da autoridade, por meio do sistema do governo-geral, se entrelaçou com outra ordem de medidas. Uma carapaça burocrática, vinculada à metrópole, obediente ao rei, criou a cúpula da ordem política. Na área das tradições portuguesas foram os reis buscar as correntes de controle da vida local, com os conselhos e municípios de velha origem. Paradoxo aparente: para dominar as populações dispersas fixou-se o estatuto do governo local. Na verdade, o município, na viva lembrança dos êxitos da monarquia, foi instrumento vigoroso, eficaz, combativo para frear os excessos da aristocracia e para arrecadar tributos e rendas. Diante do perigo semelhante — o arreganho do senhor de engenho ou do fazendeiro sem as garras da nobreza —, o remédio seria igual. O modelo serviria, além disso, a outro propósito, também coevo à corrente municipalista portuguesa: o povoamento, com a disciplina dos moradores. Velho mecanismo de luta do rei contra a nobreza, revigora-se na colônia (ver cap. I, 1), sem que estivesse isento, ele próprio, de produzir efeitos contrários ao sopro que o gerou. Armadura local com muitos pontos: a valorização do povo contra o aristocrata, coletoria de cobrança de rendas e tributos, organização povoadora, e, por último, forma de recrutamento de soldados nas necessidades de defesa. Todas as virtudes do instrumento seriam úteis, ungidas com a aprovação histórica de muitos séculos.

Da mesma maneira que na forma jurídica, quer no caso das feitorias e capitanias, quer no governo-geral, precederam à ação e à realidade os preceitos administrativos, as vilas antecederam ao núcleo local. O Estado português, plenamente maduro e constituído no século XVI, abraça as praias e os sertões, negando-se à experiência criadora de amoldar-se às novas, imprevistas e perigosas circunstâncias brasileiras. Ensaia-se, nesses primeiros passos do enxerto americano da monarquia europeia, o autoritário domínio da população, domínio abrandado com a domesticação dos naturais e dos portugueses extraviados da cólera do rei. Processo duplo: a subordinação impiedosa e a amalgamação persuasiva debaixo da sombra da violência.

O município, com sua autonomia tolerada e medida, estimulada para cumprir os desígnios do soberano, transformava, com simplicidade, as rendas e tributos em moeda, ou em valores redutíveis contabilmente à moeda. A economia natural, sempre possível de se fixar na empresa agrária, seria, dessa sorte, triturada. As receitas públicas valiam bem algumas migalhas de liberdade. Os interesses régios tinham, desde logo, defensores institucionais, para resguardá-los contra o indígena, o estrangeiro e o fazendeiro que, com base na sesmaria, pretendesse ares de potentado.

Os primeiros municípios fundados no Brasil, com o nome de vilas — São Vicente e Piratininga, de onde sairiam São Paulo e Santos — precederam ao povoamento. A organização jurídica modelou o estabelecimento social e a empresa econômica. Martim Afonso de Sousa, na primeira expedição colonizadora ao Brasil (1530-3), recebeu, em três cartas régias, poderes de capitão-mor da armada e das terras que descobrisse, para o fim de tomar posse delas e constituir "capitão-mor e governador", bem como para criar e nomear tabeliães e mais oficiais de justiça necessários, outorgando sesmarias às pessoas de sua esquadra.[16] Com tais atribuições majestáticas, não utilizou os seus poderes para designar "capitão-mor e governador". Preferiu, em desvio às suas instruções, fiel todavia ao sistema jurídico português, criar vilas, vinculadas ao rei e capazes de se autodeterminar, fixando, com o núcleo social e administrativo, o expediente apto a conter os súditos na obediência. Uma visão moderna do instituto poderia desorientar o historiador, acaso seduzido com o *self-government* saxônico: o município não criava nenhum sistema representativo, nem visava à autonomia que depois adquiriu, abusivamente aos olhos da Coroa. A base urbana era o desmentido à entrega do poder aos latifundiários, base mais tarde alargada em movimento oposto às suas inspirações originais. O município, como as capitanias e o governo-geral, obedecia, no molde de outorga de poder público, ao quadro da monarquia centralizada do século XVI, gerida pelo estamento cada vez mais burocrático. A expansão das forças locais seria, muitas vezes, tolerada como transação, provisoriamente, com o retorno à ordem tradicional, como estrutura permanente de governo. A cadeia político-jurídico-administrativa criava, na verdade, tensões com a corrente local (local e não municipal), num conflito vivo durante quatro séculos. A obra de Martim Afonso de Sousa tinha em mira o domínio das leis e da justiça, entendida, na manutenção da ordem, a obediência ao soberano. Uma testemunha dos acontecimentos relata as providências: deu terras a todos para fazerem fazendas e

> repartiu a gente nestas duas vilas e fez nelas oficiais e pôs tudo em boa obra de justiça, de que a gente toda tomou muita consolação, com verem povoar vilas e ter leis e sacrifícios, e celebrar matrimônios, e viverem em comunicação das artes; e ser cada um senhor do seu; e vestir as injúrias particulares; e ter todos outros bens da vida segura e conversável.[17]

Portugal não buscava, na América, o reflexo de suas instituições, numa réplica nova de um reino velho — o que ele visava era o prolongamento passivo de suas instituições, armadas de poderes para criar, do alto, por obra da moldura jurídica, a vida política. Para essa empresa, obra das leis e da espada, era necessário o avassalamento da economia, com o desenvolvimento pré-moldado ao plano estatal.

> Em nosso povo [escreveu com justeza Oliveira Vianna] a organização política dos núcleos locais, feitorias ou arraiais, não é posterior ou mesmo concomitante à sua organização social: é-lhes anterior. Nasce-lhes a população já debaixo das prescrições administrativas. [...] No estabelecimento das cidades e vilas, estas já têm no seu próprio fundador o seu capitão-mor regente, com carta concedida pelo rei ou pelo governador. Esta carta é concedida antes mesmo, muitas vezes, da fundação da vila ou da cidade — o que acentua ainda mais o caráter extrassocial do governo local. [...] Outras vezes, quando já é grande o número dos latifúndios espalhados numa dada região, o governo ordena a criação de vilas com o fim de "reunir os moradores dispersos".[18]

O regimento de Tomé de Sousa fixa a dicotomia administrativa entre o governo-geral e o governo municipal, com funcionários próprios de uma e outra circunscrição. O pelourinho simbolizava o núcleo legal: instrumento e símbolo da autoridade, coluna de pedra ou de madeira que servia para atar os desobedientes e criminosos, para o açoite ou o enforcamento. Com o pelourinho se instalava a alfândega e a igreja, que indicavam a superioridade do rei, cobrador de impostos, ao lado do padre, vigiando as consciências. Com as vilas se instaurava, nas praias e no sertão, a palavra rígida, inviolável e hierática das Ordenações. A colonização e a conquista do território avançam pela vontade da burocracia, expressa na atividade legislativa e regulamentar. Desde o primeiro século da história brasileira, a realidade se faz e se constrói com decretos, alvarás e ordens régias. A terra inculta e selvagem, desconhecida e remota, recebe a forma, do alto e de longe, com a ordem administrativa da metrópole. Quando os colonos, isolados e perdidos nas distâncias, ameaçam ruralizar e extremar-se no localismo, a fundação da vila serve para lembrar a autoridade da Coroa, empenhada em substituir a força dos patriarcas pela justiça régia. Os colonos e latifundiários, atraídos para o caudilhismo, com a chefia de bandos armados na caça ao índio, subordinam-se à carapaça administrativa, integrando o Senado da Câmara, convertidos em "homens bons", categoria da qual estavam excluídos os oficiais mecânicos, judeus, degredados e estrangeiros. Perturbado o sossego dos agricultores, com os chefetes de bandos à solta, a vila nasce, imposta de longe ou solicitada pelos moradores. No claro aberto na floresta, o pelourinho demonstra que o rei existe e está presente. O município, em regra, se constituía por ato da autoridade régia, diretamente ou revalidativo das decisões dos governadores e capitães-mores. Excepcionalmente, como no caso de Campos e Parati, na capitania do Rio de Janeiro, os próprios moradores erguiam o pelourinho e aguardavam a confirmação régia.[19] A aprovação dessas manifestações espontâneas, apressada e desconfiada, tem o sabor da insubordinação reprimida.

Até meados do século XVII, a Coroa não temia a autonomia dos colonos, seu ímpeto sertanista e seus excessos armados. A organização administrativa seria suficiente para conter os ânimos mais ardentes ou insubordinados. Preocupava-a, ao contrário, o estímulo, nos engenhos e latifúndios, do aparelhamento militar, com falcões, berços, arcabuzes e espingardas, como se lê no regimento de Tomé de Sousa. Os senhores de engenho e os moradores se entrosavam na rede de governo, como auxiliares e agentes. Limitava-lhes, astutamente, o espaço territorial, para que não fugissem do olho dos superiores. Integrava-os na administração municipal, com o acesso à vereança, num quadro de interesses comuns. Com a progressiva autonomia do poder doméstico, a outorga de autoridade se constituiu em ameaça à disciplina das ordens superiores. Intervinha a camada governante, nessa emergência, pela repressão violenta e impiedosa ou pela transação conciliadora, com o amoldamento do rebelde em potencial à ordem política. Os dois processos serão uma constante da obra colonial, legada ao Império e à República, como mecanismo permanente de ajustamento das tensões. Nessa altura, a privatização dos latifundiários não constituía nenhuma ameaça de independência da colônia, senão que apenas apontava para o alheamento aos privilégios comerciais e tributários da Coroa e seus dependentes econômicos e burocráticos. Falar alto e firme ao rei não seria tolerado, em nenhum momento, expressão criminosa de anarquia.

Mesmo essa política de estímulo e contemporização, o compromisso entre os colonos e os agentes régios, não tem mais significação, a partir do meado do século XVII, no Portugal restaurado. A frouxa disciplina da união dos reinos, sob a hegemonia da Espanha, cede ao império dos interesses da Coroa, vitalizada com a recém-instituída dinastia de Bragança. A expectativa dos americanos, que ajudaram rijamente a restauração, seria no sentido de maiores franquias locais. O movimento contrário é o que prevalece, com a absorção dos heróis da resistência aos holandeses no estamento português, esquecidos os serviços à reconquista. Inaugura-se, a partir desse momento, pelas mãos aparentemente ingratas de d. João IV (1640-56), a centralização repressiva, que o regime das minas, na virada do século, iria consolidar, ferreamente. A passividade complacente da metrópole diante das câmaras municipais, frente aos caudilhos rurais, chega ao fim, bruscamente. Seus interesses eram, agora, de outra índole, inspirados, no campo político, pelo absolutismo vitorioso na Europa e pela reativação mercantilista, movida pelo comércio, soldado à nobreza funcionária. As câmaras — o Senado da Câmara, com o honorífico nome de Senado obtido mediante usurpação — se convertem "em órgãos inferiores da administração geral das capitanias",[20] órgãos inferiores e subordinados verticalmente. O capitalismo português se entrosara, nos primeiros cem anos de exploração da costa brasileira, com o latifundiário e o senhor de engenho. Castela arredara os comerciantes portugueses do trato com o Brasil, com um elenco de medidas econômicas que favoreceram outras camadas, os cristãos-novos e o próprio Estado.

> O rei espanhol tratou de fazer contrato com a nação — os cristãos-novos — em tanto descrédito e prejuízo de nossa santa religião; ora o rei concedeu o tributo do sal e cartas de jogar pelos 800.000 cruzados que o reino lhe ofereceu a fim de que o não fizesse; por outro lado, continuou os arrendamentos da Mina e naus da Índia; instituiu o direito de 3% (consulado). Estes agravos traduzem claramente a hostilidade ao grande capitalismo e seus monopólios explorados em simbiose com o Estado.[21]

Abatido o espanhol, era necessário reconquistar o antigo vínculo, com novas armas e novas técnicas de exploração, necessariamente impositivas porque rotas as relações de solidariedade de outro tempo. A camada dominante — o fidalgo que vive dos negócios e o comerciante cosmopolita, alimentado pelas concessões, arrendamentos e contratos do Estado — consolidou o poder, renovando os alicerces do Império Português. Dessa simbiose de preocupações, a autoridade, valorizada pelos cargos, sai fortalecida, na nova têmpera da aliança com o comércio.

> No conjunto, portanto, conclui-se que há um grupo numeroso e poderoso de homens de negócios que apoiam e servem a Restauração, e graças aos quais se torna possível a ela manter-se contra ventos e marés. Seriam sobretudo os que estavam ligados às exportações brasileiras e tratos com os países da Europa setentrional.[22]

Essa instável liga de interesses, firmada entre comerciantes, nobres e eclesiásticos, roída de tensões internas, não encontrou campo de fácil exploração e gozo. As dificuldades na colheita dos esperados lucros forçam a apertar com maior avareza os úberes da colônia americana. Cai o preço do açúcar e do tabaco, tornando menores os lucros dos financiadores, exportadores e armadores portugueses. O crédito e o custeio dos engenhos tornou-se precário, ameaçando a solvência dos fornecedores ultramarinos, acossados os produtores com a concorrência das Antilhas, estimulada pelos ingleses, franceses e holandeses.[23] Escravos e negócios sofriam com a queda dos preços, precipitada a arroba de açúcar, em Lisboa, de 3800 réis em 1650 para 2400, em 1668. Vinte anos mais tarde a arroba valerá 1300 e 1400. As trocas, com tais produtos deteriorados, fazem-se difíceis para um país importador de manufaturas, atulhados os países importadores das mercadorias tropicais. Recorre o reino, nesse dramático final do século XVII, ao estímulo colbertiano das manufaturas locais, com imediato reflexo sobre o mercado colonial, que, para o êxito da política, deveria conservar-se cativo. Na ausência, todavia, de produção imediata, o açambarcamento do comprador brasileiro seria o alvitre mais urgente, alvitre a que serviriam as companhias de comércio, ardentemente preconizadas pelo padre Antônio

Vieira, convertido no principal conselheiro e no profeta de confiança da corte de d. João IV. Um órgão de comando político foi criado para orientar a retomada do mundo colonial: o Conselho Ultramarino (1642), "órgão de centralização colonial", observando um historiador, "que [ele] só poderia beneficiar a ação governamental e impedir a desordem e os atritos da administração nas colônias de ultramar".[24] Os frutos da orientação econômica não demoram a vir: em 1661 são proibidos os navios estrangeiros de comerciar no Brasil, em 1684 os navios saídos do Brasil não poderão mais tocar em portos estrangeiros. O mais poderoso instrumento da política metropolitana foi a Companhia Geral do Comércio para o estado do Brasil, criada em 1647 por sugestão do padre Antônio Vieira, que associou à empresa os capitais dos cristãos-novos de origem portuguesa, espalhados pela Europa. A Inquisição opôs-se à companhia, temerosa da ameaça que os interesses puramente mercantis poderiam causar contra o estamento eclesiástico e aristocrático. O proponente queria duas companhias, para enriquecer o reino, sustentar a guerra e ativar o comércio. Era a obra um meio de "servir à fé com as armas da infidelidade".[25] Graças aos seus privilégios e às restrições que impunha ao ultramar, o sistema sufoca a iniciativa colonial, encadeando a economia à direção metropolitana, num círculo de ferro que atinge o ponto extremo de opressão com a descoberta das minas e dos diamantes.[26] Não é verdadeira, dessa forma, a afirmativa de que a centralização colonial seria contemporânea das minas[27] — ela surgiu antes, impulsionada pelo absolutismo, pela necessidade de carrear recursos ao combalido Portugal restaurado, detendo-lhe a bancarrota que o ouro brasileiro viria evitar, na hora da agonia. Um episódio dá bem a medida dos tempos novos e dos métodos que os governantes empregariam para reduzir as câmaras das cidades e vilas à obediência e ao mutismo. Rui Vaz de Siqueira, nomeado governador do Maranhão, só pôde desembarcar — em meio à luta dos colonos contra os jesuítas, causada pela escravidão do índio — depois que a Câmara o reconheceu, aceitas as condições fixadas pelo governo. O município obedecia ao comando de duas camadas, ambas revoltadas:

> Não tardou Siqueira a descobrir quão pouco de acordo se achava a nobreza (*como aqui a chamam*) com a classe mais baixa dos colonos: tinha aquela originariamente instigado a insurreição, em que tomara parte ativa, mas, afetando sempre obrar constrangida, na esperança de livrar-se de responsabilidade, tinha posto à frente dos negócios homens de baixa esfera, loucamente supondo poder reter nas próprias mãos a direção secreta.[28]

Sabia o governador contra quem se havia de medir. A dita nobreza da terra, manobrando o povo, contava que não poderia haver castigo contra toda a população. O agente régio dispunha do trunfo extremo, nessas ocasiões: os soldados, que aliciou às suas ordens. Forte na sua posição, afrontou a Câmara — intimando-a à obediência, "entendido que daquele dia em diante principiava ele a governar".[29]

Negou-se a reconhecer o juiz do povo, cargo usurpado sem decreto real que o permitisse, retificando o abuso para procurador do povo. "No dia seguinte ordenou o governador que lhe apresentassem os seus títulos todos os que por nomeação da Coroa ou dos seus antecessores exerciam funções públicas; entre estes apareceu o juiz do povo e logo lhe foi anulado o cargo, por falta de existência legal."[30] Ficava claro de onde fluía o poder: do rei ou do seu agente local, o governador, reduzida a Câmara a funções administrativas, vazia de todo o poder político. Reflexo na organização do poder dos rumos novos da metrópole, que se prolongava, inflexivelmente, nos domínios e conquistas.

As câmaras se amesquinham, convertidas em órgãos auxiliares do governador. Estavam passados os tempos em que a Coroa lhes estimulava o crescimento, para que elas melhor arrecadassem os tributos. Transformam-se em departamentos executivos da rede burocrática que envolvia o Império, animada e vitalizada pelo comércio. Da cobrança dos tributos e foros, tradicionalmente aquinhoados com dois terços para suas despesas, entregavam um terço ao real erário das capitanias, se mais ou melhor não lhes fosse exigido. A autonomia municipal, incentivada por amor ao fisco, é sufocada e esmagada pelo crescente fiscalismo e pelo comercialismo devorador de energias e trabalho.

3 | *Os colonos e os caudilhos: a conquista do sertão*

A OCUPAÇÃO DO LITORAL, partindo dos focos de Pernambuco, Bahia, Rio de Janeiro e São Vicente, foi obra da metrópole, obra oficial e empreendida por seus agentes. Os pontos extremos dessa jornada, para a qual o Atlântico serviu de via unificadora, se fixaram no Rio Grande do Sul e na bacia do Amazonas, já entrado o século XVII, na tentativa de recortar o perfil geográfico do Brasil entre os dois maiores cursos d'água do continente sul. A conhecida e repetida advertência de frei Vicente do Salvador dá a medida da civilização litorânea:

> Da largura da terra do Brasil para o sertão não trato [escrevia no começo do século XVII] porque até agora não houve quem a andasse por negligência dos portugueses, que, sendo grandes conquistadores de terras, não se aproveitam delas, mas contentam-se de as andar arranhando ao longo do mar como caranguejos.[31]

A culpa dessa frequência costeira dos conquistadores atribui-a o historiador ao rei, que só cuidava do país para lhe colher as "rendas e direitos", sem esquecer o espírito dos povoadores, responsáveis pela incúria de aproveitá-la,

> os quais, por mais arraigados que na terra estejam e mais ricos que sejam, tudo pretendem levar a Portugal e, se as fazendas e bens que possuem souberam falar, também lhe houveram de ensinar a dizer como aos papagaios, aos quais a primeira coisa que ensinam é: papagaio real para Portugal, porque tudo querem para lá. E isto não têm só os que de lá vieram, mas ainda os que cá nasceram, que uns e outros usam da terra, não como senhores, mas como usufrutuários, só para a desfrutarem e a deixarem destruída. Donde nasce também que nem um homem nesta terra é repúblico, nem zela ou trata do bem comum, senão cada um do bem particular.[32]

O próprio entrelaçamento dos núcleos de colonização, à margem do oceano, sofria tropeços e retardamentos, com a proibição de comerciarem as capitanias umas com as outras.

A civilização do litoral, molemente, docemente recostada sobre o açúcar, compunha-se de "capitanias esparsas e incoerentes, jungidas à mesma rotina, amorfas e imóveis, em função estreita dos alvarás da corte remota".

Preso ao litoral [prossegue Euclides da Cunha] entre o sertão inabordável e os mares, o velho agregado colonial tendia a chegar ao nosso tempo, imutável, sob o emperramento de uma centralização estúpida, realizando a anomalia de deslocar para uma terra nova o ambiente moral de uma sociedade velha.[33]

A metrópole se prolongava no litoral brasileiro, expressão apenas do domínio do Atlântico, sob o mesmo ímpeto comercial que levara os portugueses à África e à Índia. A agricultura dos primeiros séculos, cultivada à beira-mar do Leste brasileiro, traduz, acima de tudo, o movimento dos comerciantes de Lisboa e do Porto, associados à burocracia, agarrados ao manto do rei. Essa dependência, obscurecida em favor do brilho enganador da opulência tropical do senhor de engenho e do latifundiário, decorre da própria situação de colônia do Brasil, colônia presa, acorrentada e sugada pela economia barroca do tempo.[34] As navegações, com a sua épica bravura e a sua cobiça sem entranhas, suscitaram o litoral brasileiro.

Entre o mar e o sertão, entre o mar e a serra, entre o mar e o indígena havia um mundo novo. Este será o capítulo original da história brasileira, o cenário de outra epopeia, sem a projeção poética da outra, ornamentada pelos deuses latinos e pelas letras da Renascença. O mito edênico do selvagem não durara um século; em seu lugar, apareceu o índio feroz, o senhor da terra, traiçoeiro e impiedoso. O missionário, representado pelos jesuítas que Tomé de Sousa trouxera na sua expedição, não se deixou seduzir pela imagem cristã da inocência, sugerida pela carta de Pero Vaz. A primeira obra era reduzir o índio à paz, pela persuasão ou pela força — deixá-los à sua lei seria "opróbrio de Cristo e desonra da nobreza portuguesa".[35] Também Anchieta confiava que os índios haviam de se converter mais por temor do que por amor.[36] A catequese só seria possível, diante das resistências do gentio, com a colaboração do poder militar. O plano da colonização, no qual se integrava o amansamento do indígena e a expansão escravizadora, supunha que os colonos se armassem, tal como recomendara o regimento de Tomé de Sousa. A projetada aliança entre missionários e colonos não vingará, rompida por interesses divergentes, e minada pela supremacia do poder civil, ao qual os conquistadores se manterão mais próximos. Um passo mais era, todavia, necessário: a conquista do sertão, com o domínio do gentio feroz, da natureza hostil, dos bichos e terrores que habitavam a floresta. Esse passo coube, inicialmente, à iniciativa oficial, diretamente voltada, no primeiro lance, aos sertões do São Francisco, ricos de opulências sonhadas pelas lendas e referências da crendice.

O sertão era outro mar ignoto, só devassado pela audácia de novos navegadores, atraídos pelas minas. Uma raça de "eldorados maníacos",[37] à sombra de Cortés e Pizarro, não entendia a América sem os metais preciosos. Ainda na primeira metade do século XVI, de Ilhéus, de Pernambuco, de Porto Seguro, do Espírito Santo, sob o patrocínio dos governadores e de seus agentes, o sertão é atravessado, mas não dominado. Uma vocação litorânea, representada pelo açúcar, afastou o Nordeste da mata, defendida rijamente pelos índios, dos quais se salientavam, pelo ânimo guerreiro, os cariris. São Vicente, ao sul, onde a cana não lograra se desenvolver, tomara outro rumo, já com um bastião assentado na mata desde 1530. Por aí se espraiará, em todas as direções do território, o movimento de expansão interior, fixando o perfil de uma nova camada social, os *conquistadores*, dos quais os bandeirantes darão a face paulista de uma direção social que atravessa três séculos de história. Sua dissociação dos bandeirantes, sob o fundamento de que estes despovoaram a terra sem colonizá-la, não tem nenhuma justificativa histórica, se apreciada à distância e globalmente a migração penetradora dos sertões.[38] Na categoria dos conquistadores entram os bandeirantes, com a magna expressão de seus feitos, e os filhos do Norte, embrenhados no sertão, para o grande encontro no São Francisco, que seria a espinha dorsal da unidade brasileira. "O São Francisco" — escreve Vicente Licínio Cardoso, ampliando a intuição do gênio de Euclides da Cunha — "é a coluna magna de nossa unidade política, o fundamento basilar que reagiu e venceu todos os imperativos caracterizadamente centrífugos oferecidos pelo litoral" — "laço cósmico" que uniu os "bandeirantes do Sul e os do Nordeste".[39]

O conquistador — "bravo e destemeroso", "resignado e tenaz", com "desempeno viril"[40] — assumiu a figura, nas primeiras tintas que lhe definiram o perfil, do cativador de índios, do buscador das minas, do rastreador de campos de criação, contratado "pelos poderes públicos para pacificar certas regiões em que os naturais apresentavam mais rija resistência".

> Os conquistadores podiam cativar legalmente a indiada, recebiam vastas concessões territoriais, iam autorizados a distribuir hábitos e patentes aos companheiros mais esforçados. Estêvão Ribeiro Bayão Parente, Matias Cardoso, Domingos Jorge Velho e outros fixam este curioso tipo; geralmente não tornavam à pátria e deixaram sinais de sua passagem e herdeiros de seu sangue em Minas Gerais, na Bahia, em Alagoas e alhures: mas o maior serviço que prestaram consistiu em ligar o Tietê e o Paraíba do Sul ao São Francisco, através da Mantiqueira, construindo e levando rio abaixo canoas para as quais não havia aqui madeira própria, e auxiliarem os curraleiros a se estenderem até o Parnaíba e Maranhão. Domingos Jorge Velho foi um dos primeiros devassadores do poti.[41]

Os sertões do Sul e os sertões do Norte se abriram ao Império e ao furor das armas desses duros conquistadores, onde ombreiam, no século XVII, paulistas como Domingos Jorge Velho e baianos como o segundo Francisco Dias de Ávila, já agora embrenhados na mata para alargar a zona de criação, limpando-a do indígena.[42] O poder público, responsável e atento à povoação do litoral, esteve presente nessa jornada de três séculos não apenas para legalizar a situação que se criava com o alargamento da base física. Fez-se sentir, igualmente, para incentivar o movimento que levou ao extremo norte, ao extremo sul e ao oeste e assegurar ao Brasil as áreas amazônicas, gaúchas e mato-grossenses.[43]

O conquistador não era, na verdade, um funcionário público, nem o plano expansionista tinha os caracteres do moderno planejamento. Ele exercia, contratualmente fixadas, atribuições públicas, equipando, a maioria das vezes à sua custa, outras vezes por conta do Estado, a sua tropa. O primeiro ímpeto do bandeirismo paulista se deveu ao estímulo do sétimo governador-geral do Brasil (1591-1602), d. Francisco de Sousa, que buscava a descoberta de pedras e metais preciosos. As expedições sertanistas receberam dele estrutura oficial, com divisões militares, ouvidores do campo, escrivães e roteiros preestabelecidos. O governador d. Luís de Sousa prosseguiu na mesma política. Enquanto o ouro e os diamantes não aforavam, o índio custeava as expedições, repetidas, com o tempo, para igual objetivo, capaz de remediar a pobreza da agricultura policultora e de subsistência do planalto paulista. Na primeira metade do século XVII — apesar das proibições reais, proibições sem inflexibilidade, com a ressalva da escravização pela "guerra justa", sempre fácil de justificar —, graças aos celeiros jesuíticos da bacia platina, São Paulo irradiou uma vigorosa corrente de comércio de escravos que alcançava o Rio de Janeiro, Bahia e Pernambuco, com o índio ao valor de um quinto do escravo negro, valor em acréscimo no momento em que as guerras holandesas fecharam as fontes africanas de mão de obra. Nem por esse meio enriqueceram os paulistas, certo que os bandeirantes não se poderiam equiparar, pela riqueza, aos senhores de engenho. A opulência só viria, no século XVIII, com as minas.

A vida indômita do conquistador, sua dispersão na mata, o equipamento da tropa à sua custa, ditar-lhe-ia uma forma especial de sociabilidade, num contexto próprio de relações com o poder público. O seu tipo social definirá uma estrutura oposta ao litoral, em separação ainda não superada, volvidos quatro séculos. Será o "contraste maior da nossa história"?[44] Nas dobras de uma civilização desdenhada, empobrecida com as realizações do litoral, toma corpo o material mais ativo da conduta política dos brasileiros, que a centralização, irradiada da costa, busca, envergonhada, reprimir, ocultar e negar. A herança do conquistador[45] — o "coronel" e o capanga, o fazendeiro e o sertanejo, o latifundiário e o matuto, o estancieiro e o peão — permanecerá, estável, conservadora, na vida brasileira, não raro atrasando e retardando a onda modernizadora, mais modernizadora do que civilizadora, projetada do Atlântico. Na verdade, o conquistador não representou a espontânea manifestação de forças locais e autônomas, independentes e insubmissas em busca do sertão, varando seus mistérios, para a busca do ouro e do índio escravo.[46] Ele se pôs em conflito, algumas vezes, com o Estado espanhol, durante a unificação das Coroas, quer na preservação da incolumidade das colônias de Castela, quer, também no Portugal restaurado, por elementos públicos manobrados pelos jesuítas, que viam no bandeirante o destruidor da sua obra de catequese. O reconhecimento oficial das bandeiras, o estímulo a elas dispensado pelos agentes reais, o entrosamento dos conquistadores na máquina militar da colônia são fatos que o credenciam a integrar-se na administração portuguesa, portuguesa mesmo no período da usurpação da Coroa por Castela. É de supor, de acordo com a fascinante e bem alicerçada tese de Jaime Cortesão, que o contorno territorial do Brasil se tenha fixado, aos olhos da metrópole, como a luta pelo aniquilamento do Tratado de Tordesilhas. Mantido o estatuto, negociado com ignorância geográfica pelas duas Coroas ibéricas, únicas herdeiras de Adão, o Brasil seria inviável. As bacias do Paraná e do Tocantins, se abertas ao espanhol, lançariam o português à praia, com a pressão do maciço interior que lhe tornaria precária a sustentação na costa, simples embarcadouro, como as areias da Índia.

> Ou os espanhóis, baixando o Amazonas e os seus afluentes, dum lado, e do outro, subindo o Paraná, restabeleciam aquela unidade, expulsando os portugueses da sua legítima mas inviável faixa ocidental, ou os segundos, aliados aos antigos possuidores da terra e seguindo o caminho oposto, realizavam a unidade da grande formação insular amazônico-platina.[47]

No século XVI as desavenças na interpretação do Tratado já eram vivas, com os portugueses falseando os dados geográficos e geométricos para estender o domínio e os espanhóis igualmente empenhados em fraudes de outro teor. Os mapas da colônia inculcam um território que vai do delta amazônico ao estuário platino, com a soberania imposta aos caminhos fluviais dependentes das duas grandes bacias. O português — o português da corte, estadista, e o português colono — via o Brasil, desde o primeiro momento da conquista, como uma entidade geográfica envolvida num mito. A *Ilha Brasil*, envolvida pelo oceano e pelos rios da Prata e Amazonas, tinha, ao centro, no lugar do nascimento das duas grandes correntes, um vasto lago. O São Francisco seria o ponto de convergência de todo o mundo fluvial, no lago mais tarde chamado de *Dorado*. Essa obra da imaginação, digno substituto do mito edênico dos primeiros colonizadores, fruto das lendas indígenas e da fantasia geográfica, esta extasiada com o desejo de fazer, de criar a realidade, estaria na base da conquista do sertão, refletindo o escopo de rasgar o Tratado de Tordesilhas, sob o qual não seria possível manter o Brasil. O mito geográfico e político orienta, mais do que o mundo da verdade, o passo, cauteloso e ardente, do português. Também ele participa da categoria de *invenção* da América, como rearticulação mental da descoberta. A conduta dos homens, a par dos interesses econômicos vinculados ao mesmo rumo, funcionaliza o mito. "Realizá--lo, destruindo ao mesmo tempo a sua parte ilusória, atingir a realidade através do sonho, torna-se pouco a pouco um dos alvos da metrópole e dos colonos; dos dirigentes e dos dirigidos; do Estado e da iniciativa particular; de lusos e luso-brasileiros."[48] Ora, o meio de transformar em vida o sonho exigiu o afastamento do litoral, com o mergulho no sertão. Supor que a Coroa, negando dois séculos de história, ficasse alheia à investida ao interior será negar todo o arcabouço das medidas que prendiam o território novo às suas vigilantes garras. A verdade está na linha oposta: a penetração será obra oficialmente orientada, com a estrutura militar do reino já implantada na colônia. O ouro, a prata e as pedras preciosas dependiam, além disso, do controle dos sertões, do domínio da rede fluvial, pressuposto de todas as expedições, que só o Estado poderia legitimar, expressando seu domínio.

O conquistador é, basicamente, um militar, comissionado nessa categoria ou com o cargo à época atribuído à milícia. Militar mais guerreiro do que burocrata, dentro do sistema dos séculos XVI e XVII. Sua empresa obedecia a um desígnio público, mas se alimentava de vantagens pessoais, capazes de equipar a tropa e assegurar o lucro da atividade. Não seria crível que o devassamento dos sertões, a escravização do índio, atos em princípio proibidos com reserva de autorização, se levassem a cabo sem a anuência das autoridades. Absurda a admissão da preia ao índio, contrariando a poderosa Companhia de Jesus, sem o afago, a tolerância e o velado estímulo dos agentes reais na colônia. Havia, bem verdade, ao lado das incursões regulares, na onda de um espírito coletivo de sertanismo, o aventureiro, que, por sua conta e risco, à margem do sistema, afrontava o interior selvagem em busca do seu proveito, contra tudo e contra todos, se necessário. Dois bandeirismos coexistiram, desenvolvidos sob amplo manto de amparo, empenhados na dilatação das fronteiras, sem que houvesse uma diferença estratificada pela sua finalidade; o ouro de lavagem, a caça ao índio ou o grande ciclo do ouro.

> Um, luso de raiz, espontâneo ou oficializado, implícito, aliás, em toda a história dos descobrimentos e conquistas dos portugueses; outro, misto, desencadeando-se sem freio com o vigor rompente das forças naturais, moldado apenas aos acidentes e grandes sulcos geográficos do território; obedecendo a necessidades econômicas primárias, cevando, à solta e com frequência, sedes bárbaras em presas fáceis ou árduas de alcançar, mas iluminado a espaços, como os faróis circulatórios, pelo relâmpago duma fé ou duma consciência política superior.
>
> O primeiro destes bandeirismos foi uma política geral de Estado, aplicada a objetivos americanos, mas com raízes no gênero de vida tradicional dos portugueses — o comércio marítimo à distância. Radicou-se mais no Amazonas, mas não deixou de inspirar também, na sua formação, as bandeiras paulistas, cujo vocabulário tem as suas origens no *Regimento das Ordenações* de D. Sebastião (1574) e, como observou Alcântara Machado, nas fainas marítimas da grei.

O segundo, o bandeirismo por definição e excelência, embora duplamente derivado daquele pelo nome e o espírito, tornou-se um gênero de vida novo, abrangendo e caracterizando uma nação, como impulso específico da sua formação territorial, desde o seu grande foco — São Paulo — donde irradiou por vagas sucessivas, para transplantar-se, germinar e expandir-se em outras regiões.

Os dois coexistiram e acabaram por fundir-se. Coexistiram, sem coincidir sempre no espaço. Bandeira livre e bandeira oficial foram comuns, posto que em graus diversos, a todo o Brasil.[49]

O caráter militar da conquista, com a mais enérgica, vivaz e profunda expressão no bandeirismo, tem seu sentido vinculado ao sistema que, à época, imperava em Portugal. Os equívocos, as vacilações, a confusão se dissipam, se explicada a estrutura da organização militar do reino, tal como se prolongou na América. A conquista da África e da Ásia, a começar por Ceuta, foi empresa militar, sem que o reino organizasse exército permanente ou sequer regular. As companhias e as pequenas unidades se formavam e se desfaziam de acordo com as necessidades transitórias da ação armada. Os homens disponíveis e vinculados à obra sofriam inscrição em livros próprios — a matrícula —, com a retribuição paga de forma não uniforme. O *soldo* (o *quartel* quando pago de quatro em quatro meses), o *mantimento* e o *ordenado* asseguravam as relações com o Tesouro e daí com a Coroa, afirmando o caráter público da estrutura militar.[50] Enquanto a forma da unidade guerreira lembrava francamente o sistema empregado contra os mouros, com a força militar confiada aos barões e às vilas, a vigilância e o comando central repeliam qualquer reminiscência do feudalismo anacrônico. Desde a Idade Média conhecia Portugal a *bandeira*, composta de 36 homens, formações que, agregadas, constituíam a *companhia*. Na sua dispersão territorial sugere alguns traços de autonomia, de independência mal tolerada com a integração na *hoste*, cujo chefe e comandante era o rei em pessoa. Esta a origem do exército português, com o serviço de ordenança ou de milícias, introduzido por d. Manuel. Mais tarde, a bandeira se confundiu com a companhia, termos que, daí por diante, se empregam em sinonímia. Diogo do Couto, no século XVI, refere que em Goa, onde os soldados recebiam matrícula, se deveriam fazer "bandeiras de ordenanças", cujos capitães se recrutariam entre os "mais velhos e honrados fidalgos", que escolheriam os "sargentos, caporais e mais oficiais".[51] A organização se racionalizou com o *Regimento dos capitães-mores e mais capitães e oficiais das companhias de cavalo e de pé*, editado em 1570 por d. Sebastião, verdadeira lei básica da milícia portuguesa, adotada na Índia e no Brasil. Bandeira tomou, com fundamento nas prescrições régias, o caráter de companhia militar, passando, no ultramar americano, a caracterizar a bandeira sertanista. "Em são Paulo, a começar nos fins do século de Quinhentos, os capitães das milícias, ou da gente da ordenança, são também, capitães das entradas."[52] O instituto adaptou-se à colônia, com a defesa, inicialmente, e depois para a conquista, com o grosso da gente composta de indígenas. De local, a bandeira só tem o contingente humano, com o aproveitamento do espírito guerreiro do tupi. O sistema era português, da mesma índole do empregado pelo conquistador espanhol, acaso este mais liberto das injunções oficiais do que o outro. As linhas da organização são as mesmas — no primeiro século, no bandeirismo do século XVII e, ainda no começo do século XIX, com o último golpe dos conquistadores, na incorporação das Missões ao Rio Grande do Sul, em 1801. O recrutamento era fácil, por parte da Coroa, tendo em conta o amor dos colonos pelos títulos militares, mercês e honrarias que lhes eram prometidos, em troca de serviços. Forma-se, dessa sorte, uma poderosa camada de potentados, cujo poder não vinha do engenho de açúcar nem da riqueza do latifúndio, mas da força militar. A pobre sociedade policultora paulista não destila de seu seio opulentos senhores, como ao norte, mas experimentados cabos de guerra, num momento em que a terra pouco vale.[53] A origem do poder está na gente armada ou na capacidade de organizar uma companhia ou bandeira. Conquistadores e bandeirantes formam os caudilhos coloniais — que, por excesso de linguagem, se equiparam à aristocracia, às origens da nobreza que o século XIX consolidaria.

> Era então a nobreza paulistana, antes de tudo, uma nobreza *guerreira* — e não de *riqueza,* como passou a ser nos séculos III e IV com o pastoreio, com as minas e com o café. Os homens de então (séculos I e II) lançavam-se ao sertão para procurar "remédio às suas necessidades", remédio obtido a golpes de lança e a tiros de bacamarte. [...] Aristocracia de *guerreiros* — e não de *plutocratas* —, os caudilhos do sertão tinham, *justamente por isto,* a preferência, reservada sempre a toda e qualquer nobreza, para os cargos da governança. Inscreviam-se nos "livros de S. Majestade", exibindo os seus grandes feitos no sertão, as suas mais notáveis gestas de bandeirantes: um maior número de índios acaudilhados, ou uma cópia maior de "peças" apresadas, ou de malocas devastadas, ou de castelhanos desbaratados. O fato de serem pobres ou ricos pouco importava para isto. [...] Neste ponto, os paulistas antecipam de dois séculos a rude aristocracia dos pampas.[54]

O caudilho, ao se ajustar à sociedade, com suas rotinas econômicas e sociais, integrava-se no fazendeiro ou no militar, este cada vez mais burocratizado. O trânsito não se processava com docilidade, certo de que o conquistador, extraviado nas distâncias, tendia a tornar autônomo seu poder. Os funcionários metropolitanos não encontraram a cômoda obediência, já tradicional no reino, dos senhores do campo. As armas comunicam arrogância e os feitos guerreiros sugerem rebeldia. O monstro, criado e estimulado pela Coroa, ameaçava, muitas vezes, voltar-se contra o centralismo e a sobranceria dos poderes régios. Óbvio que o rei não toleraria a indisciplina, com reminiscências feudais, anacrônicas no reino. Nem sempre, porém, a fibra do caudilho se acomodava à obediência do burocrata. Enquanto eram úteis à Coroa, todas as suas rebeldias mereciam discreta tolerância, sobretudo no momento da união das Coroas, com os portugueses não assimilados ao comando de Castela empenhados em hostilizar sorrateiramente o espanhol. Mesmo na luta contra o jesuíta, que se apegava ao sistema de isolamento do indígena, as autoridades régias não mostravam empenho repressivo contra os bandeirantes. A intriga da Companhia, querendo pintá-los como bandidos e bestas-feras, pouca audiência recebia na corte, malgrado o eloquente esforço de um Antônio Vieira. Essa situação deu aos paulistas a ilusão de que seriam uma república sem rei ou com o rei que aclamassem. Na realidade, fortes eram os vínculos entre o soberano e os potentados: em pessoa, o rei d. Afonso VI escreve a Fernão Dias Pais, em 1664, incitando-o a assistir um enviado metropolitano na descoberta das minas, "entendendo" — promete o astuto soberano — "que hei de ter muito particular lembrança de tudo que obrardes nesta matéria, para fazer-vos a mercê e honra que espero me sabeis merecer". Pouca diferença vai desse aliciamento à "carta de mercê" em que Mem de Sá comissionava Vasco Roiz de Caldas na expedição mineradora, um século antes. O Fernão Dias de 1664 é o mesmo de 1672 que, mediante carta patente conferida pelo governador, sai em busca das esmeraldas, com o título de "governador das esmeraldas". As bandeiras, salvo as raras empresas não autorizadas de aventureiros, eram recrutadas e organizadas pelo governo, sobretudo nos cinquenta anos que precederam à descoberta das minas.

> O chefe e os oficiais saíam com patentes assinadas pelo governador; e se chamava adjunto o que como substituto no comando reunia também o caráter de sucessor do chefe no caso que este morresse ou abandonasse a comitiva. Esta patente dava o posto de tenente-general da leva. Nestas a bandeira era do rei, entregue solenemente ao chefe ou governador, que ficava armado *jus vitae et necis* sobre a comitiva.[55]

As próprias bandeiras de Raposo Tavares, que vararam o Brasil do Rio Grande do Sul ao Pará, tiveram o caráter de "oficialidade explícita ou implícita", com aprovação dos seus atos, aprovação que se expressou na ausência de censura à empresa.[56] Não seria crível, aliás, que a Coroa tolerasse profundas incursões no território, sem reação. A sua cumplicidade, mesmo quando não expressa, é manifesta. O episódio Castelo Branco-Borba Gato mostra, em profundidade, o panorama das relações entre a administração da Coroa e os conquistadores. O soberano, em 1677, desconfiado de que as minas já eram uma realidade, presumível pelas informações enviadas por Fernão Dias, apressa-se em nomear um administrador-geral das minas, na pessoa do fidalgo espanhol d. Rodrigo Castelo Branco, assessorado por um tesoureiro-geral. "Sua missão, disfarçada em assistência ao cabo paulista, consistia realmente em assumir ele próprio a direção das pesquisas, de sorte que não se sobrepusesse a iniciativa particular à ação da Coroa, ciosa dos futuros tesouros."[57]

Iniciativa particular vai, na citação, para arredondar a frase: iniciativa oficial com meios particulares, na verdade. Quando o funcionário chegou ao sertão, já era morto o caudilho, sucedendo-lhe no comando da expedição seu genro, Borba Gato. Na hora do triunfo, o agente régio estava presente; na hora da indecisão, as cartas do soberano afagavam docemente os paulistas, doidos por mercês e honras. A discórdia tomou cores alarmantes, discórdia levantada sobre a competência da administração de um e de outro, do bandeirante e do funcionário. Briga de burocratas, acerca da parcela de mando que a cada um cabia. D. Rodrigo é morto pelos pajens de Borba Gato, numa audiência em que se convencionara que as partes não levassem armas. Era de esperar que houvesse a ruptura dos caudilhos com a metrópole, solidários aqueles com o bandeirante. Nada disso sucedeu: diante do crime de lesa-majestade, os chefes paulistas, atemorizados com a repressão, abandonaram Borba Gato, que passou a vagar nos sertões remotos, acolhido pelas tribos indígenas. A própria Câmara de São Paulo, tão altiva nas questões menores, apressada em evitar a cumplicidade, votou a denúncia formal contra o caudilho perdido no ermo e no abandono. O indulto foi negociado, com a revelação das minas. A Coroa esqueceu o agravo e reincorporou o fugitivo no caminho das honras, mercês e sesmarias, com o retorno da unção régia, cuja retirada transforma o herói em bandido.

O episódio, agravado com a abertura das minas, encerra uma fase. Até agora os bandeirantes foram auxiliares do rei, tolerados os arranhões na autoridade régia, com os olhos fechados à turbulência dos sertões. A política seria, daqui por diante, outra: o governo metropolitano calaria a insubmissão — o rei tomaria conta, diretamente, do seu negócio, negócio seu, e não dos paulistas. O ciclo do ouro, no fim do século XVII, se conjuga com as medidas centralizadoras e absolutistas do Portugal restaurado. Os paulistas ocupam os postos civis e militares, mas sob a direta vigilância do rei, dobrados ao organismo hierárquico, vertical, sob o domínio direto da Coroa. Acabam as transações, a tolerância e o pedido de favores em troca de honrarias. O ponto extremo da virada de rumo seria o governo de uma vocação de déspota, da linhagem dos Albuquerques, o legendário d. Pedro de Almeida, o futuro conde de Assumar e marquês de Alorna, que inicia seu mandato em Vila Rica, em 1717. As minas, depois da guerra dos emboabas, não se haviam de todo pacificado. Em 1719, o retrato da situação e do homem que a governava está numa carta de Assumar ao rei:

> Vejo que nada se logra com o meu gênio, que é muito diferente do destas gentes, que por caminho nenhum se podem governar; só deixando-os à lei da natureza, que é o que até agora não lhes tenho consentido, e nem enquanto eu puder lhe o hei de permitir; mas, a experiência me vai mostrando, que cada dia posso menos, porque, como nas matérias, em que devo usar de força, me descobrem a fraqueza e impossibilidade, ficam por este modo as minhas diligências.

O contexto é um só, ao norte e ao sul. O agente régio, reinol de nascimento, substitui o turbulento conquistador, caudilho e potentado. Primeiro, ele o assiste, ajudado com os seus meios. Depois, o controla, para, finalmente, dominá-lo e, se necessário, garroteá-lo. A força pública portuguesa, desde 1625, numa expedição que retomou a Bahia aos holandeses, faz seu aparecimento no Brasil. O Rio e a Colônia do Sacramento, Minas Gerais começam a sentir, gradativamente, o peso dos soldados portugueses. Mudada a capital da Bahia para o Rio de Janeiro, em 1763, o expediente será a rotina. Os "emboabas", os forasteiros, ameaçavam perturbar o domínio das minas, atribuído aos paulistas dentro de um sistema de controle público. A Coroa apoia os paulistas, mas sente-se incapaz de reprimir a insubmissão de Manuel Nunes Viana — para imperar, necessitava de forças próprias, só então deslocadas para o ultramar. Os paulistas, transitoriamente restabelecidos nos seus direitos de conquistadores, perdem, com a presença do militar português, seus privilégios. A autoridade tem agora cunho burocrático e militar, desligada do poder dos caudilhos. A sedição de Vila Rica, em 1720, é o protesto dos potentados. Esta reflete o ponto culminante, exemplar, explosivo, do termo de dois movimentos convergentes: o desligamento dos caudilhos de suas funções públicas e a reação da Coroa, cassando-lhes os títulos militares. Os paulistas já não serviam aos desígnios da metrópole, extraviados na espúria aliança com os mineradores, eles próprios mais mineradores do que protofuncionários. O Estado estava fascinado apenas pelos tributos e quintos, a sua sagrada parte nos metais, com as casas de fundição, mecanismo drasticamente fiscalizador da produção do ouro. O conde de Assumar, com os dragões de cavalaria a seu serviço, soldados recrutados em Portugal, impôs aos potentados o sentimento de seu declínio. A ordem se restabelece: a lei é a lei do reino, e não a dos sertões. O coronel Leitão, potentado paulista sediado em Vila Rica, é um símbolo dos novos tempos. Castiga a filha, suspeita de amores com um moço sem linhagem, com a morte. Direito do patriarca, que o governador não reconheceu: em honra aos serviços do criminoso, ergue-se, na Bahia, um alto cadafalso, onde, sobranceiro à plebe, perde a cabeça. Os tempos eram outros, acabava uma era, cheia de audácias e de abusos, que abrira as minas à cobiça dos reis e à vigilância, nem sempre limpa, dos funcionários. Os paulistas integram-se nos trilhos do proceder cortesão, obedientes embora animosos. O morgado de Mateus, cinquenta anos depois, podia testemunhar ao rei:

> São os paulistas, segundo minha própria experiência, grandes servidores de S. M. No seu real nome fazem tudo quanto se lhes ordena, expõem aos perigos a própria vida, gastam sem dificuldade tudo quanto têm e vão até o fim do mundo sendo necessário. O seu coração é alto, grande e animoso, o seu juízo grosseiro e mal limado, mas de um metal muito fino; são robustos, fortes e sadios, e capazes de sofrer os mais intoleráveis trabalhos.

Tomam com gosto o Estado militar, oferecem-se para acometer os perigos, e facilmente se armam e fardam à sua própria custa.

Os paulistas, domesticados e engaiolados, não mais sertanejarão nem minerarão. Nas guerras platinas se convertem em soldados regulares: é o passo último de seu estrangulamento social.[58] Onde há riqueza e agitação, para lá se desloca a autoridade: em 1710 se constitui a capitania de São Paulo, separando-se a de Minas Gerais em 1720, com a criação intermediária, em 1713, da capitania do Rio Grande do Sul. Em cada seção, o poder armado, fielmente obediente a Lisboa, fazia calar os rebeldes, velava pela parte do rei na exploração mineradora e regia o comércio, arredando dele os funcionários. Ao norte, o quadro reproduzia as linhas da administração do Sul. O senhor de engenho e o fazendeiro não eram mais os aliados do soberano, voltado este para o comércio, na sua tradicional política. Os mascates levariam a melhor parte das atenções públicas, perdidos os privilégios antigos, próximos, perigosamente próximos, dos usos aristocráticos. O rei queria súditos, e não senhores, soldados, e não caudilhos. As minas aceleraram o curso da disciplina americana às rédeas do soberano, rédeas firmes e curtas. O patrimônio real, preservado pelo estamento burocrático, esquece serviços antigos e lealdades novas, espalha seus tentáculos cobiçosos pela colônia imensa. A violência militar, com os batalhões importados, a máquina administrativa, servida pelo policialismo e pela espionagem, tem em mira o real erário, que alimenta a corte e os nobres, os funcionários e os mercadores.

A obra de resguardo do fisco, do patrimônio real, destrói todas as fontes de autoridade local, vinculada às populações e solidária com seus interesses. As milícias de recrutamento nas vilas e nos sertões cedem o lugar aos efetivos portugueses, castrados os capitães-mores com o Regulamento de 1709. O Senado da Câmara desce de sua efêmera dignidade, reduzido a simples auxiliar dos senhores que governam a capitania, servos do poder central, escravos do rei. Os termos, vilas e comarcas se dividem, para atomizar as hostes dos caudilhos, na fórmula consagrada de dividir para governar e para centralizar. Sobre a colônia descem as sufocadoras garras da administração colonial, cortadas nos conselhos do reino, sem respeito pelas peculiaridades do trópico. A ordem pública portuguesa, imobilizada nos alvarás, regimentos e ordenações, prestigiada pelos batalhões, atravessa o oceano, incorrupta, carapaça imposta ao corpo sem que as medidas deste a reclamem. O Estado sobrepôs-se, estranho, alheio, distante à sociedade, amputando todos os membros que resistissem ao domínio. A conquista dos sertões, a descoberta das minas sugerira uma política de transação, agora revogada e anulada, não raro a ferro e fogo. Nenhuma comunicação, nenhum contato, nenhuma onda vitalizadora flui entre o governo e as populações: a ordem se traduz na obediência passiva ou no silêncio. Não admira que, duzentos anos depois, as liberdades públicas só existam para divertimento de letrados, agarrados aos sonhos que o litoral traz de outros mundos.

> Essa organização administrativa e política, que assim se constitui, não é, então, como a da sociedade americana, "uma criação consciente dos indivíduos". Não emana da própria sociedade. Dela não surge como uma transformação do seu todo no tempo e no espaço. É uma espécie de carapaça disforme, vinda de fora, importada. Vasta, complexa, pesada, não está, pela enormidade da sua massa, em correspondência com a rarefação e o tamanho da população, que subordina. Perfeitamente adequada a uma sociedade que possuísse o grau de condensação e complexidade de qualquer sociedade europeia, em fase adiantada de evolução, é flagrante a sua disparidade com uma sociedade, como a brasileira do período colonial, de fisionomia ganglionar, rarefeita, dispersa, em Estado de dissociação intensa.[59]

A administração local, a única parcialmente brasileira, será apenas autônoma para pequenas obras, uma ponte ou uma estrada vicinal. A sociedade não se lusitanizará com essa parada no seu processo de tomada de consciência, nem apropriará, no seu conteúdo, o papel do governo, como expressão das necessidades e anseios coletivos. Criará uma dependência morta, passiva, estrangulada. O Estado não é sentido como o protetor dos interesses da população, o defensor das atividades dos particulares. Ele será, unicamente, monstro sem alma, o titular da violência, o impiedoso cobrador de impostos, o recrutador de homens para empresas com as quais ninguém se sentirá solidário. Ninguém com ele colaborará — salvo os buscadores de benefícios escusos e de cargos públicos, infamados como adesistas a uma potência estrangeira. Os senhores territoriais, a plebe urbana cultivam, na insubmissão impotente, um oposicionismo difuso, calado, temeroso da reação draconiana. Cria-se, em toda parte, o sentimento de rebeldia informe, que se traduz em estranho conflito interior, com a vontade animosa na propaganda e na palavra, débil na ação e arrependida na hora das consequências. O inconfidente é bem o protótipo do homem colonial: destemperado e afoito na conspiração, tímido diante das armas e, frente ao juiz, herege que renuncia ao pecado, saudoso da fé. Ao sul e ao norte, os centros de autoridade são sucursais obedientes de Lisboa: o Estado, imposto à colônia antes que ela tivesse povo, permanece íntegro, reforçado pela espada ultramarina, quando a sociedade americana ousa romper a casca do ovo que a aprisiona. A colônia prepara, para os séculos seguintes, uma pesada herança, que as leis, os decretos e os alvarás não lograrão dissolver.

VI

Traços gerais da organização administrativa, social, econômica e financeira da colônia

1 | *A administração e o cargo público > 181*
2 | *O espectro político e administrativo da metrópole e da colônia > 187*
3 | *As classes: transformações e conflitos > 214*
4 | *A apropriação de rendas: o pacto colonial, monopólios, privilégios e tributos > 232*

1 | *A administração e o cargo público*

FAZENDA, GUERRA E JUSTIÇA são as funções dos reis, no século XVI, funções que se expandem e se enleiam no controle e aproveitamento da vida econômica. Uma constelação de cargos, já separada a administração pública da casa real, realiza as tarefas públicas, com as nomeações e delegações de autoridade. Separação, na verdade, tênue, em que o valido da corte se transmuta em funcionário ou soldado, num processo de nobilitação, que abrange o letrado e o homem de armas. O patrimônio do soberano se converte, gradativamente, no Estado, gerido por um estamento, cada vez mais burocrático. No *agente público* — o agente com investidura e regimento e o *agente por delegação* — pulsa a centralização, só ela capaz de mobilizar recursos e executar a política comercial. O funcionário é o outro eu do rei, um outro eu muitas vezes extraviado da fonte de seu poder. Um cronista do início do século XVII já define, em termos de doutrina, a projeção do soberano no seu agente:

> [...] os amigos do rei, seus viso-reis e governadores e mais ministros hão de ser outro ele, hão de administrar, governar e despender como o mesmo rei o fizera, que isto é ser verdadeiro amigo; mas quando a cousa vai por outro rumo, que o governador e ministro não pretende mais que governar para si e para os seus, então não sinto eu mor inimigo do rei que este, porque poderá ele dizer polo tal governador. — Este que aqui está é outro si, ou outro para si. Em toda a parte isto tem lugar.[1]

O cargo, como no sistema patrimonial, não é mais um negócio a explorar, um pequeno reino a ordenhar, uma miga a aproveitar. O senhor de tudo, das atribuições e das incumbências, é o rei — o funcionário será apenas a sombra real. Mas a sombra, se o sol está longe, excede a figura:

> A sombra, quando o sol está no zênite, é muito pequenina, e toda se vos mete debaixo dos pés; mas quando o sol está no Oriente ou no ocaso, essa mesma sombra se estende tão imensamente, que mal cabe dentro dos horizontes. Assim nem mais nem menos os que pretendem e alcançam os governos ultramarinos. Lá onde o sol está no zênite, não só se metem estas sombras debaixo dos pés do príncipe, senão também dos de seus ministros. Mas quando chegam àquelas Índias, onde nasce o sol, ou a estas, onde se põe,

crescem tanto as mesmas sombras, que excedem muito a medida dos mesmos reis de que são imagens.[2]

Nesse trânsito do agente patrimonial para o funcionário burocrático, apesar dos minudentes regimentos régios, a competência das sombras ou imagens do soberano se alarga nas omissões dos regulamentos e, sobretudo, na intensidade do governo. À luz do absolutismo infundia ao mando caráter despótico, seja na área dos funcionários de carreira, oriundos da corte, não raro filhos de suas intrigas, ou nos delegados locais, investidos de funções públicas, num momento em que o súdito deveria, como obrigação primeira, obedecer às ordens e incumbências do rei. A objetividade, a impessoalidade das relações entre súdito e autoridade, com os vínculos racionais de competências limitadas e controles hierárquicos, será obra do futuro; do distante e incerto futuro. Agora, o sistema é o de manda quem pode e obedece quem tem juízo, aberto o acesso ao apelo retificador do rei somente aos poderosos. O funcionário é a sombra do rei, e o rei tudo pode: o Estado pré-liberal não admite a fortaleza dos direitos individuais, armados contra o despotismo e o arbítrio.

Infeliz, Doroteu, de quem habita
Conquistas do teu dono tão remotas!
Aqui o povo geme e os Seus gemidos
Não podem, Doroteu, chegar ao trono.
E se chegam, sucede quase sempre
O mesmo que sucede nas tormentas,
Aonde o leve barco se soçobra
Aonde a grande nau resiste ao vento.[3]

O *funcionário* recebe retribuição monetária, o *agente* desfruta de vantagens indiretas, com títulos e patentes, que compensam a gratuidade formal. Os ordenados dos funcionários pouco crescem no curso dos anos numa despesa global fixa, apesar do número crescente de pessoal, com o aumento das tenças e dos juros nas despesas públicas, o que sugere a expansão da nobreza e do comércio, controlada a burocracia numa rede de governo, que gravita em torno do rei e de sua aristocracia.[4] Essa degradação dos vencimentos explicará as inúmeras denúncias de corrupção, aliada à violência, instrumento, esta, para garrotear os súditos, sobretudo se as distâncias e o tempo os desampararem da vigilância superior. Os vícios que a colônia revela nos funcionários portugueses se escondem na contradição entre os regimentos, leis e provisões e a conduta jurídica, com o torcimento e as evasivas do texto em favor do apetite e da avareza. O padre Antônio Vieira volve sua lança oratória contra dois abusos do sistema, com a crítica à rapinagem burocrática e à drenagem de recursos para a metrópole:

Perde-se o Brasil, senhor (digamo-lo em uma palavra), porque alguns ministros de Sua Majestade não vêm cá buscar o nosso bem, vêm cá buscar nossos bens. [...] El-Rei manda-os tomar Pernambuco, e eles contentam-se com o tomar [...]. Este tomar o alheio, ou seja o do Rei ou o dos povos, é a origem da doença; e as várias artes e modos e instrumentos de tomar são os sintomas, que, sendo de sua natureza muito perigosa, a fazem por momentos mais mortal. E senão, pergunto, para que as causas dos sintomas se conheçam melhor: — Toma nesta terra o ministro da justiça? — Sim, toma. — Toma o ministro da fazenda? — Sim, toma. — Toma o ministro da milícia? — Sim, toma. — Toma o ministro do Estado? — Sim, toma. E como tantos sintomas lhe sobrevêm ao pobre enfermo, e todos acometem à cabeça e ao coração, que são as partes mais vitais, e todos são atrativos e contrativos do dinheiro, que é o nervo dos exércitos e das repúblicas, fica tomado todo o corpo e tolhido de pés e mãos, sem haver mão esquerda que castigue, nem mão direita que premie; e faltando a justiça punitiva para expelir os humores nocivos e a distributiva para alentar e alimentar o sujeito, sangrando-o por outra parte os tributos em todas as veias, milagre é que não tenha expirado.

No indignado sermão, pregado em meados do século XVII, a denúncia atinge plano mais profundo, ao tocar a chaga da venalidade, vinculando-a ao controle fiscal e comercial do reino:

Desfazia-se o povo em tributos, em imposições e mais imposições, em donativos e mais donativos, em esmolas e mais esmolas (que até à humildade deste nome se sujeitava a necessidade ou se abatia a cobiça), e no cabo nada aproveitava, nada luzia, nada aparecia. Por quê? — Porque o dinheiro não passava das mãos por onde passava. Muito deu em seu tempo Pernambuco; muito deu e dá hoje a Bahia, e nada se logra; porque o que se tira do Brasil, tira-se do Brasil; o Brasil o dá, Portugal o leva.

Uma imagem dá a veemente medida do bombeamento de riquezas para a metrópole, por meios legais e por meios ocultos:

Como terem tão pouco do Céu os ministros que isto fazem, temo-los retratados nas nuvens. Aparece uma nuvem no meio daquela Bahia, lança uma manga no mar, vai sorvendo por oculto segredo da natureza grande quantidade de água, e depois que o está bem carregada, dá-lhe o vento, e vai chover daqui a trinta, daqui a cinquenta léguas. Pois, nuvem ingrata, nuvem injusta, se na Bahia tomaste essa água, se na Bahia te encheste, por que não choves também na Bahia? Se a tiraste de nós, por que a não despendes conosco? Se a roubaste a nossos mares, por que a não restituis a nossos campos? Tais como isto são muitas vezes os ministros que vêm ao Brasil — e à fortuna geral das partes ultramarinas. Partem de Portugal estas nuvens, passam as calmas da linha, onde se diz que também refervem as consciências, e em chegando, *verbi gratia*, a esta Bahia, não fazem mais que chupar, adquirir, ajuntar, encher-se (por meios ocultos, mas sabidos), e ao cabo de três ou quatro anos, em vez de fertilizarem a nossa terra com a água que era nossa, abrem as asas ao vento, e vão chover a Lisboa, esperdiçar a Madri. Por isso nada lhe luz ao Brasil, por mais que dê, nada lhe monta e nada lhe aproveita, por mais que faça, por mais que se desfaça. E o mal mais para sentir de todos é que a água que por lá chovem e esperdiçam as nuvens não é tirada da abundância do mar, como noutro tempo, senão das lágrimas do miserável e dos suores do pobre, que não sei como atura já tanto a constância e fidelidade destes vassalos.[5]

O brado moralizador tem uma nota singular, não conhecida de Diogo do Couto e do autor da *Arte de furtar*. O golpe contra a burocracia, ao tempo que fere a corrupção, vibra a corda nacionalista, do embrionário nacionalismo do Brasil. O protesto terá fundamento na repulsa da burguesia comercial, à qual Vieira estava ligado, e nos interesses brasileiros, já conscientes da exploração metropolitana. Em todos os botes a denúncia quer mostrar o domínio do funcionário, sombra do rei, infiel aos fins ideais do soberano, mas coerente com o patrimonialismo que este encarna e dirige. Há mais, porém. O burocrata, já desenvolvido do embrião estamental do cortesão, furta e drena o suor do povo porque a seu cargo estão presos os interesses materiais da colônia e do reino. O súdito não é apenas o contribuinte, mas a vítima do empresário que arrenda os tributos, a vítima dos monopólios e das atividades da metrópole. Dessa conexão estava afastado apenas o padre, em princípio meramente recebedor de subsídios. Ao contrário do mundo holandês e inglês, a rede, a teia de controles, concessões e vínculos avilta a burguesia e a reduz à função subsidiária e dependente do Estado. O exercício do comércio prende-se, em termos gerais, a um contrato público, que gera os *contratadores*, por sua vez desdobrados em subcontratadores, sempre sob o braço cobiçoso da administração pública. Nesse regime, não se concentram em poucas mãos as fortunas, nem se emancipam as atividades mercantis dos regulamentos, sempre minuciosos e casuísticos. A burguesia, domesticada e agrilhoada, vinga-se do funcionário, sussurrando ou bradando contra a corrupção. O funcionário, de seu lado, acostado ao fidalgo, desdenha o comerciante no seu parasitismo e no seu aproveitamento do trabalho alheio para enriquecer. Os soldados ou os burocratas que se volvem ao comércio continuam a ostentar, para poupar-se à degradação, seus velhos títulos.[6] As duas categorias, com as tensões e os encontros de interesses, marcam a cúpula social com muitas faces ambivalentes e contraditórias.

A função pública congrega, reúne e domina a economia. Ela é o "instrumento regalista da classe dominante", formando um "patriciado administrativo".[7] Por meio dele, amolda-se o complexo metropolitano e se homogeneíza o mundo americano. Nas suas duas expressões — o *funcionário* de origem cortesã e o *agente* local recrutado pelo rei — fixa-se a transação entre a centralização governamental e as correntes desintegradoras dos núcleos locais e provinciais. Um problema de domínio se resolve num problema de conciliação, formulada do alto: "a conciliação entre a unidade do governo e a tendência regionalista e desintegradora, oriunda da extrema latitude de base geográfica, em que assenta a população".[8] A Independência, o Império e a República sentirão, a cada passo e em todos os episódios, o latente ou o aberto contraste das duas pontas do dilema. A unidade do governo, traduzida e realizada numa camada social, será a rocha sobre a qual se erguerá a unidade nacional, em luta contra a vocação regional e autonomista das forças locais. No fundo do drama não estão apenas os funcionários leais ao rei pela hierarquia, senão os funcionários que não sabem que atuam sob a vontade do rei, que os doma, disciplina e lhes infunde o cunho de colaboradores submissos. Vilhena, no começo do século XIX, sabia melhor do que os historiadores futuros que, mesmo os paulistas — membros da categoria dos conquistadores —, apesar da fama de "facínoras, rebeldes ao soberano, e insubordinados às leis", são "todos vassalos da Coroa portuguesa os que nesta dilatadíssima região têm dado as mais evidentes provas de fidelidade, zelo, e obediência ao seu Soberano, quem mais tem exposto as vidas em benefício da pátria, em utilidade da capital, e da nação".[9] A força integradora, que arrasta, na cauda, todas as energias e todas as rebeldias, será a camada dos fiéis agentes do rei e dos funcionários. Esse círculo de privilégios e honras confere mando, superioridade e fidalguia.

O cargo público em sentido amplo, a comissão do rei, transforma o titular em portador de autoridade. Confere-lhe a marca de nobreza, por um fenômeno de interpenetração inversa de valores. Como o emprego público era, ainda no século XVI, atributo do nobre de sangue ou do cortesão criado nas dobras do manto real, o exercício do cargo infunde o acatamento aristocrático aos súditos. Para a investidura em muitas funções públicas era condição essencial que o candidato fosse "homem fidalgo, de limpo sangue" (Ordenações Filipinas, L. I, tít. I), ou de "boa linhagem" (idem, tít. II). Nas câmaras se exigia igual qualificação para a escolha dos vereadores entre os "homens bons" — embora, na realidade, esses caracteres fossem muitas vezes ignorados. Os "homens bons" compreendiam, num alargamento contínuo, além dos nobres de linhagem, os senhores de terras e engenhos, a burocracia civil e militar, com a contínua agregação de burgueses comerciantes. Os *Livros da nobreza*, guardados pelas câmaras, sofriam registros novos e inscrições progressivas, sem, contudo, eliminar a categoria aristocrática. Não tardaria muito e a venda dos empregos elevaria aos cimos da nobreza a burguesia enriquecida, para indignação e pasmo das velhas linhagens. O severo Critilo, representante da nobreza letrada, ou nobre porque letrada, retrata bem os valores dominantes, na repulsa às ascensões plebeias aos postos de governo.

> Conheço, finalmente, a outros muitos
> Que foram almocreves e tendeiros,

> Que foram alfaiates e fizeram,
> Puxando a dente o couro, bem sapatos.
> Agora, doce amigo, não te rias
> De veres que estes são aqueles grandes
> Que, em presença do chefe, encostar podem
> Os queixos nos bastões da fina cana.
> Os postos, Doroteu, aqui se vendem,
> E, como as outras drogas que se compram,
> Devem daqueles ser, que mais os pagam.
> E também, Doroteu, contra a polícia
> Franquearem-se as portas, a que subam
> Aos distintos empregos, as pessoas
> Que vêm de humildes troncos. Os tendeiros,
> Mal se veem capitães, são já fidalgos;
> Seus néscios descendentes já não querem
> Conservar as tavernas, que lhes deram
> Os primeiros sapatos e os primeiros
> Capotes com capuz de grosso pano.
> Que império, Doroteu, que império pode
> Um povo sustentar, que só se forma
> De nobres sem ofícios?[10]

A burguesia, nesse sistema, não subjuga e aniquila a nobreza, senão que a esta se incorpora, aderindo à sua consciência social. A íntima tensão, tecida de zombarias e desdéns, se afrouxa com o curso das gerações, no afidalgamento postiço da ascensão social. A via que atrai todas as classes e as mergulha no estamento é o cargo público, instrumento de amálgama e controle das conquistas por parte do soberano.

2 | *O espectro político e administrativo da metrópole e da colônia*

Um esquema vertical na administração pública colonial pode ser traçado, na ordem descendente: o rei, o governador-geral (vice-rei), os capitães (capitanias) e as autoridades municipais. A simplicidade da linha engana e dissimula a complexa, confusa e tumultuária realidade. Sufoca o rei seu gabinete de muitos auxiliares, casas, conselhos e mesas. O governador-geral, chefe político e militar, está flanqueado do ouvidor-geral e do provedor-mor, que cuidam da Justiça e da Fazenda, os capitães-generais e governadores e os capitães-mores das capitanias se embaraçam de uma pequena corte, frequentemente dissolvida nas juntas, os municípios, com seus vereadores e juízes, perdem-se no exercício de atribuições mal delimitadas. A dispersão em todos os graus se agrava com o vínculo frouxamente hierárquico: todos se dirigem ao rei e ao seu círculo de dependentes, atropelando os graus intermediários de comando. Duas fontes de fluidez do governo: os órgãos colegiados e a hierarquia sem rigidez. O quadro metropolitano da administração como que se extravia e se perde, delira e vaga no mundo caótico, geograficamente caótico, da extensão misteriosa da América. Os juristas e burocratas portugueses, pobres de inspiração criadora — ao contrário dos escolásticos espanhóis, enredados na sutileza de especulações pouco práticas, e dos colonizadores ingleses, desvinculados da teoria rígida —, transplantam mais do que adaptam, exportam mais do que constroem. Flexibilidade colonizadora e hierática fixação de pensamento — esta a característica da armadura colonial, imposta ao flutuante, mutável e rebelde mundo atlântico. Vinho novo lançado em odres velhos, mas vinho sem capacidade para fermentar e romper os vasilhames tecidos por muitos séculos. O arbítrio, a desobediência, a rebeldia das autoridades coloniais, ao lado da violência, terão um papel criador, ajustando o vinho novo aos odres antigos, não raro desfigurados, deformados pelas pressões locais.

Na cúpula da organização política e administrativa situa-se o rei, com os poderes supremos de comando, conquistados na fixação do território e nos acontecimentos revolucionários do século xiv. Mas não há aí um rei absoluto e solitário nas suas decisões; ao seu lado se articula, limitando-lhe o arbítrio, uma armadura ministerial e, o que é mais importante, uma construção colegiada, com o órgão máximo à sua ilharga, estruturado, por ele presidido: o Conselho del Rei ou Conselho de Estado.

O apêndice ministerial, com suas funções de auxílio e execução, vincula-se ao comando monocrático, nas origens patrimoniais do servo que obedece e cumpre. A ordem monocrática sofre, com os órgãos colegiados, limitação drástica, retardando as decisões, orientando-as e distorcendo-as, ao sabor das suas deliberações. Dentro deles a nobreza — a nobreza dos cargos militares e civis — e a burguesia comercial se completam, com a supremacia aristocrática, acaso controlando e anulando a tendência do soberano de se aliar ao mercador, mercador ele próprio. Sociedade aristocrática, fixada no estamento, em luta surda e tenaz contra a mercancia, que, incapaz de se tornar independente, adere aos valores da nobreza, aos seus costumes e à sua ética. A única facção inassimilável ao absorvente comando nobiliárquico estamental, com o núcleo no cristão-novo e nos manipuladores do dinheiro e do crédito, sofre, durante mais de dois séculos, duro, enérgico e persistente combate, por meio da Inquisição. Não a nobreza territorial, de consistência feudal, como pareceu a um escritor,[11] dirige a caça ao judeu — mais a caça ao mercador do que ao judeu —, mas a nobreza dos cargos, da corte, temerosa e ameaçada da perda de suas posições. Somente a conversão ao catolicismo, num grau que signifique a total adesão à ideologia social dominante, poupa o cristão-novo à punição, punição que alcançou, em casos inúmeros, o comerciante abastado e o traficante de dinheiro.

O embuçado autor da *Arte de furtar*, nos primeiros anos do Portugal restaurado, assinala a presença de doze tribunais, dedicados aos cinco atributos de governo que Aristóteles reputava necessários à República: fazenda, paz, guerra, provimento e justiça.

> Para o primeiro da Fazenda pública e particular, temos dous: hum se chama também da Fazenda, e outro he o Juizo do Cível com sua Relação, para onde se apela, e agrava. Para o segundo da Paz temos cinco, três deles para o sagrado, e são o Santo Ofício, o do Ordinário, e o da Conciencia; e dous para o profano, que são a Mesa do Paço, e a Casa da Suplicação. Para o terceiro da Guerra temos dous; hum que se chama também da Guerra, e outro Ultramarino. Para o quarto do Provimento temos outros dous; hum he o da Camera, e outro o dos Estados. E para o quinto da Justiça temos outros dous, que já ficão tocados, e são a Mesa do Paço, e a Relação. E para melhor dizer, todos os Tribunais tirão a hum ponto de se administrar justiça às partes. E finalmente sobre todos hum, que os comprehende todos, e he o do Estado.[12]

O profundo crítico da sociedade portuguesa distingue entre conselho e execução, dependente esta de outras autoridades, subordinadas à autoridade régia, advertindo que os consulentes devem executar os alvitres deliberados. O autor, ele próprio filho da nobreza funcionária, insiste na utilidade dos órgãos colegiados, zombando do consultor que traduz a vontade do rei, segundo o vicioso princípio de que onde o príncipe é poeta, todos fazem trovas. Questão grave será a do número dos conselheiros e das fontes de recrutamento, distribuídas entre nobres, letrados e teólogos, isto é, entre a aristocracia militar, o funcionário nobilitado e o clero, sem atenção ao mercador, relegado a participar de órgãos locais, em direto contato com as medidas econômicas de exportação e importação.

> Os Conselheiros devem ser muitos sobre cada matéria, porque huns alcanção, e suprem o a que não chegam os outros; mas não sejão tantos, que se confundão, e perturbem as resoluçoens; quatro até cinco bastão. Outra questão he, se devem os Conselheiros ser letrados, se idiotas; isto é, de capa, e espada? Huns dizem, que os letrados, com o muito, que sabem, duvidão em tudo, e nada resolvem; e que os idiotas com a experiência sem especulaçoens dão logo no que convém. Outros tem para si, que as letras dão luz a tudo, e que a ignorância está sujeita a erros: e eu digo, que não seja tudo letrados, nem tudo idiotas: haja letrados Teólogos, e Juristas, para que não se cometão erros: e haja idiotas, que com sua astúcia, sagacidade, e experiência descubrão as couzas, e dêm expediente a tudo.[13]

Por meio dos letrados e juristas a burguesia se insinua nos conselhos, burguesia, entretanto, pela origem e não pela conduta, absorvida, cunhada pelo estamento de funcionários, que tritura os próprios nobres de terras.

Esse enxame de tribunais ou conselhos suscita problemas pouco debatidos pelos sociólogos e historiadores. Há que determinar, no sistema monocrático português, armado, nas suas origens, na identificação do rei ao chefe da guerra, o grau em que o enfraquece o colegialismo. Na mesma perspectiva, a dependência dos órgãos colegiados ao soberano, relação dificilmente discernível e mensurável, dará algumas indicações sobre o trato público entre a metrópole e a colônia. Em princípio, os colégios — tribunais, mesas e conselhos — atuam dentro da competência traçada pelo rei, em seu nome e sob sua aprovação. Eles se situam na fronteira, na areia movediça do tipo patrimonial de domínio para o burocrático, numa estrutura estamental. O limite oposto ao governo monocrático se arrima nos privilégios — privilégios da fidalguia, tradicional e legalmente mantidos, dos letrados e do clero. Essa particularidade confere aos órgãos coletivos, às magistraturas não ministeriais, um caráter misto, flutuante, entre as funções de prévio conselho à execução e a execução mediante o compromisso dos membros do colégio, seja por meio do pacto ou imposição negociada. A colegialidade consultiva invade, em certos casos, a própria esfera da execução, com maior ou menor autoridade, de acordo com a densidade dos privilégios dos conselheiros. Nada há de democrático, ou de pré-democrático, nesse tipo de organização. Ao contrário, a colegialidade é exatamente o modo de evitar que o soberano, apoiado no seu aparelho monocrático, se acoste nos elementos não privilegiados, para estender seus poderes. Ganha a administração menor rapidez de decisões, fria e muitas vezes dura impessoalidade, afastado o senhor supremo da devoção emotiva do povo, controlado por uma rede de impedimentos e tardanças, capazes de filtrar as pressões do estamento.[14] A colegialidade, que se estrutura e expande nos séculos XVI e XVII, revela um passo do ajustamento da doutrina saída da Revolução de Avis com o incremento do império ultramarino, na retomada e fixação dos caracteres estamentais, contemporâneos à nova fisionomia monárquica, no afidalgamento dos servidores públicos e seu engaste na atividade política.

O grau de dependência dos órgãos colegiados ao rei está condicionado, repita-se, aos privilégios de seus componentes. O Tribunal do Santo Ofício, embora desvinculado da Santa Sé e preso à corte, pouco obedece ao rei, que não pode evitar que seus amigos e protegidos expiem longas prisões ou o suplício extremo, entregues às garras da feroz Inquisição.[15] Ocorre que o clero, com suas tradicionais incolumidades, não se sente dependente do soberano, no grau em que este logra domesticar a nobreza e da maneira como cria, à sua ilharga, os letrados. Para os conselhos políticos e judiciários, maior será a força da autoridade real, que se sobrepõe às resistências dos colégios.

As conquistas e colônias dão ênfase aos órgãos colegiados, preocupados os soberanos em coordenar e centralizar a administração e os negócios ultramarinos. Os tribunais, conselhos e casas subordinam-se, frouxa ou rigidamente, ao comando dos ministros régios. Os interesses comerciais e fiscais inspiram a organização dos estabelecimentos formados ao lado da atividade diretamente desenvolvida pelo Estado, sistema próximo das modernas autarquias. O padrão dos novos estabelecimentos será o colegialismo, já introduzido em Portugal, pelas razões históricas apontadas. D. Fernando, às vésperas da Revolução de Avis, criou os *vedores da fazenda*, ministros encarregados das finanças, no lugar dos ouvidores da portaria. No reinado de d. Manuel, os vedores da fazenda passaram a ser em número de três (1516), com a incumbência de gerir coletivamente os negócios do Reino, Índia e África. Mais tarde, ao lado do subministro, o *secretário d'el Rei*, o cargo de maior relevo do reino, cria d. Sebastião o *secretário dos despachos e coisas da Índia* ou *secretário da Índia*. Dessas autoridades, de categoria ministerial, dependem as Casas: *Casa da Guiné* (1480), *Casa da Guiné e Mina* e *Casa da Mina e Trautos da Guiné e Casa da Índia*, ganhando esta, no curso de poucos anos, o principal lugar. A Casa da Índia desempenha o papel de Bolsa, com a aquisição e venda dos produtos africanos e asiáticos, acumulando as funções de alfândega, com o encargo de "superintender nas feitorias portuguesas espalhadas pelo mundo, fornecendo-lhes os artigos necessários ao seu comércio e matricular as tripulações dos navios, pagando-lhes os soldos em dinheiro, especiarias, 'liberdades' de comércio e até em escravos".[16] Esse órgão, que não participa do caráter colegiado, goza de relativa autonomia, circunstância que induz seu desprendimento do comando ministerial. As atribuições administrativas da Casa da Índia — não a instituição que só veio a ser extinta em 1823, incorporada à Alfândega de Lisboa —, por uma série de vicissitudes, transformações e reformas, se fixam no *Conselho Ultra-*

marino (1643) — chocado em dois precursores filipinos, ao tempo da união das Coroas: o *Conselho da Fazenda* (1591) e o *Conselho da Índia* (1604).[17] Esse órgão exercerá o principal papel na coordenação e centralização da política portuguesa no Brasil, absorvendo, com expedientes conciliatórios, o trato dos negócios da Fazenda, entregues anteriormente ao Conselho da Fazenda. Não cuida, entretanto, de todos os assuntos da colônia, confiados, em matéria de justiça, ao aparelhamento judiciário local, com os recursos às relações instaladas no Brasil e nos tribunais superiores do Reino. Grande será também o papel da *Mesa de Consciência e Ordens*, cuja presença nos negócios ultramarinos se explica na concessão que a Ordem de Cristo, unida depois à Coroa, recebe dos dízimos para cuidar do culto divino e das igrejas. O regimento de 1608 atribui-lhe "as cousas espirituais que os prelados das ilhas e das partes da Índia e da Guiné" submetessem ao rei, com respeito ao culto e à conversão do gentio.

D. João IV, ao assumir o trono restaurado, manteve as leis editadas durante a união. Auxiliado por um único secretário de Estado, desdobrou a pasta em duas, cumprindo ao Conselho Ultramarino levar o expediente, conforme o assunto, a um ou outro ministro, até que, em 1736, supervisiona-o o recém-criado e nomeado secretário de Estado dos Negócios da Marinha e Ultramar. (Já então três eram os ministros: 1 — dos Negócios Interiores do Reino; 2 — dos Estrangeiros e Guerra; e 3 — da Marinha e Ultramar. Só no fim do século cria-se o Ministério da Fazenda, que preside o Conselho da Fazenda e o Real Erário.) Pelo Conselho passam, a partir de sua criação, todos os assuntos ultramarinos que devem ser resolvidos pelo rei. Consulta-o o soberano, permitido aos interessados iniciar o processo por petição a ele dirigida. Compõem-no, inicialmente, em número que depois se alarga, três conselheiros, sendo dois fidalgos, homens de guerra, "Conselheiros de capa e espada", e um jurista, "Conselheiro letrado". Para harmonizar as disputas entre o Conselho Ultramarino e o Conselho da Fazenda (colégio dos três vedores), assentou-se que presidiria o primeiro, acumulando os cargos, o membro que exercesse a vedoria da Índia. O órgão não se conformava com a doutrina, tão cara ao estadista da *Arte de furtar*, da separação entre o conselho e a execução: queria, usurpando as atribuições do Conselho da Fazenda, decidir e ordenar todos os assuntos de ultramar. Pretende ser o melhor alvitre de governo que as decisões se executem pela mesma entidade que as aconselha, argumentando com o rei: "de ordinário sucede diferirem os Conselhos no parecer, seguindo-se daqui frieza e dilação, quando um se executa o que ao outro lhe parece".[18] Aceita mal o Conselho, de outro lado, a sua ausência de jurisdição em matéria eclesiástica, confiada à Mesa de Consciência e Ordens. As atribuições do poderoso colegiado abrangem, salvo as exceções explícitas e legais, "todas as matérias e negócios, de qualquer qualidade que forem" do ultramar, com a administração fazendária, carga de navios, apercebimentos militares, patentes e despachos dos vice-reis, governadores e capitães, bem como os requerimentos de mercês dos que prestaram serviços nas colônias e conquistas (reg., caps. 2, 5, 6 e 12.)

À política meramente comercial da aventura da Ásia sucede, graças ao novo organismo, uma orientação coordenada e centralizada, definidas as linhas que asseguram a integridade territorial à colônia e a unidade de dependência econômica. Nele doutrinou, para grande proveito do Brasil, Alexandre de Gusmão. Não ficou imune às queixas acerca de sua morosidade, nem às acusações de corrupção. As autoridades ultramarinas e as partes dirigiam-se, com a tardança das soluções, ao rei, que, em regra, poupava-se e se furtava a resolver, diretamente, os assuntos regimentalmente confiados ao colegiado.

Nesse feixe de conselhos — sob o comando do conselho do rei —, a direção régia e ministerial vê sua autoridade dilacerar-se, com o esfriamento do tempo de ação. Os assuntos brasileiros, meticulosamente medidos e previstos, com as decisões tardas, ficam a cargo, dessa sorte, de outros funcionários e agentes, nas medidas urgentes. Interfere, entre a metrópole e a colônia oficial, larga parcela de arbítrio do setor privado, que, dessa sorte, usurpa funções públicas. Este um efeito inesperado do colegialismo: ao limitar, em proveito de uma categoria social, a autoridade real e ministerial, abre uma faixa de governo aos particulares e aos distantes e abandonados oficiais da Coroa. Daí não se originou, todavia, um campo de *self-government* local, ou do exercício de liberdades municipais. Cria-se um governo, ao contrário, sem lei e sem obediência, à margem do controle, inculcando ao setor público a discrição, a violência, o desrespeito ao direito. Privatismo e arbítrio se confundem numa conduta de burla à autoridade, perdida esta na ineficiência. Esse descompasso cobrirá, por muitos séculos, o exercício privado de funções públicas e o exercício público de atribuições não legais. O déspota colonial e o potentado privado têm aí suas origens, origens que o tempo consolidará.

A administração metropolitana se conjuga à colônia, no seu elo principal, com o governador-geral (vice-rei desde 1640, título que se tornou definitivo e de uso corrente somente depois de 1720). O governador-geral dispõe de poderes escritos de grande profundidade e alcance, embora não logre subjugar as capitanias e os focos de autoridade local, as câmaras, em comando vertical e completo. A transferência definitiva do governo-geral para o Sul, com sede no Rio de Janeiro (1763), completa um ciclo de domínio, muitas vezes contestado, desde as resistências iniciais de Duarte Coelho até as rebeldias frustradas dos poderes locais, com base nos municípios e nas capitanias. O regimento de Tomé de Sousa (1548), estatuto básico da condução política colonial, moderniza-se em 1677 (regimento de 23 de janeiro),[19] guardadas as linhas básicas do primeiro até a transmigração da corte e a instalação do Reino Unido (1815). Dentro dos amplos poderes delegados pelo rei — o vice-rei está no lugar do rei —, cabem atribuições do teor seguinte:

> todo o poder e alçada sobre todos os generais, mestres de campo, capitães de fortaleza, pessoas que nela estiverem e que forem àquele Estado [do Brasil] e sobre todos os fidalgos

e quaisquer outros meus súditos de qualquer qualidade, Estado ou condição que sejam, do qual [poder] em todos os casos, assim crimes como cíveis, até morte natural inclusive, poderá usar inteiramente; e dar-se-á execução às suas ordens e mandados, sem delas haver mais apelação nem agravo e sem excetuar pessoa alguma em que o dito poder e alçada se não entenda.[20]

Bem verdade que tais poderes se suavizam com a Junta Geral — o órgão colegiado de maior relevo na colônia —, presidida pelo governador e composta das mais altas autoridades da Justiça, Fazenda, clero. Outro freio viria das capitanias e das câmaras, certo que a autoridade, sempre que se alonga em delegações, perde substância, bem como se, do alto, a retardam os conselhos metropolitanos. As funções do vice-rei, de caráter militar na sua expressão essencial, penetram em todos os setores, regulando a administração e a economia, nos seus mínimos detalhes. A imensa autoridade do governador-geral (vice-rei) não subordina hierarquicamente os capitães-generais e governadores das capitanias (capitães-mores ou apenas governadores das subalternas). O vice-rei acumula o governo da capitania-sede (Bahia e, desde 1763, Rio de Janeiro) com os encargos de supervisão geral, no comando coordenador e centralizador da colônia (do estado do Brasil, algum tempo separado do estado do Maranhão). Os privilégios inerentes ao cargo público no sistema patrimonial estamental, sem o racionalismo da estrutura burocrática, impedem o controle de revisão e de substituição de autoridade, em graus. Daí os conflitos, as disputas de atribuições, as resistências de funcionários que se dirigem diretamente ao Conselho Ultramarino, com proteções poderosas de pessoas da corte, encostados no setor ministerial do governo. O regimento de 23 de janeiro de 1677 tentou pôr cobro a essas dúvidas, peremptoriamente nos propósitos, mas sem completo êxito na realidade.

> Hei por bem [declara o cap. 39] que por evitar as dúvidas que até agora houve entre o Geral do Estado, e o de Pernambuco, e Rio de Janeiro sobre a independência, que pretendiam ter do Governador-Geral, declarar que os ditos governadores são subordinados ao Governador-Geral, e que hão de obedecer a todas as ordens que ele lhes mandar, pondo-lhe o cumpra-se, e executando-as assim as que lhe forem dirigidas a eles, como aos mais Ministros da Justiça, Guerra, ou Fazenda, e para que o tenham entendido lhe mandei passar cartas que o dito Governador leva em sua companhia para lhe remeter com sua ordem, e lhes mandará registrar nos Livros de minha Fazenda, e Câmaras, de que lhe enviarão Certidões para me dar conta de como assim se executou.

A autoridade do governador-geral não penetra, todavia, em todo o território, reservados certos espaços, sobretudo o do ouro e dos diamantes, à direta nomeação e controle régios.

CAPÍTULO VI | 193

O terceiro elo da administração colonial, depois do vice-rei e do capitão-general e governador, se forma em torno do município (ver cap. 5, II). Será a vila a base da pirâmide de poder, na ordem vertical que parte do rei — vila administrada pela Câmara, ou Senado da Câmara. As Ordenações Afonsinas, Manuelinas e as Filipinas regulam essa unidade de governo, nascida de preocupações fiscais do soberano, com o estímulo de motivos militares e de defesa, sempre alheias ao espírito autonomista do *self-government* anglo-saxão. Muitas lendas, forjadas pela história moderna e pela doutrina liberal, de recente nascimento, embelezam a história, infiéis ao peculiar estilo da monarquia portuguesa. As rebeldias, as usurpações, as violências das câmaras, raras vezes empolgadas pelos potentados rurais, constituem episódios romantizados, de duvidosa autenticidade. Na verdade, salvo um fugaz momento de estímulo régio de um século, estímulo que não busca a autonomia, mas subordinação, por meio do compromisso, o município se submete ao papel de braço administrativo da centralização monárquica. A própria categoria de vila, habilitada a possuir a Câmara, depende da vontade régia, mesmo quando a palavra do soberano se limita a reconhecer um fato. A presença do chefe da monarquia se faz sentir na nomeação do presidente — se importante o município — na pessoa de um letrado, o juiz de fora (desde 1696 no Brasil). Desnecessária essa autoridade, ocupa o seu lugar o juiz ordinário. Fora dessa e outras ilhas régias, que dominam a autonomia local, acentuando a função auxiliar da Câmara ao ordenamento geral, prevalece o princípio da eletividade: eleitos eram os juízes ordinários, os três vereadores (em algumas vilas, quatro), o procurador, o tesoureiro e o escrivão, cada um com as estritas atribuições que lhe conferem as Ordenações. A Câmara se compõe dos juízes ordinários e dos vereadores — os outros funcionários, eletivos ou nomeados, incumbem-se de funções pré-traçadas, sob o comando da *vereança* ou *vereação*, sem que se possa discernir, nas atribuições das autoridades, funções separadas, no tocante à administração, justiça e legislativo, ou com respeito à esfera superior das capitanias.

A eleição da Câmara assegura — afora os fluidos e indefinidos ajuntamentos populares, ou as juntas locais — o vínculo entre o povo e a administração pública, toda interiormente voltada para o rei. O povo que elege e delibera, na tensão permanente e subterrânea entre sociedade e governo, restringe-se legalmente e sofre severa limitação nas suas expansões. O colégio eleitoral se compõe dos "homens bons e povo, chamado a Conselho" (Ord. Filip., Livro I, tít. LXVII), o que supõe corpo restrito de eleitores, na verdade reduzido aos *homens bons*. Esta expressão, de incerto significado, usado em sentido diverso nas leis,[21] tem longas origens.

> O vocábulo *homens-bons* (*boni-homines*), que tratando das classes não nobres, é aplicado em especial a todos *herdadores* (*indivíduos não nobres que possuem hereditariamente a propriedade livre*), como a mais autorizada entre elas, encontrar-se-á em certos monumentos,

principalmente em atos judiciais, qualificando os indivíduos mais respeitáveis das classes nobres e privilegiadas.[22]

Os homens-bons e as pessoas do povo que podiam votar, eram pelos corregedores ou juízes a quem incumbia presidir as eleições, qualificados em cadernos, onde se escreviam os seus nomes com todas as individuações necessárias para verificar-se a idoneidade, exigidas pelas leis, forais e costumes. (Alv. de 12 de novembro de 1611.)

Não eram qualificados os mecânicos operários, degredados, judeus e outros que pertenciam à classe dos peões (Prov. de 8 de maio de 1705).[23] Exige-se, em princípio, a naturalidade ou a fixação na terra, proibida, nos primeiros séculos, a eleição de comerciantes, privilégio só conquistado com a ascensão dessa classe social. As Ordenações Filipinas apontam, na restrição do corpo eleitoral e dos eleitos, o "respeito às condições e costumes de cada hum, para que a terra seja melhor governada" (Livro I, tít. LXVII). Os "homens-bons" não se caracterizam pela fidalguia ou limpeza de sangue, qualidades necessárias para certos cargos ou funções.[24] A limitação do corpo eleitoral, herdada cegamente das leis portuguesas, na passiva linhagem das Ordenações Afonsinas, Manuelinas e Filipinas, nada tem a ver com o predomínio do sangue branco como se sugeriu,[25] embora resulte em instrumento de submissão do escravo e das classes inferiores. Na verdade, o escopo íntimo da superioridade institucional do *homem-bom* será o mesmo que inspira os conselhos portugueses: inscrever os proprietários e burocratas em domicílio na terra, bem como seus descendentes, nos "Livros da Nobreza", articulando-os, dessa sorte, na máquina política e administrativa do Império. Incorporam-se, por meio da aristocracia por semelhança, as camadas novas de população, enobrecidas pelos costumes, consumo e estilo de vida. O complicado sistema eleitoral destila novas levas, autorizadas pela confiança local, ao estamento, cada vez mais burocrático na sua densidade. As confirmações — dos juízes pelo desembargo do Paço — agregam ao peso eletivo a vontade da organização administrativa (Ord. Filip., Livro I, tít. LXVII), caráter também acentuado com as nomeações e demissões impostas pelo governador, quando este não determina às câmaras que façam ou providenciem certas obras locais. O povo não delibera e, quando delibera, restrito a uma parcela pouco numerosa, se embaraça, na ação, dentro das redes do sistema político geral.

Na aparência, amplas eram as atribuições das câmaras. Em passagem muitas vezes repetida e não menos repelida, João Francisco Lisboa, escrevendo sobre o período anterior à centralização dos meados do século XVII, arrola suas largas funções:

> taxavam o preço ao jornal dos índios, e mais trabalhadores livres em geral, aos artefatos dos ofícios mecânicos, à carne, sal, farinha, aguardente, ao pano e foi de algodão, aos medicamentos, e ainda às próprias manufaturas do reino. Regulavam o curso e valor da

moeda da terra, proviam tributos, deliberavam sobre entradas, descimentos, missões, a paz e a guerra com os índios, e sobre a criação de arraiais e povoações. Prendiam e puniam a ferros funcionários e particulares, faziam alianças entre si, chamavam finalmente à sua presença, e chegavam até a nomear e suspender governadores e capitães. Esta vasta jurisdição exercitavam-na só por si nos casos de somenos importância; nos mais graves, porém, convocavam as chamadas juntas gerais, nas quais se deliberava à pluralidade de votos da nobreza, milícia e clero.[26]

Um raciocínio se desenvolve, à margem dos fatos: o poder político, nesse período, estaria entregue aos homens-bons, confundidos com os proprietários, com exclusão da vontade da Coroa. Em verdade, como acentuado (ver cap. 5, II), houve um momento em que a metrópole confiou a colonização ao morador e ao senhor de engenho, em compromisso de que logo se arrependeu, temerosa das consequências autonomistas e descentralizadoras. Foi um momento fugaz, breve. Os interesses mercantis, a cobiça holandesa, o zelo pelo estatuto colonial deram o sinal de recuo. Os extensos poderes e atribuições das câmaras, de outro lado, não induzem usurpação de competência régia ou a onipotência local: dos séculos XVI a XIX tudo — a economia, as finanças, a administração, a liberdade — está regulado, material e miudamente, pelo poder público, do qual os conselhos serão um ramo, ramo seco ou ramo vivo, conforme as circunstâncias. As atribuições amplas não são, como enganadoramente se crê, próprias das câmaras brasileiras, mas inerentes à administração, metropolitana e ultramarina. As Ordenações Filipinas, apenas folheadas, no Livro I, oferecem a prova das largas interferências na vida do homem colonial, em todos os seus atos, gestos e iniciativas. Pondere-se, ainda, que as atribuições locais e do governo-geral não se delimitam fixamente, como confusas são as atividades em todos os setores judiciários ou administrativos. Os juízes e oficiais fiscalizam o comércio, cuidam da justiça, expedem ordens, em controle não apenas exterior e formal como nos tempos atuais, mas em vigilância íntima e profunda.

As câmaras se convertem, depois de curto viço enganador, em simples executoras das ordens superiores. De "cabeça do povo" descem, passo a passo, a passivo instrumento dos todo-poderosos vice-reis, capitães-generais e capitães-mores. A introdução dos juízes de fora já havia aviltado a autoridade do juiz ordinário, filho da eleição popular. Na Bahia a intervenção chegou ao achincalhe: os vereadores foram designados pelo rei. As câmaras caíram à categoria de departamentos administrativos da capitania, meros cumpridores de determinações superiores. Um terço de suas rendas flui para o soberano, aplicado o restante em obras públicas, soldos, aposentadorias, ordenados e festividades. O marquês de Lavradio, no último quartel do século XVIII, declara, sem rebuço e sem nenhuma dissimulação, seu poder sobre a Câmara do Rio de Janeiro:

Como as leis de S.M. têm nobilitado os comerciantes, destes *escolhi* para Vereadores, nomeando-lhes sempre por companheiros um dos melhores da terra, e por este modo consegui pôr as ruas da cidade como V. Ex.ª tem visto, fazerem-se mais duas fontes públicas, muitas pontas, consertarem-se os caminhos, juntar e entulharem-se infinitos pântanos, que havia na cidade, origem de infinitas moléstias.[27]

Uma testemunha do tempo assinala três causas da desordem que domina o Senado da Câmara da Bahia: a falta de autoridade do juiz de fora, embaraçado pela politicalha dos vereadores; a ascendência do Supremo Tribunal da Relação, que furta a Câmara de sua jurisdição privativa; e as portarias dos governadores, que se assenhoreiam das regalias do conselho, "pondo-o em Estado de não poder deliberar cousa alguma de ponderação, e que possa ter validade, sem que seja munida com uma portaria".[28] A descrição de João Francisco Lisboa, colhida de um efêmero momento da colônia, não traça um fiel retrato do município brasileiro, nos primeiros séculos de sua formação. O estudo das fontes a desacredita: as câmaras nunca passaram de corporações administrativas, sem a fantasiosa prerrogativa de colaborar na vontade da política colonial.[29] A lei de organização municipal de 1º de outubro de 1828, ao assegurar a tutela do governo provincial e geral sobre as câmaras, fixando-lhes o caráter puramente administrativo, reconheceu uma realidade tradicional, apesar do renascimento primaveril nos dias da Independência.

O quadro administrativo da colônia se completa com a presença de quatro figuras, que acentuam e reforçam a autoridade metropolitana: o juiz, o cobrador de tributos e rendas, o militar e o padre.

A autoridade suprema da Justiça, contemporânea da fundação do governo-geral, é o ouvidor-geral. O ouvidor decide os casos crimes, até morte para escravos, gentios, peões cristãos livres. Sua competência não abrange pessoas de maior qualidade nem alcança o clero. O corregedor da corte julga os recursos de suas sentenças. A indefinição entre as atividades judiciárias e administrativas faz intervir nos julgamentos o governador-geral. As capitanias se dividem, mais tarde, em comarcas, cada uma delas provida de um ouvidor, superintendido por um corregedor, em regra o próprio ouvidor. Nas categorias territoriais inferiores, decidem os juízes de fora, letrados versados em direito romano e ciosos da ascendência do rei sobre todos os negócios, subordinados a eles os juízes ordinários, leigos, presos à equidade, ao direito costumeiro e aos forais. Abaixo deles há ainda os juízes de vintenas, para as aldeias e termos, em alçada restrita. A vara traduz e simboliza a autoridade, em sinal de poder e jurisdição. Investida de jurisdição administrativa, a justiça se perde nos meandros da vida social e econômica da colônia, apesar da aparente clareza das funções traçadas pelas Ordenações. Apressou-se a Coroa em criar a primeira Relação — tribunal de recursos do Brasil — com percalços que só foram removidos em 1652, acrescida de outra, para as capitanias do Sul, em 1751. Uma cadeia de alçadas e recursos levava a justiça colonial a se perder nas aldeias e a se esgalhar até Lisboa, na Casa de Suplicação, no Desembargo do Paço e na Mesa de Consciência e Ordens. Ai de quem caísse nas mãos dessa justiça tarda, incompetente, cruel, amparada nas duras leis do tempo.

> Vede um homem desses que andam perseguidos de pleitos ou acusados de crimes, e olhai quantos o estão comendo. Come-o o meirinho, come-o o carcereiro, come-o o escrivão, come-o o solicitador, come-o o advogado, come-o o inquiridor, come-o a testemunha, come-o o julgador, e ainda não está sentenciado, já está comido. São piores os homens que os corvos. O triste que foi à forca, não o comem os corvos senão depois de executado e morto; e o que anda em juízo, ainda não está executado nem sentenciado, e já está comido.[30]

Com a máquina judiciária entram em cena os advogados, dos quais um documento colonial se queixa pelo "tanto trocar, tanto mentir, tanta trapaça, que as novas delas não fazem senão acarretar bacharéis à pobre província".[31] A primeira manifestação hostil contra o bacharelismo toca o ponto vulnerável da administração colonial; o advogado, o letrado por excelência do ordenamento jurídico da metrópole, será o mais fiel agente da rede centralizadora. Verdade que não seriam numerosos os bacharéis, absorvidos todos no reino, voltada a acusação mais contra a justiça emperrada e a administração tarda. Os magistrados, na grande maioria, são leigos, com os cargos herdados ou obtidos no enxoval da noiva.[32]

A Fazenda merece um capítulo especial (VI, 4), visto que em torno dela se projetam a economia e a sociedade coloniais. A organização administrativa, em linhas sumárias, mostra um corpo agregado à centralização régia, fixado em todos os níveis de governo, com o escoadouro comum dirigido à metrópole. O Conselho da Fazenda, na corte, em conflito ou em harmonia com o Conselho Ultramarino, dirige e controla a administração fazendária no Brasil, num período em que o tributo consome já a quarta parte da produção colonial.[33] Com o governo-geral (1549), criou-se o cargo de provedor-mor, que deveria unificar, racionalizar e escriturar a administração fiscal, com a instalação de alfândegas e agências de cobrança. O propósito frustrou-se, com a intervenção subsequente da metrópole em todos os negócios, num sistema em que os tributos representam mais uma apropriação de renda para certos grupos do que a cobertura de necessidades públicas.

> Para gerir o Real Erário nas capitanias do Brasil, arrecadar tributos e efetuar despesas, há uma série de órgãos paralelos com funções mais ou menos especializadas. Eles não se subordinam uns aos outros, nem ao governador, no sentido em que hoje entendemos a hierarquia administrativa.[34]

A Junta da Fazenda (Real Junta da Arrecadação da Real Fazenda, Tribunal da Junta da Real Fazenda etc.) situa-se junto ao governador e é por este presidida, com as funções judiciárias e administrativas de dirimir contendas, traçar as normas gerais de cobrança e fiscalizar as entidades e repartições inferiores. As arrecadações especiais criam órgãos próprios, extravagantes à disciplina geral, num casuísmo que os vincula a Lisboa, apesar da presidência nominal do governador: Junta da Arrecadação do Subsídio Voluntário, as Alfândegas, Tribunal da Provedoria da Fazenda, Juízo da Conservadoria etc., numa mistura de atividades hoje incompreensível. Cobram tributos também as câmaras, com a reserva de uma parcela ao rei. O ouro, o diamante, o tabaco, o açúcar suscitam, por sua vez, outros organismos, todos zelosos dos quintos, monopólios, terças partes, emolumentos, contratos, tributos, em interferência direta, miúda, desconfiada sobre a economia. Daí irradia uma multidão de funcionários, atraindo os reinóis ociosos: deputados das juntas, intendentes, tesoureiros, oficiais, escrivães, meirinhos. O leite ordenhado da colônia chegava diluído e aguado aos reais beiços, com provável déficit antes da explosão açucareira e aurífera.[35]

A administração, a Justiça, o controle fazendário assentam, em última análise, sobre a paz interna e a defesa, voltada esta contra o indígena e as agressões externas. A instituição das Forças Armadas na colônia revela o modo de integrar o povoador nos desígnios e nas atividades da Coroa. O particular, por esse meio, transforma-se em agente real, em delegado de objetivos públicos, situando-se a um passo do funcionário. A organização militar precede à descoberta, estrutura-se com a monarquia no curso dos séculos e funde-se com a história da colônia. Ela terá um papel de defesa e um papel social, aglutinando populações e elevando os seus elementos na escala de prestígio. A terra se consolida nas mãos do português por via da força armada — é a conquista. Mas a terra se torna interiormente portuguesa também mercê da integração no quadro das funções e das honras militares — é o prolongamento da metrópole na colônia. Esse o elo mais profundo, mais duradouro, mais estável da integração ultramarina, ponto que, na verdade, funde — algumas vezes frouxamente — a camada dominante de Portugal com a ascendente e afidalgada categoria dos dominadores coloniais. Entre uma e outra corrente haverá diferenças e particularidades, dissensões e rivalidades, mas, sobre as tendências desagregadoras, prevalecerá o comum tropismo da constituição de uma nobreza comum. A mais ardente expressão dessa obra de convívio e de amálgama será o conquistador, com a face nativa do bandeirante e a alma vinculada aos mandamentos que o rei lhe insufla, num processo contínuo de cunhar e amoldar forças americanas com o selo português, monárquico e público.

O foral de Duarte Coelho (24 de setembro de 1534) e o regimento de Tomé de Sousa (17 de dezembro de 1548) fixam as linhas do sistema militar que haveria de imperar na colônia. Nos dois documentos os moradores e povoadores sofrem a obrigação de servir em tempo de guerra, militarmente. O primeiro governador-

-geral recebe, pronto e articulado, um plano de defesa e de combate, com a circunstância, ao tempo nova, de basear-se em forças profissionais, os seiscentos soldados, exagerados para mil homens de peleja por frei Vicente do Salvador.[36] Havia, na sede do governo, uma fortaleza, que começaria de um valo, madeira ou taipal. De outro lado, reforçando a militarização dos moradores um duplo sistema proveria a defesa: a) os engenhos de açúcar teriam "cada um em sua terra uma torre ou casa forte da feição e grandura que lhe declarardes nas cartas, e será a que vos parecer, segundo o lugar em que estiverem, que bastarem para segurança do dito engenho e povoadores de seu limite"; b) para apoio das fortalezas e povoações, os capitães das capitanias, os senhores de engenho e os moradores deveriam estar munidos de artilharia e armas ofensivas e defensivas. A estrutura estava lançada, por três séculos: as fortalezas, guarnecidas de soldados profissionais, e as tropas territoriais, as companhias de ordenança, mais tarde confundidas e, afinal, discriminadas das milícias. As duas vertentes da força armada têm aí seu ponto de institucionalização na colônia, perdidas as origens em Portugal. O ramo burocrático (primeira linha, regular) e o ramo territorial (segunda linha, auxiliar) comunicavam-se, com transferências de uma carreira a outra. Separam-se pelo espírito e pela fidelidade a causas opostas, no curso dos anos, a partir do último século colonial.

Um membro da Academia Brasílica dos Renascidos situa a reorganização do Exército no reinado de d. Afonso V (1438-81), o primeiro soberano a usar o título de "Rei de Portugal e dos Algarves de aquém e além-mar", obra que culmina com o regimento de 1570, promulgado por d. Sebastião.[37] A esse sistema talvez aludisse Camões ao advertir, ironicamente, que

A disciplina militar prestante
Não se aprende, senhor, na fantasia,
Sonhando, imaginando ou estudando
Senão vendo, tratando e pelejando.
(*Os lusíadas*, CX, CLIII)

Até então — a dar crédito ao acadêmico colonial — as unidades, distribuídas em partes desiguais, as "hostes ou bandeiras", "pelejavam quase tumultuosamente", sem a "regra científica" depois consagrada.[38] Na expedição de d. Francisco de Almeida à Índia, recrutados sob os novos moldes, seguem "1500 homens de armas, todos gente limpa", engajados por três anos, com soldo estipulado em dinheiro e pimenta, gente que se soma aos humildes soldados de Afonso de Albuquerque que se fixariam à terra com as doações de glebas e os casamentos locais.[39] Ainda no século XVII perdura a confusão acerca dos soldos e vantagens, quer quanto às quantias, estipuladas de modo arbitrário, quer quanto às fontes de pagamento. Desde que as forças regulares — afora os homens das fortalezas — se instalam no Brasil, a partir de 1625, empenhadas na retomada de Salvador aos holandeses, não se tinha meio certo de retribuição. Somente d. João IV mandou acudir a despesa das receitas dos vinhos, aguardente etc.[40] A providência não impede, entretanto, os atrasos de pagamento, nem as revoltas dos soldados famintos. Em Minas Gerais, os dragões — tropa de primeira linha — recebem seu soldo dos dízimos reais, cujo contrato vincula expressamente o resultado da cobrança ao destino da despesa.[41] O soldado de linha torna-se, dessa sorte, um profissional, um burocrata.

A nova estrutura militar, ao profissionalizar o soldado, libera o rei da última dependência à nobreza, transformando o Exército em organização permanente, não mais confundido com as mesnadas dos ricos homens. Na reserva dessa ala paga — e daí adviriam profundas consequências para o Brasil — forma-se um corpo de soldados não pagos, cujas origens estão nas milícias não nobres das localidades, mas com a diferença de obedecerem ao soberano, em linha reta, verticalmente. São as companhias de ordenança, com os oficiais escolhidos por eleição dos soldados, sistema depois substituído pela nomeação dos governadores, mediante homologação real por meio do Conselho Ultramarino. Entre ordenanças e milícias houve confusão de nomes, certo que, com o tempo, as milícias ocuparam a segunda linha e as ordenanças a terceira, esta de caráter local, sem obrigação de se empenharem com ações fora da sua sede. Ainda em 1612, o *Livro que dá razão do Estado do Brasil*, escrito por um militar em inspeção na colônia, distingue, ao lado das "companhias do presídio", com sua gente paga pela Fazenda de Sua Majestade e incumbida "da guarda da costa como na vigia do pau-brasil", as "companhias de ordenança", a cuja obrigação de servir se furtam apenas os homens de obrigação da corte, estudantes, nobres e privilegiados, oficiais públicos.[42] A maior despesa pública da colônia, nessa época, flui aos "oficiais de guerra".[43] O regimento do governo-geral de 23 de janeiro de 1677 distingue as ordenanças (chamadas embora "gente miliciana") das milícias, com a diferença dos postos entre uma e outra categoria, ambos não retribuídos, salvo os sargentos-mores e ajudantes das últimas, que saem da tropa regular, arcando a Câmara onde se situam com o soldo.[44] No século XVIII, as milícias, já com o nome próprio, libertas da confusa sinonímia das ordenanças, ocupam o lugar de forças brasileiras, braço longo dos governadores, ao lado e sob o comando da tropa regular. Na quadra da Independência, a velada rivalidade entre a tropa de linha, portuguesa e leal à metrópole, e as milícias, de formação e origem nacionais, se transmuta em dissídio aberto. A divisão Auxiliadora do Rio de Janeiro e o exército de Madeira na Bahia serão o mais eficaz obstáculo à emancipação, enquanto os milicianos de São Paulo e Minas sairão de sua terra para socorrer o príncipe, como haviam feito, algum tempo antes, nas lutas do Sul contra o espanhol. Dessa labareda, sempre com funções separadas, sairá um novo Exército e uma nova força auxiliar — o Exército e a Guarda Nacional, em cujo seio, em 1831, mergulharão as milícias e ordenanças. As ordenanças, embora existentes até 1831, perderam o relevo diante das milícias, responsáveis estas pela defesa contra o gentio, o bandeirismo, a epopeia pernambucana e as guerras do Rio Grande do Sul, associadas às tropas de linha ou delas desvinculadas. Em 1831, as guardas territoriais — a milícia e a ordenança — desaguaram, desaparecendo, na Guarda Nacional, inspirada, pelas ideias, no liberalismo da França e dos Estados Unidos, resultante, na realidade histórica, de uma velha maturação de mais de dois séculos. Fundada para se contrapor ao Exército, da grandeza do qual desconfiavam os homens da Regência, tornou-se a mão da centralizadora presença monárquica, tal como na sua moldura colonial, em perfeita continuidade.

A integração do colono à ordem metropolitana fez-se por meio da ordem militar. A conquista do interior, a paz dos engenhos, perturbada pelos gentios e pela rebeldia dos escravos, a caça ao trabalhador indígena e a busca do ouro realizam-se por via do prolongamento da ordem estamental, incorporada dos rudes paulistas e homens da terra. A patente das milícias correspondia a um título de nobreza, que irradiava poder e prestígio, cifrando-se nas promoções e graus de oficiais as prometidas mercês do rei aos paulistas que abrissem as minas escondidas nos sertões. A patente embranquece e nobilita: ela está no lugar da carta de bacharel, no Império. Na colônia, o próprio bacharel de Coimbra só se eleva com o título militar. Inácio José de Alvarenga Peixoto, formado e graduado em leis pela Universidade de Coimbra, requestou e obteve a patente de coronel comandante do regimento de Cavalaria Auxiliar do Continente do Rio Verde, comarca do Rio das Mortes. A carta de Coimbra pouco valia: os bordados de coronel realçam-na, engrandecem-na e lhe dão prestígio. O coronel-bacharel, realidade do mundo colonial, perde a identidade, no Império, com a separação do bacharel do militar, mesmo o paramilitar da Guarda Nacional. O corpo militar, nos seus graus de oficial, infundia nobreza, equiparada a milícia e depois a Guarda Nacional às tropas de linha para os efeitos de honras aristocráticas.[45] Os filhos dos oficiais podiam ingressar na tropa de linha como cadetes, privilégio reservado à nobreza. A tropa auxiliar servia ao comando dos governadores, que a utilizavam para o despotismo, não raro, e para marcar a autoridade, muitas vezes transformada em autoritarismo. A organização militar constitui uma "casta privilegiada",[46] com poderes para se esquivar à justiça, a ela confiada a tarefa de compelir os recalcitrantes ao pagamento de tributos, quintos e contribuições. A tropa regular e os auxiliares, segundo um documento da época, apenas encontram um oficial de justiça, vestem suas fardas, retirando do caminho os funcionários da Justiça.[47] O governador de Minas Gerais — e, entre todos, o padrão será Cunha Meneses, o "Fanfarrão Minésio" das *Cartas chilenas* — forma batalhões e mais batalhões, elevando os corpos de treze para quarenta. A capitania via-se militarizada de alto a baixo, com 24998 homens armados, com o pretexto de economizar soldos nos regimentos pagos, na verdade para engrandecer seu prestígio e dourar fidelidades, num momento — a hora do esgotamento das minas — em que estariam vivas, sob as decepções, as rebeldias. Essa obra, empreendida na véspera da Conjuração Mineira, revela o tino do político: brancos e pardos conquistavam patentes e honras, insuflado, com a farda, o sentimento de obediência à autoridade. Além disso, as patentes — ao que murmura o ácido Critilo — enchiam os bolsos do governador e da sua pequena, postiça e autoritária corte. Verdade que Lisboa não aceitava o excesso, deixando de confirmar muitas patentes, com agravo ao despótico capitão-general. Chegou a Coroa a anular a criação de unidades. Nas instruções ao visconde de Barbacena (1788), lembrou a metrópole que a tropa regular — os dragões — era indispensável para exercer as funções de

> guardas, registros, patrulhas, destacamentos, e diferentes outros serviços; e sobretudo para conter, e fazer respeitar as leis, e a autoridade do governo, ao grande concurso de gente de todas as qualidades, bons, maus, e péssimos além dos habitantes do país, que de todas as partes concorrem a ele levados da ambição do ouro, e para marchar enfim em tempo de guerra àquela parte do continente da América, em que este socorro se fizesse preciso.[48]

Estranhava, entretanto, a "desordenada irregularidade" da criação de corpos irregulares, recomendando sua redução de acordo com a utilidade, corrigido o abuso, existente em outras capitanias. Igual política seguia o capitão-geral com respeito às ordenanças, a cujo corpo pertence o Capanema das *Cartas chilenas* (Livro 9, 387), que teria largado boas placas para lograr de "capitão maior a vermelha farda". Esse singular Capanema — Francisco José da Silva Capanema —, mercador elevado ilegitimamente a oficial, homem com loja de fazenda, botica e taberna, inscreve na imponente casa recém-construída o letreiro: "Quem dinheiro tiver fará o que quiser". Na representação à rainha que os povos de Pitangui contra ele fizeram (1799) apontam-no "como lobo faminto antepondo o aumento dos seus interesses aos de utilidade pública, vexa os pobres, oprime os desvalidos, e faz quanto pode fazer um monstro o mais indômito, o mais feroz".[49] Usava a cadeia e o tronco contra seus concorrentes e inimigos, sem piedade, no uso de poderes que a patente lhe permitia. Milícias e ordenanças, o segundo e o terceiro graus da reserva, equiparam-se em autoridade, todas dependentes das ordens do governador, com desrespeito à magistratura e ao clero, representantes, à época, da estrutura civil. Contra a justiça erguem-se os "atrevidos soldados", que "riscam do rol dos delinquentes" e dos autos o nome dos protegidos do chefe militar. A milícia, criada para guarda dos vassalos, torna-se "a mesma que nos priva do sossego" (*Cartas chilenas*, 9, 367). Com os olhos em Pernambuco, Koster caracterizou a administração do Brasil como militar: todos os homens, entre dezesseis e sessenta anos, deveriam pertencer às milícias ou às ordenanças, também lá preocupado o governador em aumentar os corpos da tropa.[50]

Os milicianos moldaram a sociedade do interior, assegurando-lhe, com seu vínculo ao rei, a disciplina, a obediência e o respeito à hierarquia. Além disso, revigoraram a tropa de linha, com a possível transferência para este corpo, como ocorreu com o marechal José de Abreu, o primeiro Mena Barreto e outros. O Rio Grande do Sul não seria brasileiro sem as milícias; o frágil regimento de Dragões não impediria a pressão castelhana.[51] As bandeiras são outro fruto das milícias, investidos seus chefes de honrosas patentes, falando em nome do rei.[52] O papel de integração, empreendido pelas milícias, entre a ordem pública e a turbulência social, mereceu lúcida compreensão dos estadistas coloniais. O marquês de Lavradio, em 1799, assinala:

> Estes povos em um país tão dilatado, tão abundante, tão rico, compondo-se a maior parte dos mesmos povos de gentes de pior educação, de um caráter, o mais libertino, como são negros, mulatos, cabras, mestiços, e outras gentes semelhantes, não sendo sujeitos mais que ao Governador e aos magistrados, sem serem primeiro separados e costumados a conhecerem mais junto assim outros superiores que gradualmente vão dando exemplo uns aos outros da obediência e respeito, que são depositários das leis e ordens do Soberano, fica sendo impossível o poder governar sem sossego e sujeição a uns povos semelhantes.[53]

Sem as milícias, o tumulto se instalaria nos sertões ermos, nas vilas e cidades. Verdade que, com elas, o mandonismo local ganhou corpo, limitado à precária vigilância superior dos dirigentes da capitania.

A nobilitação das milícias dava lugar às zombarias dos fidalgos e dos letrados incorporados à aristocracia. As prescrições antigas de limpo sangue, de avós de linhagem pura, de pele branca perdem o vigor: tendeiros e mulatos conquistam os postos, elevados os próprios negros, graças às proezas da guerra pernambucana, às mais altas dignidades. Vilhena arrola, entre os regimentos (antigos terços) das milícias: os Úteis, composto de comerciantes e seus caixeiros; o de Tropa Urbana, integrado de artífices, vendeiros, taberneiros e outros homens brancos; o Auxiliar de Artilharia, com os pardos e mulatos livres; e o dos Henriques, em homenagem a Henrique Dias, formado de pretos forros. Todos, com exceção do regimento dos pretos, são exercitados por um sargento-mor e um ajudante, saídos da tropa de linha, pagos pelo Senado da Câmara.[54] Fardam-se à sua custa, sem dispensar soldos e ajudas, requerendo os heróis de guerra ao soberano pensões e tenças, pelos serviços prestados, tal como outrora demonstrara Diogo do Couto no *Soldado prático* e como documentam os postos e privilégios concedidos aos guerreiros que libertaram Pernambuco. O mulato ganhava atestado de brancura com o posto: um capitão-mor era, mas já não é mulato. Atônito, o estrangeiro Koster pede uma explicação: "— Pois, Senhor, um Capitão-Mor pode ser mulato?".[55] O ácido Critilo, letrado com fumos aristocráticos, não esconde seu espanto: o Fanfarrão Minésio (o governador Luís da Cunha

Meneses, da capitania de Minas Gerais) militarizou a capitania, nomeando coronéis, tenentes-coronéis e oficiais, para conquistar afeições e lealdades, sem respeitar o sangue velho e a idade tenra. Ele "agarra tudo", "alista o povo inteiro":

> E também, Doroteu, contra a polícia
> Franquearam-se as portas, a que subam
> Aos distintos empregos, as pessoas
> Que vêm de humildes troncos. Os tendeiros,
> Mal se veem capitães, são já fidalgos;
> Seus néscios descendentes já não querem
> Conservar as tavernas, que lhes deram
> Os primeiros sapatos e os primeiros
> Capotes com capuz de grosso pano.
> Que império, Doroteu, que império pode
> Um povo sustentar, que só se forma
> De nobres sem ofícios?[56]

Os negros, crioulos e mulatos conquistam os postos, com a indignada censura do branco. A crítica volta-se, porém, para o alvo certo: as patentes afidalgam, levam o mulato e o negro livre a desprezar o trabalho para se elevar, verticalmente, com o galão nobilitador. O vendeiro e o mercador abandonam a taberna e a mercearia para viver a lei da nobreza, ociosa e improdutiva. Daí sai o parasitismo, agarrado, para se sustentar, às honras militares. A autoridade civil — a queixa é de Critilo e de Vilhena, reforçada pelas palavras do marquês de Lavradio — se amesquinha, com o predomínio insolente da espora. A militarização do civil, integrado nas tropas auxiliares, realça a hierarquia e o paradigma social, fixados no corpo regular, na tropa de linha. "Não há" — geme Critilo — "não há distúrbio nesta terra / De que mão militar não seja autora."[57] Vilhena não fala das "atrevidas fardas", mas lhes nota sua incivilidade, que não se dá ao trabalho de cortejar as autoridades civis.[58] Dentro do arbítrio, a tropa acompanhava o exemplo de cima, ciosa de que dela e só dela, em última instância, dependia a autoridade, o respeito aos chefes, a obediência ao soberano. De toda parte, a elite colonial percebe o efeito nocivo de incorporar toda a população aos regimentos auxiliares ou de linha, engajamento que arrebata os valores sociais para outra esfera: a falsa, mas operante, aristocracia colonial. Um reino bem regido — reclama o autor das *Cartas chilenas* — não se forma só de soldados; "tem de tudo: tem milícia, lavoura e tem comércio".[59] Os regimentos dos comerciantes e caixeiros seria melhor que não existissem

> pelos inconvenientes que vêm ao comércio, coluna a mais forte, em que se sustenta esta importantíssima colônia; em razão das guardas, e exercícios, se perdem os caixeiros que

seus patrões zelam, com muita razão mais do que se fossem donzelas, por lhes mostrar a experiência diária, que aquelas distrações, e liberdades lhes são em extremo prejudiciais, em uma cidade como a Bahia, onde a lassidão é modo de vida, e onde aparecem mil harpias para cada um Fineu. O serviço que eles fazem, quando montam guarda, melhor fora se não fizessem, porque tudo são desordens, tudo inquietação, e desaforos indignos do negro mais vil, e dissoluto.[60]

A crítica percute ainda no século XIX, quando a Guarda Nacional lembrará as velhas milícias e ordenanças: a patente, ao tempo que enriquece a galeria militar, desmente a doutrina bramânica, que tira dos braços de Brama os soldados, reservado o ventre para produzir comerciantes e agricultores.[61] O posto honorífico atrai todas as cobiças. O espetáculo de suas paradas varia de capitania a capitania: no Rio de Janeiro, os escravos carregam os mosquetes, os tambores e a bandeira dos oficiais, enquanto no Rio Grande do Sul, em guerra constante, apesar da farda rota e o equipamento ruim, o garbo impressiona o viajante.[62]

As tropas de linha, com o apêndice das milícias, desaguadouro dos conquistadores e aventureiros dos séculos XVI e XVII, formam a segura base e o penhor da obediência aos capitães-generais. O corpo regular de militares, saído dos homens de peleja de Tomé de Sousa, profissionaliza-se e se torna o exército permanente, organizado no fim do século XVIII, em termos de lealdade à metrópole. Para preencher seus claros inferiores, o recrutamento aterroriza o sertão e as vilas, em sistema que Portugal transmite à colônia. O gado humano é apanhado à força, dispensados depois os apadrinhados e os que usam as sutilezas da pecúnia.[63] Somente os pobres e os desamparados não conseguem provar a incapacidade física: de quatrocentos homens apenas trinta acabam nas linhas, com o despovoamento das lavouras e a fuga das vilas.[64]

> É nessa ocasião que a tirania tem o seu esplendor, que o capricho e o arbítrio se aliam e que a mais injusta parcialidade prevalece, e se executa a mais intolerável opressão. O fato é que todo o país se arma, uns contra os outros, e todos os meios de surpreender cada um são usados pelo vizinho. [...] Vingança, violência, fraude, quebra de confiança, são estimuladas e, em lugar de sua supressão, recebem encorajamentos.[65]

O pavor ao serviço militar, a fuga ao dever de servir no Exército se prolongará até o Império, quando as comissões de recrutamento eram expulsas, no interior, pelas mulheres. D. Pedro II escusava-se de ampliar a tropa de linha, além da falta de recursos financeiros, pela "extrema repugnância dos brasileiros pelo serviço militar".[66] O serviço militar, como profissão e atividade permanente, sem as patentes superiores, não afidalgava nem era meio de vida conveniente. O soldo e a farda sem galões de nada valiam: refúgio de maus elementos, mulatos e camponeses pobres, desvalidos e trabalhadores urbanos. O olho guloso do comerciante fixa-se em outro ponto: na patente superior, que eleva, dignifica e enobrece, reservada ao comerciante, ao mulato cobiçoso de grandezas e ao áulico do governador.

A organização militar constitui a espinha dorsal da colônia, elemento de ordem e disciplina, auxiliar na garantia da cobrança dos tributos e dos privilégios reais. O caráter, a postura vertical, os padrões europeus de ética foram infundidos pelo padre, sobretudo pelo jesuíta. O missionário encontrou duas tarefas diante de si: a conquista espiritual do indígena e o domínio do branco, contendo o deslumbramento do português diante da presa sexual e da presa apta ao trabalho não pago. Obra, em conjunto, de integração de duas culturas, desde o início separados os valores superiores em duas direções, os do colono e os do diretor de consciências. No comando das orientações em dissídio, na cúpula do sistema está, sempre e ainda uma vez, o Estado, com uma circunstância especial: a história portuguesa conseguira, desde suas origens, vencer, vigiar, limitar o clero, mas jamais o absorvera como fizera com a nobreza. Comando, portanto, formal, tênue, cheio de desconfianças mútuas, em estrutura que se prolongará no Império e encontrará o desfecho na República, com a separação do Estado da Igreja. No século XV, a Igreja, apesar das reminiscências cesaripapista, está "profundamente dominada pelo Estado".[67] Como habitualmente sucede, a submissão do padre — submissão relutante, inconformada e não liberta de desconfianças — decorreu da dependência financeira, entrosada no leal entendimento, composto na Idade Média, entre os desígnios papais e o dos reis de Portugal. A expansão marítima portuguesa fez-se sob as bênçãos papais, como uma cruzada moderna. As bulas reconhecem e aprovam os primeiros passos da conquista da monarquia portuguesa, consagrada com a bula *Inter Coetera* (1456), a base do padroado, entregues as terras novas à Ordem de Cristo. Com a incorporação da Ordem de Cristo à Coroa (d. Manuel), os "dízimos de Nosso Senhor Jesus Cristo" integraram-se nas rendas públicas, redistribuídas as despesas, às vezes em quantia superior à arrecadada, ao sustento do clero e suas empresas. O trato direto do rei com o papa, em negociações facilitadas pela velha lealdade e fidelidade da monarquia portuguesa, assegurou o controle da Igreja, com a redução do clero a um ramo da administração pública.

> Em resumo [escreve Américo Jacobina Lacombe] o padroado consistiu praticamente no controle das nomeações das autoridades eclesiásticas pelo Estado e na direção, por parte deste, das finanças da Igreja. Mas, na verdade, de tal maneira estava a administração eclesiástica entrosada na máquina administrativa do governo civil, que seria difícil ao vulgo ver nela não um departamento do Estado, mas um poder autônomo.[68]

Dentro dessas linhas se fixou a organização eclesiástica do Brasil na cúpula colonial: o primeiro bispo de Salvador (1554), com seus oito sucessores, até que, em

1676, a diocese da Bahia se eleva à categoria de arquidiocese, reconhecido ao arcebispo, até a república, o caráter de metropolitano de toda a província eclesiástica. No fim da colônia o Brasil se estrutura desta forma: o arcebispado da Bahia, seis bispados (Rio, Pernambuco, Maranhão, Pará, Mariana e São Paulo) e duas prelazias (Goiás e Mato Grosso), circunscrições estas de transição para os bispados. Na cúpula do sistema, sediado na corte, a Mesa de Consciência e Ordens dirimia os conflitos e provia as matérias concernentes ao governo espiritual.

A Igreja exercia atribuições de ordem administrativa da maior relevância: os registros de nascimento, o casamento com todas as suas vicissitudes jurídicas e a morte estavam a seu cargo. A assistência social da colônia não encontrava outro remédio senão na Igreja, entregue ao seu cuidado o ensino. O clero ordenava as relações domésticas, vigiando todas as suas particularidades, dele dependendo a vida social da colônia, com as ruidosas festividades nos pátios dos templos, onde as dispersas populações confraternizavam. Nos engenhos e nas fazendas, os párocos, aliados à categoria dos proprietários, davam cunho ideológico às resistências contra o despotismo da pesada, dura e cruel administração colonial. Contrapunham-se aos padres burocratas, subvencionados pelas côngruas saídas dos cofres públicos. As despesas eclesiásticas, graças às quais foi possível a catequese, atingiam na fase inicial da colonização o maior vulto, somente superadas pelos gastos militares.[69] O rei dotava as corporações religiosas, para o custeio de suas obras, com terras e escravos, além de dedicar-lhes rendas especiais. O pagamento aos padres sofria as mesmas dificuldades, retardamentos e incertezas que atingiam os demais funcionários civis e militares.

De todas as ordens religiosas, franciscanos, capuchinhos, beneditinos, carmelitas, oratorianos, responsáveis estes pela educação liberal de alguns homens públicos, nenhuma desempenhou, durante dois séculos (1549 a 1759), o papel dos jesuítas, junto aos indígenas e aos colonos. Nenhuma ordem, como esta, mais irredutível aos interesses econômicos dos colonos, nenhuma mais rebelde aos ditames da administração. Representou, na dissolução de costumes dos invasores brancos, a moral romana e europeia, enrijecida pelo Concílio de Trento, no espírito da Contrarreforma. Herdeira, pela inassimilação secular do clero, da voz dos profetas, defendeu uma causa, só eles coerentes num mundo subvertido pelo caos: a disciplina da sociedade a padrões religiosos. A Ordem, ao contrário das demais, vincula-se à mais estrita obediência ao papa, por meio de solene voto. A família e o Estado são desprezados, em benefício de missão mais alta e consagrada diretamente ao chefe da Igreja. Nessa submissão havia um dissídio íntimo e cheio de consequências latentes com o padroado. No trato com o indígena, sem respeito ao colono e a seus imediatos interesses, em desafio às autoridades do mundo, tudo levaria o jesuíta a uma organização teocrática. Obstou-lhe o passo — ao contrário da sociedade espanhola, embora também presa ao padroado — a rígida integração do Estado português, estruturado com base na supremacia do poder civil. Os bandeirantes e os colonos do Norte defenderam o poder civil, compreendido o catolicismo dentro do Estado, identificado com a grei portuguesa. A organização política de Portugal nunca assentou, como a espanhola, sobre a Igreja, Igreja, contudo, limitada pelo padroado.[70] O respeito devotado ao padre e ao clero, a obediência aos padrões religiosos, não impediram que a supremacia civil mantivesse suas prerrogativas de comando, alicerçadas numa secular luta. O que as ordens religiosas conseguiram, no Brasil, foi, no máximo, sobretudo pelo esforço dos jesuítas, a conservação da moldura religiosa da sociedade. Enquanto as outras ordens transigiram com a flutuante e dissolvente moral da terra, na qual os transmigrados seriam um bando desaçaimado de garanhões e de escravizadores e a indiada, matéria-prima do bordel dos sertões, os jesuítas, os "donzelões intransigentes",[71] se mantiveram incólumes ao apelo da carne e à cobiça escravagista.

O domínio do indígena, sua integração à cultura europeia, pareceu à autoridade metropolitana obra do missionário, com a catequese como o "prelúdio da submissão da raça inferior. Após o homem do Evangelho, com ele muitas vezes, aparecia o soldado, e em seguida o colono traficante. O episódio da conversão tinha por desfecho a fazenda agrícola, o engenho, a servidão doméstica".[72] O colono queria o índio convertido em mão de obra barata, em escravo, escravo com os sentimentos humildes do bom cristão, modelado pelo missionário. A esse desígnio obedecia o franciscano, menos rígido e menos intransigente que o jesuíta, num sistema de *hibridismo* cultural e de ascendência do branco.[73] No primeiro contato com a terra virgem, também assim teria pensado o jesuíta, fundado nos processos persuasivos de catequese. A colonização acompanharia a catequese, feitos os índios cristãos e sujeitos ao branco.[74] Não tardam a perceber o engano, fundado em duas hipóteses falsas: a mansidão do indígena e a moderação do colono. O colono quer braços e concubinas; o índio, arrancado de seus costumes, reage com ferocidade contra o branco, rebelde na sua cultura bravia. A solução híbrida não lhes parecerá outra coisa que a barbarização do branco e a degradação do vermelho. O isolamento do índio, entregue a si próprio, somente vinculado ao português por meio de alianças e com a divisão das tribos rivais para equilibrar seu poder, parecer-lhes-á traição ao imperativo missionário. O alvitre que lhes ocorre, em desvio aos dois sistemas, seria a segregação vigiada, da qual o aldeamento era uma modalidade. Para alcançar os sertões, para sair da praia e invadir o interior, desesperançados da persuasão pacífica, o caminho devia ser aberto a fogo, num plano onde está implícita a obediência do conquistador ao padre, cabendo a este legitimar o cativeiro. Nóbrega, em 1558, lança as bases de seu plano colonizador, no qual a espada impaciente, filha do brio português, teria o primeiro papel.

> E são tão cruéis e bestiais [observa o jesuíta] que assim matam aos que nunca lhes fizeram mal, clérigos, frades, mulheres de tal parecer, que os brutos animais se contentariam

delas e lhes não fariam mal. Mas são estes tão carniceiros de corpos humanos, que sem exceção de pessoas, a todos matam e comem, e nenhum benefício os inclina nem abstém de seus maus costumes, antes parece e se vê por experiência, que se ensoberbecem e fazem piores, com afagos e bom tratamento. [...] Este gentio é de qualidade que não se quer por bem, senão por temor e sujeição, como se tem experimentado e por isso se S. A. os quer ver todos convertidos mande-os sujeitar e deve fazer estender os cristãos pela terra adentro e repartir-lhes o serviço dos índios àqueles que os ajudaram a conquistar e senhorear, como se faz em outras partes de terras novas, e não sei como se sofre, a geração portuguesa que entre todas as nações é a mais temida e obedecida, estar por toda esta costa sofrendo e quase sujeitando-se ao mais vil e triste gentio do mundo.

[...]

Sujeitando-se o gentio, cessarão muitas maneiras de haver escravos mal havidos e muitos escrúpulos, porque terão os homens escravos legítimos, tomados em guerra justa, e terão serviço e vassalagem dos índios e a terra se povoará e Nosso Senhor ganhará muitas almas e S. A. terá muita renda nesta terra, porque haverá muitas criações e muitos engenhos já que não haja muito ouro e prata.

Devia de haver [acrescenta ao assentar a cúpula de seu plano colonizador e catequizador] um protetor dos índios para os fazer castigar quando o houvessem mister e defender dos agravos que lhes fizessem. Este devia ser bem salariado, escolhido pelos Padres e aprovado polo Governador. Se o governador fosse zeloso bastaria ao presente.[75]

Os objetivos da obra missionária seriam evitar que o indígena comesse carne humana, se lançasse às suas guerras permanentes e corresse o sertão, sem pouso. Os índios se vestiriam e adotariam a monogamia, com o afastamento das crianças do mau exemplo paterno, embora muitos, apenas crescidos, voltem à magia do sertão, com o abandono da fé e dos preceitos cristãos. Os colonos, entretanto, não queriam cristãos, mas escravos, desejo que os padres não recusariam, com o negro, num acordo de tendências, advogado pelos jesuítas.[76] Daí a contradição: o escravo índio estaria submetido a restrições, enquanto o escravo negro não tinha nenhum direito, salvo o da brandura cristã dos senhores. Dessa sorte inaugura-se o mais profundo dissídio colonial, entre jesuítas e colonos, entre jesuítas e bandeirantes, entre jesuítas e câmaras municipais, entre jesuítas e as milícias, e, por fim, entre jesuítas e governo. À baixa extração dos colonos atribuíam os padres a indianização moral do português, instando com o rei para mandar ao Brasil homens de melhor origem. Por "melhor gente", por gente rica capaz de obter escravos importados, clamavam os padres,[77] vendo no aventureiro o povoador transitório, embriagado pela carne fácil e pelo trabalho alheio. Na região amazônica, como outrora nas terras vicentinas, onde as culturas pobres não permitiam o negro, a luta se fez contínua, até a expulsão dos jesuítas. Sem o índio não haveria produção, sem produção não haveria colonos e conquistadores, sem estes a fronteira se perderia. A legislação portuguesa, varrida de interesses contraditórios, tergiversou entre um polo e outro, ao sabor das influências, ora poderosas dos jesuítas, ora incontrastáveis dos colonos.[78] No fundo, os jesuítas se mantinham irredutíveis, apesar das concessões secundárias, numa doutrina, inaceitável para os colonos e para o rei: "a liberdade dos índios, com isenção da autoridade civil e sujeição incondicional aos missionários".[79] As aldeias ficariam incólumes aos agentes régios e à corruptora influência do branco. Um gigante iluminou a cena da secular batalha, na voz do padre Antônio Vieira. Ele não se opunha à escravidão, mas queria escravidão sem o demônio de permeio — para os negros o reino dos céus redimiria o martírio, transformando-os, na vida futura, "posto que pretos, em anjos".[80] O cativeiro deveria ser lícito, isto é, aprovado e regulamentado pelos jesuítas, admitida a tomada do índio em duas hipóteses: os resgatados das cordas de seus semelhantes e os conquistados em justa guerra. Os outros seriam aldeados ou repartidos pelos moradores, com serviço de seis meses ao ano, mediante salário.

> Este povo, esta República, este Estado, não se pode sustentar sem índios. Quem nos há de ir buscar um pote de água ou um feixe de lenha? Quem nos há de fazer duas covas de mandioca? Hão de ir nossas mulheres? Hão de ir nossos filhos? — Primeiramente [esclarecia o grande orador] não são estes os apertos em que vos hei de pôr, como logo vereis; mas quando a necessidade e a consciência obriguem a tanto, digo que sim, e torno a dizer que sim: que vós, que vossas mulheres, que vossos filhos e que todos nós nos sustentássemos dos nossos braços; porque melhor é sustentar do suor próprio, que do sangue alheio. Ah fazendas do Maranhão, que se esses mantos e essas capas se torcerem, haviam de lançar sangue.[81]

Essa batalha, na parte que procura segregar e libertar o índio, perderam-na os jesuítas. O Estado português não permitia outro poder senão o de sua administração e de seus agentes, frustrado o plano de uma teocracia limitada ao sertão. Perderam-na também no ponto em que procuraram evitar o hibridismo, na indianização do branco, no desenfreado gosto por muitos braços escravos, no amor à submissão, às superstições, na conquista de muitas mulheres, com o puritano modelo de família. Mas a guerra eles a venceram, em profundidade e em amplitude histórica: o padrão europeu e católico de moral se transplantou na conquista portuguesa, padrão, na verdade, nem sempre obedecido na consciência, mas respeitado na conduta exterior. A cultura nativa deixou traços, reminiscências, resíduos: seu conteúdo ósseo se perdeu, substituída pela predominância portuguesa, infiltrada — apenas infiltrada — de águas subterrâneas, degradadas, espiritualmente degradadas. A conciliação das duas culturas seria impossível, como impossível a segregada permanência do indígena. Em todos os tempos, as culturas, quando se encontram, combatem, com o sacrifício de uma, num permanente processo de trituramento interior, com a sobra da nostalgia idealizada da civilização perdida e soterrada, longínqua e morta. Os desagregadores e persistentes sentimentos, os costumes indígenas e negros nada puderam contra o núcleo europeu de cultura, que a língua e a ética expressaram: os jesuítas

> levantaram uma barreira à desintegração da herança cultural de que eram depositários e de que foram, na colônia, os mais autorizados representantes e os propagadores mais ardentes. As águas que colheram nas fontes da igreja e nas tradições da Metrópole e que fizeram derivar das altas cumeadas de seus colégios, derramaram-se pelas duas vertentes — a das senzalas e a das aldeias de índios. Embora não tenham chegado com todo o seu esforço a neutralizar as influências que foram enormes, das duas culturas — indígena e, sobretudo africana, a mais próxima e penetrante—, é certo que conseguiram contê-las bastante para que a unidade cultural não se dissolvesse ou quebrasse sob a pressão permanente de uma extraordinária diversidade de elementos heterogêneos.[82]

Essa obra teve um preço, que a cultura brasileira rigorosamente pagou. A espontaneidade da criação artística, a incorporação da ingenuidade literária na obra culta, o vínculo vivo entre povo e letrados ficaram comprometidos. O padre, dessa sorte, embora impelido para uma constelação autônoma de valores, relutante a se subordinar à ordem civil, contribuiu para reforçar a tendência de concentrar, em poucas mãos e numa camada homogênea de comando, a direção da vida espiritual, autoritariamente fixada e congelada. Outra corrente, aberta à ciência experimental e engrossada pelo liberalismo, já nos dias da independência, procurará desacreditar a austera fisionomia imposta de fora, fisionomia severa e, muitas vezes, cruel na sua rispidez. No fundo, quebrada a comunicação entre as forças primárias e a disciplina culta, haverá, por muito tempo, na superfície do mundo da cultura, troca de roupagens, com a importação de peças mais novas e mais vistosas. O alheamento do comando ao povo comandado — alheamento político e cultural — será definitivo, irrevogável, permanente. Mais forte do que a emancipação à autoridade civil e o tropismo à direção do pontífice revelou-se a integração na ordem da rede burocrática: o padre cedeu à prisão do padroado e à dependência econômica, funcionário também ele num universo de funcionários.

Uma imensa cadeia, formada aos pés do rei e alongada na colônia, penetra em todas as atividades. O plantio de cana, a extração de madeiras, a lavra das minas obedeciam aos interesses fiscais do Estado. A consciência do homem, sua palavra e suas expressões políticas estavam à mercê dos censores, censores informais ligados ao padre e ao funcionário. A burguesia se enobrece com a compra de cargos, o pardo se afidalga com o uniforme das forças paramilitares. O cargo domestica turbulências dispersas, imantando, na sua dignidade, a submissão ao soberano. O velho e tenaz patrimonialismo português desabrocha numa ordem estamental, cada vez mais burocrática no seu estilo e na sua dependência. O rei, por seus delegados e governadores, domina as vontades, as rebeldes e as dissimuladas: "neste Estado há uma só vontade" — escrevia o padre Antônio Vieira, em 1655 — "e um só entendimento e um só poder, que é o de quem governa".[83] O poder é o poder — esta a fórmula ainda dominante no Segundo Reinado, na palavra sem adjetivos de um tribuno, o primeiro que falou em nome de uma facção, o povo.

3 | As classes: transformações e conflitos

A SOCIEDADE COLONIAL não esgota sua caracterização com o quadro administrativo e o Estado-maior de domínio, o estamento. Essa minoria comanda, disciplina e controla a economia e os núcleos humanos. Ela vive, mantém-se e se articula sobre uma estrutura de classes, que, ao tempo que influencia o estamento, dele recebe o influxo configurador, no campo político. O patrimonialismo, de onde brota a ordem estamental e burocrática, haure a seiva de uma especial contextura econômica, definida na expansão marítima e comercial de Portugal. A burguesia, limitada na sua vibração e vinculada nos seus propósitos ao rei, foi incapaz, incapaz secularmente, de se emancipar, tutelada de cima e do alto.

A classe é um fenômeno da economia e do mercado, sem que represente uma comunidade — embora a ação comunitária seja possível, provável e frequente com base na situação comum e em interesses homogêneos. Ter ou não ter — obter lucros, possuir bens, ou desfrutar de ingressos econômicos em virtude de habilitação profissional — situam a classe, positiva ou negativamente qualificada. O ter e o não ter, a capacidade de lucro ou salário refere-se ao mercado, aos valores que se podem fixar em termos econômicos, redutíveis, em expressão última, ao dinheiro.[84] As classes, nas suas conexões com o domínio, o comando e a política, ganham ascendência com a sociedade burguesa, com a Revolução Industrial. Num período pré-capitalista — de capitalismo comercial ou de capitalismo politicamente orientado —, elas se acomodam e subordinam ao quadro diretor, de caráter estamental. Suas pretensões de se apropriar das decisões do Estado ou do seu mecanismo se perdem na mediação de outras categorias, fortes para a ação imediata somente com o predomínio da sociedade industrial. As formas sociais e jurídicas assumem caráter constitutivo na estrutura global, estabilizando as manifestações econômicas, freando o domínio das classes.[85] Essa posição subalterna das classes caracteriza o período colonial, com o prolongamento até os dias recentes, sem que o industrialismo atual rompesse o quadro; industrialismo, na verdade, estatalmente evocado, incentivado e fomentado. Numa sociedade dessa sorte pré-capitalisticamente sobrevivente, apesar de suas contínuas modernizações, a emancipação das classes nunca ocorreu. Ao contrário, a ascensão social se desvia, no topo da pirâmide, num processo desorientador, com o ingresso no estamento. A ambição do rico comerciante, do opulento proprietário não será possuir mais bens, senão o afidalgamento, com o engaste na camada do Estado-maior de domínio político.

O processo de decantação tipológica indicará as classes que ocupam o tabuleiro social num plano teórico: a classe proprietária, a classe lucrativa e a classe média. A classe proprietária se define pelas diferenças de bens, que determinam a situação dos membros. O setor positivamente privilegiado se compõe de senhores de rendas — rendas colhidas em imóveis, escravos, barcos, valores e créditos. No polo contrário, gemem os objetos da propriedade (escravos), *déclassés*, devedores, pobres. A classe lucrativa (especulativa) encontra seu caráter nas probabilidades de valorização de bens e serviços no mercado — comerciantes, armadores, industriais, empresários agrícolas, banqueiros e financistas, e, mediante certas circunstâncias, profissionais liberais de grande e qualificada clientela, mais orientadores econômicos, associados aos primeiros, do que dependentes de honorários. Os trabalhadores, qualificados, semiqualificados e braçais, se agrupam no extremo negativamente privilegiado. A chamada classe média recolhe as camadas intermediárias dos grupos de proprietários e especuladores e mais setores de expressão própria: a pequena burguesia antiga e a nova classe média dos empregados com status quase autônomo (*white collar*). Na classe proprietária predomina a tendência à estabilidade social, enquanto a classe lucrativa se beneficia das mudanças sociais.[86] Pelo estilo de vida, a classe proprietária e certos setores da classe média são os que mais se aproximam do estamento. Não obstante, no sistema global português-brasileiro o estamento assenta, viça e se desenvolve sobre a classe lucrativa, com os impedimentos e limitações que a condicionam, voltando-a para o capitalismo comercial e o capitalismo politicamente orientado, que se desenvolveu à ilharga da velha monarquia de Avis.

A tradicional visão da sociedade da colônia dos dois primeiros séculos reduz as classes a duas, senão a uma, em seus dois polos extremos: o proprietário rural, com engenhos e fazendas, contraposto à massa dos trabalhadores do campo, escravos e semilivres.[87] O proprietário rural, com a economia assentada na sesmaria latifundiária, ganharia status aristocrático, em simbiose com a nobreza de linhagem. Mais um passo: o "aristocrata" comandaria a vida política local, controlando e calando muitas vezes a supremacia administrativa reinol. Volvidos dois séculos, o comércio, com as concentrações urbanas, se levantaria, em aliança com o rei, para nova mudança nas peças do xadrez. A tese sofre da projeção das sombras feudais, esteticamente entrevistas na colônia, adensada pelo trânsito da ordem econômica na estrutura política, sem respeito à armadura fixada em muitos séculos da monarquia lusa. A aparência jura em favor do esquema, aparência colhida nos cronistas e viajantes do período colonial. Fernão Cardim descreve, no primeiro século, salivando de gulodice, "os grandes banquetes de extraordinárias iguarias" que lhe foram oferecidos nas fazendas e engenhos: "Em Pernambuco se acha mais vaidade que em Portugal".[88] Cem anos depois, Antonil doura o quadro com o fumo aristocrático:

O ser senhor de engenho é título a que muitos aspiram, porque traz consigo o ser servido, obedecido e respeitado de muitos. E se for, qual deve ser, homem de cabedal e governo, bem se pode estimar no Brasil o ser senhor de engenho, quanto proporcionalmente se estimam os títulos entre os fidalgos do Reino.[89]

Os lavradores, os oficiais e os escravos dependem do senhor de engenho. Igualmente, já no século XIX, Tollenare e Koster sentiram, no interior da zona açucareira, a supremacia do senhor de engenho, supremacia esbanjadora, envolta em luxúria e muitas vezes cruel.

Essa perspectiva, todavia, projeta-se apenas internamente, desdenhosa da administração e dos empórios comerciais, penetrando na realidade rural. Será uma visão, para o tempo, viciada pela troca de datas: ela alcança o Brasil, não como colônia e economia dependente, mas como metrópole. São olhos — pode-se dizer sem quebra do respeito que merecem historiadores e sociólogos —, são olhos provincianos, perturbados pelo latifúndio e pelo município. Sem aprofundar as linhas de suas observações, bem percebeu Capistrano de Abreu as duas faces da vida econômica colonial, a face internacional e interoceânica, e a face interna,[90] mal advertido que o comércio por via metropolitana dá a vida, a luz e o calor à fazenda de plantação.

Um veio esquecido leva a subverter o esquema tradicional, com o discernimento de vínculos e ligações que conduzem à metrópole, à sua secular estrutura econômica e social. Aberta a economia açucareira na colônia, depois que, no mundo, o açúcar deixa de ser especiaria para se converter em mercadoria do comércio em grande escala, os historiadores escamoteiam da cena os negociantes, financiadores de dinheiro e de escravos, afastando-os da face da vida brasileira. O predomínio mercantil da atividade metropolitana como que some na aventura da Índia, sem deixar vestígios. João de Barros já revela, entretanto, o miolo da própria expedição de Cabral, denunciando a presença dos donos e armadores de navios, comerciantes e nobres, envoltos na cobiça.

> Os capitães dos outros navios eram Diogo Barbosa, criado de dom Álvaro, irmão do duque de Bragança, pelo navio ser seu, e Francisco de Novais, criado de el-rei, e o outro era Fernão Vinet, florentim de nação, pelo navio em que ele ia ser de Bartolomeu Marcioni [Marchioni], também florentim, o qual era morador em Lisboa, e o mais principal em substância de fazenda que ela naquele tempo tinha feito.
>
> Ca ordenou el-rei, para que os homens deste reino, cujo negócio era comércio, tivessem em que poder tratar, dar-lhe licença que armassem naus para estas partes, delas e certos partidos e outros a frete, o qual modo de trazer a especiaria a frete ainda hoje se usa. E, porque as pessoas a que el-rei concedia esta mercê, tinham por condição de seus contratos, que eles haviam de apresentar os capitães das naus ou navios, que armassem,

os quais el-rei confirmava, muitas vezes apresentavam pessoas mais suficientes para o negócio da viagem e carga que haviam de fazer, do que eram nobres por sangue.[91]

No mesmo sistema, o pau-brasil foi entregue, por contrato, a um poderoso comerciante. Daí por diante, a paisagem dos canaviais e dos engenhos obscureceu as cordas que movem os escravos e as máquinas. Quem os recorda, entretanto, são os próprios viajantes e cronistas dos primeiros séculos, já em plena euforia açucareira. A terra doada, as sesmarias obtidas sem dinheiro, fazem supor que, do chão americano, surgiu, sem outros esteios, a exploração açucareira. O viço das casas senhoriais, a mesa esbanjadora, o luxo farto conduz a muitos enganos. Essas exterioridades custavam, na verdade, muito, assentadas sobre o escravo e o investimento do engenho. Gandavo (1576) não se cansa de insistir: os moradores todos têm terras, mas "a primeira cousa que pretendem alcançar são escravos para lhes fazerem e granjearem suas roças e fazendas, porque sem eles não se podem sustentar na terra".[92] Pouco mais tarde, Fernão Cardim, deslumbrado com os senhores de engenho — "na fartura parecem uns condes" —, sente que o escravo, que morre à toa, "os endivida sobre todo este gasto".[93] No começo do século XVII, os *Diálogos das grandezas do Brasil* acentuam que "a maior parte das riquezas dos lavradores desta terra consiste em terem poucos ou muitos escravos", sem esquecer que o engenho exigia cabedal, "grande quantidade de dinheiro" e crédito largo, "com mais de 85 % de avanço", na prática da horrenda onzena, que o Santo Ofício viria a descobrir, bastante atuante, no Brasil.[94] O engenho, lembra Antonil, requer "homem de cabedal" e crédito, crédito que, levado ao abuso, conduz às quebras. O cabedal é a garantia do empreendimento, o crédito a sua ruína, pasmando o cronista que os aspirantes e senhores achassem "quem lhes emprestasse alguma quantidade de dinheiro, para começar a tratar de que não são capazes por falta de governo e de agência, e muito mais por ficarem logo na primeira safra tão empenhados com dívidas, que na segunda ou terceira já se declaram perdidos".[95] O crédito penetra em todas as operações econômicas, para a compra da cana, o pagamento de salários, a aquisição de escravos e a venda do açúcar. O senhor de engenho trabalha a crédito; o comerciante, embora às vezes ele próprio senhor de engenho — em nome e por conta de outro sediado na metrópole —, fornece dinheiro em troca da produção.

> O crédito de um senhor de engenho funda-se na sua verdade, isto é, na pontualidade e fidelidade em guardar as promessas. E, assim como o hão de experimentar fiel os lavradores nos dias que se lhes devem dar para moer a sua cana, e na repartição do açúcar que lhes cabe, os oficiais na paga dos soldados, os que dão a lenha para as fornalhas, madeira para a moenda, tijolo e formas para a casa de purgar, assim também se há de acreditar com os mercadores e correspondentes na praça, que lhe deram dinheiro, para comprar peças [escravos], cobre, ferro, aço, enxárcias, breu, velas e outras fazendas fadas. Porque, se ao tempo de frota não pa-

garem o que devem, não terão com que se aparelhem para a safra vindoura, nem se achará quem queira dar o seu dinheiro ou fazenda nas mãos de quem lha não há de pagar, ou tão tarde e com tanta dificuldade que se arrisque a quebrar.

Há anos em que, pela muita mortandade dos escravos, cavalos, éguas e bois, ou pelo pouco rendimento da cana, não podem os senhores de engenho chegar a dar a satisfação inteira do que prometeram. Porém, não dando sequer alguma parte, não merecem alcançar as esperas que pedem, principalmente quando se sabe que tiveram para desperdiçar e para jogar o que deviam guardar para pagar aos seus credores.[96]

Os portos acolhiam mercadores e comissários, agentes dos comerciantes da metrópole, na compra antecipada do produto, com o fornecimento de escravos e mercadorias a crédito, num extenso e profundo tecido de adiantamentos. O papel mais saliente da economia colonial se concentra na aquisição da mão de obra escrava, que se integra no capital da empresa, com cerca de 16%, percentagem que, na lavoura, se elevará a mais de 70%.[97] O tráfico de escravos, aproveitado por mercadores e personagens do Estado, se expande até ao fazendeiro e senhor de engenho, com pagamento de apenas um quarto à vista.[98]

Essa estrutura econômica — a produção voltada para a metrópole comercial, integrada na economia europeia pela intermediação de Portugal — suscita e evoca uma classe, a classe que negocia, compra e revende, financia e fornece as utilidades produtoras. A esquecida exploração comercial há de reconquistar o seu lugar, o primeiro lugar que lhe outorga a ordem econômica, junto e ao pé da camada dominante na ordem social. No centro do sistema, o mercantilismo, com a dependência da colônia à metrópole. Uma burguesia comercial, posta na sombra pelos historiadores, se conjuga com o Estado, que a licencia, entrega-lhe os contratos, os arrendamentos de tributos e de monopólios, regulamentando-a burocraticamente. Vista pela aristocracia com desdém, com ela se associa na obra comum da exploração das colônias e conquistas, com aquele hibridismo incoerente já percebido por João de Barros. Comerciantes, na verdade, não só portugueses, mas italianos (venezianos e florentinos), flamengos e alemães — os Adornos, os Marchionis, os Fuggers, os Welsens, todos, por si ou por seus agentes, privilegiados pelo rei para o tráfico que de Lisboa se irradia pela Europa, com restrições xenófobas só levantadas no século XVII. Muito comerciante estrangeiro animou as primeiras empresas açucareiras, concentrado geograficamente em Lisboa, reduzida, nos negócios de ultramar, ao centro ativo metropolitano.[99] O negociante português seria uma constante na vida colonial e no Império, combatido, a partir do século XIX, nas expansões nativistas e como reação da classe proprietária, que só se consolida com a autarquia agrária das fazendas, na realidade expressão da decadência do comércio internacional. No começo do século XVII, a presença do comerciante ocupa o centro do palco, ferido embora pelo desprezo do fidalgo, o que o leva a afidalgar-se para conquistar posição social, atacado, ainda, pela concepção velhamente portuguesa e europeia de considerá-lo o parasita por excelência, o ocioso e improdutivo sanguessuga do trabalho alheio. Brandônio será a voz do mundo colonial: os mercadores

> trazem do reino as mercadorias a vender a esta terra, e comutar por açúcares, do que tiram muito proveito; e daqui nasce haver muita gente desta qualidade nela com suas lojas de mercadorias abertas, tendo correspondência com outros mercadores do reino, que lhas mandam; como o intento destes é fazerem-se somente ricos pela mercancia, não tratam do aumento da terra, antes pretendem de a esfolarem tudo quanto podem.

Olinda, fala ainda o autor dos *Diálogos das grandezas do Brasil*, nos seus "inumeráveis mercadores com suas lojas abertas, colmadas de mercadorias de muito preço, de toda a sorte, em tanta qualidade que semelha uma Lisboa pequena".[100] O mecanismo das intermediações, que granjeia riqueza e opulência, tem já uma rede local: um grupo de comerciantes trabalha por ida e vinda, trazendo mercadorias e levando açúcar, algodão etc.; outro fixa-se na terra com lojas. As mercadorias trazidas do reino são cambiadas aos comerciantes locais, com 40% de ágio, vendidas nos engenhos e fazendas, pelos ambulantes, com 100% de lucro.

> E eu vi [conta o escandalizado Brandônio] na capitania de Pernambuco a certo mercador fazer um negócio, posto que o modo dele não aprovo, pelo ter por ilícito, o qual foi comprar para pagar de presente uma partida de peças da Guiné por quantidade de dinheiro e logo no mesmo instante, sem lhe entrarem os tais escravos em poder, os tornou a vender a um lavrador fiados por certo tempo que não chegava a um ano, com mais de 85 por cento de avanço.[101]

A impiedosa exploração mercantil aos lavradores e senhores de engenho cria muitos conflitos, ao tempo que alimenta o "infinito luxo sem cabedal". O padre Antônio Vieira testemunha, em 1697, um dissídio entre mercadores e produtores de açúcar, em denúncia implícita sobre as vantagens extorquidas pelos agentes metropolitanos. Os mercadores querem que o açúcar desça a 1$400 e os senhores de engenho que suba a 1$600.

> Eu também sou de voto que se abata o preço do açúcar, mas com a balança na mão, de maneira que também se abatam os preços das outras cousas; mas é manifesta injustiça, que, crescendo os de lá e os de Angola cento por cento mais, se queira no mesmo tempo que toda a baixa das drogas seja a do Brasil.[102]

A riqueza exige maior participação nos negócios públicos e o afidalgamento, reservado este, no primeiro século, aos senhores de engenho, aos conquistadores

CAPÍTULO **VI** | *219*

militarizados e aos funcionários reinóis. A tendência se reforça, no século XVIII, com a venda de cargos públicos, porta ampla que permite à burguesia acotovelar, familiarmente, a aristocracia. A luta dos comerciantes — da qual a guerra dos mascates é um episódio — traduz anseio de integração social e não apenas a partilha de vantagens, evidente desde a primeira caravela que aportou no ultramar atlântico. Azedamente, contra esse afidalgamento, um escritor do fim do século XVIII formula o protesto zombador: os caixeiros, pobres reinóis enriquecidos e convertidos em comerciantes, supõem que o imperador da China é indigno de cuidar de seus filhos. Com a "mania de ser nobres" ostentam a "quimérica nobreza", usurpando apelidos aristocráticos, "tanto se empavonam com esta imaginação, que tem para si que um duque é nada para si".[103]

A peculiar contextura da metrópole, que assegura para si todo o comércio da Europa, África e Ásia, redistribuindo mercadorias para a América — a economia de transporte —, torna os comerciantes sediados no Brasil, reinóis quase todos como seriam ainda no século XIX, dependentes de Portugal. O comerciante brasileiro tem um braço preso em Portugal, enquanto estende o outro para o interior, ramificado na rede distribuidora nas localidades e por meio dos mascates. A economia colonial, por essa via, se insere na economia metropolitana, vinculada aos mercadores das praias portuguesas, ou, em certos momentos, às companhias de comércio privilegiadas, sob o direto comando da Coroa. A política colonialista guarda para a metrópole o monopólio do comércio, servindo a ordem administrativa e fiscal para consolidar e estabilizar esse elo. Monopólio para a metrópole e não para o rei, limitado este a alguns estancos. O modo de produção sofre a determinação desse ditado mercantil: o açúcar recebe incentivo e incremento em função do mercado distribuidor. Bem verdade que a cadeia colonial de comércio estava ferida, antes da transmigração da corte, pelo comércio inglês, licenciado excepcionalmente e tolerado pelo contrabando. A Revolução Industrial, liderada pela Inglaterra, tornou precários, em todo o globo, os mercados cativos, mesmo antes da entrada de Junot em Portugal.[104] Em 1798, a praça da Bahia, "uma das mais comerciosas das colônias portuguesas",[105] oferece o seguinte quadro: 1) exportação da Bahia para Portugal: 2688:354$070, com 1646:576$640 reservados ao açúcar, 669:701$750 ao tabaco, 148:427$400 ao algodão e 100:000$000 em moeda corrente; 2) importação de Portugal: 2064:012$430, com 794:952$140 de mercadorias gerais da Europa, 548:657$380 de mercadorias de fábricas de Portugal, 440:018$510 de mercadorias de fábricas particulares e 280:384$400 de mercadorias da Ásia. Da Costa da Mina e de Angola (conquistas portuguesas) recebeu escravos, no valor de 662:380$000, cabendo ao Rio Grande de São Pedro o maior quinhão do comércio costeiro, com 382:000$000, do qual 360:000$000 referiram-se às carnes salgadas, o restante distribuído em sebo, queijos e trigo. O comércio do Brasil, até 1808, com a exceção inglesa a partir de 1800, corria para Portugal, que aplicava os produtos na Europa e dela comprava as mercadorias introduzidas no Brasil. O comerciante português, além dos fretes, embolsa os lucros das vendas e das compras, com parasitismo quase integral, visto serem as reexportações portuguesas, no período final da colônia, constituídas, na maior parte, da produção brasileira. O mercado brasileiro, consumidor obrigatório da produção e da reexportação portuguesas, não concorre com o reino com mercadorias que este pudesse produzir. Hamburgo, os portos da Holanda — sempre a Holanda de Bruges e Flandres da velha feitoria portuguesa —, Veneza e Gênova cobrem o centro e o Sul da Europa com o açúcar brasileiro, por conta do comércio português, que arrecada lucros, sem contar o frete, em torno de 30% a 40%. O escravo será outra fonte de benefícios, com o lucro e os fretes, negócio do qual a Coroa participava largamente, com as rendas tributárias e contratuais. A ameaça ao sistema de comércio não provém da produção brasileira, mas da manufatura inglesa, que expulsa, pouco a pouco, a mais onerosa e a mais tosca produção portuguesa. De 1800 e 1801 em diante, as manufaturas portuguesas caem bruscamente na exportação ao Brasil, 20% ao ano, até que em 1807 se reduzem a 30% do valor de referência. O pacto colonial cede ao golpe da Revolução Industrial, pacto já comprometido, como se verá (nº 4), desde a Restauração, sem esperar pelos providenciais soldados de Junot — daí por diante a metrópole passará a se caracterizar como força nua da espoliação, tendente a colônia a fugir do sufocante controle português.

Nessas circunstâncias, o comerciante sediado no Brasil não será outra coisa senão o representante do sistema metropolitano, no setor dinâmico das reexportações e do transporte de mercadorias. Ele recebe a energia de Lisboa e transmite vibração à agricultura, alimentando-a de escravos e mercadorias europeias, ao tempo que subjuga a produção aos seus interesses. Não passa, na verdade, de comissário do grande negociante português, não raro abastecido de recursos da metrópole ou "com cabedais de personagens a quem seria menos decente o saber-se que comerciam".[106] O famoso relatório do marquês de Lavradio, de 1779, tocou no ponto sensível da situação dos mercadores da praça do Rio de Janeiro:

> a maior parte das pessoas a que se dá o nome de comerciantes nada são que uns simples comissários [...]. Como estes homens são muito ativos e de verdade e têm tido a fortuna de poderem dar uma pronta saída às fazendas que lhes vêm, de as reputarem bem, e de as passarem a pessoas que lhes façam mais prontos pagamentos, e de serem diligentes de procurarem novas cargas para a pronta saída dos navios que lhes são encarregados, esta notícia, comunicada aos negociantes da Europa, os obriga a procurá-los por seus comissários, e dirigir-lhes à sua comissão os efeitos e embarcações que para aí mandam.[107]

O inconveniente desse tipo de comércio já fora apontado pelo estadista: a obediência às ordens estritas dos negociantes reinóis impede-os de mandar outros gêneros que os pedidos pela metrópole com a estabilidade e rotina do tráfico. De outro lado, a desnecessidade de capital próprio avultado atrai os imigrantes portugueses para o balcão, desviando-os da agricultura. O comissário tem dois comitentes: o negociante europeu e o produtor brasileiro, função que lhe permite ser o árbitro da produção e dos preços. Um século depois, o mais profundo analista do Segundo Reinado dirá que o crédito faz do fazendeiro "o empregado agrícola que o comissário ou o acionista de banco tem no interior para fazer o seu dinheiro render acima de 12%".[108] O comerciante — a burguesia comercial — libará o mel do açúcar, com os proventos da exportação e reexportação, ficando o industrial e o lavrador com as sobras e os ônus.

A classe proprietária, a outra coluna que fixa a estratificação social do mundo colonial, nem sempre ostenta caracteres de pureza tipológica. No topo da pirâmide, ela se descaracteriza, pendendo para a classe lucrativa, no senhor de engenho. O empresário industrial, ligado ao mercador, predomina, em intensidade proporcional aos seus cabedais, sobre o proprietário de escravos e de terras. De outro lado, dado seu caráter misto — industrial mercantilizado e fazendeiro —, a unidade agrícola se adelgaça, nos momentos de prosperidade, na monocultura e se retrai, durante a crise, para a fazenda autossuficiente, em regime de economia natural. O lavrador puramente lavrador — de cana, tabaco, algodão e café —, como o criador de gado, são essencialmente membros da classe proprietária, mais próximos, em virtude dessa circunstância, das culturas complementares de subsistência. No ritmo geral da economia brasileira, em certos momentos de valorização da agricultura de subsistência, esta se transmuta na de exportação — sobretudo interna, de capitania a capitania —, fenômeno ocorrido no Rio Grande do Sul, no começo do século XX, com o desaparecimento do trigo e a importação de produtos agrícolas, numa sociedade revitalizada pela imigração de lavradores açorianos.[109] O fenômeno, com as oscilações polares, é constante: vale para o açúcar, o ouro e o café. A monocultura, apesar dos males que lhe aponta Gilberto Freyre, sobretudo na dieta das populações,[110] foi o fator maior da integração das capitanias, com a aquisição distante de alimentos, trocados por produtos exportáveis, numa sociedade quase sem moeda, integração servida também pelo tráfico de escravos de costa a costa, ou da costa para o interior. Depois de um período de indecisão econômica, na passagem da economia de escambo para a de produção, com a crise dos anos 1540-5, que exigiu enorme quantidade de mão de obra para o açúcar, a abundância de gêneros de consumo repentinamente desaparece.[111]

As mesas variadas, que tanto despertaram a gula do padre Fernão Cardim, se concentram nas casas opulentas, aptas a pagar os altos preços da importação. A ordem sonhada por Duarte Coelho (1549) no aproveitamento das terras — terras para os engenhos, para os povoadores abastados, terras para os canaviais, algodões e de mantimentos para os outros[112] — se dissolve em projeto frustrado, no curso de poucos anos. Brandônio, no fim do século, louvará a terra, onde toda agricultura floresce, pela fertilidade, clima e céus, mas decepciona-o a escassez e carestia de "mantimentos legumes". A causa: todos os moradores querem enriquecer depressa, para voltar ao reino, sem cultivar as lavouras para perpetuar a exploração do solo. Os plantadores de mantimentos, eles próprios especializados, procuram o mercado para vender seus gêneros, sem que as plantações se diversifquem.[113] No fundo, a febre mercantil atormenta todas as cabeças, convertido o plano dos donatários em peças autônomas da busca da riqueza, ao serviço do "nervo e substância" de todas: o açúcar. Tudo para a falsa grandeza efêmera dos senhores de engenho, que um professor de grego, desdenhoso de suas pompas, descreverá:

> [...] soberbos de ordinário, e tão pagos de sua glória vã, que julgam nada se pode comparar com eles, logo que se veem dentro nas suas terras, rodeados dos seus escravos, bajulados dos seus rendeiros, servidos dos seus mulatos, e recriados nos seus cavalos de estrebaria, como lhes chamam, uns de folgar, que são os que têm diversos passos, trocadilhos, e habilidades, outros esquipadores, e são os que têm um passo velocíssimo, e composto, e outros com diferentes qualidades, e predicados; comprados por exorbitantes preços, e ricamente ajaezados. Esta é pois a glória dos senhores de engenho, e para maior auge dela, têm na cidade casas próprias, ou alugadas, cumpre muito que tenham cocheira, ainda que não haja sege, o que suprem asseadas cadeiras, que todos têm, em que saem acompanhados dos seus lacaios mulatos, ornados de fardamentos asseados.[114]

Ao seu lado, movendo os fios da economia, os mercadores — e na base os escravos, ocupados com o trabalho de sol a sol, aos quais mal se permite a roça de mandioca, alimentados com "uma quarta de farinha e meia libra de carne-seca para se sustentarem dez dias".[115] A imagem do Brasil de Gandavo (1570) está morta: o português ocioso com meia dúzia de escravos, um para pescar e um para caçar e os outros nas roças de mantimentos. Em seu lugar, a devastação mercantil e o desejo de retornar ao reino, para exibir as glórias da opulência.

O engenho de açúcar procura, de acordo com o esquema da doação de terras de Duarte da Costa, integrar-se à paisagem vizinha, com os lavradores e a cultura de subsistência. A tendência seria a de concentrar, no interior do latifúndio, a produção exportável e a produção de consumo: cana e alimentos. Num mundo sem moeda, a unidade monetária se refugia na mercadoria dominante, o açúcar. Do exterior devia vir o que a fazenda não pudesse dar: ferro, chumbo e pólvora, além dos artigos de luxo. O engenho real — que se distanciava da engenhoca — exige grandes capitais, com pequena remuneração (3%), com um lucro não superior a 8% sobre o montante dos negócios, segundo dados de Mauro.[116] Indústria onerada com investimento alto (66%), com pequena parcela de salário (24,4%). A monocultura, dessa sorte, sofre a restrição das poucas disponibilidades econômicas e monetárias da empresa — "paradoxo de uma economia altamente especulativa, mas pouco monetarizada".[117] Com a curta produção interna e com a limitada parcela dedicada à importação (do reino ou das outras capitanias), o assalariado e o escravo deveriam sofrer cruéis restrições de alimento. No fim do século XVIII, a Bahia importava do Rio Grande do Sul a carne salgada para sua população escrava,[118] num intercâmbio distante e difícil. O vínculo do engenho com o comércio e a carga fiscal que sobre ele recai, alienando-o da economia com raízes na terra, não completa o quadro das dependências econômicas. O engenho avassala as terras, transmutando-lhes a velha substância sesmarial. Os engenhos cultivam terras próprias, diretamente ou mediante arrendamento (parceria), ou se servem da cana das terras dos plantadores independentes, assentado o cultivo sobre a mão de obra escrava. Havia, em um e outro caso, dependência ao senhor de engenho, dependência puramente econômica e dependência econômica e jurídica, sem que os plantadores sem terras gozassem de direitos sobre sua lavoura. A terra, de concessão para fomento da agricultura, presa ao destino industrial da safra, numa unidade de capitais avultados, converte-se em bem dominial, parte do investimento do engenho (ver cap. 4, v). Nesse vínculo pretendeu-se ver o sistema feudal redivivo, a face feudal de uma instituição submersa no mercantilismo europeu. Falta, para caracterizar o modelo, a reciprocidade toscamente contratual de direitos: os dependentes, sobretudo arrendatários, estavam à mercê do senhor de engenho. No começo do século XIX, Tollenare já percebia o ímpeto dos engenhos sobre as terras, transformados os lavradores em meros instrumentos: "como não fazem contratos, logo que tornam um terreno produtivo o senhor de engenho tem o direito de expulsá-los sem indenização".[119] A face interna do engenho, longe de ser feudal, tem, não obstante, caráter de exploração proprietária, com rendas auferidas ou apropriadas pela unidade industrial. Essa face, admitido o sistema escravagista e a terra como propriedade plena, terá iguais formas com os criadores de gado e os plantadores de tabaco e algodão, voltados estes, ao contrário dos lavradores de cana, diretamente ao mercado. Penetrava-os, ao contrário do engenho nos momentos de prosperidade, maior diversidade de produção, diversidade condicionada pelo valor oscilante de suas culturas, sem a absorvente procura que feriu o açúcar em certa época.

No ermo — a pouca distância do litoral — e no Sul, bem como nas fases depressivas do açúcar, o fazendeiro prepondera sobre o industrial da cana. O ouro e os diamantes não passam de fugaz interregno, atividades mais de concessionários régios do que de empresários independentes. O açúcar — sempre o açúcar — e o gado fornecem os meios de vida a essa classe de proprietários, sem as glórias antigas. A unidade agrícola fecha-se sobre si própria, autarquicamente, dirigida pelos pobretões orgulhosos que serviram ao desdém de Saint-Hilaire e Schwege. De fora só vinham o sal, o ferro, o chumbo e a pólvora, com um ou outro adorno de luxo. Somente o café no oeste paulista, já adiantado o século XIX, infundiu outra índole ao latifúndio, voltado sobre os salários e a moeda, num momento em que "o domínio agrícola deixa de ser uma baronia e transforma-se quase em um centro de exploração industrial".[120] O mercado capaz de pagar valores altos leva à consequência de sempre: decadência das indústrias caseiras e dos gêneros de subsistência. O preço do café pagará tudo e induzirá à monocultura, com a mesma carestia denunciada nos *Diálogos das grandezas do Brasil*, dois séculos antes.

A estrutura de classes recebe sua expressão desse mundo econômico. A economia mercantil, movida da Europa, traça o contorno das praias e dos sertões americanos. A exportação, infundindo o valor a todas as coisas, determina o posto do senhor de engenho e do proprietário na pirâmide social. Essa circunstância, que encobre todas as outras, se adensa graças a outra realidade. O escravo — que exige crédito —, base de toda a produção, concentra nos seus traficantes, na rede de seus traficantes, a outra mola da expansão econômica. Nesse sentido, e não no sentido retórico e original, a palavra de Joaquim Nabuco expressa uma verdade: o escravo confundiu as classes, impedindo a estratificação.[121] O opulento senhor de escravos se converterá, senão ele, seu filho, senão este, seu neto, no pobre orgulhoso: as terras passarão ao fornecedor de escravos a crédito, ao exportador, ao comissário, que lhe adiantam os meios para sustentar o "luxo sem cabedais": "poucos são os netos de agricultores que se conservam à frente das propriedades que seus pais herdaram; o adágio 'pai rico, filho nobre, neto pobre' expressa a longa experiência popular dos hábitos da escravidão".[122]

Entre os dois setores das classes positivamente privilegiadas — a classe lucrativa e a classe proprietária —, havia um largo espaço, mais ou menos dependente, segundo o momento econômico, não redutível a colônia a um tipo único e imóvel de sociedade. O regimento de Tomé de Sousa (1548) mandou distribuir as terras, dentro do sistema sesmarial das Ordenações, para quem as quisesse "povoar e aproveitar", obrigados os senhores de engenho a moer as canas dos plantadores.[123] O plano de colonização previa, com a concessão franca da terra, concessão vinculada a prazo e à condição do aproveitamento, a propriedade ampla dos meios de produção. O lavrador independente se situaria ao lado do senhor de engenho, reservadas a este, desde logo, incumbências públicas de defesa. O regime do escravo, que reclama, desde logo, um investimento caro, impede o imigrante pobre de gozar da prometida autonomia, assegurada com as obrigações impostas ao engenho de moer as canas. A dependência do lavrador ganha, desde logo, nítido contorno, suavizada apenas quando dispõe de capitais para adquirir escravos, escravos índios ou africanos. No fim do primeiro século, Brandônio já mostrava a diferenciação social, dentro da lavoura, sempre fundada no escravo — quer no plantio da cana, quer na cultura de subsistência. Havia os senhores de engenho, que são ricos, os lavradores que têm partidas de cana e outros, cujas forças não abrangem a tanto e se ocupam em lavrar "mantimentos legumes".[124] Mais alguns anos correm, e a agricultura, cada vez mais enredada no açúcar, distribui a riqueza, num plano mais discordante dos propósitos que inspiraram o documento de 1548. Antonil distingue, entre os lavradores donos das terras, os lavradores de cana cativa e os lavradores independentes, que poderiam levar sua produção ao engenho que escolhessem. Mas outra categoria toma vulto: a dos lavradores sem terras, que arrendam a terra dos engenhos, com contratos de largos prazos que, com o tempo, se reduzem ao arbítrio do proprietário. O viajante do começo do século XVIII não deixou de assinalar a analogia entre os lavradores que se empregam nas terras do engenho e os donos das terras cultivadas, sem deixar de advertir aos senhores contra o pecado da "má vizinhança" feita aos plantadores que moem em outros engenhos.[125] Um século mais tarde, na paisagem do açúcar sem prosperidade, perde o relevo o lavrador independente, e os arrendatários, com seus contratos a tempo largo ao tempo de Antonil, tornam-se precários e instáveis prepostos dos proprietários. O engenho guarda a maior parcela de terra para o cultivo próprio e a menor porção é confiada ao lavrador dependente.

> Os ajustes com que arrendam estas *fazendas* [escreve Vilhena] são de que o lavrador será obrigado a plantá-las de cana, que não poderá moer mais do que no engenho do proprietário, que pelas moer lhe pertence a metade do açúcar, que produzirão, além do que lhe há de dar mais daquela metade com que ficou um pão de açúcar por cada quinze; e isto pela renda da terra, e a estas chamam *obrigadas*; ficando o senhor de engenho com a regalia de despedir o lavrador logo que queira para si aquelas terras, ou as queira dar a outro, pagando-lhe porém as benfeitorias, sempre em prejuízo do lavrador; e se este é o que quer despedir-se, o ordinário é perder as benfeitorias, ou receber por elas muito pouco.[126]

O senhor de engenho, ao devorar terras e submeter homens, entrega-se à tirânica exploração de seus parceiros, utilizando seu poder para avassalar os relutantes. Um viajante francês, ao percorrer o litoral pernambucano, viu, além dos escravos, dos quais não queria falar porque "não passam de gado", os lavradores entregues aos donos da terra e dos engenhos sem nada que os proteja, a lei ou a força armada. A paisagem se cobria de *senhores de engenho*, *lavradores* ("espécie de rendeiros") e *moradores*, categoria, a última, fruto do declínio da empresa açucareira. À ostentação do senhor se opõe a vida incerta do *lavrador*, que pode ser expulso, a qualquer tempo, sem indenização, composto seu capital de escravos e gado, abrigada a família em "miserável cabana". Os *moradores* — "em geral mestiços de mulatos, negros livres e índios" — são paupérrimos — eles formam a plebe dos campos, com sua cultura de mandioca para o magro sustento, retraídos ao trabalho assalariado que os degradaria à condição de escravos. Isolados nos ranchos, não conhecem a vida comunitária que aos seus avós integrava, numa constelação de valores perdida. Deles sairá o cliente do crime e o germe de jagunço.

Os senhores de engenho procuram as suas mulheres para seu gozo; dizem-nas muito galantes, mas destas seduções resultam vinganças e punhaladas. Os senhores de engenho que usam do direito de despedir os seus moradores, porque lhe pagam pouco e mal, e frequentemente os roubam, tremem ao tomar esta perigosa medida em um país sem polícia.[127]

Nem só de cana vive o homem colonial. A agricultura do tabaco, algodão, anil, mandioca enfeita a terra, sem deslocar o centro de gravidade econômica do açúcar. O gado não alimenta de prestígio aristocrático os proprietários que criam o rude e plebeu latifúndio dos sertões e planuras. Até o século XIX obtêm-se sesmarias em troca de serviços militares, no Rio Grande do Sul, réplica moderna do ciclo do couro nordestino, do "outro Nordeste".[128] A pobreza do pastoreio impediu o afluxo de escravos, com o trabalho dos peões pago numa sociedade informal com o patrão. A valorização periódica do gado terá, contudo, os mesmos efeitos de expansão imperialista da cana, expansão horizontal e de disciplina vertical sobre os dependentes.

A cana se opõe à ascensão econômica, ascensão mais fluida na zona do gado e das culturas de subsistência. O mundo rural fecha-se à mobilidade interna e vertical, assentado sobre o escravo, que custava crédito e recursos largos. O ingresso de proprietários — proprietários de escravos e terras — ocorre, em regra, de fora, sob a pressão do mercador enriquecido ou que substitui a insolvência pela posse do capital agrícola. Resta, não obstante, uma extensa gama de homens livres, além dos lavradores dependentes e da ociosa plebe rural. O engenho possui algumas ilhas de assalariados, na ordem de 24% de suas despesas,[129] com o feitor-mor, o mestre do açúcar, o feitor menor, o purgador, o caixeiro etc. Com a dificuldade de acesso à terra e à propriedade do engenho, esses grupos ocupacionais fornecem a clientela dos oficiais das cidades, do comércio, todos inconformados, diante do escravo — padrão de subordinação social —, ao trabalho manual. A tendência dessa incipiente classe média será a de proletarizar-se, com o escravo e seus descendentes aprendendo os ofícios, ou a fugir do confinado ambiente agrário. O mundo colonial, não obstante o enrijecimento das camadas superiores, que o escravo — escravo mão de obra e escravo objeto de comércio e crédito — consolidará, mantém o potencial da fortuna fácil, da aventura possível, do enriquecimento rápido. O ouro deu consistência a esse sonho, vinculado ao mito edênico, com decepções amargas, duras desilusões e angustiadas expectativas não correspondidas. O reinol pobre, vítima e agente de esperanças teimosamente guardadas, será o imigrante tenaz do novo mundo, novo e inédito, aparentemente aberto às cobiças e ambições. No outro extremo, "mulatos ricos querem ser fidalgos, muito fofos e soberbos, e pouco amigos dos brancos e negros",[130] sugerindo as duas vias de categorização social: a ascensão na classe, pela riqueza, e a ascensão no estamento (administração pública, milícias), pelo prestígio.

Os brancos europeus, pobres emigrados em busca da fortuna, passada a embriaguez das sesmarias, querem entrar no comércio. Estranha o marquês de Lavradio que os filhos do Minho, excelentes agricultores na sua terra, "logo que aqui chegam não cuidam em nenhuma outra coisa que em se fazerem senhores do comércio que aqui há, não admitirem filho nenhum da terra a caixeiros, por onde possam algum dia serem negociantes".[131] Uma vez enriquecidos se ensoberbecem, desprezando os naturais, que, em compensação, buscam nomes ilustres e nobres na sua ascendência longínqua ou fantasiosa, na "confusão entre nobres e abjetos plebeus".[132] Os brancos pobres naturais do país percorrem outro caminho, caminho que passa às margens da fidalguia burocratizada e se desvia dos misteres dos negros: procuram ser soldados, escrivães ou escreventes, oficiais de tribunais de juízos, não poucos frequentam as aulas régias.[133] Para erguer sua fidalguia de empréstimo ostentam as falsas grandezas no atrevimento do trato com os inferiores: alferes ou coronel, "julga-se o non plus ultra da nobreza", empregado do foro supõe-se o senhor da justiça.[134] Para erguer sua fidalguia, nem o branco português, nem o branco natural do país podem apanhar a enxada ou tocar no arado. O trabalho braçal degrada e o equipara ao escravo — a essa infâmia é preferível a ociosidade, o parasitismo, o expediente da busca de proteção dos poderosos. O funcionalismo, já enorme em número, absorve essa leva de desprotegidos, com cargos civis e militares —

> inúmeros inspetores sem objeto a inspecionar, um sem-fim de coronéis sem regimentos para comandar, juízes para dirigir cada ramo da administração, por menor que seja, serviços que podem ser feitos por duas ou três pessoas. Os vencimentos aumentaram, o povo está oprimido e o Estado não colhe benefício algum.[135]

A velha ordem administrativa portuguesa serve, na colônia, ao aproveitamento do branco pobre, do mulato rico, poupando um problema social, com a plebeização do branco alfabetizado, quase o letrado do tempo. Sobras do mercantilismo, com o recolhimento dos náufragos da visão de Brandônio, que apontava a riqueza no açúcar, na mercancia, no pau-brasil, no algodão, na lavoura de subsistência e no gado, floração rural onde "o principal nervo e substância da terra é a lavoura dos açúcares".[136]

Na base da pirâmide, o escravo negro, sem nenhuma oportunidade de elevação social. O negro, para se qualificar, não lhe bastaria a liberdade, senão a posse de outro escravo. Bem sentiu essa realidade, a um tempo sombria e cômica, Machado de Assis, ao notar — *Memórias póstumas de Brás Cubas*, cap. LXVIII — que o moleque Prudêncio, negro alforriado, em pleno Valongo, batia furiosamente num escravo seu: nas pancadas nascia o status de senhor. Atrás do quadro da escravidão não se esconde apenas a tirania, a dureza de costumes e o aviltamento do homem.

Os senhores poucos [bradará Vieira] os escravos muitos; os senhores rompendo galas, os escravos despidos e nus; os senhores nadando em ouro e prata, os escravos carregados de ferros; os senhores tratando-os como brutos, os escravos adorando-os e temendo-os como deuses; os senhores em pé apontando para o açoite, como estátuas da soberba e da tirania, os escravos prostrados com as mãos atadas atrás como imagens vilíssimas da servidão e espetáculos da extrema miséria.[137]

Há, no fundo da cena, o painel que desvenda a transmigração e a mercancia, a transmigração e a "mercancia diabólica". Na empresa convergem os dois pilares da economia portuguesa — o comércio e a agricultura —, com a sanção, o proveito e os interesses da camada politicamente dominante. Nos 2,5 milhões ou 4 milhões[138] para erguer sua fidalguia de escravos que entraram no Brasil durante a colônia haverá um negócio global em torno de 100 milhões de libras, mais a importância do tráfico interno, o que levará a um aumento de 50% a 100%. O volume dos valores empregados será, dessa sorte, equivalente aos do ouro, o segundo maior valor da colônia, abaixo do açúcar. Vinte por cento das importações empregam-se no escravo, num comércio sem paralelo pela sua lucratividade.[139] Essa desdenhada circunstância explica muitos enigmas da história brasileira: a dependência à burguesia portuguesa, por sua vez enfeudada à europeia, a centralização política decorrente de um homogêneo núcleo de interesses, a submissão do agricultor ao vendedor e financiador de escravos, a pouca mobilidade da empresa colonial, arraigada, até a morte, aos seus investimentos de escassa lucratividade, agrilhoada às dívidas sempre renovadas e crescentes. Do centro da "mercancia diabólica" se irradia, depois de conjugados o Estado e os negociantes, uma ordem social, que entra em todos os poros da colônia e infunde vento às metropolitanas combinações econômicas. O açúcar e o ouro explicam muito da vida colonial, mas nada explicam sem o escravo, considerada mercadoria mais valiosa. Num momento em que a renda interna se funda, na maior parte, na exportação, é esta manipulada, no exterior e nas ramificações internas, por outro e mais fundamental elemento vinculador aos centros europeus.

O tráfico de escravos tem uma longa história, ligada à expansão portuguesa nos oceanos. Escravos e ouro são os imediatos objetivos da empresa henriquina.[140] A pombalina Companhia Geral do Grão-Pará e Maranhão (1755-78) se propunha, razão principal da sua existência, introduzir mão de obra africana no Norte do Brasil.[141] Um salto de três séculos mostra a Coroa interessada no tráfico, com a autorização e o estímulo e pelo monopólio de uma agência filha de suas entranhas, afora, no interregno, a participação pelos altos tributos — maior participação que tributo — no comércio dependente do controle oficial. Diferentes são os grupos que comandam o negócio:

[...] no período henriquino, temos o infante em primeiro plano, evidentemente, beneficiário do quinto das presas, os armadores e mercadores algarvios e lisboetas, cavaleiros e escudeiros que vão nos saltos do Estreito e nas Canárias e nas viagens ao litoral saariano e guineense. Estrangeiros participam, já sabemos de um genovês que antes de 1452 trouxe negros, e Antoniotto Usodimare, em 1455, trata com escravos no rio Gâmbia [...]. Por meados do século XVI existiram em Lisboa, a acreditarmos em João Brandão, uns 60 a 70 mercadores de escravos. No lançamento de 1565 aparecem unicamente três, dos quais dois na Madalena: Damião Fernandes, avaliado em 200.000 réis, e Luis Mendes, em 150.000; o terceiro, de São Nicolau, é Pallos Dias, avaliado em 200.000 réis também. Mas nestes registros não figuram os maiores, porque se avençaram à parte. Insistamos em que o trato não está apenas nas mãos dos mercadores, mas também dos grandes personagens do Estado e sua hierarquia média. Eis, por exemplo, em 1560, a pedir ao rei de Espanha 300 licenças para o envio de escravos ao Peru, o desembargador do Paço Francisco Dias do Amaral, do conselho régio. Por outro lado, destaquemos mais uma vez os conflitos de interesses entre meios de negócios internacionais, metropolitanos e coloniais. [...] Com o ocaso do século XVI e com o século XVII a teia dos contratos torna-se mais cerrada e está nas mãos de um círculo de grandes capitalistas. Lá vemos o célebre João Batista Rovelasco, que até 1589 tem o contrato dos escravos de São Tomé (e de começo teve também o de Angola, até ser desanexado), por 4 contos e 400 mil réis, mais 12 escravos por ano.[142]

No comando dos cordéis, os capitalistas, portugueses e europeus, aliados ou por conta de secretários de Estado, desembargadores, capitães e até membros da Igreja, com as sobras pingando na bolsa murcha das categorias médias da burocracia. Do capitalismo comercial, do capitalismo politicamente orientado ergue-se o tipo social do "cavaleiro mercador", o "mercador cavaleiro", o "fidalgo negociante e o negociante enobrecido", ora em conflito, ora em entendimento com a velha nobreza da terra, velha nobreza pelas origens e nova pela aquisição de latifúndios. Oposição entre a classe lucrativa e a proprietária, disputando a primeira a sociedade e o patrocínio do estamento e a segunda as roupagens cansadas da aristocracia fundiária, próxima desta o clero, como demonstra o episódio da Inquisição. No curso de três séculos, mudaram os sistemas de fornecimento do escravo, sob a constância do controle oficial. O *resgate*, eufemismo da aquisição do negro, a arrecadação dos rendimentos passaram da administração direta, da concessão de licenças para a compra de determinado número de escravos até o arrendamento de áreas. Depois, como mencionado, as companhias entram em cena, firmadas no comércio exclusivo.

Na dinâmica colonial flutuam as camadas que o autor dos *Diálogos das grandezas do Brasil*, as Ordenações e o padre Antônio Vieira situaram na sociedade, em Estado de repouso. Os três estados, na imagem do pregador que os reúne no sal, com os elementos fogo, ar e água, têm linhas ironicamente pouco vivas, distinguidas pela cor das contribuições fiscais — o que engaja as categorias na ordem do estado. O clero representa o fogo, "elemento mais levantado que todos", goza de imunidade tributária; o ar cabe à nobreza, "não por ser a esfera da vaidade", com privilégios finamente criticados de injustos; ao povo sobra o símile de água, não por ser "elemento inquieto e revolto, que à variedade de qualquer tempo se muda", sobre o qual "caem de ordinário os tributos, não sei se por lei, se por infelicidade". Os fidalgos vivem das comendas e rendas da Coroa — suas águas saíram do mar e ao mar devem tornar.[143] E a terra, o quarto elemento, esquecida pelo pregador, não será o escravo, indigno de menção? A nobreza, já nessa altura, se alimenta dos favores e das vantagens que fluem das mãos do rei, o qual, por sua vez, colhe tudo do povo. O soberano e o terceiro Estado são as realidades únicas — as outras ornamentam, enfeitam sem produzir. A colônia se complica, ainda, das separações das cores, composta de brancos, pretos e pardos. Os pardos poderiam agregar-se aos pretos, "pela parte materna, segundo o texto geral", mas eles se acercam dos brancos, "porque entre duas partes iguais, o nome e preferência deve ser da mais nobre".[144] O senhor e o escravo, entretanto, em tudo se separam: no nome, na cor e na fortuna: "o nome de escravos, a cor preta e a fortuna de cativos, mais negra que a mesma cor".[145] Só no outro mundo, as diferenças calarão, mudado o sofrimento do escravo em merecimento de martírio: "todo esse inferno se converterá em paraíso, o ruído em harmonia celestial, e os homens, posto que pretos, em anjos".[146] As cinco "condições de gente" dos *Diálogos das grandezas* se reduzem a quatro: a primeira, com a gente marítima (armador) e a comerciante; a segunda, dos oficiais mecânicos; os que servem por soldada, na terceira; e os que tratam de lavoura (senhor de engenho e agricultores) na quarta.[147] Condições que são as mesmas das Ordenações Filipinas (L. v, cap. 63) e Manuelinas (v, tít. 72): os que vivem com senhor ou com amo; os que trabalham em mester — os oficiais mecânicos; os que negociam, por sua conta ou conta alheia — acrescentados os lavradores, sobrarão ainda as quatro categorias de Brandônio. Uma apreciação conjetural atribui, no reino, a percentagem de 26,9% da população aos lavradores e camponeses, contra 24,9% de fidalgos e mercadores e 27,7% de artífices e trabalhadores manuais, ocupando o clero a importante cifra de 11,9%.[148] Esse quadro demonstra a fraqueza da população agrícola, um terço da população, com quase dois terços dedicados aos tratos urbanos, detentores da maior parte das rendas da colônia. Bem verdade que, no Brasil, contados os escravos, a maioria dos habitantes está na lavoura e nos engenhos. O fato de, na metrópole, senhora de mais de metade do produto da atividade econômica brasileira, ser outra a constelação social indica que a nota tônica se situa nos cortesãos comerciantes, negociantes de fretes e de reexportação, constelação que imanta a vida da colônia, deslocada a perspectiva ao ultramar. O destino agrícola do Brasil não é, dessa sorte, senão a inversão do ponto de vista que ilumina, fixa e comanda a paisagem.

4 | *A apropriação de rendas: o pacto colonial, monopólios, privilégios e tributos*

A REDE FISCAL DA COROA se confunde com a direta apropriação de rendas, com os monopólios e concessões. A economia, por uma ou outra forma, obedece à regência material do soberano e seu estamento, em intensidade que ultrapassa os modos modernos de intervenção do Estado ou as interferências limitadas da concepção liberal. Tudo parte das origens: o rei é o senhor das terras, das minas e do comércio, no círculo patrimonialista em que se consolidou e se expandiu o reino. O pacto colonial não é mais que a expressão global do tipo de Estado dominante em Portugal.

O comércio direto do soberano se faz por meio dos monopólios — pau-brasil, pesca da baleia, tabaco, sal e diamantes. A Coroa delega a exploração do negócio aos contratadores, que o gerem por conta do poder público. O preço será fixado pelo senhor do comércio, bem como o quantitativo da utilização, cumprindo ao contratador pagar o preço e redistribuir o produto na Europa, geralmente em conexão com os mercadores internacionais. Próximo dos monopólios, com outra forma de cooperação dos particulares, instituíram-se as companhias privilegiadas de comércio, a Companhia Geral do Comércio do Brasil (1649), a Companhia do Maranhão (1678), a Companhia Geral do Grão-Pará e Maranhão (1755) e a Companhia de Pernambuco e Paraíba. Essas empresas, ao contrário das companhias inglesas e holandesas, que abrigavam os particulares sob o auxílio do soberano, distinguem-se pela iniciativa oficial e pelo preponderante papel do Estado. Outra modalidade de comando material, efetivo, íntimo da economia constituíam as concessões — formas de delegação de gestão econômica de bens que se articulam no conceito moderno —, das quais a de mineração era a mais importante, modalidade que se dilui, apesar de seus caracteres iniciais, no tráfico de escravos, engenhos de açúcar e regime de sesmarias. Os três tipos de controle da economia — o monopólio, as companhias e as concessões (típicas e atípicas) — se integram no domínio do comércio da metrópole, o pacto colonial, comércio reservado, xenofobamente, aos portugueses, desde as medidas de d. Sebastião e dos Filipes (1571, 1591, 1605). O pacto colonial, na verdade, constitui, desde que a Revolução Industrial irrompe na Inglaterra, uma longa batalha perdida, da qual o consulado Pombalino representa a hora heroica e a resistência das Cortes de Lisboa (1821-2), a hora tragicômica. Os monopólios, os privilégios e as concessões não são expedientes de fria exploração: eles fomentam para explorar, alimentam a vaca americana — a expressão é do primeiro Bragança, d. João IV — para ordenhá-la com maior vigor, impiedosamente.

O quadro fiscal, nesse contexto de fios históricos de tarda solidificação, representa o remanescente do domínio do Estado, o leite que sobra do melhor apoio. O tributo — no qual se incluíam quintos, dízimas, sisas e taxas — será a exploração por meios mais práticos, mais gerais, diluídos da impossibilidade de aproveitamento direto. À estrutura patrimonial portuguesa — em que o reino é a mina do soberano, embora já separado o soberano do chefe pessoal — soma-se o sistema colonial, apêndice de terras e bens a colher, com pressa, para a riqueza rápida e a opulência da metrópole. Ainda aqui se conjuga, como nos delegados e concessionários dos monopólios e privilégios, o particular nimbado com os favores públicos — os famosos contratadores, gêmeos dos arrematantes de monopólios, empresários incumbidos de transformar contribuições in natura em prestações monetárias. O mais pitoresco desses contratadores será o desembargador João Fernandes, contratador dos diamantes do Tijuco, o afortunado amante de Chica da Silva, cujos encantos um venerando historiador nega com veemência — "não possuía graças, não possuía beleza, não possuía espírito, não tivera educação, enfim não possuía atrativo algum, que pudesse justificar uma forte paixão".[149]

O aparelhamento de sucção do Estado, montado sobre o sistema colonial de controle das exportações e do comércio, além de orientar a ordem social das classes, gerou consequências permanentes de dependência. A exportação comandada pela metrópole, com interferência mínima do mercado interno, onde a própria agricultura de subsistência não se expandiu, gera, no reino, uma camada opulenta — de comerciantes e fidalgos burocratizados —, que se vincula, por um processo de prolongamento passivo, na colônia. Camada, em ambos os lados do Atlântico, tênue e restrita, selecionada e superior, em contraste com a miséria circundante. Morta a produção nativa — ferida pela concorrência internacional ou esgotados os veios minerais —, desaparece a faixa opulenta, castigada pelo luxo e pelas dívidas, e, na paisagem, fica apenas a pobreza, a esterilidade, o solo calcinado, o deserto. Esta a realidade para o açúcar e para o ouro, que, da antiga grandeza, só guardam a arrogância e as linhagens douradas de falsas pedras. Na hora da decadência, gastas as rotas da metrópole, o latifúndio autárquico destila a revolta contra a exploração passada: os movimentos do século XVIII e a rebeldia dos anos 20 do século seguinte serão o grito póstumo. Para o renovamento de atividades não dispõs a colônia de capitais acumulados e de reservas. Tudo se engolfou na metrópole, nas suas compras dos países industrializados, nas suas catedrais, no luxo nababesco da corte. Um crítico do século XVII não se enganou: as minas causam dano à colônia e à metrópole, elas provocam maior opressão e ruína que utilidade e aumento. E para que comecemos pelos exemplos mais vizinhos: que utilidades se têm seguido a Espanha do seu famoso Potosi, e das outras minas desta mesma América? A mesma Espanha confessa e chora que lhe não têm servido mais, que de a despovoar e empobrecer. Eles cavam e navegam a prata e os estrangeiros a logram. Para os outros é a substância dos preciosos metais e para eles a escória.[150]

O reino de Salomão traz a erudita advertência: o ouro não alivia os tributos, senão que os agrava, para que os senhores do mando exibam "o luxo, a vaidade, a ostentação, a delícia, os palácios, as casas de prazer".

Nestes monstros de vaidade (que sempre é maior que o poder) se consumiam aqueles imensos tesouros, e onde não chegavam os milhões das frotas, supriam os tributos dos vassalos. Quando as frotas haviam de partir, uns concorriam com os préstimos de suas artes para os aprestos, outros com as contribuições das suas herdades para os bastimentos, outros com o dinheiro amoedado para os soldos, outros com as próprias pessoas, embarcando-as forçadas a uma tão dilatada, tão nova e tão perigosa navegação. E quando as mesmas frotas voltavam carregadas de ouro e prata, nada disto era para alívio ou remédio dos povos, senão para mais se encherem e incharem os que tinham mando sobre eles, e para se excogitarem novas artes de esperdiçar e novas invenções de destruir. E se isto sucedia no reinado e governo de Salomão, vede se se pode esperar ou temer outro tanto, quando não forem Salomões os que tenham o governo.[151]

A apropriação de rendas que ocorre na exploração econômica tem lugar também no controle financeiro. A receita não se destina, nem se redistribui entre a população, sem que o orçamento contemple despesas de investimento, despesas que se irradiam em benefícios comuns. O alvo visado pela dura atividade financeira será o pagamento de benefícios à nobreza, reduzida a pedinte de favores e rendas, ao funcionalismo, para cujo recrutamento a origem fidalga tem marcado relevo, e ao Exército. O desenvolvimento da metrópole e das colônias não entra no plano de governo: o cliente será o estamento, a alta nobreza e a administração, com aplicações só admissíveis no fomento do comércio de trânsito. Uma ou outra vez, sobretudo advertidos os governantes com a fuga de metais, pensa-se em criar indústrias nacionais, privilegiadas para cativar o mercado colonial — com frequência distribuem-se estímulos à agricultura, com incentivos e favores, para que a exportação seja mais abundante. A doutrina mercantilista cega a todos, enquanto a Revolução Industrial ergue altas labaredas na Europa, embora um ou outro estadista sinta que o ouro chega ao Tejo para ganhar velocidade na sua corrida, rumo à Inglaterra, à Holanda, à França.

As rendas econômicas, ao contrário das rendas tributárias, são o instrumento tradicional da execução da política do Estado. Enquanto as rendas tributárias, com seu caráter de permanência e continuidade, se destinam às despesas do aparelhamento burocrático, as outras, sempre mal individuadas de sua origem patrimonial, prestam-se às aventuras e aos riscos do negócio. Os monopólios, as companhias privilegiadas e as concessões sustentaram um rumo de exploração colonial, com métodos revigorados de sistemas decadentes no reino e na Europa. O pau-brasil é bem um modelo: arrendado a cristãos-novos, trazia, além do valor do contrato, o encargo de descobrir a terra. O arrendamento e a gestão direta, aplicados de forma alternativa, denunciam a precariedade do sistema, incapaz de subsistir sem grossos cabedais, para o giro, sujeito às mesmas vicissitudes da pimenta. O tabaco, que, no começo do século XVIII, contribui com um quinto das rendas do soberano,[152] sofre, para garantia do estanco, a vigilância de dispendioso aparelhamento administrativo, para evitar a "cautela ambiciosa" dos contrabandistas. Os funcionários — escreve Antonil — lançam os seus cem olhos de Argos à mercadoria cobiçada "quando não são juntamente briareus de cem mãos para receber e mais mudos que os peixes para calar".[153] Remédio — "desseca as umidades do estômago, ajuda para a digestão e não menos para a evacuação ordinária, alivia ao peito que padece fluxão asmática e diminui a dor insuportável dos dentes"[154] — transforma-se em vício, mudança que lhe abre o consumo mundial. O monopólio do sal, como nenhum outro, revela o caráter irracional dos monopólios, com seus efeitos retraídos ao cálculo sobre a economia da colônia. A salga do boi — denuncia Azevedo Coutinho, o inimigo dos monopólios e do mercantilismo — custa "duas e três vezes mais do que vale o mesmo boi; da mesma sorte o peixe".[155] Por amor a 48 contos, importância que o arrematante paga à Fazenda Real em torno de 1800, importância que se duplica na venda a retalho, o erário régio "se priva de muitos 48 contos que, necessariamente, deveriam produzir os direitos destes gêneros nas alfândegas, se a carestia do sal os não fizesse impraticáveis".[156] O monopólio, expressão do senhorio do comércio do rei, torna-se, com o tempo, entrave do movimento mercantil: ele paralisa e congela as iniciativas, dificulta as atividades conexas, incompatível com o ascendente sistema do liberalismo econômico. Exige, de outro lado, grossos cabedais capazes de concentrar a compra e a distribuição, um exército de funcionários e vigias, que, se pouco fiscalizam, comprometem-se nas propinas e na corrupção. Para mantê-lo, será necessário militarizar os sertões e os litorais, com o controle policial dos caminhos e das áreas de produção, tal como ocorre no comércio de diamantes. O regimento diamantino — o *Livro da capa verde* —, compilação das proibições, penas e ordens da legislação anterior, será o instrumento mais duro, cruel e tirânico dos três séculos de domínio metropolitano.[157] Ninguém goza de nenhum direito, abolido o trânsito de pessoas, sujeitos todos à expulsão e prisão arbitrárias. A autoridade tudo pode, sem respeito a nada e a ninguém, afastada a hipótese de controle judicial com o banimento de advogados das áreas diamantíferas. As restrições de produção e comércio levam, dessa sorte, as populações à revolta latente, mal reprimida e sufocada pelos truculentos governadores.

As companhias de comércio tiveram outro conteúdo e diferente objetivo. O monopólio traduz uma reminiscência e um prolongamento do rei mercador, do Estado patrimonial, obrigado, para se estruturar, ao consórcio com o estamento de tendências burocráticas, onde se encontram o fidalgo e o mercador — mercador de bens, arrendamentos e crédito. Pelas companhias de comércio — as dos séculos XVII e XVIII — quer o soberano, associado aos comerciantes, assegurar o predomínio, nas conquistas e colônias, do pacto colonial, com a exploração metropolitana da mercancia. Com elas, na crise da Restauração, assenta uma diretriz que expirará numa farsa, na farsa das cortes de Lisboa, empenhadas em instituir o liberalismo em Portugal mediante a opressiva recolonização do Brasil. O drama tem muitos atos: a consolidação de d. João IV, Methuen (1703) e a abertura dos portos (1808). O Brasil, já o centro econômico do Império, não pode fugir ao controle de Lisboa, se Portugal quiser continuar de pé, liberto da avassaladora influência inglesa, influência da Revolução Industrial, e não de um país sobre outro, nos moldes velhos do mercantilismo. Somente à custa da sistemática exploração do Brasil seria possível a soberania de Portugal nos mares, capa rota de um passado de glórias. A Companhia Geral do Comércio do Brasil (1649) fixa o objetivo de melhor aproveitar o comércio do Brasil com a reunião dos capitais portugueses concentrados em Lisboa e dispersos na Europa. A perseguição aos judeus, empobrecendo Portugal de capitais, se remediaria com o retorno de acionistas, agora imunes à sanha inquisitorial. Reconquistaria a metrópole, com a independência ainda periclitante, o lugar que o século XVI lhe assegurara, antes do pesadelo da união ibérica. O tráfico intercontinental renasceria, ajudado de um elemento novo, cantado e evocado pelos economistas do século XVII e que prossegue no século seguinte: o fomento da indústria na metrópole, ajudado, colbertianamente, com o mercado colonial cativo. No centro dos planos e das iniciativas, arde o desejo de afastar a concorrência de pilhagem da Holanda e a concorrência penetrante, pacífica e universal da Inglaterra. Mal entrevista, sentida na preocupação do aparelhamento fabril, estava, sombria e ameaçadora, sempre a Revolução Industrial. Contra esse maremoto, flagelo da natureza e dos elementos desencadeados, o pequeno reino procura, em fórmulas novas compostas de matéria antiga, um abrigo seguro, abrigo e refúgio para a impossível autonomia econômica. Começa nesse momento a fuga de Portugal ante os tempos modernos, identificados como a desgraça e a conjuração de desconhecidas, nunca compreendidas forças demoníacas. O povo de Deus, católico e fiel aos mandamentos, quer evitar a Europa herege, recolhendo-se à América, erguida no mar uma muralha de frotas para protegê-lo. Política articulada no impossível, tecida de ousadias e recursos, com a vocação de congelar forças obsoletas contra o império das circunstâncias universalizadoras do capitalismo industrial. A Companhia gozaria, no comércio com o Brasil, do monopólio dos vinhos, azeites, farinhas e bacalhau, mediante preços fixados, proibido aos nativos o fabrico de vinho de mel e aguardente. Competia-

-lhe, ainda e sobretudo, introduzir escravos, fim quase exclusivo da Companhia do Maranhão, sob o regime do monopólio. Como será natural, os propósitos militares da empresa, convencionados para auxiliar o tráfico, ganharão o primeiro plano, sem que a atividade fabril metropolitana amplie o seu parque a ponto de substituir as conexões inglesas. As companhias não tiveram o milagroso efeito de isolar Portugal da política e da economia europeias: as lutas da Restauração, carecidas de aliados, arrancavam grossos dividendos do auxílio prestado ou prometido. Diversos tratados, que culminam na convenção de Methuen (1703), preparados desde 1642, entregam a metrópole à tutela inglesa e, por via daquela, a colônia. O direito de comércio recíproco, fixado em 1642, se completa, em 1654, na livre navegação de navios britânicos ao Brasil com os mesmos direitos reservados às mercadorias portuguesas, salvo o território econômico reservado às companhias, que, de senhoras do trânsito, se convertem em ilhas assediadas da concorrência. Methuen legaliza uma situação de fato — regulariza o comércio, ativo há meio século, pelo contrabando ou protegido por tratados episódicos.[158] Ele se interpõe à resistência representada pelas companhias, pelos economistas colbertianos e pelo incentivo manufatureiro desenvolvido a partir de 1670. O tratado se reduz a garantir a exportação de vinhos portugueses, mediante redução de direitos, e a, em contrapartida, permitir a entrada dos lanifícios ingleses. O aparente singelo ajuste — discutido, na sua conveniência, pelos dois países, obra de trapaçaria, de traição e de astúcia, ou de sabedoria — desestimula a agricultura portuguesa de cereais, comprimida aos vinhos, e abre o mercado português às indústrias inglesas, quebrando a nascente manufatura de estufa do reino. Com o mecanismo diplomático, o ouro do Brasil correrá para a Inglaterra, em pagamento da diferença do comércio, ouro que verterá no mundo a supremacia da era industrial, sob o comando do Tâmisa. Em Portugal só ficariam o luxo de um dia e os ociosos monumentos católicos, com a expansão da carapaça administrativa explorada pela nobreza. Deslocado o centro do comércio, desloca-se o centro do crédito, degradando o comerciante português ao papel de intermediário. Malogra o sonho das companhias do século XVII, furado como uma bolha de sabão.

> Os tratados de comércio [dirá um estudioso contemporâneo] fizeram a fortuna do mercantilismo inglês e o desespero da incipiente burguesia portuguesa. O comércio do Brasil, o mais lucrativo do ultramar, foi avassalado, sem dificuldades, pelos ingleses, seus mentores. Os poucos negociantes reinóis que se aventuravam a introduzir artigos na colônia, sem ser a soldo dos britânicos, encontravam embaraços em colocá-los. O comércio para os portos do Brasil fazia-se, senão inteiramente, ao menos pela maior parte com o crédito das nações estrangeiras, sobretudo da Inglaterra. Era deveras grande o débito dos mercadores das minas aos negociantes e comissários do Rio de Janeiro, Bahia e Pernambuco por fazendas compradas a crédito aos estrangeiros, ou remetidas por eles debaixo dos

nomes de portugueses para os brasileiros. O produto das três frotas que costumavam ir ao Brasil não bastava para pagar o que se devia às firmas estrangeiras, fielmente representadas pelos perspicazes comissários ingleses. Na metrópole o drama era igualmente aflitivo. Havia poucos portugueses ricos que não devessem aos mercados estrangeiros muito mais que o valor dos seus capitais.[159]

O ouro do Brasil dá para tudo: encobre a debilidade da economia e paga os déficits do comércio, arma o Exército de funcionários e veste os fidalgos, permite o luxo dos palácios e a grandeza dos monumentos. As advertências lúcidas dos estadistas contra a fuga do ouro e o real empobrecimento nacional correm por conta dos pessimistas, as inevitáveis cassandras de todos os tempos, incapazes de sentir a grandeza nacional, invejosos da prosperidade do país. A hora do ajuste de contas chegou mais cedo do que esperava a embriaguez deslumbrada, coincidindo com o reinado de d. José I (1750-77), momento que marca o começo do declínio das minas e o fim da expansão bandeirante, consolidada, com o Tratado de Madri, a fisionomia territorial do Brasil. O falso rei sol d. João V (1707-50), opulento sobre um país miserável, não sentira que sua corte e sua Coroa se formaram do brilho do ouro, e não do ouro, que este era da Inglaterra. "A perversão dos instintos, o vazio das inteligências, a maldade imbecil e a carolice piegas e lúbrica, retratavam a primor o Estado caduco do corpo da nação num sudário de brocados de sacristia, fedendo a incenso e a morrão. Portugal era um cenário de ópera, armado numa igreja."[160] A reação teria que vir, arrancando do peito escrofuloso da nação o ouropel enganador, como teria que vir o terremoto. O reinado de d. José busca, pela mão de seu duro ministro, o marquês de Pombal (1769-82), reconquistar a independência perdida, perdida ao mercador inglês e alienada pelo sistema mercantil, que se congelara e se enrijecera num mundo em transformação. Obra tão quimérica como o plano das companhias de d. João IV: em lugar, porém, do refúgio ilhado procura-se, agora, a modernização implantada do alto. Pombal nega o seu país — ignora-o para negá-lo —: novas ideias, novos métodos de ensino são trazidos, às pressas, da Europa remota, remota no pensamento e vizinha nas fronteiras, de onde se importam sistemas militares e econômicos. Fábricas e processos seguem os empresários e artífices estrangeiros, tudo para o edifício novo, pago com os restos do ouro do Brasil, como Lisboa se reedificaria com o suor ultramarino. Era um homem erguido contra os séculos de negligência, com o centro de seus planos dirigidos ao domínio colonial. Portugal só existia, nos farrapos de um país independente, pelo seu império ultramarino: aí se situaria a mola mestra das reformas. O controle da economia colonial seria o caminho da restauração da soberania comprometida e ameaçada pelas devastações da Revolução Industrial. A economia de trânsito, inaugurada nos primeiros passos da monarquia e consolidada com o advento do primeiro Avis, toma um rumo diverso, concentrada nas conquistas e colônias. Essa mudança explica, timidamente no século XVI e sistematicamente a partir do século XVII, o afastamento dos comerciantes estrangeiros da exploração ultramarina. No mundo dos planos, propósitos e intenções, reforça-se o exclusivismo colonial nas mãos da metrópole, e, nos momentos em que esta se sente combalida, com a intervenção do poder público, para o propósito revitalizado pelas dominantes doutrinas absolutistas. O equipamento manufatureiro do reino, a reunião de capitais num instrumento poderoso e flexível, tinha em mira a colônia, especialmente o Brasil, a mais rendosa das colônias. O programa cuidaria de curar a chaga mais profunda, a concorrência inglesa. Esse objetivo formará o núcleo do "pensamento constante, terrível obsessão" do ministro de d. José I: "cortar as amarras que prendiam Portugal à Inglaterra, tirando-o das mãos dos comerciantes britânicos que medravam à sombra dos tratados de amizade".[161] As companhias de comércio, com o monopólio, agora ampliado à mercancia e à navegação, seriam o meio adequado à imensa, heroica e visionária empresa. O controle do trânsito das mercadorias não obedece a propósitos meramente exploratórios: pressupõe, ao contrário, o fomento agrícola do extremo norte, com a direta presença de incentivos, estímulos e empréstimos públicos.[162] O miolo do comércio e do fomento será, como se observou longamente, a implantação do escravo negro, que, com os poucos recursos locais do Norte, não poderia ser adquirido em fluxo permanente.[163] Mais uma vez, em proveito de um plano imperial, a burguesia portuguesa, para se recuperar, recebe a tutela do Estado, que, ao lhe transmitir viço, comunica-lhe a dependência. Os setores mercantis alheios às companhias, com insuficientes capitais para repartir o bolo, sofrem rudes prejuízos, gerando protestos, reprimidos pelo ministro com mão de ferro. A burguesia só existirá, só se expandirá, só se reanimará na medida em que obedece a uma diretriz superior, filtrada nos paços do soberano. Depois de extintas as companhias, permanecerá íntegro o pensamento que as inspirou: o comércio das colônias será monopólio da metrópole, dos seus comerciantes e comissários, até que o ato de abertura dos portos, em 1808, ponha termo ao estatuto colonial.

    O comando da economia ultramarina não se dá apenas por meio dos monopólios e dos privilégios das companhias. Ele estenderá seus braços em setores aparentemente livres, o açúcar e o ouro, dependentes ambos de estímulos e concessões. Os engenhos, desde as cartas de doação e o regimento de Tomé de Sousa, equiparam-se a uma concessão régia, delegada às autoridades coloniais, com regime diverso da simples outorga de sesmarias para a agricultura. Tais concessões carregavam, no bojo, transferência de autoridade e encargos de defesa militar, com especial cuidado pela sua prosperidade. As imunidades fiscais e as concessões dos engenhos não lhes infundem caráter público, nem os mineradores são agentes régios. Seria manifesto erro, entretanto, com desequilíbrio dos ponteiros da história, exaltar, no senhor de engenho e no minerador, a atividade particular. Atividade particular restrita e com rígidas fronteiras, dentro do esquema global da iniciativa pública, que rege a orquestra e comanda as danças. O Estado, em consórcio com o feixe de mercadores vinculados ao mercado internacional, suscita, promove, estimula o nascimento e a expansão da empresa, para beber-lhe o mel e sugar-lhe o leite. O sistema, trocados os termos acessórios, será o mesmo das rotas asiáticas, com o rei empregando cabedais para recuperá-los centuplicados, em corrente de proveitos que aderem às muitas mãos erguidas e suplicantes dos fidalgos. Enquanto o açúcar se emancipará das garras oficiais, encolhidas para recolher apenas os tributos, o ouro jamais sairá da desconfiada vigilância cobiçosa dos soberanos, que, para assegurar os quintos, o entravará em todas as fases de produção e comércio.

Os veeiros e as minas de ouro, prata, ou qualquer outro metal constituíam, no regime das Ordenações Filipinas (L. II, tít. XXVI, nº 16), direito real, o que significa que o soberano deles pode dispor, tal como se fossem, para usar de exemplo legislado, portos de mar. As minas se distinguiam do solo, certo que as doações de terras não compreendiam as jazidas nelas existentes (idem, tít. XXVIII). Preocupado com o enriquecimento que as minas trariam, o soberano — de acordo com o alvará de 17 de dezembro de 1557, depois incorporado às Ordenações — liberalizou as licenças aos pesquisadores, com promessa de prêmios. A licença, quer para a pesquisa, quer para a lavra, dependia do provedor dos metais, que demarcaria a área metalífera, licença necessária para as próprias terras do proprietário, salvo se titular de doação com expressa e especial mercê de ouro, prata etc. O rei auferia, na lavra, o "quinto em salvo de todos os custos" (idem., tít. XXXIV). No mesmo ano da promulgação das Ordenações, o primeiro Regimento de Terras Minerais do Brasil (15 de agosto de 1603) manifestava a régia intenção de "largar as ditas minas [do Brasil] aos descobridores delas" — sem que, todavia, se dispense a licença do provedor das minas, ato abrangido no conceito de concessão, com próximo parentesco da própria concessão de terras com encargos, de acordo com a velha lei das sesmarias. Concessão próxima também do aforamento, qualificado o acordo entre o particular e o poder público por um historiador de "contrato enfiteuticário cuja pensão senhorial se pagava por aquela parte [o quinto] do produto", traduzido o quinto em "porção enfiteuticária". Desponta sempre, nas ordenações e nos regimentos de 1603, 1618 e 1702, a presença do rei, rei senhor das terras e das riquezas, dono da exploração das minas e do comércio, com a feição patrimonial atenuada pelos processos modernos de comércio com o particular. A mina pertence ao rei, como senhor e proprietário, que, para colher vantagens com maior proveito, a cede a uma pessoa economicamente habilitada a lavrá-la, vedada a transferência a terceiros sem o consentimento dos agentes régios. De acordo com o regimento de 19 de abril de 1702, sistema sobre o qual se desenvolveu a mineração no Brasil, exceção feita das primeiras e menos significativas atividades subordinadas ao código de 1618, as minas obedecem a uma disciplina referente à área metalífera e a uma disciplina administrativa. O velho princípio da monarquia está presente: onde há riqueza aí está a autoridade pública, sombra do rei, com antecipação à exploração econômica. O superintendente das minas, logo que conhece da descoberta, ordena ao guarda-mor que meça e demarque a área, dividindo-a em datas, as datas inteiras de trinta braças em quadra, e as outras de extensão proporcional ao número de escravos. O descobridor recebe a primeira data, na parte que apontar, a segunda cabe ao rei, reservada ainda outra data ao descobridor, agora na sua qualidade de minerador, também no sítio que escolher, "por convir que os descobridores sejam em tudo favorecidos, e esta mercê os anime a fazerem muitos descobrimentos" (reg. nº 5), entregue a última data inteira ao guarda-mor. As restantes se distribuem por sorte, proporcional a gleba ao número de escravos (doze escravos correspondem a uma data inteira, daí para baixo 2,5 braças para cada escravo). A data do rei vende-se pelo maior preço. A cobrança dos quintos subordinou a região das minas a uma vigilância severa, de caráter militar, com o controle dos caminhos e da entrada e saída de pessoas. Não foi possível, todavia, manter os privilégios dos descobridores, solenemente afirmados no regimento de 1702. Os paulistas, diante das notícias do ouro, que provocaram repentina afluência de aventureiros e traficantes, sentiram-se usurpados pelos "emboabas" — reinóis e baianos, estes descendo em massa do São Francisco. A origem do conflito — que degeneraria na "guerra dos emboabas" (1707-10) — parece estar ligada à dissidência entre os mineradores exclusivistas e os donos de escravos e alimentos,[164] tensão, de resto, subjacente, em outros termos, em toda a sociedade colonial. Os descobridores paulistas, oriundos de uma sociedade pobre, afluíram em massa à região das minas, atraídos pelos favores legais. Muitos, conta Antonil, morreram nos caminhos "com uma espiga de milho na mão, sem terem outro sustento".[165] Os preços subiram, na espontânea inflação do ouro que, a seguir, também por influência do metal brasileiro, a Europa viria a experimentar.

> Porém [relata Antonil, referindo-se a 1703] tanto que se viu a abundância do ouro que se tirava e a largueza com que se pagava tudo o que lá ia, logo se fizeram estalagens e logo começaram os mercadores a mandar às minas o melhor que chega nos navios do Reino e de outras partes, assim de mantimentos, como de regalo e de pomposo para se vestirem, além de mil bugiarias de França, que lá também foram dar. E, a este respeito, de todas as partes do Brasil se começou a enviar tudo o que dá a terra, com lucro não somente grande, mas excessivo. E, não havendo nas minas outra moeda mais que ouro em pó, o menos que se pedia e dava por qualquer cousa eram oitavas. Daqui se seguiu mandarem-se às minas gerais as boiadas de Paranaguá, e às do rio das Velhas as boiadas dos campos da Bahia, e tudo o mais que os moradores imaginavam poderia apetecer-se de qualquer gênero de cousas naturais e industriais, adventícias e próprias.[166]

O comércio, como em todo o período, se apropria do ouro por meio dos fornecimentos e do crédito, para a aquisição de materiais e escravos, de alimentos e "bugiarias". O produtor, submerso no oceano mercantilista, sofre o trituramento de uma ordem econômica que começa dentro das crateras de mineração e acaba nas praças industriais da Europa. Os emboabas foram, nessa sequência de exploração, um elo, o elo necessário que prende o minerador às asas do mercador, agente da Lisboa faustosa e, debaixo das sedas e veludos, enferma. A causa dos reinóis e baianos era, afinal, a causa da civilização, que aproxima as riquezas e provoca o intercâmbio. O tumulto, ao tempo que projeta o comércio no coração das montanhas, provoca o reajustamento da autoridade, com o Rio de Janeiro exercendo, cada vez mais, o papel de centro da colônia, desdobrada a região dos metais até que, em 1720, se afirma capitania autônoma.

O quinto dos produtos das minas será, na verdade, o alvo da reorganização administrativa e das leis de minas. As Ordenações (L. II, tít. XXXIV) exigem que os metais, depois de fundidos, sejam marcados, cominada ao infrator a amarga e cruel pena de degredo por dez anos para o Brasil. Os sistemas usados — cobrança direta do produtor, avença com as câmaras, capitação — geram permanente conflito entre o poder público e os mineradores. Os opressivos modos de cobrança, do qual a capitação — porcentagem sobre os escravos ou sobre os habitantes — é o mais extorsivo, geraram a convicção, solertemente difundida pelos eclesiásticos comprometidos com o contrabando, de que o tributo, por ser tributo, não obrigava em consciência e só gerava o dever civil de pagar. Cinde-se a obrigação religiosa da obrigação pública, afastado o pecado do imposto, sutil defesa dos povos esmagados pelo fiscalismo metropolitano, modalidade de exploração da colônia pelo reino, cisão que iria influenciar, por séculos, a educação do brasileiro. Doutrina de oprimido, refugiada na consciência cristã, embora rigorosamente combatida por Antonil, com o apoio de juristas e teólogos. A contribuição ideal devia situar-se em cem arrobas anuais — quantidade excedida nos anos prósperos e friamente arrancada nos períodos de decadência. Murcho o úbere, no último quartel do século XVIII, a Coroa, auxiliada com os dragões — as "atrevidas fardas" das *Cartas chilenas* —, quer ordenhar até o sangue, sem que a contenha a reação da inconfidência. Tudo concorrerá ao incremento da Revolução Industrial, para maior grandeza e glória da Inglaterra.

O cerco da metrópole à colônia se completa no fiscalismo do reino. Fiscalismo, expressão alheia aos tributos e derivada do sistema de dependência: a colônia não vive por si, nem se identifica à metrópole, senão que é estância provisória dos interesses sediados junto à Coroa. A rapacidade tributária, ardentemente denunciada pela generalidade dos historiadores, não passa de modalidade da rapacidade maior, definida no sistema colonial. Ainda no século XVII, as receitas locais mal cobrem os gastos do Brasil, acrescidos com a defesa exterior, sobretudo com a guerra aos holandeses.[167] Concorrem para isso as isenções por dez anos dos engenhos, e a ausência de cômputo dos tributos e lucros recolhidos na metrópole, onde os produtos sofrem novas taxações. Déficit local compensado com o negócio global e os direitos de trânsito, dentro do esquema geral do pacto colonial, com os direitos de alfândega, exportação ao Brasil e reexportação à Europa, monopólio e tributos arrecadados na corte. Dessa realidade já se apercebiam os *Diálogos das grandezas do Brasil*, ao acentuar que o Brasil rendia mais que a Índia, com os açúcares que pagam direitos na alfândega de Lisboa, "de que feita a soma vêm a importar à fazenda de Sua Majestade mais de 300 mil cruzados, sem ele gastar nem despender na sustentação do Estado um só real de sua casa, porquanto o rendimento dos dízimos, que se colhem na própria terra, basta para sua sustentação".[168] Cerca de 30% do preço do açúcar cabe aos cofres públicos, por via tributária: a dízima, as propinas (comissões devidas aos funcionários da Coroa), as pensões e a redízima (ao donatário), o cruzado e a vintena, o tostão por tarefa (na Bahia), o dote à rainha da Inglaterra e paz da Holanda (1662). Em Lisboa oneram o produto: o consulado (3%), a sisa, velho imposto sobre as vendas, generalizado a todos a partir da dinastia de Avis, o quinto (desde 1653).[169] Tão graves são essas cargas sobre o produtor que a legislação do século XVII se preocupa em poupar os lavradores e senhores de engenho da execução por dívidas. A concorrência mundial trará a consequência inevitável a esse sistema fiscal: um século mais tarde, o açúcar custará, em Lisboa, preço maior que o do mercado mundial. A inferioridade provém do fisco e da impossibilidade, com o acréscimo do valor do escravo, de reduzir os custos. Opera o fiscalismo como elemento estabilizador da economia — dificulta o sistema de trocas e alimenta uma camada que se apropria das rendas, mesmo à custa do subsídio à produção. O centro do interesse econômico se desloca do lucro do empresário para o beneficiário dos tributos, o velho, tenaz e rígido estamento. Não espanta, dessa sorte, que o benefício do senhor de engenho não vá além de 3% do capital empregado,[170] o que explica a pouca transferência de renda para outros setores,[171] limitado o lucro ao luxo, "luxo sem cabedal". Essa situação mostrará o panorama de muitos séculos, de uma lavoura e uma indústria estéril, que, na decadência, deixará, nos campos e nas cidades, o desolado empobrecimento. Antonil denuncia o ouro, que serve "para enriquecer a poucos e para destruir a muitos", como responsável pelo encarecimento do açúcar, ao lado da carestia dos implementos vindos do reino. No fundo, o escravo regula o preço e a produção.[172] As garras fiscais entram em tudo: na aguardente, com o ônus por pipa e o subsídio literário; no gado, com o dízimo, o quinto do couro, o tributo sobre as carnes verdes e as salgadas; somem-se os direitos territoriais, de chancelaria, donativos dos ofícios, meio soldo das patentes militares, selos etc. A região do ouro, além dos quintos, se encontrava oprimida pelos direitos de entrada sobre escravos, secos e molhados — sal, vinho, vinagre, azeite —, que triplicam o preço dos artigos de ferro, com privilégio para as fazendas de luxo.

Todas essas tributações sobre os mesmos produtos, acrescentados às existentes, determinavam incríveis complicações, dificuldades enormes para os contribuintes e para os agentes do fisco. O gado pagava direitos em treze parcelas, a aguardente em nove, o tabaco em sete, o algodão em quatro. Parece que nessas dificuldades e complicações a burocracia se deleitava, ora sádica, ora masoquista. Nenhuma preocupação havia em aliviar a carga fiscal dos brasileiros e esse espírito perdurou já que, proclamada a Independência e no curso do Primeiro Reinado, ainda se pagava a tributação resultante do terremoto de Lisboa de 1755.[173]

Entre o Estado e o particular, na exploração dos tributos e dos monopólios, se fixa, densa e ávida, impiedosa e insaciável, uma camada de exploradores, alimentada pela Coroa. O primeiro representante da inquieta geração será d. Fernão de Loronha, arrendatário das riquezas da terra do Brasil, com direito a explorar o monopólio de pau-brasil. Os contratadores virão na sua esteira, arrematando ou recebendo em concessão a cobrança de tributos, o negócio dos diamantes e os caminhos de bens e pessoas. Dos rendosos contratos sobrará muito para a corrupção — as luvas aos intermediários e governadores, na denúncia do maldizente autor das *Cartas chilenas*. Os próprios cargos públicos do Brasil, reservados a premiar serviços e colocar a nobreza ociosa, passaram a ser vendidos, a partir do século XVIII. Burguesia e funcionários, afastados pelas atividades e preconceitos, se unem numa mesma concepção de Estado: a exploração da economia em proveito da minoria que orienta, dirige, controla, manda e explora. A mistura das águas seria inevitável, diante da tarefa comum, com iguais proveitos para quem concede os benefícios e para quem os gere. A burguesia, fechado o caminho da Revolução Industrial no país, se converte em apêndice da nobreza, apêndice que sua rendimentos e se assenhoreia de privilégios.

O paraíso dos enganos de Pero Vaz de Caminha, no curso de três séculos, se converte no inferno da cobiça e da exploração. Domínio altaneiro de ultramar, gozo da riqueza sem retribuição, tomada dos frutos do trabalho sem suor — este o mundo da colônia. O padre Antônio Vieira traduziu seus sentimentos em três proposições, que retratam a dependência americana, dependência política, dependência econômica e dependência financeira.

> A república [clamava com o olho posto no despotismo metropolitano e das autoridades da Coroa na colônia] é o espelho dos que governam. Porque assim como o espelho não tem ação própria e não é mais que uma indiferença de vidro, que está sempre exposta a retratar em si os movimentos de quem tem diante, assim o povo ou república sujeita, se se move ou não se move, é pelo movimento ou sossego de quem a governa. [...]. O maior jugo de um reino, a mais pesada carga de uma república são os imoderados tributos.

Tirania e tributos tudo em proveito de Portugal, adverte o pregador: "Muito deu em seu tempo Pernambuco; muito deu e dá hoje a Bahia, e nada se logra; porque o que se tira do Brasil, tira-se do Brasil; o que o Brasil dá, Portugal o leva".[174] Sobre o fiscalismo e a exploração, fecha-se o círculo: o produto enche os bolsos da camada aristocrática e mercantil que suga o Estado, monopoliza o luxo e ostenta a arrogância de cabedais sem raízes. Tudo circula sobre si mesmo, incapaz o sistema de alimentar empreendimentos produtivos, de fixação na indústria ou na agricultura metropolitanas.

VII

Os pródromos da Independência

1 | *A vida rural do começo do século XIX: a autarquia agrícola* > 249
2 | *A transmigração e a frustrada reorganização política e administrativa* > 255
3 | *O dissídio e a transação* > 268

1 | *A vida rural do começo do século XIX: a autarquia agrícola*

O SÉCULO XIX encontra um país subjugado, com fronteiras definitivamente esboçadas, neste lado do Atlântico. Desde que a reação centralizadora ganhara os sertões, atenta à supremacia da autoridade pública, a caudilhagem dos conquistadores e latifundiários perde o ímpeto, estrangulada no nascedouro. O rústico militarismo, seja já o exercido pelo senhor de engenho, quer o arvorado pelo bandeirismo, ou o nascido nos acampamentos de combate ao holandês, abatera-se, dominado por dois processos contrários e complementares. O paulista, o pernambucano, o rio-grandense transformam-se em agentes régios, incorporados às milícias ou às ordenanças, com trânsito, algumas vezes, às fileiras da primeira linha, da tropa regular. Aqueles que desafiam a ordem legal, inconformados com a submissão blandiciosa nos cargos e patentes, recebem o golpe das armas, a ferro e fogo. Para os de boa vontade, a terapêutica dos emolientes; para os outros, a espada nua, mal encoberta nas draconianas devassas e nas prisões amparadas na justiça. Os senhores territoriais refugiam-se nas câmaras municipais, freados, limitados e dominados pela falsa autonomia das vilas distantes. Sua influência política será quase nula, no exercício de cargos municipais manietados, sem que as suas decisões alcancem a sede das capitanias ou os corredores da corte. Eles, na verdade, não serão mais necessários para devassar a terra inculta, domar o indígena ou repelir o invasor que surge do mar ou se projeta da fronteira. A base da força que os fizera respeitados estava morta: o militar de formação reinol ocupa o seu lugar, auxiliado pelas tropas territoriais, recrutadas nas cidades e nos ermos, aquele cada vez mais expressivo em número e superior na disciplina.

Não apenas o conteúdo político do senhor rural mudou, senão que transformação mais profunda alterou-lhe o status. Depois de dois séculos ocupados em produzir açúcar, lavrar ouro, cultivar cana e tabaco, pastorear gado — ao lado das funções paramilitares e paraburocráticas —, a própria estrutura da empresa rural toma outro cunho. De caçador de riquezas converte-se em senhor de rendas, a fazenda monocultora toma o caráter de latifúndio quase fechado. O prestígio outrora haurido das implícitas delegações de autoridade se transmuta no de senhor de um pequeno reino, que produz quase tudo.

Ainda aqui, nessa hora de transição, pulsa e circula, na paisagem das lavouras e das distâncias, o sangue da economia mundial. Não que a colônia seja um reflexo passivo do jogo internacional — século a século ela adquire consistência própria, fisionomia singular, de cuja interação dinâmica se comporá o anseio de autonomia. O último quartel do século XVIII denuncia uma crise e revela uma mudança de rumo. A exportação cairá, em termos absolutos e em termos per capita, por efeitos não apenas atribuíveis ao esgotamento das minas. Ao colapso da produção do ouro se associa a baixa das exportações do açúcar, atingindo o ponto mais baixo dos dois séculos anteriores.[1] Em 1750, para uma população de 1,5 milhão de habitantes, a exportação alcançou 4,3 milhões libras esterlinas, enquanto em 1800, numa população de 3,3 milhões mal subiu a 3,5 milhões de libras esterlinas,[2] com o ponto mais baixo na década 1780-90. Esses dados se fixam, não obstante as vicissitudes do Haiti, cuja revolta arredou o perigoso concorrente francês de açúcar. A renda per capita teria caído, de trinta libras ouro em 1600, para três em 1800.[3] Um elemento abre, todavia, outra perspectiva: a participação percentual da exportação na renda interna, na altura de 80% em 1600, teria também caído, insinuando a moderada expansão, senão do mercado interno conjugado, pelo menos das unidades agrícolas. Mais tarde, o café, no Sul, trará convulsivamente, a partir de 1850, outra mudança no mapa econômico.

A direta consequência dessa brusca oscilação, brusca mas não inesperada, será o retraimento da empresa agrícola aos próprios recursos. O tráfico de escravos, obviamente, seguiu idêntico afrouxamento,[4] com a perda de influência dos mercadores e financiadores, batidos pela crise. A existência de grosso cabedal de mão de obra em poder dos engenhos, minerações e fazendas forçou a mudança de rumo do setor exportador para o setor de subsistência, numa estrutura econômica incapaz, pelas dependências ao crédito e aos compromissos a curto prazo, de transformar-se rapidamente. A proibição de criar indústrias restringiu a reorganização aos quadros internos do mundo rural. A fazenda, dotada de dois focos, o foco exportador e o foco interno, a vibração exportadora e a convergência de economia natural, tende a buscar seu eixo de movimento autônomo. Não há diferença entre a unidade agrária da cana e a unidade agrária do café, no aspecto do cultivo e da lavoura, senão que, entre um momento e outro, a fazenda sofre desajustamento nas suas bases. A prosperidade cafeeira virá corrigir as distâncias, também ela voltada para a monocultura, tal como a cana de 1600, monocultura temperada pelas novas condições do país, já mais voltado ao tropismo do mercado interno. Em plena prosperidade do café, o mais alto espírito brasileiro, o homem que melhor conheceu o seu país, não se cansa de bradar:

> [...] o Brasil é uma nação que importa tudo: a carne-seca e o milho do Rio da Prata, o arroz da Índia, o bacalhau da Noruega, o azeite de Portugal, o trigo de Baltimore, a manteiga de França, o pinho do Báltico, os tecidos de Manchester, e tudo o mais, exceto exclusivamente os gêneros de imediata deterioração. A importação representa assim as

necessidades materiais da população toda, ao passo que a exportação representa o trabalho apenas de uma classe.[5]

O antigo minerador, o senhor de engenho, o lavrador e o pastor ampliam — enquanto o café não vier avassalar as terras — as culturas de subsistência, preocupados em adquirir de fora o mínimo possível de bens, sal, ferro, chumbo e pólvora. Fato este que se deve à pobreza, à exportação cadente, e não à natureza da lavoura de cana, tal como cultivada no Rio de Janeiro e São Paulo, regiões que não conheceram o brilho exclusivo dos engenhos de Pernambuco e Bahia. Sob a pressão da conjuntura adversa, o fazendeiro sentirá o que em outros tempos, nos tempos prósperos, não percebera: o fiscalismo, a tirania, o entrave do governo à atividade econômica. Mal-estar associado com as ideias francesas do liberalismo nascente, únicas ideias então disponíveis para colorir a revolta.

Ao fator econômico, que abranda a monocultura e a dependência à exportação, soma-se o fator geográfico. As fazendas distantes do Rio de Janeiro, de Salvador e do Recife tendem para o sistema autárquico, pressionadas pelas dificuldades de transporte, transporte entregue totalmente às tropas de burro, reservado o carro de boi para os trabalhos internos da fazenda.[6] O processo de autonomismo policultor se envolve, de outro lado, pelas peculiaridades locais: enquanto a cana do Nordeste sofreu a tradição exportadora, a fazenda paulista se acomoda melhor aos novos tempos, voltada para a lavoura de subsistência. Os viajantes do começo do século XIX assinalam, nas fazendas próximas ao Rio de Janeiro, a passagem progressiva da categoria de chácaras e quintas para a de grandes propriedades. Observação, de resto, assentada sobre o óbvio, recordada a circunstância de que a influência da cidade cessa a pouco mais de vinte quilômetros da costa.[7] As acomodações e o mobiliário são, à medida que se avança no interior, cada vez mais rústicos, no mesmo caráter do vestuário, de panos grosseiros, tecidos dentro do latifúndio. Luccock, atordoado diante do fenômeno emergente da variedade das culturas e preocupado em lhe discernir a causa, o atribui, em Pernambuco, à orientação governamental. O feijão e a mandioca se associam e disputam a vizinhança da cana e do algodão, com prejuízo dos lavradores e dos comerciantes, mais interessados nas culturas lucrativas de exportação, fato que teria contribuído para o descontentamento sobre o qual eclodiu a Revolução de 1817. Em outra passagem, vincula a mudança de rumo à quebra do estatuto colonial, provocado pela transmigração da corte, com a entrada nos campos das frutas e vegetais.[8] Conjeturas infundadas, mas calcadas sobre uma situação nova. Coincide o comerciante inglês na sua queixa à faixa diminuta de comércio, provocada por essas unidades fechadas, com seu compatriota, o contrabandista Lindley, que escreve em período anterior à chegada de d. João VI.[9] Não obstante a falta de moeda e o isolamento das fazendas, ainda assim, graças à coluna não destruída da exportação, o tráfico com o exterior permanece ativo, sobretudo para o comércio inglês, agora liberto, senão privilegiado, de todas as amarras. O padrão de trocas obedece, sempre que a praia se distancia, ao escambo, com o crédito de permeio, utilizado em escala inesperada e abusiva.[10] O lucro da atividade agrícola não se expande, como é natural na conjuntura restritiva, reduzido, segundo cálculos de Saint-Hilaire, a 10% sobre o capital empregado,[11] lucro que se eleva no período do café. A terra, diante da nova perspectiva, embora fácil de obter para o requerente bem situado, passa a contar de forma mais expressiva na composição do estabelecimento.

A imediata consequência: o fazendeiro, enclausurado no seu domínio, não é mais o instrumento passivo do intermediário da exportação ou do fornecedor de escravos. Ele, se a ruína na hora da contração da fazenda não o abateu, tem nas mãos as condições, embora não vigorosas, para resistir à pressão exterior e ditar sua conduta, que a velha arrogância, bebida nos tempos da caudilhagem territorial, lhe inspirará.

A passagem do empresário exportador para o senhor de rendas e produtos coincide com a transmigração da corte, em 1808. Soma-se a maturação interna da colônia a um acidente da política europeia, separando o tênue, mas já vivo, anseio de emancipação das tendências liberais, separação singular e inexistente na América espanhola e inglesa. Um rei absoluto realiza, preside, tutela a nação em emergência, podando, repelindo e absorvendo o impulso liberal, associado à fazenda e às unidades locais de poder. Liberalismo, na verdade, menos doutrinário do que justificador: os ricos e poderosos fazendeiros cuidam em diminuir o poder do rei e dos capitães-generais apenas para aumentar o próprio, numa nova partilha de governo, sem generalizar às classes pobres a participação política. Ocorre que, com a contração econômica do latifúndio, a terra e as conexões produtoras passam a adquirir maior importância, com a gravitação de categorias de pessoas sem terra em torno do proprietário. Nesse sentido, o empresário, o senhor de engenho que, desde Duarte Coelho, impunha seu predomínio graças aos investimentos da indústria de moagem de cana, com as lavouras cativas, converte-se no fazendeiro, estendidas as dependências para todas as culturas, que só ele comercializa e redistribui. O senhor da fazenda é, agora, senhor do mercado fechado e das comunicações exteriores. O engenho — que se compõe da fábrica e da fazenda[12] — alonga o seu segundo componente numa base agrícola mais larga. No Nordeste açucareiro, onde será mais difícil a mudança, com a rígida tradição exportadora e a monocultura, os lavradores subsidiários não são mais os donos de terras próprias e os arrendatários dos senhores de engenhos, todos dedicados à cana. As terras, segundo o depoimento de Koster, são divididas pelo proprietário, senhor de engenho, em cinco parcelas: as matas, as terras do plantio de cana, as de pastagens, as plantações para alimentação dos escravos e as ocupadas por homens livres. Com o emprego dos escravos na empresa industrial do engenho ou das lavouras de cana, assumem importância as culturas de mandioca e feijão, algumas vezes o milho, gêneros que o proprietário nem sempre pode comprar. Essa necessidade será coberta pelas lavouras dirigidas pelo fazendeiro, com seu pessoal, ou resultará dos homens livres, os moradores sem terras, precariamente fixados ao solo, sem nenhum contrato escrito, vendendo as sobras ao proprietário, que lhes fornece os implementos agrícolas.

> A posição que essas pessoas têm nessas terras ocupadas é insegura e essa insegurança constitui um dos grandes elementos do poder que um latifundiário desfruta entre seus moradores. Nenhum documento é escrito mas o proprietário da terra autoriza verbalmente o morador a erguer sua casinha num terreno, habitando-a, sob condição de pagar uma renda mínima, de quatro a oito mil-réis, um ou dois "guinéus", ou pouco mais, e lhe permite cultivar o que possa fazer pessoalmente mas a renda aumentará se for auxiliado por alguém. Às vezes, na convenção verbal, dispõe-se que o rendeiro deverá prestar certos serviços em vez de pagar o foro em moeda.[13]

Na borda das cidades, a horticultura se expande, cultivada sobretudo pelo imigrante português, disposto a usar das próprias mãos, ao contrário de seu compatriota de há dois séculos. Tollenare percebe, no campo nordestino, três classes: os senhores de engenho, grandes proprietários territoriais; os lavradores, espécie de rendeiros; e os moradores, ou pequenos colonos. Os lavradores, rendeiros sem contrato escrito de arrendamento, plantam cana em terras do senhor de engenho, no velho esquema do século XVI, com o domínio de escravos e lavouras de subsistência. Os moradores gozam da permissão de erguer sua cabana, com pequena retribuição, sujeitos à expulsão sumária.[14] Koster e Tollenare coincidem no seu depoimento: o velho engenho monocultor ganha novas dimensões, alargando, com a transformação, a estrutura de classes. A dicotomia senhor e escravo perde o conteúdo para armar, em torno do proprietário, uma tosca pirâmide de dependentes, fechada sobre si mesma. O exclusivismo da cana sofreria, ao tempo, brechas pelos produtos do sertão: o algodão e o gado, com fazendas organizadas sem o traço monocultor. No Sul — São Paulo e Minas Gerais, Rio de Janeiro (algumas léguas longe da capital) — a reclusão fazendeira toma maior consistência, agravada pelo isolamento das estradas precárias. Só os escravos, as ferramentas agrícolas e os artigos de luxo, além do sal, vêm de fora, num comércio cheio de entraves e retardamentos.[15] Nesse contexto, a indústria, depois de levantadas as interdições colbertianas, não pode se expandir, tolhida pela falta de mercado e pelo transporte caro. A produção manufatureira em pequena escala sofreria ainda a concorrência inglesa, com seus produtos cada vez mais baratos.[16]

Isolamento, menor dependência do exterior, confinamento às localidades do campo — este o caráter rural do começo do século XIX. O comércio, fortemente vinculado ao estamento governamental, perde a absoluta supremacia nas fazendas.

Ele se articula em antagonismo ao latifúndio, gravitando em torno da metrópole, da qual depende para alimentá-lo de mercadorias e crédito. Perde, de outro lado, a consistência hegemônica, com a chusma de comerciantes ingleses que, a partir de 1808, invade as cidades do litoral. As capitanias, centrifugamente voltadas para as unidades agrícolas, não logram engastar-se numa base homogênea de interesses, dispersas, além disso, nas conexões autônomas com o comércio europeu.

2 | *A transmigração e a frustrada reorganização política e administrativa*

A DINASTIA DE BRAGANÇA cumpria, a 29 de novembro de 1807, um destino já entrevisto pelo primeiro rei dessa casa, d. João IV. As dificuldades da restauração se resolveriam com o Brasil independente, já a única colônia que sustentava a monarquia, a "vaca de leite" da metrópole. O plano se faz realidade, com o furacão napoleônico desencadeado sobre a Europa, no momento em que muitos reis perdem o trono ou o entregam à voracidade das armas francesas. O Brasil, sustentáculo do reino, torna-se seu refúgio, com imediatas consequências sobre a própria estrutura do reino, mal seguro e flutuante sem os recursos americanos, suas rendas, tributos e comércio. A resistência secular ao domínio inglês, resistência desesperada e inútil, esboroa-se, favorecida a quebra, paradoxalmente, pelas armas de Napoleão. O reino não seria inglês, subjugado pelas tropas de Junot, mas o seu cerne, o seu miolo, a sua substância cairiam sob a tutela econômica da Revolução Industrial. A indecisão, as negociações dúplices, as escaramuças diplomáticas levaram à histórica viagem da noite de 29 de novembro, em que o juízo da nação parece recuperado nos lábios de d. Maria I, a Louca, única a lamentar o abandono do país sem combate, sem uma batalha perdida, sem um tiro disparado. O povo, bestializado diante da cena como bestializado assistiria a outra, em outro palco, quase um século depois, o povo não acreditava no que via, entre lágrimas e imprecações, a dar vazão ao seu melhor sentimento, a saudade. Emigrava a corte, seu ouro e seus diamantes, com metade do dinheiro circulante, frustrada por não poder arrecadar a prata das igrejas.[17] Entre 10 mil e 15 mil pessoas acompanham o rei, sem contar os militares, embarcados em vinte vasos de guerra, sob a escolta da Marinha inglesa.[18] Portugal ficaria entregue a uma regência; o Brasil seria, desde logo, um "novo império", de acordo com a força dos acontecimentos e a expressa vontade régia.

O desembarque na Bahia traz a primeira consequência da transmigração: fechados os portos da metrópole, a monarquia não podia exportar sua produção e adquirir os bens necessários à sua subsistência. A abertura dos portos, repelido o alvitre de um empório inglês localizado e exclusivo da Grã-Bretanha, quebra o pacto colonial, tornando inútil a reserva de provisoriedade inscrita na carta de 28 de janeiro de 1808. Conquista na verdade ferida com as tarifas preferenciais de 1810, que garantem o mercado brasileiro às manufaturas inglesas por quinze anos.

A outra consequência, esta caracterizada com o desembarque no Rio de Janeiro, a 8 de março de 1808, teria profunda projeção interna: as capitanias, dispersas e desarticuladas, gravitariam em torno de um centro de poder, que anularia a fuga geográfica das distâncias. A capital, no espaço de dez anos, sai da categoria da aldeia dos 50 mil habitantes e conquista os 110 mil,[19] que a lança entre as grandes cidades do mundo. O comércio estrangeiro, subitamente admitido na colônia, moderniza a acanhada vida colonial, com o padrão de costumes e ideias novas. A corte aglutina, no Rio de Janeiro, a camada funcionária e faminta de empregos, sob o patrocínio do estado-maior de domínio, reunindo explorados e exploradores no mesmo solo. O nascente antagonismo entre colônia e metrópole quebra-se sob a mole devoradora de fidalgos, concentrando a soberania, a velha e a emergente, sob o trono. A nobreza burocrática defronta-se aos proprietários territoriais, até então confinados às câmaras, em busca estes de títulos e das graças aristocráticas. A corte está diante de sua maior tarefa, dentro da fluida realidade americana: criar um Estado e suscitar as bases econômicas da nação. Sob o império de sua estrutura secular, amoldada ao sistema absoluto de governo, lançará sobre a colônia uma pesada túnica, fio a fio costurada, capaz de disciplinar a seiva espontânea, mantido o divórcio entre a camada dominante e a nação dominada tímida, relutantemente submissa. As transações, as acomodações, as dilações serão o método de ajustamento entre uma e outra corrente, disfarçadas na condução das obras modernizadoras do alto, de cima, tiranicamente, espetacularmente, com a ilusão do progresso súbito. Timidez e megalomania farão, por muitos anos, a contextura do governo, em quadro já entrevisto por Echwege no começo do século XIX.[20] Entre o passo medroso e o plano temerário, a crise quebrará a euforia da embriaguez gerada pelas ilusões mercantilistas. Uma voz tardia, a voz de Timandro, dirá, lembrando o herdeiro de d. João VI, que o soberano, filho das mãos do povo, usurpou a soberania, fiel ao passado, em nome do direito divino e do poder hereditário.

> A nova realeza [declama] saída da lavra da nação, ostenta-se superior a ela, ataca-a e a absorve em si. É o caso da balada inglesa: o químico concebe o singular projeto de compor uma criatura humana; já os ingredientes reagem e combinam-se no laboratório; forma-se um membro; depois outro; depois outro, enfim um ente vivo palpita e respira. Porém, oh Deus, é um monstro disforme, que lança-se sobre o químico arrependido, o dilacera, e o devora.[21]

A corrente que vem dos campos e dos sertões, dos latifúndios e das câmaras, terá a sua hora, mas, domada e enobrecida, cederá ao comando da ordem superior, em muitas jornadas de otários. A outra alternativa não seria sedutora: a anarquia espanhola mostra a outra face da revolução, da soberania popular sem freio, despida dos controles tradicionais e seculares da metrópole.

D. João logo organizou seu ministério: a pasta dos Negócios da Guerra e Estrangeiros, à qual competia a direção-geral da política, coube ao conde de Linhares, d. Rodrigo de Sousa Coutinho (falecido em 1812, substituiu-o Antônio de Araújo de Azevedo, conde da Barca, morto em 1817, quando ocupou a pasta o magistrado Tomás Antônio de Vila Nova Portugal, com papel principal nos acontecimentos de 1821). A pasta da Marinha foi confiada ao visconde de Anadia. A da Fazenda e Interior, a mais ligada ao Brasil, foi entregue a d. Fernando José de Portugal, depois marquês de Aguiar. O ministério, de nítida coloração inglesa, graças à presença de d. Rodrigo, acentua esse caráter com Barca e Palmela. Nenhum desses homens, apesar de sua experiência europeia, sentia a necessidade de reformar o sistema monárquico, na sua implantação no Novo Mundo.

> A ideia fundamental de dom Rodrigo em matéria administrativa parecia ser a de acelerar extraordinariamente o movimento sem mudar o sistema do maquinismo, apenas aumentando-lhe as peças e carregando demasiado a pressão. Na lida não ocorria ao precipitado engenheiro indagar se a velha e carcomida armação aguentaria a refrega.[22]

A ascendência do ministro da Guerra e Estrangeiros não se impunha sem atritos: cada um de seus colegas governava seu setor, com o rei participando de todas as decisões. O marquês de Aguiar disputa, pelo seu talento e sua fidelidade à Coroa, a função de reorganizador da corte. Tudo se concentrou, no primeiro golpe, em situar no mundo político e administrativo os fugitivos desempregados, colocando-lhes na boca uma teta do Tesouro. Os fidalgos de alta linhagem, os que dispunham de meios próprios de vida, não acompanharam, senão excepcionalmente, o regente. Um duque, o de Cadaval, faleceu em trânsito, na Bahia. Seguiram-no, em ordem de grandeza, os marqueses de Alegrete, Angeja, Bellas, Lavradio, Pombal, Torres Novas e Vagos, os marqueses de São Miguel e Lumiares, os condes de Belmonte, Caparica, Cavaleiros, Pombeiro e Redondo, o visconde de Anadia, Antônio de Araújo (futuro conde da Barca), d. Fernando José de Portugal (depois marquês de Aguiar), d. João de almeida (depois conde de Galveas), d. Rodrigo de Sousa Coutinho (posteriormente conde de Linhares). Vinham a seguir os generais Forbes e Napione e a chusma de satélites: monsenhores, desembargadores, legistas, médicos, empregados da casa real, os homens do serviço privado e protegidos de d. João. Eram os vadios e parasitas, denunciados por Hipólito José da Costa, que continuariam no Rio de Janeiro o ofício exercido em Lisboa: "comer à custa do Estado e nada fazer para o bem da nação".[23] Organizar o império, para o ministério, seria reproduzir a estrutura administrativa portuguesa no Brasil e colocar os desempregados. O eixo da política era o mesmo, secularmente fundido: o reino deveria servir à camada dominante, ao seu desfrute e gozo. Os fidalgos ganharam pensões, acesso aos postos superiores os oficiais da Armada e do

Exército, empregos e benefícios os civis e eclesiásticos. Para a sementeira pródiga criaram-se as repartições, com mão larga e com a imaginação curta:

> O governo do Brasil [escreve Hipólito] arranjou-se exatamente pelo Almanaque de Lisboa, sem nenhuma atenção ao país em que se estabelecia. Mostra, por exemplo, o Almanaque, em Lisboa, um Desembargo do Paço, um Conselho da Fazenda, uma Junta de Comércio etc.; portanto, quer o Brasil careça destes estabelecimentos, quer não, erigiram-se no Rio de Janeiro, logo que a corte ali chegou, um Desembargo do Paço, um Conselho da Fazenda e uma Junta do Comércio. Precisa-se, porém, pela natureza do País, de um Conselho de Minas, uma Inspeção para a abertura de estradas, uma Redação de mapas, um Exame de navegação dos rios, e muitas outras medidas próprias do lugar. Mas, nada disso se arranja, porque não aparecem tais coisas no Almanaque de Lisboa. Remediar-se-ia isto mudando os atuais relógios e substituindo-lhes outros? A nossa opinião é que não, porque a substituição seria dos mesmos elementos, isto é, escolher-se-iam para ministros homens da mesma classe, que são conhecidos somente por serem cortesãos e não por seus talentos como estadistas. Os homens de ciência, e não cortesãos, não têm modo algum de serem conhecidos e chamados para o governo do seu país.[24]

À obra de modernização, empreendida pelas mãos de Pombal e dos portugueses europeizados, se substituía, na colônia, o retorno às velhas tradições obsoletas. Os reinóis transmigrados, arrogantes e desdenhosos da terra, doidos para volver às delícias lisboetas, não compreendem o país e o tratam como uma conquista a explorar. Os vícios e abusos atravessaram o Atlântico, para o "cômodo plagiato e cópia",[25] para maior carga do Tesouro e maiores ônus sobre a população nativa. A receita pública subiu, de 2258:172$499, em 1808, para 9715:628$699 em 1820. O Banco do Brasil, em vez de auxiliar do comércio e da indústria recém-liberada, obedeceu, de acordo com a inspiração de sua lei orgânica, ao papel de servir o erário, destino que o matou, depois de treze anos de precária existência. A despesa recai, em mais de dois terços, num período e outro, no custeio da casa real, Exército, tribunais, pensões e soldos.[26] Tudo fluía ao aparelho de sucção da corte

> o cancro roedor da vitalidade econômica do país [...] ela acudia aos seus dependentes imediatos não só com mesadas e cargos rendosos, mas até com rações diárias de víveres, as quais não eram desdenhadas mesmo por pessoas bastante ricas. As despesas da ucharia de D. João VI ficaram impressas na tradição popular e são ainda hoje citadas como simbólicas da imprevidência e prodigalidade da administração da Real Casa. No ano de 1818 — o pormenor é suficiente — consumiam-se diariamente no Paço 620 aves, muito mais naquelas rações, cujo valor subia, o das mais importantes, a 500 francos por mês, do que na alimentação mesma do palácio. Para se fazer uma melhor ideia do desperdício, pode-se referir que a ração diária da aia do Infante D. Sebastião, filho do falecido D. Pedro

Carlos, abrangia 3 galinhas, 10 libras de carne de vaca, meia de presunto, 2 chouriços, 6 libras de porco, 5 de pão, meia de manteiga (que era muito escassa no Rio), 2 garrafas de vinho, 1 libra de velas, 1 de açúcar, café, frutas, massas e folhados, legumes, azeites e outros temperos.[27]

Mais de trezentos cavalos e muares ocupavam cocheiras do paço de São Cristóvão, acrescidos de outro tanto no paço da cidade. Nessa dança de desperdícios, a sovinice do rei, poupado até à miséria com seus recursos próprios, formava contraste ridículo com a folga dos funcionários e dos grandes. O ambiente inspirou a um zeloso burocrata a expressão, que fez fortuna durante um século e meio: o país está "à borda do precipício".[28]

A obra da corte não se reduziu apenas à contrafação lisboeta. O sistema monocrático, com assento no soberano e seus três ministros, fiel aos precedentes absolutistas, reduziu os conselhos — os poderosos e tardos conselhos dos séculos XVII e XVIII — a órgãos quase decorativos, embora dispendiosos. A carapaça administrativa, enorme e inútil, composta, ao lado da ordem ministerial, do Conselho de Estado, da Mesa de Consciência e Ordens, do Conselho da Fazenda, da Junta do Comércio, da Intendência Geral de Polícia, da Casa de Suplicação, tribunal este que se articulou sobre a relação do Rio de Janeiro, com o Desembargo do Paço, não esgotou as atividades da corte. O comércio, com a abertura dos portos, ganhou súbito incremento. A indústria tornou-se livre, revogadas as medidas colonialistas do século XVIII. As proibições e os monopólios que emperravam a produção e o sistema de trocas tendiam a desaparecer em alguns setores, a se mitigar em outros, mantidos, entretanto, numa teimosa faixa reservada à Coroa. A economia moderniza-se, sobretudo com a influência dos comerciantes ingleses, sem adotar o liberalismo, pelo qual suspira, há trinta anos, o escol intelectual da colônia.[29] Essa tendência liberal terá, no seu bojo, voluntária ou implicitamente, o conteúdo anticolonialista, emancipador. O espírito comercial dos negociantes, portugueses na sua maioria, será tenaz obstáculo à atualização dos métodos. Falta-lhes a seriedade burguesa, a ética da limpeza nas transações, a perseverança nos compromissos e tratos, segundo mais de uma queixa dos comerciantes estrangeiros, imbuídos das práticas do capitalismo.

> Em seus negócios [refere Lindley acerca da classe mercantil da Bahia] prevalece a astúcia mesquinha e velhaca, principalmente quando efetuadas as transações com estrangeiros, aos quais pedem o dobro do preço que acabarão aceitando por sua mercadoria, ao passo que procuram desvalorizar o que terão de obter em troca, utilizando-se de todos os artifícios ao seu alcance. Numa palavra: salvo algumas exceções, são as pessoas inteiramente destituídas do sentimento de honra, não possuindo aquele senso geral de retidão que deve presidir a toda e qualquer transação entre os homens.[30]

Ao protestante austero, austero embora contrabandista, do contrabando inglês que rompia o monopólio colonial, escandalizam as sobrevivências da barganha pré-capitalista, para a qual a economia seria um trabalho de especulação.

A corte, desligada da metrópole, reluta em aceitar a passiva submissão às manufaturas e ao comércio britânicos. Sente que o capitalismo industrial, na plenitude de seu desenvolvimento, retirará do sistema político português todas as bases de poder. Admitido o ingresso da Grã-Bretanha, tolerado por força das circunstâncias com as tarifas privilegiadas de 1810, o controle da economia não será mais possível, reduzido o governo a mero cobrador de impostos. O conflito, travado em nome de duas ideologias, a mercantilista e a capitalista liberal, repousa, na verdade, no centro da própria estabilidade do domínio patrimonial do Estado. O comércio português e o brasileiro advertem-se, desde logo, em representações dirigidas ao soberano, do risco causado aos seus interesses,[31] risco que, dados os vínculos com a camada dirigente, acabará ferindo a Coroa. O revide à ameaça será imediato, lançado do alto, em obra de comando e coordenação dos interesses privados, privados mas associados e protegidos pelo Estado-maior de domínio. Uma série de ações prepara a defesa do reduto monárquico, liberto do ogro francês, mas exposto a um perigo maior, cauteloso, pacífico e universal. Era necessário que o encerramento do período colonial não significasse o fim do sistema monárquico, com a emancipação econômica, emancipação sob o controle do estrangeiro mais rico. Duas medidas de envergadura firmariam as trincheiras de resistência: a criação do Banco do Brasil (12 de outubro de 1808) e a fundação da siderurgia nacional (10 de outubro de 1808). Outras providências completariam o edifício: a liberdade industrial, os melhoramentos urbanos e de transportes, o jardim botânico destinado ao transplante experimental de novas culturas, a fábrica de pólvora, o arsenal de marinha (construção naval), a tipografa régia, a instituição do ensino superior militar e médico etc. A monarquia portuguesa, assediada pelas armas francesas e pelas manufaturas inglesas, rebelde à absorção estrangeira, voltou-se para a ex-colônia, numa obra quase nacionalista capaz de convertê-la numa nação independente. Um Estado sitiado refugia-se no perigo menor, no perigo menor à estabilidade do sistema monárquico, certo de que a América o prolongaria. O astuto e calado d. João, fino e dissimulado, herdara de sua casa, como demonstrarão os sucessos da década de 1820, uma preocupação obsessiva, permanente, fixa: a conservação da coroa na sua cabeça e de seus sucessores. O alcance objetivado na criação do Banco do Brasil está inscrito no alvará de 12 de outubro: auxiliar do Tesouro, casa emissora e agência de sustentação do comércio português, que, no momento, saía da tutela comissária para a autonomia.

> Eu, o príncipe regente, faço saber aos que este meu Alvará com força de Lei virem: que atendendo a não permitirem as atuais circunstâncias do Estado que o meu Real Erário possa realizar os fundos, de que depende a manutenção da monarquia e o bem comum

dos meus fiéis vassalos, sem as delongas que as diferentes partes, em que se acham, fazem necessárias para sua efetiva entrada: a que os bilhetes dos direitos das Alfândegas tendo certos prazos para seus pagamentos, ainda que sejam de um crédito estabelecido, não são próprios para o pagamento de saldos, ordenados, juros e pensões que constituem os alimentos do corpo político do Estado, os quais devem ser pagos nos seus vencimentos em moedas correntes: e a que os obstáculos que a falta de giro dos signos representativos dos valores põem ao comércio, devem quanto antes ser removidos, animando e promovendo as transações mercantis dos negociantes destas e das mais praças dos meus domínios e senhorios com as estrangeiras.[32]

As emissões — a substituição do ouro pelo papel, já recomendada por Adam Smith — complementam as deficiências do sistema tributário e suprem a escassez de moeda, dificuldade que emperra, durante o período colonial, o comércio, segundo uma queixa que vai do *Diálogos das grandezas* aos viajantes da época da transmigração. O curso forçado inaugurou o sistema interno da moeda brasileira, instrumento dos audaciosos planos futuros de fomento comercial, com as crises que devastarão o país, na hora em que a embriaguez e a megalomania cedem lugar à realidade. As emissões, limitadas à "necessária cautela" dos administradores, matarão o estabelecimento, engajado e roído pelos gastos governamentais. A liquidação do banco não eliminará o expediente, incorporado, mais tarde, às diretas manipulações do Tesouro. Nem os tributos lançados em seu benefício evitarão o desastre, devido mais aos preconceitos monetários da época. Mauá dirá, mais tarde, que o meio circulante brasileiro, desde então, será unicamente constituído de papel inconversível: regulador de todas as transações e exclusivo instrumento das trocas.[33] O apego ao ouro seria um fator de dependência, de obediência aos padrões europeus, sugeridos para a liquidez da dívida externa. A liquidação do banco teria sido, dentro dessa perspectiva, o mais grave erro do Primeiro Reinado.[34] A outra coluna da emancipação econômica do Brasil — a siderurgia — resultou num malogro, o mais relevante na economia brasileira, com o retardamento de quase um século e meio do surgimento da indústria nacional. As três tentativas de d. João, em Minas Gerais e São Paulo — as obras de Câmara, Varnhagen e Echwege —, foram deficitárias, incapazes de abrir o mercado interno e conter a concorrência estrangeira: Echwege, ao perguntar se poderia manter-se no Brasil uma grande fábrica de ferro, analisa as causas do desastre dos empreendimentos de d. João, causas que explicam a impossibilidade da indústria, no começo do século XIX. A natureza liberal do país, começa a lamentar o metalurgista, engana os brasileiros: supõem que podem mobilizar, de golpe, seus recursos naturais. A crítica dardeja diretamente o soberano, com a sua preocupação de, por meio de alvarás e incorporação de sociedades, suscitar, do deserto, uma grande indústria. Em primeiro lugar, um dilema: os estabelecimentos do litoral seriam feridos pelo alto custo do transporte da matéria-prima e dos salários (víveres e o preço do escravo). No interior, onde a matéria-prima é barata e os custos de mão de obra menores, não há mercado, obrigados os produtos a correrem para a costa, onde o custo dos transportes onerará o produto, tornando-o mais caro que o similar importado. O ponto de onde se irradiam todas as dificuldades, ponto não observado por Câmara e pelos planejadores, está na dispersão dos consumidores e na fabricação local, dentro dos latifúndios, de ferro em pequenas forjas. A autarquia agrária, a população disseminada, o baixo consumo — essas as circunstâncias que retardarão a indústria brasileira.[35] O baixo consumo mantido pela escravidão e a disparidade brusca de fortunas condenarão a maioria do povo a viver da mão para a boca. De outro lado, o caminho da proteção alfandegária, necessário para assegurar a permanência da indústria, estava irremediavelmente fechado. A Inglaterra, como de hábito, sempre que auxiliava Portugal a sair das dificuldades europeias, cobrava alto preço pela solidariedade: pelo tratado de 1810, os direitos alfandegários passaram a 15% para as mercadorias inglesas, taxa menor que a dos produtos portugueses, ou vindos de Portugal, com o ônus de 16% até 1818. A emancipação de fato do país do estado de colônia — anotou Varnhagen — "não podia ser dom permanente gratuito".[36] Além do agravamento tributário e da criação de novos impostos, Portugal cedia a primazia do comércio à Grã-Bretanha, desejoso embora de retomar as vantagens transferidas por outros meios, os imaginários meios de fomento interno, em revide colbertiano contra a Revolução Industrial capitalista. Revide, entretanto, sem base e sem realidade, perdido nas escaramuças, nos planos, na fantasia inconsequente. A tarifa de 24%, prevista no ato de abertura dos portos, teve vida efêmera: o sócio das lutas antinapoleônicas exigiu, desde logo, o valor dos seus serviços em moeda. O patrocínio do governo às manufaturas,[37] e não só à siderurgia, não logrou, diante do obstáculo criado pelas circunstâncias internacionais, gerar frutos permanentes. Para o consumidor — e, na realidade, os bens ingleses atingiram logo todas as classes —, o novo sistema abriu maiores perspectivas de aquisição: a participação do Tesouro caiu de 150% para 24%. De onde se colhe que o pacto colonial era uma exploração econômica, em vez de ser "uma remuneração financeira que aproveitasse a todos os elementos da organização mercantil".[38] A franquia dos portos às "nações amigas" foi mais um elo da hegemonia econômica inglesa, mal detida pelas veleidades pombalinas, perfazendo o tratado de 1810 o açambarcamento da colônia à influência inglesa, influência, no íntimo, tolerada com relutância no Rio de Janeiro, segundo o insuspeito testemunho de um comerciante britânico.[39] Palmela, insuspeito de desamor à Grã-Bretanha, sentia que a real incorporação dos portos brasileiros ao comércio inglês seria "na forma e no fundo o mais lesivo e o mais desigual que jamais se contraiu entre duas nações independentes".[40]

A transmigração superpôs à estrutura social existente a estrutura administrativa do cortesão fugitivo, com os "renovamentos das supérfluas velharias de uma sociedade desfibrada, em que a burocracia se tornará o ideal da vadiagem paga".[41] Provocou um estremecimento, quase um terremoto, na ordem social e econômica: atingiu o comércio, em todas as suas implicações e braços, a classe lucrativa já ferida com a contração do latifúndio agrário, excitou os senhores territoriais enamorados da aristocracia, experimentada oficialmente, brevemente com as milícias e ordenanças, no exercício dos cargos das câmaras militares, desencadeou a animosidade, o ciúme do burocrata colonial ao funcionário emigrado, favorecido com promoções à fidalguia e aos postos principais. A primeira abordagem da corte com a gente da terra deu-se com a classe dos comerciantes, que cederam ao príncipe e aos fidalgos as casas de moradia e financiaram as festas de regozijo pela viagem venturosa. Esse convívio revelou, desde a primeira hora, a espoliação dos transmigrados contra os proprietários. O soberano requisitava as moradias que entendesse — o direito de aposentadoria real — mediante o sumário processo de colar à porta as iniciais P. R. (príncipe real), que passou a ser rancorosa e zombeteiramente chamado de "ponha-se na rua". Volvidos dois anos, os proprietários começaram a reclamar, em vão, a retomada dos imóveis. O aluguel, tabelado de acordo com o último imposto predial pago, não correspondia à realidade, sobretudo tendo em conta o aumento sofrido com a mudança da corte e a abertura dos portos. Essa dura imposição, acrescida do agravamento tributário, lançou a primeira ducha de água fria no povo, suscitando o dissídio logo a seguir aberto, entre o português, o funcionário emigrado e desdenhoso, e o brasileiro, caracterizado este, pouco a pouco, no senhor rural, arredado o comerciante da contenda, por suas origens e pelas suas ligações metropolitanas, o *comissário* a que aludia o marquês de Lavradio. Depois da Independência, o jornal dos Andradas recordará o ódio antigo, cada vez mais vivo:

> Os infames cortesãos que haviam acompanhado ao senhor d. João VI, os ínfimos criados do seu paço, em paga do benigno acolhimento que tiveram, só nos retribuíram com insultos e injúrias as mais ofensivas que se podem imaginar. O direito de propriedade, o mais sagrado de todos na sociedade civil, foi impunemente calcado aos pés por estes vândalos. Cidadãos mui respeitáveis foram obrigados a despejar suas casas para aposento deles; a outros tiraram-se quintas e fazendas por uma compra forçada ou aparente com promessas vãs de proteção, que nunca se verificaram.[42]

Obviamente, tais ressentimentos não permaneceriam vivos se, em compensação da propriedade expropriada, outras vantagens ressarcissem o prejuízo. Ao panorama de crise do setor mercantil, provocado pela queda do movimento das exportações, soma-se, agravando-o, o comércio estrangeiro, estruturado sobre a abertura dos portos. Os mercadores portugueses, já em agudas aperturas com o isolamento dos comitentes de Lisboa e do Porto, veem chegar levas e mais levas de uma classe então inexistente. Somente mais tarde, com a libertação do reino das tropas napoleônicas, renascerá o mercador português, reafirmado nos seus vínculos, em oposição aos anseios locais de independência, protetor das forças militares que a ela se contrastam, no Rio de Janeiro, na Bahia e no Norte. O interregno levará, entretanto, a cindir o comércio português em duas seções, o reinol e o que tende a se naturalizar, alienadas ambas as fatias do predomínio inglês, representado, na América, por seus próprios agentes. Essa categoria salvou-se do aniquilamento, contudo, pelos contratos com o poder público e pelos negócios negreiros. Em verdade, o declínio do comércio português é anterior a 1808, por força das manufaturas inglesas, que, com melhores preços, invadem o mundo, por meios lícitos ou por intermédio do contrabando. O negociante inglês, depois da abertura dos portos, está em toda parte, não raro com o protesto dos negociantes locais. O pacto colonial ruía para nunca mais se erguer. Maria Graham, em 1822, só tinha olhos, no Rio, para o comércio estrangeiro:

> Há muitas casas inglesas, tais como celeiros e armazéns, não diferentes do que chamamos na Inglaterra um armazém *italiano*, de secos e molhados; mas em geral, os ingleses aqui vendem suas mercadorias em grosso a retalhistas nativos ou franceses. Os últimos têm muitas lojas de fazendas, armarinho e modistas. Quanto a alfaiates, penso que há mais ingleses do que franceses, mas poucos de uns e outros. Há padarias de ambas as nações, e abundantes tavernas inglesas, cujas insígnias com as bandeiras da União, leões vermelhos, marinheiros alegres, e tabuletas inglesas, competem com as de Greenwich ou Depford.[43]

O príncipe de Wied Neuwied sentia, igualmente, a "exagerada preponderância da Inglaterra",[44] com a rápida mudança de hábitos: os talheres ingleses ensinam a comer, as fazendas a vestir, as bebidas a beber. Era a economia "imperialmente dominada"[45] e a sociedade subvertida no seu isolamento e atraso, modernizando-se muito e civilizando-se pouco, o luxo em lugar da cultura. Dos 777 navios portugueses entrados no Brasil, em 1807, apenas 57, em 1820, passam a frequentar o Rio de Janeiro.[46] A presença dominadora da Grã-Bretanha e o recesso da euforia provocada pela guerra, sequiosa de produtos coloniais, arredam Portugal das costas americanas.

Diante do forçado retraimento da classe mercantil, a tradicional aliada do centralismo dos reis, uma outra classe, até então perdida no interior, emerge na corte.

> Os grandes proprietários rurais, de S. Paulo e Minas especialmente e do interior fluminense, viram-se naturalmente atraídos pelo brilho da corte real e pelas seduções das honras, títulos e dignidades de que ali se encontrava o manancial: entraram portanto a frequentar esse Versalhes tropical sito em São Cristóvão. Ali se despiam de alguns preconceitos, alijavam certas velharias de espírito e prestavam ouvidos aos novos Evangelhos. Talvez ao mesmo tempo contraíssem vícios. O efeito da instituição servil sobre que se baseava a

nossa organização social, era tão poderosa e por forma tal amolecera a fibra brasileira, enrijada nas lutas contra a natureza, que, conforme observaram com critério Spix e Martius, muito mais do que o gosto das artes, ciências e indústrias, fez o contato europeu desenvolver-se no Reino Ultramarino o gosto do conforto, do luxo e dos encantos da vida social.[47]

Sobre eles passou a repousar o brilho das recepções e o fluxo dos tributos. A *gentry*[48] procura arredar, no caminho do trono, o luso transmigrado e o comerciante, com a promoção de seus postos de milícias e ordenanças de seus cargos municipais às mais altas dignidades da corte, aliados à burocracia colonial de segundo grau, exilada nos municípios e nas capitanias, solidária com os senhores rurais. Essas duas parcelas, sob o comando da primeira, formarão o núcleo ativo das ideias separatistas, quando se mostrar inviável o reino unido, e fornecerão o incendiário contingente às cortes de Lisboa, adensado, nas suas ideias, pelos intelectuais desprezados pela máquina oficial. Essa é a gente que Saint-Hilaire irá encontrar em São Paulo, ignorante de teorias, respeitadora da autoridade do rei, mas lúcida de que "o restabelecimento do sistema colonial lhes causaria dano porque se os portugueses fossem os únicos compradores de seu açúcar e café, não mais venderiam suas mercadorias tão caro quanto agora o fazem".[49] A Coroa sabia o modo de domar o proprietário rural, com os remédios já usados em outro tempo no aliciamento aos conquistadores e aos descobridores de minas: os dourados honoríficos, nobilitadores e inúteis. A distribuição será módica, nos graus, sob d. João e de mãos largas no reinado de d. Pedro I, que, de golpe, fundou a aristocracia brasileira, desde logo mais numerosa do que a de Portugal, em muitos séculos de monarquia. O príncipe regente, embora pródigo na semeadura, limitou-se às ordens honoríficas: 2.630 cavaleiros, comendadores e grã-cruzes de Cristo; 1.422 das Ordens de são Bento de Avis e 590 de Santiago. Os barões, viscondes, marqueses e condes viriam depois, sob d. Pedro. A política era, nas intenções, finória: com papel, fita e metal conquistava lealdades, emparelhando na mesma dignidade brasileiros e portugueses, os nativos latifundiários e os transmigrados. No momento da nascente efervescência, quando os fazendeiros viam ao seu lado os arrogantes lusos, o engodo não realiza o mesmo milagre de um século antes. Mais tarde sentir-se-ia que o ouropel servia apenas para "engodar os fofos" e "premiar os indignos"[50] — isto é, a vacuidade, em termos de poder, das honrarias tornava-se patente, ameaçando despertar no brasileiro os padrões antiaristocráticos, filtrados pela literatura revolucionária francesa. Depois da lua de mel inicial, da corrida às insígnias e da liberalidade das condecorações, sobretudo com o dissídio da Revolução de 1817, os brasileiros começam a ser vistos com desconfiança. Alguma coisa os distinguia dos fiéis vassalos emigrados e dos comerciantes reinóis atrelados aos interesses da metrópole. As altas patentes do Exército tornam-se monopólio dos portugueses. Nos dias de 1810, Hipólito José da Costa já nota o irremediável confronto entre as duas nacionalidades, definidas pelas desconfianças mútuas, prenúncio das oposições futuras.

> Os naturais do Brasil [escreve o grande jornalista] quando vinham a Portugal, eram olhados como estrangeiros pelo governo, e como macacos pela plebe. Agora, está o Governo no Brasil, e pela mesma razão podiam os seus naturais olhar os europeus como estrangeiros. Mas, nem um só dos compatriotas do Brasil tem sido promovido ao Conselho de Estado: estrangeiros em sua casa e estrangeiros fora dela. Isto prova não só o monopólio de que falamos, mas a falta de senso comum dos monopolistas, porque, ao menos para adoçar a boca dos povos do Brasil, podiam ter nomeado um dos seus naturais para o Conselho, escolhendo algum adulador ou parasita, de que o Brasil abunda tanto como qualquer outro país do mundo. Mas, nem isso se tem feito. Vai em três anos que os estrangeiros ali foram buscar abrigo, e qualquer que seja a opinião dos europeus sobre a falta de talento e de energia dos naturais do país, todos devem confessar que os brasileiros não são cegos, e basta ter vista para conhecer a injustiça deste proceder, principalmente observando as circunstâncias atuais entre a Espanha e suas colônias.[51]

A perspectiva europeia tornava mais clara a obscura realidade, mal percebida por brasileiros e portugueses, reunidos no Rio de Janeiro, sem intimamente se amalgamarem. O obstáculo à fusão vem da ordem política e administrativa tradicional, incapaz de se renovar e de ceder aos impulsos sociais nativos. Ao casamento preferiu a Coroa, vencida pelos seus preconceitos estamentais, a justaposição hierarquizadora, com a manutenção, nas capitanias, do sistema militar e burocrático.

Com o entendimento entre a corte e o comércio, derivado dos fornecimentos, créditos, dos contratos de arrecadação tributária, a *gentry* sentia que nada lhe sobraria, para o incremento de seu poder, no Rio de Janeiro. Ressentida e cabisbaixa, enganada e ridicularizada, ela volve aos seus latifúndios, já revitalizados com o café e enriquecidos com a melhor e momentânea exportação de seus produtos. Ela voltará para outros enganos e outras decepções, ao calor de seu poder armado, para uma jornada de dez anos. Compreendeu afinal que as "honrarias ocas" não valiam os sacrifícios feitos em dinheiro e homenagens: o caminho de volta se impôs. Os grupos que ficaram escolheram o isolamento, fingindo-se pobres ou replicando à arrogância e ao desprezo com altaneiro desdém.[52] Os fazendeiros, retirados nos seus latifúndios ou vilas, vão destilar a ideologia separatista, portadores, agora, cada vez com maior consciência, de que eles são a nação. A burocracia, em breve, viria se cindir, com o retorno de suas camadas mais altas e com a nacionalização de outros setores, nacionalização provocada pela permanência dos cargos na corte nativa. Enquanto amadurecem as forças que definirão o decênio seguinte, a corte — "infame, corrupta, depravada", como a qualifica Borges Carneiro — veria a sua hora crepuscular, atolada em negócios e traficâncias. As propinas e as luvas aproximam comerciantes e burocratas, mercadores e fidalgos, expressão doentia de uma estrutura intangida. A geografia ultramarina não era, para a metrópole, não destruída apesar de sua mudança, o campo para o negócio de suas manufaturas ou o prolongamento de sua sociedade. Representa fundamentalmente um mundo a explorar, com tributos, controle comercial ou monopolização de produtos. Na medida em que as duas frações — a metrópole e a colônia — não mais se entendem em termos de estrita dependência, o velho divórcio das sociedades produzira os frutos explosivos da separação. Velho divórcio entre o governo-geral e as populações, entre o colono e o indígena, entre o obsoleto Almanaque de Lisboa e as capitanias, entre, finalmente, o Estado e a nação. A carapaça transmigrada, incapaz de digerir a extensão americana, a sufoca e a amordaça. A sociedade, alheia às manipulações de gabinete, não se politiza, incapaz de transmitir oxigênio, calor e sangue ao Estado imobilizado, hígido, impenetrável. Uma surda corrente subterrânea emergirá, devastando instituições e preconceitos, ideias e convenções, costumes e vícios. O confronto acabará, entretanto, numa transação e num recuo. No momento, ensaiam as facções a futura estratégia, a de baixo, anárquica e selvagem, a de cima, astuta, macia e sem escrúpulos.

3 | *O dissídio e a transação*

UMA VIGOROSA CORRENTE SUBTERRÂNEA, que ameaçara aflorar contra os emboabas, hesitante mas viva contra os mascates, tímida e ativa na Inconfidência, emerge em 1817, no Recife. Adensa-a uma constante, já homogênea no começo do século XIX, estruturada na propriedade agrária, em conflito com a cúpula burocrática, vinculada ao comércio urbano e internacional, o comércio de raízes portuguesas. A aliança entre propriedade agrária e liberalismo, visível nos demagogos letrados, entrelaçada pelos padres cultos, pelos leitores dos enciclopedistas e pelos admiradores da emancipação norte-americana, ensaia seus primeiros e vigorosos passos, que darão os elementos de luta nos dias agitados de 1822 e expulsarão o imperador em 1831, incapazes, todavia, de organizar o Estado à sua imagem. 1817 não sugere um movimento malogrado, mas a amostra de uma tendência possível, como possível foi o processo de independência e de fragmentação do mundo americano espanhol. Para que se conserve o estatuto da transmigração e do reino unido, os dois elos da cadeia hão de ceder: a sufocante camisa de força bragantina e a rígida organização militar e burocrática aderida às capitanias e aos municípios. Os mecanismos de controle político teriam de se reordenar, para ensejar a permanência da dinastia e assegurar o convívio com as forças locais de produção, povoamento e de intercâmbio social. Os engenhos de açúcar, as fazendas de algodão e de gado não poderiam continuar a gozar apenas da liberdade vigiada, amordaçadas colônias penais, entretidas na paz pelos afagos do rei ou pelo dedo no gatilho das autoridades. A opressão — expressa nos tributos impiedosos e nos recrutamentos forçados — deveria ser reformulada por uma corte que, posto tradicionalmente intoxicada pelo absolutismo, seria sensível ao espírito conciliatório. O príncipe d. Pedro, em agosto de 1822, sentia bem a extensão da chaga, ao denunciar a cobiça da metrópole, que exigia dos brasileiros o pagamento do "ar que respiravam e da terra que pisavam", prometendo novo sistema tributário.[53] Enquanto a reforma não alcança o interior e as cidades, o Recife liberta um brado: "Viva a pátria! Mata marinheiro". Os interesses e a ideologia da primeira parte do acorde subversivo se formaram de muitos fragmentos, de difícil liga e conciliação — o descontentamento fluido de muitas categorias, soldados, comerciantes e sobretudo dos agricultores. A segunda parte tinha um só alvo: os portugueses — os marinheiros das viagens transatlânticas, sugadores da economia local, o alto comércio preso à metrópole. Uma testemunha presencial dos acontecimentos, adversa à rebelião, situa a causa do descontentamento dos brasileiros na inveja da prosperidade dos portugueses, inveja voltada contra os comerciantes ricos e sublimada em "banquetes brasileiros dos quais se excluía o pão e o vinho da Europa; servia-se com ostentação a farinha de mandioca e a ruim aguardente nacional; enfim, tinham sido erguidos brindes à independência contra a tirania real e contra os portugueses da Europa".[54] Varnhagen, também hostil à insurreição, na qual não vê um precedente à Independência, para ele derivada do ato régio de abertura dos portos, liga-a aos precedentes pernambucanos da economia.

> Pernambuco [escreve] era a capitania onde mais pronunciados e enraizados se encontravam, especialmente desde a guerra dos Mascates, as antigas rivalidades entre os colonos nascidos no Brasil e os nascidos em Portugal. Essas rivalidades datavam já do primeiro século da conquista, e se tinham transmitido de geração em geração. Os filhos dos primeiros conquistadores, aventureiros, cavalheiros e pródigos, viam-se pobres e dependentes dos novos adventícios, que em poucos anos se enriqueciam, em virtude de sua sobriedade e economia.[55]

As lojas maçônicas, que irrompem na história brasileira, aglutinam os descontentes, com os padres urbanos no primeiro plano, também eles vítimas do despotismo da corte, que consumia os dízimos sem aplicá-los aos seus fins. No centro da conspiração e da revolta atuam os latifundiários, feridos pela voracidade do comércio exportador e financiador, feridos mas com maior raio de autonomia para organizar o revide e sentir o empobrecimento. A prosperidade episódica da guerra anglo-americana de 1812-3, que elevou as exportações de algodão, não restaurou os padrões antigos: em 1816 e 1817 produzia-se menos que em 1805 e em 1807. O açúcar não conseguiu voltar à prosperidade de outros tempos, com os impostos de alfândega onerando as exportações. O credor, sempre o comerciante, mantém a ameaça iminente da tomada das propriedades agrícolas, apesar das leis protetoras ao devedor. O contribuinte, premido pela ausência de comunicação com o governo, não percebe no imposto — segundo o depoimento de Tollenare — uma "aplicação em benefício geral, mas, como um pagamento forçado feito à pessoa do soberano, que dele dispõe como lhe apraz e sem prestar contas, o que estabelece entre administrador e administrados uma espécie de hostilidade pouco conveniente".[56] O sistema colonial, calcado sobre o trânsito de mercadorias e as extorsões de renda dele derivada, apresentava as suas deficiências, vivas no contraste de uma já quase integrada rede de produtores rurais. Os interesses entre comércio e produção se opõem cada vez mais, traduzindo o conflito entre colônia e metrópole, concentrada esta na corte, embora incorporada ao espaço físico americano. O comércio, visceralmente português, prende-se ao soberano, agente dele também, pelas arrematações, nas cobranças do fisco. Profeticamente, cinco anos antes dos acontecimentos de

1821 e 1822, um comerciante francês, sediado no Recife, sentia que era difícil ser, ao mesmo tempo, rei de Portugal e do Brasil "e agir paternalmente para com dois povos. Um não pode viver sem o monopólio (entenda-se: o estatuto colonial); o progresso do outro exige a sua supressão".[57] Este, na verdade, o conflito maior, ao qual os outros dissídios se submetem: a manutenção da obsoleta política metropolitana num país autônomo. O retraimento de Portugal aos seus recursos seria a sua ruína, com o malogro do sistema comercial e do sistema político dominante. A expansão brasileira importaria na supremacia da classe proprietária, emancipada do estamento social, com a soberania apropriada pela nação, ao preço dos riscos, perigos e da anarquia da passagem de uma estrutura a outra. O caos das repúblicas espanholas rondava todos os caminhos.

A Revolução de 1817 deixou no solo germes de revivescimento, que se prolongarão em 1824, na Confederação do Equador. Definiu um ideário, que se prolonga no curso de todo o Império, com o liberalismo forrado de energia republicana. Prende-se a uma situação social e econômica permanente, vulcão submerso, capaz, se a cúpula se desintegrar, de irromper bruscamente na superfície. Ele cristalizará elites próprias, mal assimiladas às categorias de poder institucionalizado, com fazendeiros, padres, comerciantes sem dependência portuguesa, advogados, funcionários de segunda linha, enovelados, todos, na maçonaria e nas milícias e ordenanças. A classe média e os escravos sentem que o movimento não lhes pertence, voltado para interesses conservadores, acedendo ao seu ímpeto apenas para negar a ordem estabelecida, sem identificação com as realidades que a sustentam. A composição do governo de 1817 fixa a moldura da gente nova, sequiosa de mando, alheia à nobreza agarrada ao tesouro de d. João VI: um comerciante que, malogrado em suas especulações, se converte em senhor de engenho (Domingos José Martins), um agricultor, um magistrado, um militar e um padre. No Conselho de Estado, um homem avulta, embora nunca reconheça sua participação no governo: Antônio Carlos Ribeiro de Andrada (1773-1845), ouvidor de Olinda, cujo verbo ecoará nas cortes de Lisboa e na Assembleia Constituinte, depois de severa prisão na Bahia. Esse primeiro Andrada a ganhar fisionomia, convulsivamente, na história do Brasil, explicará, mais tarde, sua fidelidade a d. Pedro, na hora da independência: em 1817, como em 1822, sua posição será igual; mudou o rei, antes absolutista, agora encarnação da liberdade.

O duelo prometido pelas circunstâncias e anunciado em 1817, duelo entre a metrópole absolutista, enquistada na transitória corte do Rio de Janeiro, e as nativas forças desencadeadas, liberais por fora, anárquicas no seu conteúdo — esse duelo não houve. As vigorosas bases que sufocaram a rebelião pernambucana — o Exército português, o comércio transoceânico de origem e interesses metropolitanos, a burocracia — sofreram, dentro da sua cidadela, golpe inesperado. A partir do Rio de Janeiro, com a integração de São Paulo e Minas Gerais, um movimento, nacional na essência, conquistaria e uniria as forças políticas dispersas e descontentes. Por meio dele, a linha que parte da abertura dos portos levará ao 7 de setembro, sem ruptura, senão na superfície, do edifício monárquico, na feição que lhe infundiu a Revolução de Avis e a Restauração de 1640. A rápida sucessão de acontecimentos, concentrada em dois anos de febre, arma-se a partir da Revolução de 24 de agosto de 1820, irrompida no Porto. Ela aproximará a corte dos interesses brasileiros e fará da independência um imperativo de sobrevivência monárquica. Duas faces lhe darão contextura: a face da intriga política, vivida na cúpula do sistema, com a dança dos conselhos e dos cortesãos, e a face nacional, tecida nos latifúndios e nas relações comerciais. O reino unido, fórmula consagrada em 1815 pelas peripécias da política europeia pós-napoleônica, seria o eixo da contestação dos revolucionários portugueses. A união não tinha realidade: à supremacia de Portugal, vigorante até 1808, sucedera a supremacia do Brasil, com a quebra do estatuto colonial e dos instrumentos de sucção fiscal, agora concentrados no Rio de Janeiro. Uma circunstância agrava o fictício elo: Portugal precisava do Brasil para reanimar seu comércio e suas manufaturas, e o Brasil poderia dispensar Portugal, com proveito à sua economia. Não causa espanto, dessa sorte, que a esclarecida opinião brasileira — José Bonifácio, Hipólito José da Costa etc. — fosse unionista, no momento em que a integridade das duas frações da monarquia seria conveniente ao Brasil. Para Portugal, consciente de suas dificuldades, o reino unido deveria ser apenas uma fachada, com o restabelecimento do monopólio do comércio, com a reabertura do mercado exclusivo e com a dissociação do centro de poder em territórios americanos autônomos. O irrealismo do plano restaurador não se evidencia apenas com o fortalecimento e a homogeneidade do núcleo brasileiro. Integrando-o e envolvendo-o, o capitalismo industrial, conduzido hegemonicamente pela Inglaterra, fizera da ex-colônia um elo internacional de um movimento econômico irreversível, indestrutível. D. João VI prolongara sua presença no Brasil, ciente da desvalia do velho reino, devorado pela pobreza crescente, depauperado de gente e de dinheiro, certo de que a sua ausência do Rio de Janeiro precipitaria a separação. Entre as duas tendências — voltar ou ficar —, o velho rei, com dilações, tergiversações, adiamentos, prolonga sua permanência, já há muito dissipado o perigo napoleônico, encarcerado o ogro numa pequena ilha e reorganizada a Europa sob a vigilância reacionária da Santa Aliança.

A dualidade de poder, instaurada pela Revolução de 1820 — cortes e rei —, agrava-se numa dualidade de centros — Lisboa e Rio de Janeiro. Entre um e outro polo projetam-se disparidades, que o tempo irá revelar e acentuar, transformando-as em aberto conflito. Atrás dos ostensivos lances das partes desavindas ardem reivindicações imediatas e tradições de longa fermentação. O pacto colonial está mortalmente ferido, na sua feição de fornecer ao mercado cativo da colônia todos os produtos de seu consumo, produzidos nos campos e nas indústrias do velho reino ou buscados, para trocas, na Europa, África e Ásia. A proibição de abrir manufaturas coloniais desapareceu, desde 1808, liberdade de pouco proveito, diante da concorrência inglesa, favorecida pela tarifa privilegiada de 1810. Dedicado ao trânsito, ao transporte, perdera Portugal seu principal mercado, que representava cinco sextos do seu comércio internacional,[58] levando, na esteira, o desastre, a dúvida acerca da própria sobrevivência da nação. Um conjunto de misérias, o "atraso de ordenados e soldos — miséria financeira — como no fechamento das fábricas e no abandono da agricultura — miséria econômica", a humilhação da tutela britânica e da supremacia brasileira,[59] inspiram a burguesia do Porto e de Lisboa a reanimar a nação, com a retomada da soberania popular, sob os moldes liberais, renascentes na Europa subjugada pela ideologia monárquica. Cautelosamente, os revolucionários protestam fidelidade ao soberano e convocam a assembleia constituinte, mascarando-a na tradição, morta pelo absolutismo das cortes do Reino. O primeiro passo de suas exigências consiste em recambiar o rei às suas origens, para dar cobertura, contra vontade e sem armas, às decisões dos sublevados. O revide veio pronto, disfarçado nas habituais indecisões: d. João VI permaneceria no Brasil, refugiado no Rio de Janeiro, rei absoluto contra os súditos portugueses sublevados. Portugal, pobre de armada e de exército, desfalcado de recursos, não atravessaria o Atlântico para capturar a corte relutante. O desafio levaria à república ou à nova dinastia, se permitissem as condições europeias, confinado, todavia, Portugal às suas dificuldades, que matariam a euforia e as promessas revolucionárias. A ideologia liberal, já acesa no Brasil, com as labaredas afagadas nas lojas maçônicas e alimentadas pela agricultura, seria a enganadora ponte que romperia a perplexidade dos lances iniciais da guerra de evasivas e fugas. De outro lado, as tropas portuguesas, aliadas ao comércio de vínculos lusitanos e à alta burocracia enfadada dos trópicos e doida para regressar a Lisboa, impõem o reconhecimento da revolução. As baionetas dissipam as intrigas e os alvitres contraditórios dos ministros desavindos, Tomás Antônio contra Palmela: o pronunciamento de 26 de fevereiro determina o regresso de d. João VI, com a conquista, durante o ano de 1821, de todas as capitanias — era o ano do liberalismo português, embriagado no triunfo, com palavras ardentes, aclamações, luminárias e foguetes. A submissão brasileira, confiada submissão e não rendição, deixou às cortes as mãos livres para a escondida obra recolonizadora, verdadeiro objetivo da revolta. Todos os obstáculos pareciam vencidos: o rei estava em Portugal, embora deixasse o inquietante rebento no Rio de Janeiro, a independência do reino afasta o fantasma da Santa Aliança e a desconfiança da Inglaterra, pacificadas com a permanência do sistema monárquico. O sentimento brasileiro, em unidade com as guarnições portuguesas que forçaram a adesão ao movimento de 24 de agosto, encontra, nesse primeiro ar liberal, a quebra do velho e odiado sistema dos despóticos governadores e capitães-generais. As capitanias atingem a dignidade de províncias, comandadas por juntas de governo, sistema depois homologado pelas cortes.

Os revolucionários portugueses, enganados pelo fácil sucesso da causa, esqueceram, numa cegueira que lhes comprometerá a conduta futura, as incógnitas submersas no aplauso do Brasil. O liberalismo europeu contaminou-se de um conteúdo novo, que o desfigurava na essência e na forma. Para o Brasil, as ideias importadas, a revolução aclimatada significam a modernização das instituições políticas, com o aniquilamento do residual e subjacente estatuto colonial, mal eliminado no sistema do reino unido e na corte absolutista, empecilhos à expansão das virtualidades do país emancipado, sinônimo de país livre. O mandonismo dos capitães-generais sufoca os anseios da nascente aristocracia agrária, status aspirado pelos senhores territoriais. O poder que lhes interessa não será o dos municípios, reduzidos à impotência e ao silêncio, mas o mecanismo das chefias das unidades maiores, as capitanias, futuras províncias, com os instrumentos militares das milícias e ordenanças e das tropas de linha. Entre as câmaras municipais e as juntas governativas, entre o núcleo local e a circunscrição geral, forma-se, na primeira hora, um elo de solidariedade e de proteção recíproca, que em 1822 incorpora, na cabeça da conspiração, o príncipe d. Pedro. A opinião brasileira tinha um fermento explosivo, de baixo para cima, que as cortes não souberam compreender, assimilar e dirigir. O eixo Rio de Janeiro (e interior fluminense), São Paulo e Minas Gerais abre, condensado pelos homogêneos interesses irradiados da capital e soldados, o ímpeto desencadeado do interior, numa trincheira inexpugnável, provisoriamente assentada sobre o reino unido: a permanência, no Rio de Janeiro, de um ramo da família imperial, com poderes de decisão e comando equivalentes aos de Lisboa. O líder dessa confluência de forças se autossagrara na jornada de 26 de fevereiro de 1821: diante da inércia do soberano, dos pareceres discordantes dos ministros, aceitou o novo Estado de coisas, sacrificando o absolutismo para conservar a coroa. Em nome do pai, perplexo e atônito frente às tropas sublevadas e à população contaminada pelo liberalismo da Revolução Portuguesa, sem os terrores da cabeça decepada de Luís XVI, que frequentavam a imaginação de d. João VI, o príncipe, num gesto cesáreo, em diálogo direto com o povo, sagra-se o intermediário entre a nação e o rei. O poder busca, nesse lance usurpatório — a primeira usurpação de d. Pedro —, outra fonte de legitimidade, fonte alheia à tradição monárquica e à soberania apropriada pelas cortes. Se os brasileiros não participaram dos acontecimentos, tímidos e surpresos, atônitos e boquiabertos,[60] a brecha aberta na estrutura política abrigaria, em breve, as reivindicações nacionais.

A consequência do pronunciamento militar de 26 de fevereiro, abrandado pela chefia de adesão do príncipe d. Pedro, foi o retorno de d. João VI, em julho reinstalado em Lisboa, com poderes apenas decorativos. A melancólica viagem debilita os alicerces do sistema português, responsável pelo predomínio do liberalismo de conteúdo lusitano sobre o nascente liberalismo brasileiro. Somente o soberano tinha plena consciência das incertezas do futuro, diante de uma corte jubilosa pelas alegrias de Lisboa, sentimento que d. Carlota Joaquina reflete — "afinal vou para terra de gente". D. Maria I, a Louca, em 1807, no Tejo, demonstrara maior juízo ao iniciar outra travessia atlântica.

> O rei partia vergado à aflição. Não acreditava muito na eficácia de sua presença em Portugal para abrandar a revolução e restabelecer a autoridade do trono, a ordem e a confiança abaladas. Pairavam sobre o seu espírito timorato e bom o receio dos acontecimentos previstos e imprevistos nas duas partes do mundo, trazidos pela separação fatal do Brasil e pela degeneração do movimento constitucional em frenesi jacobino, e o receio da vindita popular, exercendo-se cruamente não tanto sobre ele como sobre seus protegidos e validos.[61]

Expressão do amargo pessimismo, da consciência dos perigos abertos à monarquia, ameaçada de perder os dois braços do reino, será o conselho de 24 de abril ao filho. "Pedro, se o Brasil se separar, antes seja para ti, que me hás de respeitar, do que para alguns desses aventureiros."[62] As preocupações de d. João VI, situadas no vendaval jacobino, na separação do Brasil, no esvaziamento de sua autoridade em Portugal, traduzem, todas, o receio de perder ou amesquinhar a Coroa. Os aventureiros não seriam novos reis, mas chefes e caudilhos de uma ou várias repúblicas, inspirados na imagem vizinha da América espanhola, e não na presença perdida de Napoleão. Resíduo da identificação entre a nação e o rei, amargura-o o receio de perder a coroa, receio que será a raiz dos atos futuros do príncipe. O círculo visual do soberano e do herdeiro não poderia alcançar outros interesses senão os dinásticos. A missão do pai e a do filho serão, daqui por diante, de índole contraditória: um, sentado sobre o trono vazio de Portugal, resigna-se a esperar o refluxo da maré. O príncipe acompanhará a elevação das águas, sobrenadando ao redemoinho, organizando, do alto, com audácia e firmeza, uma nova monarquia, limitadora da subversiva soberania popular. Concepção igual para circunstâncias diversas, em portuguesas águas turvas e traiçoeiras, no maremoto americano. Difícil a situação do príncipe, no cumprimento de sua tarefa, nos dias de 1821, ainda leal ao soberano: com d. João VI regressam cerca de 3 mil pessoas, os mais graduados servidores da monarquia, nobreza funcionária, com a retirada dos fundos do Banco do Brasil. As moedas de ouro e prata reduziram-se, de um golpe, de 1315:439$000 para 200:000$000. A despesa pública, orçada em 5 mil contos, só contava com a receita certa do Rio de Janeiro, de 2400 contos. As províncias, traídas pelos ventos de Lisboa, recusam-se a fornecer fundos, desconfiados os liberais brasileiros, tonificados pela maçonaria, do ministério agregado ao príncipe, com a ascendência do conde de arcos, ministro do Reino e Estrangeiros. Raspado o Tesouro, quase insolvente o Banco do Brasil, a bancarrota estava às portas: "de parte nenhuma vem nada" — queixava-se o príncipe —; "todos os estabelecimentos ficaram; os que comem da nação são sem número; [...] não sei o que hei de fazer". O "termômetro" do príncipe — "o Banco, o tísico Banco" — sumia, dilapidado por seus administradores. Com o desequilíbrio financeiro, debilita-se o estamento burocrático, ferido com o regresso de seus mais altos representantes e desajudado do apoio mais sólido dos traficantes do Tesouro, o grosso da classe mercantil. O comércio, retirados os vínculos nacionais que o enriqueciam, volta-se para as bases portuguesas, retornando ao seu papel de comissário. Não espanta que os negociantes da Bahia representem ao príncipe para que restabeleça o sistema colonial.[63] Defronta-se d. Pedro, nesse rosário de infortúnios, apenas com um poder visível: as tropas portuguesas, a Divisão Auxiliadora, que tutelava o governo. Adotou uma política de amaciamento dos militares, fiéis às cortes e desejosos de voltar a Lisboa, logo que completa a obra institucional. A fraqueza da burocracia civil e a anemia do comércio luso projetavam, todavia, a classe territorial a cobrir o vazio de poder: ela cresce e se organiza em São Paulo e Minas Gerais, à sombra dos governos provinciais. Sua aproximação com o príncipe, provocada pelas medidas recolonizadoras das cortes, prenuncia uma nova aliança: d. Pedro, a agricultura e o comércio estrangeiro, sobretudo inglês, o qual seria banido se revigorado o estatuto colonial.

Seguras de seus instrumentos de coação, já aberto o véu recolonizador, as Cortes se mostram democráticas com respeito a Portugal e despóticas em relação ao Brasil. Duas medidas, votadas antes da chegada dos deputados brasileiros, preparam a sujeição colonizadora: os governos provinciais passaram a ser independentes do Rio de Janeiro e o Exército, no Brasil, constitui uma só unidade, habilitando instalar tropas portuguesas na ex-colônia, removidas as brasileiras para o reino. A perspectiva dos revolucionários não percebia, nesse lado do Atlântico, senão as províncias e a força militar, desarticuladas aquelas com a supressão da corte. Para completar a obra, bastaria um último passo: o retorno de d. Pedro, chamado a frequentar a escola liberal, cortadas as ambições e os arreganhos absolutistas de outro tempo. As cortes admitiram, já adiantados os trabalhos, os deputados do Brasil, os cinquenta entre os 72 eleitos.[64] Portugal guardou a parte do leão na partilha, com 130 deputados, assegurada, desde logo, a maioria nas decisões. A complicada eleição em quatro graus exigia do deputado a naturalidade da província ou a residência por mais de sete anos. Os representantes fixavam-se às velhas capitanias, e não à nação — alheios às bases populares e ao centro que os liberais portugueses procuravam negar, anular, esfacelar. A provincialização dos deputados conferia-lhes um caráter de autenticidade, articulada à unidade autônoma dos municípios, controlados pela cúpula administrativa da capitania. A autoridade de d. Pedro arreda-se, provisoriamente, em favor de um quadro local, desde logo organizado: as juntas governativas, eleitas popularmente, cuidavam dos funcionários civis, ligados os magistrados e agentes da fazenda à metrópole, separado o governo militar do contágio local, pela nomeação de Lisboa. A província constituía, dessa sorte, um feixe inassimilável de poderes.

O desarticulado sistema não impediu, entretanto, o crepitar de uma consciência limitada à ex-capitania, com resultados que se projetam por vinte anos, até que as rédeas voltem a ser encolhidas pelo Segundo Reinado. O eleito seria, na verdade, a expressão do influxo provincial, com a conivência e o entendimento das câmaras municipais, num momento em que a parte mais popular e atuante das juntas refletia, sobretudo no Sul, a face brasileira do liberalismo. Em São Paulo, dos oito eleitos traduzem três a vontade de José Bonifácio, vice-presidente e o mais destacado membro da junta. Os outros cinco representantes saem de duas influências: as câmaras municipais e a burocracia colonial, padres, magistrados e funcionários públicos. No total, em todo o Brasil, entre deputados e suplentes, sobressaem os padres, com 30% do total, confrontados com 30% de fazendeiros, advogados e médicos, 20% de magistrados, 10% de militares, com a última parcela composta de funcionários e professores. Somente a representação de São Paulo levou à Constituinte portuguesa instruções — as *Lembranças e apontamentos* elaborados por José Bonifácio — com três ordens de reivindicações: negócios da união, reino do Brasil e província de São Paulo. A integridade do reino, com a estrutura básica da união de 1815, domina o documento, refletindo as opiniões mais gerais do tempo. A indissolubilidade se asseguraria mediante a igualdade de direitos dos portugueses e brasileiros. No Brasil, haveria um governo-geral, ao qual se submeteriam as províncias, com a divisão clara das competências. Unionismo com centros soberanos de autoridade em cada uma das parcelas do reino, com as províncias anulando os municípios, já, na verdade, sem o exercício de nenhum papel de comando. A constituição do reino unido seria de conteúdo liberal, com quatro poderes — despertando o abandono do esquema ultraliberal que então incendiava a imaginação dos congressistas portugueses. Somente no último quadrimestre de 1821, os deputados brasileiros chegam a Lisboa, ainda inconscientes da tendência das cortes, manifestada após o regresso de d. João VI (julho de 1821), de recolonizar o país. A promessa de não tocar na reorganização do Brasil antes da chegada de seus representantes não estava mais de pé, embora registrada nas *Bases*, Constituição provisória, jurada por d. João VI e, no Rio de Janeiro, por d. Pedro, pressionado pelas tropas portuguesas e as multidões comandadas pelos demagogos locais. Na obra de reforma liberal, depois do congraçamento entusiástico entre deputados brasileiros e portugueses, os constituintes reinóis prosseguem nas medidas devastadoras da unidade brasileira, que, para se completarem, só dependiam do retorno do príncipe, cercado no Rio de Janeiro pela tropa portuguesa. Depois disso, seriam votadas as leis econômicas, que agrilhoariam o Brasil, recolonizado ao velho reino.

A hora do conhecimento das reais intenções portuguesas chegaria ao mesmo tempo nos salões da Constituinte de Lisboa e no Rio de Janeiro. Os velhos revolucionários de 1817 e de 1789, apesar de festejados inicialmente, sentem que o despotismo das capitanias não cessara. O futuro marquês de Paranaguá (Vilela Barbosa) acena, pela primeira vez no seio do Congresso, para a independência, se o amordaçamento do Brasil não cessasse. A reação, tênue em 1821, tão apagada que o mecanismo dos governos provinciais diretamente ligados a Lisboa e a supressão dos tribunais superiores no Rio de Janeiro não encontrou resistência, se arma no ano seguinte. Até aí os representantes do ultramar americano estavam apenas ligados às juntas e aos municípios que os elegeram. A hostilidade ao Rio de Janeiro aproximava-os, por um imperativo liberal que os fazia ver na corte, o Rio corte, e não o Rio província, o ninho de burocratas e parasitas trazidos pela transmigração, hostilidade com raízes nos humilhados clérigos e fazendeiros e dos funcionários de segunda linha. A obra da Constituinte aniquilaria, a seu ver, a arrogância dos burocratas, nobres e plebeus, que, vestidos dos hábitos absolutistas, desprezavam e oprimiam as províncias, o nome brasileiro, a opinião nativa. No Brasil, os sucessos corriam com mais velocidade: o príncipe perde, assediado pelas forças locais, o caráter português, absolutista. Um movimento convergente aproxima d. Pedro de São Paulo, Minas e Rio de Janeiro, aglutinados todos pelos propósitos das cortes. Todos, com exceção da tropa portuguesa, sentem que o retorno do príncipe abrirá uma opção entre a monarquia e a república, visto que a autonomia já se incorporara ao sentimento comum. Os comerciantes, na facção independente — portugueses e estrangeiros — percebem que a anarquia se avizinha. Os burocratas reinóis, arrancados de seus empregos com a extinção dos tribunais, engrossam a onda emancipadora.

> Todos os indivíduos espoliados de seus empregos pela extinção dos tribunais [escreverá Armitage, com surpresa] converteram-se em patriotas exaltados; e como se tivessem sido transformados por um agente sobrenatural, aqueles mesmos que haviam, durante a maior parte de sua vida, serpejado entre os mais baixos escravos do poder, ergueram-se como ativos e estrênuos defensores da independência.[65]

Os próprios portugueses, cativados até agora pelas decisões das cortes, pressentem que a República seria inevitável, se empreendida a viagem de regresso. Aproximam-se dos patriotas, já comprometidos com a independência, com palavras que José Clemente Pereira, presidente do Senado da Câmara do Rio de Janeiro, dirigirá ao príncipe:

> Será possível que V. A. R. ignore que um partido republicano, mais ou menos forte, existe semeado aqui e ali, em muitas das províncias do Brasil, por não dizer em todas elas? Acaso os cabeças que intervieram na explosão de 1817 expiraram já? [...]. E não diz uma fama pública, ao parecer segura, que nesta cidade mesma, um ramo deste partido reverdeceu com a esperança da saída de V. A. R., que fez tentativas para crescer e ganhar forças, e que só desanimou à vista da opinião dominante, de que V. A. R. se deve demorar aqui, para sustentar a união da pátria?

A política portuguesa, de cisão em cisão nos meios brasileiros, ficará reduzida ao Exército, enquistado nas costas do país, do Rio de Janeiro a Belém do Pará. A força das armas — os acontecimentos testemunharão a seguir — não subjugaria o Brasil, perdidos os soldados nas praias, contra um país já capaz, com os polos interiores de São Paulo e Minas, de fazer ouvir sua voz. Os fatos mostrarão que, mesmo no Norte, a Bahia poderia se retrair do oceano, para combater os soldados encastelados nos rochedos e fortificações do mar. Em consonância com os acontecimentos, a parte mais expressiva da representação brasileira nas cortes, dirigida por Antônio Carlos, rompe todos os compromissos, advertindo que a força de Portugal durará muito pouco, se desprezada a igualdade dos reinos.

Os fragmentos das diversas tendências e camadas — comércio nacionalizado ou vinculado mais ao país do que a Portugal, realistas, burocratas — só conquistam a sua unidade, retemperados pela fixação num centro de poder. Dessas correntes heterogêneas, momentaneamente unidas, se forma a liderança de d. Pedro, ressentido com a conduta sediciosa da tropa portuguesa, sempre fiel às medidas das cortes. A desarticulação de tais forças explica, ainda no fim de 1821, as hesitações do príncipe, em outubro derramado em protestos de lealdade ao pai e à Constituição portuguesa. Faltava um elo para soldar os grupos urbanos às preocupações do interior, que ecoavam nos latifúndios e na estrutura representativa das fazendas, alargada em clérigos, magistrados, advogados, funcionários e professores. Uma testemunha das populações rurais via bem que, longe das teorias e das doutrinas, preocupavam-se elas com a ameaça do restabelecimento do sistema colonial, que embaraçaria a venda do açúcar e do café, ameaça só sentida pelas famílias ricas e poderosas, com a ausência do povo.[66] O laço entre tais interesses e o príncipe foi obra de José Bonifácio de Andrada e Silva (1763-1838), que, desde 1819, regressara à pátria, filho de abastada família de São Paulo, desvinculado de interesses agrários. Sua participação no governo provincial garantia a transição ordeira entre o Estado colonial e o sistema constitucional, com a imparcialidade do homem ausente do país havia longos anos, mentalidade formada na burocracia portuguesa, temperada de liberalismo mas fiel à ordem monárquica, homem da ordem e avesso ao jacobinismo anárquico. Homem de autoridade, realista infenso ao romantismo político dos deputados paulistas às cortes, fiel à causa do trono, adota, ao findar o ano de 1821, já congregado à opinião do Rio de Janeiro, Minas Gerais e da sua província, a tese da ruptura com o governo português, sob o penhor da permanência de d. Pedro no Brasil. Advertia d. Pedro, em manifesto saído de suas mãos e entregue ao príncipe a 1º de janeiro de 1822, "do rio de sangue que decerto vai correr pelo Brasil", lembrando-lhe o risco de "perder para o mundo a dignidade de homem e de príncipe". O príncipe sente que, atrás dos agitadores das ruas do Rio, há uma nação em nascimento, nação que recebe um rei com o *Fico* (9 de janeiro de 1822). Estava declarada a guerra civil, travada entre a Divisão Auxiliadora, composta pelas tropas portuguesas de tutela e incumbidas de forçar o regresso do príncipe, e as heterogêneas forças que o sustentavam. D. Pedro, na verdade, ainda não chegara a esposar a causa da independência, anacronicamente voltado para a união dos reinos, cujas duas coroas, a existente e a virtual, poderiam se acumular sobre sua cabeça. Quem rompe as perplexidades futuras, arrancando dos acontecimentos todas as suas consequências e dirigindo-os com vigor, habilidade e inteligência, será o paulista, ministro do Reino e Estrangeiros desde 16 de janeiro, primeiro brasileiro a alcançar essa dignidade. Ele conduz a guerra, sem tergiversações, realista, desenganado da causa unionista. D. Pedro aceita o título de defensor perpétuo do Brasil, título que lhe parecerá, no futuro, a sagração do país à primazia monárquica, fronteira de todas as veleidades soberanas do povo. Em um ano os dilemas — separação ou reino unido, monarquia ou república — perdem a sua agressividade explosiva. Uma transação ocupa o lugar das soluções extremas, entre o exagero jacobino e liberal e o absolutismo, que reorganizaria o país de cima para baixo, com transigências e tergiversações, até a hora do desquite de 1831. Uma revolução social e política completará a obra iniciada em 1808, com muita audácia e muitas vacilações, sob o governo de um árbitro da nação, que consagrará a unidade nacional, pensamento a que não podiam aspirar os conjurados do fim do século, os revolucionários de 1817 e o liberalismo embriagado e delirante dos anos 1821-2. Sobre quatro colunas — São Paulo, Rio de Janeiro, Minas Gerais e Rio Grande do Sul — o centro de poder volta às mãos do príncipe, agora defensor perpétuo, em obra da magnitude da de outro rei, o bastardo de Avis, no século XIV. O fim do consulado de José Bonifácio (de janeiro de 1822 a julho de 1823) indicará, ao cabo de dezoito meses, o retorno das normas estamentais de organização política, mediante o mecanismo tutelador de uma Constituição outorgada.

VIII

As diretrizes da Independência

1 | *A tentativa de reorganização política do país independente* > 283
2 | *O Poder Moderador e a luta parlamentar* > 293
3 | *O sistema político do 7 de abril* > 301
4 | *As reformas do 7 de abril: a descentralização* > 309

1 | *A tentativa de reorganização política do país independente*

D. PEDRO, ao passar de regente a defensor perpétuo do Brasil (13 de maio de 1822), trata de reorganizar as bases do Estado, com o auxílio do gabinete José Bonifácio (janeiro de 1822 a julho de 1823). O encontro da nação com o príncipe importou, desde logo, na continuidade da burocracia de d. João, a burocracia transplantada e fiel ao molde do Almanaque de Lisboa, atrelada ao cortejo do futuro imperador. Sobre ela, nacionalizada nos propósitos mas não nos sentimentos, irá repousar a estrutura política do país. A confluência eufórica do 7 de setembro — onde se juntam, sem se fundir, os liberais e os realistas — mal esconde os três rumos possíveis de opinião: os liberais (José Clemente Pereira, Gonçalves Ledo e Januário da Cunha Barbosa), embriagados pelos modelos revolucionários, os homens do estamento tradicional, rançosos de absolutismo, e, entre as duas vertentes, a conciliação precária de José Bonifácio. Flutuando entre todas, o príncipe, aclamado e coroado imperador (1º de dezembro), com a autoridade preexistente ao pacto constitucional. A dispersa, desarticulada e fluida nação encontra, instalado no Rio de Janeiro, um arcabouço fechado, disposto a exercer uma vigilante ditadura sobre o país. O banho liberal, irradiado dos acontecimentos portugueses e brasileiros dos dois últimos anos, não permitia, entretanto, a passiva adoção do sistema absolutista. Não consentiam as circunstâncias, de outro lado, potencialmente desagregadoras, a cópia do modelo teórico do liberalismo europeu ou da democracia norte-americana. A organização do Estado entrelaça-se, dentro das tendências em conflito e sob o dilaceramento centrífugo das capitanias, ao cuidado superior de manter e soldar a unidade política do país, tarefa gigantesca e incerta diante dos obstáculos geográficos e dos valores provinciais não homogêneos. Apoiado no Estado-maior de domínio, restos da corte de d. João VI, com os remanescentes dos militares e funcionários residentes no Rio de Janeiro, forte pelo apoio das províncias e do interior, solidariedade assegurada pela presença de José Bonifácio, o defensor perpétuo põe em movimento uma revolução do alto,

> que o gênio de Turgot, poucos anos antes, concebera, como recurso extremo para salvar Luís XVI, aos rumores profundos de 89. Invertidas as suas fontes naturais, as reformas liberalíssimas, ampliando todas as franquias do pensamento e da atividade, iriam descer a golpes de decretos, à maneira de decisões tirânicas.[1]

Na cúpula, a estrutura absolutista, obsoleta e sem calor, procura acomodar-se à teoria política.

> Vimos, de um salto [sentiu Euclides da Cunha, em genial intuição] da homogeneidade da colônia para o regime constitucional, dos alvarás para as leis. E ao entrarmos de improviso na órbita dos nossos destinos, fizemo-lo com um único equilíbrio possível naquela quadra: o equilíbrio dinâmico entre as aspirações populares e as tradições dinásticas.[2]

Nesse ponto e nesse momento, o liberalismo, imigrado com a notícia da Revolução do Porto de 24 de agosto de 1820 — o "grito da liberdade" que chegou ao Rio de Janeiro em 26 de fevereiro de 1821, conforme atesta Teófilo Ottoni, na famosa circular de 19 de setembro de 1860 —, integra-se no patrimônio cultural da nação. Esse sopro inesperado, renovador e subversivo, casou-se com o inquieto e superficial arroubo emancipacionista, que, desde as agitações mineira, baiana e pernambucana, flutua sobre o país. O enciclopedismo, a influência dos dias do 1789 francês, o influxo da independência americana prepararam o leito para acomodar a nova onda, complicada agora com as doutrinas da restauração de 1814. Daí por diante, até o fim do século, duas correntes, ambas de origem francesa, iriam dividir as opiniões: a corrente da soberania popular, filiada a Rousseau e esboçada em torno das tentativas democráticas dos últimos anos do século XVIII, que faziam o rei e a autoridade obra do país e não de condições preexistentes, condições históricas ou religiosas, e a corrente, sustentada na Constituinte por Antônio Carlos, curado do desvario de 1817 pelas cortes de Lisboa, e Carneiro de Campos (1768-1833, futuro marquês de Caravelas), principal autor da Carta de 1824 e regente provisório em 1831, para o qual, à Constituinte e à própria independência, preexistiam a monarquia e o imperador. Ambas as vertentes, a democrática e a liberal temperada, conviriam numa comum doutrina, que domaria o ímpeto popular: a autoridade teria seu fundamento e seu limite num documento — o pacto social para os extremados e a fixação das garantias de liberdade para os liberais. Na Constituinte, os democratas, acuados pela autoridade de d. Pedro I e de José Bonifácio, suspeitos de republicanismo, cederam à timidez e calaram, esmagados com a desconfiança, contra eles levantada, de mentecaptos, demagogos e desorganizadores. A Constituição desvincula-se de sua cor reivindicatória e, entre a democracia e a liberdade, "fatos conexos e contrários, estas duas formas paralelas e opostas do individualismo moderno",[3] opta pela última para conjurar a primeira, num estilo teórico e prático que a restauração de Luís XVIII impusera às monarquias velhas. O esquema procurará manter a igualdade sem a democracia, o liberalismo fora da soberania popular. Linha doutrinária que flui de Montesquieu, passa por Sieyès e se define em Benjamin Constant, não por acaso o pai do Poder Moderador da Carta de 1824. A soberania — se de soberania se trata — será a nacional, que pressupõe um complexo de grupos e tradições, de comunidades e de continuidade histórica, e não a popular, que cria e abate os reis. A liberdade perseguida se torna realidade não na partilha do poder entre os cidadãos autônomos, mas na segurança dos direitos individuais e políticos, garantidos pelas instituições. Liberdade de participação, sem o absolutismo monárquico e o absolutismo popular, nem o capricho de um só, nem o domínio de todos contra cada um. Contra os extremos, o sistema constitucional — a monarquia constitucional, num dualismo de equilíbrio. Esta a linha que moldará o Império, nos seus setenta anos de vida, linha tentada por meio de uma Assembleia Constituinte e, frustrado o instrumento, imposta na outorga da Carta. Certo, as vozes ausentes nos debates de 1823 protestarão mais tarde: o carmelita frei Joaquim do Amor Divino Caneca, à vista do texto da Carta de 1824, exigiu que a Constituição refletisse um pacto social; Timandro (Francisco de Salles Torres Homem — 1811-76 —, depois travestido em visconde de Inhomerim) clama, no *Libelo do Povo*, que a revolução da independência afirmou o dogma da soberania popular, sobre a qual assentou o rei, como dela poderia ter nascido Franklin ou Washington; Teófilo Ottoni (1807-69), na Circular, sustenta que a dinastia saiu do Ipiranga, a 7 de setembro, como poderia se sagrar em outro herói, por exemplo João Fernandes Vieira, se sua fosse a liderança da emancipação, mesmo porque, antes da Independência, a Constituinte já estava convocada; Rui Barbosa (1849-1923) dirá, na Câmara dos Deputados, em 1880, que a monarquia não passa de um acidente, cuja tábua da lei lhe foi conferida no 7 de abril, ao depor a soberania nacional um rei e reconhecer outro, ainda menino. Protestos exaltados que não moveram os fundamentos da estrutura jurídica e política do sistema liberal, fundado, além da teoria, num longo e rígido contexto histórico.

O convívio entre as forças nacionais e a ditadura régia exigia órgãos representativos, segundo um dogma do sistema liberal. Preocupado em não ceder a forças incontroláveis, ainda em fevereiro de 1822, já rompido o príncipe com as cortes portuguesas, foi convocado, inspirada a ideia por José Bonifácio, o Conselho de Procuradores-Gerais das Províncias do Brasil, presidido pelo regente e integrado também pelos ministros. O colegiado, de caráter consultivo, não conseguiu aplacar ou enganar as aspirações liberais, despido, como estava, de qualquer poder legislativo e constituinte. O grupo liberal do Rio de Janeiro, o chamado grupo de Ledo, congregado na maçonaria, e do qual participavam o cônego Januário Barbosa, o brigadeiro Muniz Barreto e José Clemente Pereira, presidente do Senado da Câmara, advertido da inocuidade do Conselho, reclama, articulado com as províncias, a convocação de uma assembleia constituinte. O jornal *Revérbero Constitucional*, redigido por Ledo e Januário, e o Senado da Câmara do Rio de Janeiro encarregavam-se de pressionar o príncipe à realização da providência, solicitada com a esperança de organizar, no centro do poder, um país novo, longe do passado absolutista. José Bonifácio, que vira no Conselho de Procuradores, entendido com o príncipe, um meio de evitar as desordens das assembleias constituintes, disposto a outorgar uma Carta

Magna,[4] não conseguiu evitar a perigosa medida. Não pudera resistir ao ímpeto da hora, ao Estado de febre do momento, sem renunciar o plano de, se necessário, "dar um pontapé nestes revolucionários e atirar com eles ao inferno".[5] A Constituinte será convocada e instalada, sob reserva de dissolução. O príncipe e José Bonifácio não abrem mão dos seus poderes de dirigir, controlar e retificar os caminhos populares, liricamente, ingenuamente glorificados pelos democratas. A Assembleia Constituinte, aceita pelo príncipe depois de muitas exigências atrevidas, servia a um fim seu, com repercussão nos sentimentos portugueses: ele não se alheava das cortes de Lisboa movido por ânimo retrógrado ou absolutista, ele, um liberal, mas para preservar a autoridade régia. As duas Coroas continuam a ofuscar os pensamentos do herdeiro de d. João VI. Outra reserva, esta arrancada à força, com o aniquilamento da facção democrática, limita o trabalho dos constituintes: o imperador, como imperador e defensor perpétuo, precede ao pacto social. Este o desfecho de uma divergência dissimulada no entusiasmo dos dias que precedem, culminam e sucedem o 7 de setembro. José Bonifácio, sustentado no estamento em crise e nas províncias, sobretudo na sua base paulista, contemporiza com o grupo democrático, entrosando-se e vinculando o príncipe à maçonaria. A 17 de setembro, todavia, o grupo extremado tenta, de um golpe, apropriar-se da Independência e dirigir-lhe os destinos, com o virtual alijamento do ministro. O presidente do Senado da Câmara do Rio de Janeiro, José Clemente Pereira, envia às câmaras, nas províncias, pronunciamento fixando o dia 12 de outubro para a aclamação do imperador, com o juramento prévio da Constituição que fosse votada pela Constituinte. Era, sem mudança, o mesmo golpe armado pelas cortes de Lisboa contra d. João VI, que vingara, a 26 de fevereiro de 1821, graças à coação da tropa e à adesão de d. Pedro. Exigia a imprudente circular que o imperador, ao ser aclamado, jurasse "guardar, manter e defender a Constituição que fizesse a Assembleia Geral Constituinte e Legislativa". Outra corrente, à qual pertencia Feijó, sugeria que, enquanto não estivesse elaborada a Constituição, se decretaria a de Portugal, com exclusão de alguns artigos. Enquanto d. Pedro tergiversa, sem se sentir melindrado pelo juramento, José Bonifácio prepara o furioso ataque contra os "anarquistas e demagogos". A aceitação do príncipe à aclamação, apresentada em nome do povo por José Clemente Pereira, omitiu o juramento, em claro protesto que fundava a autoridade na própria nação, sem intermediários, em revide ultraliberal aos próprios democratas. O furacão insuflado por José Bonifácio, vencedor na escaramuça contra a maçonaria e os democratas, com o perigo da queda do ministério, varre o país, impiedosamente. A "política terrível de Saturno" devora os próprios filhos, esmaga os líderes das ruas, os declamadores inofensivos, os republicanos disfarçados e os políticos genuinamente liberais que pretendiam submeter o imperador à soberania popular. A prisão, o exílio e as devassas afastam da cena, entre outros, José Clemente, Ledo e Januário. Ledo, do seu refúgio, depois da aclamação e antes da coroação, estranha sua sorte, reiterando suas convicções constitucionais, sem as quais, traduzidas em garantias, não percebe como se unirão as províncias, "cuja acessão ao nosso sistema não está geralmente decidida, nem talvez o poderá jamais, sem que uma Constituição liberal os convide a entrar na liga conosco, pois os povos aborrecem o despotismo, e hoje em toda parte só ressoa o grito de recuperação dos seus direitos individuais".[6] Este exatamente o ponto que suscita as cóleras de José Bonifácio: a unidade do Império, objetivo comum, não se alcançaria pela adesão das províncias, num pacto fluidamente confederativo, mas por imperativo de lealdade dinástica. As palavras vibradas contra o despotismo e as que reclamam a Constituição levariam, segundo o enérgico paulista, agora Pombalino nos seus métodos, à desunião das províncias: os "furiosos demagogos e anarquistas", os membros da "facção oculta e tenebrosa" queriam a ruína do trono para "se exaltarem aos mais lucrativos empregos do Estado", propondo-se "plantar e disseminar desordens, sustos e anarquia, abalando igualmente a reputação do governo e rompendo assim o sagrado elo que deve unir todas as províncias deste grande Império ao seu centro natural e comum", caluniadores da "indubitável constitucionalidade do nosso augusto imperador e dos seus mais fiéis ministros".[7] Com a imprensa amordaçada, as prisões repletas, os aliados de ontem emigrados, chegou o dia 3 de maio de 1823, dia da abertura da Assembleia Constituinte, convocada antes da declaração de independência.

A soberania popular não está entregue à Assembleia Constituinte. Uma decisão, o próprio fundamento da autoridade, subtrai-se à vontade dos deputados: o imperador desfruta de um título independente da "perigosa dependência" dos representantes do povo, título que emana "da vontade direta do povo", de acordo com o pensamento constitucional de José Bonifácio.[8] Esta a "base fundamental, a chave do edifício",[9] numa inversão da doutrina liberal, consequência da vitoriosa batalha da aclamação. D. Pedro proclama a doutrina, na própria fala de abertura da Constituinte, ao prometer guardar a Constituição, *se fosse digna do Brasil e dele*, expressão literalmente copiada do preâmbulo da Carta de 4 de junho de 1814, por meio da qual Luís XVIII pretende reatar a convulsionada tradição monárquica. Palavras só na aparência ambíguas — a Constituinte funcionaria, não por direito próprio, mas enquanto fiel ao sistema monárquico, condenada, se rebelde ou extraviada, à dissolução já fixada nos conselhos do trono.[10] Aos primeiros vagidos liberais da Câmara, sobre a fala do trono, os Andradas reafirmam os limites da obra constituinte, ainda nos trabalhos preparatórios. Antônio Carlos deixa claro que o imperador seria respeitado nas suas atribuições: "Não podemos concentrar poderes que existiam antes de nós e dimanaram da mesma origem, e não foram destruídos pelo ato de nossa delegação, antes tiveram a maior parte na nossa criação. A nossa procuração é coarctada: ampliá-la seria usurpação".[11] O tom era outro e não lembra mais 1817 — entre 1817 e 1823 houvera a independência e sobretudo a presença do irmão ilustre na chefia do real gabinete. A fala do imperador segue a mesma trilha, denunciando igual origem de pensamento, ao reclamar "uma Constituição que pondo barreiras inacessíveis ao despotismo, quer real, quer aristocrático, quer democrático, afugente a anarquia e plante a árvore daquela liberdade a cuja sombra deve crescer a união, tranquilidade e independência deste Império, que será o assombro do mundo novo e velho". Sobretudo, deviam os deputados temer os precedentes:

> Todas as constituições que à maneira das de 1791 e 1792 têm estabelecido suas bases e se têm querido organizar, a experiência nos tem demonstrado que são totalmente teoréticas e metafísicas e por isso inexequíveis; assim o prova a França, Espanha e ultimamente Portugal. Elas não têm feito, como deviam, a felicidade geral; mas sim depois de uma licenciosa liberdade, vemos que em uns países já apareceu, e em outros não tarda a aparecer, o despotismo de um, depois de ter sido exercitado por muitos.[12]

O plano procura o equilíbrio entre a liberdade e o Poder Executivo forte, preexistente este ao pacto político. José Bonifácio seria mais explícito, ao denunciar, como maior perigo a ser evitado pela Assembleia, a "demagogia e anarquia", lembrando que a organização constitucional visa ao alvo de "centralizar a união e prevenir os desordeiros que procedem de princípios revoltosos". Lança-se contra os "mentecaptos revolucionários que andam, como em mercado público, apregoando a liberdade, esse bálsamo da vida de que eles só se servem para indispor os incautos", lembrando o contágio, a evitar, das repúblicas sul-americanas, da França, Espanha e Portugal, concluindo que a Constituição devia ser monárquica, mas não demagógica.[13] Liberdade? Só seria outorgada aos brasileiros na medida em que fossem capazes de exercê-la.[14] A batalha da aclamação produz os seus primeiros frutos, mas um, o mais amargo, estava destinado ao pai da doutrina. Saturno come os filhos e a ele se reserva a sorte de ser devorado pelo mais ilustre rebento de suas entranhas. Desde o ato de 26 de fevereiro de 1821, quando o príncipe d. Pedro legitima, com seu juramento, a Revolução Portuguesa, convive ele diretamente com o povo, sem intermediários, cesareamente. A aclamação é outro golpe da mesma essência — a nação se corporifica no seu imperador, unido carismaticamente à fonte de sua soberania, anterior às assembleias. Amado pelo seu povo, como sentira em São Paulo e as ruas e o teatro do Rio lhe testemunham todas as horas, a ponto de comover até as lágrimas uma estrangeira, estrangeira e inglesa,[15] o imperador não precisa mais da política repressiva, dura, implacável de José Bonifácio. O velho paulista, necessário na hora de definir a política monárquica, cuja energia seria a mola mestra da guerra de expulsão das tropas portuguesas, era agora incômodo, perturbador das relações emotivamente exaltadas entre o povo e o chefe. A guerra praticamente acabara com a retirada de madeira da Bahia, e uma conspiração na Assembleia Constituinte decide d. Pedro à queda dos Andradas. A minoria democrática, "composta" — lembra armitage — "do clero subalterno, e de proprietários de pequenas fortunas, ávidos de liberdade, mas liberdade vaga e indefinida",[16] minoria que sentia em José Bonifácio a muralha de resistência aos seus planos, une-se à maioria realista, formada "quase exclusivamente de magistrados, juízes de primeira instância, jurisconsultos, e altas dignidades da Igreja, sendo pela maior parte homens quinquagenários, de noções acanhadas, e inclinados à realeza".[17] A última facção seguia a trilha dos Andradas, mas desaprova seu exclusivismo de comando, com o fechamento das portas que levam ao trono. Os Andradas não souberam, pouco flexíveis às flutuações da realidade, afrouxar as rédeas, para, sobre a popularidade de d. Pedro, construir uma corte nacional, dentro dos moldes do tradicionalismo, insensível aos esquemas racionais, ao estilo do século XVIII.

A queda dos Andradas (julho de 1823) modifica o roteiro político, mas não quebra o molde traçado por eles. Não subiram os ultraliberais, circunstância que permitiria aos caídos, na oposição, manter a coerência de ideias. A doutrina, por eles lançada em conjunção com d. Pedro, segue o seu curso, humanizada, aristocratizada, porém sem a violência inútil e o despotismo desnecessário. A orientação conservadora, que prosseguiria no futuro Partido Conservador, continua a predominar, consagrada, a seguir, na dissolução da Constituinte (novembro de 1823). Os liberais exaltados, refugiados no antiportuguesismo e nos namoros republicanos, não logram nenhum posto com a desgraça de seu opositor máximo. Suas esperanças, daí por diante, se voltarão para a rebeldia armada, com a jornada de otários de 1831, de permeio — nas derrotas sucessivas de 1824 e nas agitações regenciais. D. Pedro não consolidou seu poder com a popularidade. O papel de árbitro acima das facções e dos partidos, de que d. Pedro II fez, mais tarde, o fundamento de sua estabilidade institucional, não se cristalizou. O favor popular, emotivamente oferecido e emotivamente correspondido, vicia-lhe a conduta, medindo suas ações pelo aplauso das ruas. Engaja-se, daí por diante, sucessivamente, a uma e outra corrente, sem colocar-se sobranceiro a todas, com o resultado de, em cada mudança, sofrer agravo e diminuição de sua autoridade. A fórmula de governo compõe-se do tradicionalismo e do verniz carismático, em combinação instável, sujeita às oscilações da popularidade. O grupo de domínio concentra-se na corte, com o restabelecimento da aristocracia, incapaz de irradiar-se a autoridade às províncias, precariamente assimiladas ao Rio de Janeiro, sem que desapareçam as velhas desconfianças, oriundas do vice-rei e da transmigração de d. João VI. A soberania foi apropriada pelo imperador, em nome de uma aclamação popular, sem conciliar, articular e dirigir as forças centrífugas, perigosamente envolvidas nos princípios ultraliberais. O Estado retrai-se na cúpula, assentado sobre o barro amorfo das bases locais. A Constituinte organizou o governo das províncias, em sentido contrário ao imperativo recolonizador, definido como a "hidra de muitas cabeças, que mutuamente se dilaceram",[18] com um presidente nomeado pelo imperador, esquema que, com as modificações da Constituição de 1824 e o ato adicional, vigorou até o fim do Império. Não vingou a federação, unidas as províncias ao centro, com o gozo os cidadãos de todas as liberdades teoricamente então reconhecidas. Os homens do interior, com os meios de domínio econômico e social que lhes dava a fazenda, teriam todas as condições de exercer o poder político, numa projeção nacional. O projeto de Constituição de 1823 prometia — apesar do horror à palavra — o controle, senão o domínio, de baixo para cima, que se movimentaria, na realidade mais consistente, no proprietário de bens de raiz, qualidade extensiva aos foreiros e rendeiros, donos de embarcações, fábricas, estabelecimentos industriais e comerciais. A lei injusta podia ser descumprida, assegurado o direito de resistência, dependente, em última análise, das armas e dos aliados subalternos dos latifundiários. O governo forte, sob forma monárquica, das proposições de José Bonifácio seria um vago sonho, se aprovadas as medidas da Constituinte. A dissolução da Assembleia e a outorga da Carta de 1824 não tiveram a virtude de restaurar a autoridade, dilacerada em focos excêntricos de poder, os representantes do povo e as propriedades locais. Somente um novo esquema político, coincidente com a riqueza do café, iria abrir o estuário monárquico, manso e pacífico. Enquanto os tempos não amadurecem, d. Pedro, agora sem o auxílio dos Andradas, mas fiel ao seu ideário, a ser realizado com outros instrumentos, tenta adensar, fortalecer, consagrar seu predomínio no contato direto com o povo, a parcela que então dirigia o povo.

Ao tempo que se proclama inimigo do "despotismo e das arbitrariedades", reconhece as pessoas dotadas de poder econômico e social, convertendo-as em titulares de honras e prestígio político. O expediente era velho, provado na submissão dos caudilhos à ordem monárquica, com os títulos nas milícias e ordenanças, além da integração na organização municipal e na burocracia de segundo grau. Ganha o mecanismo alma nova, insuflada por um contato direto entre o soberano e o povo, em lance nominalmente ultraliberal, acima da mediação da assembleia e dos representantes eleitos. Mais uma vez, o ímpeto cesáreo se superpõe à doutrina consagrada, bebida nos livros e nas lojas maçônicas. Os começos são tímidos: no dia da coroação, cria o imperador, para recompensa do "distinto serviço militar, civil ou científico", a Ordem Imperial do Cruzeiro, ao lado da "Guarda de Honra", também instituída na abertura do 1822 independente. As nomeações palacianas — camaristas, guarda-roupas, veadores da imperatriz, oficiais-mores — completam o primeiro esboço da nobilitação de brasileiros. A Ordem do Cruzeiro estreou com mãos largas: duas grã-cruzes, doze dignitárias, 34 oficialatos e 85 hábitos, não sem ressentimentos dos excluídos e dos aquinhoados com dignidades menores. No ano seguinte, um passo maior e com aumento de dose: eleva d. Pedro a marquês do Maranhão o inglês Cochrane, depois de conferir o título de barão de Garcia d'Ávila a Antônio Joaquim Pires de Carvalho e Albuquerque, um dos esteios na luta da Bahia pela independência. A Assembleia Constituinte reage à atividade nobilitadora, pela voz dos Andradas, já afastados do ministério. A José Bonifácio, que recusara o título de marquês, não pareciam compatíveis com o racionalismo político, pouco impressionado com a ramagem ornamental da monarquia, os brasões improvisados. O método de aliciar lealdades com papel e medalhas merecia-lhe desprezo, não atinando sequer com sua utilidade, ociosa nos seus efeitos — conquistar os adesistas — e ridícula na expressão.

> Quem [escreve, já no exílio] creria possível que nas atuais circunstâncias do Brasil, havia a Grã-Pata de pôr tantos ovos de uma só vez, como 19 viscondes e 22 barões? Nunca o João [d. João VI] pariu tanto na plenitude e segurança do seu poder *aristocrático*. Quem sonharia que a michela Domitila seria viscondessa da pátria dos Andradas? Que insulto desmiolado![19]

O articulista da *Aurora Fluminense* mostraria, pouco depois, que a monarquia portuguesa, depois de 736 anos de existência, possuía 16 marqueses, 26 condes, 8 viscondes e 4 barões, enquanto a brasileira, nos primeiros oito anos de vida, não se contentava com menos de 28 marqueses, 8 condes, 16 viscondes e 21 barões. Os liberais brasileiros, com sentimento comungado pelos Andradas, receavam que tais concessões levassem a — ou escondessem o propósito de — instituir uma aristocracia hereditária, ajustada ao Senado vitalício, em breve também hereditário. Procura a Câmara dos Deputados destruir a eventual base dos privilégios, com a luta contra os morgadios, só vitoriosa em 1835. Suspeita a opinião, impressionada com o favorecimento aos absolutistas, que a propriedade, vinculada hereditariamente, servisse de apoio à nobreza, bloqueando a circulação de baixo para cima do poder. Na verdade, outro era o perigo, este real e não hipotético, corporificado na nobreza dos cargos, estruturados no Senado, no Conselho de Estado e no Poder Moderador, mecanismos introduzidos pela Carta outorgada de 1824. Sobre a efervescente realidade americana recairá a "obra de inversão" política e paternal, ajudada pela "incompleta independência", fruto da tradição monárquica intangida, segundo a denúncia de um panfletário, que não esqueceu, no seu sarcasmo, o "fofo esplendor de uma corte aparatosa", servida por uma "aristocracia achinelada, entretida à fiúza do orçamento".[20] Outro contestante, aberta a perspectiva imperial numa paisagem mais larga, verá no abrandamento das vontades pelos empregos e pelos títulos a "política da temporização, infalível como a ferrugem, que consome o ferro mais rígido".

> Em lugar de raios de Júpiter, destilei o veneno sutil e saboroso da corrupção; comecei por embriagar os grandes e cheguei até o povo. [...] Não dei jogo, prazeres que passam e se esquecem; — dei emprego, e aumentei o funcionalismo; — o ordenado é renda que pode ser vitalícia se o servidor não se esquece de seu divino senhor. [...] A política da força faz mártires, e os mártires, como sabeis, ressuscitam; a política da corrupção faz miseráveis, e os miseráveis apodrecem antes de morrer.[21]

CAPÍTULO **VIII** | *291*

Política, a de d. Pedro I, de cúpula, incapaz de conciliar as correntes discordantes e mal soldadas, sobretudo incapaz de resolver o problema da unidade nacional. O caminho proposto pela Assembleia Constituinte, com suas tendências desagregadoras, explosivamente nativas, prometia pouco, para alicerçar uma fórmula política durável. O amolecimento nobilitador seria de resultados longos, impróprio para a angústia imediata. A dissolução da Constituinte obedece à lógica dos acontecimentos, já inútil para conciliar os sentimentos portugueses, decepcionados com a experiência liberal e em maré de aplausos à Vilafrancada (maio de 1823), e à outorga da Carta de 1824, num roteiro francamente andradino, do Andrada ministro, e não do Andrada opositor, perdido no ódio ao português. Para executar o plano, a nação precisava de um árbitro, papel a que não se acomodava d. Pedro I e que não se cristalizou nos regentes. Vinte anos de indecisões, de tumultos, viriam abrir a estrada real, calçada de muitos ressentimentos, pisada sobre a amarga queixa impotente de uma nação decepcionada. O regime colonial não se extingue, moderniza-se; os remanescentes bragantinos se atualizam, com a permanência do divórcio entre o Estado, monumental, aparatoso, pesado, e a nação, informe, indefinida, inquieta. Uma ordem metropolitana, reorganizada no estamento de aristocratas improvisados, servidores nomeados e conselheiros escolhidos, se superporia a um mundo desconhecido, calado, distante.

2 | *O Poder Moderador e a luta parlamentar*

A Assembleia Constituinte não conseguiu estruturar a ordem política de modo a conciliar, organicamente, o imperador ao país. O soberano, segundo o modelo tradicional de Avis e Bragança, queria ser a cabeça do Estado, defensor de seus interesses e sentimentos, sem a intermediação de órgãos representativos. Os povos fazem o rei, mas não podem limitar-lhe o poder ou cassá-lo, porque, segundo a doutrina que sustentou a ascensão de d. João IV, "a lei da verdadeira justiça ensina que os pactos legítimos se devem guardar e que as doações absolutas valiosas não se podem revogar".[22] A teoria liberal, de outro lado, fundada no mesmo dogma, não admite a irrevogabilidade do pacto, nem o incondicionalismo da outorga de poder. Os constituintes, consciente ou inconscientemente, rezavam todos por iguais letras: entre o rei e a nação não havia duas peças pertencentes ao mesmo corpo, que cumpria ajustar, soldar, fundir. O soberano e o país eram realidades diversas e separadas, cujo encontro se daria pela adesão ou pelo contrato, desconfiadas as partes da conduta de uma e outra, tendente o imperador ao despotismo e os representantes da nação à anarquia. O impasse de posições contraditórias parecia rompido com a aclamação, pela qual o soberano precederia ao pacto e à própria nação. A inanidade do esquema mostrou-se no primeiro lance, nas agitadas proposições dos deputados de 1823 e nas oleosas palavras de prudência dos aderentes da causa monárquica. A dissolução da Constituinte e a outorga da Carta de 1824 procuram retomar o terreno do entendimento, com a supremacia do rei, abandonada, porém, a velha doutrina monárquica em favor de um esquema transacional, elevado o soberano ao papel nominal de árbitro das disputas e das dissensões, com a menor participação possível da vontade imperial na condução dos negócios administrativos. A exposição de motivos de d. Pedro I aos redatores da Constituição distingue o imperador da nação, procurando salvar a perdida unidade no mecanismo do Poder Moderador e suas sequelas políticas. O imperador não dispensa os poderes de dirigir, controlar e governar, mas os veste de uma cor já perseguida por José Bonifácio: a estrutura política funcionaria apoiada nas liberdades dos cidadãos, mas com a reserva da ditadura de cima, ditadura educativa, senhor do estatuto liberal. A monarquia constitucional — declara o imperador — seria o "centro de garantia" para impedir as convulsões e os extravios, oriundos da situação geográfica, moral e educativa do povo.

Os brasileiros [declara] aclamando a monarquia, a quem livre e espontaneamente outorgaram a categoria de imperador, a quem juraram obediência e fidelidade, mostraram que adotaram o sistema monárquico com a firme esperança de que a futura constituição conciliasse os direitos do povo com os do seu imperante, sem ofender as formas essenciais e constitutivas de uma verdadeira monarquia mista.

A Constituição não é "um ato de hostilidade" — aqui a seta dirige-se à Constituinte dissolvida —, "porém um ato de união, que fixa as relações recíprocas do monarca e do povo, mostrando-lhes os meios de se sustentarem, de se apoiarem e de se ajudarem mutuamente". Acenando com um mecanismo de absorção dos atritos entre os poderes Legislativo e Executivo — o Poder Moderador —, situa no Senado a barreira de defesa ao despotismo das maiorias parlamentares. Adverte contra os que "julgam ver nesta segunda câmara um asilo da aristocracia, porque ignoram que o perfeito sistema constitucional consiste na fusão da monarquia, da aristocracia e da democracia".[23] Em águas do liberalismo, a monarquia se refugia, ao estilo europeu pós-napoleônico, na Câmara dos Pares e, com a originalidade do texto constitucional, no Poder Moderador. O poder minoritário, concentrado na aristocracia em construção e na alta burocracia, vigia, disciplina e educa o poder majoritário, numa reformulação brandamente absolutista da realidade monárquica.

A Constituição de 1824, fiel à direta lição de Benjamin Constant, autor que, na hora, ofusca Rousseau, situa no Poder Moderador "a chave de toda a organização política", poder delegado "privativamente ao imperador, como chefe supremo da nação e seu primeiro representante, para que, incessantemente, vele sobre a manutenção da independência, equilíbrio e harmonia dos mais poderes políticos" (art. 98). O *pouvoir royal* do escritor francês, o *pouvoir neutre*, evocado para ajustar os três poderes clássicos, colocando-os na sua órbita constitucional, a *clef de toute organisation politique*, assume, na tradução infiel, caráter ativo.[24] Em lugar de um mecanismo de contenção dos demais poderes, alheio às suas atribuições específicas, "*autorité à la fois supérieure et intermédiaire, sans intérêt à déranger l'équilibre, mais ayant au contraire tout intérêt à le maintenir*",[25] o Poder Moderador, apropriado pelo chefe do Poder Executivo, comanda a administração e a política. A distinção entre a monarquia constitucional e a monarquia absolutista se esgarça, num sistema criado para separá-las, ensejando a crítica ao *poder pessoal* do imperador, constante azedume das correntes liberais. A irresponsabilidade do soberano coloca fora do controle parlamentar as atividades mais profundas e amplas da estrutura. Em torno desse núcleo racionalizado de poder sem confronto, arma-se toda a rede de governo, prolongada imediatamente no Conselho de Estado (novembro de 1823 a 1834 e 1841-89) e no ministério, com a assistência da aristocracia de recente nomeação. Na cúpula do sistema, a segunda Câmara, o Senado vitalício, cujo papel conservador e refreador da opinião pública foi ressaltado por d. Pedro I. A Câmara temporária seria, nesse quadro, o viveiro experimental do recrutamento dos estadistas, eleitos seus membros, cada vez mais, pelo influxo das chefias políticas, articuladas ao centro e dele dependentes. No fundo, uma estrutura que disfarça seu cunho autoritário, com o aproveitamento vertical dos elementos políticos cevados nas áreas permitidas de influência. O estamento se rearticula, com tintas liberais e cerne absolutista, no controle das províncias, presas à corte pela nomeação de seus presidentes. O funcionamento do corpo político, apesar da institucionalização das categorias sociais, dependerá do feitio do chefe do Estado, que deve limitar-se a funções bonapartistas, superior e árbitro das ambições, dos interesses e dos grupos. O talhe político de d. Pedro I não se coadunará com o arcabouço por ele montado, mas encontrará em d. Pedro II, conjugado à maturidade do plano, o príncipe perfeito para conduzir a máquina, maciamente. O esquema andradino, com outras vestes, enfeitado de uma aristocracia improvisada, se enrijecerá, ganhando respeitabilidade e irradiando prestígio aos políticos. Um núcleo de estadistas, constante pela apropriação dos postos de comando, dependente, para mandar e governar, da boa vontade do ápice da pirâmide, permanece no centro do tabuleiro. As principais expressões das cortes de Lisboa continuam a influir na Assembleia Constituinte, enquistando-se nos postos executivos e nos cargos legislativos: dos 80 constituintes empossados, sairiam 33 senadores, 28 ministros, 7 conselheiros de Estado, 4 regentes do Império e 18 presidentes de província.[26]

O sistema criado pela Carta de 1824 e calcado sobre a tradição portuguesa assume caráter próximo à oligarquia que o imperador preside. A supremacia da Coroa mitiga-se por órgãos de controle saídos das entranhas monárquicas, o Senado e o Conselho de Estado, e por via de um órgão dependente da eleição, a Câmara dos Deputados. A inautenticidade eleitoral, inautenticidade derivada menos do censo, que restringe o número de eleitores, do que de circunstâncias sociais, aptas a selecionar o corpo deliberante, e de circunstâncias legais, engendradas para filtrar a vontade primária, reduz a importância, o peso e a densidade do elo popular e representativo. A Constituição não desempenha, senão remotamente, senão por tolerância ou consentimento, o papel de controle, em nome dos destinatários do poder, os cidadãos convertidos em senhores da soberania. Constituição puramente nominal, incapaz de disciplinar, coordenar, imperar, ideal teórico de uma realidade estranha à doutrina e rebelde à ideologia política importada. Verdade que esse modelo de papel exerce, embora tenuemente, influxo sobre o sistema, inspirando o debate e motivando as reações. A moldura legal desse aparelhamento político forma-se pela monarquia limitada, monarquia que, coagida pela pressão liberal, admite, para sobreviver, restrições ao poder absoluto. O preâmbulo da Carta de 4 de junho de 1814, modelo do sistema brasileiro de 1824, afirma que toda a autoridade reside no rei, mas, em atenção "ao progresso das luzes", concede a participação popular nos negócios públicos. A Coroa se coloca diante da nação, conciliando e harmonizando os interesses e os direitos, num compromisso constitucional. O primado da Coroa, elemento ativo e condutor, imprime-lhe o papel de guarda, fiscal e tutor da nação, numa inversão total dos princípios democráticos dos dias de 1789 e do dogma de Rousseau. Organização incompatível com a democracia, mas não com o liberalismo, que, não formulado pela Revolução Francesa, nem por Napoleão, os quais apenas deslocaram o despotismo de um assento a outro, engendra, por via dos doutrinadores franceses do século XIX, a base técnica da criação de d. Pedro I e do Segundo Reinado. O grande problema da teoria e da prática será, no momento, extremar a monarquia absoluta, encarnada na imagem colorida com ódio de Luís XIV, XV e XVI, da monarquia limitada, dita constitucional. Benjamin Constant assinala o marco distintivo no exercício, por parte do chefe do Estado, das atribuições prescritas no documento constitucional, com o absolutismo em atividade sempre que ele usurpa e se substitui aos outros poderes. Para esclarecer a perigosa linha divisória, lançou a ideia, já esboçada, do Poder Moderador — o poder real, neutro, inviolável, inconfundível com o poder ministerial, responsável perante a nação. Esse Poder Moderador, essência do primado da Coroa, será a pedra que autorizará o imperador a reinar, governar e administrar, por via própria, sem a cobertura ministerial.

A monarquia dualista, na França instalada no período dos Bourbons (1814-30) e de Luís Filipe (1830-48), colocada antes e acima do povo, evolui para o parlamentarismo — parlamentarismo tão dualista como a monarquia que o abriga. As práticas e o sistema inglês, abonados pelo prestígio econômico e político da Grã-Bretanha, infundem conteúdo novo ao liberalismo francês. Por esse intermédio e por esse filtro o óleo renovador banha os políticos brasileiros, vitoriosos no primeiro duelo contra a realeza, em 1831. Para chegar tão longe, entretanto, não bastavam o modelo e a teoria: era necessário estruturar, no país inorgânico, um "país legal", jugulado o ímpeto da soberania popular num mecanismo de controle armado junto à cúpula do poder. Este o sentido da reação "regressista" de 1837, lucidamente articulada por Bernardo Pereira de Vasconcellos, com o auxílio dos futuros chefes conservadores Carneiro Leão (Paraná), Paulino (Uruguai) e Rodrigues Torres (Itaboraí). Dos acontecimentos sai o parlamentarismo, movido por dois partidos — obra só possível com base na manipulação de cima para baixo —, parlamentarismo freado, na sua origem e no curso do tempo, pela ascendência da Coroa. O deslocamento do dogma da soberania popular para a organização liberal, longo caminho de um século na França, realiza-se no Brasil em poucos anos. Mas entre a realidade e a superfície do "país oficial" há uma espessa tela, que inverte as intenções e os propósitos. A Coroa, armada com o Poder Moderador, que lhe permite nomear e demitir livremente os ministros, conserva o comando da política e da administração, convertendo o sistema parlamentar num aparente parlamentarismo. A ausência de eleições autênticas, o fracionamento dos partidos, sua armadura oligárquica e não personalizada em líderes, permite-lhe, com desembaraço, dar as cartas e fixar o valor das paradas. O "país legal", expressando-se no país oficial, não lhe pode contestar a chefia, incapaz de, à sua ilharga, constituir núcleo autônomo de poder. Para esse jogo, o Poder Moderador será o pretexto, embora o pretexto legal, do domínio da realeza, enquistado na monarquia limitada, nutrida pela tradição secular.

Dentro das raias fixadas constitucionalmente e pela tradição conservadas, desenrola-se a luta política, tempestuosamente durante vinte anos e em paz nos outros cinquenta. Era necessário definir e conciliar as forças que emergiram da independência, sobre as quais velaria o soberano, armado com o Poder Moderador em estruturação institucional. Sobre duas colunas, equilibra-se o trono, ora agarrado a uma, ora entregue à outra, sem criar o ambiente de confiança para as partes em conflito. O partido português — assim impropriamente chamado pelos seus vínculos ao comércio, ainda ultramarino na essência e nas atividades — se defronta com as hostes brasileiras, nativistas, xenófobas, bem representadas pelos Andradas alijados do poder, com o jornal *O Tamoio*, nome simbolicamente adotado da tribo hostil aos lusos. O conflito se prolonga a partir das cortes portuguesas, a cuja oposição se unem os emancipacionistas e o príncipe, em aliança efêmera e transacional. A dissolução da Constituinte e a outorga da Carta de 1824, com o governo concentrado, arbitrariamente, nas mãos de d. Pedro I, esfria as tensões e arrefece o ímpeto liberal, já identificado com o nativismo. A reabertura das câmaras, em 1826, realinha as facções e renova a luta, que o interregno absolutista não lograra superar. No fundo dos acontecimentos, duas correntes disputam a primazia — o comércio, com seu contingente maior dedicado ao tráfico e às exportações, em simbiose financiadora, e os fazendeiros, com fumos aristocráticos, cheios de dívidas e perdulários, com status superior às posses. A facção nativista utiliza demagogicamente os contrastes, agigantando uma corrente portuguesa, recolonizadora, reacionária, na verdade de pequena expressão. O verdadeiro conflito se arma entre liberais, extraviados em duas linhas, os exaltados, que vão até à República e à federação, e os realistas, que veem no trono o meio de assegurar a conciliação entre a liberdade e a ordem. Na extrema direita, em oposição à extrema esquerda liberal, o grupo absolutista, preocupado com a centralização e o domínio dos instrumentos estatais para controlar o comércio, com a garantia das dívidas e das vendas de escravos. Enquanto os exaltados — os "anarquistas" e "demagogos" na língua de José Bonifácio — viam suas possibilidades de comando na tomada plena da soberania, reduzido o imperador ao passivo homologador dos interesses provinciais, os absolutistas situavam na segurança hierárquica e autoritária o meio único da pacífica continuação de seus negócios, hostilizados pela supremacia britânica e pelas tendências antiescravocratas, tendências francamente esposadas pelo patriarca da independência. No meio das correntes em dissídio, uma atmosfera nova complica a reorganização política: as províncias, sobretudo as periféricas, Pernambuco, a atual Amazônia e o Rio Grande do Sul, procuram alargar o quinhão de influência, concentrado pela estratégia de 1822 ao Rio de Janeiro (a corte e o interior fluminense), São Paulo e Minas Gerais. O imperador, dançando nas diversas direções e comprometendo-se com todas, apela para a formação de uma aristocracia nova, ao tempo que reorganiza o Exército, extinguindo os restos das formas coloniais. Criou, ligadas ao trono, a Guarda de Honra e o batalhão do imperador. Não conseguiu, urgido pela guerra externa, formar, com a aristocracia e o Exército, instrumentos de ação e de lealdade capazes de neutralizar as demais forças dispersivas. Esse esquema sofre de radical e ingênita fraqueza: só seria viável sob a tutela da facção absolutista, inapta a amalgamar ou a reduzir ao silêncio as outras forças, apoiadas nas fazendas, no comércio britânico e nas províncias. D. Pedro, ao cortejar os "portugueses", perseguiu coerentemente a política posta em prática com a dissolução da Constituinte e a outorga da Carta. Não contava, enganado com o falso carisma de sua popularidade, que a nação viesse a odiá-lo e a identificá-lo com seus compatriotas. Nesse clima de incertezas, de aspirações amorfas, de extravios doutrinários, decidiu o imperador, em 1826, convocar as câmaras, eleitas havia dois anos. Desde logo, com base nas atribuições do Poder Moderador de escolher os senadores em listas tríplices, sofismando com o texto por ele próprio outorgado, sob o pretexto de eleições múltiplas em várias províncias, tratou de assegurar uma obediente maioria no Senado vitalício. Contava, com o expediente, assegurar o controle da Câmara dos Deputados, se se repetisse o tumulto de 1823. Por sua vez, os deputados, bem escaldados com a dissolução, iniciaram seus trabalhos timidamente, "incertos" — testemunha Armitage — "a respeito do grau de apoio com que deveriam contar da parte do povo, não ousavam entrar em lide com a autoridade suprema".[27] Ao término da sessão, após quatro meses de trabalhos, o imperador mostrava seu contentamento com os dóceis representantes do povo, assinalando a "harmonia que reinou entre as duas câmaras" e o espírito de "prudência e sabedoria dos deputados". Lembrava-lhes que persuadissem, nas províncias, os povos à obediência ao governo, certos de que "quem obedece ao governo obedece à lei e que aquele que obedece à lei tem segura sua honra, vida e prosperidade". O sonho seria curto: na sessão de 1827 irrompem os primeiros anúncios de 1831. Surge, ao lado da nascente liderança de Bernardo Pereira de Vasconcellos (1795-1850), a pena de Evaristo da Veiga (1799-1837) com o jornal *Aurora Fluminense*.

> São dois acontecimentos intelectuais da época [escreve Joaquim Nabuco] a pena de Evaristo da Veiga e a palavra de Bernardo Pereira de Vasconcellos. Uma e outra têm os mesmos característicos de solidez e de força que nenhum artifício pode substituir. Uma e outra são a ferramenta simples, mas poderosa que esculpe o primeiro esboço do sistema parlamentar brasileiro.[28]

A ausência de José Bonifácio, banido da pátria, não criará sentimento de opressão ou de orfandade: o patriarca, exausto de seu papel político, caminha para o esquecimento, que o devora e aos seus inimigos. Os tempos eram outros e outros os líderes — o liberalismo, cada vez mais distante de suas incendiárias raízes europeias, procura o rumo do comando do governo por meio do parlamento. Mas do plano à obra mediariam muitos anos e muitos acontecimentos, a queda do imperador, a Regência, a guerra civil. A mudança de estratégia — o controle do governo por meio do parlamento, em lugar da direta apropriação da soberania, tese entregue aos exaltados — obedece às transformações operadas no período autocrático de d. Pedro I, de 1823 a 1826. O núcleo de comando político restringira-se ao círculo íntimo que cerca o imperador, lisonjeando-o. Extintos ou desvirilizados os conselhos, os conselhos tão relevantes em todo o período bragantino e ainda poderosos na corte de d. João VI, a cúpula se torna monocrática, sem os amortecedores da aristocracia *de robe*. D. Pedro I impera por meio de seus ministros, servos de sua vontade e capricho, reduzido o Conselho de Estado a inexpressivo apêndice do soberano. O gabinete ostensivo, escolhido entre os validos, obedece à antecâmara do trono, ao "gabinete secreto", dirigido pelas intrigas do Chalaça e da marquesa de Santos, a sua adorada Titila, viveiro de negócios escusos e corrupção aberta. Entre o imperador e a opinião pública — a reduzida camada que fazia a opinião pública — não emerge nenhum órgão de intermediação, capaz de absorver as pressões e filtrar as decisões governamentais, transacionalmente. O Senado vitalício, o Conselho de Estado serviam apenas para homologar o comando único da cúpula, sem o respeito que o decurso do tempo lhes projetaria. A improvisada aristocracia, sem os cargos e a articulação política na corte, limita-se ao aspecto decorativo. Era, na palavra de Feijó, "uma aristocracia fantástica, despida de todos aqueles atavios que ornam os titulares da Europa. Faltava-lhes dinheiro, grandes ações, vasto saber, e prestígio avoengo: apressaram a queda do monarca, pois que todos foram criados contra a Constituição".[29]

Entre as duas realidades únicas, o imperador que manda e a nação que obedece, infiltrou-se a facção liberal moderada, voltando-se, nos seus passos iniciais, para a domesticação do ministério. Em revide, d. Pedro I, desprezando o fórum de debates da Câmara temporária, procura, para ajustar-se às circunstâncias em efervescência, governar com gabinetes novos. Em nove anos de reinado mudou dez vezes de ministério, com o predomínio de sua política pessoal, mas em mostra evidente da ausência de estabilidade política, sem lograr a adequação entre a direção suprema e as categorias sociais em atividade. Bernardo Pereira de Vasconcellos, deputado mineiro, descendente de uma família de burocratas, inicia o debate, abrindo novos rumos à reorganização política. Exige, ainda em 1826, que os ministros prestem conta de seus atos à Câmara, a ela compareçam para discutir o orçamento e suas iniciativas. Evaristo da Veiga, no jornal, quer que os ministros não saiam da "privança" do imperador, mas expressem a tonalidade da representação, conjugando a vontade da maioria. Em breve, a oposição fixa suas diretrizes, afagada pelo prestígio popular, prestígio que, dia a dia, abandona o imperador, rodeado de burocratas reinóis. Bernardo, superior e sarcástico, com a alma de Mirabeau,[30] fala em nome da nação, para "interrogar, refutar e arguir os ministros de Estado. Venham eles quanto antes, venham depor perante a representação nacional, venham mostrar ao público suas virtudes ou seus vícios, sua ciência ou sua ignorância: saiam de seus palácios, asilo da sua imbecilidade".[31] Mas não ficava aí a dialética oposicionista. Desconfiada do monolítico rochedo imperial, instalado na corte, dirige-se às províncias, advogando o alargamento do *self-government*, e às municipalidades, cuja reforma e engrandecimento constituíam a bandeira de Feijó (1784-1843). Os liberais, ao feitio de Bernardo, Evaristo e Feijó, estavam ainda presos ao entendimento de que o juízo político deriva do juízo geométrico, confusão que a Regência espancará.

Da palavra de Bernardo Pereira de Vasconcellos sairia o parlamentarismo. Das inspirações que a motivaram, depois de um interregno próximo à anarquia, não se cristalizaria o liberalismo. Desbastados os ardores provocados pelo 7 de setembro, nasceria o conservadorismo, estuário natural da vitória, com um imperador colocado acima das facções, educado na neutralidade bonapartista. As municipalidades, contra o sentimento de Feijó, cairiam à categoria de "corporações meramente administrativas" (lei de 1º de dezembro de 1828). As províncias se ergueriam, na disputa de maior participação no governo central, infiéis à desconfiança de separatismo. Sobre as leis e os homens, a estrutura secular comanda os títeres: o escravo e a agricultura de exportação ganharão as consciências, com outra roupagem política. A hostilidade ao tráfico negreiro, mentirosamente vencedora no tratado de 1826 e na Câmara dos Deputados, não criará raízes. O ideário liberal, casado ao industrialismo impossível e à abolição da nobreza, frustrar-se-á, transformado em utopia irrealizável. Entre a economia de subsistência, entre a autarquia agrária e o café, um momento de indecisão. Para acompanhar as novas coordenadas não bastaria a ordem; necessária seria a segurança, armada na centralização.

3 | *O sistema político do 7 de abril*

A LINHA ADOTADA POR D. PEDRO, que se irradia desde a dissolução da Constituinte, desgastara o carisma da independência. As concessões e as transações, timidamente propostas e subitamente revogadas, não afastam o imperador de seu curso: governo para o povo e não pelo povo. A preservação da cidadela monárquica estendia-se aos instrumentos de poder, assentada sobre a realidade, reformada na aparência, mas não na substância, da tradição bragantina. Fora do credo realista, absolutista no fundo e ornamentado de liberalismo, não percebia o imperador nenhum meio de sustentar o trono. Inoperantes os elementos institucionais para deter a maré, desencadeada a partir do 7 de setembro e livre de peias na Câmara temporária, d. Pedro só podia contar com a força nua, entregue ao Exército e aos mercenários recrutados na Europa. A estrutura militar da colônia, que opera vigorosamente nos dias da Independência, contaminara-se de um conteúdo ideológico incapaz de ser utilizado, passivamente, pelo soberano. As campanhas platinas, com os recrutamentos violentos, afastaram a reserva militar dos planos da corte alheando-a do rumo suspeito de portuguesismo e de recolonização. A d. Pedro, diante do país sublevado, só restava o caminho do despotismo ou a abdicação, esta com o aceno do retorno a Portugal, para cingir a Coroa usurpada. Ainda uma base instável, base sobre a qual se colocara o trono: as províncias, regidas pelos conselhos provinciais (as futuras assembleias legislativas), cedem a imperativos liberais, armados sobre o sistema representativo, rotas as correntes dos capitães-generais. A Câmara mostrara, em 1829, seus pendores. Incapaz de votar a desconfiança ao ministério, audácia parlamentarista ainda não abonada pela Carta de 1824, a corrente liberal tentou o impeachment contra os ministros da Justiça e da Guerra. O alvo era o poder do imperador de nomear os ministros, e bem sentiu d. Pedro a estocada, sempre sensível e pronto ao revide, se comprometidas suas atribuições. A acusação não vingou, derrotada por apenas sete votos — 39 contra 32. A vitória do governo não o iludirá: a sua pequena minoria, suadamente obtida, não evitará a tempestade. A legislatura de 1830-3 trouxera notável reforço à oposição, com a entrada de novas figuras, comprometidas com a causa brasileira, algumas desde as cortes de Lisboa e a Constituinte. Em torno de d. Pedro, restam apenas os titulares da improvisada aristocracia e o Exército. Contra ele, o rio que, definido no 7 de setembro, se espraia por todo o Império. O favor da popularidade do príncipe perde-se, à medida que se afrouxam os vínculos plebiscitários de sua autoridade.

> Na verdade [testemunha Armitage] nem o progresso da instrução, nem os esforços sediciosos do jornalismo, nem as irregularidades da vida privada de d. Pedro, eram a causa principal de sua impopularidade em todo o império. Outra causa militava, além da má administração do gabinete, causa de que nunca se fez menção, mas que todavia se fazia geralmente sentir: era nunca ter sabido ser o — *homem do seu povo* — nunca ter-se constituído inteira e verdadeiramente brasileiro. Muitas vezes manifestava a convicção em que estava, de que a verdadeira força do governo consiste na opinião pública; infelizmente, nunca soube conciliar essa opinião pública do povo, sobre o qual era seu destino imperar. Na época da independência, movido pelo entusiasmo, havia expressado sentimentos que deviam lisongear o espírito nascente de nacionalidade, e que foram tidos por sinceros; mas depois, o emprego que fez de forças estrangeiras; as condições com que celebrou o tratado de 1825; a contínua ingerência nos negócios de Portugal; a instituição do gabinete secreto; a nomeação de portugueses naturalizados aos mais altos empregos do Estado, com a suposta exclusão dos brasileiros natos, haviam suscitado, entre um povo cioso, a desconfiança de que o próprio monarca era ainda português de coração. Os brasileiros natos julgavam-se considerados como suspeitos, e pensavam que o governo procurava apoio em um partido que reputavam estrangeiro: esta suspeita feria mui diretamente o seu amor-próprio, juiz difícil de contentar; e nenhuma nação perdoou jamais semelhantes ofensas. Foi isto o que perdeu o governo de d. Pedro; foi isto que fez considerar a sua política como anticonstitucional, que o privou de toda a força moral, e o reduziu ao Estado de espectador passivo de todos os insultos que diariamente lhe eram dirigidos pelos seus adversários.[32]

O imperador afagou a popularidade, a adesão emocional do povo, construindo o edifício monárquico sobre a tradição e o carisma. Criado com o orgulho do rei hereditário, cetro anterior ao reconhecimento popular, aceitou a aclamação das ruas, mas dela lhe repugnava ser escravo. Não admitiu o papel de soberano demagogicamente sagrado, que caberia a um aventureiro, e não a um herdeiro da casa real. Governo popular, sim; mas governo dependente do povo, não: senhor de suas ações, de sua vida escandalosa, jamais servo da ondulante, variável e excitável plebe. Os exaltados — a revolta do povo outrora submisso — dele se afastam; ele fica só com a tradição ainda vacilante e com a força militar, esta também contaminada com os sentimentos da nação. O nativismo, apagado mas não extinto, renasce, unindo as facções e construindo o alvo comum de seus ódios, o português. O 7 de abril completa, aperfeiçoa o 7 de setembro: com a queda do reinado, em causa comum os exaltados e os moderados, renasce a tarefa adiada por nove anos, entregue a outras mãos, saídas diretamente da nação, sem a tutela transacional de um rei.

O povo reunido no Campo de Santana — a fatal praça para os destinos da monarquia —, "pela maior parte da ínfima plebe",[33] exige um novo ministério, ou, mais profundamente, reivindica o direito de vetar os auxiliares de confiança do imperador. À sedição se agregam os moderados, já preparados para a emergência em longas confabulações conspiratórias, com o apoio da tropa. O senador Vergueiro (1778-1859), liberal desde a hora amarga das cortes de Lisboa, embora português de nascimento, junto com Evaristo da Veiga, dão o cunho aos acontecimentos, associados depois a Feijó e Bernardo Pereira de Vasconcellos. O Exército deliberante pela primeira vez em nome de interesses portugueses (26 de fevereiro de 1821), mais tarde na defesa das atribuições do imperador (dissolução da Constituinte em 1823), novamente apoia um movimento político. O Rio de Janeiro e a tropa falam, ainda uma vez, em nome da nação, integrando-se nas suas disputas internas, nas dissensões sociais. Os marqueses perdem a primeira batalha, marqueses e ministros, filhos de uma aristocracia ainda sem função social. O Exército não era mais o instrumento obediente ao imperador, como nos dias de novembro de 1823. Estruturado por d. Pedro, não se amesquinhara ao papel de guarda pretoriana. A campanha do Sul infundira-lhe espírito de corporação e lhe comunicara espírito patriótico, nacional, pronto a participar, pelo nativismo, das causas propostas contra o portuguesismo da camarilha real. Seus oficiais superiores não eram apenas os chefes hierárquicos, mas líderes ressentidos com a assistência negligente que lhes prestara o grupo político dominante, nas árduas jornadas do Prata. A intervenção tuteladora do Exército ocupou um lugar vazio, o do estamento não reconstituído pelo imperador, estamento composto de aristocratas de tinta e papel e dos realistas vinculados à tradição portuguesa. A presença da tropa, comandada pelos três Lima e Silva — Francisco, José Joaquim e Manoel da Fonseca — e pelo brigadeiro Francisco de Paula Vasconcelos, embotou o ideário liberal extremado, ideário federalista e próximo da República. Os moderados aproveitam-se da densidade conferida aos acontecimentos na hora undécima e se apropriam do governo, presos a dois objetivos: a manutenção da monarquia e o revigoramento da unidade nacional. Os incendiários demagogos do Campo de Santana, herdeiros dos "anarquistas" dos dias da independência, sentiram-se ludibriados. No lugar do trono não entraria o povo sublevado, mas uma camada de políticos, amadurecidos nas cortes de Lisboa, na Constituinte e nas legislaturas de 1926 e 1930. "O 7 de abril" — bradaria um ardente liberal — "foi uma verdadeira *journée des dupes*. Projetado por homens de ideias liberais muito avançadas, jurado sobre o sangue dos Canecas e dos Ratcliffs, o movimento tinha por fim o estabelecimento do governo do povo por si mesmo, na significação mais alta da palavra."[34] A entidade abstrata, o povo, e as concretas aspirações de renovamento constitucional cederam o lugar aos representantes da nação, cada vez mais independentes das suas informes origens. O momento não seria nem da aristocracia do Primeiro Reinado, nem dos promotores da pura democracia. Os instrumentos de governo se articulam no próprio governo, destilados e apurados com o banho ritual do sufrágio elitista. Os homens das cortes de Lisboa, da Constituinte e da Câmara de 1926 e 1930 sobem ao ministério e ao Senado, encastelados, mais tarde, no Conselho de Estado e nos títulos de barões e marqueses. Depois da tímida embriaguez liberal, soaria a hora do regresso, conduzido pelos mesmos homens que aclamaram a abdicação. De concessão em concessão,

> os mais ardentes revolucionários tiveram que voltar, a toda pressão e sob a inspiração do momento, a máquina para trás, para impedi-la de precipitar-se com a velocidade adquirida. Foi esse o papel de Evaristo sustentando a todo transe a monarquia constitucional contra os seus aliados da véspera. Os revolucionários passavam assim de um momento para outro a conservadores, quase a reacionários, mas em condições muito mais ingratas do que a do verdadeiro partido conservador quando defende a ordem pública, porque tinham contra si pelas suas origens e pela sua obra revolucionária o ressentimento da sociedade que eles abalaram profundamente. Foi essa a posição do partido Moderado que governou de 1831 a 1837 e que salvou a sociedade da ruína, é certo, mas da ruína que ele mesmo lhe preparou.[35]

Os liberais no poder convertem-se em conservadores, em guardiões do país contra a anarquia. Esse o primeiro ato do drama do liberalismo brasileiro, ideologia de oposição, demolitório, incapaz de governar de acordo com seu programa, transformado, no poder, em conservador, com os mesmos vícios, com igual despotismo ao do partido substituído. Feijó refletirá bem esse espírito: seduzido, na oposição, com a liberdade, torna-se, na cadeira ministerial, a mão de ferro implacável contra a turbulência gerada de ideias que foram suas.

A primeira tarefa do 7 de abril será a de organizar a autoridade, repentina e inesperadamente desaparecida com a abdicação. Os opositores da autocracia desnacionalizante de d. Pedro não formam uma falange monolítica; identificam-se apenas na negativa comum, no não. Os moderados e exaltados — o "partido desorganizador", a que aludiu o imperador em 1830 — unem-se no ponto comum de reclamar reformas do estatuto político, com a descentralização, o abrandamento ou a extinção do Poder Moderador, o Senado temporário, divergindo nos meios e na impaciência. A solidariedade nativista abraça todas as gamas de opinião. Entre os exaltados predomina o fermento revolucionário, adubado com a velha reivindicação de regenerar as instituições políticas por meio do apelo ao povo, numa Constituinte, sem obediência ao princípio da precedência do imperador à Constituição. Nas suas fileiras, sente-se a presença dos teóricos — como Teófilo Ottoni (1807-69) — e dos agitadores, atraídos para a reforma por vagas, utópicas e ressentidas ideias niveladoras, ultrademocráticas. Do conjunto febril, destacam-se os *farroupilhas*, ou *jurujubas*, a extrema esquerda do movimento, contra a qual, declarada a vitória, se articulam os moderados — os *chimangos* —, combatidos estes pelos restauradores, ou *caramurus*, saudosos de d. Pedro, corrente prestigiada pela adesão dos Andradas, agora reintegrados na vida política. A coalizão de governo, armada sobre a ausência do rei, exclui os exaltados e se alia ao Exército, com a regência trina provisória entregue a Vergueiro, em nome dos moderados, em cuja retaguarda atuam Bernardo, Evaristo e Feijó, o marquês de Caravelas (José Joaquim Carneiro de Campos — 1768-1836), representante da linha bragantina tradicional, e Francisco Lima e Silva (1785-1853), o líder do Exército e pai do futuro Caxias. O centro moderado atrai os liberais puros, contemporizando com suas reivindicações, sem aceitar os processos radicais de ação. Uma sociedade, ao exemplo das sociedades dos dias da Independência, aglutina as forças renovadoras mas não revolucionárias — a Sociedade Defensora da Liberdade e Independência Nacional —, "em realidade outro Estado no Estado; porque sua influência era a que predominava no Gabinete e nas Câmaras; e sua ação, mais poderosa que a do Governo, se estendia por todos os ângulos do Império".[36] Fazia o papel de um Conselho de Estado extraoficial, sob a liderança de Evaristo da Veiga, por meio da palavra impressa da *Aurora Fluminense*. Ela, com livre conduto na Câmara e na regência, governa o país nos próximos quatro anos, embotando o ímpeto revolucionário e afastando os restos tépidos da reação, em breve dirigida por José Bonifácio, na Sociedade Conservadora. A agitação, a efervescência, o tumulto desembocavam na Câmara, a verdadeira arena das decisões políticas, para onde a lei que organizou a regência transferiu parcela importante do Poder Moderador, mutilado da atribuição de dissolvê-la. Esse primeiro esboço institucional reconhece uma realidade nascente, que culminaria no parlamentarismo, realidade negada por uma ala do governo, a representada por Feijó, que coloca o poder acima da representação. A obra da regência, conduzida pelos moderados, não se esgota no afastamento dos exaltados e na anulação dos restauradores. Para subsistir devia libertar-se de outras forças e buscar uma base estável de poder. O Exército seria, desde logo, excluído das decisões políticas, envolvido, subversivamente, em conjurações e complôs frustros, depois que o 7 de abril despertou-lhe novos horizontes políticos. A base de comando viria das províncias, depois de evaporados os sonhos norte-americanos de uma classe média voltada para a indústria.

À força regular do Exército, o sócio mais ativo do 7 de abril, opôs Feijó, ministro da Justiça da regência, a guarda nacional. Luta o governo contra a ameaça da anarquia militar com um instrumento que levaria aos sertões e às cidades um elemento conservador e civil. Ao Exército deliberante e político, arma a regência uma força governamental e, inicialmente, sob o controle das influências locais, aderentes da ordem liberal. Volta-se, sob inspirações de outra índole, a uma velha ideia da política portuguesa, com as milícias e ordenanças fiéis aos capitães-generais e à Coroa lusitana. Meio de disciplina e meio de ascensão social, perderam essas antigas corporações, com o sistema provincial, sua função e atividade. Substitui-as a guarda nacional, depois do malogro das guardas municipais, criadas em 6 de junho de 1831. A guarda nacional estrutura-se — evocada pela Lei de Feijó, de 18 de agosto de 1831 — em passo paralelo ao enfraquecimento do Exército. Sabiam os liberais — e disso colheram proveito — que o Exército, na feição que lhe imprimiu d. Pedro I, não seria apenas elemento propício à anarquia, mas marcaria a atividade política com uma tutela sem mandato popular, como atestavam os pronunciamentos de 21, do fechamento da Constituinte e do 7 de abril. O equívoco e a desconfiança, no curso de sessenta anos, não se apagam, nem mesmo quando as glórias da guerra do Paraguai derramam sobre os soldados o sentimento reconhecido da nação. A incompatibilidade entre Exército e liberalismo era irredutível. Antes de 1831 o Exército consumia dois terços do orçamento e se compunha de 30 mil homens. Logo depois do 7 de abril, os efetivos se reduziram à metade, com o máximo legal de 10 mil em 3 de agosto de 1831. No ano seguinte, praticamente desaparece, no Rio de Janeiro, a força de primeira linha, com oficiais sem soldados. Ao tempo que desarmava o Exército, o enérgico padre Diogo Antônio Feijó (1784-1843), descendente bastardo de família territorial de São Paulo, cria a "nação em armas", em oposição à tropa deliberante, auxiliar do governo no poder e, pela inspiração, com ele solidária. Depois de uma crise, mais uma crise militar, a regência trina, na qual sobressaía a figura do ministro da Justiça, dá corpo ao plano de uma força paramilitar, inspirada na ordem liberal da França, a França depois da queda de Carlos X, mas substancialmente vinculada às velhas milícias e ordenanças. A lei de 18 de agosto de 1831, que concentrou nas milícias cívicas as remanescentes coloniais, ao lado da expirante tropa de linha, seria — segundo um militar profissional, mas estrangeiro — a "milícia destinada a custodiar o Exército e a Marinha e a garantir a politicagem do grupo do famoso padre Feijó".[37] O artigo primeiro da lei institucional marca-lhe a amplitude e os objetivos.

> Defender a Constituição, a Liberdade, a Independência, e a Integridade do Império; para manter a obediência às leis, conservar, ou restabelecer a ordem e a tranquilidade pública, e auxiliar o Exército de Linha na defesa das fronteiras e costas; toda a deliberação tomada pelas Guardas Nacionais acerca dos negócios públicos é um atentado contra a Liberdade, e um delito contra a Constituição.

Feria-a, entretanto, uma jaça democrática, infundida pelo momento revolucionário, na euforia igualitária da expulsão do rei. Para evitar que ela viesse a tutelar o governo ou a ditar-lhe os rumos — objeção principal ao Exército moldado por d. Pedro I —, adotou, na escolha dos oficiais, o sistema eletivo, num audacioso esquema de igualitarismo social e racial. Vincula-se, em reforço, ao esquema de debilitar o poder central, identificado com o estado-maior político do imperador, ao município e à paróquia. Com isso, o caráter conservador se compromete, na origem, na frouxa articulação de baixo para cima. O tempo e novas reformas corrigirão o lance inicial, para transformá-lo em agente da política central, sob o comando dos presidentes de província e do ministro da Justiça. Nos dias de 1831, com a luta voltada contra a ditadura do centro e os remanescentes imperiais, outra não podia ser sua feição: os liberais buscavam estruturar seu poder nas forças locais, certos de que da corte em cinzas, mas ainda fumegante, só viria o despotismo. Já em 1832, o colorido desfile no Rio de Janeiro, presidido pelo menino imperador, ele próprio apertado na sua fardinha vistosa, expulsa das ruas o exército quase extinto, levando o crítico que nela via um apêndice policial do ministério a notar que, depois da parada, "voltou o sapateiro à sua sovela, e o alfaiate, pendurada a espada à parede, retomou a agulha".[38] Com a criação da guarda nacional e seu efetivo funcionamento, completava-se a obra de tomada do poder pelo grupo moderado: os exaltados, os relutantes à chefia do grupo Feijó-Evaristo-Bernardo-Vergueiro, seriam combatidos como anarquistas; os restauradores pouco significam, morta a sua causa, em breve, com o desaparecimento prematuro, em 1834, de d. Pedro I, agora d. Pedro IV de Portugal; o Exército, "condenado, licenciado pelo partido que ele tinha posto no poder".[39] O caminho, com o governo armado dos instrumentos para garantir a ordem, estava aberto às reformas pacíficas, num plano de reorganização política e social. Criar um império, mostraria a tormentosa realidade, não será obra das leis e das doutrinas. O novo governo, sem tradição, sem carisma, no ensaio de um sistema racional, seria devorado pelas suas contradições e voltaria, depois de muitos ensaios, ao único leito possível: à monarquia reformada, tuteladora da nação, agrilhoada às estruturas que ela criaria.

4 | As reformas do 7 de abril: a descentralização

A Câmara dos Deputados torna-se o centro do poder, dela dependem a regência e o ministério. O Senado, contestado na sua vitaliciedade, opunha-se à onda democrática, sem engajar a luta frontal, "vivia obscuro para salvar a vida ameaçada".[40] O governo — até 1837 representado por Feijó ou pelas diretrizes por ele seguidas — não se rende às duas tendências libertadas: a descentralização extremada e o domínio da Câmara. Queria ser a elas fiel, sem dependência, desconfiado do caos que daí se projetaria. Fazia concessões, mas não se irmanava aos sentimentos tumultuosamente desencadeados, conduzidos pelo vento e pela febre.

> A reação [escreverá Joaquim Nabuco] está no espírito, no sentimento de todos os homens de governo; se não fosse o receio da volta de d. Pedro I, ela teria desde logo levado tudo de vencida. Ainda assim o que faz a grande reputação dos homens dessa quadra, Feijó, Evaristo, Vasconcelos não é o que eles fizeram pelo liberalismo, é a resistência que opuseram à anarquia. A glória de Feijó é ter firmado a supremacia do governo civil; a de Evaristo é ter salvado o princípio monárquico; a de Vasconcelos é ter reconstruído a autoridade.[41]

Liberais eles eram, mas colocam acima do liberalismo a integridade territorial, identificada no imperador, a unidade de comando contra as facções dispersas do parlamento. Liberais, na verdade, em defensiva contra as doutrinas que os alimentavam, refugiados — eles, que contestaram o despotismo de d. Pedro I — na ditadura, defensores da responsabilidade ministerial transformados em ministros irritados pelas críticas sobre sua atuação. Volvidos cinco anos, unificados os sentimentos da Câmara e do Senado, evidenciado que o caminho que leva a uma leva ao outro, a conciliação virá com o tempero parlamentarista, do parlamentarismo assentado sobre a camada pseudamente representativa e policiada do alto.

As reformas, encaminhadas a devolver a nação a si própria, deveriam romper o círculo de ferro na cúpula do poder e abrir as comunicações políticas com as forças locais, os municípios e as províncias. Elas seriam implantadas, ladeando as exigências federalistas e os propósitos republicanos, em contraste à aliança, então pela primeira vez esboçada, entre República e federação, como expressões de uma ideologia comum, no esquema de autogoverno em todos os níveis territoriais. Prevaleceria a manutenção do império, com o respeito ao Imperador e ao Poder Moderador, com a descentralização efêmera de seis anos. Desesperados, velho o governo de um ano, de votar as medidas capazes de reformular o sistema político, bloqueado pela "liga de matérias repugnantes" entre exaltados e caramurus, agitadores e homens do dinheiro, os moderados — a Regência, o ministério e a maioria da Câmara dos Deputados — articulam um golpe de Estado. A Câmara se converteria em Constituinte, votando a chamada Constituição de Pouso Alegre, projeto que, com exceção da ordem federal, consagrava as ideias sustentadas pela propaganda liberal. Quebrar-se-iam, subitamente, as resistências do Senado, firme em não conceder a sua temporariedade, a supressão do Poder Moderador e do Conselho de Estado, bem como as disposições descentralizadoras quase federativas. A força armada que garantiria a empresa seria a recente guarda nacional. Uma carta outorgada se substituiria por outra, também imposta, reconhecida esta pelos representantes do povo, sem a audiência popular, providência tida por indispensável pelos inconformados pregoeiros da soberania nacional. O golpe — marcado para o dia 30 de julho de 1832 — falhará, frustrado pelo legalismo de, entre outros, Honório Hermeto Carneiro Leão (1801-56), o futuro marquês de Paraná. As medidas renovadoras esperariam, daí por diante, o longo, tortuoso e emperrado caminho parlamentar. A cabeça fria dos deputados, o tabu legalista deixou a nação ferida e convulsionada, descrente dos meios pacíficos para desmontar a máquina bragantina, responsável pelo alheamento das províncias na partilha do governo. O Poder Moderador, condenado pelos teóricos e pelos moderados, continuaria vivo, para o renovo no Segundo Reinado, "chave mestra" — na palavra de frei Caneca — "da opressão da nação brasileira e o garrote mais forte da liberdade dos povos".[42] No máximo, conseguir-se-á unificar a regência e torná-la eletiva, com a abolição do Conselho de Estado.

Duas medidas consagram a autonomia local, medidas arrancadas à reação e partejadas com dor: o Código de Processo Penal (29 de novembro de 1832) e o Ato Adicional (12 de agosto de 1834). O Código de Processo Penal, a mais avançada obra liberal e a mais duramente criticada nos dez anos seguintes, deu fisionomia nova aos municípios, habilitando-os a exercer, por si mesmos, atribuições judiciárias e policiais, num renascimento do sistema morto desde o fim do século XVII. A Carta de 1824 abrira um capítulo dedicado à organização municipal (tít. VII, cap. 2, arts. 167 a 169), em homenagem à tradição histórica, cauteloso nas promessas, como insinuavam as ideias correntes, de procedência francesa.[43] O espírito da Independência, com o estímulo prestado pelas câmaras locais ao príncipe, a aprovação do texto constitucional por elas, faria supor que o espírito municipal conquistaria lugar de relevo nas novas instituições políticas. A lei que organizou os municípios — a que cria em cada cidade e vila do Império câmaras municipais (lei de 1º de outubro de 1828) — ficou aquém da palavra constitucional e dos vivos sentimentos despertados na quadra gloriosa. Em lugar de uma célula viva, diretamente nascida da sociedade, associação superior à lei, "consequência normal da vizinhança, do contato da mútua dependência dos gozos e perigos comuns do complexo de suas numerosas relações sociais", como pretendia o comentarista maior da Constituição,[44] saiu um município tutelado. As câmaras, segundo a definição do estatuto de 1828, serão "corporações meramente administrativas e não exercerão jurisdição alguma contenciosa" (artigo 24). Sob o fundamento de separar os poderes, confundidos e embaraçados no período colonial, converte-se o município em peça auxiliar do mecanismo central. Dotados de atribuições amplas e com minúcia discriminadas — governo econômico e policial, melhoramentos urbanos, instrução e assistência —, não possuíam rendas, senão as mínimas indispensáveis à manutenção de seus serviços, sujeitas as câmaras ao desconfiado e miúdo controle dos conselhos-gerais das províncias, dos presidentes provinciais e do governo-geral. As posturas — a lei municipal, na sua expressão atual — teriam vigência provisória de um ano, dependentes de confirmação dos conselhos-gerais da província, que as poderiam revogar e alterar.[45] Havia, a par do controle geral, um sistema especial de recursos para os conselhos-gerais da província, os presidentes e, na corte, a Câmara dos Deputados. Sobre os municípios impotentes e nulificados caiu o Código de Processo Penal, reativando o juiz de paz com poderes de amplitude maior do que os traçados na Constituição, que o reconheceu como agente conciliador dos litígios, pré-instância judicial, autoridade eletiva destinada a aplainar divergências e a evitar conflitos (artigos 161 e 162). O círculo judiciário de primeira instância dividiu-se, com o estatuto de 1832, em três circunscrições: o distrito, o termo e a comarca. O distrito foi entregue ao juiz de paz, com tantos inspetores quantos fossem os quarteirões; no termo haveria um conselho de jurados, um juiz municipal, um escrivão das execuções e os oficiais de justiça necessários; na comarca — a mais ampla expressão territorial — havia o juiz de direito, em número que se estenderia até três, nas cidades populosas, um deles com o cargo de chefe de polícia. O juiz de paz era filho direto da eleição popular, nomeados os inspetores de quarteirão pelas câmaras municipais, sob proposta daquele. Os juízes municipais e os promotores públicos — que serviam nos termos — provinham da nomeação dos presidentes de província, sob proposta encaminhada em lista tríplice, para um mandato de três anos. Os juízes de direito, escolhidos dentre bacharéis em direito, saíam das mãos do imperador, por obra e graça de sua vontade.[46] O salto era imenso: da centralização das Ordenações Filipinas à cópia do localismo inglês. A polícia dos sertões e do interior tornou-se atribuição judiciária e eletiva a autoridade. O júri, manifestação imediata da população dos termos, enfraqueceu, de outro lado, a supremacia judicial. A maré democrática, depois de submergir a regência, chegava ao seu alvo: o autogoverno das forças territoriais, que faziam as eleições, recebendo a parte do leão na partilha, o senhorio da impunidade na sua violência e no seu mandonismo. O centro do sistema estava no juiz de paz, armado com a truculência de seus servidores, os inspetores de quarteirão, de triste memória nos anais do crime e da opressão: "era talvez a 3ª autoridade depois da regência e dos ministros".[47] A autoridade nomeada pelo imperador, o juiz de direito que se colocaria na função de chefe de polícia nas cidades populosas, não recebeu atribuições.

> Era menos que um juiz de paz. Embaraçado em dar regimento a esse simulacro de autoridade, única de sua nomeação, publicou o Governo o regulamento de 29 de março de 1833, em verdade ridículo, e nem podia deixar de sê-lo, porque o chefe de polícia, único agente do governo, ficava reduzido ao simples papel de andador. A autoridade de eleição popular era tudo, a única de nomeação do governo nada.[48]

Ao judicialismo policial, radicado na eleição, sucederia, na hora do retorno centralizador, o policialismo judicial, pendularmente oposto à turbulência que o código de 1832, se não instalou, ao menos reconheceu. O estatuto processual, conjugado com a guarda nacional, municipalista e localmente eletiva no seu primeiro lance, garante a autônoma autoridade dos chefes locais, senhores da justiça e do policiamento. De outro lado, a incapacidade financeira das câmaras municipais, mal que a regência não cuidou de remediar, deixava-as inermes diante do poder econômico, concentrado, no interior, nas mãos dos fazendeiros e latifundiários. Não era, em consequência, o municipalismo o fruto das reformas, senão o poder privado, fora dos quadros legais, que se eleva sobre as câmaras, reconhecido judiciariamente. A semente do caudilhismo, jugulada há um século e meio, brota e projeta seu tronco viçoso sobre o interior, sem lei, sem ordem e sem rei.

> Dessa contrafação do *self-government* americano não é, porém, a ordem que sai, como não podia sair; mas sim a intranquilidade, a violência, a desordem e, por fim, a anarquia. Entronizados nos cargos locais, fortes pela enorme força política que o Código de Processo lhes dá, os potentados territoriais renovam, como no II século, as suas tropelias e vinditas. Os nossos sertões mais uma vez se alastram do fogo das lutas de facções. Mais uma vez o sangue fratricida avermelha os nossos campos. — "É impossível que deixeis de conhecer todos os excessos dos juízes de paz" — diz um político daquela época de pavor e odiosidade. — "Abri a sua história e vereis cada página manchada com os fatos mais monstruosos, filhos da ignorância e da maldade, um luxo de arbitrariedades e perseguições contra os bons, inaudita proteção aos maus e porfiada guerra às autoridades."[49]

O Ato Adicional (lei de 12 de agosto de 1834), arrancado não às convicções, mas ao medo dos moderados,[50] procura organizar um feixe de poderes, concentrados nas províncias, de cuja aliança se firmaria o Império. O esquema visa desmontar, pela descentralização, quase federativa, mas adversa à federação, o centralismo bragantino, ao tempo que foge da fragmentação municipal. Obra de convicção liberal — aproximar o governo do povo — e obra de contemporização — fugir do extremado federalismo, casado com ideias republicanas. O seu redator, Bernardo Pereira de Vasconcellos, homem já do "progresso com a conservação", queria "diminuir os laços da centralização, mas não de um jato que faça dar um grande salto".[51] Desde outubro de 1832 a reforma estava autorizada, depois de muitos tropeços e embaraços, restringida no ímpeto e desvigorada no alcance, para ser votada na legislatura de 1834-8. Com a reforma, pretendia a maioria, pela voz de seu redator, "fechar o abismo da revolução, estabelecer e firmar verdadeiros princípios políticos, consolidando a monarquia constitucional, segundo os votos do Brasil", confessando, mais tarde, que "no Ato Adicional devia parar o carro revolucionário".[52] Conhecidos os pontos extremados dos reformistas e dos conservadores, nos dias que se seguiram ao 7 de abril eles passam da monarquia federativa ao veto senatorial à mudança da Carta de 1824. Entre o fascínio norte-americano, que já cega muitos teóricos e parlamentares, e a pasmaceira lusomonárquica, prevaleceu a permanência do Poder Moderador, do Senado vitalício e a descentralização, esta a verdadeira conquista dos moderados, descentralização que tocaria na estrutura política do edifício monárquico. Todas as reformas teriam uma inspiração maior, que seria o seu limite: a união das províncias, desafogadas de opressivos freios, para melhor garantir a integridade territorial. "Com muita cautela e até com muito medo", as províncias não se volatizariam num pacto, mas seriam departamentos de uma só unidade, sob o comando de um Executivo forte, provisoriamente concentrado na regência una, filha da eleição popular. Os conselhos-gerais das províncias se elevam a assembleias legislativas provinciais, mantida a nomeação dos presidentes. As províncias, embora desprovidas de autogoverno, ganham o Poder Legislativo emancipado, com largas interferências e geral tutela sobre os municípios.[53] Entre os três focos verticais de poder — o município, a província e o império — restaram, entretanto, zonas indefinidas, pelas quais se iriam infiltrar reivindicações revolucionárias e a pesada mó centralizadora. Sobretudo, as áreas dos governos geral e provincial não lograram, na prática do sistema, fixar um mecanismo de harmonia e entendimento. O quadro constitucional não se mostrou apto a estabelecer a partilha das forças em contraste, de articulação mal definida, num momento em que falta uma estrutura homogênea na sociedade e na economia. Desconfiado de sua obra, insatisfeito com as emendas que a desfiguraram, teria dito Bernardo Pereira de Vasconcellos, ao passar aos seus pares o projeto vitorioso: "Entrego-lhes o código da anarquia".[54] Estaria aí o germe da apostasia do grande estadista — depois pai do Partido Conservador. Sentia a facção moderada, como reconheceria mais tarde Vergueiro, já encanecido na cadeira senatorial, que a reforma havia "antecipado a nossa organização política à social", palavra realista que conta com o assentimento do autor da Carta de 1834.[55] O Ato Adicional é o resultado mínimo de uma grande vertigem, de uma larga tormenta: constitui o fechamento do círculo da quase autarquia das fazendas projetada no mundo político. Do 7 de abril a 1834 tudo foi reclamado: a federação, a liberdade religiosa, a justiça eletiva, a extinção do Poder Moderador e do Conselho de Estado, a República depois do governo de d. Pedro II, o Senado temporário, a divisão das despesas públicas entre as províncias. O conservador visconde do Uruguai sentia que "estava tudo fora dos eixos".[56] Sucedeu — protesta ele — a uma centralização excessiva uma descentralização excessiva, "subversiva e desorganizadora, que entregava às facções que se levantassem nas províncias o poder executivo central de mãos e pés atados".[57] O meio de submissão e controle da população fez-se pelo emprego público, reservada "a criação, supressão e nomeação", no âmbito municipal e provincial, às assembleias legislativas.

> A colação dos empregos que é um meio de ação e influência (e a questão era em grande parte de empregos por meio dos quais cada dominador quer segurar-se em seu bairro) passou das mãos de um poder mais distante, mais imparcial, por não estar tão de perto envolvido e interessado nas lutas e paixões pessoais e locais, para as influências, que muitas vezes se serviam dessa arma poderosa para se reforçarem e esmagarem aquelas às quais se antojava disputar-lhes o governo da terra. E era tudo isso feito em nome da liberdade.
>
> Sucedia vencer as eleições uma das parcialidades em que estavam divididas as nossas províncias. A maioria da assembleia provincial era sua. Pois bem, montava o seu partido, e por exemplo, depois de nomeados para os empregos e postos da guarda nacional homens seus, fazia-os vitalícios. Amontoava os obstáculos para que o lado contrário não pudesse para o futuro governar. Fazia juízes de paz seus e câmaras municipais suas. Estas autoridades apuravam os jurados e nomeavam indiretamente, por propostas, os juízes municipais de órfãos e promotores.
>
> Edificava-se assim um castelo inexpugnável, não só para o lado oprimido, como ainda mesmo para o governo central.
>
> Se o presidente da província, delegado e única autoridade administrativa nomeada pelo poder geral, não ia de acordo, estavam organizados os meios de uma vigorosa resistência, com aparências de legalidade, e legalmente insuperável.
>
> Recorria o governo (central) à única arma que lhe fora deixada. Suspendia e mandava responsabilizar o empregado que não executava ou iludia as suas ordens, muitas vezes acintosamente e de acordo com a parcialidade à qual pertencia. Era este acusado pelo promotor filho da eleição em que triunfara a mesma parcialidade. Era-lhe formada a culpa pelo juiz de paz do mesmo partido. Se por acaso era pronunciado, era julgado pelos jurados apurados pelo juiz de paz e presidente da Câmara eleitos pelo mesmo partido. Este estado de cousas, e as absolvições acintosas que se seguiam, acabavam de desmoralizar a autoridade superior. Ou o governo central havia de passar pelas forcas caudinas, nomeando o presidente que se queria, ou a luta se abria, e tomava grandes proporções. Daí a origem das rebeliões e sedições que derramaram tanto sangue, exauriram os cofres do Estado e produziram tantos ódios.[58]

A teia constitucional do primeiro lustro de 1830 mostra a dissonância entre as instituições transplantadas e a realidade política. Enquanto o *self-government* anglo-saxão, imposto ao Brasil por cópia do modelo norte-americano, opera articulado às bases sociais da comunidade integrada, com o centro nas famílias e na associação dos grupos locais, organicamente eletivo, o sistema legal imitado nada encontra para sustentar o edifício. Uma longa tradição havia separado a ordem estatal, política, da ordem social, triturando a segunda na poderosa mó da opressão e dos interesses próprios da camada dominante. A moldura legal tem diante de si forças atomizadas, isoladas e não solidárias, perdidas nas fazendas, para as quais o aparelhamento administrativo serviria apenas para consolidar o estatuto de domínio da unidade fechada do latifúndio, dirigido por um senhor. O mecanismo criado pela lei, dessa sorte, não se conjuga a um núcleo de interesses, valores e costumes homogêneos, pela igualdade soldados uns aos outros. A lei, para se impor, recorre aos seus instrumentos artificiais: artificial a autoridade, artificial serão todos os elos de comando. O cargo público, a velha realidade do estamento, será o único foco de poder, poder que dá prestígio, enobrece, propicia e legitima a riqueza. Para conquistá-lo e para conservá-lo desencadeiam-se as energias, ferozes ou manhosas, de acordo com as circunstâncias e com a oportunidade. Mandar, e não governar, será o alvo — mando do homem sobre o homem, do poderoso sobre o fraco, e não o institucionalizado comando, que impõe, entre o súdito e a autoridade, o respeito a direitos superiores ao jogo do poder. O emprego público sagra-se na presa do vencedor, expressão de caudilhismo. A desconfiança ao poder — que levou à descentralização e à supressão do Conselho de Estado — leva ao poder sem freio, ao poder incontrolado, ao arbítrio do mandonismo impune. Os homens de 1831, seduzidos pelas fórmulas da organização racional do domínio político, não escapam, pobre a sociedade de controles espontâneos, aos imperativos da argila: na opressão, a liberdade; conquistada a liberdade, o predomínio; na luta pelo predomínio, a opressão. O liberalismo brasileiro, na linha constitutiva que parte da independência e se aperfeiçoa no Campo de Santana, convive com o demônio por ele gerado. Para fugir ao despotismo do trono e da corte, entrega-se ao despotismo do juiz de paz — apavorado com a truculência dos sertões, suscita o tigre provincial. Na oposição, brada pelas franquias do homem livre, no governo, com os instrumentos do partido em desgraça, quer a eternidade do poder, a vitaliciedade do chicote. Para a paz, um caminho único: a volta da hierarquia, numa confederação de comando, sob o império de um árbitro, louvado de imparcial quando eleva um grupo ao poder e de despótico quando o abate.

IX

A reação centralizadora e monárquica

1 | *A reorganização da autoridade: a conciliação geográfica e a reação centralizadora* > 319
2 | *As bases econômicas da centralização* > 328
3 | *Os fundamentos legais da centralização monárquica* > 334

1 | *A reorganização da autoridade: a conciliação geográfica e a reação centralizadora*

O INGRESSO DAS PROVÍNCIAS NO JOGO POLÍTICO, com expressão geográfica autônoma, vinha dos dias da Independência. Portugal, na desvairada política recolonizadora expressa nas cortes de Lisboa, tentara fragmentar o reino unido num feixe heterogêneo de províncias, dependentes diretamente do ultramar, sem subordinação ao foco de poder situado no Rio de Janeiro, sob o comando do príncipe d. Pedro. Os representantes brasileiros não sentiram, desde logo, no plano dispersador, o golpe vibrado contra a unidade nacional. Hostis à corte, identificada com o nó de víboras da burocracia insaciável e parasita, acolheram sem protesto as medidas que anulavam a estrutura centralizadora, transferida ao Rio de Janeiro por d. João VI. São Paulo, a Bahia e o Rio de Janeiro, desentendidos em pretensões localistas, falavam pelas províncias, inadvertidos da solidariedade ao ideal comum de uma pátria única. Feijó reconhecia que os deputados brasileiros não representavam um país: "Não somos deputados do Brasil de quem em outro tempo fazíamos uma parte imediata, porque cada província se governa hoje independente". Foram os acontecimentos, desencadeados em torno de d. Pedro, as instruções de José Bonifácio à bancada paulista, a agitação concretizada no *Fico* que suscitaram, nos deputados brasileiros ao congresso de Lisboa, uma atitude uniforme, uniforme apesar das discrepâncias individuais. Por sua vez, a ação do príncipe, que repercute em Portugal e acorda os representantes brasileiros do sono unionista, se arma na base de uma aliança geográfica, concertada entre o Rio de Janeiro (a corte e o interior fluminense), São Paulo e Minas Gerais. As juntas provinciais e as câmaras municipais são o fundamento dos interesses congregados, sob a presidência de d. Pedro, num pacto monarquista. Essa informal confederação, sustentada pela hegemonia das províncias do Sul, apoiou o príncipe na Guerra da Independência, cuja vitória atrelou ao trono a faixa que se estende da Bahia a Belém do Pará. D. Pedro, durante o seu reinado de nove anos, cuida de soldar as províncias mal congregadas, dissolvendo-lhes a autonomia na imantação monárquica, unitária e centralizadora. A política dura enquanto dura a popularidade do imperador, ferida, de baixo para cima, de pressões localistas, liberais na índole e no pensamento.

O 7 de abril revela o malogro da centralização, restaurada com os destroços dos moldes avis-bragantinos. O vácuo do trono, debilmente representado pelo herdeiro menino, ainda mais expande as forças localistas, soltas no espaço e legitimadas pelo Código de Processo Penal e pelo Ato Adicional. Os "moderados" preocupam-se, ao instituir a descentralização, em assegurar a ordem pública e a segurança do Estado. Não podiam fugir, entretanto, às inspirações de suas bases. Criam, fiéis às origens, a regência trina permanente (17 de junho de 1831 a 12 de outubro de 1835), esquema geográfico: Bráulio Muniz (1796-1835) representando o Norte, e Costa Carvalho (1796-1860), o futuro marquês de Monte Alegre, em nome, apesar de nascido na Bahia, do Sul. A regência una coube ao Sul, na pessoa de Feijó (12 de outubro de 1835 a 18 de setembro de 1837), hostilizado pela facção "holandesa", com base no Norte, assentada na candidatura de Holanda Cavalcanti, corrente afinal vencedora, em 1837, com a renúncia do padre paulista e a assunção de Araújo Lima (1793-1870), regente de 18 de setembro de 1837 até a Maioridade, 22 de julho de 1840. O futuro marquês de Olinda, fraco de recursos regionais próprios para um governo pessoal, consagra o sistema parlamentar.

A política geográfica da Regência, esboçada mas frustrada nos primeiros passos da nacionalidade, prematuro ensaio republicano, não logrou assentar um arremedo da *política dos governadores*, esquema que daria estabilidade, por trinta anos, ao sistema de 1889, pobres as províncias de riqueza e de interesses particularistas, convergentes o comércio e o crédito, a despeito da estrutura agrária quase autárquica, para o centro. O furacão que se abate sobre o país, dentro da tempestade regencial, não significa, como nos tempos coloniais, a centrífuga autonomia das províncias. A obra centralizadora, posta em prática pela Independência, aglutinada em séculos de unidade monárquica, não sofre desafio nos seus fundamentos. As províncias não querem a separação, a autonomia, a desintegração, ao modelo da América espanhola. Elas, ao contrário, reclamam maior parte e melhor quinhão na partilha do poder, significando as veleidades de independência apenas provisório expediente de luta. A Regência, na impossibilidade de criar um núcleo hegemônico de províncias, não consegue sustentar o esquema descentralizador de seus primeiros passos, passos logo entorpecidos pelo regresso, saudoso da estrutura avis-bragantina, colorida pelo sistema parlamentar, numa concessão ao liberalismo, freado, podado e castrado pelo Poder Moderador. O provincialismo, nos moldes consagrados pelo Ato Adicional, afasta das decisões o centro e os municípios. As províncias jugulam as câmaras municipais e amesquinham as atribuições do presidente, criatura do centro, preso às leis editadas pela assembleia, que lhes prescreve o modo, as condições e forma das nomeações. Os prefeitos e subprefeitos, criados inicialmente em São Paulo (lei de 11 de abril de 1835) e depois infiltrados no Nordeste, se superpõem ao tosco colegiado das Ordenações, mantido na lei de 1828. A lei os incumbe "de exercer as posturas municipais, de nomear os fiscais, agentes a eles subordinados, e de propor às câmaras as medidas necessárias a bem do município. E essa mesma lei, cumpre notá-lo, sentiu necessidade de reunir nas mãos dos prefeitos atribuições policiais, inclusive a de prender os delinquentes".¹ Diante do quadro de dispersão e autonomismo, dois abismos rondam, à direita e à esquerda, a própria integridade do Império, incapaz o núcleo central de articular um grupo hegemônico de províncias. O Poder Executivo, desarmado de Exército e de Marinha, mal servido pela guarda cívica, localista esta na sua organização, viu-se diante de dois fogos, com os quais transigiu, à espera da hora de destruí-los. Nas províncias, as influências territoriais, famílias e coligações de fazendeiros, expressam sua vontade por meio de caudilhos, senhores das assembleias e dos municípios. Nas cidades, no Rio e na capital das províncias, os "exaltados" comandam as ruas e os motins, poeira suspensa de camadas mal acomodadas à ordem imperial. Senhores de pasquins incendiários, ébrios com o vinho fora de safra da Revolução Francesa, entregam-se a todos os sonhos utópicos, em antagonismo ao sistema social, desafiando os donos da riqueza. As praças e as esquinas geram desordeiros e anarquistas, sonhadores do nivelamento, em perigosa comunhão com os soldados. "Esses arruaceiros com ou sem farda provinham da parte da população ainda socialmente indefinida, sem posição estável — egressos da escravidão, gente desocupada dos centros urbanos ou dos clãs rurais, indivíduos destituídos de formação militar e ainda mais de educação cívica."² O utopismo anárquico-jacobino, fantasiado de símbolos, entre eles o chapéu de palha em 1831, iria renascer muitas vezes, para o esmagamento do dia seguinte às revoltas.

A construção da autoridade, dilacerada nas províncias e abatida na lama das ruas urbanas, coube ao Partido Moderado. No primeiro lance, ele assegurou a intangibilidade do princípio monárquico, num caminho que poderia levar, se trilhado, ao renovamento do Império, modernizadas as bases tradicionais. Não foi esse o rumo seguido, confiado o leme ao padre Diogo Feijó, ministro da Justiça em 1831-2 e regente em 1835-7. Agente de "uma regência sem força e [de] um ministério cheio de responsabilidade e sem meios de cumprir os deveres que lhe foram impostos",³ volta-se contra os "exaltados", "o clube dos assassinos e anarquistas",⁴ ao tempo que condescende com as medidas descentralizadoras. Será o primeiro estadista a refletir o interior brasileiro, descendente bastardo de uma família de proprietários territoriais, "homem da roça e do mato", como se qualificaria, caboclo nos sentimentos, precursor do estilo de Floriano Peixoto. Desdenha a aristocracia, teme os restauradores ("caramurus"), grupo este influente "por suas riquezas, condecorações, e antigas influências",⁵ levanta seus companheiros da fraqueza, reanima o Partido Moderado, "poderoso por seu número, porque conta com a nação, cujos votos e opiniões representa; pela santidade da causa que defende, que é a propriedade nacional, e ainda mesmo por seus princípios, porque detesta excessos".⁶ O seu partido sofre do mal irremediável da indecisão:

> Semelhante aos médicos de medicina expectante, este partido não obra, pisa sempre o mesmo terreno; teme de todas as medidas; ele não enxerga em tudo quanto se lhe propõe

senão fraqueza, ou energia em excesso; sempre esperando, sempre irresoluto, contenta-se no momento da crise com um ato de meia medida, que só se encaminha a acobertar o mal, e deixá-lo criar profundas raízes.[7]

O Norte parece definido: combate à anarquia dos exaltados e à restauração, sem sacrifício da liberdade, intangido o princípio da propriedade. Longe dele, ainda, a obediência à Câmara dos Deputados, ao governo das maiorias,

> absurdo e subversivo de toda a ordem no Brasil, além de inconstitucional. [...] tal princípio tende a republicanizar o Brasil. O nosso governo é monárquico, isto é, governo de um só, embora modificado. O nosso governo é o da lei. A Assembleia, o Governo e o Poder Judiciário todos têm atribuições marcadas na Constituição. Não confundamos os poderes do Estado.[8]

O padre, antes de entrar no castelo, fecha todas as portas à aristocracia, ao governo parlamentar, ao favor das ruas, ao domínio às províncias. Afasta-se da riqueza comercial, aliada aos restauradores, e da arrogância proprietária, que vê na fazenda, ao estilo do velho engenho, um senhorio. Qual a base que lhe resta, para levantar a autoridade, que deveria encher o vazio do Poder Executivo? O sacerdote, dentro da férrea energia, na fria obstinação da autoridade, cultiva o seu delírio, ao esboçar o poder político sem corresponder às forças econômica e socialmente dominantes. A rebeldia dos fatos, a indocilidade das condições materiais, o desmentido da realidade não o assustam. A nação não seria a nação dos empregos, nem a do comércio, nem a dos traficantes de escravos, nem a dos fazendeiros. O país das camadas médias — agricultores sem fumaças de senhores, comerciantes sem a manipulação do governo, empregados públicos capazes, indústria nativa —, esse quadro, vagamente norte-americano e falsamente brasileiro, receberia a graça de um governo forte, enérgico, imparcial e respeitador das liberdades. A pena de Evaristo da Veiga, sustentáculo e fiel colaborador de Feijó, dirá, singelamente, como se pinta o paraíso possível:

> Um governo cujo chefe seja hereditário, para impor silêncio às ambições mais formidáveis, cujos súditos não estejam divididos em castas inimigas e com interesses diversos; uma monarquia representativa, fundada sobre as bases da indústria, da economia e da vontade nacional, pareceu-nos problema fácil de resolver-se no Brasil, e o sistema político que a nossa Constituição criara. Neste intuito, nós tratamos de dar honra às profissões úteis que o desdém de uma fidalguia improvisada feria de plebeísmo; elevamos a seus próprios olhos a indústria, a agricultura, e o comércio, fazendo notar que não só os funcionários do governo são merecedores de consideração, que estes vivem do produto das rendas, dos impostos pagos pelas classes industriais. Esforçamo-nos por combater as

insídias com que se trabalhara por estabelecer no Brasil uma nobreza privilegiada, e por manter um exército colossal, muito superior aos nossos meios e recursos. Ao furor dos empregos públicos que temos como uma chaga aberta no corpo social, opusemos as doutrinas que chamam os cidadãos ao amor do trabalho e das profissões independentes a que os preconceitos vulgares assinavam um grau inferior nas hierarquias. Se um exército numeroso, tal como então se anelava e se pretendia sustentar, atacava a prosperidade do país, as tentativas para plantar aqui a fidalguia europeia não seriam menos funestas, ou fosse que, chegando a favorável êxito, entorpecessem o progresso da indústria e desviassem por uma senda erradia a atividade dos espíritos, ou que, como era mais natural, servissem apenas para excitar odiosa emulação e uma luta que convinha muito poupar ao país. Não é uma monarquia conquistadora, e radiante do esplendor de orgulhosa nobreza, que pode firmar-se no Brasil e fazer a sua felicidade.[9]

Este país, para nascer, deveria esperar um século, ainda sem realização plena: país liberto do estamento, despido do patronato dos empregos, sustentado pela sua indústria, longe do trabalho a mácula de plebeísmo. Outro liberal falaria, também influenciado pela democracia americana, influência que a monarquia poria de quarentena, numa "democracia da classe média, a democracia da gravata lavada" (Teófilo Ottoni — *Circular de 1861*), no cultivo da mesma ilusão de Guizot, que governa a França com suporte na aristocracia, supondo que a classe média estava no poder.

Enquanto Feijó procura revigorar a autoridade, fundando-a na lei e num complexo social inexistente, a nação se consome no duelo gerado pelas suas forças atuantes. Diante do trono vazio, defrontam-se as províncias, com a propriedade territorial lhes ditando a contextura política, sequiosas de comandar o governo-geral, espreitadas por um gigante tolhido, mas ameaçador: o elemento monárquico, agarrado, em parte, ao manto roto de d. Pedro I e às fraldas do imperador menino. No meio, a perspectiva sonhada por Evaristo e perseguida pelo padre ministro e depois regente. O liberalismo sem anarquia e sem o vapor aristocrático desemboca na autoridade teórica, sustentada na energia, às vezes violenta, outras vezes felina, de Feijó. Paradoxalmente, apesar do respeito à legalidade, a Regência exibe sua face autoritária, caprichosa e arbitrária. Em dissonância com o país, o peso do domínio carrega-se de arbitrariedade — arbitrariedade social e não jurídica —, com o caráter de poder inoportuno, alheio aos anseios e à direção dos comandados. Esse governo sem conteúdo social, incapaz de aliviar os males, incomoda a todos, aos "exaltados", aos restauradores e aos próprios "moderados", já advertidos de que o equilíbrio nasceria da maioria parlamentar e do Poder Moderador, na futura síntese do Segundo Reinado. Perdido na sua torre autoritária, o padre Feijó não percebeu a verdadeira índole da inquietação das províncias, identificando-a, num assomo colonial, digno de um vice-rei, à simples anarquia centrífuga e dispersadora. Organiza seu esquema, no tumulto de 1835, numa balança de compensações, ante o inevitável: no caso de separação das províncias do Norte, seguraria as do Sul. O homem de São Paulo prepara a ação com base num raciocínio geográfico, mas, apesar de suas condescendências descentralizadoras, não aceita a redução do poder nacional a um acordo de províncias autônomas. No máximo, idealizada com a autoridade superior aos interesses provinciais, admitiria a hegemonia do Sul, num entendimento secundário de segurança. Dessa forma, o 7 de abril restauraria o plano da chefia do primeiro imperador, sem d. Pedro I, isolado da aristocracia e do aparelhamento burocrático. Em verdade, as revoltas regenciais traduzem o anseio de conquistar maior integração no comando político, com a conquista do poder de decisão, em benefício da economia local. Anote-se, dado fundamental para o desnudamento dos fatos, que o Rio de Janeiro (e o interior fluminense), São Paulo e Minas Gerais — o grupo que deu a base da Independência — não se insurgiram contra o statu quo da minoridade. Essas províncias, com exceção do Rio de Janeiro, gozavam de vantagens políticas superiores ao poder político, numa época em que o segundo, terceiro e quarto lugares na arrecadação cabiam a Bahia, Pernambuco e Maranhão. As revoluções irrompem na linha periférica, associada mas não integrada ao centro: Bahia, Pará, Maranhão, num quadro de inquietações que consome o Norte, o Nordeste e o Rio Grande do Sul. Os "cabanos" (1835), os "balaios" (1838-40), os "sabinos" (1837) e os "farroupilhas" (1835-45) sentem-se roubados na partilha do mando, com o predomínio do sul ou com o afastamento das influências provinciais. Enquanto a Cabanagem se extrema em reivindicações sociais,[10] a Sabinada dirige seus ataques à centralização imperial, até tocar o separatismo provisório,[11] feridos os rio-grandenses-do-sul com as medidas tributárias imperiais que arredavam do mercado interno os produtos do Sul, com vantagem à importação platina.[12] As províncias, desprezadas pela corte, curtindo o exílio dentro do país, e insatisfeitas com a Regência, reagem, não para se separar ou tornar-se independentes — situação reclamada ou imposta como tática de luta sob a promessa de retorno à união, uma vez vencedora a causa —, mas para gozar de maior proteção do centro. Não houve, no conflito, como supôs o padre Feijó e imaginou Euclides da Cunha,[13] a luta do centro contra as províncias em busca de separação ou o dissídio entre o litoral civilizado e o sertão bárbaro, falsamente identificado o balaio com o cangaceiro. Essa imagem, possível no período colonial, seria obsoleta no século XIX, já definitivamente esboçada a unidade nacional, certas as províncias de que só poderiam viver, prosperar e engrandecer-se dentro do indissolúvel aglomerado nacional.

A obstinada, enérgica e arbitrária conduta de Feijó, ajudada pelas armas, não conseguiu pacificar a nação e consagrar a autoridade no respeito público. A autoridade não se imporia com a mão de ferro, nem com o esmagamento das províncias. Um campo de aglutinação, cultivado entre o liberalismo e o mando sem contemplações, ensejaria o entendimento e o debate permanente das reivindicações provinciais. O governo, sem ser despótico, não seria fraco. O estuário clama pela rearticulação das peças do sistema político de tutela, tutela e não ditadura, ou a ditadura encoberta e amortecida pela tutela. A Câmara temporária, controlada pelo Senado vitalício, seria o fórum onde as partes em litígio se entenderiam, vigiadas por uma camada social, oriunda da aristocracia improvisada e da burocracia superior. Os estadistas cevados na corte de d. João e de d. Pedro I, escaldados nas assembleias de Lisboa (1821-2) e do Rio de Janeiro (1823), experimentados em dez anos de vida parlamentar, formariam um bloco de comando, capaz de absorver novas contribuições, mas não sem antes domá-las e cunhá-las com o modelo do sistema. Daí emergiria o parlamentarismo, à margem da letra da Carta de 1824, de caráter estamental, de inspiração inglesa, mas isento de virtualidades democráticas. Feijó não seria o homem para presidir essa *entente cordiale*, mas, incapaz de impedi-la, cederia a chefia da Regência (19 de setembro de 1837) a alguém "mais hábil ou mais feliz", merecedor da confiança do Poder Legislativo. A vitória seria de Bernardo de Vasconcellos, com a instauração do projeto político por ele ideado, presidido pela habilidade de Araújo Lima.

A morte de d. Pedro I (24 de setembro de 1834) ajudou a recomposição política, determinando o enrolamento da bandeira restauradora. Os sobreviventes da lealdade monárquica, as figuras principais do 7 de abril, os remanescentes da facção Andradina unem-se para formar o Partido Conservador, que durará até que a República o dissolva. Bernardo de Vasconcellos, acusado de apostasia aos princípios liberais, traidor da causa que inspirou o 7 de abril, dirá, na sua defesa, reconhecendo o malogro da experiência liberal da Regência:

> Fui liberal, então a liberdade era nova no país, estava nas aspirações de todos, mas não nas leis, não nas ideias práticas; o poder era tudo: fui liberal. Hoje, porém, é diverso o aspecto da sociedade: os princípios democráticos tudo ganharam e muito comprometeram; a sociedade, que então corria risco pelo poder, corre agora risco pela desorganização e pela anarquia. Como então quis, quero hoje servi-la, quero salvá-la, e por isso sou regressista. Não sou trânsfuga, não abandono a causa que defendo, no dia de seus perigos, da sua fraqueza; deixo-a no dia em que tão seguro é o seu triunfo que até o excesso a compromete.[14]

Outros parceiros ajudam a consolidar o *regresso*, primeiro núcleo do Partido Conservador, rompidos os vínculos que os uniam a Feijó, sobretudo dois futuros gigantes: Honório Hermeto Carneiro Leão (1801-56), depois marquês de Paraná, e José Joaquim Rodrigues Torres (1802-72), o visconde de Itaboraí, cuja fazenda, em Saquarema, dará o nome ao seu grupo. Homens novos e homens velhos, como José Clemente Pereira, o marquês de Paranaguá (Francisco Vilela Barbosa), este o homem das cortes de Lisboa e da confiança de d. Pedro I, tomam o centro do palco, para a obra de construir o edifício monárquico. Apesar de proclamar Bernardo, para escândalo dos liberais teóricos, que em política não há princípios, o Partido Conservador se mantém coerente ao ideário pré-regencial: centralização, resistência às reformas, restabelecimento do Conselho de Estado, o Poder Moderador sem a responsabilidade dos ministros, e, sobretudo, "o imperador impera, governa e administra".[15] O partido contrário, o Partido Liberal, *luzia* desde 1842, gravita em outro polo, nem sempre coerente no governo, mas fiel aos postulados da soberania popular, da monarquia, senão federativa pelo menos descentralizada, do Senado eletivo e à extinção do Poder Moderador.[16]

A renúncia de Feijó, com a ascensão de Pedro de Araújo Lima, marquês de Olinda, indica o fim do governo liberal moderado, inaugurado em 1831. Outra corrente — o regresso, crisálida do Partido Conservador —, corrente que disputará, com base inicialmente na política do Norte, o poder a Feijó, apropria-se do governo, mediante o controle da Câmara dos Deputados. O "ministério das capacidades" (19 de setembro de 1837 a 16 de abril de 1839) dirá, pela voz de Miguel Calmon du Pin e Almeida (1784-1865), o futuro marquês de Abrantes, que "a administração atual se sujeita a todas as condições do governo representativo; exige, por consequência, o apoio dos representantes da nação; e assim que esse apoio lhe faltar, ela se retirará".[17] O principal mecanismo político do Segundo Reinado, o parlamentarismo, fixa-se, dessa sorte, em 1837, para uma duração de cinquenta anos, em campo neutro das dissensões provinciais, abrandado o absolutismo do chefe do Estado e aberto ao povo, nominalmente, o processo de circulação das vocações políticas. O regime, amplo e flexível, não buscará a força, a energia, a ação de baixo para cima: ele se prende, em círculo, aos elementos autônomos da representação, a qual, pobre de autenticidade, ganha relevo na força que lhe infunde a pequena camada que o imperador preside. O parlamento será o "polichinelo eleitoral dançando segundo a fantasia de ministérios nomeados pelo imperador",[18] reduzido o povo a uma ficção, mínima e sem densidade, que vota em eleições fantasmas. Excluídos os escravos, os analfabetos, os menores de 25 anos, os filhos-famílias, os religiosos, e os indivíduos desprovidos de renda anual de 100$ por bens de raiz, indústria, comércio ou emprego, poucos são os chamados ao voto e poucos os elegíveis. Numa população de 10 milhões de habitantes, em 1872, cálculo otimista avalia entre 300 mil e 400 mil as pessoas aptas aos comícios eleitorais,[19] certo que, em 1886, a eleição para a terceira legislatura da eleição direta acusou a presença de apenas 117671 eleitores numa população próxima aos 14 milhões de habitantes.[20] Somente entre 1% e 3% do povo participa da formação da dita vontade nacional, índice não alterado substancialmente na República, nos seus primeiros quarenta anos.[21] Parlamentarismo sem povo, o inaugurado em 1837, ao influxo dos partidos fundados nas camadas economicamente dominantes, dificilmente discerníveis nos entendimentos e coalizões de cúpula. As organizações partidárias se concentram nos instrumentos de aliciar, manipular e coagir o eleitorado, e não de traduzir-lhes os interesses, os sentimentos e as inquietações. Seu caráter oligárquico, numa oligarquia enriquecida pelo oficialismo — só o controle do poder suscita as maiorias do nada —, leva-as a recear a participação popular, identificada, desde José Bonifácio e Feijó, à anarquia. Anarquia real, na verdade, para os usufrutuários do poder — em lugar de mecanismos de educação, controle e ascensão, mecanismos de substituição da vontade popular.

> Toda nossa política, assim monárquica como republicana, mostrou-se geralmente ou duvidosa da capacidade do povo, ou suspeitosa do caráter de suas manifestações, de tal maneira que, entre nós, o povo foi sempre mais um símbolo constitucional do que fonte de autoridade em cujo contato dirigentes, representantes e líderes partidários fossem retemperar o ânimo e o desejo de servir.
>
> A política brasileira tem a perturbá-la, intimamente, secretamente, desde os dias longínquos da independência, o sentimento de que o povo é uma espécie de vulcão adormecido. Todo perigo está em despertá-lo. Nossa política nunca aprendeu a pensar normalmente no povo, a aceitar a expressão da vontade popular como base da vida representativa.[22]

Os próprios liberais, inconformistas nas suas origens, submergem no jogo institucional, guardando do passado apenas reminiscências vagas, o apagado fermento e a nostalgia difusa, confundidos os velhos ideais com os irresponsáveis ardores da juventude. Antônio Carlos, reincorporado à Câmara em 1838, ministro do império em 24 de julho de 1840, após a Maioridade, transige, ladeia as velhas reivindicações. O poder, se não corrompe, amansa e infunde o esquecimento das loucuras da mocidade. A libré ministerial confunde o ministro com "a criadagem imperial", como, gulosamente ressentido, dirá o Teófilo Ottoni saudoso do 7 de abril.[23] O poder merece todas as homenagens, mesmo a eleição fraudulenta e feroz, a eleição do cacete de 1841, logo anulada.

2 | *As bases econômicas da centralização*

Os primeiros vinte anos do país independente atravessam o penoso drama de muitas perplexidades: dificuldades financeiras e a lenta mudança do panorama da economia, em meio ao reajustamento do quadro político. A nau ameaça adernar, atingida pelas avarias das vagas convulsas e indefinidas. No horizonte, uma esperança se aproxima, capaz de serenar os ventos — o café —, reanimando a fazenda em declínio e infundindo novas energias à estagnação. Em 1822, a circulação monetária, calcada, na transmigração de 1808, em dois terços de ouro e um de prata, reduz-se às notas do Banco do Brasil e ao cobre. Para o sistema financeiro da época, isso significa uma imensa dívida, que se agravaria, esgotada a base de metal nobre que a garantiria: dívida externa, em 1827 constituída do empréstimo de 1824 e da indenização paga pela independência; dívida interna, formada de apólices e de compromissos com o único estabelecimento de crédito. O déficit orçamentário, ano a ano, corroía a ordem financeira, projetando maiores empréstimos e elevando os encargos. O papel do Banco do Brasil será o expediente único para enfrentar a crise.

> A extraordinária emissão de notas do Banco [advertia uma comissão da Câmara dos Deputados, em 1828] que nem está em harmonia com os princípios da ciência, nem em proporção com as urgências do comércio, prende nas reconhecidas necessidades do Tesouro.
>
> O Banco, ou podendo, ou não julgando poder resistir às ordens do Governo, que tinha de sustentar com escassos recursos as despesas a que o obrigava a regeneração e independência nacional, e as de uma guerra em que ele se comprometera e de que era preciso sair com honra, forneceu-lhe, pouco cuidadoso das consequências, as quantias que lhe foram pedidas, e que hoje montam acrescidas de 19000:000$, espalhados na circulação dessa província ou antes desta cidade.
>
> Não é para admirar que uma acumulação de papel resultasse, como resultou, no desaparecimento total dos metais preciosos, a elevação extraordinária do câmbio, o espantoso encarecimento de todos os gêneros.[24]

Para combater o mal, agravada a insolvência do instituto de crédito (insolvência definida na incapacidade de trocar o papel por ouro) com as maquinações fraudulentas dos diretores, foi extinto e liquidado o Banco do Brasil (1829-31). A primeira crise inflacionária do país seria atribuída ao papel e não às emissões imoderadas de papel, numa doutrina durante cem anos cultivada e obedecida. Ela deixou, na sua esteira, um resíduo não ortodoxo — o papel inconvertível —, instrumento que, liberto do custo do ouro, seria utilizado nas orgias financeiras do Império e da República.[25] Insuficientes os tributos, difícil o crédito, o apelo a esse instrumento seria o "único motor das transações monetárias",[26] no constante desmentido da prática ao dogma.

As emissões de papel-moeda, descarregadas sobre a moeda falsa de cobre (30% da massa circulante), elevam-se de 9171 contos de réis, em 1822 (índice 100), para 13391 em 1826 (nível 146) e 20350 em 1830-1 (nível 221), sem que, daí por diante, logrem paradeiro, com o nível 431 em 1840.[27] Simultaneamente, a taxa de câmbio parte de Cr$ 4,90, em 1822, para Cr$ 9,60 em 1831, decrescendo, em 1841, a Cr$ 7,92. O comércio exterior, profundamente deprimido nos quinze anos anteriores à Independência, em 1822 supera os níveis de 1807, numa estagnação de dez anos. Daí por diante, há um declínio vertical, com o preço da tonelada de açúcar descendo de 24 libras, no período 1821-30, para 16,8 no decênio 1831-40. O algodão, que valia 66,3 libras a tonelada, no período 1821-30, retrai-se no decênio seguinte para 47,6.[28] O açúcar de beterraba, introduzido no mercado mundial durante as guerras napoleônicas, precipita o Nordeste na crise da qual não mais sairia, senão para transitórias melhorias. A produção algodoeira norte-americana, de outro lado, conquista os mercados, antes sob o controle do Brasil. Para maior desalento, duas crises econômicas, de âmbito mundial, em 1825 e no período 1836-7, provocam a baixa de preços dos produtos de exportação. Excluído o café, o país exporta, em 1850, menos do que em 1800.[29] Depois de uma euforia transitória, os setores tradicionais da agricultura retornam à cultura de subsistência, num processo periódico do fechamento da Fazenda, período que coincide, significativamente, com o localismo liberal de 1831-37. Dentro do mesmo complexo político-econômico, atua a desordem financeira, com o descrédito do poder central, desarmado da caixa mágica de lançar notas. A província ganha expressão, em réplica à corte, pobre e desmoralizada.

À maré baixa se opõe, entretanto, uma força inversa, responsável, em meados do século, pela reconstituição da face do Império. Enquanto os produtos tradicionais — açúcar, algodão, couros e peles —, 74,3% das exportações na década 1821-30, sofrem um declínio de 30% nos próximos dez anos, o café ganha relevo progressivo. As "hortas", os "pomares" do início do século serão, em poucos anos, os cafezais que, dos arredores do Rio de Janeiro, tomam o rumo do interior, entre Minas Gerais e a capital e, pouco depois, conquistam o Vale do Paraíba.[30] Uma produção de 487594 sacas (de cinco arrobas), em 1821-25, alcança, no período 1836-40, o número de 4623345, dez vezes mais do que o volume do início da arrancada. A participação do café no comércio exportador projetou-se de 18,3% no período 1821-30 para 43,8% no decênio seguinte, apesar da baixa do produto em libras. Em vinte anos, a receita cambial subiu de 7189000 para 21329000 libras. A catástrofe, que pairava sobre a nação recém-emancipada, não apenas se esvazia, senão que se converte em euforia, em esperança de dias prósperos, cessada a borrasca das rebeliões regenciais. A nova cultura tem efeitos de longo alcance em toda a estrutura política, social e econômica. Ela não se equipara a um produto a mais no contexto exportador, senão que viria dar cunho singular ao quadro, deslocando, desde logo, o eixo econômico do Império do Norte para o Sul, em mudança que iria legitimar a supremacia política na supremacia econômica. A corte, de ponto de referência de interesses conjugados, seria o centro da produção econômica, com a prosperidade da sua área geográfica contígua. Há uma teia de situações convergentes que conspiram para a reorganização: a fazenda se abre no rumo exportador, com o traço monocultor em ascendência, e com os vínculos comerciais adensando-se na sua intensidade. Desde logo o fato fundamental: o plantio, só retribuível depois de quatro anos, exigia capital para constituir o estabelecimento agrário. O investimento se compunha, basicamente, de escravos e terras, além da pequena parcela consagrada às construções e maquinaria. A terra pouco valia, disponível, nos primeiros quarenta anos do século XIX, pelas doações e pelas posses, legitimadas estas em 1850. A súbita ocupação das terras devolutas, à margem da estrada para Minas Gerais e no interior da província fluminense, assegurou a base física do plantio, com um dispêndio mínimo, não excedente de 30% em 1850 e inferior a 20% daí para o futuro, reservada para o escravo uma parcela de até 73% do valor das fazendas, valor oscilante quando a mão de obra servil se valorizar subitamente a partir de 1850, com a extinção do tráfico.[31] Desde logo, uma diferença fundamental com o engenho de açúcar do período colonial, no qual a mão de obra escrava estaria em torno de 20% do estabelecimento, reservada a maior parcela ao equipamento, com encargos de vulto aos salários dos auxiliares livres.[32] Maior haveria de ser, portanto, a dependência do senhor de engenho ao crédito do que a do fazendeiro do café, considerado o fato de que este possuía, no início de sua empresa, escravos próprios e de que a cultura, no período pioneiro, emerge de uma realidade policultora, que se retrai à medida que o produto se torna mais compensador no mercado. De outro lado, a decadência da lavra do ouro deixara grandes reservas de mão de obra ociosa, fator que experimenta também a cana em crise, impelindo as duas circunstâncias o senhor de escravos a aproveitá-los no plantio do café. Essa inicial autonomia do cafeicultor — com terras próprias e escravos de sua propriedade — permitiu-lhe viver sem as incertezas do vínculo ao crédito do senhor de engenho. A prosperidade, entretanto, alterou as bases da economia do fazendeiro, que se voltou ao crédito para a compra de mais escravos e para a compra de gêneros alimentícios, outrora cultivados no interior do latifúndio. Essa direção determinou o encadeamento do produtor ao comércio urbano, ao tempo que acelerou a importação de escravos.

O fator mais importante da fazenda, o escravo, está em constante alta, precipitada pela procura e pela extinção do tráfico. Em 1821, um negro custava entre 250 e 440 mil-réis, em 1843 alcança setecentos mil-réis, para atingir, em 1855, o valor de quinhentos mil-réis a um conto de réis, preferida pelos compradores a peça entre dezessete e trinta anos.[33] Valores, na verdade, superiores à alta geral dos preços e ao ritmo do preço do café: de 1835 a 1875, o preço médio do escravo subiu 221,8%, enquanto o custo de vida cresceu, no período, 70,2%.[34] Muitas vicissitudes influem no preço do escravo e no volume importado. Um tratado com a Grã-Bretanha, assinado por d. Pedro em 1826, prometia a extinção do tráfico em 1830, mas, diante da inanidade da medida, uma lei de novembro de 1831 declara que seriam livres, daí por diante, os escravos entrados no país. Providências, na verdade, ditadas pela Inglaterra e fatalisticamente aceitas pelos brasileiros, tornam-se "leis para inglês ver".[35] Nunca se importaram tantos escravos como depois do tratado de 1826: a superabundância provocou a queda do preço, de setenta libras em 1830 para 35 em julho de 1831, saciedade do mercado que tornou possível a aceitação da lei de novembro de 1831. A espetacular ascensão do café, com a transitória revivescência do açúcar, novamente reanimou o comércio ilícito, mal reprimido agora com a dispersão da autoridade nas províncias, desde o Ato Adicional de 1834. A opinião antitráfico funda-se, desde José Bonifácio, no temor da africanização do Brasil, da sua barbarização, com alguma ponta do preconceito da branquidade.[36] Além disso, volvido o período pioneiro do agricultor de café, que se provia localmente de crédito ou o dispensava pelos recursos próprios, sente o fazendeiro a diferença de interesses entre o produtor e o mercador de escravos.

> A princípio [dizia Eusébio de Queirós (1812-68)] acreditando [os lavradores] que na compra do maior número de escravos consistia o aumento de seus lucros, os nossos agricultores, sem advertirem no gravíssimo perigo que ameaçava o país, só tratavam da aquisição de novos braços, comprando-os a crédito, a pagamentos de três a quatro anos, vencendo no intervalo juros mordentes. Ora, é sabido que a maior parte desses infelizes são ceifados logo nos primeiros anos pelo estado desgraçado a que os reduzem os maus-tratos da viagem, pela mudança de clima, de alimentos e de todos os hábitos que constituem a vida. Assim, os escravos morriam, mas as dívidas ficavam, e com elas os terrenos hipotecados aos especuladores, que compravam os traficantes para os revender aos lavradores. Assim, a nossa propriedade territorial ia passando das mãos dos agricultores para os especuladores e traficantes. Esta experiência despertou os nossos lavradores, e fez-lhes conhecer que achavam sua ruína, onde procuravam a riqueza, e ficou o tráfico desde esse momento completamente condenado.[37]

Malgrado a fuga, na explicação do ministro da Justiça de 1850, ao reconhecimento da presença inglesa no problema do tráfico, uma nota está bem clara: a separação, no negócio cafeeiro, do produtor e agricultor do traficante e especulador. Velha situação de muitos séculos, obscurecida no início do século XIX pelo predomínio que denuncia uma crise, e não a prosperidade. A ascensão cafeeira, no primeiro decênio (1821-30), não encontra na cidade créditos fáceis, provocando a ebulição inflacionária, insuficiente para financiar as novas lavouras. Logo a seguir, com as exportações, canalizadas quase integralmente pelo porto do Rio de Janeiro, entram em cena, com papel cada vez mais saliente, os comissários ou correspondentes, agora financiadores de mais escravos, de mais mantimentos e — à medida que o café se valoriza e toma as lavouras de subsistência — de artigos de luxo. O café não pertence mais, daí por diante, ao fazendeiro — senão nominalmente: o comissário adianta recursos por conta da safra, vendendo-a aos preços correntes e aceitando os saques do produtor, num ajuste de confiança, e não de papel. Representa o fazendeiro junto ao exportador, salda as hipotecas lavradas com terceiros e paga as despesas do próprio transporte. Pode-se supor que de dois terços a quatro quintos de uma saca de café fica nas mãos do comissário, que transfere os valores a outros fornecedores e credores. O escravo africano, mais tarde o escravo do Nordeste, a mula e o charque do Rio Grande, o feijão e o arroz de São Paulo, o bacalhau de Portugal — tudo passa das mãos do comissário para o fazendeiro, com os juros de 12% ao ano onerando todas as operações. A fazenda engole as terras e elimina os pequenos proprietários, dependentes dos fazendeiros merecedores de créditos amplos na capital. O mundo pré-bancário, travado de relações pessoais e de confiança mútua, projeta o mercador urbano, ele o dono sem risco das safras. O agricultor, na ânsia expansionista, mal percebe os pés de barro de sua atividade, ferida em valores de produção sempre crescentes. A cessação do tráfico, ao provocar a duplicação do preço do escravo, aumenta a garantia do devedor, mas, a prazo médio, exige maiores créditos, que a cidade, liberta da imobilização do comércio ilícito, fornecerá com abundância, agora já sob o patrocínio bancário.

O sistema — expresso na corrente que vai da fazenda à cidade — provoca o deslocamento do eixo econômico para a corte. Os interesses de maior vulto se concentram no Rio de Janeiro, onde se aglutinam e se irradiam os elementos geradores de riqueza. A economia gira mais em torno do escravo e da exportação do que da fazenda, dispersa e abandonada a núcleos não associados. Comércio e quadro político-administrativo se reencontram, depois de um período de alheamento, mutuamente se escorando. O Estado volta às suas origens e a seus fundamentos patrimonialistas, alimentado pelo comércio, colhendo, na longa caminhada, cores renovadoras, sem enfraquecer a sua linha central, que a especulação vela e conduz, ao estilo do mercantilismo. Ele se reequipa para as funções de condutor da economia, com o quadro de atribuições concentradas no estamento burocrático, armado em torno do Senado, dos partidos, do Conselho de Estado e da política centralizadora. Dinheiro e política voltam a se dar as mãos, subjugando a classe proprietária, que, para defender sua produção, há de apelar para os intermediários urbanos, emaranhados no ninho governamental. Os talentos, cobiçosos do mando, se engastam na máquina política, trocando a agricultura e o comércio, a aventura industrial, pelo emprego público, que dá a glória e o poder. Entre a sociedade do Primeiro Reinado e as vésperas da Maioridade medeia um largo tempo de transformações. Os novos políticos, saídos do 7 de abril, encasacados na prosápia partidária, estão ao lado dos comerciantes enriquecidos, não mais os bisonhos imigrantes portugueses.

> Tudo mais [lamenta Joaquim Nabuco] recuava para o segundo plano: a política e o dinheiro eram as duas nobrezas reconhecidas, as duas rodas do carro social. Quando a primeira se desconcertava, vinham as revoluções, no fundo tão oficiais como o próprio governo, simples fenômeno, como ele, da empregomania que se ia generalizando; quando era a segunda, vinham as crises comerciais, que se resolviam pela intervenção constante do tesouro.[38]

Não que as posições de governo ou os empregos estivessem à venda, numa sociedade ainda não devorada pelo luxo. Governar, dada a estrutura que os interesses articularam, consistia em proteger, guiar, orientar a camada que detinha o poder econômico. Para que a combinação funcione será necessária a concentração do governo, o entendimento com os especuladores, o alargamento da camada dirigente, com muitos funcionários às ordens de um estado-maior.

3 | *Os fundamentos legais da centralização monárquica*

O RETORNO À CENTRALIZAÇÃO, o anulamento do *self-government* será a obra do tempo, conduzida por um partido, o Partido Conservador saído das entranhas de Bernardo Pereira de Vasconcellos, Rodrigues Torres, Paraná e Paulino (o futuro visconde do Uruguai). O desaparecimento de d. Pedro, em 1834, remove o obstáculo político ao retorno monárquico, à reação dinástica. A renúncia de Feijó à regência (19 de setembro de 1837) e a subida de Araújo Lima, o futuro marquês de Olinda, marcam o momento da corrida para o trono e da debandada aos ideais do 7 de abril. Araújo Lima seria, na palavra do renunciante, o cidadão "mais hábil ou mais feliz", merecedor das "simpatias dos outros poderes políticos", o "rei constitucional" que modelaria a futura monarquia. A conspiração da Maioridade marcará a disputa pelo poder, entre liberais e conservadores, com o primeiro golpe em favor dos primeiros, mas com a decisiva vitória dos últimos, que preparam o leito onde d. Pedro II, durante cinquenta anos, amolecerá as vontades e as ambições e gozará da *pax* bragantina. O primeiro passo deveria conter, castrar, podar o provincialismo, inscrito até o excesso no Ato Adicional. Esta a reforma que precede a Maioridade — reforma que lança o estadista Paulino José Soares de Sousa (1807-66), o futuro visconde do Uruguai, a quem caberá, no futuro, explicar e defender os rumos conservadores da política. A Lei de Interpretação (12 de maio de 1840), elaborada na esteira da apostasia regressista e conservadora de Bernardo Pereira de Vasconcellos, sob o inocente pretexto de elucidar o Ato Adicional, infunde ao estatuto de 1834 alma oposta ao seu contexto. As assembleias provinciais, centro do poder local, cedem, em favor do Poder Legislativo geral. A polícia e os empregos voltam à corte, duas molas que, desarticuladas do provincialismo, levarão, mais tarde, a Justiça e a Guarda Nacional aos pés do ministro da Justiça. A liberdade vigiada, a descentralização consentida, a tutela do alto e de cima ensaiam as primeiras estocadas, prenunciando o quadro fechado da organização política. A interpretação de 12 de maio de 1840 — cujo estudo inicial leva a assinatura de três ases do conservadorismo, o citado Paulino, Honório Hermeto, o futuro Paraná, e Miguel Calmon, depois marquês de Abrantes — separa o poder geral do poder provincial, armando o primeiro, a exemplo do fortalecimento norte-americano da União contra os estados, dos insondáveis *poderes implícitos*, que o *chief-justice* Marshall arrebatara às unidades federativas.[39] Um liberal reconhecerá, mais tarde, que o princípio monárquico, com o "aplauso quase universal", tudo avassalou, ao evocar, no *surge et impera*, os demônios da tradição. Mas, inconformado, dirá: "A lei chamada da interpretação foi, todos o sabem, o ato mais enérgico da reação conservadora: limitando a autoridade das assembleias provinciais, permitiu a criação da polícia uniforme em todo o império e a militarização da guarda nacional".[40] Sobre essa pedra, Vasconcellos, Paulino, Honório Hermeto fundarão o Império centralizador, reduzindo a poeira as conquistas do 7 de abril e anatematizando-as com a pecha de anárquicas. O exemplo norte-americano serviu para muitos enganos: em lugar da Suprema Corte, árbitro dos poderes, o Poder Moderador, armado com o Conselho de Estado, aniquila todos os dissídios e todas as veleidades liberais.

Duas colunas hão de emergir do aviltamento provincial, para sustentar o edifício imperial: o Conselho de Estado, renascido com a lei de 23 de novembro de 1841, e a reforma do Código do Processo, consagrada na lei de 3 de dezembro do mesmo ano. Todas as outras medidas de segurança do trono serão meros apêndices da armadura que a situação conservadora de 23 de março (2º gabinete da Maioridade) forjará sobre os destroços do liberalismo expulso do poder, depois de oito meses de indecisões e da violenta eleição extorquida *a cacete*. A onda infunde o respeito à ordem, e o velho Antônio Carlos, espectro da jornada das cortes de Lisboa e da Constituinte, sucumbe ao "princípio dissolvente", o aulicismo nascente, integrado no seu gabinete por Aureliano Coutinho, no início de seu reinado nos bastidores. Reconhece o Andrada, sempre cáustico, "que quem se mete com crianças, amanhece molhado",[41] no primeiro protesto contra a hegemonia do imperador. O Conselho de Estado, na forma da Constituição de 1824, abrandava a irresponsabilidade do imperador. O exercício do Poder Moderador estava sujeito, exceto na nomeação e demissão dos ministros, à audiência daquele órgão. Não podia o chefe do Estado declarar a guerra, ajustar a paz, negociar com nações estrangeiras, nomear senadores, convocar extraordinariamente a assembleia, sancionar as leis, aprovar ou suspender as resoluções dos conselhos provinciais, dissolver a Câmara dos Deputados, suspender os magistrados e exercer o direito de graça sem que os conselheiros, responsáveis pelas opiniões emitidas, consagrassem as medidas com seu aval. A velha dinastia de Avis e a nova Casa de Bragança sofriam, por esse meio, a quebra do despotismo dos reis, com o mecanismo de frear a monocracia, atuante por meio do rei e dos ministros, seus auxiliares. O poder monárquico perdia a aspereza soberana, controlado pela aristocracia burocrática, num sistema em que não se admitiam as manifestações populares. O Conselho, variável na sua densidade de acordo com o vigor da autoridade régia, amortecia o ímpeto arbitrário, sem impedir o poder absoluto. O rei se tornaria, se forte o Conselho, em parceiro graduado dos nobres, obrigado a prestar conta de seus atos. Não raro servia para justificar a autoridade do soberano, comprometendo os poderosos nas suas decisões, limitadas à esfera consultiva. Este seria o sentido do Conselho dos Procuradores, convocado antes da Independência, órgão que consolidaria as atividades do príncipe com o apoio das províncias. A instituição não tinha conteúdo democrático — bem o perceberam os liberais da Regência, ao aboli-lo em 1834. A supressão descobria o Poder Moderador, colocando os ministros diante da nação, sem nenhuma reserva inviolável ao controle do governo.

> Suprimido o Conselho de Estado [via claramente um eminente membro do Partido Conservador], e portanto a sua responsabilidade, destruído ficava o antemural com que a Constituição ampara o Poder Moderador. Descoberta assim completamente a Coroa pelo lado do Conselho de Estado, suprimido, era mais fácil fazê-la procurar abrigo na responsabilidade dos ministros para os atos do Poder Moderador. Porquanto bastaria que os ministros negassem a sua referenda, para que a Coroa não tivesse com que acobertar-se.[42]

Afastado o intermediário incômodo, a Câmara dos Deputados — a nação representada, segundo o dogma liberal — arrastaria os ministros ao debate dos atos por eles referendados, armada sobre eles a responsabilidade criminal ou o voto de desconfiança. Não restaria, dessa sorte, nenhuma parcela de governo escondida e superior à vigilância do povo. As liberdades públicas estariam ao abrigo de todos os atentados, sem a cobertura de um órgão, pela sua vitaliciedade, alheio à inspeção, salvo na hipótese fluida dos pareceres dolosos. A reação conservadora, deflagrada a partir de 1837, na maré vazante regencial, tratou de reconstituir o Conselho de Estado por lei ordinária: havia pressa e faltava a necessária maioria para o retorno às fórmulas constitucionais. Somente uma facção liberal se opôs ao retorno, emboscada na inconstitucionalidade da lei, alerta, entretanto, à certeza de que a oligarquia renasceria do Conselho vitalício, centro da burocracia permanente e limitada aos doze membros ordinários e doze extraordinários. Sabiam os conservadores que a supressão do Conselho de Estado saíra do mesmo plano que pretendia extinguir o Poder Moderador. Frustrado o projeto, o Poder Moderador somente poderia funcionar acolitado pelas sentinelas de papel, que evitassem o confronto direto com a nação. A superioridade da monarquia, a qualidade de árbitro dos partidos e das facções, sua independência do parlamento estavam em causa: para manter o imperador liberto das lutas políticas era necessário guardá-lo com o muro da oligarquia.[43] Os liberais, inconformados com a ampliação dos poderes do imperador, poderes perdidos atrás do biombo do Conselho de Estado, lutarão, um dia com maior veemência, para arrastar ao debate popular todas as atividades da Coroa. Sustentarão — pela palavra de Teófilo Ottoni, Nabuco de Araújo e Zacarias de Góes e Vasconcelos — que o Poder Moderador está sujeito ao controle da nação e que, em consequência, o rei reina mas não governa — só os ministros governam. A Revolução de 1842 deu o primeiro alarma sem fruto, como inócuos seriam os protestos dos próximos cinquenta anos. Junto com o Senado vitalício, o Conselho de Estado comandará, sob a autoridade do imperador, a política e a administração do país. A comunidade política — o estamento — ocupará o palco iluminado, enquanto a plateia, às escuras, assiste ao espetáculo, sem que possa vaiar os atores principais. Um país constitucional e legal, destilando de suas entranhas todas as teias do poder, representará o outro país, o real, disperso, amorfo, manietado. Pelo Conselho de Estado desfilarão todos os grandes do teatro: Bernardo Pereira de Vasconcellos, Araújo Lima (marquês de Olinda), Honório Hermeto Carneiro Leão (marquês de Paraná), Miguel Calmon du Pin e Almeida (marquês de Abrantes), Limpo de Abreu (visconde de Abaeté), José Clemente Pereira, Montezuma, Rodrigues Torres (visconde de Itaboraí), Paulino José Soares de Sousa (visconde do Uruguai), Eusébio de Queirós, Pimenta Bueno (marquês de São Vicente), Bernardo de Souza Franco (visconde de Souza Franco), José Tomás Nabuco de Araújo, Torres Homem (visconde de Inhomerim), o antigo Timandro, o visconde do Rio Branco, o duque de Caxias, Sousa Dantas, Afonso Celso de Assis Figueiredo (visconde de Ouro Preto), Lafayette Rodrigues Pereira, Gaspar da Silveira Martins e outros, entre membros ordinários e extraordinários. O Conselho de Estado, dirá Nabuco, "foi o crisol dos nossos estadistas e a arca das tradições do governo".[44] Dele se irradiará uma das mãos da tutela imposta à nação, ocupada a outra mão a erguer sobre o povo o Senado vitalício, com o curso dos anos transformado no centro de gravidade política. Centro de gravidade — protestará Zacarias de Góes e Vasconcelos (1815-77) — "porque ele se acha mais perto de São Cristóvão do que a Câmara dos Deputados".

O outro esteio da paz imperial virá com a reforma do Código do Processo Criminal — a lei de 3 de dezembro de 1841. A Lei de Interpretação, ao retirar das províncias suas atribuições autonomistas, recebeu o complemento necessário com a legislação do ano seguinte. O poder central atrela as influências locais, armadas com a polícia e a justiça, ao comando de seus agentes. Criou, no município da corte e em cada província, um chefe de polícia, com os delegados e subdelegados a ele subordinados, nomeados pelo imperador e pelos presidentes. O juiz de paz despe-se da majestade rural, jugulado pela autoridade policial, que assume funções policiais e judiciárias. Os juízes municipais e os promotores perdem o vínculo com as câmaras. O júri desce de sua dignidade de justiça popular. O legendário inspetor de quarteirão é entregue ao agente da Coroa, nomeado pelo delegado de polícia. Da reforma não escapa sequer o humilde carcereiro, perdido na insignificância de suas funções. As autoridades locais não desaparecem, senão que se atrelam ao poder central, isto é, ao partido que ocupa o ministério. Os capangas dos senhores territoriais passam a ser capangas do Império, conduzidos pelos presidentes de províncias e seus agentes. Sobre os sertões e os campos desce a espada imperial, estruturada, na cúpula, num mecanismo estável de governo, mecanismo superior às mudanças de gabinete. Toda a autoridade se burocratiza — do inspetor de quarteirão ao ministro —, articulada hierarquicamente de cima para baixo. Os poderes privados, emergentes das fazendas, são eliminados, confundidos com a anarquia. Os liberais convencem-se, com a queda do primeiro gabinete da Maioridade, de que a oligarquia, a velha oligarquia anterior ao 7 de abril, volta ao poder para não mais largar o comando. Estruturado o partido no município e na província, fiéis ao fluxo de baixo para cima do poder, também este fixado numa máquina local, veem tudo ruir com as leis de 1840 e 1841. A liberdade — isto é, a autonomia das influências locais — estava morta. O protesto virá, frustro, pelas armas, precedido da palavra decepcionada: nas medidas centralizadoras reconhecerá a volta da facção absolutista, anterior à Independência e ao 7 de abril. A oligarquia destrói as garantias constitucionais e a liberdade.[45] A paz implantada seria, na voz de um deputado contemporâneo às leis restritivas, a paz dos túmulos.[46] O sistema das Ordenações, adaptado e modernizado, retorna ao primeiro plano, esquecidas as lutas, as reivindicações e os ideais que sopraram, sobre o país, os ventos de 1822. Um dos artífices da lei reformadora, o ministro da Justiça do gabinete de 23 de março de 1841, mostrará à Câmara o real objetivo da medida, fixado na anulação das autoridades locais, filhas da eleição e das câmaras municipais. Que justiça se poderia esperar de tais autoridades? "Que garantias têm elas oferecido? Uma luta continuada, uma série não interrompida de reações, todo o favor, toda a proteção para os que os elegeram, toda a perseguição para os que não quiseram contribuir para a sua eleição."[47] Um pouco de cinismo eleitoral não será despropositado: na verdade, por meio da Lei de Interpretação da Lei de 3 de dezembro, pode ser montado um partido, mas também "pode ser desmontado quando abuse".[48] O instrumento servirá aos dois partidos, se montados no poder, deslocada a luta das localidades para o centro, o que amplia o dissídio, para caracterizá-lo no entrevero dos ditos princípios.

> Se é o governo que o [o partido] monta [prossegue o visconde do Uruguai, com um realismo digno de Maquiavel] terá contra si em todo o império todo o lado contrário. Abrir-se-á então uma luta vasta e larga, porque terá de basear-se em princípios, e não a luta mesquinha, odienta, mas perseguidora e opressiva das localidades. E se a opinião contrária subir ao poder encontrará na legislação meios de governar. Se quando o Partido Liberal dominou o poder no Ministério de 2 de fevereiro de 1844, não tivesse achado a lei de 3 de dezembro de 1841 que combateu na tribuna, na imprensa e com as armas na mão, e na qual não tocou nem para mudar-lhe uma vírgula, se tivesse achado o seu adversário acastelado nos castelos do sistema anterior, ou teria caído logo, ou teria saltado por cima das leis. Cumpre que na organização social haja certas molas flexíveis, para que não quebrem quando aconteça, o que é inevitável, que nelas se carregue um pouco mais.[49]

A subordinação da Guarda Nacional ao ministro da Justiça, dentro de dez anos (19 de setembro de 1850), completará o sistema centralizador. A ditadura, a oligarquia, segundo os termos da palavra incendiária dos liberais, pesam sobre a nação, irremediavelmente. O ministro da Justiça comanda o Império, dirá Tavares Bastos, por meio de "um exército de funcionários hierárquicos, desde o presidente de província até o inspetor de quarteirão".[50] Timandro, antes de vestir a farda ministerial e antes que o título de visconde de Inhomerim lhe doure a rebeldia morta, falará com escândalo da "reforma asiática e monstruosa", por via da qual o novo reinado

> constituía-se solidário e continuador do antigo, riscava de nossa história o grande fato da revolução, que os devia separar e discriminar; inutilizava o tempo, os acontecimentos, o caminho andado: e restaurava o passado, não só com suas deploráveis tradições, e tendências, mas até com seus homens, com seus erros e seus crimes.

D. Pedro II não dispensava sequer "a mobília estragada e carcomida de seu pai", exemplificada em Clemente Pereira, Paranaguá (o Vilela Barbosa das cortes de Lisboa e do Primeiro Reinado) e Calmon.[51] Na verdade, o fumo liberal, tenuemente espalhado sobre o país em vinte anos de decepções, não removeria os fundamentos lançados pelas casas de Avis e Bragança. Todo o poder emana do rei e ao rei volve; a autonomia individual, a incolumidade do proprietário ao comando governamental será unicamente a expressão subversiva da anarquia. A velha armadura política se amolda, sem absorvê-la, à sociedade, que se inquieta, se agita, inconformada, ao abraço sufocante e civilizador da monarquia tradicional. Sobre a sociedade dominada, uma realidade colonizadora, minoritária, conduz o fazendeiro e lhe impede o orgulho caudilhista, domina o político, domesticando-o à ordem oligárquica. O conservador sem cargos faz-se revolucionário; o liberal no poder esquece a pólvora incendiária. Os dois, desprezados, voltam-se para a República, a república de ameaça e não de verdade, como o azedume de Sancho Pança espancado que finge voltar à sua aldeia para sensibilizar o amo. Todos — "à liberdade preferem o quente aprisco onde os reis os põem à ceva".[52] A estrutura colonial, filha da tradição, converte, cunha e disciplina os sertões e o campo, burocratizando o agricultor e o senhor de engenho com o uniforme da guarda nacional, sucessor das ordenanças e milícias, a comenda e o título de barão. Réplica política da dependência do homem da terra ao mercador de escravos, ao fornecedor urbano, ao dispensador do crédito e comprador das safras. O anseio liberal, latente na tensão das camadas superpostas, doura-se de arremedos feudais, de um esquema sonhado de mando com os senhores territoriais donos das urnas e dos capangas. A cor letrada e romântica da doutrina não lhe retira o conteúdo rural, no desejo de um plano político de baixo para cima, não do povo, este excessivamente pobre e desarmado para aspirar ao controle das rédeas do poder. O apelo ao povo será tão falso e demagógico quanto a denúncia da anarquia. A organização política, numa corrente e noutra, nada tem a ver com a maioria: ambas partem, nos seus reclamos, dos degraus intermédios da escada que leva ao governo. A reação centralizadora e monárquica, conservadora e oligárquica, trilhou o caminho da tradição, à sombra de d. João I e de d. João IV: ela forjou um imperador e o imperador a consolidou.

X

O sistema político do Segundo Reinado

1 | *O modelo francês e o inglês > 343*
2 | *O parlamentarismo e o Poder Moderador > 356*
3 | *A representação do povo: as eleições > 366*
4 | *O estamento burocrático > 388*

1 | *O modelo francês e o inglês*

O Segundo Reinado, visto na distância de um século, oferece uma visão harmônica e elegante, enganadoramente monumental no quadro estilizado. A história política se resumiria, a partir de 1836, na luta dos dois grandes partidos, o Liberal e o Conservador, separados e identificáveis por um ideário próprio. A Câmara dos Deputados, que ganhara, na Regência, a dignidade de uma convenção permanente, estaria no centro do quadro, movida pelo sistema parlamentar em busca de plenitude e expressão.[1] Na verdade, antes do ministério de conciliação (1853-7), os partidos têm, embora dificilmente discernível quando governam, uma linha particular, inconfundível. O Partido Liberal, comprometido, no nascedouro, com a ideia da soberania popular — partido mais democrático que liberal —, expurga-se, depois da experiência regencial, de seus ramos republicanos, sem desviar-se das origens. Submerso pela maré monárquica, que vai da reação centralizadora até 1860, ele voltará, ardente e incendiário, para pregar as reformas, quando a queda de Zacarias (1868) lhe roubar o poder. Só ele se medirá com a Coroa, armas na mão, em 1831, em 1842 e 1848. Os conservadores, retemperados com a incorporação dos liberais moderados, limam-se do "corcundismo" — a obediência ao trono por mero respeito à tradição —, para encaminharem a organização da monarquia brasileira, sob a fórmula de que o rei reina, governa e administra, dentro do discreto comando de uma estrutura burocrático-política, assentada na vitaliciedade do Senado e do Conselho de Estado. Provavelmente, o Partido Liberal estará mais próximo da propriedade rural, na medida em que sua pregação federalista, descentralizadora senão federalista, convoca os poderes locais ao comando político. Ele denunciará no domínio conservador um arranjo *oligárquico*, pela palavra de Teófilo Ottoni, Tavares Bastos e Rui Barbosa. A soberania do povo se concentrará na defesa da emancipação do município e da província. Tanto em 1831 quanto em 1868, fiel à monarquia, pregará o sistema federal, com hostilidade ao Poder Moderador e à vitaliciedade do Senado. A amálgama das aspirações federais com o desassossego urbano tornará difícil e incerta a demarcação do núcleo de ideias que lhe orientam a atividade. O Partido Conservador, de outro lado, estará mais próximo do comércio e dos senhores do crédito, comércio e crédito que dominam a fazenda, o engenho, o latifúndio. Teófilo Ottoni, na *Circular de 1860*, acusa a "oligarquia tenebrosa", centro do Partido Conservador, de apoiar-se "no poder e no dinheiro dos traficantes da costa d'África". A linha centralizadora de sua ação política revela esse caráter, certo que o comércio vincula a si a agricultura, pela concentração de recursos e meios econômicos nas cidades. Um exaltado revolucionário da Praia, em 1848, dirá que os capitalistas escravizam a lavoura, convertido o proprietário de terras à situação de dependente.[2] Não obstante, as medidas de extinção do tráfico e as leis abolicionistas saíram todas de gabinetes conservadores. Bem verdade que, atrás do ministério, situa-se um poder mais alto, de onde brotam a inspiração e a energia. Os dois partidos, incertas embora suas raízes econômico-sociais, logram fixar a própria estrutura, senão homogênea, pelo menos unida pelo espírito de solidariedade, capaz de permanecer íntegra nos dias de ostracismo. Formaram um grupo de influências nacionais, facilitadas pela irradiação do centro da atividade partidária, sagrando seus próprios cardeais. Vasconcellos, Olinda, Paraná, Paulino de Sousa, Rodrigues Torres, Eusébio de Queirós serão rendidos por Paranhos (visconde do Rio Branco), Cotegipe, Caxias, João Alfredo, figuras que formam o consistório conservador. Na outra margem, Antônio Carlos, Manuel Alves Branco, Holanda Cavalcanti, Teófilo Ottoni, Zacarias, Nabuco de Araújo, Martinho Campos, Sinimbu, Saraiva, Souza Franco, Silveira Martins, Dantas, Ouro Preto, Rui Barbosa. A atração partidária, inicialmente sobreposta às facções provinciais, dos *lisos* e *cabeludos*, "guabirus" e "praieiros", assimila os grupos regionais, para conferir homogeneidade à política. A estabilidade do comando se irradia de chefes vitalícios, encastelados no Senado e no Conselho de Estado, anulando a antiga supremacia da Câmara temporária. Se nada se parece tanto a um "saquarema" como um "luzia", conforme o repetido refrão do visconde de Albuquerque, a realidade jura pela diferença dos partidos, com estilos e tom de voz próprios. O poder os embaraça e os confunde: o certo seria dizer que, no poder, nada separa um *saquarema* de um *luzia*, mas o poder, na verdade, tem outra estrutura, independente do jogo cênico dos partidos em revezamento no ministério.

Os partidos seriam, em teoria, a opinião pública militante, autenticamente colhida nas eleições, com o povo genuinamente representado. Esta seria a sua nota de legitimidade e, por via deles, da Câmara dos Deputados, em nome da nação, afastariam e indicariam os governos. O governo parlamentar, já estruturado na Regência, se expandiria, sob o reinado de d. Pedro II, durante cinquenta anos de concórdia e paz. Mas a realidade era outra. O sistema se apoiava sobre pés de barro frágil, todos sabiam que as eleições pouco tinham a ver com a vontade do povo. O *tifo eleitoral*, na palavra de um marquês e senador, não passa de uma comédia, onde a opressão das classes miseráveis do interior e a violência das autoridades levam aos pés da Coroa números e nomes, todos tão falsos como o gesto de depor nas urnas cativas o voto escravizado. A verdade eleitoral não sairia da lei como queriam os estadistas: a verdade eleitoral, mesmo depurada com honestidade, traria à tona o próprio país, com o eleitorado obediente ao governo, qualquer que fosse este, uma vez que fosse o poder que nomeia, que possui as armas e o pão.[3] O deputado, dentro desse círculo de ferro, era nada mais que o resultado das combinações de cúpula, tramadas nos salões dos poderosos. O eleitor era como aquele Jararaca, que o candidato Joaquim Nabuco encontrou num casebre do Recife: estava pronto a votar com o postulante, simpatizava com a causa; "mas, votando, era demitido, perdia o pão da família; tinha recebido a chapa de caixão (uma cédula marcada com um segundo nome, que servia de sinal), e se ela não aparecesse na urna, sua sorte estava liquidada no mesmo instante".[4] A atrofia da base infla o outro extremo do sistema: a cabeça se converte numa monstruosa imagem, capaz de petrificar as vontades que a contemplam. Atrás de suas serpentes, lutam os políticos para desvendar a antiga beleza, mitologicamente perdida no modelo vitoriano, então senhor das imaginações. Daí, das eleições inautênticas, dos partidos formados pelos grupos sem raízes populares, estamentalmente autônomos, projeta-se sobre o país a vontade *augusta*, o *imperialismo*, refugiado constitucionalmente no Poder Moderador, tenazmente vivo. D. Pedro II obedecerá, no território informe, ao seu próprio sistema, fiel aos princípios da Carta de 1824.

> O sistema político do Brasil [escreverá] funda-se na opinião nacional, que, muitas vezes, não é manifestada pela opinião que se aprega como pública. Cumpre ao imperador estudar constantemente aquela para obedecer-lhe. Dificílimo estudo, com efeito, por causa do modo por que se fazem as eleições.[5]

Ao imperador, diante da realidade, ainda menino, estão abertos dois rumos possíveis. Governaria com plenitude, dentro das prerrogativas da corte, admitindo o regime parlamentar nos seus pontos acessórios, tal como seu pai, ou, conformado com o quadro construído antes de sua investidura, poderia aceitar o artificialismo do sistema. Alheado da pesquisa — acoimada de insolente — do país, o país próprio e independente das eleições, aceitaria o partido majoritário, nomeando seus chefes para o governo, até que a Câmara, dividida ou descontente, o alijasse pelo voto de desconfiança. O Poder Moderador, por sua vez, não se apresentaria diante dos órgãos constitucionais senão coberto com a referenda ministerial, referenda responsável e não simplesmente autenticatória. A nação ficaria, dessa sorte, entregue a si mesma, sem que a turbasse o exercício das atribuições constitucionais, entregues ao imperador, de nomear e demitir livremente os ministros. O rei, com essa conduta, reinaria sem governar, confiada a administração ao cuidado exclusivo do gabinete. D. Pedro II entendia que estava próximo ao modelo — melhor, só com extrema prudência e excepcionalmente fugia, conscientemente, ao padrão teórico. À observação, lançada pelo barão de Huber, filho bastardo de Metternich, de que ele reinava e governava, não obstante a máscara de imperador constitucional, replicou: "Vossa Excelência se engana. Eu deixo andar a máquina. Ela está bem montada e nela tenho confiança. Somente quando as rodas começam a ranger e ameaçam parar, ponho um pouco de graxa".[6] Em 1871, confessa à filha só haver concorrido voluntariamente para a retirada de três ministérios, o de 1843 e os presididos pelo visconde de Abaeté (1859) e por Zacarias de Góes e Vasconcelos (1868). Fora dessas intervenções, de nada o acusava a consciência, senão do dever constitucional de apreciar os atos dos ministros. Na verdade, reconhecia suas atribuições de demitir os ministros, se cometessem flagrantes ilegalidades ou injustiça no trato dos negócios, convocando o sucessor no mesmo partido, se este não se mostrasse solidário com o gabinete caído, apelando, em caso contrário, para a dissolução, sob a chefia da facção adversa. O presidente do Conselho indicará ao imperador seus ministros, mas o chefe de Estado tem a competência legal de não aceitá-los.[7]

Na verdade, o governo parlamentar, tal como o exerce d. Pedro II, preocupado em exercer a *suprema inspeção* administrativa, guardar um círculo de ação própria de poder sem responsabilidade ministerial e de nomear e demitir os ministros, embora excepcionalmente e com cautelas, não corresponde ao sistema em curso na Inglaterra, ímã, ao mesmo tempo, das vontades e teorias. Parlamentarismo dualista, filho da monarquia limitada, traduzia, não o palco bretão, mas as vicissitudes da restauração francesa (1814-30) e da monarquia de julho (1830-48), sujeito aos mesmos desafios, vítima de iguais cóleras e decepções. Seguia, embora imitasse o parlamentarismo inglês, na verdade, o rumo oposto, do exercício pleno do Poder Moderador, que, de arma de reserva, pela continuidade, atuava como rotina do regime. Entre as duas colunas do trono — a coluna popular e a coluna minoritária, tradicional, fixada na Coroa hereditária — pendia para o exercício das prerrogativas monárquicas, vinculadas e alimentadas pela sombra da herança portuguesa. Mais tarde, a queda de Napoleão III (1870) retirou o último apoio ao governo pessoal, entre os dois modelos — o francês e o inglês — que sustentam e justificam a posição do trono na máquina constitucional. Recrudescerá, a partir daí, a reivindicação da supremacia dos partidos.

Aos liberais não faltará coerência, na sua longa caminhada cheia de tropeços, desde a Independência até o fim da monarquia. Coerência não se opõe, em política, ao oportunismo das situações transitórias, das acomodações no governo. Desde o 7 de abril, vencido o personalismo absolutista de d. Pedro I, procuram riscar o Poder Moderador da Carta de 1824. O enxerto aos três poderes da teoria liberal, colhido em Benjamin Constant, se ajustou a uma sequência, peça que completa a precedência do rei à Constituição, com a aclamação sem juramento ao estatuto político, na forma do plano tutelador de José Bonifácio. O imperador, antes que a Constituição o sagrasse, já estava reconhecido pela nação e designado seu defensor perpétuo. A Constituinte, constrangidamente caladas as vozes autenticamente liberais, freada a língua de Antônio Carlos, aceitara o pacto existente entre o povo e o rei, penhor de sua atividade. Não espanta que a primeira sugestão da "chave de toda a organização política" fosse obra de um Andrada, o moderado Martim Francisco, o mais fiel colaborador do patriarca.⁸ O projeto de reforma que constitui o Ato Adicional de 1834 e o plano de Constituição outorgada, a Carta de Pouso Alegre, suprimiam a inovação, junto com o Conselho de Estado, único a desaparecer, embora efemeramente. Queriam os liberais integrar no Poder Executivo as atribuições tresmalhadas nas mãos irresponsáveis do imperador e, morto o anteparo do Conselho de Estado, os ministros deveriam referendar e responder por todos os atos de governo perante a Câmara. Por outro lado, para tornar efetiva a preponderância do órgão popular do sistema representativo, o Senado perderia a vitaliciedade, com a renovação do terço sempre que se renovasse a Câmara dos Deputados. Perdida a batalha campal, a doutrina liberal não recuou, vivaz no combate de guerrilha aos dogmas constitucionais. O núcleo persistente do combate será o problema da referenda dos atos do Poder Moderador. Referendado o ato pelo ministro, este cobriria a ação do imperador, que cairia sob a vigilância do voto da Câmara, voto consagrado pelo uso, à margem da Carta de 1824, criado sob a pressão do modelo francês e do inglês. Vitoriosa a referenda ministerial, o gabinete será o necessário elo de intermediação entre a Câmara e o soberano, sem nenhum resíduo absolutista. Esse debate reproduz a luta dos partidos e dos doutrinadores franceses na sua procura do sistema parlamentarista, astuciosamente negado ao país pelos Bourbons e Luís Filipe. Será o caminho francês ao parlamentarismo, depois de firmado, por outra experiência histórica, o parlamentarismo inglês. Chateaubriand reivindica para si a glória de haver aberto o debate, em 1816, com seu opúsculo *La Monarchie selon la Charte*. O princípio — o rei reina, e não governa — seria formulação sua, antes que Thiers, treze anos depois, o lançasse diante da câmara dos deputados, dramaticamente.

> *La doctrine... est:* [escreve o autor do *Génie du Christianisme*] *que rien ne procède directement du roi dans les actes du gouvernement, que tout est l'oeuvre du ministère, même la chose qui se fait au nom du roi et avec sa signature. [...] Que fait donc le roi dans son conseil? Il juge, mais il ne force point le ministre... Le ministre agit, fait une faute, tombe, et le roi change son ministère.*⁹

O ministério, habilitado à ação política plena, deve, uma vez que é responsável, contar com a confiança do parlamento, instância última do conflito eventual, antes que o povo diretamente decida sobre ele. No outro lado, os chamados doutrinários sustentam a legitimidade da intervenção pessoal do soberano no jogo político. Para Guizot, o rei não se distingue do ministério: o rei quer e age; só ele tem o direito de querer e o poder de agir. Os ministros esclarecem os passos do rei, como conselheiros. Se a maioria da Câmara demitir e impuser ao soberano a nomeação dos ministros, argumenta Royer-Collard, estará instituído o regime republicano. A prática constitucional acompanha o dissídio das opiniões: Luís XVIII admite que a opinião se expressa pela voz dos ministros, ao rei cabendo, não obstante, ditar sua vontade. Ministérios houve, entretanto, que, saídos da maioria parlamentar, inverteram os termos da proposição, acuada a prerrogativa real ao papel de reserva.[10] Mais tarde, sob a Monarquia de Julho (1830-48), o debate, agora com solenidade, ocupa a Câmara dos Deputados, em 1846. A tese — o rei reina e não governa — será a grande bandeira de Thiers, orgulhoso da paternidade da fórmula, por ele pretensamente cunhada em 1829: o rei não deve ter nenhuma interferência efetiva no governo; os ministros, apoiados pela maioria parlamentar, querem e atuam por ela. A opinião contrária, volvidos trinta anos de discórdias, mitiga-se, sem ceder na substância: o rei é uma parte ativa e real do governo, mas sob a condição de que um gabinete ofereça anteparo aos seus atos, obtendo a maioria parlamentar, de modo a não expor a ação do soberano ao debate na Câmara. Esta é a versão renovada do Guizot sob Luís Filipe.[11] Desse fogo cruzado de correntes e tendências sai, dirá Vítor Hugo, um sistema no qual o rei governa demais e não reina o bastante, com os desastres de 1830 e 1848, seguido do interregno plebiscitário de Napoleão III.

O arsenal de argumentos e doutrinas, prodigamente lançado ao mundo pelos escritores e políticos franceses, teve calorosa acolhida no pensamento brasileiro. Imitação de teorias, mas não a cópia servil do sistema, vinculado a interesses outros e ao serviço de diferentes fins. Apesar da contradição aparente, os ultramonarquistas gauleses, com maioria parlamentar, advogam a tese do rei com o poder de reinar sem o governo, escudados numa ordem aristocrática, com a eleição oligarquicamente censitária. No Brasil, os liberais expandem a doutrina num sentido popular e descentralizador, mais federal que popular, no sentido de assegurar aos núcleos locais — o município e, sobretudo, a província — o poder de eleger e nomear a representação. Em lado oposto, os conservadores, ao dominarem o Senado e o Conselho de Estado, armam sua estrutura de domínio com o controle da Câmara dos Deputados, chave da confiança ao ministério, e, por via da organização de cúpula, fazem e desfazem as eleições. Esse mecanismo, montado desde 1836 e que culmina na Conciliação (1853), será a substância da ordem imperial, da qual, no poder, se beneficiam os liberais, com o arrefecimento periódico de suas reivindicações históricas. Os órgãos vitalícios, teoricamente apolíticos, na verdade de conteúdo conservador, comandam o jogo, sob a presidência vigilante do imperador, mal encoberto no biombo transparente. A presença onipotente, formada com a organização burocrática, dourada pela nobreza dos cargos, será incômoda aos partidos em desgraça: será o imperialismo, o poder pessoal, a atemorizar os governos e a decidir da sorte das ascensões. A oposição liberal às instituições visa, em última instância, por via do sistema, a domar o cetro, reduzindo-o a árbitro constitucional da opinião desavinda e articulada nos dois partidos. Lucidamente, no cume da pirâmide, sabe a majestade que seu poder ocupa um espaço vazio, preenche o vácuo e, como Leviatã, nasce do mar, trazido nas naus portuguesas, indomesticável. A opinião nacional, que se apregoa como pública, não corresponde aos anseios populares, desvirtuada pelas algemas partidárias, sem que as urnas revelem a verdade.[12] O chefe do Poder

Moderador, atento ao abismo que se abre aos seus pés, se eleva e se engrandece acima do país, em lugar do país político, que a ausência de povo justifica. O resíduo minoritário do poder assume o papel de árbitro ativo das divergências, amortecendo as ambições e premiando dedicações. Povo dominado pelos políticos e políticos tutelados pelo imperador, que os afeiçoa a um quadro institucionalizado — esta a essência do mecanismo. Entre a base e o ápice agita-se, discute, finge que manda, com rédeas curtas, atadas também nos dentes do supremo chefe, chefe dotado com a capacidade de expulsar do paraíso os maus e convocar do ostracismo os anjos caídos. As eleições invariavelmente homologam as decisões do alto e confirmam os gabinetes.

Nada mais estranho ao modelo vitoriano, imagem ardentemente amada pelos estadistas do Segundo Reinado, do que essa realidade, calcada em reminiscências absolutas e abrandada pela fé monárquica. Pela última vez, em 1834, a Coroa inglesa despede um gabinete com maioria na Câmara. O ato de Guilherme IV soou como um golpe de Estado, pondo termo a uma evolução que começa com a Casa de Hanôver e culmina no aperfeiçoamento do parlamentarismo.[13] Em teoria, na verdade, o rei, ainda no século XIX, podia escolher o gabinete, em casos extremos e de crise: *for extreme use on a critical occasion*, doutrinava Bagehot.[14] Essa atribuição, que se transformou em subsidiária no curso de cem anos, justificar-se-ia em momentos de divisão da Câmara em facções incapazes de formar a maioria e se o corpo deliberante não oferecesse a evidência de um sucessor ao governo caído. A hipótese, em vão buscada pela rainha Vitória contra Gladstone, será rara, e os partidos, temerosos do suicídio, preocupar-se-ão em não ceder seus direitos. A Coroa confina-se, mesmo em situações extraordinárias, a revelar o governo possível e não o seu governo. Mas, da prerrogativa remanescente, sobra a barganha, com a indicação ou a recusa de parte dos membros do gabinete. O rei deve acautelar-se, entretanto, para não atrelar sua autoridade ao gabinete, circunstância que poderia engolfar a Coroa no voto de desconfiança. Uma crise levaria não só o ministério mas a própria Coroa à queda, risco que o soberano prudente procura afastar. Daí que, com o tempo, o chefe do Estado, por amor à própria dinastia, evite o caminho do favorecimento pessoal para distribuir o poder. Demitir um gabinete, nomear um outro, dissolver o parlamento e convocar eleições para homologar a mudança: este procedimento seria — numa palavra oracular, em 1867 — *like a volcanic eruption from Primrose Hill*.[15] A reativação dos poderes subsidiários e remanescentes excederia o direito de aconselhar, de estimular e de advertir, no qual se reduziu a parte ativa da prerrogativa do soberano. O sistema combina-se, não com o povo controlando o governo, mas com um povo selecionado, articulado na camada que ganha a confiança dessa parcela escolhida, na interação aberta e contínua. A democratização do poder será outro capítulo, adiado para o novo século. Entre o rei e o parlamento, entre um rei despojado do Poder Executivo e um parlamento soberano, um traço de união governa, dirige, comanda e, sobretudo, muda de orientação sem que o povo sinta: na essência do sistema parlamentar, no estilo apurado pelo século XIX, há o "disfarce", mecanismo capaz de deslocar a luta política das ruas e das antecâmaras do palácio imperial, fazendo supor a continuidade do governo, sob a permanência do rei.[16] Governa uma aristocracia, representante do povo, mas não apêndice do soberano ou da burocracia dele dependente. O liberalismo domina e impera, sem a ordem democrática, mas sobranceiro à desconfiança ao povo.

O cerco das doutrinas, das catástrofes de França e da harmonia inglesa não será capaz de reduzir o imperador ao silêncio decorativo e à solenidade de funções sem conteúdo. Não que o gênio voluntarioso do filho de d. Pedro I impusesse à nação um despotismo disfarçado de fórmulas e evasivas. O imperador era, em 1840, menos um homem convulsionado por paixões e pela sede de mando que uma peça das instituições, rearticuladas, soldadas e fundidas sobre o caos. O dilema, no mundo político, seria um rei vigilante ou a anarquia, identificada esta, por um processo que procura desmoralizar o 7 de abril, à Regência, com suas revoluções. De 1831 a 1840 teria havido, aos olhos alarmados de uma camada que confunde a integridade física do Império à ordem política, um ensaio republicano, com o resultado de afastar das cogitações o governo, como filho da soberania popular. Dentro do mesmo contexto, a inatividade do imperador consolidaria o domínio perpétuo de uma facção, apta a escravizar o país pela violência na conquista do voto. Fiado na palavra constitucional, o imperador sente-se autorizado a nomear e demitir livremente os ministros, ao tempo que considera inviolável o território reservado ao Poder Moderador, reduzida a referenda ministerial a "simples autenticação".[17] É a referenda sem responsabilidade — na crítica de um liberal —, rebaixados os ministros

> a notários públicos, que na referenda dos atos do Poder Moderador nada fazem senão portar por fé que tal é a vontade de seu augusto amo. Tal direito público é o da Turquia: lá, com efeito, por virtude da constituição, a referenda do ministro significa somente que no serralho se decretou como está escrito no documento assinado.[18]

Vencidos na luta pela supressão do Poder Moderador, os velhos sustentáculos da Regência iniciam, lembrados de seus autores franceses, o ataque por este flanco: a inutilização da suprema prerrogativa imperial com a referenda. Para Feijó e Paula Sousa, sem a cobertura dos atos do paço pela referenda, não poderia haver governo representativo. Sem a dissolução da irresponsabilidade na vontade ministerial, o Poder Moderador — proclama Vergueiro — instituiria o "despotismo legal", que destruiria todas as liberdades. Vitoriosa a tese da referenda, o Poder Executivo absorveria o Poder Moderador, aniquilando a ditadura potencial, cujas raízes foram consagradas na aclamação de 1822, aclamação não precedida de juramento a nenhum tabu constitucional.[19] Zacarias de Góes e Vasconcelos (1815-77) volta, num livro de 1860, ao tema, tema que se desliga, depois de trinta anos, das impurezas republicanas e da explosiva inspiração na soberania popular. A seta de fogo, forjada nas labaredas do 7 de abril, embebe-se de veneno: será necessário, prega o futuro chefe do infortunado gabinete que cai em 1868, distinguir entre o rei absoluto e o rei constitucional, incompatível o primeiro com o século. A garantia capaz de separar a autoridade abusiva da autoridade legítima estaria na referenda dos atos do Poder Moderador pelos ministros responsáveis perante a Câmara, deslocando-a da vitaliciedade dos conselheiros de Estado livremente nomeados pelo imperador, ouvidos por este ao seu arbítrio e sem aderir obrigatoriamente aos seus alvitres. O governo da Coroa seria, numa inversão da prática reinante, meramente deliberativo — para aconselhar, estimular e advertir, na fórmula inglesa —, reservada a ação ao ministério, só este filho legítimo dos órgãos representativos e do povo.

> Na deliberação [pregava o senador, já em processo de cura da paralisia conservadora] que se toma no gabinete e é negócio do reposteiro para dentro, a Coroa pode, conforme as luzes e experiência que tiver, exercer a mais extensa e decisiva influência; pode inspirar alvitres, reprovar alvitre, e dominar pela inteligência. Ao público não interessa levantar o reposteiro e devassar o que no gabinete se passa: é-lhe de algum modo indiferente saber se o imperante discute com os seus conselheiros os negócios graves do Estado, ou se os entretém com questões de pouco alcance, como Afonso IV em sua juventude entretinha os seus com a narração miúda de suas caçadas, enquanto não achou um conselheiro que teve a coragem de lho exprobrar.
>
> Se na deliberação compete à Coroa a maior influência em todos os ramos da administração e no exercício de todas as suas atribuições, o mesmo não pode ter lugar na ação.
>
> A ação, essa pertence exclusivamente a quem é responsável, e consequentemente só aos ministros. Em saindo do gabinete para cair no domínio da publicidade, a deliberação passa a ser um ato, e esse para ser da realeza há mister a referenda de um ministro; de sorte que qualquer que tenha sido no Conselho a posição da Coroa, ou a iniciativa da medida, fosse sua, ou apenas a aprovasse, o ato entende-se do ministro, e do ministro toda a responsabilidade.
>
> Só deste modo se conciliam as prerrogativas da Coroa com os direitos da nação.[20]

Serenados os ardores regenciais e as decepções de 1848, a doutrina liberal se faz monárquica, ou se conforma à monarquia, num regime em que o rei reine e não governe, atingido com o mecanismo da referenda. A irresponsabilidade do rei inviolável e sagrada teria, agora, o verdadeiro sentido: irresponsável porque nada faz. Entre o domínio do soberano e o governo da nação, um órgão de conciliação e de intermediação afastaria o absolutismo e a anarquia popular. O exercício efetivo das atribuições do Poder Moderador importa em afirmar que a nação, uma vez criados os poderes, abdica no imperador a sua autonomia, e, por consequência, sua liberdade. Esta seria uma tese oligárquica, filha do despotismo, herdeira do direito divino dos reis — expressamente defendida pelo conservador Saião Lobato (visconde de Niterói), ministro da Justiça do gabinete de 2 de março de 1861. A Constituição não seria um pacto, senão um testamento: "não existiriam delegações, mas legados".[21] Os impugnadores das prerrogativas da Coroa seriam, aos olhos suspicazes dos defensores do sistema, apenas representantes da "soberania inquieta e turbulenta da escola de Rousseau", que reduziria os poderes políticos às funções "do mordomo para com o proprietário cujos bens administra, ou as do servo para com o amo, quase, enfim, na posição de obedecer e não de governar".[22] Acusação com duplo alvo: o anarquismo e a revolução, exatamente os dois rochedos que o liberalismo renovado, temperado pela caudal conservadora evoluída, procura evitar. Na verdade, entretanto, no seu bojo, monarquicamente acondicionada, vibra a nota popular, vizinha do republicanismo, mal coberta pela transação aristocrática.

O debate teórico, fiel às realidades em evidência, não será privilégio dos liberais. Eles não dominam o público, o jornal e o parlamento, diante de adversários acuados, tímidos ou mudos. A "oligarquia" tem, também, sua doutrina, veementemente em ataque contra os Feijó, Vergueiro, Antônio Carlos, Timandro, Teófilo Ottoni, Tavares Bastos, Zacarias, Nabuco de Araújo, pai, Rui Barbosa, ou contra os dissidentes de suas fileiras, como Ferreira Viana. Duas grandes inteligências a estruturam, coerentemente, valentemente, com firmeza: o marquês de São Vicente (José Antônio Pimenta Bueno) e o visconde do Uruguai (Paulino José Soares de Sousa), nas obras fundamentais para a compreensão do Segundo Reinado — *Direito público brasileiro e análise da Constituição do Império* (1857) e *Ensaio sobre o direito administrativo* (1862). São Vicente incumbe-se de formular o conteúdo do poder que, expresso ou implícito, "incontestavelmente existe na nação", distinto do Poder Executivo, embora, na maioria das Constituições, se encontre com este reunido, "de quem forma a parte mais elevada". Compete-lhe, essencialmente, "a suprema inspeção da nação":

> é quem mantém seu equilíbrio (dos demais poderes), impede seus abusos, conserva-os na direção de sua alta missão; é enfim a mais elevada força social, o órgão político mais ativo, o mais influente, de todas as instituições fundamentais da nação. [...] O exercício do Poder Moderador [prossegue] é quem evita nos perigos públicos o terrível dilema da ditadura ou da revolução.[23]

As relações entre o Poder Moderador e o Poder Executivo, poderes ambos confiados ao imperador, definem a supremacia do primeiro: aos ministros cabem os "detalhes, toda a administração secundária". Pode — aí toca no ponto fundamental das divergências doutrinárias — nomear e demitir livremente os ministros, "desde que os próprios ministros a solicitem [a demissão] ou que o Poder Moderador a julgue conveniente".[24] A Constituição de 1824 atribuiu ao Conselho de Estado a prévia audiência no exercício dos atos do Poder Moderador, exceto com referência à nomeação e demissão dos ministros. Essa audiência necessária, acentua São Vicente, era uma "garantia, já para o menor uso de tão importantes atribuições, já para neutralizar inspirações porventura inconvenientes, e já enfim porque ela se ligava com a responsabilidade dos conselheiros de Estado".[25] O Ato Adicional, ao suprimir o Conselho de Estado, teria, embora em nome da liberdade política, ampliado as atribuições do Poder Moderador, mal que a lei restauradora de 1841 não remediou, ao fazer sua audiência apenas facultativa. Esquece o publicista, um tanto maliciosamente, que a extinção seria acompanhada do fim do Poder Moderador, como proposto malogradamente no projeto de Ato Adicional. Deixa de lado, ainda, a tese liberal de que, perdido o obrigatório respaldo do Conselho, o ministério deveria assumir a responsabilidade dos atos do imperador, sujeitos aqueles à censura parlamentar. Com o argumento das omissões, chega ao centro da polêmica, afirmando:

> O Poder Executivo é separado e distinto do Poder Moderador. Os ministros de Estado não são agentes, nem intervêm no exercício deste último poder, pelo menos essa é a presunção, ou crença constitucional; assinando tais atos seu nome não aparece senão para autenticar o reconhecimento, a veracidade da firma imperial, não são pois responsáveis por eles.[26]

O visconde do Uruguai segue, na linha de defesa e exaltação ao Poder Moderador, outro caminho, menos doutoral e mais tortuoso. Ele se dá conta de que a questão da referenda constitui o núcleo principal do problema: se o ministro der cobertura ao Poder Moderador, este poder deixará de ser independente. Em lugar do foco ativo, situado na cúpula do Estado, concepção cara a São Vicente, o imperador, com o poder que lhe atribui a Carta, deve ser o árbitro político, desapaixonado, sem ambições, sobranceiro às divergências partidárias. "Pode embaraçar o movimento, não o pode, por si só, empreender e levar a efeito: o mais que pode efetuar é a conservação do que está, por algum tempo. É poder não de movimento, mas essencialmente conservador."[27] O imperador não é, entretanto, o Poder Moderador, nem o Poder Executivo: ele é o chefe dos dois poderes, colocado acima deles, por obra da nação. Como chefe do Poder Executivo, à vista da responsabilidade dos ministros, o imperador acompanha a sua atividade, discute e faz advertências,

> cedendo até certo ponto, o movimento que as maiorias que dominam nas Câmaras imprimem aos negócios, movimento que não deve contrariar, principalmente quando é conveniente e justo, conforme a opinião nacional, e necessário para que o governo se mantenha, segundo as condições do sistema representativo. Deve então deixar governar os ministros naquilo que lhes compete e pelo que respondem. O imperador como chefe fiscaliza, observa, dirige o conselho, atendendo sempre a que os ministros são responsáveis.[28]

Até aí, apesar das cautelas encobertas e das restrições não formuladas, o regime parlamentar estaria perfeito. A estatura do soberano, entretanto, se agiganta com a sua qualidade de chefe do Poder Moderador — com a prerrogativa que "restabelece a ordem e a harmonia, põe as cousas no pé em que devem estar pelo exercício das atribuições independentes desse poder".[29] Por aí se chega à suprema inspeção, que sai da passividade para devorar os ministros e anular a Câmara. Diante da palavra da Carta, o visconde não encontra outra fórmula para caracterizar as atribuições do rei, senão afirmar que ele exerce a atividade que a Constituição lhe confere, cláusula vaga que domina toda a política, pela sua extensão. Itaboraí (Rodrigues Torres) será mais sincero: o rei reina, governa e administra. Paraná inverte o argumento: o governo, se presidido pelo imperador, será sempre legítimo.[30] A originalidade dos argumentos do visconde do Uruguai não está nesse desfile de proposições e fórmulas, mas na sua tentativa de provar, confrontando os modelos, que a prática francesa e a inglesa asseguram amplas funções autônomas ao soberano. Maneira contraditória de discutir, visto que, com o propósito de realçar e valorizar a peculiaridade do pensamento brasileiro, serve-se da doutrina estrangeira, na mesma medida dos seus impugnadores. Combate a fórmula de Thiers — o rei reina e não governa — com a autoridade de Guizot; responde ao exemplo inglês com transcrições de Macaulay e com a história de Jorge III. Os poderes subsidiários da Coroa são levados ao primeiro plano, para demonstrar que o rei da Inglaterra não é uma estátua, alargando a esfera do governo de acordo com as circunstâncias e o temperamento do chefe do Estado. A "máxima estrangeira" nada vale para o Brasil, máxima contestada nas suas fontes.[31] O arguto jurista — agora mais sociólogo que jurista —, depois de dourar o campo com o fogo cruzado de princípios e teorias, de fórmulas e máximas, abre nova perspectiva na apreciação da estrutura política. O sistema parlamentar será o governo da maioria, a maioria que assenta na Câmara dos Deputados. Duas circunstâncias impedem o funcionamento do mecanismo. Os partidos não são "claramente definidos", resultando daí que as maiorias "são mais ocasionais que permanentes", sujeitas a uma arregimentação incerta, precária, penosa. De outro lado, a Câmara não reúne as reais influências políticas e partidárias, composta de aprendizes e não de chefes.

> Os homens que entre nós adquirem com o tempo, nome, relações, maior número de adesões, prática e certo tino parlamentar [pondera o frio analista], apenas tocam os 40 anos, buscam no Senado refúgio contra a instabilidade das nossas eleições populares, cansados do trabalho que dão, e da extrema dependência em que põem os candidatos. Cada ano vai desguarnecendo a Câmara dos Deputados, às vezes com o que tem de melhor com a idade exigida pela Constituição para ser senador.[32]

Está a dizer o respeitável visconde que o palco principal não é a Câmara dos Deputados, o único corpo apto a desfazer ministérios e condensar a maioria que fará o governo. Impressionava-o a circunstância de, na quase totalidade, os ministros saírem do Senado, cuja vitaliciedade permite a continuidade de ação e o abrigo contra os longos ostracismos, ostracismos que desamparam os partidos de representantes na Câmara temporária. Ainda uma tonalidade para ferir o esboço parlamentar: o senador, eleito em lista tríplice, obedece à escolha régia, escolha que arreda os exaltados da mesa do poder. Tonalidade temperada por outra nota, esta emergente do subterrâneo: a maioria "muitas vezes pode deixar de representar a vontade nacional".[33] Como esconder o que todo mundo sabe, que as eleições são obra do partido no poder? No fundo, pulsa, vibra, orienta e comanda a famosa oligarquia, denunciada desde 1841, "novo Minotauro" — responde o conservador — "da nova fábula rasteira, ignóbil e odienta, não poética, engenhosa e risonha como a antiga".[34] Oligarquia calçada na vitaliciedade, no Senado e no Conselho de Estado. Uma máxima — a máxima que afirma não competir ao Senado a política — não consegue esconder a verdade, a incômoda verdade de todos os dias e de todas as crises.

2 | *O parlamentarismo e o Poder Moderador*

Sobre o fundo doutrinário, onde contendem a ideologia e a utopia, desenvolve-se um governo de cinquenta anos, sucessão de 36 gabinetes, com a média de um ano e três meses de vida cada um, reservada a glória de duração em torno de quatro anos apenas a dois ministérios (Paraná, 12º, e rio Branco, 25º). Cento e sessenta e cinco ministros passaram pelas pastas, alguns, muitas vezes, num gabinete de seis lugares, número depois elevado para sete, com a criação do Ministério da Agricultura, Comércio e Obras Públicas. Os liberais organizaram 21 gabinetes, com a soma de 19 anos e 5 meses no governo, contra 15 dos conservadores (contado para estes o Gabinete de Conciliação), para uma estadia de 29 anos e 9 meses de poder. Os liberais detêm o comando em 1840 e 41, 1844 a 48, 1862 a 68, 1878 a 85 e 1889. Os conservadores gozam de períodos mais largos: 1841 a 44, 1848 a 62, 1868 a 78, 1885 a 89. Funcionasse o sistema com pureza, o imperador deveria convocar, dentre a maioria parlamentar, o ministério e, diante da desconfiança da Câmara, poderia demiti-lo ou dissolver o órgão representativo. Na hipótese de uma eleição, em períodos certos, ser favorável ao partido adverso, novamente abrir-se-ia a opção: dissolver a Câmara recém-eleita ou despedir o gabinete, convocando outro, expressão fiel da corrente vencedora. O esquema, na realidade, funcionou algumas vezes, embora com nota não ortodoxa: a desconfiança, diante de câmaras unânimes ou maciçamente controladas por um partido, partiu das dissidências internas, e não do impulso provocado pelas urnas. Caxias (16º gabinete), Zacarias (17º), Dantas (32º), entre outros, foram apanhados pela desconfiança. Nessa hipótese, o imperador chamava, para constituir o governo, os representantes da maioria ocasional, do mesmo ou do partido adverso. O presidente do Conselho (cargo criado em 1847) constitui o gabinete. Aqui há, entretanto, o primeiro desvio da fórmula: dada a ausência de um chefe partidário incontestável, diluído o comando entre os cardeais, o imperador tinha a opção de escolher entre vários candidatos. Fosse o partido forte e disciplinado, recusaria, como ocorria na Inglaterra da rainha Vitória, outro presidente senão o chefe do partido. Na mesma linha, o soberano insinua pretendentes e recusa outros, em barganha aprovada pelas próprias práticas inglesas. O eixo sai do centro, entretanto, quando o imperador despede o ministério, apoiado na maioria, por divergências com sua direção e chama o partido adverso ao governo. Diante da óbvia resistência da Câmara, esta é dissolvida, trazendo a nova eleição, sistematicamente, a maioria que o gabinete inspira. A consciência de d. Pedro II, em 1871, só o acusa de haver concorrido três vezes para a retirada dos gabinetes: em 1843 (divergência com Honório Hermeto, o futuro Paraná), 1859 (gabinete Abaeté) e 1868 (Zacarias de Góes e Vasconcelos). Fora desses gestos extremos, teria apenas "incomodado" alguns ministros, no cumprimento de seus deveres de chefe do Poder Executivo. Se o ministro, advertido pelo imperador, persiste no propósito de cometer alguma ilegalidade ou injustiça flagrante, a demissão se impõe, escolhido o sucessor no mesmo partido, "se este não se mostrar solidário nessa ilegalidade ou injustiça".[35] Aí está um rei que reina e governa, entregue ao gabinete a prática de atos secundários, atos que não precisam da assinatura régia. A presença da Câmara dos Deputados reduz-se a uma função, a de expressar ao gabinete a confiança ou a desconfiança, sujeita, neste caso, à dissolução. Fora daí o imperador tudo pode: o chefe do Conselho será da sua confiança — o imperador criará, em torno do cetro, os seus estadistas, ministeriais ao seu talante, mantidos alguns cardeais no ostracismo eterno. Ele suscita o partido ao governo, arrancando-o da oposição; ele dá ao partido assim elevado a maioria parlamentar, por meio da entrega provisória dos meios compressivos que articulam as eleições. A mão do árbitro excederá as três intervenções confessadas; em 1840, de uma Câmara conservadora, evocará um governo liberal, responsável essa facção pela maioridade, sob a virtual chefia do ardente Andrada, Antônio Carlos; em 1841 afasta o seu primeiro ministério, para chamar um conservador; em seguida, é a vez de Honório Hermeto, com a intervenção confessada de 1843, com a volta dos liberais. Melhor sorte não terá o 6º gabinete, nem Olinda em 1848. Ruidosamente, em 1868, Zacarias sente que o chão lhe falta, apesar da maioria na Câmara, para que retorne o Partido Liberal, dez anos depois, dessa vez numa Câmara conservadora. Os exemplos são muitos, com a sementeira de ressentimentos, em todos os grupos, afrouxando a fé monárquica e insinuando a curvatura diante do trono como meio único de alcançar o poder. Somente uma qualidade o salva: a imparcialidade diante dos partidos, imparcialidade tisnada de indiferença.

Nos seus primeiros passos políticos, consumado o lance conspiratório da maioridade, d. Pedro, precocemente cauteloso, evita queimar os dedos na labareda política. Serve-se de um instrumento dentro do gabinete — será a facção áulica, representada por Aureliano Coutinho, num consulado de oito anos de poder encapuzado. O imperador, receoso de ser arquivado como figura decorativa, sob a fórmula do reino sem governo, sustentada em 1841 por Antônio Carlos na Câmara, quer influir, decidir e orientar, em atividade que nenhum freio deterá. Coube aos liberais, em primeiro lugar, aproveitar-se da "seita palaciana", que logo demonstrou não ter partido, ao se lançar nos braços do ministério conservador. Entre os dois partidos, revela-se um elemento estranho, até que o futuro Paraná, em 1843, tente a luta pela pureza do sistema de domínio dos partidos, proeza sem êxito, com o retorno, por quatro anos, do Partido Liberal. Honório Hermeto, ao abandonar o ministério em

1844, em virtude de divergência com o imperador, divergência suscitada pelo irmão do "pontífice da seita palaciana" (Teófilo Ottoni), reconhecerá mais tarde que uma "questão pessoal" o apeou do governo, escondendo mal seu desapontamento nas alusões aos "cortesãos", aos áulicos. Esse é o primeiro protesto articulado, em nome do modelo inglês, contra a intromissão da vontade irresponsável no ministério, protesto mal esboçado por Antônio Carlos, em 1841. A presença do paço soa como ilegítima, ainda uma vez pela voz agonizante de Bernardo Pereira de Vasconcellos, o pai do Partido Conservador, nos protestos de monarquista real, e não pessoal. Um passo adiante e a palavra de Thiers acudiria aos ministros em desgraça. Dessa consonância de propósitos entre liberais e conservadores, em marcha batida para a fórmula parlamentar, o sacrifício de Aureliano lançará a paz provisória nos campos partidários. A conciliação de 1853 oferecerá o arrefecimento das paixões e abrigará o imperador de uma investida que poderia anular-lhe as prerrogativas do Poder Moderador. Os conservadores, fortes com a centralização e a vitaliciedade, abandonam o legado de Vasconcellos e Paraná, em favor do desfrute pragmático, senão do poder, ao menos das posições. A bandeira será entregue aos liberais, certos de que, com apoio em aspirações descentralizadoras, poderiam tomar o comando ao soberano, usurpado, na cúpula, pela facção adversa. O que sobra das primeiras escaramuças, abafadas pelo domínio liberal de quatro anos, depois da decepção de Honório Hermeto, será a cristalização do poder pessoal, acoimado de degenerescência abusiva do Poder Moderador. O *imperialismo* — na expressão de Tito Franco de Almeida —, este o nome da esfinge que devora o Império.[36] A influência, "a influência perversa", "desastrosa e maléfica",[37] contamina o sistema parlamentar e subverte a Constituição, impondo ao país uma ditadura mal disfarçada. Na denúncia, guarda-se uma ameaça: com ele, não há democracia; sem ele, nada sobra do trono. O golpe chegará ao ouvido augusto, que reconhecerá estar a acusação deslocada: não é o imperador a causa do poder pessoal, mas o "modo por que se fazem as eleições". Ele dizia suspirar pelo sistema representativo, em toda a sua pureza, sistema só possível com eleições genuínas e partidos bem organizados.[38] No desvario teórico, d. Pedro II parece ser o único homem sóbrio, conformado ao exercício do despotismo, que se esforça seja brando e pacífico. Ditador popular e fiscal do governo, este seria o seu papel, cujo amortecimento levaria à eternização no poder de um grupo, com revoluções periódicas. A experiência regencial, 1842 e 1848 formam a essência de suas cautelas, mais que as doutrinas exportadas de França e as práticas oriundas da Inglaterra. A mesma circunstância levará os conservadores à ortodoxia imperial, cunhada por seus publicistas mais representativos. O imperador exercerá um governo pessoal, com a Câmara dos Deputados autorizada a dizer *não*, sob a restrição de seu *não* receber o desmentido das urnas submissas.

As sucessões frequentes de gabinete, com a rotação dos partidos, não obstante a interferência do imperador, não comunicarão o sentimento de continuidade do governo. O sistema parlamentar não serve, dessa sorte, para o que se chamou, na Inglaterra aristocrática do século XIX, o *disguise*. A camada que faz política sente-se roubada com a queda do partido, clamando contra o "pensamento augusto", e o povo percebe que, a cada novo gabinete, tudo muda, desde a corte até os distritos. O imperador se descobre no jogo das mudanças ministeriais, os partidos advertem, em cada expulsão do poder, a própria fraqueza e precariedade, os estadistas sabem que — com o ferro em brasa lhes dizia um inconformista — o fardão ministerial será uma "libré de camarista". A crise de 1868 revelará, rubra a cor e polida a forma, a comédia em que todos participam, o imperador e os políticos. Emerge à superfície, agora que o modelo inglês percute sem energia e o sistema francês se desmantela sob a espada de Napoleão III, todo um painel tecido de notas falsas. O mundo interno exige outra utopia, ainda mal percebida, e o contexto mundial projeta, de Washington, raios novos e perturbadores. O rei está nu, esta a moralidade do *sorites*, tecido com a palavra grave do senador Nabuco de Araújo.

> Havia no parlamento [declama com solenidade, ainda sob o calor da queda de Zacarias em 1868] uma maioria liberal, constituída pela vontade nacional; uma maioria tão legítima, tão legal, como têm sido todas as maiorias que temos tido no país, tão legítima, tão legal como podem ser todas as maiorias que hão de vir enquanto não tivermos liberdade de eleição. Havia um ministério que representava essa política. E dizei-me: esta política tendia a decrescer? Não, pelo contrário, tendia a aumentar, tendia a um grande desenvolvimento [...]. Esta maioria tendia, por consequência, a crescer: o ministério que a representava, decaiu, não por uma vicissitude do sistema representativo, não porque uma minoria se tornasse maioria; mas por diferenças que houve nas relações da Coroa com seus ministros.
>
> Dizei-me: o que aconselhava o sistema representativo? O que aconselhava o respeito à vontade nacional? Sem dúvida, que outro ministério fosse tirado dessa maioria. Mas fez-se isto? Não, senhores, e devo dizer, foi uma fatalidade para as nossas instituições. Chamou-se um ministério de uma política contrária, adverso à política dominante, à política estabelecida pela vontade nacional: foi chamada ao ministério uma política vencida nas urnas [...]. Isto, senhores, é sistema representativo? Não. Segundo os preceitos mais comezinhos do regime constitucional, os ministérios sobem por uma maioria, como hão de descer por outra maioria; o Poder Moderador não tem o direito de despachar ministros como despacha empregados, delegados e subdelegados de polícia; há de cingir-se, para organizar ministérios, ao princípio dominante do sistema representativo, que é o princípio das maiorias.
>
> Pois sem dúvida, senhores, vós não podeis levar a tanto a atribuição que a Constituição confere à Coroa de nomear livremente os seus ministros; não podeis ir até o ponto de querer que nessa faculdade se envolva o direito de fazer política sem a intervenção nacional, o direito de substituir situações como lhe aprouver.

Ora dizei-me; não é isto uma farsa? Não é isto um verdadeiro absolutismo, no Estado em que se acham as eleições no nosso país? Vede este *sorites* fatal, este *sorites* que acaba com a existência do sistema representativo — o Poder Moderador pode chamar a quem quiser para organizar ministérios; esta pessoa faz a eleição, porque há de fazê-la; esta eleição faz a maioria. Eis aí está o sistema representativo do nosso país.[39]

A crítica, contundente no fundo e macia na forma, retrata, dentro da única realidade da presença despótica do soberano, a imensa farsa: farsa o parlamentarismo, apoiado na farsa fundamental das eleições. O Poder Moderador fulmina e eleva os gabinetes, com o reconhecimento tácito e futuro, certo e necessário, da consulta eleitoral. O centro da censura não se volta contra o voto extorquido, senão que contesta ao imperador o direito — direito legal, mas não legítimo — de substituir um gabinete apoiado na maioria por outro sem nenhuma densidade eleitoral. Direito do imperador, inscrito na Constituição, mas não abonado pela prática inglesa, o que lhe tiraria o respeito da legitimidade. Condescende o denunciante, com reservas e com sutileza, à despedida do ministério, se o novo for escolhido dentre a maioria. Uma folha de parra não é retirada do quadro vivo: a eleição não representa o povo, mas só a utopia tocará na chaga, sobre a qual florescem os políticos. Passados os dias de 1831 e não alcançado o ano de 1869, não se pede a abolição do Poder Moderador, abolição reivindicada mais pelo amor verbal ao debate, mas que ele se domestique, apropriado pela camada que faz política. O elo podre do *sorites* não está, portanto, na base da pirâmide, mas na cúpula: a convocação do ministério fora do grupo que goza do domínio da Câmara dos Deputados. Luta, na verdade, em torno das cadeiras dos palácios, luta colorida, no futuro, com a nota radical. Por enquanto, na euforia moderada de ceticismo da paz imperial, alimentada de prosperidade, o Poder Moderador, com seu miolo de poder pessoal, será um bem ou mal, na opinião variável da facção beneficiada ou escorraçada.

A prática — a expulsão de um gabinete e escolha de outro no partido adverso — não era nova. Lançou-a em circulação o imperador, na madrugada de sua maioridade: experimentaram-na liberais e conservadores. O *pensamento augusto* atua na hora extrema das derrubadas e das dissoluções e na hora pacífica dos governos, em todos os assuntos que levam a assinatura do soberano. A conciliação (1853-7) firmou o consenso dos partidos na autoridade superior, liberta dos instrumentos áulicos, acima das disputas das facções, árbitro de suas divergências, senhor dos cargos ministeriais, dos lugares do Conselho de Estado e das cadeiras do Senado. D. Pedro governa por meio dos partidos: ele orienta a extinção do tráfico, a questão servil, a eleição direta. Os estadistas saem de suas mãos para executar as tarefas que ele lhes sugere, menos com palavras do que com insinuações. Sem seu apoio, não há governo, não há administração, não há maiorias. Essa atividade não corre sem arranhões — Silveira Martins lembrou-lhe, nas barbas, que era ministro do Estado, e não do imperador. Nabuco de Araújo, o senador, no Conselho de Estado, recitou a máxima — o rei reina, e não governa. Mas o mesmo Silveira Martins que denuncia a degeneração do sistema representativo, para o qual "o gabinete não é comissão da Câmara, esta é que é feitura do gabinete; a Câmara não indica à Coroa os chefes de partido, esta é que os designa",[40] aplaudia a chamada dos liberais ao governo, em 1878, dez anos depois da despedida de Zacarias. Agora não era mais a "gangorra política" a funcionar, mas ato constitucionalmente limpo, prestigiado por um precedente de Leopoldo I da Bélgica, uma vez que era necessário, para realizar uma reforma, chamar aqueles que a sustentavam e a defendiam.[41] As contradições, entretanto, não revelam a inexistência do fato, visto que todos, aquinhoados e despojados, a ele voltam, para esquecê-lo ou denunciá-lo. Para o liberal, o poder pessoal mostra a mentira do próprio sistema representativo, para o conservador será um extravio da pureza da estrutura. Às increpações de punhos de rendas entremeia-se a pancadaria impiedosa, sem poupar ao benevolente chefe de Estado a própria moderação.

> A nossa constituição política [brada um conservador, antes que a farda ministerial o mascare], mais outorgada do que conquistada, e talvez por esta razão menos apreciada, deu ao chefe do Poder Executivo força e elementos que porventura o coloquem na posição de predominador contra o espírito do sistema, só pela força da letra da lei [...]. Nenhum de vós desconhece a onipotência do chefe do Poder Executivo [...]. Essa onipotência resulta não só do texto constitucional, como principalmente da longa prática de abusos e excessos que os poderes invadidos e usurpados não poderão suprimir [...]. Só há espectros e uma única realidade [...]. Quarenta anos de opressões, de onipotência e de vitórias incruentas do poder armado contra a opinião do país desorganizado; quarenta anos de desfalecimentos, de sujeições, de murmurações de tímidos protestos; quarenta anos de usurpações bem-sucedidas, de liberdade constitucional quase suprimida, terão talvez animado o poder a afrontar a opinião do país e a desferir sobre a Câmara o golpe da dissolução. Sobre as ruínas do princípio popular, o novo César caricato ousa encorajar os que vacilam ou temem, repetindo: *Quid times? Caesarem non vehes?*.[42]

Os planos azedam um sentimento antigo, que investe contra tudo, partidos e povo, para golpear o imperador.

> Fracos [os partidos] os de cima, indiferentes os de baixo, e um poder muito grande, uma ambição extraordinária, mas sem gênio; um povo sem caráter, sem energia política, vaga entre os extremos — a anarquia e o absolutismo [...]. O parlamento é espectro, sombra de outra sombra, porque nem há país constituinte, nem país constituído.[43]

A oposição alcança a pessoa do imperador — o *príncipe conspirador* —, envolvida a denúncia no tédio da ópera burlesca, sem resvalar, contudo, para a inverdade de qualidades cruéis, torpes ou violentas. D. Pedro seria um falsário, utilizando a política da ferrugem, e não do cautério em fogo, corruptor, e não déspota sanguinário.[44] Com o *príncipe conspirador*, a majestade despe as galas, vivas apenas no sentimento popular, sentimento disperso e impotente, incapaz de erguer uma só baioneta, incapaz de um protesto no dia último e fatal.

No ato final falta apenas a cena derradeira. Prepara-a uma brecha na ideologia dominante. D. Pedro tudo pode, mas é necessário que se renda aos anseios nacionais, à causa do progresso do país e à grandeza de sua missão. Porque ele não faz o que pode será o "Pedro Banana"; porque faz o que não deve — já se iludiu — será o déspota brando, corruptor porque brando. Este o preço fatal da armadilha do Poder Moderador, armada na Constituição para dirigir um país amorfo, que era necessário educar, criar e edificar. O círculo fecha-se: a base da monarquia, fundada na tradição, e não na lei, exigia o respeito emocional, carismático, do povo, falta que precipitou ao pó o primeiro imperador. O segundo sairia pela mesma porta, vítima e bode expiatório, de um processo de modernização que desencanta a camada dirigente e decepciona as expectativas utópicas. O *poder pessoal*, o *imperialismo* se exaurem, não pelo excesso de poder, mas pela indefinição entre imaginações exaltadas, consciências imantadas por outros ideais, feridas pela missão de um destino em que a fantasia pode mais que a morna realidade. À medida que o poder se populariza, ele se degrada, aos olhos europeizados, na mística de quem não deve governar, nem influir. A aristocracia do comando, base secular do domínio, condena o filho ao exílio e à morte. Mas, no seio da camada diretora, em outra vertente, dado que o imperador tudo pode, sugere-se que empregue seus recursos, já que eles existem acima dos freios constitucionais, para engrandecer o país, e não apenas para catar as moscas de pequenas imoralidades. Um membro da juventude dourada do monarquismo, sonhando para o imperador um papel mais bonapartista do que constitucional, não censurará o poder pessoal, mas o fato de não servir-se dele para grandes fins nacionais.

> A acusação que eu faço a esse déspota constitucional, é de não ser ele um déspota civilizador; é de não ter resolução ou vontade de romper as ficções de um parlamentarismo fraudulento, como ele sabe que é o nosso, para procurar o povo nas suas senzalas ou nos seus mocambos e visitar a nação no seu leito de paralítica.[45]

As rãs pedem um rei, enquanto a parte mais aristocratizada e ofuscada pelos modelos europeus clama pelos excessos de governo. O caminho popular, demagogicamente oferecido ao soberano, não seria trilhado pelo velho imperador — talvez ele tenha brilhado, fugaz, rápido, tímido, aos olhos da herdeira. Tão longe não leva a fé monárquica, tolhida nas amarras de uma camada que compartilha o poder, no alto, agarrada à cúpula, ou de outra que quer o governo, certa da confiança das bases territoriais. No máximo, entre os ataques demolitórios, a geração dos monarquistas, filha dos figurões do Segundo Reinado, reconhecerá a utilidade do poder pessoal, que impedia as paixões, a dilaceração partidária e a guerra civil.[46]

A labareda das disputas e das contradições deixa de pé, verde e altiva, a verdade de que o Poder Moderador governa e administra. Ninguém, nem o imperador, nem os conservadores, nega a realidade. D. Pedro II a reconhece, com o apoio na letra da Constituição, letra que, lida pela rainha Vitória, a tornaria déspota, tantas as prerrogativas da Coroa. Os conservadores — os publicistas marquês de São Vicente e visconde do Uruguai — dão-lhe o contorno fixo, antes que a fórmula de Itaboraí — o rei reina, governa e administra — se transforme na doutrina oficial do partido. Os liberais também conhecem o texto da Carta de 1824: inimigos do Poder Moderador, no qual percebem a predominância do arcabouço monárquico sobre o popular, desde que não puderam aboli-lo, cuidam de negá-lo. Com a referenda de todos os atos do imperador, dos atos do Poder Executivo e do Poder Moderador, querem chegar ao princípio — o rei reina, e não governa. Desiludidos do êxito da causa, articulada com sutis argumentos jurídicos, voltam ao ponto de partida, preocupados em assegurar o poder com a plenitude do regime parlamentar, plenitude associada com o domínio das forças locais, que a descentralização federal imporia à nação. Os conservadores, vinculados ao elemento vitalício e burocrático, contam com a túnica macia que envolve as instituições, bordada pelos seus núcleos de atividade, formados ao pé da Coroa. Verdade é que todos, conservadores e liberais, monarquistas e republicanos, clamarão contra o poder pessoal, quando este os fere e os expulsa das poltronas, sem que ninguém o louve na hora da ascensão. Uma porta entreaberta sugere audácia, medidas grandes, missões altas, sem que d. Pedro se anime a nenhuma jornada cesarista. Enredado nos fios e nas teias de uma estrutura secular, ele se esgueira, com passos cautelosos, tímidos, tateantes, em busca de empreitadas políticas. Ele tudo pode, mas nem tudo lhe é lícito querer, num jogo político ondulante, que, sem violência e macio, não esconde a nota arbitrária. A política, para os partidos, será sempre comandada pelo capricho do azar, por mais educados que corram o voltarete e o gamão. A insatisfação de todas as facções, dos poderosos acastelados no Senado, no Conselho de Estado e sob o político chapéu cardinalício, se queixará da falta de garantias e das regras do jogo. Escaldado pelas sublevações regenciais e pelos protestos armados de 1842 e 1848, o imperador não quer o domínio permanente de uma facção, que, abandonada a si própria, não abandonaria o poder, senão quando a revolução, a revolução que abate os partidos e o trono, sair ao campo. A rotação partidária deixará, entretanto, não apenas a esperança do retorno, no fim do ostracismo, mas um fermento incontrolável de reivindicações radicais. A utopia se alimenta dessas decepções periódicas, assentada sobre uma velha imagem, apagada mas não extinta, de soberania da nação, liberta da compressão de cima para baixo, encarnada no elemento monárquico. A reforma das instituições será o objetivo, perseguida pela lei ou pela revolução. Propósitos na aparência utópicos, aliados, todavia, a realidades existentes mas sufocadas, dispersas na fazenda e no latifúndio, aptos a formar grupos regionais e provinciais. O escopo federal casa-se à embriaguez utópica das cidades, num vínculo que o 7 de abril evoca, na promessa de um quadro antimonárquico, colorido com a sugestão da prosperidade norte-americana, miragem que ofuscou outrora Evaristo da Veiga e Teófilo Ottoni, e ofuscará Tavares Bastos e Rui Barbosa. Para a emergência dos tempos novos, o obstáculo não será o *poder pessoal*, num gesto de desafio monárquico só mais tarde vibrado, mas o poder pessoal solidificado, congelado, prisioneiro de uma camada centralizadora, vitalícia, dourada de falsos brasões. Essa estrutura de cúpula, flexível até certo momento, fecha-se sobre si mesma, enganada pelo silêncio apenas perturbado de rumores, incapaz de incorporar forças novas, o senhor territorial desvinculado da tirania econômica da cidade, o Exército vitorioso na Guerra do Paraguai. O esclerosamento não sabe reagir senão por meio de exclusões, com o penhor da violência, contra a Força Armada, contra a Igreja, e contra a Fazenda política, esta gulosamente federalista. Fazenda, a de agora, menos escravocrata e mais dependente do salário, com a necessidade de maior autonomia econômica.

O monstro, situado na cúpula, devora os rebeldes e emascula os aderentes. O sistema sufoca, na divisão das responsabilidades que projetam seu poder sem contraste, irresponsável e inviolável. A Câmara é emanação passiva do ministério, sombra do imperador — este espectro de uma estrutura que a rotina apaga mas não domestica. Trono onipotente e sem raízes, rodeado de projeções de sua grandeza, sem que a luz própria eleve os satélites.

> Ministros [dirá o mais profundo analista do século imperial] sem apoio na opinião, que ao serem despedidos caem no vácuo; presidentes do Conselho que vivem, noite e dia, a perscrutar o pensamento esotérico do imperador; uma Câmara cônscia da sua nulidade e que só pede tolerância; um Senado, que se reduz a ser um pritaneu; partidos que são apenas sociedades cooperativas de colocação ou de seguro contra a miséria [...]. Quando alguém parece ter força própria, autoridade efetiva, prestígio individual, é porque lhe acontece, nesse momento, estar exposto à luz do trono; desde que der um passo, ou à direita ou à esquerda, e sair daquela réstia, ninguém o divisará mais no escuro.[47]

O imperador reina e governa, sem que o anime a fome do poder tirânico: filho e vítima de um sistema, ele viça à sombra de instituições secularmente plantadas. A atmosfera de seu poder se alarga porque todos querem respirar do ar que ele respira. Fora do círculo mágico, no fundo, agita-se apenas uma corrente subterrânea, hostil à Coroa. Só uma oposição real existe, conversível em republicanismo, ponta que se ata aos dias de 1822. Um jovem político, predestinado a um grande papel, definirá, em 1880, o rumo do vento, ao impugnar, na supremacia imperial, a própria monarquia.

> A base do nosso regime [dirá], a sua única base é a democracia. Na administração dos nossos interesses políticos, a soberania do povo é o alfa e o ômega, o princípio e o fim [...]. Nas nossas instituições orgânicas, portanto, só o elemento popular é eterno, substancial, imutável. A monarquia não passa de um acidente, bem que um acidente útil, um acidente eminentemente respeitável, um acidente digno de perpetuidade e seguro dela, enquanto souber servir ao país, submetendo-se a ele, enquanto não achar pouco o ser a imagem venerada e influente da majestade, sem a majestade efetiva, cujo cetro pertence intransferivelmente à opinião.
>
> Este dogma não está gravado só no pergaminho de uma carta: tem por tábuas esta lei das leis, as páginas de uma revolução triunfante, que, impondo a abdicação a um príncipe, afirmou o direito de impô-la à dinastia e ao trono. Em presença desse fato decisivo a outorga da carta, que nunca foi senão uma expressão convencional, perdeu a própria aparência da sua realidade como título de preeminência constitucional em favor da Coroa.[48]

Na palavra incandescente, não há apenas a teoria, a doutrina importada, mas o curso implacável de uma corrente, banida em 1823 pelos Andradas, por anárquica, jugulada na Regência, agora expressa sem escândalo. O eco do discurso, mais do que as palavras que o compõem, denuncia a presença do caminho que atrai os inovadores, os descrentes, os revolucionários. A nau imperial, poderosa mas sem âncora, perde a imponência, o prestígio, a majestade, batida por ventos que anunciam a tempestade. Não espanta que o Império, com seu cortejo solene de espectros, não resista a uma espada desembainhada simbolicamente, numa parada sem sangue. Enquanto o soçobro está à vista, os estadistas procuram, na reforma do voto, a substância popular e legitimadora, rebelde, distante, esquiva.

3 | *A representação do povo: as eleições*

NA BASE DA PIRÂMIDE, o povo, na forma do dogma liberal, transmite o sangue e a vida, a energia e a legitimidade ao poder político. D. Pedro I não esperou pela deliberação da Assembleia Constituinte para aceitar o cetro de imperador: sua qualidade deriva do ato do Ipiranga. Entre o rei e o povo não houve um pacto, discutido e concedido, mas a adesão ao líder e chefe, com o carisma sobreposto ao vínculo tradicional, legado pela dinastia de Bragança. O estabelecimento da sua dinastia, filha da Revolução de 1640, obedeceu a outro molde, legitimada a Coroa pela vontade das cortes. Da mesma sorte, a casa de Avis, erguida sobre as armas sublevadas, encontrou em Coimbra, na reunião dos fidalgos e procuradores das vilas e cidades, o título de rei. Dos três atos do drama dos dois povos de língua portuguesa, o mais arbitrário saiu do moderno ambiente liberal, explorada, pela primeira vez na história comum, a designação direta do povo, de caráter cesarista, sem as velhas e tardas cautelas que sagravam um rei. Paradoxo do liberalismo, lavrado em seu nome e de acordo com a essência ultrademocrática de seus fundamentos políticos. Na outorga da Coroa a d. João I, d. João IV e a d. Pedro I nada se parece, todavia, à eleição moderna: uma vez exaurida a expressão da vontade popular, esta perde a liberdade de revogar a decisão ou de limitar os termos da concessão da soberania. O regime é representativo — o rei está no lugar da nação e em seu nome exerce o poder —, mas o governo, como atividade e manifestação jurídica, nada tem de representativo. O rei e as cortes emanam da nação, são a sua cabeça e seu coração, mas se revelam publicamente, são escolhidos para traduzir a voz de todos, e não dos grupos ou das facções em desacordo. Preside o fenômeno, não a competição, mas a designação, não a autenticidade da fonte, mas a legitimidade da camada que nomeia. Regime representativo, mas não liberal.

As eleições do período colonial obedecem a esse contexto, projetado para os municípios. Predomina, sobre a competição e a escolha, a pré-qualificação social — o eleitor e o elegível devem, desde o berço, possuir uma posição que os qualifique para o mando e as deliberações. Entre o aventureiro e o homem de qualidades há um abismo, o abismo que separa o vilão do fidalgo. Toda a luta política, nos últimos duzentos anos, se resumirá na expansão do corpo deliberante, com o sacrifício do exclusivismo dos grupos aristocráticos. O iceberg emerge das águas até que, mais pela ficção do que pela realidade, a vontade da maioria decida e governe. D. João I,

d. João IV e d. Pedro I não seriam reis se o sangue não os ligasse a outros soberanos. O vereador, na colônia, não alcançaria a alta dignidade se os *homens-bons* não lhe confiassem a dignidade. A eleição, tomada no sentido moderno, se desfigura e se dilui nos pressupostos minoritários, rigidamente circunscritos a camadas tradicionalmente limitadas. A revolução liberal do século XIX, mais teoricamente do que na verdade, transtornou a cena consolidada e antiga, quieta e muda. Fora das influências sociais irrompem grupos políticos novos, inspirados nas transformações da velha ordem. Os detentores das posições empenham-se, diante da ameaça ao seu comando, em repelir os aventureiros, pela força ou pela astúcia, expressa esta, em regra, na nobilitação dos rebentos de forças novas. Em circunstâncias raras, ensaiam uma coalizão de interesses, com a partilha do poder, sob a hegemonia flexível do grupo tradicional.

A sociedade luso-brasileira contraiu, a partir da Revolução Portuguesa de 1820, o achaque liberal. Contraiu é o termo: o liberalismo não seria mais que uma doença importada, com a qual deveria conviver sem a ela ceder. A eleição manipulada, artificiosa nos instrumentos, falsa na essência, será a condescendência sem a adesão. As duas primeiras manifestações da sarna europeia — as eleições para as cortes de Lisboa (1821) e a Assembleia Constituinte (1822) (exclui-se, por irrelevante, a Junta de Procuradores) — dão a medida da atividade futura. Diversamente da reunião das cortes do reino e das juntas das câmaras municipais, cumpria renovar, e não designar o corpo deliberante. A primeira linha social e política, a que cerca o rei e com ele dialoga, perde abruptamente o domínio, em Portugal em virtude da sublevação liberal, e no Brasil por consequência dos sucessos da Independência. A nova elite, diante do colapso do quadro dirigente, não sai, como geralmente se supõe, da propriedade territorial, amesquinhada e sufocada pela burocracia colonial, durante cem anos de opressões. Num conjunto de oitenta representantes (deputados e suplentes) eleitos às cortes de Lisboa, o fazendeiro e o latifundiário têm expressão e voz, na ordem não superior a 30%, se contados os agricultores e seus dependentes. Predominam, contudo, os clérigos, magistrados e funcionários, com cerca de metade do conjunto. É a burocracia de segunda linha que dá um passo à frente para ocupar as fileiras vazias.[49] Essa orientação revelar-se-á, no futuro, uma constante, em favor sobretudo da magistratura. Ocupado o campo de domínio burocrático, a influência política, depois do breve período da Independência e da indefinição regencial, será cada vez mais irradiada do centro para a periferia, numa obra de compressão centralizadora a que não estará alheio o interesse da classe comercial, dona do crédito, do financiamento, do tráfico de escravos e do dinheiro. Nota-se, além disso, que os deputados às cortes de Lisboa e à Assembleia Constituinte persistirão nos pleitos posteriores e se tornarão influentes senhores dos postos políticos: entre outros, nas cortes, Feijó, Antônio Carlos, Vilela Barbosa (o primeiro Paranaguá), Fernandes Pinheiro, José Lino Coutinho, Araújo Lima, Vergueiro, José Martiniano de Alencar; na Constituinte: os Andradas, outra vez Vergueiro, Fernandes Pinheiro, Muniz Tavares, Araújo Lima, Alencar etc., com novos deputados, num grupo de 23 advogados, 22 desembargadores, 19 clérigos, 7 militares, 3 médicos e outros. Dessa última fornada, sairiam 33 senadores, 28 ministros, 7 conselheiros de Estado, 4 regentes, 18 presidentes de província.[50] Tudo indica que a nova categoria política, encharcada de burocratas, se apropriará dos meios e instrumentos eleitorais, domesticando o territorialismo expansivo, afogando a competição num arranjo de controle social e governamental. A fazenda, que emerge poderosa nas lutas da independência, cede o lugar aos legistas, sobretudo aos juízes. Com a prosperidade da agricultura, dado o vínculo escravista, não se tornam mais poderosos os agricultores, mas os donos do crédito e das exportações, propugnadores da ordem centralizadora, que, na política, será propícia aos letrados.

A eleição para as cortes constituintes de Lisboa, em 1821, a estreia na política liberal da sociedade brasileira, obedeceu ao sistema indireto. Por meio de quatro graus, a vontade eleitoral escoa-se nos representantes, diluída e filtrada, num mecanismo que, ainda longe da inspiração liberal, trazia novas lideranças ao governo. Forma mais renovadora que liberal, na verdade. O modelo foi o da Constituição espanhola de 1812, adotada em Portugal. A população das localidades, reunida em assembleia, designava os compromissários, aos quais competia nomear os eleitores de paróquia. Os eleitores de paróquia, reunidos na sede da comarca, escolhiam os eleitores de comarca, que, na capital da província, elegiam os deputados. Os eleitores de comarca deviam ser superiores, em três vezes, aos deputados a eleger; cada duzentos fogos davam direito a um eleitor de paróquia, com onze compromissários para um eleitor paroquial, 22 por dois e 33 de três para cima. As autoridades provinciais, ligadas ao último elo eleitoral, autoridades já nacionalizadas e vinculadas aos interesses locais, designavam, em última instância, os deputados, numa transação com os núcleos paroquiais e de comarca. Daí o elevado número de clérigos e burocratas (inclusive magistrados), representando os primeiros as juntas de qualificação e as mesas eleitorais do interior, e os segundos, o governo provincial.[51] A eleição dos procuradores-gerais das províncias seguiu o mesmo molde, para uma assembleia frustra. A redução dos quatro graus para dois, que persistiria até 1881, foi obra das instruções eleitorais que presidiram a escolha dos cem deputados à Assembleia Constituinte, convocada em 3 de junho de 1822. Outorgada a Constituição de 1824, as primeiras eleições, para a legislatura de 1826-9, na forma das instruções de 26 de março de 1824, não sofreram pressão governamental, salvo na indicação embuçada dos nomes dos candidatos a senadores.

> Os deputados [refere Armitage] haviam sido eleitos em 1824 segundo as formas estatuídas na Constituição; porém, na escolha dos senadores, o imperador, sem infringir consideravelmente o seu sentido liberal, achou meios de iludir o seu espírito legal, para intro-

duzir neste corpo certos indivíduos que pouco mais eram do que cegos instrumentos de sua vontade.[52]

As instruções de 26 de março de 1824, estatuto eleitoral outorgado pelo governo e que vige até 1842, fixam as bases do sistema que domina, com modificações secundárias, quase todo o Império. A mesa eleitoral e paroquial foi o fundamento de toda a vida partidária, o eixo maior da máquina de compressão. Aperfeiçoado mais tarde, esse núcleo determinará o reduto das manipulações, da fraude e da violência eleitoreiras. De acordo com a forma do duplo grau, a massa dos cidadãos ativos em assembleias paroquiais elege "os eleitores de província", aos quais cabe designar os representantes da nação e províncias (Constituição, art. 90). À eleição primária, paroquial pela circunscrição, sucedia a eleição secundária, com distinção dos votantes dos eleitores. A mesa eleitoral fazia a eleição primária, com o recebimento do sufrágio dos votantes: "seu poder e arbítrio" — escreve o autor de obra clássica sobre a atividade eleitoral no Império — "não conheciam limites; sua formação era a mais irregular e filha sempre de inauditas desordens e demasias".[53] No dia da eleição — reunida a assembleia paroquial, constitucionalmente criada — o seu presidente, o juiz de fora ou ordinário, ou quem estivesse em seu lugar na freguesia, em combinação *com o pároco*, propunha dois cidadãos para secretários e dois para escrutinadores, que, "aprovados ou rejeitados por aclamação do povo", com o presidente e o pároco constituíam a mesa eleitoral. Não havia qualificação prévia de votantes, aceitando a mesa os votos de quem queria e recusando os de outros, a pretexto de julgar as exclusões constitucionais à participação do sufrágio, exclusões prescritas aos menores de 25 anos (salvo os casados, oficiais militares, bacharéis e clérigos), aos filhos-família, aos criados de servir (sem que compreendam os guarda--livros e primeiros-caixeiros das casas de comércio), aos religiosos que vivessem em comunidade claustral e aos que não tivessem renda líquida anual de 100$ por bens de raiz, indústria, comércio ou emprego. A eleição começava e terminava quando ela queria, sem a formalidade da chamada dos votantes. Se os circunstantes denunciassem suborno ou conluio "para que as eleições recaíssem em pessoas determinadas", os votos não eram recebidos, negados também aos caluniadores. O número dos eleitores da paróquia era arbítrio da mesa, havendo casos em que uma freguesia suplantava todos os votos da província.

Com tais faculdades, compreende-se a suma importância que adquiria a nomeação das mesas eleitorais. Era entretanto entregue à aclamação do povo, que aceitava ou rejeitava as pessoas indicadas pelo presidente. Ainda se conservam, e é provável que se conservem para sempre, na lembrança de todos os que assistiram às eleições anteriores a 1842, as cenas de que eram teatro as nossas igrejas na formação das mesas eleitorais. Cada partido tinha seus candidatos, cuja aceitação ou antes imposição era questão de vida ou morte.

Quais, porém, os meios de chegarem as diversas parcialidades a um acordo? Nenhum. A turbulência, o alarido, a violência, a pancadaria decidiam o conflito. Findo ele, o partido expelido da conquista da mesa nada mais tinha que fazer ali, estava irremissivelmente perdido. Era praxe constante: declarava-se coato e retirava-se da igreja, onde, com as *formalidades legais*, fazia-se a eleição conforme queria a mesa.[54]

Não acabava aí a *via-crúcis* eleitoral. As eleições secundárias abriam outro capítulo, nas quais a barganha, mantida embora a coerência partidária, designava os deputados. Os afagos oficiais, as nomeações, as promessas indicavam o eleito, não raro remetidas as atas em branco para que os presidentes da província decidissem preenchê-las ao seu talante. Mais tarde, o registro das atas nos tabeliães públicos obstou a fraude, ao tempo que abria outro expediente, este de longa vida, as duplicatas eleitorais. O regime, dito democrático, do sistema de 1824, era, na realidade, o domínio da turbulência popular, só não extremada em virtude do freio disciplinador da propriedade territorial, forte na quadra inicial da nação e devido ao pouco prestígio da Câmara na primeira legislatura, escaldadas as opiniões com a dissolução da Constituinte.

A eleição para a segunda legislatura — 1830-3 — inaugura, na realidade, a contestação dos grupos, ainda nacionalmente mal estruturados. O governo entra na luta, certo de que a vitória nas urnas garantiria a estabilidade do trono, ameaçado pelo crescente divórcio de d. Pedro I com o país. A causa da oposição, com Bernardo Pereira de Vasconcellos e Evaristo da Veiga, decide o jogo, numa prévia ao 7 de abril. Seria o último lampejo da reação popular, capaz de afogar na onda eleitoral dois ministros, façanha repetida na terceira legislatura (1834-7), para se seguir de um eclipse de quarenta anos (com um acaso de permeio), até que a eleição direta (1881) transitoriamente renove o fenômeno. Daí por diante, o governo será tudo, na regência e no Segundo Reinado.

A emergência dos partidos nacionais, estruturados no centro desde 1836, deu lugar a uma mudança na perspectiva tumultuária. O entrevero das facções locais obedecia, desde os primeiros passos de 1821, ao cadinho provincial. O domínio da província, com a conquista do juiz presidente da mesa eleitoral, definia o grupo vencedor. A heterogeneidade dos burgos se acomodava a um núcleo maior, politicamente valorizado pelo Ato Adicional de 1834, que, ao pretender federalizar o Império, queria congregá-lo numa coligação de províncias. Contra o esquema centrífugo operou o fortalecimento dos partidos nacionais, coincidentemente valorizados com a reação centralizadora, que culminaria na Lei de Interpretação (12 de maio de 1840) e na lei de 3 de dezembro de 1841, que se entrosam nas instruções eleitorais de 4 de maio de 1842. O Império centraliza-se, denuncia Tavares Bastos, "nas mãos do ministro da Justiça, generalíssimo da polícia, dando-lhe por agentes um exército de funcionários hierárquicos, desde o presidente de província e o chefe de polícia até o inspetor de quarteirão".⁵⁵ O controle da Guarda Nacional, em 1850, fecharia o círculo de domínio de cima para baixo. Os partidos — já agora o Liberal e o Conservador — cobrem as facções locais, incorporando-as ao seu mecanismo. As designações locais — os "cabeludos" em Alagoas, por exemplo — somem nos nomes dos partidos nacionais, não raro encampando as dissensões de família. Surpreendendo-os no início da década de 1840, João Francisco Lisboa depõe sobre sua multiplicidade, com traços caricaturais.

> Nesta heroica província, a contar da época em que nela se inaugurou o sistema constitucional, os partidos já não têm conta, peso ou medida; tais, tantos, de todo tamanho, nome e qualidade eles têm sido [...].
> As aves do céu, os peixes do mar, os bichos do mato, as mais imundas alimárias e sevandijas já não podem dar nomes que bastem a designá-los, a eles e aos seus periódicos, os Cangambás, Jaburus, Bacuraus, Morossocas, Papistas, Sururus, Guaribas e Catingueiros. Assim os partidos os vão buscar nas suas pretendidas tendências e princípios, nos ciúmes de localidades, nas disposições antimetropolitanas, na influência deste ou daquele chefe, desta ou daquela família, e eis aí a rebentar de cada clube ou coluna de jornal, como do cérebro de Júpiter, armados de ponto em branco, o partido liberal, o conservador, o centralizador, o nortista, o sulista, o provincialista, o federalista, o nacional, o antilusitano, o antibaiano, o republicano, o democrático, o monarquista, o constitucional, o ordeiro, o desorganizador, o anarquista, o absolutista, o grupo Santiago, o grupo Pantaleão, os afranistas, os Boavistas, a camarilha, o cabildo e o pugilo.⁵⁶

As instruções eleitorais de 1842, conjugadas à maré centralizadora, aglutinaram a variedade imperial e regencial aos blocos dominantes na corte. Ao lado do juiz de paz e do pároco entra, nas juntas de qualificação paroquiais, o subdelegado de polícia, preso hierarquicamente ao ministro da Justiça, por via do presidente de província, único elemento armado, representando a autoridade superior. A chave do processo acentua e consolida o princípio *feita a mesa, está feita a eleição*, mesa, agora, necessariamente governista. Essa foi a resposta dos conservadores à "eleição do cacete", dirigida pelo liberal Antônio Carlos, reforma que tem, como ponto essencial, a prévia qualificação dos votantes e dos elegíveis, relegando à mesa eleitoral o conhecimento da identidade dos votantes, proibida de examinar-lhes a idoneidade, aberta ainda às fraudes e à violência. A máquina eleitoral, a pretexto de corrigir os abusos, assume caráter autoritário; a desordem fora vencida pelo silêncio às manifestações populares, introduzida a vigilância férrea nas paróquias, em nome da ordem e em proveito do partido no exercício do poder. A lei nº 387, de 19 de agosto de 1846, a primeira intervenção do Poder Legislativo no assunto, substitui a autoridade policial pela ditadura do juiz de paz, sem que se logre introduzir no processo o sistema das incompatibilidades de certos poderosos, vinculados ao governo. Enquanto outrora, em 116 comarcas do Império, só num dia foram removidos 52 juízes de direito, no Rio de Janeiro, com 9 juízes de direito, 7 seriam afastados. O juiz de direito, no sistema policial, tornava-se o fiscal das pressões — daí seus afastamentos. Deslocada a base para os juízes de paz, nada mudava, senão o foco onde se concentra a pressão. Depois de dez anos de reorganização, reformas e aperfeiçoamento da máquina, o quadro partidário toma a mesma denominação, em todo o Império, nome preenchido por significações diferentes, ao sabor das particularidades locais. O corpo partidário perde a identidade ideológica, num sistema nominalista, abrigando interesses de ampla gama, não raro contraditória dentro da mesma província. De outro lado, as relações entre os quadros dirigentes e o votante predominam, ao contrário da troca de serviços e favores da fase anterior e da fase de eleição direta e republicana futuras, nas relações de coerção, autoridade e manipulação. O grau inferior — votantes e eleitores — perde o poder de barganha, em favor de uma camada superior, cuja força advém dos instrumentos compressivos de governo. O modelo estaria próximo da política de clientela, com fundamental distorção autoritária. A pequena comunidade não se vincula ao quadro geral, pela intermediação dos chefes políticos, com a importação de técnicas modernizantes, senão que se subordina, passivamente, aos padrões vindos de fora. Configurava-se o que José de Alencar denominou a "extorsão da soberania popular".[57] Os grupos de empregados públicos ou aspirantes aos cargos tomam o lugar das chefias locais e as submetem, com a mostra do símbolo da autoridade ou com o chicote sem máscara. Onde está o povo?, pergunta o escritor. "Nas urnas só acho as cédulas pagas à vista ou descontadas com promessas de rendosos empregos e depreciadas condecorações."[58]

O Gabinete de Conciliação (1853-7), presidido pelo marquês de Paraná, pretendeu corrigir os males, ao reformar a circunscrição eleitoral, diminuindo-a da província para o círculo de um deputado e desligando a junta de qualificação e as mesas das assembleias paroquiais da obediência ao governo. Quis afastar as pressões com a lei das incompatibilidades, vedada a eleição das autoridades capazes de desviar o eleitor de sua livre escolha (não poderiam ser votados: presidentes de província e seus secretários, os comandantes de armas e generais em chefe, os inspetores de fazenda geral e provincial, os chefes de polícia, os delegados e subdelegados, os juízes de direito e municipais). Da lei tudo se espera, num estilo mental próprio do governo estamental, que só vê a realidade legislada, e não seus pressupostos sociais e econômicos. O contato do candidato com o eleitor anularia a influência do governo, tornaria o cidadão fiscal do processo, moderaria a pressão provincial e impediria que as maiorias locais fossem esmagadas pelas provinciais. Supunha-se, com a adoção do sistema, que as minorias viessem a se representar, visto que os círculos seriam independentes e livres da máquina geral, pondo fim às câmaras unânimes. A lei, promulgada em 19 de setembro de 1855, soou aos liberais, sempre interessados na autenticidade da expressão popular, como uma vitória e o prenúncio de tempos novos.[59] O conservador Paraná via no mecanismo o instrumento para a reorganização partidária, libertas as facções das tradições que as amesquinhavam. Somente com as eleições diretas (1881) se deterá a febre reformista, em busca do voto representativo, depois de muitas esperanças malogradas. Mas nem todos acreditam na panaceia: a voz extinta de Bernardo Pereira de Vasconcellos lembrava que o sistema representativo não significava a vontade popular, mas o governo dos melhores, dos mais esclarecidos, dos mais virtuosos.[60] Entre o país real e o país legal, só o segundo estaria apto a destilar a elite, o poder capaz de modernizar, civilizar e elevar o povo. A ditadura mental, sonho de José Bonifácio, ressurge nas opiniões do Partido Conservador, desdenhoso das notabilidades de aldeia, dos empregados subalternos elevados ao parlamento pela proteção das influências locais. A verdade poderia revelar o país a si mesmo, na excessiva luz que viria de baixo para cima. O chefe do gabinete, voltado para a autoridade ao longo de sua ação, não segue, nesse passo, as advertências de Eusébio, de Olinda e da mais categorizada corrente de seu partido. Ele também, por um dia, sofre a fascinação da "causa territorial contra o entrincheiramento à beira-mar do velho regímen".[61] A única eleição realizada sob o Império da eleição por círculos de um deputado (para a legislatura 1857-60) quebrou, na verdade, a unanimidade da Câmara: a minoria passava da fase das "patrulhas" para um corpo de consistência própria. Ela revela, entretanto, um perigoso Estado. Os partidos se enfraquecem, perdendo o domínio sobre os ramos perdidos no território, e "dividindo-os em grupos, em conventículos de meia dúzia de indivíduos, sem nexo, sem ligação, sem interesses comuns e traços de união. Toda a nossa esfera política, até então elevada, apesar da nossa relativa pequenez como nação, sentiu-se rebaixada".[62] A obra de centralização sofre, depois de vinte anos, a primeira fissura.

A brecha não se abre apenas no estabelecimento do círculo, principal objetivo da lei. As incompatibilidades suscitam grande debate, sobretudo no que diz respeito ao afastamento dos magistrados dos pleitos. Desde 1848 se viera tentando a inovação, seja por meio da reforma judiciária de Nabuco, seja pela reforma eleitoral. Na reforma judiciária, tentada em 1854, fora eliminada a incompatibilidade dos juízes, pelo parecer dos deputados magistrados.[63] Essa grande força — o político magistrado — que viera das cortes de Lisboa e da Constituinte constituía, ainda, a maior bancada do parlamento. Dos 113 deputados, 23 eram juízes, entre os quais Nabuco, Wanderley (barão de Cotegipe), Paes Barreto.[64] A corrente favorável ao magistrado na política argumentava com a independência dele, independência assegurada com a posse do cargo, mesmo nos dias de ostracismo. Seriam de temer, segundo Zacarias, não os magistrados, mas os deputados sem emprego, que faziam da Câmara um degrau para a conquista do cargo público. "Não basta que os magistrados não possam ser deputados" — declarava um opositor —, "mas que os deputados não possam ser magistrados."[65] Sem os magistrados, o parlamento perdia em ilustração, experiência e capacidade para elaborar as leis. Para os defensores da lei, o país de 1853 não era o país de 1821, quando não havia bacharéis suficientes para o preenchimento das comarcas, nem seriam apenas a magistratura e o clero as únicas categorias cultas do país. Queriam que o empregado público se afastasse da política; pois, lembra um orador, já participara de uma Câmara de 103 membros onde 95 eram funcionários públicos e bradava: "Olhemos para os bancos desta Câmara, vemos que todos ou quase todos são ocupados por empregados públicos. Não há aqui um negociante, não há um lavrador [...]".[66] A principal face da lei, o círculo, sofria o ataque principal de que evocaria a "notabilidade de aldeia", degradando o parlamento ao nível do país real. A prática, revelada na eleição de 1856, não atingia apenas os "feudos eleitorais dos juízes de direito", senão que mostrava a quebra dos freios de hierarquia e disciplina dos partidos. As ambições locais despertam, acolhidas no espaço fechado do círculo, com o rompimento do vínculo oficial, só este capaz de assegurar a supremacia partidária.

> Engrossavam essa caudal as ambições de família, as aspirações das vilas e dos distritos, e, na esteira dos candidatos jovens, inquietos das mesmas pretensões pessoais, o chefe local, o comandante superior, o coronel, o juiz faccioso: ávidos de uma afirmação isolada, de uma ostentação do próprio valor.[67]

Onde, como em todo o Norte, Bahia inclusive, as grandes famílias se haviam empobrecido, quer com o regime de plantio não remuneratório do açúcar e pela exaustão das riquezas, maior era o afrouxamento dos laços partidários. A abolição do tráfico lançara, junto com a mortandade de escravos pela cólera, muitos potentados na necessidade de pleitear empregos públicos aos seus rebentos, para libertá-los da decadência. Nesse momento, os recursos usuais, o recrutamento e a pressão policial, pouco valiam, dada a estreitura do círculo, confinado a poucos votantes e a alguns eleitores. Daí a apressada marcha a ré, com o decreto nº 1082, de 18 de agosto de 1860, que alarga o círculo para três deputados. A eleição de 1856 seria a única do deputado único para o círculo, até que novas ideias e circunstâncias tragam ao palco as eleições diretas. Na perseguição do propósito de evitar as câmaras unânimes, as reformas nada produziram. À dúzia de oposicionistas de 1854, computam-se, nas eleições de 1864 e 1867, em câmaras liberais, escassos seis deputados conservadores. Voltava a imperar o princípio da autoridade, em conexão com o país oficial, fazendo recuar, mais uma vez, a causa territorial.

A corrente liberal, daqui por diante, não mais se deterá. Em 1869 exigirá as eleições diretas na corte, nas capitais das províncias e cidades com mais de 10 mil almas, e eleições indiretas no interior. Antes da reforma magna da eleição direta, reforma cercada de prestígio miraculoso, uma transação: a lei de 20 de outubro de 1875, lei patrocinada por um conservador, o visconde do Rio Branco, que o caprichoso destino, cuja alma era o imperador, incumbira de realizar o programa liberal de 1869. O ponto central será a representação da minoria, com um terço dos votos a ela reservado, no escrutínio incompleto, novamente alargado o círculo para toda a província. As incompatibilidades se alargam, para alcançar, além das altas autoridades e dos magistrados, os funcionários mais aptos a influir no eleitorado. Os juízes passaram de candidatos a fiscais das eleições, remate de um movimento que vem de 1855. A eleição seguinte, realizada com base na lei do terço ou da representação das minorias, não dará o resultado esperado: sob o império de uma situação conservadora, os liberais elegem dezesseis deputados, em lugar dos 25 que lhes cabiam. A transação falhara e com ela o espírito das reformas do ciclo 1855-75. A causa territorial, animada pelos liberais, ardente desde 1869, queria o lance supremo: o círculo de um deputado e a eleição direta. Esta seria a panaceia que traria à tona a verdade eleitoral, pondo fim à farsa da compressão de quarenta anos. Vozes houve, na hora da maré montante, que preferem ainda uma transação, com as eleições diretas nas cidades e indiretas no interior, para obstar, agora que as incompatibilidades afastaram o juiz e certos funcionários, que os senhores da terra, apoiados nos "servos da gleba", se tornassem donos dos sertões. Temia-se um perigo futuro: o domínio dos coronéis, soltos ao seu arbítrio, formando, dentro do partido, um subpartido local, como nos dias pré e regenciais. "Tenho medo" — adverte um senador — "que o senhor da terra, com seus capangas, designe imediatamente o deputado."[68] Para a grande reforma, o imperador em pessoa assume o comando das operações, afasta em 1878 o gabinete conservador, e, em seu lugar, coloca os liberais Sinimbu (1878-80) e Saraiva (1880-2). É uma cruzada que se inicia — para o remédio, capaz de curar todas as mazelas do regime. O projeto constituiu-se de dois propósitos: a eleição direta e a exclusão do analfabeto, com a tentativa de elevar o censo (dos 200$000, valor reajustado em 1846, para 400$000). O temor dos conservadores estava atendido: o povo se manifestaria diretamente, mas não todo o povo, senão o apto a representar o país, pelos rendimentos, cultura e propriedade. As duas fisionomias do liberalismo estavam presentes, a territorial e a urbana, utópica esta e um tanto demagógica. Enredado com o problema da reforma constitucional — a Carta de 1824 prescrevia a eleição indireta —, Sinimbu cede o lugar a Saraiva, que realiza a obra por meio de lei ordinária, a ei de 9 de janeiro de 1881. A primeira eleição regida pela eleição direta (para a 18ª legislatura, de 1881-4) será um extraordinário êxito: 75 liberais e 47 conservadores entram na Câmara e dois ministros serão derrotados. O país renascera e estava emancipado — mas a quimera durou pouco, o curto espaço de quatro anos. Percebem os políticos, apagados os últimos fogos da festa cívica, que o resultado não decorria da lei, mas da vigilância do imperador e da inflexível honradez de Saraiva, que, de tanto guardar a imparcialidade, parcializava-se para o lado contrário. O gabinete Sousa Dantas (1884-5), nas próximas eleições (1884), ainda guarda as aparências (60 liberais, 55 conservadores e 3 republicanos), cerimônia que daí por diante, a começar por Cotegipe (1885-8), não mais impedirá o retorno à compressão (20ª legislatura, 1886-89: 103 conservadores e 22 liberais) com o fim, o derradeiro fim, com Ouro Preto (1889). Conseguira-se, depois de uma jornada de ilusões, maior valorização do voto, encarecendo-o como mercadoria no comércio. O país real não se formava dos arrogantes e independentes senhores de terras, mas dos pedintes de emprego, dos necessitados de pequenos auxílios.

> Que o país real com esse primeiro ato de verdade eleitoral ficou tão anarquizado quão corrompido; que o parlamento veio representar a doença geral das localidades, a fome de emprego e de influência; a dependência para com o governo. Era sempre o governo, se não o de hoje, o de amanhã, e só o governo, que podia fazer a eleição. Quanto mais verdadeira ela fosse, mais dedicado ao governo, isto é, mais necessitado, cobiçoso, o eleitorado se mostraria. A emancipação do eleitorado, quando pudesse ser efetuada, só daria um resultado: o habituá-lo a utilizar-se do seu voto. Espalhar pelas cidades e pelo interior, onde o emprego era uma sorte grande, diplomas de eleitor era distribuir bilhetes de loteria para um sorteio sempre renovado: o efeito desmoralizador era o mesmo. Dar-se-iam exemplos de esplêndido desinteresse, de abnegação e ingenuidade, características das classes pobres, casos de derrota da plutocracia, do oficialismo, pelo proletariado; mas na grande maioria dos distritos triunfaria a necessidade. A princípio os eleitores seriam arrebanhados pelas influências, mas o resultado da eleição direta, sendo livre, seria quebrar o chamado "cabresto", tornar o votante independente [...]. O efeito dessa papeleta foi o mesmo que uma derrama de papel-moeda: o povo supôs que emergia da pobreza e da necessidade, que tinha recebido uma renda vitalícia.[69]

Engano e decepção, os frutos da lei de 1881: o povo não arrebatou a soberania, aprisionada na camada que cerca o imperador, nem o senhor de terras ganhou o primeiro plano. Sobre ambos, paira uma rede, cada vez mais rígida, que domina a todos, rede tecida pela pobreza e pela dependência dos homens.

A sucessão de instruções e leis não revela todo o drama: elas mal cobrem e dissimulam o fundo, entremostrando mais do que mostrando. Desde a reação centralizadora de 1837 até o último ato de 1889, o sistema representativo será a imensa cadeia do "cabresto" e do comando da vontade do eleitor. Diga-se, antes de mais nada, não há povo: em 1872, para uma população de 10 milhões de habitantes, há 1089659 *votantes*, 20006 *eleitores*, para os seguintes representantes: 58 senadores, 122 deputados gerais e 578 deputados provinciais.[70] A inflação grotesca dos votantes, 10% da população, será uma grossa fraude, com a qualificação forjada. A prova? A eleição de 1881, a primeira eleição direta (para a 18ª legislatura, 1881-4), só alista 150 mil *eleitores*, com o comparecimento de 96411, numa população de 12 milhões de habitantes.[71] A proporção cai de 10% para os votantes para 1,25% dos eleitores e para menos de 1% dos eleitores que exercem seu direito. Ora, os votantes, cidadãos brasileiros e estrangeiros naturalizados, com as exclusões de menoridade, filhos-famílias, criados de servir, religiosos e renda anual de 200$000, podem ser eleitores. Seria de presumir, portanto, que os votantes seriam em número próximo aos eleitores, a quantidade destes diminuída pela renda, na verdade, responsável por redução mínima do eleitorado; isso não aconteceu: a proporção cai, com referência à população, de 10% para 1%. Votavam, no primeiro grau, os analfabetos (a lei nº 387, de 19/8/1846, art. 51, excluía os votantes da obrigação de assinar as cédulas, ao contrário dos eleitores [art. 73], sem que a lei de 20 de outubro de 1875 [art. 1º, § 4º] os excluísse frontalmente). Note-se, aliás, que a restrição não estava contida na Carta de 1824. Mesmo para as exclusões constitucionais não havia, no interior, o respeito que seria de supor. Na Câmara dos Deputados, revela Martinho Campos: "O nobre ministro sabe que as restrições mesmas da veneranda Constituição são completamente anuladas na prática, que na eleição nossa de dois graus houve sempre verdadeiro sufrágio universal" (sessão de 1º de junho de 1875). Só na discussão ao projeto de lei do terço é que se descobriu que a exigência da alfabetização estava implícita na Constituição e que era objeto das leis modernas estrangeiras.[72] Havia, em 1875, um total de 1564481 alfabetizados para 8365991 analfabetos.[73] Do total dos alfabetizados, a metade seria menor, grande parte não reuniria os demais requisitos para o exercício do voto. Não há dúvida razoável, portanto, para não admitir que votantes seriam todos, analfabetos e alfabetizados, pobres e ricos, num sufrágio universal de fato, engrossado pelos eleitores fantasmas e os "fósforos". Mais tarde, na sessão da Câmara de 1879, José Bonifácio, o moço (1827-86) pregaria, antes de vibrado um golpe dúbio contra o voto do analfabeto, o reconhecimento de sua capacidade eleitoral (sessão de 28 de maio de 1879). Para Saraiva, em 1875, diante da exigência legal de saber ler e escrever o votante e o eleitor, a franquia geral formaria uma democracia selvagem.

> Vós que não meditais, vós que não sabeis o que vai pelo mundo político, haveis de ter os mesmos direitos que têm os vossos vizinhos, que leem jornais, que sabem quais os homens políticos do país, quais as suas ideias, e que estão habilitados para exercer essa função, para a qual vós não tendes a menor aptidão (sessão de 11 de agosto de 1875).

Uma proposta — tal o reconhecimento do voto ao analfabeto — propunha, expressa pelo senador Jaguaribe, do Ceará, que os direitos adquiridos deveriam ser preservados, proibido o voto dos analfabetos só para o futuro. Esta parece ser a orientação adotada pela Lei Saraiva (Decreto nº 3029, de 9 de janeiro de 1881), que admite assine pelo eleitor que não souber escrever outra pessoa, no recebimento do título (art. 6º, § 15) e na revisão do alistamento incluía apenas o eleitor que soubesse ler e escrever (art. 8º, II).

O povo, em todos os sistemas legais, não acorria aos pleitos movido para a defesa de seus interesses e aspirações. Guiava-se, não tanto pelos proprietários, mas pelos funcionários (subdelegados e juízes) que faziam a eleição, sob o comando imediato do presidente da província. Um exemplo será, em 1839, a presença do presidente da província de Alagoas, Agostinho da Silva Neves. Seu fim, e para isso foi nomeado, será o de fazer-se deputado: o estranho liga-se a uma família proprietária e desse acordo sai uma ninhada de representantes do povo. Há resistências? O presidente lança o golpe extremo, recorre ao recrutamento, "espécie de estado de sítio da época".[74] Outro meio de chegar à política: a magistratura, caminho de Paulino, Nabuco de Araújo, Sinimbu, Wanderley e muitos outros. Ainda um atalho: ser filho de ministro ou senador, como Joaquim Nabuco, Afonso Celso, Rio Branco. No centro, sobre todos os aspirantes, vela uma grande influência — um Araújo Lima, um Paraná, um Caxias, um Cotegipe, um Nabuco. Ainda há resistências? As raras resistências depois das demissões em massa, das nomeações, dos títulos honoríficos e das patentes da Guarda Nacional se vencem com a costela quebrada, a facada, o tiro.

A peça principal da eleição, denunciada no *sorites* do senador Nabuco e lamentada pelo imperador, é o presidente de província. Agente de confiança do chefe do ministério, movimenta a máquina na província, organiza as molas da qualificação e da eleição, comanda os bonecos eleitorais, inclusive os potentados rurais.[75] A sátira de Timon (João Francisco Lisboa), na amostra do Maranhão, abre o pano do palco, sem deixar nada ao pudor dos espectadores. Um presidente chega a São Luís e é candidato: toma logo as providências, convocando uma facção legal, demitindo e nomeando, mas, sobretudo, "fazendo recrutar os *desordeiros* (purgando assim a sociedade destas fezes perniciosas), já enfim montando uma polícia homogênea e ativa, e tomando todas as providências que o seu esclarecido zelo, e os reclamos da opinião lhe ditavam como indispensáveis para o triunfo da boa causa e o completo aniquilamento da facção".[76] Um acidente perturba o representante do ministro e ele cai, sem perder a ilusão, não obstante demitido, de ser eleito. A hora é a do testamento:

Dissolveram-se algumas legiões, batalhões e esquadrões da Guarda Nacional.
   Criaram-se outros tantos em seu lugar, e mais alguns novos, atenta à grande população das respectivas localidades.
   Nomearam-se os competentes chefes, comandantes e oficiais de estado-maior.
   Demitiu-se um oficial de polícia, e deram-se algumas baixas.
   Duas dúzias de nomeações e demissões na polícia civil para completar a sua organização.
   Suspensão de uma câmara municipal.
   Ordem para processar outra já suspensa.
   Exclusão de certos vereadores da capital, e admissão de outros tantos suplentes, por meio de declarações de incompatibilidade.
   Exclusão de sete juízes de paz, presidentes das mesas eleitorais, por meio de idênticas declarações.

> Uma porção de licenças e vários empregados da capital e juízes do interior, todos do partido do governo, por motivo de moléstia.
> Contrato de um pardieiro arruinado do cidadão Benigno Amado da Esperança para servir de cadeia, casa de câmara, júri etc., no seu importante município.
> Ordens ao tesouro provincial para pagamentos com preferência a vários credores, cujos títulos não eram muito líquidos, e tinham encontrado oposição no mesmo tesouro.
> Mudanças de três comandantes de destacamento.[77]

As medidas eleitorais se articulam no quadro de comando, sob a chefia do presidente, integrado por um fazendeiro, o juiz, deputado provincial, o diretor do jornal. Enquanto o juiz estancia na capital, a justiça fica aos cuidados dos juízes leigos e suplentes, mobilizando, na estação eleitoral, toda a engrenagem para cativar votos. Empregos, comendas e patentes da Guarda Nacional fazem seu ofício, em conexão com a polícia e a justiça cativas, antes que o argumento decisivo do recrutamento devaste as fazendas e as cidades. Afastado o presidente, outro ocupa o seu lugar, aparentemente voltado unicamente à administração, mas, na verdade, com o olho guloso e fixo nas eleições. Um dia, a pretexto de manter a ordem ameaçada, outra vez vibra, no seu território, contra "a pobre patuleia antigovernista" o tacape do recrutamento.

> Aconteceu, como sempre, que ao passo que eram recrutados alguns homens laboriosos e honestos, e mesmo alguns chefes de família, a quem se não dava quartel, pelo só fato de pertencerem a partidos adversos, eram poupados quantos vadios, réus de polícia e malfeitores se abrigavam sob a bandeira dos recrutadores. Eram poupados, bem entendido, momentaneamente, e porque as eleições batiam à porta; passada a crise e a necessidade do cacete auxiliador, outro acordo se tomaria.
> Os recrutados eram imediatamente sequestrados e aferrolhados nos calabouços militares e porões dos navios de guerra, postos incomunicáveis, e sob a ameaça da chibata; e os seus amigos e família só vinham no conhecimento do sucesso ao cabo de alguns dias, por darem falta deles, e pela publicidade, rumor e aparato com que a medida se executava em grande.[78]

Enquanto a província era assolada, devastada, aviltada, na corte, no Senado e na Câmara, todos protestam, quando o seu partido sofre a perseguição. Zacarias, em 1868, ao situar nos presidentes, "adaptados à consulta armada que se vai fazer às urnas", alude ao aperfeiçoamento do sistema, com "os vice-presidentes desbravadores, os quais precederam os proprietários do cargo com a missão de derribar as matas, e destocar os terrenos de sorte que aos plantadores se tornasse fácil o resto da tarefa".[79] Os derrubadores devastam os empregados de confiança e os funcionários efetivos, sem dó nem piedade. Em 1848 já se clama contra o recrutamento, o

CAPÍTULO X | 379

instrumento eleitoral mais eficaz. "Para ser sujeito ao recrutamento do exército" — explicava um senador — "cumpre ter pelo menos dezoito anos; quem não tem esta idade devia considerar-se isento do recrutamento, mas não é assim; quando a exigência eleitoral se põe em ação, a idade deixa de ser tomada em consideração." Meninos de quinze e dezesseis anos servem "para ameaçar e punir uma família".[80] A caçada humana contém os rebeldes e amesquinha as valentias.

O drama ainda não está completo: falta o essencial, a eleição, com a qualificação e o voto, os dois atos aos quais a violência dá a penúltima pincelada — a última mão de tinta cabe às câmaras. Antes de tudo, os partidos devem vencer, para poupar-se à desonra e ao total ostracismo, com a perda dos cargos e da força pública. Não haverá uma eleição, mas a guerra:

> A eleição [continua a depor João Francisco Lisboa] devia fazer-se no dia 12 de outubro, e desde o primeiro do mês pode-se dizer que as reuniões eram diárias e permanentes de um e outro lado; a cidade tomou um aspecto aterrador; a atmosfera parecia abrasada, e a tempestade prestes a desfechar; travavam-se rixas a cada canto, ferviam as cacetadas, e as rixas para logo se transformavam em verdadeiros tumultos, que os chefes a muito custo conseguiam pacificar, se não é que alguns muito de propósito os excitavam. Nas classes superiores não se vinha às mãos com tanta facilidade, mas as disputas animadas, as palavras azedas e insultuosas, as brigas, rompimentos e inimizades se repetiam frequentemente, e as cousas chegaram por fim a termos tais que metade da cidade não tirava o chapéu à outra metade [...]. Nos dois últimos dias a patuleia governista ocupou a frente das duas igrejas paroquiais; a contrária ficou um pouco mais distante. Algumas casas da vizinhança foram com antecipação alugadas por um e outro lado [...]. Durante a noite, uma sofrível porção de patuleias oposicionistas, dando fé do descoroçoamento dos chefes, se foi escoando à surdina; da gente limpa ou de casaca porém é forçoso confessar que não fugiu ninguém. É bem verdade que só tinham comparecido cinco ou seis dos mais comprometidos e interessados, porquanto os mais se haviam deixado ficar em casa, sob diversos pretextos, sobressaindo porém mais geralmente a alegação de que não estavam para sacrificar-se por um partido mal dirigido, e que parecia não ter chefes.
>
> De modo que ao amanhecer conheceram os pobres-diabos que estavam irremissivelmente perdidos. Ainda então fugiram alguns: outros arrependeram-se de se não haverem a tempo declarado governistas; outros enfim fizeram propósito de nunca mais meter-se em política. Era entretanto indispensável pôr termo a uma situação tão desesperada, em que se viam quase arriscados a uma debandada, sem haver ao menos motivo aparente que a desculpasse. Assim que, fazendo das fraquezas forças, cerca das oito horas da manhã se puseram em marcha, com mostras de que queriam penetrar nas igrejas; porém com a vista só de duas ou três patrulhas de polícia que acaso toparam, deram-se por coatos, e gritavam à boca aberta, ameaçando que se iam retirar e protestar solenemente, pois não havia liberdade de voto, quando um grupo de caceteiros contrários, impacientado com

tais tardanças e cerimônias, caiu sobre eles, e os afugentou em brevíssimos instantes, não sem resistência de alguns dos da mesma classe, que são sempre os mais maltratados nestas refregas, e os que nelas despendem alguma coragem e vigor.

O partido vencedor, que concentrara as suas forças em um só local, mandou então ocupar a Sé, até aquele momento completamente abandonada. [...] Dentro de pouco duas girândolas de foguetes anunciaram que as mesas estavam formadas. [...] Logo ao segundo dia entraram a chegar as notícias do interior; por toda a parte os mesmos tumultos e distúrbios; por toda a parte o governo triunfou, e a oposição fugiu, sem outro inconveniente mais que três ou quatro cabeças quebradas.[81]

Feita a mesa, está feita a eleição, dizia-se há um século — fazer a mesa significava compô-la, fabricá-la e ocupá-la. Terminada a obra da violência, começava a fraude, com o voto manipulado, com as incompatibilidades de ocasião, com a contagem arbitrária. Em torno da década de 1840, os costumes mudam, sem a permissão, antes concedida, da presença dos adversários, que, se não elegiam os deputados, faziam os suplentes. O tumulto das eleições não se repetia no segundo turno: os eleitores eram, agora, de um só partido e não disputavam lugares com a oposição. A eleição, na verdade, está feita — a apuração, escoimadas as duplicatas, recursos do partido vencido, proclama os eleitos, escolhendo entre as atas falsas as mais consentâneas com a tendência dos escrutinadores. O órgão apurador, no ciclo final, tal a balbúrdia dos resultados, faz a sua própria eleição, remotamente ligada à vontade do eleitorado. Em tempo de eleição, ficam suspensas as garantias da honra e probidade — será um dito conhecido.[82]

Houve, apesar do bloqueio nas bases e no funil das apurações, alguns casos e momentos de vitórias oposicionistas. Nas eleições de 1860 (para a 11ª legislatura, de 1861-64), em muitas cidades vencem os liberais, com a volta de Teófilo Ottoni, liberal histórico, eleito por Minas Gerais e pelo Rio de Janeiro. A corte assistiu ao completo triunfo liberal, com, além de Teófilo, Francisco Otaviano e Saldanha Marinho. Mais tarde, na 15ª legislatura (1872-75) irrompe na Câmara conservadora a bancada liberal do Rio Grande do Sul, capitaneada por Silveira Martins, com alguns deputados de Minas Gerais. Nos últimos anos da monarquia, Minas Gerais elege apenas senadores liberais, embora conservador o governo. Essas manifestações isoladas não induzem a crer na tolerância do governo, que mascararia sua truculência com a admissão de certo número de oposicionistas, apesar de existir tal prática. Na verdade, a partir de 1860, a pressão de baixo modificou o ambiente eleitoral, sem destruir a máquina. O lenço branco toma conta da corte e das cidades, já inquietas com elementos populares autônomos, transformadas com a prosperidade urbana decorrente do fim do tráfico. A pujança da agricultura, no Sul, levava, de outro lado, ao fortalecimento da fazenda, com expressões mais ativas e independentes, de molde a, momentaneamente e parcialmente, assenhorear a própria máquina eleitoral. O

Norte, entretanto, vergado à decadência de suas culturas agrícolas, não conseguirá mais libertar-se da manipulação governamental, que a República acentuará, com as oligarquias estaduais articuladas às localidades. Esse ímpeto, que se projeta desde 1860, culmina na reforma eleitoral de 1881, depois do breve intervalo de 1855, com os círculos. Para vencer a demagogia da Regência, a reação monárquica disciplinou os votantes, sob a escolta da polícia e da Guarda Nacional, com o predomínio do chamado país legal, encastelado nas autoridades. Contra essa armadura só havia, vez ou outra, a resistência da oposição: liberal, refugiada nas localidades impotentes e nas ruas tumultuosas das cidades. Nesse sistema, o governo será tudo, não o governo dos proprietários e fazendeiros, mas o governo oficial, dos ministros que movimentam a força pública, gerenciada pelos presidentes de província. Os partidos acompanham a flutuação governamental, assumindo, tanto o Conservador como o Liberal, a partir de 1837, a ideologia conservadora. Por muitos anos, as duas hostes farão uma só política, até que a crise de 1868, com a queda de Zacarias, reabra o contendente dissídio. Num momento, os conservadores, em expressivo grupo — Sinimbu, Nabuco, Zacarias, Saraiva, Paranaguá e outros —, procuram renovar o Império e fundam, em 1862, a Liga Progressista, que, desde logo, conquista o poder e assegura a vitória eleitoral. Convivem os velhos chefes conservadores, três deles predestinados à chefia do gabinete, com os liberais históricos, antes de, depois de seis anos, com eles se fundirem, para uma curiosa renovação partidária, obtida com a transfusão de sangue velho, conservador. Entendia o grupo conservador que, mortas as disputas legadas pela Independência e pelo 7 de abril, que buscavam a legitimidade na soberania popular ou na Constituição, seria necessário abrir um rumo novo, entre as ruínas dos partidos. O propósito, depois de acrescentar às facções mais uma ala independente, frustrou-se, desembocando na renovação liberal, com o sacrifício da obra artificial de Vasconcellos, Paraná, Eusébio e Uruguai. Em lugar de reanimar o Partido Liberal, sobre o solo conservador, reabre-se o pano ao desconhecido, sedento de reformas, e, ao afrouxar o edifício conservador, abala o próprio Império. A nova geração liberal, Rui Barbosa, Joaquim Nabuco, Afonso Celso, reconhece a autoridade do imperador e a utilidade da Coroa, enquanto acorde com as aspirações novas. A monarquia transforma-se, de centro do sistema, num acidente, embora feliz, substituível por outro acidente, se a base o exigir.

A reforma de 1881, menos na lei do que no seu conteúdo político, tenta a conciliação entre o país, dito real, e a máquina de compressão política. Ao tempo que se exclui do voto o analfabeto, mantido o censo, incapaz este de excluir da participação eleitoral senão os quase mendigos, procura qualificar os eleitores de modo seguro, sem os votos múltiplos e os títulos de várias circunscrições.

> Concedo [brada Rui Barbosa na tribuna de 1880] que incorporasse [o projeto de eleição direta] ao eleitorado todos os trabalhadores, todos os jornaleiros, todos os artífices: não

quero discutir a exequibilidade dessa pretensão, a segurança dessa promessa. Mas, para levar a efeito esse jubileu político, a vossa opinião daria à prova eleitoral uma inconsistência, uma penetrabilidade, por onde o arbítrio das qualificações cravaria o gume de sua cunha, até dar em terra com o edifício da vossa democracia.[83]

O "irrefletido liberalismo" cede diante do eleitor categorizado, apto a se qualificar, evitando que, para contrabalançar as massas ativas, se erguesse a muralha dos "fósforos". Para afugentar o eleitorado fictício restringe-se o corpo votante, reduzindo-o de 10% da população a 1%.

Sob as leis vigentes [proclama o orador] não é o cidadão que tem-se achado na posse do direito de voto; é a qualificação que tem Estado sempre no gozo da autoridade, utilizada por todas as situações, cimentada por todas as nossas reformas eleitorais, de liberalizar aos amigos, e retirar aos adversários, à *mercê* do voto, de nomear e demitir votantes.[84]

O quadro esboçado para a década de 1840, por João Francisco Lisboa, onde a mesa eleitoral era tudo, com a interferência do Judiciário no processo e sua incompatibilidade para eleger-se, transforma-se, com a onipotência da qualificação. Com a mudança, as eleições se fazem mais pacíficas, mas não menos falsas. Não toca nenhuma reforma na questão visceral, que não seria obra da lei, a independência econômica do eleitor. A presença na urna, sob o comando da máquina governamental, passaria, se obedecida a lei, ao domínio dos elementos economicamente dominantes nas localidades. Obediente à polícia, o eleitor seria o instrumento do senhor territorial, situação, na verdade, procurada pelos liberais e muitos conservadores. Em lugar do funcionário, ergueria a voz e o bacamarte o "coronel", ao tempo denominado de "influência", ainda não descoberta a palavra, mas atuante a substância. A lei, esforçada em moderar a ação do agente público ou particular com delegação pública, não removia a outra ponta do vício. O eleitor se veria menos dependente do funcionário, mas o funcionário não se libertava do governo. O deputado funcionário está subjugado pelo governo e o deputado, cuja independência está no emprego, barganha seus préstimos para entrar na burocracia. A Lei de Incompatibilidade remove o primeiro inconveniente, mas deixa o segundo incólume, num sistema que, fora da terra e do comércio, só assegura o pão com o emprego público. A situação francesa, às vésperas de 1848, não era outra, para representantes cativos, cativos de seu futuro ou cativos do futuro de seus cabos eleitorais. A promoção do votante a eleitor não cura todos os males: passada a euforia de eleições artificialmente isentas, o país será obra do poder, como em 1850, numa abertura que menos remedeia do que denuncia.

A mole oficial continua a atuar, com pretensões à hereditariedade, num processo que aglutina as influências locais. Entre os dois polos — o oficial e o local — a velha imposição armada se altera, discretamente, para a barganha, com o predomínio da máquina, montada, no centro, junto à Coroa, com os chefes sentados no Senado e no Conselho de Estado. Depois de concluída a obra centralizadora, a eleição de um deputado decorria de manobras urdidas na corte. O pretendente deveria ser *filhote*, filho de um político influente, senador, ministro ou conselheiro de Estado,[85] ou protegido de uma dessas figuras dominantes. O cargo público, sobretudo o de juiz, fora o passo inicial, a ponto de, num período, a deputação se compor, na maior parte, de magistrados.[86] O ato eleitoral, como observado, obedecia a um regente local: o presidente de província. O proprietário de terras, capaz, pela riqueza, de atuar autonomamente, não dispunha de meios de controle da máquina, inacessível, pela sua extensão e centralização, ao domínio de baixo para cima. Além disso, o financiamento do aparelho não estava ao seu cargo, senão que se fazia por conta do governo, com os empregos públicos. Os fazendeiros, quando entravam na partilha, recebiam o favor dos poderes oficiais, que, por esse meio, se ligavam aos potentados locais, meros agentes da divisão das sobras no banquete.[87] Nas províncias do Norte e Nordeste, pobres e decadentes, triunfava a camada burocrática sem muitas cerimônias, guardadas as aparências no Sul, durante o fastígio do café. O processo, afastada a digressão, se resume no comando da *influência geral*, que nomeia e promove o aspirante. Um exemplo: Paranhos (futuro visconde do Rio Branco), secretário de Paraná na província do Rio de Janeiro, homem pobre, é elevado, por seu padrinho, em homenagem aos seus bons serviços, a deputado geral, sem outro vínculo com seu colégio eleitoral.[88] Por sua vez, já senador, conselheiro de Estado e visconde, em 1868, ministro do gabinete Itaboraí, elege o filho, o futuro barão, deputado por Mato Grosso, vista a impossibilidade, dado o compromisso dos chefes, de elegê-lo pelo Rio de Janeiro. O visconde consola-se com o precedente francês: por que não um filho seu, quando Guizot elegeu dois? O futuro barão não entende ser natural o negócio, mas possível.[89] O Mato Grosso exerce, dessa sorte, a honrosa incumbência de designar um deputado que o conhecia apenas no mapa. Dez anos depois, a vez é de outro filhote, Joaquim Nabuco, com a candidatura tramada como execução testamentária do pai, senador, conselheiro de Estado e ex-ministro.

> Não me custou nada essa eleição... [confessava o favorecido], Custou sim a Vila Bela [chefe político de Pernambuco] na corte e na província a Adolfo de Barros, que passou pela política como um perfeito *gentleman*, seu presidente, incluírem-me na lista [...]. Meu nome afastava os de outros que eram antigos lutadores, como o dr. Aprígio Guimarães, popular na Academia pelo seu liberalismo republicano e sua eloquência tribunícia [...]. Não era só meu nome que postergava o direito de antiguidade; a chapa estava cheia de nomes novos; eu representava uma tradição de serviços ao partido, os de meu pai, que valiam bem os de qualquer outro, e tinha confiança de que justificaria na Câmara a minha promoção rápida.[90]

Não só de filhotes se compunha a representação nacional — recrutam-se expressões nacionais, sob o influxo dos chefes, com algumas promoções locais. Goiás, por exemplo, elege, em 1872, Taunay, o futuro senador e visconde, sem título de nascimento, para preencher um lugar vazio, aberto pelas influências do Partido Conservador.

Depois de 1881, com a Lei Saraiva e, sobretudo, com a autonomia crescente da lavoura, mudam as regras adjetivas do jogo. Cresce a influência local, já apta a recusar a indicação, embora incapaz de fazer prevalecer outra, criada no distrito eleitoral. Afonso Celso, deputado de 1881 a 1889, desde a primeira eleição sob a Lei Saraiva até a queda da monarquia, confessa que sua carreira deve-se exclusivamente ao patrocínio de seu pai, o visconde de Ouro Preto.

> Por si só [escreve lealmente], independente de qualquer patrocínio e auxílio, ninguém jamais, em parte alguma, começou a vida pública. Que é uma candidatura séria? É aquela que foi sugerida ou adotada por uma ou muitas *influências locais ou gerais*. Consistem nisso mesmo os chamados elementos de um candidato: na estima e confiança que inspira a correligionários e amigos, os quais tomam a iniciativa de apresentar ou resolvem sufragar o nome dele.
>
> Relativamente a mim, quem tomou essa iniciativa, dispensou-me aquela coadjuvação e patrocínio, quem, em suma, me deu a mão foi meu Pai, então chefe político de vasto prestígio.[91]

Ouro Preto, doze anos depois, não terá a mesma autonomia de Rio Branco, quando se dispôs a eleger o filho: os problemas não se limitam à deliberação dos chefes, na corte. Havia um fator novo, em ascensão, a *influência local*, personificada no chefe local, um *coronel* — pai do futuro coronelismo —, o coronel Gentil José de Castro, "valente cabo eleitoral, relacionado com todo o distrito, onde contava numerosos parentes".[92] A "influência local" seria obediente à "influência geral", mas uma condição havia: a viagem pelo distrito. "Se encontrarmos disposições favoráveis" — lembra o coronel —, "você se apresentará. No caso contrário, moço, como é, prestará serviços, adquirirá amizades que lhe hão de ser sempre úteis, habilitando-se para outra vez."[93] A peregrinação eleitoral forma os vínculos do futuro deputado, não ainda por escolha mas por adesão, homologados na solidariedade ao mando local, sem amor a programas, a propósitos ou a reivindicações nacionais. O deputado será o agente que cuida das nomeações, das promessas, dos favores, dos arranjos, árbitro das disputas de campanário. Outro deputado, depois de uma eleição despertada pelo telégrafo, apresta-se para o combate sob outros métodos, lutando

> valentemente no terreno da propaganda política e da cabala decente, percorrendo ponto por ponto e duas e três vezes os seus distritos, entendendo-se diretamente com aqueles de

quem dependiam, fazendo conferências e meetings, expondo as suas ideias e cercados de amigos e correligionários empenhados na grande campanha, outros tantos focos de irradiação das opiniões emitidas e dos intuitos do pretendente, que viajava como um general rodeado de numeroso estado-maior.[94]

Nessas caminhadas, nem tudo era puro: corria dinheiro e a fraude despontava aqui e ali, fiscalizada pelos adversários, quando não compensada por outros lances, no lado contrário. O auxílio oficial não podia ser dispensado, sob pena de condenar o candidato à derrota. Taunay, presidente da província do Paraná, mal desembarca, recebe, de um dos mais influentes chefes conservadores, um plano de reforma da instrução primária. A medida se esgotaria na remoção e contradança de professores, para punição dos oposicionistas. Mas o que avulta é a conexão entre o eleitorado e o candidato, por meio do cabo eleitoral, fiador do préstimo do eleito, não de suas ideias e projetos, estes indiferentes. A oratória do candidato, florida, solene, erudita causava pasmo, mas o discurso do cabo eleitoral convencia, arrastava, conduzia. Joaquim Nabuco, outro exemplar da luta eleitoral, se elege, a primeira vez, mediante uma conspiração de chefes, indiferentes ao eleitorado. Na eleição de 1884, outro é o campo, outras as dificuldades, apesar do sopro governista, que lhe move os passos. Agora a luta seria de casa em casa, em todas as ruas do distrito. Enquanto sente, galvanizando a população com a causa abolicionista, o drama dos que não podem votar no seu nome, para que o pão não lhes falte, está atento ao centro que move os ventos e as dedicações. As nomeações deveriam vir pela mão do candidato, o ministério cuidaria das verbas do porto, um coronel era lembrado para alguns afagos.[95] Visitas, discursos, amizades, empenhos, nomeações são os ingredientes da vitória. O dinheiro entra em cena, comprando os votos, com os eleitores mais dedicados passando ao lado contrário.[96]

Depois de tanto esforço, de suor perdido e de entusiasmo nas ruas, falta a derradeira palavra, a apuração na Câmara, capaz de anular os votos e desfazer a maioria. O expediente se transmitirá à República, com outro componente, a redução da cúpula central num feixe de expressões estaduais. Ao tempo que emerge o coronel, sobem à tona os mecanismos que o controlam e o disciplinam, no amadurecimento, previamente degenerado, dos anseios e aspirações liberais. Dos novos tempos, das estruturas transformadas não sai e não podia sair o voto liberto, mas senhores diferentes, mais violentos. O velho painel imperial conheceu, até a Maioridade, a busca da soberania nas freguesias, nos municípios, nos juízes de paz. Daí se derramou, envolta no anseio democrático, a anarquia, a eleição demagógica. A reação monárquica eliminou a localidade; o governo, com seus delegados e juízes, foi tudo:

> não houve mais comício, nem a força e a violência deram a lei; substituiu-se a fraude, a corrupção e a coação das autoridades. Os votantes não compareceram mais em massa,

solidários, apoiando-se uns nos outros, e apresentando o aspecto do tumulto; compareceram individualmente, sob a direção, a tutela e a fiança dos seus inspetores de quarteirão, sob a vigilância dos seus superiores da Guarda Nacional.[97]

O governo, para o povo, não é o protetor, o defensor, a guarda vigilante de sua vontade e de seus interesses: mas o explorador, o algoz, o perseguidor. Um comando político ativo e violento submete uma sociedade passiva e atemorizada, vendo no poder a insondável máquina de opressão, incapaz de provocar a confiança. Na última década do século, uma transação, provisória e de resultados tardios, aproximando o mando do povo, para, a título de representá-lo, impor-lhe, pelo compadrio ou pelo favor, pelo bacamarte ou pela miséria, o caminho da submissão. À tutela colonial sucede-se a tutela imperial, sob a luz de um mito, o venerando imperador, fonte de bondade e respeito ao cidadão, mas, na realidade, desvirilizado pelos intermediários e idealizado pela distância. À anarquia sucede a ordem, ao tumulto do país real a paz fictícia do país oficial, depois, uma transação tão governamental como a outra. Sempre, mortos os fumos da Independência, o governo paira sobre as águas, comandando os elementos. O "cabresto" não desapareceu, mas alargou-se para muitas mãos. Só uma coisa permaneceu: a dependência do eleitor, mais ávido de mercês e não mais autônomo. Os partidos amoldaram-se aos tempos novos, amenizando a compressão para adequá-la a "arranjar" empregos, favores e benefícios para os cabos eleitorais, as influências locais. Ao lado dos chefes gerais, rasteja a camada ampla dos traficantes, também oficiais, o cordão umbilical, de muitas léguas, preso ao gabinete, ao gabinete no poder. A oposição brada e esbraveja, até que a acalme o ópio das posições, perseguindo, no inconformismo temporário, a estrela, cada vez mais próxima e mais viva, da utopia democrática, enquanto a nação cala, tutelada, governada de São Cristóvão, com as ativas filiais vitalícias sediadas no Senado e no Conselho de Estado, dirigindo a burocracia dependente, nas suas mutações individuais, eterna na estrutura, dos ministérios. Entre a República e o Império apenas uma diferença: a mulher nua, de formas provocantes, a verdade eleitoral ou a soberania nacional das caricaturas, sai das urnas de 1884 vestida com a malha fina da dissimulação; em 1902 ela, depois de andar alguns passos, receberá o manto espesso, aguardando a depuração. Questão de pudor: o Império, mais recatado, veste a soberania no nascimento; a República, mais ousada, escandaliza-se depois de ver o espetáculo.

4 | *O estamento burocrático*

O PREDOMÍNIO DO SOBERANO, legitimado no Poder Moderador, a centralização articulada, na corte, pela vitaliciedade, o voto manipulado não criam, como entidades feitas de vento, o sistema político. Este assenta sobre a tradição, teimosa na sua permanência de quatro séculos, triturando, nos dentes da engrenagem, velhas ideias importadas, teorias assimiladas de atropelo e tendências modernizadoras, avidamente imitadas da França e Inglaterra. Mas a tradição não se alimenta apenas da inércia, senão de fatores ativos, em movimento e renovação, mas incapazes de alterar os dados do enigma histórico. Sobre as classes que se armam e se digladiam, debaixo do jogo político, vela uma camada político-social, o conhecido e tenaz estamento, burocrático nas suas expansões e nos seus longos dedos. Nação, povo, agricultura e comércio obedecem a uma tutela, senhora e detentora da soberania. Uma voz, infamada de protesto, dirá a seus contemporâneos, há um século:

> [...] os erros administrativos e econômicos que afligem o império, não são exclusivamente filhos de tal ou tal indivíduo que há subido ao poder, de tal ou tal partido que há governado: não; constituem um sistema seguido, compacto, invariável. Eles procedem todos de um princípio político afetado de raquitismo, de uma ideia geradora e fundamental: a onipotência do Estado, e no Estado a máquina central, e nesta máquina certas e determinadas rodas que imprimem movimento ao grande todo.[98]

Há, para traduzir igual ideia, forma mais dura: "Depois de ter sido, durante quase dois séculos, carne viva para a varejeira lusitana, o Brasil acabou incluindo na sua vida o próprio Estado que, de lá, emigrara, na plenitude da ignomínia lusitana".[99] O imperador não será a única realidade, realidade cercada de sombras e fantasmas, mas ele representa a comunidade de poder, por ele meramente presidida, turvando-lhe o olhar e murando-lhe os ouvidos. A camada dirigente, aristocrática na sua função e nas suas origens históricas, fecha-se na perpetuidade hereditária, ao eleger os filhos e genros, com o mínimo de concessões ao sangue novo. Prenuncia, no esclerosamento, a morte precoce, farpeada de críticas e protestos, para, mais tarde, perder a vitalidade, sentada nas cadeiras supremas da política. Enquanto não soa a hora da agonia, ela governa, comanda, barganha, transige.

O Estado, armado desde Avis e Bragança, cultiva exigências maiores e superiores aos recursos da nação. Pobre de meios, forçou-lhes a criação, com empréstimos e a ativação da economia, suscitando a agricultura, tal como outrora suscitara as navegações, por via de seu leal braço, o comércio, entrincheirado nas classes lucrativas. Esse impulso, vibrado de cima para baixo, urgido num contexto internacional, passivamente absorvido, sustenta o estamento, nutre-o e o valoriza. A antiga antinomia metrópole-colônia dá lugar a outra, Estado-nação, com energias divorciadas, excêntricas no miolo e ajustadas apenas na superfície. Entre as duas entidades em confronto, o cidadão só percebe, no poder público, o bacamarte, no dia da eleição; o voraz cobrador de impostos, na vida diária. No outro polo, há um jantar a digerir, formado de empregos, alegrado com a promessa da carreira política. Sem que, entre a base e o topo, se intercale uma classe rica e vigorosa, dependente a agricultura dos especuladores que financiam o escravo e a safra, exportam o produto e lhe fornecem a subsistência, sem essa força, somente ficticiamente engrandecida, o Estado reina soberano, com a ascendência de suas mãos, os funcionários. O bacharel, o pré-juiz, o pré-promotor, o pré-empregado, a véspera do deputado, senador e ministro não criam a ordem social e política, mas são seu filho legítimo. O sistema prepara escolas para gerar letrados e bacharéis, necessários à burocracia, regulando a educação de acordo com suas exigências sociais. Eles não são flores de estufa de uma vontade extravagante, mas as plantas que a paisagem requer, atestando, pelo prestígio que lhes prodigaliza, sua adequação ao tempo. Desde a primeira hora da colonização, Portugal, sensível ao plano de governo da terra imensa e selvagem, mandou à colônia, ao lado dos agentes do patrimônio real, os fabricantes de letrados, personificados nos jesuítas.

> O gosto pelo diploma de bacharel [nota Gilberto Freyre], pelo título de mestre, criaram-no bem cedo os jesuítas no rapaz brasileiro; no século XVI já o brasileiro se deliciava em estudar retórica e latim para receber o título de bacharel ou de mestre em artes.
> Já a beca dava uma nobreza toda especial ao adolescente pálido que saía dos "páteos" dos jesuítas. Nela se anunciava o bacharel do século XIX — o que faria a República, com a adesão até dos bispos, dos generais e dos barões do Império. Todos um tanto fascinados pelo brilho dos bacharéis.[100]

O caminho da nobilitação passava pela escola, pelos casarões dos jesuítas, pela solene Coimbra ou pelos acanhados edifícios de Olinda, São Paulo e Recife. O alvo seria o emprego e, por via dele, a carruagem do estamento burocrático, num processo de valorização social decorrente do prestígio do mando político. Educação inútil para a agricultura, talvez nociva ao infundir ao titular o desdém pela enxada e pelas mãos sujas de terra, mas adequada ao cargo, chave do governo e da administração. Os jovens retóricos, hábeis no latim, bem-falantes, argutos para o sofisma, atentos às novidades das livrarias de Paris e Londres, com a frase de Pitt, Gladstone e Disraeli bem decorada, fascinados pelos argumentos de Guizot e Thiers, em dia com os financistas europeus, tímidos na imaginação criadora e vergados ao peso das lições sem crítica, fazem, educados, polidos, bem-vestidos, a matéria-prima do parlamento. Olhados à distância terão o ar ridículo dos velhos retratos, com os versos finos dedicados a musas e damas mal alfabetizadas. Falta-lhes a voz áspera, o tom rude, a energia nativa dos colonos norte-americanos e dos políticos platinos, menos obedientes ao estilo europeu, mais homens, menos artistas e mais dotados de encanto poético.

Dessas circunstâncias e dessa massa se compõe a aristocracia, não só a dos títulos e das condecorações, mas a do governo. Ela assenta sobre séculos e se alonga no patronato.[101]

> A nossa aristocracia [observam as *Cartas de Erasmo*] é burocrática: não que se componha somente de funcionários públicos; mas essa classe forma a sua base, à qual adere, por aliança ou dependência, toda a camada superior da sociedade brasileira.
>
> Para o desenvolvimento espantoso que tem esse corpo oficial entre nós, não concorre, como pensam, o número dos empregos; sim a tendência absorvente da administração a par da falta de iniciativa particular.[102]

Não se trata de uma classe, grupo ou camada que se apropria do Estado, do seu mecanismo burocrático, para o exercício do governo. Uma categoria social, fechada sobre si mesma, manipula lealdades com o cargo público, ela própria, sem outros meios, assentada sobre as posições políticas. Entre a carreira política e a dos empregos há uma conexão íntima e necessária, servindo o Estado como o despenseiro de recursos, para o jogo interno da troca de vantagens. Essa coluna parte do imperador e vai até as eleições paroquiais, articula-se na vitaliciedade e se projeta nas autoridades policiais e judiciárias donas dos votos, no manejo caricato da soberania nacional. A opinião pública, os interesses de classe não têm autonomia: são a sombra do governo, do grupo encastelado na vitaliciedade, vitaliciedade ávida de buscar, na hereditariedade, o domínio além das gerações. A influência oficial, sedimentada de tradições e vinculada a uma ordem econômica patrimonial, mercantilista nos processos, favorece certas atividades e estrutura no Estado os imperativos de sua sobrevivência. A primeira consequência, a mais visível, da ordem burocrática, aristocratizada no ápice, será a inquieta, ardente, apaixonada caça ao emprego público. Só ele nobilita, só ele oferece o poder e a glória, só ele eleva, branqueia e decora o nome. Não se cansam João Francisco Lisboa, Joaquim Nabuco, José de Alencar, Tavares Bastos, entre outros, de, secretamente enamorados da soberania do povo, advertir contra a agitação estéril e fictícia da passarela política. O letrado se torna letrado para conquistar o cargo, para galgar o parlamento, até que o assento no Senado lhe dê o comando partidário e a farda ministerial, pomposa na carruagem solene. Na base da pirâmide, a apatia, a indiferença, o alheamento, periodicamente acordados pelos capangas, no interior, pelos capoeiras, nas cidades, substituídos, na paz, pelo bacamarte oficial, enquanto, no outro extremo, o emprego empolga as imaginações, ocupa as combinações ministeriais, numa febre sem correspondência com a atividade econômica.

> Indivíduos há [depõe João Francisco Lisboa] que abrem mão de suas profissões, deixam ao desamparo as suas fazendas, desleixam o seu comércio, e se plantam na capital anos inteiros à espera de um emprego, consumindo improdutivamente o tempo, e o pouco cabedal que possuíam, e que, não obstante, bem aproveitados por um homem ativo e empreendedor, dariam muito mais que todos os empregos imagináveis. [...] Seja que aspirem aos cargos de magistratura tão somente, ou aos políticos, eletivos e administrativos, seja que aspirem a uns e a outros ao mesmo tempo; àqueles como um meio seguro de existência, a estes como um meio de passatempo e dissipação nas capitais e na corte, ou como satisfação ao poder e ambição política.[103]

Pela porta estreita hão de passar quase todos: a terra, a propriedade de escravos e lavouras, dá a riqueza, mas não confere poder. Com o poder, e só por meio dele, vem, por acrescentamento, a nobilitação. No contexto, o funcionalismo será a "profissão nobre e a vocação de todos. Tomem-se, ao acaso, vinte ou trinta brasileiros em qualquer lugar onde se reúna a nossa sociedade mais culta: todos eles ou foram ou são, ou hão de ser, empregados públicos; se não eles, seus filhos".[104]

O patronato não é, na realidade, a aristocracia, o estamento superior, mas o aparelhamento, o instrumento em que aquela se expande e se sustenta. Uma circulação de seiva interna, fechada, percorre o organismo, ilhado da sociedade, superior e alheio a ela, indiferente à sua miséria. O que está fora do estamento será a cera mole para o domínio, enquanto esta, calada e medrosa, vê no Estado uma potência inabordável, longínqua, rígida. Quem melhor do que Silveira Martins sentiu o espírito do insondável, ao dizer que "o poder é o poder", como Jeová é o que é? Uma túnica artificial envolve o corpo, por ninguém adorada, mas por todos aceita. No seu contato, percebe-se que ela fere, que ela não durará, que ela um dia se desfará, rompida pelo vulto encoberto. Sua permanência não convence as inteligências, mas domestica as vontades.

> No Brasil a burocracia [dirá José de Alencar] não é ainda o povo brasileiro; como outrora em Roma o patriciado foi o povo romano. Mas tem o arbítrio de fazer e desfazer das massas que habitam o Império uma nação artificial.
>
> Ela outorga e cassa ao cidadão brasileiro o voto, que não é somente um direito político, feixe de todos os outros, mas uma fração da soberania ativa reservada a cada individualidade, para o governo do Estado.

Depois de consertada a nação fictícia, levam-na às urnas a fim de decidir de qual das duas porções da aristocracia devem sair os deputados. Nestas ocasiões, para estimular seu bando, os cabos empregavam outrora o ódio; atualmente a cobiça é de uso geral.

Desta manipulação a que é submetido o dízimo do país real sai o parlamento; a cor e a forma do produto divergem; mas o processo para a preparação é sempre o mesmo.

Não é menos curiosa a maneira por que a burocracia fabrica a opinião pública no Brasil.

Os jornais, como tudo neste Império, vivem da benevolência da administração. No instante em que o governo quiser com afinco, a folha diária de maior circulação descerá da posição que adquiriu. Basta trancar-lhe as avenidas oficiais, e subvencionar largamente outra empresa com o fim de hostilizá-la.

Empresas industriais, associações mercantis, bancos, obras públicas, operações financeiras, privilégios, fornecimentos, todas essas fontes abundantes de riquezas improvisadas, emanam das alturas do poder. A burocracia as despeja a flux para os prediletos; e estanca para os desvalidos.

Há fortunas avultadas, laboriosamente adquiridas; outras que se formam lentamente no comércio e agricultura fora do bafo protetor da administração. Essas mesmas não obterão a consideração que almejam, e o respeito a que têm direito, se não renderem preito à suserania oficial.

Assim os diversos elementos de que se deve compor a mente nacional ficam sopitados; o espírito agrícola, mercantil, literário e artístico, tolhidos no desenvolvimento não concorrem a formar a opinião pública. Só vive, pensa e governa no Brasil o espírito burocrático.

Ajeitados o parlamento e a opinião, a burocracia espera da Coroa o ministério para governar.

"No Brasil os ministros são nomeados pela Coroa; mas quem faz o gabinete é somente a burocracia; nela reside a soberania popular fraudada à nação."[105] A longa transcrição diz tudo, obra do estadista que o escritor não escondeu: o letrado, herdeiro da educação dos jesuítas, fruto das faculdades de direito, amolda-se ao velho leito, acostado ao modelo de João das Regras e Velasco de Gouveia, dois eminentes fazedores de reis. Essas sombras distantes e veneráveis circulam nos corredores do paço de d. Pedro II, fantasmas no espírito, reais nas preocupações de, com algumas letras de finanças e de direito, manter solvável o Tesouro público — o patrimônio do Estado — para que fluam, desimpedidas, as fontes das graças. Da ordem patrimonialista, amplia-se a "tênia armada", no dito de um historiador de protesto, que, para perpetuar-se, não cultiva outra virtude "além da firmeza dos colchões e a aderência das ventosas".[106] O Estado, presente a tudo e que a tudo provê, centraliza as molas do movimento econômico e político, criando um país à sua feição, o país oficial. A centralização, além de exigida pelas condições que dão integridade ao sistema, se exacerba continuamente, levando todos os negócios e assuntos à corte, com a papelada lenta da antiga subordinação da colônia à metrópole. As províncias, como outrora as capitanias, são a sombra do governo-geral, esgotando a sua autonomia na cópia servil do centro.

O melhor título, nessa estrutura burocrática, para influir e decidir será a permanência no poder. O núcleo político adquire maior consistência na vitaliciedade, assentada principalmente no Senado. O título nobiliárquico, também vitalício, despido do cargo, não logrará formar um quadro efetivo de ação, perdido nos bordados sem conteúdo, não raro vistos com desdém. O Senado, como lembra o visconde do Uruguai, abriga os homens que logram vencer a barreira da "instabilidade das eleições populares",[107] num refúgio de chefes políticos, sagrados com a bênção imperial, manifestada na escolha da lista tríplice, ou, como no Primeiro Reinado, na franca manipulação eleitoral. Dos 181 nomes que ocuparam uma cadeira do Senado saem quase todos os presidentes do Conselho e a maioria dos ministros, não obstante a doutrina oficial de que o Senado não faz política. Não faz, na verdade, outra coisa senão política, centro onde se reúnem os cardeais, agrupados no consistório, na repetida comparação do século XIX. Política de homens superiores ao ostracismo e aos azares das dissoluções parlamentares, das eleições. O Senado comanda pela vitaliciedade e pela vizinhança de São Cristóvão. A Câmara, exposta às tempestades do regime, seria apenas a "confraria de pedintes", na palavra cáustica de Zacarias. A lógica do sistema não permitia, com o Poder Moderador colocado na cúpula, que o Senado se desenvolvesse, à veneziana. O Senado comanda e dirige, mas está sujeito a longas abstinências, se a benevolência imperial o abandona. Dessa conexão projeta-se, altivo e soberano, o poder pessoal, para um governo dentro da burocracia, não contra ela.

O governo tudo sabe, administra e provê. Ele faz a opinião, distribui a riqueza e qualifica os opulentos. O súdito, turvado com a rocha que lhe rouba o sol e as iniciativas, tudo espera da administração pública, nas suas dificuldades grandes e pequenas, confiando, nas horas de agonia, no milagre saído das câmaras do paço ou dos ministérios. Esse perigoso complexo psicológico inibe, há séculos, o povo, certo de que o Estado não é ele, mas uma entidade maior, abstrata e soberana. A caricatura: Bentinho, condenado ao seminário e ao jejum dos olhos de Capitu, sonha que o imperador desligará a promessa da mãe e selará o noivado. Os contemporâneos, com a observação mais crua, sentem a realidade. "Todos cruzam os braços" — lamenta o visconde do Uruguai — "e se voltam para ele [o governo], todos o acusam, quando se manifesta o mais pequeno mal."[108]

> Tudo se espera do Estado [lembra Joaquim Nabuco] que, sendo a única associação ativa, aspira e absorve pelo imposto e pelo empréstimo todo o capital disponível e distribui-o,

entre os seus clientes, pelo emprego público, sugando as economias do pobre pelo curso forçado, e tornando precária a fortuna do rico.[109]

Por toda parte, em todas as atividades, as ordenanças administrativas, dissimuladas em leis, decretos, avisos, ordenam a vida do país e das províncias, confundindo o setor privado ao público. Os regulamentos, com a feição francesa, ainda quentes da tradução, com minúcia e casuísmo, inundam as repartições, o comércio, a agricultura. Da mole de documentos, sai uma organização emperrada, com papéis que circulam de mesa em mesa, hierarquicamente, para o controle de desconfianças recíprocas. Sete pessoas querem incorporar uma sociedade? O governo lhes dará autorização. Quer alguém fabricar agulhas? O governo intervirá com a permissão ou o privilégio. O fazendeiro quer exportar ou tomar empréstimos? Entre o ato e a proposta se interporão um atoleiro de licenças. Há necessidade de crédito particular? O ministério será chamado a opinar. O carro, depois da longínqua partida, volta aos primeiros passos, enredado na reação centralizadora e na supremacia burocrático-monárquica, estamental na forma, patrimonialista no conteúdo. Um aparente paradoxo: o Estado, entidade alheia ao povo, superior e insondável, friamente tutelador, resistente à nacionalização, gera o sentimento de que ele tudo pode e o indivíduo quase nada é. O ideal, utopicamente liberal, que afirma o domínio, a fiscalização e a apropriação da soberania de baixo para cima, base do regime democrático, esse ideal não perece, não obstante sua impotência. Entende a camada dominante, negando-o, que a sociedade brasileira não dispõe dos instrumentos necessários de cultura e autonomia para o trato de seus negócios e para governar-se a si mesma. O dogma, não longe da verdade, perde-se num círculo vicioso: o povo não tem capacidade para os negócios porque o sistema lhe impede neles participar. A contradição está na raiz do despotismo pedagógico, da ditadura mental dos planos de José Bonifácio, que, reconhecendo a inaptidão, sobre ela assenta a casa, cultivando uma atmosfera artificial, base do seu poder. No lugar próprio, dir-se-á da política daí resultante, com a lei em lugar do fato, com a "política silogística" escondendo o pragmático convívio com a realidade. Contra a tela de fios importados e de fios alheios à terra, um murmúrio contínuo de protestos percorre o veio subterrâneo, associado, no fim do século, com a reivindicação federal, subversivamente irradiada do 7 de abril, dourada com a sedução que parte de Washington.

XI

A direção da economia no Segundo Reinado

1 | *Economia dependente, sob a orientação do Tesouro > 397*
2 | *O regime de terras, o agricultor e o comissário > 403*
3 | *O centro estatal do crédito: o dinheiro e as emissões > 416*
4 | *O político e o especulador > 429*

1 | *Economia dependente, sob a orientação do Tesouro*

ENTRE 1808, com a abertura dos portos, e 1850, no auge da centralização imperial, modificara-se a pacata, fechada e obsoleta sociedade. O país europeizava-se, para escândalo de muitos, iniciando um período de progresso rápido, progresso conscientemente provocado, sob moldes ingleses. O vestuário, a alimentação, a mobília mostram, no ingênuo deslumbramento, a subversão dos hábitos lusos, vagarosamente rompidos com os valores culturais que a presença europeia infiltrava, junto com as mercadorias importadas.[1] O contato litorâneo das duas culturas, uma dominante já no período final da segregação colonial, articula-se no ajustamento das economias. Ao Estado, a realidade mais ativa da estrutura social, coube o papel de intermediar o impacto estrangeiro, reduzindo-o à temperatura e à velocidade nativas. A engrenagem de acomodação e amortecimento poderia e deveria — se homogêneas as economias e coerentes as concepções sobre estas —, poderia ser a obra dos comerciantes estrangeiros, nas filiais brasileiras ligadas à metrópole. Poderiam esses quistos comerciais, ainda, submeter a política financeira aos seus interesses, segundo o velho padrão colonial, que viriam substituir sem mudar a substância do vínculo. Na verdade, evitada a prematura bravata nacionalista, diga-se, desde logo, que a dependência da economia brasileira é inegável, mas não será, entretanto, uma dependência colonial, nem se afirmará no prolongamento da atividade metropolitana, passivamente aceita. Será uma dependência por via do Estado, sob a vigilância, desconfiada muitas vezes, entusiástica outras, de uma camada social, apta a participar das vantagens do intercâmbio, preocupada, não raro, em desviar-lhe o rumo submisso. A manipulação legal e financeira apressa ou retarda a integração, enquanto nas ruas o sentimento nativista, antiluso nas suas origens, ressente-se do invasor europeu, no qual identifica a arrogância colonialista.

O núcleo diretor da intermediação situa-se na estrutura financeira do país. Sua fraqueza, bem como seus episódicos impulsos, dão a tonalidade à necessária passagem da maré estrangeira por um filtro nacional. O Tesouro, ao tempo que reflete a realidade econômica, a ordena e a dirige, na ânsia, depois de 1850 acentuada, de erguer o país do marasmo, de adequá-lo ao mundo moderno e de impor-lhe maior ritmo de progresso. Ele expressa, no contexto do aparelhamento estatal, a face da dependência e, na preocupação de desenvolvimento, a fisionomia larvarmente autonomista. Há, coexistindo, a política tributária e financeira, ao lado da política econômica, harmônicas na doutrina e dissociadas internamente. O sistema financeiro e tributário assenta sobre os direitos aduaneiros de entrada, privilegiados em favor da Inglaterra, pelo tratado de comércio e navegação de 1810, privilégio estendido a Portugal em 1818 (15% sobre o valor oficial e 25% aos demais países). O imposto de importação era a coluna da receita (64% em 1840-1, 60% em 1860-1, 55,2% em 1869-70, 56% em 1889), com o acréscimo do imposto de exportação (16% em 1840-1, 14% em 1860-1, 18,8% em 1869-70, 11% em 1889),[2] pouco produtiva a extensa gama tributária excedente, num elenco que embaraçava quase todas as operações, excluída a propriedade agrícola. O quadro tributário indica um país exportador e importador, com a importação representando 94% do valor da exportação, envolvendo aquela cerca de 30% da renda nacional, ainda no período entre 1850 e 1900.[3] Refletindo a expansão do complexo exportador-importador, em 1840, a receita subiu de 18674:698$795 para 153251:801$735, em 1888, num salto bem maior do que o aumento do custo de vida (índice 100 em 1840 e índice 195, aproximadamente, em 1888).[4] Na rotina conservadora, o Estado só deveria preocupar-se com o equilíbrio exportação-importação, evitando o déficit e desenvolvendo apenas a infraestrutura para facilitar o escoamento da produção, sobretudo com portos e estradas férreas. O pressuposto do regime de trocas, teórica e passivamente aceito, o padrão-ouro fixado por lei, ajustaria automaticamente o intercâmbio.

> Estava implícito nessa teoria que, se um país importava mais do que exportava — criando-se um desequilíbrio em sua balança de pagamentos — esse país se veria obrigado a exportar ouro, reduzindo-se consequentemente o seu meio circulante. Essa redução, de acordo com a teoria quantitativa, deveria acarretar uma baixa de preços — contrapartida da alta do preço do ouro —, criando-se automaticamente um estímulo às exportações e um desestímulo às importações, o que traria consigo a correção do desequilíbrio.[5]

Os empréstimos externos ajudavam, nas crises, a restaurar a harmonia preestabelecida do comércio internacional. Corresse tudo dentro do mecanismo, com suas molas flexíveis e em funcionamento permanente, a economia brasileira seria um apêndice da britânica, como, na generalidade dos estudos, se acentua. A Inglaterra, sucessora de Portugal, continuaria a devastação colonial, apenas diferente no fator mais vivo de modernização social.[6] Os laços de submissão se aperfeiçoariam na transferência, à colônia, dos efeitos negativos das crises metropolitanas, com a descarga, pelo grupo economicamente forte do país dependente, dos prejuízos ao menos forte. O reino do café, em expansão exportadora na primeira metade do século XIX e no fastígio nos outros cinquenta anos, seria o negócio do inglês e a pobreza do povo brasileiro.

A verdade do painel, sedutor na personificação de bodes expiatórios, será só a meia verdade. A teia comercial, armada nos focos diretores do mercado mundial, não aniquila a autonomia nacional, embora a desfigure, ofuscando-a. Um dado real projeta muitos equívocos e algumas simplificações: o país produz para exportar e não exporta porque produz, alternativa, a última, que faria supor um núcleo econômico independente. O vínculo comercial estrangeiro, entretanto, mesmo no período mais ativo, não controla o produtor, o plantador de cana ou o fazendeiro de café, dotando-o de crédito e fornecimentos que ensejam o seu equipamento, bem como o preparo da safra. Esta classe — a classe proprietária — depende de outra peça da engrenagem, o *comissário*, este nacional na generalidade, em regra só ele em conexão com o exportador.[7] A figura vertical — fazendeiro, comissário e exportador — não leva à evidência do domínio do último sobre os dois outros elos, certo de que, nas diversas escalas, a homogeneidade só se opera se convergentes os interesses, fato nem sempre real. A estrutura global jura, embora inegável a dependência, contra a subordinação. Largos setores ficavam fora do campo de domínio, como a lavoura de subsistência, grande parte da pecuária, e, sobretudo, a ascendente e periodicamente florescente indústria. A tese da subordinação, com frequência contraditória ao assinalar o predomínio social e político interno do senhor de terras, exagera o papel do setor de exportação, o mais dinâmico do sistema. Nega a área comercial, responsável, na sua autonomia, pelo fornecimento dos escravos, a maior parcela da produção, campo alheio à interferência britânica, alheio e por esta hostilizado. De outro lado, o padrão-ouro, base do intercâmbio, com o seu corolário da moeda conversível, nunca teve acolhida nos fatos, mas apenas na palavra e nos desejos dos estadistas. O papel inconversível, a moeda fiduciária, equiparada, pelos impugnadores, à moeda falsa, qualificada de moeda fraca, foi, desde o desastre do primeiro Banco do Brasil, o único meio de troca. O outro nunca passou de uma quimera, perseguida pelos financistas, repelida pelos adeptos do progresso nacional. Padrão de trocas sem a direta, eficaz e predominante influência no mercado interno.

> O *papel inconversível* [dizia Mauá, em 1878] de que se serve o nosso país há mais de meio século, realizando *exclusivamente* com ele as transações que suas necessidades, o desenvolvimento de seus recursos naturais, e o seu progresso industrial e comercial têm reclamado, desde a compra das verduras nos mercados, até as mais altas operações financeiras, não pode deixar de ser apreciado e reconhecido como um instrumento de permutas benéfico [...]. A esse papel se prende toda a vida econômica e financeira do Brasil. Tem sido ele o *regulador* da circulação de todos os valores, que representam a riqueza em nossa terra. O nosso país [prossegue] é o *único* que dispensou *completamente* as espécies metálicas da missão principal que o mundo econômico lhe assinalou. Estamos, pois, na *exceção*: como ir buscar na *regra* os meios de melhorar o instrumento de que nos servimos? Felizmente, a experiência até agora foi feliz, digam o que quiserem os malsinadores do nosso papel-moeda, não só foi recurso utilizado em ocasiões difíceis, porém poupou-nos a necessidade

de converter em instrumento de permutas tanto café, açúcar, algodão e outros produtos agrícolas além dos produtos naturais que exportamos, até à importância total do meio circulante que possuímos, e essa conversão não podia operar-se nas circunstâncias que nosso país atravessou, sem restringir enormemente essa mesma produção. E podia o país suportar semelhante pressão? Afirmamos deliberadamente que não, sem arruinar-se, ou suportar as consequências de um grande cataclismo.[8]

A ilusão ourista teria, expurgada de suas sombras de empréstimo, a utilidade única de evitar as emissões imoderadas, cautela que outros processos também atingiriam. A realidade papelista serviu, ao quebrar o esquema teórico do equilíbrio automático do padrão-ouro, para, à margem do contexto dependente, revelar a tendência nacional do país, levada à superfície à revelia das doutrinas dominantes. A par dessa espontânea rebeldia dos fatos, desencadeada contra o sonho da paridade cambial, sonho que também perturbou a República, outra houve, com o mesmo conteúdo. A ardente procura do progresso rápido, da queima das etapas, da equiparação às nações fortes, responde pelo déficit dos orçamentos, em desafio aos dogmas financeiros, esquecidos nas emissões ou nos empréstimos, não raro culminando em surtos inflacionários.

> Quem estuda a progressão da receita [depõe um inventariante das finanças imperiais] não deixa de notar a tendência ao aumento da despesa, é um fato todo natural, autorizado pelo desejo de gozar o mais cedo possível das vantagens do progresso, e daí o déficit permanente. Não foi sem advertência em mais de um relatório, que o respectivo ministro chamou a atenção do parlamento para a moderação no meio de decretar-se a despesa, tendo em consideração os respectivos déficits, com que se encerravam os orçamentos, porém as exigências e as necessidades imperiosas das ocasiões nem sempre permitiam a reflexão, e assim se pode dizer, sem avançar a uma inverdade, que todos os orçamentos foram encerrados com déficits.[9]

País dependente, mas não jugulado, manietado ou dominado. Apesar da ideologia dominante, do país exclusivamente agrícola, infiltra-se a seiva autonomista, composta dos mesmos elementos que fizeram a Independência. No seio da camada dirigente, muitas vezes para sua perplexidade e incompreensão, forma-se um corpo difuso, à procura de forma, projetado para o futuro. No seu flanco, a classe lucrativa, a filha dos comissários desdenhados pelo marquês de Lavradio e a egressa do tráfico, expande-se em atividade, sequiosa de negócios. Enquanto, ao seu lado, viceja o exportador e o importador, ela mergulha na terra, financiando a agricultura, expandindo-se nas cidades, fascinada pelas ações das companhias, crente no progresso, mas fiel à Bolsa, aos seus lucros e ao enriquecimento súbito. A política volta ao aliado tradicional, o comércio, e à especulação, esquecida dos arrogantes e opulentos sustentáculos do trono de d. João VI e de d. Pedro I, deslembrada dos fumos das agitações regenciais. Na ribalta, novos atores põem a máscara, para que o espetáculo, presidido pelo imperador, continue, animado pela orquestra da gente cobiçosa e insaciável de lucro. Sobre todos, o Tesouro vela e provê, pródigo em concessões garantidas, em proteções alfandegárias, em emissões, em patentes bancárias, socorrendo, na hora das crises, as fortunas desfalcadas. Nesse sistema, com o Estado presente na atividade econômica, pai da prosperidade geral, a política dá as mãos ao dinheiro, como outrora. Depois de 1850, na acelerada onda que sucede à tímida, mas ascendente, economia cafeeira, com o dinheiro do tráfico jorrando no Rio de Janeiro, o país ferve de euforia, euforia sustentada por uma real expansão da renda.

> Desde o princípio [recordará um aristocrata, saudosamente enamorado da austeridade olvidada] o calor, a luz, a vida para as maiores empresas, tinham vindo do Tesouro. Em todo tempo, as grandes figuras financeiras, industriais, do país tinham crescido à sombra da influência e proteção que lhes dispensava o governo; esse sistema só podia dar em resultado a corrupção e a gangrena da riqueza pública e particular. Daí a expansão, cada vez maior, do orçamento e da dívida; a crescente indiferença e relaxação, por fim a aparição ao lado dos ministros, nas bancadas e corredores das Câmaras, nas Secretarias de Estado, nas redações de jornais, de uma nova entidade: os intermediários, impropriamente chamados *advogados administrativos*, que, pouco a pouco, reduzirão a política a súdita do interesse particular, e farão dela, qualquer que seja a abnegação, a dignidade, a pobreza dos seus homens, o auxiliar, o instrumento, o autômato, sem o saber e sentir, da especulação que sitia o Tesouro.[10]

A situação, aparentemente caricaturada, traduz a intimidade das relações econômicas: a causa do progresso, concentrada numa classe, será ajudada e servida pelos deputados e senadores, vinculados ao mesmo propósito superior. A exportação dependia de facilidades financeiras, a importação das tarifas, os melhoramentos públicos das concessões, os preços da sustentação dos juros — tudo corria para o Estado. Quem há de suportar tudo será o orçamento, o crédito público, em última instância.

> É por milhares de contos de réis [prossegue Joaquim Nabuco] que se terá de computar essa desvirtuação das ideias, das aspirações, das iniciativas de toda ordem pela exploração, que em todo tempo cercou e por último dominou a nossa política: a princípio, rasteiro, familiar, contentando-se com as migalhas de um orçamento severamente fiscalizado (pequenos lucros, subvenções, fornecimentos); depois, empreendedora, ousada, impondo-se em nome do interesse público, do adiantamento nacional, à boa-fé, ao entusiasmo, à timidez dos políticos mais desinteressados e honestos (emissões, empréstimos, garantias de juros, concessões e rescisões de contratos, estradas de ferro, engenhos centrais, imigrantes,

terras públicas, direitos proibitivos). A política propriamente dita perdia importância, ao passo que deixava desenvolver-se, à sua custa, o germe invasor que a devia matar; subordinava-se à função de servir a uma plutocracia tão artificial quanto efêmera, afetando a essa sua criação de um dia tarifas de alfândega, impostos, papel-moeda, crédito público.[11]

No âmago da crítica, ao repelir o estímulo público às empresas particulares, pulsa a ideologia liberal, também sensível nas ideias de Tavares Bastos e Rui Barbosa. Anima-a, também, discretamente, a lembrança do velho estamento, florescente sobre os cargos públicos, enredado nas combinações do Tesouro. Sabem os denunciantes que, envolvida a aristocracia no dinheiro, o dia de sua queda estará próximo, quer pela supremacia da classe especuladora, quer por uma reação que, ao expulsar uma do poder, atingirá as duas. Os liberais se inclinam, afastando o Estado do negócio, para a autonomia do senhor de terras, envolvido na trama do crédito e dos estímulos oficiais, bem como para a liberdade de indústria, entregue esta às próprias forças, senão nacionais, estrangeiras. Eles combatem, lucidamente atentos à realidade, o peculiar mercantilismo do poder público, que se insinua sob a palavra oficial, na moeda inconversível, na tutela econômica sobre a nação. A prosperidade, ao regionalizar os interesses, com a decadência do Norte e o florescimento do Sul, levará à descrença do estímulo oficial, preparando, no anseio do *self-government*, a ruptura do estamento. Os núcleos geográficos, integrados em perspectivas próprias e dissonantes do Rio de Janeiro, acordarão os protestos contra a centralização, em favor do federalismo, bandeira que acolherá o reclamo liberal pela soberania da nação. A mão de obra paga, realidade cada dia mais consistente depois da extinção do tráfico, exigirá agências próprias de financiamento, sem a miúda interferência da corte. A exacerbação da aliança da política com a especulação gerará, na dinâmica de sua existência, uma nova ordem, capaz de, ao dispensar a camada dirigente, expulsar o imperador. Esta a matéria de outro capítulo, ao seu tempo.

2 | *O regime de terras, o agricultor e o comissário*

DEPOIS DE PERDER O CARÁTER ADMINISTRATIVO que lhe fora infundido pelos legisladores de Portugal, para acentuar seu conteúdo dominial, o regime das sesmarias gera, ao contrário de seus propósitos iniciais, a grande propriedade. Para chegar a essas linhas de contorno, muito se deve ao influxo da escravidão e ao aproveitamento extensivo da pecuária, fatores que se aliam ao fato de que, para requerer e obter a sesmaria, era necessário o prévio prestígio político, confiada a terra não ao cultivador eventual, mas ao senhor de cabedais ou titular de serviços públicos. A propriedade seria, dessa sorte, uma afirmação aristocrática, para uma grande empresa ou para o domínio de lavradores e vaqueiros. Esse aspecto da formação da propriedade fundiária sugeriu a analogia ao feudalismo, analogia anacrônica dado o envolvimento mercantil da produção agrícola e a presença de um leito de supremacia estatal na sociedade.

Tantas foram as liberalidades nas concessões de sesmarias, com áreas de dez, vinte e até cem léguas, com diversas doações a um mesmo requerente, que, em 1822, não havia mais terras a distribuir. Gonçalves Chaves inventaria o resultado das sesmarias, depois de três séculos de larguezas:

> 1º Nossa população é quase nada, em comparação da imensidade do terreno que ocupamos há três séculos. 2º As terras estão quase todas repartidas, e poucas há a distribuir, que não estejam sujeitas a invasões dos índios. 3º Os abarcadores possuem até 20 léguas de terreno, e raras vezes consentem a alguma família estabelecer-se em alguma parte de suas terras, e mesmo quando consentem, é sempre temporariamente e nunca por ajuste, que deixe ficar a família por alguns anos. 4º Há muitas famílias pobres, vagando de lugar em lugar, segundo o favor e capricho dos proprietários das terras, e sempre faltas de meios de obter algum terreno em que façam um estabelecimento permanente.[12]

O quadro está definido: a grande propriedade toma conta do país, com a dependência e o bloqueio de ascensão do lavrador não proprietário. A sesmaria não serve ao cultivo e ao aproveitamento, mas imobiliza o status do senhor de terras, utilizada menos em proveito da agricultura do que da expansão territorial, estimulada esta pelos agentes do rei no Brasil. O fim do regime das sesmarias estava, mesmo antes da Resolução de 17 de julho de 1822, decretado pelos fatos — a exaustão dos bens a distribuir fecha um período histórico.[13] Daí por diante, em lugar dos favores do poder público, a terra se adquire pela herança, pela doação, pela compra e, sobretudo, pela ocupação — a posse, transmissível por sucessão e alienável pela compra e venda.

> Apoderar-se de terras devolutas e cultivá-las [escreve Ruy Cirne Lima] tornou-se cousa corrente entre os nossos colonizadores, e tais proporções essa prática atingiu que pôde, com o correr dos anos, vir a ser considerada como modo legítimo de aquisição do domínio, paralelamente a princípio, e, após, em substituição ao nosso tão desvirtuado regime das sesmarias.[14]

Os dois meios — a sesmaria e a posse —, depois de coexistirem, se concentram na ocupação, no início forma de pressão nos latifúndios do lavrador humilde, grande e pequena propriedade, depois o processo de constituir latifúndio. Verdade que o requisito do reconhecimento da posse será a cultura efetiva, mas o posseiro, a partir da sua lavoura, estendia a terra até onde a resistência dos outros não obstasse suas pretensões territoriais. De um modo e de outro, a grande propriedade era o objetivo, já fixado na imaginação e legitimado na consideração social. Desde que se expande a agricultura, vinculada sempre ao credor urbano, era necessário definir a densidade econômica da terra, para garantia dos fornecedores de escravos, de bens e de implementos agrícolas. Expulsar os posseiros do campo não será mais possível, incapaz o dono da sesmaria de arcar com os riscos da revolução social que isso geraria. O remédio, único capaz de se impor, dada a importância do lavrador assentado sobre a ocupação, seria o reconhecimento da posse, com a extensão reduzida "à de uma sesmaria para cultura ou criação igual às últimas concedidas na mesma comarca ou nas mais vizinhas", de acordo com a lei nº 601, de 18 de setembro de 1850. Para o futuro, punha-se termo ao regime das posses, admitida a transmissão da propriedade apenas pela sucessão e pela compra e venda. "A lei de Terras de 1850 é, antes de tudo, uma errata aposta à nossa legislação das sesmarias [...]. Errata com relação ao regime das sesmarias, a lei de 1850 é, ao mesmo tempo, uma ratificação formal do regime das posses."[15] Graças à lei, a propriedade particular se extremou da terra devoluta, gozando a primeira, além de um título certo para garantia de sua empresa, de um registro paroquial, embrião capaz de separar o senhor da terra do mero pretendente ao usucapião. Para o futuro as terras públicas só seriam adquiridas por meio da compra, com a extinção do regime anárquico das ocupações. Sobre esse estatuto se fixou a disciplina administrativa das terras, com a presença do poder público nas medições e demarcações, completado com a reforma hipotecária de 1864. Uma inspiração mal esboçada continha ainda a Lei de 1850: a possibilidade de estimular, por seus preceitos, a colonização, com o imigrante adquirindo o chão de seu cultivo. Nesse campo, sombreado pela ineficiência de seus dispositivos, o estatuto territorial conserva, no regime da concessão, a velha energia da sesmaria tradicional, que atribui ao Estado o objetivo do povoamento produtivo, com a propriedade particular comprometida a um fim, sem o cumprimento do qual reverte à sua origem.[16]

Os sistemas legais — a sesmaria (até 1822), a posse (até 1850), a venda e a concessão (depois de 1850) — traduzem conflitos e tensões, tentativas e objetivos harmônicos com o curso geral da economia. Dado o caráter agrícola do país, "essencialmente agrícola", repete-se a toda hora, o regime da terra forma a base fundamental da expansão econômica, fundamental mas não única e não independente do fator exportação, o verdadeiro núcleo ativo das forças atuantes na colônia e no Império. Na fase comercial é que se definem as linhas diretoras da política aplicada aos campos. Enquanto a cana-de-açúcar, a mineração e grande parte da pecuária se desenvolvem sobre a sesmaria, o café participa de outras influências, ao se alastrar nas vizinhanças da capital imperial. No decênio 1831-40, o café, no valor da exportação, sobrepuja o açúcar (43,8% sobre 24%), para não mais perder a liderança, até que, em 1881, a relação atinja 61,5% sobre 9,9%. Essa linha de projeção externa se constitui, internamente, com terra e dinheiro, num investimento que dependia muito do último fator, por ser produtiva a safra apenas no sexto ano do plantio. A terra por onde corre o café, às margens do rio Paraíba, junto às estradas que demandam Minas Gerais, estava, no começo do século XIX, doada aos velhos colonizadores, retraídos, em regra, da decadência das minas. Os sesmeiros recebiam tratos de terra com meia légua de testada de cada lado da estrada, com igual extensão de frente aos fundos, de acordo com o máximo permitido, entregues ao cultivo de lavoura de subsistência, para o consumo das tropas. Outro contingente, o dos posseiros, se agregou ao proprietário inicial, fixados para a pastagem de animais de trânsito, com roças de milho, feijão e cana. A súbita valorização do café, a adaptação ao clima, projetou levas humanas a penetrar nos latifúndios quase inexplorados. Os "intrusos", até então pouco molestados, são repudiados pelos velhos proprietários, que lançam mão de todos os recursos administrativos e judiciais para defenderem sua propriedade. Dessa luta, a vitória coube aos senhores das sesmarias, definindo a cultura do café como empresa da grande propriedade, que a escravidão acentuou, impedindo a cultura pessoal do pequeno proprietário, por suas mãos. Teria a lei de 1850, para o efeito de proteger o posseiro, vindo depois de vitoriosa a reação latifundiária, sem reconhecer a silenciosa revolução que ocorria nos ermos, subitamente revelados à economia.

> Em que pese as boas intenções, essa legislação veio tarde demais. Não obstante a resistência encarniçada e, às vezes, altiva dos pequenos posseiros, estes não podiam sustentar por muito tempo a luta com poderosos adversários possuindo relações no Rio de Janeiro, recursos abundantes para pagar advogados, e os lazeres necessários para fazerem viagens à

sede do município. Conquanto subsistissem ainda grande número de pequenos posseiros, de 1830 a 1850 e mesmo mais tarde, tornou-se sua posição gradativamente subalterna, na medida em que a riqueza do município se concentrava nas mãos dos proprietários da grande lavoura. Prensados entre as grandes fazendas, dedicaram os pequenos sitiantes suas atividades à produção de mantimentos.

Revelava o registro das propriedades imóveis nas três paróquias, no começo de 1850, que aproximadamente oitenta e duas fazendas abrangiam a parte mais produtiva dos 1400 quilômetros quadrados no município de Vassouras. Uns poucos clãs estavam na posse da maior parte dessas fazendas [...]. A concentração da propriedade, por outro lado, era favorecida pela *"isenção do imposto territorial e o pesado imposto de transmissão"*. Tanto a extensão dos cafezais como a exaustão do solo virgem, alimentavam o que um fazendeiro descreveu como "o espírito quase supersticioso [...] do proprietário individual, cuja tendência era aumentar continuamente sua propriedade territorial, transformando o município numa área em que umas poucas famílias de fazendeiros controlavam milhares e milhares de hectares".[17]

A lei de 1850 não lograra, inspirada pelo povoamento e colonização, compensar, pela pequena propriedade, o rumo expansionista do latifúndio. Reforçara, contudo, à margem das sesmarias, algumas posses, voltadas à grande extensão. Frustra a repartição da propriedade, limitada ao cultivo e à morada do lavrador, o estatuto corresponde à tendência político-econômica dos meados do século XIX, desenfeudando a propriedade, ao mercantilizá-la, com a redução a valor monetário, transmissível e avaliável. No seu seio pulsa o nervo antilatifundiário, no estilo da grande propriedade incólume à economia urbana, dirigida pelos potentados e caudilhos alheios às interferências do poder público. Há estreita conexão da tarefa legislativa com a centralização política, efetiva sobre a base de um núcleo de direção urbana do dinheiro, o dinheiro que alimenta as plantações, fornece escravos e exporta a produção. A grande propriedade não é hostilizada como grande propriedade, mas como o latifúndio sobranceiro ao Estado, que regula o crédito e pede garantias para este. O proprietário senhor de rendas cede lugar ao empresário, com a conta-corrente de crédito e débito amarrada à cidade, cidade situada no centro do Império. Esse movimento, que avassala a sociedade e domina a lei, tem o mesmo conteúdo da abolição dos morgadios, tentada no Primeiro Reinado sob a desconfiança de que eles ensejassem uma aristocracia hereditária[18] e só conseguida em 1835 (lei nº 56, de 5 de outubro). Esse o meio eficaz para combater o fantasma feudal, capaz de, se não fosse logo cortado nas raízes, crescer num corpo aristocrático, situado, provavelmente, no Senado. Meio, pela via do direito sucessório, que dificultaria a superconcentração da propriedade, com reflexo sobre a permanência da nobreza territorial. Sem o direito sucessório com a primogenitura, a Inglaterra não poderia ter conservado, ainda sob o império da Revolução Industrial, uma vigorosa aristocracia, politicamente influente e aberta, não hostil às manufaturas. Cultivou um estamento de homens aptos economicamente a se entregar à atividade política, sem dela depender, graças ao fluxo permanente de rendas sem trabalho.[19] A França, no outro extremo, logrou abater a nobreza feudal com a divisão sucessória da propriedade, que existia desde o Ancien Régime, tornada obrigatória no Código Civil de Napoleão.[20] O curso da orientação centralizadora e comercial — contrariada, é verdade, pelos casamentos interfamiliares — afastou a propriedade rural de seu eixo autonomista, vinculando-a às sedes urbanas de crédito, com o predomínio da classe especuladora, interessada no lucro e nos juros, sem permitir o senhor de rendas, altivo e independente. A expansão do café dará alento, senão causa, à "desenfeudação" e à pureza da propriedade, limpa de fumos aristocráticos, dissipados ainda pela descontinuidade da fortuna, já evidente na área do açúcar do Nordeste: "pai rico, filho nobre, neto pobre".

A situação do agricultor — do senhor de terras, do aristocrata territorial, segundo a romantização tradicional dos historiadores e sociólogos — revela-se nas suas relações comerciais, no Estado de seus lucros e rendas. O dado fundamental: produzir para exportar. Desse fundamento se projetam todas as dependências e todas as falsas e verdadeiras grandezas. A fazenda cafeeira adotou, desde o começo de sua expansão, o modelo do estabelecimento do engenho de açúcar, calcada sobre a grande propriedade e a escravidão. Não se retraiu, entretanto, como a empresa açucareira, periodicamente ferida na sua produtividade e lucratividade, a uma baronia, senão que vinca-se, em todo o ciclo fluminense e no prolongamento paulista, pelas coordenadas comerciais. Na marcha progressiva do café, que, partindo dos arredores do Rio de Janeiro, ganha os núcleos de Vassouras, Valença, Paraíba do Sul, São João Marcos, Resende, para, mais tarde, tomar o rumo de Cantagalo a leste, avulta a necessidade de capitais, para adquirir e manter a escravaria e suportar o investimento, só produtivo volvidos cinco anos. Na primeira onda, modesta e tateante, o empresário dispunha do essencial, a terra das sesmarias e das posses. Com os recursos excedentes da agricultura de subsistência e com as sobras entesouradas da aventura das minas, expande a horta, o pomar, sementes do *cafezal*. Com as promessas da década de 1830, aumentado o ritmo cafeeiro, estimulado pela procura e pelos preços, o crédito tornou-se necessidade maior do que o contingente próprio do agricultor, a fazenda. Crédito sobretudo necessário à aquisição de escravos, num investimento que oscila, no curso dos anos 1850 a 1886, entre 30% e 70% sobre o valor total da empresa.[21] De outro lado, o próprio solo aumenta de preço, até dez vezes o valor do começo do rush cafeeiro. O primeiro impulso do fornecimento do crédito não diferia do leito antigo da lavoura de subsistência, com fazendeiros emprestando dinheiro a juros a seus vizinhos, e comerciantes vendendo ao prazo usual de um ano, de safra a safra. A hipoteca, rara mas não inexistente, garantia o débito.

Os processos primitivos não se coadunam com a prosperidade do plantio. O agricultor encontra no comprador da safra o natural financiador, mediante um sistema simples e natural de crédito: a safra futura em troca das necessidades para o custeio e a expansão. Nesse mecanismo, o título de crédito entrará mais tarde, subsidiária a garantia da hipoteca, reservada, na realidade, para o devedor em risco de insolvência. Nasce o *comissário*, necessário elo entre a plantação e a exportação, comerciante que trafica na base da confiança, tendo nos fazendeiros parentes e amigos. A relação pessoal só desaparecerá com a emergência, no Rio de Janeiro e nas capitais, das casas bancárias, impersonalizadoras dos vínculos entre devedor e credor. Parentes, amigos e compadres, os comissários não dispensam os juros de 12% a 18% ao ano, calculados nos saldos das contas-correntes, fiscalizadas apenas pela confiança recíproca. O banco — a casa bancária e o banco propriamente dito — terá ainda outro efeito: a submersão do comissário ao negócio de crédito, cliente que redesconta os títulos do agricultor, reservando-se, como risco da operação, uma bonificação módica.

Este um grande capítulo na história econômica do Brasil, o que circula em torno do comissário, turvado, ensombrecido, esquecido. Dele, comerciante urbano, se irradiará a energia, o sangue e a vibração que vivificam a fazenda, ditando a quantidade e a qualidade do plantio. Senhor do crédito será o senhor da safra, decretando a grandeza ou a ruína do fazendeiro. Congregado e reunido na cidade, junto ao exportador, ligado ao ensacador, comércio essencialmente nacional, constitui interesses nem sempre coincidentes ao do fazendeiro. O agricultor encomendava ao comissário, por conta da safra futura, as ferramentas, o sal e a pólvora, os gêneros alimentícios, o mobiliário, incumbindo-o de adquirir escravos e mulas. Se infiel o comissário, perdia o bom nome entre os produtores, preparando sua ruína. Perdulário o fazendeiro, ousado no empreendimento, seria reduzido à modicidade pelas advertências e conselhos. O fazendeiro, quando visita o Rio de Janeiro, recebe as atenções pessoais do comerciante, que lhe aluga alojamentos, fornece-lhe meios para a pompa transitória, atenções dispensadas ao filho do agricultor, na escola ou nas suntuosas férias. As ruas dos Beneditinos, do Rosário, da Prainha, Visconde de Inhaúma coalham-se de casas comissárias: Teixeira Leite & Sobrinhos, Furquim Joppert & Cia.; Faro & Irmão, Ortigão & Cia.; Alves & Avelar. Arregimentados no *Centro da Lavoura e Comércio* pedem ao governo leis e medidas para a garantia de seus créditos, culminando por obter, em 1885, a lei das execuções civis e comerciais, meio expedito para a realização dos créditos, depois de saírem de suas mãos os projetos de leis do crédito hipotecário. Sua hora de provação será o 13 de maio, depois de, por alguns anos, serem minados pelos bancos e pelos exportadores, que entram nas fazendas, agora desesperadamente necessitadas de recursos.

Não seria exagerado afirmar que a grande lavoura do Brasil [escreve Afonso de E. Taunay] fora feita, em *magna pars*, pelo comissariado do Rio e de Santos. Num país sem crédito agrícola, não podiam os banqueiros financiar a produção do interior, fornecendo aos fazendeiros os recursos que, inspirados, as mais das vezes, pelas circunstâncias pessoais, lhes davam os comissários.

Fora, pois, o comissariado verdadeira alavanca do progresso e o maior contribuidor da zona fluminense, figurando entre os vanguardeiros da civilização brasileira.

E, além das relações comerciais com os fazendeiros, havia a considerar quanto a sua atuação se estendia a muitos atos da vida civil.[22]

No período inicial da expansão cafeeira, o comissário ensacava e exportava a produção. Logo, esses comércios se especializam, com os ensacadores adquirindo os lotes de café, mediante pagamento à vista, interessados na especulação das cotações. As casas exportadoras, antigamente vinculadas aos comissários, nos anos iniciais do século XIX, ainda recendentes à colônia, exportadores que faziam dos comissários seus agentes, emancipam-se agora, representando interesses ingleses e norte-americanos.

O divórcio entre o comissário (estreitamente vinculado ao produtor e ao ensacador) e o exportador, divórcio plantado com a abertura dos portos e que atinge o clímax nos meados do século, terá relevantes consequências no desenvolvimento econômico, social e político do Brasil. A constante urbana da condução do crédito, assinalada desde o primeiro passo da colônia, em vias de homogeneizar o país nos dias da Independência, produz profundas perturbações no caminho da nacionalização do país. Ao acentuar a dependência, paralisa a linha evolutiva que estruturaria o mercado interno, ávido de se expandir industrialmente e cultivar núcleos locais de riqueza. O setor antiportuguês, nacionalista em botão, se converte em anti-inglês, recuando para a margem da sociedade, numa área inconformista e difusa, nem integrada na agricultura, nem assentada nas cidades. A elite política — que se valoriza integrando o estamento político — sofre convulsão impotente, ao importar as ideias europeias para um país inapto a consumi-las. Ela se parte, na ideologia, entre o país real, necessitado de modernização, e o país oficial, mera cópia de modelos alheios. Essa dicotomia, mal definida, difusa, será responsável pela sua esclerose interna, numa perplexidade que a falta de missão própria converterá em decadência. Dos dias de 1850 se projetará a falta de fé que a levará, atônita e passiva, a assistir a sua morte, volvidos quarenta anos, logo que a vacuidade contaminar a outra geração. Banido nos meios cultos o retorno ao passado, passado de subserviência, a camada dirigente não cairá logo: em seu favor trabalha o impacto do convívio da realidade estrangeira sobre a nacional. Ela intermediará, mas paralisando o país, desviando-o do seu rumo mais profundo, num rumo que avassala os comissários e, por via deles, a agricultura. Produzir para exportar — o axioma gera todos os seus frutos, com o moto do país essencialmente agrícola, na realidade e cada vez mais, o país essencialmente exportador. Sem o café, em 1850 o país exporta menos do que no começo do século.[23] Esse valor agregado sobre a economia não circula internamente, mas se verte preponderante no próprio círculo exportador, com as sobras consumidas em importações artificialmente criadas pelos valores de modernização e na própria subsistência, empobrecido este setor com a monocultura.

Já em 1840, metade do comércio exportador pertence a firmas inglesas, circunstância que não se atenua, nos anos seguintes. Graças a esse quisto econômico, a Inglaterra conseguiu manter sua posição de superioridade no Brasil, mesmo quando a maior parte das exportações de café se dirige aos Estados Unidos. O desequilíbrio entre as exportações cobria-se pelos créditos fornecidos pelo inglês. Um embaixador brasileiro em Londres, no ano de 1854, queixa-se de que o comércio brasileiro se faz com capitais ingleses, em navios ingleses, por companhias inglesas. Os lucros, os juros, o seguro, as comissões, os dividendos corriam sempre para o bolso dos negociantes ingleses.[24] Philipps Brothers & Co., E. Johnston & Co. e outros dominam a rede exportadora, deixando, não obstante a firmeza de seus tentáculos, uma área autônoma, espasmodicamente industrializadora e autonomista. A presença inglesa não absorve o comissário e o fazendeiro, senão que a eles se superpõe. Somente por exceção, o exportador se fazia fazendeiro ou comissário. O comissário torna-se dependente do exportador, que lhe compra a safra e lhe adianta recursos. Poupa-se a casa exportadora dos riscos do negócio, preservando o comissário, dado que, antes da compra do café, vende-o em Nova York, negócio possível em consequência da sua projeção internacional. De outro lado, o comércio importador, também predominantemente inglês, não engole o comércio nacional, que funciona como agente distribuidor daquele. No topo dessa organização, o capital financeiro — os bancos ingleses — comanda o jogo, sustentando o complexo exportador-importador e os negócios das companhias estrangeiras (estradas de ferro, serviços urbanos, portos etc.). Essa túnica de crédito, de exportação e importação, tinha efeitos estabilizadores sobre a economia, não só impedindo o alargamento do mercado interno e a elevação industrial, mas também desestimulando o artesanato. A própria modernização do país se entrosava na cadeia britânica de interesses, sem permitir a autonomia econômica, a qual, não obstante, por meios não ortodoxos, tenta fugir ao cerco, gerando crises e esperanças.

Depois do necessário parêntese inglês, insista-se na presença do crédito, do capital urbano nas fazendas. Os comissários, como observado, fornecem bens e dinheiro aos fazendeiros, e, para suprir-se de recursos, recorriam, primeiro aos corretores, depois evoluídos em banqueiros, tipicamente o caso de Antônio José Alves Souto, visconde de Souto, mais tarde proprietário da casa bancária Antônio José Alves Souto e Cia., desastrosamente liquidada na crise de 1864.[25] Uma dupla mudança, no sistema dos comissários, a princípio trabalhando com capitais próprios e vinculados ao tráfico de escravos, com os corretores, de outro lado, convertendo-se em banqueiros, sobretudo estabelecidos com casas bancárias. Em 1865, um comerciante descreve o quadro urbano que movimenta a fazenda:

> São os comissários, ou, como modernamente se diz, os *banqueiros provinciais* que se acham em contato com a agricultura. Estes suprimentos têm duas bases: a moralidade junta aos meios de produção, ou a hipoteca; em ambos os casos a dívida ao comissário é representada em letras a 4 ou 6 meses de prazo. Estas letras com o saque do comissário são descontadas nos bancos diretamente ou por meio de banqueiros; neste caso são 3 e naquele 2 os solidários à solvabilidade do suprimento. Este é o mecanismo atual. Quando, porém, há vinte anos entrei na vida comercial, estreando a minha carreira em uma das mais respeitáveis casas de comissões, nunca soube o que fosse descontar as letras dos fazendeiros. Nesse tempo a imperfeição da circulação não consentia as letras dos fazendeiros, tanto que o Banco Comercial não as conheceu na sua carteira. Os comissários não exigiam letras e os fazendeiros as desconheciam.
>
> Também não se conheciam contas de juros recíprocos, porque para o ajuste de contas, feito anualmente, calculava-se o juro do débito, e então dessa soma é que se abatiam as somas dos líquidos das contas de vendas dos cafés recebidos.
>
> Esta amortização tão visivelmente lesiva foi-se modificando com a concorrência de novas casas que por essa época se foram estabelecendo, dirigidas com inteligência e moralidade.
>
> Foi então que se começou a converter os saldos das contas-correntes em letras a prazos nunca menores de 6 e 12 meses, e a calcular-se os prêmios tanto do débito como do crédito.
>
> Em 1853 uma nova revolução se operou neste ramo de comércio com a fundação de grandes casas cheias de prestígio entre os agricultores, as quais começaram a fazer bastos adiantamentos pelo sistema que implantaram, e hoje vigora, estabelecendo por base do seu lucro a comissão de 3% sobre os cafés que recebiam, e pagando 2% *del credere* aos banqueiros que com eles tomavam a responsabilidade nas letras.
>
> Este sistema, uma vez implantado, acreditadamente trouxe grandes recursos à lavoura, que houve dinheiro à farta por meio dos comissários. As casas de comissários multiplicaram-se, e com elas o seu crédito.[26]

O depoente, ao salientar o vulto dos suprimentos à lavoura (90 mil contos de réis numa circulação de 112864 contos de réis), não deixa de assinalar a *tutela* que o comissário exerce sobre o agricultor, tutela que tem a garantia na lei de terras e espera aperfeiçoar-se com o ansiosamente esperado regulamento à lei hipotecária de 1864.[27] O crédito, na verdade, expandia-se de acordo com as necessidades da lavoura, atormentada pelo preço alto do escravo depois da abolição do tráfico. Mas, nas suas dobras, vibra a especulação, próxima ao azar, especulação que resguarda o credor das safras insuficientes ou da queda de preço do produto. Com os bancos, essa especulação se emancipou dos vendedores de escravos, que "a custo do tráfego nefando de escravos e da usura que só os comércios ilícitos podem suportar, ditavam a lei à praça e impunham sua vontade aos governos".[28] Dentro das teias do crédito e das relações entre comissário e fazendeiro esconde-se o comércio negreiro. Quando Eusébio de Queirós, em 1852, justificou a abolição do tráfico como medida libertadora do agricultor, preso ao vendedor por juros mordentes, falava a verdade. Esquecia apenas que o ato de 1850 não emancipava o fazendeiro do escravo, dado que o negócio não se extinguiu, com as vendas internas travadas a preços mais altos. Ao contrário, o preço do escravo, depois da extinção do tráfico — com fidelidade, proibição de importar e não de negociar —, dobrou de preço, suprido o fechamento da fonte africana pela migração do norte ao sul. Com o comércio bancário do Rio de Janeiro em convulsiva expansão, alimentada pelos capitais ociosos do tráfico, o fazendeiro do Vale do Paraíba ampliou suas lavouras e, valorizado seu investimento de escravos, pôde melhor garantir seus débitos. As safras aumentavam, a partir de 1850, sem mais se deter, estimuladas pelo melhor preço. O café se expande, mas à custa da dependência maior das importações, ampliadas para os gêneros alimentícios, resultado direto da prosperidade do produto nobre e da restrição de braços. Em 1850-1, os gêneros alimentícios representam 12,88% da importação, atingindo, em 1859-60, 19,24%, percentagem tanto mais grave quanto maior será a importação no último período.[29] No Norte, o sistema creditício não alcançou os mesmos êxitos, com o açúcar em crise, apesar da melhoria do preço e do aumento de exportação nos meados do século, antes que a década de 1870 decretasse o definitivo amesquinhamento da mais importante produção do período colonial. Desde tal momento, o Norte se diversifica do Sul.[30] A agricultura do Norte, também sustentada pelos comissários,[31] na extinção do tráfico, ao contrário do Sul, não leva seus capitais libertos e ociosos à lavoura. Enquanto, ainda no fim da década de 1850 e começo da de 1860, o Banco da Bahia canaliza parte de seus recursos para a lavoura, nenhum empréstimo se faria diretamente, com garantia hipotecária, restrita essa operação ao círculo da décima urbana, em consequência da deficiência legislativa do Império.[32] A agricultura nordestina ficou à margem dos investimentos, em soçobro pelas oscilações do mercado internacional e incapaz de manter a solvência nos empréstimos que fizesse. A empresa açucareira não seria mais rentável com o preço astronômico do escravo, vendido cada vez mais para a área cafeeira, apesar das restrições tributárias impostas ao comércio interior. Só o crédito barato sustentaria o açúcar, ferido com a reforma bancária de 1860, incapaz, na década de 1870, o senhor de engenho, de arcar com o juro do empréstimo. "Pagar 12% quem só retira 4, quando muito, de suas explorações, é viver à custa do capital", dizia em 1874 o presidente da província da Bahia.[33] Desprotegidos de crédito territorial, os engenhos vendem seus escravos, perdendo a principal garantia do crédito, no prelúdio dos fogos apagados que tomam conta da costa nordeste, no último quartel do século. O amparo da garantia de juros aos engenhos centrais, com o Banco Hipotecário, ficou no papel, ensaiado pela lei de 1875. Enquanto o café navega em vento próspero, morre o açúcar, destruído pelo peso de sua principal força, o escravo. Sobre um e outro ramo agrícola, o credor urbano entra e sai do negócio, especulando com os fornecimentos e as safras. Para mudar o rumo, fazendo do crédito um incentivo, e não uma especulação, clama-se pelo governo. Em verdade, na estrutura que vai do exportador inglês ao comissário nacional e deste ao agricultor, o Estado não intervinha, em favor do produtor, senão para regular o statu quo. Ao dono do comércio entregara a disciplina da terra, a garantia do crédito, incapaz de organizar o país na imagem do negócio do rei, ao velho estilo do patrimonialismo. Contra os controles governamentais operou a armadura estrangeira do complexo exportador-importador. No espaço não ocupado, em revolta contra o esquema especulativo para instituir a especulação oficial, no papel-moeda em oposição ao ouro, numa incompleta e difusa esfera, o velho estamento agia e vivia, preocupado em manter sua supremacia.

Dois focos convergentes esmagam o chamado senhor territorial, dono de fazendas e de engenhos: a burguesia comercial e o governo, aquela pelo crédito e este pelo apoio às medidas de controle econômico do comissário. Sobre o aparente poder político do agricultor, eleva-se o feixe de dependências articuladas pela preocupação de libertar as terras da baronia, cioso o Estado de mais ingressos, só possíveis com a abertura do latifúndio. A terra deveria ser objeto de negócios, sem entraves alheios ao mercado, ou impedimentos economicamente irracionais, como será a própria escravidão. Em contrapartida, permitiu ao proprietário absorver, anular ou encadear o pequeno proprietário, reduzindo a pouco mais de nada o grupo intermediário entre o senhor e o escravo, numa realidade já definida no começo do século (ver cap. 7, 1). O lavrador sem terras e o pequeno proprietário somem na paisagem, apêndices passivos do senhor territorial que, em troca da safra, por ele comercializada, lhes fornece, em migalhas encarecidas, os meios de sustentar o modesto plantio. As precárias choupanas que povoam o latifúndio abrigam o peão, o capanga, talvez o inimigo velado, servo da gleba sem estatuto, sem contrato e sem direitos. O sistema das sesmarias deixou, depois de extinto, a herança: o proprietário com sobra de terras, que não as cultiva, nem permite que outrem as explore. Lavradores meeiros e moradores de favor são duas sombras que a grande propriedade projeta, vinculadas à agricultura de subsistência, arredadas da lavoura que exporta e que lucra. O senhor territorial, agrilhoado ao crédito, sofre contínua transformação: não raro é o credor de ontem, como será o devedor de amanhã. Só a prosperidade contínua, sem catástrofes que firam a safra e sem a queda dos preços, mantém a empresa agrícola, viva enquanto se expande, com produção sempre superior ao débito crescente. Na hora má, como a do açúcar no Nordeste, o engenho apaga o fogo, melancolicamente, e os orgulhosos descendentes do senhor procuram, no emprego público, o refúgio da grandeza perdida. Para vencer a crise, um apelo corta os campos: o favor do governo, com auxílios e moratórias, negócios que aumentam, ainda uma vez, o cabedal dos comerciantes. Neste mundo, que a prodigalidade do fazendeiro não disfarça, o agricultor não passa — como reconhece Joaquim Nabuco — do "empregado agrícola que o comissário ou o acionista de banco tem no interior para fazer o seu dinheiro render acima de 12%".[34] A lavoura é o parceiro que paga e não desfruta.

> O primeiro dos mecanismos [prossegue Joaquim Nabuco, devassando a casca ilusória das aparências do país essencialmente agrícola] pelos quais a agricultura sustenta uma classe importante da sociedade, é o crédito. O antigo fazendeiro trabalhava para o traficante que lhe fornecia escravos, como o atual trabalha para o correspondente (comissário) ou para o banco que lhe adianta capitais. Uma boa parte da riqueza nacional é eliminada do país pelo comércio de exportação, cujos lucros ficam em parte no estrangeiro, mas uma boa porção dessa riqueza pertence de direito aos que fornecem a lavoura de capitais. Estes alimentam nas cidades uma considerável clientela de todas as profissões.
>
> A lavoura, porém, não sustenta somente os que lhe emprestam dinheiro a altos juros, sustenta diretamente a sua clientela, que a serve nas capitais. Isso não é tudo, e é normal. Mas o Estado tem um aparelho especial chamado *apólice*, do qual os bancos são as ventosas, para sugar o que reste à lavoura de lucro líquido. Essas sobras ele as distribui pelo seu exército de funcionários, os quais por sua vez sustentam uma numerosa dependência de todas as classes. Temos assim que a lavoura, pelo pagamento de juros, pelo pagamento de serviços e pelos empréstimos incessantes que faz ao Estado, sustenta todo esse número imenso de famílias que absorvem a nossa importação e que pagam os impostos indiretos. Se o Estado, amanhã, fizesse ponto, ver-se-ia que ele tem Estado a tomar os lucros da escravidão aos que produzem para distribuí-los entre os que ela impede de produzir. Não há assim incremento real da riqueza pública por acumulação e emprego do capital produzido. Há constante eliminação ou desperdício de riqueza.[35]

A crítica, a denúncia, o protesto explicam, nos seus pressupostos, a libertação da lavoura do crédito de dependência, a desburocratização do aparelho estatal, com o longínquo clamor pela industrialização e com a palavra explícita, "o Brasil para os brasileiros". Essa a face que o complexo exportador-importador não desfigura, mas reclama do país a interferência oficial. Quer-se que o Estado, até agora comprometido com o comissário e o exportador, seja mais atuante, guiando, sem esquecer a tutela, para as águas que criem outra nação, não só moderna, mas próspera. Contradição que o estamento abriga, sempre fiel ao patrimonialismo, para navegações mais audazes, o vapor no lugar da vela. Um passo será o apelo geral: o crédito sem o conteúdo mercantil. Por um momento, só se pensa, ao norte e ao sul, no crédito agrícola, a longo prazo e a juros baixos, panaceia que será a palavra final do Império, com as reformas do último gabinete, chefiado por Ouro Preto. Um homem de letras traça a fórmula mais clara de todo o arcabouço econômico. Lembra José de Alencar que o crédito mercantil ocupa o lugar do crédito agrícola, subordinando-o aos seus processos e normas, e, com o vício do regime hipotecário, torna o capital mutuado caro e arisco. Para sustentar a lavoura com o crédito mercantil, o governo, nas horas difíceis, emitirá papel-moeda, prejudicando o comércio e a agricultura. O remédio será o banco agrícola, ao estilo do Banco do Brasil para o crédito mercantil. A base seriam apólices agrícolas, com o dividendo máximo de 8%, com as quais se expandiriam créditos a 25 anos, resultando na libertação do agricultor.[36] Libertação da lavoura do comissário, não para a autonomia, mas para se atrelar ao Estado. Ainda uma vez, a outra face do estamento — revelada agora por um conservador — operará o milagre. O abolicionista e o escravagista evocam os mesmos salvadores, escondidos, por enquanto, nas expectativas sonhadas.

3 | *O centro estatal do crédito: o dinheiro e as emissões*

NA ÁREA DO DOMÍNIO DO DINHEIRO, o século XIX gravita em torno de um dogma: o padrão-ouro. Um meio circulante seria são se conversível em ouro, vicioso se calcado sobre a moeda fiduciária. O papel, segundo a sagrada palavra de Adam Smith, seria mero substitutivo de um instrumento dispendioso e pesado por outro mais barato e mais cômodo. A emissão, seja para a corrente pluralista ou para a corrente unitária, teria sempre, garantindo seu funcionamento, a base metálica, leito seguro das operações internacionais, com o automático equilíbrio das trocas. Uma boa circulação seria, dessa sorte, a que pudesse, a todo momento, internacionalizar-se, servindo o meio interno em meio exterior de compra e venda. O indicador seguro do comércio se expressa, em termo último, na taxa de câmbio, capaz de mostrar a doença ou a saúde, ao primeiro golpe de vista. O Estado, nessa concepção financeira, reduzia-se a vigiar o livre jogo das forças econômicas, sem intervir materialmente nos negócios. Ao dogma, o estadista americano pagou seu tributo público, embora para negá-lo secretamente ou para invalidá-lo pela ação. Dessa ambiguidade será exemplo a criação e o funcionamento do primeiro Banco do Brasil (1808), cujos estatutos recomendam que as emissões de letras ou bilhetes fossem pagáveis "à vista ou a certo prazo, com a necessária cautela, para que jamais estas letras ou bilhetes deixem de ser pagos no ato da apresentação". Mas o governo, ao reduzir o banco a agência pública de seus serviços financeiros, forçou emissões além das possibilidades de conversão, desculpando-se com o falso símile do Banco da Inglaterra.[37] O peso das emissões, inconversíveis em metal, levou, em homenagem às ideias do tempo, à extinção do banco e ao curso forçado de suas notas. Grave erro financeiro, segundo Calógeras,[38] ou medida necessária, o fato é que, a partir daí, firmou-se uma realidade mais enérgica que as teorias: o papel-moeda como a base do meio circulante. Daí em diante iniciou-se uma prática permanente:

> [...] o governo, para dizer que não emite, funda bancos que emitem notas, crismadas de bilhetes bancários, com uma conversibilidade imaginária, das quais ele se serve para tapar seus déficits ou para fazer déficits e afinal encampa os bilhetes que tomou emprestados, e os que os outros tomaram, para depois recomeçar.[39]

Quando os bancos não emitem, emite o governo diretamente, sem cuidado com o lastro ouro, embora preste de boca todas as homenagens ao tabu universal. Com base nesse mecanismo, o papel-moeda passou de 20 mil contos em 1829, data da lei de extinção do Banco do Brasil, para 197156, em 1889, ou de 9171 em 1822 para 670 mil em 1900, numa expansão do índice 100 (em 1822) para 7305. Nos mesmos períodos, o custo de vida (índice 100 em 1829) passou para 460 em 1900, com 231 em 1887. O Reino Unido, entre 1829 e 1887, reduziu o índice para 73, com 81 em 1900.[40] A expansão das emissões e o aumento contínuo dos preços favorece, sem dúvida, o exportador, provocando a desvalorização da taxa cambial. Também nesse ponto, a ortodoxia entra em recesso prático, sem que o país admitisse o penoso retraimento de negócios que o padrão-ouro exigia, confinado o exportador à receita do produto em queda de preço. Se o processo acelera a tendência exportadora da economia, com a estabilização da monocultura, ele, de outro lado, acentua o caráter de isolamento do mercado interno, criando, no primeiro passo, restrição de consumo de mercadorias importadas, e, num segundo movimento e a maior prazo, o estímulo para a substituição dos bens estrangeiros onerosos.[41] O sistema provoca na classe média um sentimento de mal-estar, vizinho ao protesto, que levava a sugerir aberturas não ortodoxas, de natureza industrial. No aspecto global, portanto, o papel inconversível no lugar do ouro condiciona o movimento econômico, na medida em que se defende das flutuações, à atividade, à vigilância e à intervenção do governo. A verdadeira agência de intermediação das trocas, o superbanco de crédito será o Estado, não mais empresário como nos dias de Avis, mas vivo na essência bragantina, preocupado em dirigir, em favor de seus próximos clientes e sustentadores, o negócio da nação. Espectro liberal fundado numa singularidade, na dispensa, como acentuou Mauá, da espécie metálica de sua circulação.[42] Haverá motivo de espanto para que, na crise ou na prosperidade, os olhos aflitos ou cobiçosos busquem sempre o Estado, o Estado de onde vem o alívio, a cura e o milagre? Não haverá, aí, a tentação para o golpe da fortuna, que enriquece grupos e todo o país, num salto? Se a lei, a medida governamental, a manipulação dos ministros da Fazenda tudo podem, por que a mágica inteligência não fará brotar das cidades a civilização industrial?

Extinto o velho Banco do Brasil (1829), convertidas suas notas em papel-moeda, a primeira metade do século XIX transcorre entre a instabilidade política e a estagnação econômica. Só o café promete muito e só ele impede o declínio dos valores da exportação. O açúcar, o algodão, os couros e as peles valem cada vez menos, no período, sem que o declínio se compense por outras atividades, senão o incremento automático da lavoura de subsistência. O comércio de escravos, cada vez mais intenso à medida que a lavoura cafeeira se expande, exige, para garantia das importações, a moeda metálica.[43] Para sanear o meio circulante, atravancado com os saldos da atividade do Banco do Brasil e do cobre, com o intuito de atrair os metais preciosos, fixa-se o padrão ao câmbio de 27 d. por mil-réis (1846), em substituição ao padrão monetário de 1833, que quebrava a paridade para 43,5 medida que durará oitenta anos. As emissões são controladas pelo Tesouro, que só emite para pagar sua dívida flutuante, com a elevação suave do papel-moeda (26 mil contos para 46 mil em 1853), atento à taxa do câmbio. Os empréstimos externos, a curto prazo, mantinham o equilíbrio cambial, com efeitos contrários, a longo prazo, com as amortizações e juros não pagos consolidados em novas dívidas. Para sair do círculo fechado, sob a pressão da exportação, necessitada, para progredir, de maiores créditos ao produtor, as cidades exigem a volta ao sistema bancário, mais flexível que o Tesouro no fornecimento de recursos. Num discurso de 1846, o ministro da Fazenda, Holanda Cavalcanti, considerava que, na verdade, o governo fazia o papel de banqueiro, regulando o papel-moeda, recolhendo-o, se excessivo, ampliando-o, se escasso. Para afastar o governo dos riscos de tais operações e desviar-se da "ditadura financeira" era necessário restaurar o banco emissor, sob controle, mas não por conta do governo.[44] Na verdade, perseguindo o mesmo fim, tentara-se reviver o Banco do Brasil, provincializar o papel-moeda, sem êxito, bem como a usurpação do poder de emissão pela primeira sociedade bancária expressiva, depois da extinção do Banco do Brasil, corporificada no Banco Comercial, instalado em 1838, no Rio de Janeiro. Por sua conta, o Banco Comercial, emissor pelos estatutos, certo da objeção governamental, permitiu-se emitir vales, admitidos pelas autoridades, se a prazo curto e de valor até 200$000. Desse núcleo sai o novo Banco do Brasil, com o qual se fundirá aquele em 1853. Os tempos, na década de 1840, estavam maduros para a organização do crédito, até aí entregue aos particulares, provavelmente vinculados ao tráfico. Bahia e Maranhão fundam seus bancos, num movimento comum com as outras praças, movimento indicador de iguais pressões.

Os ventos que sopram na década de 1840 não têm suas origens na expansão cafeeira, que reanima a economia estagnada. Não obstante a origem, não é ao setor exportador que aponta a tendência inicial dessa quadra. A depressão de meio século retraíra o setor exportador à lavoura de subsistência, com duas consequências entrelaçadas: a autarquização da fazenda e a maior vivacidade das trocas internas, vivacidade estimulada pela dificuldade de importar, reativando o setor artesanal das cidades. A contínua melhoria da agricultura exportadora se oporá a esse rumo, desenvolvendo a face monocultora dos campos e a fisionomia exportador-importadora nos centros urbanos. Mas, no ponto de encontro das duas tendências, a depressiva de cinquenta anos e a expansiva dos meados do século, articula-se um caminho próprio: o mercado interno, inicialmente incentivado pelas contribuições do próspero comércio exportador, penosamente financiado por grupos nacionais. Uma circunstância dá corpo ao virtual esboço industrial, com a caducidade, em 1843, da tarifa de 15% sobre todas as mercadorias importadas, unificada em 1828 para todas as procedências, prolongamento do tratado de 1810 com a Grã-Bretanha. Essa tarifa — recorde-se — matara as isenções, privilégios e promessas de créditos de d. João VI, ao revogar as restrições industriais impostas à colônia. Os manufaturados têxteis da Inglaterra sufocam, com tais garantias, a indústria nacional, avassalando o mercado (1839-40, 1843-4, os manufaturados têxteis importados somam 48,4% das importações, dos quais 33,8% eram manufaturados de algodão).[45] Nas vésperas de expirarem os tratados, a assembleia geral autorizou, em 1841, o ministro da Fazenda, Manuel Alves Branco, a organizar nova pauta alfandegária, com direitos de 2% a 60%. O ministro, o mesmo que se opunha a amortizar a dívida externa enquanto, pelo desenvolvimento da indústria, navegação e comércio, não tivesse o país condições de progresso para equilibrar os déficits da balança exterior e do orçamento,[46] o ministro entendia que a tarifa visaria a "não só preencher o déficit do Estado, como também proteger os capitais nacionais já empregados dentro do país em alguma indústria fabril, e animar outros a procurarem igual destino".[47] Em lugar dos 50% ou 60% de direitos para a indústria têxtil, prevaleceu a tarifa, considerada insuficiente, de 30%. Suspeitou-se, ao tempo, acentuando a animosidade contra o inglês, antipatizado pela sua tenaz perseguição ao tráfico negreiro, que a Grã-Bretanha estivesse por trás do movimento liberal, antiprotecionista. Não obstante o desatendimento das reivindicações nacionalistas, o governo favoreceu, indiretamente, as indústrias brasileiras, com isenções de direitos de transporte e importação, bem como da dispensa de recrutamento de operários (decreto nº 386, de 8 de agosto de 1846). O amparo retorna à política de d. João VI, com o fomento das *fábricas nacionais*, estimuladas pela tarifa e por favores indiretos. Os bens de capital, nesse período de favores, que vai de 1844 a 1857 (até 1860), são importados em escala crescente, para cair em 1860, expandindo-se a compra de máquinas inglesas.

Característica da época será a Ponta da Areia, ampliada por Mauá. Convencido da necessidade de indústrias para o Brasil, voltou-se o empresário, até então dedicado ao comércio de importações, para a indústria do ferro, a qual, "sendo a mãe das outras, me parecia o alicerce dessa aspiração".[48] Não confiou Mauá apenas na proteção alfandegária, tratou de conseguir dois auxílios diretos: a garantia de compra, por parte do governo, de tubos para encanamento de águas, e a obtenção de empréstimo, por meio de leis votadas pelo parlamento, a prazo longo e a juros baixos. Supria-se, dessa sorte, os dois mais importantes impedimentos ao incremento industrial — o mercado restrito e incerto, bem como a pobreza de capitais. Matou a indústria a mudança de rumo do governo, quinze anos depois da tarifa Alves Branco, visto que, mais baratos os produtos importados, "falharam em sua totalidade as encomendas do governo, e o serviço particular era mínimo; foi, portanto, preciso fechar as portas das oficinas à míngua de trabalho".[49] A frustração dos planos de Mauá não se deve a um capricho governamental, como capricho não foi a tarifa Alves Branco. O café cresce e se expande, pressionando, em todos os campos, a política econômico-financeira. Os recursos disponíveis correram para a lavoura exportadora, cada vez mais monocultura sempre que mais compensadoramente exportadora, crescendo as importações, mesmo as de gêneros alimentícios.

O recuo, com as tarifas de 1857 e 1860, atingiu, além das tarifas mais brandas para os gêneros alimentícios e os instrumentos de lavoura, os privilégios liberalizados às fábricas nacionais. Voltava-se à livre troca, pregada em outros tempos por Cairu, numa simbiose agrária e liberal.

O interregno das décadas de 1840 e 1850 deixou, apagadas mas não extintas, as manufaturas que, isoladas pelo custo do transporte, conseguiram levar vida medíocre, até que, no final do Segundo Reinado, elas outra vez prosperassem. A década de 1850, em coincidência com o clímax cafeeiro, vê-se inundada, repentinamente, pelos recursos, agora disponíveis, do tráfico de escravos. Sobre o Rio de Janeiro, especialmente sobre a capital, circundada pela maior concentração de escravos, desabam, de um momento para outro, recursos livres, da ordem de 16 mil contos (para uma circulação de 46 mil), com as taxas de desconto caindo para 3 e 4,5 em 1851, e o câmbio em ascensão. Grande parte do dinheiro voltará à agricultura, outra se aplicará no luxo, com as "teteias da Rua do Ouvidor" e os vestidos de "um conto e quinhentos", como lamenta um austero comerciante,[50] afluindo a maior parte à praça, ociosamente. A utopia industrial, ao estilo da Ponta da Areia, deveria invadir as imaginações — mas tal não aconteceu. Já o horizonte cafeeiro guiava os acontecimentos. A especulação, que o dinheiro provocou, manipulado pelos seus donos, vinculados à camada política dominante, não ganhou a direção fabril, mas incentivou as empresas de melhoramentos urbanos e de transportes, criando, no centro da febre, o negócio bancário. O capital especulativo continuou, além disso, fiel às suas origens, preocupado em acumular grandes lucros em curto espaço, como se fosse uma viagem para trazer escravos da África. Das 62 empresas industriais autorizadas a funcionar na década de 1850, apenas 24 não se referem aos transportes, comunicações e melhoramentos urbanos. Catorze bancos de depósitos e descontos, alguns de emissão, três caixas econômicas, companhias de seguro, de colonização, de estradas de ferro, de gás tomaram conta da praça, ruidosamente. O país despertava mais para a aventura que para o progresso. O maior empresário da época, modelado pela formação inglesa, percebe o meio de aproveitar os acontecimentos em proveito particular:

> Reunir os capitais, que se viam repentinamente deslocados do ilícito comércio, e fazê-los convergir a um centro donde pudessem ir alimentar as forças produtivas do país, foi o pensamento que me surgiu na mente ao ter a certeza de que aquele fato era irrevogável. Apresentei-me, pois, em campo com a ideia de criar uma grande instituição de crédito.[51]

Surge, desta forma, o Banco do Brasil, segundo de nome, com o capital de 10 mil contos. Oitenta por cento realizado em 1853, com o poder de emitir vales ou letras a prazo de cinco dias e do valor de 200$ para cima, em soma que não excederia a um terço do fundo efetivo.[52] Esses vales, em concorrência com os emitidos pelo Banco Comercial, constituem o meio circulante de fato [...]. Pela necessidade, os vales a prazo dos dois bancos permaneciam, depois do vencimento, nos canais da circulação, fazendo de papel-moeda entre particulares; mas, dos vales em que se sabia empenhada a responsabilidade de Mauá, houve épocas em que nenhum vinha ao troco. Apesar de não recebidos nas repartições públicas e de só terem curso na sede do Banco, circulavam, fazendo função de papel-moeda.[53]

Congregam-se, numa inédita demonstração de espírito associativo, 618 acionistas, entre os quais, significativamente para as relações entre políticos e negociantes, se alinham o conselheiro Honório Hermeto Carneiro Leão, o futuro marquês de Paraná, e Teófilo Ottoni, este também empresário. Em dois anos de atividade, o estabelecimento transaciona com 300 mil contos.

A política financeira não conseguira, pressionada pelos fatos, manter o controle das emissões. Na ausência de atividade do Tesouro, os bancos, por meio de vales, tornam-se emissionistas de fato, embora em escala módica. O governo, pela iniciativa do presidente do Conselho, Rodrigues Torres (visconde de Itaboraí) — 11º gabinete, de 11 de maio a 6 de setembro de 1853 —, resolve dirigir o meio circulante, transitoriamente perdido nas mãos dos bancos particulares, entregues a porfiada concorrência. Por essa via, retorna ao Estado o poder de resgate do papel-moeda e o controle do crédito. Em 1853, Itaboraí fixa seu programa:

> A riqueza pública e com ela os recursos das transações tem crescido; o espírito industrial começou a desenvolver-se de uma maneira pronunciada; e por fim a insuficiência do papel-moeda é atestada pela presença de 10 a 20 mil contos metálicos com que se acha aumentada a massa do nosso meio circulante. Parece, pois, chegado o prazo de criar-se um banco de emissão, que não só auxilie o governo no resgate do papel-moeda, mas ainda o progressivo aumento do crédito e riqueza nacional.[54]

O novo estabelecimento, autorizada a sua criação pela lei de 5 de julho de 1853, com o capital de 30 mil contos e com a capacidade de emitir até o duplo de seu fundo disponível, com maior limite se autorizado pelo governo, resultou da fusão do Banco Comercial com o Banco do Brasil, com o nome de Banco do Brasil, terceiro com este nome. Das suas 150 mil ações, 80 mil permaneciam com os acionistas dos bancos agregados, 30 mil com o governo e 40 mil couberam aos particulares. O presidente e o vice-presidente seriam nomeados pelo imperador, caracterizando a direção pública, agência governamental, na segunda experiência da unidade bancária de emissão. À emissão legal do Tesouro, com a pluralidade bancária *de fato*, sucede o monopólio, com a unidade bancária, instrumento que acelera a tendência da praça, com a especulação derivando na agiotagem. A euforia contamina a sociedade, tornando possível a conciliação dos partidos (ministério Paraná, 6 de setembro de 1853 a 1857), o esquecimento das velhas rivalidades, sob o sopro da inflação. A tutela governamental, o estímulo aos negócios, com a progressão do crédito, aumentam o meio circulante, de 62 mil contos em 1853 para 95 mil, em 1857. A emissão acima do duplo dos fundos disponíveis foi autorizada em 1855, sob o pretexto da necessidade de enviar numerário ao Norte, para compra de escravos e colheitas. O limite tornou-se definitivo no ano seguinte, sem que o banco, daí por diante, moderasse suas pretensões expansionistas, desavisado o governo de que, com o aumento do custo de vida, maiores seriam os reclamos de dinheiro. O Banco do Brasil,

> com seu enorme capital e seus múltiplos favores, formado para consolidar um meio circulante que estava bastante são, transformara-se, no intervalo, numa simples máquina de fabricar papel, depois de dois ou três decretos de suspensão de troco e de alargamento de circulação e de uma lei definitiva de inconversibilidade.[55]

Inflada a capital de recursos, desperto o país de um sono que parecia letárgico, senhor o governo do crédito, urgia queimar etapas e erguer o Brasil ao plano das grandes potências, modernizado e progressista. O ambiente de prosperidade, alimentado pela especulação, sugeria, mal dissimulada a cartola do mágico, o salto do país atrasado para o delírio do século XIX, o progresso rápido e sem fim. O voo não seria obra do trabalho, da poupança, do capital acumulado, mas do jogo, da inteligência contra a rotina, da imaginação em lugar do lento e suado passo a passo. Havia um ideal a atingir — a prosperidade; para chegar ao destino, expedientes novos, rápidos substituiriam a dura caminhada. Pela primeira vez — o delírio voltaria, esquecida a experiência —, o mito do país novo, inesgotável de riquezas, incendiaria o céu.

> Ao jogo, cidadãos! [brada um cronista, sagaz e cético, Francisco Otaviano, em 1854] Ao jogo! Ao jogo em pleno dia, ao jogo na praça pública, ao jogo sem receio da polícia, ao jogo legal, comercial, industrial e moral.
>
> Ao jogo, cidadãos, ao jogo! Abandonai o comércio, abandonai vossos empregos, abandonai todos os interesses de vossa vida, e da sociedade. O comércio! Isso é um ronceiro *cabriolet* quando se trata de locomotivas em ágio. *Écarté, lasquenet,* banca, bilhete de loterias, apostas de corridas, miséria das misérias! Tudo isso já não serve, tudo isso já passou de moda, pertence ao domínio do passado inglório e triste de uma civilização passada. [...] Ao jogo, cidadãos, ao jogo! Todos os bons instintos, as ideias de justiça, os costumes severos, ficarão em tréguas até que a vertigem se acalme e a febre do ágio ceda à lanceta da baixa do prêmio. Quantos castelos não se converterão em vigílias amargas!
>
> Mas até lá, meus amigos, até o *dies irae* da reação, não se perca tempo. Banco comercial, banco hipotecário, banco nacional, estrada de Mauá, iluminação a gás, Ponta da Areia, navegação do Paraguai, tudo serve; podem representar no baralho da especulação como damas, valetes ou reis.

Se ainda precisardes de mais alguma empresa para distração da partida que jogais, não vos faltam os títulos pomposos, embora não passem daí. Lançai uma estrada de ferro desde S. Cristóvão até o Pará; desmontai as cachoeiras de S. Francisco e entupi desde a foz até a nascente com os clippers e os ericsons; fundai um banco, dois mais, de desconto, de hipotecas, tudo que quiserdes, porque o nome nada tem com a instituição em si. Iluminai o Corcovado, o Pão de Açúcar, a Gávea; e se a vossa imaginação vos faltar ao cabo destes projetos gigantescos, fundai um hospital para as vítimas do ágio no dia supremo das tribulações.[56]

A voz é a do velho do Restelo, na madrugada da aventura marítima. Mas o cronista, ao contrário do saudoso romantizador do destino passado, percebia apenas duas correntes socioeconômicas, a do país atrasado e a do país falsamente modernizado, o país dourado e não desenvolvido, ornamentado de empresas, longe do modelo do capitalismo inglês. Sob a febre especuladora, havia a prosperidade real, expressa no café, nas companhias de melhoramentos urbanos e de transporte ferroviário. A crise inflacionária de 1857, com a utilização do crédito em larga escala para compra de ações, deveria ditar o paradeiro nas emissões. Nas ideias e no sistema do tempo, a anomalia do meio circulante refletia-se na queda do câmbio, que levava ao escoamento do ouro e da prata, demonetizando o país. Para acudir à crescente procura de dinheiro, exigida pela elevação dos preços, autorizou-se a emissão bancária (42 036:000$ em 1857), com a pluralidade emissora, levada a cabo pelo ministro da Fazenda do gabinete Olinda (4 de maio de 1857 a 12 de dezembro de 1858), Sousa Franco (visconde de Sousa Franco). Para estancar a queda do câmbio (de 27 e 26 a 23), o governo autorizou o Banco Mauá, Mac-Gregor e Cia., fundado logo após a incorporação do terceiro Banco do Brasil, a sacar sobre Londres, em operação que se elevou a 1,8 milhão de libras.

Sousa Franco substitui a unidade emissora, confiada até então ao Banco do Brasil, pela pluralidade, ferindo um dogma financeiro.

> O ministro inovador, porém, não substituía a unidade do chamado "monopólio" pela concorrência livre; era a pluralidade, sim, mas restrita, o que se pode chamar a pluralidade oficial. [...] Por outras palavras, o sistema da pluralidade dos bancos era adotado "não sob o regime restrito da autorização do governo".[57]

Seis bancos foram autorizados a emitir. Tudo indica que na controvérsia que então se abriu, entre unidade e pluralidade, houve a luta de grupos e de interesses, com o Partido Liberal propenso aos emissionistas e os conservadores a eles opostos. Justificava-se Sousa Franco com a necessidade de suprir de crédito as indústrias, com o estímulo ao comércio e às províncias. O setor tradicional da sociedade alarma-se com a queda do câmbio, que a inflação provoca, elevado a custo de saques sobre Londres. Uma amostra provincial dá a nota que anima e caracteriza o conflito:

Tanto as representações de várias partes dirigidas ao governo quanto as manifestações populares verificadas na Bahia parecem evidenciar que, nesses episódios, jogava-se a sorte das novas populações brasileiras, da gente urbana dos sobrados e mocambos, do nascente capitalismo, cujas esperanças na industrialização prometiam frustrar-se com a supressão das emissões, feita exatamente pelo Partido Conservador, o partido dos fazendeiros e senhores rurais. A estes não interessaria senão secundariamente o regime das emissões porque, para realizá-las, os bancos teriam que atrair os capitais que antes financiavam a grande agricultura, monocultora e exportadora. Esses capitais, anteriormente emprestados pelos negociantes fortes das cidades aos fazendeiros e senhores de engenho, passariam a constituir a garantia das emissões enquanto que estas tinham suas melhores aplicações nas empresas comerciais e manufatureiras, as quais, por sua vez, vinham preencher o vazio econômico aberto com a decadência do antigo sistema de *plantations*, cuja persistência convinha a grupos cada vez menores de "grandes lavradores" à beira da ruína. [O autor tem em vista o nordeste.] Constituíam, pois, as emissões uma esperança para as populações que cresciam nas cidades à margem da estrutura social e econômica tradicional e que, por isto mesmo, eram de algum modo antagônicas à velha classe aristocrática.[58]

Sousa Franco e os pluralistas perderam a batalha, devorados pela febre especuladora, cujo clímax seria a crise de 1857. Coube ao gabinete Ângelo Ferraz (10 de agosto de 1859 a 2 de março de 1861) inverter a política financeira (lei nº 1083, de 22 de agosto de 1860). Os bancos deveriam restringir suas emissões, para o resultado futuro da circulação metálica, sob a unidade emissora. O papel-moeda se retraiu, com diminuição do valor global, sem que, em 1862, dois bancos do Rio de Janeiro pudessem realizar o troco das notas em ouro, resultando daí, com a fusão ao estabelecimento oficial, o quarto Banco do Brasil, *de fato* o único banco emissor. A lei bancária de 1860 não foi um fato isolado, que denunciasse o alarma contra o abuso de crédito. Nas suas conexões com as dificuldades opostas ao espírito associativo e com as tarifas mostra-se a reação contra o frustro industrialismo, inaugurado em 1844 e estimulado depois de 1850. Vencia, ainda uma vez, o sistema exportador, vinculado ao crédito dirigido, por meio dos comissários, aos lavradores. Consagra-se a tese do país essencialmente agrícola.

> O ato de 22 de agosto [dirá Tavares Bastos, aludindo ao tópico que restringe a incorporação de sociedades] seria um crime se não fosse uma lei. Em virtude dele, o Estado diz aos mercadores, aos capitalistas, aos banqueiros: O comércio sou eu! — Ao direito de associação: Eu vos modero e vos dirijo, e posso embaraçar-vos! — A todas as indústrias: Ninguém mais sábio e mais prudente do que eu: segui-me! Meu dedo soberano apontar-vos-á o caminho. [...] O artigo 2º da Lei de 22 de agosto dava ao governo muito pretexto para fazer do Decreto nº 2711, de 19 de dezembro seguinte, uma vasta rede de prevenções contra as sociedades anônimas, assim mercantis como civis (art. 2º, pr. da Lei), assim

religiosas como profanas, assim literárias como políticas (arts. 27, 33 e outros do citado Decreto). E para que não reste dúvida alguma acerca dos poderes de que investiram o já poderosíssimo Estado, o Decreto repete com a Lei que a ele pertence, primeiro que tudo, decidir se o objeto ou fim da companhia é lícito e de utilidade pública.[59]

O governo deveria licenciar e aprovar os estatutos das sociedades, subordinando a empresa a um governo disposto a não auxiliar a indústria. Durante vinte anos, a tutela governamental freará o desenvolvimento econômico, matando, com a especulação de 1857, os agrupamentos destinados à indústria e ao comércio a este vinculados. Um outro golpe completará o elenco de medidas voltadas para estancar a heterodoxia financeira, este tendente a reduzir a tarifa aduaneira, com a liquidação do sistema Alves Branco. Sousa Franco, o pluralista das emissões, argumenta, sem entusiasmo pelo industrialismo, com a necessidade de incentivar as manufaturas, com o propósito de evitar a proliferação de elementos desocupados, com risco à ordem social. Vencia a doutrina liberal, com a qual, na verdade, não estavam de acordo os membros do Partido Liberal, sustentáculos da obra de Sousa Franco, adversos à tutela do regime associativo e da unidade emissionista, mas descrentes do industrialismo. Contradição aparente, visto que a hoste conservadora coesamente pugnava pelo sistema exportador. O industrialismo só seria viável se não precisasse contar com o auxílio do governo: só a concorrência permitiria, baseada na liberdade, projetar o país industrial.[60] Viam, por isso, nas providências conservadoras de 1860, duramente combatidas por eles — Martinho Campos, Otaviano, Tito Franco e sobretudo Mauá — um golpe contra a expansão comercial e industrial. Dessa jornada de 1860 sai a primeira contestação relevante à estrutura do Segundo Reinado, com a vitória dos liberais nas eleições em muitas cidades, sobretudo no Rio de Janeiro, com Teófilo Ottoni à frente. O crédito ilimitado e a liberdade bancária susceptibilizaram os setores médios da sociedade, os mesmos fermentos urbanos privados de ascensão e de trabalho, os quais destilarão a utopia da sociedade aberta e progressiva, sonhando, depois, com a República.

> Essa eleição de 1860 [dirá Nabuco] pode-se dizer que assinala uma época em nossa história política; com ela começa a encher a maré democrática, que desde a reação monárquica de 1837 se tinha visto continuamente baixar e cuja vazante depois da Maioridade chegara a ser completa. No Rio de Janeiro, a campanha foi ardente, entusiasta, popular, como ainda não se vira outra; a mocidade tomou parte nela, o comércio subscreveu generosamente, o povo dirigia-se de uma para outra freguesia capitaneado por Teófilo Ottoni, cujo lenço branco figura constantemente nos epigramas políticos da época. A chapa liberal triunfou toda: Teófilo Ottoni, Otaviano, Saldanha Marinho; e esse acontecimento tomou as proporções de uma revolução pacífica, que tivesse finalmente derribado a oligarquia encastelada no Senado. Tal vitória criava um partido: queria dizer, de fato,

a ressurreição do partido liberal, com outro pessoal e outras ideias, mas com as mesmas tradições, o mesmo espírito, mais forte que os homens e que os princípios.⁶¹

Uma coalizão de interesses firma-se sobre a euforia de 1844-60 e sobre as ruínas de 1860, representada pelas camadas urbanas médias e a lavoura, a lavoura, esclareça-se, ansiosa de libertar-se do jugo creditício da rede exportadora. Um cimento une os dois elementos, o prurido industrialista, enganosamente crente na liberdade econômica. Será o primeiro esboço que levará a 1889, então acrescido do Exército, não absorvido pela camada dominante. O velho estamento, congelado no Senado e na vitaliciedade, sofre a primeira contestação séria, contestação, como a outra, a fatal, envolvida no torvelinho inflacionário. Outra conciliação retardará o desfecho: o grupo conservador, em 1862, certo da catástrofe iminente, engrossa a fileira liberal, com a Liga, desvirilizando o ímpeto revolucionário, até chegar ao impasse de 1869, com o brado "reforma ou revolução" e cristalizado, em 1870, com o partido republicano, significantemente integrado por um vitorioso de 1860, Saldanha Marinho.

A ortodoxia leva a 1864, com a liquidação da embriaguez de vinte anos. O abuso do crédito, a partir do segundo Banco do Brasil, imprudentemente dedicado à dourada prosperidade, levou ao desastre, precipitado pelas medidas violentas e repressivas de 1860. A corrida bancária que irrompeu a 10 de setembro de 1864, levando a casa bancária Souto (Antônio José Alves Souto & Cia.) à bancarrota, provocou o fechamento de diversos estabelecimentos de crédito, com a falência de 95 casas comerciais (passivo de 110 111:678$) e a concordata de dezesseis outras (prejuízo de 16 000:000$). As ações depreciaram-se, furando a bolha de sabão do surto comercial e industrial, levantada sobre o crédito, manipulado este pelo Estado, por via de suas agências emissoras. O relatório oficial situa a causa do desastre na utilização do crédito, valorizado para substituir o capital:

> O mau hábito de reformas quase infinitas de letras vencidas, por meio de firmas de *palha*, conforme a expressão de um informante, ou sob a responsabilidade dos mesmos indivíduos com firmas diferentes; o emprego imoderado de letras com aceites, ou endossos de favor (*lettres de complaisance — accomodation's bills*); os saques com o fim de fazer dinheiro, conforme vulgarmente se diz; os diferentes expedientes de que geralmente nos momentos de apuros se lança mão, que são de um uso quase geral e diário, e todo o cortejo desses manejos do crédito fictício [...] se puseram em prática de um modo espantoso. Não há ninguém que o conteste. Daqui a falta de pagamento dos cheques, e dos diferentes outros títulos, falta de cumprimento de compromissos, suspensões de pagamentos, quebras repetidas, que nesta Corte orçaram para 448 (as conhecidas) no período de 1857 a 1863, perdas avultadas, que representam por somas enormes sob a rubrica — Títulos em liquidação — em todos os balanços, perdas nos preços das ações de empresas, que, elevadas artificialmente, baixavam, ou nenhum valor tinham pela sua liquidação, ou não fundação.

Essas perdas, e esses desastres, favoneados pelos bancos e pelos banqueiros, se concentraram em grande parte sobre algumas dentre as casas falidas, e suas aderentes, ou que estavam com elas em maior contato.[62]

Grande parte dos créditos abertos destinava-se a alimentar a especulação em torno das *bubble companies*, por meio de operações de descontos e empréstimos, criando um mercado a termo de ações de empresas fictícias ou mal fundadas. A aventura não seria possível sem a associação, revelada no relatório oficial,

de uma numerosa clientela de amigos da primeira classe da sociedade, assim políticos, como comerciantes, e de pessoas que lhe eram dedicadas pelo nobre sentimento de gratidão a colocaria (a casa Souto) em uma posição tão alta e forte, que quaisquer que fossem os vícios de seu sistema, dado o momento de perigo essas âncoras a salvariam do naufrágio.[63]

Uma vez ainda, o sistema político se compraz no jogo econômico, num antigo e permanente compromisso entre o estamento e as finanças, compromisso que não se altera mesmo nos momentos de desvio da normalidade ideológica. É que sem a camada dominante, entregue a si mesmo, o negócio não viça, não se expande. Essa ligação será responsável pelos atos subsequentes à crise, empreendidos para suavizá-la, como a liquidação administrativa das casas bancárias falidas e o curso forçado das notas do Banco do Brasil, para evitar o alastramento do pânico.

No todo, a crise de 1864, como sempre tem acontecido entre nós, foi aproveitada pelos especuladores para obter do governo, sob a ação do pânico, além das medidas excepcionais em que a opinião estava concorde, favores extraordinários, em benefício exclusivo deles. É sempre esse o processo; levanta-se um clamor geral pedindo a intervenção do governo, e este, no uso da ditadura que lhe é imposta, não se limita à medida reclamada por todos; tornando-se cúmplice dos que exploram a confusão do momento, dos que jogam afoitamente contando com o Estado para salvá-los ou desobrigá-los em caso de perda, decreta providências excessivas que só aproveitam a essa classe, em favor da qual a lei não merecia ser suspensa, muito menos inovada.[64]

A entidade da crise oficial, tão oficial como a especulação, fecha o círculo da vida financeira do Império.

Verdade que, volvidos os dias de 1864, distante a febre de 1857, o Segundo Reinado cria juízo. O café organiza sua estrutura financeira, que floresce no Vale do Paraíba, passa pelos comissários e exportadores da corte, para subordinar-se ao mercado internacional. O Banco do Brasil, depois de voltar a único agente de emissão, com o privilégio do curso forçado ditado pela crise, transforma-se em fábrica de papel-moeda, sob a frouxa inspeção do governo e sem a presença do parlamento. Desde 1866, porém, durante vinte anos, até a hora final do Império, quando o trabalho livre exigir outros arranjos, o papel-moeda será obra do Tesouro. O papel-moeda dobra de valor, num período em que as emissões e os empréstimos socorrem as necessidades públicas, numa prudente expansão regulada pelo volume das exportações, olho atento à taxa de câmbio. Com a nova organização, o país financia a Guerra do Paraguai, expande sua rede ferroviária, incorpora empresas, estimula melhoramentos, decepcionado da aventura e do sonho do súbito progresso. Um dia, no último decênio, o torpor cederá ao entusiasmo, para nova escalada, esta também com o termo no desastre. Nessa hora o Império ruirá, incapaz de ajustar-se ao novo quadro de forças, que irrompem de suas potencialidades.

4 | *O político e o especulador*

A DIRETA MANIPULAÇÃO FINANCEIRA no meio circulante vai além do controle formal e da fiscalização, preconizados pelo liberalismo. Mauá, o maior empresário e banqueiro do Império, via com clareza a estrutura do seu tempo. Ele sofria, como todos, o dilaceramento de tendências opostas: reclama a liberdade para a empresa, mas não dispensa, senão que reclama estímulo oficial, envolvendo o Estado nos negócios, no esquema global. O Estado, por seu lado, tutela para que o país progrida ou para evitar que, com a ilusão do desenvolvimento, se projete na aventura e na especulação. O empresário quer a indústria, mas solicita a proteção alfandegária e o crédito público. Duas etapas constituem o ideal do empresário: na cúpula, o amparo estatal; no nível da empresa, a livre-iniciativa. Daí sai o neomercantilismo, dourado pela doutrina liberal, num país em que seria necessário criar o capital e submeter-se à dependência do complexo exportador-importador, reforçado pelo sistema fiscal, dependente dos direitos de importação para sustentar o aparelhamento administrativo. O ponto fundamental da vida econômica está no regime do crédito, "essa alavanca magna da civilização" — segundo a palavra de Mauá —, "que tem a missão de desempenhar 95% das transações em que assenta a vida econômica das sociedades modernas".[65] No Brasil, a "alavanca magna" estava entregue ao "regime do privilégio" ou à força individual, esta "necessariamente fraca, em um país novo, que não tem tido tempo de converter em capital realizado senão uma parte mínima de seus recursos naturais". A consequência do dilema será "tudo esperar-se do governo", de sua tutela e onipotência.[66] Para fugir do círculo de ferro, o meio preconizado pelo empresário não está na iniciativa individual, nem na importação de ouro, necessariamente efêmera. Paradoxalmente, o crédito à lavoura, fundado sobre a lei hipotecária de 1864, o mais importante estímulo à economia, só poderia vir do auxílio do Estado, na fase dos títulos hipotecários.[67] Uma fórmula, portanto, de aproveitar a ampla força estatal em proveito do particular. Sobre esse terreno, estatizante de um lado e aberto aos particulares de outro, os bancos, organizados sem "intervenção governativa", longe do "arbítrio governativo", levariam a vida aos capitais inertes, o movimento à economia estagnada. Liberalismo sui generis, com a liberdade assentada sobre a rede oficial de favores. O resultado do esquema seria o vínculo ao governo, com a regulação material sobre a estrutura global. O Banco Mauá, Mac-Gregor & Cia., fundado em 1854, desafiadoramente alheio à tutela do governo, inclusive na sua forma legal, será, em certo momento, o agente do ministro da Fazenda para obter a baixa de câmbio, mediante missão. O chefe do gabinete, o marquês de Paraná, entra na sociedade por seu filho, genro e pai deste,[68] ato que sugere a participação do político nos negócios.

A intervenção do governo não se circunscreve às finanças e ao crédito. Ao contrário, desse centro ela se irradia sobre todas as atividades, comerciais, industriais e de melhoramentos públicos. O Estado autoriza o funcionamento das sociedades anônimas, contrata com os bancos, outorga privilégios, concede estradas de ferro e portos, assegura fornecimentos e garante juros. A soma desses favores e dessas vantagens constitui a maior parte da atividade econômica, senão a maior na soma, a mais relevante e ativa, regulada, incentivada e só possível pela vida que o cordão umbilical do oficialismo lhe transmite. Atuante é a intervenção do Estado, secundária a presença dos particulares, agentes públicos mascarados em empresários. No fim do Império, as sociedades anônimas com maior capital realizado, na corte, têm por objeto estradas de ferro, carris urbanos e navegação, numa escala que vai de 110 mil contos a 15 mil.[69] Os três ramos só existem pelos favores inerentes às concessões. Tomem-se como modelo as estradas de ferro, e do exemplo se terá o esquema fundamental da economia do Império. O primeiro ímpeto ferroviário ficou no papel e na lei (Lei Feijó, de 1835), com o sonho de ligar o Rio de Janeiro a Minas Gerais, Bahia e Rio Grande do Sul. As concessões, como a em favor do dr. Cochrane em 1840, revelam a impossibilidade da empresa se maiores favores não a animassem. Somente depois de 1852 (lei nº 641), com o privilégio de zona e a garantia de juros, garantia de 5%, que algumas províncias elevam a uma taxa suplementar de 2%, os trilhos se implantam. A subvenção quilométrica seria, mais tarde, outro incentivo, que, pagando parte do investimento, assegurava ainda remédio contra o risco do capital, durante largo tempo. Os 10 594 quilômetros de estradas de ferro, existentes em 1888, custaram 517 856:499$620, com a seguinte distribuição: estradas construídas pelo governo: 195 626:004$782; de capital garantido pelo governo: 167 021:290$673; de capital garantido pelas províncias: 78 272:000$000; sem garantia de juros: 76 927:175$160.[70] Todas, com exceção de duas, foram deficitárias, comprometendo diretamente o orçamento. A preocupação pelo rápido desenvolvimento ferroviário, identificado como o meio mais seguro de abrir ao mundo o interior, chegou, em algumas províncias, ao delírio. Minas Gerais, se o primeiro decreto do governo republicano não atalhasse as concessões, comprometeria todo o seu orçamento em garantias de juros e subvenções quilométricas. Aos responsáveis pela miragem chamava Rui Barbosa de "convulsionários da prodigalidade".[71] As rodovias gozavam de iguais favores: a União e Indústria, ligando Petrópolis a Juiz de Fora, obteve a garantia de juros provincial de 5%, mais 2% do governo imperial. Subvenção e privilégio exclusivo se prodigalizavam também à navegação, graças aos quais se abriu o Amazonas ao mundo, para desespero dos liberais amigos da concorrência internacional. Mais de mil contos por ano recebeu a Companhia Brasileira de Paquetes a Vapor, mais de seiscentos a de Navegação e Comércio do Amazonas, num extenso rol de vantagens, algumas reforçadas pelas províncias. Os melhoramentos urbanos seguiam a mesma trilha, igual à dos portos e diques — no fim a realidade era, sempre e cada vez mais, o Tesouro.

Para a indústria, a rudimentar indústria dos meados do século, a empresa não viçava apenas enquanto as tarifas não a protegiam. Os interessados traziam ao país o processo industrial, garantindo-o pelo privilégio, embora do domínio comum no exterior — método ainda hoje empregado. O fabrico de velas de estearina, por exemplo, será concedido por privilégio a um francês, que a explora em regime de monopólio, sob os auspícios de Mauá. Os fornecimentos ao governo serão outra fonte da indústria — recorde-se a Ponta da Areia —, fonte também do comércio e das fortunas rápidas, para as necessidades da guerra e dos arsenais. Temia Teófilo Ottoni que "algum magno charlatão, desses que sabem o jeito para conquistar as boas graças da corte, não obtenha a gorda pitança e larga subvenção, a pretexto de ter sido o pai da ideia e o descobridor do rio S. Francisco. São cousas que já se tem visto" (*Circular*, p. 384.) A rede de benefícios públicos não se detinha na indústria, no comércio, nos transportes. Alcança, nas horas de crise, a própria agricultura, nas suas aflições: recorde-se a garantia de juros aos engenhos centrais de açúcar (1875) e os empréstimos e auxílios à lavoura, quando a transformação do regime de trabalho perturba-lhe a prosperidade. Todas as atividades econômicas contêm, no âmago, a virtualidade pública, guardando o ranço dos negócios do rei, rei ao tempo de Avis, Estado sob a coroa de Bragança.

O intercâmbio entre os negócios e o Estado confere à economia vibratilidade especuladora, ao tempo que confunde o empresário e o político, cobertos com a mesma sombra. Ergue-se Mauá à tribuna da Câmara dos Deputados, onde tinha assento, para pedir garantia de juros de 7%, em favor de uma empresa sua, a Estrada de Ferro de Petrópolis. "Era lícito" — nota o seu biógrafo — "advogar abertamente serviços nacionais em nome próprio, quando o interesse público estava tão evidente."[72] No Senado, a pretensão foi arquivada, com o argumento de que o Estado não deveria ser tutor dos particulares, tutoria reconhecida e sancionada, em outros casos e quase sempre. O empresário foi mais feliz em outra investida: consegue do parlamento uma autorização de empréstimo de trezentos contos, ao juro de 6% ao ano, pago em prestações semestrais, com prazo de cinco anos de carência.[73] Outra maneira de assegurar o êxito da empresa era a associação ou o favorecimento do político. Paraná pôs um filho, um genro e o pai deste entre os acionistas do Banco Mauá, Mac-Gregor. Só requereu um empresário a concessão da Estrada de Ferro de Santos a Jundiaí depois que o marquês de Monte Alegre, ex-regente, senador do Império, presidente do Conselho, e o marquês de São Vicente, senador e futuro presidente do Conselho, uniram "seus nomes prestigiosos na política do país" ao seu.[74] Decidiu-se, ainda, a adquirir a Ponta da Areia depois que o ministro do Império, Joaquim Marcelino de Brito, lhe garantira as encomendas de produtos.[75] A Estrada de Ferro da Bahia foi concedida a Muniz Barreto, sogro de Francisco Otaviano, advogado e amigo de Mauá, por coincidência político influente. As concessões, nesse regime incestuoso entre economia e política, eram pleiteadas e obtidas pelos próprios deputados, senadores e conselheiros ou expoentes partidários. O rol, para exemplificar: Gonçalves Martins (barão de São Lourenço), navegação do Jequitinhonha; Cândido B. de Oliveira, bondes no Rio; Teófilo Ottoni, a colonização do Mucuri; Cristiano Ottoni, Mariano Procópio, Machado Coelho etc., o primeiro senador e os outros deputados.[76] Outro processo, vizinho da concessão ao político, era o da outorga a um favorecido, que, incapaz de explorar o negócio, o passava adiante, com ágio, procurando, de preferência, o capitalista inglês. Típica espécie é o cabo submarino, concedido e privilegiado a um dos "especuladores de má lei que ambicionam fazer fortuna de um golpe com a realização de uma ideia conhecida, e portanto fora do caso em que o direito de propriedade garante ao inventor os benefícios que resultam de suas lucubrações".[77] O visconde de Rio Branco, presidente do Conselho, houve por bem rescindir a concessão e outorgá-la a Mauá, que a transferiu a uma companhia inglesa, da qual se tornou diretor. A iluminação a gás, concedida a um empresário brasileiro, acabou em mãos inglesas, paga a concessão em ações, com o lucro extraordinário de 120 mil libras. Formigavam nos ministérios, nos corredores da Câmara e do Senado, magotes de aventureiros, intermediários e empresários nominais, em busca das cobiçadas concessões, dos fornecimentos, das garantias de juro, das subvenções, para o lucro rápido e sem trabalho das transferências. As dificuldades se dissipam, ao aceno das participações e dos empregos. O segundo Banco do Brasil sofre, ao ser lançado, tenaz e misteriosa oposição. O incorporador sente que a obstrução vinha dos candidatos aos cargos de diretor. Só a gratuidade resolve as oposições. A chamada elite agrária, forte e altiva nos seus latifúndios, some diante do ardente círculo dos negócios: ela está subordinada, pelos interesses da escravidão, "ao monopólio de outros monopólios comerciais".[78] O patronato político não distribui somente empregos e cargos, ele enriquece e empobrece seus protegidos e adversários, num entendimento que o dinheiro projeta além dos partidos. Os puritanos enrouquecem denunciando escândalos: as "popelines" contra o barão de Cotegipe, as concessões aos Loios, o favorecimento do visconde do Rio Branco a Mauá, cuja falência faz o ministério ruir. O remédio para os males, na farmacopeia da época — a liberdade da indústria, do comércio, das empresas.

O Segundo Reinado será o paraíso dos comerciantes, entre os quais se incluem os intermediários honrados e os especuladores prontos para o bote à presa, em aliança com o Tesouro. A velha dupla, estamento e comércio, dá-se as mãos, modernizadora nos seus propósitos, montada sobre a miragem do progresso. Os agricultores vergados ao solo, os industriais inovadores servem, sem querer, aos homens de imaginação forrada de golpes, hábeis no convívio com os políticos, astutos nas empreitadas. As raposas se infiltram nos gabinetes, contaminando, com sua esperteza, o tipo social do político. O progressismo, como muito mais tarde o desenvolvimentismo, farão da modernização um negócio de empréstimos, subvenções e concessões, entremeado com o jogo da Bolsa, sob os auspícios do Estado. Modernização esta em choque com as forças conservadoras e agrárias, mas distante das correntes revolucionárias. Ninguém quer matar a galinha dos ovos de ouro, senão viver à custa dela, submissa, calada e recolhida, mas prolífica.

XII

O renascimento liberal e a República

1 | *Do liberalismo à propaganda republicana > 437*
2 | *A fazenda sem escravos e a República > 446*
3 | *O Exército na monarquia e sua conversão republicana > 463*

1 | *Do liberalismo à propaganda republicana*

Nos meados do século, a ordem imperial atingira o clímax, com a centralização, o monarquismo sem contestações, a sociedade dominada pelo Estado. Os próprios partidos entram em recesso, calados e reverentes, freados pela Conciliação (1853-7). Os ódios antigos pareciam mortos, as revoluções sepultadas, extintos os protestos pela usurpação da soberania popular na Coroa. Os liberais esquecem, por um momento, a lei de 1841, a entrega da Guarda Nacional ao ministro da Justiça, o aviltamento das localidades pelo poder central. O progresso, nos moldes europeus, empolgava a corte, florescente e renovada.

Do seio do remanso imperial e conservador, no começo da década seguinte, discretamente, depois freneticamente, formam-se ondas novas, que turbam a pacífica superfície. Sentem os mais prudentes que o momento traduz a transação, não a paz, o "moscovitismo", não o entendimento.[1] O fermento da rebeldia não fora aniquilado; cavara, apenas, um leito subterrâneo, onde continuou a fluir, sufocado. As eleições de 1860 (para a legislatura 1861-4) deram o primeiro rebate, com a exumação das velhas aspirações liberais da fase regencial, retornando da sepultura os líderes mumificados. O degelo desce das montanhas, com o ressurgimento, à vista dos atônitos políticos e estadistas, dos animais pré-históricos, subitamente devolvidos à vida, filhos de outra época, no comando da renovação. Teófilo Ottoni, homem do 7 de abril, ainda embriagado pelo vinho de sua hora mais gloriosa, prega reformas antigas para os tempos novos, "autômato de seu próprio nome",[2] como Lafayette, filho da Grande Revolução, extraviado entre os revolucionários de 1830, Saldanha Marinho no dia 15 de novembro, Getúlio Vargas, o homem de 1930, perdido na vitória eleitoral de 1950. Uma geração nova, reverente ante os símbolos luminosos mas sem força, descobrirá que a paz aparente esconde o governo oligárquico. Ela seguirá, desbotadas as bandeiras sem conteúdo, caminho próprio, ameaçando, com a atoarda, a destruição de tudo, na epilética marcha para o poder. A "maré democrática", que começa a subir, encontrará, dentro de pouco, o plano inclinado do Império, desde 1870 aberto. Antes disso e antes da hora fatal, a monarquia usará do remédio favorito, com a sua eficiência secular: a absorção dos elementos desvairados e a transação retardadora. Os títulos nobiliárquicos, as patentes da Guarda Nacional, as nomeações para o Senado e o Conselho de Estado, os empregos — todos os trunfos eram da Coroa.

A ameaça do dilúvio, com os *liberais históricos* fulminando a cidadela oligárquica com seus raios, encontra, *sur le champs*, o contragolpe. Do seio do Partido Conservador, comovido pelo terremoto, sai a guarda avançada, disposta a, com o abandono das superfluidades, deter as reivindicações mais ardentes, transformando-as em reformas monárquicas. Forma-se, logo em 1862, a Liga Progressista, gerada no governo do gabinete Caxias (1861 a 1862), sob o fundamento de que os partidos estavam extintos e, segundo um dos seus artífices, "não consoem no presente", cabendo aos "homens prudentes" "antes conjurar a tempestade do que provocá-la".[3] Com essa ponte passam, do campo conservador para o liberal, chefes da expressão de Zacarias de Góes e Vasconcelos, Nabuco, Sinimbu, Saraiva e Paranaguá, entre outros. Com a manobra, o quadro político se formará de três facções, a conservadora "puritana", com o patrocínio das tradições e da chefia de Paulino de Sousa e Itaboraí, encastelada na província do Rio de Janeiro; a liberal histórica e a progressista. Não lograram os *ligueiros* incorporar, desde logo, o Partido Liberal histórico, que só em 1868 com eles se funde. De imediato, a Liga Progressista logra tomar o poder, para um desfrute de seis anos (1862-8). Nabuco de Araújo denuncia, em nome da nova situação, o *uti possidetis* do Partido Conservador, com a denúncia, nas fórmulas polidas, da oligarquia, a qual, sem a confiança do país, assenhoreou-se das posições. A Liga empenha-se em fixar a responsabilidade dos ministros pelos atos do Poder Moderador, luta pelo dogma do rei que reina e não governa, adota a bandeira das franquias provinciais e locais, quer a pureza do sistema representativo e eleitoral. De sua gestão de seis anos sairá a lei hipotecária (1864); depois de dez anos de controvérsias, abre-se o Amazonas ao mundo; toma colorido o debate da liberdade econômica e agita-se, pela primeira vez, o problema abolicionista. A retirada do gabinete Zacarias, a 17 de julho de 1868, sucedido pelos conservadores, representados pelo seu papa, o visconde de Itaboraí, rompeu o dique, penosamente erguido, contra o ímpeto liberal. Desse ano de 1868 se projetará a ruína do Império, não, como se afirma sempre, pelo golpe de Estado que arrebatou o posto a um gabinete com maioria na Câmara dos Deputados — fato com muitos precedentes —, mas pela ruptura imprudente do quebra-mar construído pela mais fina arte monárquica, sem que a Coroa, insensível à violência da tempestade, nada ceda para conjurar o desastre. Fracassava, agora, o expediente que, em 1836, os liberais moderados articularam contra os exaltados, frustrando-lhes a marcha republicana, do qual resultou a fundação do Partido Conservador. A monarquia não compreendeu que, com um pouco de astúcia, a "maré democrática" se consertaria em outra jornada de otários, para sua permanência e glória. Na verdade, entretanto, a fúria das águas era outra, capaz de transpor obstáculos e tropeços. Daqui por diante, ao contrário da hora de Bernardo Pereira de Vasconcellos, o Partido Conservador não terá mais nenhuma missão: será apenas o resfriador das reivindicações liberais, realizando-as para amortecê-las.

Ainda uma palavra em torno da situação política e do gabinete de 3 de agosto de 1866, de Zacarias de Góes e Vasconcelos, rudemente apeado dois anos depois. Com a fundação da Liga Progressista, que lhe furtou uma constelação de líderes, acuado pela virulência liberal, o Partido Conservador se reduz aos *puritanos*, em recuo diante das forças emergentes. Entrincheira-se na província do Rio de Janeiro, embora ainda decorado pelas figuras veneráveis do visconde do Rio Branco, Caxias, o marquês de São Vicente (Pimenta Bueno), o barão de Cotegipe. Em fevereiro de 1868, Rio Branco, em carta a Cotegipe, entendia ser desvantajosa a tomada do poder por sua parcialidade, a qual carregaria sobre seus ombros vergados o "desfecho incerto de uma guerra ruinosa" e a odiosidade de uma crise militar.[4] Restava o campo liberal, tumultuado, dilacerado, mas ardente, vibrátil, inquieto. Os progressistas (Liga) e os históricos não conseguem se unir, divididos pelos rancores velhos e pelo ódio novo dos senhores do tempo contra os oportunistas. Por pequena margem, Zacarias não cai, premido pelos históricos, situação que as eleições (legislatura de 1867) remedeiam, com ampla maioria, no estilo conhecido. Diante da desunida frente interna, tem contra si o caráter do presidente do Conselho, "oposicionista à oposição que o combatia". Pelos históricos, Teófilo Ottoni e Otaviano sustentavam a luta, preocupados em não perder a identidade de suas ideias e reivindicações na macia cama transacional. Um acidente une, repentinamente e inesperadamente, as duas correntes, no íntimo voltadas para um roteiro comum. Caxias, convidado para a chefia das operações no Paraguai, aceita a missão, conservador a serviço de liberais, nobremente sobrepondo aos interesses partidários o sacrifício pela pátria. Depois de um ano e quatro meses de leal colaboração, pede exoneração do cargo, desconfiado das críticas a ele formuladas, que teriam a condescendência do gabinete, bem como ferido por alguns atos de quebra do respeito devido ao comandante em chefe. Zacarias leva o problema ao imperador, solicitando a retirada do gabinete, por entender necessária a presença do grande marechal diante das tropas. Submetida a crise ao Conselho de Estado, onde os conservadores dispunham de maioria, houve duas decisões, fato que suscitou controvérsias, ainda hoje vivas, sobre o assunto. No primeiro exame, recomendou-se a permanência das duas partes desavindas, a do gabinete e a de Caxias. O imperador exige melhor definição — "qual julga o Conselho menor mal, a demissão do general ou a do ministério?". Agora, o dissídio se coloca entre o poder civil e o poder militar, contenda pela primeira vez irrompida no remanso do Segundo Reinado. Liberais e conservadores esquecem as rivalidades e, como sustenta são Vicente, "por amor a um grande princípio" tendem a conservar Zacarias. Um voto, entretanto, divide o colegiado, paradoxalmente pronunciado por um progressista, Nabuco de Araújo. Lembra que

> seria um funesto precedente para o sistema representativo a demissão do ministério por imposição do general ou para satisfazer ao general, tanto mais que essa demissão deve,

pela força das coisas, operar uma mudança de política, porquanto o motivo de confiança que determina a retirada deste ministério há de tornar impossível outra organização que não seja conservadora.

Pondera, entretanto, que o gabinete, fraco pela luta que dilacera seus sustentáculos, não tem força para afastar o general, sem sucumbir à impopularidade e às funestas consequências do prolongamento da guerra. Rio Branco, Torres Homem, Muritiba e Bom Retiro acompanham o voto, decretando a morte do ministério, daí por diante à espera de um pretexto para retirar-se.[5] O imperador, mais tarde, dirá que teve que sacrificar o gabinete, visto que este, liberal, não podia continuar com Caxias à testa do Exército.[6]

A queda de Zacarias, com a consequente elevação do gabinete conservador de Itaboraí, causou espanto e indignação. Não pela intervenção da Coroa — com o Poder Moderador, já degradado, pelos seus críticos, no poder pessoal —, fato, repita-se, com robusta paternidade, mas pela brusca interrupção do liberalismo crescente e triunfante. O presidente do Conselho dirá, dois meses antes de sua retirada, que o país não será vítima da caudilhagem: "não há de governar aqui ninguém sob a influência militar", a espada, repetirá mais tarde, não se converterá em *escada e bandeira*.[7] Mostrava-se, no incidente, o primeiro sintoma, que um dia se agravará até ao paroxismo, da incompatibilidade da ordem estamental monárquica com o Exército. Por enquanto, não será essa a questão principal. O que importa é que o liberalismo sentiu-se fraudado, esmagado, banido por meio de um ato de crua violência. Para reagir à intensidade do golpe, unem-se, de imediato, numa coligação três dias antes remota, os progressistas e os históricos. O primeiro protesto, áspero e candente, parte de um liberal puro, José Bonifácio, o Moço. No Senado, Nabuco de Araújo denuncia a fragilidade do sistema representativo, depois de, no Conselho de Estado, haver sustentado a máxima: o rei reina e não governa, onde se ouvia, também, o protesto acerca das "eleições falsificadas e ensanguentadas". A fusão dos grupos será agora um fato, mas o dilema oposto ao Império avançará até o dilema da reforma ou da revolução, última alternativa transacional, o que encarecerá o preço da pacificação. A primeira diretriz dos coligados será, de acordo com a linha antecipada por Zacarias e Nabuco de Araújo, a redução das prerrogativas do Poder Moderador aos limites da máxima: o rei reina e não governa. Não se cuidará apenas de libertar o Poder Executivo da anomalia dos atos irresponsáveis, senão de entregar os partidos ao eleitorado, pugnando especialmente pela reforma do sufrágio, com a pregação, daí por diante irresistível, da eleição direta. Como pressuposto da reforma, advoga-se a extinção da Guarda Nacional e do recrutamento. Simetricamente, a descentralização, dentro dos propósitos do Ato Adicional, casado à maior liberdade de comércio e indústria, libertaria as forças sociais da sufocante tutela governativa, com a quebra, para coroar o esquema, da vitaliciedade do Senado. Voltado contra a ditadura e o absolutismo, o programa respeita a supremacia do trono — optando, entre os pontos do dilema, pela reforma. O manifesto dos contestatários espraia-se por um campo virgem, apenas aforado na fala do trono de 1867, a emancipação dos escravos que nascessem daí por diante e a alforria gradual dos existentes. Soldam-se, com essas ideias, a facção progressista e a histórica, mediante o penhor das assinaturas de Nabuco de Araújo, Sousa Franco, Zacarias, Chichorro, Furtado, Dias de Carvalho, Paranaguá, Teófilo Ottoni e Francisco Otaviano. O Clube da Reforma, com seu órgão, o jornal *A Reforma*, anima, entusiasma e torna coeso, a partir de 1869, o Partido Liberal, agora único e combativo. Os dissídios internos, vivos desde o 7 de abril, percorrido o caminho da conciliação, parecem pacificados, sem abalo à fé monárquica.

O acordo não fora, entretanto, completo e final. Uma parcela de liberais prossegue seu curso extremo, estimulada pela mocidade e pelo ímpeto, para as transformações profundas, em nome do povo sem chefes. A nova geração, ativa desde 1866, armada de seu próprio jornal — a *Opinião Liberal* —, não se submete ao apaziguamento reformista dos senadores e deputados, tolhidos, na sua expansão, pela doce e envolvente túnica do estamento. Essa ala esquerda, extremada nas suas reivindicações, identifica o liberalismo com a democracia, na libertação de todos os freios convencionais, mantida a monarquia apenas enquanto e se útil às mudanças políticas e sociais. O núcleo radical — radical é o nome que preferem — gravita em torno de Rangel Pestana, Luiz Monteiro de Souza, Limpo de Abreu. Sopram a fogueira alguns históricos — os irmãos Teófilo e Cristiano Ottoni, Joaquim Felício dos Santos e outros. Os objetivos fixam-se sem meias medidas: descentralização, ensino livre, polícia eletiva, abolição da Guarda Nacional, Senado temporário e eletivo, sufrágio direto e universal, presidentes de províncias eletivos, extinção do Poder Moderador e do Conselho de Estado. O *Correio Nacional*, saído à luz em 1869, fiel ao mesmo roteiro, protesta contra o amolecimento das energias sociais, provocado pela ação imperial, mansa e desagregadora, sem forcas e sem fogueiras, mas tenaz e constante. No centro de suas aspirações, assim se explica:

> Emancipamos o indivíduo garantindo-lhe a liberdade de culto, de associação, de voto, de ensino e de indústria; o município — reconhecendo-lhe o direito de eleger a sua polícia, de prover as suas necessidades peculiares, de fazer aplicação de suas rendas, e de criá-las nos limites de sua autonomia. A província — libertando-a da ação esterilizadora e tardia do centro, respeitando-lhe a vida própria, garantindo-lhe o pleno uso e gozo de todas as franquezas com a eleição de seus presidentes, de sorte que elas administrem-se por si sem outras restrições além das estritamente reclamadas pela união e interesse geral.

Romanticamente — o ano não era o de 1869? — o jornal prossegue, messiânico e retórico:

Conseguiremos assim, sem revolução armada, sob a forma democrática federal, a posição que nos compete no continente americano. Não há grande política sem um ideal. Toda democracia é a paz universal — sonho sublime — que depende apenas de tempo para ser, como tantas outras utopias, uma realidade. Ainda que o negue a Cúria Romana, o evangelho de Cristo é o mesmo dos democratas. Os povos, como os homens, nasceram para se amar e progredir pela fraternidade.

Em outro tom, contra a intervenção nas repúblicas sul-americanas e pela sociedade livre, em conexão obscura mas possível, proclama:

Não basta só declarar a inviolabilidade da soberania das nações limítrofes, é preciso reconhecê-la sempre e por fatos dar provas de não desconsiderá-la. O *Correio Nacional* quer, como os melhores publicistas modernos, que o governo seja só governo, que distribua justiça, mantenha a ordem, puna o crime, arrecade o imposto, represente o povo; mas não transponha a meta natural, não se substitua à sociedade; que seja a liberdade a luz que o guie nas escabrosidades da administração e da política. Ele exige que não se estanquem as fontes do trabalho — o título valioso dos nobres da democracia moderna, que se elevam pela inteligência, atividade e honradez.[8]

As conferências radicais, na corte, completam a obra de agitação. À ilharga do movimento, além do ex-ministro Liberato Barroso e do senador Silveira da Mota, duas vigorosas personalidades alimentam o entusiasmo e insuflam ideias novas: Silveira Martins e Tavares Bastos, próximos, nos seus primeiros passos radicais, da República. O segundo, embriagado pelo progresso norte-americano, fala em nome da liberdade, identificando-a ao federalismo e à emancipação da atividade econômica do controle estatal. Silveira Martins, que um dia, converso e contrito, volverá sobre seus passos, fala em nome do povo, na vertente democrática que o fim da década de 1860 abre aos radicais. Durante dez anos, "foi ele em nossa política o ídolo de tudo que tinha a aspiração republicana, que sentia a emoção, a vibração democrática, e, como ídolo, o autocrata".[9] Ao seu lado, despontam Lafayette Pereira, depois republicano e mais tarde ministro da Coroa, Aristides Lobo, Flávio Farnese. O radicalismo não será mero episódio da capital, dos jornais, conferências e cafés da corte. Ele penetra, por uma trilha natural e lógica, em São Paulo, onde, em torno do abolicionista Luís Gama, ex-escravo e grande tribuno, se congregam Américo de Campos, Bernardino de Campos, Campos Sales, Prudente de Morais, Martinho Prado Júnior, Francisco Glicério, nomes que, volvidos vinte anos, ocuparão o primeiro plano, em outro regime. O jornal provincial — o *Radical Paulistano* — e as conferências agitarão a mocidade da Faculdade de Direito, a qual, em 1868, transforma José Bonifácio, o Moço, aureolado pela sua resistência à queda de Zacarias, em ídolo, saudado pelo estudante Joaquim Nabuco, num banquete onde Castro Alves recita o "Navio negreiro". Outros oradores e aclamadores: Rui Barbosa, Salvador de Mendonça, Fernando Osório. O liberalismo dá seu passo extremo, inassimilável e indomesticável às velhas fórmulas, confundido aos fáceis arroubos juvenis. Só faltará, rompidos os tabus, para fechar o ciclo evolutivo, o abandono da monarquia.

A florescência final do radicalismo, filha das decepções e da rebeldia liberal, saiu à luz no dia 3 de dezembro de 1870, num órgão novo, *A República*, sem que ninguém lhe prestasse homenagem ou, sequer, a menor atenção. O Manifesto Republicano, longo e rebuscado, cheio de citações e sem entusiasmo, levava, ao cabo, 58 assinaturas, com somente dois nomes com mais de cinquenta anos, Cristiano Benedito Ottoni e Saldanha Marinho, únicos conhecidos nos meios políticos. Seguiam-se uns poucos ex-deputados, Aristides Lobo, Henrique Limpo de Abreu etc., além de médicos, muitos bacharéis, empregados públicos e comerciantes. Os militares e os prelados estavam ausentes, obscurecendo ainda mais os moços do novo credo. Um nome viria, em breve, inquietar a paz monárquica, nome quase obscuro, alheio à política: Quintino Bocaiúva. Lafayette Rodrigues Pereira criaria, com o retorno ao Partido Liberal, uma crise, que demonstraria ser a nova parcialidade um caminho de ida e volta, entre o radicalismo liberal e os arraiais republicanos. O documento, limpo da retórica que o enfada, apela para um pensamento básico, já vivo nas agitações da fase pré-emancipatória, princípio escamoteado pela ação de José Bonifácio: a soberania do povo. Dela, só dela emana a legitimidade, insistentemente qualificada de democrática. O fundamento de toda a ordem política não foi comprimido e violentado pelo Império, reduzido à monarquia fugida de Portugal e homiziada no Brasil? Em lugar da obra da espada crua, os cinquenta anos de domínio monárquico não se serviram, para amesquinhar o povo e fraudar a democracia, de arma menos dura e mais corrosiva, "o regime das ficções e da corrupção"? A anacrônica tirania colonial não sobreviveu, anulando as legítimas aspirações desfraldadas na Inconfidência e na Constituinte, por meio da Carta outorgada, das leis centralizadoras e do permanente sofisma — "a liberdade aparente e o despotismo real, a forma dissimulando a substância"? Há, dessa sorte, um "poder intruso" que subjuga maciamente o país, com o chefe hereditário, o Senado vitalício, a Câmara de Deputados demissível à vontade do soberano. As liberdades — a liberdade de consciência, a liberdade econômica, a liberdade de imprensa, a liberdade de associação e de ensino, a liberdade individual — não passam, nesse contexto de privilégios, de concessões provisórias e enganadoras, retratáveis à vontade dos senhores. Para estigmatizar a deformação anômala, o Manifesto transcreve opiniões e irritadas censuras ao poder pessoal. Até aí — na evocação da soberania do povo e na denúncia ao Poder Moderador — nada há de novo. Os liberais enrouqueceram repetindo iguais motes, glosados por todos os grupos fora do poder. Nova não será, também, a bandeira federalista, quase vitoriosa nos dias da Regência, embora apareça, agora, vinculada aos inconfidentes, primeiro passo do ressurgimento do esquecido feito de Vila Rica, ressurgimento que fará o mito, republicano na essência. A nota singular — pelo menos singular no ambiente da paz imperial — será a recusa da conciliação entre o princípio da soberania popular e o princípio monárquico.

> Este sistema misto é uma utopia, porque é utopia ligar de modo sólido e perdurável dois elementos heterogêneos, dois poderes diversos em sua origem, antinômicos e irreconciliáveis — a monarquia hereditária e a soberania nacional [...]. Atar ao carro do Estado dois locomotores que se dirigem para sentidos opostos é procurar — ou a imobilidade, se as forças propulsoras são iguais, ou a destruição, de uma delas, se a outra lhe é superior.

Um golpe, ainda em nome da teoria liberal, atinge a tese da alienação perpétua da soberania popular, tese do agrado dos jesuítas da restauração de Portugal:

> [...] quando o povo cede uma parte de sua soberania, não constitui um senhor, mas um servidor, isto é, um funcionário. Ora, a consequência é que o funcionário tem de ser revocável, móvel, eletivo, criando a fórmula complementar dos Estados modernos — a mobilidade nas pessoas e a perpetuidade nas funções — contra a qual se levantam nos sistemas, como o que nos rege, os princípios da hereditariedade, da inviolabilidade, da irresponsabilidade.

A coerência aponta para uma reivindicação: a assembleia constituinte. Na ruptura do liberalismo com a monarquia não intervêm apenas a lógica e a teoria das forças políticas entregues a si próprias. Um polo de atração, já em ascendência por via da prosperidade norte-americana, se ergue, não só imantado em Washington. A América modelada pelos reivindicadores não é unicamente a de Jefferson, como nos dias da Regência. A outra América, até então repelida e desdenhada pela sua anarquia, confundida com o republicanismo, entra nas fronteiras monárquicas, zelosamente fechadas pelo malogro das revoltas regenciais, elas também vistas, pelos olhos fiéis dos políticos imperiais, como um ensaio federativo e republicano. "Somos da América e queremos ser americanos" — proclamam os republicanos e vão mais longe:

> A nossa forma de governo é, em sua essência e em sua prática, antinômica e hostil ao direito e aos interesses dos Estados americanos. A permanência dessa forma tem de ser forçosamente, além da origem de opressão no interior, *a fonte perpétua da hostilidade e das guerras com os povos que nos rodeiam* [...]. O nosso esforço dirige-se a suprimir este Estado de cousas, pondo-nos em contato fraternal com todos os povos, e em solidariedade com o continente de que fazemos parte.

O rumo buscado aponta para os objetivos supremos da democracia e do progresso, ambos entorpecidos e negados pela fluida, branda, eficiente realidade do governo imperial.

Os primeiros anos da propaganda foram apagados e melancólicos. Os próprios radicais, nas suas mais expressivas figuras — Silveira Martins, Joaquim Nabuco, Rui Barbosa —, não se afastam do trono. O ambiente antimonárquico não desabrocha desde logo, estimulado pelo artificialismo das instituições. O imperador, jovem de 45 anos, ria-se da rebeldia de seus súditos, recusando a negar-lhes os empregos públicos tal como lhe sugere um presidente do Conselho.[10] Ninguém suspeitaria que, volvidos menos de vinte anos, o Exército abraçaria o novo credo, sugestivamente acompanhando a gravitação sul-americana, acenada no Manifesto. O jornal *A República*, instalado na elegante rua do Ouvidor, com oficina própria, logra, não obstante a frieza circundante, a tiragem de 12 mil exemplares,[11] embora curta a vida, com menos de quatro anos. Passados quinze anos, parecia, aos olhos do político da corte, que o Partido Republicano não vingara, incapaz de fixar uma direção única, ferido ainda, em 1878, com a volta dos liberais ao poder, ano que lhe rouba Lafayette Rodrigues Pereira, agora ministro da Justiça do Império. Somente o acaso, o golpe inesperado, para o espectador do Rio de Janeiro, levaria ao 15 de novembro.

Enganara-se a opinião dos salões e dos políticos da capital — o republicanismo, espraiando-se pelas cidades e fazendas de São Paulo, encontrara o leito para engrossar e crescer. Por coincidência, a riqueza corria na mesma direção, num consórcio então e ainda hoje mal compreendido e mais mal avaliado. De São Paulo, as águas transbordam para Minas Gerais e o Rio Grande do Sul, mantida a corte em isolamento, dada a proximidade da província conservadora do Rio de Janeiro. Os liberais radicais paulistas, com os nomes que conquistam relevo depois de 1889, acodem ao apelo do Manifesto Republicano, com um líder, por todos respeitado, Américo Brasiliense, o organizador das hostes paulistas, já reunidas, em 1873, na Convenção de Itu. Os êxitos eleitorais do novo partido, nos dezoito anos de atividade, serão, na verdade, decepcionantes, conseguindo levar à Câmara dos Deputados apenas cinco representantes, dois deles os futuros presidentes Prudente de Morais e Campos Sales. Êxitos, observe-se, decepcionantes, mas não desanimadores: nas vésperas da República, em São Paulo, lhes pertencia um quarto do eleitorado, disputavam a igualdade de votos, em Minas Gerais, com os partidos Liberal e Conservador, e, no Rio Grande do Sul, superam a força do velho partido de Bernardo Pereira de Vasconcellos, Itaboraí e Uruguai. Silenciosamente, alguma coisa acontecia, passo a passo, minando as bases da monarquia.

2 | *A fazenda sem escravos e a República*

"Isso de república é coisa de estudantes e liberais", dizia, em 1873, uma autoridade paulista, diante do discurso inconveniente do rebento de um vivaz ramo da aristocracia paulista.[12] Coisa passageira, cócega da juventude, rapaziada sem consequências. O dito tinha a sua verdade, mas não era toda a verdade, nem a parte mais importante da verdade. Coisa de liberais era, sem dúvida, a pregação republicana, do liberalismo exacerbado às suas últimas e extremas consequências. Coisa de estudantes também seria, sobretudo da Faculdade de Direito de São Paulo, de onde se irradiariam os republicanos de todas as províncias, entre outros, excluídos os paulistas, João Pinheiro, Júlio de Castilhos, Assis Brasil, Pinheiro Machado. Mas não ficavam aí as potencialidades republicanas, nem se perdiam com os jovens deslumbrados, pupilos alguns dos senhores do Segundo Reinado, como o atrevido Afonso Celso, filho do visconde de Ouro Preto, a desafiar, da cadeira da Câmara dos Deputados que seu pai lhe confiara, os barbados e encanecidos monarquistas da outra geração.

A República, além do fogo de palha ou do fogo de artifício dos retóricos e da mocidade, indicadores do empalidecimento da fé monárquica, escorre por duas vertentes, já implícitas nos acenos do Manifesto de 1870. De um lado, a corrente urbana, composta dos políticos, dos idealistas e de todas as utopias desprezadas pela ordem imperial; de outro, tenaz, ascendente, progressiva, a hoste dos fazendeiros. Dentro da primeira, viriam os positivistas doutrinários[13] a se acotovelarem com os liberais, perturbando a sociedade hierárquica com as ideias de igualdade, misturada com o "nivelamento" e dela afastada com evasivas cautelosas.[14] Os fazendeiros, por sua vez, se alistam na nova bandeira, mas com caracteres socialmente conservadores, para o pasmo e a perplexidade dos observadores. A prematura agitação das ruas, descendente das desordens regenciais, correria a ouvir a palavra de José do Patrocínio (ao tempo republicano), Lopes Trovão, Silva Jardim, Luís Gama, sonhando com um regime igualitário, que aniquilaria os preconceitos de raça, superioridade social e de fortuna. Serão os precursores dos *jacobinos*, embrião do populismo brasileiro, ruidosamente alvoroçados na campanha abolicionista. A campanha abolicionista já dera o primeiro contorno dessa expressão das ruas — "o espírito revolucionário que a sociedade abalada tinha deixado escapar pela primeira fenda dos seus alicerces".[15] Da fase gloriosa terá nascido o convívio e a simpatia pelo Exército, identificado na mesma causa, filho de iguais raízes. Na verdade, as tendências de pensamento político, as ideologias em pugna, as utopias despertas indicam que grupos inteiros, ativos e poderosos, não tinham lugar nem desempenhavam nenhuma missão no ordenamento imperial. Decepcionados da ascensão pelo sistema cooptativo, pela mão benevolente e carinhosa das influências de cima, apelam para os recursos representativos, com a mobilidade de todos os postos, só dependentes, para serem preenchidos, da vontade eleitoral, da soberania popular. Esse caldo psicológico responde a uma transformação mais profunda: emerge, no quadro estamental e hierárquico, comunitariamente seletiva e progressivamente fechada, a sociedade de classes. O fazendeiro, o fabricante de açúcar, o criador de gado não se sentem mais *senhores*, são apenas lavradores e pecuaristas; os poderosos não se aperfeiçoam no título de barão ou visconde, mas percebem que seu privilégio depende de assentos artificiais, sem futuro. A sociedade, ao se desmitificar, sofre a convulsiva pressão de elementos que, nunca postos em debate e em dúvida, pareciam inexistentes.

A nota aparentemente extravagante da progressão republicana será a conquista do fazendeiro de café, particularmente o paulista. Na década de 1870, e ainda na de 1880, tinha-se como certo que o sustentáculo do trono era a grande propriedade agrária. Seu afastamento da monarquia — ou melhor, sua sensibilização pelas ideias republicanas — pareceu um desvio anormal do curso político. O pressuposto da tese será o englobamento dos interesses agrários numa só camada, onde se confundiriam o complexo exportador, o comissário e o banqueiro, com o produtor, o senhor de engenho, o fazendeiro de café e o criador de gado. No contexto polar senhor e escravo, sob a base do trabalho servil, se resumiria o conteúdo da sociedade. Em cima, reflexo da organização vertical, dominando os postos políticos, a elite agrária, diretamente ou por seus instrumentos, os bacharéis. A aristocracia rural manda, decide e dispõe. A República só poderia nascer, diante do quadro harmonicamente construído, se derrubado o castelo. Um retoque a mais e estará completo o quadro: o Partido Conservador será a grande barreira da defesa da fazenda escravocrata.

A incongruência, na coluna principal da tese, é manifesta — ela não explicaria a ascendência fazendeira da República, com seu sistema "coronelista". Afronta-a, ainda, o quadro descentralizador e federalista do Partido Liberal, depois legado aos partidos republicanos, bandeira que, pela descompressão, só favorece o proprietário, libertando-o da asfixia. Sem repetir páginas deste livro, basta observar que no agrarismo político revive a saudade amorfa do dito feudalismo brasileiro, com todas as suas fraquezas e contradições. Num campo marginal de discussão, não será sem propósito acentuar que os partidos imperiais recrutam seus líderes por meio de organizações de poder, encravadas à ilharga do Estado. Graças a esse mecanismo — sem negar o núcleo tênue de ideias comuns e de reivindicações próprias de cada parcialidade — enfraquece-se o seu conteúdo ideológico, com a frequência de homens pobres, sem propriedades, subirem aos altos postos, como o marquês de Paraná, o visconde de Abaeté, o visconde do Rio Branco, o visconde de Ouro Preto, além de Saraiva e Zacarias. A ausência de vínculos com as classes permitia a esses homens, os mais expressivos do Segundo Reinado, governar contra interesses poderosos, de acordo com o aceno do imperador, este o chefe, chefe do estamento que os nutre e sustenta.

> A pobreza dos nossos homens públicos [lembre-se] combinada com a incerteza das eleições, faz que a maior aspiração de todos eles seja entrar o mais cedo possível para o Senado. Para isso eles precisam, desde os primeiros passos de sua carreira política, fazer sentir ao Imperador que só esperam nele, e que é ele quem os pode colocar, a eles e suas famílias, fora das necessidades da vida material e pública. Eles são assim criaturas que se oferecem ao criador para que as tire do nada político.

Daí se contamina a realidade às facções: "Os partidos resumem-se nos cinco ou seis homens de cada um que passaram pelas diferentes provas precisas para merecerem a mais alta confiança do Imperador. Tudo mais que se vê não passa da projeção de cada um desses homens sobre o orçamento".[16] O argumento, é verdade, não será concludente, se explorado no sentido de que a origem do estadista nem sempre determina sua política de classe. Convence, todavia, se houver a ponderação de que a carreira depende de uma estrutura, à qual o aspirante deve conformar-se, para merecer a promoção por antiguidade.

Recorde-se, antes da retomada do fio deste capítulo, que a centralização, foco luminoso da doutrina conservadora, protegia os interesses nacionais, sem localização territorial, do negócio servil. A economia da escravidão, a principal mola do crédito, necessitava, para garantir os empréstimos e adiantamentos, de um centro de defesa, de onde pudesse manipular as bases financeiras e os instrumentos legais de seu domínio.[17] A monarquia, desde a reação centralizadora, mostrou veementes afinidades com o Partido Conservador, por sua vez preso ao fomento do poder imperial, inclusive nos extremos absolutistas implícitos no Poder Moderador. Essa aliança firmou-se com o café do Vale do Paraíba, umbilicalmente vinculado aos comissários, banqueiros e exportadores da corte. A expansão paulista da lavoura, a pecuária não escravista revelam o conflito entre o fazendeiro e o polo urbano da economia, reforçando suas pretensões autonomistas. O oeste paulista será uma réplica ao Vale do Paraíba, réplica em novos moldes, sem a adoção servil do clichê do engenho de açúcar. Os frutos da extinção do tráfico e a pequena sobrevivência da prole escrava produzem, nas três últimas décadas do século, todos os seus resultados. O Nordeste encontra-se exausto de escravos, incapaz de fornecê-los ao Sul, impotente para retê-los, por mais onerosos que o trabalhador livre. A corrida do café rumo ao oeste paulista far-se-ia em concorrência com o trabalhador livre, primeiro no fugaz regime das parcerias, depois mediante salário. Torna-se, além disso, excessivamente oneroso o escravo, atingindo o valor de, entre 1876 e 1880, um a dois contos e quinhentos, valor imenso se comparado com o máximo de setecentos mil-réis da década anterior.[18] O trabalhador servil tem seu preço elevado acima da alta geral de preços, atingindo, no valor do investimento, de 80% a 90% da fazenda.[19] Para condenar o sistema, ocorre a exaustão das terras no Vale do Paraíba, onde, na década de 1880, cai a produtividade de metade a um quarto dos melhores tempos.[20] O envelhecimento do escravo, a persistência da exploração agrícola na terra cansada, a impossibilidade de transferir a fazenda para melhores solos, não permitiram a migração servil, em larga escala, para o oeste paulista. A fazenda paulista, dessa sorte, embora escravista, não se tornou essencialmente ou necessariamente escravista. O trabalhador livre, dispersando o capital imobilizado, exigia recursos líquidos, mês a mês, na dinamização do sistema creditício, agora principalmente fixado nos bancos e casas bancárias, em fluxos impessoais e garantidos hipotecariamente, mais pelas hipotecas do que pelas safras futuras.

A mudança da estrutura interna da fazenda, mais empresa do que baronia, com a necessidade de ordenar racionalmente os cálculos econômicos, reivindica autonomia regional, próxima aos latifundiários, libertos das prementes dependências ao comissário e ao exportador. A fórmula federalista servirá à nova realidade em todos os seus termos, aproximando as decisões políticas do complexo econômico. Por essa via, as ideias republicanas entram nas fazendas — nas fazendas não essencialmente escravistas — com ímpeto inquietador. Tentou-se explicar a conexão entre fazenda e República com o despeito, o ressentimento, o desejo de revide da lavoura contra o Império, responsável pela Lei do Ventre Livre (1871) e pela abolição da escravatura.[21] Sem dúvida, um dos fatores de decepção ao trono será o estímulo abolicionista, como não há negar que as fileiras republicanas se engrossaram depois — depois e não em consequência do 21 de setembro de 1871 e do 13 de maio. Não será crível, porém, que nenhum fazendeiro supusesse ou imaginasse, por um instante sequer, que a República impedisse a abolição ou devolvesse os escravos aos fazendeiros. A simpatia nasceria, excluída a hipótese absurda, do ressentimento, mas o ressentimento, note-se, não é tão irracional como se quer imaginar: ele elege, pela via torta, o alvo certo. O agrarismo, portanto, volta-se para os ideais republicanos, atraído sobretudo pela constelação federalista, Norte que seria também o das suas afinidades com o Partido Liberal. Será, insista-se, o ímã de uma parte dos fazendeiros, a mais comprometida com o trabalho livre, a que não verá senão no trabalho livre o futuro da lavoura, a mais hostil ao encadeamento urbano e creditício de suas atividades. Só assim se explicará o larvado e o manifesto republicanismo do fazendeiro do oeste paulista e do Rio Grande do Sul, bem como, em sentido inverso, a fidelidade monárquica da lavoura do Vale do Paraíba. O setor decrépito segue o trono, o setor em ascensão busca a República. Na Convenção de Itu (18 de abril de 1873), dentre 133 convencionais, 78 são lavradores, para 55 de outras profissões (12 negociantes, 10 advogados, 8 médicos etc.). Ainda mais: muitos desses fazendeiros eram senhores de escravos, mas não apenas senhores de escravos, o que levou os republicanos, divididos entre radicais e moderados, a um acordo, que eludia o problema abolicionista, transferindo-o aos partidos monárquicos, que o deveriam resolver antes de instaurado o novo regime. Com isso conciliavam-se os fazendeiros aos abolicionistas, entregue aos primeiros a direção do partido. O abolicionismo seria exigência imediata dos círculos democráticos, igualitários, e não dos liberais e federalistas, realidades que não se confundem. Ligados à agricultura escravista eram Prudente de Morais, com seu irmão dono de muitos escravos, Campos Sales, que só libertaria os seus um ano antes do 13 de maio, Glicério e Jorge de Miranda, entre outros.[22] Todos não acreditavam que o escravo constituísse, no futuro, uma necessidade do mundo agrário ou só ele incrementasse a agricultura. Fazendeiros ou filhos de fazendeiros eram os republicanos do Rio Grande do Sul, sobretudo o que viria a ser o chefe de todos, Júlio de Castilhos, senhor de um único escravo.[23] Também no extremo sul, como em São Paulo, o convívio da mão de obra servil com o trabalho livre mostra, nas charqueadas, onde maior era o contingente escravo, o seu caráter antieconômico, impróprio para a retração nos momentos de crise, com o capital fixo e imobilizado perturbando a racionalidade da empresa. Daí a não existência de atritos fundamentais entre abolicionistas e republicanos, com o maior progresso do radicalismo democrático. De outro lado, a província do Rio de Janeiro, a de maior densidade escravista, portanto a mais prejudicada com as reformas abolicionistas, não aderiu à expansão republicana. Válido o argumento que identifica a agitação republicana ao ressentimento, deveria ser aquela província a mais antimonárquica. Nas eleições de 1889, as últimas do Império, a pior figura, entre os partidos republicanos de São Paulo, Minas Gerais e Rio Grande do Sul, coube à velha província, onde o mais votado de seus líderes obteve 561 contra 1697 do competidor monarquista vitorioso, com Alberto Torres, diretor do jornal republicano de maior prestígio, recebendo uns ridículos 79 votos contra 1203 do seu adversário.[24] O reduto da família Soares de Sousa — Itaboraí e Uruguai —, reduto conservador da "junta do coice", o maior obstáculo à reforma de 1871, estava vinculado à corrente escravista, com o crédito próximo dos comissários da corte, amarrado à estrutura centralizadora do Segundo Reinado. Não conseguiu, diante da exaustão das terras, das dificuldades e da carestia de escravos, introduzir nas fazendas o trabalho livre, ou a ele adaptar-se. Vendiam alguns fazendeiros seus escravos, outros as terras, para seguir o rumo do oeste. A maioria, entretanto, endividada e dependente do crédito safra a safra, atolada na necessidade de expandir a produção em ritmo superior à dívida, ampliava o estabelecimento, num salto suicida. A terra, já concentrada, retraía-se ainda mais em poucas mãos, na hora do desespero.

> Os fazendeiros do Vale do Paraíba [escreve a autora de excelente trabalho], cujas culturas tinham entrado em franco declínio e que estavam insolváveis, não podiam substituir os escravos que morriam, nem melhorar os engenhos, nem despender as somas necessárias à instalação dos colonos; todo progresso era para eles impossível. Em 1883, calculava-se que a dívida total da lavoura cafeeira no Império montava a trezentos mil contos; a maior parte recaía sobre as fazendas do Vale do Paraíba. Cerca de cinquenta por cento desses proprietários encontravam-se em situação deficitária e sem perspectiva de recuperação.[25]

Os dados comparativos refutam, dessa sorte, a tese do republicanismo ressentido, jurando, ao contrário, pela afinidade dos fazendeiros em ascensão ao federalismo, ascensão já associada ao trabalho livre.

O Império não subsistia apenas graças ao apoio do fazendeiro como se pretende na historiografia tradicional. A chamada "traição" do agricultor não será mudança de atitude, mas o desenvolvimento coerente dos interesses, ideologicamente fixados. O Segundo Reinado, cuja centralização será sua nota essencial, ruiu quando os suportes dessa realidade política e administrativa entraram em colapso. A exaustão do trabalho servil e o crescente aumento do contingente assalariado puseram em risco a teia comercial e creditícia armada na corte. A garantia do crédito, o escravo, deteriora-se rapidamente, a partir sobretudo de 1884. O empréstimo sob o empenho da safra futura torna-se precário: sem o escravo haverá safra? Além disso, o fazendeiro servia-se do comissário para necessidades de custeio e consumo; necessitava agora de recursos em grande escala, mês a mês, para atender os salários, num montante provável de 50 mil contos, 25% do meio circulante. Os comissários não estavam capacitados para a mudança, premidos com adiantamentos feitos às primeiras pressões e sem reembolso, acossados por inúmeras falências. A quebra desse elo tradicional, com as execuções hipotecárias do ano de 1890, causou maiores abalos do que a própria abolição. O exportador, em regra estrangeiro, ocupou o lugar vazio, impessoalmente frio nas suas operações, alheio à condescendência antiga dos vínculos tradicionais. O Vale do Paraíba, frustro o resultado da concentração das terras, vê sua paisagem crestar-se, antes que o abandono e o credor distante se assenhoreiem do solo estéril. Nessa hora, que cobre os cinco últimos anos do Império, os fazendeiros sentem que o "pacto entre o regime monárquico e as classes que antigamente o defendiam e sustentavam estava destruído", com a repentina descoberta do monstruoso "poder centralizador".[26] Percebem os fazendeiros, vergados à ruína iminente, incapazes de pagar juros e amortizações, que o produto do seu trabalho não lhes pertencia, sugado pelo sistema centralizador, visível na rede comissária, agora arredia e incapaz de continuar a secular exploração. Uma classe, a lavoura, se emancipa, tarde demais no Vale do Paraíba, tempestivamente no oeste paulista e na zona da mata mineira. Na hora da agonia, o principal aparelhamento centralizador, o elemento armado, nega-se a sustentar o regime servil, precipitando o colapso, por suas próprias mãos. Não foi só o fazendeiro que varreu o trono, com o abandono, mas também o peso da máquina centralizadora, incapaz de operar e vagarosa na sua transformação. O que o fazendeiro fez — diga-se sem amor ao paradoxo — foi conformar-se com a República nascente.

O impasse gerado na vida interior da monarquia murchou, desde logo, a fé monárquica, associada à crença no progresso da década de 1850, a qual provocou o esquecimento dos mitos das agitações regenciais. No clima de desânimo, desânimo com data marcada para o desenlace — a abertura impossível do Terceiro Reinado —, os últimos atos do drama monárquico revelam uma reação, dirigida por duas molas, a reconstrução financeira e a tentativa de soldar o abalado estamento burocrático. A tentativa de reorganização não será renovadora nos seus fundamentos, nem buscará, com a absorção das forças sublevadas, a absorção transacional, nos velhos moldes lusitanos. Terá o caráter defensivo, de revide, quer com a Guarda Negra, com a Guarda Nacional, com os títulos nobiliárquicos, com o aliciamento político tardio do Exército. A reação, em erro estratégico, se baseará no dogma centralizador. Os dissidentes não são atraídos, honrados e ungidos, de acordo com o sentimento antigo de quem participa das camadas dirigentes, senão que, se aderem ao trono, sentem-se comprados, pervertidos por um quadro destituído de força criadora. Não percebem os estadistas monárquicos que, emergindo do letargo, se ergue o princípio territorial contra o país oficial, princípio amalgamado aos interesses provinciais, em contraste ao centro. Ao arvorar no Partido Liberal a ideia da federação, em combate à apropriação republicana, Joaquim Nabuco denunciará, como impedimento fundamental do progresso,

> esta burocracia que só serve para falsificar, na transmissão para o centro, as impressões da nossa vasta superfície, essa organização forasteira e espoliadora que, em vez de ajudar a viver, esgota em nome e com a força do Estado a atividade de cada uma de suas partes. [...] As províncias hão de compreender dentro de pouco [prossegue, em tom vivamente republicano] que o que constitui governo colonial não é a falta de representação parlamentar, nem a da Constituição, nem o nome de colônia, nem a diferença de nacionalidade. O que constitui o governo colonial é a administração em espírito contrário ao do desenvolvimento local.

Os recursos deverão ficar onde são produzidos, sem separar o trabalho de seus frutos. O governo deveria expressar a vontade dos governados, com a responsabilidade plena da administração, extinguindo-se o "beduinismo político", comparados os presidentes de província às "aves de arribação e de rapina", iguais aos magistrados ingleses na Índia, que tributam e devastam as localidades em proveito da corte (discurso na Câmara dos Deputados, de 21 de setembro de 1885). O Estado, concentrado nas garras centralizadoras, confunde-se com a exploração estrangeira, voraz, impiedosa, esterilizadora. Mais um passo e Rui Barbosa, ao recolher, no Partido Liberal, o bastão de comando da causa, reclamará a federação, com ou sem coroa.

Esse será, embora encoberto pelas crises de última hora, o centro do desenlace monárquico. Centro urdido não apenas no fio ideológico, acusado infundadamente de importação alienadora, marginalizadora, mas repassado dos interesses e das angústias da fazenda. A província reclama maiores "franquezas", na língua da década de 1870, em nome de uma constelação de preocupações econômicas. Ela se sente roubada pelo centro, pelo governo-geral, que lhe impede de proteger, incrementar e alentar as forças locais. Tal como nos dias de 1822, por outros fundamentos, a propriedade agrária adquire maior relevo, aguçando as reivindicações políticas da classe submersa nas cadeias centralizadoras. A lei eleitoral de 1881 — a Lei Saraiva — será, embora falseada nos seus propósitos mais distantes, significativo passo no reforço das influências dos municípios e das províncias. O país oficial sente-se forçado a transigir com os poderes locais para constituir a vontade política, os tentáculos móveis da camada superior. A onda liberal, gestada desde 1860 e irresistível depois de 1868, conquista, silenciosamente, muitas cidadelas conservadoras, cimentadas desde a reação monárquica de 1836-7. A lei de 3 de dezembro de 1841, que havia convertido o Código de Processo Criminal em arma centralizadora, com a entrega da polícia aos agentes da corte, foi revogada na onda das reformas do gabinete Rio Branco (1871-5). Medida reclamada por Tavares Bastos em nome da autonomia provincial, enfraquecerá, daí por diante, a ditadura do ministro da Justiça. O Decreto nº 4644, de 24 de dezembro de 1870, ampliou os poderes dos presidentes de província, assegurando-lhes as nomeações e demissões. Não se conformaram as províncias, obstinadas em reforçar suas atribuições e os poderes do chefe do Poder Executivo local, com as reformas paliativas. Sob a bandeira da liberdade — num sopro que abrange a liberdade econômica e a política — exigem maiores franquias, num movimento que levará, em linha reta, à "política dos governadores" e à maior participação tributária. Um relatório de 1883, elaborado por encomenda do gabinete liberal de Lafayette Rodrigues Pereira, situa, melhor do que os discursos e os programas, os escopos reais das províncias, voltadas principalmente contra a partilha de 1835 (lei nº 99, de 31 de outubro).

> Essas numerosas pupilas (as províncias) [lê-se nesse documento oficial, que leva a assinatura de Dantas, depois chefe do gabinete] acoimam de leonina a distribuição do tutor, acusando-o de abusar da tutela, pois lhes nega o essencial para satisfação de suas mais urgentes necessidades e as condena assim a debaterem-se em dolorosa penúria. Atribuem aos poderes gerais o seu atraso, pois, sem meios de ação, destituídas de recursos fecunda-

dores de sua riqueza, manietadas no livre exercício de suas forças vivas por impedimentos, que não está em suas mãos remover, não podem marchar senão lenta e quase imperceptivelmente pela estrada incomensurável do progresso, nem desenvolver, na escala conveniente, todos os germes de grandeza e prosperidade, que encerram em seu grêmio.[27]

Reclamo, dizem os autores do relatório, da maioridade inconformada com o pátrio poder, que entregou às províncias mesquinho quinhão, impróprio a lhes assegurar os meios de vida necessários ao trabalho e à prosperidade. A queixa insiste numa imagem, depois repetida até ao enfado: a máquina pneumática que aspira o ar que deve vivificar a circunscrição provincial. Querem mais dinheiro, para finalidades específicas, o domínio de serviços, como a magistratura, polícia e cultos, bem como o poder de expandir obras públicas, com maiores atribuições para subvenções, privilégios e investimentos. Em resumo, os serviços administrativos e judiciários se descentralizariam, apropriados maiores recursos para o incremento direto das obras de transporte, fomento industrial, com a promoção da agricultura, nas agências provinciais e não centrais. O esquema se projeta nas províncias em ascensão e nas províncias estagnadas, como óleo canforado para as últimas e alimento para as primeiras. Mais tarde, os dois impulsos se separarão na Constituinte republicana, em claro dissídio sobre a amplitude da reforma federal. Por enquanto, uma reivindicação os une — querem melhor partilha, não como subsídio do centro, esmola do rico ao pobre, mas para receber o que lhes pertence, de direito.

Os poderes centrais, sob o manto monárquico, ensaiam a concessão transacional, que terá seu desfecho no gabinete de 7 de junho de 1889, chefiado por Ouro Preto, o último do Império. Os dois partidos, com maior entusiasmo por parte do Liberal, aprestam-se em conceder a descentralização, meio de enfraquecer e inutilizar o programa federativo. Admitem os estadistas liberais transigir na descentralização de algumas funções administrativas, com a eleição dos administradores municipais e a nomeação dos presidentes e vice-presidentes das províncias, esta na base de lista eleitoral, sem admitir a quebra da unidade política. Ao separar os conceitos de centralização política da centralização administrativa, tinham os partidos em conta o temor da "confusão do caos, o desmantelo da ordem pública e a dissolução social".[28] Doutrina esta oposta à pregação de Tavares Bastos, advertido de que a reforma federal não se confunde com meras providências administrativas, mas abrange a esfera política, num propósito essencialmente democrático.[29] Também os republicanos, desde os dias do Manifesto de 1870, não se conformam com o, ao seu ver, sofisma: a unidade só se consolidaria com a federação, num estatuto quase confederativo. Na verdade, os paulistas não recuam diante do separatismo, para eles meio legítimo de chegar ao regime republicano, cuja essência era a federação.[30]

Diante do quadro das soluções possíveis — a descentralização administrativa e a federação política — poder-se-ia reorganizar a monarquia, para, por meio de concessões e reformas, readaptar-se ao jogo das forças sociais e econômicas? Seria possível retornar à fórmula de envolvimento estratégico, agora em sentido inverso, dos dias de 1836-7? Os monarquistas e federalistas, Joaquim Nabuco e Rui Barbosa, só por meio da mudança radical viam a salvação do Império. A maioria monarquista, entretanto, acanhadamente sensível aos novos tempos, limitava-se à descentralização, como Ouro Preto, convencida de que um passo a mais sacrificaria o trono. Os republicanos, de outro lado, não percebiam a possibilidade de associar o trono à federação, certos da incompatibilidade entre os dois sistemas, cada um deles voltado para conteúdos antagônicos.

A cena final do Império, ao lado de outros fatores autônomos, provisoriamente conjugados para a aceleração de todos os dissolventes, se consuma no debate das duas fórmulas, brandidas dentro dos muros da Coroa: o federalismo puro, abafada a atoarda republicana, na corte, pela voz de Rui Barbosa, e a descentralização, empreendida por Ouro Preto, no confessado propósito de inutilizar o novo credo. Essa luta, travada sobretudo nos jornais, reproduz o dissídio interno do Partido Liberal, que opta pelo programa descentralizador (Congresso Liberal de 23 de maio de 1889). Os liberais detiveram-se no vestíbulo da grande reforma, certamente tolhidos pela advertência, expressa na voz de Silveira Martins, não mais o radical de outros tempos, da incompatibilidade da federação com a monarquia.[31] Este o foco das divergências: de um lado, conservar a monarquia, com o auxílio, entre outros instrumentos, da descentralização; de outro, realizar a federação, medida de salvação nacional, mesmo com o sacrifício do trono, dado que a federação expressa o renovamento político, social e econômico do país, até aí entorpecido na rotina de cinquenta anos de marasmo. Geram os dois polos uma constelação de ideais, reivindicações e interesses. Com a monarquia sem escravos, a ampla reforma financeira e política reanimaria a instituição cansada: reorganização da lavoura, reapropriação dos símbolos e meios de controle social, com a aristocracia titulada, a Guarda Nacional e a reconquista do Exército. Do núcleo federativo irradia o princípio de purificar a monarquia de sua decoração obsoleta e decrépita. O remédio tem o rótulo que surpreende: "americanizar a monarquia, isto é, republicanizá-la".[32] Entre a monarquia e a República há apenas um grau, que deve ser transposto se em causa a exigência superior da liberdade, que anula a questão secundária das formas de governo. A associação entre federação e liberdade, entre autonomia e progresso, entre democracia e a extirpação do núcleo centralizador, firmado este no Poder Moderador, no Senado vitalício e no Conselho de Estado político, fará da monarquia um envoltório, útil ou perturbador, conforme as circunstâncias, varrido o carisma do trono das considerações políticas. No fundo, ainda uma vez, o dogma liberal da soberania do povo. "Há entre nós, um monarca: o Imperador; mas só há um soberano: o povo. Aquele cede a este, ou muda de terra. Pode ser Pedro I; mas não esqueça a porta, por onde este saiu."³³

A centralização imperial não era mais possível — o esteio que a mantinha de pé, na década de 1880, estava partido. A abolição deu-lhe o golpe fatal, não porque arredasse do trono a classe agrícola, mas ao romper o esquema tradicional da agricultura comercial, vinculada ao crédito, negócio de intermediação exportadora, e, com ela, o estamento político. Retornar a ela, como no fim da Regência, seria impossível, por falta dos suportes do poder. Os dois últimos ministérios da Coroa, com suas medidas econômicas e de defesa do sistema, tentaram, em vão, a manobra desesperada, que mais os alienou das chamadas classes conservadoras, agora mais presentes pela agricultura do que pelo comércio. De tal maneira se havia desintegrado o velho plano centralizador, teimosamente identificado com a própria monarquia, que, no último ano do Império, ele subsistia apenas porque algumas províncias — e não mais a estrutura armada na vitalicidade e nas categorias sociais do trono — o toleravam. Rui Barbosa observa, nas páginas, dia a dia mais incandescentes, do *Diário de Notícias*:

> Os destinos da monarquia estão entregues sem partilhas e sem reservas ao patriotismo de três províncias do Sul: Rio de Janeiro, Minas, São Paulo. Quando estas meterem a cunha às fendas do trono, o desabamento será instantâneo.
>
> Devemos ir ainda mais longe, se quisermos exprimir toda a verdade. Uma só dessas três províncias, que se pronuncie em atitude materialmente hostil à Coroa, bastará para arrastar as outras, e obrigar a família real à expatriação.³⁴

Há mais: as províncias, à medida que prosperam, como São Paulo e o Rio Grande do Sul, não se integram na "monarquia unitária e centralizadora, vivendo parasisticamente da seiva das localidades", senão que acentuam o movimento centrífugo, com teor desagregante e separatista, "cujo extremo, mas não longínquo, resultado seria transformar o Império numa justaposição de repúblicas débeis, inconsistentes, desorientadas, entregues à porfia das ambições interiores e exteriores".³⁵ A monarquia, sem que a cegueira das situações declinantes o admita, vivia à custa do pacto federal negado, repelido, retardado. De fato, a federação já existe, manda mas não governa, incapaz de se conciliar e institucionalizar no sistema político. O Império subsiste apoiado em lealdades mornas, tradicionais, frouxas, derivadas de setores econômicos decadentes. Na verdade, só os interesses do Vale do Paraíba, encadeados nas relações da corte, sustentam debilmente um reinado, que o consenso já admite sem sucessão.

O elemento conservador da província do Rio de Janeiro era a couraça, que envolvia a corte, e abroquelava a monarquia, assegurando-lhe uma base de estabilidade essencial, num país onde o centro senhoreia despoticamente as extremidades, onde os acidentes da metrópole prendem os destinos da nação.[36]

Não seria mais possível à enferma monarquia fazer uma revolução, antecipando-se aos elementos, acossada por outras adversidades, a própria divisão nas camadas dominantes e a emergência urbana de outros interesses. Além disso, as reformas teriam retardado o fim do trono, mas não impediriam o seu termo fatal. Os estadistas mais lúcidos, cientes da noite inevitável, pretendem predispor os últimos dias da vida de d. Pedro II para o advento da República. O próprio estamento, que conduz e dirige os acontecimentos, ante o dilema de seu perecimento ou o do Império, vota pelas exéquias do último, contanto que ele se salve, poupando o país da anarquia — isto é, do comando com outras cabeças. Esse pensamento, implícito nas extremadas e convulsivas palavras de Rui, será um roteiro meditado para Saraiva, o estadista de maior prestígio na quadra, aquele a quem o imperador, já caído, confiará a formação de um ministério fantasma. A República estava perto, urgia preparar-lhe o leito. "E minha filha?", ter-lhe-ia perguntado o imperador e pai. "O reinado de vossa filha não é deste mundo."[37] À cega obstinação de uns, ao propósito de tentar a cartada salvadora, contaminou-se a federação nascente, não poupada às dificuldades de seus primeiros cinco anos, conturbados e conduzidos militarmente.

A rebelião das províncias faria a República, na medida em que os regimes caem pela pressão exterior conjugada com a debilidade interna, mas não no 15 de novembro, nem na forma do 15 de novembro. Inutilizá-la, ou arredá-la, ou sofismá-la não seria mais possível. Restava, aberto o debate reorganizatório, dentro da transitória tutela militar, definir a federação. O primeiro decreto do governo de Deodoro da Fonseca, ao implantar a República federativa, declara os estados no "exercício de sua legítima soberania". Estava aí plantado o primeiro marco do debate que definiria a fisionomia do novo sistema, nos próximos quarenta anos. Na doutrina do Estado soberano, pregada por Campos Sales ainda quando deputado na Assembleia Provincial, está implícita a *política dos governadores*, ou, como queria seu fundador, por amor à correção, a política dos estados. O sistema federativo caracterizar-se-ia pela existência de uma dupla soberania na tríplice esfera do poder público, explicitamente.

> Neste regime, é minha convicção inabalável, a verdadeira força política, que no apertado unitarismo do Império residia no poder central, deslocou-se para os Estados. A *política dos Estados,* isto é, a política que fortifica os vínculos de harmonia entre os Estados e a União, é, pois, na sua essência, a *política nacional.* É lá, na soma dessas unidades autônomas, que se encontra a verdadeira soberania da opinião. O que pensam os Estados pensa a União.[38]

Ora, o curso da doutrina denuncia uma presença mais viva que o tecido abstrato das ideias: a ascendência dos estados acarretaria, nesse plano de somas, a hegemonia dos mais prósperos e poderosos. Isto interessava a alguns — sobretudo a São Paulo, a Minas, ao Rio Grande do Sul, este com interesses divergentes dos dois primeiros —, mas não a todos, prejudicando manifestamente aos decadentes, sobretudo à Bahia e Pernambuco, berço dos dois campeões do federalismo dentro da monarquia, Nabuco e Rui Barbosa.

Doutrina por doutrina, a do baiano também precede ao 15 de novembro e aponta, ainda que federalista, para uma União poderosa, distante da mera soma de estados.

> Erra palmarmente o pressuposto [argumenta dois meses antes da queda do trono], com que entre nós se tem argumentado, de que centralização política e regime federal são termos incompossíveis. Tal antinomia não existe. Pelo contrário; tão adaptáveis são entre si essas duas ideias, que a mais perfeita de todas as federações antigas e modernas, a mais sólida, a mais livre e a mais forte, os Estados Unidos, é, ao mesmo tempo, o tipo da centralização política levada ao seu mais alto grau de intensidade. [...] Desde que a autoridade da União enfeixa o direito exclusivo de celebrar a paz e a guerra, pactuar tratados, levantar exércitos, equipar esquadras, cunhar a moeda, organizar o serviço postal, abrir as vias interprovinciais, estatuir certos princípios imprescindíveis à solidariedade nacional e à tranquilidade pública na legislação econômica e civil, e manter, mediante uma alta judicatura federal, a supremacia da constituição contra o particularismo dos Estados, a centralização política é rigorosa, profunda e absoluta.
>
> Daí vem que a federação norte-americana, onde toca as suas raias a descentralização administrativa, é, politicamente, um país de centralização tal, que nem as realezas europeias a igualam.[39]

A centralização combatida é a administrativa, sem negar à União o comando financeiro e o controle da economia. Estaria ressalvada, por esse meio, a participação dos estados fracos, com o equilíbrio da presença nos poderes centrais, reforçados para ajudar e proteger, não para usurpar o domínio. Causa, na verdade, perdida. Na Constituinte, volta-se o ministro da Fazenda, escudado na contemporização centralizadora que o Exército estimula, contra a tendência oposta, apoiada, na linha extrema, também pelo positivismo, com as suas "pátrias americanas", nas quais se dissolveria o país. Verbera o "apetite desordenado e doentio de federalismo", lembrando que a união, legada pela monarquia, deve ser mantida, por amor ao próprio sistema federal. Contra a "federação ultra-americana", acentua que fora da União não existem os estados, condenados pelo déficit financeiro, com a exceção, nomeada com muitos propósitos, de São Paulo, além do Pará, este por circunstâncias fortuitas. O remédio:

Na possibilidade da vida em comum entre Estados, que, cada um de per si, não teriam meios de subsistir, achamos uma aplicação evidente do princípio cooperativo, instintivamente ensaiado nas formas mais rudimentares da agregação humana, e explorados com resultados tão magníficos nas mais adiantadas.[40]

Um jornalista, atento ao nascimento do novo regime, surpreendeu nítido dissídio entre os estados do Norte e os do Sul, inclinados, os primeiros, à União protetora, enquanto os últimos extremam-se no sistema federativo amplo.[41] Na verdade, um deputado nortista lançou a observação, ao notar que os estados do Sul queriam a federação porque eram fortes, dotados de recursos para assegurar sua autonomia, e os do Norte, ao contrário, também a queriam exatamente por serem fracos — sua debilidade provinha do abandono a que os havia relegado a monarquia, que hauria os meios do Norte para engrandecer o Sul.[42] A nota é verdadeira e o curso ulterior dos fatos a comprovará. O quadro não se apresenta, todavia, com a clareza esquemática sugerida. Ele se complica nas distorções circunstanciais e no magno problema da discriminação de rendas, base esta, da estrutura federal, da real autonomia dos estados. Nas bancadas do Sul, não havia acordo sobre os meios próprios para o objetivo comum, objetivo roído por divergências em torno do poder. Essa desarmonia estendeu-se sobre a Constituinte republicana, envolvendo as unidades de todo o território. O pomo da discórdia fixou-se com a emenda Júlio de Castilhos, em nome do Rio Grande do Sul: a União, em plano que recorda 1835, teria as rendas discriminadas, fixas, ficando o restante para os estados, distribuído ao centro, entretanto, menos do que a lei subsequente ao Ato Adicional. Os estados, com a garantia de sua quase independência, socorreriam a União, nas suas necessidades. Não haveria, dessa sorte, a tributação cumulativa da União e dos estados. Prevaleceu o projeto governamental, que partilhou as rendas, com a discriminação das duas esferas, por 123 votos contra 103. Os paulistas, acompanhados dos baianos, paranaenses e da maioria mineira, votaram, aparentemente contra o roteiro federalista de Campos Sales, pelo sistema que assegurou a existência do governo central. Natural o desentendimento — os paulistas não pretendiam dominar pela mera ascendência do seu estado, senão pelo controle da União, que, para isso, deveria ter alguma força, não a ponto de anular a unidade federada, nem tão insignificante que não pudesse servir de instrumento para o domínio sobre o Norte. Aliam-se, em natural pacto, ao ministerialismo de Rui Barbosa, preocupados, em futuro próximo, em alijar a ascendência militar de Deodoro e Floriano. Atiladamente, com a lúcida inteligência de estrategista político, que seus trinta anos mal escondiam, sentia Júlio de Castilhos que, incapaz de subjugar a União, deveria mantê-la dependente dos estados, ampliando o poder de barganha na formação de sua política. Acompanham-no nesse lance, além das expressivas figuras de Saldanha Marinho, Joaquim Murtinho, Rosa e Silva, João Barbalho, Aristides Lobo, Leopoldo de Bulhões, Lauro Müller, a maioria das bancadas de Pernambuco, estado do Rio, Santa Catarina, Amazonas, Maranhão, Rio Grande do Norte e Goiás. Estava aberto, pela mão dos rio-grandenses, o dissídio, que lavraria nos próximos quarenta anos, de inconformismo com o café vitorioso, em nome de interesses periféricos. A estratégia, definida por Júlio de Castilhos e executada por Pinheiro Machado, não mudará, dirigida contra a nascente hegemonia paulista. Variarão, perdida a primeira batalha, as investidas táticas: frustrado o autonomismo extremado, recolhe o dissidente, pacientemente, todas as forças desprezadas pelo esquema dominante. Voltará a facção derrotada, sob a liderança do Rio Grande do Sul, a sustentar a aliança militar, evocando, contra o esquema vencedor, as camadas médias da sociedade, o chamado povo. Daí se projetará o apoio a Floriano, a Hermes, a Nilo Peçanha, até a jornada da Aliança Liberal, gravitando fora do eixo natural da República de 1889.

O degelo da década de 1860, que atinge a forma da avalancha no fim de 1880, tem necessário caráter antiestamental e antiburocrático. O poder não seria mais a expressão do centro, da aliança entre o trono hereditário e as categorias vitalícias com a riqueza mobiliária e do crédito, unificadoras e asfixiantes. Ele deveria irradiar-se dos acampamentos territoriais, agrupados regionalmente nas províncias. Certo, apesar da retórica liberal, não será a inversão obra do povo, mas das camadas aptas, pela riqueza, a falar em nome dele, em tutelas dispersas, substituindo a tutela imperial, concentrada. O estamento se romperá, recuando ao segundo plano, dispersado mas não extinto, ocupando o lugar vazio uma constelação pactuada, sob o comando dos grandes estados, ou de um grande estado acaudilhado por algumas estrelas de pequena grandeza. Para que se consagre a ruptura, será necessário que o estamento se divida, com a inimizade voltada contra seu setor mais vivaz, incompreendido e amordaçado dentro da ordem imperial esclerosada. Transição de poucos anos, que leva a um sistema federal, de caráter liberal mas não democrático. Em revide às tendências paternalmente democráticas, mas não liberais do velho sistema, abroquelado no capitalismo politicamente orientado, a estrutura republicana, contestada como oligárquica, enfrentará todos os desafios. Na reserva, a surda inquietação recobrará, um dia, num dia distante, as esporas. Para o domínio de quarenta anos, dois obstáculos — agora obstáculos, e não mais aceleradores do processo — devem ser vencidos. A República buscará suas vestes civis e organizará seu sistema financeiro, para dar amplitude e florescência ao liberalismo econômico, contraditoriamente experimentado. Na base, a "política dos governadores" apoiada no aliciamento eleitoral do "coronelismo" dará estabilidade ao sistema. Recobrindo, mais do que ordenando normativamente, a Carta de 1891 legitimará a ordem, conservadoramente imutável.

A Constituição de 1891, com o centro na organização federal, coração da República, na conhecida fórmula de Campos Sales, "a essência do regime, a substância, a carne e o sangue", na palavra de Pinheiro Machado, sofreu muitas contestações.

No cerne das suas dúvidas, tecidas no curso de trinta anos, e projetadas para um futuro mais longo, não se vislumbra apenas a perspectiva jurídica, senão o magno problema do poder e de determinação de seus titulares. Não admitirá, senão nominalmente, a superioridade arbitral do Supremo Tribunal Federal, na forma do pensamento de Rui Barbosa e da tradição norte-americana, cunha comprometedora do predomínio federal. Ressalvada a valorização federal, em pouco fixada no mecanismo político, a Constituição tem caráter puramente nominal, como se ela estivesse despida de energia normativa, incapaz de limitar o poder ou conter os titulares dentro de papéis prévia e rigidamente fixados.[43] Em lugar de contestar a federação, procura, no seu seio, conquistar a hegemonia para os Estados, dentro do esquema tradicional, servindo-se dos elementos dissidentes para reforçar suas hostes. Continuaria a operar a mesma prática imperial, em que as ficções constitucionais assumem o caráter de um disfarce, para que, à sombra da legitimidade artificialmente montada, se imponham as forças sociais e políticas sem obediência às fórmulas impressas. Era a hipocrisia constitucional, tão duramente denunciada pelos críticos do antigo regime, José de Alencar, Tavares Bastos, Ferreira Viana, Rui Barbosa. Não havia, entre esses realistas, que abrangem paulistas, mineiros e gaúchos, nenhum amor nem saudade ao estamento. Quem governa são as situações estaduais, aptas a empolgar o poder central, as oligarquias, na voz de seus oponentes. No outro lado das fileiras conservadoras, debatem-se os valorizadores da União, que, partindo de um núcleo de autoridade, de uma rede de forças que comanda os restos da economia centralizada, querem autonomizar a estrutura político-jurídica, para que a Constituição molde as realidades ou lhes dirija os passos fundamentais. São os remanescentes, alentados por novas perspectivas, da "política silogística", desviada da realidade, "pura arte de construção no vácuo: a base, são teses, e não fatos; o material, ideias, e não homens; a situação, o mundo, e não o país; os habitantes, as gerações futuras, e não as atuais".[44] Havia, nesse anseio de fazer da vida política o reflexo de um plano, a inspiração velha do estamento, isolado da realidade, perdido nos seus cálculos, altaneiro ao povo.

Dá conteúdo a essa orientação, basicamente voltada para o pensamento de que era necessário construir o país, a carga demolitória de duas pontas de uma só crítica. A Carta de 1891 seria, para os críticos, visto que não exerce comando normativo, apenas uma importação extravagante, cópia servil incapaz de vestir o país novo e estuante de vida. Os pseudorrealistas, certos de que nada se alcança das leis e das ideias políticas, veem nos teóricos que construíram o esboço republicano meros importadores de fórmulas vazias, de índole francesa, inglesa ou norte-americana, contaminados de "marginalismo". O analfabeto — na caricatura muito ao gosto dos anatematizadores das elites — teria melhores condições de raciocinar com adequação, firmados os pés no chão, do que o letrado, extraviado em idealismos sem pertinência à terra e à gente.[45] De outro lado, dentro da cidadela assediada, em combate ao modelo vigente, propugna-se por outro, também a implantar de cima para baixo, capaz de ordenar o caos social. A última diretiva serve-se dos pressupostos da primeira, para, em favor de um nacionalismo difuso e nascente, clamar por formas próprias, originais ao povo brasileiro, acenando com a vaga promessa de um novo mundo político. Nesse apelo a realidades místicas corre, mal advertida, a seiva messiânica, no delírio de um exemplo ao mundo.

Linguagem, a dos críticos, ininteligível à escola política que se formou para ajustar o país novo e inculto aos sistemas universais, com a crescente modernização. Não havia lugar para inovações hauridas da terra, inovações, na verdade, tão alheias ao solo como as importadas. No esforço de modernização, que cobre o Império e desperta o entusiasmo dos construtores da República, procura-se ajustar o país aos modelos importados, sustentados pelo livro estrangeiro. Modernização, entretanto, não significa necessariamente, como inculcam os inimigos do regime de 1891, a atitude "bovarista", na qual se insinua o desdém ao mundo atrasado, em favor do mundo civilizado. No bovarismo, articulado no amor a Paris, à Grécia, pulsa a compensação da fraqueza interna, dourada na falsa consciência. Nos modernizadores há, sem dúvida, forte dose de bovarismo, embora os agite, não o desprezo de sua gente, mas a preocupação civilizatória, pedagógica, de ajustar o passo às estruturas chamadas cultas. Por se vincular ao curso modernizador e não bovarista, Rui, acusado de plágio, nas vésperas da República, por querer importar a federação à americana, respondia: "Conhecemos o plágio literário, o plágio científico, o plágio artístico, o plágio industrial. Mas o plágio político! Todas as reformas prestáveis são cópias ou adaptações da experiência efetuada noutros tempos, ou por outros povos".[46] Para sair desse caminho, mais autêntico do que o respeito semântico à letra constitucional, haverá muitos equívocos e muitos enganos: o desvio que nega o influxo da lei e do pacto constitucional, com a abdicação do sentido educador das normas que limitam o poder, o contrabando de modelos antiliberais, em nome da autonomia cultural. No dissídio de teorias, doutrinas e idealismos, outras presenças abrem seus caminhos, em nome de ideias e ideologias, fiéis a realidades mais poderosas. Antes do salto de quarenta anos de história, volva-se à chama que precipita e devora os primeiros dias do drama republicano.

3 | *O Exército na monarquia e sua conversão republicana*

O DISSÍDIO DO EXÉRCITO com o trono vem de longe, num rosário de muitos equívocos, estruturalmente preparados no curso de um século. Na fase colonial e na fase autônoma, até a grande crise do 7 de abril, constitui a força armada um ramo da aristocracia — o ramo mais relevante, definido na supremacia da guerra, coetânea à formação do reino — responsável pela disciplina e pelo conteúdo português da unidade territorial do apêndice brasileiro. O oficial, preparado para a guerra nas escolas abertas somente à nobreza, não se especializava em atividades militares, servindo em todas as funções de comando político. Não era ele recrutado nas camadas dos senhores territoriais, despidos, muito cedo, de seus poderes pretensamente derivados do feudalismo, mas na categoria dos descendentes dos servidores monárquicos. Bastava, para legitimar-se ao título de *cadete*, o sangue ilustre, abrandada a exigência, no curso do tempo, para a ocupação nobilitadora do pai, equiparados os títulos universitários à nobreza. O requisito da pureza de sangue, ainda sensível no início do século XIX, se retrai, perdendo a rigidez a prova do bisavô branco. A cooptação aristocrática atenua-se, a partir de 1824, com a necessidade de concurso de capacidade, para que o cadete passe a oficial. Por essa porta estreita entraram no Exército grandes expressões do Império: o duque de Caxias, os marqueses de Barbacena, Beaurepaire-Rohan, Maracaju, Herval (Osório), o barão do Rio Apa, entre muitos outros, bem como, filho de um tenente-coronel, com os galões conquistados desde praça, fora da carreira dourada, Manuel Deodoro da Fonseca.[47] O atalho privilegiado permitia galgar os postos em plena juventude: o duque de Saldanha, general aos 28 anos, o marquês de Barbacena, general aos 39 anos, e Caxias, com os galões supremos aos trinta. No meado do século, uma mudança fundamental: os recrutados à força ou os voluntários, depois de permanecerem algum tempo nas fileiras, podiam matricular-se na Escola Militar, galgando o oficialato.

> Isso significou [esclarece um estudioso do assunto] um poderoso fator de diferenciação para a sociedade daquele tempo. [...] a população livre desprovida de recursos estava emparedada, de um lado, pela classe dos senhores rurais, de outro, pelos escravos, sem maiores meios portanto de ascensão social. Agora, enquanto os moços das famílias abastadas em regra davam preferência às profissões liberais, indo se formar bacharéis na Uni-

versidade de Coimbra ou em outras capitais do velho mundo e retornando de espírito mais arejado para a compreensão dos problemas políticos e sociais, os moços pobres, os mulatos procuravam as fileiras do exército, para se fazerem oficiais.[48]

Na verdade, a aparente democratização do acesso ao oficialato não traduzia apenas uma liberal reforma escolar, em movimento de igualitarismo social. A abertura obedece a outras inspirações (ver cap. 7, II e III), cuja importância repercute por muitos anos. O apoio da tropa ao 7 de abril demonstra, no seio do estamento, sua diferenciação em caminho para a autonomia social, com propósitos políticos particulares, acoimados pelos homens que ocupam o poder, de manifestações indisciplinadas. Para contrabalançar a categoria ascendente, cria-se a Guarda Nacional, cujos oficiais seriam "iguais em nobreza aos de tropa de linha" (lei de 18 de setembro de 1831). Em consequência, reduz-se o número dos efetivos regulares, caindo para a metade, entre 14 e 17 mil. Perdida a importância social do Exército, abandona-o a aristocracia, que se acolhe à Guarda Nacional e aos postos políticos, estes e aquela a via única do comando. Nada mais lógico, diante do descrédito social, que os oficiais saiam do povo comum, à míngua de outros contingentes. O Exército torna-se um grupo profissional vigiado, perante o qual se arma o estamento, desconfiado de suas manifestações e de seu mando. Mesmo em campanha, na obra de pacificação do Império ou nas lutas platinas, os vencimentos eram pagos com atraso, entregues os fornecimentos ao regime da incerteza e da irregularidade, não raro a fome e a angústia de equipamentos fazendo da tropa um corpo de maltrapilhos. A média de idade, para atingir o posto superior mais baixo, o de major, era, para os generais do meado do século, 27 anos, limite que sobe, quarenta anos depois, para 39 anos.[49] O isolamento, a desconfiança, o desdém acentuaram o espírito corporativo da classe perseguida, só retardados os protestos pela simbiose, ainda persistente por muitos anos, entre as duas categorias de oficiais, os de extração nobre e os de origem popular, com o predomínio espiritual dos primeiros. O vínculo entre o Império e o Exército manteve-se graças aos militares, cujo símbolo será o duque de Caxias, homens da guerra e políticos, com a carreira dentro do estamento. Quando esse padrão desaparecer, o predomínio do elemento popular, conjugado este com o alijamento da força armada da camada dominante, os desajustes virão à tona, dramaticamente. O Exército, depois dos meados do século, eleva o oficial, projeta seu status, mas não o aristocratiza, nem lhe confere ingresso no palco político. Bem, expressivos são os números do declínio, fixada a referência nas nomeações para o Senado vitalício e o Conselho de Estado, os dois focos básicos do comando político. Em nove anos de reinado, d. Pedro I elevou doze militares ao Senado e cinco (para o total de catorze) ao Conselho de Estado. Nesse período ainda estavam vivas as tradições da monarquia aristocrática, integrados os militares na ordem dominante e dirigente, em convívio com os demais membros da nobreza, no perfeito intercâmbio de funções. A Regência indica a ruptura: em nove anos apenas dois senadores vestem a farda. Na década de 1840, quatro militares ingressam no Senado, para três na década seguinte, contra apenas três nos últimos trinta anos do Império. O Conselho de Estado abrigou, entre 1840 e 1850, sete militares, com apenas três outros nos quarenta anos seguintes. A 15 de novembro, Beaurepaire-Rohan, já decrépito, ocupava solitariamente um lugar no Conselho, membro extraordinário embora.[50] No isolamento político sentiam os militares o decesso de suas posições, sem correspondência com o status e as expectativas sociais, fundadas estas nos moldes aristocráticos da tradição. Para agravar o sentimento de repulsa, o soldo mal dava para as despesas essenciais, no tempo das famílias numerosas. Um tenente-coronel reformado, em 1854, confessa dramaticamente que os vencimentos se esvaem no aluguel da casa, obrigando-o, para educar os filhos, a contrair dívidas irresgatáveis.[51] Os senhores de terra fogem, nessas circunstâncias, da carreira das armas, voltando-se para as escolas de direito, com acesso à política e à magistratura, já exceções, ao tempo, as origens de Caxias e Mena Barreto. Taunay, o futuro senador e visconde de Taunay, com vocação para bacharel, ingressa na Escola Militar em razão das aperturas de sua família. Seduzido pela tradição europeia das armas, tradição de seus antepassados franceses, aceita o sussurro paterno de que não "há outro destino para o homem superior". Ao assentar praça, visto não possuir meios para ser reconhecido cadete, sente logo a distância entre a promessa e a realidade.

> Caminhava naquele tempo o Exército [alude ao ano de 1861] para a desconsideração que, um tanto suspensa durante a guerra quinquenal do Paraguai, grandemente se agravou depois dela, até que os despeitos e desgostos, acumulados de 1870 a 1888, fizessem explosão no fatal 15 de novembro de 1889, em que o militarismo superou a bacharelocracia, derrubando ao mesmo tempo a monarquia, e todas as instituições constitucionais, para erigir o Brasil em pretensa República federativa.[52]

Ainda uma circunstância feria duramente a estima social ao militar: a profissão, de acordo com os preconceitos liberais do tempo, servia à destruição, à barbárie institucionalizada, equiparado o oficial ao parasita. Os valores burgueses, que estimam no produtor o único elemento útil na sociedade, desprezam o homem que não planta, não fabrica e não faz a riqueza circular. O militar, sem utilidade social, seria um monstro obsoleto, sobrevivo apenas enquanto não se civilizasse o mundo. O próprio imperador, preocupado com as despesas militares e cioso da repugnância do povo às armas, compartilhava de tais sentimentos, para escândalo de seu genro, o conde D'Eu, formado na escola do aristocrático tradicionalismo europeu.[53]

Não data do término da Guerra do Paraguai, portanto, a divergência entre a ordem civil e a militar, conforme repetida e generalizada afirmação.[54] A guerra, na realidade, na forma do depoimento de Taunay, relaxou a tensão, para reacendê-la, ao término. Nem se sustenta, igualmente, diante do leito histórico longamente cavado, a corrente de opinião que explica os protestos militares como o resultado da velhacaria civil incitando os oficiais à revolta.[55] A Guerra do Paraguai não criou as incompatibilidades, senão que apenas as revelou, assegurando aos soldados o prestígio e os meios de reação. A queda de Zacarias, em 1868, provocada pela espada de Caxias, abre, no plano político, o primeiro lance de uma longa jornada. Jornada, é bem de ver, alheia aos propósitos de Caxias, infenso a qualquer veleidade militarista ou caudilhista. Havia, entretanto, sob seu comando, um corpo em ebulição e um objetivo a cumprir — para satisfazer a ambos impunha-se sua ação corretora, consertando o extravio do eixo que submetia o Exército ao papel de mola passiva do sistema. Os estadistas do Segundo Reinado, sensibilizados com o golpe e preocupados com a supremacia civil — agora, o afastamento entre os dois setores já se tornara definitivo —, procuram atalhar as consequências do retorno da tropa vitoriosa. Com a visão curta dos dirigentes perdidos na ação política, temem, esquecidos dos passos anteriores, o contágio caudilhista platino.

> Ao regressarem do Prata os regimentos triunfantes, parece que o governo do Rio de Janeiro receava da sua parte [comenta Oliveira Lima, com base em documentos originais] qualquer acesso de febre militarista ao contágio das aclamações populares. Preocupava-o especialmente a volta dos voluntários e imaginou despi-la de toda pompa, fragmentando as unidades, dissimulando os estandartes, abafando as músicas. Foi o Comandante em Chefe, Conde d'Eu, quem protestou e ameaçou resignar seu cargo se se insistisse no que ele denominava numa carta particular ao visconde de Lage "uma traição para com seus companheiros de armas". O Conde d'Eu reconhecia que a situação política do país exigia algumas precauções e que era prudente evitar uma grande aglomeração desses militares saídos da luta armada, devendo proceder-se a um rápido desarmamento e licenciamento, que aliás não se afigurava difícil. Ajuntava que não enxergava "entre eles espírito algum político, mesmo porque não tinham quase chefes". [...] O Imperador, apesar de ter acudido a Uruguaiana de espada e poncho, estava muito longe de ser um chefe marcial e não tinha interesse pelos assuntos bélicos. Exagerava-se, porém, este paisanismo e até contava-se, para intrigá-lo com o Exército, que, ao assistir a um desfilar de tropas, ele dissera aos que estavam perto, apontando para os soldados — *assassinos legais*.[56]

Cuidava-se neutralizar a glória militar, retirando-a de seus personagens legítimos, quer para sufocá-la, quer transferindo-a ao povo e à Marinha, esta mais integrada no estamento político. O carisma militar devia ser poupado, para evitar que provocasse lealdades no povo, ciosamente conservado no adormecimento. A medida prática para o objetivo seria a desmobilização, rapidamente empreendida, reduzidos os efetivos, de 100 mil durante a conflagração, a 19 mil em 1871, declinando para 13 mil em 1889, com a queda, a partir de 1877, em menos de 20% do orçamento (para 40% em 1850 e 34% em 1872). O expediente repressor acentuou a solidariedade interna do Exército, e, ao bloquear a sua expansão e ascensão social, forçou-o a criar valores novos, estranhos ao contexto comum, reivindicatórios e críticos. A elevação de status não assegura mais um provável papel político e social — ao contrário, entre o status e a expectativa se interpõe um mecanismo difuso de rejeição, o que afasta o oficial do corpo nacional do seu centro de comando. As reações do setor desdenhado se fixam, primeiro no "veterano resmungão",[57] para se cristalizar, nos últimos quinze anos da monarquia, na convicção de que os homens de farda, só eles, eram puros, sãos, patriotas, enquanto os civis, os casacas, não passavam de políticos podres, corruptos, aproveitadores da miséria do país.[58] Daí até o engajamento nos movimentos de protesto — o abolicionismo e a República — vai apenas um passo, naturalmente empurrado pelas desastradas cautelas e incitamentos civis.

O padrão aristocrático, cerne da conduta do oficial, recebido tradicionalmente e tradicionalmente conservado pelos portadores da glória militar, será o ponto de frustração dos aspirantes à carreira. Os oficiais pensam e sentem numa constelação histórica que não mais lhes legitima a atividade. Reduzir o Exército, depois de gerado do flanco da camada dominante, a um grupo profissional, mal remunerado e destituído de missão política, não seria mais possível. O ímã nacional que o inspira e o consagra na autoestima operará mesmo em contraste com a ordem estabelecida. Desse caráter íntimo virá sua peculiaridade e a não identificação com classes, repudiando o evolver para a casta, peculiaridade sempre mal compreendida, ora desvirtuada, pelos historiadores, que a compreendem em supostas alianças com a classe média, com os latifundiários, com os proletários, na sucessão de equívocos de um século. Para encobrir a perplexidade, viu-se nas intervenções militares a conduta pendular, ora reacionária, ora vinculada às forças sociais em expansão.[59] O erro de perspectiva não é recente, senão que é contemporâneo à ruptura entre o estamento aristocrático e a força armada, ruptura acelerada pelos preconceitos liberais em curso nos meados do século XIX. O divórcio entre militares e civis, além das causas profundas e longas que o provocaram, se ostenta com o abandono progressivo da camada dominante da velhíssima terapêutica da incorporação dos eventuais dissidentes nas fileiras superiores, cunhando-os com seus valores e domesticando-os. O estamento, incapaz de absorver forças novas, esclerosado e lento na circulação dos valores, não mais aglutina, senão que, fechado, repele os contingentes de baixo. Mais do que a agressão externa, os sistemas ruem pelas suas fraquezas internas, refugiados, em regra, em espasmos de energia autoritária, reveladora do endurecimento dos canais renovadores. Já se apontou que, a partir dos 1850, a categoria política superior se rarefaz de elementos militares, desdenhados nos conselhos íntimos da Coroa. A elegibilidade dos oficiais, outrora antídoto ao sentimento de exclusão, parecerá, no fim da monarquia, espúria interferência nos negócios civis. Graças à flexibilidade do antigo sistema, sem atritos e sem que a nação se dividisse entre soldados e paisanos, Osório e Caxias ocupam cadeiras no Senado e as carruagens ministeriais, reservada ao último, por duas vezes, a presidência do Conselho de Ministros. A pasta da guerra coube a 27 militares, no Segundo Reinado, contra 36 civis, sem que, dada a homogeneidade da categoria dirigente, se suscitassem ciúmes e desconfianças, só visíveis no gabinete Ouro Preto, no ocaso monárquico, quando os titulares da Guerra e da Marinha seriam escolhidos exatamente para contrabalançar, no seio das corporações, o protesto contra o regime. Não é verdadeira a suposição, gratuitamente formulada e repetida sem escrutínio crítico, de que Caxias tivesse sido aliciado pelos conservadores para, com sua espada, fetiche tutelar, tabu de dragonas, garantir-se da eventualidade do golpe de Estado. Do mesmo modo, Osório, e depois o visconde de Pelotas, não serão o biombo dos liberais, agarrados ao amuleto que os preservará da estocada caudilhesca.[60] A observação sofre de anacronismo, projetando retrospectivamente realidades novas. Caxias e Osório, como Polidoro, Caldwell, Mena Barreto, Porto Alegre, Andrade Neves, amalgamados à ordem imperial, serão os baluartes que retardam a emergência dos dissidentes, críticos e insatisfeitos. Mortos os gloriosos pacificadores e guerreiros, rotos os laços antigos, a presença do militar na política não será mais um fato natural, como seria a do bacharel ou magistrado, do burocrata ou do padre, mas se identificará ao perigo da supremacia civil. Isto porque os campos já estão superados, insegura a cidadela bacharelesca, incapaz de aglutinar-se aos servidores fardados. A nova geração, diante da realidade decomposta, a geração de Deodoro, Tibúrcio, Floriano — o visconde de Pelotas na fronteira —, expelida dos postos avançados, só será admitida pelos demolidores das situações ou dos regimes. Esse será o período do envolvimento, não despido de velhacaria, das correntes preocupadas em transformações rápidas. Em 1882, Floriano, liberal de credo, sente ao seu redor a intriga dos "mexeriqueiros", "alguns com pés de lã, muito amáveis".[61] O assédio, aberta a Questão Militar, será persistente, repelido, não mais pela fé monárquica, já em declínio, mas pela preocupação da unidade nacional, com a qual se encarna o espírito militar.[62] Só o perigo do desmembramento territorial deterá a marcha para a República, já identificada como a saída possível do conflito.

A década de 1880 encontra um Exército coeso nos seus desgostos e reivindicações, espiritualmente estruturado em valores tradicionais, já consagrados em Caxias, o Caxias símbolo, e não o militar. A Guerra do Paraguai vertera sobre a corporação, apesar das inquietações civis, uma auréola de prestígio, os militares cobertos de glória, de trabalhos e de cicatrizes. Morrera a decepção das campanhas cisplatinas, que desestimulara a vocação militar no Brasil, ao tempo que a fomentara no Prata, como observou Armitage. Para agravar o isolamento que se impôs ao Exército, a reforma do ensino militar segregou os futuros oficiais da mocidade civil. Ao tempo que se retirava da vida comum o militar, era ele despojado da política, interferência agora qualificada de indisciplina, isto é, uma forma de conduta contrária à preconizada pelos grupos no poder. Os militares, embora elegíveis e ligados aos partidos, sofriam o agravo ultrajante de rebeldes caudilhistas, se interessados nos assuntos da corporação ou do país. Ninguém percebia que, a pretexto das ordenações de 1859 e do Decreto nº 5884, promulgado durante o gabinete Rio Branco, proibidores de censura pública dos inferiores aos superiores, alijara-se um setor do debate político, até então admitido. Havia, na verdade, uma mudança de orientação, preocupada repressivamente em afastar os oficiais do intercâmbio político. Em 1879 tem lugar o primeiro incidente da longa cadeia que se chamaria a Questão Militar. A comissão de marinha e guerra da Câmara dos Deputados propôs a redução das praças de pré, eliminando alguns postos de oficiais em várias unidades. Um grupo de oficiais das duas armas — entre os quais figuram o general Francisco Carlos da Luz, o major Sena Madureira, o engenheiro militar Jacques Ourique, e, da Marinha, o capitão de mar e guerra Eduardo Wandenkolk, o comandante Saldanha da Gama — rompe o debate público, frustrando o projeto.[63] Quatro anos depois, pela voz do agora tenente-coronel Sena Madureira, nome que desponta como líder das agitações, outro projeto sofre o arquivamento. Um fato, nesse ano de 1883, mostra que os agravos lançados a um oficial percutem em toda a corporação. Apulco de Castro, dono de um jornal especializado em escândalos, fere a honra de um oficial e é, em pleno dia, morto por seus camaradas. O imperador visita, alguns dias depois, o quartel de onde saiu a vingança, recebendo, na Câmara, a censura de Andrade Figueira: "Essa visita do imperador é a humilhação da Coroa perante a rebelião militar vitoriosa". Em 1884, o desentendimento complica-se com a solidariedade militar, estimulada pela Escola Militar, sob a sombra de um nome que começa a erguer-se, Benjamin Constant. Ainda uma vez Sena Madureira está no centro dos acontecimentos, ao repelir a censura do ajudante general do Exército, por haver tributado calorosa manifestação, com alunos e camaradas, ao símbolo do abolicionismo cearense, o jangadeiro Francisco do Nascimento. Punido, o oficial identificou-se com a causa, para cujo desate seria decisivo o apoio do Exército. O processo de atrito atinge cores ardentes com o gabinete Cotegipe (1885-8). O caso Cunha Matos, coronel atacado na Câmara dos Deputados e que revida pela imprensa, provocará reações profundas na alta hierarquia militar, levando-a ao divórcio final com o sistema civil. O gabinete, com base num aviso de 1884, adverte e prende o coronel, ato que, pela palavra do visconde de Pelotas, senador e ex-oficial do Exército, foi denunciado como ofensivo a toda a corporação. O problema seria, agora, de honra militar, posta, pelo chefe ilustre, acima da lei. A Questão, espraiando-se dos casos particulares, atinge caráter mais amplo, com publicações no Rio Grande do Sul, da lavra de Sena Madureira. Formam-se os primeiros esboços do direito de discutir assuntos militares e políticos pela imprensa, à margem das proibições restritivas. O Exército procura, já estruturado o movimento, a sua doutrina e o seu líder. Pelotas, que desponta no primeiro lance, será logo superado por Deodoro da Fonseca, comandante das armas do Rio Grande do Sul, destinado por Cotegipe a ocupar o lugar de Caxias, com a futura designação para o Senado e a outorga de um título nobiliárquico. Política obsoleta, esta, insciente dos novos tempos — Deodoro prefere ficar solidário com os seus camaradas, alheio ao aceno nobilitador e domesticador dos projetos ministeriais. Apoia a rebeldia, em Porto Alegre, o jornal republicano *A Federação*, dirigido por Júlio de Castilhos. A Questão Militar, já ligada ao abolicionismo, encontra-se com a República, com Deodoro, nas suas palavras, "tiroteando nos postos avançados". Um órgão militar — Conselho Supremo Militar — assegura aos militares, na forma dos direitos reconhecidos aos cidadãos, a liberdade de externar as opiniões, salvo "entre oficiais, sobre objeto de serviço militar". Ao nome de Deodoro enlaça-se, na crise, o de Benjamin Constant, professor da Escola Militar. Demitido de seu cargo no Rio Grande do Sul, Deodoro é recebido, na corte, como um triunfador. Preside a 2 de fevereiro de 1887 uma reunião de duzentos oficiais, que lhe delegam poderes para representá-los junto ao governo, elevado o imperador a suprema instância, sem respeito ao gabinete. Firma-se o líder e a doutrina, a do *soldado cidadão*, rotas as restrições à conduta política, senão nos casos pertinentes à disciplina, em sentido estrito.

Vitoriosos os militares, com a consagração jurídica de seus direitos, numa decisão pioneira que declara a inconstitucionalidade dos atos limitadores da expressão política, faltava completar tais medidas. Devia o gabinete Cotegipe cancelar as punições e abrir novo rumo nas relações entre as partes em conflito. A relutância no cumprimento dessa etapa inevitável do processo levou os chefes militares, identificados em Deodoro e Pelotas, a lançar um *ultimatum*, redigido por Rui Barbosa — a pedido do seu chefe, o liberal Dantas, que via no incidente oportunidade de derrubar o ministério conservador. Esse será o primeiro contato de Rui com o Exército, ainda que por mão alheia, da qual não tardará a se afastar. O manifesto de 14 de maio de 1887 fixa, com fidelidade, o Estado de espírito da tropa, já ciente do seu papel em vias de predominância nas forças sociais da nação.

> Princípios tais (o cancelamento das censuras mediante pedido) [declama o protesto] fariam da boa fama dos oficiais brasileiros simples propriedade do governo, sem haver mais honra militar, que pudesse desafrontar-se de uma nódoa imerecida, quando a parcialidade de um ministro deliberasse infligir-lhe mancha e recusar-lhe o desagravo judicial.
>
> Sob tais teorias jurídicas não há Exército, nem pode haver pátria; porque a primeira condição da Pátria é o pundonor dos defensores profissionais de sua honra.
>
> O que se agita, portanto, não é uma questão de classe: o aviltamento do Exército envolveria a sociedade e daria triste medida de caráter nacional.
>
> Não é também veleidade de predomínio militar o que nos move; a consciência pública tem certeza de que o Exército brasileiro é a mais estável segurança da paz, da legalidade, da organização civil do Estado. Seja qual for a posição a que as circunstâncias nos

levem, a segurança individual, a tranquilidade pública, as instituições constitucionais, as tradições livres da nação encontrarão sempre no Exército um baluarte inexpugnável e em cada peito de soldado uma arma de cidadão.

Mas a jurisprudência do governo exclui da lei o Exército; e dessa proscrição, intolerável porque envolve a nossa vergonha, força é que haja recurso.

Detenha-se o olhar nas palavras transcritas: delas sobressai o espectro — espectro para a ordem civil, tal como estruturada, esperança para o Exército — de que a força armada não é mera dependência do governo, senão que constitui a primeira coluna da paz e da legalidade. Não por meio das formas jurídicas atua o Exército, mas, sobre elas, no seio da nação, que representa diretamente, sem intermediários e sem desvios. Lastimam os signatários que não possam se dirigir ao imperador, tocado este por "doença inquietadora", impedidos apenas, para o diálogo direto, pela circunstância excepcional. Desaparece, na lógica do manifesto, a figura do gabinete, embaraço e não trave mestra do mecanismo constitucional. O apelo volta-se à nação, representada pelo Exército, num círculo vicioso indesviável. Daí a cláusula final:

> Não obstante, não seríamos leais ao príncipe honrado e patriota, que reina sobre nós, se pactuássemos com o vilipêndio de uma posição, que nos ludibria, arrancando-nos a dignidade de cidadãos armados, para não nos deixar mais que a subserviência dos janízaros.
>
> Não nos resta, pois, senão recorrer à opinião do país, que desde o princípio esposou a nossa causa, idêntica à dele, endereçar ao parlamento este nosso derradeiro apelo e protesto que havemos de manter-nos no posto de resistência à ilegalidade, que é o nosso dever, do qual nada nos arredará enquanto o direito postergado não receber a sua satisfação plena.
>
> Havemos de ser consequentes, como quem não conhece o caminho por onde se recua sem honra.

O *cidadão armado* toma o lugar do soldado "essencialmente obediente", como o qualifica a Constituição do Império (art. 147), este, agora, o janízaro. A consequência seria, segundo o plano de Pelotas, "uma ação contra o governo", que, acrescentava Deodoro, "se tem que ser amanhã, que seja hoje". Por motivos militares, em nome da nação, o Exército sairia à rua, para depor Cotegipe, sem tocar no imperador enfermo, inapta a República, ainda, para oferecer a saída do impasse. A República, pensavam os chefes, "virá depois", quando d. Pedro fechasse os olhos sem brilho, quase apagados. A soberania nacional, sempre distante do povo, retira-se das mãos do imperador e do seu círculo de servidores, para outras mãos, mais enérgicas, com maior viço.

Não seria no primeiro comboio que embarcaria a República, "em águas revoltas", como denunciava Cotegipe. No Senado encontra-se, por ora, uma ponte. Pelotas, militar e senador, esclarece o fim que inspirara o manifesto: "[...] foi uma revolução que fez abdicar o Sr. D. Pedro I, e o fato é hoje aceito". Uma advertência ao presidente do Conselho:

> [...] solva esta questão de um modo honroso e digno. Se o não fizer, não sabemos o que poderá acontecer amanhã, apesar do nobre presidente do Conselho confiar na força armada que tem à sua disposição. Tais serão as circunstâncias que bem possível é que ela lhe falte. Reconsidere o nobre presidente do Conselho o seu ato, por amor deste país, e quem sabe se por amor das instituições.

Lembrou Cotegipe a Pelotas que este falava como soldado, e não como senador: "O governo está no seu posto e o nobre senador não está no seu". A amarga referência, seta ervada, não fere o antagonista: denuncia, aos olhos de todos, a falência da estratégia domesticadora de outros tempos. A mensagem chega ao destino. Os liberais compreendem, diante da dureza dos termos de Pelotas e em face da imprensa republicana, impaciente pelo desfecho militar da crise, que os partidos monárquicos têm à frente um papel comum, a salvação da chamada ordem civil. A ameaça não pendia apenas sobre o ministério, como sentiam, vistas curtas, liberais como Dantas, mas sobre todo o palco, numa tempestade que destruiria as duas facções. Saraiva, o político liberal mais respeitado, glorioso pela lei eleitoral e pelas suas inclinações federalistas, articula a conciliação, dentro da arena parlamentar, mas com acordos travados nos arraiais de Deodoro. Acompanham-no, nas preocupações e nas gestões, Francisco Otaviano, o futuro Ouro Preto, Silveira Martins. Ouro Preto justifica sua posição: "Não queria o poder pelo caminho que lhe abrissem as espadas e as baionetas do Exército, preferindo o perpétuo ostracismo". Silveira Martins: "Se existe crise não é de partido, é das instituições, e o partido liberal não assalta o poder por meio de pronunciamentos militares". Cotegipe aceita a solução — solução para hoje, talvez para amanhã, mas não para muitos dias, lembrou um senador —, com o cancelamento ex officio das notas desabonadoras. O ministério, que dura mais um ano, sofre "alguns arranhões na dignidade", certo de que findara o dissídio. Findara, na verdade, por um momento, rápido e enganador. Um outro incidente, em março de 1888, abateria Cotegipe, para uma trégua de um ano. "Daí por diante" — percebia um oficial, com visão do futuro —, "ficou todo mundo certo de que a situação política do Brasil dependeria da classe militar."[64] O estamento estava partido, com a supremacia do setor militar, herdeiro da desagregação da monarquia.

As águas, depois das indecisões e do desbordamento do leito, assumem o seu curso, com a divisão dos campos. A conciliação de 1887, celebrada como o fim da crise, não trouxe a paz: não foi conciliação, mas transação, dilatória como todas as transações. Os políticos dos partidos monárquicos, temerosos do governo da espada, fazem algumas concessões, mas não encontram o meio de integrar a força armada no mecanismo jurídico, institucionalizando a categoria social ascendente. O Exército, ao contrário de outros tempos, não seria mais uma peça no organismo social, mas uma ameaça a arredar, a vencer ou a eliminar. O problema, provisoriamente escamoteado mas não resolvido, volverá a renascer, íntegro e mais inquietador, com o gabinete de 7 de junho de 1889 (Ouro Preto), em revide ao golpe definitivo que se lhe pretendia impor. Mas os dois anos intermédios — entre 1887 e 1889 — não correriam em paz. Em junho de 1887, funda-se o Clube Militar, órgão aglutinador da classe, nos moldes do já existente mas inativo Clube Naval, sob a presidência de Deodoro, líder incontestes de todas as guarnições esparsas no país. Cotegipe sucumbe, depois de cicatrizados os arranhões na dignidade do gabinete, sob a pressão de outro incidente. Nenhum grande assunto nacional teria desfecho, que não passasse pelo escrutínio do Clube Militar, embora, algumas vezes, no futuro, vencido e incapaz de realizar suas reivindicações.

Isto acontecerá, desde logo, com a questão servil. Os escravos, auxiliados pela campanha abolicionista e estimulados pelas alforrias humanitárias, fogem do trabalho, formando quilombos, renascem os quilombos de memória já perdida nas suas tentativas iniciais. Em São Paulo, principalmente, as fazendas de café da zona de Campinas se despovoam, com a fuga de escravos para o litoral. Diante da reação dos proprietários, que apelam para a força pública, Cotegipe, escravocrata intransigente, se dispõe a utilizar o Exército na repressão. Na Câmara dos Deputados, o líder abolicionista Joaquim Nabuco concita os militares a se negarem ao papel degradante de "capitães do mato na pega de negros fugidos". A semente não podia cair em terreno mais fértil — o Exército, sem compromissos com a propriedade territorial, de onde não saíam os oficiais, não se dispôs a apoiar, de outro lado, o estamento monárquico, do qual se desligara e que não admitia abrir-lhe as portas. Não se poderia contar com a força armada para conter a rebelião das senzalas, com cerca de 12 mil escravos, que abandonam as fazendas, só em São Paulo, no contágio de um movimento que se precipitara a partir do Norte. Deodoro, autorizado pelos seus pares em assembleia, repele a presença do Exército na obra repressora. O Clube Militar não se dirige ao gabinete — nesse ano de 1887 chefiado por um escravocrata —, mas ao ajudante-general do Exército e à princesa regente. O Exército declara que a perseguição aos escravos não será decorosa ou digna, cabendo a tarefa à polícia. "Não nos deem tais ordens, porque não as cumpriremos" — diz enfaticamente o chefe militar. À princesa a linguagem é mais macia, docemente áulica, embora inflexível nos propósitos, sempre com o protesto de lealdade ao trono:

> [...] esperam que o governo imperial não consinta que os oficiais e as praças do Exército sejam desviados de sua nobre missão, que não deseja o esmagamento do preto pelo

branco nem consentiria também que o preto, embrutecido pelos horrores da escravidão, conseguisse garantir sua liberdade esmagando o branco.

    O Exército havia de manter a ordem. Mas, diante de homens que fogem calmos, sem ruído, tranquilamente, evitando tanto a escravidão como a luta e dando, ao atravessar cidades, enormes exemplos de moralidade, cujo esquecimento tem feito muitas vezes a desonra do Exército mais civilizado, o Exército brasileiro espera que o governo imperial conceder-lhe-á o que respeitosamente pede em nome da humanidade e da honra da própria bandeira que defende.

    A manifestação casa-se com outra, cuja importância não foi avaliada no tempo: a candidatura de Deodoro para uma vaga de senador pelo Rio de Janeiro, nas eleições de 17 de julho de 1887. O futuro proclamador da República concorre desligado dos partidos, distante já de suas simpatias ao Partido Conservador. Será uma candidatura gerada pelos seus camaradas de farda, em nome do abolicionismo, incapaz, obviamente, de romper a barreira partidária. Os dois fatos, a candidatura de 17 de julho e a manifestação de outubro, denunciam o desligamento do Exército das teias partidárias da monarquia. Indicarão, mais significativamente, o comando militar nos assuntos políticos, tolerado, não sem irritação, pelo grupo dirigente, impotente para punir, reprimir ou restabelecer a disciplina. Somente os golpes de bastidores suprem a reação aberta, com planos e providências para anular o desvio do eixo político. Desprotegidos pelo Exército, o fazendeiro e o comerciante urbano sentem que a abolição está às portas. Os paulistas, aptos a dispensar o escravo e substituí-lo pelo assalariado, apressam a mudança do regime de trabalho, confiados em que os pretos permaneceriam nas fazendas, se livres, sem motivo para a fuga em massa. Antônio Prado, agora abolicionista, em nome dos interesses agrícolas de São Paulo, aceita a alforria imediata, abandonados os projetos da transição suave, em dois ou cinco anos. Não será o 13 de maio, desta forma, a generosa dádiva da regente, mas o resultado do dissídio na cúpula, com a defecção da força armada. Esta a força real que acelerou o acontecimento, como bem sentiu, com o olho sempre vigilante, o barão de Cotegipe, na véspera do dia glorioso: "Tal foi a propaganda, tal a precipitação dos acontecimentos que venho aqui confessar e dizer que o ministério atual não tinha outra cousa para fazer e cumpre que quanto antes isto se realize". No entender de Cotegipe foi o sr. Antônio Prado quem deu o golpe de morte na escravidão com a assembleia dos fazendeiros paulistas e a proclamação do princípio de que a força pública não podia capturar escravos fugidos, nem as autoridades deviam prestar apoio aos proprietários. "Portanto" — concluía Cotegipe — "a extinção da escravidão não é mais do que o reconhecimento de um fato já existente."[65] A abolição fazia-se de cima para baixo, não pelo ofício dos senadores, conselheiros e viscondes, mas pela espada. Rui Barbosa reconhecia que o regime servil fora extinto pelas "forças indisciplinadas e extralegais", sob a proteção das baionetas, que identifica à nação mobilizada.⁶⁶ Daí viriam consequências que ninguém queria ver — a centralização, sobre a qual assenta o trono, reduz-se à força armada, depois de aniquilada a Guarda Nacional. A força armada, todavia, desvincula-se da base econômica que sustenta o arcabouço centralizador, ensejando a necessidade de reformas profundas, opcionais: a federação, que afastaria o Exército, ao anular o comando central; a ditadura republicana, com o Exército no topo, frustrando transitoriamente a tendência centrífuga; a continuação da direção não institucionalizada do Exército. Desses caminhos, o mais viável seria a federação, só ela capaz de afastar a força armada e renovar o trono, sustentado pelos estados autônomos. Os estadistas tradicionais preferiram, enganados pelas suas origens, restaurar o poder sem renová-lo, pobres de imaginação.

O Exército, ao romper todos os vínculos com a camada dirigente, destila, como assinalado, valores peculiares. Esses valores, de caráter interno à corporação, não seriam hábeis a justificar a tomada do poder. Eles só levariam à ditadura, ao domínio de uma categoria sobre as outras, sem o encanto capaz de seduzir a nação. O complemento ideológico virá da propaganda republicana, que se comunica ao Exército sem o conteúdo federalista, na realidade incompatível com o domínio de uma categoria coesa e homogênea, nacional na sua índole, centralizador pela sua organização hierárquica. O ponto de aproximação será o atrito do Exército com a política disciplinadora civil, excludente do papel da força armada no mecanismo de governo. A República oferece o caminho para a integração, ao preço do afastamento do trono. A pregação aproximadora virá de Quintino Bocaiúva na corte, Júlio de Castilhos no Rio Grande do Sul, Glicério em São Paulo, e, na hora derradeira, de Rui Barbosa, que, mesmo navegando no mar revolto, se dizia monarquista. Para soldar os dois focos seria necessário, desde logo, afastar o temor do caudilhismo, definido pela supremacia da espada e tido como fruto indigerível da América hispânica. O Exército no poder seria uma tradução argentina, com a desordem e a violência no governo. O Império, padrão superior de civilização, degradar-se-ia se, fugindo de seu modelo europeu, adotasse a anarquia platina — era o que pregavam os seus sustentáculos. Os republicanos de 1870 sentem-se atraídos pela federação norte-americana, sem associar-se ao passado regencial, mas reabilitando a vizinhança continental, isolada pela peculiaridade monárquica. Na década de 1880, à medida que o republicano se aproxima do soldado, valoriza o padrão hispano-americano, sobretudo argentino, retirando-o do degredo.

Não sofrem os republicanos, como os liberais e os conservadores, do preconceito civilista e antimilitar, fundamento arraigado em Cotegipe, Saraiva, Silveira Martins, Ouro Preto, como se viu na crise de 1887. Cuidam de aglutinar e assestar contra o Império todas as forças com ele descontentes, em novo ensaio, ao molde do levemente esboçado em favor dos bispos. Há, nesse propósito, uma parcela de astúcia e outra parcela de sinceridade, derivada esta da simpatia com as repúblicas circundantes, nas quais o Exército se irmanou à causa republicana. Supunha-se que a força armada, desdenhada e repelida no Império, poderia integrar-se no aparelhamento constitucional da República, num casamento indissolúvel. O elo dessa aproximação será o *cidadão de farda* — isto é, o reconhecimento, obstinadamente negado pela monarquia, da presença do oficial na política, não incidindo a disciplina senão no campo limitado da atividade profissional. O militar não deveria ser um membro segregado da sociedade, preso à obediência passiva, senão que se lhe abria a porta para trazer nas deliberações públicas sua voz, em nome de parcela fundamental do país. Essa doutrina, temiam mesmo alguns republicanos, poderia levar o Exército a intervir, como corporação, no jogo do ordenamento constitucional, com o extremo perigo do caudilhismo e do militarismo. Outro grupo confiava — e note-se que eram todos avessos ao federalismo extremado, ao federalismo hegemônico — que a presença do Exército na República sofrearia a tendência separatista. A tese do *cidadão de farda*, elo harmônico do encontro dos republicanos e militares, tem, como expoente, no Exército, Benjamin Constant, e, no campo civil, Quintino Bocaiúva,[67] elaborada depois de 1886. Segue-se-lhe Júlio de Castilhos, nas páginas de *A Federação*, acompanha-o Glicério, nos conchavos políticos, até que explode com Rui, no *Diário de Notícias*. O proposto casamento não duraria — ele acabaria no desquite de 1894, com a eleição de Prudente de Morais, para se prolongar num longo período de duelo incubado. Enquanto isso não acontecesse, far-se-ia a República. Não espanta que, um mês antes do 15 de novembro, a mocidade militar, ardorosa admiradora de Benjamin Constant, vivesse a república... do Chile. Num poderoso setor, o desprezo às "republiquetas" perdia o calor; ao contrário, era exemplo, agora, digno de imitação. E o caudilhismo, tão dramaticamente evocado, ainda em 1868, por Zacarias? Ele, no momento — quem escreve é Rui Barbosa, em 18 de setembro de 1889 —, não passa de um espantalho e de uma criação do preconceito civilista.

> Nunca se correu, entre nós, esse perigo do caudilhismo, com o qual fraternizavam tão suavemente ontem os chefes liberais, e que hoje parece assustá-los. A ideia dos *pronunciamentos* espanhóis nunca chegou a passar de espantalho sem consistência, sem verossimilhança, sem possibilidade, explorado pela rabulice política, em benefício da covardia intemperante e invasora de ministros inconscientes e desastrados. Nunca se conheceu, neste país, em germe sequer, essa divisão entre o espírito paisano e o espírito militar, que flagela, enluta, e ensanguenta outros povos de raça latina. Foi a insurreição da autoridade civil contra a legalidade que soprou nas fileiras do Exército o primeiro movimento de resistência ao governo de Sua Majestade. Mas, no uso dessa faculdade natural de defesa contra a usurpação indecente e desgrenhada, a espada foi a mantenedora da paz, a expressão da consciência jurídica e o refúgio da liberdade periclitante.[68]

Há aí uma premissa maior inarticulada: a subordinação à lei evitará o caudilhismo, cumprindo fixar novas bases jurídicas para o regime. A chave do enigma estaria, num passo irrevelado, na organização de um órgão supremo, que vele, garanta e vigie a lei.

Às indecisões civis — o repúdio divinatório de alguns federalistas de São Paulo ao auxílio militar, a anulação do caudilhismo pela lei — correspondem outras indecisões e rumos autônomos nos acampamentos militares. Deodoro, ainda a 11 de novembro, irremediável o conflito com o gabinete, pensa numa ação puramente militar, com a dispensa dos civis, reclamados por Benjamin Constant. Crispava-o, mais do que a dúvida, uma interrogação sobre o futuro, ainda viva na manhã de 15 de novembro, inspirada no sentimento profundo de sua corporação, identificada com a garantia da unidade nacional. A imagem da República, que flutua na propaganda e na doutrina, gravita em torno da federação, suspeita de provocar o desmembramento territorial. A esse modelo, em dezembro de 1888, respondia Deodoro, ao observar que "a República no Brasil traria o desmembramento do nosso território, porque os chefes políticos hão de querer o seu predomínio nas províncias, João Alfredo em Pernambuco, Cotegipe na Bahia, Silveira Martins no Rio Grande".[69] O sentimento é o mesmo de uma carta sua, de cinco meses antes, ao lembrar ao sobrinho Clodoaldo a impossibilidade da República: "O único sustentáculo do Brasil é a monarquia: se mal com ela, pior sem ela".[70] Mesmo depois do 15 de novembro, ainda insiste na denúncia do perigo máximo — a desagregação do território nacional.[71] O marechal errava nos nomes dos oligarcas estaduais, mas acertava sobre o fato. Para conjurá-lo, admite, na realidade, uma República chefiada por um militar, que seria Benjamin Constant.[72] A doutrina do *cidadão de farda* tempera-se com o esquema da tutela pedagógica, para assegurar, na transição, a unidade nacional, bem como a retomada do papel do Exército, sem o desbriamento da obediência passiva. Verdade que este passo só se cristaliza no caldo emotivo da necessidade de uma ditadura militar, para expurgar o país da podridão, como reclama Floriano, ante a Questão Militar: "Como liberal, que sou, não posso querer para o meu país o governo da espada; mas, não há quem desconheça, e aí estão os exemplos, que é ele o que sabe purificar o sangue do corpo social, que, como o nosso, está corrompido".[73] Seria necessário, brada o general Tibúrcio de Sousa, em 1887, expulsar "as pretensões da canalhocracia jurista", para, em seu lugar, instalar "a disciplina da ciência e a aristocracia da força".[74] Nas atitudes de toda Gama que circulam na força armada, sob a nota comum da ascendência militar, vinga o modelo tutelador, embora à custa da intervenção direta e da chefia do governo. No bojo do sistema, como expressão da ascendência da força armada, atua a ditadura militar, embora refreada ou paralisada. Certo, o esquema oscilará, entre 1889 e 1894, mas o conteúdo deodorista determinará o sentido da legitimidade da ocupação do poder. Exército guardião da unidade nacional, mais do que o domínio de uma classe ou de um grupo.

A intervenção militar de 15 de novembro não se poderia conter nos limites de uma tutela dentro da monarquia, possível talvez em 1887, acariciada, na hora derradeira, por Deodoro. Adverte-o Benjamin Constant, na reunião de 11 de novembro: a intervenção da força armada para derrubar e erguer ministérios seria sediciosa,

> incompatível com a lealdade militar e a missão natural do Exército. Pode, porém, e deve [acrescenta], quando são conspurcadas pela tirania as liberdades públicas, quando são falseadas as garantias constitucionais e o poder constituído se torna um inimigo da nação, intervir, como libertador da pátria, para uma transformação política.[75]

Deodoro pensa acolitar o imperador, doente e senil, vítima das camarilhas, substituindo uma camada incapaz de governar dentro da lei. Por que seria sediciosa a intervenção dentro do trono? Porque, consumada, ela conservaria a "canalhocracia jurista" e convidaria a sucessão de golpes, sem resolver o problema fundamental, provocado pelo alijamento do Exército dos conselhos imperiais. Só o afastamento do "velho" — que "já não regula" —, a liquidação da monarquia, na qual ninguém mais acreditava, tido por inviável o Terceiro Reinado, permitiria a reforma dos costumes contaminados e a reorganização política. O vazio imperial deixa o lugar para a República, eventualmente desagregadora, somente compatível com a tradição centralizadora se tutelada pelo Exército. O pronunciamento não pode ignorar o contexto republicano, só ele capaz de legitimar o novo dia. Uma transação, é verdade, sem o sentimento do provisório, voltada, potencialmente, contra a hegemonia paulista. Provisório será apenas o governo, "simples agente temporário da soberania nacional", declara a proclamação de 15 de novembro. Na expressão da soberania nacional, em assembleia constituinte, as divergências reaparecerão, culminando num pacto de quarenta anos. Um signatário da proclamação republicana, ainda perplexo pelos acontecimentos, aponta para um rumo novo, do qual o 15 de novembro será um degrau. A próxima tarefa seria calar o cúmplice incômodo, devorador da federação e intérprete do povo não ouvido?

> Eu quisera [escreve o cético comparsa] dar a esta data a denominação seguinte: 15 de novembro do primeiro ano da República; mas não posso, infelizmente, fazê-lo.
> O que se fez é um degrau, talvez nem tanto, para o advento da grande era.
> Como trabalho de saneamento, a obra é edificante.
> Por ora, a cor do governo é puramente militar e deverá ser assim. O fato foi deles, deles só, porque a colaboração do elemento civil foi quase nula.
> O povo assistiu aquilo bestializado, atônito, surpreso, sem conhecer o que significava. Muitos acreditavam sinceramente estar vendo uma parada. Mas o que fazer?[76]

De onde viria a república dos sonhos dos propagandistas — da federação, do povo, da tutela militar? Este nó górdio não seria desfeito pela espada, embora enxuta esta das humilhações antigas.

A obra de destruição imperial não decorre apenas do impulso produzido pelas vertentes antimonárquicas. Ao influxo das forças sociais e econômicas soma-se, como acontece sempre, o embotamento político das armas de defesa. Os dois últimos gabinetes da Coroa (10 de março de 1888 e 7 de junho de 1889) sentem o perigo da pedra que desce da montanha. Ouro Preto, sobretudo, arma-se para a batalha — que ele sabe pode ser a última —, convocando todos os mitos e os recursos da monarquia. Acode um exército de fantasmas, incapaz a ordem velha de, renunciando às suas galas e pompas, abrir um sulco renovador. Certo, ver-se-á adiante, a extinção do regime servil suscita um problema econômico, que, passado o primeiro golpe, se pretende resolver politicamente, por meios oficiais. Não admitida a indenização ao proprietário desfalcado do escravo, o clamor dos expropriados determinou medidas financeiras, que, como sempre, correram para os especuladores urbanos. Nos conselhos da Coroa, ao lado das providências de ordem econômica, mobilizam-se as defesas do trono, tidas como ameaçadas pelo ressentimento dos fazendeiros e pela indisciplina militar. João Alfredo, o presidente do Conselho da abolição, tentou atrair para a Coroa o sentimento popular que desfraldara a bandeira libertária, envolvendo-o na gratidão à regente. O expediente não seria inócuo — basta verificar que devolveu à monarquia um tribuno como José do Patrocínio e reacendeu a lealdade de um Joaquim Nabuco. O Terceiro Reinado assentaria, ganha a confiança popular e dos líderes abolicionistas, sobre as fores derramadas no 13 de maio, pétalas de rosas e fores de retórica. Rui Barbosa percebe o expediente, capaz de alienar do rio liberal ascendente os melhores guerreiros. Denuncia a "mordaça com que se pretende abafar, no coração dos abolicionistas, a indignação contra o governo, que oprime e dilapida o país".[77] Para deter a maré democrática, que se levanta nas ruas com o movimento abolicionista e tende a elevar-se a outras reivindicações, cuida-se de organizar a *guarda negra* — "imaginou-se estender em volta da Coroa um exército de corações iludidos. Desse pensamento perverso contra a raça emancipadora e a raça emancipada nasceu o artifício de organizar em batalhões da princesa os homens de cor".[78] O apelo popular, além de inconsistente e frustro, será incapaz de reanimar a fé agonizante.

O Império não se sustenta sobre o povo, na faixa da população sem poder econômico, sem altos empregos e sem chefias partidárias. Voltam-se os gabinetes da hora derradeira da monarquia para os seus sustentáculos tradicionais, cortejando-os com os títulos nobiliárquicos. João Alfredo concedeu 129 títulos — 84 de barão, 33 de visconde, 7 de conde e 5 de marquês. Entre os barões, o marechal Severiano, irmão de Deodoro, transformado em barão de Alagoas, título cogitado para o próprio proclamador da República. Ouro Preto, em apenas cinco meses de governo, prodigalizou 93 títulos — 83 de barão, 9 de visconde e 1 de conde. A semeadura colheu quinze oficiais do Exército e da Marinha, não tantos como propusera o visconde de Maracaju, "uma derrama de graças" — relata Ouro Preto — "por toda a oficialidade, baseada em certa tabela de equação entre os postos e a categoria dos títulos e condecorações, de modo que a cada marechal de campo se conferisse, verbi gratia, um baronato, a cada brigadeiro uma dignitária da Rosa, e assim por diante".[79] Graças à munificência nobilitadora, a República surpreendeu 7 marqueses, 10 condes, 54 viscondes e 316 barões, fazendeiros, homens de dinheiro, políticos e escritores.[80] O propósito evidente das graças imperiais, denunciado pelo plano de Maracaju, ele próprio titular, manifesta-se em outro rumo. Enquanto d. Pedro I nobilitou principalmente políticos e militares, seu filho verteu a cornucópia sobre os banqueiros, comissários e fazendeiros, agraciados estes em maior escala nos anos de 1888 e 1889, incidindo sobre os agricultores fluminenses, os mais atingidos com a abolição. Vassouras, Valença, Paraíba do Sul, Cantagalo, Barra Mansa reluzem de ouropéis, enquanto a decadência consome as plantações.[81]

O expediente, de aparência ingênua, se visto a distância, pretende, com instrumento obsoleto, enfeudar ao trono as lealdades vacilantes ou rebeldes. Não atentam os agraciadores, educados nas fórmulas monárquicas, que o título, ainda nobilitador sob d. João VI e Pedro I, por enquadrar o beneficiário numa categoria social e política, no estamento burocrático e aristocrático, perde o conteúdo, na medida em que não habilita para nenhuma função pública, própria ou delegada. Tamanha será a cegueira sobre a virtude do remédio que, expulsa a monarquia, um herdeiro, d. Luís, tentará restaurá-la mediante, entre outras promessas, títulos de nobreza e distinções honoríficas.[82] O fato é que, rompido o vínculo entre o título e o serviço público — vínculo só existente na Guarda Nacional —, as baronias reduzem-se a enfeites e ornatos, coladas à vaidade. Enquanto as críticas de José Bonifácio e Evaristo da Veiga (ver cap. 8, I) combatem a ameaça de uma aristocracia hereditária, com funções superiores à estrutura constitucional, desde Timandro, cujo *Libelo do Povo* se publica em 1849, a aristocracia titulada confunde-se com a cortesanice vazia — "aristocracia achinelada, entretida à fiúza do orçamento, e para cujos brasões heráldicos o povo não podia olhar sem rir-se".[83] Mais tarde, José de Alencar aludirá, no parlamento, à fidalguia como "uma espécie de papel-moeda, nota fiduciária, cujo valor está na razão inversa do valor metálico, isto é, do merecimento que representa". O ministro argentino no Rio, fiel à perspectiva sul-americana, depois de batizar a monarquia de "democracia coroada", nota que lhe faltava o apoio da força militar, sustentada por uma "caricatura de aristocracia".[84] Os liberais, advertidos da inutilidade do título e, no resíduo, de seu caráter adverso à democracia, timbraram em recusar o afidalgamento de papel. Saraiva, Zacarias, Dantas, Martinho Campos, Lafayette, Nabuco, Silveira Martins preferiram guardar o nome próprio à máscara pomposa da baronia. O próprio imperador ria-se das "teteias", dos "embelecos", próprios apenas para dourar a casaca.[85] Na hora final da monarquia, ante o espetáculo de prodigalidade nobilitadora de João Alfredo e Ouro Preto, Rui Barbosa dá largas à veia satírica, ao observar a "dança de figurinhas de *cotillon* sob a forma de títulos e condecorações com que os ministros de Sua Majestade saciam nos seus amigos o apetite da tolice". Exproba a munificência

> em fidalgos baratos, isto é, em frivolidades, em fatuidades, em inutilidades, semeando no país os sentimentos que debilitam, que rebaixam, que acovardam. Uma tal aristocracia, castrada para formar sopranos e contraltos no uso de uma corte servil, não é só uma afronta ao caráter democrático das instituições populares, que o nobre presidente do Conselho inculca-se resolvido a reabilitar; é, até, a negação da verdadeira aristocracia, qual a podem admitir nações livres.[86]

Sessenta anos de Império dissolvem na vaidade o apelido aristocrático, revigorado, na década final de 1880, como um espectro, deslocado no mundo dos vivos.

A batalha final, entretanto, não se trava no campo estéril dos títulos e condecorações. Sob a ingenuidade, arma-se a monarquia com instrumentos mais eficazes, certa da origem e da consistência do ataque. Ouro Preto, ao continuar o programa econômico de seu antecessor, de que se tratará adiante, articula o combate frontal à República, realidade próxima e ameaçadora. No plano político desdobra-se o plano de "enfraquecer" e "inutilizar" a propaganda adversa ao regime, por meio de duas medidas coordenadas: as reformas descentralizadoras e a anulação do Exército. Na verdade, a urgência do ataque versa sobre a contenção da força armada, que, autônoma na estrutura social, deveria ser reduzida à inércia.

O primeiro passo do presidente do Conselho será integrar os militares no gabinete, reservando-lhes as pastas da Marinha e do Exército. Cogitou Ouro Preto, em primeiro lugar, do nome de Taunay para a Guerra, nome de militar consagrado no Paraguai e na narração dos feitos militares. Diante da recusa do conservador em participar de um ministério liberal, lembrou-se de Floriano Peixoto, que era o oficial de "maior prestígio de todo o Exército", supunha Ouro Preto.[87] Fixou-se finalmente no visconde de Maracaju (Rufino Enéas Gustavo Galvão), um dos fundadores do Clube Militar, oficial-general do Exército, nomeado Floriano para o cargo de ajudante-general, função relevante, com a incumbência de tratar com a sua corporação. A pasta da Marinha coube ao barão de Ladário (José da Costa Azevedo, oficial-general da armada). Embora não significassem tais atos novidade no Império, a decisão causou alguma perplexidade, visto não serem políticos os ministros. O último ministro militar na pasta da Guerra, o visconde de Pelotas, servira em 1880, enquanto, na Marinha, desde 1862 não se convidava um oficial para dirigi-la. O expediente destinava-se a agradar as Forças Armadas com os ministros tirados de suas fileiras, como lealmente observa Ouro Preto a Taunay, sem concessões no tocante à participação do Exército e da Marinha nos negócios públicos. O meio político inquietou-se com a inovação — esta uma inovação, como pareceu a todos — de recrutar ministros fora da área parlamentar, o que significaria afastar da confiança dos deputados as pastas das Forças Armadas. O regime parlamentar sofreria, com isso, rude golpe, com os ministros alheios ao mecanismo constitucional. O episódio soou aos ouvidos dos fomentadores da autonomia militar como um escândalo, uma "usurpação cortesã", escândalo inútil, pois não será Maracaju, "nem todas as espadas e baronias agrupadas em feixe, que conseguirão abafar as aspirações cívicas do Exército, cujos reservatórios de força popular estão nas patentes inferiores".[88] Não se esgota aí o plano antimilitar, que irá concentrar-se em duas providências de maior profundidade: dividir e espalhar os batalhões pelo país e reorganizar a Guarda Nacional. A primeira medida conjuga-se com a segunda — afastados os militares da corte, imperaria a Guarda Nacional rediviva. A Marinha ficaria alheia ao ataque, embora também se dirigisse contra ela o envolvimento. Ainda em novembro de 1889, o gabinete contava com a força naval para se opor à eventual revolta do Exército. Não desconfiava dela o governo, nem contra ela pesava a ameaça de caudilhismo.

> A verdade [observará Joaquim Nabuco mais tarde] é que um pronunciamento naval era novidade para a América, onde não havia ainda surgido um Topete. Sempre que os partidos enumeram seus recursos põem de parte a força naval, e de fato por sua natureza a esquadra é um elemento neutro.[89]

O Império encontrou um modus vivendi com a força do mar, sem absorvê-la integralmente, tanto que, aos primeiros sintomas do divórcio com o Exército, ela o acompanha, esquecida de sua lealdade monárquica. A glória militar, mesmo na Guerra do Paraguai, flui do feito marítimo, incentivado pelas camadas dominantes e dirigentes,[90] sem igual fama aos trabalhos da força de terra. A diferença de tratamento não virá, como se supôs, do caráter nacional da Marinha, nem da reminiscência da opressão vinculada ao Exército, senão da incapacidade da armada de, por si só, preparar um golpe de Estado, bem como de sua solidariedade com os valores consagrados.

Ouro Preto era bem o homem do Segundo Reinado, com todos os preconceitos à flor da pele contra a presença do Exército na política. Ele estava convencido de que, depois da Guerra do Paraguai, só o prestígio de Caxias e Osório, enquanto vivos, evitou a indisciplina militar. Entendia ainda que a transação de 1887 ensinara que só a energia e a intransigência seriam remédios eficazes para enfrentar a rebeldia — para ele, tratava-se de rebeldia e indisciplina. Cotegipe transigira por fraqueza, como fracos eram os governos que não só se curvaram, mas promoveram e galardoaram os elementos comprometidos no "desacato à lei e à autoridade", festejados por "certa parte da imprensa, esquecida dos princípios que regem as sociedades cultas, sob pena de se aluírem as bases em que elas se firmam, aconselhava, animava e aplaudia tantos desmandos, e ninguém se admirará dos sucessos de 15 de novembro".[91] Não seria admissível, portanto, em nenhuma hipótese, a participação do Exército no mecanismo político, equiparada a veleidade à indisciplina. Defendia o ministro, com sua tenacidade e cegueira, a "sociedade culta", a sociedade dominada pelo estamento, recusando-se a incorporar no jogo político uma força já vigorosa e atuante. Prepara o gabinete de 1889, atemorizado pela incursão ilegítima, a ação repressora, com base num espectro. A Guarda Nacional, em 1831, ano de sua fundação, realmente neutralizara o Exército. Sua função somente foi possível num momento em que a estrutura aristocrática estava aberta às forças ascendentes, num impulso que, no alto, consumia e dourava senhores territoriais e funcionários lato sensu. Não foi a organização que prevaleceu, mas o caráter geral da sociedade, politicamente dinâmica para cunhar e nobilitar os aspirantes ao estamento. Agora, volvidos cinquenta anos, o Exército, profissionalizado e arredado, não se solda aos valores tradicionais, capaz de abandonar o vínculo partidário em favor da lealdade corporativa. Deodoro, conservador, Floriano, liberal, sentem-se mais militares do que membros dos partidos da monarquia, numa conduta diversa da de Caxias e Osório. Em 1831, a Guarda Nacional neutralizou o Exército — em 1889 ela deveria combatê-lo, aniquilá-lo, como meio de repressão, segundo a palavra exata de Ouro Preto.[92] Além disso, nessa hora final, o Exército está comprometido com uma ideologia, que levara ao abolicionismo, envolvido por uma solução possível contra o trono, a ideia republicana emergente. De outro lado, a Guarda Nacional perdera, com as reformas de 1850 e 1873, seu conteúdo militar, convertida, com o primeiro ato, em corpo de aliciamento político, anulada, na última data, pela isenção de todo o serviço militar, exceto na guerra externa, limitados seus exercícios a uma ornamental reunião anual. Reduz-se a uma milícia eleitoreira, tarda, auxiliar do Exército, e não sua rival. Visionária será, em consequência, a reorganização da Guarda Nacional para

> não deixar o governo à mercê da força de linha, absolutamente sem outra qualquer em que se apoiasse para, se mister fosse, prevenir ou conter-lhe os desmandos.
>
> Não era isto uma ameaça [prossegue depondo Ouro Preto], mas imprescindível cautela, natural e legítima, e que só podia ser mal recebida por aqueles que já alimentavam intuitos inconfessáveis e planos subversivos.[93]

O audacioso plano antiexército coroa-se de outras ilusões, as ilusões nobilitadoras: dos 93 títulos nobiliárquicos distribuídos por Ouro Preto, nada menos de 40 douram o peito de oficiais da Guarda Nacional, contra 15 do total de 129 de João Alfredo. Acrescente-se o elevado número de patentes prodigalizadas na corte e no interior, escandalosa fúria paramilitarizante. Consórcio de defensores de ordem e de cabos eleitorais, véspera do milênio do Terceiro Reinado. "Com que afinidades!" — satiriza Rui Barbosa — "com que recíprocas simpatias! com que cooperação espontânea! A Guarda Nacional, numa avidez histérica de aristocracia, cobre-se de comendas, e põe as dragonas do coronelato aos ombros dos mutuários eleitorais do governo."[94] Não apenas os adversários do governo, adversários dentro do Partido Liberal e no Partido Conservador, sentiam o peso da manobra política. Fora desse campo, já agora secundário, a ameaça chega ao endereço, advertido o Exército do golpe contra ele urdido. Nesse segundo semestre do ano de 1889, só havia na arena o governo, insciente de que representa a monarquia, e o Exército. Para o último voltam-se, em busca de aliança, os adversários do regime e do gabinete. Diante da debilidade da monarquia, confinada ao imperador enfermo, à herdeira inviável, aos políticos sem fé, acelera-se o risco do velho sistema partidário, demolitório na oposição e obediente no governo. O retorno da Guarda Nacional reflete bem a hipocrisia dos processos partidários: a reforma de 1873, embora empreendida por um gabinete conservador, derivava de uma ardente campanha liberal. O *Diário de Notícias*, em agosto de 1889, não se poupa de recordar os antecedentes e a incongruência, sublinhando o papel imobilizador da reforma reacionária. Para combater o Exército, punha-se um dique às reformas liberais, frustradas pela armadura de senhores da vontade nacional, na volta aos tempos dos bastiões armados do centralismo. As espadas "lustrosas e inofensivas" poderiam trazer ao país uma réplica liberal do sistema conservador, com a parada da ascensão reformista. O lance apanha, nas suas redes, o Exército e o reformismo:

> Máquina militar contra a liberdade da eleição, máquina administrativa contra o civismo do exército: tal se afigura hoje a Guarda Nacional aos que acabam de desenterrá-la. Eis as segundas tenções desse plano, cuja inépcia boas decepções reserva à fútil esperteza dos seus autores. O Exército fraternizou com o povo na agitação vitoriosa contra o cativeiro dos negros. Teme-se agora a perpetuação dos laços dessa aliança na propaganda pela liberdade dos brancos.[95]

Sai às avessas o propósito repressivo, unindo o Exército à oposição civil, num banho comum de anseios democráticos. Ele congregará o soldado às aspirações liberais, união já evidente no abolicionismo. Ouro Preto, ao visar o alvo militar, aliena de seu partido a facção ultraliberal, empurrando-a nos braços dos republicanos, preocupados estes, de longa data, em reunir, no mesmo barco, os militares. A Guarda Nacional estrutura-se em guarda contra a nação, tal como a guarda negra. Sustenta-a o dinheiro fácil dos especuladores, dos clientes dos arranjos financeiros que o encilhamento em botão facilita. Sob o comando do Partido Liberal, no melhor molde conservador, o estamento quer reanimar-se, estimulado pelos termos tradicionais da aliança com o comércio. Essa denúncia, lavrada pela pena de Rui Barbosa e que sai à luz no dia 9 de novembro de 1889, marca o dissídio irremediável entre o trono e a nação. O Exército se separa da camada dirigente, preocupada em extingui-lo. As bases regionais, sedentas de maior influência, alinhadas no anseio federal, não aceitam a teia compacta, urdida na corte, para sufocar os polos locais. Selando o pacto, as inquietações urbanas, das camadas médias, já despertadas na campanha abolicionista, aproximam-se das tendências desagregadoras da monarquia. Os federalistas — com os interesses que os animam —, antes cautelosos e dúplices no seu convívio com o Exército, sentem que nada têm a temer. O caudilhismo, se fragmentado o centro, não poderá germinar unitariamente, destruindo-se depois de demolir o Império, deixando, no seu lugar, a milícia estadual. Ouro Preto perdeu a partida, com ele naufraga o trono, confiado, para se defender, apenas na polícia retemperada sob a Guarda Nacional. Na madrugada de 15 de novembro só percutem incidentes militares sem expressão: uma longa marcha culmina no golpe sem sangue, marcha agora armada de um espírito, e não de episódios.

XIII

As tendências internas da República Velha

1 | *Liberalismo econômico e diretrizes econômicas do período republicano > 489*
2 | *O militar e o militarismo > 521*
3 | *A transição para o federalismo hegemônico: a política dos governadores > 537*

1 | *Liberalismo econômico e diretrizes econômicas do período republicano*

LIBERALISMO POLÍTICO casa-se harmoniosamente com a propriedade rural, a ideologia a serviço da emancipação de uma classe da túnica centralizadora que a entorpece. Da imunidade do núcleo agrícola expande-se a reivindicação federalista, empenhada em libertá-lo dos controles estatais. Esse consórcio sustenta a soberania popular — reduzido o povo aos proprietários agrícolas capazes de falar em seu nome —, equiparada à democracia, democracia sem tutela e sem peias. A ideologia articula-se aos padrões universais, irradiados da Inglaterra, França e Estados Unidos, confortando a consciência dos ocidentalizadores, modernizadores da sociedade e da política brasileiras, muitas vezes enganados com a devoção sem exame aos modelos. Ser culto, moderno, significa, para o brasileiro do século XIX e começo do XX, estar em dia com as ideias liberais, acentuando o domínio da ordem natural, perturbada sempre que o Estado intervém na atividade particular. Com otimismo e confiança será conveniente entregar o indivíduo a si mesmo, na certeza de que o futuro aniquilará a miséria e corrigirá o atraso. No seio do liberalismo político vibra o liberalismo econômico, com a valorização da livre concorrência, da oferta e da procura, das trocas internacionais sem impedimentos artificiais e protecionistas. O produtor agrícola e o exportador, bem como o comerciante importador, prosperam dentro das coordenadas liberais, favorecidos com a troca internacional sem restrições e a mão de obra abundante, sustentada em mercadorias baratas. Tavares Bastos e Rui Barbosa, ambos filiados ao Partido Liberal e coerentes com a doutrina da facção, elevam a doutrina à categoria de dogma.

> Pedi [esclarecem as *Cartas do solitário*] que o governo seja só governo, que distribua a justiça, mantenha a ordem, puna o crime, arrecade o imposto, represente o país; mas que não transponha a meta natural, mas que não se substitua à sociedade. [...] Para nós, só há uma política possível, um dever, um culto: melhorar a sorte do povo. Mas como? Observando a lei da natureza, isto é, fecundando as fontes vivas do trabalho, instrumento divino do progresso humano; isto é, restituindo à indústria a sua liberdade, a liberdade, sim! porque ela quer a concorrência universal, a multiplicidade das transações, a barateza dos serviços, a facilidade dos transportes, a comodidade da vida.

Tudo se prende nessa longa série de ideias. Sua fórmula geral, a liberdade. Seu resultado final, o bem do povo.[1]

Essa linguagem, digna de Bastiat, seria também a de Rui Barbosa. O protecionismo — o "embuste da mentira protecionista" —, o alvo predileto da sua indignação liberal. Em 1886, como em 1889, insiste em combater o padrão protecionista norte-americano, repudiando o argumento, já arguido pelos industriais, de que a liberdade ficaria para mais tarde, quando se acumulassem os capitais. "Não, senhores, a liberdade não é um luxo das nações enriquecidas: é, pelo contrário, a condição originária de toda a riqueza."[2] Nessa doutrina do fim do século ecoa uma nota nova, não ferida pelos contemporâneos de Cairu: o revide contra a política imperial, da onipotência do Estado, "e no Estado a máquina central, e nesta máquina certas e determinadas rodas que imprimem movimento ao grande todo".[3] Outra particularidade, esta já entrevista nos empresários de 1850 e perturbadora do sistema, sobretudo em Mauá: a preocupação industrial, contestada pelo mote do "país essencialmente agrícola", mote que ainda encontra eco na palavra de Tavares Bastos, preso à tese das "indústrias naturais".[4] Indústria, entretanto, sem onerar o consumidor e sem favores protecionistas.

No contexto liberal, teoricamente dominante, malgrado o domínio conservador dos gabinetes, a herança mercantilista envolve, controla e tritura os desígnios dos estadistas. Esse contraste entre o escopo e a resistência histórica estará presente no rosário de soluções, desfiado para operar e ajustar a transformação do regime do trabalho. Até 1888, cabia ao Tesouro emitir e regular o papel-moeda, que se expandira em consequência da Guerra do Paraguai. A necessidade de numerário para atender aos compromissos com salários, avaliada em 50 mil contos, exige a reformulação do sistema financeiro, num debate que se abre em 1887, contemporâneo ao perecimento do elemento servil. O problema se resolveria com emissões, consistindo a dúvida somente no meio a empregar, se o Tesouro ou os bancos. Vencida a primeira alternativa com a preferência pelo sistema bancário, a divisão partidária mostra-se coerentemente fixada: os conservadores, dirigidos no debate por Francisco Belisário, inclinam-se para um banco emissor único, enquanto os liberais, sob o comando de Ouro Preto, Lafayette, Dantas, Silveira da Mota, insistem pela pluralidade, ao estilo de Sousa Franco (1857-8), já perdida a memória do abalo causado ao país com a inflação. Os liberais conseguem, com a medida, impor seu programa ao ministério conservador de João Alfredo (1888-9). A lei (decreto nº 3403, de 24 de novembro de 1888) assegura aos bancos a emissão de bilhetes ao portador, conversíveis em moeda corrente, mediante o depósito, na Caixa de Amortização, de igual valor em títulos da dívida pública. Esse mecanismo seria transitório, com a transformação paulatina ao regime metálico, ideal obsessivo dos financistas da época. A faculdade emissora poderia descentralizar-se em estabelecimentos situados nas províncias e municípios, limitado o capital. Voltava-se, pela pressão de outras circunstâncias, às emissões bancárias, experimentadas nos períodos 1808-29 e 1853-66. A surpreendente prosperidade do ano de 1888 e começo de 1889, apesar do golpe da abolição, período em que o câmbio excede ao par, levou o presidente do Conselho, Ouro Preto, a mudar o sistema da lei emissora com o salto à conversão metálica. A emissão sobre títulos da dívida pública é abandonada, antes de qualquer experiência. A abundância de metais, na praça do Rio, levou, por meio de regulamento (6 de julho), a autorizar a emissão de notas até ao triplo do capital, qualquer que fosse, se formado de moeda metálica. As limitações da lei de 1888 perdiam a rigidez, em homenagem ao metal, como se este não levasse nunca à inflação. Foi mais longe o chefe do gabinete: sem prejuízo da pluralidade bancária e emissora, estimulou a criação de um instituto poderoso, com grande capital, que seria o centro disciplinador e regulador da circulação. Nasceu, sob essa inspiração, o Banco Nacional do Brasil, confiada a direção ao visconde, depois conde de Figueiredo. O estabelecimento, mediante contrato com o Tesouro, se incumbiria do resgate do papel-moeda. Para abrandar a suspeita de unidade bancária emissora, o governo autorizou outros bancos — sem o papel de agentes do Tesouro — a realizar as mesmas funções: o Banco de São Paulo, com sede na capital paulista, e o Banco do Comércio, sediado na corte. Este o quadro, quando a República entrou em cena, entregue a direção da Fazenda a Rui Barbosa. Uma nova experiência teria lugar, à procura da euforia econômica e do milênio da prosperidade.

No miolo das reformas, dos planos e das medidas financeiras, engendrados na hora última do Império, está a preocupação de reanimar a lavoura, ferida com a abolição. A velha província, o Rio de Janeiro, comandada por Paulino de Sousa, filho e herdeiro político do visconde do Uruguai, fixa-se na reivindicação indenizatória correspondente aos escravos libertados. Os fazendeiros capazes de cultivar a terra com o trabalhador assalariado necessitam, também eles, de recursos líquidos para atender as despesas mensais. Dessas duas fontes — o lavrador arruinado e o cafeicultor em progresso — projetam-se as pressões sobre o governo, que articula as medidas de auxílio, nos dois últimos gabinetes da monarquia. Havia, sem dúvida, no seio da economia nacional uma crise, que não abrange todo o território cafeeiro, nem atua com igual intensidade em todos os setores. A comoção econômica será perceptível no exame numérico. Globalmente, o decênio 1881-90 exporta mais café que o decênio anterior, na proporção de 26 milhões de sacas para 53 milhões. O decênio seguinte acompanha a progressão. Situada a análise no período crítico da extinção do trabalho escravo, ter-se-á que, em 1886, ano que acusa ascensão de preço, a exportação alcançou 6 milhões de sacas, número máximo de todo o ciclo exportador cafeeiro, caindo, no ano seguinte, para 3,3 milhões, para, em 1889, subir a 5,5 milhões, novamente reduzindo-se em 1890 a 5 milhões. Em 1889 e 1890, anos da maior incidência presumível do 13 de maio, o valor exportado, em mil-réis e em libras, será o máximo do decênio. Note-se, entretanto, que, em 1885, a produção paulista atinge 40% das exportações brasileiras, para, em 1890, ultrapassá-las. Este último dado esclarecerá a índole e o rumo das finanças públicas, nos anos seguintes, bem como o caráter íntimo da crise. Houve, acelerando o declínio da fazenda do Vale do Paraíba, grave deslocamento de fortunas, com a destruição de fazendeiros. A camada atingida era, até então, a mais identificada com o credor urbano, o comissariado. "Verdadeiro cataclismo" — registra Taunay — "sobre ele desabou, no Rio de Janeiro, vendo os comerciantes, de um momento para outro, sua clientela arruinada pela abolição da escravatura."[5] A execução das fazendas hipotecadas, na década de 1890, será o ato final do grande drama, com a morte lenta e inevitável do Vale do Paraíba, anunciando era nova nas relações comerciais, vitalizados o sistema bancário e a figura do exportador, em regra estrangeiro. Toda a mudança se deveu, ao lado dos fatores que reduziram a capacidade produtiva da fazenda, aos insuperáveis tropeços para substituir o trabalho escravo pelo livre. O epílogo assenta, fundamentalmente, sobre o sistema não racional da lavoura, forçada a produzir sempre mais, para acudir às dívidas, não amortizadas e crescentes.

O liberto, subitamente poupado ao chicote do feitor, abandona a fazenda, local e símbolo de sujeição, para buscar as zonas prósperas, onde maior seria o salário, ou as cidades, abrigando-se em choças, vivendo de ocupações eventuais.

> Na maioria das fazendas recusaram-se os libertos a continuar o trabalho, limitando-se quando muito a fazer a colheita daquele ano. Recusavam mesmo os altos salários que lhes eram às vezes oferecidos, preferindo deslocar-se para outras regiões, principalmente quando isso era possibilitado pela maior proximidade dos meios de transporte. Para eles a liberdade implicava, antes de mais nada, no direito de ir embora, de se deslocar livremente, de abandonar a lavoura, de trabalhar onde, como e quando quisessem.[6]

Ainda aqui, a discordância entre as duas áreas — Vale do Paraíba e oeste paulista — é sensível. Na área fluminense, o negro abandona a lavoura e não mais retorna, a despeito dos agenciadores e do salário, não por haver sido tratado cruelmente, mas pela falta de poder econômico da fazenda arruinada para proporcionar atrativos ao assalariado. Não conseguiu ela conservar o escravo, nem atrair o imigrante e o eventual trabalhador, saídos dos ociosos agregados dos campos, aquela classe ínfima que vive de sua pequena e precária lavoura. Em São Paulo — no oeste — outra foi a situação, na forma do depoimento de um fazendeiro, que aprecia as condições da nova face agrícola:

> Todo o corpo de trabalhadores desertou das fazendas, que ficaram quase todas abandonadas. Não exagero dizendo que, sobre 100, 80 ficaram desertas, procurando os negros as cidades, ou aliciadores malévolos. Que será de todos nós? pensávamos tristemente.

Pouco a pouco eles cansaram-se da vadiação, e a seu turno os aliciadores cansaram-se de sustentá-los sem proveito, e hoje, março, já estão todos mais ou menos arrumados. Compreendes que quando digo — todos — excetuo alguns proprietários de má reputação. Estes, com efeito, serão eliminados e substituídos pela força das circunstâncias, e nem falta farão à lavoura.

Trabalhadores não faltam a quem os sabe procurar. Primeiramente, temos os próprios escravos, que não se derretem e nem desaparecem, e que precisam de viver e de alimentar-se, e, portanto, de trabalhar, coisa que eles compreendem em breve prazo.

Depois temos um corpo de trabalhadores, com que não contávamos. Não aludo ao imigrante, que felizmente hoje nos procura com abundância, aludo ao brasileiro, preguiçoso ontem e vivendo das aparas do serviço escravo e da benevolência do proprietário rural ao qual fazia a corte na qualidade de agregado, capanga ou outra qualquer coisa. Este brasileiro lança-se hoje valentemente ao trabalho, ou porque este se nobilitasse com a liberdade, ou porque lhe tivessem faltado recursos anteriores.

Como te disse, tenho com os meus ex-escravos o mesmo contrato que tinha com os colonos.

Nada lhes dou: tudo lhes vendo, inclusive um vintém de couve ou leite! Compreendes que só faço isto para mobilizar o trabalho, e para que eles compreendam que só podem contar consigo, e jamais por ganância, porquanto só uma visita do médico, que sou eu quem paga, custa-me muito mais que todas as couves que tenho, e que todo o leite de minhas vacas.

Pois bem: esse vintém de couve e de leite, o gado, que mato, a fazenda que compro por atacado, e que lhes vendo a retalho, e mais barato que na cidade, dão quase para o pagamento do trabalhador.[7]

Os dois núcleos da principal riqueza nacional — o Vale do Paraíba e o oeste paulista — desenvolvem padrões diversos. O Vale do Paraíba parece, na agonia, semelhante ao Nordeste açucareiro, enquanto prospera a fazenda paulista, com o caráter de empresa racional, calculáveis os custos, capaz de, nas aperturas, contrair as despesas de mão de obra com a dispensa de trabalhadores, sem o peso morto do capital fixo. Ela gira sobre o capital apto a financiar a safra, com o crédito mantido no limite da solvência. Não depende do crédito, nem se arrima fundamentalmente no credor urbano, circunstância que impediu o agricultor fluminense e nordestino de usar, em tempo, dos processos empresariais. Enquanto, dadas as disparidades, o fazendeiro do Vale do Paraíba precisa dos recursos indenizatórios para sobreviver, recursos que compensem a perda do escravo, o fazendeiro paulista só necessita de meios para pagar os salários, em parte compensados com a venda dos produtos de subsistência ao trabalhador. O primeiro, vinculado umbilicalmente ao fornecedor de crédito, invoca o auxílio do governo, por intermédio do banqueiro urbano. O paulista, ao contrário, regionaliza a teia de seus interesses, num plano de dispersão federal do poder econômico. Este poderia adequar-se ao liberalismo econômico, enquanto o fluminense há de contar, para subsistir, com o sistema mercantilista. Pode aquele afastar o fator irracional, ao limitar a produção às exigências do mercado.[8] A tensão entre os dois interesses determinará a mola-mestra das reformas financeiras de 1888-90, com a predominância do atendimento aos reclamos da praça do Rio de Janeiro, empório da velha província e suas adjacências econômicas. Bloqueados, entretanto, os canais que levam à lavoura e incapaz esta de absorver as emissões e as medidas de fomento, giram estas em círculo no meio urbano, dentro do grupo dos especuladores, facção da classe lucrativa, expandindo a riqueza industrial, especuladoramente industrial. O estamento, na hora derradeira, procura, ao se juntar com o especulador, salvar a monarquia, nos moldes tradicionais. Daí a frustração do curso liberal das reformas, em benefício da velha camada, engrossada por contingentes novos. Rui Barbosa, ao tempo em que exerce a mais dura, violenta e impiedosa crítica aos ministérios do fim da monarquia, acentua o móvel íntimo das reformas:

> A indenização é a mina, que todas elas (as parcialidades monárquicas) têm explorado. Explorou-a o ministério João Alfredo com o seu projeto de bancos hipotecários. Explora-a agora o ministério Celso, com os seus auxílios à lavoura, admiravelmente discutidos, nesta folha, sob a justa qualificação de *empréstimos dinásticos*, por amestrado jornalista republicano. É o mesmo Proteu, sob transformações variadas, com a diferença, em favor do Sr. Paulino de Sousa, que a indenização direta estaria subordinada, na sua distribuição, a um critério positivo, proporcionando as suas reparações à importância do dano, ao passo que a indenização do gabinete João Alfredo e a do gabinete Ouro Preto representam apenas a organização oficial do suborno.[9]

Percebe o jornalista que as medidas indiretas — disfarce da indenização ao escravo libertado — satisfazem, "quando muito, os credores da lavoura, sem fomentar o desenvolvimento da produção".[10] Um ou outro expediente — a indenização direta ou a indireta — chegariam ao mesmo gargalo: o credor urbano. Ouro Preto, obstinado no plano de inutilizar a República, realiza, por meio de operações financeiras, o saneamento do crédito público, ao tempo que cuida de promover o resgate do papel-moeda, perseguindo os mesmos espectros, desde 1830 sonhados. Sobre essas bases flutuantes expandiu a circulação, concedendo "avultadíssimos auxílios à lavoura, desorganizada e abatida".[11] Para chegar a esse objetivo estimula o setor intermédio, o do crédito e das transações comerciais, que, dentro de poucos meses, adquiriria expressão autônoma, tal como nos meados do século. O chefe do último gabinete mostra-se, ainda mais tarde, eufórico com o fomento do "espírito de iniciativa e associação", que levou à criação de "bancos, empresas e companhias em maior número do que os existentes até sua ascensão ao poder".[12] A abolição —

acreditava-se na época — libertara energias entorpecidas, fazendo a nação crescer e expandir-se.

Na verdade, o dinheiro farto — passou-se dos 197 mil contos em 1889 para 298 mil, no ano seguinte, expansão de 51,6%, atingindo 513 mil, em 1891 — destinado à lavoura, sobretudo aos credores da lavoura na corte, incapaz de reanimar o cadáver cafeeiro do Vale do Paraíba, gerou a especulação urbana, e, dentro dela, a febre industrial. O outro setor cafeeiro, o paulista, expansivo e renovador, recebeu maior estímulo, aumentando as plantações, passando de 220 milhões para 520 milhões de árvores, entre 1890 e 1900, o que levará, em pouco tempo, à superprodução. São Paulo não aceitará, em breve, o controle centralizador do crédito, cioso de dirigir, ele próprio, os cordéis financeiros de sua economia. Acentue-se, entretanto, que, entre os dois polos agrícolas, incha-se o setor intermediário e urbano, infando o fenômeno, que passou à história com o nome de *encilhamento*. A anomalia reproduz, em outras cores e nas linhas mais vivas, a ilusão progressista do meado do século (ver cap. 11, III), com a diferença de que ela seria estimulada para, sobre outra realidade, reconstruir a sociedade. A agitação especuladora não assenta sobre o nada, senão que extrema e expande o surto industrial, embora débil, realmente atuante, nos últimos anos do Império. A década 1881-90 iria revelar a primeira manifestação industrial do país, a primeira que se sustentaria e que, embora empalidecesse no futuro, seria a base dos subsequentes ensaios manufatureiros.[13] Um mercado interno de alguma importância, capaz de assegurar uma faixa aquisitiva ao lado do complexo exportador, ensejou a transformação, mercê da imigração, do trabalho livre, da incapacidade das exportações, em certos momentos, de proporcionar poder aquisitivo suficiente para pagar as mercadorias necessárias ao consumo interno. Em 1889 existiam, no país, 636 estabelecimentos industriais, dando emprego a 54 mil operários e utilizando 65 mil cavalos de força, com o capital de cerca de 25 milhões de libras esterlinas. O setor têxtil ocupava 60% da área, com 15% para o de alimentação, 10% no de produtos químicos, 4% na indústria da madeira, 3,5% na do vestuário e objetos de toucador e apenas 3% na metalurgia.[14] Dos 636 estabelecimentos, 398 foram fundados no período de 1880 a 1899, com particular expressão a partir de 1885. Outro dado relevante: mais de metade da atividade industrial, em 1889, concentrava-se na capital federal e no estado do Rio, primazia, em favor do Distrito Federal, ainda saliente em 1907 (30% contra 16% de São Paulo e 7% do Rio Grande do Sul), só perdida, a partir de 1910, para São Paulo.[15] Esta última circunstância indicará muito do caráter especulativo do inicial surto da indústria, amalgamado aos fornecedores do Vale do Paraíba e preso aos estímulos oficiais, na forma tradicional dos empreendimentos econômicos do Império. Já em São Paulo atuam outros fatores, com qualitativa diferença sobre a base de sua indústria. A par do progresso industrial, consolida-se, a partir de 1879 — fato evidenciado na tarifa desse ano —, um pensamento próprio, articulado pelos produtores. Investe contra a aliança entre importadores e agricultores de produtos exportáveis e fixa uma diretriz protecionista, avessa ao liberalismo dominante. Cria-se, com a apropriação crescente do mercado interno, a mentalidade nacionalista, voltada contra o comércio, em grande parte estrangeiro. Daí se projeta uma linha de conduta que assimila a independência do país à industrialização, ao abastecimento do mercado interno e à denúncia ao esquema monocultor. Encontra-se essa corrente, desde os primeiros momentos, associada à reserva das riquezas brasileiras aos nacionais, num crescendo que vai de Felício dos Santos, Amaro Cavalcanti, Serzedelo Correia, a Alberto Torres e ao movimento que desemboca, a partir das revoltas de 1922 e 1924, na Revolução de 1930. Depois de pregar o controle do mercado interno, em favor dos nacionais, combate o capital estrangeiro, com as cores já vivas na década de 1920, na oposição às concessões de minério de ferro à Itabira Iron, empresa de Percival Farquhar. A reivindicação industrial não se limita às tarifas alfandegárias, senão que reclama também os empréstimos públicos — dos quais se socorrera Mauá — e as emissões fiduciárias. Amaro Cavalcanti invoca a estrutura financeira do Império, para apoiar seu industrialismo:

> Em uma palavra, bastaria que cada um de nós verificasse nas leis orçamentárias de cada ano, as somas aí consignadas, *como auxílios* à ordem industrial do país, para convencer-se que não se trata de criar um *direito novo*, convertendo, porventura, em lei, a legítima pretensão de proteger, por meio do crédito público, a indústria nacional nas atuais emergências em que a mesma se acha. Não afirmo que a intervenção de nossos governos tenha sido sempre a melhor ou a mais acertada, mas é certo que sem ela não teríamos tido nem estradas de ferro, nem a navegação a vapor costeira de nossos mares e a interior de nossos rios, nem muitos outros melhoramentos materiais, cuja realização era superior às forças do capital e do crédito particular somente.[16]

Repelia o senador da República a tese de não intervenção absoluta na economia, por teoricamente irreal, sem advogar a tese oposta, do Estado agricultor, industrial ou comerciante, aliança que os tempos ainda não autorizam.

Desse ambiente — o auxílio à lavoura e a reativação econômica — acelera-se o *encilhamento*, sob o qual se abriga o propósito político, esboçado pelo ministro da Fazenda da República, Rui Barbosa, de dar nova base ao regime recém-inaugurado. Havia, para o salto, um obstáculo ideológico, o liberalismo, fixado na aversão ao protecionismo. O outro dogma, o abstencionismo do Estado, o tempero do realismo o abranda, mal escoado um mês desde o 15 de novembro:

> Não nos encerremos nas teorias estreitas de certos utopistas, notáveis pela intransigência do seu fanatismo e pela sua incapacidade na prática das cousas humanas, que pretendem modelar o mundo por fórmulas abstratas, nunca experimentadas, querem reduzir

o papel do Estado a uma perpétua desconfiança contra as maravilhas das grandes organizações industriais, e negam a vantagem, para as nações, da interferência discreta da administração provocando, acoroçoando, favorecendo os empreendimentos do capital, da riqueza acumulada, das grandes aglomerações do trabalho ao serviço da inteligência, da fortuna e da ambição temperada pelo patriotismo... Ao Estado, nesta fase social, cabe sem dúvida um grande papel de atividade criadora, acudindo a todos os pontos onde o princípio individual reclame a cooperação suplementar das forças coletivas.[17]

Ainda outro escrúpulo poderia deter a marcha protetora, o federalismo, dado que ele pressupõe o controle central, para o estímulo financeiro. Rui Barbosa já se achava, desde a propaganda da nova fé, descomprometido da corrente, ao seu ver extremada, que nega à União o comando da economia. Por todos esses motivos, embora alarmado com a especulação, que a monarquia legara — a "praça de tavolagem, onde se celebravam à luz do dia as especulações mais insensatas sobre todas as espécies de valores da Bolsa"[18] — não detém o curso dos negócios, que servem à sua convicção que só a indústria faria do país uma grande potência.[19] Esse empenho obedece a um complexo de inspirações: o federalismo mitigado, capaz de barrar o caminho ao poder de São Paulo agrícola, o aliciamento das camadas urbanas, latentemente turbulentas, sem trabalho, e a evocação de uma classe nova, no lugar da classe lucrativa imperial. Nem tudo, nesses anos de 1889 e 1890, era pó e vento, aventura e imprudência.

Rui Barbosa, ao ocupar a pasta das Finanças, sucedendo Ouro Preto, para o exercício de pouco mais de um ano, não se enganava acerca do estrépito falso da tavolagem da Bolsa. Com a queda do câmbio, revelado após a revolução, ruía o plano financeiro em curso, impossibilitando a conversão metálica. O ministro, não obstante esse tropeço, retificou e perseguiu o ritmo imposto por Ouro Preto, com outros métodos, também ele convencido, como todos, da escassez do meio circulante. Daí que, em 17 de janeiro de 1890, pusesse em prática seu plano de governo, com a emissão autorizada preferencialmente sobre apólices da dívida pública. O mecanismo se completaria com medidas contra a especulação, sobretudo na obrigatoriedade imposta às sociedades anônimas de, ao organizarem-se, depositar 30% do capital em dinheiro, bem como, para compensar os inconvenientes do papel inconversível, a cobrança dos impostos de alfândega em ouro,[20] medida empregada sem continuidade, que será um dos fundamentos da política Campos Sales-Murtinho. Arredada a conversibilidade, freio emissionista de valor duvidoso, "impostura consagrada nos textos, mas contrariada pela realidade",[21] prosseguiu o curso da expansão do meio circulante, sob o pressuposto, confessado por Amaro Cavalcanti e não contestado por Rui Barbosa, de ser ele fator produtivo da economia.[22] O progresso se faria com dinheiro emitido, acelerando o comércio e fomentando a indústria, em homenagem à peculiaridade do país novo e promissor. O meio circulante deveria alcançar, segundo cálculos atribuídos aos estadistas monárquicos, não mais 50 mil contos, mas 600 mil, o triplo do existente em 1888, a cujo nível quase se chega em 1892.[23] A retração dos capitais estrangeiros sugeriu aos empresários brasileiros a expansão industrial, ao tempo que os fazendeiros do Vale do Paraíba, decepcionados com a pobreza da agricultura, emigram para as cidades. Haveria, em 1889, em curso, forte deslocamento de riqueza — acreditava o ministro da Fazenda.[24] A praça do Rio de Janeiro emprega os recursos canalizados à agricultura, recursos inflados com as emissões, na especulação aberta ao alcance de suas mãos. Grandes encomendas ao exterior, de maquinaria e aparelhamentos, consagram o eufórico lance, pressionando ainda mais o governo por recursos, favores, privilégios e subvenções.

O governo provisório, na sua fase militar, nas ideias do grupo que lhe dirige as finanças, preocupa-se em deter "o movimento centrífugo, que a exageração das reivindicações da autonomia local podia imprimir ao país", com "a concentração das emissões num grande estabelecimento de crédito nacional".[25] Esse esquema, centralizador e de cunho residualmente monárquico, mas justificado pelas novas circunstâncias, encontra sérias contestações. A pluralidade bancária do decreto de 17 de janeiro será, confessadamente, apenas "um compromisso com as tendências federalistas, em cujo nome a revolução acaba de fazer-se".[26] O desígnio das reformas deveria levar, entretanto, a um banco central, "capaz de temperar a desordenada ação de todos aqueles bancos locais".[27] O ato de 17 de janeiro autorizava a criação de três bancos emissores, um para o Norte, com sede na Bahia, outro para o centro, com sede no Rio, e o terceiro para o Sul, com sede em Porto Alegre, no capital total de 450 mil contos de réis. Sob a pressão de São Paulo, no primeiro decreto vinculado à jurisdição bancária do Rio de Janeiro, permitiu-se um quarto banco. Por esse preço, Campos Sales continuou a integrar o governo de Deodoro, sem que igual conciliação fosse possível para o Rio Grande do Sul, com a retirada de Demétrio Ribeiro do ministério. A inflação aninhada no centro do plano financeiro, bem como a eventual unidade bancária, acende as resistências federais, argumentando Campos Sales que

> esse banco, poderoso por causa da zona, vai ser uma potência até em política. Veja-se o que aconteceu com os bancos criados pelo visconde de Ouro Preto, os quais lhe deram ganho de causa nas eleições. Imagine-se que os recursos para toda a atividade dependem do chefe do banco, e conclua-se daí a sua influência.[28]

Não defendiam São Paulo e o Rio Grande do Sul, com o protesto, apenas a incolumidade federal, mas a política agrícola e pecuária, notoriamente perturbada com a inflação, que projetará interesses cafeeiros espúrios e encarecerá os produtos gaúchos voltados para o mercado interno, como demonstrará a conduta dos dois Estados, sempre ortodoxa em matéria de finanças, suspeitosos de que a prosperidade industrial e o apoio à economia se fariam à sua custa, com o agigantamento da União. Essa reação, abonada pelo mal-estar econômico proveniente da inflação, seria o elemento básico do retorno à normalidade financeira, consagrada no governo Campos Sales. A República caminharia, daí por diante, na órbita federal — embora sob um federalismo hegemônico —, com a restauração dos interesses agrários. O encilhamento será o estertor dos resíduos monárquicos, desintegrado juntamente com seu centralismo financeiro.

A crise de 1889-91 fixará o ponto de encontro dos valores decrépitos e dos interesses novos, da liquidação de uma classe, da falência do estamento, com a ascensão gradual de outras forças, emergentes em pleno período militar. Desde logo duas correntes se cruzam — a que vê na economia o fogo destruidor da jogatina e a que supõe estar diante de um mundo em criação. Sob as duas, a indústria e o entusiasmo nacionalista murcham, depois da falsa florescência. No bojo do sarcasmo e da crítica, um pouco de ódio ao novo regime, mas sobretudo o combate à usurpação do agrarismo, até então sufocado pela economia de comissários e banqueiros, desejosos de não perder, dessa vez, o domínio do tablado. Ocorre que, em 1890, como em 1889 sob Ouro Preto, os ases financeiros fazem do Tesouro o estrume de sua cobiça, devoradores nos seus tentáculos. Enquanto um monarquista pinta o Rio de Janeiro com as divertidas cores do espetáculo de circo, Rui Barbosa canta o progresso e saúda os tempos novos.

> Do alto descia [escreve o ex-senador Taunay, acentuando o estímulo governamental do encilhamento], senão às claras o exemplo, pelo menos o incitamento [...] o governo, com a faca e o queijo na mão, promulgava decretos sobre decretos, expedia avisos e mais avisos, concessões de todas as espécies, garantias de juros, subvenções, privilégios, favores sem fim, sem conta, sem nexo, sem plano, e daí, outros tantos contrachoques na Bolsa, poderosíssima pilha transbordando de eletricidade e letal pujança, madeiros enormes, impregnados de resina, prontos para chamejarem, atirados à fogueira imensa, colossal! Pululavam os bancos de emissão e quase diariamente se viam na circulação monetária notas de todos os tipos, algumas novinhas, faceiras, artísticas, com figuras de bonitas mulheres e símbolos elegantes, outras sarapintadas às pressas, emplastradas de largos e nojentos borrões... Parecia indeclinável acabar de uma vez por todas as antigas práticas, transformar, quanto antes, as velhas tendências brasileiras de acautelada morosidade e paciente procrastinação. Ao *amanhã* de todo sempre, substituíra-se o *já e já*! Quanto moroso, senão estéril no natural egoísmo, o pesado trabalho da terra, com os seus hábitos arraigados, rotineiros! A indústria, sim, eis o legítimo escopo de um grande povo moderno e que tem de aproveitar todas as lições da experiência e da civilização: a indústria, democrática nos seus intuitos, célere nos resultados, a fazer a felicidade dos operários, a valorizar e tresdobrar os capitais dos plutocratas, sempre em avanço e a progredir, tipo da verdadeira energia americana e a desbancar, com os seus inúmeros maquinismos, que

dispensariam quase de todo o auxílio braçal, tudo quanto pudesse haver de melhor e mais aperfeiçoado nos mercados estrangeiros!²⁹

Sob a caricatura, pulsa o ânimo modernizador, empenhado em provocar, por meio de instrumentos públicos, pelo atalho do papel-moeda, um país tão progressista como os mais progressistas da Europa e como os Estados Unidos. O solo americano, cheio de recursos e virgem de iniciativas, desperta do sono monárquico, para a arrancada do século XX. O ideal do progresso rápido e crescente até ao infinito casa-se ao misticismo da abundância americana, numa utopia industrial. Não haverá, nas dobras dos desejos e das aspirações, a imagem da aventura da Índia, dos planos pombalinos, dos dias de 1853? O delírio denuncia, mesmo no passo extravagante, a reprimida normalidade. A embriaguez revela o sonho do homem sóbrio. A estrutura político-social, o estamento, crispa-se no último salto, desenvolvido no ar, com a terra à vista, a terra encoberta havia três séculos. Rui Barbosa será o intérprete do momento convulsivo, com a eloquência freada, não pela ironia, mas pelo oportunismo político, preocupado em tornar sedutora a fisionomia do novo regime. Povo acostumado, lembra ele, "à superstição da onipotência do governo", espera medidas renovadoras, "soluções imediatas dos grandes problemas retardados até então pela morosidade das formas constitucionais, em cometimentos de longo alcance e proporções arrojadas — tudo sob o propósito generoso de dotar a pátria, no menor termo possível, da maior soma possível de benefícios, políticos, ou materiais".³⁰ A República seria estável, progressista, atraente com a aceleração do quadro industrial, abandonado o agrarismo exclusivo do Império, embora sobre a base, não percebida plenamente, do que de mais característica teve a monarquia, o vínculo entre o Estado e o dinheiro. A indústria, nesse esquema, seria obra do estímulo governamental, especulativa na sua essência, mercantilista no plano e esquecida do sopro liberal. Em primeiro lugar dotar-se-ia o Brasil de ampla, moderna e eficiente rede de transportes, com o fomento às estradas de ferro, evocadas com a garantia de juros.³¹ Em segundo lugar, atendido o incremento agrícola com a circulação, graças às providências monetárias — "o fôlego da renascença industrial, incipiente no dia imediato à abolição, dilatou-se, poderoso e criador, pelos amplos pulmões da República".³²

> No longo curso de mais de sessenta anos [escreve o deslumbrado ministro da Fazenda], decorrido até a lei de 13 de maio, o movimento industrial desta praça, representado no capital das sociedades anônimas, circunscreve-se à soma de 410879:000$. Nos dezoito meses compreendidos entre 13 de maio de 1888 a 15 de novembro de 1889 as associações do mesmo gênero, constituídas nesta cidade, exprimem um capital de 402000:000$. De 15 de novembro de 1889 a 20 de outubro de 1890 (onze meses) as sociedades anônimas formadas nesta capital atingem a importância descomunal de 1169386:600$.³³

A extinção do cativeiro e o 15 de novembro não são, no comentário, apenas pontos de referência cronológica, mas os dois acontecimentos que libertaram o país das amarras rotineiras e conservadoras, desentorpecendo energias. A multiplicação das empresas não se deve às emissões, contesta Rui Barbosa:

> O europeu, que não conhece a nossa história, nem da nossa situação atual vê mais que a superfície, não pode apreciar na sua seriedade o fenômeno dessa eflorescência econômica, dessa exuberância de confiança no futuro, produzidas com rapidez quase mágica, depois que a abolição do cativeiro e a abolição da monarquia abriram, para este país, uma era definitiva e normal. E por isso mesmo nessa faina de organizações industriais e mercantis, que tem agitado, há dois anos, esta praça, vê apenas a ilusão da riqueza determinada entre os brasileiros pelas emissões de papel. Ignora, pois, que havia, no Brasil, consideráveis acumulações de valores cuidadosamente ocultas e obrigadas a se ocultarem pelas incertezas, pelas ameaças, pelos perigos inerentes à perspectiva da revolução abolicionista e à perspectiva da revolução republicana.[34]

Para culminar — a política industrial, necessidade política do novo regime:

> [...] o desenvolvimento da indústria não é somente, para o Estado, questão econômica: é, ao mesmo tempo, uma questão política. No regime decaído, todo de exclusivismo e privilégio, a nação, com toda a sua atividade social, pertencia a classes ou famílias dirigentes. Tal sistema não permitia a criação de uma democracia laboriosa e robusta, que pudesse inquietar a bem-aventurança dos possuidores do poder, verdadeira exploração a benefício de privilegiados. Não pode ser assim sob o sistema republicano. A República só se consolidará, entre nós, sobre alicerces seguros, quando as suas funções só se firmarem na democracia do trabalho industrial, peça necessária no mecanismo do regime, que lhe trará o equilíbrio conveniente.[35]

Pelo caminho liberal, liberal o cimento e liberais os tijolos, forma-se o edifício mercantilista, com a cúpula dos bancos emissores, reduzidos, na verdade, a um, com ramos secundários para contentar o federalismo: o autonomismo dos bancos emissores só seria possível, se conversível o papel em ouro, teoria e fantasia, mais uma vez na história, em desarmonia com a realidade. A circulação, dadas as circunstâncias, seria determinada e controlada pelo Estado, que a delega transitoriamente. Entraria o poder público, ao revés de se retrair, se soltas as rédeas nessa direção, na própria agricultura, até então — denuncia argutamente o ministro da Fazenda — presa "ao monopólio de certos intermediários comerciais".[36]

> Nas suas relações com o mercado de consumo, interior ou exterior, a lavoura, mais ou menos enfeudada aos correspondentes, concluía mediante eles todas as suas operações de

expedição, venda, reembolso e suprimento, por um mecanismo de crédito e escrituração, que ordinariamente dispensava a tradição efetiva de dinheiro. Os pagamentos efetuavam-se por ordens e saques, que, debitados em conta-corrente, se compensavam oportunamente com o haver apurado na alienação das safras. Por um jogo análogo de cheques sobre os comissários se satisfaziam as dívidas contraídas nas casas comerciais do interior.[37]

Ora, traduzidas as operações, de crédito a dinheiro, maior seria a presença dos delegados públicos na ordem econômica. Esta era a lógica dos estadistas monárquicos — João Alfredo ou Ouro Preto —, como seria a de Rui Barbosa, com maior audácia, embora prisioneiro de igual mentalidade. O liberalismo, nessa contextura, seria apenas a voz exterior, arredado o poder público das transações, na aparência, para retornar com energia e profundidade, no papel-moeda, nas emissões. Verdade que outra será a direção, logo a seguir vencedora nos conselhos governamentais, com a dispersão do poder nos estados, sob a batuta de São Paulo. Enquanto essa hora não soa, na plenitude com a presidência Campos Sales (1898-1902) e ensaiada com o ministro Rodrigues Alves, ainda sob Floriano e no governo de Prudente de Morais (1894-8), o espetáculo da manipulação financeira prossegue. Na dança entram, com suas vistosas casacas, sobretudo os personagens da monarquia banida, agarrados às diretorias dos bancos e das florescentes sociedades que se expandem de hora a hora, da noite para o dia. Enquanto isso, a árvore republicana, com a raiz em São Paulo e forte no Congresso, clama contra as emissões e o controle do governo na economia. O baque do trono, dirá um crítico da "plutocracia tão artificial quanto efêmera", "passa quase despercebido no mundo financeiro, ao gigantesco parasita que havia sugado a melhor seiva da nossa política, o seu grande alento das épocas desinteressadas e patrióticas".[38] Os parceiros, distantes pelo caráter e pelas maneiras, aproximam-se e entredevoram-se, periodicamente. O estadista atua, realiza seus planos pelas mãos do homem de negócios, do especulador — esta será a réplica visível da delegação das funções públicas, do controle, para fomentar e modernizar a economia. Ouro Preto ocupa o palco por meio do visconde de Figueiredo, seu banqueiro e empresário de confiança. Rui Barbosa serve-se dos préstimos do conselheiro Francisco de Paulo Mayrink, espécie de presidente de um sindicato financeiro, que se apropria das concessões e privilégios públicos. Será ele o comandante da unidade emissora, resultante da fusão do Banco dos Estados Unidos do Brasil com o Banco Nacional do Brasil, da qual sairá o Banco da República dos Estados Unidos do Brasil,[39] o qual, em 1892, gerará, por outra amálgama, o Banco da República do Brasil.

A transição monárquico-republicana, com o novo regime a se forjar dos escombros do antigo, não seguiu o curso eufórico que lhe predissera Rui Barbosa. No centro das oposições desponta, com armas políticas e com as armas econômicas, o grupo paulista, reunido aos gaúchos no próprio momento das reformas de 17 de janeiro de 1890. Rui e os industrialistas, batidos em todos os fronts, sofrem o primeiro grande revés no governo Floriano Peixoto, na reação do ministro Rodrigues Alves. O balão das esperanças começa a desinflar, ainda em 1891, acossado pelas dificuldades inerentes ao processo, com os investidores surdos às constantes chamadas de capital. Os industriais apelam para o crédito direto. As empresas, oneradas por encomendas do exterior ao câmbio alto, obrigadas a pagá-las, pela depressão cambial, com maior quantidade de papel-moeda, mostram-se incapazes de saldar tais compromissos. Já o sucessor de Rui Barbosa no Ministério da Fazenda, o conselheiro Tristão de Araripe, tentara deter a especulação, resultando tudo na derrocada do valor das ações, algumas reduzidas a menos de 10% de suas mais altas cotações. Os negócios se identificam, aos olhos dos decepcionados acionistas, às negociatas, ao puro assalto às economias populares, sob os auspícios do governo mancomunado aos especuladores. O barão de Lucena, novo e último ministro da Fazenda de Deodoro, coerente com as coordenadas da política lançada por Rui Barbosa, propõe-se a salvar o esquema dominante, restaurando a euforia perdida. Socorre, desde logo, a praça, com 25 mil contos, prometendo emissões até 600 mil (273 mil contos emitiu o Banco da República), com a reorganização do Banco da República. A maioria do Congresso, significativamente a mesma maioria que se opunha politicamente a Deodoro, recusa a medida, preocupada em não emitir nenhum vintém a mais. Para um dos intérpretes da reação, o governo conluiava-se a "poderosos agiotas e bolsistas"[40] para a exploração desapiedada dos homens de boa-fé. Banqueiros, agiotas, bolsistas — o termo é da época, para designar os exploradores de ações —, advogados administrativos — só eles seriam, aos olhos da oposição, os sustentáculos de Deodoro. Defende-se o governo com o golpe de Estado de 3 de novembro de 1891, dissolvendo o Congresso, golpe, desde logo, batizado de "golpe da Bolsa". No seu manifesto, o generalíssimo, pela letra de Lucena, sustenta a política emissionista, contra os pregoeiros de "perigos imaginários", desatentos à reorganização do crédito e à proteção da indústria nacional. Restabelecida a normalidade constitucional, destituído Deodoro e entregue a presidência a Floriano (23 de novembro de 1891), com a gestão de Rodrigues Alves na pasta da Fazenda inicia-se, embora efêmero o ministro, o irreversível combate ao encilhamento, retardado apenas pelas aperturas do Tesouro, decorrentes da instabilidade política. A febre, a embriaguez, o sonho do progresso rápido perderam a força mística, preparando a amarga ressaca dos fins de 1891 e de 1892. O deslumbramento se desfaz, cortadas as asas da prestidigitação, em papel impresso, com a sequela dos processos criminais, à cata dos responsáveis pelas quimeras, eles também arruinados. A paridade cambial de 1889 precipita-se para 25, em 1890, 11,5 em fins de 1891. O custo de vida estoura, nesse ano, à taxa de 50%, provocando reivindicações por reajustamentos salariais, com as "greves", espetáculo novo na vida social, fatos que denunciam as inquietações dos assalariados. Indústrias e inflação sofrem, na reação vitoriosa, igual repúdio, reconhecidas aquelas como "filhas da jogatina e das fraudes praticadas à sombra das emissões de papel-moeda do governo provisório".⁴¹ Na verdade, pouco restou da orgia papelista, varridas as condições que a geraram. Não pereceu, todavia, a corrente industrial, calcada sobre o primeiro surto manufatureiro, favorecida pela necessidade fiscal das elevações de direitos alfandegários e pelo câmbio baixo. Mais tarde, o contingente paulista engrossará o caudal industrialista, para a marcha ascendente, ferida, embora, de obstáculos e favores, ondulantes e variáveis.

Errara Rui Barbosa no seu ousado plano de assegurar a estabilidade republicana sobre a indústria, fundada sobre uma "democracia laboriosa e robusta", oposta aos privilégios aristocráticos da monarquia. As emissões, se exacerbam o surto industrial, levando-o ao delírio, favorecem, com o dinheiro e o crédito fáceis, a expansão cafeeira paulista, incrementada com a imigração ampla, sob o estímulo estadual, possível sob o sistema federalista. O setor dinâmico da economia mantém sua primazia exportadora, com a produção ascendente, de 5,5 milhões de sacas em 1890-1 para 16,3 milhões em 1901-2. A exportação, no período correspondente, sobe de 5,5 milhões para 14,7 milhões. Um dado perturbador, ainda, para a compreensão do problema a seguir em estudo: o valor da £ saca ascende a 4,09, em 1893, para cair a 1,74 em 1897 — em mil-réis: 80,854 em 1895 e 52,905 em 1900. Preços altos até 1895, queda acentuada, em crise, até 1900, apesar do valor em moeda nacional superior aos índices da moeda estrangeira. Indicarão os números que a situação cafeeira terá sido responsável pela virada financeira, antiemissionista? Em favor de quem e por quê? Nas respostas, poderá estar a chave capaz de explicar todo o curso republicano, até 1930, bem como suas correspondências políticas.

A impressão que os números revelam, ao exame não crítico da situação, seria o estímulo das emissões aos interesses cafeeiros. Desconfiados embora com o industrialismo, os produtores de café aumentam suas plantações, incrementam-se as exportações, com o recebimento maior de moeda nacional.⁴² Sem dúvida, as emissões aceleraram o plantio cafeeiro, graças ao crédito abundante, dobrando a exportação, no período de 1891-1900. A alta das cotações, na primeira parte da década, fazia prever um período de permanente prosperidade. O encilhamento urbano projeta, no outrora sólido e prudente oeste paulista, o encilhamento rural.

> A derrama de dinheiro fácil, abundantíssimo de 1890 a 1891, e à cata de emprego, provocara a mais extraordinária elasticidade de crédito. Coincidira tal circunstância com o momento em que haviam, em virtude do alargamento do consumo, declinado os estoques mundiais de café, daí decorrendo alta fortíssima de cotações. Operava-se, então, subitamente, enorme valorização fictícia de terras e lavouras. Às imaginações ofuscava a miragem da uberdade prodigiosa do oeste paulista, cujo solo virgem mostrava ser o habitat próprio da rubiácea. Verdadeira febre para o plantio apossara-se de quantos tinham conseguido alcançar os favores dos fornecedores de fundos.⁴³

Forma-se, ao lado da primeira, já consolidada no ano de 1889, uma neocafeicultura, aventureira e especulativa, lançada sobre o crédito hipotecário e os juros altos, que culmina na superprodução de 1895 e a baixa do valor, daí por diante. A dívida da lavoura alcança, depois da maturação longa dos cafezais, 400 mil contos de réis, dívida que só será amortizável se estáveis ou ascendentes as expectativas de 1891. Reproduz-se, numa superposição de camadas, a lavoura especulativa do Vale do Paraíba, em outra geografia, freada embora pelo substrato não aventureiro das últimas três décadas do século XIX. A monocultura, como acontece sempre nos períodos de prosperidade, invade os campos, exigindo maciças importações de cereais. A situação, artificialmente alterada, já era difícil em 1896, com a ameaça de ruína, daí por diante crescente, sombriamente. Em 1897 calculava-se que um terço dos cafeicultores estava com as propriedades desoneradas, com outro terço endividado, mas solvável, enquanto a última parcela começava a pagar o preço alto das dívidas.[44] Dentro do contexto, um fenômeno novo, embora sensível no Vale do Paraíba, altera o sistema comercial: o exportador, na maioria estrangeiro, se aproxima do produtor, alijando o comissário, com a preocupação, hostil ao antigo intermediário, de fazer o jogo da baixa do gênero.[45]

As circunstâncias em curso — o encilhamento urbano e a exacerbação rural — poderiam sugerir que os estadistas se uniriam numa reivindicação comum, a baixa cambial e a desvalorização da moeda, instrumentos de maior proveito em favor dos produtores. Nada disso aconteceu, entretanto. Os paulistas — numa linha que vai de Rodrigues Alves, ministro da Fazenda de Floriano, a Rodrigues Alves, presidente da República (1891-1906) — impuseram porfiado combate às emissões e ao aviltamento cambial, no aparente paradoxo de uma política antiexportadora. A vitória dessa corrente, consagrada na presidência Campos Sales (1898-1902), dará o *tonus* e marcará o ritmo da primeira quadra chamada República Velha, malgrado os desafios, as contestações, os recuos que lhe sombreiam a trajetória. O recuo transacional, com as valorizações (1906, 1917 e 1921) e defesa oficial dos preços, preparará, no seio do equilíbrio ortodoxo, a onda que levará ao terremoto de 1930. O país essencialmente agrícola, que eles defendem e estimulam, não será o dos comissários e o dos banqueiros, mas o sólido, estável, da fazenda solvável, articulada ao comércio exterior. A luta, para o coroamento da política nova, em oposição a Rui Barbosa e aos industrialistas inflacionários, seria árdua e tenaz. Logo que se restabelece a normalidade constitucional, em 1891, o ministro Rodrigues Alves se dispõe a encampar, pelo Estado, as emissões bancárias, estancar o aumento do papel-moeda, que seria progressivamente resgatado. O Tesouro arcaria com os saldos da loucura inflacionária, preocupado em evitar a ruína dos investidores. Daí por diante não se admitiria mais a aventura, que fizera, de papel e ilusão, grandes fortunas, elevando-as, como testemunha Rangel Pestana no Congresso, das abastadas de 4 mil, 5 mil e 6 mil contos a 10 mil, 20 mil,

30 mil e até 60 mil contos. O momento não seria ainda oportuno para a reação total: era necessário não só salvar o detentor das notas bancárias, mas também o empresário à beira da falência, com um auxílio de 100 mil contos. Penosamente, contra o voto e a voz dos paulistas — salvo o dissidente Francisco Glicério, simpático às transações com os emissionistas —, o auxílio será concedido, ao preço da quebra da euforia republicana em favor da indústria. Floriano, embora elevado ao governo em reação a Deodoro, ainda estava preso ao grupo centralizador que empolgara o novo regime, nos seus primeiros passos. A fusão do Banco da República, o principal eixo do encilhamento, com o Banco do Brasil seria o instrumento para a pacificação entre as correntes em dissídio. No governo Prudente de Morais, depois de ordenado o país e liberto da contingência das emissões para sustentar a guerra civil, ainda pela mão de Rodrigues Alves, novamente ministro, prossegue a política anti-inflacionária, culminando no deflacionismo de Campos Sales. O Tesouro, com mão de ferro, comandará as emissões (1896-1910), restaurará o valor da moeda e elevará a taxa de câmbio, que caíra aos menores níveis desde a Independência. O Estado se recuperará, mas o café continuará a se arrastar sem perspectivas próximas, avassalado pela superprodução. O ministro da Fazenda de Campos Sales, Joaquim Murtinho, não se comove com as queixas da agricultura endividada: a seleção natural eliminaria os fracos e os doentes, para consolidar os fortes. O tempo, combinadas as crenças liberais às darwinistas, curaria os males, sem o corretivo da tutela governamental.

Diante dos interesses em dissídio — a cafeicultura recente, a indústria remanescente do encilhamento, os velhos comissários e parte dos exportadores — somente uma vigorosa aliança política será capaz de sustentar a reação saneadora. A empresa seria prematura nas hostes divididas de Prudente de Morais. A política dos governadores — política dos Estados, na versão oficial — será o pedestal sobre o qual imperará Campos Sales, num esquema político de trinta anos de duração, apesar de sua estrutura não monolítica. Os vinte governadores, reservada a direção ao presidente da República, com o centro em São Paulo, fazem o Congresso, que, por sua vez, apoia a política do chefe das hostes estaduais. O anel político vincula-se a uma coligação econômica, que parte de Londres e chega às fazendas, num traço de dependência pontilhado de distorções, veleidades autonomistas e de um mercado interno em crescente expansão. O comércio importador, o maior beneficiário da alta cambial e da moeda valorizada, vê seus esforços premiados, depois das advertências anti-inflacionárias, que em 1892 se revestem do manto patriótico, em defesa da imigração e dos capitais estrangeiros.[46] Joaquim Murtinho, ainda ministro de Prudente de Morais — e ministro da Indústria, Viação e Obras Públicas —, verbera contra a "indústria artificial", fiel ao incremento da "indústria natural", em nome do consumidor sacrificado:

A ideia errônea e antissocial de que a grandeza industrial de nossa pátria depende sobretudo de nossa libertação cada vez mais completa dos produtos da indústria estrangeira foi provocando a aspiração de estabelecer empresas industriais de todos os gêneros, para se conseguir realizar aquele *desideratum* pseudopatriótico.

De outro lado a grande ilusão financeira, de que mal acabamos de sair, fez-nos acreditar na existência de capitais enormes, de riquezas inesgotáveis e mais que suficientes para realizar aquela aspiração.[47]

O café, capaz outrora de sustentar a febre industrial, provoca, na crise, a retração, sem meios para financiar a importação de maquinismos. De outro lado, o exportador — nem sempre apenas exportador, não raro também importador —, estrangeiro e estrangeiras as suas vinculações, não via com bons olhos o câmbio bruscamente cadente. Os investidores estrangeiros, inclusive os bancos, forçados a remeter juros e lucros, pressionam o governo para o câmbio alto, bem como cuidam da solvência do Tesouro. Na cúpula, como símbolo e realidade, a casa Rothschild de Londres, agente financeiro do país desde 1855, impacientemente reclama o restabelecimento da sanidade financeira e cambial. Com insolência, em nome de compromissos acumulados no Império, desmente, em telegrama de 1891, o ministro Lucena, acusando as emissões de papel-moeda pela crise. Recusa-se, além disso, a expandir o crédito, somente reabertas as negociações em 1895. Os fios da teia internacional enredam-se ao setor produtor e exportador, ensejando a reação anti-inflacionária, necessária para restabelecer o crédito do país, isolado na sua eventual bancarrota. O funding-loan, negociado em 1898, no momento grave do câmbio médio a 73/16, será o instrumento da reorganização financeira da República, sob a hegemonia política e econômica de São Paulo. Com o papel-moeda elevado a 780 mil contos (197 mil em 1889), incapaz o país de amortizar a dívida externa, ou sequer de pagar os juros aos credores de Londres, era necessário articular um sistema financeiro que conciliasse a pressão externa com a prosperidade interna. O nervo da circulação econômica, legado pelo Império e reputado por Rui Barbosa o centro da emancipação econômica da República, as estradas de ferro, fizeram-se a crédito, mediante garantia de juros a ouro. Em 1896 cogitou-se de arrendá-las, o que ocorreu, depois de encampá-las o governo Campos Sales. Não era possível, dessa sorte, desvincular o setor externo do interno da economia, emaranhados numa teia que passa pelas mãos do Estado. Era a herança imperial — não abandonada nos dez primeiros anos do novo regime — que se cuidava de reformular, com o empenho não articulado de retirar o governo do comando da economia. Havia, sem dúvida, outra solução para o impasse, afora o empréstimo fixado no funding, que seria a suspensão unilateral da dívida ou a redução dos juros. Corresponderia, essa outra ponta do grave dilema, à confissão da bancarrota, com a retirada do país do mercado internacional, hipótese que desmantelaria o complexo exportador-importador, num momento de mercado interno fluido. A medida, depois de esboçada, será repelida porque — lembra Campos Sales —, "além da perda total do crédito do país, [...] poderia afetar gravemente a própria soberania nacional, suscitando reclamações que talvez chegassem ao extremo das intervenções estrangeiras. Aliás, tal fora sempre o meu sentimento acerca dessa solução".[48] Afastada a temerária alternativa, retomou, com um espaço de respiro, o serviço da dívida externa, extirpando a causa principal do desequilíbrio orçamentário, a diferença de câmbio, crescente com a queda da taxa deste. Pesadas e humilhantes garantias selaram o acordo, com o retorno ao sóbrio padrão-ouro, removidos os excessos de papel-moeda. Fora da guarda e da vigilância aos compromissos do Tesouro, o governo, numa política dita de "princípios", e não de "expedientes", deixava a esfera particular seguir o seu curso, mesmo ao preço das quebras, na luta onde sobreviveriam os mais fortes. Nesse caminho não havia mais lugar para o quadro patrimonial-estamental, rompidos seus pressupostos econômicos e destruídos os elos de seu prestígio social.

No contexto da corrente econômica reorganizadora, que se inicia em 1891 e atinge seu clímax no período 1898-1902, o café geme ao peso da crise, agudamente dolorosa desde 1895. A superprodução esmaga os cafeicultores, até que o esquema valorizatório de 1906, compartindo os sacrifícios, beneficie a todos. A exportação e os preços altos não suportaram a expansão das safras, de 4 milhões para 15 milhões de sacas, de 1890 a 1902. A lavoura refugia-se na policultura, com o desmembramento de lotes vendidos aos colonos, a hipoteca e o apelo ao crédito. Sobrenada às dificuldades apenas a fazenda não dependente dos adiantamentos de banqueiros e exportadores. Típico fazendeiro em aperturas será o caso de Jorge Tibiriçá, influente político e cafeicultor paulista. Apanhado, em 1901, pelas restrições de crédito, derivadas da política Campos Sales, recorre aos bancos e hipoteca sua fazenda. A venda do café mal dá para o pagamento dos salários — vê-se forçado, para estancar a despesa, a ceder parte das terras aos colonos, cujos pagamentos o aliviam da despesa mais premente. Urgido pelas despesas de juros, não conseguiria sobreviver se a paciente e tenaz Ana Tibiriçá não se dispusesse a aproveitar o gado da fazenda para a venda de leite e o fabrico de requeijões, queijo e manteiga, artigos adquiridos pelos próprios colonos. A crise sugere o desenvolvimento da policultura, com o abandono das importações de gêneros alimentícios do exterior.[49] O esquema governamental, dessa sorte, provoca distorções não previstas no plano financeiro, com o alargamento do mercado interno, repercussão contrária aos interesses do núcleo importador e do capitalismo internacional. A sobriedade não leva ao jejum, mas à expansão dos recursos potenciais da nação.

Igual efeito se precipitará no campo industrial, recuperando o país, discreta mas firmemente, o decréscimo do ritmo ascendente do quinquênio 1895-9. A taxa-ouro sobre as importações (10% em 1898, 15% em 1899 e 25% em 1900) opera como tarifa alfandegária, apesar de abominar o presidente o protecionismo — "inoportuno e por vezes absurdo em favor de indústrias artificiais, à custa dos maiores sacrifícios para o contribuinte e para o Tesouro" (Manifesto Inaugural de 15 de nov. de 1898). O ímpeto industrialista, ferido com o encilhamento e a ressaca que lhe seguiu, acomoda-se, com modéstia, ao desestímulo oficial às fábricas "artificiais", serpeando entre as dificuldades e as acusações que sofre por elevar o custo de vida. O movimento industrial seria, entretanto, apesar dos reveses e dos ataques, um fator a contar no quadro da economia nacional, com o florescimento franco de 1905 e a expansão de 1914-8. Para maior consistência da maré ascendente, o contingente industrial paulista começa a se avolumar, até que, em 1910, adquire a primazia sobre as outras regiões, primazia que nunca mais abandonará. A imigração, a urbanização, o consumidor assalariado, darão especial ênfase ao fenômeno paulista, associado ao abrandamento monocultor. Essa circunstância, além de seu caráter quantitativo, terá específica tonalidade, em contraste ao surto industrial do Distrito Federal (Guanabara). Enquanto neste a indústria obedece a coordenadas políticas, de índole protecionista e de aliciamento do favor público, adversa portanto ao complexo exportador-importador, a empresa paulista obedece a outras inspirações, dependendo menos do governo, com o progresso gerado no seio do mundo importador. Na verdade, a caudal paulista se incorpora à corrente guanabarina a, guardada relativa autonomia, não desdenhosa da proteção oficial, mas capaz de dela prescindir. Essa combinação marcará a indústria paulista, economicamente liberal no conteúdo, de certa ambiguidade no trato com o poder público, de sorte a se sobrepor à tutela oficial. Indústria de tendências autonomistas em relação ao Estado, mas cautelosa, lisonjeira aos seus favores, sem a voz grossa e altaneira do bandeirante, ainda discernível no fiapo da arrogância cafeeira. As incongruências regionais explicam-se: o mercado nacional, realidade econômica, será, por muitos anos, uma ficção social, separadas as províncias nos seus particularismos e isolados os interesses em consequência das comunicações deficientes. O importador, inimigo da indústria na Guanabara, será o seu principal agente em São Paulo.

> Muito mais [a palavra está em Warren Dean] do que as firmas do Rio, os importadores paulistas tendiam a perder sua identidade como importadores e transformar-se em fabricantes. Isto se devia, em parte, ao fato de possuírem as firmas paulistas uma participação muito maior na criação e na expansão das fábricas. O contexto histórico também era significativo. Os importadores do Rio haviam crescido lentamente numa economia regional, que devia tanto ao aumento da população vegetativa e ao desenvolvimento da burocracia federal quanto ao ciclo do café. Haviam sido importadores por muito tempo, antes de adquirirem ações de empresas industriais. Os importadores paulistas mal se haviam estabelecido quando descobriram a necessidade de adaptar-se ao declínio da capacidade do café para custear as mercadorias vindas do estrangeiro. Vale notar que, enquanto os

importadores de São Paulo se voltavam para a indústria à medida que a importação se tornava cada vez mais difícil, os do Rio vendiam suas empresas industriais e voltavam à ocupação original, a de simples atacadistas.[50]

Segue-se das duas tendências — a indústria especuladora guanabarina, dependente de estímulos e favores governamentais, e a indústria capitalista de São Paulo, de índole liberal — uma realidade híbrida, apoiada sobre a tarifa e as emissões, mas não fundamentalmente adversa nos seus interesses, globalmente, ao sistema agrário. A orientação da economia no sentido do comércio exterior, mantida e reforçada, acomoda as divergências entre a lavoura e o importador, entre o industrial e a agricultura. Na base, o mercado interno favorece a substituição industrial das importações, dado que estas, em certos momentos, estritamente correspondentes à exportação, não logram abastecer as demandas. A camada industrial, no começo do século XX, tenta andar por si, abrindo caminho entre o bloqueio monocultor, com o amparo da tarifa protecionista, a qual não será hostilizada pela fazenda, que, graças à renda pública assim obtida (70% entre 1900 e 1920), ficará liberta dos impostos sobre a terra e sobre a renda.

Duas modalidades de indústria esquematicamente caracterizadas pela geógrafa, a paulista e a guanabarina, articulam-se nas dobras do setor exportador e importador. Elas viçam para facilitar as exportações ou para aperfeiçoar as importações, palidamente vinculadas ao mercado nacional, débil e tateante. Enquanto o esboço guanabarino obedece ao comando público, necessitado, para sobreviver, das sobras da exportação, capazes de alimentá-las de maquinismos e matérias-primas, a paulista se expande sempre que as importações não logram proporcionar produtos ao nascente mercado interno. Nesse último esquema, ao contrário do que ocorreu com o açúcar do Nordeste ou o café do Vale do Paraíba, o setor exportador-importador se conjuga a todo o conjunto. Em ambos os quadros, entretanto, as indústrias não se expandem com autonomia, dependentes do mecanismo maior para subsistir. Seria impróprio, nessa conjuntura, identificar nessas camadas uma burguesia industrial, segundo o modelo europeu. Não há uma projeção natural do artesão ao fabricante, em florescência que sai do fruto depositado no solo nacional. A indústria será um transplante, amortecido se adverso o quadro exportador-importador, vivaz se estimulado pela crise do sistema maior. Daí o apelo constante ao Estado, ao poder público, capaz de acudir a planta sem sol e sem estrume. Esse esboço industrial, entretanto, ganha relevo no momento em que adquire a perspectiva, com a promessa de permanência, de substituir as importações, dramaticamente cortadas na guerra de 1914-8 e no recesso da crise de 1929-40. A subsistência do esquema só será possível, passadas as circunstâncias transitórias, se competitiva a ilha industrial. Ausente essa possibilidade, seria, ainda uma vez, necessário o apoio do setor público, com a reserva forçada do mercado interno, por meio das tarifas alfandegárias ou por meio da inflação — esquemas, ambos, com a reformulação do sistema estatal, estruturados depois de 1930. A esse rumo, nacionalista na essência, se opõe o ideário liberal, implícito no plano Campos Sales-Murtinho, que apela para o capital estrangeiro no incremento industrial.

A linha paulista da economia, que parte de Rodrigues Alves, ministro da Fazenda de Floriano (1891), e chega a Rodrigues Alves, presidente da República (1906) — insista-se ainda uma vez —, não se mostrará, todavia, plenamente adequada às circunstâncias em transformação. Nesse período os instrumentos patrimonialistas do comando político da economia — o protecionismo, as manipulações financeiras, as garantias de juros e as concessões, as intervenções estatais — sofrem vigoroso cerceamento, que os leva quase ao desaparecimento. A política Joaquim Murtinho, assim denominada porque dará a nota ao comando de quinze anos, caracterizada no combate às "indústrias artificiais" e à "produção exagerada do café" e articulada ao lema "importar e exportar muito",[51] não se adapta, na sua rigidez monetária e na sua insensibilidade darwiniana, aos interesses novos. Ela própria será ofendida, repita-se, com distorções espontâneas, emergentes à margem de seus propósitos e de seu curso. Um reajustamento se opera, a partir desse ano de 1906, com reflexos no meio oficial e dirigente, dentro dos próprios muros liberais. Note-se, entretanto: o esquema Murtinho permanecerá vigente até 1930, com desvios nas suas linhas-mestras. O sistema patrimonialista não retorna à terra, como nos dias do Império ou nas horas do governo Deodoro, senão que será evocado como corretivo, leve e às vezes profundo, do castelo de Murtinho, construído dogmaticamente e para durar um século. Um paradoxo aparente, nesse abrandamento e retificação de rumos: a direção caberá a Minas Gerais, que afasta São Paulo por um espaço de vinte anos, durante o qual três presidentes mineiros (Afonso Pena, Venceslau Brás e Artur Bernardes) ocupam a chefia do governo, num caminho do qual não se distanciam Nilo Peçanha, Hermes da Fonseca e Epitácio Pessoa. Os interesses cafeeiros e industriais de São Paulo, com a densidade peculiar que adquirem depois de 1906, prosperam e se acomodam melhor sob a mão alheia do que sob o severo controle de seus homens.

Um coordenado complexo de circunstâncias — a inviabilidade da sucessão de um paulista, Bernardino de Campos, a presença de Afonso Pena, o Convênio de Taubaté — ilustra e testemunha a mudança do curso republicano. A política do funding provocou, malgrado a condução federal dos negócios, o fortalecimento do poder central, com o rígido controle das finanças estaduais, sobretudo na parte referente ao endividamento externo e aos compromissos estaduais. O Banco da República do Brasil (1892), filho da política de Rui Barbosa, carregado por uma pesada herança, não seria o instrumento hábil para gerir as finanças, em nome da União, ferido na liquidação de seu passado. Desde 1902 clama-se pela reorganização do frágil estabelecimento de crédito, para que, em seu lugar, surja um instituto central regulador, que, além do caráter de banco central de redesconto, sirva de intermediário para as operações de crédito entre a União e os estados. Nasce, aprovado pela lei de 30 de dezembro de 1905, o quarto Banco do Brasil, que é o atual Banco do Brasil. Banco central, agente financeiro do Tesouro, futuro banco emissor, cornucópia da União, pai e padrasto do comércio, indústria e agricultura, ele será o futuro que amansará as veleidades federais, no comando da economia, tão temido nos dias iniciais da República. A partir de seu funcionamento, o pacto federal adquirirá outra índole, segundo a qual o predomínio dos estados poderosos se definirá na conquista da presidência da República, com a constelação de poder articulada para o controle do país. Há um salto, todavia, entre o banco de comando de Rui Barbosa e o do fim do governo Rodrigues Alves: no interregno de quinze anos perecera o núcleo patrimonialista e se dispersara o estamento estatal, em favor da hegemonia das unidades federadas plantadas sobre o café. O sonho industrialista se evaporara, admissível apenas a indústria compatível com o café, com a ascendência econômica do Sul, regionalizada em São Paulo e Minas Gerais. A transação federal centralizadora de Deodoro e Floriano cedera o lugar à hegemonia paulista, que, para subsistir, se alia à mineira, num compromisso pluralista de interesses — pluralista, mas não nacional. Essa terceira fase, consolidada com a presidência Afonso Pena, será a maturação de tendências que se precipitam à margem da política Campos Sales-Joaquim Murtinho, fielmente continuada por Rodrigues Alves-Leopoldo de Bulhões, a última sem a rigidez da primeira. Nas dobras da flexibilidade amolda-se o plano cafeeiro, que culminará no Convênio de Taubaté, não endossado pelo presidente da República, mas não combatido, grande cafeicultor ele próprio.

Em consonância com a reação, articula-se o retorno protecionista, agora estimulado pela nascente indústria paulista, sob a liderança dos mineiros Francisco Sales e João Pinheiro, governadores de Minas Gerais. Volta a dominar uma teia mercantilista, com base nos estados (São Paulo, Minas Gerais e Rio de Janeiro), sob a tolerância da União, circunstância esta — o equilíbrio negociado — que não suscitará a aberta centralização diretora, nos moldes imperiais. A proteção agora buscada não seria apenas em favor da indústria, mas de interesses da produção nacional, que se ampliam em favor do agropecuário de Minas Gerais e Rio de Janeiro. Coube ao governador de Minas Gerais, Francisco Sales, dar corpo à política de Joaquim Murtinho e estruturar a reação contra ela, ao tempo que de São Paulo se articula a defesa do café e o industrialismo da Guanabara reivindica tarifas aduaneiras.[52] O Congresso Agrícola, Industrial e Comercial, reunido em Belo Horizonte no ano de 1903, fixa a adesão de um grande estado a uma nova política, em desafio aos presidentes paulistas, sob a liderança ostensiva de João Pinheiro, governador de Minas Gerais a partir de 1906. O pensamento central dos novos rumos será "garantir o mercado interno à produção brasileira", numa linha protecionista e intervencionista na economia. Desse núcleo se espraiam os primeiros vagidos nacionalistas, que encontram em Alberto Torres (1865-1919) seu maior intérprete. João Pinheiro desde 1903 fixará a linha de combate:

> É nossa a grande opulência natural desta pátria, é nosso este clima para todas as produções, é nossa a exuberante terra brasileira; mas em mãos estranhas estão a exportação das nossas riquezas, a importação do que não temos querido produzir, a regulamentação do nosso crédito, a exploração do alto comércio internacional, estando condenados em nome de uma liberdade comercial absurda a sermos um povo pobre no seio da mais rica das pátrias.

> Mas o nosso erro — o nosso grande erro — [dirá mais tarde] tem sido o de não havermos adotado íntegras, decisivamente, as suas leis de constituição do trabalho, de proteção absoluta a todo esforço produtor, de defesa natural à agricultura, de amparo às manufaturas incipientes na luta desigual com produtos estrangeiros, frutos amadurecidos de uma atividade secularmente sistematizada.

As duas grandes objeções correntes contra os objetivos propostos — a defesa do consumidor e a distinção entre indústrias naturais e artificiais — recebem a réplica contundente:

> Este negócio de *livre câmbio* [confidenciará a um amigo] é história de bacharel desocupado que, na sua qualidade de consumidor *parasita*, tem horror ao levantamento de preços da nossa produção, que, entretanto, constitui a salvação dos que trabalham. E, de mais, é largarem de ser consumidores, passando para a classe dos produtores, que temos aí muita terra precisando ser trabalhada.

Ainda um duro juízo: "[...] nesta terra, *livre-cambista* é sinônimo de vagabundo". A classificação das indústrias em naturais e artificiais seria uma falácia, maliciosamente cultivada: "Não há indústrias artificiais. O que faz a indústria não é a matéria-prima, é a mão de obra, é o trabalho do operário". O *economismo* não significa, todavia, o industrialismo dos dias iniciais da República, mas o reerguimento das atividades nacionais, com a reconquista do mercado interno:

> A questão industrial é importante, não resta dúvida, e eu sou partidário decidido da proteção do Estado à indústria, enquanto esta não se acha bastante forte para lutar com vantagens com as indústrias estrangeiras, melhor aparelhadas; mas, tratando-se de reorganizar o trabalho como base da fortuna pública, o que se impõe, naturalmente, sobretudo, é a reorganização daquele que representa a parte maior dessa fortuna. Essa é, incontestavelmente, em nosso país, a agricultura; a indústria manufatureira beneficia um certo número de habitantes, mas a agricultura é que beneficia a grande massa, não só favorecendo

o trabalho mais espontâneo e mais fácil ao número maior, como fornecendo ao país os efeitos precisos às suas necessidades mais imediatas.[53]

O café, depois de um longo período de comando isolado, precisa de reformulações econômicas e políticas que ajudam, embora a *contre-coeur*, a indústria. Na convivência nova dos interesses, entra um componente até então arredio, convencido de que as facilidades de importação significavam vida barata — o assalariado. Mais do que o alimento barato do exterior começa a pesar, no seu plano de vida, a oportunidade de emprego, procurado não apenas nas repartições públicas, lotadas de protegidos políticos. Era isso o que pretendia dizer João Pinheiro, ao aludir que o livre-cambismo só interessava ao "parasita", ao "vagabundo", não ao produtor, agora o operário, o agricultor e o empresário. A camada média e o proletariado aceitam o nacionalismo, transformando-se dos *jacobinos* dos dias de Floriano em aspirantes ao emprego, abandonado o antilusismo agressivo em favor do país independente, dono de sua riqueza.[54] Aconteceu, além disso, que a orientação Campos Sales-Joaquim Murtinho, à qual Rodrigues Alves se manteve fel, com o resgate do papel-moeda e a conversão, não provoca a prometida vida barata. Os impostos, altos porque cobrados em ouro, acentuaram a carestia também resultante do câmbio baixo, sem nenhuma contrapartida de maiores ofertas de emprego e do estímulo à manufatura e ao café. A insatisfação, já provada nas ruas com a despedida debaixo de vaia de Campos Sales, irrompe em 1904, no Rio de Janeiro, a pretexto da vacina obrigatória.

> A revolta de novembro de 1904 [observa José Maria dos Santos] foi um movimento de natureza essencialmente econômica, com as suas verdadeiras origens na absoluta indiferença dos meios políticos e governamentais ante o sofrimento geral da população. A vacinação obrigatória, por si só, não a explicaria. O pronunciamento militar Sodré-Travassos foi apenas um enxerto apressado e de última hora. A relativa indulgência reservada posteriormente aos seus diretos responsáveis, a contrastar com a dureza do tratamento usado para com os elementos populares, mostra bem que neste ponto o governo não tinha dúvidas. Foi mesmo a partir daquele momento que se tornaram correntes na nossa polícia os hábitos de grosseira e infinita brutalidade que especialmente a caracterizam, nas suas relações com a gente pobre.[55]

Verdade que, apesar do pensamento protecionista, da pressão que desencadeia o Congresso Agrícola, Industrial e Comercial de 1903, da Associação Comercial do Rio de Janeiro, do Centro Paulista de Fiação e Tecelagem, o Congresso e os presidentes bloquearam as tentativas protecionistas à indústria. Somente a guerra de 1914-8 tornou vitoriosas as reivindicações da manufatura, acusadas de encarecedoras do custo de vida, sob a hábil batuta do comércio importador. O projeto de lei de João Luís Alves, gerado pelo mesmo espírito da reorganização econômica preconizada por

Francisco Sales e João Pinheiro, não sai das comissões e do plenário da Câmara dos Deputados, na desesperada luta de 1903-7, impedido pela lavoura, receosa de que a elevação de tarifa provocasse represálias, da mesma índole, dos países importadores de café. Mas, no setor da cafeicultura, o caminho será brando e favorável, com reflexos indiretos, com a baixa e a estabilidade cambiais, que favoreçam as manufaturas. Contra a resistência de Rodrigues Alves, preocupado com as consequências de um controle brasileiro do mercado mundial do café, que poderiam incentivar o plantio em outros países, como já revelava a cultura dos seringais no Oriente, os planos valorizadores conseguem empolgar os círculos oficiais de Minas Gerais, Rio de Janeiro e São Paulo, governado este por Jorge Tibiriçá, o marido da obstinada Ana Tibiriçá, convertida em industrial para salvar a lavoura do casal. Em Taubaté, em 26 de fevereiro de 1906, os governadores dos três estados assinam o convênio que tomou o nome da cidade paulista, com a brusca quebra do itinerário liberal e não intervencionista dos presidentes Prudente de Morais, Campos Sales e Rodrigues Alves. Prevaleceu o expediente de fixar um preço mínimo do café, com a retenção de parte da produção, retenção correspondente ao excedente do consumo mundial. Uma sobretaxa garantiria os recursos necessários à compra do produto no mercado interno. Para o aperfeiçoamento do esquema seria necessária a presença do governo federal, por meio do Banco do Brasil, que emprestaria moeda brasileira, e na garantia de empréstimos externos, conseguidos na Alemanha, Inglaterra e Estados Unidos, a princípio sob a responsabilidade de São Paulo. O tradicional agente financeiro, Rothschild, não se comprometeu com a operação, avesso aos processos mercantilistas em curso, só rendido um ano mais tarde, diante do êxito do plano. A União deveria adotar um mecanismo financeiro diverso, capaz de deter a alta cambial, estabilizando-a em 15 d. — valor médio entre o nível 12, advogado por Minas Gerais, e 18, pretendido por São Paulo. Essa medida — a Caixa de Conversão — será obra do futuro governo, o de Afonso Pena, entusiasta da nova política. Graças ao conjunto de providências que se articulam sobre o Convênio de Taubaté, o país, na década seguinte, obtém maior preço de sua exportação, com menor volume.

O conjunto das circunstâncias econômicas, que inaugura uma fase da história republicana, torna inviável o candidato paulista à sucessão presidencial. O sucessor de Rodrigues Alves deveria ser Bernardino de Campos, comprometido com a linha Campos Sales-Joaquim Murtinho, estadualista em política e em finanças. Desde 1891 bradava contra a centralização do crédito, que, estruturado em órgãos nacionais, levaria ao regime unitário, com o abafamento das liberdades econômicas e políticas.[56] O comando econômico, se algum devesse ser exercido, caberia aos estados, e, obviamente, entre os estados, a São Paulo. Na intervenção do governo federal sobre o café veria, coerente com sua grei, ameaça ao sistema descentralizador, com a prática de passos sempre mais profundos no caminho do unitarismo. Temia, já em 1905, a combinação do estado próspero e da população miserável — o domínio da economia particular

CAPÍTULO **XIII** | 515

pelas finanças públicas. Opõe-se, em nome da prosperidade agrícola, às tarifas protecionistas, fiel ao liberalismo federalizante dos homens de São Paulo. Os tempos eram outros, com o protecionismo industrial, o governo interventor na economia e a baixa cambial. O futuro presidente da República, o mineiro Afonso Pena, reprova o Estado *gendarme*, cuja morte celebra, certo de que a missão do governo

> abrangia também cuidar do bem-estar e melhorar a condição de vida do povo, exercendo sua ação benéfica em razão da atividade social, desde que a iniciativa individual, sob suas diversas formas, se mostrasse impotente ou insuficiente. Estimularia e ampararia o governo as atividades econômicas pela proteção alfandegária, introdução de imigrantes estrangeiros, desenvolvimento dos meios internos de comunicações.

O revés paulista, dissimulado agora numa transação, seria mais profundo, volvidos quatro anos, com a escolha de um presidente militar, de índole centralizadora. Perdia a política de São Paulo, mas não o Estado, provavelmente não representado fielmente nos seus líderes. A mudança de rumo, com vinte anos de duração, não chegaria a ferir a estrutura política, consolidada pelas mãos de Campos Sales. A presença do poder público central não alcançaria a coloração imperial, embora anuncie os dias de 1930, com a troca das pedras no tabuleiro, em profundidade.

Abertas as comportas da reação anti-Murtinho, as águas correm pela planície, embora sulcadas de embaraços. A Caixa de Conversão, depois de elevado o câmbio a dezesseis sucumbe, na crise de 1913 (embora sobreviva nominalmente por mais dez anos), com o reflexo de ouro estrangeiro, que precipita a queda cambial. A elevação cambial de 1909 praticamente frustra o plano de Taubaté, apesar de a corrente, estancada provisoriamente, fluir por outra saída. Não mais seria possível retornar à política restritiva, que fez a glória de Murtinho. As emissões voltam à cena, por intermédio do Tesouro, depois de suspensas desde 1898. O papel-moeda subiu de 897 mil contos de réis em 1913 para 1 848 000, em 1920. Daí por diante, a progressão se manteria, com a faculdade emissora confiada ao Banco do Brasil (1920), até atingir 3 394 000 contos em circulação, no ano de 1929. Às emissões da Caixa de Conversão se sucedem as emissões do Tesouro e a estas as emissões do Banco do Brasil. Três etapas de um curso de comando da economia pela mão do poder público, em contraste ao privatismo crescente desde 1891 e vitorioso até 1906. A guerra consolidou os núcleos industriais, favorecendo-os com as emissões. A queda das receitas públicas de importação, derivada das condições internacionais do conflito, acentua, por outro lado, o imposto de consumo, já o principal tributo em 1917. A União, daí por diante, terá que contar com a manufatura, em defesa de suas receitas. Embora persistam as restrições da lavoura e não desapareçam as censuras sobre o encarecimento do custo de vida, o número de pessoas empregadas na indústria — 275 512 operários em 1920 contra 150 841 em 1907 — alarga a base dos interessados no fomento da economia interna. Num movimento sempre contínuo, a indústria procura consolidar-se com a grande siderurgia.

A economia da chamada República Velha (1889-1930), apesar da ruptura de 1906, estava voltada para o setor exportador. O complexo se abranda, à força de muitas pressões e de muitos combates, com a emergência do mercado interno, que os interesses agrícolas e industriais procuram apropriar. O poder público transige, em alguns casos cede, raramente fomenta esse desvio, que perturba o esquema federalista, tal como articulado durante o governo Campos Sales. O café, ainda na década de 1921-30, ocupa 69,6% da exportação nacional. Daí, desse núcleo central da economia, as valorizações crescem de vulto, entre as quais a de 1906 não será medida isolada e solitária, senão que, como se acentuou, obedece ao contexto mercantilista, aberto, sem eliminar o sistema dominante, na reação anti-Murtinho. O plano, que daria lugar a um neologismo vocabular na língua inglesa e a um neologismo econômico de larga aceitação por outros países produtores de matérias-primas,[57] provoca a elevação do preço do café acima de um nível que permita o lucro do produtor, mas abaixo de um padrão que evoque o plantio em outros países. Tem, pela sua natureza e pelas consequências, perigosas a longo curso, capaz de suscitar represálias, caráter transitório e de emergência. De iniciativa dos Estados produtores, sobre eles recaindo o controle do mecanismo interno, projetou-se, na segunda vez (1917-20), ao plano federal, calcado sobre emissões da União, no valor de 110 mil contos, emprestadas a São Paulo, com a promessa de dividir os lucros. A geada de 1918 fez mais pelo café — elevando o valor da saca de 47$350 a 94$612 — do que o expediente valorizador. Na terceira valorização, resultante dos estoques encalhados, em 1921, o presidente Epitácio Pessoa, liberal de formação clássica, aceita, com relutância, a responsabilidade da medida, pressionado por São Paulo, cujo governador, Washington Luís, prefere resguardar o estado da empresa aleatória. Ainda uma vez, as pequenas safras de 1922 e 1923, somadas ao aumento de consumo do mercado norte-americano, perturbado pela proibição das bebidas alcoólicas, liquidam os estoques de 10 milhões de sacas para 5,3 milhões, entre 1919 e 1923. O êxito das valorizações depende, no último termo, do capital estrangeiro, obtido, em 1906, apesar das resistências de Rothschild, com a presença deste, mal volvido um ano. A crise pós-guerra, em 1917, obrigou ao recurso emissionista, em substituição ao empréstimo exterior, novamente negociado, em 1921, com um consórcio de banqueiros — Rothschild, Schroeder e um representante da Brazilian Warrant Co. A conexão entre o poder público, estadual e federal, e os banqueiros estrangeiros induz a crer que o plano de valorização opera em favor do setor externo da economia, com a sobra dos lucros entregue aos produtores e a totalidade dos riscos por conta dos governos dos estados e da União, acudindo esta, em caso de malogro, com o pagamento das contas atrasadas. Essa projeção pública das medidas, obrigando o governo a intervir depois de aberta a crise, levou à criação, ainda em 1922, de uma agência federal e permanente — o Instituto de Defesa Permanente do Café —, depois dissolvida, quando o estado de São Paulo funda o Instituto do Café (1925). No seio da garantia dos preços emerge o sentido nacionalista, articulado ao setor público, ainda hesitantemente articulado para as práticas reformistas, embora, *à côté*, esteja sempre o banqueiro internacional — o Brasilianische Bank fur Deutschland, e Schroeder, em 1906, como Lazard Brothers Co., em 1926. O último lance só virá depois da tranquila marcha de 1924-7, com safras normais e absorção do mercado mundial, no equilíbrio entre o aumento da produção e do consumo (11% ao ano, entre 1920 e 1928). Os mecanismos públicos, desde a implantação do quarto Banco do Brasil, vigiam e aceleram o progresso econômico, com o centro plantado no café. No governo central, superintende a empresa o Ministério da Agricultura, criado em 1906 e instalado no governo Nilo Peçanha. A Carteira de Redesconto do Banco do Brasil (1920), substituída pela Carteira de Emissão (1923), alternaram a expansão e a retração monetária, agora francamente fixadas no propósito de evitar o câmbio alto, receio maior dos exportadores e industriais, estes últimos comparsas necessários do controle financeiro. A Caixa de Estabilização (1926), obra do presidente Washington Luís, recebe um legado sem convulsões, mas instável. Essa irregularidade tem ela o propósito de extinguir a compressão cambial — já visada pela Caixa de Conversão de 1907, mas só em favor do café —, agora em benefício dos dois setores, abrangendo a indústria, mencionados expressamente na mensagem presidencial de 1927. A paridade cambial se estabelece (lei nº 5108, de 18 de dez. 1926, que quebra o padrão de 27 d., irreal, mas vigente na lei de 1846) na base 5 115/128 *pence* ao mil-réis, inferior ao quinquênio. Por meio de uma agência monetária evitar-se-iam a alta e a baixa, para o amparo da lavoura e da indústria, até alcançar — o sonho de um século mais uma vez retorna, pela última vez — a conversão do papel ao ouro. "Para curar, é preciso suprimir essas oscilações; e, para isso, primeiro é indispensável suprimir o papel-moeda, conter o papel-moeda. Não mais papel-moeda como meio circulante; mas ouro e papel conversível em ouro, à vista e sem limitação de quantidade."[58] A euforia do progresso indefinido, que a belle époque consagrara, encontra, nessas esperanças, a feição brasileira: a lavoura em paz, a indústria definitivamente radicada permitirão a integração do país no contexto mundial, sobre as bases clássicas da moeda comum. O ideal do liberalismo vê, diante de seus passos, a terra da promissão, completo o ciclo modernizador, vencida a dependência de um século. Surpreende que nos dias de ocaso — o ocaso de 1889, com Ouro Preto, o ocaso de 1929, com Washington Luís — o mundo se despeça cheio de esperanças, alheio à angústia, imune ao desespero, que só a hora derradeira inspirará. A depressão mundial de 1929 acordará o obstinado sonhador, com os freios de controle funcionando para precipitar a queda, sem que ninguém entenda que só um Estado reformulado poderá tomar as decisões necessárias ao momento; momento, na verdade, preparado longamente, dentro da própria estrutura do poder.

A sombra do liberalismo não impedia que o governo, por meio de medidas diretas e indiretas, intermediasse o mercado internacional com a produção do país. No

Império, essa função, que secreta crédito e dinheiro, irmana uma classe econômica aos tentáculos do poder público, na combinação patrimonialista-estamental. O declínio do Vale do Paraíba, com a ascensão de outras forças, deu lugar a novo confronto de interesses, numa estrutura, ainda que cafeeira, empresarial, cada vez mais próxima dos padrões burgueses. A emergência do mercado interno, ao tempo que evoca a indústria, até então confinada à aventura e à especulação, provocou — os números são de 1928 — uma produção industrial de 4 milhões de contos contra 8 milhões do setor agrícola. Os ramos têxteis e de alimentação cobrem 60% da área, numa extensa proliferação de pequenas fábricas, a metade delas ainda não servida de motores. Dos 13 336 estabelecimentos recenseados em 1920, apenas 482 tinham mais de cem operários — para 1236 em 1940. O eixo econômico, deslocado para o Sul, não logrou homogeneizar o mercado interno, disperso em centros produtores quase autônomos, de difícil e tarda intercomunicação. São Paulo, o Distrito Federal, o Rio Grande do Sul, as três unidades líderes, produzem para as demandas internas ou das cercanias. O Norte e o Nordeste são outros países, vinculados à capital da nação, mas excêntricos ao centro dinâmico da economia do mercado interno. Um estrangeiro, na perspectiva de 1935, discernia na realidade brasileira uma estrutura dualista — o país moderno ao lado do país colonial — numa pluralidade de mercados. Havia metrópoles e colônias dentro das mesmas fronteiras.[59] O viajante reproduz observações do começo do século, impressionado com a coexistência descoordenada de pequenos mercados, com interesses bloqueados regionalmente,[60] gerando, no plano político, uma organização de alianças regionais, com a hegemonia da unidade mais forte ou das duas mais fortes. As nuanças locais adquirem conteúdo divergente — por exemplo, a indústria paulista próxima e em convívio com a lavoura, enquanto a guanabarina a depende do governo central. Esse dualismo, de caráter geográfico, complica-se com o dualismo do tempo divergente no mesmo espaço e com o dualismo de setores nacionais e setores inassimiláveis, provocados, os últimos, pelos encravos (*alien enclave*) das inversões estrangeiras no país. No seio do processo, a busca de homogeneidade traduz a preocupação modernizadora, politicamente orientada e fundada na presença do complexo exportador, guiado à distância. A absorção, num só impulso ascensional, do patrimonialismo e do capitalismo moderno, voltado este para a indústria e para a lavoura como empresa, será um destino não possível para o esquema modernizador, comprometido com a comercialização, e não com o âmbito produtor.[61] O núcleo modernizador cede, na República, à dispersão e à privatização, com o governo decorativo na teoria e vítima dos assaltos particularistas, estadualmente consagrados. A convergência para a unificação do mercado e para o aliciamento protetor e governamental suscita o centralismo, o protesto antifederal, na surda marcha que leva a 1930.

A agricultura, que ocupa, em 1920, 69,7% da população ativa, um dia seduzida com a emancipação do plantador, do produtor, sufocada pelo comissário do século XIX, decepcionada e endividada, vê sobre ela desabar a crise de 1929. As valorizações, convertidas em sistema a partir de 1906, soaram como a libertação do comissário, já transmutado em banqueiro ou devorado pelo exportador. No fundo, o lavrador, por um golpe, quer escamotear a dívida, sobre a qual expandira a plantação. Na verdade, não consegue senão transferi-la ao exterior, por meio dos bancos e das casas exportadoras. Depois desse angustiado circuito, seria necessário passar o débito ao governo, aparelhado para recebê-lo, com o Banco do Brasil e o Instituto do Café, se a crise lhe ferisse as fazendas. Washington Luís, impermeável à tácita regra do jogo, empertiga-se em orgulhoso liberalismo, abrindo caminho aos ventos ásperos e selvagens, renovadores. A amargura gera o sentimento de exploração, que se casa, sutilmente, subterraneamente, com o nacionalismo industrialista. O sentimento de protesto, longamente incubado, assume a formulação contundente:

> Toda a nossa fictícia circulação econômica [brada o profeta do credo cismático, em 1914] é obra, assim, de uma federação de feitorias, que, desde as vendas do interior até às casas de importação e de exportação, as estradas de ferro, as fábricas, o comércio intermediário e os bancos — em mãos, quase totalmente, de estrangeiros — não fazem senão remeter para o exterior, em produtos, lucros comerciais, industriais e bancários, rendas de várias naturezas, a quase totalidade dos frutos da nossa terra. As duas verbas da exportação e da importação equivalem para a nossa economia a verbas de passivo colossalmente precário, enormissimamente lesivo.[62]

A obra modernizadora não teria passado de obra importadora de modas e exportadora de sangue, à custa do "lenocínio do nosso solo". Para a reconquista do tempo perdido, seria necessário reformular o Estado — os protestantes reclamam um rei, não o "Pedro Banana" nem um líder sem sabor, saudosos do patrimonialismo que provê, vigia e conduz.

> O Estado fora, no Brasil, um fator de dissolução. A influência deletéria dos interesses antissociais, criados e alimentados em torno do poder público, desde os municípios até a União, sobre a vida brasileira, é um fato cujo alcance não foi ainda atingido pelos observadores das nossas cousas públicas. Este regime deve ser substituído por outro, capaz de levar a termo o encargo da geração presente para com o futuro do Brasil.[63]

Dentro das inquietações econômicas, Leviatã novamente ameaça sair das águas, não para dar nova fisionomia jurídica ao mecanismo institucional, mas para "salvar o Brasil".

2 | *O militar e o militarismo*

O MOVIMENTO FEDERALISTA E LIBERAL, desconfiadamente irmanado às promessas igualitárias que a plebe urbana cultiva, preparou a ideologia republicana, mas não fez a República nem venceu no dia 15 de novembro. O golpe militar, expresso numa parada, legitimou-se, com oportunismo, na mudança da forma de Estado, adotada pela pressão do ambiente, única e necessária alternativa à queda de d. Pedro II, que todo mundo sabia sem sucessor: d. Pedro II sem Isabel I, sem d. Pedro III. A interferência militar, situada entre o imperador sem herdeiros políticos e o federalismo não amadurecido, desviou a direção dos acontecimentos, sufocou a revolução em marcha. O odiado Poder Moderador, destruído o Senado vitalício e o Conselho de Estado, encarnar-se-á, sem quebra da continuidade, em Deodoro e Floriano. O republicano histórico Aristides Lobo sente que o 15 de novembro não marca o dia zero da era republicana — será, "talvez nem tanto", o degrau para o "advento da grande era". "Por ora" — lamenta —, "a cor do governo é puramente militar e deverá ser assim. O fato foi deles, deles só, porque a colaboração do elemento civil foi quase nula." O cético, o pessimista que mora em todo cético, parecia não ler o texto dos atos lançados à nação, que acentuam o caráter temporário do governo, temporário enquanto não viesse o pronunciamento definitivo, "livremente expressado pelo sufrágio popular" (*Proclamação e Decreto do Governo Provisório*), que tornaria definitivo, com o banho da soberania nacional, o passo extremo. Signatário dos documentos, Aristides Lobo, ministro do Interior de Deodoro, confia pouco na presença paulista no gabinete, representada por Campos Sales e, depois, por Francisco Glicério, preocupado com a ascendência do chefe do governo e de Benjamin Constant na pasta da Guerra. A perspectiva realista — o cético não é só pessimista senão sobretudo realista — não se ofusca com a presença no ministério de Rui Barbosa e Quintino Bocaiúva, representantes, na mecânica federal repentinamente inaugurada, de duas unidades — a Bahia e o estado do Rio — em rápido declínio. A ausência de Minas Gerais — a mais poderosa bancada de deputados e senadores, no Império e na República em ser — não permite outro raciocínio, nem autoriza outra tática: ou o povo, isto é, o grupo federal, com São Paulo, ou a força armada, esta, na essência, o regime monárquico sob cor diferente, diferente e mais viva. Ainda um engano, na hora caótica: governo provisório não significa o afastamento do militar, depois de votada a Constituição, mas — quem sabe — a sua permanência institucional, definitiva. Só o civil — o civil civilista — percebe na fórmula o alijamento militar. O militar, em breve transformado no *cidadão de farda*, temerá que, na reorganização do poder, estará implícito o seu banimento da política, ingrata repulsa aos fundadores do regime.

Militar o regime, era necessário institucionalizá-lo, de acordo com a promessa firmada no próprio dia 15 de novembro. Em dois movimentos se processaria a organização republicana: na escolha dos chefes dos estados e na definição do papel e das relações militares com o novo regime. A Assembleia Constituinte, convocada em dezembro de 1889, instala-se em novembro do ano seguinte, para terminar a Carta Magna em 24 de fevereiro de 1891. Em quinze meses o país entrou na órbita constitucional, na obediência a um texto que permaneceria íntegro, nas suas linhas essenciais, por quarenta anos. Nem o trabalho constituinte, nem a palavra escrita na Constituição acomodariam as correntes em dissídio ou as forças em divergência. Quem dá o rebate sobre a situação são, no primeiro lance, os monarquistas, o pequeno grupo que não adere ao fato consumado. Eles percebem claramente que a revolta militar se ampliara, no seu conteúdo, numa revolução,[64] cujo maior pecado seria o risco oposto à unidade do país. Na perspectiva imperial, só a sociedade civil, com o centralismo, seria apta a guardar a incolumidade do território, em breve provavelmente dilacerado por muitas ditaduras militares, inspiradas pelas ideias fragmentárias do positivismo. O componente militar, de outro lado, barbarizaria o país, com os oficiais caboclos, ignorantes das maravilhas europeias, hostis à modernização civilizatória dos civis viajados, em dia com a literatura da França, da Inglaterra, dos Estados Unidos. A tirania, só ela, traria a ordem, quebrado o consenso político dos partidos, sob a mão vigilante do imperador.

> No Brasil [declama Eduardo Prado] a questão hoje não está posta entre a República e a Monarquia.
> A luta é entre a liberdade e a tirania. A luta vai ser entre o Exército estragado pelos jornalistas ambiciosos, pelos professores pedantes, entre esse Exército político, servido por seus escribas e que não quererá largar a rendosa tirania, e a sociedade civil que terá de reagir ou de se aniquilar. A nação terá de mudar ou de devorar o Exército político ou o Exército político acabará de humilhar e de devorar a nação.[65]

O ataque monárquico, contraditório nos termos, baseava-se no pressuposto que só a centralizadora máquina imperial seria capaz de conservar as franquias liberais em conjunção com a unidade nacional. Certo, as liberdades sofreriam, na contingência revolucionária, eclipse indisfarçável, mas a garantia da unidade só existiria com a presença do Exército, com sua vocação nacional, inscrita na índole da organização militar. A República tomaria feição unitária, em contraste com a ideologia federal, longamente pregada pelos "históricos", com base em São Paulo.

Que a República há de ser unitária [esta a opinião de outro monarquista, menos sectário que o primeiro] ou há de haver muitas repúblicas, não há para mim dúvida alguma. A vida das Repúblicas latinas da América tem sido uma luta contínua entre o militarismo e o federalismo e em toda parte este foi esmagado pelo poder central. [...] A República precisa do militarismo como o corpo humano precisa de calor; a questão é tê-lo no grau fisiológico, nem demais, nem de menos. Ter o Exército como força ativa, é tê-lo demais; tirar ao Exército todo caráter político, é tê-lo de menos; a temperatura exata, seria tê-lo como força política de reserva; — o que na prática é uma espécie de quadratura do círculo.[66]

Para os monarquistas mais conscientes, o centro do poder seria sempre ocupado por uma "ditadura de fato", penhor da unidade nacional, liberalmente condescendente sob o imperador, tirânica sob o Exército. A imaturidade do país, sua desarticulação econômica e cultural, os vícios de formação só se corrigiriam mediante a longa educação, de cima para baixo, do estamento burocrático, civil ou militar. A federação traria o caos, a anarquia, as satrapias militares ou as dos capitães-generais. O grupo militar, ao qual o comando é entregue a 15 de novembro, está bem ciente de sua missão e de sua responsabilidade: a garantia da pátria íntegra. Para a preservação desse objetivo supremo não seria possível fragmentar o domínio, senão guardado o vínculo com o centro, homogêneo e, se possível, monolítico. Somente o destempero não científico dos vocábulos confundiria o esquema com o militarismo, tecla constante dos críticos do regime recém-inaugurado. Para a propaganda reacionária o Brasil, com seus 14 milhões de habitantes, seria o prisioneiro de 13 mil homens, a quanto montava o efetivo do Exército, menos de 0,1% da população, dominada pelos ideólogos do Clube Militar, os "bacharéis de espada".[67] No alvo militar, os monarquistas buscavam ferir o foco republicano, como se este houvesse suscitado o mando do Exército, na verdade já árbitro dos destinos nos últimos anos da monarquia.

Na derrocada do trono e na reorganização republicana, no interregno em que se apagam as carreiras longamente consolidadas e se ateiam as ambições sufocadas, a palavra de ordem será a do Exército, sob a liderança de Deodoro da Fonseca. Os partidos republicanos, dispersos nas províncias, sem unidade de estrutura e de pensamento, não estão aptos ao governo, esfacelando-se, logo que o timão lhes é oferecido, em grupos dissidentes. Entregar o poder aos representantes do povo, na forma da promessa do 15 de novembro, seria, levada a empresa aos seus excessos nominais, uma farsa que não enganaria ninguém. As eleições, filhas da vontade do centro antes de 1889, continuariam a obedecer aos mesmos propósitos — o país real seria, por muito tempo, o país oficial. Daí não sairia a representação nacional, mas — tem razão o rábido monarquista:

um sindicato: o Exército entrou com a força, o partido republicano (melhor: os partidos republicanos) entrou com o seu pessoal de escritores capazes de redigir decretos, de ter ideias novas etc. etc. Os lucros, isto é, os empregos, os postos elevados, as comissões, os ordenados, as honras são proventos divididos entre os dois sócios. A maioria limita-se a pagar.[68]

Sindicato, sem o desdém amargo da palavra, houve antes e haverá depois, com a mudança dos sócios — o barão e o bacharel, o chefe político e o militar, o paulista e o coronel. Em breve, a luta pela hegemonia projetará os homens de São Paulo, rompida a transação que impera por cinco anos. Os militares, senhores da situação, necessariamente no controle da ordem social, articulam os estados à União e estruturam a representação nacional. Entre a proclamação da República e a organização constitucional dos estados — de 15 de novembro de 1889 a maio de 1891 — os governadores são nomeados por Deodoro e seus ministros, numa dança de muitos nomes e de mudanças rápidas, algumas inesperadas. Dos vinte estados, dez cabem aos militares, com, em 1893, 174 oficiais exercendo funções políticas e administrativas, excluídos os deputados e senadores, compondo um quarto da Assembleia Constituinte. O Clube Militar, nas ramificações estaduais, escolhe candidatos e alicia eleitores.[69] Nesse contexto de comando militar, embora a supremacia numérica dos civis nos postos políticos, procura-se definir, em termos legais, a convivência institucional entre a espada e o governo. A fórmula imperial da força militar "essencialmente obediente" sofre, dia a dia, o desmentido dos fatos. No outro extremo, o militarismo, no seu sentido autêntico, encontra a repulsa mais veemente dos oficiais do Exército e da Marinha, que nele viam o caminho mais rápido da própria dissolução, entre revoltas e o despertar de ambições de toda ordem. O problema se situa entre a participação política e a indisciplina. O velho Deodoro, homem formado pelos regulamentos da monarquia, não compreende o neologismo *cidadão de farda*, construção teórica que legitima o revide militar ao trono. O coronel Solon, outrora ativo conspirador e patriota exaltado, transforma-se, aos olhos severos do generalíssimo, em "patriota de rua", comprometendo a disciplina. Se necessário, a bem da ordem, dissolverá o próprio Exército, "se a tanto for compelido pela anarquia e desrespeito ao princípio militar". Um político monárquico, converso desde o último gabinete, aplaude e recita a cartilha imperial:

[...] ao militar imiscuído nos negócios e cargos civis, vai desaparecendo o amor à sua classe e vão nascendo desejos de subir mais e mais e de mais pasto dar à sua vaidade, ainda que fora se crie o partido dos invejosos e dos feridos no seu orgulho, porque muito menos são em posição e menores os seus proventos.

O Exército tem o seu vasto e elevado campo de ação, que, se o conserva lá independente, cercado de maior respeito e prestígio, será ele uma garantia de paz e da ordem;

acampe, porém, ele no terreno das negociações e dos postos civis, teremos nele o fermento da desordem, o elemento perigoso de reação e de revolta.[70]

Significativamente, Benjamin Constant deixa o posto de ministro da Guerra e, em seu lugar, ascende Floriano Peixoto, para se expandir em rápida e gloriosa carreira. A questão não se cortaria, entretanto, com a troca de postos ministeriais, nem com a elevação dos ministros a generais — o general Rui Barbosa, o general Campos Sales, o general Francisco Glicério, o general Cesário Alvim e o general Quintino Bocaiúva, sob a chefia do generalíssimo Deodoro.

A linha que definiria, dentro das instituições, o *cidadão de farda* seguiria outro rumo, até consolidar-se na Carta de 24 de fevereiro de 1891. Um decreto de 14 de abril de 1890 define, nos *consideranda*, a posição do militar na sociedade política:

[...] o soldado, elemento de força, deve ser de hoje em diante o cidadão armado — corporificação da honra nacional e importante cooperador do progresso como garantia da ordem e da paz públicas, apoio inteligente e bem-intencionado das instituições republicanas, jamais instrumento servil e maleável por uma obediência passiva e inconsciente que rebaixa o caráter, aniquila o estímulo e abate o moral.

A doutrina que o decreto revela, acusada de introduzir no direito o militar político, vestíbulo do militarismo, obra de Benjamin Constant, evoluiu para a cláusula do artigo 14 da Constituição de 1891: "A força armada é essencialmente obediente, dentro dos limites da lei, aos seus superiores hierárquicos, e obrigada a sustentar as instituições constitucionais". O problema da obediência — que a monarquia filava à obediência passiva — subordina-se aos limites da lei, obrigado o soldado, por outro lado, a sustentar as instituições constitucionais. O constituinte, liberto dos modelos, logra criar um padrão original, historicamente ditado, com a preocupação de integrar a força armada na lei superior. Deodoro, soldado à antiga, impugnou, no primeiro lance, com firmeza, a inovação, trazida ao debate por Rui Barbosa, nesse ponto coerente com os editoriais do *Diário de Notícias*, escritos no ardor da Questão Militar. O chefe do governo provisório vislumbrou, no dispositivo, o direito do subalterno de apreciar as ordens do superior hierárquico, com a quebra da disciplina. Venceu-lhe as resistências o argumento do redator do projeto de que o princípio estabeleceria ao militar uma posição condigna na organização política do país.[71] O dispositivo constitucional não gerou a institucionalização da força armada no processo político, senão que perdeu a substância, anulado pela reação civil e federal, que tomou corpo a partir de Prudente de Morais. Feriu-o, sempre, a objeção de que, permitindo o exame das ordens do superior pelo inferior, reconheceria a anarquia. Tormento dos juristas intérpretes do texto constitucional, que procuram anular o artigo à custa de comentários, sutilezas e distinções, nunca se conseguiu negar a palavra escrita, que assegura limites flutuantes à obediência.

> É uma questão delicada essa [escreve um dos mais penetrantes estudiosos da Carta de 91], porque não é fácil conciliar a *obediência essencial* com o *exame* da legalidade da ordem recebida. [...] Por via de regra [prossegue], o subordinado deve *obedecer sempre*. Isto é, *tratando-se de serviço militar, a desobediência não é permitida* [...]. Do que seja *serviço* e das *ordens* que ele comporta, o juiz é o superior. Nesse sentido, tais ordens são terminantes, e o único contraste possível é a representação *após o cumprimento*.
> Fora da ordem de serviço, o militar readquire o poder de exame próprio e não deve obediência.
> Os soldados que desobedecem a um comandante que os manda fazer fogo sobre uma multidão inerme e pacífica, não cometem desobediência ilegal, porque o comandante não deu uma *ordem de serviço*. O cumprimento de tal ordem atentaria contra o direito de reunião. Ainda mesmo que a multidão não fosse inteiramente pacífica, o comandante não deveria dar a ordem extrema sem as admoestações legais.[72]

Inevitável, nas dobras do exame da ordem de serviço, o soldado deliberante, intérprete da legalidade das determinações do superior hierárquico. O preceito ficaria sem aplicação, por conter, se lido isoladamente da oração precedente — "a força armada é essencialmente obediente" —, fermento subversivo e anárquico. Associado, entretanto, ao fecho do parágrafo, que fixa ao soldado o dever de "sustentar as instituições constitucionais", teria ele ampla influência na história republicana, com reiteradas tentativas de dar cunho legal às sedições e golpes de Estado. O texto — clama Rui Barbosa, seu autor, mal volvidos oito anos de sua inscrição — tem sido "o homísio dos pronunciamentos", em nome do qual a força depôs o primeiro presidente e a Marinha tentou depor o segundo.

> Se essa doutrina fosse verdadeira [escreve em 1898], o eixo da República estaria deslocado. O Supremo Tribunal da legalidade seria a força armada. Os conflitos constitucionais não se resolveriam pela tribuna e pela toga, mas pela violência e pelas armas. A estas se teria confiada em derradeira instância a judicatura sobre o procedimento dos governos e a legitimidade das leis. Em vão se teria dado ao Congresso a atribuição de legislar, à administração a de executar, às justiças a de julgar: a única expressão da soberania na justiça, na administração e na legislatura seriam as forças de terra e mar. Quando estas interviessem nas desarmonias do Congresso com o governo, ou nos conflitos do governo, com o povo, interviriam regularmente, legalmente, constitucionalmente, como o oráculo irrecorrível da Constituição, o sumo intérprete da lei, a fórmula viva da regra nacional. Dar às armas voto deliberativo, é evidentemente abdicar nelas a soberania.[73]

No exemplo mencionado — a recusa de dissolver uma reunião, garantido o direito pela Constituição — a força armada, segundo a doutrina ora exposta, só se recusaria a intervir se o Supremo Tribunal Federal houvesse reconhecido o meeting. Estava implícito, no pensamento do autor do artigo 14 da lei maior, que o árbitro da legalidade, o garante do direito seria sempre o Supremo Tribunal Federal, só este autorizado a definir os termos dos conflitos eventuais. Desprezado o elemento de cúpula, a chave do sistema constitucional, omisso o mais alto tribunal nas suas decisões, acovardado perante a força ou servil diante do poder, desponta, no mecanismo político, perturbador, corrigindo excessos ou acobertando ambições, a força armada, enganadoramente legitimada pelo velocino constitucional. Em breve, entretanto, incapaz o freio judiciário de operar, erguer-se-á, no seio das forças políticas, a federação, contrabalançando a hegemonia militar.

Inegável que a intervenção militar, longamente preparada sob o Império e amadurecida na República, fixará, no organismo político, um rumo permanente, em aberta manifestação ou com atuação latente. A fórmula constitucional será apenas o esboço escrito e jurídico de uma tendência mal definida, de um curso mal redigido, de uma realidade infielmente traduzida. A conciliação permanente, inutilmente tentada no estatuto de 1891, não será obra do jurista e do político, todos feridos de preconceitos civilistas, infundidos pelo bovarismo dos modelos estrangeiros. A força armada, alijada do comando ostensivo, retrai-se ao papel de garante das instituições, nem sempre interpretadas segundo a craveira dos senhores do poder, encastelados na presidência da República, nos ministérios, no Congresso, nos governos estaduais. Entre a garantia e a tutela, entre a vigilância e o governo direto, uma vasta gama de intervenções será possível — a ditadura militar até a solução extrema do militarismo. O afastamento total do Exército da política equivaleria a consagrar o imobilismo oligárquico do regime, sob o hegemônico domínio de São Paulo e Minas Gerais, com a fechada política dos governadores. Conscientes do perigo da *pax* republicana, setores desprezados na fórmula federal mantêm o convívio com o Exército, segurança eventual de sua audiência nas deliberações federais. A Bahia, pela voz de Rui Barbosa, apesar de sua apaixonada campanha de 1909-10 e de seu envolvimento paulista nessa pugna, quer a força armada atuante, sob o controle do Supremo Tribunal Federal, em harmonia com o federalismo moderado de sua pregação política. O Rio Grande do Sul, desde os dias da propaganda republicana, terá no Exército um trunfo de reserva, cuidadosamente aliciado por Júlio de Castilhos e Pinheiro Machado, culminando com a ação de 1930. O estado do Rio de Janeiro, na hora de protesto da campanha da Reação Republicana, ronda os quartéis, em busca de apoio e da voz da espada. De São Paulo, Francisco Glicério manter-se-á fiel à convivência militar, não obstante a política dominante do seu estado. As oposições estaduais, esmagadas pelas oligarquias, espiam a boa vontade do Exército, atendidas nas *salvações* de Hermes da Fonseca. Na base, o povo — a camada que se convencionou chamar de povo, parcela alheia aos favores do mando — pede um rei, Nilo ou Getúlio Vargas, no reencontro às fontes jacobinas do tempo de Floriano. Nenhuma das categorias em dissidência logrará conquistar a força armada, comprometendo-a nas suas reivindicações momentâneas. O Exército não será o jacobino, o inimigo da oligarquia, o povo, a classe média, o abrigo dos políticos decepcionados. A força armada guardará sua identidade, a estrutura estamental, superior às contendas, fiel às tradições: no poder, ela concederá reformas e benefícios, mas não cederá nem se descaracterizará, superior na altura, às querelas transitórias. Por não reconhecer a índole da instituição, falácia dos intérpretes, dos sociólogos e historiadores, veem no conteúdo de cada intervenção o caráter da força armada, esquecidos de pesquisar-lhes, no processo, a conduta ao longo do tempo. A área onde se recrutam seus oficiais não lhes esclarece a orientação política: entre o aspirante e o chefe vai um longo caminho, durante o qual a personalidade será cunhada pela presença de valores próprios da corporação. A atração pela farda não indica a afinidade eletiva de uma classe para uma situação de poder. No status novo nasce um dirigente, envolvido por uma mentalidade em ascensão, que conduz, submete e arrasta. A força armada torna-se uma categoria política atuante, com o sentimento de responsabilidade sobre os destinos do país, sem fechar-se numa casta e sem estruturar-se numa classe. A circunstância, por si só, casa-se, num jogo de interações recíprocas, com determinado tipo de estado, de parentesco autocrático. O militarismo, dados esses pressupostos, será possível, embora não tenha aflorado no curso da história brasileira, freado por outros fatores. Nem grupo de pressão, nem reivindicação de militarizar a sociedade, a força armada será, por muitos anos, o elo último de intermediação entre o país submisso e a ordem universal em movimento.

A plenitude do sistema se consagra no governo de Floriano Peixoto (1891-4), com o prolongamento frustrado, depois de um longo interregno, no quadriênio Hermes da Fonseca (1910-4), para renascer, à margem da ordem, no período 1922-4-6, numa rearticulação em 1930. Floriano, ministro da Guerra de Deodoro, sucedendo a Benjamin Constant, outrora convencido de que só a espada purificaria o sangue corrompido do corpo social, será eleito vice-presidente numa combinação política contra Deodoro. No embate da Assembleia Constituinte, a tentativa de retomar o poder das mãos militares, em proveito do esquema federal paulista, procura abrir uma brecha no Exército, com a eleição do ministro da Guerra. A renúncia de Deodoro leva o vice-presidente ao governo, com a reabertura do Congresso, em efêmera vitória, aparentemente reconhecida com a presença, no ministério, de Rodrigues Alves. Em breve, as derrubadas dos governadores mostrarão que a ordem vigente será a militar, para decepção e espanto dos hábeis manobreiros da política. O novo governo, gerado sob a revolta da Armada, protesta pelo respeito à lei, em aparente revide à ditadura deodorista. Em verdade, acima do ministério e do aparelhamento burocrático federal, bem como do Congresso, os senhores da República buscam consolidar-se nos estados. Os presidentes militares, Deodoro e Floriano, não podiam governar apenas com o apoio do Exército, suficiente unicamente para afastar o trono, mas estruturalmente incapaz de, mesmo ditatorialmente, dominar o país. O afastamento dos mecanismos centralizadores e dos partidos nacionais, associado ao nascimento da República, federal na sua essência e dotada de partidos apenas estaduais, exigia, para consolidar o poder central do Exército, a articulação com os governadores. Esta a realidade política: o poder central, fosse a força armada ou o presidente da República, deveria, para subsistir, articular-se aos estados, nomeando os governadores ou com eles concertando um pacto federal, embora guardada, neste, a reserva de intervenção. Deodoro compreendeu bem, rapidamente, as novas coordenadas do poder, escolhendo, para dirigir os estados, militares de sua confiança, da ala velha, como o visconde de Pelotas, no Rio Grande do Sul; o general José Simeão de Oliveira, em Pernambuco; e, depois de um breve interregno, seu irmão, o marechal Hermes Ernesto da Fonseca, para a Bahia; bem como os jovens, o tenente Augusto Ximeno de Villeroy, no Amazonas, e o tenente Lauro Severiano Müller para Santa Catarina. Minas Gerais, São Paulo e o estado do Rio tiveram, desde logo, governadores civis, provocando o desequilíbrio no sistema e abrindo uma brecha no quadro da ditadura militar. Esses primeiros governos, depois de duras lutas internas que culminam com a constitucionalização dos estados, consolidaram-se ou foram substituídos, para um período que se supunha legalmente pré-traçado. Em novembro de 1891, vigente o regime constitucional, todo o castelo de cartas estadual revela sua fragilidade, ao aderir ao golpe de Estado de Deodoro, com a exceção de Lauro Sodré, governador do Pará. Júlio de Castilhos, já no governo do Rio Grande do Sul, não se manifesta contra o novo estado de coisas, limitando-se a um equívoco telegrama, garantindo que a "ordem pública será plenamente garantida".

Sem o concurso dos governadores, suspeitos de hostis ao novo governo, não poderia Floriano exercer a plenitude do governo, raciocínio que fora o mesmo de Deodoro e seria retomado, mais tarde, por Campos Sales. Agora, ao contrário dos dias de novembro de 1889, havia a ordem constitucional, pelo vice-presidente restabelecida, com o funcionamento do Congresso, violentamente fechado por Deodoro. Havia, dessa sorte, nos primeiros passos do governo, uma insolúvel contradição, que se resolveria com a ditadura, nominalmente mantida a Carta de 24 de fevereiro de 1891. Uma circunstância perturba ainda mais o quadro: as oposições estaduais rebelam-se, apoiadas nos elementos militares dissidentes, reclamam o afastamento dos governadores comprometidos com o golpe de Deodoro, como já ocorrera com Júlio de Castilhos, que dissera entregar o poder à anarquia — à "anarquia desvairada". O contra-almirante Custódio José de Melo, responsável pela revolta da Marinha contra Deodoro, ministro de Floriano, mais tarde tão preocupado com o militarismo, recomenda as deposições, como saída única do impasse:

O governo da União devia, não há dúvida, ato contínuo à renúncia do marechal Deodoro da Fonseca, determinada pela revolução de 23 de novembro de 1891, ter decretado ditatorialmente a deposição dos governadores que aprovaram os decretos inconstitucionais, dissolvendo o Congresso Nacional e estabelecendo o Estado de sítio na Capital Federal e Niterói, visto como sua deposição era um corolário, consequência lógica e fatal, um desdobramento, por assim dizer, do pensamento que determinara o movimento libertador.[74]

As Forças Armadas — declara o ministro da Marinha — deveriam, na conjuntura, manter-se neutras. A derrubada, empreendida entre novembro de 1891 e março de 1892 com a solidariedade do ministério, causou algumas resistências armadas. Na reorganização política, entretanto, Floriano atinge e fere os interesses já articulados entre os congressistas e as situações estaduais, utilizando o Exército para renovar o quadro político. "O marechal Floriano Peixoto" — anota um historiador — "organizou os governos dos Estados imediatamente atingidos pelas deposições, com a mesma superior independência com que um chefe de Exército designaria novos comandantes para batalhões em crise de disciplina."[75] Os jovens militares, exaltados republicanos, sentem-se estimulados para a ocupação dos postos estaduais — numa manobra que será acusada de inversão da hierarquia militar. Depois de fraudadas suas esperanças de sustentar o governador da Bahia, enganado com a promessa do chefe do governo — "da Constituição não o tirariam nem a pau", teria declarado[76] —, Rui Barbosa denuncia a ditadura em marcha: "De uma ditadura que dissolve o Congresso Federal, apoiando-se na fraqueza dos governos locais, para outra, que dissolve os governos locais, apoiando-se no Congresso restabelecido, não há progresso apreciável". Penetra a fundo no diagnóstico da crise, ao insinuar que, atrás do povo, estaria um conluio hostil ao regime republicano, na sua natureza federal e subordinado à lei:

> Eu reivindico [o protesto é de 26 de novembro de 1891, mal empossado Floriano] o princípio vital da existência dos Estados na organização federativa, pelo qual me bati antes da República e, desesperado da monarquia, me fiz republicano. A tirania da turba-multa, pondo e depondo governadores, é muito mais estúpida, muito mais odiosa e muito mais funesta do que o despotismo da centralização imperial governando as províncias com instrumentos do rei [...].
>
> Acabamos de reentronizar a legalidade no governo federal. E, em homenagem a ela, como repercussão do triunfo legalista no centro político do país, um furacão de anarquia percorre os Estados, arrebatando os governadores às posições que a lei lhes assegurava. Jornais indignos da imprensa espalham o convite ao crime; grupos de exaltados enchem as ruas; tribunos de farândola agitam as paixões da multidão; e a magistratura suprema dos Estados passa, por esse processo, das mãos das autoridades eleitas, para os representantes do conluio sedicioso. Isso em nome do povo; como se o povo fosse a aglomeração ca-

sual, ou interesseira, dos elementos anônimos que o espírito de facção ajunta numa praça! Isso a bem da República; como se a República não fosse o domínio absoluto da lei.⁷⁷

Procura o governo, ditatorial nos métodos e dúplice na conduta, fechar o cerco do domínio central sobre São Paulo e Minas Gerais, num golpe que fora incapaz de consolidar a política deodorista. Américo Brasiliense será deposto do governo bandeirante, mas, em seu lugar, não entra um representante federal, senão fugazmente, para voltar a imperar o vigoroso Partido Republicano Paulista (PRP). Igualmente em Minas Gerais, embora não consiga manter-se no poder Cesário Alvim, não desloca do governo os republicanos históricos, na emergência conciliados em torno do conselheiro da monarquia Afonso Pena, convertido à República. No Rio Grande do Sul consegue repor na governança Júlio de Castilhos, num lance ousado e cheio de consequências, com a conquista de um leal aliado na política, que logo perseguirá a via do sufocamento da nascente hegemonia paulista. As manobras do hábil e dissimulado timoneiro despertam as desconfianças dos políticos bandeirantes, até então enganados sobre o vice-presidente, instrumento que lhes parecia dócil, na Constituinte, à sua luta contra Deodoro. Daí por diante, separados do chefe do governo, mas não rompidos, solidários na condução da guerra civil, preparam o retorno ao poder civil, isto é, ao poder paulista.

A guerra civil, na sua dupla face, a rio-grandense e a revolta da Armada, consolida o governo de Floriano e legitima a sua ditadura. Bruscamente, o marechal, antes cercado de desconfianças e repelido pela elite política, conquista a liderança nacional. Liderança, entretanto, trincada de fragilidade, visto que, para sustentar a luta, será necessário aliar-se a São Paulo — aliança sem submissão —, com a coligação dos elementos estaduais armados, obedientes ao governador e ao PRP. O componente militar da ditadura de Floriano, voltado para o centralismo antifederal, tinge-se com o jacobinismo, particularmente ativo no último ano do governo. Todas as explosivas esperanças utópicas, latentes na propaganda republicana, florescem nos grupos acadêmicos, nas camadas médias, nos proletários e *déclassés*, com o centro constituído pelos jovens militares, intoxicados de positivismo, para uma ação mal definida, difusa, sem objetivos claros. Floriano é o polo de atração — o esboço do "ditador central" do comtismo. Vincula-se o movimento, na sua parcela militar, à velha desconfiança das lideranças civis, desconfiança que se projeta, agudamente, desde os dias da Questão Militar. O extremado patriotismo, confundido com a lealdade ao florianismo, semeou a desconfiança das traições, com o afastamento de funcionários e militares suspeitos, para a imediata ocupação das vagas.

> Nos últimos tempos do governo do Marechal Floriano [depõe um contemporâneo] o jacobinismo exultava. Dominando todas as posições políticas, ocupando todos os cargos superiores da administração, introduziu-se e conquistou também o funcionalismo. As

repartições foram transformadas. Do antigo pessoal foi posta à margem aquela parte que não comungava nos delírios extremados dos vencedores do dia. E a intransigência política, na escala do exclusivismo, se apurou ainda, em uma dinamização extrema. A República já não era só dos republicanos; mesmo no campo deles era mister uma seleção; a República era dos florianistas.[78]

Nas ruas e depois no jornal *O Jacobino* pregava-se a redenção do "proletariado nacional", por meio do nacionalismo popular, voltado contra o português, senhor do comércio a retalho, com a proteção da indústria e a expulsão do "galego". A agitação urbana procura no Exército o seu protetor contra as lideranças que vêm dos estados, para desnacionalizar o país. Policarpo Quaresma, o herói de Lima Barreto, será o senhor do futuro, numa pátria exaltada à grandeza: "Policarpo era patriota. Desde moço, aí pelos vinte anos, o amor da pátria tomou-o todo inteiro. Não fora o amor comum, palrador e vazio; fora um sentimento sério, grave e absorvente". Nada de Europa, do francês bem decorado, dos modelos ingleses, das cópias norte-americanas — o Brasil, só o Brasil, no ufanismo ingênuo do nacionalista místico. Para um regime novo, era pouco, embora correspondesse aos anseios de uma camada civil e militar, que um dia floresceria, com outro viço. Talvez, no retrato impiedoso, o sonho de "um grande império caboclo de fundo militar, a viver com fartura e decência, dentro das suas fronteiras, guardando-se cuidadosamente de ideias e costumes estrangeiros".[79] Bastaria um passo, e a ditadura, apesar das resistências paulistas, seria possível, com sangue, é certo. O passo diante do abismo se detém, freado, como se verá, por outros impedimentos, mas, sobretudo, imobilizado pela estrutura de sua corporação, com seus valores e qualidades. O Doutor Francia, o López brasileiro, não sairia da casca, se é que alguma vez o tentou, como sugere o duro e feroz retrato que lhe impuseram os contemporâneos.

A força armada, que se apura e disciplina no curso de dez anos de presença política, guarda ciosamente a conduta de seus chefes e dos presidentes saídos de suas fileiras. O molde das instituições militares afogará as ambições individuais, suprirá as deficiências para a representação de um papel político. Entre as duas colunas do novo regime, por simplificação representadas nos militares e civis, depois da frustrada tentativa de conciliação numa fórmula constitucional, o dissídio se expandirá. Para o afastamento, prevalecerá a tradição imperial, reforçada pela influência do liberalismo, que vê na intervenção militar na política apenas os sintomas de uma enfermidade. De outro lado, a aliança com o jacobinismo implanta o pânico na sociedade, habituada a receber do Estado o cimento da integração. Em poucos momentos, o refazimento do Poder Moderador perde a sedução, para a busca dos rumos federais da República. O núcleo superior às facções, neutro e impenetrável às ambições, capaz de substituir a ordem monárquica pela ordem republicana, limita-se a um papel provisório, condenado a reaparecer em cena nas crises periódicas que perturbam a paz republicana. A razão fundamental do chamado espírito militar está na índole social das Forças Armadas, particularmente do Exército. Note-se que, apesar da crítica monarquista ou da reação à candidatura Hermes em 1909, jamais se articulou, na República, o militarismo. Nem Deodoro, nem Floriano, nem Hermes teriam condições de extremar o Exército a uma conduta militarista, impedida pela sociedade e, o que é mais relevante, bloqueados pela corporação a que pertenciam.

> Entre as instituições militares e o militarismo vai [dirá Rui Barbosa, em 1909, com a correção quase sociológica dos termos], em substância, o mesmo abismo de uma contradição radical. O militarismo, governo da nação pela espada, arruína as instituições militares, subalternidade legal da espada à nação. As instituições militares organizam juridicamente a força. O militarismo a desorganiza. O militarismo está para o Exército, como o fanatismo para a religião, como o charlatanismo para a ciência, como o industrialismo para a indústria, como o mercantilismo para o comércio, como o cesarismo para a realeza, como o demagogismo para a democracia, como o absolutismo para a ordem, como o egoísmo para o eu.[80]

O militarismo, no sentido empregado pelo candidato presidencial, o mesmo sentido atribuído à experiência republicana pelos monarquistas, estaria presente, segundo o crítico, nas intervenções militares anteriores, quer no governo, quer nos sediciosos "espasmos de uma enfermidade periódica".[81] Expungida do texto a retórica, a ênfase da tribuna, o ácido da contestação, não se poderá ver no governo do militar, em nome do Exército e da Marinha, na própria ditadura, a expressão do militarismo. Em sentido restrito, o militarismo se caracteriza pela dependência unilateral da política ao sistema e aos propósitos militares, sob o pressuposto de uma ditadura militar. Ampliado o conceito para um conteúdo social, ter-se-á prevalência do militar — ou da estrutura militar — na ordem política: o militar seria valorizado, pelo seu grupo ou pela sociedade, não apenas como a primeira fila da elite, senão que a ascensão social só se daria por meio do ajustamento às normas de conduta dos oficiais.[82] Não se pode dizer, para o Brasil, o que se disse para a Prússia: esta não possui um Exército, mas o Exército possui a nação.[83] Deodoro, Floriano e Hermes não instalaram no país um regime para militarizar a sociedade, nem o prestígio social do oficial permitia que ele servisse de modelo da ascensão social. As expressões de orgulho dos membros de uma categoria, as manifestações de solidariedade interna, embora veementes e extremadas, não são suficientes para caracterizar, dentro da ordem política, um regime predominante. Ao contrário, denunciam apenas o revide psicológico de uma situação não integrada.

Inegável, afastado o extremo militarista, que a força armada sempre esteve presente, real ou potencialmente, na superfície ou no subterrâneo das decisões políticas da República. Presente de fato ou pela ameaça, sentida na camada dominante, com a possibilidade de súbito aparecimento: o temido lobo do bosque, rondando uma não ingênua Chapeuzinho Vermelho. O problema será caracterizar o tipo, a forma de intervenção militar na política, derivada dos fatos, e não de uma doutrina abstrata ou de um comando legal. A República procurou, já se notou ao apreciar longamente o artigo 14 da Carta de 1891, legitimar, senão as intervenções, pelo menos a força política dos militares. Os preconceitos liberais, a tradição do trono, os anseios de predomínio federalista não permitiram o amadurecimento institucional, o encontro da "temperatura exata", como "força política de reserva" — "espécie de quadratura do círculo", dirá um estadista desconsolado.[84] As dissidências entre o Exército e o Exército, nos seus nomes representativos, ainda na Assembleia Constituinte, o dissídio Exército e Marinha, no momento da queda de Deodoro e na revolta de 1893, para gáudio dos federalistas, pareciam mostrar a impossível convivência legal, num mecanismo originalmente esboçado e escrito. O jacobinismo, de outro lado, suscitou o susto maior, dentro da cidadela republicana: a missão revolucionária, na sociedade, sob o escudo militar. Daí por diante, as intervenções da força armada, ainda quando reclamadas pelos civis, teriam a mácula da ilegitimidade, baseadas num estado de emergência não previsto na lei, transitório por essência, que seria necessário afastar, logo que serenado o céu. O próprio militar, sempre que se desvia da disciplina, sente-se alheio à sua função social e à sua missão constitucional. Temerá que, fora do eixo consagrado, a desordem seja o prelúdio de outras desordens, com os apetites de poder desaçaimados. O poder, identificado com a força, não suscita, pelo simples mando, a autoridade, por mais flexíveis que sejam os sofismas dos juristas da situação vencedora. Sabem os homens do poder, como já o sabia Rousseau, que a força é, por si, o direito — *"Sitôt qu'on peut désobéir impunément on le peut légitimement, et puisque le plus fort a toujours raison, il ne s'agit que de faire en sorte qu'on soit le plus fort"*.[85] Esse o sentimento que levara Benjamin Constant, na decisiva reunião de 11 de novembro, a concitar Deodoro a avançar até a República, com a transformação do regime, revolucionariamente, para se legitimar numa Constituinte, evitado o golpe de Estado ou a sedição. Igual argumento convenceu Floriano — com o condão de arrastar Deodoro. Dir-se-á que o sentimento de legitimidade, fortalecido no Império pela lealdade ao imperador, com o peso da tradição, enfraquecer-se-á, na República — verdade só discernível depois de 1930, quando o regime perdeu sua base de apoio social. Ainda assim, as intervenções só se justificariam em horas extremas, diante da agonia da ordem, salvo tentativas de caráter revolucionário, hostis ao sistema. Nessa tarda decisão é que se deverá procurar o ânimo particular da força armada, pouco seduzida pela aventura. Não se vislumbra, nas suas ações, o espírito de aliança com classes em pugna, nem a simpatia pelas camadas médias. Ela influencia, intimida, destitui governantes, sem que a eles se substitua, sem que os dias de 1889-94 prediquem um sistema militar.

Haveria, de acordo com as velhas críticas ao militarismo republicano, o contágio caudilhista, contraído pelas tropas brasileiras no Prata e no Paraguai. A doutrina do soldado-cidadão seria apenas o açúcar adicionado à pílula, para menor escândalo dos fatos nus. Haveria, ainda para ajustar a doutrina à realidade, um caudilhismo sem caudilhos. Em termos mais duros: o pretorianismo.[86] Essa tendência, inconciliável com a ausência de golpes no curso da República Velha e de governos militares na fase subsequente, até onde alcança o período histórico situado neste livro, não encontra apoio convincente. Certos valores que orientam as organizações militares em todos os países — dedicação à ordem, à hierarquia, à honra profissional — somam-se às peculiaridades da história brasileira. A origem social dos oficiais, bem como seu recrutamento regional, sofrem a interna transformação do estamento, que lhes molda e cunha a personalidade, alheios às classes e despidos de sentimentos de casta. A força armada, o Exército sobretudo, identifica-se à missão de preservar a unidade e a homogeneidade nacionais, exacerbadas nos modelos simbólicos da pátria. Preservar a nação dos extravios antinacionais, da desagregação anárquica, mesmo quando esta traduz a mudança econômica e social, será a expressão mais relevante de sua atividade, com imediatos reflexos políticos. Nesse movimento, a sua intervenção encontra a raiz de legitimidade própria, superior ao quadro do jogo político, tal como interpretado pelos homens do poder. Em segundo lugar, por força de tais imperativos íntimos, opor-se-á — mais por inconciliabilidade do que por ação direta — às oligarquias estaduais, tais como reveladas pelo federalismo. Há, nesse sentido, uma linha de coerência entre Floriano, Hermes com as "salvações" e a conduta seguida depois de 1930. Corolário de tal direção será o desejo de libertar o homem do campo do domínio coronelista, desejo sensível nas revoltas de 1922-4 e 1926. Essa diretiva fará supor, sem melhores fundamentos, que há simpatia com a inquietação e a elevação das camadas médias urbanas — com o jacobinismo e o fervor da propaganda presidencial de 1922, no movimento, mais tarde, batizado de tenentismo. Na verdade, em contrário à hipótese, deve-se notar o alheamento do militar à campanha de Rui Barbosa de 1909-10, hostil à força armada, bem como às reivindicações de 1929-30, que já anunciam, as últimas, o populismo predatório. A constelação de desejos e expectativas, armada no quadro institucional da organização militar, não se extremará, malgrado a tendência autoritária, para modelos totalitários, cuja monocracia lhe anularia a autonomia social e política. Como expressão nacional, permanente e estável, manterá o ajustamento entre o curso internacionalista da economia e a guarda dos interesses nacionais, discretamente nacionalista, sobretudo modernizadora. Modernizadora, não no sentido do velho estamento português-colonial e imperial, mas com o acento na independência real do país — com expressão qualitativamente diversa no seu conteúdo, que bem se ajusta ao autonomismo cultural que se irradia no país a partir de 1922. Necessariamente, o fator político que aí se contém apontará para a centralização, num esquema bonapartista — bonapartismo institucional, e não de líderes carismáticos —, com a garantia aos valores próprios da força armada traduzida, em muitas manifestações, na tutela ao curso do jogo político. O núcleo social de reserva será negado pelos políticos no poder e estimulado pelas oposições, apelando aqueles para a disciplina e estes para o reequilíbrio das normas constitucionais. O político civil ronda os quartéis, para se manter ou para subir, porque sabe que com os quartéis deve contar, centro do mecanismo da própria estrutura republicana. Contudo, à exceção da tentativa frustra da fórmula inscrita na Constituição de 1891, não se deu reconhecimento legal a uma realidade, toldadas as mentes com a poeira dos modelos jurídicos de outros continentes. Daí, sempre que as categorias latentes sobem à superfície, a surpresa hipócrita, o desencanto pelo "militarismo", a preocupação de voltar à "normalidade", com a desconsolada queixa de que a política saiu do seu eixo.

3 | *A transição para o federalismo hegemônico: a política dos governadores*

No dia 15 de novembro de 1890 instalou-se, no paço de São Cristóvão, a Assembleia Constituinte, sob a indiferença do povo da capital federal. Estava a nação, teoricamente, entregue a si mesma, para a obra de estabelecer o governo definitivo, pondo fim ao regime provisório, exercido pela força pública, composta das três armas do Exército e da Armada nacional, como reconhecia o primeiro decreto da era republicana. Na verdade, os representantes do povo — os futuros deputados e senadores — deveriam ser os agentes dóceis da ditadura, escolhidos por regime eleitoral compressivo, em listas organizadas ou aprovadas no Rio de Janeiro, compostas, em algumas unidades federativas, com nomes de que ninguém, nas províncias, jamais ouvira falar. Seria de prever que a Carta constitucional não passaria de homologação de um acordo prévio, aprovadas as bases do sistema instalado no poder. O bom faro da população, decepcionada do espetáculo sem alma e sem vigor, do qual não participaram os rebeldes em potencial, como Silva Jardim, sentia que das reuniões quase clandestinas, tal a distância de São Cristóvão do centro, nada havia a esperar, senão mais uma farsa. Essa assembleia, a segunda da história do país, perdida a memória dos dias em brasa de 1823, também faria o que o chefe do governo determinasse, demasiado cautelosa para provocar o fechamento. Tudo aconteceria dessa guisa, se monolítico fosse o grupo dirigente, unido sob o guante militarista, na forma da denúncia dos monarquistas.

Sob o ar morno, coado pela tênue cortina que fecha a boca do palco, projeta-se, nesse primeiro aniversário da queda do trono, a dualidade de governo, que, dia a dia, se adensará. A eleição para a presidência da assembleia mostra um dissídio que poucos compreendem, para o assombro de muitos: dos 231 congressistas presentes, 146 elegem Prudente de Morais, republicano histórico mas pouco conhecido, contra 81 votos em favor de Saldanha Marinho, patriarca republicano e signatário do manifesto de 1870. O Partido Republicano Paulista, com a cabala dos ministros de Deodoro, Campos Sales e Francisco Glicério, ardente na sua fé federalista e cioso da guarda das liberdades públicas, vence a primeira escaramuça. Os republicanos puros, a eles aliados os adesistas e os militares eleitos para a assembleia, com Nilo Peçanha na exaltada chefia da ala moça e Júlio de Castilhos despontando como primus inter pares na representação rio-grandense, sofrem o primeiro golpe, o primeiro golpe prometedor de outros reveses. Com fronteiras ainda indecisas, o Congresso se dividirá em facções, os deodoristas e os outros, ainda sem nome na oposição, mas com rumos já voltados para o oeste. Uma tentativa de golpe perpassa, rápida e sem forma, o plenário, esboçada por Aristides Lobo — o mesmo que via o povo *bestializado* diante do 15 de novembro e que não reconhecia nessa data o curso do primeiro ano da República —, com o propósito de arrebatar a Deodoro o exercício do Poder Legislativo. Das primeiras ações ressalta, com clareza, que o chefe do governo não aceitaria tornar-se o representante da maioria, como demonstrará na reforma eleitoral de 21 de janeiro de 1891, com o novo ministério entregue ao barão de Lucena, onde só pousará um republicano histórico, sem a presença paulista. De outro lado, São Paulo sabe qual a conduta a seguir: toleraria Deodoro mediante condições e mediante uma ameaça, proferida por Campos Sales — "éramos unionistas, mas não duvidaríamos ir até à separação, se houvesse no governo quem tentasse fundar uma República unitária".[87] Mais um passo defensivo, por enquanto defensivo, favorecido e dirigido, nas primeiras horas, pela divisão dos militares: a aproximação com Floriano Peixoto, também despedido do ministério, com sussurros em torno de sua candidatura presidencial. Os antideodoristas, representados no general José Simeão, senador por Pernambuco, e no contra-almirante Custódio de Melo, deputado pela Bahia, por parte dos militares, sob o comando do deputado gaúcho Demétrio Ribeiro, dissidente de sua bancada, voltam-se para a candidatura Prudente de Morais, com Floriano Peixoto na vice-presidência, preocupados em atrair a poderosa bancada paulista para suas hostes. Só para poupar-se à divisão, lançam-se os paulistas à aventura, no apoio do "estratagema de guerra contra Deodoro", na palavra de Campos Sales.[88]

A vitória de Deodoro, arrancada dos congressistas sob a efetiva ameaça dos quartéis,[89] ainda assim com maioria escassa (129 votos contra 97, com dispersão de 6 votos, 2 em branco e 30 ausências), não impede a eleição de Floriano Peixoto (153 votos contra 57 do vice-almirante Eduardo Wandenkolk). A ascensão de Floriano Peixoto ao governo, fruto da revolta da Armada e da primeira pressão pela legitimidade do poder, consagraria, se prevalecessem os cálculos da facção paulista, ansiosa da hegemonia do seu estado, o predomínio bandeirante. No ministério está o paulista Rodrigues Alves, conselheiro da monarquia, mas da confiança do Partido Republicano, quase silencioso na Constituinte, ao lado dos antideodoristas general José Simeão, na pasta da Guerra, e contra-almirante Custódio José de Melo, na Marinha. O engano será completo: a duras penas o partido, em São Paulo, consegue manter o poder, ao longo de quatro meses de escaramuças. Mas, dessa vez, com Bernardino de Campos no governo de São Paulo, depois de consolidar o pacto com Floriano Peixoto na presidência da Câmara dos Deputados, e com a arte flexível e ágil de Francisco Glicério no Rio de Janeiro, não haverá rompimento com o vice-presidente em exercício. Um casamento de conveniência adiaria o propósito do impaciente gesto vibrado na Constituinte. Compreendem os chefes bandeirantes, afastada a dureza de Prudente de Morais e a liderança de Campos Sales, açodado este em favor da eleição presidencial, que o momento sugere a consolidação das bases, e não a tomada do poder. "Era uma simples situação de fato. Sem o marechal Floriano Peixoto, o PRP estaria morto. O marechal, do seu lado, compreendia muito bem que, sem o Partido Republicano Paulista, não haveria base política sobre a qual assentar o seu governo militar."[90] O temor do retorno de Deodoro ou de sua política, com o qual o estado bandeirante se incompatibilizara fundamente, leva os paulistas, ainda no começo de 1892, a cerrar fileiras ao lado de seu aliado relutante e de duvidosa lealdade. A nova eleição, de início advogada por Rodrigues Alves para obedecer à Constituição, reclamada pela voz de Rui Barbosa, não encontra apoio no realismo dos políticos que sentem, na confusão reinante, o crescimento do papel político de seu estado, unificado com o silêncio das divergências recentes. A guerra civil, para cuja eventualidade o vice-presidente restabelecera o domínio de Júlio de Castilhos no Rio Grande do Sul, torna necessária a colaboração da força pública paulista na resistência à coluna invasora dos pampas e aos canhões dos navios sublevados. Floriano tinha ao seu lado um estado armado, condição de sua própria sobrevivência, saídas as milícias, inicialmente, da Guarda Nacional, sob o comando das autoridades locais, com a prevalência do governador. Campos Sales já se entendera, em setembro de 1892, com Bernardino de Campos, sobre a base real da autonomia paulista:

> Uma precaução V. deve tomar, e eu já a aconselho para São Paulo desde o governo de Prudente, é que deve ter muito bem organizada e disciplinada a nossa força policial, dando o comando a homens de confiança. Com 5 mil homens (que é o efetivo segundo creio), V. pode conservar um grosso de 2 mil permanente na capital. Esta gente, sob um regime rigorosamente militar, será o casco poderoso para qualquer eventualidade.[91]

Um quarto do efetivo do Exército constituiria a força permanente estadual, "para qualquer eventualidade": o domínio do partido dentro das fronteiras, o combate às revoltas, a luta contra Floriano, desde que, recorde-se o signatário do documento realista — São Paulo iria até a separação para garantir o sistema federal. Outro pilar do governo de Floriano já estava armado, com a Guarda Civil, primeiro nome do que seria, em outubro de 1892, a Brigada Militar do Rio Grande do Sul, que teria um destino glorioso, com um efetivo de mil a 3 mil homens, ajustada, entretanto, a forças municipais de fácil recrutamento. Com esses mecanismos militares estaduais, não poderia prosperar a ascendência do Exército, mesmo apoiado nas camadas médias, ao tempo fluidas e inarticuladas, levemente intoxicadas pelo jacobinismo. Floriano Peixoto, vencedor na guerra, popular nas ruas, consagrado pela história como o consolidador da República, torna-se o prisioneiro das armadilhas estaduais, com menor poder real do que Deodoro. São Paulo, economicamente próspero, estava em condições superiores à própria União para se armar, unido na defesa de seu café, base da riqueza nacional. Sairia da encruzilhada o federalismo hegemônico, estruturado sobre o café, café puro se possível, café com leite se necessário, mal aceito pela área do Sul, já sonhando com a categoria de terceiro estado, mas ainda incapaz de reagir, ameaçado pelas dissensões armadas e a divisão da sociedade. Arredado do acesso ao bolo republicano, tentará, mantendo os vínculos ao Exército e ao estímulo ao chamado povo, perturbar a festa hegemônica, tal como prometia ainda nos dias da Assembleia Constituinte, com a devoção a Deodoro, depois transferida a Floriano Peixoto.

A hora era paulista. O objetivo: a hegemonia paulista — em cujo caminho estava, senão a ditadura, o governo militar. A política de "dos males o menor" deveria chegar ao termo com as eleições, programadas para 20 de outubro de 1893, depois adiadas para 1º de março de 1894. A tática de lançar a Marinha contra o Exército, o Exército contra o Exército fracassara. Triunfa o princípio federal, fortemente apoiado nas milícias estaduais, sob a mão forte e hábil dos paulistas. Mas reconhecerá o estrategista supremo da consolidação do poder civil que o regime republicano, desde que se ergueu a imprudente oposição a Deodoro, com a tendência de negar sem integrar o Exército, deixara na vida política o pecado original de muitos desajustamentos futuros.[92] Por ora, ninguém pensava no futuro, diante do urgente problema de coordenar, por meio de um partido federal — federal e não nacional —, os governos estaduais, simples prolongamento do recente Partido Republicano Federal. O líder, infiltrado na fortaleza de Floriano, astuto, sagaz, flexível, será Francisco Glicério, general por decreto e ex-ministro de Deodoro, republicano histórico, homem sem dogmas doutrinários, velho partidário da intervenção militar para destruir o trono. Ele saberá, realista antes de Pinheiro Machado, que a força armada não pode ser arredada da função de fator político permanente, mas que a ela não cabe a direção política do país, se os civis souberem manter o poder, provavelmente com a presença suprema de São Paulo. Já em abril de 1893 funda-se, no Rio de Janeiro, o Partido Republicano Federal, sob o comando de Francisco Glicério em nome da bancada federal de São Paulo, com um programa sem afirmações, próprio a congregar sem unir, relegadas as divergências para outra ocasião, embora com este tópico: "Firmar a autoridade dos Estados, mantendo escrupulosamente os seus direitos, tão sagrados como os da União". Era o novo organismo, como se afirmou na Câmara dos Deputados, "uma catedral aberta a todos os credos", 21 brigadas sob a chefia sem comando de um general. Os partidos republicanos estaduais, que seriam incapazes e hostis para fundir-se numa organização nacional, permanecem, só eles, vivos e atuantes, apesar do acampamento fragilmente construído no Rio de Janeiro. A convenção, com a ausência de algumas "brigadas", entre as quais as de Minas Gerais, estado do Rio e Rio Grande do Sul, lança seus candidatos à presidência e à vice-presidência, o paulista Prudente de Morais e o baiano Manuel Vitorino. Em torno de Floriano Peixoto, com a complacência desconfiada deste, prudente nas suas manobras, tecem-se algumas tentativas de evitar a transferência do poder, tida por inconveniente em plena guerra civil. Apesar do vento jacobino, a virtude, senão a do homem, a da sua categoria social e política, repele a aventura. O continuísmo, sobre a Constituição rasgada, abriria, além da convulsão dentro da revolta em curso, o caudilhismo cesarista, num país sem massas, com o resultado de resvalar para a tirania pura e simples, sem bases e sem horizontes.

A posse na presidência não assegurou o comando político nas mãos de Prudente de Morais, nem entregou a São Paulo a hegemonia. O presidente estava condicionado ao partido que pretensamente o elegera, em nome de muitos interesses e de expectativas em conflito. O agrupamento de Francisco Glicério era, acrescida a falta de homogeneidade, uma casa dividida: todos os seus membros apoiavam o governo, se este atendesse ao peso das situações estaduais. Nesse painel estadual, mal soldado, a luz continuava a ser irradiada de um foco ainda não extinto, projetado do moribundo presidente em retirada. A posse do paulista teve, no dia 15 de novembro de 1894, ano quinto da parada sem vítimas, no palácio vazio que Floriano Peixoto abandonara, a carga de advertências melancólicas. O ocupante do Itamaraty — predecessor do Catete, no Rio de Janeiro — não passava, para os exaltados, de um usurpador, animado do propósito de aniquilar a obra consolidadora do Marechal de Ferro. Um surdo rumor de espadas e sabres pairava no ar, mais uma vez reavivado com a pregação de Quintino Bocaiúva, nos termos ainda vibrantes da campanha jornalística da Questão Militar. A estratégia do presidente assume, desde logo, contorno: pacificar o país, ainda cortado pelas labaredas da guerra civil, contemporizando com as brigadas de Francisco Glicério. O ponto real e não nominal de apoio — o governo de São Paulo, ainda confiado ao leal Bernardino de Campos, por via das dúvidas com a força pública — estava pronto para a guerra. A morte de Floriano Peixoto, em 29 de junho de 1895, remove um obstáculo, mas suscita um espectro. A carta "testamento" soa com alarma, mas sob a nota evanescente da restauração monárquica:

> Diz-se, repete-se que ela [a República] está consolidada e não corre perigo. Não vos fies nisso, nem vos deixeis apanhar de surpresa. O fermento da restauração agita-se em uma ação lenta, mas contínua e surda. Alerta! pois. A mim me chamais o consolidador da República. Consolidadores da obra grandiosa de Benjamin Constant e Deodoro são o Exército Nacional e uma parte da Armada, que à lei e às instituições se conservaram fiéis [...] é a Guarda Nacional, são os corpos de polícia da Capital e do Estado do Rio [...] é a mocidade das escolas civis e militares [...] finalmente é o grande e glorioso Partido Republicano, que, tomando a forma de batalhões patrióticos [...].

Além de alguns "morras" a Prudente e do lírico Partido Republicano Nacional, lavrado o manifesto pela pena de Raul Pompeia, ainda restava algum movimento subterrâneo, o pecado original consubstancial ao novo regime. Pinheiro Machado, em lua de mel com a glória conquistada na guerra civil, cioso da ascendência de seu estado, mas desconfiado da hegemonia paulista, não se afasta da aliança com a força armada. As lágrimas derramadas em louvor a Floriano Peixoto anunciam uma política futura, mesmo desaparecido o líder:

> A morte do nosso inolvidável amigo marechal Floriano a todos nós enlutou — foi uma decapitação do Exército e um golpe tremendo para a República, que tem sabido chorá-lo. Estou muito apreensivo com o futuro. Prevejo graves sucessos. Os nossos inimigos não dormem. Perseverantes no mal, astutos e alicantineiros, tudo solapam.
> Até agora, a união do Exército, sob a direção do malogrado marechal, era um centro de apoio e uma muralha contra a qual quebravam-se os ódios dos inimigos e das instituições. Que essa união perdure, não se criando na força armada fatores que a enfraqueçam. Estejamos, pois, atentos e vigilantes.[93]

O instável sistema que sustenta Prudente de Morais, o qual se deveria consolidar com a morte de Floriano Peixoto e a pacificação do Sul, não encontra, no jogo político das forças no poder, a linha necessária de equilíbrio. Seu apoio ostensivo, Francisco Glicério, sem o controle do partido paulista e da sua máquina eleitoral, não pode desviar-se dos elos militares, necessários para sustentar, em futuro próximo, o sonho presidencial. Prudente de Morais há de ser o prisioneiro ou não há de governar. O presidente, no começo do ano de 1896, sabe bem o terreno que pisa, minado pela ameaça da deposição:

> Sei [escreve a Bernardino de Campos] que os jacobinos têm-me ódio e tornam-se dia a dia mais arrogantes — à proporção que vão sendo animados pelos chefes-generais Quintino e Glicério — e logo que se sintam com forças para substituir-me por algum *general*, que faça a política forte do Marechal, não adiarão para o dia seguinte. Mas, enquanto não chega esse dia, continuarei meu caminho — traçado pelo meu programa de governo, que é o mesmo do Partido Republicano Federal, cujos chefes têm-me criado dificuldades e embaraços, dizendo-se *amigos*.[94]

Logo, a doença do presidente, com a substituição pelo vice Manuel Vitorino, parece completar o processo de afastamento, com a paz jacobina. Para agravar as dificuldades, irrompe, no interregno de ausência de Prudente de Morais, a questão de Canudos, tida pelos exaltados, às primeiras notícias, como revide monarquista ao regime republicano. A derrota catastrófica de uma coluna militar, sob o comando do coronel Moreira Cezar, nos sertões da Bahia, cai sobre o Rio de Janeiro como um furacão, no momento em que o presidente, restabelecido, reassumia o poder, num revide branco ao golpe sucessório em curso. O jacobinismo campeia nas ruas, violento e sanguinário, nesses dias de 7 e seguintes de março de 1897. Os jornais monarquistas são depredados, assassinado Gentil de Castro, quando em companhia do visconde de Ouro Preto. A Escola Militar, dois meses depois, revolta-se, num ambiente de anarquia social, onde parecia estar ausente toda autoridade pública. No Congresso, sob a expectativa medrosa dos partidários do presidente, os oposicionistas alardeiam sua força e superioridade. Rui Barbosa, suspeito de monarquista pela campanha que movera contra Floriano Peixoto, deverá sair do Rio de Janeiro, para poupar-se ao punhal vingador. Júlio de Castilhos, no Rio Grande do Sul, afrouxada a vigilância sobre os termos da pacificação, volta a acuar, intolerantemente, os adversários intimidados.

Nessa hora desesperada, com o auxílio de novo ministro da Guerra, general Carlos Machado de Bittencourt, paulista e velho adversário do florianismo, Prudente de Morais reage, para a afirmação de sua autoridade. Em São Paulo, governa Campos Sales, transferido Bernardino de Campos para o Ministério da Fazenda. Com mão de ferro, a revolta da Escola Militar é reprimida, desarmados os estudantes e desligados os rebeldes. Certo das conexões civis da subversão militar — o que formava a alma do jacobinismo —, Prudente de Morais assesta o peso de sua autoridade na Câmara dos Deputados, no seio do Partido Republicano Federal, obrigando-o a uma clara e definitiva palavra. O deputado J. J. Seabra, da Bahia, antiflorianista, congratula-se, em moção, com o presidente da República, arrostando a derrota por vinte votos. Francisco Glicério sente que, repudiados os sediciosos, pouco lhe restaria do apoio militar, já bastante comprometido, na cúpula, pela ação do ministro da Guerra. O sentimentalismo matreiro reluta em "condenar a solidariedade legalista e republicana que nos prende àquele histórico depósito das nossas afeições", com tons de retórica babosa: "Nossa alma está eternamente presa àquele edifício, cujas paredes relembram as nossas esperanças do passado, reduto das nossas glórias que as próprias águas do mar beijam respeitosas nas mais graves circunstâncias". A doutrina que os antijacobinos assentam já se delineia, nessa histórica sessão de 28 de maio: a obediência aos superiores, fixada na lei e nos regulamentos, é o cerne da disciplina e do dever militar. Prudente de Morais intervém no dissídio, num transparente comentário da imprensa, resultando na renúncia do presidente da Câmara dos Deputados, que votara em favor do presidente. Quintino Bocaiúva, no tom apocalíptico dos tempos anteriores ao 15 de novembro, reclama a presença da espada, agora muda e expectante. O presidente quer o confronto direto e último entre o Partido Republicano Federal e a sua autoridade. Telegrafa a Campos Sales: "Representação S. Paulo precisa escolher entre o governo com a ordem e Glicério com a anarquia militar".[95] Dirige-se, no mesmo sentido, aos governadores de Minas Gerais, Pernambuco e Bahia — nesse apelo direto estava quebrado o sistema partidário de intermediação: o presidente só reconhece os chefes estaduais. O eixo da crise assume, com a intervenção paulista, o caráter de uma prévia à sucessão presidencial. Campos Sales será acusado de se ter bandeado para o campo da ordem, por um prato de lentilhas, lentilhas, na verdade, desejadas com impaciência. Francisco Glicério, seduzido pelo preço da luta, apoiado por um líder já em ascensão, Pinheiro Machado, joga na contenda o bastão de marechal — joga e perde. Agora, depois de escaramuças nos alojamentos do Exército e da Marinha, procuram os vencidos reorganizar os apoios estaduais, entre os quais só acorre um, significativo — o Rio Grande do Sul. O desespero em desvario engendra — não se saberá nunca quem são os conspiradores graduados — o último lance: a eliminação física de Prudente de Morais, golpe frustro que levará ao sacrifício o ministro da Guerra, Carlos Machado de Bittencourt. Cindido, o Partido Republicano Federal, agarrado ao seu ativo núcleo jacobino, perecerá, esfacelado pela repressão, apoiada na opinião pública, com o aplauso dos congressistas, pressurosos em votar o estado de sítio. Em debandada, os políticos aderem ao presidente da República, sob o qual emerge o governador paulista, Campos Sales, que se preservara, habilmente, dos ódios e dos compromissos. O sistema federal, tecido por São Paulo desde a propaganda republicana, recolhe os frutos da vitória.

O desfecho da batalha será ajudado, no curso de muitos anos, desde 1889 a 1897, pelo desprestígio do Exército. Canudos lançará, sob o fogo do entusiasmo jacobino de suas primeiras promoções, a desconfiança na sua eficiência, debandado e sangrado por um punhado de sertanejos broncos. O carisma da instituição, encarnado no marechal Floriano Peixoto, desmaia nos cadáveres insepultos nos sertões da Bahia. Um sagaz e contundente ensaísta veria bem a extensão do desastre, que se projeta além da mente inculta de Antônio Conselheiro:

> Operada a cisão nas classes armadas (Marinha e Exército), enfraquecidas ambas, operou-se a grande transformação política do Brasil, a maior revolução verificada entre nós — a passagem do poder das mãos da federação, das mãos do Brasil, para as mãos dos Estados. Não teria sido tão rápida a passagem se não tivesse havido a guerra de Canudos em que foi sacrificado o Exército nacional. No desprestígio que daquela guerra resultou para o Exército, o poder havia de ficar nas mãos de quem tivesse mais força: São Paulo (Prudente, Campos Sales, Rodrigues Alves).[96]

No Senado Federal, nos dias que sucedem ao brutal 5 de novembro, um estadista, outrora amigo da presença militar na política, acaso suavizadora da provável hegemonia dos grandes estados, retorna à pregação da disciplina. Dos escombros de suas decepções, dos restos do furacão jacobino, erguerá a doutrina da supremacia do Supremo Tribunal Federal, moderador único da onipotência dos presidentes, da harmonia dos estados e da supremacia militar. Ilusão sobre outra ilusão, a do partido federal em ruínas. No momento, o que importa, entretanto, será a desmobilização política das baionetas, ainda que ao preço do hiperfederalismo, penhor da ordem civil. A virada era coerente — não com a doutrina inscrita na Constituição de 1891 — mas com a reação ao florianismo, que repercutirá ainda na Campanha Civilista de 1909-10.

> A autonomia federativa dos Estados [dirá Rui Barbosa, em 1893, do exílio de Buenos Aires] republicanizou o país mais depressa e mais seriamente do que se imagina [...]. À inércia vegetativa das antigas províncias sucedeu em geral a mais lisonjeira prosperidade. O que atrofia agora a República Brasileira é a degeneração do governo nacional. O mal está nos centros orgânicos da União. E esse mal consiste na troca da soberania do povo pela soberania militar, na substituição da lei pela vontade de um homem.[97]

Tal como nos dias iniciais do regime, pela voz então dos monarquistas, acusa ele o sistema de haver escorregado para o militarismo — ou a "dura servidão militar".[98] Mas o látego vergasta com impiedade nos anos que se seguem, em 1897 e 1904, com o mesmo sentimento que vibrará quando lhe parecer que o militarismo retorna ao poder, com Hermes da Fonseca. A anarquia e o crime desde que a força se opusera à força, quebrado o manto constitucional —

> a soberania da força não pode ter limites senão na força [...]. A semente ensanguentada ficou, pois, no solo adubado pelas apologias do terror, do jacobinismo, da indignação popular, do patriotismo violento, e germinou, e floresceu, e acaba de frutificar. O crime de 5 de novembro é mais do que uma vergôntea do crime de 8 de março [...].

Entre o braço assassino de 5 de novembro e Floriano, um elo suspeito, denuncia o orador:

> Esse homem, autor do crime, dizem, é um tipo especial, que as circunstâncias do fato recomendam também à nossa atenção.
> Era designado por um nome — o *anspeçada de ferro* [...]. Tivemos o marechal de ferro: temos o general de ferro [...]. Oh! como são ingratos os sentimentos destes homens que já trocam e tão depressa os vivos pelos mortos![99]

A força armada, para não ter uma "existência criminosa, bárbara, e detestável", deverá integrar-se à opinião nacional, da qual "é o seu instrumento submisso". O Exército, dirá agora, sem a lembrança dos dias de outubro e novembro de 1889, num recuo restritivo à carta republicana: "O Exército é a instituição essencialmente submissa à lei; é absolutamente subordinado à autoridade dos superiores. É, se me não engano, a doutrina constitucional".[100]

A imagem idealizada do soldado não passa mais pelo cadinho do cidadão armado, pelas barbas veneráveis de Deodoro. Contra os baderneiros, ela se cristaliza no vulto do marechal Carlos Machado de Bittencourt, coberto de sangue e de martírio na defesa da suprema autoridade civil. Mas, e o 15 de novembro?

> Sempre que entre republicanos brasileiros se fala em disciplina militar, é como se caminhássemos entre brasas mal apagadas. A cada passo ouvimos lançarem-se em rosto o pecado original do regime.
> Mas a verdade [orará, no Senado, preocupado em afastar o hoje aliado incômodo] é que essa mácula não se gerou conosco. Não foi o movimento de 15 de novembro que suscitou entre nós o militarismo. Suas origens vêm de bem mais longe na história imperial. [...] Não se diga, pois, que o militarismo é irmão gêmeo da Constituição republicana. Com o Império é que ele nasceu. Ao seu lado medrou lentamente. Estava adulto, quando o Império envelhecia. Coube-nos esta herança, que se tornara fatal. Em 1889, a espada era o árbitro da sorte da Coroa, enfraquecida e impopularizada. A monarquia já se lhe submetera abertamente em 1888, quando o manifesto dos três generais obrigou o ministro Cotegipe a passar pelas forcas caudinas. Era uma abdicação moral, a que a revolução, no ano seguinte, logicamente deduziu a consequência, mudando a forma de governo. [...] Quando os povos abdicam, é que os exércitos lhes assumem a tutela. Então se multiplicam os salvadores militares. Cada bernarda de uniforme é uma empresa de salvação. E a cada uma delas cresce, no Exército e na sociedade, a decadência, a corrupção, a anarquia.[101]

O governo Prudente de Morais será a arena onde a forma republicana encontrará seu molde. Ao afastamento do Exército corresponderá a ascensão do sistema federal, turbado, nos primeiros passos, pelos estados coligados, submetidos, a seguir, pela hegemonia de São Paulo. Desde que Deodoro e Floriano reconhecem que a posse dos governos estaduais lhes assegura a estabilidade — está em curso o esquema republicano de domínio, embora de cima para baixo. Não demorará muito que o boi sinta sua força e procure arredar a canga. Quando Prudente de Morais, na luta contra Francisco Glicério, se socorre dos governadores, sobretudo de São Paulo, agora com Campos Sales na chefia, como, pouco antes, já apelara para Bernardino de Campos, estavam as pedras em posição no tabuleiro, prontas para a jogada decisiva. O comando da capital federal sobre o país, do Rio de Janeiro sobre o Brasil, só seria possível, como demonstrara o Império nos seus dias derradeiros, mediante uma corporação coesa e armada. O processo de inversão da distribuição natural do poder exigiria a ditadura centralizadora, incompatível com a riqueza regional, regionalmente autodeterminada. O apelo às camadas médias, que o jacobinismo esboça e promete, não se mostrara viável, quer pela fraqueza interna do setor, quer pela preponderância, dentro dele, do tropismo liberal. Nessa encruzilhada de indecisões, entrecortadas de sangue e de violência, uma convicção conquistara já todos os espíritos: os estados não se deixariam subjugar pelo Rio de Janeiro, pela rua do Ouvidor ou pelos quartéis. Os estados, armados e aguerridos, estavam prontos a exercer seu papel — "sobressalente de resistência invencível contra estas investidas à legalidade republicana".[102] Buscava-se o mecanismo de funcionamento dos órgãos de coordenação e controle federal, ou, como diria com ênfase Campos Sales: uma ideia nova, um princípio fundamental, uma aspiração comum na ordem administrativa.[103] O sistema de um acordo dos partidos estaduais num agrupamento central, que comandasse o Congresso e disciplinasse os poderes do presidente da República, não se compatibilizava com a estrutura social. As realidades regionais, enredadas em reivindicações e em compromissos locais, não se homogeneízam em uma linha de conduta nacional, capaz de justificar a ação comum e solidária de governadores, senadores e deputados. Por isso, prevalece sobre o partido de cúpula, mais ponto de encontro de políticos enviados ao Rio de Janeiro, o comando central do presidente da República. O partido federal será, nessa estrutura — adiante a examinar —, a expressão da crise do comando presidencial ou da indecisão do foco do poder. O Partido Republicano Federal será a provisória tentativa de controlar Floriano Peixoto e de submeter Prudente de Morais, ambos devorados pelo desencontro das suas correntes de sustentação. A seguir, em 1905, forma-se o *Bloco* ou *Coligação*, agrupamento parlamentar, sob a liderança de Pinheiro Machado, destinado a impedir que Rodrigues Alves indique seu sucessor. A *Coligação* não consegue transformar-se em partido — Afonso Pena voltará ao exercício pleno de seus poderes, com a aguerrida base parlamentar de seu *Jardim da Infância*, rompido por ingênita fraqueza de um chefe sem sólida base regional. Frustro será o Partido Republicano Liberal, que durará enquanto durar a Campanha Civilista (1909-10), como frustra morrerá a Reação Republicana, manto da propaganda pela candidatura de Nilo Peçanha (1922), papel que caberá em 1929 à Aliança Liberal. O Partido Republicano Conservador, fundado em 1911, que perecerá com Pinheiro Machado, não consegue fazer o sucessor de Hermes da Fonseca. Fracassados os sistemas partidários, a realidade incontrastável será a do presidente da República, conjugada aos governadores, num influxo recíproco, que acentua a força do primeiro, quando um grande Estado nele se encarna. O velho estamento imperial se dissolve, dessa sorte, num elitismo de cúpula, regredindo a estrutura patrimonialista para o âmbito local, local no sentido de entrelaçamento de interesses estaduais e municipais. O partido seria, dentro dessa estrutura, um simulacro ditatorialista, traduzindo-se, como denunciará um político de alta expressão intelectual, apenas no "enfeudamento" num "quadro rígido e definitivo", sem o contrapeso da opinião pública esclarecida e atuante.[104] A elite, descomprometida de fidelidade a ideias e programas, só viverá com o apoio das bases estaduais, enquanto favorecidas pela benevolência presidencial.

Campos Sales, com a visão clara que o esfacelamento do Partido Republicano Federal lhe proporciona, dará forma e estilo aos elementos que encontra e que o projetaram. Percebe que o poder só uniria os políticos em desacordo, arredado o cipoal político dividido de antagonismos, se exploradas as forças estaduais.

> O que havia na alta direção era, no fundo [nota o presidente], um grupo de caudilhos políticos, todos igualmente soberanos, e cioso, cada um, da sua influência política. Na ausência de ideias que pudessem estabelecer a indispensável coesão, assistia o país ao singular espetáculo dos movimentos desencontrados, que estas influências antagônicas imprimiam ao mesmo corpo político. [...] Ao primeiro aspecto convenci-me de que nenhum dos lados apresentava sintomas de hostilidade ao governo, se bem que fosse o intuito, em cada um, de fundar a sua preponderância política.[105]

As discordâncias, além do potencial governismo, tinham uma chave conciliatória, necessário ponto de partida de todo o jogo: o reconhecimento das eleições, com o *diploma* ao vencedor. Sobre essa pedra, a partir de 1900, erguer-se-á a ordem republicana, para um império de trinta anos. A República, hesitante na procura do campo de gravitação de seus elementos internos, encontra afinal o eixo que a fará rodar na fixação pragmática do federalismo. Campos Sales define os objetivos do seu esquema na necessidade de "apagar as dissensões que dividiam o Congresso e constituir nele uma unidade forte, patriótica e decidida a prestar o seu concurso ao governo".[106] Explica-o como a solução conjuntural dos dissídios que, acirradamente, sobraram do esfacelamento do Partido Republicano Federal, cuja ala extrema lançara, com o apoio do Rio Grande do Sul, um candidato à presidência, candidato ainda recendente de florianismo. Na verdade, o sistema já se desenha dentro do tipo federativo que se consolida da solda do modelo constitucional e das forças políticas estaduais, estruturadas nos partidos republicanos locais. O momento das eleições de 1900, para a renovação da Câmara dos Deputados e o terço do Senado Federal, oferece o ensejo à implantação do controle sobre a cúpula política, em nome do federalismo.

A instância última da apuração, realizada pelas mesas eleitorais locais, cabia à comissão de verificação de poderes, composta dos prováveis eleitos, na Câmara dos Deputados. Ao mais velho dos diplomados cabia a presidência desse órgão, o qual nomeava a comissão dos cinco, habilitada a reconhecer os diplomas, de modo a, escoimando fraudes e julgando impugnações, estabelecer o quantitativo dos votos. Ao acaso da idade, sem controle da maioria e do governo, estava entregue a composição do corpo legislativo. Era aí, no centro da manipulação eleitoral, que cumpria atuar, para assegurar a *cooptação* dos representantes do povo. Uma reforma do regimento altera o sistema: o presidente interino da nova Câmara seria o presidente da anterior, se reeleito o deputado. Dessa sorte, o representante da maioria faz a nova Câmara. O mecanismo, todavia, poderia ser apropriado pelo Congresso, para se impor ao presidente da República, subjugando-o nos momentos de dificuldade. Haveria o risco teórico de, municipal a mesa eleitoral, constituir-se um vínculo direto entre as localidades e os deputados, com o alheamento do governador. Os dois inconvenientes se anulam diante do comando do governador na política estadual, em sincronia ou com a obediência das bases (o coronelismo), e, sobretudo, na "presunção, salvo prova em contrário", em "favor daquele que se diz eleito pela política dominante no respectivo Estado".[107] Nessa presunção está o peso das situações estaduais, implicitamente autorizadas a validar as eleições a *bico de pena*. Para a rebeldia dos governadores, a União dispõe do trunfo máximo da intervenção federal, prevista no discutido artigo 6º da Carta de 1891, significativamente qualificada, há alguns anos, pelo autor da política dos governadores de "coração da República Brasileira".[108] Onde estiver o coração, aí estará a vida e o corpo. A intervenção não se fará, entretanto, nos estados capazes de reagir em pé de igualdade, com suas milícias — São Paulo, Minas Gerais e Rio Grande do Sul. Essa reserva, quando não a fere a pressão indireta, constituirá a base da nomeação do presidente da República, no único influxo recíproco de pares, com a hegemonia das duas unidades mais poderosas.

A manobra, na aparência muito simples e reduzida a algumas palavras no regimento interno da Câmara dos Deputados, será o fruto de astuta e obstinada negociação com os governadores, excluído o Rio Grande do Sul. Júlio de Castilhos percebeu que, no seio da máquina em cogitação, enfraquecer-se-ia o Congresso,[109] com o desmesurado fortalecimento do presidente, de molde a cortar um poderoso núcleo de influência, necessário aos estados incapazes de escolher o chefe do Poder Executivo federal. Pinheiro Machado, nos próximos quinze anos, lembrará a advertência e orientará sua ação para explorar a pequena área parlamentar, que o véu compressor não cobriu. O governador de Minas Gerais dá o "apoio incondicional" de seu estado à nova fórmula. A Bahia, desconfiada da hegemonia paulista que pulsa nas dobras do plano, desconversa e reluta no assentimento, ciosa de guardar o terceiro lugar nas decisões políticas, posição que vê ameaçada no cenário nacional.

> O que pode acontecer [observa o artífice da cartada histórica], e que eu sempre temi, é que os dois Estados porventura com tendências exclusivistas, a Bahia e o Rio Grande do Sul, pretendam, cada um para o seu lado, extremar os grupos na verificação de poderes com o fim de constituir uma maioria que garanta o predomínio da sua influência na direção política da República.
>
> Hoje [prossegue, relatando os acontecimentos ao seu mais leal colaborador, no começo de 1900] — recebi uma carta de Luís Vianna [governador da Bahia], em resposta a outra minha sobre este assunto, em que ele, ao mesmo tempo que deixa transparecer sentimentos partidários, se mostra receoso da influência rio-grandense.

> É natural, é mesmo quase certo que no Rio Grande se pense do mesmo modo quanto às vistas da Bahia. Acredito, porém, que nada disto obstará a boa execução do acordo. O que é indispensável é organizar desde logo, no início dos trabalhos, uma maioria arregimentada e resoluta [...].[110]

Já que a voz era agora a dos estados, cada um pesaria suas conveniências. Com Minas Gerais, senhora da bancada mais numerosa (37 deputados contra 22 de São Paulo e Bahia), com o Norte e seus pequenos estados preocupados em consolidar o governo dos detentores do poder, estava assegurado o êxito da empresa, se a ela aderisse São Paulo. O Rio Grande do Sul e a Bahia não poderiam articular, isolados, reação capaz de afrontar a poderosa coligação de forças, no centro da qual estava o presidente da República. Minas Gerais, por seu governador, tinha razões profundas para pronunciar o caricato "apoio incondicional". A política dos governadores servia, à feição, em hora oportuna, para consolidar a transferência de poder aos políticos da zona agrícola do Sul e da chamada da Mata, com o afastamento do tradicional grupo da zona mineradora. Era o café, baseado no trabalho livre, que despontava para o comando, com esporas autoritárias em lugar do doce, fino e dissimulado jeito das raposas de outrora.[111] O Partido Republicano Mineiro, reorganizado depois da mistura das águas dos primeiros dias, assume a sua feição autoritária, com a chefia consensualmente entregue ao governador.

> O presidente do partido [depõe um iniciado nos mistérios da *Tarasca*, apelido da oligarquia mineira] ficava com as honras e a aparência de um poder que era mais nominal que real. A Comissão Executiva, na expressão pitoresca de Bias Fortes (Crispim Jacques), servia apenas de guarda-chuva para o governo. Nunca se "descobria a Coroa", para usar o dito do tempo do Império.[112]

O "apoio incondicional" escondia, na aparente subserviência, o bastão de marechal, que logo passaria às mãos de Afonso Pena, Venceslau Brás e Artur Bernardes. O problema, vencida essa etapa, seria atrelar São Paulo, a base do fundador da igreja republicana e o centro do comando do regime. Esmera-se Campos Sales, sem dubiedades, em revelar ao governador do poderoso estado, agora Rodrigues Alves, o miolo de seus propósitos, onde soa a nota da hegemonia paulista e a disciplina da periferia.

> Julgo, portanto [escreve o presidente], azado o momento para se tomar a constituição da futura Câmara como ponto de partida para agremiação de forças úteis, que constituam um grande partido de governo, exclusivamente devotado aos interesses da administração da República, até hoje tão descurados, precisamente porque, na ausência de partidos regulares, não temos tido senão grupos ou corrilhos mais ou menos audazes, assediando ou procurando assediar as eminências do poder público.

Não deixa o missivista de acenar para a "ação regeneradora" da política paulista, insistindo numa nota que parece cínica: a legitimidade das eleições expurgadas.

> Quem contestaria em boa-fé, por exemplo, a legitimidade dos eleitos pelo partido dominante em São Paulo, Rio Grande do Sul, Bahia, Pernambuco etc.? Da mesma forma, ninguém duvida de que no Maranhão foi essa mesma política que venceu as eleições; e no entanto os adversários do governo do Estado dizem-se vitoriosos no 2º distrito, diplomando para si os três terços deste mesmo distrito. [...] Quer dizer: a tática das duplicatas e das fraudes é a mesma para todos os vencidos.[113]

O político de São Paulo seria um realista, mas não um cínico. Para ele, a legitimidade não provinha das formalidades eleitorais, mas dos ordenadores dos votos, reunidos seus poderes na pessoa do governador. A fraude, nesse contexto, será obra exclusiva da oposição, não do governo. Não fora o inventor do *terceiro escrutínio*, armado nas práticas imperiais e reconhecido, por herança, nos dias iniciais da Assembleia Constituinte.[114] Rui Barbosa, obviamente, não conseguia entender o raciocínio, imantado, como sempre, pelo dogma da soberania popular. No jogo das palavras via apenas o recurso da "mentira das urnas" para a "mentira da verificação de poderes", no "absolutismo de uma oligarquia quase tão opressiva em cada um dos seus feudos quanto a dos mandarins e a dos paxás".[115] Entre os paulistas, o resultado do plano, a consolidação da máquina estadual, com o absoluto predomínio do governador,[116] não atendia à totalidade do partido dominante, premida por outros problemas que não os mineiros. Na sucessão local, Campos Sales e Rodrigues Alves já haviam se definido, com a resistência de uma ala, sob a presidência de Prudente de Morais, agora reintegrado na política de seu estado. A implantação da política dos governadores, percebem todos, eliminará as esperanças do grupo minoritário, esperanças que se lançam nas eleições. Abre-se, em consequência, a segunda dissidência nas hostes paulistas, em 1901, dissidência que as eleições municipais malograrão. A facção minoritária não quer o presidente da República convertido em escrutinador de atas eleitorais, num esquema capaz de instalar o governo autocrático. Rodrigues Alves, olho pregado na chefia nacional, que lhe caberá em breve, realista e direto, corta os equívocos: trata-se, pura e simplesmente, de reconhecer todos os candidatos dos governadores. A República, depois de dez anos de tropeços, descarta-se, como o Império desde 1840, do mais sedicioso e anárquico de seus componentes: o povo. Por que a ficção incômoda, desagregadora e gerada pelos copistas de teorias? As oposições estaduais, filhas da fraude ambiciosa, calam-se, submissos os contestadores. A federação triunfa, apagadas as dissensões, daqui por diante identificadas ao ódio e à violência, criadas para contrapor-se "ao desdobramento tranquilo da atividade governamental". Os restos espúrios do parlamentarismo serão eliminados. Em lugar do centralismo, cuja alma era a burocracia,[117] imperariam os estados — entre estes os mais poderosos.

> Neste regime [...] [doutrina o pontífice da federação consolidada] a verdadeira força política, que no apertado unitarismo do Império residia no poder central, deslocou-se para os Estados. A *política dos Estados*, isto é, a política que fortifica os vínculos de harmonia entre os Estados e a União, é, pois, na sua essência, a *política nacional*. É lá, na soma dessas unidades autônomas, que se encontra a verdadeira soberania da opinião. O que pensam os Estados pensa a União.[118]

Os governadores — o texto alude a estados — serão a eleição, a legitimidade. Fora daí só haveria a tirania do centro, defendia-se Campos Sales ao repelir a paternidade das *vinte tiranias*, "a mais implacável, a mais formidável, a mais abominável de todas as tiranias — a tirania do centro".[119] Entre uma tirania e outra, optava o propagandista republicano pela emergente da federação. Certo, havia quem falasse em povo — os demagogos de sempre. Povo significa, entretanto, eleições —, mas, nesse ano de 1900, já se dissipara a quimera de que, desarticulada a túnica centralizadora, a liberdade se ergueria, impávida e ordeira, nos sertões e nas cidades. Se ninguém disciplinasse as bases, os chefetes locais semeariam a barbárie e o sangue, sem que o povo, abaixo deles, fosse consultado, satisfeito com a proteção que recebia.

> O que se passa nas seções eleitorais [depõe um contemporâneo, sabedor e beneficiário das práticas do voto] é mera comédia para aparentar que se observa a lei: o que vale, o que vai servir perante o poder verificador, é o que se faz depois, são as atas que se lavram mais tarde, em casa dos chefetes eleitorais, ao sabor de suas conveniências. Tão certos disso estão governistas e oposicionistas, que o dia da eleição não desperta interesse em nenhum dos campos. As seções eleitorais ficam em abandono e, no dia seguinte, os jornais filiados a um ou outro grupo publicam os resultados que lhes convêm e que esperam vir a justificar com as atas e lavrar nos livros em branco. [...] O período que mediou entre a eleição e a reunião das juntas apuradoras foi o verdadeiro período eleitoral.[120]

Da farsa local passa-se à farsa nacional, com a *degola* institucionalizada e dirigida — a *degola* anterior era dispersiva, informe, contraditória ao arbítrio das individualidades mais influentes. Na cúpula, "com a precisão e a rapidez de uma guilhotina", executavam-se os indisciplinados e os contestantes "sem demorado sofrimento".[121] Os oposicionistas estaduais e federais não passavam do vestíbulo, expulsos e infamados na tentativa torpe de profanar o templo. O Congresso não seria mais a arena das estéreis lutas de campanário, indignas do palco da capital republicana.

As eleições de 1900 provaram a eficiência do sistema, com o sacrifício de todos os adversários dos governos estaduais. Francisco Glicério, o ex-general das 21 brigadas, o poderoso chefe de ontem, nem ele conseguiu transpor o abismo que se abrira aos pés dos dissidentes. Ao seu lado, sofre também a degola um político que cresceria muito e chegaria à culminância máxima, Washington Luís. O Norte, daí por diante, se comporá de muitos ducados, com as chamadas satrapias. Cada estado terá seu dono, pessoal ou da família, de um chefe ou de um grupo fechado: Minas Gerais será o domínio da Tarasca; São Paulo, do Partido Republicano Paulista; o Rio Grande do Sul não sairá, durante 25 anos, das mãos férreas de Borges de Medeiros; o Ceará caberá aos Aciolis; Nery conquistará o Amazonas; Rosa e Silva terá Pernambuco ao seu dispor. O sistema, previsto para entregar o poder político aos estados, poderia levar a alianças interestaduais, com a anulação do presidente da República, convertido em agente, representante de tais blocos. Na verdade, subjacente ao império presidencial, vibra essa realidade, articulada pelos dois grandes estados, São Paulo e Minas Gerais, com os desafios de outras contestações, discretamente coordenadas pela terceira força, logo assumida pelo Rio Grande do Sul. O aparelho fiscal e financeiro, concentrado na União, permitia sufocar essa reação, dada a permanente penúria dos estados para proverem às suas necessidades. Só os grandes estariam ao abrigo da ajuda federal direta, impondo seus interesses na formulação da política econômica. Os pequenos estados obedecem porque são pobres e continuam pobres porque não participam dos estímulos comandados pela União. Essa circunstância permitiu que a política dos governadores evoluísse para a supremacia do presidente da República, numa tendência que o presidencialismo favorecia. De outro lado, a resistência deveria concentrar-se no parlamento — este, entretanto, só estava aberto aos representantes dos governadores, submissos, nas questões políticas nacionais, à chefia do Catete. A prova de força do presidente consistia na eleição de seu sucessor, façanha que poucos conseguiram realizar. Na esfera federal, as rivalidades de São Paulo e Minas Gerais permitiam aos inconformados a meia vitória das tardanças e obstáculos. No plano estadual, as oposições não poderiam esperar a mudança do governo, salvo se algum salvador fosse ungido no Rio de Janeiro. A intervenção federal, usada para esmagar os inconformismos locais, poderia, instrumento dúplice, mudar as chefias e quebrar as oligarquias — houve um quadriênio que alimentou a ilusão.

> Cumpria [verbera Rui Barbosa, volvidos vinte anos da política dos governadores] descobrir-lhe uma fórmula nova, prática e comercial, que substituísse os princípios pelos interesses, o povo pelas facções, os Estados pelos seus governos. Não lhe acharam dificuldade. A incógnita do problema estava à mão de semear. Era transformar as autonomias em oligarquias. Transformaram-se. Nada mais convinhável e cômodo ao poder central, cuja oligarquização, para se consumar, e se considerar eternizada, não necessitava de mais que de ver executada a oligarquização dos Estados.

Desde aí a intervenção nos Estados encontrara a sua norma conciliatória, mediante um tácito ajuste entre eles e a União. Uma troca de atribuições e uma cessão mútua de garantias harmonizavam as diferenças. O governo federal entregava cada um dos Estados à facção, que dele primeiro se apoderasse. Contanto que se pusesse nas mãos do presidente da República, esse grupo de exploradores privilegiados receberia dele a mais ilimitada outorga, para servilizar, corromper e roubar as populações.

A hipótese da intervenção federal não o inquietaria nunca mais. O governo da União não usaria dela mais nunca, a não ser quando a quadrilha protegida a solicitasse, para ultimar, em nome da autonomia estadual, a servidão, a desonra e a pilhagem do Estado.[122]

Além do argumento extremo, as nomeações, a ajuda econômica com obras federais, os cargos ministeriais cativam as lealdades e suavizam o mando.

XIV

República Velha: os fundamentos políticos

1 | *A força e a fragilidade da política dos governadores. O consulado de Pinheiro Machado* > 557
2 | *A ordem e a contestação. O novo presidencialismo* > 578
3 | *O sistema coronelista* > 595

1 | *A força e a fragilidade da política dos governadores. O consulado de Pinheiro Machado*

QUATRO ANOS é um período curto para firmar o predomínio inconteste do presidente da República no quadro político. Quatro anos, na verdade reduzidos a dois — no início do terceiro ano de governo desponta o sucessor, impaciente de romper a casca que o sufoca. De outro lado, o quadro federal impede o exacerbado fortalecimento da União, contra o qual se armam os chamados grandes estados, cuja autonomia depende de um centro débil. Vinte unidades, embora quase todas sem capacidade para o pagamento de seus funcionários, opõem-se ao sistema patrimonial, a cuja sombra medraria o estamento, reduzido às Forças Armadas, paralisadas pelos controles dispersivos das milícias estaduais. Os deputados e senadores, representantes dos governadores, são, por via reflexa, agentes do presidente, fiéis no voto e calados na censura. Apesar de frágeis os condutos intermediadores, precárias as defesas autonomistas, sobrava um campo instável para negociar o prestígio. O reconhecimento dos representantes do povo no cenário federal seria um dos pontos onde assentaria a fluida liderança dos chefes. O principal núcleo aberto às combinações e aos compromissos se constitui, entretanto, no problema sempre ardente da sucessão presidencial. O próprio reconhecimento — significativamente colocado no meio do quadriênio — antecipa a batalha preliminar da outra, a decisiva. Todos esses fatores conspiram contra o domínio exclusivo do presidente e contra o vertical comando de um agrupamento monolítico. Outrora, ainda em pleno governo militar, Francisco Glicério, calcado nos Estados ainda não desvirilizados, criou e dirigiu as suas 21 brigadas, incômodo freio ao comando do chefe do Executivo federal. A doutrina da separação dos poderes daria a necessária legitimação ao agrupamento em busca de autonomia. Esse movimento, federal na sua inspiração, negaria, se vitorioso, as suas bases, em caminho paraparlamentarista. República e parlamentarismo, dada a ascendência presidencial, não se conciliavam, no pacto que despontou em 15 de novembro. Findos quatro anos, o partido de Francisco Glicério estava morto, sepultado com a não reeleição do seu chefe, no decisivo combate de 1900.

Sobre os passos malogrados do paulista, confiado mais nas omissões do que nas funções da carapaça presidencialista, outro ex-jacobino alça o voo audacioso. No Senado, esse republicano, fascinado pela legenda de Júlio César, será inicialmente ponto de contato entre os antiflorianistas, como Rui Barbosa, e os republicanos históricos, como Quintino Bocaiúva. A contestação será o cerne, a força, a alma do novo líder — não a contestação oposicionista, mas a contestação colaboracionista. Os coligados querem colaborar com o presidente da República, apoiar-lhe a administração, ajudá-lo a realizar seu programa. Ensaiam, apenas iniciada a *política dos governadores*, liquidadas as últimas vibrações jacobinas e antijacobinas, envolver o titular da chefia do Executivo num amplo abraço de solidariedade, abraço de tamanduá, que transmite o calor e cativa. Nesse comércio de favores, fixam-se compromissos bilaterais, entre governadores e presidente, abrangendo os parlamentares. Se o sistema garante a estabilidade do grupo dirigente estadual, oligarquizado nos partidos locais e, dentro deles, nos grupos familiares, assegura a permanência dos deputados e senadores para um convívio até que a morte os separe, salvo se um furacão lhes quebrar a continuidade. A elite republicana — não mais o estamento imperial — guarda continuidade, renovada pela sucessão da morte, embora sem homogeneidade, arrastada pelas correntes centrífugas de suas bases. A "igreja aberta a todos os credos" de Francisco Glicério seria um apêndice da política paulista, com a promessa implícita de um presidente bandeirante, promessa cumprida com a eleição de Prudente de Morais e frustrada no malogro do chefe do partido. Essa a sua fragilidade, como frágil seria o esquema aparentemente inexpugnável de Campos Sales, que culminaria — segundo as palavras sussurradas ao governador de São Paulo em 1900 — na formação de "um grande partido de governo". Na dinâmica dessa orientação, com o "partido de governo" monoliticamente constituído, fixar-se-ia a predominância, a chefia suprema, a autoridade sem contestação do presidente da República. Esse fruto realmente amadureceria dessa árvore, mas com quinze anos de atraso, somente quando o comando financeiro e econômico da União tomar o rumo quase despótico que a levará à crise de 1930, com o renovamento do sistema. Nesse interregno, que vai das eleições de 1900 à morte de Pinheiro Machado, a política dos governadores campeia sobre o país, agitada e convulsa, mas num clima onde o dissídio não vulnera as bases da estrutura, dissídio só ampliado na década de 1920.

Os quinze anos de febre não serão a obra de um homem, o artifício de uma personalidade, nem um corpo estranho na regularidade da política. O líder, não o líder que comanda mas que coordena e interpreta, será Pinheiro Machado, elevado em 1903 à vice-presidência do Senado, terceiro na ordem de sucessão presidencial, cabendo-lhe dirigir os trabalhos da Câmara alta, na ausência do vice-presidente da República. Nessa escolha, realizada pelos seus pares, ex-governadores ou chefes da política estadual, já se percebe a diretriz diversa, contrastante ao Partido Republicano Federal. O líder não representa um estado poderoso, São Paulo, nem se tornará porta-voz, no futuro, de Minas Gerais, para o suporte das ambições presidenciais das duas unidades federativas. O pacto presidente da República-governadores deverá contar, na suprema cartada da sucessão, com o aliciamento dos chamados pequenos estados, aliciamento normalmente realizado pelo chefe do Poder Executivo federal. Ocorria, entretanto, que nem só São Paulo estava no jogo, senão que outro estado, Minas Gerais, com ele rivaliza, senão em riqueza, pelo número superior de sua representação política e de sua população. No "apoio incondicional" do governo montanhês está latente a reivindicação presidencial. Na corporação política, formada à margem do comando presidencial e com o material dele emergente, não haverá, nem poderia haver, o grupo articulado dos pequenos estados, pronto para o combate contra os grandes. Esse esboço não resistiria à vontade do presidente da República, senhor das mercês e do reconhecimento dos parlamentares. Mas, mesmo se não muito numeroso, seria o agrupamento bastante forte, se contasse com a rivalidade, aberta ou latente, dos dois gigantes, São Paulo e Minas Gerais. Outro trunfo podia socorrer a facção contestante: o Exército, dobrado à supremacia civil, mas não anulado na sua posição política. Francisco Glicério pretendia contar com outro instrumento, logo desbaratado e subjugado, envolvido nos extravios jacobinos: a camada média e proletária, o chamado povo das arengas dos demagogos. Nessa reunião de divergências havia o elemento explosivo, capaz de partir as colunas da arquitetura republicana. Mas, enquanto o sistema se mostrasse em funcionamento e ascendente no aquinhoamento das categorias economicamente fortes, nenhum golpe o destruiria. Para a direção das forças em dissídio — em dissídio mas ainda não em oposição —, somente um Estado havia sido capaz de divergir, sem temer a intervenção federal. A guerra civil de 1893 dotara o Rio Grande do Sul da necessidade de constituir e armar uma poderosa milícia, a Brigada Militar, que tornaria sangrenta qualquer medida capaz de perturbar a autonomia estadual. Daí, por consequência, sai o líder, reforçado com a confiança de Júlio de Castilhos e Borges de Medeiros, estes, senhores do poder graças a um partido monolítico, autoritariamente conduzido.[1] O líder não é um incendiário — homem de confiança dos oficiais florianistas, traz ao governo federal, senão a adesão, pelo menos a sua neutralidade simpática, graças ao prestígio do chefe, Júlio de Castilhos, herdeiro político do marechal de ferro.[2] Havia, no cerne da liderança de Pinheiro Machado, uma coincidência entre a doutrina castilhista, nas relações dos estados-União, com a facção distanciada do comando dos dois grandes estados. O Rio Grande do Sul, alheio aos interesses cafeeiros e exportadores, como a maioria dos estados, concentrava sua produção nas necessidades do mercado interno nacional. O dissídio de 1835-45 terá, em última instância, essa raiz. Silveira Martins, finda a Guerra do Paraguai, depois de um período contestatório, no qual acena com o povo em guerra contra o trono, tenta conciliar as divergências, advogando melhoramentos para a sua província. O republicanismo rio-grandense, decepcionado com a ascendência paulista, em breve articulada num federalismo hegemônico, acentua seu isolacionismo. Não se ajusta a Prudente de Morais e recusa o concurso para eleger Campos Sales, numa atitude de desafio que a quadra heroica de 1835 aureola e legitima. Pinheiro Machado, no cenário federal, será, portanto, ao contrário do que se acreditou,³ o fiel seguidor de Júlio de Castilhos, que, ainda depois de morto (1903), imperará, consagrado com a mudança de 1930. Não quiseram seus associados compreender que, em 1909, na escolha de Hermes da Fonseca, a corda castilhista, não desdenhosa do militar na política, antídoto certo contra a hegemonia dos grandes estados, de São Paulo em particular, vibrou com intensidade e coerência. Pinheiro Machado será, sempre, a contestação, mas a contestação conservadora, dentro da lei, na qual se manteve mesmo nos duros episódios que consolidaram a chefia de Prudente de Morais. A República também criará a sua virtude: o respeito às regras do jogo constitucional, na sua expressão nominal.

Na sucessão de Campos Sales, a política dos governadores faz a sua primeira prova pública. Ela suscita, levando-o ao primeiro plano das decisões, o estado de Minas Gerais. A hegemonia paulista só poderá prosperar, daí por diante, se compartilhada pelo governo montanhês, divisão de forças que, para uma vitória de quatro anos, marcará o ostracismo bandeirante de doze anos. Essa a primeira consequência do esquema, completada pela rivalidade entre os dois grandes, dentro da qual se gerará o bloco dos contestadores dentro do sistema. Nada valeu, ainda no nível das resistências, a oposição parlamentar aberta, alimentada, durante o governo Campos Sales, pela influência do vice-presidente Rosa e Silva e pela dissidência paulista. São, os dois grupos, o último estertor da pretensão de dominar os estados por meio do Congresso, de modo a afastar deste o reconhecimento sistematicamente a favor das situações locais dominantes. Os dissidentes paulistas, sob a chefia de Prudente de Morais, alijados do governo estadual, não poderiam prosperar, se bloqueadas as bases municipais pela compressão da degola federal. Rosa e Silva, de outro lado, sente que, do Rio de Janeiro, não manipularia Pernambuco, ficando, ao contrário, entregue aos caprichos de seu governador, delegado da confiança deste, demissível na próxima eleição. Não: o controle ao presidente da República, sua eventual escolha, terá outra fonte, menos precária e menos submissa. Pinheiro Machado sabe onde pisa e não se comprometerá com a oposição. Apesar de não haver o presidente recebido os sufrágios do Rio Grande do Sul, este e a bancada gaúcha apoiam a sua política financeira, conveniente aos interesses locais. Campos Sales também não se engana — para vencer a resistência do senador e líder, eventualmente oscilante para os oposicionistas — Pernambuco, Maranhão e estado do Rio —, já apalavrados em torno da candidatura de Quintino Bocaiúva, o republicano histórico por excelência reúne logo o apoio de Minas Gerais.

Nessa jornada não entram os quartéis e não merecem consulta os parlamentares. O problema do coordenador não será contornar ou dobrar a oposição, que, para o presidente da ordem, em geral — mente ou conspira. "A oposição ao governo, as mais das vezes, ou é subversiva, ou é caluniadora. Quando não conspira, calunia. Tal é a regra."⁴ Todo um plano se desenvolve, passo a passo, com cautela e com audácia, caladamente, discretamente. O presidente e articulador tem ao seu lado o governador de São Paulo e a maioria do partido dirigente, em rápida convalescença de frustra divisão. Volta-se, a seguir, para o maior colégio eleitoral — ora sob a chefa de Silviano Brandão, o mesmo do "apoio incondicional". O apoio não era tão incondicional como parecia ao observador — Minas Gerais aceita o jogo

> com a máxima espontaneidade; mas que [informa o intérprete], no intuito de prevenir dificuldades futuras, ponderara a conveniência de ser apresentado também o candidato à vice-presidência, devendo ser este um mineiro, a fim de remover a hipótese de uma outra combinação em contrário, que calculadamente trouxesse o nome de algum dos filhos daquele Estado.[5]

São Paulo terá, daqui por diante, disciplinado o estado sob o comando do governador e reorganizado o Partido Republicano Mineiro, um sócio na direção suprema — Campos Sales chega a admitir que a combinação só seria possível com a chapa integrada por um montanhês. A hegemonia paulista perece, afogada nas águas da política dos governadores, e só permanecerá à tona aliada a Minas Gerais. A supremacia econômica, fortalecida pela tomada do poder central por um paulista, abranda-se, enredada nas combinações políticas, vinculadas à crise de superprodução cafeeira, para a qual o liberalismo econômico dos dirigentes bandeirantes não alvitra nenhuma solução imediata. A política hegemônica tempera-se com o leite mineiro, em breve preponderante no café republicano. Rodrigues Alves, mais cético que o presidente, parece duvidar que São Paulo forneça o sucessor de Campos Sales, preocupado com o "melindre dos outros estados".[6] O quadro não estaria completo sem que, no centro, se triangulassem as forças, com o apoio da outra maior influência eleitoral, por agora ainda a Bahia, enquanto não se completar a decadência política da chamada, em outro tempo, Virgínia brasileira. A Bahia nada pede — já não pode pedir, senão as recompensas aleatórias. Isolados Pernambuco, entregue à oposição, o estado do Rio, sonhando em predominar com a glória histórica de Quintino Bocaiúva, e o Maranhão, também em divergência com o governo da República, mais um lance fecharia a possibilidade de uma contestação. Faltava apenas o apoio do Rio Grande do Sul, dissociado dos novos rumos republicanos, entregue ao comando de Júlio de Castilhos, "sectarista" — reconhece o articulador —, "o que não comporta a nossa Constituição e a índole do nosso povo".[7] Lança-se o presidente à conquista de Pinheiro Machado, "cuja influência já então fazia sentir o seu peso nos destinos da nossa política", anota Campos Sales.[8] Diante do fato consumado, o líder gaúcho terá que recolher as esporas, engolindo suas restrições a um conselheiro do trono, Rodrigues Alves. À oposição aberta, que importaria em marginalizar o seu estado e anular o trabalho já consolidado, prefere o recuo tático, para melhores dias de luta. Violava o senador, com a sua adesão, o princípio castilhista — de que depois Rui Barbosa se apropriará — do repúdio à competência do presidente de fazer o seu sucessor, dos "candidatos saídos dos quartos baixos do Catete".[9] Mas o sacrifício era necessário, diante de uma provável nova guerra civil e invasão federalista.[10] Desta forma, pela última vez, será ele o líder de uma campanha forjada, preocupado em firmar no pleito a supremacia de seu agrupamento. Além disso, a aliança São Paulo-Minas Gerais não lhe deixava campo para manobras, com êxito possível — certo que este homem não jogava para perder, preso a princípios, fantasias ou quimeras. Um estudante, no qual não se poderia prever o chefe de uma revolução, penetrara bem o sentido daquela liderança, que transige e reage, imprevisível e obstinada: "A atitude de V. Ex.ª na política da República tem sido esperar a marcha dos acontecimentos, colocando-se à frente destes para guiá-los" (Getúlio Vargas).

Na sucessão presidencial de Rodrigues Alves — a sucessão sempre o nó górdio da combinação reinante —, a política dos governadores alcançará sua expressão mais pura. Vinga, em dois anos de negaças, a alma estadualista do regime, na deformação federal implantada na República. O presidente, depois da solitária vitória de Campos Sales na indicação de seu sucessor, perde o comando político, para a jogada essencial, no curso de vinte anos, até que o fortalecimento da União, com os poderes econômicos e financeiros adquiridos depois da guerra 1914-8, lhe insinue outra conduta. Rodrigues Alves, tal como Campos Sales, também com o apoio da maioria do Partido Republicano Paulista e o caloroso incitamento do governador bandeirante, inclina-se para o nome de Bernardino de Campos, ex-ministro da Fazenda de Prudente de Morais e duas vezes chefe do Executivo paulista. Os estados são, estimulados pela continuidade oligárquica, vozes a contar, sem a indecisão de 1901, começo da obra consolidadora interna. No plano federal, suas vontades se reúnem no Senado, estruturado embora frouxamente, numa aliança de interesses, com densidade capaz de influenciar e, em certos casos, conduzir os passos da administração. Aspecto importante dessa concentração estadualista de poderes, projetada num instrumento federal, será o influxo reverso sobre as bases. Formado o núcleo das decisões, primariamente concentrado nas unidades federadas que fazem o presidente, ele se irradia na Câmara dos Deputados, com o controle dos reconhecimentos. Os deputados e senadores serão o reflexo dos governadores, mas estes e as oligarquias que os sustentam elegem-se para o Senado, o qual passa a ser a sombra e o reflexo ativo de seus agentes. Concentrado o poder nos vínculos com o presidente, senhor da intervenção federal — a intervenção que conserva e que mata —, o quadro senatorial se contrai, numa constelação de chefias sob uma liderança. A dinâmica do sistema leva, portanto, a subordinar os estados não poderosos, que dependerão, na sustentação dos grupos dominantes, dos que ocupam o centro do tabuleiro. Não raro, os mais influentes chefes e senadores indicarão os próprios deputados aos governadores, numa prática discretamente aparentada ao centralismo imperial — centralismo, agora, só para os pequenos Estados, com o pacto implícito da garantia das situações locais.

> Para os indivíduos dos pequenos estados [depõe Gilberto Amado, representante de Sergipe], toda possibilidade de ação política efetiva não lhes podia ser proporcionada senão vicariamente, supletivamente, através dos chefes destinados a prevalecer nos grandes estados. De tal maneira se tornara isto evidente na República Velha, que o prestígio e a autoridade de deputados e senadores do Norte se graduavam pelo teor das suas relações conhecidas com estes chefes. Era comum ouvir-se: Fulano, deputado ou senador tal, "é homem de Minas", "é pessoa de São Paulo", "tem grande situação entre os gaúchos".[11]

Francisco Glicério, com as suas 21 brigadas, situou na Câmara dos Deputados a arena do debate político, erro que Afonso Pena repetirá, com o seu *Jardim da Infância*, inapto institucionalmente aquele cenário para o exercício das funções políticas oriundas dos estados. Pinheiro Machado, menos versado em teorias e mais avesso aos entreveros populares, sentiu que, no Senado, estava a "sinagoga dos paredros da política nacional", sem a marca da dispersão do número e das heterogêneas combinações que formavam as bancadas na Câmara dos Deputados.

Sobranceiros os chefes ao eleitorado, passivo e inconsciente na soberania das atas falsas e das eleições a bico de pena, libertos de compromissos com os partidos, as decisões políticas obedecem a combinações e arranjos elitários, maquiavélicos. O problema do político era o poder, só o poder, para os chefes e para os estados, sem programas para atrapalhar ou ideologias desorientadoras. O agente ideal para essa ação será o realista frio, astuto mais que culto, ondulante nos termos, sagaz na apreciação dos homens, aliciador de lealdades e pontual na entrega dos favores. A relação entre a cúpula e a base será, em todos os graus, autoritária, sem que o rebanho eleitoral possa reclamar ou negociar, em níveis de comitante a comissário, o pagamento das promessas. Entre o superior e o inferior — tomado o superior como a reunião das cúpulas estaduais e seus representantes federais — impera a assimetria, numa disfunção que, emancipado economicamente o eleitor, comprometerá o sistema. À camada assim autônoma cumprirá a execução das manobras, com desenvoltura e perspicácia. Nessa ordem de relações, posta a candidatura Bernardino de Campos, era necessário arredá-la, para que, no malogro, perecesse a supremacia do presidente, supremacia que, consolidada, destruiria os estados, anulando-lhes todo poder de barganha. No nome cogitado se consagraria a hipertrofia presidencial, aliada ao "tacão do Partido Republicano Paulista", o "exclusivismo paulista", num duplo ataque que ofende o statu quo reinante desde Prudente de Morais. O combate, para mascarar os interesses, adota a sua doutrina, recolhida no legado de Júlio de Castilhos e temperada pela retórica de Rui Barbosa: o presidente não pode escolher o seu sucessor. A unidade paulista é, no primeiro lance, posta à prova, com a candidatura de Campos Sales, que não recusa a lembrança. Vencida a primeira etapa, outro nome ocupa as atenções, o de Rui Barbosa, que acaudilha a Bahia no seu protesto. Uma coligação — o *Bloco* — dirige os acontecimentos, na última etapa da campanha. Sem Minas Gerais, apesar do dissídio da Bahia e do Rio Grande do Sul, não se romperia a frente paulista, ainda sustentada pelo oficialismo. A "carneirada" mineira (ou o boi, em outras versões) — como chamava Campos Sales ao obediente e passivo grupo dominante mineiro — acorda, graças à ducha estimulante da política dos governadores. Entre os mineiros, o nome de Afonso Pena, vice-presidente eleito na vaga aberta com a morte de Silviano Brandão, servia a todas as manobras, sem o risco de substituir a hegemonia paulista pela montanhesa. O ex-conselheiro do Império não dispunha, na sua agremiação, de força de sustentação capaz de submeter as correntes políticas ao seu comando.[12] Com essa fraqueza ingênita, o presidente estaria à mercê dos membros do *Bloco*, com Pinheiro Machado no primeiro plano, sem que São Paulo deixasse de pesar nas duas decisões. A crise do café, de outro lado, em vias de solução com a assinatura do *Convênio de Taubaté*, tinha no candidato um adepto seguro e convencido, para o agrado dos paulistas. Nas montanhas, para engano dos articulares federais, amadurecia o plano de nova orientação na política nacional, protecionista e industrialista, nacional e não mais federal-cafeeira nos seus propósitos.

Parecia, na vitória da indicação de Afonso Pena, completo e aprimorado o esquema da obra de Campos Sales, embora ferido de consequências não queridas por seu formulador. O presidente não poderia indicar o seu sucessor — a doutrina será invocada como um dogma, por Rui Barbosa, em breve. O plano, entretanto, sofre íntimas implicações, o que levará a um curso indesejado pelos políticos de Minas Gerais e São Paulo. Despojado o chefe do Poder Executivo federal dessa competência, competência máxima na ordem política, a tarefa haveria de se transferir para o grupo senatorial, cujo primeiro esboço será o *Bloco*, do qual os dois grandes estados se mantêm prudentemente arredios. Senhores de tal atribuição, os líderes controlam o presidente, ditando-lhe os termos do apoio, sob a ameaça de destituí-lo moralmente com a indicação do sucessor, em regra empreendida mal decorridos dois anos do mandato. Perdia o presidente o bastão de comando, perda que acarretaria, simultaneamente, a preponderância hegemônica dos grandes estados, de onde normalmente sairia ele. Para validar a manobra só bastaria transformar o *Bloco* num partido — "partido nacional", proclama Pinheiro Machado, numa solenidade. Minas Gerais, em plena lua de mel com o poder, não se deixaria embuçalar facilmente: seguiria, na sua hora, a mesma direção paulista, senhora de um grande eleitorado, de uma grande população e de riqueza capaz de assegurar-lhe rumo autonômico, agora reforçada, na aliança com os interesses cafeeiros de outras regiões. Campos Sales justificara a sua intervenção no problema sucessório invocando a ausência de partidos organizados — o que significa, na essência, que, para preservar o poder de intervir, cumpria evitar o aparecimento de tais grupos. Afonso Pena, sagazmente fiel ao mesmo curso e capaz de reação, firma a doutrina de que o presidente deve situar-se "acima dos partidos". Um passo mais e chegaria à fórmula, a ele atribuída: "Quem faz política sou eu".[13] Tradução: quem faz a política é o presidente, em nome ou como delegado de Minas Gerais. João Pinheiro, governador de Minas Gerais, Carlos Peixoto, líder do governo na Câmara dos Deputados desde Rodrigues Alves, representantes de maior relevo do pensamento montanhês, repudiam os partidos nacionais, por contrários ao dogma presidencialista, e, por extensão, ao federalismo, ao hegemônico federalismo dos grandes estados, entenda-se.

Os homens do *Bloco* — Rui Barbosa, Pinheiro Machado, Nilo Peçanha, Francisco Glicério, este de retorno ao Estado-Maior — não fariam, dessa vez, seu partido: o coroamento da obra ficaria adiado. Não obstante, já haviam consolidado, sob uma liderança que se torna rapidamente em chefia, o controle das oligarquias do norte: o Amazonas, com Silvério Néry, Antônio Lemos no Pará, Benedito Leite no Maranhão, a família Pires Ferreira no Piauí, o Ceará sob o clã Acioli e Pernambuco nas mãos hábeis de Rosa e Silva. O Rio Grande do Norte tinha seu chefe em Pedro Velho. Os Maltas eram senhores de Alagoas. A Paraíba e o Sergipe estavam sob o domínio das batinas, os monsenhores Walfredo Leal e Olímpio de Campos. Sobre todos, o poncho acolhedor de Pinheiro Machado, não apenas o superoligarca, o agente dos governadores da periferia hegemônica, mas, enquistado no reduto federal do Senado, capaz de retorquir com força própria sobre as bases, num influxo recíproco que acrescia seus poderes. Atrás dele, morto Júlio de Castilhos, vela Borges de Medeiros, inexpugnável na sua cidadela isolada — a "comtilândia" do Sul. Rui Barbosa, o oráculo da retórica republicana, unge-o na chefia das grandes decisões:

> A nossa amizade [orará em 1907] se confunde com o nosso patriotismo na profunda satisfação com que vemos crescer constantemente essa grande autoridade, esse prestígio extraordinário, que lhe envolve o nome, exercendo-se do modo mais benfazejo, quer na esfera local dos interesses do seu Estado, quer na dilatada órbita das grandes questões nacionais.
>
> Tão feliz nas lides e nos problemas da paz, como nas dificuldades e conflitos da guerra, ele triunfa sempre, com a mesma facilidade e a mesma segurança, com a mesma intrepidez e a mesma arte, com a mesma estrela e o mesmo fulgor, nos campos de batalha ou na arena dos partidos.[14]

Consolidaria, nesse momento, a ascendência do vice-presidente do Senado a elevação de seu estado ao terceiro posto eleitoral da federação, em correspondência com o progresso econômico do Sul e o decesso do Norte. Os 103 mil votos da Bahia, em 1898, caem para 61 mil, em 1910, enquanto o total nacional se elevou de 462 mil para 628 mil. O Rio Grande do Sul, em 1906, ultrapassa proporcionalmente a

Bahia, com 42 mil votos, para atingir, em 1910, 67 mil. Em 1930, o estado sulino consegue alistar o dobro dos eleitores da Bahia, graças à maior alfabetização de seu povo.¹⁵ Desse momento em diante, o triângulo de poder, colocado no centro das combinações sucessórias, ao tempo de Campos Sales formado por São Paulo-Minas Gerais e Bahia, transforma-se no arranjo São Paulo-Minas Gerais-Rio Grande do Sul, com maior risco às manobras desintegratórias do sistema.

O vitorioso de 1906, já concentradas as forças sob a orientação de Pinheiro Machado, colhia, nos aplausos dos correligionários, a primeira decepção. O bloqueio de São Paulo, com a quebra sucessória do principado bandeirante, não anulara o federalismo hegemônico. Ao contrário, abatida mas não decepada uma cabeça, outra se projetara, tão temível, senão mais, que a primeira. São Paulo governa sob o império de seus interesses regionais, Minas Gerais, obediente aos mesmos impulsos, tem maior irradiação, graças ao Convênio de Taubaté e aos acenos de mudança da política econômica. Se o presidente eleito não dispunha do domínio das forças estaduais, estas se articulam sob a chefia efetiva do novo governador, João Pinheiro, apoiado por sólida máquina partidária — sólida e disciplinada. O *Bloco* chegara à sua jornada de otários, vencido pela estrutura federal, controlada pelos dois grandes estados. Afonso Pena, fiel à dinâmica ascensional de sua base, não se contentará com a manutenção do statu quo, cerimonioso e morno. Logo na escolha dos ministros desdenha das preferências dos senhores, ou dos pretensos senhores de sua candidatura: "Na distribuição das pastas" — escreve a Rui Barbosa (desafio ou justificação?) — "não me preocupei com a política, pois essa direção me cabe, segundo as boas normas do regime. Os ministros executarão o meu pensamento".¹⁶ Para assegurar seu predomínio, procura renovar o quadro dirigente: no Ministério das Relações Exteriores, conservará o barão do Rio Branco, alheio às controvérsias políticas, chamando para a pasta da Fazenda um homem novo no cenário nacional, Davi Campista, ao lado do novíssimo Miguel Calmon na Viação e Obras Públicas, entregue o Ministério da Guerra a Hermes da Fonseca, sobrinho do fundador da República, recém-promovido ao mais alto posto da carreira e consagrado, como esteio da ordem, na repressão ao movimento da Escola Militar, em 1904. A política das manobras e das escaramuças, seria degradada, diante de preocupações mais altas e mais pertinentes ao progresso econômico, o povoamento do solo, o incentivo à indústria, a defesa do café. Um programa de realizações nacionais silenciaria as tricas de corredores, a politicalha — a politicalha que o colocara no poder. Mas, nada de ingenuidades: o Brasil da República Velha, com suas raposas elitistas, não seria nenhum viveiro de bobos. Todo o plano dependia, apesar das grandezas da renovação e do fascínio dos novos destinos, do corte da juba do leão — leão na pele de raposa. O inimigo, disfarçado em colaborador, está no Senado. Cumpria, em revide, reanimar a Câmara dos Deputados, deslocando o campo do combate. Cria-se o *Jardim da Infância*, como desdenhosamente se chamou — desdenhosamente, a princípio, em nome que ficou — o grupo de deputados que se reúne sob as asas de Afonso Pena, animado com a esperança da sucessão em favor de João Pinheiro, governador de Minas Gerais. Compõem a nova brigada os políticos de Minas Gerais, com o talento de Carlos Peixoto, Calógeras, Davi Campista, João Luís Alves, Gastão da Cunha, e James Darcy, do Rio Grande do Sul; Alcindo Guanabara, do Rio de Janeiro; Miguel Calmon, da Bahia. O presidente não precisa mais do apoio dos senadores enfeitiçados por Pinheiro Machado

> prisioneiro [lamenta um baiano da escola deste] de políticos de nova raça aparecidos como de improviso na representação dos poderes públicos, convertendo este país em verdadeiro *Jardim da Infância*. Sim, senhores, as esporas de cavaleiro, as dragonas de general, os postos de comando já não são adquiridos nos combates da vida pública; eles vão sendo distribuídos pelo chefe da Nação como uma homenagem de apreço pessoal, como uma dádiva de anos.[17]

Carlos Peixoto na presidência da Câmara dos Deputados, James Darcy, soldado do oficialismo gaúcho extraviado nas travessuras do *Jardim da Infância*, completam o cerco ao cambaleante *Bloco*. A Câmara ganha relevo, galvanizada por espetáculos de inteligência na altura de seus debates, num convívio popular algo suspeito de demagogia, ao estilo passado das refregas de Francisco Glicério.

Todo o edifício, levantado pacientemente sobre as fissuras da política dos governadores, ameaça ruir de um golpe, nesse sombrio ano de 1907. A segunda cabeça da hidra parecia ser mais venenosa que a primeira. Uma das bases do sistema dominante, a Bahia, cai, incapacitado o grupo de Pinheiro Machado de reagir. Sem a presidência, hostilizado por Minas Gerais, distante São Paulo de suas simpatias, fugiam-lhe todos, desertando as reuniões de homenagem do Morro da Graça. Passo a passo, tenazmente, o gaúcho resiste no Senado, ainda intangido na ofensiva do grupo mineiro. Na Câmara dos Deputados, onde contará com valorosos apoios na própria bancada mineira, travar-se-á a batalha decisiva, ao estilo do guerrilheiro, de aceitar o combate no lugar escolhido pelo inimigo. No fim de 1907, força a renúncia do líder da maioria, James Darcy, constrangido a abandonar a luta pela exigência de uma definição, prematura na tática do bando presidencial. Sem a base, subitamente afastada pelo Rio Grande do Sul, sua voz não teria mais eco. "Despencou o primeiro galho" — comenta Pinheiro Machado — "agora vai a árvore."[18] A árvore era Carlos Peixoto, presidente da Câmara dos Deputados, ao redor de cujo tronco se animavam os sustentáculos do esquema governamental. Seria necessário abater o general em botão, antes que as eleições de janeiro de 1909, para a Câmara dos Deputados e o terço do Senado Federal, mudassem a composição do Congresso, numa preliminar à sucessão presidencial. Sem essa chave, a "degola", com a guilhotina montada por Campos Sales, não funcionaria. Essa batalha perde-a Pinheiro, mediante compensações irrelevantes. Restava um último e decisivo passo, para a liquidação do *Bloco*: a indicação do sucessor de Afonso Pena, complicada agora com a morte inesperada de João Pinheiro (1908). A Câmara dos Deputados, criada à feição dos ventos presidenciais e mineiros, seria a arena que consagraria a candidatura do jovem Davi Campista, ministro da Fazenda e delfim do chefe do Poder Executivo. A árvore não só não caíra, como floresce para a primavera mineira, mais devoradora e vivaz que as três estações paulistas. Restava apenas um revide desesperado, fora das regras do jogo, no apelo sem eco ao povo ou no recurso da espada, sem violar a legalidade formal. De outro modo, morta a resistência, inaugurar-se-ia, antes que o poder federal dispusesse de instrumentos adequados, a supremacia arbitral e absoluta da União, que a encampação do Convênio de Taubaté prometia. Esta a diretriz a que se propunha o presidencialismo em gestação, presidencialismo de tendências antifederais, embora sobre a base política de Minas Gerais.

> Da União [esclarece um teórico dessa fase histórica] se exigia tudo — portos, estradas de ferro, açudagem, saneamento, mineração, ensino profissional e até primário, auxílios à lavoura etc. etc. Em compensação, no campo político, cada Estado se fortalecia crescentemente em quase inexpugnáveis oligarquias.
>
> Carlos Peixoto, como republicano, propôs-se a exterminar isso que lhe parecia um erro de graves consequências, pretendendo louvavelmente fazer da vida política do país a força condensadora e coordenadora dos elementos regionais que, nesse mesmo amparo e nesse mesmo associamento, encontrariam a necessária restrição ao seu sultanismo local.[19]

Dentro das astutas tramas, das manobras ágeis, dos golpes trocados, dos floreios contundentes, pulsa o sangue de interesses de longo alcance e vitais aos grupos em disputa.

Coerente com a doutrina presidencialista, que tenta fixar-se a partir desse momento, Afonso Pena trata de nomear seu sucessor. Não segue a linha de Campos Sales, que só parte para a candidatura Rodrigues Alves depois de articular-se às forças dominantes de São Paulo. Por meio de Davi Campista, político de frouxos vínculos nas montanhas, Afonso Pena, quase um corpo estranho no seu próprio estado, conquistaria Minas Gerais, de cima para baixo, do Rio de Janeiro para Belo Horizonte, numa inversão estadualista. A sucessão presidencial tumultuará o equilíbrio das forças mineiras, com o desvio do legado de João Pinheiro fora da linha natural da herança. A João Pinheiro não sucederá Davi Campista, mas o grupo do Partido Republicano Mineiro, com Francisco Sales e Bias Fortes. Nesse desvio artificial estará toda a fraqueza do presidente da República, fragilidade que, batida pelos ventos, destruirá o esquema, sobre o qual assenta o *Jardim da Infância*, com o autoritário líder Carlos Peixoto. Seria ingenuidade, desprezando esses elementos, ver no combate mineiro a Davi Campista uma conspiração da mediocridade contra a inteligência, do coronelismo de casaca em oposição ao letrado. Em harmonia com as resistências locais ao candidato do Catete combinam-se as forças que fizeram nascer o *Bloco*, três anos volvidos. O homem que corporifica tais tendências, centro das combinações, será, ainda uma vez, Pinheiro Machado. Desarmado, ferido nos instrumentos de sua chefia, assediado, utiliza a combatividade de Rui Barbosa, para deflagrar o combate, herói ungido com o recente sucesso de Haia. Nesse ajuste estará implícita a candidatura do baiano, convocado na sua popularidade para salvar um princípio, que ele conservará em todo o literalismo: a ilegitimidade da escolha do sucessor pelo presidente da República. Não tardará muito para que Rui Barbosa perceba que, nas combinações, ele será mais um instrumento do que o chefe, papel que supôs representar, em nome da Bahia, em 1905. Em dezembro de 1908, contesta Rui Barbosa, louvado nas informações do senador gaúcho, a dependência das eleições parlamentares do ano seguinte à sucessão presidencial. Enquanto Pinheiro Machado, encolhido no seu isolamento forçado, não se arrisca ao combate frontal ao pupilo presidencial, havendo, em outros dias, ao contrário, estimulado a sua candidatura contra a de João Pinheiro, Rui Barbosa aproxima o ferro em brasa ao rosto do presidente:

> O atual presidente da República [escreve a Afonso Pena em 16 de dezembro de 1908] ocupa essa cadeira, não tanto como expressão do seu valor pessoal, aliás incontestável, quanto como encarnação de um princípio, em cujo nome erguemos e graças ao qual se tornou vitoriosa a sua candidatura: o princípio que recusa ao chefe do Estado o direito da iniciativa ou deliberação na escolha do seu sucessor. Nós o negamos ao Dr. Rodrigues Alves. Não podemos deixar de negá-lo hoje, e com mais força ao presidente atual, cuja elevação ao governo resultou dessa nossa atitude para com o seu antecessor. Agora, pelo açodamento sem exemplo na liquidação do assunto, pela iminência da eleição do Congresso, pela pressão irresistível de uma sobre a outra, o mal de que, há três anos, nos buscamos descartar, reviveria carregado das mais sérias e inesperadas circunstâncias agravantes.

Agressivo na sua ciceroniana altivez, não admite o engano dos desmentidos:

> Somos políticos um e outro, meu caro amigo. Não nos podemos embelecar com esses desmoralizados truques do mundo em que envelhecemos. Quem, neste país, senão o poder supremo ousaria levantar uma candidatura presidencial com esta antecipação inaudita? Quem, senão ele, a iria adjudicar a um ministro?

Adverte para o calcanhar vulnerável, agora realista, do candidato:

> No seu próprio Estado [...] a opinião o não classificava entre os seus filhos mais beneméritos. Ali mesmo, quanto mais no país, não há correntes, simpatias, tendências políticas que o distingam ou recomendem. A sua investidura seria uma criação do presidente da República. Só este disporia de poder suficiente para tanto.[20]

Afonso Pena tenta a última manobra, dentro de sua base, apelando para a união de suas hostes: "Se Minas" — escreve em 19 de abril de 1909 — "quer manter sua influência na política federal é preciso que seja unida para ser forte".[21] Em outro documento, já nos dias ardentes de maio, adverte contra a "situação de outrora (de que nos arrancou o nosso inolvidável amigo Silviano Brandão) em que os próceres da política de outros Estados recorriam à bancada mineira para recrutar os votos que precisavam para seus planos".[22]

Dividida a política mineira, incompatíveis os grandes nomes paulistas, Campos Sales e Rodrigues Alves, com a situação dominante no seu estado, estava aberto o caminho, pela primeira vez quase desimpedido dos dois grandes principados, para a conquista da presidência da República, nos moldes da reação que levara Afonso Pena ao posto supremo. Verdade que São Paulo, por seu governador Albuquerque Lins, solidário com a obra de sustentação da política cafeeira, se mantém com Davi Campista. Para contornar a última resistência, restaria ainda uma candidatura mineira, com o inconveniente de assentar — embora contra o presidente — nas correntes dominantes nas montanhas. Seria, a pretexto de combater a supremacia presidencial, sucumbir à nova e vivaz hegemonia mineira. Rui Barbosa tinha uma fórmula para superar os impasses e afastar o federalismo hegemônico, contra o qual lutara ainda na Constituinte, exposta desde 1908: uma candidatura vinda diretamente da opinião pública. "Candidato à presidência da República" — esclarece a Pinheiro Machado —, "só me animaria a sê-lo, se um movimento de opinião pública mo impusesse. Tal honra, porém, nunca imaginei merecer."[23] Candidaturas ele só as admite, nesta ordem: um movimento de opinião pública, um partido político, um estado da União, último modo, posto em terceiro lugar, por condescendência ao sistema federal. Pinheiro Machado, agora reintegrado na liderança que o *Jardim da Infância* abalara, não se comove com o povo, o rebanho mudo que ele conhece de perto e não nos livros e nas doutrinas. Este caminho não lhe servirá, a ele e aos outros diretores da política, Rosa e Silva, Nilo Peçanha, Francisco Sales. Rui Barbosa, o provável candidato popular, recém-sagrado pelo calor do retorno de Haia, só seria viável com o apoio de Afonso Pena — mas esse vínculo ele o rejeitava. O outro possível — o barão do Rio Branco —, este, com sua romântica fidelidade à memória de d. Pedro II, não seria admitido por Pinheiro Machado. Nesse ambiente cheio de dúvidas, escorregadio e sem rumo, medrava nos quartéis a solução. O senador gaúcho não aceita logo a indicação, embora vinculado, desde a aliança castilhista, ao Exército, que integrara, com alguns chefes, o *Bloco*. Receia que a candidatura do ministro da Guerra, agitada fora do meio político, tenha caráter revolucionário e "só pelos meios revolucionários poderá triunfar". Nesses dias de abril, Afonso Pena, ciente dos rumores, ao tempo que insiste pelo seu candidato, adverte que se quer "arrastar o elemento militar" ao debate.

Não conhecem o marechal Hermes [declara ao governador de Minas Gerais], fazem revoltante injustiça a seus sentimentos de lealdade os que pensam poder contar com a sua aquiescência para tal fim. Ele não se presta a tal jogo e já o tem declarado peremptoriamente. A agitação artificial que possam fazer só poderá prejudicar o nosso crédito no exterior, fazendo crer que não passou por completo a possibilidade de pronunciamentos.[24]

Na realidade, por ocasião do aniversário do marechal, a 12 de maio, sua candidatura nasce com o ímpeto de reivindicação militar, com a reabilitação de um papel político sufocado. O intérprete dos quartéis, depois de lembrar que, pela obra do ministro da Guerra, o Exército conquistara a perdida grandeza, clamando que seu esforço

> completa a obra de Rio Branco, porque a força é necessária, não só para garantir as conquistas da inteligência, como para sublinhar a ação eficaz da diplomacia. Dela [da pátria] ouvireis que o povo está cansado de uma política sem ideais e sem partidos; que a nação está forte. Dela ouvireis, enfim, que o Exército põe em vós a esperança e confia de vós o seu destino.[25]

Não se tratava mais de boatos, da ameaça já denunciada de "cesarismo", mas do deslocamento do eixo da política, como sentia Quintino Bocaiúva, sempre atento ao rumor dos quartéis. O regresso à supremacia militar, com a volta ao modelo dos dias de Deodoro e Floriano, não seduzia os políticos, nem a Pinheiro Machado, apesar de sempre preocupado em manter acesas as devoções no Exército. Mas combater a estrela nascente, como já haviam proposto os políticos paulistas, só seria possível com o atrelamento aos impugnadores bandeirantes, talvez à custa da guerra civil. Numa entrevista com Dantas Barreto, percebeu toda a gravidade do lance — neste diálogo rápido e sombrio: "E acreditais — pergunta Pinheiro Machado — que contaríamos com a maior parte dos generais, em caso de dificuldades a respeito do Hermes? — Sim — responde o general —, com os mais resolutos em contato com a tropa. — Bem...";[26] nas reticências esteve a concordância. Daí por diante, numa combinação em que civis hesitam e os militares insistem, quebra-se o impasse. Adotando a sugestão dos quartéis, integrando-a num partido, o candidato militar passaria a ser civil. Desta forma, o *Bloco* consolidaria um princípio e colheria outra vitória, esta definitiva, com o afastamento do problema sucessório do presidente e dos grandes estados.

Essa ousada, em alguns traços temerária empresa, seria permanente se alterada a estrutura fundada na política dos governadores. Era necessário — e o candidato, nas suas indecisões de última hora, revela, senão lucidamente, ao menos com a indicação dos rumos — chamar para o aprisco o povo, ou, com maior propriedade, as figuras capazes de galvanizar as ruas, as sufocadas classes médias, as oficinas, as repartições. Hermes da Fonseca reclama, para as suas fileiras, a presença do barão do Rio Branco, cujo respeito pela obra de consolidação e alargamento das fronteiras lhe havia granjeado o favor popular, e de Rui Barbosa, já recuperado, pela luta contra Floriano e consagrado no exterior, dos efeitos negativos do encilhamento. Não pede, coerente com as forças que o indicam, os situacionismos de São Paulo e Minas Gerais, embora este, frouxamente, lhe venha a engrossar o apoio. O barão do Rio Branco, empolgado com a necessidade de um exército poderoso, complemento de sua política exterior, cede ao apelo. Rui Barbosa seria mais difícil. Coube a Pinheiro Machado tentar a conquista, por meio de uma encenação: numa reunião de chefes, Francisco Sales por Minas Gerais, Francisco Glicério por São Paulo, Antônio Azeredo por Mato Grosso e Lauro Müller por Santa Catarina, situa o dilema — Rui Barbosa ou Hermes da Fonseca. O grupo, vê-se logo, onde os votos de Santa Catarina e Mato Grosso têm o mesmo peso que o de Minas Gerais e o de São Paulo, este, na verdade, não representado, seria incapaz de traduzir os ajustes estaduais. O empate — Francisco Glicério e Antônio Azeredo pelo candidato baiano — sugere ao senador gaúcho o desempate, não pelo seu voto, mas por Rosa e Silva, o poderoso oligarca de Pernambuco, que não iria com Rui Barbosa "nem para o céu", em palavras então a ele atribuídas. O *Bloco* converte-se, aos olhos do candidato preterido, num ajuntamento, agora reunido sem a sua antiga presença, de

> alguns homens dos que, entre nós, resolvem estas questões, à revelia do país, por uma espécie de mandato permanente, que se supõe residir em certas entidades republicanas. Nasceram chefes, são chefes, chefes hão de ser [...] por suas mãos corre tudo, como num trabalho de teatro, por conta do regente e armadores da cena, para, ao cabo de tudo, não restar ao país senão a surpresa de assistir ao espetáculo inesperado de uma solução assim arranjada.[27]

Compreende Rui Barbosa, passado o espetáculo da comédia, que, nas combinações, ele era apenas "uma figura ornamental, para os efeitos do estilo nesse trabalho de arranjo dos partidos e dos interesses republicanos".[28] Sua reação virá, formidável e dura, com o rompimento e uma candidatura de contestação. A aliança entre Exército e povo, tal como proposta, mesmo com os controles de um futuro partido, no qual se converteria finalmente o *Bloco*, lhe pareceu um suspeito surto caudilhista. Caudilhismo que atentaria contra o sistema federal, ainda não estigmatizado, aos olhos do baiano, pela hegemonia dos estados poderosos e as oligarquias servilizantes. Sua tendência popular tomaria a forma demagógica, num cesarismo que faria dos aclamadores os clientes da nova chefia. Seria uma revivescência modernizada do florianismo jacobino, regressão de quinze anos, como denunciava um ex-devoto do Marechal de Ferro, Francisco Glicério.[29] Cesarismo havia sido o vocábulo usado, dias antes, por Carlos Peixoto Filho, ao assumir, pela última vez, a presidência da Câmara dos Deputados. Não lhe parecerá legítimo invocar o Exército para intervir no "encalhe" político, o que o retiraria da sua expressão de força obediente. Por que regressarmos aos dias de Floriano, com o abandono da "medicação normal", em favor da "medicação heroica"? Vinte e cinco milhões de habitantes não podem abdicar ao comando de uma minoria:

> Ainda quando a candidatura oficial continuasse a nos sair em desafio, não nos faltariam meios de a rebater com altivez. Quanto mais estando hoje livre o campo desse formidável poder. Vivemos habituados os políticos, nesta terra, a supor que o Brasil se resume no círculo estreito, onde nós nos movemos. São efeitos do costume vicioso. Seria mister que começássemos a contar com a opinião pública, o povo, a vontade nacional. Déssemos nós rebate de uma campanha séria, no intuito de manter ao país o direito de eleger o chefe do Estado, e, ainda que os governadores dos Estados se achassem todos contra nós, uma candidatura verdadeiramente popular, uma candidatura realmente nacional, a candidatura de um nome sério, digno, benquisto, reunindo, nos Estados, todos os elementos dissidentes, e, no país, todos os da opinião, havia de se impor e prevalecer. Teríamos, talvez, então, pela primeira vez, o espetáculo do povo brasileiro, concorrendo efetivamente às urnas, para nomear o seu primeiro magistrado.[30]

Ao apelo utópico ao povo soma-se outra objeção, esta mal esclarecida, mas capaz de congregar poderosos interesses. Os presidentes civis, em nome ou em favor da riqueza cafeeira, para o restabelecimento do prestígio da União, haviam logrado restabelecer o crédito externo. Os presidentes militares seriam vistos, no estrangeiro, como expressão da instabilidade política, além de preocupados em despesas para o reequipamento da sua corporação. Afonso Pena já aludira, um mês volvido, a esse inconveniente da candidatura Hermes da Fonseca.[31] Rui Barbosa retoma o argumento, com maior contundência:

> No Brasil e no exterior todo o mundo a olharia como inauguração do regime militar. Nunca as nossas finanças precisaram tanto do crédito no estrangeiro, e este, convencido estou de que não resistiria ao abalo de tão grave recuo. Bem depressa, com a facilidade com que nos julgam no ultramar, estaríamos inscritos pela opinião europeia e norte-americana entre as repúblicas espanholas de má nota.[32]

O pretexto ou a contestação estavam no ar, fortalecidos pela autoridade do ministro da Fazenda de Deodoro. Em Londres, *The Economist* advertia, com a mesma língua, contra o advento do "guerreiro nativista": "Os capitalistas que tiverem dinheiro no Brasil devem precaver-se para as maiores calamidades, levada que seja a efeito a eleição do marechal Hermes, pois que ele representará não somente o pior dos governos militares, mas ainda fará desencadearem-se sobre o país os horrores da revolução".[33]

A candidatura Hermes destrói o acampamento do *Jardim da Infância*, melancolicamente dissolvido com a renúncia de seu líder da presidência da Câmara dos Deputados. São Paulo, atrelado à candidatura da oposição, mantém sua integridade política. Minas Gerais se "acarneirava docilmente ao lado da candidatura Hermes, sagrando o abandono de Pena com a distinção conferida a Venceslau" (vice-presidência).³⁴ Malgrado a aliança do Exército com o povo, com o predomínio e a direção daquele, ao Rio Grande do Sul e Minas Gerais caberia, nos velhos moldes estadualistas, organizar o núcleo condutor da política. Para organizar as forças, com a fixação da liderança de Pinheiro Machado, cogita-se de constituir o partido — o Partido Republicano Conservador (articulado em 1909 e fundado em novembro de 1910). Esse instrumento, porém, não representa um poderoso núcleo de ação, agregadas ao seu chefe, Pinheiro Machado, as oligarquias do Norte, mas não as situações mais influentes, sem incondicionalismo de nenhuma das bases. Sua posição, na aparência de força, padecia de muitas fragilidades, mal disfarçadas na verticalidade viril da figura: não contava com São Paulo, Minas Gerais dele desconfiava, Borges de Medeiros o fiscalizava de perto. "É um cavalo montado" — dizia dele Sabino Barroso a Gilberto Amado. — "Não é um ginete solto no campo."³⁵ Ele não consegue, dessa sorte, subordinar os principados, nem aglutinar poderosamente as potências satelitizadas. Para dominar o presidente, seria necessário mais do que um intermediário dos estados, reduzindo os dois grandes a expressões comuns, não hegemônicas. No seio da candidatura Hermes da Fonseca e, agora, da sua presidência, havia — não se enganara Rui Barbosa — a vibração militar, ressurreta do longo sufocamento que lhe impuseram os presidentes civis, desde Prudente de Morais. No renascimento da corporação, na sua presença na atividade política, seria cegueira não perceber o voo próprio de uma corrente em curso de autonomia, com parentescos antigos e promessas futuras. O Partido Republicano Conservador não teria condições de se expor contra a tempestade, senão ao preço da ditadura militar aberta. Pinheiro Machado, como é de seu estilo, condescenderá, tergiversará, esgueirando-se nas oportunidades que seus adversários lhe abrem, enquanto não soar a hora da retomada do comando. As oligarquias, desamparadas do sol que as sustenta, os grandes estados, embora tivessem eleito Hermes da Fonseca, ficam à mercê do presidente, entregue este ao comando do enérgico grupo militar que o criou. Seriam elas, em cruel revide da lógica dos acontecimentos, a presa inerme da expansão militar. Por essa via, voltará a tentar-se a união do Exército com o povo, à margem, depois do voluntário afastamento de Rui Barbosa, dos líderes civis. Expulsos os oligarcas dos governos estaduais, supõem os articuladores do novo esquema, fundamentalmente adverso à política dos governadores, que o povo, livre dos grilhões, votará nos candidatos oposicionistas, na maioria militares ou apoiados pelos militares. Essa ilusão voltará a renascer, em 1922 e 1924, nas dobras das sedições militares, convertido o presidente de 1910 no totem revolucionário. Na raiz dessa ingenuidade, que só mudaria uma oligarquia local em outra oligarquia, está a chave do retorno estadualista, passado o quadriênio, com a marca, desde Afonso Pena em ascensão, da preponderância do poder central e presidencialista. Os estados não são transformados internamente, senão que sofrem ocupação transitória.

O renascimento militar, inequivocamente inspirador da candidatura Hermes da Fonseca, adquiriu maior consciência com a campanha civilista, que negava aos homens de farda a presença na política, em manifesta contradição com o quadro republicano. "Tendo-se combatido Hermes pelo fato de ser militar, de ser *somente* militar, a caserna se agrupava, a fim de dar uma lição aos homens de casaca."[36] O capitão que, nos quartéis, denunciava a decepção do povo por uma "política sem ideais e sem partidos" traçava um programa que, objetivamente, se casava ao do futuro ministro da Guerra, Dantas Barreto — "como general comandante da primeira Brigada Estratégica cooperei eficazmente para elevar o marechal Hermes ao poder supremo, para debelar as oligarquias estabelecidas desde a proclamação da República em estados do Norte".[37] O país — supunham os líderes novos — anseia pela regeneração dos costumes, voltadas as nascentes camadas médias para o moralismo contra os chamados políticos que haviam corrompido a nação. Lima Barreto, ainda uma vez, será a mais fina e sagaz testemunha da hora: os militares políticos sonham com a pátria comandada com honestidade, energia — sobretudo com honestidade. É a tradição de Floriano que renasce, para acabar com a "pedantocracia bacharelesca", embora, na capital federal, a camada média não se aproxime do presidente militar, desconfiada dos quartéis e seduzida pelo liberalismo. Volvidos quinze anos, essa categoria social, já consciente de seu papel, recusa-se a ser protegida, conduzida, tutelada: antevê, timidamente, discretamente, um papel político próprio e autônomo. Nos estados, entretanto, outra era a realidade, e, aí, diante da incapacidade de reação aos dominadores, encastelados rigidamente no governo, legitimados pela política dos governadores, o vínculo aos militares abria rápidas esperanças imediatas. Nasceu, dessa forma, o *salvacionismo*, para, em nome da democracia e da pureza representativa, libertar o povo escravizado aos oligarcas. O militar, instrumento e beneficiário da emancipação, ajudava os oprimidos a conquistar o poder, manchado de vinte anos de corrupção e violências.

> O funcionamento do esquema se processou quase de modo uniforme: nos Estados "escravizados", as oposições, com a cobertura do "comitê das salvações" suscitavam uma candidatura de luta, — via de regra um militar, filho da terra — agitava-se a opinião, as guarnições federais entravam na zoada, e se não fosse possível vencer nas urnas, vinha o desfecho, a procissão na rua, o candidato oposicionista ganhando "na marra", no pau, na violência.[38]

Era a inversão do sistema instalado por Campos Sales, que presumia a legitimidade do governador no poder. O partido governista — o agrupamento organizado ou os representantes estaduais na capital federal — sentia-se invadido por outra vontade, que se irradia da presidência da República, espontaneamente ou pressionada pelo Exército político. O Norte — da Bahia ao Amazonas — sofre a devastação salvacionista, começando por Pernambuco, que coube ao ministro da Guerra, general Dantas Barreto, em consórcio com o Partido Republicano Federal, mas em velado desafio aos propósitos de Pinheiro Machado. Na verdade, nesses primeiros dias do governo Hermes da Fonseca, o senador gaúcho vê sua estrela ofuscar-se pelo predomínio da facção militar, aliado, dentro das hostes partidárias, aos rivais do chefe ostensivo. Dizia-se, já na previsão do declínio imediato, que o PRC "está retalhado" — "uma espécie de império de Alexandre". Homem avesso às racionalizações da conduta, aos esquemas rígidos, ele esperará que os acontecimentos se definam, para colher o rumo, a direção dos ventos. O sacrifício de Rosa e Silva, o oligarca inconteste de Pernambuco, com pretensões a organizar, em torno de si, uma constelação própria de sátrapas do Norte, rebelde a se integrar na sombra disciplinada do partido oficial, não lhe parecerá motivo para deflagrar a luta aberta. Esperará, na confiança de que talvez a aliança dos estados não hegemônicos com o Exército reforçará sua liderança, sob o comando do Rio Grande do Sul. Quem sabe se a labareda não devorará São Paulo? Ainda em 1911 preparou-se o grande combate, que prometia resistência e sangue, entregue a defesa ao secretário da Justiça, Washington Luís, cuja energia e decisão formarão as bases de seu prestígio.[39] O recuo, antes de tentada a aventura extrema, veio da mostra de que o Exército, senhor dos comandos políticos, não se subordinaria à tutela civil, muito menos de Pinheiro Machado, tido como a trave mestra da corrupção que contamina a República. O novo ministro da Guerra, o general Mena Barreto, sucessor do agora governador de Pernambuco, Dantas Barreto, volta suas ambições para seu Estado natal, o Rio Grande do Sul. Conta, para o golpe que abalará Borges de Medeiros, e, por reflexo, Pinheiro Machado, com o povo e o Exército. Advertido de que só a guerra civil, com a divisão da tropa, tornará viável a empresa, perde o ministério,[40] depois de tentar afastar o presidente do corrilho político. Frustradas as perspectivas de uma frente com os militares, depois do malogro do convívio com as camadas médias, "o homem dos homens, o poder dos poderes, a força da força, o conselho supremo, o tudo" — como o satirizava Rui Barbosa —, desanda o caminho andado, certo da invulnerabilidade do sistema estadualista. Desfeito o namoro insincero, retorna ao ponto de partida, decepcionado com os indomesticáveis homens de farda. Hermes da Fonseca, diante da ameaça de perder o apoio civil, com a maioria no Congresso, incapaz de, com os elementos militares, resistir às unidades federadas em armas, cede para não perder tudo. Esta será a última manobra do senador e chefe:

> Agarrando nas suas mãos potentes uma revolução militar, quebrou-a, fingindo que brincava com ela e a ela servia, entregando-a ao país aniquilada, destruída, sem sentir o que

havia sido, submetida à lei e à Constituição. Sustentara-se assim mais uma vez por seu intermédio e aí, então, através do seu completo sacrifício, a República civil de que ele é, depois de Prudente, o verdadeiro consolidador.[41]

Republicano civil, sem dúvida, mas não civilista, com realismo para compreender que, na mecânica institucional, embora não escrita ou mal escrita, o Exército tinha uma missão, congenial ao regime, e não o seu pecado original. Esta posição deixará um herdeiro malogrado, em 1922, e um herdeiro vitorioso, em 1930, desembocando no retorno do estamento, gerado na combinação econômica nascente, sempre patrimonialista na casca mercantilista.

2 | *A ordem e a contestação. O novo presidencialismo*

VOLVIDOS QUINZE ANOS DE GLÓRIA AMARGA, a glória de rondar o poder sem assenhoreá-lo, apaga-se a estrela de Pinheiro Machado. O homem que, em 1907, "triunfa sempre, com a mesma facilidade e a mesma segurança, com a mesma intrepidez e a mesma arte, com a mesma estrela e o mesmo fulgor", será, em 1914, segundo a mesma boca, o "chantecler dos potreiros" — "este pássaro curioso, a que a natureza concedeu o penacho da garça real, o voo do corvo e a laringe do galo", sem que as outras aves "ousem medir as suas solfas com o guincho insistente, em que ele pensa ditar o sol e a chuva, governar os minuanos e pampeiros".[42] Não se ofusca, na tarde, um astro, uma vontade enérgica de esgrimista entre atores hesitantes, indecisos. Com Pinheiro Machado declina o meteoro salvacionista e militar, ao seu lado decai o esquema federal, mas não popular, que resgataria a República mesmo contra o presidente e os governadores. Rui Barbosa abrigou, no seu rebanho, um Estado hegemônico, os oposicionistas locais, os oligarcas expulsos e os salvacionistas em debandada. Tudo era povo, apesar dos contrastes, num esquema que, avesso às oligarquias, não aderira ao combate ao monopólio revezador da política dos governadores. Para o outro setor dos alheados do mando supremo, em que imperava Pinheiro Machado, reinando sem governar, as oligarquias não seriam obstáculo à tentativa de submeter São Paulo e Minas Gerais. As contradições não só pertencem ao mundo político, mas são o barro que o constitui: guerra às hegemonias para conquistar outra hegemonia, mais transacional porque heterogêneos os suportes.

Nesse soçobro de 1913, com a impopularidade seguindo os passos de Hermes da Fonseca e Pinheiro Machado, indicam os ventos que a política dos governadores, se não entra em agonia, ganha conteúdo que, em breve, a desfigurará, antes da morte violenta. São Paulo e Minas Gerais continuarão, até 1930, a se revezar no poder central, só uma vez transigindo e só uma vez desafiados. Mas não serão mais os estados que dominam, ver-se-á cada dia mais, senão a União, passando aqueles de focos dinâmicos para sustentáculos do nascente sistema solar. A transição, sutil nas primeiras sombras, adquirirá maior clareza, passando o sistema estadualista ao consórcio comandado do alto, até que, num dia, as situações estaduais sejam o entrave a remover para que o jogo continue, desembaraçado dos freios retardadores. Na sucessão de Hermes da Fonseca, depois de novo insucesso da candidatura Rui Barbosa, capaz de servir a um esquema não hegemonicamente estadualista, candidatura desejada pelo presidente e por Pinheiro Machado — em gesto de superioridade sobre seus ressentimentos —, travam-se alguns combates, floreios dispersos no vento. Só ao risco da guerra civil seria possível a candidatura Pinheiro Machado. Guerra civil para consagrá-lo, com a ditadura para manter o eleito — dois eixos sem perspectiva, tal o enfraquecimento já óbvio na vida dos estados, assoberbados com o crescente poderio econômico e financeiro da União. Um líder, com a marca contestatória alheia ao senador gaúcho, que, ao recolher-lhe a herança, irá até ao rompimento com o sistema, Nilo Peçanha ainda tenta romper o bloqueio, com a escolha do candidato por via de uma convenção composta dos presidentes das câmaras municipais. São Paulo e Minas Gerais acertam num acordo — o acordo de *Ouro Fino* —, que durará quinze anos, a retomada do comando político. A união dos grandes estados, agora prevenidos contra as manobras divisionistas, dará ao presidente, no futuro, pelo fato mesmo da coligação e pela densidade do poder central, a chefia da União e da política, dentro, entretanto, de linhas pactuadas. Não chegara ainda o momento em que o presidente decide e resolve, do alto e pela autoridade própria. Ao querer antecipar o tempo, Washington Luís precipitará a crise final da República Velha.

No exercício do governo, Venceslau Brás, de acordo com sua plataforma eleitoral, procura situar-se no clima superior aos partidos. Com isso, ao contrário do antipartidismo dos grandes estados, afasta-se de Pinheiro Machado, mas não se concilia ao papel de mandatário de Minas Gerais e São Paulo — o Catete seria o centro do poder. Nenhum paulista ocuparia o ministério, dividido entre os mineiros e um grupo desligado do pinheirismo, embora transacional com este. Nos estados, com a perda dos salvacionistas do apoio central, as oligarquias reconquistam suas posições. A impossibilidade de quebrar as bases sociais dos governos e de sua estrutura política fizera dos interventores militares, em lugar de renovadores, simples oligarcas passageiros, substituindo os antigos. Por obra de Pinheiro Machado, Rosa e Silva, no ostracismo local, retorna ao Senado, em escandalosa degola de seu opositor, José Bezerra, pouco depois, significativamente, ministro de Venceslau Brás. Seis mil, cento e quarenta e oito votos venceram 17 670, num memorável golpe de guilhotina, com 35 senadores contra dez votando pela inelegibilidade do vitorioso nas urnas. De golpe em golpe, mudavam os tempos. Perdia Pinheiro Machado o estado do Rio, como perderia todos os seus aliados, diante de um poder que se expande, incompatível com a autonomia política das unidades dependentes do Catete, dia a dia mais dependentes. Quando a morte surpreende Pinheiro Machado, em setembro de 1915, estavam anulados todos os instrumentos de sua ascendência. Dias antes ele compreendera que o seu reinado findara, ao anunciar outra conduta, para o futuro. Prometia abandonar a linha de apoio contestatório, ou de contestação dentro dos muros, para seguir a oposição aberta — terreno difícil para quem a impopularidade tolhia os passos. Oposição, seria de prever, de chefes, longe da do clamor das ruas, para ele confundida com a fúria assassina: "A integridade das instituições" — dissera — "não pode estar à mercê da versatilidade demagógica das correntes populares".[43] Quimera que, se materializada, seria desmentida pelo malogro, como a outra quimera, a que agitou os comícios de 1910 e 1919. Em 1915, mesmo sem o punhal ensanguentado, seriam verdadeiras as palavras do vice-presidente da República, Urbano Santos, fiel partidário do senador desaparecido: "Não há mais partido. O partido é o presidente da República, em torno do qual vai girar a política".[44] Não morrera um homem, mas uma época, na feliz oportunidade de morrer o político na tarde final. Quando muito, apressou o relógio, libertando os rebeldes que se constrangiam a seguir um líder no ocaso.

> Cada general de Alexandre tomava o seu rumo, engrossando o pedestal da força do Catete, que, liberto do controle do presidencialismo de gabinete, se substituiu à hipertrofia de Pinheiro, tornando-se, a recomeçar de Venceslau Brás, o fulcro da vida brasileira, numa soberania a curto prazo, em que as novas eleições faziam abrolhar caudilhos efêmeros, sobrepondo-se à fantasia dos partidos e à abdicação suicida dos congressos.[45]

O Rio Grande do Sul, desperto para a realidade, refugia-se no isolamento castilhista, sem oposição sistemática nem apoio incondicional. Esperaria, com impaciência contida, a sua hora, enquanto São Paulo, industrializando-se rapidamente a partir da Grande Guerra, numa economia voltada para o mercado interno, dependerá, também ele, da União, sem a autonomia que o exclusivismo cafeeiro lhe permitiu.

Tal será a ambiência política que assegura a um homem conciliador, manso de temperamento, infenso à violência, a autoridade sem desafios. Sua tendência à indecisão cede diante das circunstâncias imperativas, que fazem do presidente o árbitro inapelável das decisões. A sucessão será tranquila: à vez de Minas Gerais segue-se a vez de São Paulo, sem que os pretendentes secundários empanem a beleza da cerimônia. O presidente não designa o sucessor, mas não se alheia das negociações. A morte do presidente eleito, Rodrigues Alves, sem que o chefe transitório do Poder Executivo federal, já enfermo, dirija os acontecimentos, lança o mundo político em perplexidade. A crise surgida toma, pela primeira vez, um teor diverso: sem o eixo do sistema, as rivalidades dos pactários de Ouro Fino se reacendem. A vez fora de São Paulo, natural seria que ele indicasse o sucessor, se, na combinação, prevalecessem só os grandes estados, agora privados do elemento coordenador. Esse momento de transição será também um momento de rotação de gerações, fato de relevo especial na política elitista. Os velhos já haviam abandonado a arena, mortos Campos Sales, João Pinheiro, Rodrigues Alves, Júlio de Castilhos, Pinheiro Machado, Bernardino de Campos, sem que imperassem ainda os novos, Artur Bernardes, Washington Luís, Antônio Carlos, Getúlio Vargas. Sobrevivia Rui Barbosa, já, nos seus setenta anos, com o estigma de velho, que muito o incomodará — "um dos bordões da lenga-lenga da oposição". Seria o candidato próprio para esperar a transição, para aguardar a vez mineira. Deixara, porém, muitos sulcos e se propunha a ser mais que um tampão, seduzido com a reforma constitucional, além de não contar com seu estado, a Bahia, agora nas mãos de J. J. Seabra. Havia, ainda, homem também da velha geração, Borges de Medeiros, com a vantagem de amansar o silencioso dissidente à política paulista, que lhe oferece a candidatura. As manobras dos chefes das situações estaduais, a dissensão dos dois grandes principados, levam a um candidato neutro, condição estabelecida por Borges de Medeiros — acordo de São Paulo e Minas Gerais, mas alheio a cabeça de chapa à sua política.[46] Um pequeno estado, a Paraíba, dá um presidente ao país, com um nome ocasionalmente em foco, graças à sua presença em Versalhes. "Candidato do bambúrrio", para um fiel discípulo de Rui,[47] fruto do "jogo das circunstâncias imprevisíveis",[48] na palavra de sua filha, Epitácio Pessoa, como Hermes da Fonseca, representa a vitória contra a hegemonia dos dois grandes estados. No seu miolo, ao contrário de Hermes da Fonseca, escondia-se outro rumo, favorecido pela acefalia da presidência. O miolo subterrâneo enganará muita gente, habituada a atuar de acordo com preconceitos já não correspondentes à realidade.

A candidatura seria conversível, em termos políticos, à de Rui Barbosa, como conversível seria a de Hermes da Fonseca. Nas duas, entretanto, ficava de fora do jogo o povo — isto é, o povo alfabetizado, eleitor, não envolvido nos interesses dominantes e acomodados ao pacto político republicano. Essa exclusão, prudentemente cultivada, seria a linha-mestra da conduta dos republicanos, na medida em que proscreve os revolucionários, confundidos com os oposicionistas. Esta a sua essência conservadora, em fórmula cunhada por Rui Barbosa, ainda mal volvidos quatro anos do início tempestuoso da República: "A República precisa ser conservadora, mas conservadora, a um tempo, contra o radicalismo e contra o despotismo, contra as utopias revolucionárias e contra as usurpações administrativas, contra a selvageria anárquica das facções e contra a educação inconstitucional dos governos".[49] A forma do conservadorismo era o legalismo, a desclassificação do meio revolucionário, com as ruas em motim, para as reformas políticas. "Ser revolucionário era uma atitude que desclassificava socialmente, no sentir daqueles homens graves, de fraque, bigodes, corrente de ouro e punhos duros."[50] Ora, ao se afastar do grupo dirigente — dirigente, mas não necessariamente no exercício do governo —, Rui Barbosa se aproxima das oposições locais, dos eleitores independentes das cidades, elementos perigosamente contagiáveis, combustível de contestações mais profundas, contestações sociais nas suas tendências. Para agravar o alheamento, o baiano fala, com frequência, em revisão constitucional, vista com o mesmo horror com que o povo temia a alteração da Carta de 1824, lembrado das agitações regenciais. A Constituição, embora nominal nos seus princípios, seria o freio às invasões tumultuárias — mais freio do que garantia. Enquanto Pinheiro Machado, o velho *Bloco*, o Partido Republicano Conservador dissentiam dentro dos muros, guardada a incolumidade do tabu, Rui Barbosa prometia assediar a fortaleza, despertando energias caladas e que caladas deveriam ficar, para segurança do sistema. Estes os limites à conversibilidade, aludida no início do parágrafo — embora não acreditassem os políticos que, no fundo, Rui Barbosa, membro do seu bando, fosse, na realidade, para valer, um contestatário. Não obstante, convinha segregá-lo do convívio dos bons, salvo se desmentisse as veleidades reformistas. Essa coloração, tênue em 1910, mais viva em 1919, explica o dissídio que, para prosperar, não desdenha a aproximação dos principados republicanos. Por meio de Rui Barbosa, numa liderança obscuramente percebida, a República caminha para a dissolução de seus suportes, como se verá, com maior profundidade, em 1922 e 1930, quando se encontrarem num só ponto as correntes em ebulição. À medida que se congregam as divergências, perdem o seu conteúdo liberal, ainda vivas em 1910 e 1919, sem viço em 1922 e apagadas em 1930. Uma camada política serve, dessa sorte, a uma transformação social, alheia ao cálculo dos impugnadores, talvez indesejável aos condutores do movimento.

Nessa campanha eleitoral de 1919 o acontecimento relevante não será a perda da presidência pelos filhos de São Paulo e Minas Gerais. Paraibano ou mineiro, fluminense ou paulista, o presidente não podia alhear-se do serviço aos interesses dominantes. No máximo, ser-lhe-ia permitido brincar com obras contra as secas, contanto que aprovasse a valorização do café. Desimantava-se o foco federal, para descobrir a autoridade presidencial, que deveria favorecer certos grupos, esquecido de outros. A política dos governadores converter-se-ia, daqui por diante, na política do presidente, num salto que seria consolidado por Epitácio Pessoa. Os presidentes enérgicos, autoritários, que o seguem, são o reflexo das novas circunstâncias, ao tempo que atestam, na própria escolha, a eleição das qualidades representativas do meio. Para suceder a Washington Luís não servirá, dessa sorte, o ondeante, sinuoso, fino, Antônio Carlos Ribeiro de Andrada, governador de Minas Gerais, mas o distante, o enigmático, o duro Júlio Prestes. A articulação de Epitácio Pessoa será, nesse contexto, o obsoleto, o anacrônico jogo sem que as fichas representem muito para os parceiros. É certo, os dois grandes estados pesam na combinação, mas são agora o sustentáculo, a garantia, e não mais os senhores. Para eliminá-los, não bastará a combinação que os arrede, senão criar, do nada e do ostracismo, outras colunas, que, embora exacerbem a ditadura presidencial, se vinculam a outras camadas. O combate de 1919, saído de 1910, agora mais consciente de seu ideário, marcará uma hora decisiva. Em 1905, quando os políticos negam ao presidente indicar seu sucessor, o povo os aplaude. Em 1910, diante de igual façanha, a indiferença cerca o candidato vitorioso, com o grosso dos votos de Rui Barbosa saídos de São Paulo e do entusiasmo morno de Minas Gerais. Volvidos dez anos, sem o apoio das grandes situações estaduais ou sem a sua complacência, 30% dos votos atestam que alguma coisa de novo está acontecendo. A dissociação do candidato oposicionista do "sindicato que explorava industrialmente a República" corresponde a um transtorno econômico, com o incremento manufatureiro (5936 estabelecimentos de 1914 a 1920) e a rápida elevação do papel-moeda, na febre da prosperidade inflacionária e mal-estar operário. As greves, ameaçadoras desde 1917, indicam, senão a participação política das novas camadas, ao menos o desejo de um modus vivendi, com a presença regulamentadora do poder público. No Congresso agitam-se as primeiras vozes para conciliar os interesses, sem que a maioria abandone a liberdade contratual, dogma retardado ainda vigente nas cabeças republicanas.

Haveria exagero em colocar no centro do dissídio eleitoral de 1919 a questão social — *questão social* pertence ao vocabulário do tempo. Os problemas, realmente importantes, de caráter econômico, ligados à lavoura e à indústria, não entraram no campo das contestações. Discutiram-se, entretanto, teses de uma área marginal, que, ligadas à estrutura social e política, punham em debate o próprio núcleo ideológico do regime. O liberalismo, na sua feição brasileira — isto é, liberdade para os interesses incapazes de granjear o patrocínio do governo e proteção para os importantes —, sofrerá a sua primeira revisão, em nível nacional. Significativamente, a correção se projetaria pelo incentivador da indústria, nos primeiros dias do regime de 1889, no seu corolário, a defesa da população operária. Ainda nesse passo, desvendadas afinidades profundas, não se alheava o candidato dos industriais, preocupados com o alargamento do mercado interno. Essa visão feria a incolumidade constitucional, ciosamente guardada pelas forças políticas que, desde a República, empolgaram o poder. O pecado original do republicanismo não será, como repetidamente se denunciou, a presença militar, mas o agrarismo. Por isso Rui Barbosa não servia ao ralo estrato dirigente, como servia Epitácio Pessoa, fiel ao liberalismo, embora infenso ao predomínio dos principados estaduais. Esse seria o candidato certo para Pinheiro Machado, como o será para Borges de Medeiros. O outro perturbará o curso do sono republicano, com o pesadelo das reformas. O centro da luta se situará na liberdade contratual, com referência ao contrato de trabalho. Deveria o Estado proteger o trabalhador ou, velando pela ordem, entregá-lo ao livre jogo das convenções? Tocado esse ponto, sabiam os senhores da paz republicana, o regime estaria comprometido. Verdade que Rui Barbosa não pregava, nem admitia transformações profundas, renovando, no máximo, o conservadorismo. O mal não será o senador baiano, mas a estrada aberta, com os riscos imprevisíveis nessa picada na floresta incógnita. Observe-se, para evitar equívocos, que não se trata de reivindicações operárias traduzidas em plataforma política, mas do prudente cuidado das elites de acomodá-las a uma direção, e, ao admiti-las, dar-lhes um rumo. No debate prévio aos comícios, em entrevista de fevereiro de 1919, coloca Rui Barbosa a ordem de batalha:

> [...] a revisão constitucional baixou, para nós, das regiões da teoria, da aspiração abstrata, dos sonhos de regeneração para a terra firme da prática instante, para o campo das exigências imediatas de governo.

Trouxeram ao Brasil, criaram no Brasil a questão social. Ela urge conosco por medidas, que com seriedade atendam aos seus mais imperiosos reclamos. Mas como é que lhe atenderíamos nos limites estritos do nosso direito constitucional? Ante os nossos princípios constitucionais, a liberdade dos contratos é absoluta, o capitalista, o industrial, o patrão estão ao abrigo de interferências da lei, a tal respeito.[51]

Um representante do Rio Grande do Sul, tendo em conta as restrições opostas por Borges de Medeiros, embarga-lhe a doutrina, dentro da sala tumultuada da Convenção de 25 de fevereiro. Depois de exaltar a "garantia para a estabilidade do regime presidencial vigente" do candidato escolhido, Epitácio Pessoa, doutrina

[...] ninguém poderá negar o perigo que trariam as tentativas de reformas políticas na atualidade, partidas do alto, quando o mundo se agita por questões sociais, que abalam o prestígio das autoridades constituídas, tornada por isso indispensável a convergência de vontades republicanas na defesa da Constituição federal, de modo a impedir que seja vitorioso o surto das doutrinas subversivas no nosso país.

É um erro supor-se que a nossa constituição seja incompatível com a prática de medidas reclamadas pela questão social, entre o capital e o trabalho, nos termos em que esta vai sendo agitada no Brasil.

Os contratos entre os patrões e os operários, por isso que são instrumentos "bilaterais", não exigem legislação especial para serem cumpridos e muito menos para serem modificados, de acordo com os interesses das duas partes contratantes.

O Estado, por suas leis, não poderá intervir nesta questão, senão com a garantia da ordem, entendendo-se para este efeito o emprego de medidas conciliadoras, que não contrariem o nosso direito constituído.

O que o Estado pode fazer é regular o trabalho nas suas oficinas, de modo a satisfazer as justas aspirações dos seus operários.

E, se o Estado assim procede, nada impedirá que iguais concessões sejam feitas nos estabelecimentos particulares, por acordo mútuo entre as partes interessadas.[52]

Cresçam e apareçam — sugeria o contestante aos operários, em mensagem igual à vibrada, em outros tempos, contra os republicanos.

Instalado o desacordo — o Estado deve intervir para proteger o operário, o Estado só deve intervir para garantir a ordem —, qual a posição do candidato vitorioso? Reporta-se ao seu pensamento, conhecido no discurso proferido na convenção que sagrou Rodrigues Alves, segundo o qual a maior tarefa a realizar, no futuro governo, seria, além de regularizar as finanças, socorrer o Nordeste, libertando-o da calamidade das secas. Sobre o principal, poucas palavras telegráficas, claras e terminantes:

[...] demoremos a nossa atenção por igual na questão do trabalho, que neste momento preocupa o mundo inteiro e é preciso resolver por meio de providências pacíficas, oportunas e adequadas; exerça o governo sempre a sua ação dentro dos moldes da Carta Política de 24 de fevereiro e com o concurso, que não será regateado, dos Estados, plenamente garantidos na sua autonomia constitucional, e acredito se abrirá para o país uma época de segurança, de paz e prosperidade.[53]

Paris vale uma missa — o promotor da candidatura oficial assegura a "autonomia constitucional" dos estados e garante a incolumidade da Constituição. Fosse a *questão social* mero problema do operário industrial, o programa revisionista seria desprezado, sem consequências, ato de irresponsável demagogia. Poderia, se limitado a esse círculo, até ser atendido, sem grave risco, pelo grupo dirigente. Ele abrange diretamente, entretanto, uma grande faixa, todos os dependentes do salário, a classe operária e a classe média que vive do emprego, denominada mais tarde de "colarinho-branco" (*white collar*). O limite das horas de trabalho, o trabalho de menores, os acidentes de trabalho, o seguro, o descanso às gestantes são reivindicações que alcançam os proletários industriais, os empregados do comércio, operários dos serviços públicos, todos os negativamente privilegiados, a plebe urbana. O problema incide sobre os funcionários públicos e os militares, apertados no vencimento mensal, despidos do antigo prestígio estamental e convertidos, aos olhos dos dirigentes e da burguesia, em parasitas ociosos. O funcionalismo lato sensu, civil e militar, não será o caminho nobilitador de outrora, mas o precário e desprezado refúgio contra a miséria. Os próprios doutores — os homens formados — sentem a mesma onda de escárnio, que os avilta. Eles são agora nocivos ao progresso do país, restos de uma ordem obsoleta, em prejuízo das carreiras úteis. Os militares — atesta-o um libelo de 1916 —, diante da guerra moderna, sofrem o mesmo desdouro.[54] Toda essa camada, a ascendente camada média, gera, marginalizada e ofendida, seus líderes e sua mentalidade, com uma intelligentsia inconformada, com escritores, jornalistas, poetas e tribunos procurando caminhos próprios, ferindo, em breve, a ordem literária consagrada e os padrões estéticos vigentes, abalando, combatendo os alicerces tradicionais e a estabilidade política. A essa falange, senão homogênea, ao menos solidária em suas aspirações, somar-se-ia o trabalho agrícola — mas essa tecla passaria da demagogia à subversão, ferindo vínculos intangíveis. Nenhuma tentativa, até 1919, tocaria o campo:

[...] singularidade [disse-o o candidato, em colapso de cautela] tão extravagante, qual a de, num país essencialmente agrícola e criador, se esquecerem do trabalho da criação e do da lavoura, os dois únicos ramos de trabalho, naturalmente nacionais, os dois sós, em absoluto, nacionais, os dois, onde assenta a nossa riqueza toda, a nossa existência mesma, e sem os quais a nossa própria indústria não poderia subsistir.[55]

CAPÍTULO **XIV** | 585

Ao tempo que Rui Barbosa identifica a camada desprezada, cujo calor, nas primeiras labaredas, sentiu em 1910, associa-se à nação real. Pertence toda ela aos conservadores, fiel ao conceito antigo, que os situa entre a subversão e o despotismo.

> Não é só o proprietário, o industrial, o comerciante. Não é somente o banqueiro, o armador, o fabricante, o senhor de latifúndios, o dono de minas e estradas. Não. Todos os que entram para o corpo social como um glóbulo de sangue, uma célula nervosa, ou um elemento químico no corpo humano, todos esses participam dos elementos conservadores da comunidade. Grave erro seria o de pormos a uma parte o operário, à outra as classes conservadoras. Nas classes conservadoras, ao lado do patrão está, com o mesmo direito, o obreiro. Os elementos conservadores da sociedade são o trabalho, este primeiro que todos, o capital, a ciência e a lei, mantida pela justiça e pela força. Isto é: a lavoura, a indústria, o comércio, a instrução, a magistratura e as forças armadas. Eis, senhores, verdadeiramente, as classes conservadoras.[56]

Esse conjunto, burguesamente constituído com a base no trabalho, elimina o ódio entre as classes, para, com a solidariedade e a harmonia, conciliar os conflitos e temperar os dissídios. Ignorar a questão social, escondê-la, entregá-la ao antagonismo contratualista seria atiçar a fogueira das discórdias, com riscos à segurança coletiva. É do interesse do industrial, portanto, o ajuste com o operário:

> Trabalho e capital não são entidades estranhas uma à outra, que lucrem, de qualquer modo, em se hostilizar mutuamente. Assim como do trabalho depende o capital, assim, e na mesma proporção, do capital depende o trabalho. São as metades que, reciprocamente, se inteiram, de um organismo, cujos dois elementos viventes não se podem separar sem se destruírem. Operários, quem vos disser o contrário, poderá lisonjear-vos, mas não vos quer, nem vos fala verdade.[57]

Para congregar a sociedade num bloco harmônico, sob o império da lei e da justiça, será necessário vencer as formidáveis resistências políticas, que a República consolidou. Os políticos, vencida a fase militar do regime, construíram oligarquias e contraoligarquias também oligárquicas. Grandes e pequenos estados se aliaram e dissentiram, para a guerra das vantagens dos grupos dirigentes. Diante de todos abre-se, agora, subitamente, o problema maior: organizar a nação contra os exploradores do regime, os políticos que "nasceram chefes, são chefes, chefes hão de ser". Tudo há de partir para alijar essa camarilha corruptora, instalando em seu lugar os legítimos representantes do povo. Uma advertência preliminar: da política da nação hão de se excluir as Forças Armadas — "a sua condição de consagradas às armas veda, por incompatibilidade substancial, a ingerência coletiva na política militante".[58] Mas, em exame mais minucioso, quem são os poucos que comandam a maioria, substituindo-se à sua vontade, sem representá-la? Em outro tempo, quando historiou a farsa que escolheu, entre ele e Hermes da Fonseca, o candidato vitorioso, prévia e necessariamente vitorioso, os dirigentes eram seus colegas. Descoberto o logro da falsa identidade de propósitos e de métodos, o grupo dirigente estará nu e urge às classes conservadoras "despoliticalharem o governo brasileiro da piolharia politicalheira". Parasitas são eles: "Tudo labuta sem eles, por eles, em benefício deles, ao passo que eles para ninguém trabalham, que não precisam de trabalhar, senão de manobrar e enredar, de enliçar e velhaquear, de palrar e captar, de imposturar e embolsar, de chibar e gozar". "Mendacidade prepotente", "mandonismo político", "homens de partido", o feminino das "mulheres de partido", produtos que a monarquia e o começo do regime não conheceram — "cloaca máxima" da República. Sua arma — a mentira com a "usurpação da soberania nacional pela oligarquia da União, pelas oligarquias dos estados, pelas oligarquias das municipalidades. Cada uma delas mente, assumindo o nome do regime constitucional, que absorveu, e matou". Feita a abolição, abandonaram o liberto — alforria, não dos escravos, mas dos senhores — convertendo-o no "guarda-costas político, o capanga eleitoral". O republicano, encastelado no poder, para o gozo do poder pelo poder, tratou de evitar que o povo se emancipasse, para não ameaçar seu domínio. "O poder, no Brasil, não é senão uma tarima de senzala, acobertada de baixas pompas." Para essa categoria insensível e impiedosa de exploradores, o povo não passa de "uma ralé semianimal e semi-humana de escravos de nascença, concebidos e gerados para a obediência, como o muar para a albarda, como o suíno para o chiqueiro, como o gorila para a corrente".[59] Para aniquilar a "oligarquia ridícula, desmoralizada, insolente" de sanguessugas, a nação tem no voto das classes conservadoras o instrumento de libertação — esta a substância do "apelo aos conservadores", apelo a 15% dos 26 milhões de brasileiros de 1919. Este o caminho da sociedade renovada, na reforma social, a primeira delas, sem a qual, sufocadas as pretensões justas, explodirá todo o organismo. Com ela o trabalhador, restituído nominalmente à condição humana com o 13 de maio, emancipar-se-á para todas as oportunidades. Sem ela, virá, na compressão crescente, a tirania, passo derivado da oligarquia, para abrir

> pelo descontentamento geral, as portas à anarquia, à sedução do povo pela anarquia, à dissolução do povo pela anarquia. [...] O mundo inteiro o está sentindo. O mundo inteiro contra ele se reveste de forças morais, elevando as suas concepções da sociedade, revolucionando as suas leis, democratizando as suas constituições, entregando aos povos a solução dos seus problemas.
>
> Só o Brasil não vê. Só o Brasil diverge. Só o Brasil recua. Só o Brasil se acastela na mentira de uma rotina conservadora, com que a indústria política mascara os interesses da sua estabilidade.[60]

Enquanto é tempo, antes da anarquia — ou antes que o povo a peça? —, urge constituir e organizar a democracia social, com o abandono do individualismo dos direitos humanos, "acastelados cada qual no seu direito intratável", para a consagração dos direitos sociais. De passagem, atropela muitas situações constituídas, acenando, inclusive, para a ascensão do soldado a oficial, "contra a incongruência, que, numa democracia, levanta hoje muralhas à carreira do soldado, quando Osório se elevou de praça rasa ao marechalato, e Almeida Barreto subiu de recruta a marechal".[61]

As urnas mostraram que o proscrito da oligarquia, com reivindicações ao tempo consideradas demagógicas, senão subversivas, falava em nome de realidades concretas. Sustentado apenas pelos governos do Pará e do estado do Rio, obteve, além da vitória nas suas bases, a maioria dos votos da capital federal, com 30% no cômputo geral. A população das cidades o acompanhou, com a maioria de Corumbá, Teresina, Caxias, Juiz de Fora e o voto urbano em 33 cidades paulistas, vencendo nos principais centros baianos, inclusive Salvador. Aos que o denunciavam de sedicioso, pode responder:

> Essa prédica, denunciada por eles como agressiva (*Gracchos de seditione querentes!*), é a voz de uma consciência, que se dirige ao povo, à mocidade, ao futuro, uma voz de honestidade, que não podia toar a corrompidos, uma voz de regeneração, que não podia agradar a degenerados, uma voz de liberdade, que não podia servir a oligarcas. Mas a nação a entendeu: o que me basta.[62]

Estava selada e consagrada a separação entre as camadas médias e o governo, este, agora, não mais do que uma oligarquia que fala entre si, sem repercussão popular. Entre a nação, silenciosa na sua hostilidade, hostil nas suas manifestações, e os dirigentes, estava quebrado o vínculo de solidariedade. A presidência, para sustentar-se, reforçará seus poderes, à custa dos pequenos estados, nos ombros dos grandes, burros de carga de um moribundo autoritário. Nas fileiras rebeldes, um político, calculista e sagaz, ambicioso e utilitário, ex-governador, ex-ministro, ex-vice-presidente em exercício, senador e dono de um ducado, recolherá a herança, que acrescerá a outra, a dos restos de Pinheiro Machado. Nilo Peçanha, egresso da roda de Pinheiro Machado, autônomo nas suas alianças, recolhe a popularidade do líder de 1919, sem esquecer a importância das combinações dos estados dissidentes. Nas suas mãos, as facções dos Gracos se reúnem — povo, Forças Armadas contestantes, estados rebeldes, para outra arrancada, mais imediatista, semeando o pânico na cidadela sitiada. Mas, entre a mão e a espiga, há sempre o muro, o muro importuno do poeta. A República, agrária e federal, arredara da cúpula a teia estamental. Em seu lugar, as elites estaduais — a oligarquia máxima, filha das oligarquias menores —, sem a previsão e a tutela dos grupos homogêneos, comunitários, governam enquanto podem, em espasmos quadrienais. Para reformar o sistema — organizar é a palavra do dia, da preferência de Alberto Torres e Rui Barbosa — era necessário não apenas o fortalecimento do poder central, tendência já em curso, mas animá-lo de novos instrumentos, na conjunção com os elementos industriais nascentes. Esse trânsito importa em aniquilar a elite, o statu quo governamental, com o domínio das unidades federadas, eliminação que não encontrará voluntariado suicida. O impacto viria de fora, da orla subversiva do sistema, de parte da cúpula desagregada da constelação reinante. Ele não será, como se tem querido inculcar, um movimento de classe média, das camadas médias da sociedade, mas a reunião delas aos grupos desprezados, ansiosos de proteção e tutela. Isso supõe uma organização estatal vigorosa, senhora dos meios de controle econômico, intervencionista na economia, sobranceira ao centrífugo e autonomizador pacto federal. Rui Barbosa deu um passo nesse rumo, não sem a sutil afinidade — sutil mas clara — com o sistema imperial, que, no leite que o nutria, transmitiu-lhe o encanto idealizado da revivescência da velhice. Não se trata, entretanto, unicamente da fuga de um líder, senão de simpatias estruturais, socialmente evocadas num momento em que a nação só se expandiria com a reforma substancial dos poderes estatais. Há a tendência — que a campanha de 1919 insinua, a de 1922 promete e a de 1930 realiza — e a caricatura, esta, em nome da reação, preocupada em inutilizar o futuro. Em 1889, outro homem enérgico — tão enérgico e tão inflexível como Artur Bernardes e Washington Luís — tentou a mesma manobra, com igual malogro. A caricatura será a autoridade extremada, surda às pressões, violenta nas suas reações, fechada ao senso das oportunidades. A ideologia liberal, mesmo nas suas distorções brasileiras tradicionais, não servia mais para justificar o governo. Insensivelmente, as doutrinas da direita europeia abrem caminho no seio dessa época desconfiada de seu perecimento iminente. Nas trincheiras em contestação, confusamente, discretamente, no meio do nevoeiro comum, outras seduções corporificam utopias disformes. Enquanto a tempestade se arma, no palco o espetáculo continua. Era necessário governar, sem o povo, para um lado; para o povo, segundo outros; sem convulsões, pregara Rui Barbosa; contra os sediciosos, será a missão dos presidentes.

Epitácio Pessoa, eleito pelos grandes estados e pela oligarquia, não se torna o dócil instrumento dos interesses coligados. Provavelmente, nessa conduta rebelde e ondulante de três anos, entrará, a par do temperamento do homem, sobretudo o estilo político-social da presidência, tal como as circunstâncias sugerem. A ele caberá, depois dos tateios de Venceslau Brás, já distante o frustro centralismo de inspiração militar de Hermes da Fonseca, definir o novo conteúdo da chefia do governo, soldado de materiais ainda heterogêneos e em conflito. A insatisfação dos anos anteriores descobriu, diante de grupos que se identificam, só eles, com a nação, a face nua do presidente e de seus associados. Para responder à imagem, colada à testa dos dirigentes elitistas, imagem tecida pela discreta e contínua supremacia da

União, o presidente revida com todos os instrumentos de que dispõe. Essa corrente de contestação difusa, autoritária nos termos, arrasta, na tentativa de submetê-los, os principados e os oligarcas. Deveriam estes ceder à categoria de meros obedientes, de instrumentos passivos da presidência da República. A transição se fará, para afirmar o comando do alto, contra os sediciosos, com dificuldades, resistências e reações. Na constituição de seu ministério, Epitácio Pessoa, cioso do papel sobranceiro aos seus comitentes, arredará os grandes estados, os militares — entregando, desafiadoramente, as pastas da Guerra e da Marinha a civis —, e os chefes políticos. Os mecanismos dominantes de São Paulo e Minas Gerais estão representados no governo apenas simbolicamente, embora o principado montanhês, com o olho na sucessão, não se afaste da intimidade palaciana. Timbra o presidente, apesar do contexto que o envolve, em manter o cerne do regime, suas bases sociais e sua estrutura tradicional, mas renovado o sistema de sustentação do poder central. Como seria natural, a linha central de sua conduta será o conservadorismo de molde antigo, incidindo a renovação nas peças para assegurá-lo, e não nos seus elementos essenciais. Mas, antes que o confronto entre a autoridade e a sedição se dê nas ruas, ou as ganhe, dentro dos muros presidenciais não consegue Epitácio Pessoa organizar o aparelhamento de defesa. Contestam-no, a ele e aos rumos de sua política dominadora, os grandes estados, no primeiro lance que mostrará, no futuro, a inviabilidade, dentro da ordem vigente, do esquema ultrapresidencialista. O dissídio se abre, em 1920, com o projeto de lei, que visa a uma emissão para auxiliar o café. O presidente, infenso às emissões de papel-moeda e sobretudo pouco entusiasta do fortalecimento de São Paulo, procura reagir à medida, só cedendo diante da ameaça da ruptura. A seguir, o presidente, ao pleitear a criação de novo tributo, incidente sobre o trânsito de mercadorias, encontra pela frente a reação de Minas Gerais. Num artigo de jornal, cuja autoria lhe é atribuída, Epitácio Pessoa descobre seu pensamento unionista, em voz de desafio:

> [...] à União incumbe grande missão de fomento, proteção e assistência. Apela-se para a União para trabalhos de saneamento, para obra dos portos [...] e uma série de subvenções. Entretanto, quando é preciso fortalecer a receita federal, há sempre dúvidas e má vontade, justamente dos Estados que nem por mais ricos deixam de ser os que com frequência mais concorrem ao valimento financeiro do Centro. [...] A União precisa de impostos novos, porque na distribuição constitucional não foi bem aquinhoada e porque necessita remodelar o seu sistema tributário.[63]

Significativamente, não obstante as resistências, o imposto é criado. Mas, nas montanhas, o governador Artur Bernardes prepara pacientemente a tocaia. Recomenda ao seu líder, no cenário federal, que evite a oposição aberta apesar da desconsideração com que têm sido tratados os Estados do Sul, mormente os grandes Estados, pelo político que, em tão má hora, colocamos na presidência da República. [...] Apesar de lhe não podermos recusar nosso apoio — a não ser quando a situação se tornar para nós intolerável — este precisa ir se restringindo e perdendo o entusiasmo, que não mais se justifica e já não existe.[64]

O pacto federal estava, na verdade, desafiado em profundidade, num governo que se afasta dos interesses econômicos dos dois principados. Afasta-se do centro de gravidade, mas não logra, ainda que para ele aponte, construir uma constelação autônoma. De outro lado, o cauteloso montanhês, quando chegar sua vez de cavalgar a sela, será arrastado a fortalecer a presidência, para resistir à tempestade. Verdade que, antes do declínio, graças aos seus recuos, nesse triênio de guerrilhas e ameaças, São Paulo o aplaudirá, em regozijo pela valorização do café, a primeira de iniciativa federal. Nessa nota — a iniciativa federal — estará um signo dos tempos novos. De outro lado, convergente e em plano de maior profundidade, lança as bases da grande siderurgia, também como obra federal, num aparelhamento estatal incapaz de realizá-la, contra, nas suas palavras, os jacobinos e os tímidos.

Todas as contestações de cúpula e as contestações da outra margem eclodem na hora crítica, no momento inevitável da sucessão. A destemperada agressão da imprensa, o sussurro dos políticos, a conspiração armada sobem à tona, nesse agitado ano de 1922, divisor das águas da República, símile do 1868 imperial. A intriga sucessória, longe de ser a causa, servirá para revelar a instabilidade social e as dificuldades de fixar o presidencialismo em ascensão. Fiado nos seus poderes e na densidade crescente de seu cargo, Epitácio Pessoa tenta conciliar as correntes estaduais, num movimento que se projeta da Bahia para o Norte.[65] Esse movimento envolvente não se inspira no federalismo estadualista, o que suporia, para alterar a balança, o dissídio dos dois grandes estados, ora inexistente. O presidente não será irrealista, a ponto de esquecer a tradição pinheirista, por mais que o haja seduzido, com cicatrizes na própria pele, a campanha de Rui Barbosa. Outras são as bases de seu discreto, velado, mais sugerido que executado plano. Já no seu discurso de lançamento da candidatura de Rodrigues Alves, que veio a ser adotado como plataforma de seu governo, insistirá numa tese, ao tempo idílica, própria para ornamentar uma festa, mas inadmissível como cardápio do banquete. A recuperação do Nordeste brasileiro parecer-lhe-á a chave de uma vital transformação econômica, que está no fundo não formulado de suas palavras, ponto de apoio do nacionalismo que então, ainda não batizado, invade as consciências e se insinua na imaginação. Até o momento, mal encerrado o conflito mundial, o Brasil contou com os recursos do dinheiro europeu e com a imigração. As nações envolvidas na guerra estão exauridas e não poderão exportar capitais; a imigração, depois da hecatombe, será escassa, senão nula. As condições econômicas do mundo modificarão "as nossas vantagens atuais de fornecedores não só de gêneros alimentícios mas até de matérias-primas". A "defesa de nossos produtos" terá de ser cogitada em conjunção com o desenvolvimento da indústria, da agricultura e da pecuária, bem como facilitar a saída dos produtos pelos meios de transporte terrestre, fluvial e marítimo. Esse esquema, tradicional à economia brasileira, deve articular-se com a situação mundial, agora alterada. Aqui está o ponto em que incide a nova política: não basta produzir para exportar, produzir com recursos estrangeiros e importar a mão de obra. O mercado mundial transformou-se e não aceitará as condições antigas. Para ajustar o progresso obtido, no campo industrial, ao país e guardar as conexões internacionais, será necessário assegurar o mercado estrangeiro e ampliar o mercado nacional. Para isso, só a extinção das secas ativará uma faixa consumidora inaproveitada, com resultados maiores do que o emprego de investimentos em outras áreas do território: "Mais, infinitamente mais, valiam para a prosperidade nacional as vidas e os patrimônios que desapareceram na fornalha abrasadora do hórrido flagelo". Desta forma, prevenindo o perigo futuro do separatismo, se conciliarão as "prevenções e antagonismos entre as duas grandes zonas geográficas da República". A reivindicação regionalista se incorpora a um apelo em favor da riqueza nacional para os nacionais, no sentido de "defender a riqueza criada por nós mesmos, e para isto o primeiro passo a dar é animar as gerações novas a voltarem-se para a indústria e para o comércio, até agora monopolizadas nas mãos dos estrangeiros [...]". Essa obra incumbe ao governo, à União e não aos estados, sem respeito, para este liberal, do dogma da iniciativa particular. Governo significa "uma pequena minoria ilustrada", que não se pensa em contaminá-la pelo povo, mas em aperfeiçoá-la com a instrução, mais voltada para o trabalho produtivo do que para o emprego público.[66] No contexto, nacionalizador ao tempo que inspirado na ampliação do mercado interno, que só se emancipará com a homogeneidade econômica, o governo deve sair das mãos hegemônicas de Minas Gerais e São Paulo. Mas, não só isso: o governo, a União, deve ter poderes maiores do que para afastar os dois grandes estados, poderes de subjugá-los e orientá-los a uma obra comum e nacional. Sem apoio popular, destituído de suportes militares — duas faixas que amariam iguais fins por outros métodos, métodos inversos —, o presidente desiste, enquanto é tempo, de prematuras e fantasiosas veleidades.

Para um presidente voluntarioso, rebelde ao império das forças que o elegeram, o remédio de sempre: a antecipação dos entendimentos sucessórios. Nos primeiros meses de 1921 já os dois principados se haviam concentrado em torno do nome de Artur Bernardes, governador de Minas Gerais. O presidente anterior saíra de São Paulo, embora não completasse o quadriênio; natural que o próximo coubesse a Minas Gerais, vivo o espírito do pacto de Ouro Fino, sem que, obedientes aos velhos hábitos, procurassem qualquer aproximação com as ondas populares. No estilo antigo, reunidos São Paulo e Minas Gerais, bastava uma ou outra unidade,

Bahia, Pernambuco ou estado do Rio, para que as outras aderissem. O Rio Grande do Sul, em respeito a desconfianças de outro tempo e a desconfianças novas, ficaria de fora das combinações. Ainda recentemente, por ocasião da escolha do sucessor do vice-presidente Delfim Moreira, falecido no curso do mandato, Borges de Medeiros sugeriu, para o cargo, o nome do governador mineiro, em alfinetada que podia incompatibilizá-lo para o cobiçado posto supremo. Entendidos, os paulistas, agora comandados por um jovem chefe, o governador Washington Luís, homem que ascendera quebrando resistências e eliminando rebeldes, procuram o apoio de Epitácio Pessoa, encurralado na sua impotência. O presidente não será, nesse lance, o passivo homologador do fato consumado. Sem instrumentos de reação, refugia-se na neutralidade, descuidado do seu ainda possível futuro político. Não se envolveria na escolha do seu sucessor:

> [...] era tarefa que competia às correntes políticas da nação; [...] estava resolvido a não ter candidato e conservar-se dentro do que me parecia ser o meu papel constitucional, isto é, manter a ordem e assegurar, quanto em mim coubesse, a liberdade da eleição a todos que a disputassem; a mim se afigurara sempre um desvirtuamento do sistema o intervir o Presidente da República, com todo o peso da sua imensa autoridade, na indicação ou na escolha de um candidato à sua sucessão.[67]

A orientação natural seria, uma vez frustrado, acompanhar a chapa vencedora. O alheamento, desvio das praxes consagradas, prometia garantir ao eventual contestante a "liberdade de eleição". Não renunciava, com isso, o presidente ao seu papel político, na sucessão, mas sugere uma reserva, cuja importância não se compreendeu, nem seria inteligível para os que entendiam o papel presidencial como a soma das expressões estaduais. Ainda uma perplexidade: o desinteresse, diante das condições do momento, dada a "imensa autoridade" do chefe da nação, sugeria o vácuo do comando, com a consequência imediata de estimular a dispersão do eixo dos grandes estados. Mas o esquivo presidente não é totalmente indiferente aos acontecimentos. Solicitado a indicar o vice-presidente, a cujo critério ficou a escolha, diz não aceitar a incumbência. Não a aceitou, mas "apenas lembrava" — são palavras suas — "a conveniência de ser o vice-presidente tirado dentre políticos do Norte, desde que o presidente ia ser do Sul a fim de evitar rivalidades regionalistas tão nocivas à realidade nacional".[68] A negação da política dos governadores parece clara: em lugar das combinações estaduais, entra o equilíbrio das duas grandes regiões, o Norte e o Sul. Não fará a contradição supor que o presidente não teve candidato por falta de poderes? Epitácio Pessoa, na realidade, nega a hipótese, sob o argumento de que, se o animasse tal propósito, teria logrado êxito.[69] Duvidosa que seja a jactância otimista, não se exclui a possibilidade de não ter chegado ao candidato próprio, incapaz, como outrora Pinheiro Machado, de travar lutas inglórias, homem não temerário a ponto de sacrificar tudo por ideias "sem pernas e sem braços". De qualquer maneira, as sombras que cobrem os episódios, turbando o ritmo das praxes consagradas, mostram que, na superfície dos acontecimentos, os tempos haviam mudado.

As vacilações, as rivalidades que desagregam a unanimidade em torno de Artur Bernardes refletem o desequilíbrio dos suportes do envelhecido regime. As dúvidas para a indicação do vice-presidente, ao tempo vistas como a causa do movimento de reação, servem para trazer à tona a impossível conciliação. Ao mesmo tempo, na transição, o acordo precário das energias que contestam. Na vacilação da política dos governadores, no desafio aos principados, mesmo se unidos, pulsa a rebeldia das camadas populares e do corpo militar, agora reverdecido depois do ostracismo de dois quadriênios. Paradoxalmente, essa combinação subterrânea há de se voltar contra o poder presidencial, não porque lhe negue a legitimidade de conduzir, comandar e dirigir. A reação renovadora quer um governo superior ao estadualismo, às oligarquias, para mandar e liderar, mas em outro rumo. O ataque será ao presidente porque agora a peça essencial do mecanismo é o presidente — ele não é mau porque existe, mas porque governa contra a corrente desencadeada nesse angustiado pós-guerra. Depois do 5 de julho de 1922, até que soe a decisão de outubro de 1930, a presidência será a força máxima do aparelho governamental, mas estará em defensiva, assediada por golpes sem identidade, não materializados em reivindicações formuladas. Essa história pertence à outra República, num engano que o calendário antecipou.

3 | O sistema coronelista

As INQUIETAÇÕES URBANAS, as angústias europeias da elite, a sede de mando de civis e militares, a demagogia inquieta e impaciente — tudo se amortece e paralisa diante de uma muralha apagada e inerte. O senhor da soberania, o povo que vota e decide, cala e obedece, permanece mudo ao apelo à sua palavra. O bacharel reformista, o militar devorado de ideais, o revolucionário intoxicado de retórica e de sonhos, todos modernizadores nos seus propósitos, têm os pés embaraçados pelo lodo secular. Os extraviados cedem o lugar, forçados pela mensagem da realidade, aos homens práticos, despidos de teorias e, não raro, de letras. No campo, no distrito, no município, o chefe político, o *coronel* tardo e solene, realista e autoritário, amortece, na linguagem corrente, o francês mal traduzido e o inglês indigerido. Ele municipaliza a expressão erudita, comunicando-lhe, de seu lado, sentido e conteúdo, converte o freio jurídico do governo no buçal caboclo.

Os números iludem e escondem os fatos. Entre o crescimento da sociedade e a participação política, há que contar com os efeitos retardadores do sistema, tradicionalmente operantes sobre a realidade. A população brasileira passou dos 10 milhões de 1872 para 14 milhões em 1889, com 20 milhões em 1905, 27 milhões no ano de 1920 e 34 milhões no começo de 1931. Nas cidades (mais de 30 mil habitantes) residem 31% em 1872 da população, 24% em 1890, 36% em 1900 e 51% em 1920.[70] Aqui, o engano maior: os homens da cidade não exercem, na totalidade, funções urbanas. Com o predomínio das atividades da agricultura e da pecuária, há uma faixa instável, *rurbana*, caracterizando-se o corpo social pela influência de interesses rurais. Cidades que servem ao campo, embora isso não expresse o controle financeiro da lavoura pelas próprias unidades produtivas. No recenseamento de 1840, com melhores critérios de classificação, havia ainda 68,74% da população consagrada à vida rural, calculando-se que 84,36% dos habitantes radicaram-se nos municípios do interior. A participação política dependia, no Império, do regime censitário e do regime capacitário. Em 1872, votantes e eleitores, excluída a exigência de alfabetização só imposta pela Lei Saraiva (1881), atingiram 1,1 milhão, 11% da população. Na primeira eleição direta (1881), compareceram 96411 eleitores, para um eleitorado de 150 mil, menos de 1,5% da população e menos de 1%, se considerados os eleitores comparecentes. O regime republicano extingue o sistema censitário, mas mantém o capacitário, com a exclusão, agora definitiva, dos analfabetos (Decreto 200-A, de 8 de fevereiro de 1890). Em 1898, a primeira eleição presidencial com o comparecimento de todos os estados, os eleitores sobem a 462 mil, num incremento de 300% sobre 1886. Ainda assim a proporção será de 2,7% sobre a população. Daí por diante só a eleição de 1930, a única que leva mais de 1 milhão de eleitores às urnas, atingirá o percentual de 5,7%. Entre 1898 e 1926 os números oscilam entre 3,4% e 2,3%, num ciclo mais descendente que estável. A tendência impressiona se se tem em conta que a população alfabetizada se projetou de 14,8% em 1890 para 24,5% em 1920.[71] A República Velha continua, sem quebra, o movimento restritivo da participação popular, paradoxalmente consanguíneo do liberalismo federal irrompido no fim do Império. A política será ocupação dos poucos, poucos e esclarecidos, para o comando das maiorias analfabetas, sem voz nas urnas. A essa direção política corresponde a liderança econômica e social, em interações mútuas, onde não se deve excluir, por mero preconceito de escola, o impulso primário de poderes estatais, em nível federal e local.

A transição no setor do comando se faz gradualmente. O sistema imperial, como largamente se discorreu, parte do centro, com os nomeados e não eleitos presidentes de província, em regra ativos apenas na fase eleitoral, com o apoio do instrumento manipulado verticalmente, a partir da corte — a Guarda Nacional —, ajudado no domínio dos meios locais de compressão e fraude. Nos primeiros arrancos republicanos, com o Exército na chefia do governo e nomeados os governadores — nomeação que ainda será a regra com Floriano —, a estrutura não sofre alterações. A dinâmica do regime, eletivos os cargos, sobretudo o cargo de governador, leva a deslocar o eixo decisório para os estados, incólumes os grandes, cada dia mais, à interferência do centro, garantindo-se e fortalecendo-se este com o aliciamento dos pequenos, num movimento que culmina na política dos governadores. Dentro de tal sequência é que se afirma o *coronelismo*, num casamento, cujo regime de bens e relações pessoais será necessário determinar, com as oligarquias estaduais. Nos anos 1920, precedidos das escaramuças das *salvações* durante o quadriênio Hermes da Fonseca, em simetria com a crise da ordem republicana, o mecanismo começará a claudicar, para o declínio inevitável, a partir da década seguinte.

O fenômeno coronelista não é novo. Nova será sua coloração estadualista e sua emancipação no agrarismo republicano, mais liberto das peias e das dependências econômicas do patrimonialismo central do Império. O coronel recebe seu nome da Guarda Nacional, cujo chefe, do regimento municipal, investia-se daquele posto, devendo a nomeação recair sobre pessoa socialmente qualificada, em regra detentora de riqueza, à medida que se acentua o teor de classe da sociedade. Ao lado do coronel legalmente sagrado prosperou o "coronel tradicional", também chefe político e também senhor dos meios capazes de sustentar o estilo de vida de sua posição. O conceito entrou na linguagem corrente por via do estilo social, inclusive na vida urbana, com predominância sobre sua função burocrática e política.

Homens ricos, ostentando vaidosamente os seus bens de fortuna, gastando os rendimentos em diversões lícitas e ilícitas — foram tais "coronéis" os que deram ensejo ao significado especial que tão elevado posto militar assumiu, designando demopsicologicamente "o indivíduo que paga as despesas". E, assim, penetrou o vocábulo "coronelismo" na evolução político-social do nosso país, particularmente na atividade partidária dos municípios brasileiros.[72]

O homem da cidade, hostil ao mando do violento ignorante do distrito ou do campo, identificou o coronel na pessoa que paga prodigamente à amante seus vestidos caros e seu luxo, para ostentação própria e desfrute alheio. Debaixo da imagem e da caricatura está a realidade social e política. O coronel, antes de ser um líder político, é um líder econômico, não necessariamente, como se diz sempre, o fazendeiro que manda nos seus agregados, empregados ou dependentes. O vínculo não obedece a linhas tão simples, que se traduziriam no mero prolongamento do poder privado na ordem pública. Segundo esse esquema, o homem rico — o rico por excelência, na sociedade agrária, o fazendeiro, dono da terra — exerce poder político, num mecanismo onde o governo será o reflexo do patrimônio pessoal. Mais um passo lógico: o coronel, economicamente autônomo, formará o primeiro degrau da estrutura política, projetada de baixo para cima. Se a riqueza é substancial à construção da pirâmide, não é fator necessário, o que significa que pode haver coronéis remediados, não senhores de terras, embora seja impossível a corporificação no pobre ou no dependente, destituível de sua posição a arbítrio alheio. Ocorre que o coronel não manda porque tem riqueza, mas manda porque se lhe reconhece esse poder, num pacto não escrito. Ele recebe — recebe ou conquista — uma fluida delegação, de origem central no Império, de fonte estadual na República, graças à qual sua autoridade ficará sobranceira ao vizinho, guloso de suas dragonas simbólicas, e das armas mais poderosas que o governador lhe confia. O vínculo que lhe outorga poderes públicos virá, essencialmente, do aliciamento e do preparo das eleições, notando-se que o coronel se avigora com o sistema da ampla eletividade dos cargos, por semântica e vazia que seja essa operação.

A passagem do regime imperial ao republicano irá acentuar e exacerbar a função eleitoral do coronel. Tirar-lhe-á as albardas centrais, não para autonomizá-lo, mas para entregá-lo aos poderes estaduais. Esta transição está na essência dos acontecimentos que partem do 15 de novembro. O Governo Provisório, instalado em nome da soberania nacional, momentaneamente representada pelas Forças Armadas, pretendia, na forma de promessa inscrita no seu primeiro ato, legitimar a revolução com o "pronunciamento definitivo da nação, livremente expressado pelo sufrágio popular". A tarefa estava definida: converter a opinião republicana, até então largamente minoritária, na opinião dominante. Nada mais simples. Substituir-se-ia a farsa eleitoral monárquica pela farsa eleitoral republicana, com a mesma unanimidade. Os conservadores, batidos pelos liberais na última eleição imperial, aderem em massa aos republicanos. Mas os homens do novo regime não estavam dispostos a representar o papel de delegados dos partidos monárquicos, peças acessórias da máquina antiga. Eles querem governar e imperar, não reinar e coordenar. Logo em janeiro de 1890, volvidos dois meses da proclamação da República, o assunto será discutido no ministério, numa deliberação que envolve interesses de adesistas, os homens do "fato consumado", e dos pretendentes ao comando absoluto do novo regime. Esse debate de cúpula, que geram dois atos básicos (o Decreto 200-A, de 8 de fevereiro de 1890, e o Decreto nº 511, de 23 de junho de 1890, este o chamado *Regulamento Alvim*), dará a feição da política eleitoral republicana, em toda a sua profundidade. Será ele que atrelará os chefes políticos municipais ao governo estadual, com a atrofia dos núcleos locais. Campos Sales, republicano histórico, preocupa-se em anular o elemento monarquista, advertindo:

> Muitos dos homens dos ex-partidos constituídos têm aderido; entretanto é de crer que essa adesão seja, com relação a alguns, aparente, e que na realidade não possam merecer confiança, porquanto eles tratam de aprestar suas forças para o combate. É esse elemento suspeito com que não devemos contar, tanto mais quanto provas evidentes já se vão apresentando de tratarem esses chefes de arregimentar forças sob os seus caudilhos, a fim de hostilizarem o governo. É mister, pois, que o partido republicano e o governo intervenham diretamente nas eleições.
>
> O Sr. Aristides Lobo declara que a missão do governo é entregar ao povo a forma republicana organizada e não haverá economia que placite ato contrário do gabinete. Ainda que se despendesse cinco mil contos de réis dá-los-ia por bem empregados se conseguissem esse *desideratum*.
>
> O Sr. Campos Sales aconselha medidas políticas, quais sejam, entre outras, lembrar aos governadores dos Estados a dissolução das câmaras municipais e nomeação de intendentes.[73]

A estratégia se define, logo neste primeiro lance: atrelar os monarquistas aos freios republicanos, realizar as eleições sob o domínio das situações estaduais.

Mediante o voto direto, abandonada a restrição censitária, guardado o limite aos alfabetizados, organiza-se a eleição da Assembleia Constituinte. Os monarquistas não entram nas salas do Paço de São Cristóvão, local escolhido para as reuniões do Congresso. A lei pouco tem a ver com o fato, limitando-se a excluir os banidos e deportados, bem acentuadas as aparências democráticas. Somente seriam eleitos, entretanto, republicanos, os antigos, históricos, novos, anteriores de poucos dias ao 15 de novembro e os que vieram depois, os adesistas, mas todos republicanos, históricos e adesistas, deviam ter seus nomes aprovados pelos governadores, agentes, por sua vez, do ministério. A presença dos monarquistas, entre os quais estava Saraiva, perdido o bastão de marechal, sem voz nos conselhos dirigentes, dependia das combinações estaduais e da luta de grupos pelo predomínio. São Paulo, desde logo, sem dificuldades, substitui as máquinas imperiais pelo Partido Republicano, extreme de pressões saudosistas. No Rio Grande do Sul, com a abstenção dos republicanos dissidentes e dos monarquistas, Júlio de Castilhos elegeria toda a bancada. Minas Gerais, sob o comando do ex-deputado monarquista Cesário Alvim, por meio de política conciliatória, opera a suave transição do regime. Enquanto nos dois primeiros se reconstitui, com violência no segundo, a máquina eleitoral, no último chega-se ao mesmo resultado, mas por absorção, sem descontinuidade das lideranças. A chave do controle político estará na compressão eleitoral, como sempre, não necessariamente sanguinária, mas com o sacrifício da autonomia municipal. Inicialmente, o domínio se dará como obra de emergência, para a eleição fundamental, depois o expediente se torna consubstancial à manutenção no poder pelos grupos dirigentes. A qualificação dos eleitores, a tomada e a apuração dos votos seriam confiadas às autoridades municipais, com supremacia do presidente da Câmara ou Intendência Municipal. Cativo o município, sob intervenção, o governador, na realidade, torna-se o chefe do processo eleitoral, nomeando todos os representantes da nação, por ato próprio ou sob inspiração do Rio de Janeiro. Mais uma eleição, outra eleição como as demais de outros tempos, sem que a República trouxesse, como prometera, a sonhada soberania popular. Esta dançava entre senhores, sem condições para expandir-se, desamparada da independência econômica do eleitor. Dois caminhos, para representá-la ou mascará-la, obra mais de dissimulação do que de evocação das bases, estavam abertos, desde que a vitória federal se opunha, ainda que não imediatamente, ao centralismo. Se entregue a eleição ao povo, na sua expressão primária, sagrar-se-iam nas urnas as "notabilidades de aldeia", como se receava no Império. Confiada aos governadores continuaria tudo na trilha costumeira, tornados eletivos os velhos presidentes de província. Troca de nomes, no último caso, com a quebra da rotatividade futura, alívio certo das oposições oprimidas, alívio agora retirado dos discordantes, confundidos, na primeira hora, aos revanchistas, e, no dia seguinte, aos subversivos. Em uma ou outra situação, o povo — do liberalismo — oscila entre possíveis donos da sua vontade. Mas, observar-se-á nas páginas a seguir, entre os dois polos as reações dinâmicas e mútuas formarão a tela colorida e cambiante das bases republicanas. Enquanto o futuro não chega, organiza-se o regime, sob a indiferença das camadas liberais, que viram, desde logo, a exclusão irremediável do povo das decisões políticas.

Para isso — para o desencanto inicial, que os anos aprofundarão —, muito influiu o modo tumultuário, opressivo e fraudulento com que se processou o pleito de 15 de setembro para a investidura dos mandatários que a nação deveria ter escolhido para lançarem as bases das novas instituições implantadas pelo levante militar que derrubara o trono. O *regulamento eleitoral*, baixado pelo Governo Provisório, levantara grande celeuma em todo o país e provocara as iras e as críticas acerbas da imprensa de todos os matizes políticos. A impopularidade dessa junta revolucionária, chefiada por Deodoro, estendera-se aos governadores dos Estados, incumbidos de fazerem figurar, como eleitos senadores e deputados, os candidatos designados nas listas que lhes haviam sido remetidas pela ditadura. Houve mesmo, entre as novas unidades federativas, algumas em que apareceram sufragados para representantes do povo nomes cuja existência até então todo o mundo ignorava. Apesar de tudo, vultos notáveis se puderam destacar no meio dessa assembleia oriunda dos mais reprováveis conchavos facciosos, e dos mais baixos manejos do nepotismo, imperante então, como nunca, nos costumes políticos brasileiros.[74]

Saraiva, agora republicano do fato consumado, não deixa de observar que a ditadura desandara o caminho percorrido. Os agentes do governo reganharam o processo eleitoral, sob o escandaloso manto da lei. Nota que "a condenação do regulamento eleitoral da ditadura é voz geral, e os mais sinceros republicanos o condenam como um ato que desacreditou a República nascente; os mais governistas apenas declaram que foi uma lei de ocasião".[75] Essa ocasião duraria muito, para a cólera das elites intelectuais, principais porta-vozes das reivindicações liberais, num impulso que culminará na contestação ao sistema, com a carga de explosivos de outras viagens.

O expediente, armado sobre o município escravizado, haveria de institucionalizar-se, por obra das criaturas que dele se aproveitarem. Sem que se dramatizassem as consequências da medida, como acontece sempre que o consenso predomina apesar das dissensões secundárias, a primeira Constituinte republicana entregou o município ao estado. O passo era necessário ao controle político que os novos políticos pretendiam impor à nação, articulada ao eixo federal. O projeto constitucional do Governo Provisório, inalterado pela comissão dos 21, assegurava a eletividade da administração local, em expressivo traço da autonomia do município. Advertidos, mas não seduzidos pelos princípios do apostolado positivista, os constituintes expurgaram da Carta em formação a garantia superior da eletividade. Os estados, nas suas Constituições, estariam livres para organizarem os municípios, na feição que melhor lhes parecesse. A emenda recebeu a doce e enganadora forma de proteger a unidade federada, prometendo ampliar as franquias locais. O art. 68 da Constituição de 1891 — "os Estados organizar-se-ão de forma que fique assegurada a autonomia dos municípios, em tudo quanto respeite ao seu peculiar interesse" — será a porta aberta ao comando estadual sobre os municípios, com a nomeação dos prefeitos (superintendentes, intendentes), a designação interina deles, bem como outros mecanismos de interferência estadual. A rede jurídico-política incide sobre um corpo financeiramente débil, necessitado, para suas obras e melhoramentos, da constante assistência estadual. Não se fez, com o novo regime, nenhum progresso fundamental à lei de 1º de outubro de 1828, que acorrentou as municipalidades ao domínio superior.

Temiam os republicanos, na esteira dos estadistas imperiais, que libertar as comunas seria consagrar a anarquia e a violência, desintegrado o país em centenas de potentados locais, capazes, por si ou coligados, de mandar para as câmaras seus deputados e senadores. Trataram os estados, senhores de tão vigorosa arma legal, de organizar os municípios, cujos prefeitos seriam sempre nomeados pelo governador no Ceará, Paraíba e Bahia, no Rio de Janeiro onde houvessem serviços municipais custeados ou afiançados pelo estado, em Minas Gerais nas estâncias hidrominerais. Onde não chegavam os poderes legais do governador, usava este os meios de compressão financeira ou da milícia estadual. Em muitas regiões, fracos também os cofres estaduais, rarefeita a milícia, o comando da unidade se fará mediante barganhas e compromissos, com o maior florescimento do coronelismo. Sempre que o poder estadual se eleva e se fortalece, decai o poder municipal, expressa a relação nas nomeações dos prefeitos. Quando o governador Artur Bernardes, de Minas Gerais, pretendeu abater os chefetes locais, em golpe dirigido também contra os representantes desses caudilhos, não lhe ocorreu outro recurso senão o estrangulamento da eletividade. Seu pensamento, como era de seu feitio viril, não se mascara em pretextos:

> A experiência tem demonstrado a utilidade da criação das prefeituras que asseguram às estâncias uma administração isenta das paixões políticas e promovem o desenvolvimento das rendas e o progresso do município.
>
> Uma das vantagens, talvez a mais importante, da instituição das prefeituras é ser o prefeito um cidadão alheio às lutas locais, capaz, por isso, de dirigir a administração municipal sem preocupações partidárias e defender os interesses gerais que estão ligados às estâncias minerais.[76]

Para que vingassem seus propósitos, serve-se o governador de um talentoso feitor, que desponta para a vida pública, nesse ano de 1920. Francisco Campos, na Assembleia Legislativa (então chamada Câmara dos Deputados de Minas Gerais), suscita um tema diferente, que emerge num mundo primitivo: a autonomia do município não mais existe, porque os interesses econômicos se generalizam, subordinados à tutela, cuidados e responsabilidade do estado. A essa realidade se opõe, com nocivo retardamento, o imobilismo político municipal

> realizando, pela máquina pneumática da fraude e da opressão, em torno do poder, o vácuo impenetrável, que isola do povo a administração, e transforma as nossas *escolas primárias de civismo* nesse espetáculo de inércia, de passividade, de indiferença, de desinteresse e de desilusão democrática, que é o Estado de espírito dos municípios em relação ao seu governo local.[77]

Nessa dissensão, substancialmente travada entre coronéis e governadores, cortada de implicações econômicas, expira o liberalismo brasileiro, que vem dos gloriosos dias do combate antimonárquico, com raízes nos pressupostos do 1822. Ainda está no palco Rui Barbosa, lembrado dos sonhos de Tavares Bastos e do ideário explosivo de seu tempo. Liberdade equivale à autodeterminação local:

> Não se pode imaginar existência de nação, existência de povo constituído, existência de Estado, sem vida municipal. Vida que não é própria, vida que seja de empréstimo, vida que não for livre, não é vida. Viver do alheio, viver por outrem, viver sujeito à ação estranha, não se chama viver, senão fermentar e apodrecer.[78]

Arguida, no Supremo Tribunal Federal, a inconstitucionalidade da não eletividade, depois de engrossada a corrente eletivista, flutuou a jurisprudência, sem que, ainda dessa vez, predominasse, na política, uma diretriz judicial. No Rio Grande do Sul, onde o princípio eletivo tornou-se a regra legal, o governador, sempre que a oposição vencia o pleito, designava, para o município, um intendente *provisório*, que alcançava todo o período do prefeito sagrado pelas urnas.

O comando eleitoral, para se tornar efetivo, tinha necessidade de estrangular o município. Os meios, para alcançar a ordem republicana, baseiam-se sobre a realidade econômica, como advertem os antiliberais de 1920. As leis eleitorais, no contexto, são apenas os instrumentos legalizadores de um poder de fato. Os atos de 1890, que culminam no Regulamento Alvim, não se atenuam, senão formalmente e em pontos secundários, na legislação dita moralizadora, que se segue, alarmada com a "lei de arrocho". A lei nº 35, de 26 de janeiro de 1892, continua a confiar a apuração dos votos às mesas eleitorais, com os agentes do governo pondo e dispondo. A chamada Lei Rosa e Silva (lei nº 1269, de 15 de novembro de 1904), também preocupada em desafogar o processo eleitoral das pressões que compareceram na eleição da Assembleia Constituinte, fruto de longa elaboração, introduziu algumas inovações importantes. O alistamento era entregue aos juízes, a eleição se procederia por escrutínio secreto, com permissão de o eleitor votar a descoberto, e, sobretudo, consagrava a lista incompleta e o voto cumulativo, para garantia da representação das minorias. A legislação de 1916, que tomou o nome do senador Bueno de Paiva (leis nº 3139, de 2 de agosto, e 3208, de 27 de dezembro de 1916), reconheceu aos estados a competência para regularem o alistamento estadual e municipal, conservada a lista incompleta e o voto cumulativo, com maior participação das autoridades judiciárias nos pleitos.[79] Daí por diante, malogradas as intenções das reformas, continuou-se a buscar na lei os remédios, com a pregação do voto secreto e de supervisão judicial das eleições, ambas as medidas legisladas depois de 1930. O fato é que as leis não puderam conter os abusos, como impotente foi a Lei Saraiva para evitar a presença do governo nas urnas, desnaturando-as e dobrando-as ao seu capricho. Na base o *bico de pena* substituiu a eleição, no alto a *degola* ocupou o lugar das apurações. As mesas eleitorais e as câmaras legislativas elaboram a expressão do voto, limpando-o dos extravios da lei escrita. A segurança legal à oposição não permitiu que ela se manifestasse, tolhida pelo domínio das situações locais, desamparada dos instrumentos para afrontar o governo, não apenas na sua pressão violenta, mas no contexto social e econômico. Raros os estados onde, nas Assembleias, se faziam representar os oposicionistas, como singular era o aspecto, na Câmara Federal, dos solitários contestadores do governo. No Senado Federal, sem o beneplácito do grupo dominante naquela casa, ninguém ocuparia as suas cadeiras venerandas. As vozes isoladas enfeitavam os plenários monótonos, no gorjeio inocente das patativas entre os gaviões. No Rio Grande do Sul, onde o governador Borges de Medeiros não aceitou a validade da Lei Rosa e Silva, por entendê-la inconstitucional no ponto que regulava as eleições estaduais e municipais, outro mecanismo assegurou a presença da oposição na Assembleia Legislativa. Decretou o sistema proporcional, com a consequente eleição de um oposicionista (1912). Trataram-no — escreve um intérprete do oficialismo — "a vela de libra os governistas. Andava em charola, como símbolo do liberalismo oficial".[80] Não se convertesse, entretanto, o símbolo em realidade, sinal de anarquia, como seria a oposição, aos olhos dos republicanos, todos feridos pelo daltonismo partidário, a exemplo de um Campos Sales.

Império e República se equivalem, portanto, no que respeita a eleições. O diálogo travado entre a princesa Isabel e um funcionário público, nas primeiras horas do novo regime, dará a medida dos tempos, serenos no seu curso inalterável. A redentora esperava que o trono seria substituído, um dia, pela maioria republicana, emergente das urnas. "Assim nunca poderia ser feito — responde o funcionário à princesa — porque o poder é o poder [...]." A vontade nacional foi desprezada, insiste a herdeira do trono. "Ver-se-á isto por meio da Constituinte, proximamente", replica o republicano. "Mas não disse o senhor que o poder é o poder?"[81] Esta é a contradição de todos: a eleição será o argumento para legitimar o poder, não a expressão sincera da vontade nacional, a obscura, caótica e submersa soberania popular. A vergonha dos chefes não nasce da manipulação, mas da derrota. O essencial é vencer, a qualquer preço.

Nesse esquema da supremacia estadual e da eleição sancionadora se insere o coronelismo. Ele se irmana à oligarquia das unidades federadas, num recíproco jogo de interações ativas. O comando do sistema caberá ao governador, isto é, ao grupo estadual por ele representado, intermediário dos favores e benefícios da União sobre as comunas. Entre o governador e o coronel, a relação é de obediência, autoritariamente garantida pela milícia estadual e pelos instrumentos financeiros e econômicos que partem daquele. Obediência não significa, todavia, passividade, dada a relativa autonomia econômica da fazenda, menos dependente, no período que vai do fim do Império até 1920, dos vínculos creditícios de outrora. Isso não quer dizer que o coronel seja sempre um fazendeiro, nem que esta qualidade seja essencial ao seu domínio. O proprietário de terras, o empresário agrícola dispunha, todavia, de pessoal próprio, capaz de sustentar a pressão de fora, ou alimentá-la contra os rebeldes no âmbito de seu círculo eleitoral. O padrão, nas relações entre o governador, o chefe estadual, e o chefe local, o coronel, se expressa na fórmula do governador João Pinheiro a um chefe político que lhe pede orientação (1907):

> Diga sempre que é solidário com o governo. Tudo se reduz a obedecer. Obedeça e terá politicamente acertado. Do contrário, o senhor sabe, estou eu aqui com o facão na mão para chamar à ordem aqueles que se insurgirem. A minha missão principal é essa: manobrar o facão, ou em cima, quando se trata de política federal, ou em baixo, quando da estadual. O nosso meio de orientação é esse. Portanto, olho no facão, não esqueça e faça boa viagem.[82]

No ponto extremo dessa supremacia estadual está, acima do coronel obediente, o coronel *burocrata*, particular ao Rio Grande do Sul. Aos caudilhos rurais, respeitados ao tempo de Silveira Martins, fores da riqueza agrária, o Partido Republicano Rio-Grandense opõs os chefes investidos e fortalecidos pela confiança do poder estadual. Com esse sistema, as camadas médias, funcionários públicos, oficiais da Brigada Militar, pequenos comerciantes, advogados e médicos conquistam posições políticas. O processo deixa, é bem verdade, fundos ressentimentos na sociedade municipal, subvertida por homens de fora, estranhos às tricas e aos interesses locais.

> Em quase todos os casos de dissensão local, ao invés do presidente governador apoiar-se nos chefes mais fortes, abandonou-os a todos, criando situações artificiais por meio de enviados da sua confiança, alheios ao município, sem raízes nele, e portanto sem força pessoal. Distribuiu assim a gente do oficialismo, meros executores de ordens suas, que nada representam, e contrariam, ofendendo-as, as aspirações populares, representadas em seus chefes naturais. Estes, reduzidos a títeres, abandonados nas suas pretensões, que não podem fazer valer, sentem o apoio coletivo solidário com o seu orgulho ferido.[83]

Daí o anedotário contundente. Borges de Medeiros interrompe um chefe político, que diz pensar: "[...] Engano, coronel, o senhor pensa que pensa, mas quem pensa sou eu [...]". Para calçar a autoritária palavra de um João Pinheiro, de um Borges de Medeiros, de um Washington Luís, havia, em primeiro lugar, o sólido comando do governo estadual, reconhecido pelo presidente da República, de acordo com a fórmula da política dos governadores. Sobre essa base, erguia-se o credo partidário, com o poder do governador de cancelar, orientar e dominar as eleições municipais, bem como de controlar a comuna por meios financeiros, no comando dos assuntos partidários por via dos coronéis a ele leais, no aliciamento do voto, por parte dos chefes locais, com o emprego dos recursos suasórios e, se necessário, da fraude ou da violência. Para garantia do sistema, junto ao governador, atuava a milícia estadual, miolo da força policial, capaz de chamar à ordem os coronéis esquecidos da hierarquia.[84] Para compreender a graduação entre o coronel burocrata e o coronel autônomo, a última circunstância representa papel fundamental. Poderosa a milícia estadual, fracos os coronéis; rala a força policial, ou integrada de contingentes privados, poderoso será o coronel. Despido de homens, armas e homogeneidade o corpo paramilitar estadual, o coronel se recrutará entre os fazendeiros, só estes capazes de organizar bando próprio, incorporável à força estadual sempre que útil. Disciplinada e militarizada a milícia, com elevado índice de profissionalização, murcha a empáfia do chefe local, dependente, para o emprego da violência e para proteger seus homens, do auxílio estadual. Nesse caso, outras categorias, que não as territoriais, podem ocupar a posição de coronel, como o coronel advogado, o coronel comerciante, o coronel médico, o coronel padre. Em todos os casos, com densidade variável, a investidura coronelesca virá do governo estadual ou do grupo que o controla. Em Pernambuco, o pai de Ulisses Lins recebeu do governador o bastão de comando de um município, como o *coronel* Jacinto Antunes foi honrado com igual encargo, da mesma maneira atribuído, pelo governador José Bezerra, ao próprio Ulisses Lins.[85] Sempre que um chefe se desprestigiava, prejudicando as eleições ou "desgostando" o governador, perdia o lugar, para outro, em geral ávido de elevar-se, em impiedosa concorrência, muitas vezes estimulada pelas rivalidades familiares.

O coronel, por isso que se integra no poder estadual, constituindo o governador a espinha dorsal da vida política,[86] representa uma forma peculiar de delegação do poder público no campo privado. Ao contrário da tese consagrada, não se trata de remanescente do privatismo, particularizando a estrutura estatal, senão que corporifica aspecto de domínio não burocrático da sociedade, com larga interpenetração dos dois setores, numa indistinção peculiar ao sistema. Quebrada a armadura estamental, de tendência burocrática, do Império, não emergiram, na superfície social, os elementos autônomos, sempre evocados pelos liberais. A supremacia tuteladora do poder público, agora seccionado nos principados e ducados estaduais, continuou a operar, num molde próximo ao regime colonial, no qual o particular exerce, por investidura ou reconhecimento oficial, funções públicas. Obviamente a linha entre o interesse particular e o público, como outrora, seria fluida, não raro indistinta, frequentemente utilizado o poder estatal para o cumprimento de fins privados. O coronel fazia a política e complementava a administração pública, no âmbito municipal, dentro do partido, partido único mas não monolítico, tumultuado na base por dissensões de famílias e grupos, sedentos da conquista do poder, que, por não reconhecido burocraticamente, se volatiliza, entregue às ambições e aos interesses. O coronelismo se manifesta num "compromisso", uma "troca de proveitos"[87] entre o chefe político e o governo estadual, com o atendimento, por parte daquele, dos interesses e reivindicações do eleitorado rural. As despesas eleitorais cabem, em regra, ao coronel, por conta de seu patrimônio. Em troca, os empregos públicos, sejam os municipais ou os estaduais sediados na comuna, obedecem às suas indicações. Certas funções públicas, não institucionalizadas, estão enfeixadas em suas mãos. Daí que o coronel, embora possa ser oposicionista no âmbito municipal — coronel contra coronel —, há de ser governista no campo estadual e federal. O *coronel* Manuel Inácio, do sertão pernambucano, conhece a boa doutrina: "O governo mudou, mas eu não mudo: fico com o governo". Um discípulo seu será mais categórico: "Em política, eu sou intransigente: voto no governo".[88] Admite que, vacilante o governo estadual, em desacordo ou hostilizado pelo governo federal, os oposicionismos locais se agrupem aos grupos dissidentes. Rara será a fidelidade ao governador caído, salvo se a queda não for definitiva, ou, em outras circunstâncias, houver a ameaça da própria ruína.

> Sabe, primo, o coronel [esclarece Victor Nunes Leal] que a sua impertinência só lhe traria desvantagens; quando, ao contrário, são boas as relações entre o seu poder privado e o poder instituído, pode o coronel desempenhar, indisputadamente, uma larga parcela de autoridade pública. E assim nos aparece este aspecto importantíssimo do coronelismo, que é o sistema de reciprocidade: de um lado, os chefes municipais e os coronéis, que conduzem magotes de eleitores como quem toca tropa de burros; de outro lado, a situação política dominante no Estado, que dispõe do erário, dos empregos, dos favores e da força policial, que possui, em suma, o cofre das graças e o poder da desgraça.[89]

O coronel municipal, delegado do governo estadual — delegado sem vínculo hierárquico, insista-se, e no exercício de funções com patrimônio próprio —, subordina a si diversos subcoronéis, aos quais comanda e dos quais é dependente. O coronel tem capangas, elementos sem vontade própria, como os têm os subcoronéis. Entre os coronéis e os subcoronéis, bem como entre os dois e os não dependentes imediatos (empregados, devedores, moradores em suas terras) há um laço de amizade, que atenua e ameniza a subordinação. Em regra o compadrio une os aderentes ao chefe, chefe enquanto goza da confiança do grupo dirigente estadual e enquanto presta favores, com o domínio do mecanismo policial, muitas vezes do promotor público, não raro expresso na boa vontade do juiz de direito. As autoridades estaduais — inclusive o promotor público e o juiz de direito — são removidas, se em conflito com o coronel. Até a supressão da comarca, seu desmembramento, elevação de entrância são expedientes hábeis para arredar a autoridade incômoda.

A situação política do coronel se manifesta nos seus serviços de intermediação, como já se notou. Ele é inseparável da sociedade agrária, matando-a, em morte lenta, a urbanização e a crescente comercialização dos interesses. Expande-se e floresce, além disso, na incapacidade financeira dos municípios, dependentes, nos serviços essenciais, da estrutura estadual, que os socorre com a polícia e a justiça, nos empreendimentos de obras públicas. O coronel pleiteia e distribui, protege e mobiliza a segurança coletiva. O agricultor e o pecuarista, grandes e pequenos, vivem um mundo perigoso, ameaçado pela violência dos homens, numa sociedade congenial à solução das disputas ao preço de sangue, bem como cercados de ameaças alheias ao seu controle — a seca, as inundações, as oscilações de preço de seus produtos. Entre a roça e o grande mundo há o mistério, o desconhecido, a mão implacável dos acontecimentos que lhe transtornam o limitado destino. Protegendo-os da ansiedade, num mecanismo que aproxima e domestica as insondáveis forças estranhas, surgem os homens que compreendem, retardam e simplificam as instituições e suas regras. A comunidade se articula ao sistema político e ao sistema socioeconômico por via de elos flexíveis, suaves, familiarmente vinculados ao perplexo e desprotegido camponês. Um bom gigante guarda a porteira (*gatekeeper*) que divide o sinistro e longínquo corpo de leis e ordens da unidade próxima à família.[90] O impacto da grande sociedade, pelo processo mediador do grupo chefiado pelo coronel, sofre transformação desaceleradora, graças a uma cadeia simétrica de para-choques e dobradiças. Do compadrio depura-se o compadre-mor, que se entrosa com as categorias estaduais, na ordem econômica como na política. Lidar com a polícia, com a justiça, com os cobradores de impostos, obter uma estrada, pleitear uma ponte são tarefas que exigem a presença de quem possa recomendar o pobre cidadão, mal alfabetizado e sem maneiras. Diante do guichê da coletoria, o contribuinte solitário pagará todo o produto de seu trabalho, se a lei não for abrandada pelas circunstâncias. Um "simples" crime de morte, tratado pela lei, com o delegado, o promotor, os jurados e o juiz não advertidos, dará cadeia. Outro será o resultado se o réu ou o contribuinte tiverem um compadre ou um padrinho — "quem tem padrinho não morre pagão" —; agora, o bom atendimento torna-se questão de prestígio, que, desprezado, trará represálias, as duras represálias do sertão ou do campo. Esse benfeitor, de seu lado, detentor de conexões, tem, à medida que a sociedade se torna complexa, um corpo de assessores: o médico, o advogado, o padre, o coletor. Os auxiliares, em breve, na medida em que se institucionalizam e se homogeneízam os vínculos legais e costumeiros, disputarão o lugar do coronel. O fazendeiro cede a posição, passo a passo, ao comerciante urbano, ao profissional liberal, que, de associado, passa a dominante do sistema, acompanhando o processo de penetração da sociedade maior, seus padrões e hábitos, na sociedade comunitária. Nesse momento, a própria unidade menor entra em crise, envolvida e descaracterizada pela velocidade da ordem econômica mais ampla.

A caracterização sociológica do fenômeno coronelista ainda não mereceu tratamento sistemático. Não raro é ele apresentado, ilegitimamente, como singularidade brasileira. O poder, assinalava Hobbes, se exerce de modo *original*, de homem para homem, ou através de uma estrutura *instrumental*, com a impessoalidade derivada dessa intermediação institucionalizada.[91] Trata-se de um poder de homem a homem, não racional, pré-burocrático, de índole tradicional. O mecanismo estatal, na percepção dos homens do campo, lhes parece, na sua composição jurídica e impessoal, o longínquo mistério de sombras. No máximo, o presidente e o governador corporificam os donos da República ou do estado, superfazendeiros que dispõem de tudo, da vida e do patrimônio dos cidadãos. O homem do sertão, da mata e do pampa sabe que o chefe manda e ao seu mando se conforma, sem que o socorra, para levantar o quadro de domínio, a ideia de representação.

> Essa dominação implantada através da lealdade, do respeito e da veneração, estiola no dependente até mesmo a consciência de suas condições mais imediatas de existência social, visto que suas relações com o senhor apresentam-se como um consenso e uma complementariedade, onde a proteção natural do mais forte tem como retribuição honrosa o serviço que, consensualmente, é exercido para o bem [...]. Para aquele que se encontra submetido ao domínio pessoal, inexistem marcas objetivadas do sistema de constrições a que sua existência está confinada: seu mundo é formalmente livre. Não é possível a descoberta de que sua vontade está presa à do superior, pois o processo de sujeição tem lugar como se fosse natural e espontâneo. Anulam-se as possibilidades de autoconsciência, visto como se dissolvem na vida social todas as referências a partir das quais ela poderia se constituir. Plenamente desenvolvida, a dominação pessoal transforma aquele que a sofre numa *criatura domesticada*: proteção e benevolência lhe são concedidas em troca de fidelidade e serviços reflexos. Assim, para aquele que está preso ao poder pessoal, se define um destino imóvel, que se fecha insensivelmente no conformismo.[92]

Quem tem chefe não delibera, ouve e executa as ordens. O dissenso não se abrigará na liberdade reconhecida de opinião, senão que caracteriza a traição, sempre duramente castigada. Não se imagine, entretanto, que entre o coronel e o simples eleitor impere a brutalidade, com o bacamarte engatilhado contra o rebelde potencial. O coronel é, acima de tudo, um compadre, de compadrio o padrão dos vínculos com o séquito. A hierarquia abranda-se, suavizando-se as distâncias sociais e econômicas entre o chefe e o chefiado. O compadre recebe e transmite homenagens, de igual para igual, comprometido a velar pelos afilhados, obrigados estes a acatar e respeitar os padrinhos. Num contexto de violência, consubstancial à vida rural, ela só se exerce contra o inimigo, nos atentados ao prestígio, em defesa da honra — ficar *desmoralizado* num conflito equivale à morte. O eleitor vota no candidato do coronel não porque tema a pressão, mas por dever sagrado, que a tradição amolda. De outro lado, não se compra o voto, ainda não transformado em objeto comercial, só possível a barganha entre partes livres, racionalmente equivalentes. O velho *coronel* Ingá lembra, depondo em 1954, escandalizando-se com a traficância abjeta de votos:

Um eleitor que vendera o voto [recorda] em Afogados de Ingazeira — na Monarquia — ficara amaldiçoado. O fato escandalizou e por toda parte era comentado com revolta [...]. Antes, não se verificava aquilo! — Parecia que a maior parte do povo perdera a vergonha.

É verdade [esclarecia ele] que apenas a bagaceira, alistada pelos partidos na ânsia de engrossar suas fileiras, e alguns sem o devido apreço ao escrúpulo, prestavam-se àquele comércio ignóbil. A maioria — gente de qualidade —, mesmo nas camadas pobres, ainda se conservava fiel aos velhos princípios de dignidade, honrando as tradições dos antepassados.[93]

Não exclui esse quadro, antes o confirma, o pedido, as reivindicações dos eleitores, suas queixas e amarguras, confessados às vésperas do pleito. Entre a decepção sussurrada e a rebelião, a *traição*, vai o abismo, só aberto na hora da mudança global do sistema. Mas, no meio-termo, floresce timidamente o ressentimento vago, incolor, difuso, que, se não chega à revolta, volta-se, em certos momentos, para o messianismo religioso, estuário do fermento impotente da plebe rural. Desconfia que o governo só se importa com as eleições, sem outros cuidados. Num poema satírico de 1915, o gaúcho abandonado geme, embora conformado:

Mas, que seja tudo ansim...
Que bem l'importa ao governo?
O tropeiro que se amole,
Ou mude de profissão;

Que o governo tem função
Mais nobre a desempenhar:
Gente pra qualificar
E os preparos da eleição.
(*Antônio Chimango*, 149 e 150.)

O pai de João Neves da Fontoura, chefe político do município de Cachoeira, Rio Grande do Sul, era bem o coronel modelar dos velhos tempos.

Era preciso [depõe o filho ilustre] convencer um por um, doutrinar os mais empedernidos, dar exemplos de dedicação. A proximidade das eleições levava-o a percorrer o município inteiro. Quase casa por casa, por correligionários. [...] Na proximidade dos pleitos, a primeira reação do eleitor era um grito de independência, um retraimento calculado, uma valorização do seu voto. A primeira casa, a que chegamos, estava fechada. Hora de trabalho ou de sesta. Ficamos em frente, depois de gritarmos algumas vezes o clássico: "ó de casa!". Afinal abriu-se uma janela, aparecendo uma senhora. Todos nós — éramos vários — estávamos diante da cancela do pequeno jardim. Meu pai saudou-a com o chapéu e perguntou pelo marido. Ela correspondeu ao cumprimento e, voltando-se para dentro, exclamou em tom alto para que ouvíssemos suas palavras: "Fulano, tem visitas; chegou o tempo dos ricos andarem incomodando os pobres".

Não tardou o dono da casa a vir ao nosso encontro, convidando-nos a entrar. Meu pai conversou sobre a chuva e o bom tempo, e depois abordou o visitado, pedindo-lhe sua coadjuvação no pleito próximo. Nessa altura inevitavelmente começava um rosário de queixas: o pontilhão da estrada do fundo que se achava em mau estado, o imposto sobre veículos que tivera de pagar com multa, o inspetor que não viera a chamado quando os porcos do vizinho invadiram o cercado. E assim por diante. A paciência necessária para fazer face a tudo isso, o bom humor para escutar reclamações improcedentes, os gastos de energia para conquistar o eleitor — eis uma porção de virtudes de que precisava dispor um chefe local.[94]

A decantação dos traços empíricos, historicamente filtrados, dos coronéis permite a tipificação sociológica. Eles são, essencialmente, *honoratioren*, pessoas que, graças à sua situação econômica, podem dirigir um grupo como profissão acessória não retribuída, ou mediante retribuição nominal ou honorária, sustentados pelo apreço comum, de modo a gozar da confiança do seu círculo social.[95] A origem de seu poder, mais do que a situação econômica, deriva do prestígio, da honra social, tradicionalmente reconhecido. Não se confunde, ao contrário da crença corrente, com modalidade ou derivação do domínio patriarcal. Falta-lhe, para justificar a identificação, o vínculo à economia familiar, bem como o respeito ao pai, seja dos filhos ou dependentes — o *temor reverencial*, segundo a linguagem do Código Civil (artigo 100) —, entrando, em seu lugar, o acatamento ao prestígio, embora, adverte Max Weber, sejam fluidas as fronteiras entre um e outro padrão.[96] Os *honoratioren* — os *notáveis* na língua e na história francesas — cumprem sobretudo um papel de paz social, alongando, no interior, as diretivas políticas dos centros administrativos. Tendem, onde não os contrasta a estrutura estatal, para o *self-government*, com a solução local das disputas jurídicas e dos dissídios econômicos, na valorização da comunidade, satisfeitas as necessidades por meio de medidas ao seu dispor. Fortes as municipalidades, tal no sistema anglo-saxão, são eles os juízes, os policiais, os financistas, todos no primeiro escalão jurídico-político, capazes de sublimar direito próprio, o *common-law*. Os *honoratioren* quebram, na rotina do bom senso, as ondas carismáticas que invadem as cidades, desarticulam o teorismo racional dos ideólogos, nos seus extravios intelectuais, irrealisticamente teóricos. Eles, em verdade, não representam o povo, os eleitores, os vizinhos, falando em seu nome, a voz é a voz de todos, da comunidade. Se representação há, trata-se de representação apropriada, cativa, por direito próprio dos dirigentes, na qual o abandono do suposto mandante se equipara à deserção. O sistema partidário inglês, até 1868, apoiava-se nos *honoratioren*: os *tories* se sustentavam nos grandes proprietários rurais, os pastores anglicanos e os mestres-escolas, enquanto os *whigs* arrimavam-se nos pregadores não conformistas, nos agentes do correio, ferreiros, alfaiates e outros artesãos. Mesmo nas cidades, nas pequenas cidades da época, os animadores da vida política se formavam de titulares investidos. Mais tarde, o *caucus* começou a burocratizar o sistema eleitoral, com a organização das máquinas centralizadas.[97] Provavelmente, o parlamentarismo inglês, com sua monumental e ornamental estrutura, deveu a funcionalidade e eficiência às bases dos *honoratioren*, capazes de limitar os dissídios e barreiras rígidas, guardando campo comum de entendimento. Os partidos de massas, urbanos no acento social, burocratizados na organização, armados de políticos profissionais, procuram, em toda parte, aniquilar os *honoratioren*, democratizando o eleitor e libertando-o de lealdades que lhe impedem o recrutamento. Esse combate trava-se contra o coronel local, desvinculado de camadas interdependentes, bem como contra as chamadas oligarquias estaduais. Os métodos legais se entrosam na mesma orientação negadora, com o voto proporcional e a ampliação dos distritos, mecanismos hábeis a confrontar os *notáveis da aldeia* com a enxurrada de outros círculos. A década de 1920, no Brasil, embora se possa recuar o movimento às campanhas de Rui Barbosa — alastra a reação, que culmina na pregação do voto secreto, e na supervisão judicial nos pleitos.

O coronelismo, o *compadrazgo* latino-americano, a "clientela" na Itália e na Sicília participam da estrutura patrimonial.[98] Peças de uma ampla máquina, a visão do partido e do sistema estatal se perde no aproveitamento privado da coisa pública, privatização originada em poderes delegados e confundida pela incapacidade de apropriar o abstrato governo instrumental (Hobbes) das leis. O patrimonialismo pulveriza-se, num localismo isolado, que o retraimento do estamento secular acentua, de modo a converter o agente público num cliente, dentro de uma extensa rede clientelista. O coronel utiliza seus poderes públicos para fins particulares, mistura, não raro, a organização estatal e seu erário com os bens próprios. Pisar no pé de um subdelegado ou do inspetor de quarteirão seria pisar no pé da lei, concretizado o incompreensível aparelhamento abstrato no terra a terra ridicularizado, se invertido o ângulo de visão. O coronel não se apropria das oportunidades econômicas, como seria de esperar do sistema, por falta de recursos do próprio campo onde se expande. Fracos os municípios, despidos de considerável arrecadação financeira, pouco lhes sobra para compensar os dispêndios eleitorais, que, em regra, arruínam o chefe político. Os cargos ao seu dispor não matam a fome senão de pretendentes muito modestos, as obras e serviços públicos municipais, mesquinhos e sem vulto, não deixam margem ao enriquecimento. Verdade que não se fizeram estudos de molde a esclarecer a participação dos chefes políticos nas *concessões* de terras devolutas, entregues aos estados desde a República. Não seriam raros, entretanto, os casos de coronéis senhores do crédito e de monopólios comerciais, que, graças às suas conexões políticas, enriqueciam com empréstimos e a compra das safras de pequenos sitiantes. O lado obscuro, não pesquisado, do mundo dos homens que vivem para a política, e não da política, insinua a lenda da honestidade, ou do desinteresse econômico, incompatível com a ordem patrimonialista, sobretudo a partir do último terço do século XIX, quando a voragem capitalista contamina os sertões com o novo ímpeto das cidades. Por este lado, não será possível o embelezamento da realidade, para a reclamada apologia do coronel, provavelmente desprezado por uma camada mais exposta ao fogo da ambição, impiedosa nos seus cálculos, despreocupada da sorte dos leais seguidores, nas suas necessidades de pão e prestígio.

Fixada a base da pirâmide, por meio de muitas interrogações, chegar-se-á ao topo, se desvendado o mistério dos vínculos hierárquicos que vão do coronel ao presidente. Não haverá, na construção vertical, a assimetria entre o rude aliciador de votos e o cultivado frequentador das recepções no Rio de Janeiro? A bota recendente a couro será a mesma recoberta pela polaina do senador? O "oligarca" estadual refletirá, sem distorções, o chefe municipal, tardo na língua e astuto no pensamento? O governador, preso à lei, afeiçoador da lei, constituirá a imagem do homem que manda, manda porque manda a pessoas que obedecem porque não traem? Uma corrente comum: o partido, partido único, ameaçado pelos subversivos forjadores de ilusões. O partido, sempre governista, embora não sem oposição local ou estadual, aquela governista no âmbito estadual, esta no federal, será de caráter tradicionalista, voltado para a apropriação das vantagens do poder,[99] que se aperfeiçoam, mesmo numa etapa superior, em *partido de quadros*, de acordo com terminologia consagrada.[100] Dessa realidade não será possível a formação do partido de ideias, ideológico, de massas ou burocratizado. A circulação vertical dos chefes, desde o plano municipal até os planos estadual e federal, mostra profundas incongruências. Se o governador designa ou reconhece o chefe municipal, no exercício dos poderes que o facão lhe concede, segundo a doutrina de João Pinheiro, por que dependerá do sócio subordinado, não raro incômodo? Por que não simplifica as coisas, com a adoção do modelo Borges de Medeiros, transformando o coronel em burocrata, cujo padrão seria o coronel da Brigada Militar? Igual pensamento não cultivou o governador Artur Bernardes, com sua tentativa de renovação política e por meio da nomeação dos prefeitos? Obstáculo único seria o que as consequências trariam: removível o coronel, a política municipal estaria à mercê de influências urbanas, ou, de forma mais grave, da direta presença federal nos estados. A barreira coronelista, malgrado o governismo, contribui para a estabilidade da cúpula estadual, embora não de maneira decisiva. Dois casos ilustram o fenômeno, ambos colhidos no período salvacionista da presidência Hermes da Fonseca: Pernambuco e Ceará.

Em Pernambuco dominava, sem entraves, sereno, superior, o conselheiro Rosa e Silva, senador e inconteste chefe estadual. Apoiado na estrutura coronelista, do seu bolso saíam os deputados e governadores, irradiando-se o mando para todo o Norte. Quase um rival de Pinheiro Machado, como este consulta obrigatória nas sucessões presidenciais. Pernambuco, ainda noutra aproximação com o Rio Grande do

Sul, sofria a oposição interna, esmagada mas não extirpada, contemporânea ao dissídio dos primeiros dias republicanos, singularmente vencidos os *históricos* em proveito da velha organização monárquica. Rosa e Silva havia sido um dos pilares da candidatura Hermes da Fonseca, notabilizando-se na repulsa à solução Rui Barbosa — com Rui, teria dito, "não vou nem para o céu". Articulado aos coronéis, dentro do pacto da política dos governadores, seu comando seria inexpugnável. Esse último elo, entretanto, claudica, com a inesperada aliança entre os oposicionistas locais e o ministro da Guerra, general Dantas Barreto, sagrado candidato dos contestadores. Outra manobra sela o acordo: o chefe pernambucano, cioso de não atrelar-se ao carro de Pinheiro Machado, permanece alheio ao Partido Republicano Conservador. A oposição, destramente, já unificada e composta dos descontentes e dos líderes desprezados, funda o partido governista, no plano federal, isolando Rosa e Silva, que, em risco a nau, resolve candidatar-se, em pessoa, ao governo estadual. Recife, traduzindo inquietações urbanas até então caladas, agita-se, fremente e revolucionário, contra o velho oligarca, reunindo interesses e líderes não acomodados ao esquema governante, estudantes, advogados, a gama ampla da intelligentsia proletaroide. Na realidade, iria ferir-se uma batalha entre o governador, solidamente entrincheirado na muralha coronelista, e o governo federal, acionado pelos elementos militares, adversos às oligarquias. O Exército, no exercício de um poder político, vinha em socorro dos "estados escravizados", para emancipar e reordenar nacionalmente o sistema federal, numa virada centralizadora. Internamente, as oligarquias deviam afrontar outras correntes de opinião pública, até então desdenhadas, incapazes de, por si, derrubar a ordem vigente e construir seu próprio acampamento. Primeiro rebate dos ventos da década de 1920, que, estes sim, abalariam as colunas do templo. "Agitou-se o Estado" — depõe um chefe político,

> mas no sertão só chegava o eco da campanha, pelos jornais; o ambiente era de mais calma.
>
> A *Vassourinha* — hino de guerra da campanha do general — era cantada pelas ruas da capital pelo povo, em passeatas, o mesmo acontecendo nas cidades próximas, servidas pela linha férrea. E o povo vibrava, criando uma situação de constrangimento para os partidários do conselheiro Rosa e Silva que, ante o furor dos adversários, sentiam-se como que acuados.
>
> Discursando na Associação Comercial, disse o general: "O direito é a garantia da ordem. Quando esta falha há uma regressão; é a desordem, nesse caso, a reação é a ordem".
>
> A frase popularizou-se. Era a senha para a revolta popular. Inflamava-se o ânimo dos dantistas, cujo ardor era contagiante. Não havia dúvida quanto à vitória da sua causa... Mas eu votei no Rosa, que em Alagoa de Baixo obteve 255 votos contra 93 dados ao general Dantas nas duas seções da sede e na de Custódia.
>
> No sertão, só em dois municípios o general venceu: em Serra Talhada — Vila Bela, naquela época — e em Salgueiro. É que os chefes dantistas desses municípios — coronel

Antônio Pereira, no primeiro, e coronel Romão Sampaio, no segundo — eram políticos de real prestígio.[101]

No sertão — atente-se — o general Dantas Barreto venceu onde os coronéis o ajudaram, rompendo o cerco estadual. Venceu ainda no Recife, Cabo, Jaboatão, Escada, Caruaru — na capital e cidades vizinhas, até onde se estendia a influência da guarnição do Exército. No Recife, as chapas eram distribuídas por um oficial do Exército federado, com ordenança, num revide ao *curral* eleitoral do interior. Municípios houve, como Triunfo, onde Rosa e Silva obteve todos os votos. O esquema estadual-coronelista mostrara seu poder, embora curta a margem, debitada à pressão federal: 21 613 votos contra 19 585.[102]

Faltava, todavia, o reconhecimento da vitória. A tomada e apuração dos votos pertencia ao governador, por seus delegados locais, com as juntas e mesas cativas. Ser eleito era apenas uma condição da posse, não a mais importante. Mas, para o reconhecimento, que cumpria ao Congresso estadual, todos os trunfos eram de Rosa e Silva: no Senado estadual, composto de quinze membros, contava com catorze; na Câmara, de trinta deputados, seus eram 28. O governo estadual dispunha, para garantir os congressistas, da força policial. Aqui, entretanto, invertem-se as posições: os motins populares, não reprimidos ou cuja repressão seria sangrenta, levam o comandante da Região Militar a recolher a polícia nos quartéis e policiar a cidade com o Exército. A intervenção federal nos estados, pelos meios legais ou clandestinos, depende sempre e em última instância da capacidade do estado de resistir à força armada da União. O episódio não se teria passado de modo tão singelo: o quartel principal da polícia rendeu-se ao ataque do povo — povo no nome, Exército nas armas. O gosto das comparações grandiloquentes viu na intervenção militar a repetição da queda da Bastilha, com o 14 de julho libertando os pernambucanos da velha e odiosa oligarquia. Agora, o reconhecimento se faria com outro comando, iguais as regras: apenas treze congressistas compareceram e a comissão designada para verificar o pleito, comissão de cinco e integrada de três oposicionistas, conclui pela vitória de Dantas Barreto, por 19 523 votos contra 18 353. O processo, como sempre, muito simples: para haver quórum, os governistas curvam-se ao império das circunstâncias, enquanto os números se arrumam, com anulações de algumas urnas.

Desfecho esperado: diz-se que, por via das dúvidas, as baterias do Brum, sob o comando de Eudoro Correia, estavam assestadas sobre o velho casarão onde se reunia o Congresso, enquanto Franco Rabelo traçara já todos os planos de intervenção.

E, nota sugestiva, quem mais atuou no sentido de apressar o reconhecimento do general teriam sido antigos rosistas exaltados, que, após a "virada", passaram a ser dantistas ainda mais apaixonados e ardorosos, recebendo do povo o apelido de "estampilhas" — selo que se gruda em qualquer carta, pouco interessando o endereço, eternos citas, sempre prontos a entoar hinos ao sol que nasce, a atirar setas contra o que declina [...] na filosofia bastarda do "caiu, pau nele" e adoração pelos que sobem, porque "o poder é o poder".[103]

E os coronéis? O governador, eleito contra a máquina das chefias municipais, mudou o sistema, apoiado em outros suportes, os elementos urbanos que cansaram a garganta em aclamá-lo? Para tão profunda alteração não estavam maduros os tempos: as adesões cobriram o campo vazio, enquanto, na maioria dos casos, um coronel, oposicionista local, ocupava o lugar de outro, sempre por delegação do Recife. Enquanto não se reorganizam as chefias, comissões de cinco membros, subordinadas a uma comissão central, irão orientar a política estadual e dos municípios. O coronelismo voltou a dominar as bases, reduzido o terremoto a um movimento de superfície, prenunciador, a largo prazo, de possíveis transtornos. Apagado o incêndio, fomentado pelo Rio de Janeiro, tudo voltou à normalidade, como se nada houvesse acontecido, com o retorno das caras antigas. A estrutura coronelista resistiu à mudança, mas não foi capaz de evitá-la: acompanhou-a, devorando-lhe o ímpeto.

No Ceará, o jogo obedece a outras cartas. O governo federal, depois de amortecida a vaga *salvacionista*, sem que esta penetre no interior, apoia o retorno coronelista, com a retomada do poder por parte da oligarquia. Dominava o Ceará, desde 1896, Nogueira Acioli, com raízes na política imperial, genro que era do senador Pompeu. Governador por três vezes, a última para o período 1908-12, organizou, no curso de quinze anos, uma oligarquia familiar, chegando a ter, no Senado Federal, um genro e um filho. Os cargos públicos estaduais estavam entregues a parentes, fechado o poder aos estranhos. A Assembleia Estadual, além de seus filhos, genros, primos e cunhados dos filhos, estava ocupada pelos coronéis, na mais bem estruturada de todas as máquinas políticas do Norte. A oposição, embora virulenta, limitava-se às camadas urbanas, com o fomento dos comerciantes de Fortaleza, tal como se passava em Pernambuco. Aspecto particular da política cearense dava relevo ao coronelismo: enquanto o chefe político recebia a designação do governador, ou do grupo que comandava o Estado, designação que variava da escolha arbitrária à escolha condicionada, no reino de Acioli o chefe estadual reconhecia o comando local. Não intervinha no processo da decantação das lideranças municipais, recebendo, nas suas hostes, o mais forte, aquele que ostentava nos seus títulos a cabeça abatida de seus adversários.[104] Embora fechada a oligarquia na cúpula, impermeável a transações e compromissos, a base estava aberta às ascensões verticais, num mecanismo que se diria "democrático", na medida da não cooptação autoritária do comando estadual. Daí as deposições, as mudanças, violentas em regra, à custa do sangue dos capangas e cangaceiros, frequentes na região. Havia, ao contrário de uma direção autoritária, a presidência sobre a coligação de coronéis, reunidos estes, muitas vezes, em acordos intermunicipais, travados para suprir a ausência do comando do governador.[105] Desses pactos o mais importante será o lavrado a 4 de outubro de 1911, que reúne os chefes políticos de dezessete municípios do vale do Cariri, sob a presidência do padre Cícero, agora o mais poderoso *notável* dos sertões. O tratado, chamado de "Haia Mirim", tantas e poderosas as potências envolvidas, demonstra, nas cláusulas e nos preâmbulos, que os coronéis não estavam subordinados ao governador, longe do padrão dos "coronéis burocratas", dependendo a harmonia de entendimento dos chefes locais. O documento quer acudir aos

> sentimentos altamente patrióticos do egrégio chefe político, excelentíssimo senhor doutor Antônio Pinto Nogueira Acioli, que sentia dalma a discórdia existente entre alguns chefes políticos desta zona; propunha que, para desaparecer por completo essa hostilidade pessoal, e estabelecer-se definitivamente uma solidariedade política entre todos, a bem da segurança do partido, os adversários se reconciliassem e ao mesmo tempo lavrassem todos um pacto de harmonia política.
>
> Nenhum chefe dispensaria proteção a criminosos, o que equivalia ao desarmamento, nem hostilizaria a outro.
>
> Art. 3º — Havendo, em qualquer dos municípios, reações ou mesmo tentativas contra o chefe oficialmente reconhecido com o fim de despojá-lo ou de desprestigiá-lo, nenhum dos chefes dos outros municípios intervirá, nem consentirá que os seus amigos intervenham, ajudando direta ou indiretamente aos autores da reação. Art. 4º — Em casos tais, só poderão intervir por ordem do governo, para manter o chefe e nunca para o depor. Art. 5º — Toda e qualquer desinteligência entre os chefes presentes será resolvida amigavelmente por um acordo; mas nunca por um acordo de tal ordem que o seu resultado seja a deposição, perda da autoridade ou da autonomia de um deles. Art. 6º — E, nessa hipótese, quando não puderem resolver, pelo fato da igualdade em votos de duas opiniões, ouvir-se-á o chefe supremo do partido, cuja ordem e decisão serão religiosamente obedecidas.[106]

O governador só tem voz em caso de empate, reduzido a árbitro das situações em contraste, sem deliberação própria. No outro extremo, Borges de Medeiros fulminaria o presunçoso chefe, aniquilando-lhe a influência política.

O autonomismo coronelista, com o respeito ao chefe local em troca do apoio incondicional ao chefe estadual, revelar-se-ia, em toda a sua eficiência, durante o tufão salvacionista. Para demolir a oligarquia aciolista, a oposição aliou-se ao setor do Exército interessado na renovação da política do Norte. A escolha, para realizar a empresa, recaiu sobre o coronel Franco Rabelo, chefe do estado-maior da Região Militar, amigo de Dantas Barreto. As cenas do Recife se repetem, e o governador oposicionista se elege, agora por larga maioria. Dessa vez, o governo não seria pacífico, já esfriada a onda destruidora, com Pinheiro Machado disposto a apoiar o régulo nordestino, numa fórmula que preservaria a máquina sem o odiado oligarca. Incapaz de atrelar ao seu comando a teia coronelista, o novo governador tenta reduzi-la por meio do controle policial, a pretexto de combater o cangaceirismo.[107] Convencidos de sua breve destruição, os coronéis do Cariri, abençoados pelo padre Cícero, se dispõem a reagir, numa guerra que, da defensiva inicial, atinge a capital, onde Franco Rabelo não consegue estabelecer a ordem, rompidas as suas próprias hostes com dissidências. A intervenção federal aplaina as dificuldades, desde que as ordens do Rio de Janeiro impunham neutralidade às tropas do Exército.[108] Eleito outro governador, alheio às lutas partidárias, mas candidato do oficialismo dirigido por Pinheiro Machado, pouco durou o ostracismo coronelista, reduzido a dois anos. O velho Acioli, entretanto, não mais retornaria ao poder — a máquina não dependia dele para funcionar, embora seu sangue continuasse a correr nas veias dos sucessores, até 1930.

Um novo ato do drama se desenvolve na Bahia, em 1919-20. Dessa vez, o líder máximo do liberalismo apoia a revolta dos coronéis, expressão, a seu ver, das franquias municipais garroteadas pela oligarquia estadual. Mais um caso das relações entre poderes estaduais e poderes municipais mostra sua complexidade. Governava a Bahia Antônio Muniz, para o quadriênio 1916-20, a seguir eleito por J. J. Seabra, agora candidato à sucessão de seu protegido. J. J. Seabra, senhor do seu estado, ficara, na eleição presidencial, com Epitácio Pessoa contra Rui Barbosa, que, não obstante, obtivera a maioria dos votos nos centros mais importantes, inclusive em grandes municípios sertanejos. A oposição baiana, dirigida por Rui Barbosa e Luís Viana, dois senadores entre três, com mais sete deputados federais, não aceita o exclusivismo da rotatividade oligárquica, indicando candidato o juiz Paulo Fontes, depois de esgotadas as tentativas de conciliação. Com a oposição estão os coronéis do interior, feridos com a supremacia estadual, calcada esta nas autoridades federais, bem como a Associação Comercial, em regra antioligárquica, em conduta que já demonstrara em Pernambuco e no Ceará. A eleição, realizada a 29 de dezembro de 1919, fora calma e sem incidentes graves, na capital e no interior, com a vitória oficial de J. J. Seabra, apesar de vivamente contestados os resultados e a lisura do pleito. Os ressentimentos do interior rompem em protesto, suscitados pela aliança inesperada com as classes conservadoras, em oposição ao governo estadual apropriado por um grupo restrito, graças aos tradicionais instrumentos de controle do município. No manifesto de 5 de fevereiro de 1920, Rui Barbosa acentua os antecedentes do movimento:

> Tal a casta de gente a que o governo do Estado entrega o poder executivo nas municipalidades. São indivíduos que, tendo o próprio nome estraçoado nas ruas pelo ódio e despre-

zo de seus comunícipes, se desforram do asco e da indignação que os cerca, enriquecendo à custa das populações que os repelem, e das administrações que estrambalham.

Eis como a nomeação dos intendentes pelo governador tem "regenerado" a moralidade administrativa nas municipalidades baianas.

Cada uma dessas intituladas "situações" municipais, a saber, cada um desses intendentes, com os seus cozinheiros eleitorais e os seus abiscoitadores de biscates administrativos, precisa de um procurador graduado na privança da situação estadual, isto é, do governador do Estado.

Claro está que esses grandes intercessores, esses advogados de partidos políticos, só os poderiam achar os empreiteiros da política municipal, entre as sumidades da política do Estado e da União. Daí o vezo, bulhantemente contestado, mas absolutamente verdadeiro entre muitos e muitos municípios baianos, de terem eles a seu soldo certos figurões da oligarquia reinante.[109]

A nomeação dos intendentes, eletivos apenas os conselhos municipais, resultou em criar, à margem dos *honoratioren*, uma teia governamental autônoma. No momento — 1919 e 1920 — esse divórcio, diverso do existente no Ceará, onde, também nomeados, os intendentes recebiam a investidura de acordo com o poder municipal, esse divórcio expelia os coronéis, afastando-os da atividade pública. Para as autoridades estaduais, bem como para os delegados do governo federal, os reatores não passam de "jagunços armados", "bandoleiros"

que sempre existiram em certa zona do sertão baiano, fazendo, de vez em quando, incursões nas localidades onde possam satisfazer seus instintos de pilhagem, agora insuflados e aproveitados pelas facções oposicionistas, que lhes forneceram armas, munições e dinheiro, impelindo-os ao saque de cidades abertas, e arregimentando-as para a luta armada contra autoridades constituídas dos municípios, com manifesta perturbação da ordem e tranquilidade públicas.[110]

As próprias classes conservadoras, no topo delas a Associação Comercial, alarmam-se. Todos pedem a intervenção federal, que o presidente Epitácio Pessoa concede para garantir a situação reinante, com o malogro dos revolucionários. O espectro de Antônio Conselheiro não era de molde a admitir a vitória dos sertanejos contra o governo constituído. A política dos governadores, agora bordada de iluminuras jurídicas, afirma-se, ainda uma vez. O governo da União não se poderia armar, contra suas origens, para demolir as oligarquias estaduais, já esquecido o período excepcional de 1910, soterrado no reequilíbrio que lhe sucedera. A União

está muito longe, ignora o que ali ocorre, nem costuma dar sinal de si, na Bahia, senão mediante a distribuição dos cargos federais e a ação da força federal. Ora, os cargos federais é de uso distribuírem-se aos amigos do governo do Estado, e a ação da força federal nunca se deu a sentir, ali, senão em apoio das situações opressoras e seus atos de opressão.[111]

Nessa campanha de 1919 e nessa guerra de 1920, o liberalismo localista despede-se do palco. Volta-se contra as oligarquias estaduais, depois de golpear a oligarquia federal, a oligarquia dos chefes que mandam porque são chefes. Cativo o eleitor anônimo, não desvendado o meio miraculoso de libertá-lo por meio de leis, com as frustrações que se avolumam desde a Lei Saraiva, a emancipação do município só revelava à nação o coronel, confundido ao jagunço e ao bandoleiro. O golpe, vibrado contra o "sistema de mancomunação do governo federal com os bandos que, sob o nome de governo, infestam os Estados",[112] não consegue atingir o chefe local, tão autoritário como os outros, de nível superior. Seriam mais autênticos, perguntavam os céticos do liberalismo doutrinário, os *representantes* de primeiro grau do que os de segundo e terceiro? A presença corretora da União, afastando a oligarquia, não evocaria o coronel, num comando central, ao estilo monárquico? Não estaria no cerne, talvez não desejado, do protesto, o engrandecimento do governo federal, que, para cumprir a missão, deveria renovar-se, em transformação que destruiria as bases a proteger? Liberto o "sertão oprimido", desapareceriam os "valentões profissionais", frutos da oligarquia estadual, capangas da política e do seu imobilismo.[113] Não restaria entretanto o domínio dos jagunços?

> Movimento de jagunços? — Não. Esses homens, que a leviandade ou a malignidade anda por aí a menoscabar com essas qualificações desprezivas, dão lições de honra e civismo aos tolos das cidades, aos tarados da política, aos tendeiros da imprensa.[114] [...] À testa dessa reação estão homens que toda a população sertaneja conhece, respeita e estima, homens cuja influência consolidada e benquista se estende a todas aquelas paragens, homens, alguns dos quais ali gozam de um como culto no espírito da multidão, homens entre os quais, além de provadíssima intrepidez, há, notoriamente, qualidades extraordinárias de organização, dotes singulares de comando e verdadeiros talentos militares.
>
> Dados estes elementos de cálculo, não haverá custo em medir a distância de Antônio Conselheiro, com seus quinhentos ou seiscentos fanáticos, a Douca Medrado, a João Duque, a Francisco Teixeira, a Abílio Araújo, a Horácio de Matos, a Castelo Branco, a Alcântara, a Marcionílio, a Salustiano Sena, a Francolino Pereira e tantos outros chefes sertanejos, cujo valor se multiplica incalculavelmente com o concurso de toda a população do nosso vastíssimo interior, empenhada numa causa, em que cada cidadão sertanejo e cada lar sertanejo se sentem direta, íntima e vitalmente interessados.[115]

Ao cabo, a apologia do coronel, rebelado contra a oligarquia estadual. Coronelismo com poderes, na forma do acordo assinado pelo representante da Região

Militar e os chefes locais, de se manter armado, com a conservação da posse de doze municípios, reconhecidas as autoridades nomeadas pelo *coronel* Horácio de Matos e a reserva de vagas de deputado estadual e federal.[116] Na verdade, o movimento restabelece o equilíbrio de forças entre os coronéis e o governador, no momento perturbado. A intervenção federal restitui à Bahia o vínculo entre a base e a cúpula, de cuja fratura nasceu a sedição.

O coronelismo, nas suas expressões regionais — entre os extremos do coronel burocrata e o coronel autônomo —, na sua essência expressa o lastro governista do interior. Governista, na contextura política, mas suscetível de voltar-se contra o governo estadual (Ceará e Bahia), embora necessite, para esse desvio, do apoio federal, negado na Bahia e concedido no Ceará, a chave, nos dois casos, do êxito e do malogro. Para que a revolta seja possível, o coronel há de gozar de poderes próprios, à margem ou fora da pressão estadual. As oligarquias do Norte se divorciam, em regra, dos interesses comerciais, bem como das camadas urbanas. Os coronéis, apesar de incompatíveis com as forças urbanas, podem aliar-se às preocupações comerciais, não raro próximas aos seus cuidados e ao seu intercâmbio exportador. Não parece convincente a tese de que o coronelismo brotou e se consolidou num sistema econômico autocrático, pré-comercial, pré-capitalista. O período republicano encontra o mundo das relações econômicas em pleno florescimento da agricultura comercial, no Sul e no Norte. A estrutura dependia, em parcela não desprezível, de atenções estaduais, quer nas obras de infraestrutura, quer na defesa da partilha na política econômica federal. Seria falso, dessa sorte, o conflito sertão-litoral, capaz de explicar a vida municipal do interior como a trincheira do atraso contra a tendência modernizadora, imposta pelos núcleos à beira-mar.[117] O interior, salvo as ilhas remotas da lavoura autossuficiente, de substância, integrou-se na economia nacional, intermediando o processo, adaptando-o, em formas pessoais de domínio, ao curso global. Daí sua eventual aproximação aos interesses comerciais. Na medida, entretanto, que a União comanda, com sobranceria crescente, a política econômica e financeira, já na década de 1920, o poder coronelista tende a se tornar obsoleto, como obsoletas serão as relações entre os sistemas estaduais e o federal. A urbanização, sobretudo com o surto industrial expansivo, atinge o núcleo de comando dos chefes municipais, arredados das sedes municipais para os distritos, até que se tornem simples auxiliares dos chefes partidários. O que mata o coronel é o próprio exercício de suas funções, em certo momento inúteis, diante dos meios diretos de convívio do governo com o povo. Os agentes do governo, o surgimento do proletariado — este conduzido por um coronel burocrata, o *pelego* sindical —, a impessoalidade das ordens legais e governamentais, acabarão de eliminar o caluniado herói eleitoral. Antes que isso aconteça, o coronel flutuará entre ventos adversos, triturado pelos partidos de quadros, burocratizados na sua organização, revolvidos os próprios sertões pelas periódicas ondas carismáticas, irradiadas das cidades, nacionais na sua amplitude. O poder pessoal se dissolverá no poder institucionalizado, sepultando, de caminho, o esquema liberal dos ideólogos. O chefe local, certo de seu perecimento, corteja o governo estadual, invertidas as situações, debatendo-se em longa agonia, com a sobra de relíquias do passado, depois de 1945: Chico Heráclio, Chico Romão, Veremundo Soares.

Os vínculos a que se submete o coronel explicam a assimetria política do sistema.[118] O coronel não gera o chefe estadual, que faria o chefe federal. O chefe local, a camada dos *honoratioren*, não representa o eleitorado anônimo. No máximo, para sustentar sua liderança, permanentemente ameaçada, concilia-se com subchefes, cedendo muitas de suas prerrogativas unipessoais, em favor de um colegiado informal e autoritário. Os coronéis não designam — em regra cooptados eles próprios — os chefes estaduais, os deputados e o governador. O manejo do facão, a que aludia João Pinheiro, compreendia a entrega do poder municipal aos coronéis, em troca de apoio incondicional. Para a manutenção do vínculo, bastaria a outorga de uma parcela, nem sempre a maioria, dos nomes das chapas eleitorais.

> Na distribuição dos lugares nas chapas, o critério era dos mais inteligentes — dando a lei cinco deputados por distrito, adotava-se a seguinte orientação: alguns candidatos, pessoas da terra, de confiança dos chefes locais, representavam os interesses regionais, outros, indicados pelo governo, homens de talento e cultura, mas sem prestígio compunham as chapas. Muita carreira política ilustre, como, talvez, a de Calógeras, seria impossível num sistema de representação autêntica...[119]

Da mesma maneira que os chefes locais não representam o eleitor, os chefes estaduais também não representam os chefes locais. O conteúdo da representação, se de representação se pode falar, está na apropriação tradicional, vinculado a laços pessoais. No Estado, os homens que mandam são a irradiação do governo, do governador e do grupo que o cerca, a oligarquia. Na designação dos deputados federais já não entram as vontades municipais, só por tolerância e compromisso admitidas nos pleitos estaduais. O comitê executivo, do qual o governador é, em regra, o chefe, outras vezes o presidente, escolhe os deputados e senadores, não raro, nos estados dependentes, apelando para a boa vontade da União, com interferência dos chefes federais. Desta forma, Flores da Cunha pôde representar o Ceará sem nunca sequer visitá-lo. Gilberto Amado só será representante do Sergipe na Câmara Federal graças ao patrocínio de nomes nacionais. Os principados, por sua vez, subordinam os condados estaduais, como já se observou em outro capítulo, a propósito da política dos governadores. Os chefes estaduais dos grandes estados, únicos que deliberam sobre a sucessão presidencial, gozam de faixas próprias de comando, também nas suas bases. A derrota nas combinações federais não eliminava o político do jogo, salvo se rodasse do cavalo na sua circunscrição. "Prefiro cair com Minas" — dissera Bueno

Brandão, em fórmula que ficou clássica — "a cair em Minas." Para conservar sua posição, o líder, se desamparado do favor federal, deveria agarrar-se ao poder que emanava do governador. Seu lugar, enquanto deslocado para o ministério ou para a governança, seria ocupado por um amigo fiel, se possível não tão forte a ponto de disputar a sucessão em caráter definitivo. Um caso típico: Sabino Barroso, chamado ao ministério de Venceslau Brás, indica à comissão executiva do Partido Republicano Mineiro um nome sem vínculos locais e estaduais. A *Tarasca*, pela palavra do governador, ao tempo cercado de coronéis, reage: quer outro nome, mais antigo, de maiores serviços ao estado. A cena, narrada pelo beneficiário, é expressiva:

> Sabino pediu o telegrama, leu-o todo e ordenou-me: — Escreva: "meu candidato é Joaquim Sales".
> Escrevi as palavras ditadas e perguntei-lhe: — Ponho "abraços"?
> — Nem "abraços" nem "saudações". Em seco!
> Vinte e quatro horas depois, Delfim Moreira passava novo telegrama a Sabino e outro a mim, anunciando que a Comissão, por unanimidade de votos, me havia indicado para figurar na chapa oficial!
> E assim se fazia a política *in illo tempore* [...]. Quanta franqueza! Quanta sinceridade!... Quanta hipocrisia![120]

Essa autoridade seria ainda maior, se nacional o chefe, nos Estados de expressão secundária. O próprio Sabino Barroso, o influente amigo do presidente, recebeu de um governador o pedido para permitir a inclusão de seu nome na chapa de senador. Obviamente, não trocaria ele a deputação de Minas Gerais por uma senatoria sem vigor político: não passaria de cavalo a burro. Já Justiniano de Serpa, cearense ilustre, jurista de nomeada, obteve que o ministro da Fazenda telegrafasse ao governador do Pará dizendo-lhe que "não entraria em quaisquer entendimentos com ele no Pará, sem que primeiro se comprometesse a fazer figurar na chapa oficial o nome daquele cearense".[121] A deformação assimétrica, dessa sorte, percorre os três níveis, desfigurado o último pela política dos governadores, com o federalismo hegemônico dos grandes estados. Essa quebra de vínculos hierárquicos, no plano mais alto, se agravará com o crescimento da participação política, ascendente e acelerada no Sul e cadente no Norte. O sistema, incapaz de ser representativo, não permite a circulação das elites, de baixo para cima, congelando expectativas e estrangulando ambições. Em regra, o coronel morria coronel, salvo o estágio provável na Assembleia Estadual e raro na Câmara Federal. Os oligarcas estaduais pouco, embora possível, transpunham as fronteiras estaduais. O movimento ascendente se fazia por cooptação, com o centro do tabuleiro, apesar das limitações do alto e de baixo, ocupado pelas situações estaduais. Essa era a alma das oligarquias — das chamadas oligarquias da República Velha. A observação não exclui o fato de os chefes estaduais buscarem sua força nos coronéis: coronéis-mores, porém, eles não são, mas protetores, patrocinadores dos chefes municipais, não raro vinculados a estes por laços de família. Coordenadores de coronéis, com tal densidade de poder próprio que a situação estadual, muitas vezes casada à rede federal, lhes permite cortar as asas arrogantes de muitos *notáveis*. Em Minas Gerais, essa seria a situação de Silviano Brandão, Bias Fortes e Francisco Sales, governadores e fazedores de governadores.[122] Utilizaram eles os coronéis para frear o poder do governador, sem que, contudo, pudessem evitar a supremacia de João Pinheiro, que anulou alguns coronéis rebeldes à sua chefia. Não puderam evitar, sobretudo Francisco Sales, a subida ao governo de Artur Bernardes, verdadeiro terremoto no mundo fechado dos poderosos caudilhos municipais. O coordenador dos coronéis foi reduzido a mera influência regional, com o propósito de excluir da área política as questões fiscais e aproveitar, na administração, as capacidades, isto é, as pessoas não recomendadas pela máquina.[123]

A oligarquia estadual apropriava-se das oportunidades econômicas. Os estados, ao contrário dos municípios, dispunham de razoável participação financeira, sobretudo considerada a vantagem de concentrar-se em poucas unidades. O processo ia do controle aos cargos públicos, em muitos estados confiados de preferência às famílias dominantes, não raro criados para servir às pessoas — como o anedótico professor de grego no Ateneu Sergipense —, até o negócio mais deselegante do controle de empresas, fornecedoras e empreiteiras, de serviços públicos e daquelas que necessitassem de proteção oficial. Ivan Subiroff, o encapuzado dissidente paulista, revelou coisas tremendas, documentadas, contra a respeitável oligarquia paulista.[124] Rosa e Silva, de Pernambuco, e Antônio Lemos, do Pará, como todos, possuíam seus próprios jornais, expressão da vontade do partido, como paradigma o *Correio Paulistano*, sustentado pelos correligionários e favorecidos com a divulgação oficial. A maior empresa era, todavia, a de fazer as eleições, confiadas aos coronéis e dirigidas pelo governador. No plano municipal, entre os chefes rivais, permitiam-se as disputas, caladas daí para cima. O quadro é de 1899, em Pernambuco: o presidente de uma mesa eleitoral convoca um menino de dez anos para o serviço eleitoral.

> Lavrada a ata [conta o futuro chefe político], teve lugar a votação, numa lista em que, realmente, assinaram apenas os membros da mesa, porque as demais assinaturas, de quase uma centena de eleitores, foram rabiscadas por mim e alguns dos mesários, bem assim por diversos curiosos que ali apareceram [...].
>
> Terminada a votação simbólica, a mesa eleitoral extraía logo os boletins, que eram por todos assinados (*inclusive os fiscais!*) para serem enviados a alguns candidatos, amigos do meu pai, que assim desejava documentá-los para defenderem seus direitos perante as juntas apuradoras, nas sedes dos distritos eleitorais.[125]

Volvidos trinta anos, a eleição a bico de pena não mudara, talvez agravada com a exclusão violenta dos rebeldes oposicionistas.

> Em março de 1930 realizava-se a eleição para presidente e vice da República. [...] À tarde, todas as urnas eram conduzidas para a residência do chefe situacionista, onde foi feita a apuração. Os fiscais da Aliança Liberal ficaram de cara para cima, na rua [...]. Em Alagoa de Baixo, também, o eleitorado da Aliança não pôde comparecer às urnas. Um tenente de Polícia, nomeado delegado, intimou meu tio materno, Napoleão Siqueira, a abster-se de votar, com os seus eleitores, sob pena de sair-se mal! Meu tio foi à presença do juiz de Direito, mas este lhe fez ver que nada podia fazer. E, por todo o interior, as coisas deviam ter corrido do mesmo modo...[126]

As manobras do chefe político, oficialmente investido, recebiam, nas aperturas que a oposição criasse, o apoio decisivo da força policial: "Quando a corneta bradava, e a soldadesca fazia alto no Quartel, a notícia se espalhava e os eleitores da oposição não compareciam às urnas [...] *em sinal de protesto*".[127] Os chefes locais, mesmo nos períodos de dissídio violento, baseado em regra nos rancores familiares, procuraram não levar a oposição fora dos limites municipais, temerosos que o governador, com a máquina policial e fiscal, esmagasse o imprudente contestador. Quando a sede do município, densamente povoada, não permitia a intimidação, senão com o risco de violências recíprocas, as atas dos distritos compensavam a liberdade concedida.[128] Em Pernambuco e em Minas Gerais o sistema eleitoral, o sistema dos fatos e não o da lei, eliminava a vontade do eleitor. Seria diversa a realidade em São Paulo, o mais próspero principado e líder da política nacional? Este o depoimento de um escandalizado rebento de grupo dominante:

> Fazer oposição local ao governo do Estado de São Paulo, naquela época, tornava-se difícil. As poucas oposições municipais, como a formada em Araras, contra o domínio do senador Lacerda Franco, eram combatidas ou pela violência, no nascedouro, ou pela fraude, nas farsas eleitorais.
> Coube-me, num dia de pleito, presenciar, em Cosmópolis, nos arraiais dos Nogueira, o que para mim, que assistira a eleições na Europa, era o inconcebível.
> Na véspera de um pleito qualquer, o escrivão da Usina Ester adverte o gerente da empresa, major Artur Nogueira, em minha presença, do que era preciso providenciar a respeito. Vi que o major se espantava, ordenando, a seguir, sem tergiversar: "Corra o livro, homem; corra o livro". De fato, o servidor visitou alguns habitantes da sede do distrito e colheu "no livro" algumas assinaturas. O resto do trabalho ele o fez com esmero.
> A papelada foi, a seguir, enviada para a sede do Partido Republicano Paulista, em São Paulo. Havia votado o povo republicano de Cosmópolis, distrito de paz da lendária Campinas, berço da República.[129]

Arguiu-se, entretanto, que essa desolada paisagem teria uma exceção, motivada pela dissensão dos primeiros dias republicanos, organizadas as facções em partidos, no Rio Grande do Sul.[130] Realmente, nas contestações para a chefia do Executivo estadual, a oposição conseguira expressivos resultados, animada com a tocha nunca abatida de Silveira Martins. Em 1907, conseguira 16 mil votos contra 60 mil, diminuídos para 11 632 nas eleições presidenciais de 1922, acrescidos, no mesmo ano, para 32 216 sufrágios, logo alterados para 46 583, no ano seguinte. Os números, em tresloucada dança, incongruentes com a rígida fidelidade partidária, demonstram a anormalidade suspeita do recolhimento e contagem. O voto a descoberto e a apuração imediata não ofereciam garantias suficientes para a livre manifestação do eleitor, nem fazem supor o escrutínio imparcial. A fraude aproveitava, obviamente, aos dois lados, com vantagem para o governo, detentor quase único dos instrumentos de pressão. Expressão da fraude dava-se, no Sul, com a proibição de impugnar a identidade do eleitor.

> Houve um caso típico [conta um "borgista", carregando sobre a fraude do outro lado] na seção de Cachoeira, em que tomei assento como fiscal do meu Partido. A certa hora apresentou-se um cidadão, e ia depositar a cédula pró Assis Brasil, na urna, quando eu, sabendo sem dúvida que ele não era a pessoa cujo nome figurava no título, indaguei: "Como se chama?". O homem titubeou. Terminou virando-se para trás e perguntando em voz alta aos que o tinham levado: "Como é mesmo o meu nome?"...
> Além disso, não se assinava nenhum livro de presença, na hora de votar. Nada impedia, portanto, o mesmo cidadão de regressar indefinidamente às urnas. Sendo vedado discutir-se a identidade do votante, o título eleitoral se convertia num título ao portador: era o eleitor aquele que o apresentava à mesa. Apresentava e votava.[131]

A segunda via do título facilitava a multiplicidade do eleitor, dois, três, quatro na mesma pessoa. A máquina governamental acelerava as oportunidades dos situacionistas, aproveitadas, em menor medida, pela oposição. A violência e a fraude campeavam nas eleições do Rio Grande do Sul, como em outras regiões, talvez apenas dificultadas, mas não impedidas, pela vigilância oposicionista, bem como pela austeridade do chefe do governo, sinceramente convencido da maioria de seus partidários. Um estudioso recente, meticuloso e paciente, revelou as chagas do processo eleitoral, desfazendo a lenda da exceção.[132]

O painel eleitoral apresenta-se homogêneo, com mínimas variações regionais. O consenso dos políticos admitia a fraude sem escrúpulos de consciência. Conta-se que Campos Sales, ante a queixa contra a deturpação da obra republicana pelo *bico de pena*, teria replicado: "Seu Defreitas, a coisa é essa mesma — depois, as autênticas feitas assim, clandestinamente, são melhormente escritas, com boa caligrafa, podendo-se lê-las com facilidade".[133] Para corrigir os erros e expurgar as fraudes, dois escrutínios sucessivos limpavam os pleitos: a junta apuradora estadual e a validação federal, esta se federais os cargos em disputa. No plano estadual, havia ainda uma possibilidade aberta à oposição, se apadrinhada pela União, em jogo a que seria convocado, mais de uma vez, o Supremo Tribunal Federal: a duplicata de poderes. Estabelecia-se uma dualidade de governos e de assembleias legislativas, cada uma das partes reclamando a legitimidade. Na Bahia, em 1895, as duas assembleias chegaram a funcionar no mesmo prédio, em coabitação honrada de casal desquitado, mas não divorciado. Os dissídios, elitisticamente travados em torno do poder, sem partidos, organizados ao sabor de influências e não de correntes, conviviam, mesmo à custa do bacamarte e do ódio. Todos se sabiam, em realismo cínico, filhos da fraude, gerado o poder na aprovação homologatória, num lado e no outro do rio. O desabusado e duro Carlos Peixoto, ao convite para combater os desvios do pleito de 1910, negou-se ao encargo: "Reconheço que houve fraude" — disse ele. — "Nenhum deputado, porém, tem autoridade moral para proferir libelo acusatório. A origem do nosso mandato é a mesma: bico de pena e ata falsa".[134] Rui Barbosa, entretanto, era de outro parecer: fraude havia, mas somente do lado do governo, senhor da máquina. Se os números pouco valiam, falso todo o processo eleitoral, nada mais simples do que apresentar outros, dotados de igual verossimilhança. Segundo a versão oficial, o resultado da eleição teria consagrado Hermes da Fonseca, com 341 594 votos contra 167 858. Rui Barbosa pretendeu que os seus 167 858 votos alcançariam 200 359 e os do seu opositor caíssem a 126 392.[135] Na própria capital federal, de 96 seções eleitorais apenas 25 funcionaram. O candidato oposicionista muito andou para encontrar uma mesa onde depositar seu voto. Não se cuide que houve omissão. As seções que não se reuniram forjaram, "fabricadinhas com todas as circunstâncias do estilo, as atas legais".[136]

> Aqui [denuncia o candidato], já no alistamento se fabrica o eleitorado. Depois, ou lhe simulam a presença, ou lha obstam, na eleição. Quem vota e elege, são as *atas*, onde se figuram, umas vezes com o requintado apuro dos estelionatos hábeis, outras com a negligência desasada e bezuntona das rapinagens vulgares, os comícios eleitorais, de que nem notícia houve nos sítios indicados pelos falsários, pelo teatro de cada uma dessas operações eletivas.

Invoca o depoimento de Rosa e Silva, autor da baldada lei eleitoral que prometia reformar os costumes: "Já não se precisa recorrer à corrupção e à violência: fabricam-se as atas e, até, séries de atas, nas quais figuram votando não só eleitores que não compareceram, mas ainda a grande massa dos fantásticos, dos incognoscíveis, cujos nomes foram, para esse fim, fraudulentamente incluídos no alistamento".[137] Mais tarde dirá que, de eleição, "não há nem sombra de sombra".[138]

As reações dos vencidos, por três vezes, sacodem a nação: em 1910, com menos intensidade; em 1922, abalando as instituições; em 1930, destruindo a ordem. Num crescendo, cada vez mais capaz de reagir, levanta-se o protesto, em nome da legitimidade democrática, talvez, na verdade, sem a maioria, atada esta a interesses e tradições antigas. Sob a teia das eleições, mantidas por amor de preconceitos construídos sobre o liberalismo adulterado, agitavam-se grupos sociais autônomos, não atendidos nas respostas do sistema. As elites, presas às suas raízes de classe, não eram flexíveis, dúcteis para se sobrepor aos dissídios, ordenando e dirigindo os conflitos. Essa missão só o estamento preencherá, fundido em outros moldes, desde que, nos fins do século XIX, ele é escorraçado, perseguido nos seus resíduos ardentes, vivos sob a cinza. A plebe rural, abandonada e desajustada no quadro institucional, refugia-se no messianismo e no cangaceirismo, em protesto difuso e sem alvo. Nas cidades, as duas classes médias — a do pequeno comerciante e do pequeno industrial, bem como a dos empregados de colarinho-branco — não se conformam ao afastamento da política, obra apenas de chefes. Contra esse fermento anarquizante, a República pune, vinga e reprime, com os instrumentos de suas oligarquias e de seus coronéis. Um homem da ordem, infenso à democracia liberal, apelando para a transformação dos grupos dirigentes em categorias educadoras, reconhece que as grandes e pequenas oligarquias não são condenáveis. Elas são, dado o Estado do povo, inevitáveis, mais: elas são necessárias.[139] As oligarquias — brada outro crítico —

> constituíam verdadeiras expressões de reação orgânica da sociedade no sentido de estabelecer uma forma de ordem política, que substituísse o caos a que fatalmente seríamos arrastados, se não surgissem núcleos de força para orientar coletividades incapazes de seguir diretrizes próprias no jogo das instituições, que não conseguiam assimilar e que a grande maioria de seus membros não podia sequer compreender.[140]

No seu lugar, não poderia emergir o povo, a opinião autêntica contra a farsa eleitoral, porque, sob o país oficial, estava o mundo informe. Passiva e calada a base, a mudança virá na superfície, descendo sobre os chefes regionais, o poder estatal reconstruído, com outros senhores. Mas, para a empresa reclamada pelo desequilíbrio social, o poder central não há de ser apenas o Catete, na versão autoritária dos três presidentes que encerram a República Velha. Não será o presidente fazedor de sucessores o que virá, mas o presidente que, para manter o poder, reformulará o poder, para a proteção, o fomento e a tutela. A hora da agonia está próxima, silenciosa como todas as horas decisivas.

XV

Mudança e revolução

1 | *O abalo ideológico e as aspirações difusas > 631*
2 | *A emergência do Estado forte e o chefe ditatorial > 647*
3 | *Os novos rumos econômicos e sociais > 675*

1 | *O abalo ideológico e as aspirações difusas*

NA MADRUGADA DE 5 DE JULHO DE 1922, governando Epitácio Pessoa e já eleito Artur Bernardes, os disparos do forte de Copacabana anunciam o fim da República Velha. Os jovens militares antecipam, em dois quatriênios, uma data necessária, embora não irremediável nos termos em que aconteceria. Esse ciclo, que começa com pólvora, com pólvora se fechará, depois que um tiro paralisar o coração de um presidente — presidente, ex-chefe revolucionário e ex-ditador. Os velhos políticos, senhores da crônica republicana, atores de acontecimentos antigos e recentes, não temiam bravatas, nem acreditavam no encerramento da obra de Deodoro, obra corrigida e reeditada por Campos Sales. Agitações, badernas e revoltas inquietaram Rodrigues Alves e Hermes da Fonseca, com as ruas e as praias feridas de balas e boatos, sem que nenhum presidente abandonasse o palácio. Essa onda de indisciplina passaria, como passaram as outras, contanto que houvesse energia e mão pesada. As oscilações demonstrariam a solidez do edifício — posto à prova para atestar a firmeza dos fundamentos. A serenidade voltaria aos espíritos e a paz aos quartéis: volvidos os dias de Artur Bernardes, o quatriênio de Washington Luís correrá tranquilo, retomada a confiança na prosperidade e no trabalho. Só o duro temperamento do áspero montanhês teria impedido a conciliação, roído de vinganças e ódios, extraviado na crença de sua missão de restaurar a autoridade.

Havia, no episódio de 1922, muita coisa nova, capaz de perdurar além dos pretextos e das desinteligências dos grupos. Minas Gerais e São Paulo acertam, no ano anterior, o problema sucessório, a aprazimento de todos, com exceção do Rio Grande do Sul, sempre enigmático, rebelde e potencialmente subversivo. A vez, depois de caber a São Paulo com Rodrigues Alves, era de Minas Gerais. Rivalidades aparentemente frívolas perturbam o poder de atração dos dois principados, permitindo uma coligação oposicionista, composta das situações dominantes do Rio Grande do Sul, Bahia, Pernambuco e Rio de Janeiro. Em termos eleitorais o confronto não assustaria, provocando, a exemplo de 1910 e 1919, agitações sem consequência. O sistema será contestado por políticos da velha guarda, como Borges de Medeiros e Nilo Peçanha, de duvidosa ortodoxia republicana. Para os calculistas de cúpula, os números esmagariam os dissidentes, seguidos do implacável acerto de contas, para escarmento dos ambiciosos e dos pescadores de águas turvas.

Nas águas turvas estava todo o drama, não mais válidas as regras "genuinamente" republicanas da *política dos governadores*. Para o estuário, ainda não cavado no solo, mas já entrevisto na sensibilidade de raros observadores, avolumam-se as correntes que logo irão correr: o povo — a camada média da sociedade, que Rui Barbosa pretendeu interpretar na campanha de 1919 —, o Exército e o Rio Grande do Sul, este inconciliável, há muito, com o esquema dominante. Desde logo, Borges de Medeiros, notificado, e não consultado, da candidatura Artur Bernardes, apela para uma convenção popular, na qual se escolheria o programa antes do candidato. A convenção não seria, se convocada, mais que outra farsa dentro da farsa republicana, habituada a dispensar o povo nas suas decisões políticas. Mas, no alvitre, expediente inócuo, via o velho républico o meio de retificar o equívoco da ação de Pinheiro Machado. Enquanto este se mantivera fiel ao convívio castilhista com o Exército, mecanismo de emergência para contrabalançar o isolamento político do Sul, o povo, seduzido pelo antimilitarismo liberal, torna-se sombriamente hostil ao líder e à sua atividade. Agora, sobre as cinzas do passado, rearticular-se-ia o esquema antes malogrado. Na dinâmica das combinações perder-se-ia, entretanto, a veleidade hegemônica do Rio Grande do Sul, manifestamente incapaz de ocupar o lugar de São Paulo ou Minas Gerais, em favor de uma missão nacional, apoiada sobre forças alheias, senão hostis, ao estadualismo. Nesse trabalho de retorno aos planos dos primeiros dias republicanos, retoma-se a linha de combate às candidaturas oficiais — oficiais não apenas por serem filhas do Catete, mas dos dois estados grandes. De outro lado, o Exército viria a falar pela voz do mesmo líder de 1910-4, teimosamente apoiado pela política do extremo sul. Desde 1920, Hermes da Fonseca, depois de longo exílio voluntário, retoma seu papel político, em torno do Clube Militar. O povo viria a engrossar a caudal contestatória, desde que, agressivamente a partir de 1919, sentira estar ausente dos conchavos e manobras de cúpula. Nilo Peçanha, herdeiro dos protestos desencadeados havia pouco, ocupa a liderança vazia, para abalar as colunas do templo, que, com certeza, não se renderia ao voto, número manipulável sem compromisso com a vontade do eleitor. O dissídio entre os militares e o governo, envolvido agora Epitácio Pessoa no combate, agrava-se com o episódio das cartas falsas, sem que se amaine com o resultado das eleições, acoimadas de inautênticas pelos vencidos, como já se tornara regra. O Clube Militar, Hermes da Fonseca eleito e reeleito presidente, quer comandar a vida política. Os políticos sabem que, agora, está encerrada a contestação e aberta a aventura. Nesse ponto, eles recuariam com a solene palavra de Borges de Medeiros — *pela ordem*: "Dentro da ordem sempre; nunca pela desordem, parta de onde partir, tenda para onde tender — é este o nosso lema, supremo e inderrocável".[1] No vestíbulo da ação, o Rio Grande se retrai, dominado pelos persistentes escrúpulos republicanos da política conservadora. Em breve, sobre os passos percorridos, desfilarão suas tropas, no combate aos aliados de ontem, para sagrar o apoio a Washington Luís. Breve incoerência, que as circunstâncias corrigirão, quando se desintegrarem as resistências ideológicas do regime.

No panorama ornamental das forças sociais em convergência, debaixo das intrigas sucessórias e das correntes políticas, as tendências íntimas de 1922 só poderiam amadurecer se a camada dirigente não as desfigurasse, absorvendo-as e renovando-se. Paradoxo só aparente. Com Borges de Medeiros, com Nilo Peçanha, com J. J. Seabra e mesmo com Hermes da Fonseca, as lideranças ascendentes seriam digeridas pelos interesses de mando. Não acontecera assim em 1910? O recuo *pela ordem*, ao tempo que desampara os jovens, dá-lhes a consciência de sua missão, agora cada vez mais revolucionária, fora das regras do jogo. A morte de Hermes da Fonseca (1923) e de Nilo Peçanha (1924) provoca o vácuo entre as gerações ainda disciplinadas sob os padrões conservadores — conservadores, estes, como Rui Barbosa, que viam nas mudanças sociais o único meio de evitar o pior. Nas sedições das cidades e na longa marcha pelo interior deserto apura-se, passo a passo, um corpo de propósitos, afogados, no primeiro momento, pela negação frontal e aberta da ordem. O fio sucessório, que prende os jovens aos velhos, não passa mais pelos presidentes, no caminho de Pinheiro Machado. A herança de Rui Barbosa será diluída pelos seus quase contemporâneos, armados de fuzil e de ânimo de sacrifício. O liberalismo, cortado e manchado de muitos compromissos, continua vivo, não obstante. Liberalismo de conteúdo diverso, simples pano de fundo de indefinidas reivindicações. A sociedade não ficaria entregue ao seu livre jogo, para que da liberdade se organizasse a estrutura econômica e política. Era preciso libertar o homem do interior do coronel, os estados das oligarquias, em movimento antitradicional. Depois de libertar, organizar e velar pelo sistema novo, conduzir e amparar. Numa palavra, renovar o *salvacionismo* de 1910, no passo, ainda obscuro, que afaste o individualismo, em favor do comando tutelado. Um Estado interventor, dirigente, autônomo, coroaria a empresa, suscitável pela única categoria capaz de estruturá-lo e sustentá-lo, o Exército. Hermes da Fonseca, que emerge nesses anos de 1921-2 do ostracismo de seu difamado mau governo, afirma uma liderança. Seus antigos companheiros, os generais, respeitam-no, mas não traduzem a mensagem em ação. Essa tarefa, contra os chefes, caberá aos tenentes. "As situações políticas passam e o Exército fica", lembra o velho marechal e ex-presidente, legitimado com o texto do artigo 14 da Constituição Federal. Não será somente um chefe militar que invocará ou justificará a presença da força armada no mundo político. Essa voz surpreendente está a indicar que a ordem conservadora apela para a espada, ameaçada pelos que a exploram, incapazes de ouvir o voto. Um liberal, vencida a reação contra Floriano e que se configura em 1910, dá o toque de reunir, como se estivesse nos dias de 1889. Rui Barbosa, reconciliado com Hermes da Fonseca, no discurso de posse deste no Clube Militar, a 26 de junho de 1921, quer, uma vez mais, a derradeira vez, purificar a República por meio da atividade militar. Deodoro ressurge das cinzas e das humilhações para a obra de regeneração política. Dois anos já eram volvidos da afirmação que, negando competir às classes armadas papel político, lhes reconhece o dever de exercer a vigilância da nação. Do tímido passo — passo ou conversão, volta às origens — sai, pouco depois, a palavra franca. Somente um candidato presidencial comprometido com a reforma constitucional receberia seu apoio, escreve em 1921, acrescentando o outro requisito:

> [...] e que conte com as simpatias do elemento militar. Considero [adverte] o concurso delas imprescindível neste momento, pois tenho a situação atual do país como mais grave que a de 1889, e vejo nesse elemento a força única capaz da estabilidade e da reorganização que resta ao povo na dissolução e na anarquia geral que nos arrasta.[2]

Hermes da Fonseca e Rui Barbosa se encontram, finalmente, antes que ambos cerrem os olhos, na mesma trincheira. Uma manobra de cúpula, dentro do estamento banido, reformaria a ordem republicana, sem quebra da estabilidade. Os políticos que mandam, Epitácio Pessoa, Artur Bernardes, Washington Luís, dispensam esse apoio, confundido com a sedição, articulando a normalidade no presidente forte, sobre a política dos governadores. O Exército não é a nação, disse Epitácio Pessoa, "nem é tutor da nação [...] é apenas um aparelho de defesa das instituições e da integridade moral e material da nação".[3]

O expediente conciliatório, de atrelar o Exército a um movimento de reforma institucional, controlado do alto, malogrou-se. 1922 não era 1889 como acreditava Rui Barbosa. O Exército se transformara, pronto para outra missão, que as defesas do regime lhe negam. O caminho do interior, o combate, as insurreições e as conspirações abrem, na desintegração ideológica, as perspectivas da utopia próxima e do mito remoto. Da confusão reinante, nas cabeças disponíveis, surgirá um roteiro. Um revolucionário, mais tarde destinado a um alto papel histórico, relata que o 5 de julho de 1922 não ultrapassava "os limites de mera questão pessoal", com a deposição do presidente no poder e do presidente eleito, para desafronta dos brios ofendidos do Exército.[4] Já no segundo ato do drama, em 1924, intervêm fatores novos para alimentar a revolta — "salvar das loucuras da politicagem profissional os últimos esteios da democracia agonizante".[5] Além do processo gradual de revelar a face de sentimentos que estavam vivos desde a primeira granada arremessada sobre o Catete, estruturam-se reivindicações, mais tarde apressadamente transcritas em programas. As oligarquias estaduais, a prepotência do presidente, as medidas opressivas contra a liberdade de associação e de imprensa, reduziram o regime republicano ao biombo do absolutismo, afirmado o sistema apenas na transitoriedade das funções públicas. Essa soma de oligarquias, dos municípios ao centro, não forma uma tirania, mas a contrafação do governo da maioria, em favor de poucos. A elite republicana, constituída de "adesistas interesseiros", não passa de uma grei restrita de filhos e contraparentes dos felizes magnatas que, a troco de audácias, de embustes, ou de subserviências — lograram monopolizar a direção suprema do país. [...]

Que se poderia, logicamente, esperar da atuação de uma tal camarilha, como elemento diretor da mentalidade republicana do povo? Naturalmente, o que aí está: — a exploração sistemática e impune, de trinta e tantos milhões de governados, por um grupo reduzido de sibaritas sem escrúpulos.[6]

Urgia, na opressão da fraude e da violência, evocar o povo, com seu poder e sua independência. Nessa nota desponta a crítica de Rui Barbosa, com acento plebeu alheio ao senador vitalício pela Bahia. O alvo era o povo — "esse polichinelo de nossa democracia — [que] só interfere nesse inventário político, pela porta escusa do suborno, com que o corrompem, ou pela razão indiscutível da força, com que o violentam, nas pantomimas eleitorais".[7] Mas essa elite trai e mistifica não porque explore o povo, senão, principalmente, porque esquece seu dever principal, sua missão superior de orientá-lo, conduzi-lo e educá-lo.[8] Função, esta, alheia ao liberalismo, mas que denuncia a premissa maior da mão que empunha o fuzil. Se há a obra pedagógica a realizar, o mestre-escola está à vista, na farda dos contestadores. O Exército será a *vanguarda* da nação — conteúdo vivo do artigo 14 da Constituição de 1891.

Seria ilógico que o Exército, estipendiado pelo povo, apenas exercesse a sua função repressiva contra este, deixando-se consumarem-se impunemente as violências do poder contra a nação. [...] Quando os governos mutilam a lei e desrespeitam a Constituição, compete à força armada colocar-se ao lado destas, ainda que seja mister destruir, provisoriamente, o poder constituído.

É uma leviandade afirmar que, em tal hipótese, cabe ao povo e não à força armada derrubar o governo que o tiraniza. A massa imbele da nação dificilmente poderá vencer, sozinha, a guarda pretoriana que defende déspotas.[9]

Na essência do movimento, pretendia-se que o povo, livre de senhores, escolhesse seus representantes, afastadas as oligarquias em todos os níveis. O voto secreto representa grandes esperanças aos revolucionários, embora cedo persuadidos de que a nação, no interior, muda à sua mensagem, não queria libertar-se. Dadas as razões que deflagram as sedições, será falsa a impressão da ausência de sentido ideológico dos revolucionários, consoante se afirmou muitas vezes.[10] Faltava-lhes um programa, não a ideologia, apesar do alheamento do elemento civil. Repeliam a aproximação proletária, que poderia tornar o movimento suspeito de esquerdismo, timbrando na insistência de seu caráter de renovação política,[11] enveredando para o discreto nacionalismo, que depois ganhará o primeiro plano. O eco socialista, brando e fugaz, servia apenas para colorir os entusiasmos, sem contradizer o núcleo democrático liberal.[12]

Não corresponde à realidade, portanto, o clichê de reduzir a inquietação de 1922-7 a mero antagonismo pessoal, sem bandeira e sem conteúdo ideológico. Falsa será, de outro lado, confundi-la com mais um surto militarista, obra da indisciplina dos quartéis. A raiz histórica do movimento situa-se numa corrente de elos soltos, mas em formação o estuário, alimentado pelo Exército, o povo e o protesto contra o domínio hegemônico da política dos governadores. A espinha dorsal, muitas vezes mal entrevista, será a reorganização do aparelhamento estatal, para a realização de tarefas políticas só exeqüíveis mediante reformas de maior profundidade. Uma caricatura: um programa liberal por meio de instrumentos ditatoriais. Como sempre acontece com os contestadores, o outro lado deles se aproxima sob a pressão de iguais necessidades, realizáveis com métodos diversos, de cima para baixo, sem ruptura do sistema. Essa feição se revela na mudança, volte-se a insistir, da estrutura presidencial do regime, cada vez mais presidencial e cada vez menos federal. Caberá a Artur Bernardes, com a reforma constitucional de 1926, reforçar os poderes da União, com a consequente maior densidade dos poderes presidenciais, em sensível recuo ao esquema liberal. Ocorre que, nesse período, o mercado interno requer maior homogeneidade nacional, anulando os compartimentos estanques estaduais. A revolta, separando-se da carapaça liberal, amadurece tendências autoritárias, no propósito de realizar reformas coordenadas por um esquema não oligárquico, mas democrático. No campo do governo, em defesa da ordem, a autoridade se extrema, também em rumo antiliberal, justificando-se não mais nas transitórias suspensões das garantias, mas numa ideologia autoritária. Dois rumos antiliberais, na verdade: um, em nome do povo, outro, em nome da ordem. Enredados nos meios, nos instrumentos, perece, em ambos os lados, a estrutura liberal do regime, na essência mais federal que liberal. O rumo — a centralização, com a renovação do modelo político.

De longe vinha a crítica ao sistema de 1891, crítica voltada contra suas bases anárquicas, remotamente inspirada no mito da harmonia imperial. Essas vozes adquirem, na década de 1920, calor e veemência, para rearticular-se na ação governamental, depois de 1930. Aos brados saudosistas de Taunay e Nabuco, sucede-se a denúncia de Euclides da Cunha. O tempero positivista quis, no primeiro golpe, consagrar a ordem sobre as desintegrações liberais. Para controlar o militar e evitar o estadualismo, Rui Barbosa supôs que a lei poria cobro às correntes desencontradas. A lei, não como entidade abstrata, no papel, mas garantida pelo Judiciário, sob a égide do Supremo Tribunal Federal. O "governo dos juízes", ainda em elaboração jurisprudencial e doutrinária nos Estados Unidos, seria o árbitro dos outros poderes, dos dissídios entre a União e os estados, bem como o guarda das liberdades públicas. Desde 1892 o ex-conselheiro da monarquia sustenta essa opinião, que importaria em reconhecer no Supremo Tribunal Federal o herdeiro do Poder Moderador, acima das facções e dos interesses, "em nível supraterreno e supra-humano".[13]

A soberania [dirá em 1909], que é o poder, tem de ser limitada pelo direito, que é a lei. Daí a necessidade, que se impõe à democracia, especialmente no regime presidencial, de traçar divisas insuperáveis aos três órgãos da vontade nacional: ao administrativo, ao legislativo, ao próprio constituinte, mediante estritas condições postas à reforma constitucional. E a justiça é a chave de todo este problema, o problema da verdade republicana. Mas a justiça à americana, árbitro da interpretação constitucional, oráculo da validade das leis, escudo ao indivíduo, à associação, aos Estados contra os excessos do mandonismo em todas as suas violências ou trapaças: o dos presidentes desalmados, o das legislaturas corruptas, o dos bandos audaciosos, o das satrapias insolentes. Dai-nos essa garantia sobressubstancial, e estaremos com a Constituição dos Estados Unidos. Tirai-no-la; e o que nos fica, é a hipocrisia demagógica do caudilhismo a revezes civil ou militar, o caiado sepulcro dessas repúblicas de sangue e lama, desordem, pobreza e ignorância da América Latina, onde uma vergonhosa realidade apodrece cronicamente sob a exploração das formas populares.[14]

Essa criação, que se molda sobre o barro ainda quente da primeira jornada republicana, pretende construir a *verdade* do regime sobre uma ilusão teórica, transplantada com outra alma. O judiciarismo brasileiro corporificaria, na desordem do Império caído, o trono sem o soberano, na impossível continuação de situar, sobre os poderes, um estamento altamente qualificado, composto de anjos. O solene arcabouço se esfacelará, diluído em vinte unidades, em breve sob o comando de duas, tenuemente sustentadas por vínculos subterrâneos, expulsos do paraíso. A transplantação, ao contrário do que supunha o lavrador, não foi fiel ao modelo, nem este, alheio ao tempo brasileiro, governaria o caos. Quando o estadualismo vier à superfície, com a sua fisionomia monstruosa, Rui Barbosa será acusado de imitar sem digerir, bovaristicamente, esquecida sua mensagem civilizatória e ordenadora. Decepcionado da obra em ação, estigmatizará os juízes do Supremo Tribunal com o ferro em brasa:

> Medo, venalidade, paixão partidária, respeito pessoal, subserviência, espírito conservador, interpretação restritiva, razão de Estado, interesse supremo, como quer que te chames, prevaricação judiciária, não escaparás ao ferrete de Pilatos! O bom ladrão salvou-se. Mas não há salvação para o juiz covarde.[15]

Certamente, não se deve o malogro à pusilanimidade dos homens, nem, como dirá um discípulo seu, à falha ou traição do órgão.[16] O destino da República não dependia de quinze velhos, muitos de indiscutível desassombro. Não foi o Supremo Tribunal o órgão que falhou à República, mas a República que falhou ao Supremo Tribunal. A missão política que ele deveria representar estava destinada a outras mãos, alimentadas de forças reais, e não de papel.

Enquanto a crítica de Rui Barbosa se volta para o propósito de organizar o regime, no mesmo nível dos positivistas, com a inspiração que comove os militares e os monarquistas, a voz da geração mais nova, também decepcionada, cuida de reformar e reordenar. O sonho judiciário se perde nos debates sobre o habeas corpus, enquanto as oligarquias acaudilham os estados, os coronéis domesticam o sertão e os presidentes capitaneiam as eleições e as intervenções. Um ex-deputado, ex-governador, ex-ministro da Justiça e ex-ministro do Supremo Tribunal, Alberto Torres, comanda a corrente dos homens que perderam a fé na Carta de 1891. Quer, não reformá-la para aperfeiçoá-la, mas transformá-la, seduzido por problemas novos, de ordem social e econômica. No Brasil não haveria nação nem sociedade, mas a anarquia interna, instavelmente articulada, expondo-o à perda de sua independência, agora ameaçada pelo imperialismo econômico e não mais pelas cadeias coloniais. O debate jurídico em busca de soluções políticas se perdera em bizantinismo e retórica, incapaz de estruturar o *Estado nacional*, esboçado para ocupar o lugar da "desagregação deste país — onde cada régulo de aldeia é mais soberano que a nação, que tem vinte Estados de uma federação de caudilhagem".[17] Para a obra que se impõe, abandona o "espírito liberal" que limitara a autoridade em troca de um engodo, a liberdade. O governo do Estado nacional há de ser forte, para coordenar a sociedade e desenvolver a economia.[18] A autonomia estadual e municipal seria limitada pela política nacional, acrescidos os poderes clássicos do *poder coordenador*, que controlará e articulará as influências centrífugas. Na base, o respeito aos direitos individuais, a fiscalização popular evitaria a ditadura e o arbítrio dos governantes. Esse plano reorganizador gira, todavia, sobre o eixo nacionalista, renovação doutrinária que influenciará as décadas seguintes. O liberalismo individualista gerou forças econômicas poderosas, que substituíram "o despotismo do Estado pelo despotismo de indivíduos e grupos eventualmente mais fortes". No plano internacional, as concentrações de riqueza aprisionam as nações fracas, atrelando-as a seus interesses, em regra adversos ao incremento das potencialidades nacionais. Uma confederação de feitorias alimenta as nações ricas e desviriliza as anárquicas, acelerando a dissolução, ajudada pelo aparelhamento estatal.

> Os países novos carecem de constituir artificialmente a *nacionalidade*. O *nacionalismo*, se não é uma aspiração, nem um programa, para povos formados, se, de fato, exprime, em alguns, uma exacerbação mórbida do patriotismo, é de necessidade elementar para um povo jovem, que jamais chegará à idade da vida dinâmica, sem fazer-se "nação", isto é, sem formar a base estática, o arcabouço anatômico, o corpo estrutural, da sociedade política.[19]

Não se trata, agora, do nacionalismo antiluso, jacobino, dos dias de Floriano Peixoto. A perspectiva, mais larga e com base mais ampla, não se limita à defesa raivosa dos nativos contra o estrangeiro, mas a, sobre inspirações próprias, reconstruir, reorganizar, reformar o país, por meio do Estado.

Na entrada da década de 1920, submetido o esquema de 1891 às decepções dos liberais e ao golpe dos desiludidos do individualismo anarquizante e alienador, a mensagem modernizadora, ocidentalizadora, imitativa do modelo americano perdera o conteúdo. O transplante judiciário falhara. Falhara a entrega da nação a uma sociedade que, não livre, carecia de elementos vivos de coesão. A elite, que copiava instituições e imagens, não fazia — sentiam os críticos — outra coisa senão macaquear o lado externo das coisas. Republicarizar a República, para os sediciosos, outra coisa não será do que criar um país próprio, com instrumentos ainda informes. Arredados os exemplos e os clichês estrangeiros, não se sabia, ao certo, o que fazer. Sabia-se, em primeiro lugar, que era necessário afastar da vida política as teias oriundas da ordem estatal, representada nas oligarquias. No apelo ao povo emergiria, criador, espontâneo, um quadro institucional próprio. Para chegar ao destino, o Exército ordenaria o caos, se a União reforçada não realizasse a obra. Nos dois acampamentos em que a nação se divide havia a consciência de que tudo era falso, antes que se extremem as soluções propostas. Falso o liberalismo, falsa a democracia, falsa a economia, falsas as premissas sobre que assentam as instituições. O industrialismo, nessa quadra, ainda não será a panaceia capaz de emancipar o país. O ardor dos dias do "encilhamento" ainda demoraria a retornar. A reação viria dos contestadores armados, ou como propunha um discípulo de Alberto Torres, das "classes dirigentes e conservadoras do nosso país".[20] Enquanto estas reclamam um Feijó, denunciam o copismo insincero do mecanismo governamental — denúncia que abriga, amorfa embora, uma reivindicação não formulada. Em 1921, uma voz renovadora, extraviada em breve no racismo mítico, lembrando Kipling, conta que os macacos haviam ocupado uma cidade abandonada, libertando-se da inferioridade da floresta.

> Entretanto, não sabiam para que haviam sido destinados aqueles edifícios, nem como se servirem deles. Sentavam-se, às vezes, todos, em círculo, no vestíbulo que dava para a Câmara do Conselho Real; coçavam-se e catavam as pulgas do pelo — e tinham a pretensão de ser homens. [...] Como os macacos de Kipling [prosseguia], imitamos: eles — os homens; nós — os super-homens. Isto é, os que julgamos superiores a nós, os criadores, os requintados, os progressistas, os que estão, lá do outro lado do mundo, fazendo civilização. Cada vez que um desses fazedores de civilização se mexe para fazer uma revolução ou para fazer a barba, nós, cá do outro lado, ficamos mais assanhados do que a macacaria dos junglais. De uns copiamos a forma de governo e os modos de vestir, os princípios da política e os padrões das casimiras — os figurinos, os alfaiates e as instituições. De outros copiamos outras cousas: as filosofias, mais em voga, as modas literárias, as escolas de arte, os requintes e mesmo as suas taras de civilizados. De nós é que não copiamos nada. E te-

mos assim com a bicharia do apologo kiplinguiano estes pontos comuns: a inconsciência, a volubilidade e... o ridículo.[21]

Na sombra da aspiração culturalmente autonomista, a nota fundamental da reforma: o governo deve educar, cultivar e orientar o povo. Entre governantes e governados, a corrente democrática, da equivalência e substituição dos valores, não passa de grosseira farsa. Os governantes devem se reequipar, conhecendo o meio e a gente, para a obra de regeneração. Esse papel pedagógico não cabe, entretanto, às elites, no seu conteúdo sociológico. Elas hão de se transformar numa camada permanente, própria, autônoma, comunidade capaz de, além de governar, criar o povo, identificado na massa analfabeta, perdida nos devaneios macaqueadores. O brado liberal e reformista, que soara em 1919 com estridência, se exaure, para ceder o campo a outras vozes, na verdade tão brasileiras como a doutrina constitucional americana. O estrangeirismo da palavra nacionalista se compensa, todavia, pela direção, voltada a evocar, a sublimar, a enfatuar o nome brasileiro. Entre o nacionalismo dos rebeldes e o nacionalismo da ordem, apesar do confuso campo comum, há diferenças fundamentais, que tomarão corpo depois de 1930, extremando-se no parafascismo num lado, e nas tendências socialistas e comunistas do outro. O que os aproxima será o antiliberalismo, a decepção do regime de 1891, na sua estrutura federal e individualista. Nenhum dos dois ramos se apoia no velho nacionalismo liberal, de teor antiaristocrático, já em declínio na Europa, ao findar o século XIX. Os revolucionários, os contestadores, por simpatias nacionais e afinidades do movimento, vinculam-se sentimentalmente aos jacobinos, com a exaltação do povo comum, capaz de criar a nação, se jugulados seus opressores. O elemento militar e a proteção paternalista integram a sua dinâmica, dotando o anseio emancipacionista com o instrumento que libera e evita os opressores, ao tempo que ampara o povo nas suas necessidades.[22] A corrente que se desenvolve à ilharga do poder adota outro nacionalismo, tradicional e mais retórico na exaltação histórica. As origens francesas da doutrina marcam-se na nota de reação a 1789, aristocráticas no contexto. Os nomes de Joseph de Maistre, já familiar, no aspecto literário, a Machado de Assis, do visconde de Bonald e Charles Maurras passam a frequentar os escritos de um grupo ativo de propagandistas, antes que, em breve, Mussolini empolgue algumas imaginações. O poder não nasce da soberania popular, nem por ela se justifica, senão que preexiste à sociedade, autenticado pelo tempo e pela tradição nacional. O mal não é a eleição, mas o sistema eletivo como base das instituições, expressão do *morbus democraticus*.[23] Duas forças são mobilizadas para a propaganda, embora inconciliáveis no seu conteúdo espiritual: o catolicismo e o positivismo. Ambos serviam à ordem, apesar de o último, no Brasil, ter ajudado a transformação republicana. A herança monárquica, agora embelezada retrospectivamente, ornamental no ritual histórico, alimenta o retorno aos bons velhos tempos. Afinidade, esta, ferida de parentesco mais profundo: a prática do trono submetera o poder à tutela do cetro, em continuidade independente da autenticação popular. Não será por acaso que o conde de Afonso Celso, monarquista e filho do último presidente de conselho de d. Pedro II, encarnará o chefe simbólico do nacionalismo brasileiro.[24] A chefia real da escola, entretanto, caberá a Jackson de Figueiredo, sem que se extreme no fascismo como alguns de seus discípulos, acautelado contra o primado absoluto do Estado.[25]

Na devastação liberal da década de 1920, o nacionalismo da ordem, da autoridade e da tradição se amoldará ao presidencialismo reformado, de Epitácio Pessoa e Artur Bernardes. A exaustão do liberalismo individualista tem, nesse fato, clara manifestação, ao dispensar, para se validar, os dogmas que, nominalmente, plasmaram as instituições republicanas. Sem afastar-se do culto político da juventude, a democracia liberal, Epitácio Pessoa, como Artur Bernardes e, em outro rumo, Washington Luís, identifica nos acontecimentos uma "crise de autoridade", que cumpria restabelecer.[26] As medidas autoritárias postas em prática, a lei contra as organizações subversivas, a lei de imprensa, a reforma constitucional adquirem, conjugadas ao estilo de governo, conteúdo que excede à defesa do regime. Essa ambiência, ainda difusa e vaga, virá, ideologicamente, do cerne nacionalista, cujo movimento Epitácio Pessoa apoiará, cognominado de "presidente nacionalista".[27] Ele é posto no altar, ao lado de Floriano Peixoto, sob a proteção santificada do padre Feijó, numa definição de princípios retóricos:

> [...] ser nacionalista é amar o Brasil acima de tudo; é fazê-lo o nume inspirador de nossas palavras e ações; é ter orgulho de ser brasileiro; é trabalhar até ao sacrifício pelo progresso moral e material de nossa terra; é defender as imunidades do nosso domínio e não tolerar, em nossa casa, sejamos relegados à simples condição de hóspedes; é não consentir que se dilua o amor da pátria, sob a influência perniciosa de um cosmopolitismo desfibrado e dissolvente; é, em suma, não ter outra preocupação que não seja a de fazer o nosso Brasil cada vez mais rico, poderoso e feliz, com o auxílio do estrangeiro, mesmo sem ele e até contra ele.[28]

Na reação contra a desordem e a anarquia, identificadas nas sedições militares, cristaliza-se o nacionalismo, na defesa da autoridade acuada. O mal viria, doutrinava Jackson de Figueiredo, do conceito de liberdade criado pela reforma protestante e extremado pelas ideias revolucionárias de 1789. Fazer o contrário da Revolução e não a contrarrevolução seria o escopo, sob a invocação de Joseph de Maistre, em combate aberto ao "demagogismo" e ao "militarismo de quinta classe".[29] Para a obra reatora e moralizadora, que vê no liberalismo o germe que leva à anarquia, evoca-se o surgimento de uma elite — menos um escol que um quadro de domínio — que formule uma política a que a massa obedeça, como expressão dogmática, pelo sentimento.[30]

Os dois nacionalismos expressam, com suas roupas emprestadas, o drama do momento. As contestações revolucionárias, vinculadas ao liberalismo crítico e decepcionado, num contexto que aproxima o legado de Hermes da Fonseca e a pregação de Rui Barbosa, acenam ao povo com simpatia fraterna, apesar da vocação tuteladora do movimento. O nacionalismo da ordem, inquieto com a balbúrdia dos quartéis, das ruas e dos demagogos, quer disciplinar as novas correntes sob a chefia reformada. Em ambos se reconhece que o Brasil mudara, não era mais o país dos produtores de gêneros para os mercados mundiais e dos exportadores, senão que define, dia a dia, um mercado interno que se abastece industrialmente. Não querem os homens da autoridade afogar as forças em expansão, preocupados mais em traduzi-las e encaminhá-las, enquanto se reclama, no outro lado, a quebra do aparelhamento estatal. A vanguarda da nação não seria, nos dois, a própria nação — um quadro militar, para os contestadores, um quadro superior, para a autoridade, filtrada nos elementos tradicionais, de cima para baixo. Na elite que virá, o povo deve ser educado e disciplinado, seja pela casaca republicana, seja pelo traje de gala das paradas, nunca pela camisa rota ou pela constituição ultrapassada. A tônica anticomunista, nesse choque de opiniões mal articuladas, ainda não assume o primeiro plano, distantes as partes do mito soviético, temido por todos. A separação entre povo e governantes, entre sociedade e Estado não seria vista como mal a remediar, tal a distância existente, na cultura, na riqueza, nos hábitos. No máximo, o povo se libertaria das cadeias oligárquicas e coronelísticas, para que alguém o amparasse, mais tarde.

A reação contra a anarquia visa mais o esquema governamental do que a desordem das massas. Isso não significa que estas nada tenham a ver com o momento. Ao contrário, pode-se situar o desequilíbrio ideológico, em parte ponderável mas não dominante, exatamente, como se acentuou, na necessidade de enquadrar politicamente tais elementos dispersos no sistema dominante e conservador. A pregação liberal de Rui Barbosa, em 1919, acentuou esse aspecto, também implícito na doutrina positivista, com a incorporação do proletariado à sociedade.[31] O operariado brasileiro, oriundo dos remanescentes da escravidão e das migrações de latifúndios em desagregação, somava-se, no começo do século, ao contingente estrangeiro, majoritário nas grandes cidades. Por essa via entraram nas cidades ideias anarquistas, difundidas nos países de origem dos operários, Itália, Espanha e Portugal. Depois da guerra de 1914, acentua-se a influência marxista, precipitada, a seguir, pelo reflexo da revolução soviética. O Partido Comunista será fundado em 1922, dominado por intelectuais e cortado de dissidências e rivalidades, sem atuação no movimento operário. Lentamente, entretanto, a ideologia marxista-leninista sobrepuja o anarquismo, infiltrando-se nos sindicatos, ainda embrionários na época. Os *tenentes*, até 1930, quando Luiz Carlos Prestes adere ao credo vermelho, não manifestam simpatias pelo movimento, fixando-se, de preferência, nas correntes oposicionistas estaduais, o Partido Libertador do Rio Grande do Sul, o Partido Democrático de São Paulo e, finalmente, na Aliança Liberal. Não obstante a fraqueza e a dispersão das correntes ideológicas, diversas greves e movimentos reivindicatórios agitam o meio operário, desde a primeira hora republicana, com o tenente Vinhais na liderança dos ferroviários, na capital da República. Vez ou outra irrompe uma greve local, de proporções reduzidas e diminutas, até que, a partir de 1917, elas atingem grau de efervescência quase revolucionária. Nesse momento — 1917-9 — a classe média urbana manifestou simpatia pelos movimentos, sendo de acentuar que, em São Paulo, o jornal *O Estado de S. Paulo* atuou como elemento conciliador. O próprio Artur Bernardes, candidato à presidência, voltou-se, discretamente, para as organizações trabalhistas, num cálculo de contrapeso ao Exército. No seu governo criou o Conselho Nacional do Trabalho, fundando, ainda, uma caixa de pensões dos ferroviários e instituindo o feriado nacional a 1º de maio. A lei de férias será outra iniciativa de seu governo, lei só posta em efetivo vigor depois de 1930. Na medida, entretanto, que se expande o operariado — de 275 512 em 1920 a 450 mil em 1930 — essa postura muda rapidamente, desligando-se a classe média das reivindicações operárias, cada vez vistas como subversivas. A militância sindical — reconhecidos os sindicatos por lei desde 1907 — sofre, duramente no governo Washington Luís, retração profunda. A questão social se converte — quer tenha pronunciado ou não a frase o último presidente da República Velha — numa questão de polícia.[32] Com a mudança no campo operário, e só com ela, o nacionalismo da ordem imprime ao seu ideário a preocupação de guardar autonomia contra as exacerbações operárias, com teor repressivo sob o molde de integração corporativa.

A tese, divulgada e consagrada, da direção do movimento dos contestadores pela classe média, ou camada média da sociedade, não se apoia na realidade, vê-se logo. Falsa será, de outro lado, a presença da grande propriedade no campo dos nacionalistas da ordem. Haverá, nesse setor, uma conciliação, antiagrária, no seu curso. A classe média, a camada média da sociedade, segundo denominações divergentes, não tinha condições objetivas de aspirar ao comando político do país. Na década de 1920, no momento de expansão inflacionária e das dificuldades do incremento industrial, depois do progresso manufatureiro experimentado durante a guerra, ela não reivindica posição autônoma. Volta-se para o governo, pedindo providências contra a carestia e para obter favores à expansão da indústria. Reclama não um papel próprio, mas o abandono de um Estado não intervencionista, preocupado apenas em atender as reivindicações do café — talvez menos dos produtores do que dos financiadores e exportadores. O empresário agrícola, dedicado ao café, o criador de gado, ao se emanciparem do credor urbano e do financiador de safras, exportações e custeio da fazenda, conseguiram articular pretensões e reivindicações próprias, sem o fomento estatal, embora provocando, em seu favor, medidas governamentais. Tinham, dessa sorte, reservas capazes de resistir ao comando de cima, sem se amesquinharem à dependência, à submissão ou à tutela. Não gozou do mesmo status o empresário industrial. Para sobreviver, meramente para sobreviver — como demonstram amplamente páginas deste livro — precisou, dramaticamente muitas vezes, de estímulo oficial, em regra concedido com relutância. A cúpula industrial só no final da década de 1920 consegue criar seus grupos de pressão, embora se deva recordar que, no mundo paulista, agora líder do movimento industrial, maior fosse sua expressão autonômica. Ainda depois de cinquenta anos, esse setor, que se tornará o setor dinâmico e condutor da economia, será um prolongamento do oficialismo, pregando a iniciativa privada protegida, modalidade brasileira do liberalismo econômico. Mostra-se, por isso, inapto a organizar uma sociedade, num quadro pluralista, com focos de poder sem que derivem do Estado. O setor se casa e prolifera no patrimonialismo, no qual um grupo estamental se incumbirá de distribuir estímulos e favores, com amor místico, um dia, ao planejamento global da economia. Sobretudo, como nos dias do Segundo Reinado, a rede creditícia estará nas mãos ou orientada pelo aparelhamento estatal, reduzindo, em termos caricaturais mas não falsos, a capacidade empresarial na capacidade de obter financiamentos. No quadro de uma situação econômico-social dessa ordem, a supremacia da chamada pequena burguesia parecerá impossível, objetivamente considerada. O processo de urbanização, já visível em 1920, não se deve fundamentalmente, como nos países industrializados, à demanda manufatureira, polo atrativo de primeiro plano. As cidades aumentam em função das crises do setor agrário, das ocupações da burocracia, do incremento dos setores terciários, dos serviços públicos necessários à metrópole. A indústria leve, nesse espaço, emprega ainda poucos operários: 275 512 para uma população de 30 milhões de habitantes, em 1920, menos de 1%. A administração pública ocupa 140 mil pessoas. Para 13 336 estabelecimentos, um terço situado na cidade de São Paulo e mais de 10% na Guanabara, existiriam cerca de 18 mil proprietários. A estrutura social das cidades denuncia um aumento quantitativo, embora perturbador, não de mudança qualitativa. Podem-se assinalar, nos anos de 1920, fatores de desequilíbrio na estrutura dominante, denunciados politicamente pelas manifestações contestatórias, pelo programa oposicionista das campanhas de 1919 e 1922. A crise não surgiria se radicada apenas nessa faixa inferior da sociedade. Será lícito supor que ela venha, conjugada a outros fatores, do desajustamento em campos mais altos, com setores à procura de integração política, no industrial em rápida acumulação de riqueza em virtude do mercado interno expansivo, no financiador de safras e exportações, sedentos de crédito para ampliar seus negócios. Sede que a estrutura econômica não aplaca, gerando o apelo ao Banco do Brasil, na época já em reaparelhamento para novas funções. Para os homens da Coluna Prestes, tão evidente era o papel dessa empresa, que lhes parecia a "monstruosa instituição bancária que superintendia a feira dos caracteres venais e das almas prostituídas".[33] A crítica, refratada no oposicionismo armado, visa ao estabelecimento não como fator de crédito, mas como auxiliar do grupo dirigente. Na conduta dos políticos retrata-se o teor do desequilíbrio, cuja solução viria, nas tentativas de Rui Barbosa e Hermes da Fonseca, de uma reforma para absorver, disciplinar e cunhar as forças em ascensão, neutralizando-lhes o fermento revolucionário. Os nacionalistas da ordem, por outra via, aspiram a iguais fins.

Há diferença substancial entre o desajuste de uma camada social e a condução dos negócios políticos, com a busca de predomínio. A classe média não seria capaz de organizar-se politicamente. Verdade que a tese sedutora do seu comando, que se cristaliza no *tenentismo*, reconhece-lhe, numa variante, a direção do Exército.[34] Aqui, porém, a engenhosa combinação aponta para rumos diversos, mais tarde confirmados: as reivindicações da classe média reclamariam proteção e amparo, não atendimento ou representação, numa realidade que autonomiza o Estado, condutor e agente econômico da sociedade. A inquietação, o desassossego, o protesto não lograriam abater um esquema dominante de trinta anos, não conseguiriam, sobretudo, articular uma situação de comando, se outras forças, movidas por diferentes sentimentos e interesses, não lhe viessem em socorro, para a vitória com estilo novo.

1922 leva a 1930, numa trajetória necessária. Mas 1922 não é 1930, nem a revolução está nas revoltas militares. Nesse curso de oito anos, alimentado por lenta desintegração, as defesas ideológicas do regime republicano perderam a consistência. As glórias sonhadas pelos propagandistas, as utopias dos extremados, o federalismo dos homens práticos convertem-se, na consciência geral, em instituições odiosas. Alguns elementos se transformam, o federalismo concentra-se no presidencialismo forte, o país essencialmente agrícola transige com as indústrias, mesmo as "artificiais", o liberalismo cede o lugar ao intervencionismo estatal. Essas oscilações, com reformas secundárias, em vez de satisfazer as reivindicações, confirmam o humor cético, acentuam a descrença do sistema, sugerem a reorganização do teatro e a aposentadoria dos atores. Os governados que se agitam perdem a confiança nos dirigentes, preocupados em cimentar as pedras soltas com a violência, quebrado o elo da solidariedade comum.

> O presente regime [sente um sociólogo, em 1925] não deu satisfação às nossas aspirações democráticas e liberais: nenhuma delas conseguiu ter realidade dentro da organização política vigente. Estamos todos descrentes dela; todos sentimos que precisamos sair dela para outra coisa, para uma nova forma de governo. Esta nova forma de governo, entretanto, ninguém ainda pode dizer ao certo qual deva ser. Não há nenhuma aspiração definitivamente cristalizada na consciência das massas. Nenhum módulo novo de crença se formou ainda no espírito das nossas elites em torno de um princípio qualquer. Há, sem dúvida, várias tendências de gravitação em torno deste ou daquele ponto; mas, ainda assim vagamente, indistintamente, de forma imprecisa e indeterminada. Há uma certa tendência de retorno ao regime parlamentar. Há uma certa tendência de retorno ao Po-

der Moderador, exercido já agora por um conselho vitalício. Há uma certa tendência para certas restrições da autonomia estadual, para uma maior extensão dos poderes federais. Há mesmo pequenos movimentos de gravitação para o socialismo alemão, até mesmo para o bolchevismo russo. Tudo isto, porém, vago, impreciso, incorpóreo. Tendo perdido a fé no regime vigente, mas não tendo elaborado ainda uma nova fé, estamos atravessando uma destas "épocas sem fisionomia", de que falava Timandro, parda, informe, indecisa — de atonia, em cuja atmosfera parada, de calmaria, giram, circulam, suspensos, germens de futuras crenças, embriões de futuros ideais, mas que não são nem crenças, nem ideais ainda.[35]

A definição, depois da calmaria enganadora do quatriênio Washington Luís, viria, dramática, explosiva, numa crise nacional que se prolongará por muitos anos.

2 | *A emergência do Estado forte e o chefe ditatorial*

Antes do 3 de outubro, em coincidência com a propaganda eleitoral, os difusos movimentos antiliberais adquirem consistência e densidade. Os jovens próceres da Aliança Liberal, formados e alimentados no seio das situações dominantes, filhos das combatidas oligarquias, mostram inequívocos pendores fascistizantes, sem que os extreme, todavia, o nacionalismo ardente e retórico dos pregadores da década de 1920. Seu parafascismo, no qual pulsa a simpatia pela organização corporativa, sem o entusiasmo, senão em raros fogachos, pela figura de Mussolini, verte-se à técnica de poder, menos do que à ideologia. Destruída a confiança no aparelhamento presidencial, rompida a política dos governadores, era necessário colocar, na área vazia, um corpo de domínio estruturado por todas as classes, comandadas autoritariamente. Perturbado o mundo coronelista com o crescimento da massa urbana, os dirigentes, ciosos do mando, utilizam processos mais duros para domesticar o rebanho tresmalhado. Expediente elitista — maquiavélico na essência — com a pele doutrinária, a qual, com o mesmo desembaraço, poderia ser trocada ou alterada. Na outra vertente, os *tenentes*, em regra filhos de estados politicamente inexpressivos, escorraçados dos palácios, cultivam nuanças difusas, contestatórias no fundo. Luiz Carlos Prestes, elevado a mito das insatisfações reinantes, graças à ambiência que se configura nos últimos anos da República Velha, envereda, a toda carreira, para o comunismo. Depois de acenar com um vago programa de melhoria para os operários, tateando na conspiração de 1930, repudia o pronunciamento armado, que passaria, no seu entender, o governo de um político conservador a outro, tudo farinha do mesmo saco. Nenhuma reforma se faria, senão mudanças de estilo, com postos distribuídos aos revolucionários, na prática de entregar os despojos aos vencedores. Em manifesto datado de maio de 1930, o líder tenentista rompe indecisões e ambiguidades, para um diagnóstico ousado da realidade, com objetivos utópicos:

> Somos governados por uma minoria que, proprietária das terras e das fazendas e latifúndios e senhores dos meios de produção e apoiada nos imperialismos estrangeiros que nos exploram e nos dividem, só será dominada pela verdadeira insurreição generalizada, pelo levantamento consciente das mais vastas massas das nossas populações dos sertões e das cidades.

Contra as duas vigas mestras que sustentam os atuais oligarcas, precisam, pois, ser dirigidos os nossos golpes — a grande propriedade territorial e o imperialismo anglo-americano. Essas as duas causas fundamentais da opressão política em que vivemos e das crises econômicas sucessivas em que nos debatemos.

O governo dos coronéis, chefes políticos, donos da terra, só pode ser o que aí temos: opressão política e exploração impositiva.

Lutemos [prossegue o longo manifesto] pela completa libertação dos trabalhadores agrícolas de todas as formas de exploração feudais e coloniais, pela confiscação, nacionalização e divisão das terras, pela entrega da terra gratuitamente aos que trabalham. Pela libertação do Brasil do jugo do imperialismo, pela confiscação e nacionalização das empresas nacionalistas de latifúndios, concessões, vias de comunicações, serviços públicos, minas, bancos, anulação das dívidas externas.

Pela instituição de um governo realmente surgido dos trabalhadores das cidades e das fazendas, em completo entendimento com os movimentos revolucionários anti-imperialistas dos países latino-americanos e capaz de esmagar os privilégios dos atuais dominadores e sustentar as reivindicações revolucionárias.[36]

Atentamente lido o programa revolucionário, revela a filiação ao movimento de 1924-7: quebrar a cúpula oligárquica para libertar o povo, jugulado pelos coronéis e mandões. Na longa alameda insurrecional o propósito se revelara inócuo: à passagem das forças de protesto, as populações rurais mantiveram-se mudas, caladas, espavoridas. A causa do silêncio, colhido da decepção, seria o imperialismo, acena o manifesto. O diagnóstico, esquemático na dualidade fundamental dos proprietários de terras e servos da gleba, complica-se com essa contribuição leninista, revelando elemento contraditório não explorado. Não seriam os agentes imperialistas frações de uma classe, vinculada à exportação e ao crédito, capaz, sobretudo ela, de orientar a política econômica? Em lugar do Estado como organização executiva dos fazendeiros e latifundiários, não estaria ele se transformando, para atender a outros interesses? De outro lado, mas na mesma linha da realidade, suprimir ou inverter a ordem social traria nada mais do que o liberalismo sem mecanismo estatal, ou a ditadura de um líder, encarnado no mito que Luiz Carlos Prestes supunha representar. A ortodoxia não justificaria, nesse momento, essa explosão, mais sentimental do que doutrinária. Os herdeiros da marcha de três anos, sem desvincular-se do núcleo ideológico que os inspirava, não poderiam aderir à proclamação extremista. A revolução se realizaria por meio de um plano protetor da sociedade, insistem, regenerando sem subverter. Nas suas fileiras haveria lugar para todos, contanto que se retificasse o conteúdo opressor da sociedade e se reformasse a elite dirigente. Todos, Siqueira Campos, João Alberto, Miguel Costa, Juarez Távora, estavam de acordo em que a massa proletária se encontra amordaçada.

Mas [responde Juarez Távora] não será invertendo a ordem existente, pela anulação sistemática da burguesia, da ascendência universal incontrastável, pelo proletariado, que se chegará ao almejado equilíbrio social. Isso apenas inverteria os polos da injustiça atual. Creio, sim, no equilíbrio e excelência de um regime baseado na representação proporcional de todas as classes sociais, erigido em regulador imparcial de suas dependências e interesses recíprocos.[37]

Esfuma-se, depois de oito anos de decepções e com o alargamento da base revolucionária, o papel condutor do Exército, substituído o órgão de comando por uma camada de controle, capaz de se sobrepor às descontinuidades dos governos. Nas entrelinhas da reorganização política, há os primeiros vagidos da promessa de uma ordem estamental, de tendências tecnocráticas.

Isolado o esboço da tendência comunista, pela primeira vez proposto em nível nacional, fora dos conciliábulos de intelectuais proletaroides, entregue ao seu destino próprio, o campo antiliberal se aproxima nas reivindicações comuns, tecido de equívocos e contradições. Ao nacionalismo estatizante dos tenentes se agrupa o nacionalismo tradicionalista dos novos rebentos das oligarquias em protesto. Em breve, os campos se separarão, para um confronto de ameaças, em proveito do leito novo que o movimento de 1930 cava no solo em decomposição. Dentro das fronteiras em flutuação, articula-se a campanha presidencial de 1929 e a revolução de 1930, conduzidas inicialmente, como em 1910, 1919 e 1922, pelas cúpulas desavindas. Agora, porém, componentes novos, de ordem econômica e social, não cicatrizarão os golpes trocados, como antes, em jornadas inconsequentes. Na superfície, estremece o quadro da política dos governadores, conduzida pelo presidente, dotado este de poderes de envergadura desconhecida nos dias de Afonso Pena e Venceslau Brás. Washington Luís, forte na sua autoridade, conta que poderá alterar o rodízio entre os estados hegemônicos. Para ele — dirá a Epitácio Pessoa — no Brasil só há uma força: o presidente da República.[38] Para isso mobiliza as unidades dependentes, em princípio todas, menos Minas Gerais e o Rio Grande do Sul. O Exército, de acordo com a doutrina firmada desde Prudente de Morais, obedece e calará, vencidas as rebeldias de 1922 e 1924. A condução da política econômica está nas suas mãos, já com o Banco do Brasil no centro das operações financeiras, socorrendo, ajudando e acorrentando os governos estaduais. A federação caminhava, como dirá mais tarde um dos atores principais do drama, a se encadear, "a sete chaves, nos cofres da rua 1º de Março".[39] Da decepção de Minas Gerais, do seu Partido Republicano Mineiro, do seu governador Antônio Carlos, nascem a intriga, a manobra, os ardis que fendem os dois parceiros que comandam a República. O Rio Grande do Sul, sempre arredio à partilha exclusivista do prêmio máximo, vê despontar o mais arguto, o mais ágil, o mais desconcertante dos estrategistas desse final republicano. Seu governador, Getúlio Vargas, quer ser o candidato das oligarquias, por meio de uma escaramuça de bastidores. A equação se define com alguma fantasia algébrica, com números e variáveis indefiníveis.

> Não creio [escreve ao seu líder no Rio de Janeiro] no êxito de uma candidatura lançada só por Minas. Bastava isso para torná-la suspeita ao Catete que a impugnaria, dando lugar ao surgimento de outro nome, como conciliação.
>
> Se Minas, por exemplo, impugnando um nome paulista, apresentasse um mineiro, o Venceslau, por exemplo, poderia surgir um candidato do Rio Grande, imposto pelas circunstâncias que decorreriam da impugnação inicial.
>
> Mas, apresentado o nome rio-grandense como impugnação ao paulista, será queimado.
>
> Levantarmos um nome do Rio Grande como candidato de luta não é aconselhável, porque devemos evitá-la, no interesse geral, nem eu aceitaria, porque não sou candidato, quer dizer não pleiteio essa condição, não a desejo. Só aceitaria se tivesse o concurso das correntes políticas dominantes.[40]

O líder da campanha confundirá essa cautela com a indecisão de um caráter frouxo, aludindo a que fora compelido "a detê-lo, pela aba do jaquetão, para que não desertasse o bom combate e se não acarneirasse, tímido e arrependido, na grei oficial do passado. [...] Queria apenas o Catete, em linha reta, evitando o travo dos sacrifícios, que enobrecem as lutas políticas".[41]

Os grupos dirigentes de Minas Gerais, Rio Grande do Sul e Paraíba unem-se às oposições locais, sobretudo as do Partido Democrático de São Paulo, do Partido Libertador e do Distrito Federal. Nas águas da contestação virão os tenentes, desconfiadamente ao lado de Epitácio Pessoa e Artur Bernardes. Na primeira hora, encapuzados e fugitivos, não têm voz no debate político, travado nas assembleias, nas câmaras e nas praças. Sentem, todavia, que o candidato Getúlio Vargas acende entusiasmos que estão fora do controle dos governos e das oposições legais, entusiasmos à procura de um mito, ajustável à legenda ferida de Luiz Carlos Prestes e impróprio para cobrir a cabeça de um líder criado nos círculos oficiais, descendente de Pinheiro Machado, filho de Borges de Medeiros, ex-ministro de Washington Luís. No máximo, para os ortodoxos doutrinários, como o governador de Minas Gerais, Antônio Carlos, se houvesse revolução, seria uma revolução antes que o povo a fizesse, isto é, em lugar do povo, em nome da ordem. A bandeira, fiel aos componentes dos contestadores, membros do oficialismo dos três estados e das oposições locais, seria a liberal, sugerida no nome da coligação — a Aliança Liberal. Os protestos conservadores do período republicano, definidos nas campanhas de Rui Barbosa e Nilo Peçanha, se atualizariam num programa reformador, sem incursões radicais.

> Bem compreendo [declara Getúlio Vargas, em julho de 1929] a necessidade de um governo de transição que não seja um reformador radical, nem se emperre na resistência

sistemática às medidas liberais e tranquilizadoras, mas facilite a tendência espontânea para que se forme em todo o país uma opinião pública vigilante e bem orientada. Esse liberalismo que alguns pretendem amesquinhar é uma realidade irrecusável e Minas é a sua expressão mais eloquente.[42]

O governador de Minas Gerais, Antônio Carlos, responsável pela reação eleitoral, não se escusa em traçar o rumo da campanha:

> As forças, que agiram para o êxito definitivo, não tiveram em vista nenhuma transformação de ordem social. Seu objetivo precípuo foi afastar do governo homens que malbarataram o poder e dele se serviram para usurpar a soberania nacional e para afrontar a autonomia dos Estados; ao mesmo tempo foi o de promover reformas que impossibilitassem a reprodução de fatos de igual natureza. [...] Estes pontos de vista, no rumo das ideias que fizeram a Aliança Liberal e a Revolução, contêm-se inteiramente no âmbito da Constituição de 24 de fevereiro. Fora dos pontos incriminados não haverá reformas. Há, portanto, a realizar apenas uma tarefa simples, restrita, com a qual não se compatibilizam, porque o povo por elas não bradou, nem as está reclamando, quaisquer inovações contrárias ao espírito da democracia.[43]

Não pretendiam os chefes do movimento — os governadores e os ex-presidentes —, sintonizados com os tempos novos, o retorno ao statu quo ante, apenas abatido o carrancismo de Washington Luís. Suas reivindicações, sinceras ou não, centralizavam-se na pureza do voto, sem a opressiva direção do presidente. Restabelecido o livre jogo da verdade eleitoral, não haveria tutores, civis ou militares, mas dirigentes apoiados na confiança popular, talvez reunidos em partidos mais amplos que não os estaduais. Nesse plano liberal, inconfessadamente, talvez despercebidamente, as elites se converteriam na comunidade do estamento, com a coesão de assegurar a livre manifestação da vontade popular. Liberalismo, na realidade, sui generis, de garantia, mas não de tutela. Os estados seriam autônomos, o presidente não gozaria de poder pessoal, mas um mecanismo, não definido, harmonizaria as forças em dissídio. Esse programa respondia — respondia em família, dentro do mesmo palco — à ascendência da União, autoritariamente encarnada nos presidentes fortes da década de 1920. No ventre das aspirações haveria de articular-se alguma coisa de novo, que ninguém sabia definir, na área superior. Na ilharga do comando conservador, admitia-se o aceno popular, como mera demagogia, expediente de ocasião, sem compromissos de profundidade, convocando astutamente a presença dos tenentes, para logo reintegrá-los na ordem por meio da anistia e com algumas promoções de posto. O apoio das "correntes extremistas e populares"[44] não seria de desdenhar, sussurra ao candidato o campeão liberal João Neves. No coro dos estrategistas havia algumas vozes menos confiantes, suspeitosas de que da turvação das águas emergisse o monstro revolucionário — não apenas a parada revolucionária.

O dissídio dos três estados levanta bandeiras sem nova expressão ideológica. Revoltam-se contra a domesticidade da candidatura oficial, com a escolha do sucessor pelo presidente, ultrapassando seus poderes de coordenar as correntes políticas. O povo que frequenta comícios e discute temas políticos apoia, desde logo, os rebeldes, mesmo antes do anúncio de qualquer programa. Sentia-se, sem embargo do debate convencional, o epílogo da luta armada, transparente nas referências a pontas de lança e patas de cavalo, sugeridas pela tradição bélica do Rio Grande do Sul. Um deputado mineiro advertia, preocupado, que as refregas políticas, no extremo sul, degeneram em lutas armadas.[45] A decepção entediada dos velhos políticos se converte, nas galerias da Câmara e nos comícios, em protesto aberto, infamado com a expectativa revolucionária.

> Iniciou-se a luta eleitoral [testemunha Osvaldo Aranha] em todos os campos, com um brilho e fulgor sem precedentes na nossa história política. Nela não se mobilizaram apenas os oradores, os chefes, os parlamentos, os partidos, os Estados, os governos, mas a vida das instituições e os próprios rumos da República [...]. Pela sua extensão e profundidade, não foi um movimento político, mas uma crise de opinião, uma reação nacional, uma transformação social. Só os cegos não viram na sombra da luta o madrugar de uma nova jornada.[46]

Os cegos riam e se divertiam com as contradições dos políticos, ontem defensores da ordem, hoje liberais. O senador Antônio Azeredo, veterano de outras jornadas, farto de comédias semelhantes, glosa o liberalismo dos dissidentes, num diálogo risonho:

> O liberalismo estaria conosco, estaria com o sr. presidente da República, se, porventura, o sr. presidente da República e as correntes políticas que o apoiam tivessem dado seu assentimento à candidatura do eminente presidente de Minas Gerais, ou do sr. Getúlio Vargas, honrado, prestigioso e querido presidente do Estado do Rio Grande do Sul.

Outro senador: "Nós somos todos vinho da mesma pipa. Houve, no conclave geral, uma pequena dissidência; um grupo menor ficou de um lado, nós estamos do outro, mas somos todos iguais".[47] Princípios em pugna, não os havia, estavam todos certos. Aos liberais não se contrapunham os conservadores, como outrora, permanecendo apenas o equívoco dos nomes. Um prócer aliancista, dado ao gosto das teorias, educado nas letras oficiais de Augusto Comte, não amava a palavra sovada, agora convertida em promessa mágica.

Somos republicanos, fiéis aos ensinamentos do passado: veneramos a memória dos fundadores da República; queremos conservar a sua construção política. Mas, queremos conservá-la melhorando, e não na estagnação das ideias que a nossa geração encontrou. Por isto mesmo, somos conservadores e não liberais. A palavra *liberal*, aliás, é um anacronismo ao meu modo de ver, e não tem significação real nos nossos tempos. Mas, como conservadores, por querermos melhorar o que aí está, somos progressistas. O nosso partido, o partido nacional que podemos fundar com perfeita tranquilidade de consciência, invocando para ele as bênçãos cívicas dos fundadores do regime, o partido que a nação espera e reclama é o Partido Republicano Progressista.[48]

Na hora final do primeiro dia da criação republicana, apuram-se as perspectivas possíveis da transformação dentro da ordem. O núcleo liberal, esgotado depois de cinquenta anos de impotência, volve ao seu leito conservador, com o esquema, já esboçado por Francisco Glicério, Rui Barbosa e Pinheiro Machado, de diluir as hegemonias estaduais num partido nacional. Se São Paulo ou Minas Gerais conduzissem a mudança por essa trilha, seria possível a mudança. Orientado por um estado dissidente, o Rio Grande do Sul, a ruptura será irremediável.

Empossado Getúlio Vargas no poder, com o apoio de metade do Exército[49] e da quase totalidade dos oficiais das insurreições da década de 1920, o curso conservador perde, dia a dia, seu conteúdo e sua mensagem. Poucos, no momento da ação, se apercebem do vento que sopra. Um deputado estadual, eleito pelo Partido Republicano Paulista, ainda admirador da Coluna Prestes, escandaliza-se com o rumo liberal da revolução, "fora do ritmo do mundo". "Uma revolução" — brada Plínio Salgado, já no caminho de seu Damasco — "em nome de um defunto. Em nome desse liberalismo que já não constitui nem objeto de discussão em qualquer país do mundo. [...] A nossa política, desde 89" — continua a escrever no mês de outubro — "tem sido uma obra de charlatanismo liberal-democrático. Não apareceu um homem de coragem. Que chegue, e dê golpes. Que arrase preconceitos. Que veja os verdadeiros perigos a que estamos expostos."[50] Os velhos políticos, fiéis à paz republicana, admitem a insurreição, nunca a revolução. Pretendem, na verdade, abortar a revolução à custa da insurreição, já que as reformas legais não haviam sido possíveis. A advertência de Rui Barbosa acerca do rumo indesejado e incontrolável das revoluções vibra nos ouvidos dos estadistas. Há muito eles sabem que não são mais a maioria dominante, mas apenas a minoria dirigente, conduzindo o país com a pele da raposa, disfarçada sobre as garras do lobo. Antônio Carlos, o astuto governador de Minas Gerais, havia traçado uma estratégia, com a qual estava entendido Getúlio Vargas: revolta sim, reformas sim, mas longe do "grave risco de perder o domínio sobre as massas", suscetíveis de seduzirem-se "por amantes inesperados e impetuosos". Nada de tocar nos alicerces sobre que repousa a estrutura social.[51] A denúncia dos perigos mencionados por Rui Barbosa e por

Antônio Carlos tem, nesse ano de 1929, uma tonalidade concreta, sem a indefinição da década que volvera. Os políticos queriam a presidência, o prêmio maior, pelas urnas, pelas pressões ou pela fraude. O país, aberto o dissídio entre os cansados atores e a plateia, queria reformas e renovação. "A nação exige muito" — diz um aliancista —, "e por enquanto nós lhe oferecemos pouco."[52] Para os conservadores, a anarquia e a desordem são a expressão das reivindicações, canalizadas fora do congresso e dos palácios.

> O primeiro e o fundamental problema é o seguinte [escreve Lindolfo Collor a Getúlio Vargas]: ficaremos ou não solidários com a eclosão da desordem? Se ficarmos, renegaremos de vez o nosso passado orgânico, a tradição conservadora do castilhismo e far-nos-emos copartícipes, senão os maiores responsáveis pelo que vier a acontecer. E que acontecerá? Vencida a revolução estaremos desmoralizados e exaustos. Vencedora, quem terá vencido? — Nós, ou os revolucionários de escola? Quem recolherá o fruto da vitória material: tu, ou Luiz Carlos Prestes? Cito este nome como símbolo.[53]

Palavras que não são de um visionário: quebrado o quadro da política dos governadores, o chefe da revolução estaria só e mal armado dentro do vazio do poder, que devora líderes e comandantes. O Rio Grande do Sul, politicamente fraco, economicamente débil, não ocuparia o posto arrasado, ainda de São Paulo. Salvo que, numa sucessão de crises, se reconstituísse, sobre o Exército reunificado e a burocracia ampliada, com interventores em todas as unidades federadas, o estamento ferido no seu poder.

A ótica dos homens que ocupam o Catete, a 3 de novembro de 1930, será adversa ao esquema da política dos governadores, mas se compreende dentro de suas coordenadas mentais. Vencedora a revolução, empreendidas as reformas políticas e só políticas, com o voto secreto e a supervisão judicial, outra vez São Paulo, com outros homens talvez, e Minas Gerais, com os mesmos líderes, comandariam a República renovada. Para o Rio Grande do Sul, depois de quarenta anos de preterições e protestos, essa seria a sua jornada de otário. Para assegurar a vitória cumpria-lhe evocar, institucionalizar e coordenar as forças nacionais — o povo e o Exército — que, se não lhe assegurariam a hegemonia estadualista, impediriam o retorno ao domínio dos dois principados. O federalismo hegemônico haveria de perecer, inviável sua inversão sob o domínio do extremo sul. Dessa estratégia acentua-se a descoloração liberal e conservadora do regime, calcada sobre o afastamento político de São Paulo. Destramente, em golpe rápido e certeiro, delibera Getúlio Vargas ocupar militarmente São Paulo, sem entregá-lo às forças políticas oposicionistas, agrupadas no Partido Democrático, desprezando o precedente de Pernambuco. Iniciou-se o "equívoco paulista", o falso equívoco, que submete o grande núcleo bandeirante, desde 28 de outubro até julho de 1931, primeiro a um delegado militar, depois ao mesmo agente, transformado em interventor, homem sem nenhum vínculo local. Banidos os chefes do Partido Republicano Paulista, alguns com os direitos políticos suspensos por dez anos, cumpria evitar a ascensão da facção oposicionista, tão apegada como a outra ao predomínio do estado. Uma fórmula de conciliação serviu para ganhar tempo, enquanto se firmasse no poder o chefe revolucionário: um secretariado local, sob o comando de João Alberto, líder e uma das expressões militares do movimento 1924-7, nascido em Pernambuco e ligado ao Rio Grande do Sul pelo casamento. Não bastava, entretanto, o desmantelo da cúpula governante, no qual seria sacrificado o próprio Miguel Costa, revolucionário desde 1924. Era necessário tocar nas bases socioeconômicas do poder, alterando os elos locais de domínio, enfraquecendo o comando dos fazendeiros e industriais, para libertar a camada média e popular. No fundo, o esquema de 1922-4-7, sem a ingenuidade de 1910, com a nova componente ideológica que a Europa trouxera ao país. Dessa inversão de pressões sairia a nova nação, sem apego ao fetichismo liberal e conservador. O tribuno do patriciado, atento às investidas de flanco, certo de onde viria o transtorno, já prometera, em 1929, que São Paulo, sob o governo do país de Getúlio Vargas, teria um regime mais popular do que o presidido por seu antagonista. A 29 de outubro de 1930, ao calor da recepção na capital paulista, a palavra de João Neves soa como um desafio: "O Rio Grande do Sul" — comunica à multidão delirante — "traz na bandeira de seus exércitos triunfantes um lema sagrado — São Paulo aos paulistas". Consciente do vínculo entre a questão paulista e as mudanças de índole nacional, comentará: "Não apoiaria, nem mesmo pela cumplicidade do meu silêncio, a obra diabólica do desmantelo de todas as forças conservadoras da sociedade brasileira".[54] Os tenentes, liderados por João Alberto, favorecidos por Getúlio Vargas — a esfinge que começa a se desvendar, aceitando a imposição de seguir o caminho que lhe agrada —, vulneram os tabus, sem cerimônia: querem que a ditadura dure, cortejam o operariado, igualando-o ao empresariado, suscitam esperanças e semeiam a utopia. O "espírito revolucionário" fermenta e tumultua — segundo um conservador — "espécie de denominador comum de todos os absurdos, desde o fascismo até o comunismo".[55] Dessas águas de muitas procedências, turvas por confusões várias, caldeia-se o futuro divisor, para um epílogo de sangue e de tragicomédia. A mão disponível de Plínio Salgado traça o manifesto da *Legião Revolucionária*, escrito a 12 de novembro de 1930, filha primogênita da revolução.

> A revolução vitoriosa nas armas deve levar avante a sua obra de regeneração nacional. A revolução não pode consistir numa derrubada de ocupantes de posições para dar lugar a um assalto a essas mesmas posições. [...]
>
> O povo fez a revolução para afastar definitivamente do poder todos os políticos profissionais, sem distinção de rótulos.

Da vitória das armas não se conclua que a ação revolucionária tenha chegado ao seu termo, que os combatentes possam dar por findo o seu trabalho, que a nação, milagrosamente, esteja reintegrada no uso e gozo das suas prerrogativas inalienáveis.

Urge consolidar a vitória. [...] Nós não somos contra ninguém, mas somos a favor do povo, do qual tudo depende. Esteja o povo disposto a não consentir que, depois de ganha a batalha, lhe seja arrebatada a vitória — e ninguém ousará ludibriá-lo outra vez.[56]

Na capital federal, um homem amável, sorridente, tido por um Filipe Égalité inócuo, começa a desconcertar amigos, correligionários e inimigos. A plataforma, lida na Esplanada do Castelo, a 2 de janeiro de 1930, correspondia, somente na aparência, às expectativas de um candidato de oposição, tal como o compreendiam os governistas. Promete a anistia, a revogação das leis compressoras, a limpeza do voto, que haveria de ser secreto e garantido pela magistratura. Dentro das linhas da ortodoxia, fala, também ele, nas "indústrias artificiais" e nas anomalias que decorrem da política protecionista. Até aí, todos poderiam cerrar fileiras em torno do candidato equilibrado, sereno, ex-ministro de Washington Luís. Duas notas mal percebidas denunciam o dissídio dissimulado: o desenvolvimento econômico e a questão social. Converso de última hora, para efeito eleitoral, como todos reconheceriam? No elitismo oportunista nada há a estranhar. Um colaborador, dedicado artífice de sua glória, não lhe recomenda, para "ficar bem com o clero": "uma frase em latim [...] e uma subvenção à catedral [...]"?[57] Outro, o articulador máximo das hostes aliancistas, malabarista em todas as artes mistificatórias, não dizia a um tribuno da plebe: vocês escolheram a linha reta; ele, ao contrário, "preferira a linha curva para chegar ao poder sem que os oligarcas desconfiassem do seu objetivo e, no poder, descarregar nestes o golpe decisivo e supremo que os baquearia para sempre na República"?[58] O homem calado, se mais bem estudado, mostraria um passado inquietador, escondido à margem de suas leituras positivistas, dosadas de Darwin, de muito Darwin,[59] para inverter-lhe o sentido com a simpatia pelos fracos, no lado antianglo-saxão. Na mocidade, num ensaio acerca de Zola, depois de descrever a miséria do proletário, demora-se na caricatura quase irada da "rotundidade do burguês ventrudo que goza e engorda", acentuando que o romancista vira a "conflagração das massas e sabia objetivar [...] o movimento das multidões".[60] Deputado estadual, ao desdém castilhista pelas assembleias, acrescenta uma lição nova: "[...] a guerra europeia demonstra a inépcia dos parlamentos para resolver os conflitos. Na época das grandes crises, os homens superiores conseguem imprimir a sua direção, dominando a anarquia dos parlamentos, e não sendo por eles dirigidos". Ainda em 1919, quer que a política "se torne um agente propulsor do progresso econômico, em nenhuma hipótese criando indústrias fictícias, mas protegendo, amparando aquelas que contribuem para o desenvolvimento da riqueza pública". Ao protesto que não se deveria confundir a presença do governo na emergência da guerra, redargui:

Tanto não é assim que, após a terminação da guerra, os poderes públicos continuaram a intervir na atividade privada, mantendo os serviços com o intuito de restringir a ganância dos particulares. Uma prova da eficácia e da oportunidade dessas intervenções está na tendência, quase generalizada na Europa, do operariado para a nacionalização das indústrias.[61]

Os precedentes dariam cor mais viva ao tópico dedicado ao desenvolvimento econômico do discurso que abre a campanha de 1930. Produzir e produzir muito, com ênfase agrícola, em favor do lavrador contra os intermediários, advertindo dos perigos da monocultura e do latifúndio, reconhecendo no café, embora, "o maior e mais urgente dos problemas econômicos atuais do Brasil". O "proletariado rural, reduzido à condição de escravo da gleba", recebe a promessa de um pedaço de chão, com assistência governamental. O problema industrial, que ainda não transparece como o setor que dinamizará a economia, tem uma chave, ainda desdenhada e embaraçada em dúvidas e incertezas, só superadas com um Estado economicamente condutor. Isto não está dito, mas se entende dos pressupostos da medida proposta:

> O surto industrial [proclama na Esplanada do Castelo] só será lógico, entre nós, quando estivermos habilitados a fabricar, senão todas, a maior parte das máquinas que lhe são indispensáveis.
>
> Daí a necessidade de não continuarmos a adiar, imprevidentemente, a solução siderúrgica. Não é só o nosso desenvolvimento industrial que o exige; é também a nossa segurança nacional, que não deve ficar à mercê de estranhos, na constituição dos seus mais rudimentares elementos de defesa.

A indústria dependente das importações, alimentada pelo poder de compra das exportações, seria meio de submissão, tal como os produtos agrícolas. O ideário nacionalista aí está vivo: produzir para emancipar o país, com recursos próprios, com a remodelação do Banco do Brasil, para "exercer função de *controler*, como propulsor do desenvolvimento geral". Urgia caminhar depressa, com ousadia, para que o país não fosse mais o *arriéré* — o termo está no lugar da palavra ainda não inventada, o subdesenvolvimento —, "*arriéré* ainda que se restrinja o confronto apenas à América do Sul". A mais característica das afirmações do candidato versa sobre a questão social, não mais visualizada como recurso para, mediante concessões, salvar o mundo conservador liberal, como soara na última campanha presidencial de Rui Barbosa. Nenhuma lei ou nenhum compromisso internacional, recomendado no Tratado de Versalhes, se aplicava no país. O proletariado urbano e rural precisava de "dispositivos tutelares", com argumento de gume cortante: "Se o nosso protecionismo favorece os industriais, em proveito da fortuna privada, corre-nos, também, o dever de acudir ao proletariado, com medidas que lhe assegurem relativo conforto e estabilidade e o amparem nas doenças como na velhice".[62] A indústria só existe pelo protecionismo, o café pelo amparo governamental — o Estado é o centro da economia, que a tutela e a dirige. O proletariado, um dos elementos desse favorecimento oficial, mas desdenhado pelo governo, merece, em consequência, igual atenção. A perspectiva está francamente mudada, com o abandono do louvor insincero à iniciativa particular, na verdade obra do fomento estatal. Este é o sentido, profundo e despercebido à época, da mensagem do candidato. Seu papel se apresenta definido: ordenar, sistematizar e reconhecer essa realidade, reforçando a comunidade que a sustentará, em breve agrupada na vanguarda militar, os "tenentes".

Contemporânea à palavra, coada sobre a pugna parlamentar e a citação jornalística, o candidato e o chefe provisório do governo encontram a sua personalidade, outrora estrangulada na obediência a Borges de Medeiros e na carreira política convencional. Há muito, os políticos oficiais não conheciam o calor das ruas, os aplausos, as aclamações, reservadas aos contestadores. O dissídio do povo com seus representantes nominais criara, nestes, o sentimento de desdém e desafio às massas, por eles tidas como extraviadas e embriagadas por demagogos sem escrúpulos. Getúlio Vargas, em dezembro de 1929, supõe que sua designação não atrairia entusiasmos, cifrado o dissídio a uma campanha morna, que seria forçado a fazer, acabrunhado com a "prebenda que Minas lhe havia imposto". Minas Gerais havia impingido o bonde ao Rio Grande — vendeu-o e obrigou-nos a empurrá-lo, reconhecia Osvaldo Aranha.[63] A capital federal, para surpresa dos aliancistas e inquietação do oficialismo, tributa ao candidato delirantes manifestações, com a praça Mauá e a avenida Rio Branco cobertas de povo. Ainda assim, o cético, o realista, o frio calculador não se ilude. O Rio de Janeiro era um viveiro contestatório, pronto para aplaudir todos os oposicionistas, contanto que houvesse festa e carnaval. Com relutância, descrente, delibera visitar São Paulo, talvez para não ceder a ameaças. Noite chuvosa na capital bandeirante, depois de um percurso ferroviário com as palmas magras dos oposicionistas locais, engravatados nas estações intermediárias.

> Assim que por volta das 20 horas [testemunha um paulista] despontou o cortejo na Várzea do Carmo, tive um arrepio. Não era possível o que via! Caminhava não um cortejo, mas uma imensa multidão. Que sucederia quando aquela gente toda se encontrasse com a que estava em cima da ladeira?
>
> Santo Deus! Não sei como passei os minutos que mediaram o instante em que divisei a coluna popular em marcha e o do seu encontro com o público da cidade.
>
> Hoje, posso dizer com toda a segurança que nenhum dos cidadãos que assistiram àquele espetáculo poderá tê-lo esquecido. No amplexo daquelas multidões, em meio de frenesi coletivo, alguém bradou: "Nós queremos Ge-tú-lio!". A multidão, como nunca São Paulo vira igual, repetia: "Nós queremos, nós queremos Getúlio!".

Daí por diante tudo foi de roldão: as providências policiais e o programa da Comissão de Recepção, tudo, tudo! [...] São Paulo amanheceu, a 5 de janeiro, estatelado. Como pôde acontecer tudo aquilo entre a gente pacata e fria da cidade dos nevoeiros? Na véspera, aquele entusiasmo ardente, aquela multidão serpenteando num cortejo que não tinha fim, constituíram espetáculo nem sequer imaginável. [...] Para uns poucos observadores, porém, uma dúvida perturbava os espíritos. Durante a espantosa apoteose, embora agradecendo as manifestações, o herói aclamado parecia, às vezes, um manequim de museu de cera. O presidente do Rio Grande tinha ares de perplexo, mas insensível, distante, abstrato. Enigma para os que não podiam vislumbrar o seu drama íntimo. Para os que o conheciam, nenhum mistério; ele tinha que decidir entre a vontade daquele povo e a sua própria vontade: pachorrenta, comodista, preguiçosa.[64]

No traço depreciativo do observador inconformado — no inconformismo que se levanta entre o fato e o depoimento —, a observação certeira: o homem vestia, predisposto por velhas tendências, o mito. Começa a sentir que não era ele o candidato dos situacionismos divergentes, mas de um país em protesto. A máscara, que parecia caber a Luiz Carlos Prestes, amolda-se à sua fisionomia, para não mais desprender-se da cabeça. A camisa, vestida para o torneio dos conciliábulos, converte-se na pele do político. De regresso a Porto Alegre não aludirá mais à "prebenda", ao "bonde": a eleição, de um engodo, seria uma possibilidade, com uma aventura cintilando no horizonte.

Na hora de ocupar o comando da nação, a força militar, que o trouxera ao Catete, permitia a Getúlio Vargas manter-se no poder. O bloqueio de São Paulo, internamente desarmado, evitava a reação. A auréola popular prometia continuar o caminho por veredas não apenas políticas. Por enquanto, todavia, todos os esquemas eram transacionais: em São Paulo, o delegado militar, e depois interventor, sofria a vigilância de um secretariado imposto; o Exército, chefiado pelos generais não insurretos, via com desconfiança o aparecimento dos tenentes ousados; o povo, massa inarticulada, hoje aplaudiria, amanhã poderia protestar. Rondando as antessalas do palácio presidencial, o liberalismo dos governos de Minas Gerais e do próprio Rio Grande do Sul, os aliados da aventura, queria, uma vez realizada a reforma política, retornar ao jogo democrático. Anular os dois principados, para inaugurar um terceiro — o do extremo sul —, seria empresa impossível: as cinzas de Pinheiro Machado não renasceriam da frustração. A hegemonia prussiana seria, por consequência, um desatino anacrônico, que ninguém mais considerava viável. Na hora do triunfo, o Rio Grande, para governar, diluiria suas reivindicações em curso de expressão nacional, perdida a última ilusão estadualista. Com o olho federalista, a hegemonia gaúcha parecia um assalto a empregos e a vantagens materiais:

O penacho do nosso idealismo jazia quebrado [clama um liberal dos pampas], entre os destroços da nossa dignidade cívica. Não passávamos, aos olhos dos outros brasileiros, de cossacos selvagens, manejando a nagaika contra os demais concidadãos, e oprimindo o país para proveito individual dos nossos.[65]

O revide à exclusão do pacto café com leite não encontrava nenhuma tolerância, numa sociedade habituada à política dos despojos. O rumo político-social era outro e exigia medidas de índole mais profunda. Essa missão, o presidente provisório, entre transações e compromissos, hesitações e recuos, a compreende cautelosamente, passo a passo. Um jornalista identificou-o, nessa hora, ao chuchu, sem gosto e inodoro, que assume o sabor do molho com que o condimentam. Ele "protela, procrastina, transfere, demora, adia, prorroga (haverá mais alguns sinônimos) esperando ninguém sabe o quê" — ironiza um escritor.[66] Bem que ele sabia o que esperava. A raiz liberal da formação do ditador — talvez mais viva pelo condicionamento político do que pessoal — não admitia o desvario das massas desaçaimadas, que engoliriam toda a ordem social, nem o domínio rígido do nacionalismo direitista. Liberal, sim, mas de teor tutelador, de caráter positivista e não rousseauniano, com a soberania popular como pressão a ser atendida pelo governo, guardando este a liberdade de selecionar as reivindicações. Os problemas sociais deveriam ser incorporados ao mecanismo estatal, para pacificá-los, domando-os entre extremismos, com a reforma do aparelhamento, não só constitucional, mas político-social. Mudança para realizar o progresso nacional, sem a efetiva transferência do poder às camadas médias e populares, que se deveriam fazer representar sem os riscos de sua índole vulcânica. Essas correntes ocupam o cenário, na verdade, antes que assumam consciência de seus interesses, antecedendo às transformações econômicas que justifiquem seu poder. Daí, na perspectiva do poder, a necessidade de um Estado orientador, alheado das competições, paternalista na essência, controlado por um líder e sedimentado numa burocracia superior, estamental e sem obediência a imposições de classe. Repelido o comunismo, duramente combatido, afastadas as proposições socializantes, o rumo ditatorial será ajudado pela ideologia fascistizante, num aglomerado confuso de tendências e alas.

A espinha dorsal do novo modelo será o elemento militar, com o setor dinâmico dos tenentes — de tenentes a generais, todos tenentes historicamente —, onde predomina a voz, confusa como a hora confusa que passa, do coronel Góes Monteiro, chefe militar da revolução de outubro. O cunho político do Exército se abre na quebra dos exclusivismos estaduais e no aliciamento do povo — as camadas médias e as proletárias — em movimentos de organização do poder e da ideologia reinante. A Legião Revolucionária de São Paulo, fundada por João Alberto, depois de articulações com Juarez Távora e Osvaldo Aranha, fixa o primeiro contorno das aspirações revolucionárias, divorciadas da imediata reconstitucionalização liberal. Reclamam um Estado forte, sem obediência aos sistemas políticos transplantados, comunismo ou fascismo, capaz de combater o latifúndio, os trustes, os monopólios e o imperialismo, sobrepondo-se às classes e às massas. A nota modernizadora do movimento assume feição nacionalista: um direito público brasileiro, um governo brasileiro, uma política brasileira. A nacionalização da economia — nacionalização e não socialização — completa o quadro, sob o pressuposto do aniquilamento do centrifuguismo estadualista. A sarna — segundo a furiosa reação generalizada dos políticos e jornais — se estende a Minas Gerais, com a Legião de Outubro, liderada por Francisco Campos e Gustavo Capanema, com camisas cáqui, milícias e símbolos, em franca inclinação à cópia fascista, com o apoio discreto, cauteloso, quase envergonhado do governador Olegário Maciel. No movimento mineiro, menos militar e mais político, embora repousasse na estrutura militar que assegura o plano geral, percebe-se o propósito de anular o oficialismo do Partido Republicano Mineiro, cujo elemento preponderante era Artur Bernardes. De sentido antiestadualista, mas sem expressões militares, pouco dados os montanheses à profissão das armas, tomou a Legião cunho fascista, ideologizando-se para homogeneizar-se e captar adesões. Osvaldo Aranha, ministro da Justiça, estimula o contágio, sob as vistas favorecedoras mas desconfiadas de Getúlio Vargas. No Rio de Janeiro, como órgão de cúpula, estrutura-se o Clube 3 de Outubro, presidido por Góes Monteiro, com a assessoria ainda de Osvaldo Aranha, Juarez Távora, o vice-rei dos interventores do Norte no comando, José Américo, a voz civil da faixa geográfica que parte do Espírito Santo e alcança o Amazonas. Muitos anos depois, Góes Monteiro, que progressivamente conquista a liderança de seus companheiros de armas, confessará que visou, com a nova organização, a "impedir ou deter" a divisão do quadro militar, criando as bases de um partido que apoiasse a revolução.

> O objetivo que tive [dirá] com a fundação desse plano foi impedir que os tenentes levassem questões políticas para os quartéis, ficando estas adstritas ao Clube, o que resguardaria a disciplina e daria oportunidade de uma reconciliação entre militares revolucionários e seus antagonistas.[67]

Nas franjas coloridas e rendilhadas da retórica das ideologias, centra-se o problema real de definir o papel do Exército. Garantir e nunca tutelar o povo e as instituições — será a fórmula de Góes Monteiro,[68] esquema que não exclui as intervenções políticas, mas repele a ditadura militar, bem como o amoldamento da sociedade por meio de diretivas formadas na organização militar. Caminho cheio de atalhos e emboscadas, vestido de muitos matizes, com a vigilância na hora da crise, retificando extravios e punindo aventuras catilinárias. A doutrina prevê a legitimidade do golpe de Estado: "Hoje" — volvidos 25 anos, reconhecerá o presumido herdeiro de Benjamin Constant — "o Exército está dividido, pelo menos na fantasia mental, em golpistas e antigolpistas. Mas isso é conforme a época e os interesses em causa. Os golpistas já foram antigolpistas e vice-versa, e os antigolpistas não são mais que ultragolpistas".[69] Dentro da corrente cruzada, entre a cabeça fria dos não intervencionistas e dos idealistas das transformações sociais e políticas, o Exército não se deixou seduzir pelo fascismo — como aconteceu com os exércitos italiano e alemão —, graças ao repúdio à teoria da obediência passiva. Na hora turvada, este o seu título de fidelidade a uma longa tradição republicana, mesmo nos meses das vitórias nazistas da Europa, apesar das fantasias de alguns chefes. Imune, igualmente, ao delírio da ditadura de classe, guardou, coerentemente, a fidelidade ao modelo moderador, cobrindo o vácuo institucional que a sociedade, e não as leis, criaram no sistema político. O caminho, na hora, alimentava-se de contradições, estimuladas por líderes civis que acreditam que só um poder nacional, e não o poder dilacerado dos principados, pode acudir às necessidades populares e à obra da renovação política. A contradição entre a disciplina e a atividade política seria só aparente, doutrina um líder civil do tenentismo:

> Condenais a intervenção dos militares na política, como prejudicial ao espírito de classe. E participais — vós mesmo — dos conselhos do governo e das próprias organizações partidárias que a revolução modelou. [...]
> É uma determinação do movimento de 1930. Respondeis pelos paisanos que conjuraram conosco e pelos camaradas que vos confiaram a honra de soldados e a própria vida nesse desfecho. Sois um fiador das duas correntes que precipitaram toda a força de alma do Brasil na solução extrema.[70]

O "regime de força", sobranceiro às competições locais, para compensar a debilidade das correntes que apoiam o governo, não deveria degenerar na ditadura militar, no militarismo. "Depois desse período de decantação" — prossegue o candidato presidencial das forças populares em 1937 —, "o Exército regressa a si próprio, como diria Salazar."[71] Esse trânsito vai de 1930 a 1934, quando Góes Monteiro chega ao Ministério da Guerra, encerrando o primado militar disperso, para inaugurar o primado da organização coesa, depurada de suas vacilações internas. O processo revolucionário, contudo, havia de durar um decênio — prevê o chefe militar da revolução. As transformações e as reformas se enquadrariam no nacionalismo econômico, "dirigido por um Estado cada vez mais fortalecido".

> O Estado [prossegue Góes Monteiro] deve ter poder para intervir e regular toda a vida coletiva e disciplinar a nação, criando os órgãos e aparelhos próprios para organizar a nossa economia, obrigar todos ao trabalho e satisfazer o mínimo das necessidades morais e materiais de todo o cidadão brasileiro que sirva, realmente, à sua pátria.

Onde estaria o apoio para essa empresa? Na opinião pública sem caráter nacional, nos estadualismos exclusivistas, nas ambições pessoais arvoradas em lideranças, nos partidos artificiais, no fascismo, nazismo ou bolchevismo? A resposta, concludente:

> Ficam só o Exército e a Marinha como instituições nacionais, e únicas forças com esse caráter, e só à sombra delas é que, segundo a nossa capacidade de organização, poderão organizar-se as demais forças da nacionalidade. [...] Nestas condições, as forças militares nacionais têm que ser, naturalmente, forças construtoras, apoiando governos fortes, capazes de movimentar e dar nova estrutura à existência nacional, porque só com a força se pode construir, visto que com a fraqueza só se constroem lágrimas.[72]

O resíduo liberal, fixado nos direitos e garantias, não desaparece, desembocando logicamente na assembleia constituinte. A ditadura seria de emergência, para o encaminhamento das reformas políticas, com a libertação do voto, cuja condição prévia seria a jugulação das milícias estaduais. Com isso o coronelismo e as oligarquias se esvaziariam, dando margem a que se fortalecesse o poder central, para as outras reformas, de maior profundidade, muitas delas coloridas ingenuamente de reivindicações de classe média. Essa dualidade — reformas para restabelecer o sistema liberal e reformas sociais por meio de Estado forte — desagregou o Clube 3 de Outubro e as Legiões, em favor, na superfície, da ordem constitucional, e, no fundo, do sistema ditatorial. A direção estatal, com o executivo orientador e reformista, predominou na estrutura política, na qual a Constituição de 1934 foi apenas um equívoco. A fachada liberal democrática, para persistir, deveria manter aprisionadas as forças estadualistas por meio de representantes classistas, na verdade agentes do governo no seio do Poder Legislativo. Juarez Távora, tenente já promovido a major, mostra a precariedade do ensaio constitucional à vista: "Nós, militares, não devemos disputar lugares à mesa do banquete onde se sentam os políticos vitoriosos. Mas cumpre-nos, como ineludível dever de patriotismo, continuar de baionetas caladas, para impedir que aqueles banquetes se transformem em rega-bofes".[73] Sistema constitucional tolerado — este o esquema possível — sob a vigilância do fuzil engatilhado. Enquanto no Norte as interventorias tenentistas se consolidam, um grave revés põe em risco a democracia vigiada, ou garantida, como preferia Góes Monteiro. João Alberto, em julho de 1931, não consegue disciplinar as forças políticas de São Paulo, chave de todo o comando revolucionário. Percebia o chefe do governo provisório que o Estado se transforma no Exército, o Exército encarnado nos tenentes. Menos por amor à sua maquiavélica sede de poder, como entendiam as facções pré-revolucionárias, do que impelido pelo sistema de forças, parte o ditador para a constituinte, que supunha tutelável, com base no povo. Nessa balança — Exército e povo — estava o ponto de equilíbrio, com a supremacia do Estado, sem dependência exclusivamente militar, sustentado nas organizações sindicais oficiais, na economia dirigida por órgãos de toda casta, assessorado por conselhos técnicos de índole vária, e, sobretudo, subordinando a política cafeeira a um órgão federal. Para apoiar o mecanismo de controle, a indústria seria uma dependência do governo, quer pelo fomento ao crédito, quer pela criação estatal da siderurgia. Trilhando a estrada real, que seus tutelados e adversários deixam aberta, o ditador segue, aparentemente solitário, ao encontro da nação. Um sistema estamental, com a reorganização da estrutura patrimonialista, ocupa o espaço vazio, rapidamente, diante dos olhos atônitos de camaradas e inimigos. Um poder se alevanta, sobre as classes, sobre os partidos e facções, sobre o Exército e o povo, com um líder que poucos veem. Ao tomar posse do governo, não deixara ilusões:

> No fundo e na forma, a revolução escapou [...] ao exclusivismo de determinadas classes. Nem os elementos civis venceram as classes armadas, nem estas impuseram àquelas o fato consumado. Todas as categorias sociais, de alto a baixo, sem diferença de idade e sexo, comungaram num idêntico pensamento fraterno e dominador — a construção de uma pátria nova, igualmente acolhedora para os grandes e pequenos, aberta à colocação de todos os seus filhos (3 de novembro de 1930).

O retorno constitucional, pregado pelos aliados da véspera e desejado pelos vencidos, lhe parece inviável, por incapaz de "realizar reformas radicais, impossível de execução em período de normalidade constitucional" (23 de fevereiro de 1931).

> Constitui fato incontroverso [são palavras de 8 de setembro de 1933] e os constituintes terão de levá-lo em conta — a decadência em que caiu a concepção da democracia liberal e individualista e a preponderância dos governos de autoridade, em consequência do natural alargamento do poder de intervenção do Estado, imposto pela necessidade de atender maior soma de interesses coletivos e de garantir estavelmente, sem o recurso das compressões violentas, a manutenção da ordem pública, condição essencial para o equilíbrio de todos os fatores preponderantes no desenvolvimento do progresso social. A chave de toda organização política moderna é a segurança e eficiência desse equilíbrio. Onde ele faltar há perturbação, entrechoques e dispersão de energias.

Pela palavra do chefe do governo estava encerrado um esquema político: a liberdade, circunscrita aos atores políticos em evidência, garantidos pelos principados, não cederia o lugar à soberania popular como quiseram os aliancistas. A ampliação das tarefas do Estado, sacrificando o aparelhamento institucional, restringe o sistema das liberdades e garantias, para resvalar, em breve, no policialismo repressivo. No Império, as restrições à atividade política se justificariam no atraso e incultura populares; na nova República, para acelerar o progresso, deveria haver o silêncio das oposições. A bandeira se constela, nessa obra de substituir a nação pelo Estado, com o nacionalismo. Em breve, articuladas as tenazes oficiais, a luz e o movimento viriam de cima, alimentados pelo desgaste de forças em contrapeso, com um árbitro supremo, ele próprio enquadrado em mecanismos públicos. O centralismo, fonte da homogeneidade da condução das diretrizes do governo, quebra o estadualismo, agora apenas o perturbador exclusivismo de oligarquias desnacionalizantes.

A Constituição de 16 de julho de 1934 deveria pôr termo ao movimento revolucionário. As reivindicações liberais, com o matiz que vinha das contestações da década de 1920, foram atendidas. O pleito seria livre, formalmente livre, com a supervisão judicial e o voto secreto. Na realidade, com as interventorias e os partidos manipulados pelos agentes do governo federal, o coronelismo, sem desaparecer, se anulara. Ele se acaudilhara, seguindo suas diretrizes íntimas, aos governos estaduais, que podiam lhe negar pão e água. A obra constitucional, desprezando o talvegue por onde correram as águas nos quatro anos revolucionários, conduzidas por Getúlio Vargas e sua burocracia civil e militar ascendente, seguiu o rumo traçado nas reivindicações da Aliança Liberal. O liberalismo, já reduzido a uma franja, ocupa o lugar da toalha, sobre a mesa do banquete. Partindo de ampla definição dos direitos e garantias individuais, reduziu o governo a uma ficção, desconfiado de suas tendências autoritárias. No Catete, o chuchu não reagiria, simples "tigre vegetariano", acomodável a todas as circunstâncias, contanto que o não perturbassem nas suas sestas, oportunista estéril, mantido sobre "a flutuação manhosa na crista da onda". De outro lado, para acalmar os impacientes, os tenentes desavorados e confusionistas, prometia a Carta a nacionalização dos bancos, das minas e do aproveitamento das águas. A legislação do trabalho consagraria todos os desejos, com a assistência a todas as necessidades. Regime de transação, com uma única realidade: a simples modernização do estatuto de 1891, peado o chefe do governo de ousar reformas e transformações. A um escritor, Getúlio Vargas, sempre cauteloso nas confidências, não poupou críticas à Constituição, jurando ser seu primeiro revisionista. "Os constituintes" — declarava — "tinham se esquecido do Brasil. O governo da União fora despojado dos meios de realizar os seus fins de supervisão administrativa e política da nação." "Senti" — depõe o arguto ouvinte — "que o que o impressionava era o destino da federação, ameaçado de ser novamente entregue, sem armas para defender-se, à desenfreada disputa dos Estados."[74] Poderia repetir as palavras com que abrira os trabalhos da Constituinte, ao fazer a crítica do regime deposto: "A obra política criada deixara a nação fora do Estado, e a reação anunciava-se inevitável".

A reorganização política esvaziara o poder, com o propósito de reformá-lo. No discreto vácuo aberto, precipitam-se as correntes para ocupá-lo. O integralismo, moldado sobre o fascismo, com adaptações nacionais, se expande em nível nacional, colhendo a herança abandonada da direita nacionalista da década de 1920. Segundo um dogma que recebera contribuições antigas e recentes, o liberalismo, entregando a sociedade a si própria, não passava do anarquismo latente, caldo propício ao golpe comunista. A "liberal democracia", de outro lado, segundo a fórmula engendrada para depreciar o regime do voto e dos partidos, além de gerar o caos proporcionaria o domínio do país pelo capitalismo internacional. A organização do Brasil segundo moldes profissionais restauraria a autoridade e afastaria o cosmopolitismo, "isto é, a influência estrangeira, um mal de morte para o nosso nacionalismo".[75] Intelectuais se aproximam, senão que aderem, ao movimento, com as francas simpatias da hierarquia católica e algum favor nas classes armadas, sobretudo na Marinha. O namoro ou a mancebia era natural: sob um quadro importado e nacionalizado oferecia-se a oportunidade de um governo estamental, de comando de cima para baixo, coerente às aspirações de universitários cultivados para o exercício do poder sem a disputa plebeia. Governar seria ofício pedagógico de grupos remanescentes da velha República, remodelada autoritariamente. A classe média, sobretudo a nova classe média (*white collar*), sem papel político na sociedade, desdenhada pelas camadas dominantes, sente no credo verde a oportunidade de ajustar-se ao Estado, que a banira, durante quarenta anos, como parasitária e improdutiva. Na vertente oposta, o pânico do comunismo, dramaticamente denunciado com a Aliança Nacional Libertadora, sob a ascendência de Luiz Carlos Prestes, agora conciliado ao outrora frágil partido sem expressão, acelera o crescimento do integralismo, já numeroso em 1935. O integralismo seria a fórmula retificada e exacerbada da República Velha, na feição de domínio das camadas médias, sem estadualismo e sem oligarquias, com uma comunidade no poder, liberta dos azares do liberalismo. Ele corresponde, não na forma, mas na essência, tirante o ritual fascista, à manutenção do poder pelos revolucionários de 1930 saídos dos grupos dominantes, Osvaldo Aranha, este, na verdade, em rápida conversão à democracia, Gustavo Capanema e, sobretudo, Francisco Campos. Plínio Salgado será o ator ostensivo que, muito breve e com muita facilidade, Getúlio Vargas — tido por Vitório Emanuel em perspectiva — arredará com um piparote. No outro extremo, o radicalismo esquerdista não seria uma ameaça real, mas uma peça do jogo, que servia à conquista do poder, gerando área de reação, vinda de raros ex-tenentes, intelectuais comprometidos na denúncia ao atraso social, e trabalhadores.[76] As reformas constitucionais e a lei de segurança, votadas para enfrentar tais perigos, em lugar de fortalecer o movimento integralista, dotavam o chefe do governo, eleito para o quatriênio 1934-8, dos meios à escalada ao poder, enfraquecido pelo estatuto político.

Enquanto os extremismos pretendem ocupar o vazio que o sistema deixara, para os políticos liberais, acordados do torpor com a campanha de reconstitucionalização, a solução da *melée* estaria no retorno ao predomínio dos estados. A política dos governadores reformada joga sua cartada anacrônica, sob a presunção de que cabia ao Rio Grande do Sul, senhor do governo federal, comandar a banca, com o baralho de cartas marcadas. Um talentoso historiador e estadista, em livro recente, farta-se no desenvolvimento da tese, como se fosse possível volver aos dias de Pinheiro Machado.

> Vargas e os seus colaboradores pretendiam — e conseguiram — impor ao cenário político nacional, a fim de, destruída a hegemonia mineiro-paulista, assegurar, pelo maior tempo possível, o predomínio do Rio Grande. [...]
> De resto, por mais maquiavélica que tenha sido a ação dos gaúchos em dividir para reinar — ou antes, dividir para durar — o que parece certo é que ela correspondia a uma aspiração mais ampla do que as simples ambições dos homens do pampa.
> O binômio mineiro-paulista estava superado, e o declínio do estadualismo como força atuante do regime presidencial não era, no fundo, senão a grande prova disso.
> Os militares revolucionários, o nordeste, as grandes cidades, enfim, consideráveis forças desejavam a colocação do governo nacional em novas bases, que não aquelas havia tempo decadentes e derruídas, afinal, pela fácil marcha de outubro.
> Podemos dizer que os gaúchos foram instrumentos de desejos e mesmo de necessidades mais amplas. O que houve de especificamente pampeiro foi a sagacidade e a pertinácia com que eles aproveitaram o impulso geral para, estimulando choques e rivalidades, poderem manter, por tantos anos, a República vestida de bombachas.[77]

Quem mais se engana, entretanto, são os próprios rio-grandenses — com a exceção de Getúlio Vargas. Os políticos do Sul consideravam o presidente "um simples delegado seu para governar o Brasil".[78] O interventor e depois governador Flores da Cunha deliberava sobre todos os assuntos nacionais e de outras unidades, opinando e pressionando na designação de interventores. Ainda em 1935, três anos antes do término do mandato presidencial, utiliza-se do expediente de outros tempos: antecipar o debate sucessório. É o "inventário em vida", referia um dos íntimos a Getúlio Vargas, "com tal antecipação que os teus últimos dias terias que vivê-los das sobras do espólio ou da misericórdia dos herdeiros".[79] Afinal, depois de manobrar contra um candidato paulista, em proveito próprio, numa sucessão entre rio-grandenses — repetição de um esquema vazio —, temeroso de que, na onda agitada, desapareça o poder de decisão do estado como estado, firma um pacto, já defensivo, entre São Paulo, Bahia e Rio Grande do Sul. Daí se projeta o candidato paulista Armando Sales de Oliveira, manobra defensiva contra pretensões continuístas; na realidade, expressão de correntes sociais contra outra corrente socioeconômica. Em revide, Getúlio Vargas, depois de separar o governador mineiro do líder Antônio Carlos, retirando-lhe a presidência da Câmara dos Deputados, sugere que o estado montanhês, dócil aos seus apelos, lance José Américo de Almeida, filho de uma pequena unidade, sem raízes na política de seu baluarte, por isso facilmente sujeito ao desgaste. Ao seu lado, congregam-se as forças populares, restos do tenentismo e dos elementos que não conseguiram ordenar-se no sistema dominante. Era o situacionismo sem hegemonia que se aprestava à luta, com uma campanha que irrita os elementos conservadores da sociedade, alarmados com o prometido regime democrático sem a presença estatal, já necessária ao desenvolvimento da economia. Dividido o campo só faltava ao desenlace o último lance: a retirada das mãos do governo estadual da Brigada do Rio Grande do Sul. A intervenção federal foi o epílogo, em outubro, para eleições que se realizariam nos primeiros dias do ano seguinte, com três candidatos — Armando Sales, José Américo e Plínio Salgado.

As correntes geradas sob a garantia do estatuto de 1934, traduzindo velhas inquietações, estão, em três anos, congeladas, impotentes para a ação, vencida a esquerda na dura repressão policial. Segundo a interpretação da história que a faz obra das personalidades, interpretação embelezada pelo elitismo político, tudo o que se passou obedeceu aos planos, à tática, à astúcia de um demônio dotado de todos os filtros do engano. Seus amigos de mocidade, os aliados políticos, os adversários descobrem, para surpresa de suas lembranças íntimas, que a nova encarnação do príncipe maquiavélico, marcado de dom-juanismo sedutor, caminha sem direção e sem bússola, cavalgando todas as oportunidades. Flores da Cunha percebe, espantado, que o chefe revolucionário não era apenas dúplice, mas multíplice. João Neves vê o timoneiro que zomba de compromissos

> sem plano preconcebido, sem rumos previamente traçados, sem persistência nas diretrizes que adota, marchando e contramarchando, entre vacilações habituais.
>
> Uma vela em cada altar, até que os acontecimentos se encarregassem de situar o perfil da situação.
>
> Hoje tudo, amanhã menos, no dia seguinte quase nada. Sempre a velha tática das concessões e recuos, a farmacopeia dos emolientes, aquelas murmurações monossilábicas, cedendo aqui para recuperar alhures. Política reptilícia, buscando tornar estável a instabilidade do equilíbrio. Especialmente, dilatando, adiando, dividindo, prometendo, no compromisso dos interesses e rivalidades.[80]

Um escritor, que o frequentou, diria, reproduzindo impressões antigas, que "Getúlio Vargas impusera ao país uma ditadura em nome de coisa nenhuma. O que se via e sentia era simplesmente o exercício vegetativo do poder".[81] Para o povo, o chefe do governo aparece como o não político que, em ágil golpe de capoeira, estatela no chão seus oponentes ou companheiros de jornadas. Na imagem ingênua das ruas, o quadro, antes de ser grotesco, satisfaz aspirações ocultas e vinga agravos anônimos: o homem de casaca, chapéu alto, solene, recebe um golpe certeiro, inesperadamente, chaplinianamente entre as gargalhadas do auditório. Na outra face, ou dentro dela, emerge o mito, personificado no protetor das classes desamparadas. No jogo inconsequente das manobras de cúpula, o "homem providencial", formado nas entrelinhas da ideologia colorida de utopia do tenentismo, amalgamadas ao povo, o presidente encarna o condutor das transformações, em rumos novos. Muitos de seus seguidores lamentam, é verdade, a cautela dos seus passos, o temor de abrir as velas aos ventos, o que seria explicado por suas raízes oficiais. Ele será, na hora do trânsito, o agente da transformação de um sistema de poder tradicional, calcado no coronelismo e nas oligarquias, para o delírio manso da chefia carismática. A estrutura racional, de fundo liberal, tais as decepções e a incapacidade de operar nos fatos, perde-se, rapidamente, nas sombras de sonhos teóricos, obra de copiadores dos modelos norte-americanos. A urbanização tumultuária, o desligamento dos vínculos rurais dos trabalhadores emigrados da lavoura, sugere que, de golpe, a sociedade de massas tumultua a ordem social. Os detentores do poder, oriundos das categorias socialmente superiores e das situações políticas dominantes, correm para o mito em gestação, rédea flexível para controlar o caos iminente. Dessa matriz gera-se o populismo, identificado com o líder, um líder hesitante e arguto, não entregue a si mesmo, mas enquadrado estamentalmente. Antecipando a hora decisiva, o teórico de 1937 sonda o futuro, armado com a lâmina fascista, temperada em leituras nacional-socialistas. Para a transição, a doutrina do mito soreliano, instrumento pragmático, salva os dedos sem sacrificar os anéis. No máximo, dar-se-á a sombra das coisas, guardando-as ao preço da violência policial. A contradição — repressão policial e concessões sociais — é de substância do esquema em preparo. Combina-se o irracionalismo romântico das massas com o ceticismo dos líderes, flutuando entre a mistificação e a verdade, materiais que forjam o César nativo.

> Não tem sentido indagar [diz, catedraticamente, Francisco Campos], a propósito de um mito, de seu valor de verdade. O seu valor é de ação. O seu valor prático, porém, depende, de certa maneira, da crença no seu valor teórico, pois um mito que se sabe não ser verdadeiro deixa de ser mito para ser mentira. Na medida, pois, em que o mito tem um valor de verdade, é que ele possui um valor de ação, ou um valor pragmático.
>
> A democracia, em estilo diverso, se divorcia do liberalismo, em busca de César, não o "César caricato" da denúncia a D. Pedro II, mas o César que comanda o progresso, prende, demite e pune, com o esquema de Napoleão III repetindo a história. As massas [prossegue o cético forrado de místico] encontram-se sob a fascinação da personalidade carismática. Esta é o centro da integração política. Quanto mais volumosas e ativas as massas, tanto mais a integração política só se torna possível mediante o ditado de uma vontade pessoal. O regime político das massas é a ditadura. A única forma natural de expressão da vontade das massas é o plebiscito, isto é, voto-aclamação, apelo, antes do que escolha. Não o voto democrático, expressão relativista e cética de preferência, de simpatia, do pode ser que sim pode ser que não, mas a forma unívoca, que não admite alternativas, e que traduz a atitude da vontade mobilizada para a guerra.[82]

O apóstolo da mudança permanecerá fiel à imagem do estratagema: sempre hostil à "conspiração das bases contra a cúpula" — optando pelos valores da segurança ao das liberdades.[83] Pedro, entretanto, na pedra em que fundará sua igreja, não se deixará aprisionar pelo consistório de seus cardeais: entre caminhos oblíquos prossegue a jornada, empurrado pelos acontecimentos, aceitando as condições, para colher as oportunidades. O papel de mito dócil, ao serviço da ordem conservadora, limitado a recitar o papel que se lhe permite encenar, não será o seu, por império do tempo que muda. Volvidos alguns anos, ele quererá ser o líder que arbitra e decide, senhor dos suportes que o sustentam.

As comportas abertas em 1930, freadas no estatuto de 1934, não poderiam mais ser detidas. Num fenômeno só aparentemente paradoxal, os que se opõem à corrente impetuosa trabalham para precipitá-la, na construção de precários diques, que, impotentes para represar as águas, aceleram a enxurrada. Na chefia do governo não existia um presidente constitucional, mas o mito popular, o condutor de uma revolução em curso, dissimulada embora no jogo vigiado das candidaturas em pugna. O "espírito revolucionário", representado pelo tenentismo, se conseguira ser imobilizado pelo liberalismo estadualista renascente, embora este em defensiva, não se cristalizara num mecanismo institucional flexível às demandas sociais. As reformas, tendentes à proteção do proletariado e ao acolhimento da classe média em expansão, ao lado daquelas que levariam ao desenvolvimento econômico, assimilado à emancipação do país, não seriam possíveis no quadro estruturado pelos constituintes. Na verdade, nos meados da década de 1930, sem que se apercebessem as facções políticas, o aparelhamento estatal centralizador comandava a vida das instituições. Voltava-se ao impasse profundo de 1929-30, com uma agravante: já existia, difusa mas atuante, uma comunidade política diretora, burocrática e hierárquica, composta dos órgãos de intervenção econômica e subordinando os estados. Sobre ela molda-se, na auréola hesitante, um mito. A União, em poucos anos, graças ao seu poder de tributar, consegue ser mais forte do que todas as unidades somadas. De outro lado, os ingressos parafiscais, com a Previdência Social já em curso de organização antes de 1937, trariam outra fonte de apoio ao governo central, sem intermediações estaduais, que favoreceriam o renascimento da política dos governadores. O orçamento militar expande-se na participação de 30,4% em 1938, contra 19,4% em 1931, denunciando a reorganização das Forças Armadas, quase esfaceladas após o profundo dissídio de 1930. Como consequência, as milícias estaduais — 28 mil homens em 1927 e 38 mil em 1938 — crescem em velocidade sensivelmente menor do que as Forças Armadas — 38 mil em 1927 e 75 mil em 1937. O papel de predomínio da União atua, desta forma, como o fator mais importante de integração nacional, no comando da economia controlada — e da burocracia em expansão, capaz de abrir largas fontes de emprego às classes médias. A atividade repressiva, por outro lado, desencadeada após o frustro ataque de novembro de 1935, além de situar o governo federal no centro das forças empenhadas na defesa da ordem, dota a União de amplos poderes de controlar a manifestação da opinião e dos debates no Congresso. Desde o final de 1935, as Forças Armadas, por seus generais, sentem que o estatuto de 1934 será apenas um intermezzo incômodo, perturbador, capaz de ameaçar o curso pacífico das transformações sociais. Frequentam-nas os mesmos espectros que atormentaram a imaginação de Benjamin Constant. Um golpe violador da lei e da Carta Magna — argumenta Góes Monteiro, com o amor às palavras estranhas — articulará apenas o "caráter verdúgico", sem tocar nas causas da perturbação. Essa opção — substituir a Constituição por outra, sem perseguir o rumo da repressão nua, exclui a ditadura militar, que desviaria, além disso, as Forças Armadas do seu dever de "garantir e nunca tutelar os poderes públicos".[84] Osvaldo Aranha, mais tarde relutante em aceitar a solução de 1937, percebe que as eleições não viriam: a opção estreita-se entre a ditadura civil ou a ditadura militar.[85] As candidaturas postas perante os comícios desviam-se, na pregação e na eventual vitória, do leito cavado pelas mudanças de 1930: a reação popular sem controle, o estadualismo, o aparelhamento estatal tutelado por um partido. O ideólogo de 1937 apresenta o movimento como a retificação de 1930:

> [...] a revolução de 30 só se operou efetivamente, em 10 de novembro de 1937.
> É então que todo o seu conteúdo se condensa no sistema do Estado e a sua expressão política se sobrepõe aos entraves criados ainda pela velha ordem de coisas, empenhada em deter a marcha triunfante do destino do país.[86]

Sobre o entrevero ideológico, nas acometidas retóricas das doutrinas, na morna campanha presidencial, o Brasil já era outro. Filipe Égalité, Vitório Emanuel, o caudilho fiel a Júlio de Castilhos são apenas máscaras cênicas — como o *Chuchu* e o *Gegê*. Getúlio Vargas, na multiplicidade dos papéis que lhe querem impor, tem o seu próprio. Não seria ele o homem incapaz de compreendê-lo, procurando em breve divorciar-se dos condicionamentos do governo autoritário que lhe é oferecido. Enquanto isso, os empresários do teatro obedecem a outros textos, mais profundos, mas indóceis ao esquematismo teórico, nesse momento vertiginoso. O governo — a União encarnada no presidente — era senhor de todos os instrumentos de comando político: da lavoura e da indústria, cartelizadas e controladas; do operariado, sindicalizado sob as rédeas do Ministério do Trabalho, Indústria e Comércio; grande parte dos estados, aprisionados ao Banco do Brasil e às ordens do Catete, com o governador de Minas Gerais dócil instrumento das manobras da capital federal. As classes, dissociadas internamente em grupos de pressão, desvinculadas dos partidos, aceitam, incapazes de expressão política autônoma, a rédea de cima. Como consequência da revolta de 1935, a repressão se centraliza nas forças do centro. Além disso, o presidente, de frieza maquiavélica, para os conservadores, resplandecia, no povo, como o mito, capaz de todas as artes. A força militar não atua apenas movida no combate ao comunismo: ela quer, principalmente, modernizar o país, com a indústria siderúrgica. Desandar o caminho percorrido era impossível, senão ao preço da luta social. O rumo estava a indicar a retomada, também formalmente, do governo autoritário, por via militar ou civil.

> Alguns, no Exército, procuravam uma espada. Mas a sua lança de caudilho era mais afoita que o gume do general Góes Monteiro. Assim, no 18 Brumário brasileiro, concertado entre dois generais e um caudilho civil, foi o caudilho civil quem ganhou a partida para os soldados.[87]

Getúlio Vargas evitaria o comunismo, conciliando o operariado, e se afastaria do fascismo, oficializando os grupos de pressão capitalistas. O centro de equilíbrio, igualmente afastado dos extremismos, não se situa na democracia, nem no liberalismo. Não seria ele homem de, convidado por tantas oportunidades, afastar o poder, em nome de escrúpulos constitucionais, seja dos vigentes ou dos por ele próprio outorgados.

> Somente os países economicamente fortes [confidenciará mais tarde] são realmente livres. E é essa a liberdade que eu desejaria dar ao meu país. A Constituição de 1937 [...] é apenas uma tentativa, uma experiência transitória, para atravessarmos a tempestade que se aproxima com o mínimo de sacrifícios possível. Digamos que é um meio para atingir um fim, e não um fim em si próprio.[88]

Não haveria, para legitimá-la, nem plebiscito, nem o chefe do governo se comunicaria com a nação por meio de partidos — ou do partido único: entre o povo e o ditador só a burocracia, sem coronelismo, sem oligarquias, mas num vínculo ardente com as massas, gerando o populismo autocrático, esteio hábil para evitar o predomínio de outros grupos.

As circunstâncias não permitem a continuidade do estatuto de 1934, mas negam o sistema totalitário, conduzido pelo mito — sombra, esta, do chefe carismático, entrevisto por Francisco Campos. Os partidos se dissolvem, seja para afastar o localismo renascente, seja para desarticular o choque dos extremos. Num quadro conservador, o novo regime se propôs modernizar o país, não mais no sentido do ajustamento ao padrão europeu ou norte-americano, mas preocupado com a integração nacional, sob o pálio das Forças Armadas,[89] com o mesmo sentido de homogeneidade política de 1889. Sem obedecer ao esquema corporativo constitucionalmente previsto, o aparelhamento político adquire a tonalidade administrativa — o "Estado administrativo" da propaganda oficial —, com a distribuição de recursos e investimentos por motivos técnicos, sem o predomínio de razões estaduais. Na preocupação nacional e de desenvolvimento econômico, sob o comando interno, o regime realiza as aspirações tenentistas, aplaudido pelos industriais e pelos operários. O perfil autoritário do sistema, que dispensa a participação popular, não logra dominar a sociedade, situando-se mais como árbitro de dissídios do que diretor de opinião. Por isso, não conseguiu oficializar nenhuma ideologia, disfarçando-se o poder sob a ditadura pessoal. O curso do sistema levaria, de acordo com suas inspirações iniciais, sugeridas pelo temor ao comunismo, ao tradicionalismo, não conservador, mas reformista, ao modelo de Salazar, de onde se buscou o nome da ordem nova. Mas, do caráter de conciliação pendular de contrários do regime, de ondulação dialética do comando, se condensaria a corrente capaz de, ao ativá-lo, provocar-lhe o abalo que o abateria.

Dentro da hierarquia artificial, um setor politicamente dinâmico, o populismo, lançaria o germe que faria suspeitar que, na ordem construída, a sedição se infiltraria na cúpula. Força domesticada, nutrida de concessões, em momentos desenjaulada para atemorizar senhores tirânicos da chefia suprema, corre, nas suas entranhas, o rugido da tempestade. O mito, o endeusamento do chefe, aplaca as impaciências — mas, ao mesmo tempo, o próprio mito pode atravessar a fronteira, para contemporizar com seus demônios ocultos. De movimento populista ele pode se transformar em movimento socialista, desenvolvendo virtualidades não estranhas ao seu impulso íntimo. Getúlio Vargas, um Salazar em atividade — perguntam-se os fiéis da Igreja —, não poderia converter-se no Kerenski mal-intencionado? O Francisco Campos de 1935 queria dominar as massas por meio do mito — em 1945 quer destruir o mito para dominar as massas. A oblíqua e dissimulada Capitu da praia da Glória já estava dentro da de Matacavalos — o enigma de Machado de Assis não merece decifração torturada.

> A nossa organização política [declara Francisco Campos em março de 1945] foi modelada sob a influência de ideias que não resistiram ao *test* da luta. Mudou, a datar de dois anos para cá, a fisionomia política do mundo. As ideias democráticas, que até o começo da guerra pareciam condenadas à derrota e que eram por esta antecipadamente responsabilizadas, resistiram galhardamente à ordália da guerra. Fizeram a sua prova e não apenas de maneira indireta; as nações aliadas deram a esta guerra um sentido definido. Elas transformaram esta guerra em uma guerra ideológica e a vitória não pode deixar de ser uma vitória ideológica.

Quem mudou foi Dom Casmurro: de enamorado juvenil passou a cultivar concupiscências extramatrimoniais, na fantasia outoniça de amores adúlteros.

O populismo, fenômeno político não especificamente brasileiro, funda-se no momento em que as populações rurais se deslocam para as cidades, educadas nos quadros autoritários do campo. O coronel cede o lugar aos agentes semioficiais, os *pelegos*, com o chefe do governo colocado no papel de protetor e pai, sempre autoritariamente, pai que distribui favores simbólicos e castigos reais. O número de operários, no Brasil, entre 1940 e 1950 cresceu em 60%, enquanto a população aumentou em 26%. O preço dessa transformação, na qual grupos errantes se integram numa sociedade diversa, quase traumaticamente, se processa no ambiente de tensões e crises. Daí o conteúdo do getulismo ou do "*queremismo*" dos meados da década de 1940 — que se enreda no dilema de suas origens e evolução. Criado para substituir a participação política, controlá-la e canalizá-la, anulando-lhe a densidade reivindicatória, não conseguiu estruturar um programa de respostas, primeiro aos pedidos de ajuda e socorro, depois às exigências.[90] De outro lado, o estreitamento do mecanismo de convívio entre governo e povo deixava à margem do atendimento político largos setores econômicos e sociais, intelectuais e políticos, dominados todos pela rigidez da válvula de entrada no poder. As camadas médias, dentro da moldura autoritária, sofriam as restrições do Estado de guerra, com o racionamento, num período em que a inflação lhes devora as rendas. As Forças Armadas, por sua vez, publicamente proclamadas como o sustentáculo do regime (31 de dezembro de 1944), não admitem o papel, que Getúlio Vargas parece querer lhes reservar, de guarda do governo populista, com sua chefia exclusiva. O anteprojeto constitucional, submetido ao ministro da Guerra e a Góes Monteiro, este ainda o líder militar do regime, da lavra do ministro do Trabalho, previa a institucionalização do Estado Novo, com os sindicatos na base dos órgãos de participação política, fórmula não aceita, obviamente. Ainda na hora derradeira do regime, o ditador acena — acena ou ameaça? — para a tomada do poder na Argentina, por Perón, que atribui às massas, logo contestado pelo interlocutor militar que via, atrás das massas, o Exército.[91] Vacilantes as suas bases, Getúlio Vargas investe contra os "saudosistas", egressos da República Velha, negando-se a conciliar-se com o liberalismo, ou com o neoliberalismo, emergente da derrota nazifascista.

> As liberdades públicas [insiste, agora em braçadas contra a maré], os direitos políticos são, por certo, valores essenciais numa boa organização social; a democracia é, sem dúvida, o regime ideal para os povos a que não faltam preparo, saúde e alimentação farta; de nada serve, porém, a liberdade para passar fome ou o direito de ter frio sem cobertor (2 de julho de 1945).

A missão de 1930 estava esgotada, reduzida a um partido. Um período de calma aparente abriria um cenário, para um intermezzo sem fisionomia, de aparente institucionalização. O político do "curto prazo de quinze anos" (1º de maio de 1945) recolhe o traje de teatro, retorna às bombachas, para, num equívoco histórico, do homem que sobrevive à sua hora, pela permanência da legenda, retornar ao palco. Na madrugada de 24 de agosto de 1954 o homem desaparece, tragicamente, com sangue e desespero. Desaparece o homem: o estadista havia morrido em 1945, exausto o tempo político que o animara, nem sempre fiel ao tempo cronológico. Atrás de si, vibrante, espetaculosa, ardente, deixara uma herança, na verdade a massa falida de uma época, de traços incertos, de gestos sem energia, à procura de outro destino.

3 | Os novos rumos econômicos e sociais

UM MERGULHO NAS CONDIÇÕES ECONÔMICAS do quadriênio presidencial de Washington Luís mostrará como se articulou a brusca transição que o sucede. O Brasil estava em paz, varridos os tempestuosos e lunáticos tenentes do espaço interno, recolhidos ao exílio, para curar a frustração e a malária. O mundo se recupera do desastre da guerra e retorna aos modelos do livre jogo econômico, ao contrário do que supunha um deputado provinciano, em Porto Alegre. Em breve, o país estaria liberto das inquietações importadas, com a prosperidade pacificando os espíritos e proporcionando empregos e riquezas. Os extravios nacionalistas perderiam o conteúdo e a fé, sob o espetáculo da *féerie* dos Estados Unidos. Para gozar os benefícios do mundo dourado, onde os pobres enriqueceriam e os ricos se opulentariam, bastaria, no Brasil, ajustar o mecanismo financeiro. Esse passo se resolve, nada menos, do que na descoberta da pedra filosofal, recebida com os aplausos dos políticos e dos homens de negócio, velados apenas em alguns sussurros às escondidas. O governador de São Paulo, já eleito presidente, doutoralmente, solenemente, segue a trilha batida, mas nunca obedecida, para integrar o país na euforia mundial, eco do otimismo de Calvin Coolidge: olhar o presente com alegria e o futuro com inexpugnável confiança. O Brasil, afinal, sairia da beira do abismo, mediante a mais ortodoxa das práticas liberais: dotar a moeda de seu valor real, restabelecendo-lhe, em consequência, a estabilidade cambial.

> Se não se deve fazer subir, e atendendo a que já desceu, o remédio único é estabilizar o câmbio, e em seguida fazer a conversibilidade do papel-moeda, para chegar à circulação metálica.
>
> Estabilização cambial, conversibilidade do papel, circulação metálica, são os períodos indicadores da restauração financeira do Brasil.[92]

Com esse toque mágico, inutilmente tentado pela política econômica exportadora do Império e da República, o país se integraria ao mercado mundial, no complexo internacional da economia. A supressão do pano verde dos especuladores restituirá a prosperidade, antevista desde 1925, com o banimento das crises, de uma vez por todas. No regime do jogo — o jogo se basearia no papel-moeda institucionalizado —, nada pode frutificar. Nenhuma grande fortuna se faz. A abastança não existe nas classes médias. As crises torturam as classes pobres. Só podem enriquecer os que deram algum golpe de sorte, como nos momentos excepcionais da guerra e de após-guerra, e que se retiram logo.

Devemos principalmente à instabilidade do valor do nosso dinheiro todas as crises — agrícolas, industriais e comerciais — que temos atravessado.

Nas oscilações do câmbio estão as perturbações da vida econômica do país. A descida do câmbio arruína uma parte do Brasil, como a subida arruína a outra.

A estabilização protegerá os produtores — estabilização, na verdade, com desvalorização discreta do padrão real —, sejam agrícolas ou industriais, incentivando as exportações, que permitirão o desenvolvimento do país, graças ao afluxo de capitais estrangeiros. Ainda uma longa transcrição da promessa de maravilhas:

Assim amparadas, as indústrias atuais se desenvolverão, e com elas o comércio, que as faz circular, os operários, que as manejam, a nação que delas vive.

Essas indústrias não são poucas, e somam dezenas de milhões de contos, nas suas prestações anuais. As agrícolas, como o café, a borracha, o algodão, o açúcar, o cacau, o fumo, os cereais, as frutas; as minerais, como a cerâmica; as manufatureiras, como a fiação, a tecelagem de algodão, de lã, de seda; as animais, como a criação de gado bovino, suíno, com os frigoríficos, as fábricas de pentes, de botões, de banha etc., todas prosperarão, fornecendo ao consumo interno; assim diminuirão a importação, e, enviando as suas sobras ao estrangeiro, aumentarão a exportação.

Ora, importação que diminui, significa menor saída de ouro; exportação que aumenta, quer dizer mais entrada de ouro.

A entrada de capitais em países de possibilidades várias, como o nosso, rompe largos horizontes já pressentidos, às novas indústrias e ao alargamento das atuais.

Só o que a siderurgia pode fazer nas aplicações dos maquinismos, nos trilhos das estradas de ferro, na defesa do solo pátrio, é incalculável.[93]

No governo, Washington Luís promove a reforma monetária, com a quebra do padrão fixado em 1846, realmente fictício, para a paridade de 5 115/128 *pence* (6 d.), inferior à média do último quinquênio, o que favorecia os industriais e exportadores. A Caixa de Estabilização, inspirada na Caixa de Conversão do governo Afonso Pena, será o instrumento da política financeira, protecionista no seu aspecto compressivo do câmbio. Para gerir a pasta da Fazenda, base e apoio de seu governo, foi convocado o deputado Getúlio Vargas, líder da bancada do Rio Grande do Sul na Câmara Federal.

O plano financeiro representa, na hora e no momento, um recuo na evolução econômica do país. Recuo liberal, discretamente protecionista, como sempre, para atender as forças mais expressivas do mercado exportador. Nessa altura, a União controlava largos setores, com o Banco do Brasil erguido ao papel de incentivador da lavoura e da indústria, graças à reforma de 1921, que o converte em instituto emissor e de redesconto, reforma ampliada no governo Artur Bernardes. A Caixa de Estabilização será o freio à expansão do Banco do Brasil, para que ele, liberto da prodigalidade incentivadora, não caia na tendência inflacionária, na realidade auxiliando o esquema financeiro sem dirigi-lo.[94] A supervisão governamental despia-se do comando econômico, guardando-se de intervenções que não fossem apenas formalmente de controle e coordenação. Essa doutrina casava-se à diretriz de Washington Luís, no governo de São Paulo, que só aderira às valorizações do café com restrições, sempre que não importassem em emitir papel-moeda, como reiterou também mais tarde, já na crise desencadeada em 1929.[95] Essa abstenção econômica, aliada ao controle financeiro, estava em contradição com a marca autoritária dos presidentes, concomitante à presença governamental no comando dos negócios econômicos, viva e vigilante desde Epitácio Pessoa. Ao observador distanciado quarenta anos dos fatos, a ação governamental de Washington Luís parecerá um delírio grotesco, capricho de temperamento dominador, desdenhoso da realidade e dos grupos econômicos. O retrato coincidiria com o que dele traçara um dos artífices da jornada de 1930:

> Homem pletórico e alegre, pouco inteligente e ignorante, o Sr. Washington Luís passou a vida embrulhado em desejos e ideais confusos. Tendo atingido a presidência da República, orçando já pelos sessenta anos, ele era vítima, dizia o então deputado Edmundo da Luz Pinto, de uma saúde excessiva para a sua idade. Essa excessiva saúde, a que se referia o brilhante ex-líder da bancada de Santa Catarina na Câmara, nada mais era do que um exagerado otimismo, compatível, apenas, com uma mentalidade da mais extrema simplicidade. Efetivamente, o único dos presidentes do Brasil até hoje deposto [a observação é de 1931], é um homem primário de inteligência, impulsivo, autoritário e incoerente. O seu governo foi um verdadeiro desastre sob todos os pontos de vista. A sua bronca incompreensão fez com que a sua presidência não abordasse nenhuma das grandes questões que agitavam e agitam os interesses e os sentimentos da nação.[96]

Nada mais equivocado do que a crítica e o retrato. O ator retira-se da cena vaiado e, com o malogro, lança ao esquecimento a peça escrita por um teatrólogo de engenho e arte. O governo de Washington Luís contraria, de fato, diretrizes consolidadas por circunstâncias profundas, já encarnadas por dois presidentes, um nordestino e outro mineiro. Corresponde, todavia, a um modelo possível de desenvolvimento do país, que já leva em conta o mercado interno, e não se submete apenas à economia exportador-importadora, mercado interno integrado à economia mundial. O presidente queria que o Brasil fosse São Paulo e que o país seguisse o rumo desse estado. São Paulo tomara a liderança cafeeira sem dependências governamentais, em caminho contrário ao patrimonialismo de caráter oficial do Vale do Paraíba. Tornara-se o centro metropolitano de um país de colônias subalternas. De São Paulo provinha a maior parcela da renda arrecadada pela União (32%), seguida de 5,9% do Rio Grande do Sul. No decênio 1920-30, a exportação de São Paulo atingira mais de 50% da do país. Para que o país progredisse, nada mais lógico do que sampaulizar o Brasil, sob os moldes da iniciativa particular, e com a colaboração do capital estrangeiro. Até este momento, a indústria brasileira, para se manter e expandir, precisara animar-se nas tarifas alfandegárias, dispensadas "a retalho, ao sabor das circunstâncias".[97] Singular no contexto brasileiro, a indústria paulista indicava capacidade de competir e progredir sem o predomínio desse incentivo, contanto que a favorecesse apenas a depressão cambial, dentro do plano concebido por Washington Luís. A indústria paulista não se gerou, ao contrário da de outros núcleos, sobretudo no Rio de Janeiro, em combate à importação e à lavoura. Na realidade, o setor importador e o setor agrícola a ela se associaram, produzindo no país mercadorias que poderiam vir do exterior, empregando capitais à margem da empresa agrícola. Importador e manufaturador não se tornam termos de conflito, mas de complementaridade: grandes grupos industriais paulistas começaram suas atividades em casas de venda de artigos estrangeiros. Socialmente, o fenômeno produziu a "fusão das elites emergentes", numa região onde a lavoura, como a indústria futura, tomam o caráter de empresa, e não de baronato.[98] Essa peculiar índole explicará a capacidade de São Paulo de enfrentar o governo federal, pelas armas em 1932, bem como a necessidade de Getúlio Vargas, para manter o poder, de tumultuar a vida interna do Estado. A sampaulização do Brasil, que corresponderia à vitória do Norte sobre o Sul nos Estados Unidos, na *ianquização* do país, reforçava-se na mudança do teor dos investimentos estrangeiros, visível após a guerra de 1914. Enquanto o capital inglês preferiu empresas concessionárias ou dependentes do governo, sobretudo no setor ferroviário, o norte-americano fez do investimento o modo de prolongar sua indústria, acelerando, nas áreas progressivas, o incremento econômico,[99] ao passo que, nos campos estagnados, nadam na superfície, como quistos inassimilados, retardando a manufatura local, engolida pela concorrência da produção em massa e da superior tecnologia.

O malogro da política de Washington Luís não se deve, entretanto, à crise de 1929, acidente que teria rompido uma cadeia de elos nacionais. O furacão internacional revelou unicamente a inviabilidade da marcha contra a corrente, com a reação das camadas médias, das forças econômicas de outros estados ansiosas de expandir-se sem adaptar-se ao lento ritmo da satelitização econômica, de resto, no seu privatismo, mais capitalizadora que preocupada em proteger as áreas marginais. Talvez, no centro do dissídio político entre Minas Gerais e Washington Luís, entre Minas Gerais e o Catete, se acrescente o descompasso do progresso cafeeiro, em rápida expansão no noroeste paulista, e a decadência das tradicionais áreas de produção montanhesa. Minas Gerais não consegue, de outro lado, dada a menor produtividade de sua lavoura de exportação, incrementar a indústria, senão mediante o estímulo oficial, como pressentira, havia longo tempo, João Pinheiro. Por sua vez, o Rio Grande do Sul, voltado para o mercado interno, em economia de subsistência, não recebia, igualmente, o proveito da arremetida paulista. Tais desajustes levariam ao conflito, cedo ou tarde. A crise de 1929, todavia, precipitou o jogo, sem que São Paulo tivesse a oportunidade de completar as virtualidades de sua evolução, com as consequências políticas provavelmente daí decorrentes.

Todo o plano do governo da República, estreitamente dependente de São Paulo, ruiu pelo ponto mais fraco: o café. O progresso, com sua agência de fomento, a Caixa de Estabilização, baseava-se na crescente capacidade de exportar: exportação que aumenta significa ouro a entrar, com o qual se financiariam novas iniciativas, entre todas, a mais ambiciosa, a grande indústria siderúrgica. Exportar significa exportar café (70,9% do total em 1929 e 75% em 1925), o qual, com a recuperação de preços de 1925, se expandira largamente, explorando as terras férteis do noroeste paulista — o espectro da superprodução não tardaria a se converter em realidade, prevista para 1930, embora excelente o encaixe ouro no país. Além disso, a política de defesa de preços continua a estimular a concorrência estrangeira, com produtos de maior aceitação nos mercados consumidores. No plano comercial, a substituição do financiamento dos comissários pelos banqueiros torna o mecanismo de extrema sensibilidade, afetando as cotações, de imediato, a partir do mercado consumidor à mais distante lavoura. Antes da quinta-feira negra de Nova York — 24 de outubro de 1929 —, o café sofria o primeiro golpe, do qual não mais se recuperaria, denunciado no começo de outubro na Câmara dos Deputados pelo paulista dissidente Paulo de Morais Barros. Em 5 de outubro, as agências bancárias do interior não descontam mais saques sobre Santos, o que importava em tornar-se o café mercadoria sem preço. De 35$000 o valor caiu a 10$000 no interior e a 20$000 em Santos, o que exigiu o pedido, aliás negado pelo presidente, de moratória ou emissão, substituída a reivindicação pelo financiamento pelo Banco do Brasil.[100] As reservas ouro não durariam, se perdurasse a crise, que dramaticamente se acumula à da Bolsa de Nova York e à Depressão norte-americana. Verdade, entretanto, que Washington Luís, otimista como sempre, na abertura do Congresso, em 1930, anunciava o domínio das dificuldades, graças à redução de salários dos colonos.

O presidente recusava-se a ver — quando menos — que a produção de café aumenta vertiginosamente sobre o consumo, e que, nesse só fato, se romperiam as bases do mecanismo financeiro governamental. Getúlio Vargas, ex-ministro da Fazenda, entendia ser sólida a situação, infundados os temores em curso. Depois da explosão de 24 de outubro, com o comércio do café em colapso, o desassossego implantado em São Paulo, o candidato da Aliança Liberal advertia: "O alarma dos cafeicultores é uma crise passageira de gente rica, que vê seus lucros diminuídos hoje, mas que os terá talvez aumentado amanhã. Não nos iludamos com aparências". O "general Café" entra em cena, sem que os políticos, Washington Luís à frente, soubessem rearticular o programa econômico.[101] A terapêutica tradicional apela, inutilmente, para o crédito externo, depois da paralisação do Instituto do Café paulista e do Banco do Estado. Sem prever e sem aceitar os fatos, a candidatura de Getúlio Vargas, as fileiras da Aliança Liberal se engrossam, mais pelo protesto do que pela adesão.[102] Muitos meses haviam de correr, antes que a revolução vitoriosa encontrasse seu rumo, clareado mais pela tática política do que pela estratégia econômica.

O colapso cafeeiro tornara evidente, por menos que os dirigentes quisessem ver, a impossibilidade de sustentar o progresso na base expansiva da economia paulista, calcada em moldes liberais — liberais com muitos temperos e restrições. A virada será um imperativo das circunstâncias, obrigando o governo a controlar e a amparar o produto rei, sobre o qual assenta a própria liderança política. Inversão que suprime as diretrizes de um quadriênio e se entrosa no discreto, mas persistente, veio subterrâneo que mina a República Velha e se acentua a partir de Epitácio Pessoa, com expressão só visivelmente institucional. A degringolada cafeeira encerra um ciclo e a sua necessária restauração abre outro, com processo de amparo, de intervenção no domínio econômico, intervenção que forçará a remodelação autoritária da União com o enfraquecimento, a cabresto curto, de São Paulo. Na plataforma da Esplanada do Castelo (2 de janeiro de 1930), Getúlio Vargas situa na defesa do café "o maior e mais urgente dos problemas atuais do Brasil, por isso que este produto concorre com mais de dois terços do ouro necessário ao equilíbrio da nossa balança comercial". Embora não o dissocie do plano financeiro em curso, desloca a ênfase para o desenvolvimento econômico. O governo, ao levar para a pasta da Fazenda o paulista José Maria Whitaker, opta pela compra do café estocado, reorganizado o Instituto do Café local, tornando-o dependente do interventor, João Alberto. Sobre o órgão exerce-se a vigilância do governo federal — o recém-criado Ministério da Indústria e Comércio. O Conselho Nacional do Café (30 de junho de 1931), depois Departamento Nacional do Café (1933), retira o controle da área estadual, medida agravada com a ajuda à lavoura, cujos valores não alcançam a décima parte dos correspondentes à cotação de 1927. Medida complementar a essa intervenção será logo fixada, ao centralizarem-se as operações cambiais no Banco do Brasil, com queixas já sussurradas ao confisco de moeda, no processo intermediário. A crise determinava, portanto, o comando sobre os fundamentos da economia: o café e o câmbio. A deterioração dos preços internacionais, a retração dos mercados externos, provoca a queda dos salários e a falência de empresas. Por meio dessas brechas, o governo se fazia presente, protegendo e amparando, preocupado em explorar as potencialidades internas de expansão — timidamente, mas em rumo crescente, para a industrialização. Tudo, entretanto, senão pela direção, ao menos sob o comando

— no início mais negativo que incrementador — do Estado. O nacionalismo será a ideologia dos remos que batem nas águas retraídas e rasas, apesar dos protestos de fidelidade à moeda estável, ao padrão-ouro, recomendado pelo conselheiro dos banqueiros Rothschild & Sons, Sir Otto Niemeyer.

No clima de desabamento, o chefe do governo revolucionário eleva a tônica ao extremo, acentuando que "problema máximo, pode dizer-se, básico da nossa economia, é o siderúrgico", que se resolveria não mais pelo esquema capitalista internacional.

> Completado, finalmente [afirma já em 23 de fevereiro de 1931], o meu pensamento, no tocante à solução do magno problema, julgo oportuno insistir ainda em um ponto: a necessidade de ser nacionalizada a exploração das riquezas naturais do país, sobretudo a do ferro. Não sou exclusivista, nem cometeria o erro de aconselhar o repúdio do capital estrangeiro a empregar-se no desenvolvimento da indústria brasileira, sob a forma de empréstimos, no arrendamento de serviços, concessões provisórias ou em outras múltiplas aplicações equivalentes.
>
> Mas quando se trata da indústria do ferro, com o qual havemos de forjar toda a aparelhagem dos nossos transportes e da nossa defesa; do aproveitamento das quedas-d'água, transformadas na energia, que nos ilumina e alimenta as indústrias de paz e de guerra; das redes ferroviárias de comunicação interna, por onde se escoa a produção e se movimentam, em casos extremos, os nossos exércitos; quando se trata — repito — da exploração de serviços de tal natureza, de maneira tão íntima ligados ao amplo e complexo problema da defesa nacional, não podemos aliená-los, concedendo-os a estranhos, cumprindo-nos, previdentemente, manter sobre eles o direito de propriedade e de domínio.

Volvidos três meses da definição de princípios, o chefe do governo provisório torna mais claras suas palavras:

> Dispomos de grandes possibilidades de expansão econômica. Somos país rico em matérias-primas, inexploradas e em produtos exóticos, e, simultaneamente, vasto mercado consumidor. Nestas condições, a política econômica brasileira deve, em parte, orientar-se no sentido de defender a posse e exploração das nossas fontes permanentes de energia e riqueza, como sejam as quedas-d'água e as jazidas minerais. Julgo ainda aconselhável a nacionalização de certas indústrias e a socialização progressiva de outras, resultados possíveis de serem obtidos, mediante rigoroso controle dos serviços de utilidade pública e lenta penetração na gerência das empresas privadas, cujo desenvolvimento esteja na dependência de favores oficiais (4 de maio de 1931).

Essa orientação, depois de medidas provisórias de 1931, se cristaliza no Código de Águas e no Código de Minas de 1934. O movimento se prolonga nas iniciativas, mais tarde consagradas, da Cia. Siderúrgica Nacional, cujo esboço será a Comissão do Plano Siderúrgico Nacional (1940), a Petrobras (1953) e a Eletrobras, de criação recente, inspirada nos mesmos princípios. As águas e as minas ficavam, dessa sorte, dependentes do governo, de sua orientação e estímulo, num complexo nacionalista que se extrema da socialização, embora a esta recorra numa conjuntura de escassez de capitais estrangeiros. Combinação de estatismo com privatismo, obedecendo este às diretrizes daquele, com as compensações de seu estímulo e proteção. Os socializantes — a outra vertente do nacionalismo — perdem todas as suas posições, engolfados pelo rumo da economia dirigida, preocupada em queimar etapas, superando o velho atraso. O liberalismo spenceriano, de cunho paulista, agrário no período Campos Sales, agrário-industrial no quadriênio Washington Luís, não se adapta à realidade emergente, com um mercado interno capaz de dinamizar as soluções econômicas. O comando externo da produção agrícola, dos meios de transporte e da industrialização cede o lugar à ação interna e oficial, com a consequente e necessária mobilização popular, vinculada ao reforço autoritário e centralizador do governo.

Comissões e autarquias envolvem todas as áreas significativas da economia, para a defesa da agricultura e da indústria extrativa.[103] O Departamento Nacional do Café (1933), extinto em 1946, renasceria com o nome de Instituto Brasileiro do Café, em 1952, submetendo os produtores a uma quota de sacrifício, depois ao chamado confisco cambial, em benefício da própria lavoura e da economia global. O açúcar, para o favorecimento da homogeneidade dos preços no mercado interno, submete-se à Comissão de Defesa da Produção do Açúcar (1931), transformada, em 1933, no Instituto do Açúcar e do Álcool. O pinho, o mate, o sal e a borracha cedem a controles oficiais, com novos mecanismos burocráticos. A regulamentação do câmbio está presente, por intermédio do Banco do Brasil (1931) e mais tarde com a supervisão do Ministério da Fazenda, por meio de agência própria. A legislação, modificada e modernizada, segue o mesmo curso, com o estatuto das sociedades anônimas, burocratizando, não raro, todas as atividades particulares. A intervenção oficial se expande no regime dos capitais estrangeiros, assegurando a comercialização das exportações. Numa fase de reajustamento agrícola, compatível com a estrutura existente, o governo revolucionário cuida de libertar a lavoura de seus encargos mais urgentes, preparando o caminho para o domínio do crédito — não mais da sua coordenação, mas do agenciamento direto. A lei contra a usura, de 1933, limita os juros à taxa máxima de 12% ao ano, reduzindo-a a 8% nos contratos agrícolas, com o favorecimento de 6% para serviços, maquinismos e utensílios dedicados ao trabalho rural. Logo a seguir declara nula a estipulação de pagamento em ouro ou em moeda estrangeira, cortando drasticamente a dependência dos empréstimos estrangeiros dos particulares. Concomitantemente, em sequência à moratória aos lavradores, as dívidas rurais foram reduzidas a 50%, arcando o poder público com a responsabilidade do favor. O ministro da Fazenda proclama que, com a medida, se operaria a abolição da escravatura agrícola do país, com o reerguimento da vida rural. Medidas estas, na verdade, tomadas para conjurar os efeitos da crise mundial. Somente em 1938, cria-se, no Banco do Brasil, a Carteira de Crédito Agrícola e Industrial, que será a mais poderosa mola de incremento econômico, agora direto e de teor já vincadamente industrial. O desenvolvimento industrial, articulado ao reerguimento agrícola, centrado no mercado interno, ordena-se sob o influxo do Estado, integrador dos núcleos esparsos do país e incentivador de atividades. O elenco de tantas medidas, com mecanismos protetores, só depois de muitos anos de governo toma o rumo industrial, dominadas, no início, pela agricultura. Getúlio Vargas pretendia, de um salto, soldar a estrutura agrária à siderurgia, desprezando o setor intermediário, entregue a manufatores protegidos pelo governo ou adversos, no caso de São Paulo, à revolução. Daí que, em sua maioria e na sua parcela mais significativa, os industriais paulistas houvessem participado do movimento de 1932. A política tarifária posta em prática não tinha em mira a industrialização, senão que continuava a cultivar o setor exportador e agrícola, confiada no restabelecimento da normalidade internacional. O mercado interno havia de ser protegido, mas em benefício da atividade agrícola, preponderante nos dois maiores estados que compuseram a Aliança Liberal. Acresce observar, ainda, que a euforia cafeeira da segunda metade da década de 1920 absorve os capitais para as lavouras e a comercialização, ao tempo que o sistema das fazendas não alarga, em escala compatível, o consumo do trabalhador agrícola. Em 1930, a situação, com a queda das exportações de café, torna-se dramática, quebrando, na indústria paulista, a espinha dorsal privatista que a alimentava, sobre a qual Washington Luís baseara seu plano de governo. Com a diminuição de 40% de embarques (perda de 80 milhões de dólares), o mercado consumidor se retrai, levando o desemprego, na capital de São Paulo, a 70 mil ou 100 mil operários. Getúlio Vargas prega, para debelar a crise, o retorno ao campo.[104] No seio das tensões, entretanto, apesar do estímulo do governo ao setor exportador, a dificuldade de importar reestimula, primeiro discretamente, depois com maior ímpeto, a produção manufatureira, em breve protegida pelo governo, inclusive, mais tarde, por meio do subsídio alimentar, com o tabelamento dos gêneros agrícolas e a liberação dos preços industriais. As contradições conjunturais decantam, apesar da linha política do governo, o rumo industrial, só possível mediante a ruptura do dogma liberal. A presença do aparelhamento estatal permite essas readaptações, em movimento acelerador da economia.

Será o tipo de Estado gerado pelas circunstâncias, mas moldado historicamente num leito permanente, embora transitoriamente obscurecido, que ensejará as reformas de maior profundidade, algumas alheias às diretas pressões da sociedade. Das peças lançadas, entre extravios e indecisões, formar-se-á o esquema autoritário de 1937. Obviamente, o modelo não será obra do capricho dos homens, da inspiração arbitrária dos governantes ou da fantasia dos utopistas. O poder estatal já se sentia em condições de comandar a economia — num regresso patrimonialista, insista-se —, com a formação de uma comunidade burocrática, agora mais marcadamente burocrática que aristocrática, mas de caráter estamental, superior e árbitro das classes. O primeiro passo dessa jornada será a disciplina social e jurídica do proletariado, com a fixação de seus direitos e seu capitaneamento governamental. As reivindicações operárias, antes de 1930, não conseguiram, apesar de leis votadas e não aplicadas, conquistar posição de barganha na sociedade, nem reconhecimento oficial. Perdidas entre o anarquismo e o comunismo, sofriam a hostilidade dos grupos dominantes, que as encaravam como ameaças à ordem pública. O Conselho Nacional do Trabalho, instituído em 1923, não chegou, na verdade, a funcionar. Na Câmara dos Deputados, em 1920, um congressista, ao advogar melhores salários aos empregados, é repelido como "agente do bolchevismo". Um deputado traduz o pensamento dominante: "O trabalho, em sua origem, nos seus inícios foi escravo e só pela evolução natural da sociedade humana tornou-se livre. Que mais pode aspirar? [...]. Com a capa de reivindicações o que se quer de fato é o gozo, o luxo [...]".[105] O problema, posto que colocado ao debate nacional por Rui Barbosa e Nilo Peçanha, esbarrara, na sua solução, na concepção liberal do Estado, correspondente aos interesses da República Velha. Washington Luís, candidato presidencial, declara que "a questão operária é uma questão que interessa mais à ordem pública que à ordem social", expressões caricaturadas com a réplica de que "a questão social é uma questão de polícia". A Aliança Liberal adotou outro rumo, no propósito inicial de aliciar às suas fileiras os descontentamentos sociais. No poder, cria o Ministério do Trabalho — Ministério do Trabalho, Indústria e Comércio —, acenando, na pluralidade de tarefas, com a política conciliatória de classes, em repúdio implícito à linha contestatória dos frágeis movimentos operários anteriores. O chefe do governo provisório, aprovando a orientação do primeiro ocupante da nova pasta — a "conjugação dos interesses patronais e operários" —, mostra o sentido da reforma, que oficializa os sindicatos:

> As leis, há pouco decretadas, reconhecendo essas organizações, tiveram em vista, principalmente, seu aspecto jurídico, para que, em vez de atuarem como força negativa, hostis ao poder público, se tornassem, na vida social, elemento proveitoso de cooperação no mecanismo dirigente do Estado. Explica-se, assim, a conveniência de fazê-las compartilhar da organização política, com personalidade própria, semelhante à dos partidos, que se representam de acordo com o coeficiente das suas forças eleitorais (4 de maio de 1931).

A sindicalização abrangia operários e patrões, com organismos próprios, para solverem seus dissídios sob a supervisão ministerial, ampliado largamente o campo dos direitos dos trabalhadores — lei dos dois terços de trabalhadores brasileiros, oito horas de trabalho, férias etc. A conciliação legal não valida, entretanto, os reclamos operários, reprimidos severamente, como antes, se apelassem para a greve, assimilada à violência. Em São Paulo, o interventor João Alberto, nem ele, com seus antecedentes revolucionários, tolera o desafio à ordem. Não obstante, o governo federal não admite a suspensão, mesmo provisória, das leis trabalhistas. Sob a cor do amparo e proteção ao capital e ao trabalho, num esquema ainda liberal na pena do autor das medidas reformistas — liberal com tintas herdadas de Augusto Comte e emprestadas do uruguaio Battle y Ordóñez —, o alvo seria o controle estatal, para a eventual direção, do industrial e do operário. Protestam, contra o ambicioso plano, patrões e operários — somadas as críticas no "signo criminoso da incaracterística e da imperfeição. A sua [de Lindolfo Collor] obra era eclética, cinzenta, privada de seiva vital [...] S. Ex.ª, bom moço, vestindo boas roupas, desejava ardentemente a simpatia dos homens rudes do trabalho sem, contudo, ousar desgostar os magnatas da indústria e do comércio".[106] O norte estava traçado, favorecido pelos acontecimentos: a oficialização dos sindicatos, transformado o líder operário em agente designado, o *pelego*, substituto urbano do coronel, e o líder industrial em cliente blandicioso e humilde do Tesouro e suas agências. A Constituição de 1934 reage, todavia, à ameaça de domesticação, com o sindicato livre, prometido pela lei. A pluralidade sindical, praticamente banida desde 1931 (Decreto 19770), volta a imperar, fruto extemporâneo do liberalismo, apesar dos temperos sub-reptícios opostos ao texto legal, que a subtraem à proliferação.[107] Depois de outorgada a Carta de 1937, tudo volta à *normalidade*, com o desvanecimento do risco — agora grave risco — do liberalismo econômico, que conduz ao comunismo, por meio da anarquia, segundo o pontífice intelectual da ordem reformulada.[108] O que não se poderia prever, no caos em dissipação, seria que a crisálida tentasse voar com asas libertas, para a aventura populista.

Filha da mesma temperatura na outra encosta, a economia politicamente orientada experimenta a violência dos ventos. Da frágil indústria, tutelada e ambígua, deveria sair uma transformação qualitativa, sobrepujando a mediocridade das mudanças passo a passo, para um grande salto. Num livro publicado em 1935, um economista americano, em valioso estudo acerca do Brasil, notava que a industrialização era um fato que não se poderia mais negar, contestando os retardatários críticos às "indústrias artificiais", saudosos do país essencialmente agrícola. "Uma revolução estrutural" — acentua — "substituiu uma evolução estrutural, sem mudança do processo." Um degrau, porém, era ainda necessário pisar, para assegurar-lhe o ritmo, expandindo-a: a siderurgia, só ela capaz de projetar o curso industrial para a grande empresa.[109] O caminho natural — natural no sentido que o liberalismo porta à expressão — para alcançar esse estágio, por meio da iniciativa particular, e, se insuficiente esta, com o auxílio do capital estrangeiro, mostrava-se tardo na realização. Na realidade, como sempre, tal como vinha acontecendo com as estradas de ferro, portos e energia elétrica, a iniciativa particular viçava no ambiente de estufa, com o calor proporcionado pelo governo, que lhe dosava a luz e lhe proporcionava a própria terra onde os empreendimentos germinariam. As velhas tentativas, oficiais pelas mãos de d. João VI, estavam mortas, inviáveis pela ausência de mercado interno. O problema, retomado espasmodicamente no período de Mauá, volta ao debate no período republicano. Embora a fundição de ferro não fosse abandonada, nesse longo interregno, a grande iniciativa, de alto porte, não seria empreendida. Em 1879 fundara-se a Escola de Minas, em Ouro Preto, sob a iniciativa de d. Pedro II, seguida da Escola Politécnica de São Paulo, e, já em 1930, da Escola de Engenharia do Exército, núcleos indispensáveis ao preparo dos técnicos e líderes, muitos deles responsáveis pelo estudo e agitação do problema siderúrgico brasileiro. No terreno da produção, os resultados das pequenas fábricas não atingiam, em 1924, 5 mil toneladas de ferro-gusa e aço. Em 1930, o país importava 5,2% das suas necessidades de ferro-gusa e 90% de laminados.[110] Afora os pioneiros nacionais, só a Companhia Siderúrgica Belgo-Mineira (fundada em 1921) tinha possibilidades de expandir-se, em unidade integrada. Na sua mensagem ao Congresso, em 1924, o presidente Artur Bernardes reconhecia que a siderurgia permanecia em "estado quase embrionário". Nesse período discute-se, com repercussões ao longo de dez anos, o grande projeto, nos moldes clássicos, da siderurgia com capitais privados e estrangeiros, conhecido como o contrato da Itabira, ou o "Caso Farquhar". O governador de Minas Gerais, Artur Bernardes, não se opunha ao capital estrangeiro na indústria siderúrgica, tanto que à sua colaboração se deve a presença da Belgo-Mineira. Queria, entretanto, vincular a exportação do minério à obrigação de construir uma grande usina, e não deixá-la entregue ao arbítrio da empresa, como faculdade, requerendo, para seu estado, compensações tributárias, sem monopólio ao concessionário.[111] O biógrafo de Farquhar confirma, aliás, o aspecto nevrálgico da dissidência, então aberta entre o governador de Minas Gerais e o governo federal. Acentua que o empresário dispunha-se a *eventually to build a steel mill*.[112] Acrescenta um dado, verossímil, de que a exportação, e mesmo a produção, prejudicaria interesses internacionais em disputa de iguais benefícios, ferindo sobretudo os pequenos fabricantes locais, solidamente presos ao sistema político estadual.[113] O alvo da oposição, no último caso, seria a estrada de ferro, de caráter monopolístico à empresa estrangeira. Farquhar, na realidade hábil e ousado negociador de concessões — no velho estilo do Brasil imperial, remanescente nas empresas de serviços públicos da República —, não conseguiu aliciar recursos estrangeiros para o plano da grande usina siderúrgica integrada, interessados aqueles no programa de exportação de minério.[114] Chegara ao país, de outro lado, em passo anacrônico, no momento em que o nacionalismo já dava sinais de tornar-se a ideologia de um Estado em transformação. O espírito da Lei Bernardes — decreto nº 4801, de 9 de janeiro de 1924 — denota o esforço da participação, senão a iniciativa, do governo na obra siderúrgica, embora os recursos públicos ainda não admitissem o cumprimento de propósitos de tão larga envergadura. Por isso, baseados na desproporção entre o sonho e a realidade, os liberais acusam os inimigos do empreendimento, nos traços pactuados, de jacobinos, "com o seu ódio ao estrangeiro, cujo capital" — lembra Epitácio Pessoa em depoimento de 1924, desmentindo o caráter substancial de seu nacionalismo —, "entretanto, é ainda o único capaz de afrontar os grandes dispêndios decorrentes da exploração".[115] No próximo quadriênio — na euforia liberal de Washington Luís — os jacobinos se retraem e o empreendimento está às portas de realizar-se, depois que Farquhar abandona o monopólio do trânsito ferroviário e o monopólio do porto. Mas a crise mundial e a revolução vitoriosa frustram a esperança, já com a praia à vista.

Em 1931, quando Getúlio Vargas, em Belo Horizonte, proclama o problema siderúrgico o problema máximo, básico da economia, não obedece, como nas tentativas anteriores, ao propósito de coroar o desenvolvimento industrial com a indústria de base. Paradoxalmente, outra é sua linha. A fonte de inspiração parte do Exército, então em processo de tomada do poder, preocupado, com a nacionalização, de dispor de fontes autônomas dos meios de defesa. As palavras do chefe do governo provisório conjugam, não a indústria ao ferro, mas o ferro à agricultura:

> Muito teremos feito, dentro de breve tempo, se conseguirmos libertar-nos da importação de artefatos de ferro, produzindo o indispensável ao abastecimento do país. Nacionalizando a indústria siderúrgica, daremos grande passo na escalada ao alto destino que nos aguarda. O nosso engrandecimento tem que provir da terra, pelo intenso desenvolvimento da agricultura. Mas o esforço para esse fim se esteriliza e fraqueia ao lembrarmo-nos que todo o maquinismo, desde o arado que sulca o seio da gleba até ao veículo que transporta o produto das colheitas, deva vir do estrangeiro (23 de fevereiro de 1931).

A perspectiva ainda é jacobina, num texto de nacionalismo agrário que não destoaria do pensamento de Alberto Torres. A tônica, implicitamente de defesa militar, com o toque rural modernizado, deslocar-se-á, no curso de oito anos, em termos mais explícitos, para a expressão industrial, ao situar no ferro, carvão e petróleo os "esteios da emancipação econômica" do país.

> Dentro em pouco poderemos encetar, simultaneamente, a exportação de minério de ferro e a fabricação de aço, em quantidade e qualidade que bastem às nossas necessidades atuais, inclusive aos reclamos do aparelhamento militar defensivo, à instalação de estabelecimentos metalúrgicos especializados e ao abastecimento de material necessário ao transporte (novembro de 1939).

De 1931 a 1941, entre o início da campanha nacionalista e a criação de Volta Redonda, há muitos compromissos e ensaios, num governo propício às transações e aos acordos. Comissões e mais comissões debatem e dissentem, prevalecendo, em 1937, as diretrizes fixadas pelo Conselho Técnico de Economia e Finanças do Ministério da Fazenda, com o reestudo do Conselho Federal de Comércio Exterior. Daí se projeta o plano de construir uma grande usina siderúrgica, a exportação de minérios por companhia brasileira e a anulação, finalmente, do contrato Farquhar, suspensas as concessões à Itabira Iron Ore Company. A emergência da guerra de 1939, com barganhas e trocas astutamente aproveitadas, não consagra a nacionalização, mas o predomínio brasileiro nas empresas, com a colaboração norte-americana, cujos frutos são a Companhia Siderúrgica Nacional (1941) e a Companhia Vale do Rio Doce (1942). O esquema adotado define um tipo de economia politicamente orientado, com as indústrias de base entregues à direção do Estado, que delas participa majoritariamente, associados os acionistas estrangeiro e nacional, reservando-se favores que podem chegar até o monopólio. A doutrina que as inspira, agarrada ainda às franjas evanescentes do liberalismo, quer suprir, pelo Estado, as deficiências da iniciativa particular. A Carta de 1937 fixa as normas e traça os limites, mais fluidos na prática do que na lei, entre os dois setores:

> A intervenção do Estado no domínio econômico só se legitima para suprir as deficiências da iniciativa individual e coordenar os fatores da produção, de maneira a evitar ou resolver os seus conflitos e introduzir no jogo das competições individuais o pensamento dos interesses da Nação, representados pelo Estado.
> A intervenção no domínio econômico poderá ser mediata e imediata, revestindo a forma do controle, do estímulo ou da gestão direta (artigo 135).

Nessa fórmula combina-se a atividade industrial com o patronato político, conjugados à cartelização geral da economia — com as agências que a disciplinam, desde o café até a produção de mandioca.

A regulamentação da economia, desde o formalismo não intervencionista dos liberais, com a reação de 1926, até a virada intervencionista de 1930, cavalga o dorso de um dromedário histórico, enganada por aparências episódicas. A estufa global da economia se desdobra em estufas particulares, antigas muitas, novas algumas. No campo da produção dos bens de consumo, no momento em que a extensão do mercado interno permite produzir para consumir, o fomento não se deveu somente à tarifa alfandegária, substituída, na realidade, pela depressão cambial, desde o governo de Washington Luís. Em termos reais, o imposto de importação só atuou em taxas elevadas, acima de 30%, nos anos de 1931-4, caindo, daí por diante, em termos reais. Ainda não se dera o incremento franco à industrialização, só perceptível mais tarde, por meio do crédito e de estímulos de outra ordem. A crise mundial, dificultando a importação, incapaz de alimentar-se com as exportações cadentes, proporcionou o desvio dos investimentos para o setor industrial do mercado interno, que já em 1933 recupera o nível de 1929. Não só tarifas, portanto, mas tarifas sobre uma realidade estrutural que perturba o sistema exportador-importador, ditaram nova orientação à indústria, flexivelmente aceita e adotada por um aparelhamento estatal em mudança. Desta forma se inicia o processo industrial de substituição das importações, incentivado inicialmente pela alta dos preços das importações. Processo este — o da substituição das importações — só possível de ser sustentado pelo apoio governamental, por via direta ou indireta. Inicialmente, todavia, o mecanismo operou por um estímulo derivado da crise.

> A baixa brusca do preço internacional do café [escreve Celso Furtado] e a falência do sistema de conversibilidade acarretaram a queda do valor externo da moeda. Essa queda trouxe, evidentemente, um grande alívio ao setor cafeeiro da economia. A baixa do preço internacional do café havia alcançado 60 por cento. A alta da taxa cambial chegou a representar uma depreciação de 40 por cento. O grosso das perdas poderia, portanto, ser transferido para o conjunto da coletividade através da alta dos preços das importações.[116]

O complexo cafeeiro, todavia, não se viu desprovido de recursos, com a exportação em declínio. O governo deliberou adquirir os estoques, embora a preços baixos, mas ainda assim sem provocar o colapso do setor, que, desestimulado a investir na lavoura exportadora, inclinou-se para o mercado interno industrial, e, em menor escala, agrícola de subsistência. O papel do Estado será, na conjuntura, decisivo para acelerar a recuperação em rumo diverso, por meios indiretos, animado o aparelhamento oficial com o propósito, até então encoberto ou negado, de emancipar o país da dependência externa, tida por colonial. Por caminhos diferentes — no incentivo à indústria de base e ao estímulo à produção industrial menor — o Estado se torna francamente protetor da manufatura, a ponto de consolidar suas tendências, em 1937, com um estatuto político adequado aos seus propósitos. Os censos de 1920, 1940 e 1950 mostram os resultados dessa política, verticalmente ascensional. De outro lado, o Banco do Brasil — cada vez mais, a partir de 1930, instrumento obediente da política governamental — concedeu créditos aos produtores, os quais, mais tarde, no período inflacionário aberto em 1939, tornam-se verdadeiros subsídios, por desprovidos de correção monetária. No mesmo sentido operaram as Caixas Econômicas e as instituições de Previdência Social. Os investimentos públicos, no total dos investimentos do país, cresceram, do índice 100, em 1939, para chegar a 143 — grau máximo — em 1942.[117] A Carteira de Crédito Agrícola e Industrial do Banco do Brasil, criada em 1938, partiu em rápida escalada (índice 100 em 1942 para 584 em 1950). Os tabelamentos de preços agrícolas, justificados pela conjuntura da guerra, operaram no mesmo sentido, subsidiando o operário industrial, cujo salário real fora cadente, a partir do índice de 1920.[118] 1937 retifica e desenvolve as virtualidades de 1930, integrando a economia na política, sob o modelo de um Estado que deita raízes nos primeiros dias da dinastia de d. João I. Dessa vez, porém, não é o comércio a fonte a explorar, mas a emancipação industrial, que aplaude o golpe ditatorial. A curta ilusão liberal, com a liberdade de iniciativa que curaria o atraso e douraria a utopia do progresso, esvai-se, sem protesto e sem lágrimas. Verdade que, em nome de valores caldeados pela cultura ocidental, no soçobro não perece o amor às liberdades públicas. A ditadura, autoritária, mas não totalitária, viveu, nesse particular, o tormento de muitos compromissos.

Economicamente, a regulamentação não só delimita o leito onde as águas correm, senão que as dirige, encaminha e filtra. O óleo canforado — acentua o deputado Aliomar Baleeiro, não toldado pela euforia liberal de 1946 — dos "estancos, monopólios, muletas bancárias oficiais, tarifas protecionistas, reajustamentos, equilíbrio estatístico, valorizações artificiais" não opera como remédio, mas será o sólido, o nutritivo, o ordinário alimento de muitos séculos. "Saia do negócio o Estado" — conclui — "e todo o Brasil ficará desempregado e em desespero." Nas intervenções estatais, outrora abominadas pelos empresários apenas se contrárias aos seus imediatos interesses, crescem e proliferam atividades econômicas incentivadas pelos lucros rápidos, mais jogo de azar que empresa racional. Para que medre essa camada, ontem comercial, hoje industrial e amanhã financeira, o governo há de estar presente, atuante, armado. Dentre as classes, predomina a lucrativa, especuladora nos seus tentáculos, apta menos a produzir do que a enriquecer, em consórcio indissolúvel ao estamento burocrático, este também especializado em comissões e conselhos, alheio à sociedade, desta tutor, ou, em momentos de normalidade, no exercício de discreta curatela. As classes proprietárias, o empresário industrial, racionais nos seus cálculos, se submetem aos destros manipuladores de situações. O *tubaronato* floresce e engorda, ensejando a suspeita de que sua fortuna se deva ao favor, quando, na realidade, se expande como autêntica expressão do sistema. Na constatação dos fatos não vai implícito nenhum juízo de valor, nem a corrupção de um regime com uma camada econômica. A raiz não se revela nas censuras moralizantes, senão que suga a seiva de um dissídio histórico, desde quando o Estado se autonomiza, em tempo distante, adulterando e vedando os condutos renovadores que partem de baixo, desdenhada essa contribuição porque o povo era analfabeto, depois por pobre e incapaz de independência para opinar e votar.

O regime de 1937-45 não se explica como mistificação de cúpula, como mistificação de cúpula não foi o Império. Suas bases permanentes, que os interregnos de 1889-1930 e de 1934-7 apenas dissimulam — dissimulam porque neles vigem as vigas mestras da estrutura —, traduzem a realidade patrimonialista, na ordem estatal centralizada. Nem a calculada firmeza de José Bonifácio, nem a astúcia flexível de d. Pedro II ou o maquiavelismo de Vargas explicam a realidade, a todos superior, condutora e não passivamente moldada. Em 1945, o ditador já não temia mais a hegemonia paulista, só possível na base de núcleos econômicos não dependentes, como fora a lavoura cafeeira. O quadro administrativo domina a cúpula, com forças nacionais e não regionais, capaz de vencer veleidades localistas. 1930 se firma contra São Paulo, apropriando e redistribuindo sua riqueza — a partir de 1937, o movimento industrial favorece o parque bandeirante, agora vinculado à rede estatal que financia, dirige e promove riquezas e opulentos.

Conclusão

A viagem redonda: do patrimonialismo ao estamento

De d. João I a Getúlio Vargas, numa viagem de seis séculos, uma estrutura político-social resistiu a todas as transformações fundamentais, aos desafios mais profundos, à travessia do oceano largo. O capitalismo politicamente orientado — o capitalismo político, ou o pré-capitalismo —, centro da aventura, da conquista e da colonização moldou a realidade estatal, sobrevivendo e incorporando na sobrevivência o capitalismo moderno, de índole industrial, racional na técnica e fundado na liberdade do indivíduo — liberdade de negociar, de contratar, de gerir a propriedade sob a garantia das instituições. A comunidade política conduz, comanda, supervisiona os negócios, como negócios privados seus, na origem, como negócios públicos depois, em linhas que se demarcam gradualmente. O súdito, a sociedade, se compreendem no âmbito de um aparelhamento a explorar, a manipular, a tosquiar nos casos extremos. Dessa realidade se projeta, em florescimento natural, a forma de poder, institucionalizada num tipo de domínio: o patrimonialismo, cuja legitimidade assenta no tradicionalismo — assim é porque sempre foi. O comércio dá o caráter à expansão, expansão em linha estabilizadora, do patrimonialismo, forma mais flexível do que o patriarcalismo e menos arbitrária que o sultanismo (ver cap. I, III). No molde comercial da atividade econômica se desenvolveu a lavoura de exportação, da colônia à República, bem como a indústria, seja no manufaturismo pombalino, no delírio do *encilhamento*, quer nas estufas criadas depois de 1930. Sempre, no curso dos anos sem conta, o patrimonialismo estatal, incentivando o setor especulativo da economia e predominantemente voltado ao lucro como jogo e aventura, ou, na outra face, interessado no desenvolvimento econômico sob o comando político, para satisfazer imperativos ditados pelo quadro administrativo, com seu componente civil e militar. Montesquieu, sob a visão de um contraste teorizado e idealizado, exprimiu bem a peculiaridade da ordem patrimonialista. Todos os Estados têm igual objeto: manter sua integridade; mas, sob esse escopo geral, há outros, de natureza particular. Roma dedicava-se ao engrandecimento territorial e político. Rodes cuidava do comércio, os despotismos se preocupavam com a delícia dos príncipes, *sa gloire et celle de l'État, celui des monarchies*. No outro extremo — num Estado qualitativamente diverso —, uma nação haveria, a Inglaterra, que se constituirá na fiadora da liberdade política.[1] No rigorismo da doutrina de Max Weber, haveria, em tais fins, o primado do irracional,[2] mesmo se temperado com técnicas racionais.

A estranheza do corpo histórico, longamente persistente, assume proporções de fantasmagoria em virtude de uma ótica nova, nascente ao tempo de Montesquieu. Ao capitalismo político sucedeu, em algumas faixas da Terra, o capitalismo dito moderno, racional e industrial. Na transição de uma estrutura a outra, a nota tônica se desviou — o indivíduo, de súdito, passa a cidadão, com a correspondente mudança de converter-se o Estado de senhor a servidor, guarda da autonomia do homem livre. A liberdade pessoal, que compreende o poder de dispor da propriedade, de comerciar e produzir, de contratar e contestar, assume o primeiro papel, dogma de direito natural ou da soberania popular, reduzindo o aparelhamento estatal a um mecanismo de garantia do indivíduo. Somente a lei, como expressão da vontade geral institucionalizada, limitado o Estado a interferências estritamente previstas e mensuráveis na esfera individual, legitima as relações entre os dois setores, agora rigidamente separados, controláveis pelas leis e pelos juízes. É o que se chamou, em expressão que fez carreira no mundo jurídico e político, de "Estado burguês de direito", que traduz o esquema de legitimidade do liberalismo capitalista.[3] Entre os dois modelos, um seria o obsoleto, o retrógrado, o anacrônico, enquanto o Estado de liberdade consagraria o ideal a atingir, numa utopia construída doutrinariamente. De outro lado, para maior desmoralização da forma antiga, o progresso se combinou com o liberalismo, enquanto as velhas nações, imobilizadas nos sarcófagos de suas tradições, desacertaram o passo no ritmo ascensional.

À crítica de fonte liberal junta-se, paradoxalmente no mesmo sentido, a crítica marxista. O capitalismo antigo — identificado, por simplificação de escola, ao feudalismo (ver cap. I, III, notas 30-5), ou ao pré-capitalismo — será devorado pelo modelo do capitalismo industrial, expansivo e universalizador nas suas técnicas e na sua substância. O país industrialmente desenvolvido oferece a imagem do futuro ao menos desenvolvido — observava Marx, na primeira edição de *O capital*. Apressava-se em esclarecer, no mesmo passo, que os países da Europa continental, inadequados ao ritmo da Inglaterra condutora do mundo, sofriam não apenas a pressão atormentadora de fora, mas as deficiências do desenvolvimento incompleto.

> Aos modernos males [dizia, dirigindo-se aos seus compatriotas alemães] uma série ampla de males herdados nos oprimem, emergentes da sobrevivência passiva de antiquados modos de produção, com a sequela inevitável de relações do anacronismo social e político. Nós sofremos não apenas dos vivos, mas também dos mortos. *Le mort saisi le vif*.[4]

Um teórico marxista, Trótski, atento à lição do seu mestre, olhos postos no país atrasado onde o Estado absorve parte da fortuna, enfraquecendo todas as classes e burocratizando-se, nota que a adaptação ao ritmo mundial impõe a combinação original de bases diversas do processo histórico. "Selvagens lançaram fora os arcos e flechas e apanharam imediatamente os fuzis, sem percorrer o caminho que havia entre essas duas armas no passado."[5]

> A desigualdade do ritmo [prossegue mais tarde], que é a mais geral das leis do processo histórico, manifesta-se com especial rigor e complexidade no destino dos países atrasados. Sob o chicote das necessidades exteriores, a vida retardatária é constrangida a avançar por saltos. Desta lei universal da desigualdade do ritmo decorre outra lei que, na falta de melhor nome, pode denominar-se lei do desenvolvimento combinado, no sentido da aproximação das etapas diversas, da combinação de fases discordantes, da amálgama de formas arcaicas com as modernas.[6]

A crítica liberal e a marxista, ao admitirem a realidade histórica do Estado patrimonial, com sua alma no capitalismo politicamente orientado, partem do pressuposto da transitoriedade do fenômeno, quer como resíduo anacrônico, quer como fase de transição. Ambas, na verdade, comparam a estátua imperfeita a um tipo ideal, este, em termos de distância histórica, de existência mais curta, de cores mais embaralhadas que a clara visão de seus ideólogos. O ponto de referência é o capitalismo moderno, tal como decantado por Adam Smith, Marx e Weber, tratados os estilos divergentes como se fossem desvios, atalhos sombreados, revivescências deformadoras, vestígios evanescentes. Sobre um mundo acabado, completo, ou em via de atingir sua perfeição última e próxima, a vista mergulha no passado, para reconstruí-lo, conferindo-lhe um sentido retrospectivo, numa concepção linear da história. O passado tem, entretanto, suas próprias pautas, seu curso, embora não caprichoso, obra dos homens e de circunstâncias não homogêneas. O historiador, adverte um filósofo, elimina o elemento irracional dos acontecimentos, mas, nessa operação, cria uma ordem racional, que não só por ser racional será verdadeira. A sociedade capitalista aparece aos olhos deslumbrados do homem moderno como a realização acabada da história — degradadas as sociedades pré-capitalistas a fases imperfeitas, num processo dialético e não mecânico, de qualquer sorte, substituindo o fato bruto ao fato racional, que bem pode ser o fato idealizado artificialmente. No fundo, a tese da unidade da história, acelerada, senão criada, pelo império do capitalismo. A lei do desenvolvimento desigual do ritmo não é, na verdade, senão a aplicação dessa premissa maior articulada ou pressuposta.[7] "*Il me paraissait*" — respondia Taine, no século XIX, aos ideólogos da política — "*qu'une maison ne doit pas être construite pour l'architecte, ni pour elle-même, mais pour le propriétaire qui va s'y loger.*"[8]

A realidade histórica brasileira demonstrou — insista-se (ver cap. 3, II) — a persistência secular da estrutura patrimonial, resistindo galhardamente, inviolavelmente, à repetição, em fase progressiva, da experiência capitalista. Adotou do capitalismo a técnica, as máquinas, as empresas, sem aceitar-lhe a alma ansiosa de transmigrar. Pode conjeturar-se, em alargamento da tese, que fora do núcleo anglo-saxão, da França talvez, o mundo do século XX, periférico à constelação mais ardente, desenvolveu curso excêntrico, que se chamaria, nas suas vertentes opostas, por deficiência de língua da ciência política, paracapitalista e anticapitalista, alternativas rebeldes à imagem modernizante. Não haveria no universo, ao contrário do que supôs Tawney, apenas uma paralisia, a ibérica,[9] senão muitas, sem a passividade dos membros, mas agitadas, convulsas, desesperadas. A um corpo renovador, expansivo e criador, se agregam, em convivência relutante, nações modernizadoras, em constante adaptação, mas dentro de projeções de seu próprio passado, de sua história, lançada em outro rumo. Característico principal, o de maior relevância econômica e cultural, será o do predomínio, junto ao foco superior de poder, do quadro administrativo, o estamento que, de aristocrático, se burocratiza (ver cap. 3, III) progressivamente, em mudança de acomodação e não estrutural. O domínio tradicional se configura no patrimonialismo, quando aparece o estado-maior de comando do chefe, junto à casa real, que se estende sobre o largo território, subordinando muitas unidades políticas. Sem o quadro administrativo, a chefia dispersa assume caráter patriarcal, identificável no mando do fazendeiro, do senhor de engenho e nos coronéis. Num estágio inicial, o domínio patrimonial, dessa forma constituído pelo estamento, apropria as oportunidades econômicas de desfrute dos bens, das concessões, dos cargos, numa confusão entre o setor público e o privado, que, com o aperfeiçoamento da estrutura, se extrema em competências fixas, com a divisão de poderes,[10] separando-se o setor fiscal do setor pessoal. O caminho burocrático do estamento, em passos entremeados de compromissos e transações, não desfigura a realidade fundamental, impenetrável às mudanças. O patrimonialismo pessoal se converte em patrimonialismo estatal, que adota o mercantilismo como a técnica de operação da economia. Daí se arma o capitalismo político, ou capitalismo politicamente orientado, não calculável nas suas operações, em terminologia adotada no curso deste trabalho. A compatibilidade do moderno capitalismo com esse quadro tradicional, equivocadamente identificado ao pré-capitalismo, é uma das chaves da compreensão do fenômeno histórico português-brasileiro, ao longo de muitos séculos de assédio do núcleo ativo e expansivo da economia mundial, centrado em mercados condutores, numa pressão de fora para dentro. Ao contrário, o mundo feudal, fechado por essência, não resiste ao impacto, quebrando-se internamente, para se satelitizar, desfigurado, ao sistema solar do moderno capitalismo. Capaz de comerciar, exportando e importando, ele adquire feição especulativa mesmo nas suas expressões nominalmente industriais, forçando a centralização do comando econômico num quadro dirigente. Enquanto o sistema feudal separa-se do capitalismo, enrijecendo-se antes de partir-se, o patrimonialismo se amolda às transições, às mudanças, em caráter flexivelmente estabilizador do modelo externo, concentrando no corpo estatal os mecanismos de intermediação, com suas manipulações financeiras, monopolistas, de concessão pública de atividade, de controle do crédito, de consumo, de produção privilegiada, numa gama que vai da gestão direta à regulamentação material da economia.

Esse curso histórico leva à admissão de um sistema de forças políticas, que sociólogos e historiadores relutam em reconhecer, atemorizados pelo paradoxo, em nome de premissas teóricas de vária índole. Sobre a sociedade, acima das classes, o aparelhamento político — uma camada social, comunitária embora nem sempre articulada, amorfa muitas vezes — impera, rege e governa, em nome próprio, num círculo impermeável de comando. Essa camada muda e se renova, mas não representa a nação, senão que, forçada pela lei do tempo, substitui moços por velhos, aptos por inaptos, num processo que cunha e nobilita os recém-vindos, imprimindo-lhes os seus valores. No plano das interrogações teóricas, um longo debate, aberto provavelmente por Hegel, discute a possibilidade da existência desse setor autônomo, estatal no conteúdo, disciplinador da sociedade, absoluto na essência.[11] Marx e Engels, num escrito de juventude, advertem para a realidade, vinculando-a à concepção do Estado como forma de domínio da classe dominante e acentuando seu papel transitório.

> A independência do Estado só ocorre, atualmente, nos países em que os estamentos ainda não se transformaram inteiramente em classes, onde aquelas ainda desempenham certo papel, já eliminado nos países adiantados, onde há certa mescla, nos quais uma parte da população pode dominar sobre as outras.[12]

A conexão se faz, em sequência ao mesmo pensamento, com a monarquia absoluta. O problema, tal como posto, não assimila o estamento à burocracia, como se lê nos escritos seguintes dos papas do marxismo e seus epígonos. O conceito, obscurecido desse elemento diferenciador, assume, mais tarde, um nome personalizador: o bonapartismo. Na verdade, a burocracia seria apenas o formalismo do Estado, a sua consciência e sua vontade, só excepcionalmente autônoma. Enquanto para Marx o bonapartismo não passaria de uma aparência, já ultrapassada sua concepção antiga, existindo sempre, oculta ou ostensiva, uma classe dominante, embora transacional na cúpula,[13] Engels permanece fiel à concepção original. Para Marx, Napoleão III, sustentado por uma classe, dançava entre as classes, entre contradições e troca de parceiros, falso árbitro de interesses em conflito. Engels, ao contrário, vincula o pequeno Napoleão à monarquia absoluta, que exerce um real poder de governo, com os oficiais e funcionários dóceis à ação política.[14] Igualmente, a doutrina liberal, mais compatível com Marx do que com Engels, nega o papel autônomo da burocracia,[15] tratando-a, na realidade, de coisa diversa. Há a burocracia, expressão formal do domínio racional, própria ao Estado e à empresa modernos, e o estamento burocrático, que nasce do patrimonialismo e se perpetua noutro tipo social, capaz de absorver e adotar as técnicas deste, como meras técnicas. Daí seu caráter não transitório. Na conversão do adjetivo em substantivo se trocam as realidades, num jogo de palavras fértil em equívocos. O próprio bonapartismo, em lugar de ser uma expressão política própria, serve para assegurar uma situação permanente, a aparência democrática, cesarista num quadro autocrático, generalização e não participação do poder pelo povo. César — o herói e a caricatura — desce a escada do palácio e se dirige ao povo, para melhor afastar a soberania de baixo para cima, num espetáculo aclamatório, em favor de d. Pedro II, Napoleão III, Bismarck ou Getúlio Vargas.

Não impera a burocracia, a camada profissional que assegura o funcionamento do governo e da administração (*Berufsbeamtentum*), mas o estamento político (*Beamtenstand*). A burocracia, como burocracia, é um aparelhamento neutro, em qualquer tipo de Estado, ou sob qualquer forma de poder. Seu domínio será compatível com a monarquia absoluta, mas pode caracterizar-se pela redução do chefe supremo a uma figura decorativa, espécie de primeiro magistrado. Não se converte, o estamento político, entretanto, em governo da soberania popular, ajustando-se, no máximo, à autocracia com técnicas democráticas. Na cúpula, graças ao equilíbrio ou à impotência de classes e interesses de empolgar o comando, o governo arma, sobre o equilíbrio das bases, o papel de árbitro, sem que se possa expandir na tirania aberta ou no despotismo sem medida e sem controle. Uma política econômica e financeira de teor particular, estatal e mercantilista, atua e vigia, se expande e se amplia, com sobranceria.[16] A autonomia da esfera política, que se manifesta com objetivos próprios, organizando a nação a partir de uma unidade centralizadora, desenvolve mecanismos de controle e regulamentação específicos. O estamento burocrático comanda o ramo civil e militar da administração e, dessa base, com aparelhamento próprio, invade e dirige a esfera econômica, política e financeira. No campo econômico, as medidas postas em prática, que ultrapassam a regulamentação formal da ideologia liberal, alcançam desde as prescrições financeiras e monetárias até a gestão direta das empresas, passando pelo regime das concessões estatais e das ordenações sobre o trabalho. Atuar diretamente ou mediante incentivos serão técnicas desenvolvidas dentro de um só escopo. Nas suas relações com a sociedade, o estamento diretor provê acerca das oportunidades de ascensão política, ora dispensando prestígio, ora reprimindo transtornos sediciosos, que buscam romper o esquema de controle. No âmbito especificamente político, interno à estrutura, o quadro de comando se centraliza, aspirando, senão à coesão monolítica, ao menos à homogeneidade de consciência, identificando-se às forças de sustentação do sistema.[17] Obviamente, e os capítulos precedentes testemunham essa realidade, a estrutura não se mantém senão ao preço de muitas tensões e conflitos. Grupos, classes, elites, associações tentam, lutam para fugir ao abraço sufocador da ordem imposta de cima, seja pelo centrifuguismo colonial, o federalismo republicano, a autonomia do senhor de terra, gerando antagonismos que, em breves momentos, chegam a arredar, sem aniquilar, o estado-maior de domínio, imobilizando-o temporariamente, incapazes os elementos em rebeldia de institucionalizar-se fixamente. O estamento, por sobranceiro às classes, divorciado de uma sociedade cada vez mais por estas composta, desenvolve movimento pendular, que engana o observador, não raras vezes, supondo que ele se volta contra o fazendeiro, em favor da classe média, contra ou a favor do proletariado. Ilusões de ótica, sugeridas pela projeção de realidades e ideologias modernas num mundo antigo, historicamente consistente na fluidez de seus mecanismos. As formações sociais são, para a estrutura patrimonial estamental, pontos de apoio móveis, valorizados aqueles que mais a sustentam, sobretudo capazes de fornecer-lhe os recursos financeiros para a expansão — daí que, entre as classes, se alie às de caráter especulativo, lucrativo e não proprietário. O predomínio dos interesses estatais, capazes de conduzir e deformar a sociedade — realidade desconhecida na evolução anglo-americana —, condiciona o funcionamento das Constituições, em regra escritos semânticos ou nominais sem correspondência com o mundo que regem.

O conteúdo do Estado molda a fisionomia do chefe do governo, gerado e limitado pelo quadro que o cerca. O rei, o imperador, o presidente não desempenham apenas o papel do primeiro magistrado, comandante do estado-maior de domínio. O chefe governa o estamento e a máquina que regula as relações sociais, a ela vinculadas. À medida que o estamento se desaristocratiza e se burocratiza, apura-se o sistema monocrático, com o retraimento dos colégios de poder. Como realidade, e, em muitos momentos, mais como símbolo do que como realidade, o chefe provê, tutela os interesses particulares, concede benefícios e incentivos, distribui mercês e cargos, dele se espera que faça justiça sem atenção às normas objetivas e impessoais. No soberano concentram-se todas as esperanças, de pobres e ricos, porque o Estado reflete o polo condutor da sociedade. O súdito quer a proteção, não participar da vontade coletiva, proteção aos desvalidos e aos produtores de riqueza, na ambiguidade essencial ao tipo de domínio. Não se submete o chefe à aristocracia territorial, ao senhor de terras, à burguesia, governando, em nome de uma camada, diretamente sobre a nação. Ele fala ao povo, não aos intermediários por este criados, do palácio à sociedade, em dois planos separados. Ele é o pai do povo, não como mito carismático, nem como herói, nem como governo constitucional e legal, mas o bom príncipe — d. João I, d. Pedro II ou Getúlio Vargas —, empreendendo, em certas circunstâncias, uma política social de bem-estar, para assegurar a adesão das massas.[18] Para evitar a participação popular, recorre, não raro, à mobilização das ruas, em manifestações que, atrás de si, só deixam o pó de palavras inconsequentes. Filho do providencialismo estatal, ele o fortifica, usando dos poderes que a tradição lhe confere. Em casos extremos, será o ditador social, de aparência socialista, de um suposto socialismo que sacia aspirações, desviando-as e acalmando-as, com algum circo e algum pão. O bom príncipe, o pai do povo guarda, na sua prudência de generalizar a aparência de poder, sem abrir nenhum canal de participação, a conduta do conselho de Alvaro Paez ao Mestre de Avis, no século XIV, na sua finura sarcástica: "Senhor" — recomendava-lhe o astuto conselheiro —, "fazei por esta guisa: dai aquilo que vosso não é, e prometei o que não tendes, e perdoai a quem vos não errou, e ser-vos-á mui grande ajuda para tal negócio em que sois posto". Na base da pirâmide, no outro extremo dos manipuladores olímpicos do poder, o povo espera, pede e venera, formulando a sua política, expressão primária de anseios e clamores, a política de salvação. Confundindo as súplicas religiosas com as políticas, o desvalido, o negativamente privilegiado, identificado ao providencialismo do aparelhamento estatal, com o entusiasmo orgiástico dos supersticiosos, confunde o político com o taumaturgo, que transforme pedras em pães, o pobre no rico. Enquanto o estamento burocrático desenvolve a sua política, superior e autônoma, remediando as crises com as revoluções bonapartistas, de cima para baixo, desenvolve-se a mística da revolução salvadora, esta oficial como as outras, repita-se Joaquim Nabuco. Da ordem tumultuada, da anarquia fomentada, as massas, embaídas por esperanças e alimentadas de entusiasmo, incensam o oculto deus ex machina, que remediará todos os males e mitigará todos os sofrimentos. As duas partes, a sociedade e o estamento, desconhecidas e opostas, convivendo no mesmo país, navegam para portos antípodas: uma espera o taumaturgo, que, quando a demagogia o encarna em algum político, arranca de seus partidários mesmo o que não têm; a outra permanece e dura, no trapézio de seu equilíbrio estável.

O estamento, implantado na realidade estatal do patrimonialismo, não se confunde com a elite, ou a chamada classe política (ver cap. 3, III), mesmo quando esta se esclerosa, incapaz de renovar-se. A minoria governa sempre, em todos os tempos, em todos os sistemas políticos. A organização, segundo o truísmo que o estudo de Michels divulgou, leva à oligarquia, à "lei de bronze da oligarquia": os poucos, eleitos ou cooptados, asseguram um estatuto próprio de comando, mas não autônomo. O aparelhamento, empresarial ou estatal, não se confunde com o poder, sujeito, nos sistemas elitários, à escolha, à renovação, à mudança, ao movimento circulatório, pressionado de baixo para cima, nunca limitado a um quadro fechado. Caracterizá-la de classe levaria a extrapolar uma categoria econômica a uma categoria política, na prestidigitação verbal dos termos, pecado de que não escapou Gaetano Mosca, com sua classe política. Conferir-lhe caráter social, para estratificá-la no estamento — como "elite de poder", tal como procedeu Wright Mills[19] —, importaria, em último termo, a converter a burocracia numa realidade em si, desmentindo a neutralidade técnica da última. Confundir-se-ia, ademais, o estado patológico com o estado natural, em situações de labilidade que, apesar de aproximações empíricas, mantêm a distância dos tipos ideais.[20] No governo estamental, tal como se estrutura neste ensaio, há necessariamente, como sistema político, a autocracia de caráter autoritário, e não a autocracia de forma totalitária.

> O conceito "autoritário" [escreve Loewenstein] caracteriza uma organização política na qual um único detentor do poder — uma só pessoa ou "ditador", uma assembleia, um comitê, uma junta ou um partido — monopoliza o poder político sem que seja possível aos seus destinatários a participação real na formação da vontade estatal. O único detentor impõe à comunidade sua decisão política fundamental, isto é, "dita"-a aos destinatários do poder. O termo "autoritário" refere-se mais à estrutura governamental do que à ordem social. Em geral, o regime autoritário se satisfaz com o controle político do Estado sem pretender dominar a totalidade da vida socioeconômica da comunidade, ou determinar sua atitude espiritual de acordo com sua imagem.[21]

Este sistema é compatível, e ordinariamente se compatibiliza, com órgãos estatais separados, assembleias ou tribunais, numa ordenação formalmente jurídica. De outro lado, o regime autoritário convive com a vestimenta constitucional, sem que a lei maior tenha capacidade normativa, adulterando-se no aparente constitucionalismo — o constitucionalismo nominal, no qual a Carta Magna tem validade jurídica mas não se adapta ao processo político, ou o constitucionalismo semântico, no qual o ordenamento jurídico apenas reconhece a situação de poder dos detentores autoritários.[22] A autocracia autoritária pode operar sem que o povo perceba seu caráter ditatorial, só emergente nos conflitos e nas tensões, quando os órgãos estatais e a Carta constitucional cedem ao real, verdadeiro e atuante centro de poder político. Em última análise, a soberania popular não existe, senão como farsa, escamoteação ou engodo. Já na estrutura normativamente constitucional, democrática na essência, os detentores do poder participam na formação das decisões estatais, mediante mecanismos de controle que atuam na participação popular. Não importa que o encadeamento que vai da cúpula à base esteja enrijecido por minorias diretoras, contanto que o circuito percorra a escala vertical. Este último sistema — normativamente constitucional e democrático — se ajusta ao quadro das elites, mais ou menos sujeitas ao controle, necessariamente preocupadas com as agências de comando, sejam os círculos eleitorais, as oligarquias estaduais entrosadas às municipais, como na República Velha, ou os partidos. A soberania popular não se reduz à emanação da vontade de baixo para cima, cabendo às minorias as decisões e à maioria o controle, de acordo com a fórmula de Sieyès: "A autoridade vem de cima, a confiança vem de baixo". A astúcia, a habilidade, a sagaz manipulação são qualidades psicológicas ajustadas ao comando elitário, enquanto nos estamentos prevalece a decisão de utilizar a violência, a direção voltada à eficiência, o cálculo nas intervenções sobre o mecanismo jurídico.

A elite das democracias não pode se consolidar num estrato privilegiado, mutável nas pessoas mas fechado estruturalmente. As instituições, normativamente operantes, trituram suas veleidades autonomizadoras, veleidades sempre discerníveis na burocracia. No patrimonialismo, no momento da emergência das classes, procuram estas nacionalizar o poder, apropriá-lo, para que se dilua na elite. O conflito está presente nesse tipo de estrutura, sobretudo quando posta em convívio com o capitalismo industrial, por pressão externa e por efeito de expansionismo internacional deste. A elite política do patrimonialismo é o estamento, estrato social com efetivo comando político, numa ordem de conteúdo aristocrático.

> *Il ne faut pas* [adverte Hauriou, jurista sociólogo como Loewenstein] *confondre élite politique avec aristocratie; les régimes aristocratiques sont ceux où l'élite politique est devenue une classe ou un ordre dans l'État avec des privilèges juridiques; c'est une solution, mais il y en a d'autres, les démocraties, elles aussi, peuvent avoir une élite politique, elle ne sera pas organisée en une classe privilégiée, elle se recruitera dans toutes les couches de la population, elle se renouvellera continuellement, elle existera quand même.*[23]

Se a linha divisória se traça com firmeza, em relação às elites, na sua conexão com o sistema político, nem sempre será possível evitar o campo lábil, ambíguo, equívoco das conjunções entre burocracia e controle popular, sobretudo nos países em formação e nos superdesenvolvidos. Nos primeiros, a elite burocrática, a intelligentsia que absorve as técnicas do capitalismo industrial, preocupada com a eficiência da modernização econômica e social, tenta se autonomizar, desdenhando dos políticos, para ela simples agitadores, ignorantes, incapazes e corruptos. Num país que recém-ingressou nas nações independentes, o administrador egresso da universidade europeia espanta-se de que o político queira orientar o planejamento econômico, ele, que nunca frequentou um curso de pós-graduação.[24] No outro extremo, nos Estados Unidos de hoje, a elite tecnocrática, gerada à margem da elite tradicional, filha do ordenamento racional legal, usurpa funções públicas, reservadas, na concepção liberal, à empresa particular, à liberdade no seu sentido clássico. Esse movimento, que, por motivos de outra índole, se ajusta aos países modernizadores e em desenvolvimento, tem sua raiz própria. Ocorre que, no chamado novo Estado industrial, a atividade particular, nas organizações de larga envergadura, torna-se uma extensão da burocracia oficial, da qual depende e a cujas necessidades serve. A separação entre o campo econômico e o estatal se aproxima, em favor de largo complexo capaz de abarcar ambos os setores. A dinâmica do mercado aberto, congenial ao liberalismo, se altera em direção ao mercado administrativo, com demandas políticas seletivas, de caráter militar e político.[25] A emergência de tais ritmos ou veleidades tecnocráticas opera, no campo internacional, para enfraquecer a força de atração do ímã do capitalismo liberal, acelerando a convicção dos caminhos próprios de desenvolvimento, excêntricos ao modelo clássico, que reduz os tipos universais divergentes a estágios de um padrão único.

O estamento burocrático desenvolve padrões típicos de conduta ante a mudança interna e no ajustamento à ordem internacional. Gravitando em órbita própria não atrai, para fundir-se, o elemento de baixo, vindo de todas as classes. Em lugar de integrar, comanda; não conduz, mas governa. Incorpora as gerações necessárias ao seu serviço, valorizando pedagógica e autoritariamente as reservas para seus quadros, cooptando-os, com a marca de seu cunho tradicional. O brasileiro que se distingue há de ter prestado sua colaboração ao aparelhamento estatal, não na empresa particular, no êxito dos negócios, nas contribuições à cultura, mas numa ética confuciana do bom servidor, com carreira administrativa e curriculum vitae aprovado de cima para baixo. A vitória no mundo social, fundada na ascética intramundana do esforço próprio, racional, passo a passo, traduz, no desdém geral, a mediocridade incapaz das ambições que visam à glória, no estilo que lhe conferia Montesquieu. O capitalismo clássico, de caráter puritano e anglo-americano, baseia-se em valores de todo estranhos ao curso de uma estrutura de seiscentos anos, deslumbrada, com estilos diferentes, pelo golpe das caravelas na Índia. A nação e o Estado, nessa dissonância de ecos profundos, cindem-se em realidades diversas, estranhas, opostas, que mutuamente se desconhecem. Duas categorias justapostas convivem, uma cultivada e letrada, outra, primária, entregue aos seus deuses primitivos, entre os quais, vez ou outra, se encarna o bom príncipe. Onde a mobilização de ideais manipulados não consegue manter o domínio, a repressão toma o seu lugar, alternando o incentivo à compressão. Um viajante norte-americano da década de 1920, irritado e furioso, caricaturou, forçando as linhas e as cores, o quadro que supusera ver.

> Existe no Brasil [clama o profeta puritano] uma massa desarticulada a que chamarei "povo". É completamente analfabeta. Por isso, não tem padrão próprio de agricultura, zootecnia ou arquitetura. [...] Tem uma ideia muito vaga do resto do mundo a que alguns chamam englobadamente de "Paris". Não toma parte na administração pública. Desprovida de terras; em sua maioria, trabalhando por conta de outrem: o patrão ou o chefe político.
>
> Existe, porém, [continua cada vez mais irado] outra classe altamente articulada a que chamarei "traidores do povo". São letrados, capazes de compor frases sonoras. [...] Conhecem o conforto das moradias arejadas. Sabem muito mais a respeito do resto do mundo que de seu próprio país. O governo é a missão para a qual julgam ter nascido.[26]

No exagero das cores, filtra-se uma consequência: o povo quer a proteção do Estado, parasitando-o, enquanto o Estado mantém a menoridade popular, sobre ela imperando. No plano psicológico, a dualidade oscila entre a decepção e o engodo.

O divórcio dos mundos estanques, ao tempo que marginaliza a consciência do dirigente, criando um conflito íntimo, que um de seus mais expressivos representantes traduziu na fórmula do sentimento brasileiro e a imaginação europeia, impõe, em outro plano, o cuidado de construir a realidade. Construir com a lei bem elaborada num momento, e, noutro, vítima de pressupostos diversos, com o planejamento, tão decorativo, em certos casos, como a ordenança meticulosa. A legalidade teórica apresenta, ressalvada a elegância da frase, conteúdo diferente dos costumes, da tradição e das necessidades dos destinatários da norma. Um sarcástico historiador pedia, para remediar o desacerto, que se promulgasse uma lei para tornar as outras obrigatórias.

> O nosso jurismo [escreve Nestor Duarte] como o amor a concepções doutrinárias, com que modelamos nossas constituições e procuramos seguir as formas políticas adotadas, é bem a demonstração do esforço por construir com a lei, antes dos fatos, uma ordem política e uma vida pública que os costumes, a tradição e os antecedentes históricos não formaram, nem tiveram tempo de sedimentar e cristalizar. [...]
> Um trabalho de construção ora desproporcionado, ora artificial, sempre com maior ou menor contraste, sobre o terreno vazio.[27]

Edifica-se nas nuvens, sem contar com a reação dos fatos, para que da lei ou do plano saia o homem tal como no laboratório de Fausto, o qual, apesar de seu artificialismo, atende à modernização e ao desenvolvimento do país. A vida social será antecipada pelas reformas legislativas, esteticamente sedutoras, assim como a atividade econômica será criada a partir do esquema, do papel para a realidade. Caminho, este, antagônico ao pragmatismo político, ao florescimento espontâneo da árvore. Política silogística, chamou-a Joaquim Nabuco. "É uma pura arte de construção no vácuo. A base são teses, e não fatos; o material, ideias, e não homens; a situação, o mundo, e não o país; os habitantes, as gerações futuras, e não as atuais."[28]

A incolumidade do contexto de poder, congelado estruturalmente, não significa que ele impeça a mudança social, quer no acomodamento ao campo internacional, quer no desenvolvimento interno. A permanência da estrutura exige o movimento, a incorporação contínua de contribuições de fora, adquiridas intelectualmente ou no contato com as civilizações mais desenvolvidas. Favorece a mudança, aliás, a separação de uma camada minoritária da sociedade, sensível às influências externas e internas, mais rápida em adquirir novas atitudes do que se a alteração atingisse o conjunto, em impacto indiferenciado. Muda uma categoria, que, por meios autoritariamente coercitivos, a transmite às outras faixas de população, num processo modernizador, marginalizador e bovarista não raro, mais imitador que criativo. O estamento forma o elo vinculador com o mundo externo, que pressiona pelo domínio de seus padrões, incorporando as novas forças sociais. Esse papel, reservado nos momentos de eclipse do sistema às elites, será desempenhado, em outras estruturas, pela burguesia, próxima ao mundo capitalista — burguesia externa com ramificações nacionais ou burguesia nacionalmente emergente. Na peculiaridade histórica brasileira, todavia, a camada dirigente atua em nome próprio, servida dos instrumentos políticos derivados de sua posse do aparelhamento estatal. Ao receber o impacto de novas forças sociais, a categoria estamental as amacia, domestica, embotando-lhes a agressividade transformadora, para incorporá-las a valores próprios, muitas vezes mediante a adoção de uma ideologia diversa, se compatível com o esquema de domínio. As respostas às exigências assumem caráter transacional, de compromisso, até que o eventual antagonismo se dilua, perdendo a cor própria e viva, numa mistura de tintas que apaga os tons ardentes. As classes servem ao padrão de domínio, sem que orientem a mudança, refreadas ou combatidas, quando o ameaçam, estimuladas, se o favorecem. O sistema compatibiliza-se, ao imobilizar as classes, os partidos e as elites, aos grupos de pressão, com a tendência de oficializá-los.

A mudança econômico-social, possível e ajustável à estrutura política, opera-se em graus de teor vário. No século XIV, até esgotar-se o ânimo criador que inspirou a ascensão da dinastia de Avis, a monarquia portuguesa tomou sobre si uma missão universal. O centro do mundo desloca-se, na consciência dos atores, para o pequeno palco lusitano, com o mundo desconhecido aos seus pés. Esse foi seu momento criador, envolvendo todos os quadrantes numa visão egocêntrica, suscitando imitadores e epígonos.[29] De tal ânimo, já sombreado da saudade desesperada, infundido por uma tentativa que acabaria em pó e em fumaça, vibra o poema da época — *Os Lusíadas*. As palavras de Vasco da Gama ao rei de Melinde colocam a Espanha na cabeça da Europa e o reino lusitano na sua parte superior — no "cume da cabeça" (caps. III, XVIII e XX). Frustrado o sonho imperialista, sem embargo não dissolvida a contextura internacional, em convulsivos espasmos, seca a veia criadora, Portugal, de centro da Terra, torna-se servo das nações que lhe arrebataram o cetro. A mudança fundamental de outrora, enrijecida num quadro estável, sem se satelitizar, soberbo com o feito marítimo, será um povo em permanente processo de modernização. Modernização que, só num espaço, tem veleidades mais profundas: na obra de criação americana, que ameaça tomar rumo próprio, logo corrigido com a transmigração da corte e sua institucionalização até o termo do reinado de d. Pedro II, com seus estadistas nativos. Moderniza-se o país — prolongando-se em outra nação —, ajustando, acomodando, seja na convulsão pombalina que prefigura a obra do Pedro russo, seja no trabalho obscuro e diário, com a mercadoria e a técnica inglesas. Nessa incorporação de retalhos, na qual se juntam peças anacrônicas e ideias de vanguarda, a conduta vai desde o macaquear imitativo até ao cuidado de dotar o país dos benefícios técnicos das nações adiantadas, com meios próprios de sustentação interna. O processo, todavia, em todos os níveis, gera mal-estar íntimo, com os modernizadores atuando sob o pressuposto da incultura, senão da incapacidade do povo, e o povo sem convívio íntimo com aqueles, quebrados os vínculos de solidariedade espiritual. O processo de modernização, que reajusta o anacrônico e o informe à atualidade, atinge, na hora em que a base interna sente a consciência de um destino próprio, uma alteração, ainda de grau. A crise se manifesta com o nacionalismo — o autonomismo da década de 20 do século XIX, na ingênua adoção de nomes indígenas, o jacobinismo antiluso dos começos da República, o nacionalismo, em nome próprio, dos dias de Epitácio Pessoa e Artur Bernardes, que se cristaliza no movimento de 1937. A camada dirigente seciona-se, em tais emergências, ensejando a que se agreguem, da base para o alto, contribuições perturbadoras, que o sistema controla autoritariamente para não se destruir. Se o nacionalismo ocupa um papel de relevo, nem sempre, todavia, acentua caracteres estatizantes, voltado mais para a modernização do desenvolvimento do que para o fechamento da corrente externa. O trânsito de um tipo de modernização para outro tipo está vinculado ao Exército, cuja atividade política adquire substância e relevo na era republicana, depois do longo ostracismo imperial, mal avaliado pelos historiadores seu papel na fase colonial. Interpretada a força armada como expressão de classes, ou mesmo de camadas sociais, será ininteligível sua função, que reduz os esquemas a peças incongruentes. Ela não compõe apenas um ramo da burocracia, como não constitui uma classe, representando sua ideologia. Integra-se no estamento condutor, com presença própria no quadro do poder, ostensiva nos momentos de divisão no comando superior, divisão que, na estrutura estamental, conduz à anarquia. Ao tempo que preenche o vácuo, transforma as instituições, de cima para baixo, engendrando o reajustamento, para mais acelerado desenvolvimento. Nas três intervenções militares verificadas no curso de tempo que este livro abarca, 1889, 1930-7 e 1945, sob o mesmo rumo, nova configuração político-jurídica se formou, na esteira dos movimentos. Na primeira, um esquema de transição assegura a unidade nacional, no plano da homogeneidade do único corpo não regional na esfera de domínio. A segunda se propõe, com objetivos de desenvolvimento, restaurar o vigor do Estado para gerar a indústria básica e o controle de forças sociais excêntricas à direção superior. Em 1945, a rigidez nacionalista, estatizante no seu ritmo interno, embaraça a colaboração estrangeira, experimentada no convívio da guerra, para que entre em contato com a empresa nacional. Buscar a causa de tais movimentos na estrutura interna do Exército, na composição de suas fileiras superiores, conduz a enganos de ótica que formam a consagrada falácia de muitos historiadores e sociólogos. A falácia se desenvolve na caricatura, como na perspectiva de Eduardo Prado, ou na demagogia irresponsável de generais do povo e generais contra o povo. Em todas essas distorções, o analista cria o modelo, teoricamente, e, para prová-lo, ajeita os fatos, os acontecimentos, em cujo apriorismo se escondem o louvor ou a censura, na prévia valoração da realidade. A legitimidade, que expressa as valorações, artificialmente reconhecida ou negada, é outro sintoma da prevalência da teoria sobre o fato, do legismo oportunista sobre a realidade.[30]

A longa caminhada dos séculos na história de Portugal e do Brasil mostra que a independência sobranceira do Estado sobre a nação não é a exceção de certos períodos, nem o estágio, o degrau para alcançar outro degrau, previamente visualizado. O bonapartismo meteórico, o pré-capitalismo que supõe certo tipo de capitalismo, não negam que, no cerne, a chama consome as árvores que se aproximam de seu ardor, carvão para uma fogueira própria, peculiar, resistente. O estamento burocrático, fundado no sistema patrimonial do capitalismo politicamente orientado, adquiriu o conteúdo aristocrático, da nobreza da toga e do título. A pressão da ideologia liberal e democrática não quebrou, nem diluiu, nem desfez o patronato político sobre a nação, impenetrável ao poder majoritário, mesmo na transação aristocrático-plebeia do elitismo moderno. O patriciado, despido de brasões, de vestimentas ornamentais, de casacas ostensivas, governa e impera, tutela e curatela. O poder — a soberania nominalmente popular — tem donos, que não emanam da nação, da sociedade, da plebe ignara e pobre. O chefe não é um delegado, mas um gestor de negócios, e não mandatário. O Estado, pela cooptação sempre que possível, pela violência se necessário, resiste a todos os assaltos, reduzido, nos seus conflitos, à conquista dos membros graduados de seu estado-maior. E o povo, palavra e não realidade dos contestatários, que quer ele? Este oscila entre o parasitismo, a mobilização das passeatas sem participação política, e a nacionalização do poder, mais preocupado com os novos senhores, filhos do dinheiro e da subversão, do que com os comandantes do alto, paternais e, como o bom príncipe, dispensários de justiça e proteção. A lei, retórica e elegante, não o interessa. A eleição, mesmo formalmente livre, lhe reserva a escolha entre opções que ele não formulou.

A cultura, que poderia ser brasileira, frustra-se ao abraço sufocante da carapaça administrativa, trazida pelas caravelas de Tomé de Sousa, reiterada na travessia de d. João VI, ainda o regente de d. Maria I, a Louca, dementada pelos espectros da Revolução Francesa. A terra virgem e misteriosa, povoada de homens sem lei nem rei, não conseguiu desarticular a armadura dos cavaleiros de el-rei, heróis oficiais de uma grande empresa, herdeiros da lealdade de Vasco da Gama — herói burocrata. A máquina estatal resistiu a todas as setas, a todas as investidas da voluptuosidade das índias, ao contato de um desafio novo — manteve-se portuguesa, hipocritamente casta, duramente administrativa, aristocraticamente superior. Em lugar da renovação, o abraço lusitano produziu uma *social enormity*,[31] segundo a qual velhos quadros e instituições anacrônicas frustram o florescimento do mundo virgem. Deitou-se remendo de pano novo em vestido velho, vinho novo em odres velhos, sem que o vestido se rompesse nem o odre rebentasse. O fermento contido, a rasgadura evitada gerou uma civilização marcada pela veleidade, a fada que presidiu ao nascimento de certa personagem de Machado de Assis, claridade opaca, luz coada por um vidro fosco, figura vaga e transparente, trajada de névoas, toucada de reflexos, sem contornos, sombra que ambula entre as sombras, ser e não ser, ir e não ir, a indefinição das formas e da vontade criadora. Cobrindo-a, sobre o esqueleto de ar, a túnica rígida do passado inexaurível, pesado, sufocante.

Notas

I
Origem do Estado português
> *pp. 25-46*

1 Alexandre Herculano, *História de Portugal*. 8. ed. Lisboa: Bertrand, tomo I, p. 99.
2 Vitorino Magalhães Godinho, *Ensaios*. Lisboa: Sá da Costa, 1968, v. 2, p. 27.
3 Apud Armando Castro, *A evolução económica de Portugal*. Lisboa: Portugália, 1964, v. 1, pp. 116-7.
4 Alexandre Herculano, *Opúsculos*. 3. ed. Lisboa: José Bastos e Cia, tomo VI, pp. 192-5.
5 Armando Castro, *Portugal na Europa do seu tempo*. Lisboa: Seara Nova, 1970, p. 137.
6 J. Lúcio de Azevedo, *Épocas de Portugal económico*. 2. ed. Lisboa: Clássica, 1947, p. 13. Ângelo Ribeiro, "O rei e a integridade. O património da coroa". In:_____, *História de Portugal*. Porto: Portucalense, 1929, tomo II, p. 168.
7 Alexandre Herculano, *História de Portugal*. op. cit., tomo II, pp. 42-3.
8 Henrique da Gama Barros, *História da administração pública em Portugal*. Lisboa: Sá da Costa, 1945, tomo II, p. 345.
9 Id., op. cit., tomo I, p. 153.
10 Id., op. cit., tomo XI, pp. 37-8, 40.
11 J. Lúcio de Azevedo, op. cit., pp. 33-4. O drástico resumo acerca dos concelhos se apoia em: Henrique da Gama Barros, op. cit., tomo XI, p. 44; Alexandre Herculano, *História de Portugal*, op. cit., tomo VI, p. 190; *Opúsculos*, op. cit., tomo VI, p. 185.
12 Alexandre Herculano, *Opúsculos*, op. cit., tomo VI, p. 275.
13 Armando Castro, *A evolução económica de Portugal*. Lisboa: Portugália, 1964, v. 1, pp. 124-5, 178.
14 J. Lúcio de Azevedo, op. cit., p. 14. Era o ponto de vista perfilhado na primeira edição deste ensaio.
15 Henrique da Gama Barros, op. cit., tomo IX, p. 317.
16 Vitorino Magalhães Godinho, op. cit., p. 16.
17 Id., op. cit., p. 35. Veja-se também a classificação de Armando Castro, op. cit., p. 140.
18 T. Mommsen, *Disegno del diritto pubblico romano*. Milão: Francesco Vallardi, [s.d.], pp. 222, 238.
19 Os dados informativos se encontram na obra, citada diversas vezes, de Henrique da Gama Barros, *História da administração pública em Portugal*, tomo I, pp. 54, 112. Ver também J. Izidoro Martins Jr., *História do direito nacional*. Rio de Janeiro: Emp. Democrática, 1895, p. 55.
20 Alexandre Herculano, *História de Portugal*, op. cit., tomo VII, p. 25. Henrique da Gama Barros, op. cit., tomo I, p. 57. Contra: Torquato de Souza Soares. In: Henrique da Gama Barros, op. cit., nota à p. 383, com a bibliografia aí citada.
21 Marcelo Caetano, *Lições de história do direito português*. Coimbra: Coimbra, 1962, p. 188.
22 J. P. Oliveira Martins; A. M. Pereira, *História da civilização ibérica*. 8. ed. Lisboa, 1946, pp. 79, 142.
23 J. P. Oliveira Martins, op. cit., p. 93. Ver Henrique da Gama Barros, op. cit., tomo III, p. 251.
24 Id., op. cit., pp. 156-7.
25 Henrique da Gama Barros, op. cit., tomo I, p. 149.
26 Id., ibid., p. 158.
27 Id., ibid., tomo III, p. 211.
28 *O monge de Cister*, cap. XVII.
29 Alfred von Martin, "Kultursoziologie der Renaissance". In: Alfred Vierkand. *Handwörterbuch*

der Soziologie. Stuttgart: Ferdinand Enke, 1931, p. 495. Também: F. Engels, "Über den Verfall des Feudalismus und das Aufkommen der Bourgeoisie". In:_____. *Karl Marx Friedrich Engels Werke*. Berlim: Dietz, 1962, v. 21, p. 393. (Citado, daqui em diante, como *MEW*.

30 Jacob Burckhardt, *Die Kultur der Renaissance in Italien*. Berlim: Th. Knaur Nachf., [s.d.], p. 3.

31 Karl Marx; F. Engels, "Manifest der Kommunistischen Partei". In: *MEW*, v. 4, p. 463; Karl Marx, "Das Kapital", livro I. In: *MEW*, v. 23, p. 743. As passagens citadas são as seguintes:

a) *Manifest der Kommunistischen Partei*:

Aus den Leibeigenen des Mittelalters gingen die Pfahlbürger der ersten Städte hervor; aus dieser Pfahlbürgerschaft entwickelten sich die ersten Elemente der Bourgeoisie.

Die Entdeckung Amerikas, die Umschiffung Afrikas schufen der aufkommenden Bourgeoisie ein neues Terrain. Der ostindische und chinesische Markt, die Kolonisierung von Amerika, der Austausch mit den Kolonien, die Vermehrung der Tauschmittel und der Waren überhaupt geben dem Handel, der Schiffahrt, der Industrie einen nie gekannten aufschwung und damit dem revolutionären Element in der zerfallenden feudalen Gesellschaft eine rasche Entwicklung.

Die bisherige feudale oder zünftige Betriebsweise der Industrie reichte nicht mehr aus für den mit den neuen Märkten anwechsenden Bedarf. Die Manufaktur trat in ihre Stelle. Die Zumftmeister wurden verdrängt durch den industriellen Mittelstand; die Teilung der Arbeit zwischen den verschiedenen Korporationen verschwand vor der Teilung der Arbeit in der einzelnen Werkstatt selbst.

Aber immer wuchsen die Märkten, immer stieg der Bedarf. Auch die Manufaktur reichte nicht mehr aus. Da revolutionierte der Dampf und die Maschinere die industrielle Produktion. An die Stelle der Manufaktur trat die moderne grosse Industrie, an die Stelle des industriellen Mittelstandes traten die industriellen Millionäre, die Chefs ganzer industrieller Armeen, die modernen Bourgeois (MEW, v. 4, p. 463).

b) *Das Kapital*:

Die ökonomische Struktur der kapitalistischen Gesellschaft ist hervorgegangen aus der ökonomische Struktur der feudalen Gesellschaft. Die Auflösung dieser hat Elemente jener freigesetzt.

Der unmittelbare Produzent, der Arbeiter, konnte erst dann über seine Person verfügen, nachdem er aufgehört hatte, an die Scholle gefesselt und einer andern Person leibeigen oder hörig zu sein. Um freier Verkäufer von Arbeitskraft zu werden, der seine Ware überall hinträgt, wo sie einen Markt fndet, musste er ferner der Herrschaft der Zünfte, ihren Lehrlings — und Gesellenordnungen und hemmenden Arbeitsvorschriften entronnen sein. Somit erscheint die geschichtliche Bewegung, die Produzenten in Lohnarbeiter verwandelt, einerseits als ihre Befreiung von Dienstbarkeit und Zunftzwang; und diese Seite allein existiert für unsere bürgerlichen Geschichtsschreiber. Andrerseits aber werden diese Neubefreiten erst Verkäufer ihrer selbst, nachdem ihnen alle ihre Produktionsmittel und alle durch alten feudalen Einrichtungen gebotnen Garantien ihrer Existenz geraubt sind. Und die Geschichte dieser ihrer Expropriation ist in die Annalen der Menschheit eingeschrieben mit Zügen von Blut und Feuer.

Die industriellen Kapitalisten, diese neuen Potentaten, mussten ihrerseits nicht nur die zünftigen Handwerksmeister verdrängen, sondern auch die im Besitz der Reichtumsquellen befndlichen Feudalherren. Von dieser Seite stellt sich ihr Emporkommen der als frucht eines siegreichen Kampfes gegen die Feudalmacht und ihre empörenden Vorrechte, sowie gegen die Zünfte und die Fesseln, die diese der freien Entwicklung der Produktion und der freien Ausbeutung des Menschen durch den Menschen angelegt. Die Ritter von der Industrie brachten es jedoch nur fertig, die Ritter vom Degen zu verdrängen, dadurch sie Ereignisse ausbeuteten, an denen sie ganz unschuldig waren. Sie haben sich emporgeschwungen durch Mittel ebenso gemein wie die, wodurch der römische Freigelassene sich einst zum Herrn seines Patronus gemacht hat.

Der Ausgangspunkt der Entwicklung, die sowohl den Lohnarbeiter wie den Kapitalisten erzeugt, war die Knechtschaft der Arbeiters. Der Fortgang bestand in einem Formwechsel dieser Knechtung, in der Verwandlung der feudalen in kapitalistische Exploitation. Um ihren Gang zu verstehen brauchen wir gar nicht so weit zurückzugreifen. Obgleich die ersten Anfange kapitalistischer Produktion uns schon im 14. und 15. Jahrhundert in einigen Städten am Mittelmeer sporadisch entgegentreten, datiert die kapitalistische Ära erst vom 16. Jahrhundert. Dort wo sie auftritt, ist die Aufhebung der Leibeigenschaft längst vollbracht und der Glanzpunkt des Mittelalters, der Bestand souveräner Städte, seit geraumer Zeit im Erbleichen (MEW, v. 23, p. 743).

O drama capitalista começou com a acumulação capitalista originária (*Ursprüngliche Akkumulation*), o pecado original da economia, com o mesmo significado da teologia (*dieselbe Rolle wie der Sündenfall in der Theologie*) (*MEW*, v. 23, p. 741). Nesse momento quebra-se o idílio, tal como na história de Adão e Eva.

32 "Die deutsche Ideologie". In: *MEW*, v. 3, pp. 22-5.

33 F. Engels, "Anti-Duhring Dialetik der Natur". In: *MEW*, v. 20, p. 152. Contra a conexão como fato necessário: Max Weber, *Wirtschaft und Gessellschaft*. Berlim: Wiepenheur C. Witsch, 1964, p. 193.

34 Op. cit., pp. 250-1.

35 Karl Marx, "Zur Kritik der politischen Ökonomie". In: *MEW*, v. 13, p. 9.

36 K. Marx; F. Engels, "Briefe". In: *MEW*, v. 35, p. 137.

37 J. V. Burckhardt, op. cit., p. 3. O autor, que vê em Frederico II da Sicília (século XIII) o primeiro rei moderno, tem-no como egresso da ordem feudal, cuja ruína se deveu, tal como assinalamos no fenômeno português, à guerra, seus perigos e fadigas. Não se estudou ainda sistematicamente a doutrina feudal, nas suas manifestações tradicionais e marxistas. Ver R. Boutruche, *Seigneurie et féodalité*. Paris: Aubier, 1968, p. 18.

38 Marc Bloch, "Feudalism". In: *Encyclopaedia of the Social Sciences*. Nova York: Macmillan, 1954, v. 6, p. 210.

39 Otto Hintze, *Staat und Verfassung*. Göttingen: Vandenhoeck & Ruprecht, 1970, pp. 43-4: "*Man muss unterscheiden zwischen dem Lehnsverhältnis als einem wesentlich Rechtsinstitut, wie er sich unter ganz besonderen Umständen im Frankreich Reiche hat, und des Lehens verfassung überhaupt als politischer organisations Form im Gegensatz zur Amtsverfassung*".

40 Esta tese, adotada na primeira edição do presente ensaio, tem o apoio de Otto Hintze, op. cit., pp. 147, 166.

41 Max Weber, op. cit., p. 815.

42 Otto Hintze, op. cit., cap.: "Wesen und Verbreitung des Feudalismus", p. 84. Max Weber, op. cit., pp. 189, 795. Montesquieu, *De l'esprit des lois. Oeuvres complètes*. Paris: La Pleiade, p. 883. F. L. Ganshof, *Que é o feudalismo?* 2. ed. Europa-América, pp. 81, 150, 205. Jean Calmette, *História breve do feudalismo*. Braga: Ed. Verbo, 1968. Marc Bloch, *La société féodale*. Paris: Albin Michel, 1949. E verbete, citado na *Encyclopaedia of Social Sciences*. Robert Boutruche, *Seigneurie et féodalité*. Paris: Aubier, 1968.

43 A tese da não existência do feudalismo em Portugal, ou, mais longinquamente, na Península Ibérica, tornou-se vitoriosa, contemporaneamente — *lugar-comum*, conforme a opinião de Vitorino Magalhães Godinho (op. cit., p. 28). Admitem-na, de forma integral ou com a sustentação de um feudalismo eclético, a generalidade dos historiadores portugueses e espanhóis, segundo o depoimento de Armando Castro (op. cit., v. 1, pp. 52-3). Quem abriu vitoriosamente o debate foi Alexandre Herculano, com o ensaio "Da existência ou não existência do feudalismo nos reinos de Leão, Castela e Portugal" (1875-7), publicado no v. 5 dos *Opúsculos* (cit., p. 183). Também, sobre os pontos de vista de Herculano: "Apontamentos para a história dos bens da coroa e dos forais" (*Opúsculos*, cit., p. 185; *História de Portugal*, cit., tomos I, IV e V). Seguiram-se, com respeito à história de Portugal, os seguintes estudos, onde se pode confrontar igual tese, ou modificada em partes não substanciais: H. Gama Barros, *História da administração pública em Portugal*, op. cit., v. 1, pp. 165, 319, 322-50, 357-9, 397-9; Manuel Paulo Merêa, *Introdução ao problema do feudalismo em Portugal*. Coimbra: F. França Amado, 1912, p. 123; J. Lúcio de Azevedo (*Épocas de Portugal econômico*, op. cit., p. 13) adere, ao que parece, à tese mista: "As circunstâncias locais, instituindo em permanência o estado de guerra, não consentiram se implantasse na península *em toda sua amplitude* o sistema feudal, com a diluição do poder em camadas, como além dos Pireneus" (p. 13). O grifo é nosso. Oliveira Martins. *História da civilização ibérica*, op. cit., pp. 155-6: inexistência ou impedimento do "feudalismo prático". Antero de Quental, *Prosas escolhidas*. Rio de Janeiro: Livros de Portugal, 1942, p. 99:

O aspecto torvo do castelo feudal não assombrava os nossos vales, não se inclinava, como uma ameaça, sobre a margem dos nossos rios, não entristecia os nossos horizontes com seu perfil duro e sinistro. Existia, certamente, a nobreza, como uma ordem distinta. Mas o foro nobiliário generalizara-se tanto, e tornara-se de tão fácil acesso, naqueles séculos heroicos de guerra incessante, que não é exagerada a expressão daquele poeta que nos chamou, a nós espanhóis, um *povo de nobres*.

Vitorino Magalhães Godinho, *Ensaios*, op. cit., p. 28:

Feudal, não é na verdade esta monarquia, visto não se ter edificado sobre o laço de vassalagem e feudo, mesmo se constatamos algumas infiltrações: não o é sequer em primeiro grau, como teríamos de concluir se a definíssemos sem mais um senhorio de senhorios, pois uma das suas características diferenciais é precisamente a largueza do âmbito das relações diretas entre o rei e boa parte do reino e dos súditos. Tem vincado cunho patrimonial e não diferencia público e privado nas suas relações com terras e gentes do reino (duplo caráter que Paulo Merêa bem iluminou).

Marc Bloch, *La société féodale*, op. cit., pp. 288-9:

Jamais, cependant, ces pratiques ne donnèrent naissance, comme en France, à un réseau, puissant, envahissant et bien ordonné, de dépendances vassaliques et féodales. C'est que deux grands faits imprimèrent, à l'histoire des sociétés asturoléonaises, une tonalité particulière: la reconquête; et le repeuplement. Sur les vastes espaces arrachés aux Maures, des paysans furent établis, comme colons, que, pour la plupart, échappaient aux formes au moins le plus astreignantes de la sujétion seigneuriale; qui, en outre, conservèrent necessairement les aptitudes guerrières d'une sorte de milice des confins. Il en résultait que beaucoup moins de vassaux qu'en France pouvaient être pourvus de revenus tirés du travail de tenanciers, payant redevances et devant corvées; que, surtout, si le fdèle armé était le combattant par excellence, il n'était pas le seul combattant ni même le seul à être monté. À côté de la chevalerie des criados, il existait une "chevalerie vilaine", composée des plus riches parmi les libres paysans. D'autre part, le pouvoir du roi, chef de la guerre, restait beaucoup plus agissant qu'au nord des Pyrénées. D'autant que, par surcroît, les royaumes étaient beaucoup moins en peine d'atteindre directement la masse de leurs sujets. Donc point de confusion entre l'hommage vassalique et la subordination du fonctionnaire, entre l'office et le fef. Point, non plus, d'échelonnement régulier des hommages, montant de degré en degré — sauf interruption par l'alleu — du plus petit chevalier jusqu'au roi. Il y avais ça et là des groupes de féaux, souvent dotés de terres qui rémunerait leurs services. Imparfaitement liés entre eux, ils étaient loin de constituer l'armature presque unique de la société et de l'État. Tant il est vrai que deux facteurs semblent avoir été indispensables à tout régime féodal achevé: le quasi monopole professionnel du vassal-chevalier; et l'effacement, plus ou moins volontaire, devant l'attache vassalique, des autres moyens d'action de l'autorité publique.

O feudalismo peculiar de Espanha e Portugal tem em F. L. Ganshof, (*Que é o feudalismo*, op. cit., p. 90) um defensor. Feudalismo interrompido, na opinião de R. Boutruche, (*Seigneurie et féodalité*, op. cit., p. 258). Maiores indicações bibliográficas em Armando Castro (*A evolução econômica de Portugal*, op. cit., v. 1, p. 53, n. 3) e Manuel Paulo Merêa (*Introdução ao problema do feudalismo em Portugal*, op. cit., p. 123). Discorda da tese, defendida com tanto entusiasmo, Armando Castro, op. cit., em livro recente. Acentua particularmente o caráter econômico-social do regime senhorial, convertendo este traço na essência do sistema. Impressiona-o, ademais, o aspecto — caro aos marxistas — da suposta fase necessária do feudalismo na história:

Negar-se que existiu o sistema feudal no nosso país, significa, implicitamente, negar a existência de leis gerais de desenvolvimento histórico ou até de quaisquer leis; ao mesmo tempo, esquece-se a interdependência dos povos da Península Ibérica na Baixa Idade Média, que não foi apenas de relações comerciais e de eventuais contatos políticos, mas que se traduziu principalmente na existência dum nível semelhante das forças produtivas, dos instrumentos de produção, da técnica produtiva e da capacidade de trabalho dos indivíduos que os utilizavam. Assim se repele para a penumbra a unidade essencial de evolução da humanidade, a despeito, está claro, dos ritmos variáveis em que ela se processou e processa dumas regiões do globo para outras. [...] É inegável que são exatos os aspectos específicos da sociedade portuguesa que esses autores sublinham, para daí tirarem a conclusão de que não existiu feudalismo em Portugal. Simplesmente o que lhes falta é a visão do sistema econômico medieval com o conhecimento concomitante das suas categorias, relações estabelecidas entre as classes, leis econômicas que regeram a sociedade nessa época histórica, as quais no seu conjunto determinaram o seu substrato, ao mesmo tempo, os aspectos particulares que lhes prenderam a atenção, não são mais do que uma superestrutura, pois não afetam as características essenciais, e muitas vezes traduzem unicamente formas concretas de expressão, nas diversas esferas da vida social, dessas relações e leis econômicas, constituindo portanto os meios da sua realização numa sociedade histórica determinada, neste caso a sociedade neogoda, que se foi fixando e alastrando nesta faixa ocidental da península sobre as ruínas da sociedade feudal muçulmana vencida.

Não surpreende por isso que ao examinarmos os estudos desses diversos autores encontremos a sua atenção centralizada em manifestações da vida política, jurídica e administrativa ou em fatos da vida social não diferenciada, pois quando examinam aspectos econômicos, não ultrapassam uma visão perfunctória.

É assim que Alexandre Herculano, no seu estudo clássico desta questão, nos patenteia a base da sua concepção de feudalismo, concentrando-se quase exclusivamente na organização jurídica, política e social no sentido lato; estuda a sociedade visigótica, o regime de direito penal e a seguir o direito de propriedade dum ponto de vista não econômico. [...] As causas dos particularismos portugueses, em confronto com os países da Europa Ocidental extrapeninsulares, são compreensíveis e algumas têm sido sublinhadas. Entre elas enfileiram desde a pequena extensão territorial do país, até o condicionalismo imposto pela luta da reconquista cristã aos sarracenos que durou séculos; essa luta exigia uma direção política centralizada, explicando o domínio do rei sobre os senhores e a necessidade de certas compensações para as populações das classes não privilegiadas empenhadas na luta, do que parece constituírem um exemplo claro as "beetrias" e fenômenos semelhantes.

Mas este não seria o fator primacial. Mais importante foi a circunstância de a sociedade portuguesa, desmembrada dos reinos de Leão e Castela e alargada à custa das lutas com os muçulmanos, surgir já num período avançado da Idade Média, sobre os destroços da sociedade moura vencida, quando na França, Inglaterra e noutros países o sistema feudal se havia instalado havia muito e já evoluíra. Supomos que esta foi a causa principal da estrutura particular do feudalismo peninsular.

44 Niccolò Machiavelli, *Il principe. Tutte le opere di Niccolò Machiavelli*, a cura di Francesco Flora e di Carlo Cordié. Arnoldo Mondadori, 1949, pp. 13-4:

Respondo come e principati dé quali se ha memoria se trovono governati in dua modi diversi: o per uno principe e tutti gli altri servi e quali come ministri per grazia e concessione sua aiutano governare quello regno; o per uno principe e per baroni e quali, non per grazia del signore ma per antiquità di sangue, tengano quel grado. Questi tali baroni hanno stati e sudditi proprii, e quali li riconoscono per signori e hanno in loco naturale affezione. Quelli stati che si governano per uno principe e per servi hanno il loro principe con più autorità, perchè in tutta la sua província non è alcuno che riconosca per superiore se non lui; e se obedisceno alcuno altro lo fanno come ministro offziale, e non li porteno particulare amore.

45 Karl Schmitt, *Teoría de la constitución*. Madri: Ed. Rev. de Dir. Privado, [s.d.], p. 329. Herbert Kruger, *Allgemeine Staatslehre*. Stuttgart: W. Kohlhammer, 1964, pp. 137, 820. Patrimonial, Estado patrimonial, monarquia patrimonial derivam do conceito de *patrimonium*, cuja literal tradução poderia induzir a equívocos. Há, ao lado da propriedade da Coroa, a propriedade particular, reconhecida e assegurada pelos príncipes. Sobre a propriedade — do rei ou dos particulares — há uma sobrepropriedade, identificada com o território, abrangendo o comando — mal separado do domínio — sobre coisas e pessoas, sobre todas as coisas e todas as pessoas. Essa sobrepropriedade, identificado o poder com a coisa sobre a qual se exerce, leva a considerar o habitante do território como súdito, sobre o qual paira o poder do príncipe. Resto moderno da doutrina patrimonial será o discernir no direito de expropriação uma expressão do domínio eminente, direito, atualmente, indenizável, em respeito à propriedade privada. No *Estado patrimonial* havia, latente, o poder de comando, direção e apropriação sobre pessoas e bens, sem que os súditos pudessem alegar, no caso de inversão da propriedade ou exigência de serviços, indenizações ou compensações. No fundo — nas formas puras do patrimonialismo, formas realmente construídas — o domínio seria uma concessão do príncipe, como concessão era toda a atividade econômica. Houve, em todos os momentos históricos, forças que contrabalançaram e impediram a forma extrema de patrimonialismo. Ludwig V. Waldecker, *Allgemeine Staatslehre*. Berlim: Dr. Walter Rothschild, 1927, p. 700.

46 J. Lúcio de Azevedo, op. cit., p. 11. Ver H. Gama Barros, op. cit.

47 Fernand Braudel, *La Méditerranée et le monde méditerranéen à l'époque de Philippe II*. 2. ed. Paris: Armand Colin, 1966, tomo I, p. 531.

48 Manuel Nunes Dias, *O capitalismo monárquico português*. Coimbra, 1964, v. 2, pp. 217-8. A tese encontrou apaixonado defensor em Jaime Cortesão.

49 Werner Sombart, *Le bourgeois*. Paris: Payot, 1926, pp. 80-1.

50 Max Weber, *Wirtschaft und Gesellschaft*, op. cit., p. 814.

51 Idem, *Gesammelte Aufsätze zur Religionssoziologie*. Tübingen: J. C. Mohr, 1963, p. 17.

II
A Revolução Portuguesa
> *pp. 47-85*

1 Capitalismo politicamente orientado, qualifica-o Max Weber, *Wirtschaft und Gesellschaft*, op. cit., pp. 124, 150, 264, 670, 814, 1016 e 1026.

2 As citações de cunho literário não obterão registro. Fernão Lopes será citado em duas fontes: *Crônica de D. João I*. Ed. prefaciada por António Sérgio. Porto: Civilização, 1945, 2 v.; *As crônicas de Fernão Lopes* (dom Pedro, dom Fernando, dom João). 2. ed. Selecionadas e transpostas em português moderno por António José Saraiva. Lisboa: Portugália, 1969.

3 Jaime Cortesão, *Os factores democráticos na formação de Portugal*. Lisboa: Portugália, 1964, 100. A tese da "convergência atlântica", p. 253.

4 Id., ibid., p. 125.

5 António Sérgio. In: Fernão Lopes. *Crônica de D. João I*, op. cit., p. XIII.

6 Id., op. cit., p. XIV.

7 *Crônica de el-rei dom Fernando*.

8 Henrique da Gama Barros, op. cit., tomo V, pp. 281-2.

9 Id., op. cit., tomo II, pp. 422-3. Alexandre Herculano, *Opúsculos*, op. cit., tomo III, p. 279.

10 *Crônica de el-rei dom Fernando*.

11 Jaime Cortesão, *Os factores democráticos na formação de Portugal*, op. cit., pp. 135-6.

12 *Crônica de dom João I*.

13 António Sérgio, Prefácio à *Crônica de d. João I*, op. cit., p. XIX.

14 *Crônica de dom João I*.

15 Id. p. XXXVIII.

16 *Crônica de dom João I.*

17 Max Weber, *Wirtschaft und Gesellschaft*, op. cit., p. 159. Distingue o sociólogo alemão, em contribuição original à ciência política, três tipos puros de dominação legítima: a racional, a tradicional e a carismática. A autoridade carismática repousa sobre a entrega emocional, extracotidiana, à santidade, heroísmo ou exemplaridade de uma pessoa e das disposições por ela criadas ou reveladas. Enquanto a autoridade legal repousa sobre ordens impessoais e a autoridade tradicional acentua a pessoa do senhor que ordena, a ordem carismática leva à obediência de um dirigente, caudilho ou chefe, qualificado pela fé dos seguidores. Leia-se, a este respeito, a crítica de Karl Loewenstein, *Max Weber Staatspolitische Auffassungen in der Licht unserer Zeit*. Frankfurt: Athenäum, 1965, p. 85. E para a liderança carismática — "sex-appeal político" — p. 75.

18 *Crônica de dom João I.*

19 Raymond Aron, *Dimension de la conscience historique*. Paris: Union Générale d'Édition, 1961, p. 147.

20 A afirmativa e a resposta em: Armando Castro, *Ensaios sobre cultura e história*. Porto: Nova, 1969, p. 201; Fernand Braudel (op. cit., tomo II, p. 69) que lança a expressão "traição da burguesia", tendo em conta o movimento europeu do século XVI.

21 Vitorino Magalhães Godinho, *Ensaios*, op. cit., II, p. 45.

22 Esta palavra, incorporada ao português por via do espanhol, derivada da mesma raiz da palavra Estado — *Status*, de *stare* —, foi sugerida na sociologia moderna por Max Weber (*Wirtschaft und Gesellschaft*, op. cit., pp. 226, 680, 682).

Stand, der — em alemão corresponde ao *état* francês; no sentido empregado para *états généraux*, sofreu revitalização de sentido, distinguindo-se da classe e da casta. A tradução da palavra, visto que o conceito é hoje universalmente empregado, graças à ampla influência de Max Weber, causa algumas perplexidades. Define-o Cândido de Figueiredo, *Novo dicionário da língua portuguesa*. 8. ed.: Neol. Modo de estar. Congresso. (Cost. estamento.)

O *Dicionário de sociologia* (Porto Alegre: Globo, 1961) registra o verbete estamento, dando ênfase excessiva ao conjunto de senhores feudais, também um estamento.

Kostas Axalos, na tradução do livro de Georg Lukács, *Histoire et conscience de classe* (Paris: Les Éditions de Minuit, 1960, p. 78, n. 1), verte para o francês a palavra Stand para *état*, reservando a maiúscula *État* para *Staat*. Já na língua inglesa, a questão não parece pacificada. Reinhard Bendix, ao traduzir um ensaio de Ferdinand Tönnies, emprega *estate* para *Stand*. (Reinhard Bendix; Seymour Martin Lipset, *Class, Status and Power*. Londres: Routledge & Kegen Paul, [s.d.], p. 49.) No mesmo livro, p. 63, H. H. Gerth, agora diante de um texto de Max Weber, prefere *status group*. Em outro livro, escrito mais tarde, Reinhard Bendix — *Max Weber, an Intellectual Portrait* (Nova York: Doubleday & Company, 1960) — explica: "*I believe that 'status group' is an adequate translation of Stand. In medieval society its original meaning was 'estate'. However, Weber's use of the term includes all instances of cohesive social groups with their subcultures and their exclusion of outsiders*" (p. 105, n. 6). A obra editada por Henry Pratt Fairchild — *Dictionary of Sociology* (Nova York: Philosophical Library, [s.d.]) — parece ignorar a dificuldade, embora no verbete *stratification* refira que a sociedade está horizontalmente dividida em "*class, caste and status*". Marx e Engels empregam, em muitos lugares de sua obra, a palavra *Stand*, traduzida ora por *order* (no *Manifest of the Communist Party*. Trad. de Samuel Moore. Chicago: Encyclopaedia Britannica, 1952, p. 419) e ora por *class*, confusão, a última, em que também incorrem os tradutores franceses (ver *Die Wahlverwandtschaften*, de Goethe, por J. F. Angelloz, Paris: Aubier-Flammarion, 1968, pp. 116-7). Para Marx e Engels — ciosos do bom emprego do conceito *Stand*, comprometido com a realidade pré-capitalista — a burguesia moderna, atualmente uma *classe*, gerou-se do estamento (o "terceiro Estado" da política francesa) *anfangs selbst feudales Stand* ("Anti-Duhring". In: *MEW*, v. 20, pp. 97-8, 152, 164). Clara, para eles, a distinção entre classe e estamento, que depois se esfumou, em grande parte devido à perplexidade dos tradutores franceses e de língua inglesa, por meio dos quais, no Brasil, se cultivou o pensamento sociológico.

23 O dogma marxista vê na luta de classes o motor, o centro dinâmico da sociedade. "A história da sociedade até aqui existente é a história da luta de classes" (*"Die Geschichte aller bisherigen Gesselschaft ist die Geschichte vom Klassenkämpfen"* — "Manifest der Kommunistischen Partei". In: *MEW*, v. 4, p. 462). No seio das classes predominaria sempre o fator econômico e delas decorre o Estado. Para chegar à construção extrema, o marxismo reduziu todas as forças sociais a um problema econômico. A própria violência seria uma força econômica, salvo em situações excepcionais: *"Ausserökonomische, unmittelbare Gewalt wird zwar immer noch angewendt, aber ausnahmsweise. [...] Die Gewalt ist der Geburtshelfer jeder alten Gesellschaft, die mit einer neuen schwanger ist. Sie selbst ist eine* ökonomische *Potenz"*. (K. Marx, "Das Kapital". In: *MEW*, v. 23, pp. 765, 779). Atente-se, todavia, que o conceito de *classes* para Marx e Engels compreende, sem negá-lo, o conceito de estamento. As indicações são expressas no particular, claramente discerníveis no *Manifesto comunista* (op. cit., p. 462), reservada a noção para as divisões sociais pré-capitalistas, ao que parece. A distinção, precisão e delimitação do conceito de estamento é, em algumas passagens, veemente. A burguesia, escreve, por ser uma classe (*Klasse*) e não mais um *estamento*, se organiza no plano nacional etc. (Karl Marx; Friedrich Engels, "Die deutsche Ideologie". In: *MEW*, v. 3, p. 62). Nessa passagem, como se verá adiante, reconhecem os autores a independência do Estado das classes, devido a um estágio histórico no qual os estamentos não se converteram em classes.

24 Eugen-Huessy Rosenstock, *Die europäischen Revolutionen und der Charakter der Nationen.* Stuttgart: W. Kohlhammer, 1961, p. 402. A exposição do texto baseia-se em Max Weber, *Wirtschaft und Gesellschaft*, pp. 226, 680, 682; F. Tönnies, "Stände und Klassen". In: *Handwörterbuch der Soziologie*. Stuttgart: Ferdinand Enke, 1931, p. 617; Leopold Wiese, "Klasse und Stand". In: *Handwörterbuch der Sozialwissenschaften*, v. 6, p. 1; Hermann Heller, *Teoría del Estado*. México: Fondo de Cultura Económica, 1955, p. 128; Hans Freyer, *La sociología, ciencia de la realidad*. Buenos Aires: Losada, 1944, pp. 300-1; Morris Ginsberg, *Manual de sociología*. Buenos Aires: Losada, p. 147; Reinhard Bendix, *Max Weber*. Nova York: Doubleday & Company, 1960, p. 104. Com o sentido próximo do texto em língua portuguesa: Almeida Garrett, *Discursos parlamentares*. Lisboa: Soc. Ed. Empresa da História de Portugal, 1904, p. 9 ("estamento de próceres"); Eça de Queirós, *A ilustre casa de Ramires: a parceria política*.

25 Para a justificação teórica da tese, ver cap. final.

26 H. da Gama Barros, op. cit., tomo III, p. 127.

27 Marcelo Caetano, *Lições de história do direito português*. Coimbra, 1962, p. 153.

28 H. da Gama Barros, op. cit., tomo III, p. 221.

29 Id., op. cit., tomo III, n. 4, p. 257.

30 Ludwig Waldecker, *Allgemeine Staatslehre*. Berlin: Dr. Walter Rothschild, 1927, pp. 238, 387, 721. Karl Schmitt, *Teoría de la constitución*, op. cit., p. 51. Hermann Heller, *Teoría del Estado*. México: Fondo de Cultura Económica, pp. 128, 144.

31 J. H. Plumb. In: C. R. Boxer, *The Portuguese Seaborne Empire* 1415-1825. Hutchinson of Londres: 1969, p. xx.

32 Jaime Cortesão, *Os descobrimentos pré-colombianos dos portugueses*. Lisboa: Portugália, 1966, p. 44, onde destaca que o descobrimento do caminho marítimo para a Índia "exigia lenta preparação, direção técnica, continuidade no esforço e largas possibilidades financeiras, que só num Estado se poderiam em conjunto deparar". C. R. Boxer, op. cit., p. 18, também acentua o mesmo fato.

33 J. Lúcio de Azevedo e H. da Gama Barros, obras citadas.

34 Jaime Cortesão, *Os factores democráticos na formação de Portugal*, op. cit., p. 93.

35 Virginia Rau, *Sesmarias medievais portuguesas*. Lisboa: [s. n.], 1946, p. 18.

36 Id., ibid., p. 104.
37 Id., ibid., p. 128.
38 Id., *Estudos de história económica*. Lisboa: Ática, 1969, p. 26.
39 João de Barros, *Décadas*. Lisboa: Sá da Costa, 1945, v. 1, pp. 5-6.
40 António Sérgio, *Ensaios*. Lisboa: Guimarães, 1958, p. 164.
41 Virginia Rau, *Estudos de história*. Lisboa: Verbo, 1968, p. 181. Este excelente livro, ao lado de H. da Gama Barros, op. cit., serviu para a elaboração desta parte, cujos dados foram aceitos.
42 Consulte-se a bibliografa. In: Virginia Rau. *Estudos de história*, op. cit., p. 132, n. 1.
43 Virginia Rau, *Estudos de história*, op. cit., p. 133.
44 Id., op. cit.: "O papel dos italianos no comércio português do século xv era essencial, constituindo eles certamente o mais importante grupo estrangeiro em Portugal, no que respeitava aos capitais e técnica bancária em que eram mestres" (p. 137).
45 Gomes Eanes de Zurara, *Crônica da tomada de Ceuta*. Seleção e notas de Alfredo Pinto. Lisboa: Clássica, 1942.
46 António Sérgio, *Ensaios*. Editores Anuário do Brasil e Renascença Portuguesa, 1920, tomo I, p. 279, v. 4, Lisboa: Guimarães, 1957, p. 203.
47 Georg Friederici, *Caráter da descoberta e conquista da América pelos europeus*. Rio de Janeiro: Instituto Nacional do Livro, 1967, p. 20. J. Lúcio de Azevedo, op. cit., pp. 59-60.
48 António Sérgio, *Ensaios*, op. cit., v. 1, p. 290.
49 Há muitas explicações sobre o acontecimento de Ceuta. Oliveira Martins, descontado seu romantismo, não está longe da hipótese de Sérgio: *História de Portugal*, Lisboa: Parceria A. M. Pereira, 1942, tomo I, p. 175. Jaime Cortesão vê na expansão marítima a continuação de Aljubarrota, necessária para assegurar a independência nacional. "Sem colônias passaríamos a ser como a Catalunha, no começo do século xvi, quando perdida a base da sua atividade ultramarina, perdeu igualmente a breve trecho a independência." (*A missão histórica e o problema nacional dos portugueses*. Portugália,

n. 1, 1 série, dez. 1967, p. 59.) O assunto, altamente discutido, preocupou Marx, Sombart, Toynbee e, em geral, os historiadores portugueses. Outra matéria duvidosa diz respeito à continuidade: se a jornada da África já levava em si a aventura do Oriente, ou se são duas correntes diversas. Um esboço de ambos os problemas: Vitorino Magalhães Godinho, *Ensaios*, II, op. cit., p. 67.
50 Fernand Braudel, *La Méditerranée et le monde méditerranéen à l'époque de Philippe II*, op. cit., tomo I, p. 409.
51 Bailey W. Diffe, "Os privilégios legais dos estrangeiros em Portugal e no Brasil do século XVI". In: Henry Keith; S. F. Edwards, *Confito e continuidade na sociedade brasileira*. Rio de Janeiro: Civilização Brasileira, 1970, p. 3.
52 Manuel Nunes Dias, *O capitalismo monárquico português*. Coimbra, 1963, v. 1, pp. 359-60.
53 O documento mais importante desse período, já de decadência no fim do século XVI, é a obra de Diogo do Couto, *O soldado prático*. 2. ed. Lisboa: Sá da Costa, 1954.
54 F. Braudel, *La Méditerranée et le monde méditerranéen à l'époque de Philippe II*, op. cit., tomo I, p. 531.
55 Vitorino Magalhães Godinho, *Ensaios*. II, op. cit., pp. 61-2. Os colchetes [estamento] não são do autor. "Estados" ou "ordens" são estamentos, na forma da terminologia do texto.
56 Diogo do Couto, *O soldado prático*, op. cit., pp. 4, 13.
57 F. Braudel, op. cit., tomo II, p. 68:
La bourgeoisie, au XVI.e siècle, liée à la marchandise et au service du Roi, est toujours sur le point de se perdre. Elle ne risque seulement la ruine. Qu'elle devienne trop riche, ou que elle soit lasse des hasards de la vie marchande, elle achètera des offices, des rentes, des titres ou des fefs et se laissera tenter par la vie noble, son prestige et ses paresses tranquilles. Le service du Roi énoblit assez vite; par ce chemin aussi qui n'exclut pas les autres, la bourgeoisie se perd. Elle se renie d'autant plus facilement que l'argent qui distingue le riche du pauvre, au XVI.e siècle, vaut comme un préjugé déjà de noblesse. Et puis, au tournant entre XVI.

e et XVII.e siècle, les affaires marquent le pas, rejettent les sages vers la terre et ses valeurs sûres. Or la terre est aristocratique par vocation.

Ver ainda: Armando Castro, *Ensaios sobre cultura e história*. Porto: Inova, 1968, p. 208.
58 Molière. *Le bourgeois gentilhomme*. Ato I, cena I.
59 R. H. Tawney, *Religion and the Rise of Capitalism*. 3. ed. Nova York: Mentor Books, 1950, p. 34.
60 José Calvet de Magalhães, *História do pensamento económico em Portugal*. Coimbra, 1967, pp. 24, 26-7.
61 Id., ibid., p. 31.
62 António José Saraiva, *Inquisição e cristãos-novos*. Porto: Inova, 1969, pp. 53-4.
63 José Calvet de Magalhães, op. cit., p. 102; C. R. Boxer, op. cit., p. 318. José Honório Rodrigues, *Notícia de vária história*. Rio de Janeiro: São José, 1951, pp. 48, 55, 58.
64 José Calvet de Magalhães, op. cit., p. 183.
65 Waldemar Falcão, *O paradoxal mercantilismo brasileiro*. Rio de Janeiro: Francisco Alves, [s.d.]; António Sérgio, *Antologia dos economistas portugueses*. Lisboa: Oficinas Gráficas da Biblioteca Nacional, 1924.
66 Eli F. Heckscher, *Mercantilism*. Londres: G. Allen & Unwin, 1955, v. 1, pp. 22, 152, 331-2, 340-1; v. 2, p. 15. René Gonnard, *História das doutrinas económicas*. Lisboa: Sá da Costa, 1942, tomo I, p. 112. Pierre Deyon, *Le mercantilisme*. Paris: Flammarion, 1969, pp. 11, 15, 18. Alfred Bürgein, "Merkantilismus". In: *Handwörterbuch der Sozial Wissenschaften*, op. cit. e, na mesma obra, Eduard Heimann, "Kapitalismus". Sobre a razão de Estado: Friedrich Meinecke, *La idea de la razón de Estado en la edad moderna*. Madri: Instituto de Estudios Políticos, 1959, p. 3.
67 Diogo do Couto.
68 António Sérgio, *Ensaios*. Lisboa: Seara Nova, 1928, pp. 23, 41.
69 Henrique da Gama Barros, op. cit., tomo I. p. 134.
70 J. P. Oliveira Martins; A. M. Pereira. *História de Portugal*. Lisboa, 1942, tomo I, p. 201. Ver também: J. P. Oliveira Martins, *O príncipe perfeito*. Lisboa: Guimarães e Cia., 1954.
71 Max Weber, *Wirtschaft und Gesellschaft*, op. cit., pp. 622-3.
72 Amintore Fanfani, *Catolicismo y protestantismo en la génesis del capitalismo*. Madri: Rialp, 1953, pp. 153-4, onde se sustentam ideias contrárias às do texto.
73 A tese, timidamente apresentada como hipótese ou conjetura, pode ser lastreada, nas suas origens, em: C. Schmitt, *Teoría de la constitución*, op. cit., p. 145, talvez baseada em Karl Marx, "Zur Judenfrage". In: *MEW*, v. 1, p. 347; Barrington Moore Jr., *Social Origins of Dictatorship and Democracy*. Boston: Beacon, 1970, p. 415.
74 João de Barros, *Décadas*. Lisboa: Sá da Costa, 1945, v. 1, p. 193.

III
O congelamento do estamento burocrático > pp. 87-109

1 J. Lúcio de Azevedo, *Épocas de Portugal económico*, op. cit., p. 83.
2 Oswald Spengler, *Der Untergang des Abendlandes*. Munique: C. H. Beck, 1963, pp. 1027-8, 1040.
3 Joaquim Casalduero, *Sentido y forma del Quijote*. 3. ed. Madri: Insula, 1970, pp. 21-2, 33.
4 Jaime Cortesão, *A expedição de Pedro Álvares Cabral e o descobrimento do Brasil*. Lisboa: Portugália, 1967, pp. 18-9.
5 Fernão Mendes Pinto, *Peregrinação e outras obras*. Lisboa: Sá da Costa, 1961, pp. 80, 212.
6 João de Barros, *Décadas*. Lisboa: Sá da Costa, 1945, v. 1, pp. 197-9.
7 Id., ibid., p. 200.
8 Id., ibid., pp. 202-3.
9 K. M. Panikkar, *A dominação ocidental na Ásia*. Rio de Janeiro: Saga, 1969, p. 21.
10 Georg Friederici, op. cit., pp. 72-3.
11 João de Barros, op. cit., pp. 173-4.
12 J. Lúcio de Azevedo, op. cit., p. 152.
13 Francisco Rodrigues Lobo, *Corte na aldeia*. Lisboa: Sá da Costa, 1945, pp. 289-91.

14 *Arte de furtar*. São Paulo: Melhoramentos, 1951, pp. 24-5.
15 Id., pp. 207-8.
16 Padre Antônio Vieira, *Cartas escolhidas*. Lisboa: Sá da Costa, 1951, v. 2, pp. 215-6.
17 José Honório Rodrigues, *Notícias de vária história*, op. cit., p. 58. Manuel Nunes Dias, *O capitalismo monárquico português*, op. cit., v. 1, p. 576.
18 Em drástico resumo, a tese desenvolvida neste tópico tem origem em Max Weber, *Wirtschaft und Gesellschaft*, op. cit., sobretudo pp. 741, 795.
19 Jaime Cortesão, *A missão histórica e o problema nacional dos portugueses*. Portugália, n. 1, série 1, São Paulo, 1967, p. 63:

> O mal, o grande mal, veio depois. Os últimos monarcas da dinastia de Avis, — D. Manuel, D. João III e D. Sebastião — não estavam à altura de dirigir a nação nessa época extraordinária da nossa história e da história da humanidade. Acumularam anos sobre anos. Descurando inteiramente o fomento do país, desconhecendo a necessidade vital para um país colonizador de fabricar os artigos de troca do comércio ultramarino, que seriam obrigados a importar; expulsando e perseguindo os judeus e mouros, elementos indispensáveis na organização econômica do reino; aviltando o trabalho livre com a introdução sem limites dos escravos; e adotando enfim a política castelhana de intolerância religiosa, eles não só agravaram a debilidade da nação, mas deixaram-na cair nessa doença medular, da qual até hoje não conseguiu erguer-se.

20 António Sérgio, *Prefácio às obras escolhidas do P.e Antônio Vieira*, p. L. António José Saraiva, *Inquisição e cristãos-novos*, op. cit., pp. 54-5. Note-se que é altamente polêmica a tese de que a expulsão dos judeus teria contribuído para o enfraquecimento do reino. A tese do texto é outra: o judeu, como expressão da burguesia, foi perseguido para melhor comodidade do comércio orientado pelo estamento.
21 Werner Sombart, *Le bourgeois*. Paris: Payot, 1926, p. 253.
22 Antero de Quental, "Causas da decadência dos povos peninsulares nos últimos três séculos". In: *Prosas escolhidas*. Rio de Janeiro: Livros de Portugal, 1942, p. 134.
23 Id., ibid., pp. 128-9, 139-40.
24 Vitorino Magalhães Godinho, op. cit., p. 266.
25 Alfred Weber, *Historia de la cultura*. México: Fondo de Cultura Económica, 1945, p. 376.
26 Niccolò Machiavelli, "Discorso sopra la prima decada di Tito Livio". In: *Tutte le opere*. Arnaldo Mondadori, 1949, v. 1, p. 138.
27 Id., ibid., p. 139.
28 A linhagem de Maquiavel, discutível e polêmica, está fixada em James Burnham, *Les machiavéliens*. Paris: Calmann-Lévy, 1949. Foram consultadas as seguintes obras dos ditos "maquiavélicos": Gaetano Mosca, *The Ruling Class (Elementi di scienza política)*. Nova York: McGraw-Hill, 1939. *Histoire des doctrines politiques*. Paris: Payot, 1955. cap. XL. Vilfredo Pareto, *Traité de sociologie générale*. Paris: Payot, 1919, 2 v. Robert Michels, *Les parties politiques*. Paris: Ernest Flammarion, 1914.
29 *Traité de sociologie générale*, n. 2051:

> *Certains agrégats, parfois mal défnis, et qu'on appelle des aristocraties, font partie de la couche supérieure de la société, de l'élite. Il est de cas où le plus grand nombre de ceux qui appartiennent à ces aristocraties possèdent effectivement les caractères qu'il faut pour y rester; par exemple l'aristocratie romaine des premiers temps de la République, et de nos jours, en partie du moins, les Magyars, en Hongrie. Il est d'autres cas où ces caractères font défaut à un nombre considérable de membres des dites aristocraties, par exemple celle de France à la veille de la grande révolution. Les membres de ces aristocraties peuvent jouer un rôle plus ou moins grand dans l'élite gouvernementale, ou bien en être* exclus.

A distinção entre elite e estamento ou elite e classe social foi traçada, em diversas ocasiões. Basta indicar uma obra conhecida do público brasileiro: C. Wright Mills, *La elite del poder*. México: Fondo de Cultura Económica, 1957, pp. 18-9, 335 (n. 4). Para melhor informação, além da que oferece o texto: Joseph Schumpeter, *Social Classes. Imperialism*. Nova York: Meridian, 1955, p. 101. Raymond Aron, *Novos temas de sociologia contemporânea*. Lisboa: Presença, 1964, pp. 31, 158, 191.

30 Jean-Jacques Rousseau, *Du contrat social*. Paris: Garnier-Flammarion, 1966. caps. IV, XV.

31 V. Pareto, *Traité de sociologie générale*, op. cit., n. 2053-5. Gaetano Mosca, *The Ruling Class*, op. cit., p. 65.

32 R. Michels, *Les partis politiques*, op. cit., pp. 283, 295, 299. Talcott Parsons, "Pareto". In: *Encyclopaedia of the Social Sciences*: "Pareto's most important contribution to the concrete interpretations of social phenomena lies in his cyclical theory of social change". Os maquiavélicos — Maquiavel, Mosca, Pareto e Michels — seriam, para Burnham, "defensores da liberdade": *Les machiavéliens*, op. cit.

33 Lenin, num opúsculo de 1902, pregou a estruturação do Partido Comunista como organização de revolucionários profissionais, com ideias muito próximas das que desenvolveria, mais tarde, Michels, também este convencido da compatibilidade do marxismo com a sua teoria oligárquica dos partidos. Ver W. I. Lenin, "Was tun?". In: *Ausgewählte Werks*. Berlim: Dietz, 1963, pp. 241, 253. A crítica ao sistema, ainda não o sistema stalinista, numa antecipação desta autocracia, ao elitismo de substituição ("substitutivismo"), se pode ler em: Isaac Deutscher, *O profeta desarmado*. Rio de Janeiro: Civilização Brasileira, 1968, pp. 22, 485. Id., *O profeta armado*. Id., pp. 14, 102, 208, 554. De mesma linha são as denúncias contidas no livro *A revolução traída*, de Trótski (ver Irving Fetscher, *Der Marxismus*. Munique: R. Piper & Co., 1967, pp. 567-8) e no conhecido livro de Milovan Djilas: *A nova classe* (Rio de Janeiro: Agir, 1958), onde a conversão da elite na burocracia política é responsabilizada pela autocracia socialista.

34 H. Taine, *Les origines de la France contemporaine*. Paris: Hachette, [s.d.], tomo I, pp. 50, 112.

35 T. S. Eliot censura a confusão entre os dois termos, na qual incorreria Manheim: "[...] but I think that he is confusing the elites with the dominant section of society which the elites served, from which they took their colour, and into which some of their individual members are recruited". (*Notes Towards the Defnition of Culture*. Londres: Faber and Faber, 1954, p. 39.) Ver Karl Manheim, *Libertad y planificación* (México: Fondo de Cultura Económica, 1946, pp. 86, 92.), *Ideología y utopia* (México: Fondo de Cultura Económica, 1941. p. 9), onde o autor atribui aos intelectuais (intelligentsia) a tarefa de prover a sociedade de uma interpretação do mundo. A distinção entre aristocracia e elite foi tentada expressamente por Mosca e por Meisel. Ver James H. Meisel, *The Myth in the Ruling Class*. The University of Michigan Press, pp. 34-8, 167. Leopold von Wiese não viu, entretanto, os caracteres que distinguem as duas realidades: Urs Jaeggi, *Die Gesellschäftliche Elite*. Berna: Paul Haupt, 1960, p. 12. A elite se separa da aristocracia apenas por uma nuança, segundo Michels, op. cit., p. 4. Consulte-se, ainda, para a distinção entre aristocracia e elite: Maurice Hauriou, *Précis de droit constitutionnel*. Paris: Librairie de la Société du Recueil Sirey, 1923, pp. 172, 194: na aristocracia a elite se recruta numa ordem fechada, ao contrário do aberto renovamento da democracia.

36 Maurice Hauriou, op. cit., p. 181.

37 Karl Manheim, *Ideología y utopia*. México: Fondo de Cultura Económica, 1941, pp. 9-11, 135.

38 Arnold Toynbee, *A Study of History*. Londres: Oxford University, 1954-7, 2 v; v. 1: pp. 278, 324; v. 2: p. 185.

IV
O Brasil até o governo-geral
> pp. 111-49

1 A transcrição, com a grafia moderna, da carta de Pero Vaz de Caminha seguiu a edição de Jaime Cortesão, *A carta de Pero Vaz de Caminha*. Lisboa: Portugália, 1967, pp. 227-8.

2 Id., pp. 251, 256.

3 Pero de Magalhães Gandavo, *História da província de Santa Cruz*. São Paulo: Obelisco, 1964, p. 23.

4 Id., p. 25.

5 Ibid., pp. 34-5.

6 Gilberto Freyre, *Casa-grande e senzala*. 5. ed. Rio de Janeiro: José Olympio, 1946, v. 1, p. 209.

7 Michel Montaigne, *Essais*. Paris, Garnier, 1965, livro II, cap. XII.
8 Id., livro I, cap. XXXI ("Des cannibales").
9 Fique bem assinalado que as considerações do texto se inspiraram no excelente livro de Sérgio Buarque de Holanda, *Visão do paraíso* (São Paulo: Nacional, 1969). A interpretação da visão do paraíso, obviamente, se afasta do trabalho ora mencionado e é de responsabilidade do autor. Outra fonte utilizada foi o livro de J. H. Elliot, *The Old World and the New*. 1492-1650 (Cambridge University, 1970).
10 Fernand Braudel, op. cit., tomo I, pp. 368-9; tomo II, p. 75. Frédéric Mauro, *Le XVI.e siècle européen*. Paris: Universitaires de France, 1970, p. 157.
11 Vitorino Magalhães Godinho, op. cit., p. 259.
12 As citações são da tradução de Luís de Andrade (Ouro, 1970). Ver sobre o assunto: Charles Rihs, *Les philosophes utopistes*. Paris: Marcel Rivière, 1970, p. 272. Para a inclusão da Ilha dos Amores (*Os Lusíadas*, canto IX) nas utopias, ver: Celso Lafer, "O problema dos valores n'*Os Lusíadas*". Sep. da *Rev. Camoniana*. Instituto de Estudos Portugueses-USP, 1965, p. 38.
13 Edmundo O'Gorman, *La invención de América*. México: Fondo de Cultura Económica, 1958, p. 79.
14 Gilberto Freyre, op. cit., v. I, p. 359.
15 António Baião, "O comércio do pau-brasil". In: *História da colonização portuguesa no Brasil*. Porto: Litografa Nacional, 1923, v. 2, p. 315.
16 Afonso Arinos de Melo Franco, *Desenvolvimento da civilização material do Brasil*. 2. ed. Rio de Janeiro: Conselho Federal de Cultura, 1971, p. 28.
17 J. H. Parry, *La época de los descubrimientos geográficos*. Madri: Guadanama, 1964, pp. 70-1.
18 C. R. Boxer, op. cit., p. 318.
19 Sérgio Buarque de Holanda, *Visão do paraíso*, op. cit., p. 309.
20 J. Capistrano de Abreu, *Capítulos de história colonial*. Rio de Janeiro: Sociedade Capistrano de Abreu, 1954, pp. 87-8.
21 Pero Lopes de Sousa, *Diário de navegação (1530-32)*. Rio de Janeiro: Leuzinger, 1927, 2 v.
22 Malheiro C. Dias, "A metrópole e suas conquistas nos reinados de d. João III, d. Sebastião e Cardeal d. Henrique". In: *História da colonização portuguesa no Brasil*, op. cit., v. 3, pp. 7-8.
23 Sérgio Buarque de Holanda, *Visão do paraíso*, op. cit., p. 321.
24 Esta é a tese, entre outros, de: Malheiro C. Dias, "O regímen feudal das donatarias". In: *História da colonização portuguesa*, op. cit., v. 3, p. 217. G. Freyre, *Casa-grande e senzala*, op. cit., v. I, p. 123: "tendências feudais", p. 359.
25 Roberto C. Simonsen, *História econômica do Brasil*. 2. ed. São Paulo: Nacional, 1944, tomo I, p. 146. J. Lúcio de Azevedo, *Épocas de Portugal económico*, op. cit., p. 234.
26 Gilberto Freyre, *Casa-grande e senzala*, op. cit., v. I, p. 106.
27 Paulo Merêa, "A solução tradicional da colonização do Brasil". In: *História da colonização portuguesa no Brasil*, op. cit., v. 3, p. 170.
28 Id., ibid., p. 172
29 Gilberto Freyre, op. cit., p. 359.
30 Pedro Tavares de Almeida Paes Leme, *História da capitania de S. Vicente*. São Paulo: Melhoramentos, [s.d.], pp. 66-7.
31 Francisco Adolfo de Varnhagen, *História geral do Brasil*. 6. ed. São Paulo: Melhoramentos, tomo I, p. 106. A informação se completa com outra, de J. Lúcio de Azevedo (op. cit., pp. 238-9).
32 J. Lúcio de Azevedo, op. cit., p. 235.
33 Werner Sombart, *Le bourgeois*, op. cit., p. 105. J. P. Oliveira Martins, *O Brasil e as colónias portuguesas*. 5. ed. Lisboa, 1920, p. 9.
34 João de Barros, *Décadas*, op. cit., v. 3, pp. 208-9.
35 Id., p. 210.
36 Ibid., pp. 210-3.
37 Deve ser lido, portanto, com cautela o hino à iniciativa particular, cujos primeiros acordes se leem em Simonsen (op. cit., v. I, p. 149).
38 José Honório Rodrigues, *Notícia de vária história*. Rio de Janeiro: São José, 1951, pp. 45, 47. Contra: J. Capistrano de Abreu, *Capítulos de história colonial*. 4. ed. Rio de Janeiro: Sociedade Capistrano de Abreu, 1954, p. 94. Varnhagen, op. cit., tomo I, p. 150.

39 Caio Prado Jr., *Formação do Brasil contemporâneo*. 3. ed. São Paulo: Brasileira, 1948, pp. 16-8, 25.
40 Malheiro C. Dias, "A metrópole e suas conquistas nos reinados de d. João III, d. Sebastião e Cardeal d. Henrique". In: *História da colonização portuguesa no Brasil*, op. cit., v. 3, pp. 10-2.
41 João de Barros, *Décadas*, op. cit., v. 2, p. 81.
42 Malheiro C. Dias, "O regímen feudal das donatarias". In: *História da colonização portuguesa no Brasil*, op. cit., v. 3, p. 219.
43 Paulo Merêa, "A solução tradicional da colonização do Brasil". In: *História da colonização portuguesa no Brasil*, op. cit., v. 3, p. 174. A seguir, a propósito das capitanias hereditárias, segue-se a exposição de Merêa; de Jaime Cortesão, *A colonização do Brasil*. Lisboa: Portugália, 1969, p. 88. J. F. de Almeida Prado, "O regime das capitanias". In: *História geral da civilização brasileira*. 3. ed. São Paulo: Difusão Europeia do Livro, 1968, tomo I, p. 96. "Carta de doação de Pernambuco a Duarte Coelho e o foral de Duarte Coelho". In: *História da colonização portuguesa no Brasil*, op. cit., v. 3, pp. 309, 312.
44 As duas citações pertencem ao trabalho de J. F. de Almeida Prado, op. cit., pp. 99-100.
45 J. Capistrano de Abreu, *Capítulos de história colonial*. 4. ed. Rio de Janeiro: Sociedade Capistrano de Abreu, 1954, p. 92.
46 Caio Prado Jr., *Formação do Brasil contemporâneo*, op. cit., p. 361, notas 30-1. Sérgio Buarque de Holanda, *Visão do paraíso*, op. cit., p. 315.
47 Sérgio Buarque de Holanda, *Visão do paraíso*, op. cit., p. 315.
48 Georg W. F. Hegel, *Vorlesungen über die Philosophie der Geschichte*. Stuttgart: Reclam, 1961, pp. 143-4. Tradução de Djacir Menezes, *Textos dialéticos*. Rio de Janeiro: Zahar, 1969, p. 65.
49 J. H. Parry, op. cit., p. 298.
50 Id., ibid., p. 301.
51 Georg Friederici, *Caráter da descoberta e conquista da América pelos europeus*. Rio de Janeiro: Instituto Nacional do Livro, 1967, pp. 127-8.
52 Charles A. Beard; Mary E. Beard, *The Rise of American Civilization*. Nova York: Macmillan, 1954, cap. I, p. 11.

53 No mesmo sentido: Sérgio Buarque de Holanda, op. cit., p. 320.
54 Ruy Cirne Lima, *Pequena história territorial do Brasil*. 2. ed. Porto Alegre: Sulina, 1954, p. 12. Na sequência, a fonte de inúmeras informações foi colhida desta obra, segura na doutrina e na pesquisa. Consulte-se, sobre o assunto: Manuel Diegues Jr., *População e propriedade no Brasil*. Washington: União Pan-Americana, 1959. Alberto Passos Guimarães, *Quatro séculos de latifúndio*. São Paulo: Fulgor, 1964. Costa Porto, *Estudo sobre o sistema sesmarial*. Recife: Imprensa Universitária, 1965. Brasil Bandecchi, *Origem do latifúndio no Brasil*. São Paulo: Obelisco, 1964. José Honório Rodrigues, *Notícia de vária história*. Rio de Janeiro: Livraria São José, 1951, p. 76.
55 Costa Porto, op. cit., p. 61.
56 Ruy Cirne Lima, op. cit., p. 39.
57 Costa Porto, op. cit., pp. 120-1.
58 Pero de Magalhães Gandavo, op. cit., p. 34.
59 Stanley J. Stein, *Grandeza e decadência do café*. São Paulo: Brasiliense, 1961, pp. 294-5.
60 Ruy Cirne Lima, op. cit., pp. 37-8.
61 José Honório Rodrigues, *Notícia de vária história*, op. cit., p. 84.
62 Oliveira Vianna, *Populações meridionais do Brasil*. 5. ed., v. I, "Populações rurais do centro-sul". Rio de Janeiro: José Olympio, 1952, pp. 27-32
63 Id., ibid., p. 49.
64 Werner Sombart, *Le bourgeois*. Paris: Payot, 1926, pp. 105-6. Max Weber, *Wirtschaftsgeschichte*. Berlim: Duncker & Humblot, 1958, p. 82: a plantação (*Plantage*) seria uma modalidade de sistema feudal orientada em sentido capitalista.
65 Gilberto Freyre, *Casa-grande e senzala*, op. cit., v. I, p. 347. J. P. Oliveira Martins; António Maria Pereira, *O Brasil e as colónias portuguezas*. 5. ed. Lisboa, 1920, n I, p. 11.
66 J. Izidoro Martins Jr., *História do direito nacional*. Rio de Janeiro: Emp. Democrática, 1895, pp. 172-3.
67 Nestor Duarte, *A ordem privada e a organização política nacional*. São Paulo: Nacional, 1939, p. 41.

68 A tese foi desenvolvida, explicitamente, por, além de Nestor Duarte, Paulo Merêa, "A solução tradicional da colonização do Brasil". Malheiro C. Dias, "O regímen feudal das donatarias", e Oliveira Lima, "A nova Lusitânia". In: *História da colonização portuguesa no Brasil*, op. cit., v. 3.

69 Veja-se o lúcido, honesto e inteligente ensaio de Alberto Passos Guimarães, *Quatro séculos de latifúndio* (São Paulo: Fulgor, 1964, p. 27), onde (p. 25, n. 2) se encontra a resenha das correntes em disputa.

70 João Antônio Andreoni (André João Antonil), *Cultura e opulência do Brasil*. São Paulo: Nacional, 1967, pp. 139-40.

71 Caio Prado Jr., *Evolução política do Brasil e outros estudos*. São Paulo: Brasiliense, 1957, p. 16, n. 8. Na primeira edição, p. 65, n. 45, citamos, por equívoco, como fonte da observação de Caio Prado Jr., a *Formação do Brasil contemporâneo*. Isso bastou para que um crítico, seduzido com o feudalismo brasileiro, ignorante da polêmica em torno do assunto, pusesse em dúvida a autenticidade da citação. Impugnam a tese feudal: Roberto C. Simonsen, *História econômica do Brasil*. 2. ed. São Paulo: Nacional, 1944, tomo I, p. 124. Caio Prado Jr., *Evolução política do Brasil e outros estudos*, op. cit., p. 16. Alexander Marchant, "Feudal and capitalistic elements in the Portuguese settlement of Brazil". In: *The Hispanic American Historical Review*, v. 22, n. 3, 1942. Andrew Gunder Frank, "Not feudalism-capitalism". In: *Monthly Review*, v. 15, 8 dez. 1963, p. 468. Celso Furtado, *Formação econômica do Brasil*. Rio de Janeiro: Fundo de Cultura, 1959, p. 66.

72 Max Weber, *Wirtschaft und Gesellschaft*, op. cit., p. 795.

73 Marc Bloch, *La société féodale*. Paris: Albin Michel, 1968, p. 395.

74 Gilberto Freyre, *Casa-grande e senzala*, op. cit., v. 1, p. 137.

75 *Diálogo das grandezas do Brasil*. Salvador: Progresso, 1956, p. 315.

76 Stanley J. Stein, *Grandeza e decadência do café*. São Paulo: Brasiliense, 1961, p. 271.

77 Francisco Adolfo de Varnhagen, *História geral do Brasil*. São Paulo: Melhoramentos, 1956, tomo II, p. 14.

78 Para estudo do assunto, ver o magistral ensaio de Max Weber, "Die Sozialen des Untergangs der Antiken Kultur". In: *Soziologie Weltgeschichtliche Analysen Politik*. Stuttgart: Alfred Kröner, 1956, p. 1.

79 J. Capistrano de Abreu, Prefácio ao *Diálogo das grandezas do Brasil*, op. cit., pp. 16-7.

80 Frei Vicente do Salvador, *História do Brasil*. 5. ed. São Paulo: Melhoramentos, p. 59.

81 Padre Antônio Vieira, *Sermões pregados no Brasil II: A vida social e moral na colônia*. Seleção de Hernâni Cidade. Lisboa: Agência Geral das Colônias, 1940, v. 3, p. 286.

V
A obra da centralização colonial
> pp. 151-78

1 Francisco Adolfo de Varnhagen, op. cit., tomo I, p. 168.

2 Id., p. 175.

3 Frei Vicente do Salvador, op. cit., p. 119.

4 Id., pp. 126, 127.

5 Id., p. 59.

6 Vicente Tapajós, *História administrativa do Brasil*. Rio de Janeiro: DASP, 1956, v. 2, p. 215.

7 Id., p. 199.

8 Frei Vicente do Salvador, op. cit., pp. 58-9.

9 Vicente Tapajós, op. cit., pp. 203, 209.

10 Rodolfo Garcia, *Ensaio sobre a história política e administrativa do Brasil*. Rio de Janeiro: José Olympio, 1956, p. 59.

11 Serafim Leite, *História da Companhia de Jesus no Brasil*. Lisboa: Portugália; Rio de Janeiro: Civilização Brasileira, 1938, tomo II, pp. 140-1.

12 Vicente Tapajós, op. cit., pp. 221-2.

13 Sérgio Buarque de Holanda, *Visão do paraíso*, op. cit., p. 315.

14 *História geral da civilização brasileira*. São Paulo: Difusão Europeia do Livro, 1968, v. 1, p. 131.

15 Francisco Adolfo de Varnhagen, op. cit., tomo I, p. 233. Sérgio Buarque de Holanda, *Histó-*

ria geral da civilização brasileira, op. cit., p. 137.

16 Jordão de Freitas, "A expedição de Martim Afonso de Sousa". In: *História da colonização portuguesa no Brasil*, v. 3, op. cit., p. 124. Pero Lopes de Sousa, *Diário de navegação*. Rio de Janeiro: Leuzinger, 1927, v. 1, pp. 340, 389; v. 2, p. 10.

17 Pero Lopes de Sousa, op. cit., pp. 340, 342.

18 Oliveira Vianna, *Populações meridionais do Brasil*. 5. ed. Rio de Janeiro: José Olympio, 1952, pp. 342-3.

19 Rodolfo Garcia, op. cit., p. 96.

20 Caio Prado Jr., *Formação do Brasil contemporâneo*. São Paulo: Brasiliense, 1948, p. 313.

21 Vitorino Magalhães Godinho, *Ensaios*, op. cit., p. 261.

22 Id., p. 283.

23 Roberto C. Simonsen, *História econômica do Brasil*, op. cit., tomo I, p. 174.

24 João Alfredo Libânio Guedes, *História administrativa do Brasil*. Rio de Janeiro: Dasp, 1962, p. 47. Marcelo Caetano, *Conselho ultramarino*. Rio de Janeiro: Sá Cavalcanti, 1969.

25 Padre Antônio Vieira, *Sermões pregados em Portugal. A crise da restauração*. Lisboa: Agência Geral das Colônias, 1940, v. 4, p. 145. Id., *Obras escolhidas. Cartas* (1). Lisboa: Sá da Costa, 1951, v. 1, p. 55.

26 Caio Prado Jr., *Evolução política do Brasil e outros estudos*. 6. ed. São Paulo: Brasiliense, 1969, p. 35.

27 Oliveira Vianna, *Populações meridionais do Brasil*, v. 1, op. cit., p. 283.

28 Robert Southey, *História do Brasil*. São Paulo: Obelisco, 1965, v. 4, p. 182.

29 Id., p. 185.

30 Id., pp. 185-6.

31 Frei Vicente do Salvador, op. cit., p. 61.

32 Id., pp. 58-9.

33 Euclides da Cunha, "Os sertões". In: *Obra completa*. Rio de Janeiro: Aguilar, 1966, pp. 149-50.

34 Economia barroca é sugestão de Frédéric Mauro, *Le XVI.e siècle européen*. Paris: Universitaires de France, 1970, p. 322.

35 Serafim Leite, *História da Companhia de Jesus no Brasil*. Lisboa: Portugália; Rio de Janeiro: Civilização Brasileira, 1938, tomo II, p. 113.

36 Joseph Anchieta, *Cartas*. Rio de Janeiro: Civilização Brasileira, 1933, p. 171.

37 Afonso de E. Taunay, *História das bandeiras paulistas*. 2. ed. São Paulo: Melhoramentos, 1961, p. 31.

38 J. Capistrano de Abreu, *Caminhos antigos e povoamento do Brasil*. Rio de Janeiro: Sociedade C. de Abreu, 1930, p. 65.

39 Vicente Licínio Cardoso, *À margem da história do Brasil*. São Paulo: Nacional, 1933, p. 71. A mesma tese: Euclides da Cunha, *Os sertões*, op. cit., p. 157. Fernando Azevedo, *A cultura brasileira*. 3. ed. São Paulo: Melhoramentos, 1958, p. 57.

40 Euclides da Cunha, op. cit., pp. 153, 157-8.

41 J. Capistrano de Abreu, *Caminhos antigos e povoamento do Brasil*, op. cit., pp. 65-6.

42 Afonso de E. Taunay, op. cit., pp. 166-7.

43 Arthur Cézar Ferreira Reis, *Épocas e visões regionais do Brasil*. Manaus: Governo do Estado do Amazonas, 1966, pp. 87-8.

44 Euclides da Cunha, op. cit., p. 151.

45 O termo "conquistador", gênero do qual o bandeirante é a expressão mais autêntica, tem o abono, além de J. Capistrano de Abreu, op. cit., de Diogo de Vasconcelos, *História antiga das Minas Gerais*. Rio de Janeiro: Imprensa Nacional, 1948, v. 1, p. 138.

46 Esta tese tem o abono de Cassiano Ricardo, no importante livro que dedicou ao bandeirismo, *Marcha para o oeste* (3. ed. Rio de Janeiro: José Olympio, 1959, p. xxx), em tese já percorrida por Alfredo Ellis Jr., *O bandeirismo paulista e o recuo do meridiano* (3. ed. São Paulo: Nacional, 1938).

47 Jaime Cortesão, *Raposo Tavares e a formação territorial do Brasil*. Lisboa: Portugália, 1966, v. 1, pp. 42-3.

48 Id., p. 62.

49 Id., pp. 70-1.

50 C. R. Boxer, *The Portuguese Seaborne Empire*, op. cit., p. 297.

51 Diogo do Couto, *O soldado prático*, op. cit., p. 94.

52 Jaime Cortesão, *Raposo Tavares e a formação territorial do Brasil*, v. 1, p. 101.

53 Alcântara Machado, *Vida e morte do bandeirante*. São Paulo: Revista dos Tribunais, 1929, p. 15.

54 Oliveira Vianna, *Instituições políticas brasileiras*. Rio de Janeiro: José Olympio, 1949, v. 1, pp. 154-5.
55 Diogo Vasconcellos, op. cit., v. 1, p. 53, nota 18.
56 Jaime Cortesão, *Raposo Tavares e a formação territorial do Brasil*, p. 99.
57 J. Lúcio de Azevedo, op. cit., p. 306.
58 J. Capistrano de Abreu, *Caminhos antigos e povoamento do Brasil*, op. cit., p. 73.
59 Oliveira Vianna, *Populações meridionais do Brasil*, op. cit., p. 380.

VI
Traços gerais da organização administrativa, social, econômica e financeira da colônia > pp. 179-245

1 Diogo do Couto, *O soldado prático*, op. cit., p. 27.
2 Padre Antônio Vieira, *Sermões pregados no Brasil*. Lisboa: Agência Geral das Colônias, 1940, v. 2, p. 275.
3 Critilo, *Cartas chilenas*. Rio de Janeiro: Imprensa Nacional, 1940, p. 201 (carta 5ª).
4 Vitorino Magalhães Godinho, *Ensaios*, op. cit., p. 59.
5 Padre Antônio Vieira, op. cit., v. 2, pp. 209-10, 212-3.
6 C. R. Boxer, *The Portuguese Seaborne Empire*, op. cit., pp. 318-9.
7 J. Guilherme de Aragão, "O cargo público na sociedade colonial". *A Manhã*, 9 abr. 1950.
8 Oliveira Vianna, *Evolução do povo brasileiro*. 2. ed. São Paulo: Nacional, 1933, p. 211.
9 Luis dos Santos Vilhena, *A Bahia no século XVIII*. Bahia: Itapuã, 1969, v. 3, pp. 617-8.
10 Critilo, op. cit., pp. 210, 250.
11 António José Saraiva, *Inquisição e cristãos-novos*. Porto: Inova, 1969.
12 *Arte de furtar*, op. cit., pp. 152-3.
13 Id., pp. 148-9.
14 O assunto está teoricamente esboçado em Max Weber, *Wirtschaft und Gesellschaft*, op. cit., p. 201.

15 Pensa de modo contrário J. Lúcio de Azevedo, *História dos cristãos novos portugueses* (Lisboa: Clássica, 1921, p. 64). Com melhores argumentos, a tese do texto é defendida por António José Saraiva (op. cit.).
16 Marcelo Caetano, *O Conselho Ultramarino*. Rio de Janeiro: Sá Cavalcanti, 1969, p. 14.
17 As indicações do texto, em drástico resumo, foram colhidas no livro citado na nota 16.
18 Marcelo Caetano, op. cit., p. 45.
19 Ver o texto em João Alfredo Libânio Guedes, *História administrativa do Brasil*. DASP, 1962, v. 4, p. 173.
20 Max Fleiuss, *História administrativa do Brasil*. 2. ed. São Paulo: Melhoramentos, [s.d.], p. 52.
21 Victor Nunes Leal, *Coronelismo, enxada e voto*. Rio de Janeiro: Rev. Forense, 1948, p. 74.
22 Alexandre Herculano.
23 João Batista Cortines Laxe, *Câmaras municipais*. 4. ed. São Paulo: Obelisco, n. 3, p. 31.
24 *Ord. Filip*, l. 1, tít. 1.
25 C. R. Boxer, *The Portuguese Seaborne Empire*, op. cit., pp. 280-1.
26 João Francisco Lisboa, *Obras*. Lisboa: Matos, Moreira e Pinheiro, 1901, tomo II, p. 46.
27 João Armitage, *História do Brasil*. Rio de Janeiro: Zélio Valverde, 1943, p. 342.
28 Luis dos Santos Vilhena, *A Bahia no século XVIII*. Bahia: Itapuã, 1969, v. 1, pp. 79-80.
29 Esta é também a opinião de J. Capistrano de Abreu, *Capítulos de história colonial* (op. cit., p. 227). Em outro lugar:

Cada vez me convenço mais que João Francisco Lisboa falseou a história, dando-lhes uma importância que nunca possuíram as municipalidades. Só quando havia alvoroto, apareciam ligeiramente, em feição semelhante às que os castelhanos chamavam *cabildo abierto*; fora disto, nomear almotacéis, aferir medidas, mandar consertar pontes, estradas e calçadas consumia-lhes todo o tempo. (*Correspondência de Capistrano de Abreu*. Rio de Janeiro: Instituto Nacional do Livro, 1954, v. 2, p. 28.)

Em igual sentido: Caio Prado Jr., *Formação do Brasil contemporâneo*. 3. ed. São Paulo: Brasiliense, 1948, p. 316. Oliveira Vianna, *Instituições*

políticas brasileiras. Rio de Janeiro: José Olympio, 1949, v. I, p. 165.
30 Padre Antônio Vieira, *Sermões pregados no Brasil*. Lisboa: Agência Geral das Colônias, 1940, v. 3, pp. 207-8.
31 Diogo de Campos Moreno, *Livro que dá razão do Estado do Brasil: 1612*. Recife: Arquivo Público Estadual, 1955, p. 115.
32 Alcântara Machado, *Vida e morte do bandeirante*. São Paulo: Revista dos Tribunais, 1929, p. 105.
33 O cálculo é de Varnhagen, encampado por Rodolfo Garcia (op. cit., p. 198).
34 Caio Prado Jr., *Formação do Brasil contemporâneo*, op. cit., p. 318.
35 J. Lúcio de Azevedo, *Épocas de Portugal econômico*, op. cit., p. 256.
36 Frei Vicente do Salvador, op. cit., p. 160. Ver d. José de Mirales, *História militar do Brazil*, [s.d.], p. 11.
37 D. José de Mirales, op. cit., p. 14.
38 Id., p. 14.
39 João de Barros, *Décadas*, op. cit., v. 2, p. 81; v. 3, p. 209.
40 D. José de Mirales, op. cit., pp. 31-2.
41 C. R. Boxer, *A idade do ouro*, op. cit., p. 304.
42 Diogo de Campos Moreno, op. cit., pp. 128, 143, 176, 182.
43 Id., pass.
44 Vice-rei d. Fernando José de Portugal, "Regimento de 1677" e "Observações". In: *História administrativa do Brasil*, op. cit., v. 4-5, pp. 173, 337.
45 Rui Vieira da Cunha, *Estudo da nobreza brasileira*. Rio de Janeiro: Arquivo Nacional, 1966, pp. 15, 42.
46 M. Rodrigues Lapa, *As "Cartas chilenas"*. Rio de Janeiro: Instituto Nacional do Livro, 1958.
47 Id., p. 178.
48 Id., pp. 304-5.
49 Id., p. 362.
50 Henry Koster, *Viagens ao nordeste do Brasil*. São Paulo: Nacional, 1942, pp. 259-60.
51 Arthur Ferreira Filho, *História geral do Rio Grande do Sul*. Porto Alegre: Globo, 1958, p. 54.
52 Cap. Genserico de Vasconcelos, *História militar do Brasil*. Rio de Janeiro: Biblioteca Militar, 1941, p. 41

53 João Armitage, op. cit., p. 327.
54 Luis dos Santos Vilhena, op. cit., I, p. 244.
55 Henry Koster, *Viagem ao nordeste do Brasil*. São Paulo: Nacional, 1942, p. 480.
56 Critilo, *Cartas chilenas*, op. cit., I, p. 250.
57 Id., p. 243.
58 Luis dos Santos Vilhena, op. cit., I, p. 259. Lavradio, op. cit., p. 231.
59 Critilo, op. cit., p. 249.
60 Luis dos Santos Vilhena, op. cit., I, pp. 244-5.
61 Machado de Assis, *Obra completa*. Rio de Janeiro: Aguilar, 1959, II, p. 353: "Verba testamentária".
62 John Luccock, *Notas sobre o Rio de Janeiro e portos meridionais do Brasil*. 2. ed. São Paulo: Martins, [s.d.], pp. 55, 119.
63 *Arte de furtar*, op. cit., pp. 28-9.
64 Luis dos Santos Vilhena, op. cit., I, pp. 247-8.
65 Henry Koster, *Viagem ao nordeste do Brasil*. São Paulo: Nacional, 1942, pp. 388-9. L. F. de Tollenare, *Notas dominicais*. Salvador: Progresso, 1956, p. 120.
66 Roberto Mendes Gonçalves, *Um diplomata austríaco na corte de São Cristóvão*. Rio de Janeiro: Conselho Federal de Cultura, 1970, p. 85.
67 Américo Jacobina Lacombe, "A Igreja no Brasil colonial". In: *História geral da civilização brasileira*. dir. de Sérgio Buarque de Holanda. 2. ed. São Paulo: Difusão Europeia do Livro, 1968, v. 2, p. 51. Este importante trabalho servirá, em muitos pontos, de roteiro ao que adiante se escreve acerca do assunto.
68 Id., p. 57.
69 J. Lúcio de Azevedo, *Épocas de Portugal econômico*, op. cit., pp. 256-7. Diogo de Campos Moreno, *Livro que dá razão do Estado do Brasil: 1612*, op. cit., pp. 128, 136, 148-9. Serafim Leite, *História da Companhia de Jesus no Brasil*, op. cit., 5, p. 107.
70 J. H. Parry, *The Spanish Seaborne Empire*. 2. Londres: Hutchinson, 1967, p. 326.
71 Gilberto Freyre, *Casa-grande e senzala*, op. cit., v. 2, p. 708.
72 J. Lúcio de Azevedo, *Épocas de Portugal econômico*, op. cit., p. 257.
73 Jaime Cortesão, *Raposo Tavares e a formação territorial do Brasil*, op. cit., I, p. 178.

74 Serafim Leite, *História da Companhia de Jesus no Brasil*. Lisboa: Portugália, 1938, tomo II, p. 113.
75 *Novas cartas jesuíticas*. São Paulo: Nacional, 1940, pp. 76-9.
76 J. Lúcio de Azevedo, *Épocas de Portugal económico*, op. cit., p. 257. Id., *História de Antônio Vieira*. 2. ed. Lisboa: Clássica, 1931, tomo I, p. 214.
77 Serafim Leite, *Novas cartas jesuíticas*, op. cit., pp. 60, 76.
78 Afonso de E. Taunay, *História das bandeiras paulistas*. 2. ed. São Paulo: Melhoramentos, [s.d.], tomo I, p. 123.
79 J. Lúcio de Azevedo, *História de Antônio Vieira*, op. cit., tomo I, p. 220.
80 Padre Antônio Vieira, op. cit., v. 3, pp. 30-1, 38.
81 Id., p. 147.
82 Fernando de Azevedo, *A cultura brasileira*. 3. ed. São Paulo: Melhoramentos, 1958, tomo III, p. 24.
83 Padre Antônio Vieira, *Cartas*. Coimbra: Imprensa da Universidade, 1925, tomo I, p. 458.
84 Max Weber, *Wirtschaft und Gesellschaft*, op. cit., v. 1, p. 223; v. 2, p. 679.
85 Georg Lukács, *Geschichte und Klassenbewusstsein*. Berlim: Sammlung Luchterhand, 1970, p. 132. Esta tese, tida algum tempo pelos marxistas como herética, parece que se coaduna com o pensamento de Marx, que, no Manifesto Comunista, acentuou que na época da burguesia as oposições de classe se simplificaram, sem que faltem referências aos estamentos (*Stände*), expressão esta traduzida, sem maior exame, por classe: ver *MEW* (op. cit., v. 4, p. 463). Lukács alude, expressamente, ao sistema do capital comercial, calcado em Marx, que não domina o processo de produção. Para o esquema deste livro, a discussão marxista tem valor secundário, dados os pressupostos de outra índole e origem que o fundamentam.
86 A classificação, com pequenas alterações, se deve a Max Weber (op. cit., p. 223). Ver também: Vilfredo Pareto, *Traité de sociologie générale*. Paris: Payot, 1919, v. 2, p. 1430.
87 Caio Prado Jr., *Evolução política do Brasil*. 6. ed. São Paulo: Brasiliense, 1969, p. 28. Freyre Gilberto. *Casa-grande e senzala*, op. cit., v. 1, p. 24 e pass. Fernando de Azevedo, *A cultura brasileira*, op. cit., tomo I, p. 152. Oliveira Vianna, *Instituições políticas brasileiras*. Rio de Janeiro: José Olympio, 1949, v. 1, p. 146. Id., *Populações meridionais do Brasil*. 5. ed. Rio de Janeiro: José Olympio, 1952, p. 95: família senhorial — agregados e escravos. A indicação é meramente exemplificativa.
88 Fernão Cardim, *Tratados da terra e gente do Brasil*. 2. ed. Rio de Janeiro: Nacional, 1939, pp. 290, 296.
89 João Antônio Andreoni (Antonil), *Cultura e opulência do Brasil*. São Paulo: Nacional, 1967, p. 139.
90 *Diálogos das grandezas do Brasil*. Salvador: Progresso, 1956, p. 17.
91 João de Barros, *Décadas*, op. cit., v. 1, pp. 173-4. Ver também: Jaime Cortesão, *A expedição de Pedro Álvares Cabral e o descobrimento do Brasil*, op. cit., p. 103. Bailey W. Diffe, "Os privilégios legais dos estrangeiros em Portugal e no Brasil no século XVI". In: *Confito e continuidade na sociedade brasileira*. Rio de Janeiro: Civilização Brasileira, 1970, p. 3.
92 Pero de Magalhães Gandavo, op. cit., p. 81.
93 Padre Fernão Cardim, *Tratados da terra e gente do Brasil*. 2. ed. São Paulo: Nacional, 1939, p. 283.
94 *Diálogos das grandezas do Brasil*, op. cit., pp. 166, 168, 315.
95 João Antônio Andreoni (Antonil), op. cit., pp. 139, 141.
96 Id., p. 169.
97 Frédéric Mauro, *Le Portugal et l'Atlantique au XVII.e siècle*. Paris: S.E.V.P.E.N., 1960, p. 218. Stanley J. Stein, *Grandeza e decadência do café*. São Paulo: Brasiliense, 1961, p. 295.
98 Vitorino Magalhães Godinho, *Os descobrimentos e a economia mundial*. Lisboa: Arcádia, [s.d.], p. 575.
99 Esta concepção do papel central do comerciante na economia da colônia toma corpo com os estudos de Virgínia Rau, Vitorino Magalhães Godinho, Bayley W. Diffe, nas obras citadas, concepção já lançada na primeira edição deste livro.

100 *Diálogos das grandezas do Brasil*, op. cit., pp. 28, 61.
101 Id., p. 169.
102 *Cartas do Padre Antônio Vieira*, coord. e anotadas por J. Lúcio de Azevedo. Coimbra: Universidade de Coimbra, 1928, p. 693.
103 Luis dos Santos Vilhena, op. cit., v. I, p. 52.
104 José Antônio Soares de Sousa, "Aspectos do comércio do Brasil e de Portugal no fim do século XVIII e começo do século XIX". In: *Revista do Instituto Histórico e Geográfico*, v. 289, p. 3. Muitos dados, a seguir citados, pertencem a esse trabalho de real mérito.
105 Luis dos Santos Vilhena, op. cit., v. I, p. 56.
106 Id., p. 56.
107 Marquês de Lavradio, op. cit., p. 345.
108 Joaquim Nabuco, *O abolicionismo*. São Paulo: Progresso, 1949, p. 229.
109 Florêncio de Abreu, *Ensaios e estudos históricos*. Rio de Janeiro: Pongetti, 1964, p. 134.
110 Gilberto Freyre, *Casa-grande e senzala*, op. cit., pp. 19, 21 e pass.
111 Id., ibid., esclarece bem o assunto à p. 188.
112 Duarte Coelho, "Carta ao rei de 14 de abril de 1549". In: *História da colonização portuguesa no Brasil*, op. cit., v. 3, p. 320.
113 *Diálogos das grandezas do Brasil*, op. cit., pp. 39, 61, 150.
114 Luis dos Santos Vilhena, op. cit., v. I, p. 185.
115 Id., p. 186.
116 Frédéric Mauro, op. cit., p. 217.
117 Id., p. 219.
118 Luis dos Santos Vilhena, op. cit., II, p. 61.
119 L. F. Tollenare, *Notas dominicais*. Salvador: Progresso, 1956, p. 93.
120 Sérgio Buarque de Holanda. In: Thomas Davatz. *Memórias de um colono no Brasil*. São Paulo: Martins, 1941, p. 14.
121 Joaquim Nabuco, *O abolicionismo*, op. cit., p. 151.
122 Id., p. 140.
123 In: *História da colonização portuguesa no Brasil*, op. cit., v. 3, p. 346.
124 *Diálogos das grandezas do Brasil*, op. cit., p. 39.
125 Antonil, op. cit., pp. 139, 146.

126 Luis dos Santos Vilhena, op. cit., I, p. 181.
127 L. F. Tollenare, op. cit., pp. 85-96. Ver Manuel Diegues Jr., *População e açúcar no nordeste do Brasil*. Rio de Janeiro: Comissão Nacional de Alimentação, 1954, p. 117.
128 Djacir Menezes, *O outro nordeste*. 2. ed. Rio de Janeiro: Artenova, 1970, p. 33.
129 Frédéric Mauro, op. cit., p. 217. O número é meramente exemplificativo. Ver Mircea Buescu, *História econômica do Brasil*. Rio de Janeiro: APEC, 1970, p. 107.
130 Luis dos Santos Vilhena, op. cit., I, p. 53.
131 Op. cit., pp. 343-4.
132 Luis dos Santos Vilhena, op. cit., I, p. 51.
133 Id., p. 138.
134 Id., pp. 52-3.
135 Henry Koster, op. cit., p. 64.
136 *Diálogos das grandezas do Brasil*, op. cit., pp. 149-50.
137 Padre Antônio Vieira, *Sermões pregados no Brasil*, op. cit., v. 3, p. 48.
138 Os números são discutíveis: Roberto Simonsen, *História econômica do Brasil*. 2. ed. São Paulo: Nacional, 1944, tomo I, p. 203. Mircea Buescu, *História econômica do Brasil*. Rio de Janeiro: Apec, 1970, p. 201. Maurício Goulart, *Escravidão africana no Brasil*. São Paulo: Martins, 1949, p. 217.
139 Para as quantidades da exportação colonial: Roberto Simonsen, op. cit., tomo I, p. 220.
140 Vitorino Magalhães Godinho, *A economia dos descobrimentos henriquinos*. Lisboa: Sá da Costa, 1962, p. 210.
141 Manuel Nunes Dias, *A Companhia Geral do Grão-Pará e Maranhão*. Universidade Federal do Pará, 1970, v. I, p. 459.
142 Vitorino Magalhães Godinho, *Os descobrimentos e a economia mundial*, op. cit., pp. 573, 575-6.
143 Padre Antônio Vieira, op. cit., v. 4, p. 74.
144 Id., p. 93.
145 Id., p. 96.
146 Id., p. 38.
147 *Diálogos das grandezas do Brasil*, op. cit., pp. 38-9.
148 Vitorino Magalhães Godinho, *A estrutura na antiga sociedade portuguesa*. Lisboa: Arcádia, [s.d.], p. 85.

149 Joaquim Felício dos Santos, *Memórias do distrito diamantino*. Rio de Janeiro: Castilho, 1924, p. 129.
150 Padre Antônio Vieira, op. cit., v. 3, pp. 293-4.
151 Id., p. 297.
152 J. Lúcio de Azevedo, *Épocas de Portugal económico*, op. cit., p. 377.
153 Antonil, op. cit., p. 253.
154 Id., p. 247.
155 J. J. da Cunha Azevedo Coutinho, *Obras econômicas*. São Paulo: Nacional, 1966, p. 76.
156 Id., p. 77.
157 Joaquim Felício dos Santos, op. cit., p. 142.
158 Vitorino Magalhães Godinho, *Ensaios* (op. cit., p. 304); e, com menor veemência, em J. Lúcio de Azevedo, *Épocas de Portugal económico* (op. cit., p. 393).
159 Manuel Nunes Dias, *A Companhia Geral do Grão-Pará e Maranhão*, op. cit., v. 1, p. 137. Informações e observações deste bem documentado livro se incorporaram ao texto.
160 J. P. Oliveira Martins, *História de Portugal*, op. cit., v. 2, pp. 170-1.
161 Manuel Nunes Dias, *A Companhia Geral do Grão-Pará e Maranhão*, op. cit., v. 1, p. 144.
162 Arthur Cézar Ferreira Reis, *Épocas e visões regionais do Brasil*. Manaus: Governo do Estado, 1966, pp. 175-6. Para melhor entendimento do assunto, o capítulo "A economia maranhense no consulado pombalino", p. 157.
163 Consulte-se: António Carreira, *As companhias pombalinas de navegação, comércio e tráfico de escravos entre a costa africana e o nordeste brasileiro*. Porto: Imprensa Portuguesa, 1969, p. 32.
164 Diogo de Vasconcellos, *História antiga das Minas Gerais*. Belo Horizonte: Imprensa Oficial, 1904, pp. 264, 108.
165 A tese baseia-se, por construção, nas informações de Antonil sobre a região aurífera: *Cultura e opulência do Brasil*, op. cit., pp. 266-7.
166 Id., p. 267.
167 Idem.
168 J. Lúcio de Azevedo, *Épocas de Portugal económico*, p. 255.
169 Id., p. 155.
170 Frédéric Mauro, *Le Portugal et l'Atlantique au XVII.e siècle*, op. cit., p. 219.
171 Id., p. 217.
172 Antonil, op. cit., p. 227.
173 Octávio Tarquínio de Sousa, *Tributos no Brasil colonial*, [s.d.].
174 As citações são da ed. dos *Sermões pregados no Brasil*, v. 3, pp. 407-8; v. 4, p. 71; v. 2, p. 212.

VII
Os pródromos da Independência
> *pp. 247-79*

1 Roberto C. Simonsen, op. cit., tomo II, gráfico à p. 220. Mircea Buescu, op. cit., p. 213. Celso Furtado, op. cit., pp. 104, 109.
2 Mircea Buescu, op. cit., p. 284.
3 Id., p. 220, com as cautelas dos precários dados existentes. Outros dados em: Gilberto Paim, *Industrialização e economia natural*. Rio de Janeiro: Iseb, 1957, p. 16.
4 Maurício Goulart, op. cit., p. 215.
5 Joaquim Nabuco, *O abolicionismo*. São Paulo: Instituto Progresso, 1949, pp. 229-30.
6 Sobre o assunto: Bernardino José de Souza, *Ciclo do carro de bois no Brasil*. São Paulo: Nacional, 1958. José Alípio Goulart, *Tropas e tropeiros na formação do Brasil*. Rio de Janeiro: Conquista, 1961.
7 Augusto de Saint-Hilaire, *Segunda viagem do Rio de Janeiro a Minas Gerais e a São Paulo (1822)*. São Paulo: Nacional, 1932, pp. 24-5. John Luccock, *Notas sobre o Rio de Janeiro de Janeiro e partes meridionais do Brasil*. 2. ed. São Paulo: Martins, p. 196.
8 Id., op. cit., pp. 368, 372.
9 Id., op. cit., p. 381. Thomas Lindley, *Narrativa de uma viagem ao Brasil*. São Paulo: Nacional, 1969, pp. 41, 151, 172.
10 Id., op. cit., pp. 172-3.
11 *Segunda viagem do Rio de Janeiro a Minas Gerais e a São Paulo (1822)*, p. 108.
12 Henry Koster, *Viagem ao nordeste do Brasil*. São Paulo: Nacional, 1942, p. 429.
13 Id., p. 441.

14 L. F. Tollenare, op. cit., p. 85.
15 John Luccock, op. cit., pp. 283, 381.
16 Id., op. cit., p. 356. W. L. von Echwege, *Pluto Brasiliensis*. São Paulo: Nacional, [s.d.], v. 2, p. 438.
17 Tobias Monteiro, *História do Império. A elaboração da Independência*. Rio de Janeiro: F. Briguiet, 1927, pp. 56-7.
18 Id., p. 59. Alan K. Manchester, "A transferência da corte portuguesa para o Rio de Janeiro." In: *Confito e continuidade na sociedade brasileira*, op. cit., p. 183 e nota 28.
19 Oliveira Lima, *Dom João VI no Brasil*. Rio de Janeiro: José Olympio, 1945, v. 1, p. 127.
20 W. L. von Echwege, op. cit., v. 2, p. 436.
21 Magalhães Jr., *Três panfletários do Segundo Reinado*. São Paulo: Nacional, 1956, pp. 63-4.
22 Oliveira Lima, op. cit., v. 1, p. 190.
23 Id., pp. 203-4. Tobias Monteiro, op. cit., pp. 75-6.
24 Carlos Rizzini, *Hipólito da Costa e o Correio Braziliense*. São Paulo: Nacional, 1957, pp. 146-7.
25 F. A. de Varnhagen, *História geral do Brasil*, op. cit., tomo V, p. 94.
26 Oliveira Lima, op. cit., v. 2. p. 785.
27 Id., pp. 784-5.
28 Liberato de Castro Carreira, *História financeira e orçamentária do Império do Brazil*. Rio de Janeiro: Imprensa Nacional, 1889, p. 73.
29 Thomas Lindley, op. cit., p. 71. J. J. da Cunha Coutinho, *Obras econômicas*. São Paulo: Nacional, 1966, p. 31.
30 Op. cit., p. 173.
31 Heitor Ferreira Lima, *História político-econômica e industrial do Brasil*. São Paulo: Nacional, 1970, p. 138.
32 Victor Viana, *O Banco do Brasil*. Rio de Janeiro: Jornal do Commercio, 1926, pp. 82-3. Ver também: Afonso Arinos de Melo Franco, *História do Banco do Brasil*. São Paulo: Instituto de Economia da Associação Comercial, [s.d.]. Felisbelo Freire, *Banco do Brasil*. Rio de Janeiro: O Economista Brasileiro, 1907.
33 Visconde de Mauá, *Autobiografa*. Rio de Janeiro: Zélio Valverde, 1943, p. 301.
34 J. P. Calógeras, *La politique monétaire du Brésil*. Rio de Janeiro: Imprimerie Nationale, 1910, pp. 36, 45.

35 W. L. von Echwege, op. cit., v. 2, p. 436.
36 F. A. de Varnhagen, op. cit., v. 5, p. 102.
37 John Luccock, op. cit., p. 168. Id., p. 387, proteção ao comércio costeiro aos portugueses e brasileiros.
38 Oliveira Lima, op. cit., v. 2, p. 386.
39 John Luccock, op. cit., p. 395: "Há um forte partido no Rio que deseja vê-lo cerceado, senão aniquilado".
40 Oliveira Lima, op. cit., p. 401, v. 2.
41 Euclides da Cunha, *Da Independência à República: Obra completa*. Rio de Janeiro: Aguilar, 1966, v. 1, p. 334.
42 Tobias Monteiro, op. cit., pp. 101-2.
43 Maria Graham, *Diário de uma viagem ao Brasil*. São Paulo: Nacional, 1956, p. 210.
44 Príncipe de Wied Neuwied Maximiliano, *Viagem ao Brasil*. São Paulo: Nacional, 1940, p. 33.
45 Gilberto Freyre, *Ingleses no Brasil*. Rio de Janeiro: José Olympio, 1948, p. 177.
46 Oliveira Lima, op. cit., v. 2, pp. 403-4.
47 Id., v. 1, p. 129. Também: Oliveira Vianna, *Populações meridionais do Brasil*. 5. ed. Rio de Janeiro: José Olympio, 1952, p. 53. John Luccock, op. cit., pp. 68-9.
48 Oliveira Lima, *O movimento da Independência. O Império Brasileiro*. 2. ed. São Paulo: Melhoramentos, [s.d.], p. 27.
49 Augusto de Saint-Hilaire, *Segunda viagem do Rio de Janeiro a Minas Gerais e a São Paulo (1822)*. São Paulo: Nacional, 1932, p. 167.
50 Sérgio Buarque de Holanda, *História geral da civilização brasileira*, op. cit., tomo II, v. 1, 3. ed., 1970, p. 33, referência a palavras de frei Caneca.
51 Carlos Rizzini, op. cit., pp. 147-8.
52 John Luccock, op. cit., pp. 68-9.
53 Guilherme Deveza, "Política tributária no período colonial". In: *História geral da civilização brasileira*. São Paulo: Difusão Europeia do Livro, 1971, tomo II, v. 4, p. 60.
54 L. F. Tollenare, *Notas dominicais*, op. cit., p. 182.
55 F. A. de Varnhagen, *História geral do Brasil*, op. cit., tomo V, p. 152.

56 Op. cit., p. 125.
57 L. F. Tollenare, op. cit., p. 127.
58 Julião Soares de Azevedo, *Condições econômicas da revolução de* 1820. Lisboa: Empresa Contemporânea, 1944, p. 130.
59 Oliveira Lima, *O movimento da Independência*, op. cit., p. 20.
60 Tobias Monteiro, op. cit., p. 313. João Armitage, op. cit., p. 46.
61 Oliveira Lima, *Dom João VI no Brasil*, op. cit., v. 3, p. 1173.
62 Esta a versão exata das palavras de d. João VI. Ver Hélio Vianna, *História do Brasil*. 4. ed. São Paulo: Melhoramentos, 1966, tomo II, p. 202 e nota 3.
63 João Armitage, op. cit., p. 56.
64 O número de deputados sofre incertezas e contestações: Oliveira Lima, *O movimento da Independência*, op. cit., p. 102. F. A. de Varnhagen, *História da Independência do Brasil*. 3. ed. São Paulo: Melhoramentos, 1957, p. 60. Nelson Senna, *Livro do centenário da Câmara dos Deputados*. Rio de Janeiro: Empresa Brasil, 1926, p. 13.
65 João Armitage, op. cit., p. 66.
66 Augusto Saint-Hilaire, *Segunda viagem do Rio de Janeiro a Minas Gerais e a São Paulo (1822)*, op. cit., pp. 167, 170.

VIII
As diretrizes da Independência
> pp. 281-315

1 Euclides da Cunha, *Obra completa*. Rio de Janeiro: Aguilar, 1966, v. I, p. 342.
2 Id., p. 338.
3 Émile Faguet, *Politiques et moralistes du dix-neuvième siècle: Premier siècle*. 9. ed. Paris: Société Française d'Imprimerie et de Librairie, p. XIV.
4 Tobias Monteiro, op. cit., cap. XVIII.
5 Id., p. 494. Octávio Tarquínio de Sousa, *Três golpes de Estado: História dos fundadores*. Rio de Janeiro: José Olympio, 1960, v. 8, p. 15.
6 F. A. de Varnhagen, *História da Independência do Brasil*. 3. ed. São Paulo: Melhoramentos, 1957, p. 165.

7 Id., p. 169.
8 Tobias Monteiro, op. cit., p. 733.
9 Id., p. 745.
10 Octávio Tarquínio de Sousa, op. cit., pp. 15-6.
11 *A vida de D. Pedro I*, tomo II, p. 508. *História dos fundadores*, op. cit., v. 8.
12 Id., pp. 511-2.
13 Ibid., pp. 514-5.
14 Octávio Tarquínio de Sousa, *Três golpes de Estado*, op. cit., p. 19.
15 Maria Graham, *Diário de uma viagem ao Brasil*. São Paulo: Nacional, 1956, p. 276.
16 João Armitage, op. cit., p. 106.
17 Id., p. 106.
18 Expressão de Antônio Carlos. In: Octávio Tarquínio de Sousa. *Três golpes de Estado*, op. cit., p. 50.
19 Octávio Tarquínio de Sousa, *História dos fundadores*, op. cit., v. I, "José Bonifácio", p. 304.
20 R. Magalhães Jr., *Três panfletários do Segundo Reinado*, op. cit. As expressões citadas são de Timandro (Francisco de Sales Torres Homem, futuro visconde de Inhomerim).
21 Id. Ferreira Viana. *A conferência dos divinos*, p. 271.
22 *Arte de furtar*. São Paulo: Melhoramentos, 1951, p. 229. A tese se funda em Francisco Suarez: João Camillo de Torres, *O Conselho de Estado*. Rio de Janeiro: GRD, 1965, p. 15.
23 O documento está publicado em: João Camillo de Oliveira Torres, *A democracia coroada*. Rio de Janeiro: José Olympio, 1957, p. 498.
24 Benjamin Constant, *Principes de politique. Oeuvres*. Pleiade, 1957, p. 1079. A tese foi renovada recentemente por: Pedro Octávio Carneiro da Cunha, "A fundação de um império liberal". In: *História geral da civilização brasileira*, op. cit., tomo II, v. I, p. 259. A *chave* é, no pensamento de Benjamin Constant, não o Poder Moderador, mas a *distinção* entre o poder neutro e o poder ministerial. Zacarias de Góes e Vasconcelos, *Da natureza e limites do Poder Moderador*. 2. ed. Rio de Janeiro, 1862, p. 19. Aurelino Leal, *História constitucional do Brasil*. Imprensa Nacional, 1915, pp. 123-4.
25 Benjamin Constant, Id., p. 1080.

26 Pedro Octávio Carneiro da Cunha, op. cit., p. 243.
27 João Armitage, op. cit., p. 184.
28 Joaquim Nabuco, *Um estadista do Império*. São Paulo: Nacional, 1936, tomo I, p. 8.
29 Octávio Tarquínio de Sousa, *História dos fundadores do Império*, op. cit., v. 7, "Diogo Antônio Feijó", p. 368.
30 João Armitage, op. cit., p. 244.
31 Octávio Tarquínio de Sousa, op. cit., v. 5, "Bernardo Pereira de Vasconcellos", p. 37.
32 João Armitage, op. cit., p. 293.
33 Id., p. 307.
34 Teófilo Ottoni, *Circular aos eleitores de Minas Gerais*. 1860, p. 16.
35 Joaquim Nabuco, *Um estadista do Império*, op. cit., tomo I, p. 22.
36 Abreu Lima. In: *História geral da civilização brasileira*. dir. de Sérgio Buarque de Holanda, op. cit., tomo II, v. 2, p. 13.
37 Octávio Tarquínio de Sousa, *História dos fundadores*, op. cit., v. 9, p. 254.
38 Id., p. 255.
39 Joaquim Nabuco, *Um estadista do Império*, op. cit., tomo I, p. 20.
40 Justiniano José da Rocha, op. cit., p. 179.
41 Joaquim Nabuco, *Um estadista do Império*, op. cit., tomo I, p. 24.
42 Alfredo Valladão, *Da aclamação à maioridade*. 2. ed. São Paulo: Nacional, 1939, p. 57.
43 João Camillo de Oliveira Torres, *A democracia coroada*. Rio de Janeiro: José Olympio, 1957, p. 422.
44 José Antônio Pimenta Bueno, *Direito público brasileiro e análise da Constituição do Império*. Rio de Janeiro: Ministério da Justiça, 1958, p. 313.
45 Victor Nunes Leal, op. cit., p. 48.
46 João Mendes de Almeida Jr., *O processo criminal brasileiro*. 2. ed., Rio de Janeiro: Francisco Alves, 1911, v. I, p. 166. João Camillo de Oliveira Torres, op. cit., p. 250.
47 Visconde do Uruguay, *Ensaio sobre o direito administrativo*. Rio de Janeiro: Nacional, 1862, tomo II, n. 2, p. 204.
48 Id., pp. 204-5.
49 Oliveira Vianna, *Populações meridionais do Brasil*, op. cit., p. 294.

50 Alfredo Valladão, op. cit., p. 111, segundo Teófilo Ottoni.
51 Id., pp. 111-2.
52 Octávio Tarquínio de Sousa, op. cit., v. 5, "Bernardo Pereira de Vasconcellos", p. 160.
53 Id., p. 157.
54 Id., p. 159.
55 Visconde do Uruguay, op. cit., tomo II, n. 1, p. 163.
56 Id., tomo II, n. 1, p. 213.
57 Id., pp. 215-6.
58 Id., pp. 216-7.

IX
A reação centralizadora e monárquica > *pp. 317-39*

1 Tavares Bastos, *A província*. 2. ed. São Paulo: Nacional, 1937, p. 145.
2 Octávio Tarquínio de Sousa, op. cit., v. 7, Diogo Antônio Feijó, p. 133.
3 Id., p. 370.
4 Id., p. 145.
5 Op. cit., p. 371.
6 Id., p. 371.
7 Id., p. 371.
8 Id., p. 254.
9 *Aurora Fluminense*, 30 dez. 1838. In: Octávio Tarquínio de Sousa. Op. cit., v. 6, "Evaristo da Veiga", pp. 160-1.
10 Arthur Cézar Ferreira Reis, "O Grão-Pará e o Maranhão". In: *História geral da civilização brasileira*, op. cit., tomo II, v. 2, pp. 116-7. Sobre o assunto, ver o clássico livro de Domingos Antônio Raiol, reeditado, em 1970, pela Universidade Federal do Pará.
11 Wanderley Pinho, "A Bahia: 1808-1856". In: *História geral da civilização brasileira*, op. cit., tomo II, v. 2, p. 282.
12 Fernando Henrique Cardoso, "Rio Grande do Sul e Santa Catarina". In: *História geral da civilização brasileira*, op. cit., tomo II, v. 2, p. 499.
13 Euclides da Cunha, op. cit., v. 1, p. 351.
14 Joaquim Nabuco, *Um estadista do Império*, op. cit., tomo I, p. 31.

15 A. Brasiliense, *Os programas dos partidos e o 2º Império*. São Paulo: Jorge Seckler, 1878, pp. 12-3.
16 Id., p. 10.
17 *Organizações e programas ministeriais*. 2. ed. Rio de Janeiro: Arquivo Nacional, 1962, n. 1, p. 67.
18 Sousa Carvalho. In: *Um estadista do Império*, op. cit., tomo II, p. 5.
19 Gilberto Amado, "À margem da história da República". Rio de Janeiro, 1924. In: Djacir Menezes. *O Brasil no pensamento brasileiro*. Rio de Janeiro: CFC, 1972, p. 78.
20 Fonte: *Organizações e programas ministeriais*, op. cit., p. 398 e *Anuário Estatístico do Brasil*, ano XI, 1950, p. 23.
21 Joseph L. Love, "Political participation in Brazil, 1881-1969". *Luso-Brazilian Review*, v. 7, n. 2, p. 3.
22 Hermes Lima, "Notas à vida brasileira". São Paulo, 1945. In: *O Brasil no pensamento brasileiro*, op. cit., p. 237.
23 Teófilo Ottoni, *Circular*, op. cit., p. 151.
24 Victor Viana, *O Banco do Brasil*. Rio de Janeiro: Jornal do Commercio, 1926, p. 134.
25 Felisberto Freire, *História do Banco do Brasil*. Rio de Janeiro: O Economista Brasileiro, 1907, p. 61.
26 Visconde de Mauá, *Autobiografa*. 2. ed. Rio de Janeiro: Zélio Valverde, 1943, p. 304.
27 Oliver Ónody, *A inflação brasileira*. Rio de Janeiro, [s. ed.], 1960, p. 27.
28 *Anuário Estatístico de 1939-40*. Heitor Ferreira Lima, *História político-econômica e industrial do Brasil*. São Paulo: Nacional, 1970, p. 198.
29 Celso Furtado, *Formação econômica do Brasil*, op. cit., pp. 129, 132.
30 Stanley S. Stein, *Grandeza e decadência do café*. São Paulo: Brasiliense, 1961, pp. 4, 14. Afonso de E. Taunay, *Pequena história do café no Brasil*. Rio de Janeiro: Departamento Nacional do Café, 1945, p. 79.
31 Stanley S. Stein, op. cit. Alice P. Canabrava, "A grande lavoura". In: *História geral da civilização brasileira*, op. cit., tomo II, v. 4, p. 89.
32 Frédéric Mauro, op. cit., p. 217.
33 Emília Viotti da Costa, *Da senzala à colônia*. São Paulo: Difusão Europeia do Livro, 1966, p. 56.
34 Mircea Buescu, op. cit., p. 245.
35 Leslie Bethel, *The Abolition of the Brazilian Slave Trade*. Cambridge: University, 1970, p. 70.
36 Id., p. 72. O mesmo entendimento se encontra no discurso famoso de Eusébio de Queirós, em 1852. In: Agostinho Marques Perdigão Malheiro. *A escravidão no Brasil*. São Paulo: Cultura, 1944, tomo II, p. 272: o desequilíbrio entre livres e escravos. Na Representação, alude José Bonifácio ao problema da homogeneização da nação, que a escravidão perturba, bem como ao aperfeiçoamento das raças.
37 Perdigão Malheiro, op. cit., p. 272.
38 Joaquim Nabuco, *Um estadista do Império*, op. cit., tomo I, p. 38.
39 Parecer em: Visconde do Uruguay, op. cit., tomo II, pp. 289-302.
40 Tavares Bastos, *A província*. 2. ed. São Paulo: Nacional, 1937, p. 95.
41 Octávio Tarquínio de Sousa, *História dos fundadores do Império do Brasil*, op. cit., v. 8, p. 208.
42 Visconde do Uruguay, op. cit., tomo II, pp. 219-20.
43 O debate parlamentar em: Visconde do Uruguay, op. cit., tomo I, p. 235. João Camillo de Oliveira Torres, *O Conselho de Estado*. Rio de Janeiro: GRD, 1965, p. 33.
44 Joaquim Nabuco, *Um estadista do Império*, op. cit., tomo I, p. 44.
45 José Antônio Marinho, *História do movimento político que no ano de 1842 teve lugar na Província de Minas Gerais*. 2. ed. Conselheiro Lafayette. Almeida, 1939, p. 88.
46 João Mendes de Almeida Jr., *O processo criminal brasileiro*. 2. ed. Rio de Janeiro: Francisco Alves, 1911, v. 1, p. 172.
47 Id., p. 178.
48 Visconde do Uruguay, op. cit., tomo II, pp. 217-8.
49 Id., p. 218.
50 *A província*, op. cit., p. 158.
51 R. Magalhães Jr., *Três panfletários do Segundo Reinado*, op. cit., p. 94.

52 José de Alencar, *Guerra dos mascates*. Ouro, p. 222.

X
O sistema político do Segundo Reinado > *pp. 341-94*

1 Barão do Rio Branco, *Esquisse de l'histoire du Brésil*. Rio de Janeiro: Ministério das Relações Exteriores, 1958, p. 111. *Efemérides brasileiras*. Rio de Janeiro: Ministério das Relações Exteriores, 1946, p. 224.
2 Amaro Quintas, *O sentido social da revolução praieira*. Rio de Janeiro: Civilização Brasileira, 1967, p. 23. Esta também a opinião, atrás citada, de Eusébio de Queirós. Também: J. Nabuco, *O abolicionismo*, op. cit., p. 140.
3 Joaquim Nabuco, *Um estadista do Império*, op. cit., tomo II, p. 377.
4 *Minha formação*. São Paulo: Instituto Progresso Editorial, 1947, p. 187.
5 D. Pedro II, *Conselhos à regente*. Rio de Janeiro: São José, 1958, p. 27.
6 Roberto Mendes Gonçalves, *Um diplomata austríaco na corte de São Cristóvão*. Rio de Janeiro: Conselho Federal de Cultura, 1970, p. 47.
7 D. Pedro II, *Conselhos à regente*, op. cit., pp. 48, 51.
8 Aurelino Leal, *História constitucional do Brazil*, op. cit., p. 122.
9 Chateaubriand, *Mémoires d'outre tombe*. Paris: Flammarion, 1964, III, p. 15, nota 2.
10 Marcel Prélot, *Institutions politiques et droit constitutionnel*. 3. ed., op. cit., p. 375.
11 A. Esmein; Henry Nézard, *Éléments de droit constitutionnel français et comparé*. Paris: Sirey, 1927, tomo I, p. 246.
12 *Conselhos à regente*, op. cit., p. 27.
13 Walter Bagehot, *The English Constitution*. Oxford: Oxford University, 1955, pp. 212-3. Harold J. Laski, *El gobierno parlamentario en Inglaterra*. Buenos Aires: Abril, 1947, p. 277: este autor recua o último fato dessa natureza para 1783, sob o governo de Jorge III, ao sustentar que, em 1834, o rei se orientou pelo conselho do primeiro-ministro. Igual é a opinião de: George Barton Adams, *Constitutional History of England*. Londres: Jonathan Cape, 1951, p. 455.
14 Walter Bagehot, op. cit., p. 71.
15 Id., p. 212.
16 Id., p. 48: As massas inglesas não se acomodam ao regime eletivo, insiste Bagehot, que identifica em Luís Filipe, em 1848, o erro de haver cedido ao povo e não haver dado mão forte ao gabinete.
17 *Conselhos à regente*, op. cit., p. 51.
18 Teófilo Ottoni, *Circular*, IV.
19 Visconde do Uruguay, *Ensaio*, op. cit., tomo II, p. 2.
20 Z. de Góes e Vasconcelos, *Da natureza e limites do Poder Moderador*. 2. ed. Rio de Janeiro: Laemmert, 1862, pp. 73-4.
21 Id., p. 92.
22 Id., p. 91.
23 São Vicente, op. cit., pp. 201, 204.
24 Id., pp. 208-9.
25 Ibid., p. 212.
26 Op. cit., p. 212.
27 Visconde do Uruguay, op. cit., tomo II, p. 48.
28 Id., p. 56.
29 Id., p. 56.
30 Teófilo Ottoni, *Circular*. Reeditada por Basílio de Magalhães na *Revista do Instituto Histórico e Geográfico*, p. 298, versão que é a citada no curso deste livro.
31 Visconde do Uruguay, op. cit., p. 115.
32 Id., p. 151.
33 Id., p. 157.
34 Id., tomo I, p. 249, n. 1.
35 *Conselhos à regente*, op. cit., pp. 48, 58.
36 Tito Franco de Almeida, *O conselheiro Francisco José Furtado*. São Paulo: Nacional, 1944.
37 Id., p. 13.
38 Ibid., p. 100, nota 48; p. 157, nota 67.
39 Joaquim Nabuco, *Um estadista do Império*, op. cit., tomo II, pp. 80-1. José Maria dos Santos, *A política geral do Brasil*. São Paulo: J. Magalhães, 1930, p. 114. Não reconhece a influência do poder pessoal e nega a verdade do *sorites*. Na mesma linha de pensamento, com algumas restrições: João Camillo de Oliveira Torres, *A democracia co-

roada. Rio de Janeiro: José Olympio, 1957, p. 150.
Heitor Lyra, *História de D. Pedro II*. São Paulo: Nacional, 1939, v. 2, p. 524. Adverte que o poder pessoal não resultava da vontade de mando do imperador, e sim da imperfeição da prática do sistema representativo, destacando, como José Maria dos Santos, a insinceridade da increpação, utilizada pelos dois partidos, se expulsos do governo. Afonso Celso, *Oito anos de parlamento. Poder pessoal de D. Pedro II*. São Paulo: Melhoramentos, [s.d.], p. 185. Reconhece a existência do poder pessoal, que seria necessário à paz política.
40 Heitor Lyra, op. cit., tomo II, n. 502, p. 525.
41 Id., n. 414, p. 424.
42 Afonso Celso, op. cit., pp. 186-7.
43 R. Magalhães Jr., *Três panfletários do Segundo Reinado*, op. cit., p. 247.
44 Id. Ferreira Viana, *A conferência dos divinos*, pp. 271-2.
45 Joaquim Nabuco, *Campanhas de imprensa*. São Paulo: Instituto Progresso Editorial, 1949, pp. 243-4.
46 Afonso Celso, op. cit., p. 204.
47 Joaquim Nabuco, *O abolicionismo*, op. cit., p. 171.
48 Rui Barbosa, *Obras completas*, v. 7, 1880, tomo I: *Discursos parlamentares*. Rio de Janeiro: Ministério da Educação e Saúde, 1945, pp. 11-2.
49 Arthur Cézar Ferreira Reis, *Épocas e visões regionais do Brasil*. Manaus: Governo do Estado do Amazonas, 1966, p. 57.
50 Sérgio Buarque de Holanda, *História geral da civilização brasileira*, tomo II, v. 1, 1970, op. cit., cap. v, "Carneiro da Cunha", p. 243.
51 Octávio Tarquínio de Sousa, op. cit., "Diogo Antônio Feijó", p. 45, onde, com o exemplo de São Paulo, se está diante de uma situação típica.
52 João Armitage, op. cit., p. 179.
53 F. Belisário Soares de Souza, *O sistema eleitoral no Brasil*. Rio de Janeiro: Diário do Rio de Janeiro, 1872, p. 47. A maior parte das indicações utilizadas no texto é desta obra, além de: *Reforma eleitoral*, introdução de Luiz Ferreira Maciel Pinheiro, Rio de Janeiro: Instituto Tipográfico de Direito, 1876.
54 F. Belisário Soares de Souza, op. cit., pp. 47-8.
55 *A província*, op. cit., p. 159.
56 João Francisco Lisboa, *Jornal de Timon: Obras de J. F. L.* Lisboa: Matos Moreira e Pinheiro, 1901, v. 1, pp. 107-8.
57 José de Alencar, *O sistema representativo*. Rio de Janeiro: Garnier, 1868, p. 5.
58 *Obra completa*. Rio de Janeiro: Aguilar, 1960. v. 4, *Cartas de Erasmo*, p. 1064.
59 F. Belisário Soares de Souza, op. cit., p. 69.
60 Id., p. 59.
61 Joaquim Nabuco, *Um estadista do Império*, op. cit., tomo I, p. 157. A citação é de Feitosa.
62 F. Belisário Soares de Souza, op. cit., p. 71.
63 Joaquim Nabuco, *Um estadista do Império*, op. cit., tomo I, p. 141.
64 Wanderley Pinho, *Cotegipe e seu tempo*. São Paulo: Nacional, 1937, p. 512.
65 Id., p. 513.
66 Id., p. 517.
67 Id., p. 553.
68 Joaquim Nabuco, *Um estadista do Império*, op. cit., tomo II, p. 289.
69 Id., tomo II, p. 378.
70 F. Belisário Soares de Souza, op. cit., p. 120.
71 *Organizações e programas ministeriais*. 2. ed., p. 379 e *Anuário Estatístico do Brasil*, p. 21.
72 *Reforma eleitoral*, op. cit., p. 117.
73 Id., e *Apêndice*, p. 55, nota.
74 Craveiro Costa, *O visconde de Sinimbu*. São Paulo: Nacional, 1937, p. 49.
75 *Conselhos à regente*, op. cit., p. 31.
76 *Obras completas*, op. cit., v. 1, p. 80.
77 Id., pp. 85-6.
78 Id., pp. 123-4.
79 Zacarias de Góes e Vasconcelos, *Discursos proferidos no debate do voto de graças de 1868*. Rio de Janeiro: João Inácio da Silva, 1868, p. 111.
80 Id., p. 130.
81 João Francisco Lisboa, op. cit., v. 1, pp. 148-51.
82 Id., p. 159. Rui Barbosa, *Discursos parlamentares. Obras completas*, v. 7, 1880, tomo I, Rio de Janeiro: Ministério da Educação e Saúde, 1945, pp. 19-20.
83 Rui Barbosa, id., p. 23.

84 Id., p. 27.
85 Afonso Celso, op. cit., p. 13.
86 Maurílio de Gouveia, *Marquês do Paraná. Um varão do Império*. Rio de Janeiro: Biblioteca do Exército, 1962, p. 269.
87 O fenômeno pode ser ilustrado em: Craveiro Costa, *O visconde de Sinimbu*. São Paulo: Nacional, 1937, p. 49.
88 Luiz Viana Filho, *A vida do barão do Rio Branco*. 2. ed. São Paulo: Martins, 1967, p. 15.
89 Id., p. 38.
90 Joaquim Nabuco, *Minha formação*. São Paulo: Instituto Progresso Editorial, 1947, pp. 152-3.
91 Afonso Celso, op. cit., p. 13.
92 Id., p. 15.
93 Id., pp. 15-6.
94 Alfredo D'Escragnolle Taunay, *Memórias*. Rio de Janeiro: Biblioteca do Exército, p. 408.
95 Joaquim Nabuco, *Cartas a amigos*. São Paulo: Instituto Progresso Editorial, 1949, v. 1, pp. 121-2.
96 Id., p. 1885.
97 Justiniano José da Rocha, "Ação, reação, transação". In: R. Magalhães Jr., *Três panfletários do Segundo Reinado*. São Paulo: Nacional, 1956, p. 211.
98 A. C. Tavares Bastos, *Cartas do solitário*. São Paulo: Nacional, 1938, p. 29.
99 M. Bomfim, *O Brasil nação*. Rio de Janeiro: Francisco Alves, 1931, tomo I, p. 33.
100 Gilberto Freyre, *Sobrados e mocambos*. São Paulo: Nacional, 1936, p. 96.
101 O termo patronato tem larga aplicação na sociologia estrangeira e ocorre nos autores nacionais: Bertrand de Jouvenel, *Du pouvoir*. Genebra: Constant Bourquin, 1947, p. 196. Justiniano José da Rocha, "Ação, reação, transação". In: op. cit., p. 195. Lisboa: João Francisco. *Obras*, op. cit., v. 1, p. 183. Otaviano Francisco. In: Z. de Góes e Vasconcelos, *Discursos proferidos no debate do voto de graças de 1868*. Rio de Janeiro: J. J. da Silva, 1868, p. 166. Joaquim Nabuco, *O abolicionismo*, op. cit., p. 161. José de Alencar, *Ao correr da pena: Obra completa*. Rio de Janeiro: Aguilar, 1960, v. 4, p. 800. Pode-se notar, assim, que, no Segundo Reinado, a expressão e seu significado eram usuais.

102 José de Alencar, *Obra completa*, op. cit., v. 4, p. 1097.
103 João Francisco Lisboa, op. cit., v. 1, pp. 181, 183.
104 Joaquim Nabuco, *O abolicionismo*, op. cit., p. 158.
105 José de Alencar, op. cit., pp. 1098-9.
106 M. Bomfim, *O Brasil nação*, op. cit., v. 2, pp. 205-6.
107 Visconde do Uruguay, op. cit., tomo II, p. 151.
108 Id., tomo II, p. 182.
109 Joaquim Nabuco, *O abolicionismo*, op. cit., p. 158.

XI
A direção da economia no Segundo Reinado > pp. 395-433

1 Consulte-se, para o estudo desse aspecto: Gilberto Freyre, *Ingleses no Brasil*. Rio de Janeiro: José Olympio, 1948.
2 Guilherme Deveza, "Política tributária no período imperial". In: *História geral da civilização brasileira*, dir. de Sérgio Buarque de Holanda, op. cit., II, 4, p. 60.
3 Mircea Buescu, *História econômica do Brasil*, op. cit., p. 256.
4 Os dados são aproximações de: Mircea Buescu (op. cit., p. 267) e Oliver Ónody, *A inflação brasileira* (Rio de Janeiro, 1960, p. 25).
5 Celso Furtado, *Formação econômica do Brasil*, op. cit., p. 185.
6 Alan K. Manchester, *British Preeminence in Brazil*. Chapel Hill: University of North Carolina, 1933, p. 323.
7 Richard Graham, *Britain and the Onset of Modernization in Brazil*. Cambridge: Cambridge University, 1968, pp. 97-8.
8 Visconde de Mauá, *Autobiografa*. Rio de Janeiro: Zélio Valverde, 1943, pp. 313, 318.
9 Dr. Liberato de Castro Carreira, *História financeira e orçamentária do Brasil*. Rio de Janeiro: Imprensa Nacional, 1889, p. 614.
10 Joaquim Nabuco, *Um estadista do Império*, op. cit., tomo II, p. 280.

11 Id., p. 280.
12 Ruy Cirne Lima, op. cit., pp. 42-3.
13 Id., p. 43.
14 Id., p. 47.
15 Id., pp. 60-1.
16 Id., p. 95.
17 Stanley J. Stein, *Grandeza e decadência do café*. São Paulo: Brasiliense, 1961, pp. 18-20.
18 João Armitage, op. cit., pp. 243-4.
19 Max Weber, *Wirtschaftgeschichte*. Berlim: Duncker & Humblot, 1958, p. 106; ou *Historia económica general*. México: Fondo de Cultura Económica, 1956, p. 107.
20 Id., pp. 107, 99. "*On a cru longtemps*" — escreve Tocqueville — "*que la division de la propriété foncière datait de la Révolution et n'avait été produite que par elle; le contraire est prouvé par toutes sortes de témoignages. [...] L'effet de la Révolution n'a pas été de deviser le sol, mais le libérer pour un moment.*" (*L'Ancien Régime et la Révolution*. Paris: Galimmard, 1967, p. 87.)
21 Stanley J. Stein, op. cit., p. 270.
22 Afonso de E. Taunay, *Pequena história do café no Brasil*. Rio de Janeiro: Departamento Nacional do Café, 1945, p. 174.
23 Celso Furtado, op. cit., p. 130.
24 Richard Graham, op. cit., pp. 72-3.
25 Ângelo Moniz da Silva Ferraz et al., *Relatório da comissão encarregada pelo governo imperial por avisos de 1º de outubro e 28 de dezembro de 1864 de proceder a um inquérito sobre as causas principais e acidentais da crise do mês de setembro de 1864*. Rio de Janeiro: Tipografa Nacional, 1865, pp. 40-1.
26 Id., série C, parte I, p. 39.
27 Id., p. 39.
28 Id., p. 36.
29 Nícia Vilela Luz, *A luta pela industrialização do Brasil*. São Paulo: Difusão Europeia do Livro, 1961, pp. 23-4.
30 Thales de Azevedo; E. Q. Vieira Lins, *História do Banco da Bahia 1858-1958*. Rio de Janeiro: José Olympio, 1969, pp. 16, 35.
31 Id., p. 55.
32 Id., p. 99.
33 Id., p. 179.

34 Joaquim Nabuco, *O abolicionismo*, op. cit., p. 229.
35 Ibid., p. 230.
36 José de Alencar, *Obra completa*, op. cit., v. 4, p. 113.
37 Felisbelo Freire, *História do Banco do Brasil*. Rio de Janeiro: O Economista Brasileiro, 1907, p. 17.
38 J. P. Calógeras, *La politique monétaire du Brésil*. Rio de Janeiro: Imprimerie National, 1910, p. 36.
39 Alberto de Faria, *Mauá*. Rio de Janeiro: Paulo, Pongetti & Cia., 1926, pp. 230-1.
40 Fonte: Oliver Ónody, op. cit., pp. 27, 117.
41 O assunto é discutido, em orientação diversa ao texto, em: Henry William Spiegel, *The Brazilian Economy*. Toronto: The Blakiston Company, 1949, p. 42. Mircea Buescu, op. cit., p. 250.
42 Ver nota 8, retro.
43 J. P. Calógeras, *La politique monétaire du Brésil*, op. cit., p. 53.
44 Victor Viana, op. cit., p. 288.
45 Heitor Ferreira Lima, op. cit., p. 261.
46 F. T. de Sousa Reis, *A dívida do Brasil*. São Paulo: Rev. de Com. e Ind., 1917, p. 73.
47 Nícia Vilela Luz, *A luta pela industrialização do Brasil*. São Paulo: Difusão Europeia do Livro, 1961, p. 18.
48 Visconde de Mauá, *Autobiografa*, op. cit., p. 101.
49 Ibid., p. 105.
50 *Um estadista do Império*, op. cit., I, p. 187.
51 Visconde de Mauá, op. cit., p. 120.
52 Dr. Liberato de Castro Carreira, op. cit., p. 287.
53 Alberto de Faria, op. cit., p. 232.
54 Victor Viana, op. cit., p. 332.
55 Alberto de Faria, op. cit., p. 235.
56 Victor Viana, op. cit., pp. 361-2.
57 Joaquim Nabuco, *Um estadista do Império*, op. cit., I, p. 309.
58 Thales de Azevedo; E. Q. Vieira Lins, op. cit., pp. 151-2.
59 A. C. Tavares Bastos, *Cartas do solitário*. 3. ed. São Paulo: Nacional, 1938, pp. 46-7.
60 Id., p. 431.

61 Joaquim Nabuco, *Um estadista do Império*, I, p. 347.
62 Ângelo Ferraz et al. *Relatório*, op. cit., p. 87.
63 Id., p. 41.
64 Joaquim Nabuco, *Um estadista do Império*, op. cit., I, p. 393.
65 Visconde de Mauá, *Autobiografa*, op. cit., p. 219.
66 Id., pp. 219-20, 229.
67 Id., p. 222.
68 Alberto de Faria, op. cit., p. 249.
69 Dr. Liberato de Castro Carreira, op. cit., p. 724.
70 Id., p. 781.
71 Rui Barbosa, *Obras completas*, op. cit., tomo V, v. 16, 1889. *Queda do Império*, p. 184. Francisco Iglésias, *Política econômica do governo provincial mineiro (1835-1889)*. Rio de Janeiro: INL, 1958, p. 163.
72 Alberto de Faria, op. cit., p. 90.
73 E. de Castro Rebello, *Mauá*. Rio de Janeiro: Universo, 1932, p. 40.
74 Visconde de Mauá, op. cit., p. 160.
75 Id., p. 102.
76 Cláudio Gans. In: Visconde de Mauá. op. cit., p. 61, n. 59.
77 Visconde de Mauá, op. cit., pp. 202-3.
78 Rui Barbosa, *Obras completas*, tomo II, v. 18, 1891. *Relatório do Ministro da Fazenda*, p. 141.

XII
O renascimento liberal e a República > pp. 435-85

1 Justiniano José da Rocha, "Ação, reação, transação". In: R. Magalhães Jr. *Três panfletários do Segundo Reinado*, op. cit., p. 216.
2 Joaquim Nabuco, *Um estadista do Império*, tomo I, p. 348.
3 Id., pp. 350-1.
4 Wanderley Pinho, *Política e políticos no Império*. Rio de Janeiro: Imprensa Nacional, 1930, pp. 71-2.
5 Esta é a versão dos acontecimentos oferecida por Joaquim Nabuco, *Um estadista do Império* (tomo I, p. 70). Wanderley Dissente Pinho (op. cit., nota 4, p. 57), parece que sem o exame da ata do Conselho de Estado. Na mesma linha do último autor: José Maria dos Santos, *A política geral do Brasil*. São Paulo: J. Magalhães, 1930. p. 103. Ainda o próprio Zacarias, *Discursos*. Rio de Janeiro: João Inácio da Silva, p. 72.
6 Olímpio Ferraz de Carvalho, *Sistema parlamentar*, op. cit., p. 269.
7 Zacarias de Góes e Vasconcelos, op. cit., pp. 97, 113.
8 A. Brasiliense, *Os programas dos partidos e o 2º Império*. São Paulo: Jorge Seckler, 1878, p. 26.
9 J. Nabuco, *Um estadista do Império*, II, p. 123.
10 Id., n. 2, p. 125.
11 George C. A. Boehrer, *Da monarquia à república*. MEC, p. 38.
12 José Maria dos Santos, *Os republicanos paulistas e a abolição*. São Paulo: Martins, 1942, p. 137.
13 Ivan Lins, *História do positivismo no Brasil*. 2. ed. São Paulo: Nacional, 1967. Sobretudo quarta parte.
14 Alberto Salles, *Catecismo republicano*. São Paulo: Leroy King Bookwalter, 1885, p. 52.
15 Joaquim Nabuco, *Minha formação*. São Paulo: Instituto Progresso Editorial, 1947, p. 179.
16 *Campanhas de imprensa*. São Paulo: Instituto Progresso Editorial, 1949, pp. 216, 220.
17 Hermes Lima, *Ideias e figuras*. MEC, pp. 90-1.
18 Emília Viotti da Costa, *Da senzala à colônia*. São Paulo: Difusão Europeia do Livro, 1966, pp. 203-4.
19 Id., p. 216.
20 Id., p. 212.
21 A tese encontra-se em: José Maria dos Santos, *Os republicanos paulistas e a abolição*. Joaquim Nabuco, *Minha formação*, pp. 178-9, entre outras. Boehrer também dá alguma ênfase à proposição. Rui Barbosa, em artigo do dia 21 de março de 1889, publicado no *Diário de Notícias*, ao admitir o fato, defende o republicanismo da pecha antilibertária:

Que esses ressentimentos fossem engrossar o curso da revolução, era natural. Devia prever--se. Que com essa contribuição lucrasse o movimento republicano, também não poderia deixar de ser. Nenhuma opinião tem o direito de rejeitar forças que vêm contribuir para a vitória de uma aspiração, em que essa opinião divisa o termo da justiça e o princípio do bem.

Considerar, porém, desnaturada, inquinada, poluída a opinião republicana, só porque recebeu no seio as águas desse confluente útil, é risível. Não descobrindo outra mácula que irrogar a essa agitação, seus inimigos o que fazem, é confessar a própria impotência e a seriedade daquele movimento. [...] Do mal, em política, muitas vezes nasce o bem; da violência, o direito. A impureza dos cálculos humanos auxilia amiúde a justiça, acreditando explorá-la. E, ainda quando a república nascesse exclusivamente do despeito, se ela cresce, se a nação a vai recebendo, perde tempo a monarquia em lhe malsinar a origem. (*Queda do Império*, op. cit., tomo I, pp. 139, 143.)

22 José Maria dos Santos, *Os republicanos paulistas e a abolição*, op. cit., p. 109.
23 Sérgio da Costa Franco, *Júlio de Castilhos e sua época*. Porto Alegre: Globo, 1967, p. 6.
24 Heitor Lyra, *História da queda do Império*. São Paulo: Nacional, 1964 v. 2, p. 109.
25 Emília Viotti da Costa, op. cit., p. 215.
26 Stanley J. Stein, op. cit., p. 330.
27 Barão de Paranapiacaba et al. *Relatório e projeto de lei*. Rio de Janeiro: Nacional, 1883, p. 5.
28 Id., p. 94.
29 Tavares Bastos, *A província*, op. cit., p. VIII.
30 George C. A. Boehrer, op. cit., p. 235.
31 Rui Barbosa, *Queda do Império*, op. cit., tomo VIII, p. 197.
32 Id., tomo I, p. 215.
33 Id., tomo I, p. 91.
34 Id., tomo III, p. 359.
35 Id., tomo III, p. 315.
36 Id., tomo V, pp. 98-9.
37 Heitor Lyra, *História da queda do Império*, op. cit., tomo I, p. 345.
38 Alcindo Guanabara, *A presidência Campos Salles*. Rio de Janeiro: Laemmert, 1901, pp. 97-8.
39 Rui Barbosa, *Queda do Império*, op. cit., v. 6, pp. 179-80.
40 *Obras completas*, v. 17, tomo I. *A Constituição de 1891*, p. 168.
41 Aurelino Leal, *História constitucional do Brasil*, op. cit., p. 235.
42 Agenor de Roure, *A Constituinte republicana*. Rio de Janeiro: Imprensa Nacional, 1920, v. 1, p. 92.
43 Karl Loewenstein, *Teoría de la constitución*. Barcelona: Ariel, 1964, p. 219.
44 Joaquim Nabuco, *Balmaceda: Obras completas*, II, São Paulo: Instituto Progresso Editorial, 1949, p. 17.
45 Esta a orientação de Oliveira Vianna, *O idealismo na Constituição*. Rio de Janeiro: Terra do Sol, 1927, p. 13 e pass. *Instituições políticas brasileiras*. Rio de Janeiro: José Olympio, 1949, v. 2, p. 15 e pass.
46 Rui Barbosa, *Queda do Império: Obras completas*, op. cit., tomo III, pp. 281-2.
47 Rui Vieira da Cunha, *Estudo da nobreza brasileira: I Cadetes*. Rio de Janeiro: Arquivo Nacional, 1966. Para o estudo da carreira de Deodoro: R. Magalhães Jr., *A espada contra o Império*. São Paulo: Nacional, 1957, v. 1, pp. 14, 20, 22.
48 Samuel Guimarães da Costa, *Formação democrática do exército brasileiro*. Rio de Janeiro: Biblioteca do Exército, 1957, p. 220.
49 John Schultz, "O exército e o Império". In: *História geral da civilização brasileira*, op. cit., II, 4, pp. 236-7.
50 Id., pp. 241-2.
51 R. Magalhães Jr., *Deodoro*, op. cit., v. 1, pp. 21-2.
52 Alfredo d'Escragnolle Taunay, *Memórias*. Rio de Janeiro: Biblioteca do Exército, 1960, pp. 69, 76.
53 Roberto Mendes Gonçalves, *Um diplomata austríaco na corte de São Cristóvão*, op. cit., pp. 82-3, 85.
54 Como exemplos da tese: Tobias Monteiro, *Pesquisas e depoimentos para a História*. Rio de Janeiro: Francisco Alves, 1913, 2º milheiro, p. 117. Oliveira Lima, *O movimento da Independência. O império brasileiro*, op. cit., p. 425. Nelson Werneck Sodré, *História militar do Brasil*. Rio de Janeiro: Civilização Brasileira, 1965, p. 143. Neste autor, todavia, a tese está envolvida pelo

estudo histórico da situação dos militares. R. Magalhães Jr., *Deodoro*, op. cit., v. 1, p. 122.

55 Oliveira Vianna, *O ocaso do Império*. 2. ed. São Paulo: Melhoramentos, p. 131.

56 Oliveira Lima, op. cit., pp. 424-5.

57 Id., p. 424.

58 Oliveira Vianna, *O ocaso do Império*, op. cit., p. 136.

59 Jacques Lambert, *Amérique Latine*. Paris: Universitaires de France, 1963, p. 294.

60 A tese está em: Oliveira Vianna, *O ocaso do Império*, op. cit., p. 134. Tobias Monteiro, op. cit., p. 117. Na primeira edição, o autor inclina-se para o reconhecimento de igual ponto de vista, agora retificado depois de mais ampla pesquisa.

61 Floriano, *Memórias e documentos*. Rio de Janeiro: Ministério da Educação, 1939, v. 1, p. 99.

62 Leôncio Correia, *A verdade histórica sobre o 15 de novembro*. Rio de Janeiro: Imprensa Nacional, 1939, pp. 57, 181.

63 José Maria dos Santos, *Bernardino de Campos e o Partido Republicano Paulista*. Rio de Janeiro: José Olympio, 1960, p. 28. Parece certo situar desse incidente a Questão Militar, e não em 1883 ou 1886, de acordo com as opiniões mais aceitas.

64 Opinião do general Ilha Moreira. In: Heitor Lyra. *História da queda do Império*, op. cit. v. 1, pp. 134-5.

65 Tobias Monteiro, op. cit., p. 195.

66 *Queda do Império*, op. cit., tomo I, p. 35; tomo II, pp. 135, 339.

67 A autoria da tese é incerta, atribuindo-a José Maria dos Santos a Quintino Bocaiúva. In: *Bernardino de Campos e o Partido Republicano Paulista*, op. cit., p. 52. Heitor Lyra, *História da queda do Império*, op. cit., v. 1, p. 420.

68 Rui Barbosa, *Queda do Império*, op. cit., tomo VI, p. 165.

69 Anfrísio Fialho, *História da fundação da República no Brasil*. Rio de Janeiro: Laemmert, 1891, n. 1, p. 121.

70 Leôncio Correia, op. cit., p. 181.

71 Id., p. 57.

72 Anfrísio Fialho, op. cit., n. 1, p. 121.

73 Floriano, *Memórias e documentos*. MEC, 1939, v. 1, p. 126.

74 Heitor Lyra, *História da queda do Império*, op. cit., v. 2, p. 33.

75 Anfrísio Fialho, op. cit., p. 131.

76 Aristides Lobo.

77 Rui Barbosa, *Queda do Império*, op. cit., tomo I, p. 149.

78 Id., p. 109. Também: tomo II, p. 295.

79 Visconde de Ouro Preto, *O advento da ditadura militar no Brasil*. Paris, 1891, p. 35.

80 Heitor Lyra, *História de D. Pedro II*, op. cit., v. 2, p. 62.

81 Afonso de E. Taunay, *Pequena história do café*, op. cit., p. 201.

82 João Camillo de Oliveira Torres, *Interpretação da realidade brasileira*. Rio de Janeiro: José Olympio, 1969, p. 262.

83 R. Magalhães Jr., *Três panfletários do Segundo Reinado*, op. cit., p. 75.

84 Heitor Lyra, *História de D. Pedro II*, op. cit., v. 2, p. 64.

85 *História da queda do Império*, op. cit., tomo I, n. 41, p. 54.

86 Rui Barbosa, *Queda do Império*, op. cit., tomo VII, pp. 159-60.

87 *O advento da ditadura militar no Brasil*, op. cit., p. 36.

88 Rui Barbosa, *Queda do Império*, op. cit., tomo III, pp. 251-2. Ver também pp. 203, 249, 253.

89 Joaquim Nabuco, *Balmaceda*, op. cit., p. 58.

90 Alfredo d'Escragnolle Taunay, *Memórias*, op. cit., p. 315.

91 Visconde de Ouro Preto, op. cit., p. 103.

92 Id., p. 103.

93 Id., pp. 94-5.

94 Rui Barbosa, *Queda do Império*, op. cit., tomo VII, p. 156.

95 Ibid., tomo V, pp. 136-7.

XIII
As tendências internas da República Velha > pp. 487-554

1 A. C. Tavares Bastos, *Cartas do solitário*, op. cit., pp. 21, 23.
2 Rui Barbosa, *José Bonifácio*. Rio de Janeiro: Simões, 1950, pp. 25-6. *Queda do Império*, op. cit., tomo II, p. 79. Sobre o assunto: Aliomar Baleeiro, *Rui, um estadista no Ministério da Fazenda*. Rio de Janeiro: Casa de Rui Barbosa, 1952, p. 21.
3 A. C. Tavares Bastos, *Cartas do solitário*, op. cit., p. 29.
4 Id., pp. 69, 436.
5 Affonso de E. Taunay, *Pequena história do café no Brasil*, op. cit., p. 173.
6 Emília Viotti da Costa, op. cit., p. 447.
7 Florestan Fernandes, *A integração do negro na sociedade de classes*. São Paulo: Dominus; USP, 1965, v. 1, pp. 15-6.
8 Fernando Henrique Cardoso, *Capitalismo e escravidão no Brasil meridional*. São Paulo: Difusão Europeia do Livro, 1962, p. 193.
9 Rui Barbosa, *Queda do Império*, op. cit., v. 1, pp. 134-5.
10 Id., v. 8, p. 163.
11 Visconde de Ouro Preto, op. cit., p. 100.
12 Id., p. 100.
13 As referências a "primeiro surto industrial" são de Roberto C. Simonsen, *A evolução industrial do Brasil*. Federação das Indústrias de São Paulo, 1939, p. 24. Heitor Ferreira Lima, op. cit., p. 320.
14 Heitor Ferreira Lima, op. cit., p. 321. Roberto C. Simonsen, *A evolução industrial do Brasil*, op. cit.
15 Roberto C. Simonsen, *A evolução industrial do Brasil*, op. cit., p. 30.
16 Nícia Vilela Luz, *A luta pela industrialização do Brasil*. São Paulo: Difusão Europeia do Livro, 1961, pp. 68-9. Desse valioso ensaio provêm, ainda, algumas informações insertas no texto.
17 Rui Barbosa, *Queda do Império*, op. cit., tomo VIII, pp. 175-6.
18 Id., p. 179.
19 Aliomar Baleeiro, *Rui, um estadista no Ministério da Fazenda*. Rio de Janeiro: Casa de Rui Barbosa, 1952, p. 37.
20 Oscar Bormann. In: *Obras completas de Rui Barbosa*, tomo II, v. 18, 1891. *Relatório do Ministro da Fazenda*. Rio de Janeiro: MEC, 1949, p. XXV. Rui Barbosa, *Finanças e política da República*. Rio de Janeiro: Companhia Impressora, 1892, p. 257.
21 Rui Barbosa, *Finanças e política da República*, op. cit., p. 35.
22 Id., p. 77.
23 Ibid., p. 86.
24 Ibid., p. 102.
25 Ibid., p. 157.
26 Ibid., p. 156.
27 Ibid., p. 158.
28 Dunshee de Abranches, *Atas e atos do governo provisório*. Rio de Janeiro: D. de Abranches, 1930, p. 91. Sobre o valor do documento citado: R. Magalhães Jr., *Rui: O homem e o mito*. Rio de Janeiro: Civilização Brasileira, 1964, p. 129.
29 Heitor Malheiros, *O encilhamento*. Rio de Janeiro: Domingos de Magalhães, 1894, v. 1, pp. 7-10.
30 Rui Barbosa, *Relatório do Ministro da Fazenda*, op. cit., tomo II, pp. 19-20.
31 Id., p. 27.
32 Ibid., p. 131.
33 Ibid., p. 158.
34 Ibid., p. 163.
35 Ibid., tomo III, p. 143.
36 Ibid., tomo II, p. 141.
37 Ibid., p. 142.
38 Joaquim Nabuco, *Um estadista do Império*, op. cit., tomo II, p. 281.
39 O mais vivo painel da época, ao lado do livro de Taunay, se encontra em: R. Magalhães Jr., *Rui: O homem e o mito*, op. cit., p. 48.
40 Alm. Custódio José de Mello, *O governo provisório e a revolução de 1893*. São Paulo: Nacional, 1938., tomo I, p. 57.
41 Alcindo Guanabara. In: Nícia Vilela Luz, op. cit., p. 103.
42 Esta afirmação, que o texto não incorpora, tem o abono de economistas e historiadores. Oliver Ónody, por exemplo, acentua:

Os produtores de artigos de exportação inclinaram-se sempre à inflação, ao passo que os importadores advogaram a necessidade de uma moeda estável. Os fazendeiros pertenciam ao primeiro grupo, os comerciantes ao segundo. Na época em que predominou no país a influência dos fazendeiros não é de se estranhar que, além dos fatores decorrentes das leis econômicas, as tendências inflacionistas tenham recebido apoio, também, da parte da classe dominante da sociedade, isto é, dos grandes latifundiários. (Op. cit., pp. 46, 47.)

Apoia-se o autor em Henry William Spiegel, *The Brazilian Economy* (Toronto: The Blakiston Company, 1949) e Pierre Denis, *Le Brésil au XX.e siècle* (6. ed. Paris: Armand Colin, 1921). Na realidade, Spiegel sustenta:

The persistent upward movement of prices, together with the depreciation of the external value of the currency, has been a boon to producers and exporters, whose proceeds increase at a more rapid rate than do their costs. It has tended to perpetuate the social system created by a single-crop, plantation economy and the concomitant concentration of wealth and income. It has also facilitated a high rate of investment, although not always in desirable directions, in the face of a relatively low level of income. (Op. cit., p. 46 e não o trecho citado por Ónody, que versa sobre problema paralelo.)

Pierre Denis:

Tout producteur qui vendait à l'étranger ses produits, qui recevait ses paiements en or et qui changeait ensuite cet or en monnaie de papier, recevait en papier une somme plus forte avec le change bas, et c'est pourquoi il y tenait. Un commentaire suffra. En 1889, le Brésil exporta pour 258 millions de milreis en or. En 1898, l'exportation brésilienne, ayant baissé, est évaluée seulement à 216 millions. Cependant, en 1889, le change étant au-dessus du pair à 27 3/16, les exportateurs ont reçu en papier, monnaie courante dans le pays, seulement 253 millions, tandis qu'en 1898, favorisés par la hausse du change, ils ont touché 814 millions, trois fois autant. La différence représente à peu près le bénéfice qu'ils doivent à la baisse. Réciproquement la hausse les ruina et elle souleva parmi eux une clameur. Avec une certaine habilité, ayant analysé les causes de leur mécontentement, ils voulurent montrer le Brésil divisé en deux camps: dans l'un, ceux qui désiraient la hausse, les consommateurs d'objets d'importation étrangère; dans l'autre, ceux qui voulaient la baisse, les producteurs, classe plus digne de la sollicitude du gouvernement. Leur raisonnement demande à ne pas être poussé à l'extrême; il est évident que la basse continuelle, en désorganisant la vie économique du pays, ne pouvait manquer de nuire aux producteurs aussi. Cependant la hausse trop précipitée de 1899 à 1906 leur causa de dures souffrances, et leurs réclamations exprimaient des verités. À côté de ces deux partis hostiles, dont l'un réclamait la baisse et l'autre la hausse, un troisième tenait avant tout à voir le change rester mobile et variable; ce parti comptait surtout des hommes d'affaires et des banquiers, dont les bénéfices les plus claires provenaient de la spéculation sur le change sous toutes ses formes. (Op. cit., pp. 88-9.)

Edgar Carone (*A República Velha: Instituições e classes sociais*. São Paulo: Difusão Europeia do Livro, 1970) não discrepa do ponto de vista, que chamaríamos tradicional:

O câmbio baixo significa desvalorização da moeda: assim, o produto que é exportado e trocado por um valor estável, como é o ouro, reverte internamente, na troca do ouro em papel, em muito dinheiro. O contrário acontece quando a moeda está valorizada e o câmbio é alto: a valorização interna significa que o dinheiro vale muito e a troca do ouro por papel traz, como consequência, o direito a pouco dinheiro. Daí entendermos os constantes reclamos das classes agrárias para que fosse instituído o câmbio baixo. Apesar da crise, os fazendeiros do café resistem até 1898, porque recebem grande numerário pela troca de sua mercadoria, o que os ajuda a vencer internamente aqueles momentos difíceis. A deflação e a valorização na política de Campos Sales são fatais para a agricultura, e somente vencidos quando esta institui o Convênio de Taubaté e a Caixa de Conversão, criados para estabilizar o câmbio a 16, o que, na época, é um câmbio baixo. Desta maneira, a agricultura beneficia-se da proteção governamental e da certeza de uma estabilidade cambial, mantida na baixa. Porém, pode-se citar um exemplo de câmbio e jogo político: durante o governo de Nilo Peçanha, tenta-se elevar a taxa da Caixa de Conversão para que São Paulo não continue apoiando a candidatura de Rui Barbosa e, pela pressão econômica sobre os fazendeiros, o governo federal quer o recuo político do Estado.

Os industriais também pedem câmbio baixo, não devido às suas exportações, que praticamente inexistem nesta época, mas porque significa encarecimento dos produtos importados e, desta maneira, exige-se mais dinheiro para as compras no exterior, privilégio de um pequeno grupo, pois a massa consumidora serve-se dos produtos nacionais. Ao mesmo tempo que a importação torna-se proibitiva, os preços internos sobem devido à inflação e depreciação da moeda, trazendo bons lucros para a classe. Como a consequência desta situação repercute lentamente entre a classe operária, só depois de greves é que os salários voltam ao nível anterior à depreciação: enquanto isto, os industriais obtêm maiores margens de lucros. Por estas razões, somente num momento, em 1890, é que a classe industrial aplaude a taxa-ouro e a alta cambial; todas as outras vezes, ela pede o câmbio baixo.

O comércio exportador, que se liga diretamente à produção agrária, aplaude a inflação e a baixa cotação do câmbio: desta maneira, os intermediários podem pagar melhores preços aos produtores e também ganhar sobre os estoques. Mas o comércio importador é contrário a esta solução, pois com o câmbio baixo é preciso muito dinheiro para a importação dos produtos e, naturalmente, a venda das mercadorias teria que ser feita internamente por um preço muito alto. Com o câmbio alto e a troca do ouro por pouco dinheiro, estas mesmas mercadorias são oferecidas por preços mais compensadores. Daí haver sistematicamente uma oposição desta classe à política baixista. Como, porém, grande número de seus componentes são portugueses, italianos, ou de outras nacionalidades, seu protesto é olhado com desconfiança e com sentimento chauvinista.

Também favorável ao câmbio alto é o imperialismo: a remessa de capitais ao exterior pelas empresas beneficia-se desta situação porque, com menos dinheiro, elas podem enviar mais ouro. O inverso ser-lhes-ia inconveniente, mas nessa época quase não há remessas de capitais particulares estrangeiros para o Brasil: quando existem, são na maioria empréstimos ao governo federal, aos Estados ou, ainda, aqueles destinados às empresas públicas, de que se trata posteriormente. É, porém, na especulação sobre o próprio câmbio que os bancos estrangeiros auferem lucros fabulosos: naturalmente, aí não existe propriamente uma tendência altista, mas um interesse em que o câmbio seja incerto e variável. Como todos os países dependentes e de economia baseada na monocultura, a produção brasileira é exportada maciçamente em determinada época do ano: no caso do café, principalmente em setembro e outubro. Contudo, as transações são feitas com 90 dias de prazo e no câmbio da data do vencimento, o que permite aos especuladores e bancos forçarem a alta para essa época. Neste momento, especuladores e banqueiros compram mais barato os saques pagos em ouro ou o ouro sobre a praça do Rio, principalmente porque os fazendeiros e intermediários precisam fazer dinheiro; passada esta época de compra, os bancos especulam com suas reservas em ouro, pois o comércio importador precisa pagar seus compromissos exteriores. A venda se faz, mas já então os bancos forçaram a baixa cambial: pela mesma quantia de ouro, eles recebem mais papel.

O governo também se interessa por uma política de câmbio alto: num país de regime de papel-moeda fiduciário, os problemas e compromissos que se apresentam são graves. Há uma contínua necessidade de o governo saldar suas dívidas públicas externas e prover as remessas de saldo dos capitais empregados no país. Estas saídas podem ser negativas para a balança comercial, daí o interesse em que haja moeda forte, o que representa, internamente, menor gasto em dinheiro. Mas, devido às pressões das classes interessadas ou aos *déficits* da balança comercial, o câmbio torna-se independente e dependente de todas estas circunstâncias apresentadas. A política de saneamento financeiro e altista de Campos Sales é um momento de reação governamental, mas na verdade não se sustenta por muito tempo. "Finalmente, as classes populares — classe média e operariado — são também a favor do câmbio alto. Elas identificam câmbio e proteção alfandegária como a razão fundamental das contínuas altas do custo de vida." (pp. 97-9.)

Leopoldo de Bulhões, que será o ministro da Fazenda do governo Rodrigues Alves, orando na Câmara dos Deputados em 1892, baseado na autoridade de Goshen, acentua que a emissão em larga escala provoca um excesso de importação, dificultando a exportação — tese contrária à corrente: os preços elevando-se, por causa de um acréscimo de circulação, atraíram os produtos de outros países, ao passo que os preços das mercadorias exportadas, tendo aumentado também, serão de uma venda mais difícil no exterior. "Dado o excesso de importação e os governos pensando remediar o mal, cometem o erro fatal de aumentar a circulação, por uma nova emissão, o efeito desta medida será o agravamento do mal, porque as importações continuarão." (Augusto de Bulhões, *Leopoldo de Bulhões: Um financista de princípios*. Rio de Janeiro: Edições Financeiras, [s.d.], p. 198.) Em outra ocasião, lançou observações de outra índole:

É certo que o melhoramento progressivo do meio circulante, alterando o nível dos preços, perturba de algum modo a produção; mas, além de efêmera e transitória, tal perturbação só afeta mais acentuadamente os interesses de uma classe — a da lavoura.

Por isso mesmo só desses interesses surge a oposição a essa política, que se revelou tão proveitosa à nação inteira.

E será em nome de toda a lavoura o abandono das boas doutrinas, que não são novas, que estão consagradas pela autoridade dos mestres e pela experiência das nações, que zelam o seu crédito?

Não é só em nome da lavoura do café, nem mesmo de toda a lavoura do café, mas daquela que, por fatos que não importa esmerilhar, se deixou envolver em compromissos, que lhe não permitem prescindir do auxílio oficial.

Ninguém dirá que seja razoável e justo o sobreporem-se os interesses da reduzida fração de uma classe aos de todo um país, principalmente se atendermos a que a pretensa lesão desses interesses não passa de errônea compreensão dos fenômenos econômicos.

Com efeito, se a valorização da moeda influi sobre os preços, essa influência se exerce de modo geral, compreendendo o preço de todas as utilidades; destarte a redução do preço do café encontra compensação na do preço do trabalho, das máquinas, dos utensílios e de todas as despesas de produção e mesmo na das despesas pessoais do produtor. (Id., p. 332.)

Lembra também as vantagens do valor alto da moeda para os proletários e assalariados (p. 349).

Pandiá Calógeras (*La politique monétaire du Brésil*. Rio de Janeiro: Imprimerie Nationale, 1910) assinala, para os produtores e exportadores, os benefícios da depreciação monetária (p. 435). Acautela-se, porém, contra a generalização do princípio, válido para o fazendeiro de café, que dependia pouco de artigos importados, enquanto não se aplica ao seringueiro, que importa tudo para prosseguir seu trabalho (p. 436). Não favorece, também, os fazendeiros monocultores, que alimentam e abastecem sua empresa de bens importados (p. 437). O aviltamento do papel-moeda opera, na verdade, como uma taxa protecionista, no interior, lucrando os produtores da diferença de tempo entre o preço dos produtos e a elevação dos salários. A produção nacional será, deste modo, favorecida, em proveito dos detentores do aparelhamento produtivo e dos intermediários, com a expropriação dos assalariados (p. 439 a p. 444). As empresas estrangeiras e os devedores ao estrangeiro (particulares e públicos) sofrem, com o assalariado, o prejuízo da desvalorização monetária (p. 439).

Dentro das cautelas recomendadas por Calógeras, deve-se ponderar que havia, entre os produtores, interesses regionais discordantes dos do café. O Rio Grande do Sul, dedicado principalmente ao mercado interno, defendia a política estabilizadora, em dissonância com os cafeicultores (Joseph L. Love, *Rio Grande do Sul and Brazilian Regionalism*. California: Stanford University, 1971, p. 113).

43 Affonso de E. Taunay, op. cit., p. 257.
44 Ibid., p. 265.
45 Ibid., pp. 270-1.
46 Nícia Vilela Luz, op. cit., pp. 107-8.
47 Ibid., p. 79.
48 Campos Sales, *Da propaganda à presidência*. São Paulo: A Editora, 1908, p. 186.
49 Rodrigo Soares Jr., *Jorge Tibiriçá e sua época*. São Paulo: Nacional, 1958, v. 2, p. 371.
50 Warren Dean, *A industrialização de São Paulo*. São Paulo: Difusão Europeia do Livro, 1971, p. 35.
51 Carlos Inglez de Souza, *A anarquia monetária e suas consequências*. São Paulo: Monteiro Lobato, 1924, p. 322.
52 A preeminência de Francisco Sales, acentuada por Daniel de Carvalho (*Capítulos de memórias*. Rio de Janeiro: José Olympio, 1957, p. 159), foi reconhecida por João Pinheiro (*João Pinheiro. Documentário sobre a sua vida*. Org. de Francisco de Assis Barbosa. Belo Horizonte: Arquivo Público Mineiro, 1966, pp. 137, 356).
53 As transcrições são da obra organizada por Francisco de Assis Barbosa, pp. 122, 136, 347-9, 167.
54 Barbosa Lima Sobrinho, *Presença de Alberto Torres*. Rio de Janeiro: Civilização Brasileira, 1968, p. 428.
55 José Maria dos Santos, *A política geral do Brasil*, op. cit., p. 414.
56 Cândido Motta Filho, *Uma grande vida*. São Paulo: Política, 1931, p. 78.
57 *Encyclopaedia of Social Sciences*. Nova York: Macmillan. MCMLIV, verb. "valorization" (Charles R. Whittlesey). Gilberto Freyre, *Ordem e progresso*. Rio de Janeiro: José Olympio, 1959, tomo I, p. LV.
58 *Questão monetária no Brasil. Artigos publicados pelo "Correio Paulistano" em abril de 1926*. São Paulo: Genaux, 1926, p. 61.
59 J. F. Normans, *Evolução econômica do Brasil*. São Paulo: Nacional, 1939, p. 21.
60 Pierre Denis, op. cit., pp. 70-1.
61 Para a tese da dualidade, ver: Jacques Lambert, *Le Brésil*. Paris: Armand Colin, 1953. Inácio Rangel, *Dualidade básica da economia brasileira*. Rio de Janeiro: Iseb, 1957. Florestan Fernandes, *Sociedade de classes e subdesenvolvimento*. Rio de Janeiro: Zahar, 1968, p. 64.
62 Alberto Torres, *O problema nacional brasileiro*. São Paulo: Nacional, 1938, p. 40. Sobre Alberto Torres, além da obra de Barbosa Lima Sobrinho, rica de comentários e de interpretações, ver ainda: A. Saboia Lima, *Alberto Torres e sua obra*. São Paulo: Nacional, 1935.
63 Id., p. 54.
64 Frederico de S. (Eduardo Prado), *Fastos da ditadura militar no Brasil*. 3. ed., série I, [s.ed.], 1890, p. 2.
65 Id., p. 49.
66 Joaquim Nabuco, *A ideia republicana no Brasil: Ao Almirante Jaceguai*. Jornal do Commercio, 1895.
67 Frederico de S., op. cit., p. 68.
68 Id., pp. 270-1.
69 Alm. Custódio José de Mello, *O governo provisório e a Revolução de 1893*. São Paulo: Nacional, 1938, tomo I, p. 34.
70 Dunshee de Abranches, *Atos e atas do governo provisório*. 2. ed. Rio de Janeiro: D. de Abranches, 1930, p. 140.
71 João Mangabeira, *Rev. do Sup. Trib. Fed.*, v. 52, p. XVIII. Ver: M. Seabra Fagundes, *As forças armadas na Constituição*. Rio de Janeiro: Biblioteca do Exército, 1955, p. 27.
72 Aurelino Leal, *Teoria e prática da Constituição Federal Brasileira*. Rio de Janeiro: F. Briguiet, 1925, p. 203. Ver ainda: Aristides A. Milton, *A Constituição do Brasil*. Rio de Janeiro: Imprensa Nacional, 1898, p. 59. E os comentários de João Barbalho ao art. 14 da Constituição de 1891.

73 Rui Barbosa, *Comentários à Constituição Federal*. Coligidos e ordenados por Homero Pires. São Paulo: Saraiva, 1932. v. I, p. 402.
74 Alm. Custódio José de Mello, op. cit., tomo I, pp. 142-3.
75 José Maria dos Santos, *A política geral do Brasil*, op. cit., p. 264.
76 Tobias Monteiro, *O presidente Campos Sales na Europa*. Rio de Janeiro: F. Briguiet, 1928, p. XXXIII.
77 Rui Barbosa, *Obras completas*, tomo I, v. 18, 1891. *Discursos parlamentares. Jornalismo*. Rio de Janeiro: Ministério da Educação e Saúde, pp. 302-3.
78 Rodrigo Octávio, *Minhas memórias dos outros*. série I, 1934, p. 148. Ver também: Cruz Costa, *O positivismo na República*. São Paulo: Nacional, 1956, p. 18. Um depoimento que não pode ser desprezado: Lima Barreto, *Triste fim de Policarpo Quaresma*.
79 José Maria dos Santos, op. cit., p. 334.
80 Rui Barbosa, *Contra o militarismo*. Rio de Janeiro: J. Ribeiro dos Santos, [s.d.], p. 43.
81 Id., p. 42.
82 Karl Dietrich Bracher, *Die Aufösung der Weimarer Republik*. 4. ed. Ring, 1955, p. 238. Alfred Vagts, *A History of Militarism*. Nova York: The Free, 1967, p. 13.
83 Hans Rosemberg, *Bureaucracy, Aristocracy and Autocracy: The Prussian Experiment*. Cambridge: Harvard University, 1968, p. 40.
84 Joaquim Nabuco, *A ideia republicana no Brasil*, op. cit.
85 *Du contrat social*, op. cit., p. 44, livro I, cap. III.
86 Stanislaw Andrzejewski, *Military Organization and Society*. Londres: Routledge & Kegan Paul, 1954, p. 104. Afonso Arinos de Melo Franco, *Minha evolução para o parlamentarismo*. Jornal do Commercio, 16 jun. 1957. Jacques Lambert, *Amérique Latine*. Paris: Universitaires de France, 1963, pp. 193, 270.
87 Campos Sales, *Da propaganda à presidência*. São Paulo, 1908, p. 61.
88 Id., p. 66.
89 Alm. Custódio José de Mello, op. cit., tomo I, p. 47. Dunshee de Abranches, *O golpe de Estado*. Rio de Janeiro: Jornal do Brasil, 1954, p. 69.
90 José Maria dos Santos, *Bernardino de Campos e o Partido Republicano Paulista*, op. cit., p. 251.
91 Cândido Motta Filho, *Uma grande vida*. São Paulo: Política, 1931, p. 273.
92 Campos Sales, op. cit., pp. 52-3, 75.
93 Cyro Silva, *Pinheiro Machado*. Rio de Janeiro: Tupã, [s.d.], p. 98.
94 Silveira Peixoto, *A tormenta que Prudente de Morais venceu*. 2. ed. Guaíra, 1942, pp. 179-80.
95 Campos Sales, op. cit., p. 151.
96 Gilberto Amado, *Grão de areia e estudos brasileiros*. Rio de Janeiro: José Olympio, 1948, pp. 237-8.
97 Rui Barbosa, *Ditadura e república*. Rio de Janeiro: Guanabara, [s.d.], p. 6.
98 Id., pp. 18, 27.
99 Id., ibid., pp. 66-7, 103.
100 Id., ibid., pp. 115-6.
101 Id., ibid., pp. 140, 143.
102 Id., ibid., p. 148.
103 Campos Sales, op. cit., p. 112.
104 Antônio Gontijo de Carvalho, *Estadistas da República*. São Paulo: Revista dos Tribunais, 1940, v. I, p. 96.
105 Campos Sales, op. cit., pp. 229-30.
106 Id., p. 236.
107 Ibid., p. 248.
108 Campos Sales, *Manifestos e mensagens. 1898-1902*. Rio de Janeiro: Imprensa Nacional, 1902, pp. 15-25.
109 Joseph L. Love, *Rio Grande do Sul and Brazilian Regionalism*. California: Stanford University, 1971, p. 96.
110 Campos Sales, *Da propaganda à presidência*, op. cit., pp. 247-8.
111 Afonso Arinos de Melo Franco, *Um estadista da República*. Rio de Janeiro: José Olympio, 1955, v. I, p. 230. José Tolentino, *Nilo Peçanha e sua vida pública*. Petrópolis: Armando Martins, [s.d.], p. 245.
112 Daniel de Carvalho, *Capítulos de memórias*. Rio de Janeiro: José Olympio, 1957, p. 231.
113 Campos Sales, ibid., p. 248.
114 Sertório de Castro, *A república que a revolução destruiu*. Rio de Janeiro: Freitas Bastos & Cia., 1932, pp. 55-6.

115 Rui Barbosa, *Campanhas jornalísticas*. Rio de Janeiro: Casa de Rui Barbosa, 1957, v. 3, pp. 163-4.

116 Na República, o autor designará o chefe do Poder Executivo estadual pelo nome de *governador*, não obstante o nome oficial de *presidente*. Questão, apenas, de clareza, para distinguir o cargo do sistema imperial, de acordo com o nome que prevalecerá a partir de 1930.

117 Alcindo Guanabara, *A presidência Campos Sales*. Rio de Janeiro: Laemmert, 1902, p. 203.

118 Ibid., p. 98.

119 Campos Sales, op. cit., p. 259.

120 Alcindo Guanabara, op. cit., p. 110.

121 Ibid., p. 110.

122 Rui Barbosa, *O art. 6º da Constituição*. Rio de Janeiro: Castilho, 1920, pp. 112-3.

XIV
República Velha: os fundamentos políticos > pp. 555-627

1 Pedro Rache, em passagem muito citada de seu livro *Homens de Minas* (Rio de Janeiro: José Olympio, 1947, p. 100), sustenta que Pinheiro Machado deve seu prestígio e seu poder ao governador do Rio Grande do Sul. A mesma estabilidade sustenta homens como Epitácio Pessoa Rosa e Silva etc., no cenário federal. Para afrontar a União, entretanto, seria necessário mais do que isso: os instrumentos de força capazes de resistir à intervenção federal.

2 Cyro Silva, *Pinheiro Machado*. Rio de Janeiro: Tupã, [s.d.], p. 110.

3 João Neves da Fontoura, *Memórias*. Porto Alegre: Globo, 1958, v. I, p. 20.

4 Campos Sales, op. cit., p. 330.

5 Id., p. 371.

6 Id., p. 384.

7 Edgard Carone, *A Primeira República (1889-1930)*. São Paulo: Difusão Europeia do Livro, 1969, p. 109.

8 Campos Sales, op. cit., p. 368.

9 João Neves da Fontoura, op. cit., p. 13.

10 Joseph L. Love, op. cit., p. 98.

11 Gilberto Amado, *Presença na política*. Rio de Janeiro: José Olympio, 1958, p. 207.

12 Afonso Arinos de Melo Franco, op. cit., v. 2, p. 463.

13 José Vieira, *A cadeia velha: memória da Câmara dos Deputados*. Rio de Janeiro: Jacinto Silva, [s.d.], p. 15.

14 Rui Barbosa, *Novos discursos e conferências*. São Paulo: Saraiva, 1933, pp. 223-4.

15 Joseph L. Love, op. cit., pp. 137-8.

16 Maria Mercedes Lopes de Sousa, *Rui Barbosa e José Marcelino*. Rio de Janeiro: Casa de Rui Barbosa, 1950, pp. 128-9.

17 Afonso Arinos de Melo Franco, op. cit., v. 2, p. 481.

18 Id., ibid., p. 571.

19 Manuel Duarte, *Carlos Peixoto e seu presidencialismo*. Rio de Janeiro: Jornal do Commercio, 1918, pp. 149-50.

20 Maria Mercedes Lopes de Sousa, *Rui Barbosa e José Marcelino*. Rio de Janeiro: Casa de Rui Barbosa, 1950, pp. 187-8.

21 Antônio Gontijo de Carvalho, *Uma conspiração contra a inteligência*. Rio de Janeiro: Arte Nova, [s.d.], p. 131.

22 Id., p. 133.

23 Maria Mercedes Lopes de Sousa, op. cit., pp. 183, 181.

24 Antônio Gontijo de Carvalho, op. cit., p. 131.

25 Dantas Barreto, *Conspirações*. Rio de Janeiro: Francisco Alves, 1917, p. 80.

26 Id., p. 91.

27 Rui Barbosa, *O sr. Rui Barbosa, no Senado, responde às insinuações do sr. Pinheiro Machado*. Rio de Janeiro: Almeida Marques, 1915, p. 23.

28 Id., ibid., p. 24.

29 Id., ibid., p. 24.

30 Rui Barbosa, *Contra o militarismo*. Rio de Janeiro: J. Ribeiro dos Santos, [s.d.], pp. 108-9.

31 Antônio Gontijo de Carvalho, op. cit., p. 131.

32 Rui Barbosa, *Contra o militarismo*, op. cit., p. 108.

33 Dantas Barreto, *Conspirações*, op. cit., p. 137.

34 Afonso Arinos de Melo Franco, op. cit., v. 2, p. 607.

35 Gilberto Amado, *Mocidade no Rio e primeira viagem à Europa*. Rio de Janeiro: José Olympio, [s.d.], p. 401.
36 Costa Porto, *Pinheiro Machado e seu tempo*, op. cit., p. 156.
37 Rui Barbosa, *O sr. Rui Barbosa, no Senado, responde às insinuações do sr. Pinheiro Machado*, op. cit., p. 49.
38 Costa Porto, *Os tempos de Rosa e Silva*. Recife: Universidade Federal de Pernambuco, 1970, pp. 155-6.
39 Rui Barbosa, *O sr. Rui Barbosa, no Senado, responde às insinuações do sr. Pinheiro Machado*, op. cit., p. 49. Rodrigo Soares Jr., *Jorge Tibiriçá e sua época*. São Paulo: Nacional, 1958, v. 2, pp. 589-90.
40 Mar. Setembrino de Carvalho, *Memórias*. Rio de Janeiro, 1950, p. 94.
41 Gilberto Amado, *Grão de areia e estudos brasileiros*. Rio de Janeiro: José Olympio, 1948, pp. 191-2.
42 Rui Barbosa, *O sr. Rui Barbosa, no Senado, responde às insinuações do sr. Pinheiro Machado*, op. cit., pp. 59-60.
43 Costa Porto, *Pinheiro Machado e seu tempo*, op. cit., p. 224.
44 Id., ibid., p. 249.
45 Id., ibid., p. 249.
46 Joseph L. Love, *The Rio Grande do Sul and Brazilian Regionalism*, com ampla prova documental, fixa a precedência de Borges de Medeiros, na escolha de Epitácio Pessoa. O próprio Epitácio (*Pela verdade*. 2. ed. Rio de Janeiro: Francisco Alves, 1925, p. 43) e sua filha e biógrafa (*Epitácio Pessoa*. Rio de Janeiro: José Olympio, 1951, v. 1, p. 322) defendem essa versão, em desacordo com Sertório de Castro, *A república que a revolução destruiu* (op. cit., p. 387) e com Afonso Arinos de Melo Franco, *Um estadista do Império* (op. cit., v. 2, p. 931) que sustenta a precedência de Minas Gerais, com o apoio de um trabalho recente (Edgard Carone, *A República Velha*, op. cit., p. 320).
47 João Mangabeira, *Rui, o estadista da República*. Rio de Janeiro: José Olympio, 1943, p. 284.
48 Laurita Pessoa Raja Gabaglia, op. cit., v. 1, p. 321.
49 Rui Barbosa, *Escritos e discursos seletos*. Rio de Janeiro: Aguilar, 1966, p. 184.
50 Afonso Arinos de Melo Franco, op. cit., v. 2, p. 504.
51 Rui Barbosa, *Campanha presidencial*, 1919. Bahia: Catilina, 1921, p. 11.
52 Id., ibid., p. 37.
53 Epitácio Pessoa, *Pela verdade*. 2. ed. Rio de Janeiro: Francisco Alves, 1925, p. 45.
54 Tobias Monteiro, *Funcionários e doutores*. 2. ed. Rio de Janeiro: Francisco Alves, 1919, pp. 5, 21.
55 Rui Barbosa, *Campanha presidencial: Obras completas*, tomo 1, v. 46, 1919. Rio de Janeiro: MEC, 1956, p. 96.
56 Id., ibid., p. 11.
57 Id., ibid., pp. 118-9.
58 Id., ibid., p. 11.
59 Id., ibid., pp. 15, 19-20, 30, 33-4, 75, 54, 66.
60 Id., ibid., pp. 58-60.
61 Id., ibid., p. 41.
62 João Mangabeira, op. cit., p. 304.
63 Edgard Carone, *A República Velha (evolução política)*, op. cit., p. 327.
64 Afonso Arinos de Melo Franco, op. cit., v. 2, p. 975.
65 Edgard Carone, *A República Velha (evolução política)*, op. cit., p. 332.
66 Epitácio Pessoa, *Pela verdade*, cit., p. 48.
67 Id., ibid., p. 475.
68 Id., ibid., p. 476.
69 Id., ibid., p. 476.
70 As fontes são: *Anuário Estatístico do Brasil*, 1960, e os recenseamentos de 1872, 1890, 1900 e 1920.
71 Consulte-se o excelente trabalho de Joseph L. Love, "Political participation in Brazil, 1881-1890". *Luso-Brazilian Review*, University of Wisconsin, dez. 1970, v. 7, n. 2, p. 2.
72 Basílio de Magalhães. In: Victor Nunes Leal, op. cit., p. 10, nota.
73 Dunshee de Abranches, *Atas e atos do governo provisório*, op. cit., pp. 55-6.
74 *O golpe de Estado*. Rio de Janeiro: Jornal do Brasil, 1954, pp. 38-9.

75 Oscar de Macedo Soares, *Consultor eleitoral*. Rio de Janeiro: H. Garnier, 1909, p. 53.
76 José de Castro Nunes, *Do Estado federado e sua organização municipal*. Rio de Janeiro: Leite Ribeiro & Maurílio, 1920, pp. 182-3, n. 16. Este importante livro é a fonte mais autorizada e minuciosa do sistema legal dos municípios.
77 Francisco Campos, *Direito constitucional*. Rio de Janeiro: Freitas Bastos, 1956, v. 2, p. 432.
78 Rui Barbosa, *Comentários à Constituição Federal Brasileira*, op. cit., v. 5, p. 66.
79 Para o estudo do problema: Collares Moreira, "A Câmara e o regime eleitoral no Império e na República." In: *Livro do centenário da Câmara dos Deputados*, op. cit., v. 2, p. 13. Victor Nunes Leal, op. cit., p. 163. Edgard Carone, *A República Velha (instituições e classes sociais)*, op. cit., p. 212.
80 João Neves da Fontoura, *Memórias*, op. cit., v. 1, p. 67.
81 R. Magalhães Jr., *Deodoro*, op. cit., v. 2, pp. 98-9.
82 Pedro Rache, *Homens de Minas*. Rio de Janeiro: José Olympio, 1947, pp. 103-4.
83 Rubens de Barcellos, *Estudos rio-grandenses*. Porto Alegre: Globo, 1955, p. 65. Ver Sérgio da Costa Franco, *Júlio de Castilhos e sua época*. Porto Alegre: Globo, 1967, p. 202. Joseph L. Love, *Rio Grande do Sul and Brazilian Regionalism*, op. cit., p. 79.
84 Joseph L. Love, op. cit., pp. 77-8.
85 Ulisses Lins de Albuquerque, *Um sertanejo e o sertão*. Rio de Janeiro: José Olympio, 1957, pp. 35, 163, 206, 332.
86 Edilson Portela Santos, "Evolução da vida política no município de Picos, Piauí", *Revista Brasileira de Estudos Políticos*, n. 10, jan. 1961, p. 160.
87 Victor Nunes Leal, op. cit., p. 14.
88 Ulisses Lins de Albuquerque, op. cit., p. 153.
89 Victor Nunes Leal, op. cit., pp. 25-6.
90 "*Gatekeeper*" foi usado por Kenny. "Patterns of patronage in Spain", *Antropological Quarterly*, 33, jan. 1960, pp. 14-23, op. cit. em: John Duncan Powell, "Peasant Society and Clientelist Politics", *The American Political Science Review*, v.

64 (Guia, 1970), n 2, n. 13, p. 413. O texto deve, apesar de algumas discordâncias do autor, a Powell alguns traços da descrição do coronelismo.
91 Thomas Hobbes, *Leviathan*. William Benton. Encyclopaedia Britannica, 1952, cap. x, p. 71.
92 Maria Sylvia de Carvalho Franco, *Homens livres na ordem escravocrata*. IEB-USP, 1969, pp. 90-1.
93 Ulisses Lins de Albuquerque, op. cit., p. 297.
94 João Neves da Fontoura, op. cit., v. 1, p. 168.
95 Max Weber, *Wirtschaft und Gesellschaft*, op. cit., p. 215.
96 Id., ibid., pp. 741-2.
97 Id., ibid., p. 1071.
98 O caráter patrimonial, de corte weberiano, da vida política do país, foi identificado em diversos estudos, sem aprofundamento: Sérgio Buarque de Holanda, *Raízes do Brasil*, op. cit., p. 212. Emílio Willens, cit. em Victor Nunes Leal, op. cit., n. 43, p. 262. John Duncan Powell, Trab. cit., p. 415. Maria Sylvia de Carvalho Franco, op. cit., p. 133 e pass.
99 Max Weber, *Wirtschaft und Gesellschaft*, op. cit., pp. 212, 1065.
100 Maurice Duverger, *Les partis politiques*. Paris: Armand Colin, 1954, p. 85 e, na sua conexão aos notáveis, p. 36. Ver também: Max G. Lange, *Politische Soziologie*. Berlim: Franz Vahlen, 1961, p. 67.
101 Ulisses Lins de Albuquerque, op. cit., pp. 150-1.
102 Costa Porto, *Os tempos de Rosa e Silva*. Recife: Universidade Federal de Pernambuco, 1970, p. 197.
103 Id., ibid., p. 217.
104 J. G. da Frota Pessoa, *A oligarquia do Ceará*. Rio de Janeiro, 1910, pp. 231-2.
105 Ralph della Cava, *Miracle at Joazeiro*. Nova York: Columbia University, 1970, p. 121.
106 Ver o texto completo em: Abelardo F. Montenegro, *História do cangaceirismo no Ceará*. Fortaleza, 1955, p. 71.
107 Abelardo F. Montenegro, op. cit., p. 75. Ralph della Cava, op. cit., n. 62, pp. 145-279.
108 Mar. Setembrino de Carvalho, *Memórias: Dados para a história do Brasil*. Rio de Janeiro, 1950, p. 111.

109 Rui Barbosa, *Uma campanha política*. São Paulo: Saraiva, 1932, pp. 238-9.
110 Id., ibid., p. 291.
111 Id., ibid., p. 246.
112 Rui Barbosa, *O art. 6º da Constituição*, op. cit., p. 126.
113 *Uma campanha política*, op. cit., pp. 117-8.
114 *O art. 6º da Constituição*, op. cit., p. 181.
115 *Uma campanha política*, op. cit., p. 251.
116 *O art. 6.º da Constituição*, op. cit., p. 358.
117 Ralph della Cava, op. cit., p. 163, no sentido do texto.
118 John Duncan Powell, trab. cit., p. 424.
119 João Camillo de Oliveira Torres, *Estratificação social no Brasil*. São Paulo: Difusão Européia do Livro, 1965, p. 106.
120 Joaquim Sales, *Se não me falha a memória*. Rio de Janeiro: Livraria São José, [s.d.], pp. 36-7.
121 Id., ibid., p. 37.
122 Francisco de Assis Barbosa, *JK*, op. cit., p. 169.
123 Id., ibid., p. 255. Daniel Carvalho, *Capítulos de memórias*. Rio de Janeiro: José Olympio, 1957, p. 231. David V. Fleischer, "O recrutamento político em Minas 1890/1918." Belo Horizonte: *Revista Brasileira de Estudos Políticos*, 1971, p. 55. Cid Rebelo Horta, "Famílias governamentais em Minas Gerais". In: *Segundo Seminário de Estudos Mineiros*. Belo Horizonte, [s.d.], p. 45.
124 Ivan Subiroff, *A oligarquia paulista*. São Paulo: Nereu Rangel Pestana, 1919.
125 Ulisses Lins de Albuquerque, op. cit., pp. 46-7.
126 Id., ibid., pp. 214-5.
127 Id., ibid., p. 293.
128 Francisco de Assis Barbosa, *JK*, op. cit., n. 26, p. 256.
129 Paulo Nogueira Filho, *Ideais e lutas de um burguês progressista*. São Paulo: Anhembi, 1958, v. I, p. 50.
130 Gilberto Amado, *Eleição e representação*. Rio de Janeiro: Oficina Industrial Gráfica, 1931, pp. 56-7. João Neves da Fontoura, op. cit., v. I, p. 233.
131 João Neves da Fontoura, op. cit., p. 273.

132 Joseph L. Love, *Rio Grande do Sul and Brazilian Regionalism*, pp. 45, 77, 131.
133 João Lima, *Figuras da República Velha*. Rio de Janeiro: Batista de Souza, 1941, p. 25.
134 Antônio Gontijo de Carvalho, *Estadistas da República*. São Paulo: Revista dos Tribunais, 1940, v. I, p. 103.
135 Rui Barbosa, *Memória sobre a eleição presidencial. Obras completas*, tomo II, v. 37, 1910. Rio de Janeiro: MEC, 1971, pp. 331-2.
136 Id., ibid., p. 7.
137 Id., ibid., pp. 27-8, 30.
138 Rui Barbosa, *Uma campanha política*, op. cit., p. 241.
139 Oliveira Vianna, *O idealismo na Constituição*. Rio de Janeiro: Edição Terra do Sol, 1927, p. 53.
140 Azevedo Amaral, *O Estado autoritário e a realidade nacional*. Rio de Janeiro: José Olympio, 1938. p. 67.

XV
Mudança e revolução
> *pp. 629-91*

1 *A Federação*, 7 jul. 1922.
2 Rui Barbosa, *Correspondência coligida, revista e anotada por Homero Pires*. São Paulo: Saraiva, 1932, p. 424.
3 Epitácio Pessoa, *Pela verdade*. 2. ed. Rio de Janeiro: Francisco Alves, 1925, p. 517.
4 Juarez Távora, *À guisa de depoimento sobre a revolução brasileira de 1924*. Rio de Janeiro: Mendonça, Machado & Cia., 1928, v. 3, p. 144.
5 Id., ibid., p. 145.
6 Id., ibid., pp. 151-2.
7 Id., ibid., p. 148.
8 Id., ibid., p. 153.
9 Juarez Távora, *À guisa de depoimento sobre a revolução brasileira de 1924*. São Paulo: 1927, v. I, p. 89.
10 Azevedo Amaral, *O Estado autoritário e a realidade nacional*. Rio de Janeiro: José Olympio, 1938, p. 82.
11 Nelson Tabajara de Oliveira, *1924: A revolução de Isidoro*. São Paulo: Nacional, 1956, p. 102.

12 João Alberto Lins de Barros, *Memórias de um revolucionário. 1ª parte: A marcha da coluna*. 2. ed. Rio de Janeiro: Civilização Brasileira, 1954, p. 21.
13 Leda Boechat Rodrigues, *A Corte Suprema e o direito constitucional americano*. Rio de Janeiro: Revista Forense, 1958, p. 12. Ver Assis Chateaubriand, *Terra desumana*. 2. ed. Rio de Janeiro: O Jornal, [s.d.], p. 162. Afonso Arinos de Melo Franco, "Minha evolução para o parlamentarismo", *Jornal do Commercio*, 16 jun. 1957. Rui Barbosa, *O Estado de sítio. Suas condições, seus limites, seus efeitos*. Rio de Janeiro: Gazeta de Notícias, 1892. *A Constituição e os atos inconstitucionais: 1893*. 2. ed. Rio de Janeiro: Flores e Mano, [s.d.].
14 Rui Barbosa, *Ditadura e república*. Rio de Janeiro: Guanabara, [s.d.], p. 189.
15 João Mangabeira, *Rui: O estadista da República*. Rio de Janeiro: José Olympio, 1943, p. 79.
16 Id., ibid., pp. 77, 79.
17 Alberto Torres, *O problema nacional brasileiro*. 3. ed. São Paulo: Nacional, 1938. Introdução. Ver, para o estudo do pensamento de Alberto Torres: Barbosa Lima Sobrinho, *Presença de Alberto Torres*. Rio de Janeiro: Civilização Brasileira, 1968.
18 Alberto Torres, *A organização nacional*. São Paulo: Nacional, 1938, pp. 231, 292.
19 Alberto Torres, *O problema nacional brasileiro*, op. cit., p. 95.
20 Oliveira Vianna, *Pequenos estudos de psicologia social*. São Paulo: Nacional, 1942, p. 119.
21 Id., ibid., pp. 7-9.
22 Carlton J. H. Hayes, *The Historical Evolution of Modern Nationalism*. Nova York: Macmillan, 1950, p. 44.
23 Marcel Prélot, *Histoire des idées politiques*. Dalloz, 1966, v. I, p. 503. Charles Maurras, *Mes idées politiques*. Paris: Arthème Fayard, 1937, pp. LXVI, 164.
24 Alcibíades Delamare, *As duas bandeiras*. Rio de Janeiro: Centro D. Vital, 1924, pp. 55, 67. Mário da Silva Brito, *História do modernismo brasileiro*. São Paulo: Saraiva, 1958, p. 121.
25 Francisco Iglésias, *História e ideologia*. São Paulo: Perspectiva, 1971, p. 109.

26 Barbosa Lima Sobrinho, *A verdade sobre a revolução de outubro*. Rio de Janeiro: Unitas, 1933, p. 7.
27 Laurita Pessoa Raja Gabaglia, op. cit., v. 2, p. 647.
28 Alcibíades Delamare, op. cit., pp. 32, 65.
29 Jackson de Figueiredo, *A reação do bom senso*. Rio de Janeiro: Anuário do Brasil, [s.d.], pp. 12, 29.
30 *Trechos escolhidos de prosa*. Rio de Janeiro: Agir, 1958, p. 63.
31 Ivan Lins, *História do positivismo no Brasil*. 2. ed. São Paulo: Nacional, 1967, p. 578. *Perspectivas de Augusto Comte*. Rio de Janeiro: São José, 1965, p. 128. Cruz Costa, *O positivismo na República*. São Paulo: Nacional, 1956, p. 56.
32 Segadas Vianna, *O sindicato no Brasil*. Rio de Janeiro, 1933. Everardo Dias, *História das lutas sociais no Brasil*. São Paulo: Edaglit, 1962. Guerreiro Ramos, op. cit. Hermínio Linhares, *Contribuição às lutas operárias no Brasil*. Rio de Janeiro, 1955. Paulo Nogueira Filho, op. cit., v. I, p. 71. Warren Dean, *A industrialização de São Paulo*. São Paulo: Difusão Europeia do Livro, 1971, p. 170. Edgard Carone, *A República Velha (instituições e classes sociais)*. São Paulo: Difusão Europeia do Livro, 1970, pp. 189, 317.
33 Lourenço Moreira Lima, *A Coluna Prestes*. São Paulo: Brasiliense, 1945, p. 205.
34 Para o exame mais completo e amplo da tese: Virgínio Santa Rosa, *O sentido do tenentismo*. Rio de Janeiro: Schmidt, 1932. San Tiago Dantas, *Dois momentos de Rui Barbosa*. Rio de Janeiro: Casa de Rui Barbosa, 1949. Guerreiro Ramos, "A dinâmica da sociedade política no Brasil", *Revista Brasileira de Estudos Políticos*, v. 1, dez. 1956. Hélio Jaguaribe, *Desenvolvimento econômico e desenvolvimento político*. Rio de Janeiro: Fundo de Cultura, 1962. John J. Johnson, *La transformación política de América Latina*. [Trad.] Buenos Aires: Hachette, 1961.
35 Oliveira Vianna, *O ocaso do Império*. 2. ed. São Paulo: Melhoramentos, [s.d.], pp. 105-6.
36 Hélio Silva, *1930: A revolução traída*. Rio de Janeiro: Civilização Brasileira, 1966, pp. 419-20.
37 Id., ibid., p. 425.

38 João Neves da Fontoura, op. cit., v. 2, p. 181.
39 Id., ibid., v. 1, p. 7.
40 Hélio Silva, *A grande marcha*. Rio de Janeiro: Civilização Brasileira, 1965, p. 230.
41 João Neves da Fontoura, *Acuso!* Rio de Janeiro, 1933, pp. 8-9.
42 Hélio Silva, *A grande marcha*, op. cit., p. 250.
43 João Neves da Fontoura, *A jornada liberal*. Porto Alegre: Globo, 1932, p. XVII, XVIII.
44 Hélio Silva, *A grande marcha*, op. cit., p. 257.
45 Leônidas Amaral, *Os pródromos da campanha eleitoral*. São Paulo, 1929. Carta do dep. Joaquim Sales, pp. 39-40.
46 Virgílio de Melo Franco, *Outubro, 1930*. Rio de Janeiro: Schmidt, 1931, p. XI.
47 Leônidas Amaral, op. cit., pp. 110-1.
48 Lindolfo Collor. In: Hélio Silva. *A grande marcha*, op. cit., p. 448.
49 Getúlio Vargas, *De 1929 a 1934*. Rio de Janeiro: Calvino Filho, 1934, p. 42.
50 Plínio Salgado, *Coletânea de artigos*. 2. ed. São Paulo: Revista Pindorama, 1936, pp. 23-4.
51 João Neves da Fontoura, *A jornada liberal*, op. cit., p. XVIII.
52 Lindolfo Collor. In: Hélio Silva. *A grande marcha*, op. cit., p. 445.
53 Id., ibid., p. 446.
54 João Neves da Fontoura, *Acuso!*, op. cit., p. 41.
55 Id., ibid., p. 62.
56 Paulo Nogueira Filho, *Ideais e lutas de um burguês progressista*. São Paulo: Anhembi, 1958, II, p. 738.
57 Hélio Silva, *A grande marcha*, op. cit., p. 437.
58 Antônio Carlos. In: Maurício de Lacerda. *2ª república*. Rio de Janeiro: Freitas Bastos, 1931, p. 139.
59 Paul Frischauer, *Presidente Vargas*. São Paulo: Nacional, 1943, p. 106.
60 André Carrazoni, *Getúlio Vargas*. Rio de Janeiro: José Olympio, 1939, p. 71.
61 Id., ibid., pp. 127-8.
62 As citações de Getúlio Vargas, daqui por diante sem indicação de fonte, mas apenas de datas, encontram-se na publicação semioficial de seus discursos em *A nova política do Brasil*, José Olympio.
63 Gen. Gil de Almeida, *Homens e fatos de uma revolução*. Rio de Janeiro: Calvino Filho, 1934, p. 41.
64 Paulo Nogueira Filho, op. cit., pp. 405-6.
65 João Neves da Fontoura, *Acuso!*, op. cit., p. 39.
66 Vivaldo Coaracy. In: Aureliano Leite. *Martírio e glória de São Paulo*. São Paulo, 1934, p. 46.
67 Lourival Coutinho, *O general Góes depõe*. Rio de Janeiro: Coelho Branco, 1955, pp. 156-7.
68 Id., ibid., p. 310.
69 Id., ibid., p. 282.
70 José Américo de Almeida. In: Gen. Góes Monteiro. *A revolução de 30*. Rio de Janeiro: Andersen, [s.d.], pp. 10-1.
71 Id., ibid., p. 16.
72 Id., ibid., pp. 159, 183, 156-7.
73 Alcindo Sodré, *A gênese da desordem*. Rio de Janeiro: Schmidt, [s.d.], p. 53.
74 Moysés Velhinho. In: Paul Frischauer, op. cit., p. 315.
75 Plínio Salgado, *O que é o integralismo*. 3. ed. Rio de Janeiro: Schmidt, 1935. *O integralismo perante a nação*. 3. ed. Rio de Janeiro: Clássica, 1955.
76 Amaral Azevedo, *O Estado autoritário e a realidade nacional*. Rio de Janeiro: José Olympio, 1938, pp. 135-6.
77 Afonso Arinos de Melo Franco, op. cit., v. 3, pp. 1485-6.
78 Lourival Coutinho, op. cit., p. 159.
79 Osvaldo Aranha. In: Hélio Silva. *1935: A revolta vermelha*. Rio de Janeiro: Civilização Brasileira, 1969, p. 225.
80 João Neves da Fontoura, *Acuso!*, op. cit., p. 115.
81 Moysés Velhinho, "À margem da revolução", *Revista do Globo*, n. 780, 1960.
82 Francisco Campos, *O Estado nacional*. Rio de Janeiro: José Olympio, 1940, pp. 8, 19-20, 16.
83 João Neves da Fontoura, *Memórias*. Porto Alegre: Globo, 1963, v. 2, p. XIII.
84 Lourival Coutinho, op. cit., p. 307.
85 Robert M. Levine, *The Vargas Regime: The Critical Years*. Columbia University, 1970, p. 138.
86 Francisco Campos, op. cit., p. 36.

87 Assis Chateaubriand. In: Queiroz Jr. *Memórias sobre Getúlio*. Rio de Janeiro: Copac, 1957, p. 282.
88 Alzira Vargas do Amaral Peixoto, *Getúlio Vargas, meu pai*. Porto Alegre: Globo, 1960, p. 250. Luiz Vergara, *Fui secretário de Getúlio Vargas*. Porto Alegre: Globo, 1960, p. 143.
89 Robert M. Levine, op. cit., p. 170. Ver também: Karl Loewenstein, *Brazil under Vargas*. Nova York: The Macmillan Company, 1942.
90 Sobre o assunto: Gino Germani, *Política e massa*. Belo Horizonte: Revista Brasileira de Estudos Políticos, 1960, p. 64, 117. Gino Germani, *Política y sociedad en una época de transición*. Buenos Aires: Paidós, 1968. Octávio Ianni, *O colapso do populismo no Brasil*. Rio de Janeiro: Civilização Brasileira, 1968.
91 Lourival Coutinho, op. cit., pp. 316, 409, 439.
92 *Questão monetária no Brasil*. São Paulo: Casa Garraux, 1926, p. 42. O escrito é atribuído a Washington Luís.
93 Id., pp. 23, 85.
94 J. Pires do Rio, *A moeda brasileira e seu perene caráter fiduciário*. Rio de Janeiro: José Olympio, [s.d,]. p. 250.
95 Barbosa Lima Sobrinho, *A verdade sobre a revolução de outubro*. Unitas, 1933, p. 105.
96 Virgílio A. de Melo Franco, *Outubro*, 1930. 2. ed. Rio de Janeiro: Schmidt, 1931, p. 108.
97 Nícia Vilela Luz, op. cit., p. 193.
98 Warren Dean, *A industrialização de São Paulo*. São Paulo: Difusão Europeia do Livro, 1931, pp. 26, 33, 35, 39, 75.
99 F. Normado, *A luta pela América do Sul*. São Paulo: Atlas, 1944, p. 55.
100 Afonso de E. Taunay, *Pequena história do café no Brasil*, op. cit., p. 426.
101 João Neves da Fontoura, *Memórias*, op. cit., v. 2, pp. 169, 218.
102 Barbosa Lima Sobrinho, *A verdade sobre a revolução de outubro*, op. cit., p. 115.
103 Ver, sobre o assunto, o importante e fundamental trabalho de Alberto Venâncio Filho, *A intervenção do Estado no domínio econômico*. Rio de Janeiro: Fundação Getúlio Vargas, 1968. Consultar também: Almir de Andrade, *Contribuição à história administrativa do Brasil*. Rio de Janeiro: José Olympio, 1950.
104 Warren Dean, op. cit., p. 194.
105 Brígido Tinoco, *Fundamentos históricos do direito social*. Rio de Janeiro: A Noite, 1955, p. 135.
106 Virgínio Santa Rosa, op. cit., p. 135.
107 José Alberto Rodrigues, *Sindicato e desenvolvimento no Brasil*. São Paulo: Difusão Europeia do Livro, 1968, p. 88.
108 Francisco Campos, op. cit., p. 61.
109 J. F. Normando, op. cit., p. 149.
110 Werner Baer, *Siderurgia e desenvolvimento brasileiro*. Rio de Janeiro: Zahar, 1970, p. 15.
111 Paulo Amora, *Bernardes*. São Paulo: Nacional, 1964, p. 203.
112 Charles A. Gould, *The Last Titan: Percival Farquhar*. Stanford University, 1964, p. 283.
113 Id., ibid., p. 285.
114 Werner Baer, op. cit., p. 93.
115 Epitácio Pessoa, op. cit., p. 378.
116 Celso Furtado, op. cit., pp. 218-9.
117 O. Ónody, op. cit., p. 237. Warren Dean, op. cit., pp. 228-9.
118 Id., ibid., p. 264.

Conclusão — A viagem redonda: do patrimonialismo ao estamento > pp. 693-708

1 Montesquieu, *De l'esprit des lois*. l. XI, cap. V, VII. *Oeuvres complètes*. Pleiade, 1951, tomo II, pp. 396, 408.
2 Max Weber, *Wirtschaft und Gessellschaft*, op. cit., p. 124.
3 Carl Schmitt, *Teoría de la constitución*, op. cit., p. 145.
4 *MEW*, op. cit., v. 33, 1962, pp. 14-5.
5 Isaac Deutscher, *Trotsky: O profeta banido*. Rio de Janeiro: Civilização Brasileira, 1968, p. 240.
6 Léon Trotsky, *Histoire de la Révolution Russe*. Paris: Éditions du Seuil, 1950, tomo I, p. 17.
7 Ver Maurice Merleau-Ponty, *Les aventures de la dialectique*. Paris: Gallimard, 1955, pp. 33, 51, 94.
8 H. Taine, *Les origines de la France contemporaine*. Paris: Hachette, [s.d.], I, tomo I, p. 11.

9 R. H. Tawney, *Religion and the Rise of Capitalism*. Nova York: A Mentor Book, 1950, p. 66. Na realidade, Tawney alude à paralisia espanhola, ampliada a expressão no texto por fidelidade ao sentido.

10 Max Weber, *Wirtschaft und Gessellschaft*, op. cit., pp. 170-1, 175, 761, 769.

11 Herbert Marcuse, *Razão e revolução*. Rio de Janeiro: Saga, 1969., p. 164, 188.

12 *MEW*, op. cit., "Die deutsche Ideologie", v. 3, p. 62.

13 *MEW*, op. cit., "Der 18. Brummaire de Louis Bonaparte", v. 7, p. 197.

14 Id., "Zur Wohnungsfrage", v. 18, p. 258.

15 Ludwig van Moses, *La bureaucratie*. Paris: Librairie de Médicis, [s.d.].

16 A tese ora exposta já se encontra na primeira edição deste livro. A tese, ao tempo não consagrada, tem atualmente o abono de trabalhos recentes, paralelos aos estudos do autor, entre outros: Hans Rosemberg, *Bureaucracy, Aristocracy and Autocracy. The Prussian Experience 1660-1815*. 3. ed. Harvard University (1958), 1968. Lucien Goldmann, *Le dieu caché*. Paris: Gallimard, 1958, pp. 118, 131, 140. Barrington Moore Jr., *Social Origins of Dictatorship and Democracy*. Boston: Beacon (1966), 1970, p. 441. Irving Louis Horowitz, *The Worlds of Development*. Oxford University (1966), 1972, p. 473. S. N. Eisenstadt, *The Political Systems of Empires*. Nova York: The Free Press (1963), 1969. Na crítica formulada à primeira edição de *Os donos do poder*, não se atentou convenientemente na distinção entre estamento burocrático e burocracia. Para uma discussão do assunto, dentro do particularismo alemão, no quadro moderno: Karl Dietrich Bracher, *Die Aufösung der Weimarer Republik*. 4. ed. Floresta Negra: Ring, 1944, p. 174. Id., *Die deutsche Diktatur*. Berlim: Kiepenheuer & Witsch, 1970, p. 16.

17 Essas considerações, que esquematizam o curso histórico desenvolvido neste livro, combinam-se ao quadro esboçado por S. N. Eisenstadt, op. cit., pp. 19, 97, 121, 133, 143.

18 Max Weber, *Wirtschaft und Gessellschaft*, p. 829.

19 Op. cit., pass.

20 Nikos Poulantzas, *Pouvoir politique et classes sociales*. Paris: François Maspero, 1970, p. 354. Urs Jaeggi, op. cit., p. 27.

21 Karl Loewenstein, *Teoría de la constitución*. Barcelona: Ariel, 1964, p. 76. A distinção entre regime totalitário e autoritário, criada por Loewenstein, foi inspirada pelo estudo de uma época brasileira: Karl Loewenstein, *Brazil under Vargas*, op. cit., p. 370.

22 Id., ibid., p. 218.

23 Op. cit., p. 172.

24 Irving Louis Horowitz, op. cit., p. 401.

25 John Kenneth Galbraith, *The New Industrial State*. Nova York: A Signed Book, 1968, pp. 386, 399, 404. Guy Rocher, *Introduction à la sociologie générale. 3. Le changement social*. Éditions H M H, 1968, pp. 136-7.

26 Roy Nash, *A conquista do Brasil*. 2. ed. São Paulo: Nacional, 1950, pp. 444-5.

27 Nestor Duarte, *A ordem privada e a organização política nacional*. São Paulo: Nacional, 1939, pp. 221-2.

28 *Balmaceda*. São Paulo: Instituto Progresso Editorial, 1949, p. 17.

29 Sobre o caráter profundo das revoluções universais: Rosenstock Huessy, op. cit., p. 5.

30 Como exemplo de tais tentativas, na bibliografia estrangeira: Morris Janowitz, *The Military in the Political Development of New Nations*. Chicago: University of Chicago, 1964. S. P. Huntington, *El orden político en las sociedades en cambio*. (Trad.) Buenos Aires: Paidós, 1972. Alfred Stepan, *The Military in Politics. Changing Patterns in Brazil*. Princeton University, 1971. Pioneiro é o livro de: John J. Johnson, *The Military and Society in America Latina*. Stanford: Stanford University, 1964. A referência no texto não importa em negar o valor e a relevância, o mérito e a ciência de tais trabalhos. A crítica alude apenas à perspectiva, mais imediata do que histórica, crítica aliás também includente das obras clássicas de J. E. Finer e outros.

31 Arnold Toynbee, *A Study of History*. Londres: Oxford University, 1954, v. 1, p. 281.

Posfácio | *Bernardo Ricupero e Gabriela Nunes Ferreira*

Os donos do poder: *Um romance sem heróis*

As muitas vidas de um livro

Em 1958, sai um livro com uma tese ousada sobre o Brasil: "O Estado projetou-se, independente e autônomo, sobre as classes sociais e a própria nação. Estado e nação, governo e povo, são realidades diversas, que se desconhecem, e, não raro, se antagonizam".[1] Para defender o argumento, seu autor, Raymundo Faoro, serve-se de um instrumental teórico então relativamente pouco conhecido no país: a sociologia weberiana. Em especial, faz uso do conceito de "patrimonialismo", subtipo de dominação tradicional em que existe um quadro administrativo que deve obediência pessoal ao senhor.

No entanto, à época de sua publicação *Os donos do poder* não teve grande impacto. Faoro era então um desconhecido. Nascido em 1925 em Vacaria, no Rio Grande do Sul, estudara direito no seu estado natal e em 1951 mudara-se para o Rio de Janeiro, onde exercia advocacia e mais tarde se tornaria procurador do estado. Em Porto Alegre, ainda estudante, tinha sido próximo do grupo da revista literária *Quixote*, publicada pela Editora Globo. Pela mesma editora sai seu livro, o título — com mais apelo do que o original "formação do patronato político brasileiro", que passa a ser o subtítulo — sendo, consta, sugestão de outro escritor gaúcho ligado à Globo, Erico Verissimo.[2]

O Brasil vivia então, durante o governo Juscelino Kubitscheck, o auge do desenvolvimentismo, e a tese do peso sufocante do Estado patrimonialista chocava-se com o consenso da época, quando as esperanças se voltavam para a ação estatal. É verdade que o trabalho ganhou o prêmio José Veríssimo da Academia Brasileira de Letras (ABL), mas foram poucos os que o tomaram a sério. Wilson Martins, por exemplo, considerou que o livro não passava de uma "simples história administrativa".[3]

---

[1] Raymundo Faoro, *Os donos do poder: Formação do patronato político brasileiro*. Porto Alegre: Globo, 1958, p. 45.
[2] Gabriel Cohn, em "Persistente enigma" (In: Raymundo Faoro, *Os donos do poder*. São Paulo: Globo, 2011), observa que a mudança de título foi um "lance de gênio".
[3] Wilson Martins, "A velha classe". *O Estado de S. Paulo, Suplemento Literário*, v. 3, n. 29, 25 abr. 1959, p. 2.

Dezessete anos depois, em 1975, quando *Os donos do poder* é reeditado, a recepção muda sensivelmente. Muito do novo impacto do livro deriva de ser capaz de fornecer uma explicação clara para o autoritarismo que o país então enfrentava. Segundo artigo não assinado no semanário da imprensa "nanica" *Movimento*, se os estudiosos do Brasil tinham se voltado, entre a década de 1930 e 1960, para a análise da sociedade, "nos últimos anos, porém, como o Estado se abateu sobre suas cabeças, os estudos mais especificamente *políticos*, levando em conta o caráter *relativamente* autônomo do Estado passaram a ocupar os cientistas sociais".[4] Se foram necessários dez anos para que esgotasse a primeira edição de *Os donos do poder*, a segunda se vendeu em dez meses.[5] Faoro, por sua vez, é eleito, pouco depois, presidente da Ordem dos Advogados do Brasil (OAB) e, nessa posição, tem papel de destaque na luta contra o arbítrio.

O próprio livro passa por uma mudança substancial entre 1958 e 1975 — quase triplica, passando de 271 para 750 páginas, sem contar as notas de rodapé que, de 140 chegam a 1335, agora contando com citações de obras sociológicas e historiográficas alemãs no original, quando antes se recorriam a traduções em espanhol.[6] Dois novos capítulos, que trazem uma análise da República Velha, apenas vislumbrada na primeira edição, e uma interpretação da Revolução de 1930 e do sistema político criado então, são acrescidos à nova edição e a análise passa, significativamente, a prestar mais atenção às Forças Armadas.

Por outro lado, como insiste Faoro no Prefácio da edição de 1975, sua tese central continua a mesma. Esta se volta sobretudo contra a crença, difundida pelo marxismo, de que o Estado ganha autonomia somente em momentos históricos excepcionais, de equilíbrio entre as classes, como o absolutismo e o bonapartismo. *Os donos do poder* sustenta, em sentido oposto, que Portugal e o Brasil mostravam que a autonomia do Estado não seria a exceção, presente apenas em alguns poucos períodos, mas o traço constante das histórias desses países. Em outras palavras, haveria uma estranha situação em que "a superestrutura comandava, soberanamente, o ritmo da infraestrutura".[7]

Faoro admite que tal avaliação se inspirou, em grande parte, em Weber, em particular na sua categoria de patrimonialismo. Para o sociólogo, o patrimonialismo seria um subtipo de dominação tradicional. Como toda dominação, se definiria tanto pelas razões que sustentam a obediência, sua legitimidade, como pelo quadro administrati-

---

[4] "A política no seu lugar". *Movimento*, 4 ago. 1975, p. 20.
[5] "Poder esgotado". *Jornal do Brasil*, 3 dez. 1975.
[6] Francisco Iglesias, "Revisão de Raymundo Faoro". *Cadernos do Departamento de Ciência Política*, n. 3, 1976; Marcelo Jasmin, " A viagem redonda de Raymundo Faoro em *Os donos do poder*". In: J. C. de C. Rocha (Org.), *Nenhum Brasil existe*. Rio de Janeiro: Topbooks, 2003.
[7] Raymundo Faoro, *Os donos do poder: Formação do patronato político brasileiro*. São Paulo: Globo, 1991, p. 199.

vo do qual dispõe.[8] O patrimonialismo poderia surgir do patriarcalismo ou da dominação carismática. Diferentemente dos tipos primários de dominação tradicional — a gerontocracia e o próprio patriarcalismo —, no patrimonialismo surgiria um quadro administrativo. No entanto, tal burocracia deveria obediência pessoal ao senhor, tendo seus companheiros se transformado em súditos. Portanto, em contraste com a burocracia racional-legal, a esfera de competência da burocracia não estaria determinada de antemão por regras impessoais, além de não haver especialização profissional.

Seria possível, porém, segundo Weber, pensar na existência de diferentes patrimonialismos. No patrimonialismo estamental, ao contrário do patrimonialismo patriarcal, ou sultanista, os cargos seriam monopolizados pelo quadro administrativo. Mais especificamente, haveria no patrimonialismo certas normas que o governante deveria seguir com base na tradição, bem como algum nível de arbitrariedade, segundo a qual poderia agir como desejasse.[9] Quando a arbitrariedade prevalecesse, se teria o que Weber caracteriza como sultanato, típico do Oriente. Em contraste, quando ocorresse uma estereotipização, com base na concessão de terras para a prestação de serviço militar a um senhor, se chegaria ao feudalismo. Nessa referência, no Ocidente o príncipe estamental teria se revelado incapaz de submeter inteiramente diferentes poderes locais.[10]

Em termos econômicos, de acordo com Weber, há uma afinidade especial do patrimonialismo com o que chama de capitalismo politicamente orientado. Nesse caso, a busca de lucro não ocorreria necessariamente de forma racional, como no capitalismo moderno. O capitalismo existiria assim há milhares de anos, sendo o capitalismo racional muito mais recente. O capitalismo politicamente orientado, por sua vez, é associado às oportunidades de lucro derivadas do exercício do poder político, o que, em última instância, relaciona-se com o uso da violência. Num sentido mais forte, o capitalismo politicamente orientado tenderia a desestimular o desenvolvimento do capitalismo moderno, que estaria associado à busca racional do lucro e à presença de mercado.[11]

[8] Guenther Roth, "Personal Rulership, Patrimonialism, and Empire-Building in the New States". *World Politics*, v. 20, n. 2, 1968, pp. 194-206.
[9] Reinhard Bendix, *Max Weber: Um perfil intelectual*. Brasília: Editora da UnB, 1986.
[10] Percebe-se aqui, como indica Gina Zabludovsky em "The Reception and Utility of Max Weber's Concept of Patrimonialism in Latin America" (*International Sociology*, v. 4, n. 1 pp. 51-66, 1989), que há uma certa imprecisão de Weber na utilização do conceito de patrimonialismo. O sociólogo alemão utiliza o termo tanto num sentido específico, referindo-se a um subtipo de dominação tradicional — em que o patrimonialismo e o feudalismo se distinguiriam — como, em termos mais amplos, um quase sinônimo para a dominação tradicional, em que a diferença entre o patrimonialismo e o feudalismo se referiria principalmente a graus variados de centralização. Além disso, equivale o patrimonialismo a regimes pós-feudais, que podem ser identificados com o absolutismo.
[11] Richard Sweedberg, *Max Weber and the Idea of Economic Sociology*. Princeton: Princeton University Press, 1998.

É significativo que, no contexto pós-1964, o conceito de patrimonialismo tenha aparecido em diversos trabalhos sobre o Brasil além de *Os donos do poder*, como *São Paulo e o Estado nacional* (1975), de Simon Schwartzman, e *O minotauro imperial* (1977), de Fernando Uricochea.[12] O primeiro livro, igualmente uma grande "interpretação do Brasil", foi fruto de uma tese de doutorado defendida na Universidade da Califórnia em Berkeley, que teve parte significativa reaproveitada em *Bases do autoritarismo brasileiro* (1982). Também como Faoro, Schwartzman considera o marxismo inadequado para compreender a estrutura sociopolítica brasileira. O Estado seria dotado no país de verdadeira autonomia diante da sociedade, podendo ser caracterizado como neopatrimonial. Portanto, segundo o sociólogo, não ocorreria nada comparável à representação de interesses de variadas classes, prevalecendo a cooptação por parte de um Estado todo-poderoso. Mesmo assim, um setor capitalista moderno teria se desenvolvido e pressionaria pela mudança a partir de São Paulo, área orginalmente esquecida pelo poder central que, por isso mesmo, teria sido capaz de desenvolver uma sociedade mais independente.

Também é revelador que, por volta da mesma época, a categoria de patrimonialismo tenha passado a ser usada para explicar as condições sociopolíticas de outros países latino-americanos. No México, em particular, recorreu-se a "patrimonialismo" tanto para explicar o passado do país como o domínio, já de quase meio século, do Partido Revolucionário Institucional (PRI).[13] Octavio Paz e o grupo de literatos liberais próximos a ele, que editaram revistas como *Plural* e *Vuelta*, chegaram ao conceito por meio do artigo "The Heritage of Latin America" (1964), de Richard Morse, no qual o historiador norte-americano considerou que o patrimonialismo descrevia "com surpreendente precisão a estrutura e a lógica do Império espanhol na América".[14] Já o poeta usou o conceito como uma chave importante para sua interpretação do Estado mexicano em "El ogro filantrópico" (1978), considerando no artigo que haveria uma contradição básica: o Estado era tratado tanto como patrimônio pessoal quanto como o principal agente de modernização no país. Depois recorreu a "patrimonialismo" igualmente para abordar a estrutura sociopolítica da Nova Espanha no livro *Sor Juana Inés de la Cruz y las trampas de la fé* (1982).

Mas Faoro, apesar da sua inspiração weberiana, não deixa de seguir um caminho próprio na análise da história portuguesa e brasileira.[15] Já no início de

---

12 Leonardo O. Belinelli Britto, *Os dilemas do patrimonialismo brasileiro*. São Paulo: Alameda, 2019.
13 Gina Zabludovsky, "The Reception and Utility of Max Weber's Concept of Patrimonialism in Latin America", op. cit.
14 Richard Morse, "The Heritage of Latin America". In: Louis Hartz (Org.), *The Founding of New Societies*. Nova York: Harcourt, Brace and World, 1964, pp. 157-8.
15 Rubens Goyatá Campante, "O patrimonialismo em Faoro e Weber e a sociologia brasileira". *Dados*, v. 46, n. 1, pp. 153-193, 2003.

Os donos do poder, o discípulo gaúcho, ao contrário do mestre alemão, em vez de insistir na afinidade entre calvinismo e capitalismo, concentra-se na desejável precedência do capitalismo pelo feudalismo.[16] É nessa relação que se encontraria a chave da excepcionalidade portuguesa e depois brasileira. A experiência de dominação tradicional da metrópole praticamente não teria conhecido o feudalismo, tendo sido quase imediata a transição do patriarcalismo para o patrimonialismo. A consequência mais séria desse desenvolvimento é que não apareceriam camadas autônomas, como a nobreza e o clero, que o autor, de maneira semelhante à interpretação de Montesquieu e Tocqueville, considera capazes de impedir a ação arbitrária do rei.

Levando adiante um uso original da sociologia weberiana, *Os donos do poder* desenvolve seu argumento: teria emergido em Portugal, e persistiria no Brasil, o que Faoro chama de um estamento burocrático, grupo que se apropriaria do cargo que exercia e da própria soberania. O estamento, como mostrara Weber, ao contrário da classe, que ignoraria privilégios, se comportaria como uma comunidade que desejaria monopolizar a honra. Em Portugal, inicialmente o cargo público seria atributo apenas da nobreza, mas pouco a pouco iria se abrindo a outros grupos. Como consequência, o estamento, de aristocrático, se burocratizaria. O domínio do estamento burocrático seria o traço mais marcante da história portuguesa e brasileira, fazendo com que "de d. João I a Getúlio Vargas, numa viagem de seis séculos, uma estrutura político-social resistiu a todas as transformações fundamentais, aos desafios mais profundos, à travessia do oceano largo".[17]

O estamento burocrático não seria o mesmo que a elite, a chamada classe política ou dirigente. Faoro sugere que essas são categorias com amplitude maior, concordando inclusive com os teóricos das elites, Mosca, Pareto e Michels, em que todas as organizações sociais foram e são governadas por minorias. O estamento burocrático também seria diferente da burocracia, que seria neutra, correspondendo ao quadro administrativo, que existe nos mais variados regimes políticos. O estamento seria um fenômeno de outra natureza. Corresponderia a uma certa estratificação social distante, de maneira geral, da classe social e próximo, em caso extremo, da casta.

Numa outra perspectiva, Faoro nunca deixa de insistir que, para além do domínio sufocante do estamento burocrático, subsistiriam os impulsos, quase anárquicos, da sociedade. Isto é, todo o argumento desenvolvido em *Os donos do poder* é construído com base em sucessivos contrastes — entre metrópole e colônia, litoral

---

16 Renato Lessa, "O longínquo pesadelo brasileiro". In: Juarez Guimarães (Org.), *Raymundo Faoro e o Brasil*. São Paulo: Fundação Perseu Abramo, 2009; Luiz Werneck Vianna, "Weber e as interpretações do Brasil". *Novos Estudos Cebrap*, n. 53, pp. 33-47, mar. 1999.

17 Raymundo Faoro, *Os donos do poder: Formação do patronato político brasileiro*. São Paulo: Globo, 2011, p. 819.

e sertão, Estado e nação — que, no fundo, não passam da reapresentação desse problema. Não deixa também de ser interessante que o moderno — ou ao menos o que aparenta ser moderno — se identifique com a metrópole, o litoral e o Estado, com a colônia, o sertão e a nação sendo indubitavelmente arcaica.

Em termos mais concretos, o Estado se vincularia ao estamento burocrático, ao passo que a nação teria nos proprietários rurais, nos caudilhos e nos bandidos seus representantes mais característicos. Entre as duas ordens se encontrariam os comerciantes, que não deveriam pertencer ao ambiente estatal, mas que, por dependerem no quadro de capitalismo politicamente orientado de benefícios oficiais, se ligariam a ele. Para além da oposição entre o estamento burocrático e os senhores rurais se encontraria o povo, o grande ausente da história brasileira.

É significativo que a análise básica desenvolvida em *Os donos do poder* tenha sido reproduzida em outros trabalhos de Faoro. Na sua interpretação sociológica da obra de um dos maiores escritores brasileiros, *Machado de Assis: A pirâmide e o trapézio* — publicada em 1974, um ano antes da segunda edição de *Os donos do poder* —, o jurista gaúcho lida com a segunda metade do século XIX, período em que a sociedade estamental se chocaria com a sociedade de classes em ascensão.[18] Ao tratar do processo, a perspectiva do escritor seria a do moralista que, consciente ou inconscientemente, ao povoar, por exemplo, seus romances de carros, dos mais aristocráticos aos mais populares, "do coche ao bonde", expressaria a história de "toda a sociedade do Império, sobretudo a do Segundo Reinado".[19]

Já no pequeno livro de intervenção *Assembleia Constituinte: A legitimidade recuperada* (1981), que Faoro escreve depois de ser presidente da OAB em razão de uma das grandes campanhas contra o regime autoritário, a convocação de uma Assembleia Nacional Constituinte, volta a aparecer a visão da oposição entre Estado e nação. Mais especificamente, o que haveria de liberal e democrático no Brasil é associado às suas Constituintes: a de 1823, resultado da Independência; a de 1891, resultado da proclamação da República; a de 1934, resultado da Revolução de 1930; e a de 1945, resultado do fim do Estado Novo. Já as outorgas, como a Constituição de 1824, a Constituição de 1937 e a Constituição de 1967, são relacionadas ao "aparelhamento de poder, firmemente ancorado ao patrimonialismo de Estado".[20]

---

[18] Como indica Leopoldo Waizbort em *A passagem do três ao um* (São Paulo: Cosac Naify, 2007), o próprio título de *Machado de Assis: A pirâmide e o trapézio* vem de *Os donos do poder*: "uma das epígrafes do livro fala das pirâmides do Egito, algo que é imutável, mas muda; e outra do trapézio na cabeça de Brás, no qual se dependurou a ideia fixa, algo que não muda, mantém-se, balançando. Ora a chave está dada em *Os donos do poder*: as pirâmides do Egito são a sociedade, que espera por sua salvação; a ideia fixa dependurada no trapézio e o estamento balançando nos seis séculos de história".
[19] Raymundo Faoro, *Machado de Assis*: A pirâmide e o trapézio. São Paulo: Globo, 2001, p. 65.
[20] Raymundo Faoro, *Assembleia Constituinte: A legitimidade recuperada*. São Paulo: Brasiliense, 1986, p. 92.

Também no ensaio mais acadêmico "Existe um pensamento político brasileiro?" (1987), Faoro argumenta que a crise do absolutismo e do sistema colonial no Brasil teria apresentado duas soluções possíveis: aquela que, amparada no neopombalismo, buscaria a transação com a metrópole, e a de setores nativistas, que, numa referência liberal, desejavam romper com a condição colonial. A principal sustentação para o neopombalismo vitorioso apareceria no grupo que em *Os donos do poder* é batizado de estamento burocrático, aliado à burguesia comercial, ao passo que os grandes proprietários rurais se identificariam com o liberalismo. No entanto, o grupo neopombalino se travestiria de liberal, apesar de não buscar criar direitos e garantias individuais, centrando sua ação no Estado.

Para além dos livros de Faoro, a "interpretação do Brasil" delineada em *Os donos do poder* continuou a ser influente na maneira de se entender o país. Com o fim da ditadura, a tese do patrimonialismo ganhou peso com a tentativa de pôr fim ao Estado desenvolvimentista. Tornou-se frequente, nos anos 1990, a referência a Faoro tanto entre os que defendiam que seria preciso libertar a sociedade (e o mercado) do domínio sufocante do Estado patrimonialista como entre aqueles que denunciavam que privatizações e medidas afins estariam realizando o "programa" do autor.

Nesse contexto, Luiz Werneck Vianna elaborou uma das mais sugestivas análises sobre *Os donos do poder*. Na verdade, "Weber e as interpretações do Brasil" (1999) não trata apenas de Faoro, mas de variadas utilizações da sociologia weberiana no país. Entre elas, Vianna destaca o que chama de "patrimonialismo de sociedade civil" e "patrimonialismo de Estado". Na primeira orientação, autores como Florestan Fernandes e Maria Sylvia Carvalho chamariam a atenção para o desenvolvimento, na sociedade brasileira "senhorial e escravocrata", de características que poderiam ser aproximadas do que o sociólogo alemão chamara de patrimonialismo.[21] Para essa vertente, seria central a forma de lidar com a questão agrária. Em termos mais amplos, pensariam o patrimonialismo com base na ligação contraditória do Brasil com o capitalismo e, consequentemente, com o Ocidente. Acabaria se favorecendo, dessa forma, uma certa combinação de Weber com Marx.

Já autores como Faoro e Schwartzman enxergariam um vício de origem na herança do patrimonialismo ibérico, que teria sido transplantado para a América.

---

[21] Fernando Henrique Cardoso não é arrolado entre os autores do "patrimonialismo da sociedade civil". No entanto, em *Capitalismo e escravidão no Brasil meridional* (São Paulo: Paz e Terra, 1977, p. 102) identifica no Rio Grande Sul uma regressão do Estado patrimonialista em formação em Portugal "para um sistema mais próximo do patrimonialismo patriarcal" e do sultanato. Esse desenvolvimento ocorreria devido a prebendas concedidas pelo Estado português para que proprietários rurais ocupassem a capitania, o que acabaria dotando o chefe local de um poder quase sem limites. Ironicamente, contudo, o sociólogo foi presidente de um governo que procurou pôr a pique o "Estado patrimonialista".

O Estado exerceria um domínio absoluto sobre a sociedade, o que, em interpretação semelhante à realizada pelo liberal Tavares Bastos no século XIX, aproximaria o Brasil da Ásia, local por excelência do despotismo, tal como caracterizado por Montesquieu. Contra a "metafísica brasileira", que se teria devido à identificação do Estado com a nação, defendiam a "física dos interesses", que deveria aflorar com a libertação das energias presentes na sociedade. Em outras palavras, do diagnóstico do "patrimonialismo de Estado" derivaria um projeto: "romper com esse Oriente político, significaria, de um lado, uma reforma política que abrisse o Estado à diversidade dos interesses manifestos na sociedade civil, impondo o sistema de representação, e, de outro, a emancipação desses interesses de qualquer razão de tipo tutelar". A ruptura, portanto, para Faoro como para Tavares Bastos, "deveria se aplicar no plano da institucionalidade política".[22]

Mais recentemente, Jessé Souza, em influentes textos de combate que têm como alvo as "ideias dominantes" no Brasil, volta-se contra a tese do patrimonialismo. Ela já estaria presente em *Raízes do Brasil* (1936), de Sérgio Buarque de Holanda, tendo encontrado sua forma mais acabada na narrativa histórica de *Os donos do poder*.[23] De forma forte, Souza julga, em trabalho recente, que "apesar da narrativa elegante e literalmente erudita, 'todos' os pressupostos, tanto históricos quanto os sociológicos, da análise de Faoro são falsos".[24] Isto é, o patrimonialismo não seria importado de Portugal; não haveria como contrapor a história brasileira à norte-americana, e São Paulo não representaria uma possibilidade alternativa de desenvolvimento sociopolítico. Mesmo assim, a tese do patrimonialismo seria a grande ideia de força por trás do liberalismo conservador brasileiro, tendo penetrado a imaginação social do país. Em especial, a corrupção seria associada ao patrimonialismo. Daí se acreditaria que seu combate deveria se voltar especialmente contra o Estado patrimonialista.

Werneck Vianna e Jessé Souza não deixam de ter razão quando apontam que a tese do patrimonialismo tem sido usada, nas últimas décadas, como importante arma política no Brasil, alimentando a crítica ao Estado.[25] Cabe, entretanto, avaliar

---

22 Luiz Werneck Vianna, "Weber e as interpretações do Brasil", op. cit., p. 36.
23 Na verdade, a maneira como Holanda e Faoro tratam o patrimonialismo não é a mesma. Como indica o gaúcho em "Sérgio Buarque de Holanda: Analista das instituições brasileiras" (In: Antonio Candido (Org.), *Sérgio Buarque de Holanda e o Brasil*. São Paulo: Fundação Perseu Abramo, 1999), o paulista usa o "funcionário patrimonial" como exemplo de extensão, em direção a outras esferas, das práticas prevalecentes na família patriarcal, perspectiva que não deixa de estar próxima do que Werneck Vianna chama de "patrimonialismo da sociedade civil". Em contraste, *Os donos do poder* localiza o patrimonialismo no Estado, que "como Leviatã, nasce do mar, trazido nas naves portuguesas, indomesticável" (Raymundo Faoro, *Os donos do poder,* op. cit, 1991, p. 347).
24 Jessé Souza, *A tolice da inteligência brasileira: Ou como o país se deixa manipular pela elite*. São Paulo: LeYa, 2015, p. 59.
25 Exemplo dessa visão é a coluna do jornalista Celso Ming "Raízes do patrimonialismo I" (*O Estado de S. Paulo*, 23 jan. 2015), em que trata da "interpretação do Brasil" de Faoro: "ele mostra que tudo

se os programas que os dois autores argumentam estar subjacente à interpretação de Faoro realmente encontra-se presente em seus trabalhos, especialmente em *Os donos do poder*.

O drama liberal no Brasil

Se é verdade que a interpretação de Raymundo Faoro quanto aos males da formação brasileira pode ser aproximada da de Tavares Bastos, que no século XIX também denunciava a "onipotência do Estado", os dois se distanciam quanto às soluções propostas.[26] Tavares Bastos, sim, apostava no caminho indicado por Werneck Vianna na sua interpretação do "patrimonialismo de Estado": a solução estaria na realização de reformas liberais descentralizadoras para libertar a sociedade, promovendo o *self-government* e, com ele, o progresso social e econômico do país. Mas em *Os donos do poder* esse caminho não aparece como uma solução auspiciosa.

A atitude reticente de Faoro diante da reforma política é consistente com a sua interpretação do Estado e da nação no Brasil.[27] Se o Estado é uma realidade opressiva

começou lá atrás, em Portugal, quando a Coroa portuguesa ainda procurava controlar a aristocracia local. Foi a dinastia de Avis que buscou o apoio dos senhores de terras e os transformou em nobres, com o objetivo de garantir a administração do Estado, por meio de distribuição de títulos e de terras". Na coluna do dia seguinte, "Raízes do patrimonialismo II", viaja alguns séculos no tempo para concluir sobre a presidência de Dilma Rousseff: "Seu governo fez enormes transferências de recursos do Tesouro para grupos privados. Só o BNDES recebeu a bagatela de R$ 400 bilhões que, em seguida, foram repassados a juros negativos para os tais futuros campeões nacionais que o próprio governo elegeu, com critérios de qualidade não muito diferentes do que aqueles com que, lá atrás, o rei de Portugal distribuía os benefícios da Coroa".

26 Tavares Bastos é um precursor dessa linha de interpretação do Brasil que privilegia, como elemento fundamental do processo histórico brasileiro, o peso do Estado a moldar a nação. No outro extremo, está a tradição privatista ou "feudalista" — que, como observa José Murilo de Carvalho em "Mandonismo, coronelismo, clientelismo: uma discussão conceitual" (In: *Pontos e Bordados: Escritos de história e política*. Belo Horizonte, Ed. UFMG, 1998, p. 140), tem em Oliveira Vianna e Nestor Duarte "seus mais ilustres representantes" e põe ênfase no poder privado dos grandes proprietários territoriais diante do Estado como marca principal da sociedade e da política brasileiras. Numa outra perspectiva, Gildo Marçal Brandão, em *Linhagens do pensamento político brasileiro* (São Paulo: Editora Hucitec, 2009), identifica "linhagens do pensamento político brasileiro" e levanta a hipótese de Tavares Bastos e Raymundo Faoro se situarem em uma linhagem cujo eixo estaria no conceito de "idealismo constitucional".

27 Bernardo Ricupero e Gabriela Nunes Ferreira, "Raymundo Faoro e as interpretações do Brasil". *Revista Perspectivas*, v. 28, 2005; "Estado e sociedade em Oliveira Vianna e Raymundo Faoro." *Caderno CRH*, Salvador, v. 18, n. 44, maio/ago. 2005; "Vinho novo em odres velhos: Continuidade e mudança em *Os donos do Poder*". In: André Botelho, Élide Rugai Bastos e Gláucia Villas Boas (Orgs.), *O moderno em questão: A década de 1950 no Brasil*. Rio de Janeiro: Topbooks, 2008.

em *Os donos do poder*, a nação, marcada pela desagregação e pelo peso do privatismo, não oferece alternativas muito melhores. Nesse sentido, ao tratar do "país real", sua caracterização não está muito distante da de um autor como Oliveira Vianna. Ambos se aproximam também na denúncia do constante desencontro entre país legal e país real. Referindo-se às reformas liberais da Regência, por exemplo, Faoro explica o seu fracasso pela inadequação da legislação, inspirada nos Estados Unidos, ao ambiente social brasileiro. O *self-government* não seria possível até porque no Brasil não haveria nada como o associativismo que Tocqueville encontrou na Nova Inglaterra e que desempenharia papel similar aos poderes intermediários do feudalismo. O autor considera, assim, que "a moldura legal" tinha diante de si "forças atomizadas, isoladas, e não solidárias, perdidas nas fazendas para as quais o aparelhamento administrativo serviria apenas para consolidar o estatuto de domínio da unidade fechada do latifúndio, dirigido por um senhor".[28] O descompasso entre o "idealismo das fórmulas" e a realidade social brasileira teria sua origem no alheamento do estamento burocrático em relação aos problemas concretos da sociedade.[29]

Mais ainda, a tutela do Estado sobre a nação, constantemente reposta, acabaria, segundo Faoro, por moldá-la, reforçando sua subordinação. Um bom exemplo disso é a sua avaliação da reforma eleitoral consubstanciada na Lei Saraiva, de 1881. Quando finalmente a nação teve a oportunidade de se manifestar através do voto direto, segundo Faoro, o país real que emergiu não era o "dos arrogantes e independentes senhores de terras, mas dos pedintes de emprego, dos necessitados de pequenos auxílios". Os frutos da lei de 1881 teriam sido uma decepção: "O povo não arrebatou a soberania, aprisionada na camada que cerca o imperador, nem o senhor de terras ganhou o primeiro plano. Sobre ambos, paira uma rede, cada vez mais rígida, que domina a todos, rede tecida pela pobreza e pela dependência dos homens".[30]

Talvez em razão dessa maneira de entender o Estado e a nação, *Os donos do poder* não oferece propriamente um programa político para o Brasil. Mais do que um programa positivo, Faoro fornece no livro uma visão desesperançada da política e da sociedade brasileiras. Sugestivamente, esse tom de desalento se acentua entre a edição de 1958 e a de 1975.[31] Entre as duas versões, há diferenças sutis no tratamento que o livro dá à mudança na história portuguesa e brasileira. A edição de 1958 não identifica grandes possibilidades de transformação no passado dos dois países, mas não deixa de ter esperança de que o futuro brasileiro passe a ter uma nova orientação. O livro de 1975, em contraste, destaca momentos em que teria sido pos-

28 Raymundo Faoro, *Os donos do poder*, op. cit., 2011, p. 357.
29 Ibid., p. 113.
30 Ibid., pp. 429-30.
31 Sobre esse ponto, ver Ricupero e Ferreira, "Vinho novo em odres velhos: Continuidade e mudança em *Os donos do poder*" (op. cit.).

sível romper com o domínio do estamento burocrático, mas considera que foram desperdiçados e que tal possibilidade se fechou. Entre essas chances perdidas, destacam-se a ação, ainda em Portugal, dos judeus, implacavelmente perseguidos pela Inquisição, e a presença do cafeicultor paulista na Primeira República brasileira.

Faoro observa que a perseguição dos judeus pelo estamento burocrático não ocorreu tanto devido à sua religião ou raça, mas por simbolizar o "burguês moderno, flexível e permeável aos novos tempos".[32] Ou seja, o que provocaria a animosidade do estamento burocrático e de seus aliados diante do judeu, "rebelde à tutela", seria a possibilidade de com ele se abrir um novo caminho para Portugal, resolutamente capitalista.

Com relação ao cafeicultor, Faoro segue a trilha de vários outros autores, como Sérgio Buarque de Holanda, Caio Prado Jr., Celso Furtado e Florestan Fernandes, ao salientar a novidade representada pela produção de café no oeste de São Paulo. Da fazenda tradicionalista, em que prevalecia o trabalho escravo, teria se passado para uma empresa capitalista racional, onde o dominante seria o trabalho livre. Diferentemente do decadente fazendeiro do vale do Paraíba, sempre dependente do auxílio do governo, esse paulista poderia se adequar ao liberalismo econômico.[33] Refletindo tal quadro, segundo *Os donos do poder*, a própria política econômica mudaria na Primeira República. Ou, pelo menos, de 1891 a 1906, "os instrumentos patrimonialistas do comando político da economia — o protecionismo, as manipulações financeiras, as garantias de juro e as concessões, as intervenções estatais — sofrem vigoroso cerceamento, que os leva quase ao desaparecimento".[34]

Não por acaso, os judeus de Portugal e o cafeicultor paulista possuem características comuns: a independência, capaz de deslanchar um desenvolvimento capitalista contrário aos padrões fixados pelo patrimonialismo. As duas possibilidades seriam, entretanto, derrotadas. No caso de São Paulo, um marco da mudança seria a assinatura, em 1906, do Convênio de Taubaté, estipulando, por via da intervenção estatal na economia, um preço mínimo para o café. A industrialização paulista, intensificada depois da Primeira Guerra Mundial e voltada para a produção destinada ao mercado interno, reforçaria essa tendência, já que também acabaria dependendo da proteção do Estado.

No tratamento dado à particularidade de São Paulo, portanto, há diferenças nas interpretações patrimonialistas da história brasileira construídas por Faoro e Simon Schwartzman. Enquanto *São Paulo e o Estado Nacional* e *Bases do autoritarismo brasileiro* consideram que o setor capitalista moderno radicado em São

---

[32] Raymundo Faoro, *Os donos do poder*, op. cit., 2011, p. 104.
[33] Ibid., p. 573.
[34] Ibid., p. 595.

Paulo continuaria a pressionar por mudanças na estrutura de poder, em *Os donos do poder* essa possibilidade aparece como mais uma oportunidade perdida, já encerrada.

Essa maior desesperança presente em 1975 fica clara quando se comparam os finais das duas edições de *Os donos do poder*. A primeira se fecha num tom pessimista: "Parece impossível, como ensinou Jesus, deitar vinho novo em odres velhos, porque, em fermentando o vinho, aqueles se rompem e este se entorna". Logo depois, o autor esclarece: "É necessário que o vinho novo seja colocado em odres novos, para que ambos se conservem". Portanto, a única opção seria de ruptura: "As velhas caldeiras, a fim de que se expanda a pressão, hão de romper-se e fragmentar-se em mil peças disformes". A esperança só poderia ser, além do mais, de transformação radical: "A explosão há de ser total e profunda e os velhos odres devem ser abandonados. Somente assim a criança tolhida e enferma terá ensejo de crescer e tornar-se adulta".[35] No entanto, não deixa de fazer a ressalva: "Essas são as expectativas cegas da fé, que a razão e a análise histórica repelem".[36]

Na segunda edição, volta a aparecer a metáfora do vinho novo em odres velhos. A história narrada está, porém, no passado: "Deitou-se remendo de pano novo em vestido velho, vinho novo em odres velhos, sem que o vestido se rompesse nem o odre rebentasse". Não se vislumbra qualquer saída, não há espaço para as "expectativas cegas da fé". Continuamos cobertos pela "túnica rígida do passado inexaurível, pesado, sufocante".[37]

Se Faoro não vê na realização de reformas políticas liberais a panaceia para os males brasileiros, tampouco aposta na redução do Estado a qualquer custo, em favor de um mercado desregulado como base da vida social. O eixo principal do seu raciocínio não está na oposição entre Estado e mercado, e sim na cisão entre governantes e governados. Mais do que a condenação da "presença estatal enquanto

---

[35] Pode-se, portanto, perceber um certo voluntarismo em Faoro, que se liga a uma dimensão ético-normativa do seu pensamento, aspecto da obra destacada por alguns dos intérpretes do autor: Kátia M. Barreto, "Um projeto civilizador: revisitando Raymundo Faoro" (*Lua Nova: Revista de Cultura e Política*. São Paulo, n. 36, 1995); Rubens Goyatá Campante, *Patrimonialismo no Brasil: Leituras críticas de interpretações weberianas e suas articulações socioculturais*. Belo Horizonte: Faculdade de Filosofia e Ciências Humanas, Universidade Federal de Minas Gerais, 2009. Tese (Doutorado em Sociologia e Política); Juarez Guimarães, "Raymundo Faoro, pensador da liberdade" (In: *Raymundo Faoro e o Brasil*, op. cit.).

[36] Raymundo Faoro, *Os donos do poder*, op. cit., 1958, p. 271.

[37] Raymundo Faoro, *Os donos do poder*, op. cit., 2011, p. 838. Ainda em *Assembleia Constituinte: A legitimidade recuperada* (op. cit., p. 82), a metáfora do pano novo em roupa velha reaparece: "Não é preciso renovar o repúdio às falsas soluções, que querem remendar a roupa podre com pano novo". É verdade que, em meio à luta pelo fim do regime autoritário, seu autor faz a ressalva que "a outra alternativa, que não é otimista, mas tem ao seu lado a esperança, confiantemente alicerçada nas novas forças que crescentemente definem um perfil novo da sociedade brasileira" (p. 92).

tal",[38] o que resulta da crítica do autor ao Estado patrimonial é, como observa Juarez Guimarães, "a necessidade da democratização de seus fundamentos, uma ordem simétrica de direitos e deveres de cidadania e a afirmação de critérios universalistas de sua ação política e econômica".[39]

Em outras palavras, críticos de Faoro, como Werneck Vianna e Jessé Souza, têm tratado mais da difusão de uma certa visão da história brasileira inspirada em grande parte em *Os donos do poder* do que do próprio argumento do livro. Nesse sentido, não prestam muita atenção ao processo em que, para falar como Antonio Gramsci, uma "filosofia tende a se tornar senso comum",[40] mas no qual uma e outra coisa não necessariamente coincidem. Mesmo que se possa, com base no que afirma Faoro, defender o desmantelamento do Estado, esse não é um projeto sustentado pelo autor. É verdade que ele considera importante, para a superação do exercício patrimonialista do poder, o pleno desenvolvimento do capitalismo moderno, calcado em instituições jurídicas e políticas que garantam previsibilidade aos agentes econômicos e inibam a prevalência dos interesses do estamento burocrático sobre os da sociedade. Mas disso não se depreende a defesa da virtude intrínseca do mercado, nem a condenação de toda ação estatal. Em artigo de 1993, ele o diria textualmente: "Seria grave erro ver o patrimonialismo em qualquer forma de intervenção do Estado na economia".[41] Como bem observa Gabriel Cohn: "O problema de Faoro, contudo, é não o Estado, e sim a natureza que ele assume nas condições históricas brasileiras. É a forma do Estado que absorve sua atenção; mais precisamente, a dificuldade senão impossibilidade histórica do Estado racional liberal-democrático, enleado (é bem isso, mais do que sufocado), na forma estamental burocrática".[42]

No fundo, a visão de Raymundo Faoro é menos estritamente dualista do que pode aparentar. Como sugere a referência, no último capítulo de *Os donos do poder*, à "lei do desenvolvimento desigual e combinado", formulada originalmente por Liev Trótski, mais do que uma simples oposição entre metrópole e colônia, Estado e nação, haveria um amálgama entre os polos. Para Faoro, o Estado, apartado da sociedade, ao mesmo tempo a contém, a subordina e a utiliza para realizar seus propósitos.

---

38 Jessé Souza, *A modernização seletiva*. Brasília: Editora da UnB, 2000, p. 181.
39 Juarez Guimarães, "Raymundo Faoro, pensador da liberdade", op. cit., p. 81.
40 Antonio Gramsci, *Quaderni del cárcere*. Turim: Einaudi, 2001, p. 1382.
41 Raymundo Faoro, "A aventura liberal numa ordem patrimonialista" (*Revista USP*, n. 17, 1993). Coerentemente, Faoro não via com bons olhos o neoliberalismo dos anos 1990, importado por decreto, "com uma nominal 'modernização' da economia: um liberalismo que não se nutre da sociedade, mas da ideologia". No fundo, uma ideologia totalmente compatível com a manutenção da estrutura patrimonialista do poder.
42 Gabriel Cohn, "Persistente enigma", op. cit., p. 10.

A maneira como o autor trata o tema do liberalismo no Brasil é um bom exemplo do tipo de amálgama que enxerga na história brasileira. Nos anos que antecederam à Independência política de 1822, duas correntes originárias da França teriam aportado e encontrado terreno fértil no Brasil. Além do liberalismo mais radical que fluía na "corrente subterrânea", encampado pelo grupo dos brasileiros, especialmente os proprietários territoriais, introduzira-se uma outra vertente mais moderada, que acabaria prevalecendo e serviria bem aos propósitos do estamento burocrático. Ambas as correntes, adverte Faoro, excluíam as camadas menos favorecidas de suas preocupações. Mas enquanto a primeira, derivada de Rousseau, defendia a soberania popular, fazendo "o rei e a autoridade obra do país e não de condições preexistentes", a segunda, "que flui de Montesquieu, passa por Sieyèse se define em Benjamin Constant, não por acaso o pai do Poder Moderador da Carta de 1824", equiparava liberalismo e constitucionalismo e colocava a tônica no poder constituído do monarca. Para essa corrente, que se imporia com a solução transacional da Independência, "a soberania — se de soberania se trata — será a nacional [...] e não a popular, que cria e abate reis".[43] Diferentemente da corrente inspirada em Rousseau, para quem liberdade significava participação política, a corrente dominante abraçava a concepção negativa de liberdade, equivalente à garantia dos direitos individuais.

O drama dos liberais no Brasil, segundo Faoro, é que uma vez no poder se convertem em conservadores, "guardiões do país contra a anarquia". O liberalismo, ideologia originalmente de oposição, nunca conseguiria realizar seu programa no Brasil. A figura de Diogo Feijó durante a Regência refletiria bem esse drama: liberal na oposição, na cadeira ministerial reprimiria implacavelmente a turbulência gerada por ideias com as quais se identificara pouco antes.[44] Da mesma maneira, no Segundo Reinado, os partidos Conservador e Liberal, embora diferentes na origem e em seus programas, igualavam-se quando saíam da oposição. Portanto, a máxima de que "nada mais parecido com um saquarema do que um luzia" estaria incompleta; o correto seria especificar: "No poder, nada separa um saquarema de um luzia". O poder, para Faoro, tem estrutura própria, "independente do jogo cênico dos partidos em revezamento no ministério".[45]

Da mesma forma que o liberalismo político, o liberalismo econômico se casaria bem com o regime de privilégio próprio do patrimonialismo; um "libera-

---

43 Raymundo Faoro, *Os donos do poder*, op. cit., 2011, pp. 319-20.
44 Ibid., p. 345.
45 Ibid., p. 391. Como observa Arthur Bernardo em "Da tradição brasileira à radiografia" (*Revista Fevereiro*, n. 10, jan. 2018) sobre o pensamento de Faoro, para ele o grande nó do liberalismo brasileiro seria que "ele serve ao Estado contra a sociedade civil [...]. Seria um liberalismo que, em vez de fundamentar as características básicas do Estado democrático de direito, vai diretamente contra a democracia em nome da manutenção de um estamento".

lismo sui generis, com a liberdade assentada sobre a rede oficial de favores".[46] A modalidade brasileira de liberalismo econômico, mesmo com o desenvolvimento do setor industrial, se traduziria na "iniciativa privada protegida", com a rede creditícia controlada pelo estamento burocrático, de acordo com seus critérios e interesses.[47]

O patrimonialismo é capaz, observa Faoro, de assimilar o avanço do capitalismo moderno, dele adotando "a técnica, as máquinas, as empresas, sem aceitar-lhe a alma ansiosa de transmigrar".[48] A permanência secular do estamento burocrático, explica o autor, não significa a interdição de mudanças sociais e econômicas, ao contrário. Novas forças sociais, trazidas por ventos internos e externos, têm seu impacto absorvido pelo estamento, que as amacia, domestica, numa solução de compromisso compatível com a manutenção do esquema de domínio.[49] Seria essa a chave, como sugere Gabriel Cohn, do "persistente enigma", a extraordinária capacidade de uma mesma estrutura de se perpetuar ao longo de séculos de história portuguesa e brasileira. É que o estamento burocrático seria a forma, o revestimento da sociedade, resistente porque não rígido a ponto de se quebrar sob o choque das mudanças de conteúdo.[50] Os odres velhos, ao receberem o vinho novo, conteriam o fermento e não se romperiam.

O fato é que na história contada em *Os donos do poder* não há um mercado intrinsecamente virtuoso ou interesses autônomos esperando para serem libertados do peso do Estado através de reformas liberais. Não por acaso, Faoro afirmaria em uma entrevista de 1976: "Acho que a história do Brasil é um romance sem heróis".[51]

Duas expressões dicotômicas, singelas mas eloquentes, aparecem muito frequentemente nos escritos de Raymundo Faoro: "de cima para baixo" ou "do alto", a orientação do poder exercido pelo estamento burocrático, fechado em si mesmo, autônomo em relação à sociedade; e "de baixo para cima", a autoridade democraticamente constituída pela sociedade, a soberania popular sempre abafada. Toda a sua atuação, desde a escrita de *Os donos do poder* até suas últimas intervenções, tem como núcleo esse contraste e a (im)possibilidade do rompimento do

---

46 Raymundo Faoro, *Os donos do poder*, op. cit., 2011, p. 496.
47 Ibid., p. 757.
48 Ibid., p. 822.
49 Ibid., p. 834.
50 Gabriel Cohn, "Persistente enigma" (op. cit.), p. 9. Num contexto em que já tinha se tornado frequente a transferência de altos funcionários governamentais para a iniciativa privada, Fábio Comparato, em "Faoro, historiador" (*Estudos Avançados*, v. 17, n. 48, 2003), chega a se perguntar se não se estaria ingressando numa nova fase da história brasileira, diferente do domínio sufocante do estamento burocrático que viria de Portugal.
51 Raymundo Faoro, "Romance sem herói". *Veja*, n. 399, pp. 3-6, 28 abr. 1976.

padrão secular de domínio. *Os donos do poder* traz uma interpretação pessimista da história do Brasil, numa saga com pouco espaço aberto às possibilidades da política.[52] Isso não impediu seu autor de, como jurista e publicista, procurar as brechas surgidas no cotidiano da política, como atestam sua atuação contra o arbítrio do regime militar e sua presença no debate público desde a segunda metade da década de 1970 até o fim da vida, sempre em defesa do aprofundamento da democracia no Brasil.[53]

Em tempos de crise da sociedade, das instituições políticas e da democracia, voltar aos escritos de Faoro pode fornecer elementos preciosos para repensar a relação entre Estado e sociedade no país. Sobre o sentido que essa relação deve tomar, Faoro não deixa dúvida: de baixo para cima.

---

[52] Renato Lessa, "O longínquo pesadelo brasileiro", op. cit.

[53] Excelentes seleções de artigos e entrevistas de Faoro foram reunidas nos volumes *A democracia traída: Entrevistas* (Organização de Mauricio Dias. São Paulo: Globo, 2008) e *A república em transição: Poder e direito no cotidiano da democratização brasileira (1982 a 1988)* (Organização de Joaquim Falcão e Paulo Augusto Franco. Rio de Janeiro: Record, 2018).

Referências bibliográficas

BARRETO, Kátia M. "Um projeto civilizador: Revisitando Raymundo Faoro". *Lua Nova: Revista de Cultura e Política*. São Paulo, n. 36, 1995.

BENDIX, Reinhard. *Max Weber: Um perfil intelectual*. Brasília: Editora da UnB, 1986.

BERNARDO, Arthur Hussne. "Da tradição brasileira à radiografia". *Revista Fevereiro*, n. 10, jan. 2018.

BRANDÃO, Gildo. *Linhagens do pensamento político brasileiro*. São Paulo: Hucitec, 2009.

BRITTO, Leonardo O. Belinelli. *Os dilemas do patrimonialismo brasileiro*. São Paulo: Alameda, 2019.

CAMPANTE, Rubens Goyatá. *Patrimonialismo no Brasil: Leituras críticas de interpretações weberianas e suas articulações socioculturais*. Belo Horizonte: Faculdade de Filosofia e Ciências Humanas, Universidade Federal de Minas Gerais, 2009. Tese (Doutorado em Sociologia e Política).

_____. "O patrimonialismo em Faoro e Weber e a sociologia brasileira". *Dados*, v. 46, n. 1, pp. 153-193, 2003.

CARDOSO, Fernando Henrique. *Capitalismo e escravidão no Brasil meridional*. São Paulo: Paz e Terra, 1977.

CARVALHO, José Murilo de. "Mandonismo, coronelismo, clientelismo: uma discussão conceitual". In: _____. *Pontos e bordados: Escritos de história e política*. Belo Horizonte, Ed. UFMG, 1998, p. 140.

COHN, Gabriel. "Persistente enigma". In: FAORO, Raymundo. *Os donos do poder*. São Paulo: Globo, 2011

COMPARATO, Fábio K. "Faoro, historiador". *Estudos Avançados*, v. 17, n. 48, 2003.

FAORO, Raymundo. *Os donos do poder: Formação do patronato político brasileiro*. Porto Alegre; São Paulo: Globo, 1958, 1991, 2011.

_____. "A aventura liberal numa ordem patrimonialista". *Revista USP*, n. 17, 1993.

_____. *Existe um pensamento político brasileiro?* São Paulo: Ática, 1994.

_____. "Sérgio Buarque de Holanda: Analista das instituições brasileiras. In: CANDIDO, Antonio (Org.). *Sérgio Buarque de Holanda e o Brasil*. São Paulo: Fundação Perseu Abramo, 1999.

_____. *Machado de Assis: A pirâmide e o trapézio*. São Paulo: Globo, 2001.

_____. "Assembleia Constituinte: a legitimidade recuperada". In: FAORO, Raymundo. *A república inacabada*. São Paulo: Globo, 2007.

_____. *A democracia traída: Entrevistas*. Org. Mauricio Dias. São Paulo: Globo, 2008.

_____. *A República em transição: Poder e direito no cotidiano da democratização brasileira (1982 a 1988)*. Org. Joaquim Falcão e Paulo Augusto Franco. Rio de Janeiro: Record, 2018.

_____. "Romance sem herói". *Veja*, n. 399, pp. 3-6, 28 abr. 1976.

GRAMSCI, Antonio. *Quaderni del cárcere*. Turim: Einaudi, 2001.

GUIMARÃES, Juarez. "Raymundo Faoro, pensador da liberdade". In: _____ (Org.). *Raymundo Faoro e o Brasil*. São Paulo: Fundação Perseu Abramo, 2009.

IGLESIAS, Francisco. "Revisão de Raymundo Faoro". *Cadernos do Departamento de Ciência Política*, n. 3, 1976.

INFORME J.B. "Poder esgotado". *Jornal do Brasil*, 3 dez. 1975.

JASMIN, Marcelo. "A viagem redonda de Raymundo Faoro em *Os donos do poder*". In: ROCHA, J. C. de C. (Org.). *Nenhum Brasil existe*. Rio de Janeiro: Topbooks, 2003.

LESSA, Renato. "O longínquo pesadelo brasileiro". In: GUIMARÃES, Juarez. *Raymundo Faoro e o Brasil*. São Paulo: Fundação Perseu Abramo, 2009.

MARTINS, Wilson. "A velha classe". *O Estado de S. Paulo. Suplemento Literário*, São Paulo, v. 3, n. 29, p. 2, 25 abr. 1959.

MORSE, Richard. "The Heritage of Latin America". In: HARTZ, Louis (Org.). *The Founding of New Societies*. Nova York: Harcourt, Brace and World, 1964.

MOVIMENTO. "A política no seu lugar". *Movimento*, 4 ago. 1975, p. 20.

MING, Celso. "Raízes do patrimonialismo I". *O Estado de S. Paulo*, 23 jan. 2015.

_____. "Raízes do patrimonialismo II". *O Estado de S. Paulo*, 24 jan. 2015.

PAZ, Octavio. "El ogro filantrópico". In: _____. *El ogro filantrópico*. Barcelona: Seix Barral, 1979.

RICUPERO, Bernardo; FERREIRA, Gabriela Nunes. "Raymundo Faoro e as interpretações do Brasil". *Revista Perspectivas*, v. 28, 2005.

_____. "Estado e sociedade em Oliveira Vianna e Raymundo Faoro". *Caderno CRH*, Salvador, v. 18, n. 44, maio/ago. 2005.

_____. "Vinho novo em odres velhos: continuidade e mudança em *Os donos do poder*". In: BOTELHO, André; BASTOS, Élide Rugai; VILLAS BOAS, Gláucia (Orgs.). *O moderno em questão: A década de 1950 no Brasil*. Rio de Janeiro: Topbooks, 2008.

ROTH, Guenther. "Personal Rulership, Patrimonialism, and Empire-Building in the New States". *World Politics*, v. 20, n. 2, pp. 194-206, 1968.

SCHWARTZMAN, Simon. *São Paulo e o Estado nacional*. São Paulo: Difel, 1975.

_____. *Bases do autoritarismo brasileiro*. Brasília: Editora da UnB, 1982.

SOUZA, Jessé. *A modernização seletiva*. Brasília: Editora da UnB, 2000.

_____. *A tolice da inteligência brasileira: Ou como o país se deixa manipular pela elite*. São Paulo: LeYa, 2015.

SWEEDBERG, Richard. *Max Weber and the Idea of Economic Sociology*. Princeton: Princeton University Press, 1998.

VIANNA, Luiz Werneck. "Weber e as interpretações do Brasil". *Novos Estudos Cebrap*, n. 53, pp. 33-47, mar. 1999.

WAIZBORT, Leopoldo. *A passagem do três ao um*. São Paulo: Cosac Naify, 2007.

WEBER, Max. *Economia y sociedade*. México: Fondo de Cultura Económica, 1997.

ZABLUDOVSKY, Gina. "The Reception and Utility of Max Weber's Concept of Patrimonialism in Latin America". *International Sociology*, v. 4, n. 1, pp.51-66, 1989.

_____. "Patrimonialismo y modernización en México: reflexiones en torno de las tesis de Octavio Paz". *Breviario Político*, n. 7-8, pp. 14-7, 1991.

Fortuna crítica

Resenha[1] | *Richard Graham*

IMPRIMINDO UMA FORMA ao passado brasileiro para entender o presente, a visão de Raimundo Faoro já tem colorido fortemente o modo como se compreende o Brasil. O autor contesta aqueles que veem a história luso-brasileira como a gradual erosão de uma hegemonia feudal pela ascensão de uma burguesia capitalista. Em vez disso, Faoro descreve como um estamento ou arranjo burocrático, criado pelo rei e aliado aos comerciantes, opôs-se com firmeza e êxito às pretensões dos senhores de terras. A busca pelo poder desse estamento não só deu origem ao Estado português, em 1385, como caracteriza cada estágio da história brasileira até o presente. Por vezes constituído pelos letrados e bacharéis descritos por Stuart Schwartz e Thomas Flory para a colônia e o século XIX, por vezes incluindo oficiais militares, esse estamento não era, segundo Faoro, um mediador, mas um agente de poder. Embora o rei escolhesse líderes políticos dentre os integrantes desse grupo, ele próprio era parte dele, e o fim da monarquia não alterou esse impulso do estamento burocrático em busca de dominância.

Enormemente influenciado por Max Weber — cujas categorias o autor adapta de um modo todo seu —, Faoro apresenta, assim, um Estado patrimonial constantemente no comando, atuando não como uma cria da classe latifundiária, mas como o ente que a domina. De fato, no Brasil, até 1700, um novo grupo de senhores com pretensões feudais, desfrutando da distância em relação à Coroa, impôs sua própria autoridade. Contudo, uma aliança entre Estado e comerciantes contra os senhores de terras levou adiante uma nova imposição sistemática da força centralizadora, movimento que alcança seu auge com a chegada da própria corte ao Rio de Janeiro, em 1808. A independência representou uma contraofensiva dos proprietários de terras, mas eles só puderam manter o comando — e levar a cabo uma série de reformas liberais — por um breve período. A investida conservadora e centralizadora que se seguiu, em 1837, não foi uma vitória dos latifundiários, como muitas vezes se sugere, mas do estamento burocrático, que governou quase sem oposição até o fim do Império.

Com a prosperidade da cultura do café para exportação, o elemento latifundiário retomou lentamente sua força e, aliciando o Exército, foi capaz — embora,

[1] Publicado originalmente em *Hispanic American Historical Review*, v. 58, n. 3, pp. 528-30, 1978. Tradução de Odorico Leal.

mais uma vez, apenas de forma temporária — de estabelecer uma república descentralizada. A Era Vargas, no entanto, voltou a impor a hegemonia do estamento burocrático, e o fez arrebatando de volta para si aquela porção insatisfeita, os militares.

A segunda edição deste livro, publicada em dois volumes em 1975, era uma versão vastamente expandida e reescrita da edição de 1958. Nela, Faoro clarificou a distinção entre estamento e classe e entre estamento burocrático e elite, acrescentou extenso número de citações da literatura teórica e monográfica, trouxe à baila informações derivadas de trabalhos publicados nesse intervalo, adicionou dois novos capítulos sobre o período que vai de 1930 a 1945 e revisou o texto do início ao fim. O fato de apresentar o mesmo argumento era a única justificativa para a manutenção do mesmo título. A terceira edição, de que tratamos aqui, é uma reedição da segunda. Duas edições em dois anos refletem a presente popularidade do livro, inspirada, ao menos em parte, creio eu, na congruência entre sua visão do Brasil ao longo do tempo e a forma como muitos brasileiros percebem o atual momento do país. O Brasil, ele argumenta, é e sempre foi moldado de cima por um pequeno grupo; esse grupo é indiferente não apenas às necessidades do povo como um todo, mas também aos interesses de classes específicas. Interfere direta e extensivamente na economia, mas sem uma visão clara de qualquer objetivo ulterior além de expandir seu próprio poder. Outros autores, como Simon Schwartzman no Brasil e Riordan Roett nos Estados Unidos, valeram-se de partes do mesmo esquema conceitual para operar interpretações de aspectos particulares da realidade brasileira.

Os que foram conquistados pelo esquema conceitual de Faoro nem sempre se mostraram suficientemente críticos em relação aos argumentos do autor. Faoro nem sempre se ampara em evidências históricas robustas ou mesmo em raciocínios consistentes. Um conflito entre a ordem burocrática e a oligarquia latifundiária é mais fácil de propor do que de documentar. Para citar alguns exemplos do período que conheço melhor, muitos dos bacharéis do século XIX também eram proprietários de terras. Quando o poderoso Barão de Cotegipe (1815-80) não era primeiro-ministro, ele muito provavelmente se ocupava dirigindo seus vários engenhos de cana na Bahia: Cotegipe era um burocrata ou um latifundiário? Faoro não nos diz. Em todo caso, a realidade certamente era mais complexa do que tal escolha sugere. Se por vezes ascendiam ao poder homens de riqueza modesta, tratava-se, no entanto, de indivíduos ligados aos proprietários de terras por laços de parentesco. Faoro argumenta que o Império testemunhou a predominância dos burocratas centralizados e que a Lei de Terras de 1850, por exemplo, representou a vitória deles contra os latifundiários; por que, então, não impuseram a lei? A tese de Warren Dean de que os próprios senhores de terras dividiam-se entre a região costeira e o interior parece mais factível (e mais documentada). Não se explica de maneira satisfatória por que os oficiais militares por vezes aderiam aos oponentes do estamento burocrático, e provavelmente não se poderá explicá-lo dentro das limitações desse esquema. Nem Faoro considera explicações alternativas. Pode ser que a própria natureza autocentrada do "estamento burocrático" o torne vulnerável à manipulação daqueles que detêm o poder econômico. Para que novas visões do Brasil sejam plasmadas, é preciso que se fundamentem na interpretação cuidadosa, bem como na informação fidedigna derivada dos arquivos, e não da especulação teórica e das evidências escolhidas arbitrariamente na obra de outros autores.

Esses princípios da boa pesquisa acadêmica são ainda mais importantes quando os livros moldam os eventos históricos. Podemos discutir com Faoro e também com outros autores, como Gilberto Freyre e Caio Prado Júnior, mas o impacto deles permanecerá. Faoro propõe um olhar pessimista — "um longínquo pesadelo", segundo ele — do "passado teimosamente fixado na alma da nação. Estado e nação, governo e povo, dissociados e em velado antagonismo, marcham em trilhas próprias, num equívoco renovado todos os séculos". Embora Faoro, como advogado e jurista, seja hoje um crítico corajoso do presente regime, seu livro sugere que, independentemente de governos específicos, o povo brasileiro está destinado a ser governado, não a governar.

Atualidade de Raymundo Faoro[1]

| *Simon Schwartzman*

RAYMUNDO FAORO NÃO FOI O PRIMEIRO, no Brasil, a fazer uso dos conceitos de Max Weber, mas a publicação de *Os donos do poder*, pela Editora Globo, de Porto Alegre, em 1958, teve uma influência que seus antecessores não tiveram. Antes dele, Sérgio Buarque de Holanda, que havia estudado na Alemanha, fez uso do conceito de patrimonialismo em *Raízes do Brasil*, publicado em 1936, para caracterizar o "homem cordial" brasileiro, que, na vida pública, não distinguia o interesse privado do interesse coletivo. Apesar de tantas intuições brilhantes e de dezenas de reedições, foi uma tentativa de definir a personalidade ou o caráter do "homem brasileiro", um tipo de sociologia estéril que ele mesmo abandonaria mais tarde, como mostra Evaldo Cabral de Melo no posfácio à edição da Companhia das Letras de 1995.[2] Nos anos 1940, *Economia e sociedade,* de Weber, foi traduzido ao castelhano por José Medina Echavarría[3] e, a partir dessa edição, a análise clássica weberiana sobre a burocracia racional legal seria apresentada ao leitor brasileiro por Alberto Guerreiro Ramos, em artigo na revista do Departamento Administrativo do Serviço Púbico (Dasp), *Revista do Serviço Público*, como um texto de teoria administrativa,[4] e não teria maior repercussão.

A primeira edição de *Os donos do poder* também passaria quase despercebida, talvez, diria Faoro depois, pela "perplexidade que alguns leitores da primeira edição demonstraram, ante uma terminologia aparentemente bizarra",[5] que a segunda edição buscaria atenuar. No prefácio, Faoro advertia que

> [...] este livro não segue, apesar de seu próximo parentesco, a linha de pensamento de Max Weber. Não raro, as sugestões weberianas seguem outro rumo, com novo conteúdo e diverso colorido. De outro lado, o ensaio se afasta do marxismo ortodoxo, sobretudo ao

---

1 Publicado originalmente em *Dados — Revista de Ciências Sociais*, Rio de Janeiro, v. 46, n. 2, pp. 207-13, 2003.
2 Sérgio Buarque de Holanda, *Raízes do Brasil*. São Paulo: Companhia das Letras, 1995.
3 Max Weber, *Economia y sociedad*. Trad. de José Medina Echavarría, J. Roura-Parella, E. Garcia Máynez, E. Imaz e J. Ferráter Mora. Cidade do México: Fondo de Cultura Econômica, 1944.
4 Alberto Guerreiro Ramos, "A sociologia de Max Weber — sua importância para a teoria e a prática da administração". *Revista do Serviço Público*, n. 3, pp. 129-39, 1946.
5 Prefácio à segunda edição, p. 23 deste volume.

sustentar a autonomia de uma camada de poder, não diluída numa infraestrutura esquemática, que daria conteúdo econômico a fatores de outra índole.[6]

O que tornou o livro obscuro dos anos 1950 uma referência obrigatória a partir dos anos 1970 foi que ele ajudou a questionar o marxismo convencional que, sobretudo a partir dos trabalhos do famoso grupo de leitura de *O capital* da Universidade de São Paulo dos anos 1950, e dos trabalhos de Caio Prado Jr., dominou as ciências sociais brasileiras nos anos seguintes.[7] Simplificando, segundo a versão marxista, o Brasil havia sido, em sua origem, uma sociedade rural, "semifeudal", que ainda não havia conseguido criar uma burguesia nacional capaz de desenvolver a economia do país, criando um capitalismo moderno que trouxesse consigo uma classe operária também moderna, que eventualmente implantasse no país o socialismo. Na luta entre o latifúndio tradicional e a burguesia moderna, no contexto da Guerra Fria, o latifúndio seria um aliado do imperialismo, mantendo o país dominado e subdesenvolvido, incapaz de ser superado por uma burguesia nacional que não se assumia, um proletariado incipiente e um campesinato subjugado. Tudo deveria acontecer e se explicar pela luta de classes, e o Estado não seria mais do que o executor e defensor dos interesses das classes dominantes. O problema, no Brasil, era que as classes nunca se organizavam nem agiam como deveriam...

Faoro colocou em xeque essa interpretação em dois pontos fundamentais. Não é verdade, mostrou ele, que o Brasil tenha tido um passado feudal, ou semifeudal, com o predomínio do campo sobre as cidades; ao contrário, o que sempre predominou foi a força do poder central. Não há dúvida que as grandes distâncias, o isolamento das propriedades rurais, os recursos produzidos pela posse da terra e pelas plantations de açúcar, tudo isso levava ao fortalecimento do poder local. Estes eram, no entanto,

> Efeitos inevitáveis, decorrentes do isolamento geográfico, da extensão da costa, capazes de gerar núcleos de autoridade social, sem que a administração real permitisse a consolidação da autonomia política. [...] Tudo está longe do feudalismo, da aristocracia territorial, dos monarcas latifundiários. Olhos vigilantes, desconfiados cuidavam para que o mundo americano não esquecesse o cordão umbilical, que lhe transmitia a força de trabalho e lhe absorvia a riqueza. O rei estava atento ao seu negócio.[8]

Essa é a situação criada desde o início com as capitanias hereditárias, e que continuaria pelo período imperial, com uma forte presença dos centros urbanos,

---

6 Ibid., p. 23 deste volume.
7 Bernardo Sorj, *A construção intelectual do Brasil contemporâneo*. Rio de Janeiro: Zahar, 2001, pp. 13-29.
8 Cap. IV, p. 149.

onde se instalava o poder do Estado, de cujo beneplácito o poder dos donos da terra dependia.

A segunda tese de Faoro, associada a essa, é que o poder político não era exercido nem para atender aos interesses das classes agrárias, ou latifundiárias, nem àqueles das classes burguesas, que mal se haviam constituído como tal. O poder político era exercido em causa própria, por um grupo social cuja característica era, exatamente, a de dominar a máquina política e administrativa do país, através da qual fazia derivar seus benefícios de poder, prestígio e riqueza. Era, em termos de Weber, um "estamento burocrático", que tinha se originado na formação do Estado português dos tempos dos descobrimentos, senão antes, e que se reencarnaria depois naquilo que ele chamaria de o "patronato político brasileiro". O estamento burocrático tinha tido sua origem no que Weber denominava de "patrimonialismo", uma forma de dominação política tradicional típica de sistemas centralizados que, na ausência de um contrapeso de descentralização política, evoluiria para formas modernas de patrimonialismo burocrático-autoritário, em contraposição às formas de dominação racional-legal que predominaram nos países capitalistas da Europa Ocidental. A contribuição de Faoro aqui vai além da utilização dos conceitos weberianos e da interpretação que deu do sistema político brasileiro: ela consiste, fundamentalmente, em chamar a atenção sobre a necessidade de examinar o sistema político nele mesmo, e não como simples manifestação dos interesses de classe, como no marxismo.

Assim, Faoro foi o precursor do uso da abordagem weberiana para entender o Brasil, que se tornou cada vez mais importante, na medida em que as limitações das explicações marxistas foram se tornando óbvias. É curioso no entanto que, apesar do grande uso que fazia da história, Faoro tivesse uma visão totalmente a-histórica do fenômeno que estudava, e talvez seja nisso que ele se afastava, como ele mesmo dizia, do que seria uma interpretação propriamente weberiana da história política brasileira: "De d. João I a Getúlio Vargas, numa viagem de seis séculos, uma estrutura político-social resistiu a todas as transformações fundamentais, aos desafios mais profundos, à travessia do oceano largo", diz ele no capítulo final de sua obra.[9] Ao longo dos séculos, o país transformou-se, novas tecnologias surgiram, o mundo mudou, mas o estamento burocrático se manteve imutável:

> Sobre a sociedade, acima das classes, o aparelhamento político — uma camada social, comunitária embora nem sempre articulada, amorfa muitas vezes — impera, rege e governa, em nome próprio, num círculo impermeável de comando. [...] Deitou-se remendo de pano novo em vestido velho, vinho novo em odres velhos, sem que o vestido se rompesse nem o odre rebentasse.[10]

[9] Conclusão, p. 693 deste volume.
[10] Ibid., pp. 697, 707 deste volume.

Para Faoro, portanto, a história servia para entender a gênese de uma enteléquia que resiste a tudo, uma essência que jamais se apaga. Para Weber, ao contrário, estudar a história não servia somente para identificar a origem de determinados conceitos, mas sobretudo para entender como diferentes sociedades e grupos humanos buscam seus caminhos, resolvendo dilemas e tensões, e optando por distintas formas e estilos de vida no âmbito de um conjunto relativamente restrito de alternativas. Na experiência brasileira, as análises de Faoro sobre o papel histórico da tradição patrimonial-burocrática portuguesa e seus prolongamentos no país abrem caminhos importantes de pesquisa, em termos de suas transformações, choques e conflitos com outras tendências também presentes, como as do capitalismo moderno e as derivadas da política de massas.[11]

Se existem alternativas, cabe ao pesquisador, como cidadão, identificar as diversas tendências e tratar de ajudar a abrir os caminhos que estejam de acordo com seus valores. Na vida política, diria Weber, há uma ética da responsabilidade, em que não valem somente as intenções, mas também a capacidade do indivíduo de entender o mundo em sua complexidade e de assumir a responsabilidade pelas consequências dos seus próprios atos. Por outro lado, se a realidade é imutável, só existem duas opções, o conformismo ou a postura ética de princípios, de oposição ao que seja percebido como o mal, independentemente do sucesso que se possa ter. A segunda edição de *Os donos do poder* veio à luz em pleno período de dominação política autoritária no Brasil, em que as duas éticas se confundiam. Deste então, e até o fim de seus dias, Raymundo Faoro assumiu e manteve a ética de princípios, ao combater o autoritarismo em todas as suas formas, evidentes ou ocultas, mesmo acreditando, como acreditava, que não haveria como mudar cinco séculos de história.

Os problemas do Brasil de hoje não são mais, no entanto, os do poder absoluto do estamento burocrático, mas sim, em boa parte pelo menos, decorrentes da incapacidade de o Estado exercer o poder que lhe é delegado, democraticamente, para governar em benefício de todos. O estamento burocrático continua existindo, mas não é o mesmo dos tempos de d. João VI, d. Pedro II, Getúlio Vargas, Ernesto Geisel e José Sarney. Nesse sentido, a cruzada de Faoro contra o autoritarismo perdeu muito de seu apelo e de sua atualidade. Mas ele teve, sem dúvida, seu momento e seu papel.

---

11 Simon Schwartzman, *Bases do autoritarismo brasileiro.* Rio de Janeiro: Editora Campus, 1988.

Uma sociologia da ausência: Raymundo Faoro e *Os donos do poder*[1]

| *Marcelo Jasmin*

A obra, suas duas edições e a sua recepção

Os donos do poder: Formação do patronato político brasileiro, de Raymundo Faoro (1925-2003), teve duas edições distintas: a original, de 1958, publicada pela Editora Globo, da cidade de Porto Alegre, e a segunda, revista e ampliada, publicada em 1975 pela mesma editora em convênio com a Editora da Universidade de São Paulo (Edusp).[2] As edições diferem fisicamente: a primeira, em volume único com 271 páginas, 14 capítulos e 140 notas; a segunda, em dois volumes, 750 páginas, 1335 notas e muitas referências bibliográficas a mais. A presença notória dos textos de Marx e Engels na edição de 1975, por exemplo, contrasta com a sua ausência na edição original. E os dois capítulos acrescidos expandem em detalhes o argumento de Faoro para o período republicano, antes praticamente inexistente.

Tais acréscimos, no entanto, não modificaram a estrutura da obra nem seus principais argumentos. Acrescentaram-lhe erudição, é verdade, com informação mais extensa que autorizasse sua tese, fundada na sociologia weberiana da dominação tradicional, que permaneceu inalterada. As mudanças nem sempre foram bem-vistas pela crítica acadêmica: para um ensaio cujo vigor persuasivo era fortemente favorecido pela simplicidade de sua interpretação, os acréscimos representaram um peso novo que, para alguns, e eu me incluo entre eles, debilitou a força original advinda da exposição concisa.[3]

[1] Este texto foi apresentado no 5º Ciclo de Conferências: Intérpretes do Brasil, da Academia Brasileira de Letras, em 19 jul. 2005. Ele apresenta e amplia o argumentado publicado em "A viagem redonda de Raymundo Faoro em *Os donos do poder*". In: João Cezar de Castro Rocha (Org.), *Nenhum Brasil existe: Pequena enciclopédia*. Rio de Janeiro: Topbooks, 2003, pp. 357-365.
[2] A versão ampliada passou a ser sucessivamente reeditada desde então [inclusive neste volume da Companhia das Letras; na época da elaboração deste texto, a última edição em circulação era a da Editora Globo, de 2001].
[3] Exposições do argumento de Faoro podem ser encontradas em Francisco Iglésias, "Revisão de Raymundo Faoro" (*Cadernos do Departamento de Ciência Política*, n. 3, 1976); Kátia M. Mendonça, "Um projeto civilizador: Revisitando Faoro" (*Lua Nova*, n. 36, 1995); e Laura de Mello e Souza, "Raymundo Faoro: Os donos do poder" (In: Lourenço Dantas Mota [Org.], *Introdução ao Brasil: Um banquete no trópico*. São Paulo: Senac, 1999). Para uma visão geral do pensamento de Faoro especial-

No entanto, a despeito das reclamações daqueles que conheceram a primeira edição, a verdade é que a edição em dois volumes conheceu sucesso extraordinário. Se foram necessários dezessete anos, desde 1958, para que uma segunda edição aparecesse, a essa segunda, vinda à luz em abril de 1975, seguiram-se várias reimpressões, uma já em janeiro de 1976 e outra no ano seguinte. Mas esse bom êxito pouco teve a ver com a nova forma do texto.

A primeira edição, lançada no final da década de 1950, encontrou o debate político e cultural do país tomado pelas disputas em torno de temas como o nacionalismo e o desenvolvimentismo. O otimismo do período Juscelino, a crença no crescimento do capitalismo brasileiro com suas estradas e indústrias automobilísticas, a percepção do crescimento econômico e da realização de cinquenta anos de governo em cinco, constituíam um clima intelectual e político pouco propício a um argumento que visualizava a história brasileira como uma longa e continuada permanência. Além disso, a argumentação faoriana se construía a partir de um conjunto de categorias que eram pouco disponíveis nos meios intelectuais e políticos, as da sociologia de Max Weber. Creio que essa dupla característica explica, ao menos em parte, a modesta recepção que a obra encontrou nos principais meios intelectuais de então, ressalvado o fato notório de o livro ter sido agraciado com um prêmio da Academia Brasileira de Letras (ABL).

A história da fama de *Os donos do poder* ainda não foi escrita. Mas algumas hipóteses para o sucesso estrondoso de uma obra tão árdua de ser lida parecem merecer investigação. Pode-se argumentar, com pertinência, que a trajetória pública de Raymundo Faoro em defesa do Estado de direito, como procurador do estado da Guanabara ou como expoente da Ordem dos Advogados do Brasil (OAB) — entidade que junto a Associação Brasileira de Imprensa (ABI) e a Conferência Nacional dos Bispos do Brasil (CNBB) formava a ponta de lança da "sociedade civil" na luta contra a ditadura — chamou a atenção antes para o autor e depois para a obra. E é razoável supor que o sucesso de livro tão volumoso e de leitura difícil, como a segunda edição ampliada, deva muito ao fato de que Faoro já ocupava lugar proeminente na opinião pública ilustrada do país, embora se deva registrar que a visibilidade maior viria com a presidência da OAB, a partir de 1977.

É também hipótese plausível que a sensibilidade ao argumento da continuidade do estamento patrimonial e burocrático na formação brasileira tenha sido estimulada

---

mente após a publicação de *Os donos do poder*, ver Kátia M. Mendonça, "Faoro e o encontro entre ética e política" (*Lua Nova*, n. 48, 1999). Uma excelente discussão da obra de Faoro no contexto da recepção de Max Weber no Brasil encontra-se em Luiz Werneck Vianna, "Weber e a interpretação do Brasil" (In: Jessé Souza [Org.], *O malandro e o protestante*. Brasília: UnB, 1999). Para uma crítica da noção de estamento burocrático na história brasileira, ver, por exemplo, José Murilo de Carvalho, *A construção da ordem: A elite política imperial — Teatro de sombras: A política imperial*. (Rio de Janeiro: UFRJ; Relume Dumará, 1996, pp. 129-53).

pela permanência dos militares no poder e pela sua radicalização em 1968. Por um lado, em meados dos anos 1970, o ambiente cultural de luta contra a ditadura era acolhedor para um livro que trazia em seu título a crítica ao poder autoritário (e esse é um dado autobiográfico que eu não gostaria de descartar). De outro, a experiência política do país desde 1º de abril de 1964 conferira maior veracidade às teses de Raymundo Faoro. Os novos horizontes categoriais da sociologia weberiana já frequentavam, embora discretamente, os bancos universitários, o que os tornava mais inteligíveis, favorecendo um novo olhar no caldo fervilhante da disputa pela compreensão da permanência dos militares no comando do Estado brasileiro. Tornara-se sensato imaginar que, mais uma vez, aquele estamento burocrático — ou fração sua, a militar — retomava a condução da história brasileira, o que dava ao golpe militar uma nova inteligibilidade sedutora nos quadros interpretativos de *Os donos do poder*. Se os fatos pareciam confirmar a tese do livro, a tese servia, naqueles anos 1970, como instrumento de luta contra os militares, ampliando a sua recepção para fora dos meios acadêmicos.

Embora plausíveis essas hipóteses, algumas delas confirmadas pela memória do próprio autor (por exemplo, em entrevista ao caderno Mais! da *Folha de S.Paulo* no ano 2000), seria um equívoco a diminuir a obra atribuir à fama do advogado, ou apenas às circunstâncias históricas particulares, o lugar que a obra veio conquistar como um "clássico" da interpretação do Brasil. Foi o seu argumento persuasivo, capaz de dar sentido ao presente nacional pela interpretação da experiência histórica brasileira, que ofereceu alternativa às concepções hegemônicas da inteligência local e que atraiu os lauréis da crítica.

Os argumentos de Os donos do poder *em dois contextos intelectuais*

A contribuição do argumento de Faoro e de sua interpretação da história brasileira tem sido bem definida em dois contextos básicos e complementares: a tradição ensaística da macrointerpretação da formação histórica brasileira e a recepção da sociologia de Max Weber no Brasil.

Interpretação do Brasil

Na primeira direção, se considerarmos que as tendências dominantes da reflexão política e social do Brasil republicano preferiram observar a formação histórica brasileira a partir da ideia da oligarquização das estruturas do poder local e da privatização do Estado, o trabalho de Raymundo Faoro representou um forte afastamento, talvez uma reviravolta.

As análises de Oliveira Vianna, por exemplo, apresentaram os clãs como clara representação do predomínio dos interesses locais organizados em "facções politicantes" sem que se constituísse, no âmbito do poder central, qualquer direção consistente. Se com a Abolição o Estado transformou-se numa nova base econômica para a aristocracia rural e os cargos públicos tornaram-se meios de vida para seus membros,[4] isso não implicou, segundo Oliveira Vianna, uma reversão significativa do mando dos "politicalhos dos Estados" que constituíam um Parlamento caracterizado como "macedônia de oligarquias estaduais".[5] Por isso mesmo, e praticamente às avessas do que viria afirmar Faoro alguns anos depois, Oliveira Vianna defendeu um Executivo forte como representante da "totalidade orgânica" da nação contra o conjunto dos "ajuntados" que, do Parlamento, espoliariam o interesse nacional.[6]

Para Nestor Duarte, em seu clássico livro *A ordem privada e a organização nacional*, de 1939, foi o sistema feudal de ocupação da colônia que, perpetuando-se, impediu o desenvolvimento do espírito público.[7] O "proprietário privado", segundo o autor, guarda e exercita o governo, "precedendo ao poder político propriamente dito, que só surge e vive, modificado pela concorrência e hostilidade daquele [poder privado]".[8] O "estado crônico de impotência da autoridade política" seria uma "constante" colonial que "está na inerência mesma de todos os fatores formadores e continuadores dessa sociedade",[9] sociedade que, neste contexto de sequestro do poder privado e local, resulta "dispersa, arquipelágica, móvel, inafixável, irrequieta", impossível de ser organizada no sentido político.[10]

A tese "feudalista" foi caracterizada por José Murilo de Carvalho, discutida em texto interessado na diferença conceitual entre mandonismo, coronelismo e clientelismo, do seguinte modo:

> Essa tradição [do feudalismo] acentua o poder dos potentados rurais e suas parentelas diante do Estado desde o início da colonização. Os grandes proprietários são vistos como onipotentes dentro de seus latifúndios, onde, como disse um cronista, só precisavam importar ferro, sal, pólvora e chumbo. Durante a Colônia eram alheios, se não hostis, ao poder do governo. Após a Independência, passaram a controlar a política nacional, submetendo o Estado a seus desígnios [...]. A ordem privada, antagônica e

---

4 Oliveira Vianna, *O idealismo da Constituição*. 2 ed. ampliada. Rio de Janeiro: Companhia Editora Nacional, 1939, pp. 88-9.
5 Ibid., pp. 100 e 153.
6 Ibid., p. 153.
7 Nestor Duarte, *A ordem privada e a organização nacional*. Rio de Janeiro: Companhia Editora Nacional, 1939, pp. 49-51.
8 Ibid., p. 54.
9 Ibid., p. 116.
10 Ibid, p. 118.

hostil ao Estado como poder público, teria governado soberana durante todo o período imperial e ainda predominaria à época em que o livro foi escrito. Para ser tolerado pela ordem privada, o Estado, enquanto tal, omite-se e reduz suas tarefas à mera coleta de impostos. No resto, o Estado é privatizado e age em função dos interesses da classe proprietária.[11]

Nessa mesma direção, poderíamos também pensar o mandonismo local de Maria Isaura Pereira de Queiroz[12] como um traço permanente da política tradicional que teria caracterizado a formação histórica brasileira desde a colônia, e mesmo no coronelismo de Victor Nunes Leal,[13] embora este circunscrito ao período da República Velha, como interpretações "inversas" àquela de Faoro. Pois, na interpretação de *Os donos do poder*, o feudalismo já havia desaparecido da história de Portugal quando iniciada a colonização do Brasil, tendo essa colonização o caráter de um empreendimento capitalista comercial, dirigido pelo rei e por seu estamento burocrático a partir do Estado.

Simon Schwartzman, autor cuja reflexão é tributária das teses de Raymundo Faoro sobre o patrimonialismo brasileiro, salienta, em texto escrito na revista *Dados* por ocasião da morte do advogado e acadêmico, que *Os donos do poder* trazia também uma crítica contundente à ideologia e à explicação marxistas mais frequentes na época em que foi publicado e no período subsequente. Segundo Schwartzman, a perspectiva marxista tradicional compreendia que, por ser a formação social brasileira rural e semifeudal, estava impedida a criação de uma burguesia nacional que desenvolvesse a economia do país e, consequentemente, a acumulação capitalista.[14] Essa tese teria sido posta em xeque em pelo menos dois pontos centrais. Em primeiro lugar, como salientamos acima, a ideia de que "o Brasil tenha tido um passado feudal, ou semifeudal, com o predomínio do campo sobre as cidades" não seria verdadeira para Faoro. Pelo contrário, "a força do poder central" teria sido predominante desde a criação das capitanias hereditárias, e se estenderia "pelo período imperial, com uma forte presença dos centros urbanos, onde se instalava o poder do Estado, de cujo beneplácito o poder dos donos da terra dependia".[15]

Não seriam, pois, nem o feudalismo, nem o mundo rural, as forças responsáveis pela inviabilidade de um projeto burguês autônomo, capaz de promover a moder-

11 José Murilo de Carvalho, "Mandonismo, coronelismo, clientelismo: uma discussão conceitual". In: *Pontos e bordados: Ensaios de história e política*. Belo Horizonte, UFMG, 1998, p. 140.
12 Maria Isaura Pereira de Queiroz, "O mandonismo local na vida política brasileira". In: *O mandonismo local na vida política brasileira e outros ensaios*. São Paulo: Alfa-Ômega, 1976.
13 Victor Nunes Leal, *Coronelismo, enxada e voto*. Rio de Janeiro: Forense, 1948.
14 Simon Schwartzman, "Atualidade de Raymundo Faoro". *Dados*, n. 46, v. 2, 2003, pp. 207-13.
15 Ibid., pp. 208-9.

na acumulação capitalista, mas sim o Estado, dominado por um estamento que conduzia, de modo consistente, os negócios do país para o seu benefício próprio e para o da organização estatal. Neste sentido, a primeira contribuição substantiva de *Os donos do poder* à interpretação do Brasil está nessa afirmação de que as mazelas da sociedade brasileira derivam da permanência e da estabilidade de um estamento burocrático que impede o livre curso dos interesses privados.

Weber no Brasil

Mas, certamente, não é esta a sua única contribuição. Como argumenta o mesmo Simon Schwartzman, para o marxismo mais difundido nos anos 1950 e 1960, a explicação do movimento histórico e da dinâmica das relações sociais deveria ser encontrada na luta de classes, relegando ao Estado o papel de "executor e defensor dos interesses das classes dominantes".[16] Nos quadros interpretativos de *Os donos do poder*, essa tese será refutada com vigor. Para Faoro,

> o poder político não era exercido nem para atender aos interesses das classes agrárias, ou latifundiárias, nem àqueles das classes burguesas, que mal se haviam constituído como tal. O poder político era exercido em causa própria, por um grupo social cuja característica era, exatamente, a de dominar a máquina política e administrativa do país, através da qual fazia derivar seus benefícios de poder, prestígio e riqueza. Era, em termos de Weber, um "estamento burocrático", que tinha se originado na formação do Estado português dos tempos dos descobrimentos, senão antes, e que se reencarnaria depois naquilo que ele chamaria de o "patronato político brasileiro" [...]. A contribuição de Faoro aqui vai além da utilização dos conceitos weberianos e da interpretação que deu do sistema político brasileiro: ela consiste, fundamentalmente, em chamar a atenção sobre a necessidade de examinar o sistema político nele mesmo, e não como simples manifestação dos interesses de classe, como no marxismo convencional.[17]

A despeito das eventuais divergências que possam surgir em relação à caracterização ou à abrangência dessa vulgata marxista tal como descrita por Schwartzman, e embora a segunda edição de *Os donos do poder* traga uma tentativa de conciliar a sua interpretação com a teoria marxista da autonomia relativa do Estado ou do bonapartismo, é inegável a relevância teórica da alternativa interpretativa que resultou da apropriação de conceitos centrais da obra do sociólogo alemão Max Weber por Raymundo Faoro. Sem dúvida, a autonomia do Estado em relação à

---

16 Ibid., p. 208.
17 Ibid., p. 209.

sociedade brasileira é mais que relativa em *Os donos do poder*, e não está restrita a um período de crise de hegemonia, estendendo-se por séculos da história do Brasil tal como ali descrita: "A longa caminhada dos séculos na história de Portugal e do Brasil mostra que a independência sobranceira do Estado sobre a nação não é a exceção de certos períodos, nem o estágio, o degrau para alcançar outro degrau, previamente visualizado".

Ainda em relação a esse ponto, cabe lembrar que a obra de Max Weber teve também outras recepções nos meios intelectuais brasileiros. Luiz Werneck Vianna, em texto sobre "Weber e a interpretação do Brasil", mostrou com precisão duas linhagens distintas na leitura da sociologia weberiana pelas ciências sociais brasileiras. De um lado, as obras de Raymundo Faoro (*Os donos do poder*) e de Simon Schwartzman (*Bases do autoritarismo brasileiro*) constituiriam a vertente "institucional" desta recepção que, ao identificar patrimonialismo e Estado, busca a solução do "atraso" brasileiro nas reformas políticas. De outro lado, Florestan Fernandes, Maria Sylvia de Carvalho Franco e José Murilo de Carvalho conceberiam um patrimonialismo de base "societal" e de raiz agrária com influência sobre um Estado que

> em sua concepção original, [seria] de extração moderna [...]. Distante, pois, da interpretação que caracteriza o Estado como uma instância radicalmente autônoma da sociedade, como na literatura que o compreende como patrimonial e responsável pelo atraso, a versão que identifica o patrimonialismo brasileiro como fenômeno societal o percebe em chave oposta: a imagem do Estado tutelar não passaria de uma simples aparência a dissimular a sua natureza efetiva de Estado instrumento.[18]

Na vertente "institucionalista" que descreveu e explicou o "atraso" brasileiro pelo Estado, da reiteração da herança do "patrimonialismo ibérico", desde a colonização, "adviria a marca de uma certa forma de Estado duramente autônomo em relação à sociedade civil, que, ao abafar o mundo dos interesses privados e inibir a livre-iniciativa, teria comprometido a história das instituições com concepções organicistas da vida social e levado à afirmação da racionalidade burocrática em detrimento da racional-legal". Daí que o

> capitalismo brasileiro, originário dessa metafísica, seria [...] politicamente orientado, uma modalidade patológica de acesso ao moderno, implicando uma modernização sem prévia ruptura com o passado patrimonial, o que, ademais, continuamente se reproduziria na medida em que as elites identificadas com ele deteriam o controle político do

---

[18] Luiz Werneck Vianna, "Weber e a interpretação do Brasil". In: Jessé Souza (Org.), *O malandro e o protestante*. Brasília: UnB, 1999.

processo de mudança social. O Estado neopatrimonial, ao restringir a livre manifestação dos interesses, e ao dificultar, com suas práticas de cooptação, a sua agregação em termos sindicais e, principalmente políticos, favoreceria, assim, a preservação das desigualdades sociais crônicas ao país.[19]

Pensando em termos da tradição do pensamento político brasileiro, essa versão weberiana, que é a de Faoro, seria afim às fileiras liberais que veem no Estado, e não na sociedade, a causa principal dos males do país.

Já na apropriação "societal", para mantermos os termos de Werneck Vianna, as relações entre estamento burocrático e elites políticas seriam bem mais complexas, a começar pelas afirmações de José Murilo de Carvalho, em *A construção da ordem*, de que "a burocracia imperial eram muitas", que a divisão interna das burocracias dificultava o controle das populações e da sociedade a partir do Estado, e que esse controle só poderia ser exercido a partir de um compromisso amplo entre donos de terras e governo. Vale acrescentar que a crítica de José Murilo de Carvalho, ao analisar dados empíricos não frequentes na obra de Faoro, chega mesmo a questionar se seria plausível caracterizar a constituição da burocracia imperial como um estamento no sentido de Weber.

A viagem redonda

O que eu gostaria de acrescentar ao que já foi exposto por essa longa e douta lista de intérpretes é que, do meu ponto de vista, a recepção por Faoro da teoria sociológica de Max Weber acerca do patrimonialismo se deu associada a uma filosofia da história muitas vezes ignorada ou desprezada pela crítica (embora expressa de modo claro no texto original de 1958) e que supõe como óbvia e sem mediações a dupla identificação entre, por um lado, permanência do patrimonialismo e "atraso" e, por outro, emergência da economia de mercado e "moderno". Minha hipótese é a de que, uma vez naturalizados tais pressupostos, eles autorizam um tipo de análise sociológica que se caracteriza pela *afirmação da ausência* de determinados elementos na realidade histórica, que só são esperados ou desejados no contexto do modelo teórico de que parte o analista sem que isso se explicite como tal. Resulta daí uma *história em negativo* da formação social brasileira, que fala mais sobre o que deseja ou idealiza o analista do que aquilo que aqui aconteceu.

Para estabelecer esse último argumento, eu gostaria de resumir algo do que já foi dito. Como vimos acima, na perspectiva de *Os donos do poder*, a formação histórica brasileira traz a marca da dominação patrimonialista, transplantada de Portugal

19 Ibid.

para o Brasil pela via da colonização. Trata-se da continuidade renitente de estruturas presentes na consolidação do Estado português moderno que, desde o século xiv, já se livrara de vestígios feudais e promovera tanto a centralização estatal como um tipo de capitalismo politicamente orientado em benefício do Estado monárquico.

Tal descrição da história portuguesa se faz com as categorias da teoria da dominação tradicional de Max Weber. Trata-se, inicialmente, de um tradicionalismo patriarcal em que os reis governam o reino "como a própria casa", orientados pelas "relações da economia natural". Constitui-se uma organização social na qual "a nação administrava-se como a casa do soberano, limitada a ação do mercado e quase obstado o uso do dinheiro".

À medida que se impõe a economia monetária, uma segunda etapa se estabelece: forma-se um quadro administrativo que, se originariamente era "mera reunião de cortesãos e protegidos", faz-se "órgão de domínio".[20] É aqui, como na teoria de Weber, que a dominação tradicional deixa de ser patriarcal para ser *patrimonial* e *estamental* na medida em que um quadro administrativo se apropria dos poderes de mando e das possibilidades econômicas que lhes correspondem, como se fossem privados.[21] Nessa passagem do patriarcal ao patrimonial e estamental, segundo Max Weber, os mecanismos judiciais e militares transformam-se em fundamentos jurídicos da posição *estamental* privilegiada.[22]

A linguagem utilizada pelo autor é sintomática do que me importa salientar. Desse movimento inaugural do patriarcal ao patrimonial e estamental, Faoro derivará suas teses centrais. Em primeiro lugar, a ideia de que a dominação patrimonial, tal como desenvolvida no Estado português e transposta para o Brasil, é correlata a um tipo de capitalismo politicamente orientado que *impede* a livre expansão da economia de mercado. Dirigido pelo estamento e a seu benefício, o capitalismo comercial é dominado pelos monopólios e pela intromissão real que "*limitam, irracionalmente*, o desenvolvimento da economia" (grifos meus).[23] O capitalismo realmente existente — no qual se inscreve a colonização — "cresce à sombra da casa real, faz-se apêndice do Estado". Em contrapartida, a "economia racional, entregue às próprias leis, com a calculabilidade das operações, é *frustrada* no nascedouro"

---

20 Raymundo Faoro, *Os donos do poder: Formação do patronato político brasileiro*. Rio de Janeiro; Porto Alegre; São Paulo: Globo, 1958, pp. 11-2.
21 Max Weber, *Economia y Sociedad* (2 ed. México: Fondo de Cultura Económica, 1984), p. 185: "Com a aparição de um quadro administrativo (e militar) pessoal do senhor toda dominação tradicional tende ao *patrimonialismo* e no caso extremo de poder de mando ao *sultanato*. [...] Deve-se entender por *dominação estamental* aquela forma de dominação patrimonial na qual determinados poderes de mando e suas correspondentes probabilidades econômicas estão *apropriados* pelo *quadro administrativo*".
22 Ibid., p. 189.
23 Raymundo Faoro, *Os donos do poder*, op. cit., 1958, pp. 11-2.

(grifo meu).²⁴ Sem uma economia formalmente racionalizada e uma "situação de mercado", está impedida a "estabilidade dos planos longos de atividade" e, por consequência, a empresa industrial que reivindica bases econômicas regulares e capacidade racional de previsão. "A legalidade racional, campo em que ela se expandiria, *não existia, nem se poderia consolidar*" (grifos meus).²⁵

A explicação de Faoro para as "causas que *impedem* o florescimento do capitalismo" industrial moderno segue aquela inscrita no tipo ideal de Weber:

> o patrimonialismo, patriarcal ou de quadro, tem o poder de regulamentar materialmente a economia, desviando-a de seu leito próprio e orientando-a para os fins do Estado, fins e ideais utilitários, de guerras, ético-sociais ou culturais. Esta, em todas, é a circunstância principal, marcante; em virtude dela, a atividade econômica é *afastada da racionalidade formal* para subordinar-se às necessidades e ao ocasional arbítrio do príncipe" (grifos meus).²⁶

"O capitalismo, *tolhido em sua manifestação plena*, *desvirtua-se*, vinculando-se à política" (grifos meus).²⁷

O estamento burocrático opera, nessa interpretação, como inverso e avesso à ascensão de classes sociais autônomas. Pois, à ausência de uma "economia racional" corresponde a carência de atores que organizem seus interesses na universalidade das regras impessoais de mercado e sem relação privilegiada com o Estado. Com isso se obstrui o pensamento político liberal que seria próprio ao centro dinâmico do capitalismo moderno tal como previsto pelo seu tipo ideal. Na história brasileira, o centro real da atividade se encontra justamente onde tal interpretação da teoria weberiana diz que não deveria estar: no Estado.

A análise elabora assim uma estrutura de dominação que cinde Estado e nação, tornando o primeiro termo — o Estado — o polo exclusivo de toda iniciativa social, econômica e política, e relegando a segunda — a nação — à condição de espectadora informe das consequências deletérias do capitalismo politicamente orientado. A anemia econômica é também a anemia política e, se a falta do capitalismo industrial é razão do subdesenvolvimento, a inexistência das classes autônomas explica o caráter autoritário e excludente da política nacional. O resultado é que não há sociedade civil independente, não há pensamento liberal, nem capitalismo racional — signos pressupostos de modernidade —, mas dominação patrimonial, estamental e burocrática — signos do atraso.

---

24 Ibid., p. 12.
25 Ibid., p. 13.
26 Ibid., p. 13.
27 Ibid., p. 12.

Assim transposta para a história brasileira, a teoria dos tipos weberianos de dominação produz o retrato de uma *ausência*, de uma *impossibilidade*, retrato que diz de um *outro*, desejado, talvez, mas que não houve e que não há. Não à toa, a tese melhor se formula pela negação: o patrimonialismo estamental e burocrático *inviabilizou*, no Brasil, a modernidade da economia racional e da legalidade do Estado de direito.[28] A esse "*desvirtuamento* do capitalismo" Faoro chamou, muito significativamente, o "pecado original da formação portuguesa", que, a exemplo de seu congênere sagrado na posteridade mundana de Adão e Eva, marca indelevelmente a formação histórica brasileira e "ainda atua em suas influências, vivas e fortes, no Brasil do século XX".[29]

Essa associação entre a ausência do desejado e o pecado original conforma a estrutura de longa duração da teoria faoriana da história nacional como uma espécie de "não história" ou de "dialética sem síntese" se mobilizarmos os termos da temporalização hegeliana. Na edição de 1958, Faoro buscava na combinação das teorias de Liev Trótski (*História da Revolução Russa*) e de Arnold Toynbee (*A Study of History*) a filosofia da história adequada à explicação do motivo por que se frustrou o "aparecimento da genuína cultura brasileira".[30] Da "lei do desenvolvimento combinado" de Trótski, retirou a inteligibilidade dos processos de desenvolvimento dos "países atrasados" no âmbito da economia mundial. A necessidade de proteger a sua economia da competição entre as potências econômicas mundiais faz com que os governos dos países em atraso sejam "forçados a dar saltos, suprimindo fases intermediárias da evolução normal, provocando sérias incongruências na esfera econômica e cultural".[31] Por oposição a essa suposta "evolução normal", com fases bem definidas de desenvolvimento econômico harmonioso, assiste-se, no contexto da desigualdade dos ritmos econômicos, a uma "combinação de fases distintas, da amálgama de formas arcaicas com as mais modernas". Daí, conclui Faoro, as "*incongruências culturais marcantes*" que combinam alta tecnologia — fuzis e rádios, por exemplo — com "fortes resíduos culturais" — "mezinhas caseiras, de origem supersticiosa, ministradas ao som de rezas e benzeduras".[32]

28 A perspectiva da "ausência de atributos positivos da nacionalidade no que concerne o ingresso na vida moderna" tem longa tradição no pensamento brasileiro. Ver, por exemplo, Eduardo Jardim de Moraes, *A constituição da ideia de modernidade no modernismo brasileiro* (Rio de Janeiro: IFCS/ UFRJ, 1983), pp. 60-67.
29 Raymundo Faoro, *Os donos do poder*, op. cit., 1958, p. 12. O patrimonialismo, dirá o autor em artigo de 1993, "tem a profundidade coincidente com a história brasileira, nesta incluída a origem ibérica. Ele vai desde a monarquia patrimonial, que encontra na dinastia de Avis (séc. XIV) sua vocação marítima, até os planos financeiros da década de 80 e 90 deste século". Raymundo Faoro, "A aventura liberal" (*Revista USP,* n. 17, 1993), p. 17.
30 Raymundo Faoro, *Os donos do poder*, op. cit., 1958, pp. 269-71.
31 Ibid., p. 265.
32 Ibid., p. 266.

A essa esquizofrenia que mescla o moderno e o arcaico, corresponderia a cisão entre Estado e nação como "realidades diversas, estranhas, opostas, que mutuamente se desconhecem". Justapõem-se, assim, duas sociedades: "uma, cultivada e letrada; a outra, primária, sem estratificações, sem simbolismo telúrico". Oscilando "como fantasmas" entre uma cultura europeia "que lhes forma a camada intelectual do pensamento" e aquela "de sua gente, que lhes marca o temperamento inconsciente", os membros do estamento tornam-se "homens sem raízes" cuja vocação é a do "idealismo sobranceiro à realidade", do "irrealismo sem contato com as fontes da imaginação". De um lado, legisladores e políticos, propensos ao "jurismo", querem "construir a realidade a golpes de leis"; de outro, um povo marcado por um "primitivismo" que não distingue entre valores religiosos e valores políticos. Um povo que vive "sob a confusão dos impulsos não decantados" e que expressa seus anseios numa espécie de "política de salvação" à espera de um taumaturgo, um líder, quiçá um ditador.[33]

A esquizofrenia não se resolvendo, a ordem patrimonialista se sustenta na medida em que se alimenta desse desencontro. Assim, frustra-se a possibilidade de uma "genuína cultura brasileira". Aqui, a inteligibilidade dos fenômenos já não deve mais a Trótski, mas sim à teoria da gênese das civilizações de Arnold Toynbee. Ao final do primeiro volume de *A Study of History*, Toynbee sintetizou o padrão de emergência do que chamou "civilizações com parentesco" ("*related civilizations*"), para referir-se a sociedades cuja origem histórica derivassem de um processo de diferenciação e de secessão no interior de uma civilização antecedente com a qual guardasse relações de filiação ("*Apparentation-and-Affiliation*").[34] Pelo padrão de Toynbee, a decadência da "força criativa" que outrora inspirara uma lealdade voluntária no conjunto de uma dada civilização produziria a desintegração desta mesma civilização em dois polos opostos: de um lado, uma "minoria dominante" que, permanecendo ligada à "sociedade antecedente", buscaria preservar-se; de outro, um "proletariado" — identificado ao conjunto dos "negativamente privilegiados em relação à minoria dominante" — um proletariado que, não encontrando naquela minoria representação verdadeira, tornar-se-ia "consciente de sua alma própria [,] decidindo preservá-la com vida". Nesse conflito entre a preservação do status quo antecedente pela minoria e a vontade de segregação inscrita na nova alma consciente de si, diz Toynbee, citado por Faoro, que poderíamos "distinguir um desses dramáticos encontros espirituais que renovam a obra de criação levando a vida do universo fora do estancamento outonal, através das dores do inverno, ao fermento da primavera".[35]

---

33 Ibid., pp. 268-9.
34 Para um apanhado da classificação ver, por exemplo, Arnold J. Toynbee, *A Study of History* (2. ed. Londres, Nova York: Oxford University Press, 1956), v. 1, pp. 130-1.
35 Raymundo Faoro, *Os donos do poder*, op. cit., 1958, p. 270. Optei por manter os termos da tradução Toynbee feita por Faoro a partir da edição espanhola da Emecê Editores. Pode-se ler tais passagens em Arnold J. Toynbee, op. cit, p. 336.

Entretanto, na história brasileira a tal "secessão" do proletariado não se operou, não havendo, portanto, a "primavera". Entre nós, "a nação, suas classes e seu povo, *não lograram diferenciar-se*", esmagados pelo poder do estamento burocrático. O resultado é uma civilização *"franzina"*, *"tolhida* no seu crescimento, como se estivesse atacada de paralisia infantil". Esta é a "lição de Toynbee", afirma Faoro, que permitiria dizer que "a sociedade brasileira está *impedida* em sua expansão pela *resistência* das instituições anacrônicas". Anacronismo que equivale à força do atraso, ao impedimento da novidade histórica, à não realização do moderno (desejado). O não cumprimento do padrão diferenciação-secessão teria gerado a "monstruosidade social" de uma civilização que, chafurdada no amálgama bastardo do moderno com o arcaico, hesita entre o ser e o não ser a ponto de merecer, de nosso autor, o nome de "veleidade".[36]

É verdade que a segunda edição reviu, sem afirmar autocrítica, alguns dos termos da perspectiva histórica de 1958 que aderia, em sua ingenuidade, a uma concepção fortemente linear da história universal. Em 1975, criticando a ideia de que a sociedade capitalista representasse a "realização acabada da história", Faoro afirmou que a "compatibilidade do moderno capitalismo com esse quadro tradicional equivocadamente identificado ao pré-capitalismo" seria "uma das chaves da compreensão do fenômeno histórico português-brasileiro".[37] Mas essa revisão se fez em reforço da tese principal da "frustração" da cultura brasileira e do impedimento da sua renovação pelo "abraço sufocante da carapaça administrativa".[38]

Manteve-se o argumento. Nem o crescimento do Estado nacional e a inevitável burocratização que o acompanha, nem o desaparecimento da monarquia ou a formação do Estado Novo, enfim, nenhuma mudança altera as linhas de força do quadro analítico que reafirmam o império do estamento. Aliás, pelo contrário. Como exposto em 1958, as principais mudanças derivadas da inserção inevitável da economia nacional na dinâmica mundial do capitalismo reforçam a estrutura de dominação: "O capital privado, sem força para sustentar a corrida, é absorvido pelo Estado, que o controla, regula ou tutela, fortalecendo o estamento burocrático, agora o provedor da nação".[39]

Para Faoro, se a modernização que adapta a economia local ao contexto abrangente do capitalismo é a principal fonte da mudança histórica, é também a principal "causa da permanência" do "Estado patrimonial e estamental burocrático".[40] A teoria da história de Faoro se explicita nesse mecanismo reprodutivo: as mu-

---

36 Raymundo Faoro, *Os donos do poder*, op. cit., 1958, p. 271.
37 Raymundo Faoro, *Os donos do poder: Formação do patronato político brasileiro*. 4. ed. Porto Alegre: Globo, 1977, pp. 735-7.
38 Ibid., p. 748.
39 Raymundo Faoro, *Os donos do poder*, op. cit., 1958, p. 43.
40 Ibid., p. 265.

danças no tempo reforçam a estrutura de dominação que permanece inalterada e neutraliza qualquer caráter de novidade. A dinâmica histórica envolve a contínua atualização do poder estamental — manifestação do pecado original — à qual corresponde o eterno retorno da ausência do desejado — a secessão não realizada, a modernidade.[41]

A abertura do capítulo final da edição de 1975, que traz o sugestivo título de "A viagem redonda: do patrimonialismo ao estamento", expressa a dramaticidade da continuidade secular: "De d. João I a Getúlio Vargas, numa viagem de seis séculos, uma estrutura político-social resistiu a todas as transformações fundamentais, aos desafios mais profundos, à travessia do oceano largo".[42]

Julho de 2015

Pós-escrito

Ao reler as teses principais de *Os donos do poder* à luz dos acontecimentos dos últimos vinte anos, talvez seja interessante considerar que as principais teses ali desenvolvidas, e que apontavam razões no contexto brasileiro das dificuldades históricas para a realização plena de uma racionalidade econômica de mercado, à qual corresponderiam tanto a autonomia das classes sociais como o desenvolvimento de um pensamento político liberal consistente, não se dissolveram.

Os governos dirigidos pelo Partido dos Trabalhadores (PT) trouxeram para dentro da estrutura do Estado boa parte da liderança dos trabalhadores que, talvez por isso, parece ter abdicado da reivindicação histórica por autonomia sindical e pelo fim da Consolidação das Leis de Trabalho (CLT). O conluio entre grandes empresas e agências estatais potencializou o caráter patrimonialista do capitalismo brasileiro, "politicamente orientado", sem desconsiderar os efeitos nefastos da corrupção. O modo como a presidente eleita Dilma Rousseff foi defenestrada do poder, se inspirou dúvidas e ambiguidades à época, por fazer-se "dentro da lei", como propalaram seus perpetradores, revelou-se mais um capítulo da indiferença e do desrespeito interessados de elites políticas e econômicas

---

[41] Posteriormente, em 1992, Faoro elaborou no texto "A questão social: a modernização" (*Estudos Avançados*, n. 6, v. 14, 1992) e republicado em Raymundo Faoro, *Existe um pensamento político brasileiro?* (São Paulo: Ática, 1994) como "A modernização nacional", a oposição conceitual entre modernidade e modernização: "A *modernidade* compromete, no seu processo, toda a sociedade, ampliando o raio de expansão de todas as classes, revitalizando e removendo seus papéis sociais, enquanto a *modernização*, pelo seu toque voluntário, senão voluntarista, chega à sociedade por meio de um grupo condutor, que, privilegiando-se, privilegia os setores dominantes" ("A modernização nacional", op. cit., p. 99).

[42] Raymundo Faoro, *Os donos do poder*, op. cit., 1977, p. 733.

pelas eleições e pelos costumes necessários ao funcionamento virtuoso das instituições da democracia liberal.

O governo que se sucedeu após o desastrado interlúdio pós-impeachment buscou uma improvável aliança entre o estamento militar, a economia liberal e os fanáticos da nova direita emergente das redes sociais e, apesar de suas promessas eleitorais, apoiadas e financiadas pelas mesmas elites, se mostra inteiramente dependente do que há de mais patrimonialista na história da república brasileira, ao proteger, acobertar e prometer dar guarida os desmandos dos que se imaginam ser os novos donos do poder.

Numa era de intensa aceleração tecnológica — especialmente visível nas muitas áreas de alcance da inteligência artificial —, e de temores fundados a partir das descobertas científicas acerca das mudanças climáticas globais, o capitalismo liberal imaginado (e desejado) pela análise de *Os donos do poder* míngua no país e, provavelmente, em boa parte do mundo. Crescem as desigualdades sociais e econômicas, amplificadas por nova exclusão advinda da aceleração e da implementação das novas tecnologias, e o pensamento liberal, em vários cantos do planeta, perde a sua dignidade ao se revelar mera máscara da defesa de interesses que não se publicizam.

Revisitar a obra de Faoro hoje nos esclarece na reconsideração da trajetória de promessas e feitos, discursos e atos que, em nome da racionalidade econômica e do progresso da liberdade, nada mais fazem que repetir a "não história" e reatualizar o "pecado original" trazidos à vista pelas edições de *Os donos do poder*.

Março de 2021

Referências bibliográficas

CARVALHO, José Murilo de. "Mandonismo, coronelismo, clientelismo: Uma discussão conceitual". In: _____ . *Pontos e bordados: Ensaios de história e política*. Belo Horizonte: UFMG, 1998, pp. 130-53.

_____ . *A construção da ordem: Teatro de sombras*. 2. ed. rev. Rio de Janeiro: UFRJ; Relume-Dumará, 1996.

DUARTE, Nestor. *A ordem privada e a organização nacional*. Rio de Janeiro: Companhia Editora Nacional, 1939.

FAORO, Raymundo. *Os donos do poder: Formação do patronato político brasileiro*. Rio de Janeiro; Porto Alegre; São Paulo: Globo, 1958.

_____ . *Os donos do poder: Formação do patronato político brasileiro*. 4. ed. Porto Alegre: Globo, 1977. 2 v.

_____ . "A aventura liberal numa ordem patrimonialista". *Revista da USP*, n. 17, 1993.

_____ . *Existe um pensamento político brasileiro?* São Paulo: Ática, 1994.

IGLÉSIAS, Francisco. "Revisão de Raymundo Faoro". *Cadernos do Departamento de Ciência Política*, n. 3, pp. 123-42, 1976.

LEAL, Victor Nunes. *Coronelismo, enxada e voto*. Rio de Janeiro: Forense, 1948.

MELLO E SOUZA, Laura de. "Raymundo Faoro. Os donos do poder" In: DANTAS MOTA, Lourenço (Org.). *Introdução ao Brasil: Um banquete no trópico*. São Paulo: Senac, 1999, pp. 335-55.

MENDONÇA, Kátia M. (1995) "Um projeto civilizador: Revisitando Faoro". *Lua Nova*, São Paulo n. 36, pp. 181-96, 1995.

_____ . "Faoro e o encontro entre ética e política". *Lua Nova*, São Paulo n. 48, pp. 94-108, 1999.

MORAES, Eduardo Jardim de. *A constituição da ideia de modernidade no modernismo brasileiro*. Rio de Janeiro: IFCS/ UFRJ, 1983. Tese de Doutorado.

QUEIROZ, Maria Isaura Pereira de. "O mandonismo local na vida política brasileira". In: _____ . *O mandonismo local na vida política brasileira e outros ensaios*. São Paulo: Alfa-Ômega, 1976.

SCHWARTZMAN, Simon. *Bases do autoritarismo brasileiro*. Rio de Janeiro: Campus, 1992.

_____ . "Atualidade de Raymundo Faoro". *Dados*, n. 46, v. 2, pp. 207-13, 2003.

SOUZA, Jessé. "A ética protestante e a ideologia do atraso brasileiro". *Revista Brasileira de Ciências Sociais*, n. 13, v. 38, pp. 97-116, 1998.

TOYNBEE, Arnold J. *A Study of History*. 2. ed. Londres; Nova York: Oxford University Press, 1956. v. 1.

VIANNA, Oliveira. *O idealismo da Constituição*. 2. ed. ampliada. Rio de Janeiro: Companhia Editora Nacional, 1939.

WEBER, Max. *Economia y Sociedad*. 2. ed. México: Fondo de Cultura Económica, 1984.

WERNECK VIANNA, Luiz. "Weber e a interpretação do Brasil". In: SOUZA, Jessé (Org.). *O malandro e o protestante*. Brasília: UnB, 1999, pp. 173-95.

Índice remissivo

Abaeté, visconde de (Limpo de Abreu), 337, 346, 441, 443, 448
abdicação de d. Pedro I (1831), 304, 365, 472
abertura dos portos (1808), 236, 239, 255, 259, 262-4, 269, 271, 397, 409
abolição da escravatura (1888), 449, 451, 456, 474, 479-80, 491-2, 494-5, 500-1, 587, 683, 786
abolição do tráfico (1850), 374, 411-2
abolicionismo/ abolicionistas, 344, 386, 415, 438, 442, 446, 449-50, 467, 469-70, 473-4, 479, 483-5, 501
Abreu, Capistrano de, 148, 216
Abreu, José de, 204
absolutismo, 30, 37, 39, 64, 80, 89, 162, 164, 182, 268, 272-3, 279, 283, 285, 296, 326, 351, 360-1, 441, 533, 551, 634, 756-7, 761
Acioli, Antônio Pinto Nogueira, 615-6
Acioli, família, 553, 565
açúcar/ economia açucareira, 33, 71, 90, 100, 102, 117, 121-5, 128-9, 131, 140-2, 144, 146-8, 153-4, 163, 166, 168, 173, 199-200, 216-29, 232-3, 239-40, 243, 249-50, 252, 259, 265, 268-9, 278, 329-31, 374, 400, 405, 407, 412-3, 417, 431, 447-8, 493, 510, 535, 676, 682, 780
administração: colonial, 142, 177, 194, 198, 208; pública, 20, 66, 95, 181, 184, 187, 194, 207, 227, 393, 605, 644, 703
Afonso II, d., 30
Afonso III, d., 36
Afonso IV, d., 51, 54, 351
Afonso V, d., 66, 83, 200
Afonso VI, d., 174
Afonso X, d., 36
Afonso Henriques, d., 28
Afonso, João, 72
África, 45, 68, 71-5, 84-5, 89, 92, 95, 120, 125, 128, 156, 167, 172, 190, 220, 271, 344, 420
agrarismo, 447, 449, 499-500, 583, 596
agricultura, 32-3, 41, 45, 50, 53, 69, 80-1, 99, 118, 133, 138, 141, 167, 169, 221-4, 226-7, 229, 233-4, 237, 239, 245, 272, 275, 300, 322, 329, 333, 344, 368, 381, 388-9, 392, 394, 400, 403-4, 407, 409, 411-5, 418, 420, 424, 431, 450, 454, 456, 498, 501, 506, 510, 512-3, 519, 592, 595, 620, 682-3, 687, 703
Aguiar, marquês de, 257
Alagoas, 168, 371, 378, 565
Alagoas, barão de, 479
Alberto, João *ver* Lins de Barros, João Alberto
Albuquerque, Afonso de, 125-6, 200
Albuquerque, Antônio Joaquim Pires de Carvalho e (barão de Garcia d'Ávila), 290

Albuquerque, visconde de, 344
Alemanha, 46, 72, 94, 515, 779
Alencar, José de, 367-8, 372, 390-1, 415, 461, 480
alforrias, 441, 473-4, 587
Alfredo, João, 344, 477, 479, 481, 483, 490, 494, 502
algodão, produção e manufaturas de, 153, 195, 219-20, 222, 224, 227-8, 244, 251, 253, 268-9, 329, 400, 417, 419, 676
Aliança Liberal, 460, 547, 624, 643, 647, 650-1, 665, 679-80, 683-4
Aliança Nacional Libertadora, 666
Aljubarrota, batalha de (Portugal, 1385), 59
Almeida, Francisco de, 200
Almeida, João de, 257
Almeida, José Américo de, 661, 667-8
Almeida, Pedro de (conde de Assumar), 175-6
Almeida, Tito Franco de, 358, 425
almoxarifados (circunscrições fiscais), 29, 131
Álvares, Diogo (Caramuru), 154
Álvares, Nuno, 39, 58-9, 67, 83
Alves, Castro, 442-3
Alves, João Luís, 514, 567
Alvim, Cesário, 525, 531, 599
Amado, Gilberto, 563, 574, 621
Amaral, Francisco Dias do, 230
Amazonas, província/ estado do, 171, 460, 529, 553, 565, 576, 661
Amazonas, rio, 166, 170, 430-1, 438
América, 45, 71, 73-5, 83, 85, 92, 111, 113, 117, 119-20, 125, 128, 135-7, 139, 143, 160, 167, 170, 172, 187, 203, 220, 234, 236, 252, 260, 264, 274, 320, 444, 475, 482, 523, 758, 761

América do Norte, 135
América do Sul, 657
América Latina, 637
Anadia, visconde de, 257
anarquismo, 352, 642, 666, 684
Anchieta, José de, 167
Ancien Régime, 407
Andaluzia, 32
Andeiro, João Fernandes, 57
Andrada, Antônio Carlos Ribeiro de (governador de MG), 580, 582, 649-51, 654, 667
Andrada, Antônio Carlos Ribeiro de (ouvidor de Olinda), 270
Andrada e Silva, José Bonifácio de, 271, 276, 278-9, 283-90, 293, 297, 299, 305, 319, 327, 331, 346, 373, 377, 394, 440, 442-3, 480, 690
Andrada e Silva, Martim Francisco Ribeiro de, 346
Andradas, os, 263, 287-91, 297, 305, 365, 368
Angola, 219-20, 230
Aníbal (general cartaginês), 27
Antilhas, 163
Antonil, André João, 145-6, 215, 217, 226, 235, 241-3
Antônio Carlos ver Andrada, Antônio Carlos Ribeiro de
Antuérpia, feitoria de, 73, 95
Antunes, Jacinto, 605
Arábia, 70, 89, 91
Aranha, Osvaldo, 652, 660-1
Araripe, Tristão de, 503
Araújo de Azevedo, Antônio de (conde da Barca), 257
Araújo, José Tomás Nabuco de, 336-7, 344, 352, 359, 361, 378, 438-41
Argentina, 674
aristocracia, 30-1, 38, 49, 55-6, 58, 65,

71, 75, 78, 89, 99, 101, 104-7, 138, 143-5, 149, 159, 173, 182, 189, 195, 204-5, 218, 220, 230, 263, 265, 273, 289, 291, 294-5, 298-9, 301, 303, 321-5, 335, 350, 362, 390-2, 402, 406, 446-7, 455, 463-4, 477, 480-1, 484, 699, 763, 780, 786

Armitage, João, 277, 298, 302, 368, 468

Ásia, 45-6, 71-5, 85, 153, 155, 172, 192, 220, 271, 762

Assis, Machado de, 640, 673, 708, 760

Assumar, conde de, 175-6

Ato Adicional (1834), 310, 312-3, 320, 331, 334, 347, 353, 370, 440, 459

Austrália, 46

autoritarismo, 13, 20-1, 202, 701, 756, 758, 765, 782, 789

Ávila, Francisco Dias de, 168

Avis, casa/ dinastia de, 16, 28, 49, 58, 77, 215, 243, 293, 335, 366, 431, 705, 763, 793; *ver também* Revolução de Avis (Portugal, 1383-85)

Avis, Mestre de *ver* João I, d.

Azeredo, Antônio, 572, 652

Azevedo, J. Lúcio de, 125

Azevedo, José da Costa (barão de Ladário), 481

Azurara, Gomes Eanes de, 71

Bagehot, Walter, 349

Bahia, 147, 156, 166, 168-9, 176, 183, 193, 196-7, 201, 206, 208, 220, 224, 237, 241, 243, 245, 251, 255, 257, 259, 264, 270, 275, 278, 288, 290, 319-20, 324, 374, 412, 418, 424, 430, 432, 458, 477, 498, 521, 527, 529-30, 538, 542-4, 549-51, 561, 564-7, 569, 576, 581, 591, 593, 601, 617-8, 620, 626, 631, 635, 667, 776

Balaiada (Maranhão, 1838-41), 324

Bálcãs, 117

Baleeiro, Aliomar, 690

Báltico, 128, 250

Baltimore, 250

Banco Comercial, 411, 418, 421

Banco da Bahia, 412

Banco da Inglaterra, 416

Banco da República do Brasil, 502, 511

Banco de São Paulo, 491

Banco do Brasil, 258, 260, 274, 328, 399, 415-8, 420-4, 426-7, 432, 506, 512, 515-6, 518, 520, 644, 649, 657, 671, 677, 679-80, 682-3, 689

Banco do Comércio, 491

Banco Mauá, Mac-Gregor e Cia., 423, 429, 431

Banco Nacional do Brasil, 491, 502

bancos ingleses, 410

bandeiras, 170-2, 174, 200, 204, 264, 437, 652; bandeirantes, 168-70, 173-5, 199, 208, 210, 238, 509, 531, 538-9, 558, 560-2, 566, 571, 654, 658, 691; bandeirismo(s), 169, 171--3, 202, 249

Barbacena, marqueses de, 463

Barbacena, visconde de, 203

Barbalho, João, 459

Barbosa, Diogo, 216

Barbosa, Francisco Vilela *ver* Paranaguá, marquês de

Barbosa, Januário da Cunha, 283, 285

Barbosa, Rui, 285, 343-4, 352, 382, 402, 430, 443, 453, 455-6, 458-9, 461, 470, 474-6, 479, 481, 484, 489-91, 494, 496-7, 499-505, 507, 511-2, 521, 525-7, 530, 533, 535, 539, 543, 545, 551, 553, 557, 562-6, 569-70, 572-4, 576, 578, 580-3, 586, 589, 591, 602, 611, 613, 617, 626, 633-8, 642, 650, 653, 657, 684

Barca, conde da, 257
Barreto, Almeida, 588
Barreto, Dantas, 571, 575-6, 613-4, 616
Barreto, Lima, 532
Barreto, Muniz, 285, 432
Barreto, Paes, 373
barroco, 87, 90, 99, 102
Barros, Adolfo de, 384
Barros, Gama, 36
Barros, João de, 70, 90, 92-4, 119, 126, 216, 218
Barros, Paulo de Morais, 679
Barroso, Liberato, 442
Barroso, Pedro, 140
Barroso, Sabino, 574, 622
Bastiat, Claude Frédéric, 490
Bastos, Tavares, 338, 343, 352, 364, 370, 390, 402, 424, 442, 453-4, 461, 489--90, 602, 762-3
Battle y Ordóñez, José, 685
Bayão Parente, Estêvão Ribeiro, 168
Beatriz, d. (filha de d. Fernando I), 56
Beaurepaire-Rohan, marquês de, 463, 465
Belisário, Francisco, 490
Bernardes, Artur, 511, 550, 580, 589-90, 592, 601, 612, 623, 631-2, 634, 636, 641, 643, 650, 661, 677, 686, 706
Bezerra, José, 579, 605
Bias Fortes, Crispim Jacques, 550, 568, 623
Biscaia, 33, 72
Bismarck, Otto von, 698
Bittencourt, Carlos Machado de, 543-4, 546
Bloch, Marc, 147
Bloco (Coligação de 1905), 547, 564-72, 581
Bocaiúva, Quintino, 443, 475-6, 521, 525, 541, 543, 558, 560-1, 571

bolchevismo, 646, 663, 684
Bolsa de Nova York, quebra da (1929), 679
Bom Retiro, visconde de, 440
Bonald, visconde de, 640
bonapartismo, 300, 362, 536, 697-8, 707, 756, 788
Borba Gato, Manuel de, 174-5
Borgonha, dinastia de, 140
borracha, 676, 682
Bourbons, dinastia dos, 296, 347
Bragança, casa/ dinastia de, 17, 59, 82, 162, 255, 293, 335, 366, 431
Bragança, duque de, 83, 216
Branco, Manuel Alves, 344, 419
Brandão, Bueno, 621-2
Brandão, João, 230
Brandão, Silviano, 561, 564, 570, 623
Brandônio, 219, 223, 225, 228, 231
Brás, Venceslau, 511, 550, 579-80, 589, 622
Brasil, Assis, 446, 625
Brasil, Descoberta do (1500), 70, 113, 124
Brasiliense, Américo, 445, 531
Brito, Joaquim Marcelino de, 432
Bueno, José Antônio Pimenta *ver* São Vicente, marquês de
Bulhões, Leopoldo de, 459, 512
burguesia, 51, 56, 121, 124, 185, 465, 519; comercial, 49, 53, 55-6, 58, 60, 72, 77, 84, 184, 188, 218, 222, 413, 761; industrial, 510; marítima, 72; pequena, 644
burocracia, 16-20, 64, 99, 106, 121, 137, 143, 156, 161, 167, 182, 184-5, 230, 244, 263, 265-6, 270, 272, 275-6, 278, 283, 290, 294, 319, 325, 336, 350, 367, 383, 387, 389, 391-3, 452, 509, 552, 644, 654, 660, 665, 670,

672, 697-8, 700, 702, 706, 757, 759, 779, 790

Cabanagem (Pará, 1835-40), 324
Cabral, Pedro Álvares, 94, 113, 216
café/ economia cafeeira, 122, 129, 141, 147, 173, 222, 224-5, 250-2, 259, 265-6, 278, 290, 300, 328-32, 384, 398-401, 405, 407, 409-10, 412-3, 417-20, 423, 427, 447-8, 451, 460, 473, 491, 495, 498, 504-19, 540, 550, 559, 561, 564, 566, 570, 573, 580, 582, 590-1, 643, 657-8, 660, 664, 676-80, 683, 688-9, 691, 765, 775; colapso cafeeiro, 680
Cairu, visconde de, 420, 490
Caldas, Vasco Roiz de, 174
Caldwell, João Frederico, 468
Calmon du Pin e Almeida, Miguel, 326, 334, 337, 566-7
Calógeras, João Pandiá, 416, 567, 621
Câmara dos Deputados, 285, 291, 295, 298, 300, 309-11, 322, 326, 328, 335-7, 343-4, 347-8, 354, 357-8, 360, 377, 431, 438, 445-6, 453, 469, 473, 515, 538, 540, 543, 548-9, 562-3, 565-8, 572, 574, 601, 667, 679, 684
Caminha, Pero Vaz de, 114-5, 117, 121, 140, 244
Camões, Luís de, 90, 200; *Os Lusíadas*, 49, 70, 94, 200, 705
Campanha Civilista (1909-10), 547
Campista, Davi, 566-8, 570
Campos, Américo de, 442
Campos, Bernardino de, 442, 511, 515, 538-9, 541-3, 546, 562-3, 580
Campos, Francisco, 601, 661, 666, 669, 672-3
Campos, Martinho, 344, 377, 425, 480
Campos, Olímpio de, 565

Campos, Siqueira, 648
Canadá, 46
Caneca, Frei, 285, 303, 310
cangaceirismo, 324, 615, 617, 627
Canudos, guerra de (Bahia, 1896-7), 542, 544
Capanema, Francisco José da Silva, 203
Capanema, Gustavo, 661, 666
capitães-mores, 97, 161, 172, 177, 187, 193, 196
capitalismo: advento do, 40-1; clássico, 703; comercial, 40-1, 46, 85, 125, 133, 214-5, 230, 791; industrial, 40-1, 45-6, 69, 74, 81, 99, 128, 136-7, 236, 260, 271, 694, 702, 792; liberal, 703, 797; mercantil, 146; moderno, 15, 18, 37, 519, 693, 695, 757, 767, 769, 780, 782, 792; político, 11, 18, 49, 75, 79, 146, 214--5, 230, 460, 693-6, 707, 757, 760, 791, 792; sociedade capitalista, 40, 63, 695, 795
capitanias, 89, 95, 111, 123, 125, 130, 132, 134-5, 142, 144-5, 153, 155-60, 162, 165-6, 187, 192-4, 197-8, 200, 203, 222, 224, 249, 254, 256, 265-8, 272-3, 275-6, 283, 393, 780, 787
Caramuru (Diogo Álvares), 154
Caravelas, marquês de (José Joaquim Carneiro de Campos), 284, 305
Cardim, Fernão, padre, 215, 217, 222
Cardoso, Matias, 168
Cardoso, Vicente Licínio, 168
Cariri (CE), 616-7
Carlos X, rei da França, 306
Carlota Joaquina, d., 274
Carneiro Leão, Honório Hermeto *ver* Paraná, marquês de
Carneiro, Borges, 266
carta de foral *ver* forais

ÍNDICE REMISSIVO | 805

Cartas chilenas (Gonzaga), 202-5, 242, 244
Casa da Guiné, 190
Casa da Índia, 95, 190
Casa da Mina, 190
Castanheira, conde de, 131
Castela, reino de, 30, 32, 36, 56-9, 169, 174
Castelo Branco, d. Pedro de, 131
Castelo Branco, d. Rodrigo, 174
Castilhos, Júlio de, 446, 450, 459-60, 470, 475, 527, 529, 531, 537, 539, 543, 549, 559-61, 563, 565, 580, 599, 671
Castro, Apulco de, 469
Castro, d. Inês de, 37, 56
Castro, Gentil José de, 385
catolicismo, 36, 188, 209, 640
caudilhismo/ caudilhos, 28, 151, 161-2, 166, 173, 175-7, 274, 290, 312, 315, 321, 406, 475-7, 482, 485, 535, 541, 548, 580, 598, 601, 604, 623, 637, 671-2, 760
Cavalcanti, Amaro, 496-7
Cavalcanti, Holanda, 320, 344, 418
Caxias, duque de, 305, 337, 344, 356, 378, 438-40, 463-6, 468, 470, 482-3, 588
Ceará, 377, 553, 565, 601, 612, 615, 617--8, 620-1
Celso, Afonso, 378, 382, 385, 446, 641
Ceuta, 46, 70-3, 172
Cezar, Moreira, 542
Chalaça (Francisco Gomes da Silva), 299
Chateaubriand, François René, 347
Chaves, Gonçalves, 403
Chichorro da Gama, Antônio Pinto, 441
Chimango, Antônio, 609

China, 90, 220
Cícero, padre, 616
classes: conservadoras, 456, 586-7, 617-8; lucrativas, 215, 222, 225, 230, 263, 389, 400, 494, 497; médias, 101, 105, 108, 136, 215, 227, 270, 305, 323, 417, 467, 528, 571, 585, 589, 627, 643, 645, 663, 666, 670, 676, 699; mercantil, 259, 264, 275; operária, 15, 585, 780; proprietárias, 690; territorial, 29, 275
clero, 16, 28-32, 34-7, 49, 56, 64-5, 72-3, 75, 79, 81, 102, 189-90, 193, 196-7, 203, 207-9, 230-1, 288, 374, 656, 759
Clube 3 de Outubro, 661, 663
Clube Militar, 473, 481, 523-4, 632-3
Cochrane, Thomas, 290, 430
Código de Processo Penal, 310-1, 320
Coelho, Duarte, 133-4, 147, 153, 155, 157, 192, 222, 252
Coelho, Machado, 432
Coelho, Nicolau, 113
Coimbra, 59, 202, 366, 389, 464
colegialismo, 189-90, 192
Collor, Lindolfo, 654, 685
Colombo, Cristóvão, 117
colônias inglesas, 135
colonização, 18, 28, 99, 111, 117, 119-20, 123-30, 135-6, 138, 141, 143-4, 146, 155-7, 161, 166-7, 196, 208-9, 225, 389, 404, 406, 420, 432, 693, 786-7, 789, 791
Coluna Prestes, 653; *ver também* Prestes, Luiz Carlos
comercialismo, 93, 102, 165
comércio: exportador, 269, 329, 410, 418; importador, 410, 506, 514; internacional, 117, 120, 133, 218,

272, 398, 513; marítimo, 32, 49-50, 54-5, 60, 68-9, 78, 82, 171; nacional, 410; negreiro, 229, 300, 412, 419; *ver também* companhias de comércio; mercantilismo

Comissão de Defesa da Produção do Açúcar, 682

comissários, 218, 221, 237, 238-9, 332, 400, 408-12, 424, 427, 448, 450-1, 480, 499, 502, 505-6, 679; casas comissárias, 408; comissariado, 409, 492

Companhia de Jesus, 171; *ver também* jesuítas

Companhia Siderúrgica Nacional, 688

Companhia Vale do Rio Doce, 688

companhias de comércio, 163, 236, 239; Companhia de Pernambuco e Paraíba, 232; Companhia do Maranhão, 232, 237; Companhia Geral do Comércio do Brasil, 164, 232, 236; Companhia Geral do Grão Pará e Maranhão, 229, 232

Comte, Augusto, 652, 685

comtismo, 531; *ver também* positivismo

comunismo, 640, 647, 649, 655, 660-1, 666, 672-3, 684-5

concelhos ibéricos, 25, 27, 30-1, 33, 36, 38, 50-1, 61, 83

Conciliação (1853-7), 348, 356, 372, 437

Concílio de Trento (1545-63), 208

Confederação do Equador (1824), 270

Congresso Agrícola, Industrial e Comercial (Belo Horizonte, 1903), 512, 514

Conselheiro, Antônio, 544, 618-9

Conselho da Fazenda, 191, 198, 258-9

Conselho da Índia, 191

Conselho de Estado (Conselho del Rei), 187, 266, 270, 291, 294-5, 299, 304--5, 310, 315, 326, 332, 335-7, 343-4, 347-8, 352-3, 355, 360-1, 363, 384, 387, 437, 439, 441, 455, 464-5, 521

Conselho dos Procuradores, 335

Conselho Nacional do Trabalho, 643

Conselho Ultramarino, 164, 191, 193, 198, 201

conselhos provinciais (futuras assembleias legislativas), 301, 335

conservadorismo, 300, 334, 581, 583, 590

Constant, Benjamin, 284, 294, 296, 346, 469-70, 476-8, 521, 525, 528, 541, 662, 671, 768

constitucionalismo, 701, 768

Constituição de 1823, projeto de, 290

Constituição do Império (1824), 284-5, 289-90, 292-5, 297, 301, 313, 325, 335, 345-7, 352, 363, 368, 375, 377, 581

Constituição do Império (1857), 352, 471

Constituição brasileira (1934), 663, 685

Constituição brasileira (1937), 672, 685, 688, 760

Contrarreforma, 208

Convênio de Taubaté (1906), 511-2, 515, 564, 566, 568, 765

Coolidge, Calvin, 675

Copérnico, Nicolau, 81

Coroa portuguesa, 18, 138, 185, 763

coronelismo, 385, 460, 549, 568, 596-7, 601, 603, 605-6, 611, 615, 620, 663, 665, 669, 672, 763, 786-7

Correia, Aires, 113

Correia, Eudoro, 614

Correia, Serzedelo, 496

Correio Nacional, 441-2

Cortes de Lisboa, 66, 232

Cortés, Hernán, 167

ÍNDICE REMISSIVO | *807*

Cortesão, Jaime, 68, 90, 170
Costa, Duarte da, 223
Costa, Hipólito José da, 265, 271
Costa, Miguel, 648, 655
Costa Carvalho, José (marquês de Monte Alegre), 320, 431
Costa da Mina, 220
Cotegipe, barão de, 344, 373, 376, 378, 432, 439, 469-75, 477, 482, 546, 776
Coutinho, Aureliano, 335, 357
Coutinho, Francisco Pereira, 153, 155
Coutinho, José Lino, 367
Coutinho, Rodrigo de Sousa, 257
Coutinho, Vasco Fernandes, 153
Couto, Diogo do, 172, 184, 204
crise de 1929, 510, 520, 678-9
cristãos-novos, 79, 119, 163-4, 188, 235
cristianismo, 115
Critilo (pseudônimo de Tomás Antônio Gonzaga), 185, 203-5
Cubas, Brás (procurador), 139, 153
Cunha, Euclides da, 167-8, 284, 324, 636
Cunha, Flores da, 621, 667-8
Cunha, Gastão da, 567
Cunha, Nuno da, 131

D'Eu, conde, 465-6
Dantas, Sousa, 337, 375
Darcy, James, 567
De Maistre, Joseph, 640-1
Dean, Warren, 509, 776
democracia, 12, 101, 105, 108, 283-4, 294, 296, 323, 358, 365, 377, 383, 441-3, 445, 455, 480, 489, 501, 504, 533, 575, 588, 627, 634-5, 637, 639, 641, 651, 663-4, 666, 669, 672, 674, 768, 770, 797
Departamento Nacional do Café, 680, 682
Depressão (crise de 1929), 518, 679

Descartes, René, 81
Descoberta do Brasil (1500), 70, 113, 124
desenvolvimentismo, 433, 755, 784
despotismo, 182, 202, 208, 244, 269, 276, 287, 288-90, 293-4, 296, 301, 304, 307, 309, 315, 335, 350, 352, 358, 394, 443, 530, 581, 586, 638, 698, 762; "despotismo legal", 350
diamantes, 71, 143, 164, 169, 193, 224, 232-3, 235, 244, 255
Dias de Carvalho, José Pedro, 441
Dias, Fernão, 174
Dias, Henrique, 204
Dias, Pallos, 230
Dinis, d., 28, 30
Diocleciano, imperador romano, 35, 38-9
direito administrativo, 84, 352
direito canônico, 37, 79
direito comercial, 37, 84
direito divino, 256, 352
direito romano, 25, 35-7, 44, 59, 65, 82, 84, 92, 145, 197
direitos humanos, 588
Disraeli, Benjamin, 390
Distrito Federal (Rio de Janeiro/Guanabara), 495, 509, 519, 650
donatários, 82, 124-5, 132, 134-5, 139-41, 144-6, 148, 153-7, 223, 243
Duarte, Nestor, 704, 786

Echwege, W. L. von, 256, 261
economia, nacionalização da, 648, 657, 661, 665, 681, 687-8
economismo, 513
Égalité, Filipe, 656, 671
eleições diretas, 326, 370, 372-6, 440, 595
eleições presidenciais, 539, 617, 625

Eletrobras, 682
"emboabas", 175-6, 241-2, 268; Guerra dos Emboabas (MG, 1707-10), 175, 241
enciclopedismo, 284
Engels, Friedrich, 697-8, 783
engenhos, 123-5, 133, 139, 153, 155, 162-3, 185, 200, 202, 208, 210, 215, 217, 219, 222, 224, 226, 231-2, 239, 242, 250-2, 268, 401, 412-3, 431, 451, 776; senhores de engenho, 143, 147-8, 162, 169, 200, 217-9, 223, 225-7, 243, 253, 424
Escola de Bolonha (séc. XII-XIII), 35, 37, 44
escolástica, 79
escravidão, 120, 211, 224-5, 228, 230, 262, 321, 364, 403, 405, 407, 413-4, 432, 447-8, 473-5, 642, 761; indígena, 164, 211; *ver também* abolição; abolicionismo
esmeraldas, 143, 174
Espanha, 117, 120, 162, 230, 234, 266, 288, 642, 705, 758
especiarias, 33, 68, 71-2, 90-1, 93, 96, 114, 130-1, 133, 136, 146, 190
Espírito Santo, 167, 661
Estado de S. Paulo, O (jornal), 12-3, 21, 643, 755
Estado moderno, 35, 40, 42, 106-7
Estado Novo, 12, 674, 760, 795
Estado patrimonial, 20, 25, 34, 38, 40, 44, 62, 64-5, 69-70, 75, 84, 91, 93, 236, 695, 767, 775, 795
Estado português, 11, 17, 20, 25, 35, 108, 148, 159, 208, 211, 761, 775, 781, 788, 791
Estados Unidos, 23, 46, 202, 410, 458, 489, 500, 515, 522, 636-7, 675, 678, 702, 764, 776

estadualismo, 594, 632, 636-7, 665-7, 671
estamento, conceito de, 15-6
estatismo, 682
Etiópia, 70, 89, 91
Europa, 27-30, 33, 36, 40, 42, 45-6, 50, 59, 62, 70-1, 73, 75, 81, 90, 92-4, 102, 108, 114, 118-20, 124, 128-9, 135, 141, 153, 162-4, 218, 220-1, 225, 232, 234-6, 238, 241-3, 255, 269, 271-2, 299, 301, 500, 532, 624, 640, 655, 657, 662, 694, 705, 781
Exército, 201, 306, 475, 663

Faria, Severino de, 79
Farnese, Flávio, 442
Farquhar, Percival, 496, 686-8
Farroupilha, Guerra/ Revolução (RS, 1835-45), 304, 324
fascismo, 640-1, 647, 655, 661-3, 665-6, 669, 672
federalismo, 313, 402, 442, 451, 455, 458, 476, 487, 497, 499, 501, 521, 523, 527, 535, 537, 540, 548, 559, 565-6, 570, 591, 622, 645, 654, 699
Feijó, Diogo Antônio, padre, 286, 299--300, 303-7, 309, 319-27, 334, 350, 352, 367, 430, 639, 641, 768
feitorização, 120
férias, lei de, 643
Fernandes, Damião, 230
Fernandes, João (contratador), 233
Fernando I, d., 47, 49, 51-2, 54-7, 69, 75, 132, 138, 140, 190
Ferraz, Ângelo, 424
feudalismo, 16, 23, 38-46, 84, 111, 125, 137, 143-9, 172, 403, 447, 463, 694, 757, 759, 764, 780, 786-7
Fico, Dia do (1822), 278, 319
fidalguia, 30, 59, 66, 96, 98, 100-1, 185, 189, 195, 228-9, 263, 322-3, 480

ÍNDICE REMISSIVO | 809

Figueira, Andrade, 469
Figueiredo, Afonso Celso de Assis *ver* Ouro Preto, visconde de
Figueiredo, Jackson de, 641
Figueiredo, visconde de, 502
fiscalismo, 102, 165, 242-3, 245, 251
Flandres, 32, 45, 62, 68, 73, 89, 221
Fonseca, Deodoro da, 457, 459, 463, 468, 470-4, 477-9, 483, 498, 503, 506, 511-2, 521, 523-5, 528-31, 533-4, 537-41, 546, 571, 573, 600, 631, 633
Fonseca, Hermes da, 511, 527-9, 545, 547, 560, 566, 571-4, 576, 578, 581, 587, 589, 612-3, 626, 631-4, 642, 645
Fontes, Paulo, 617
Fontoura, João Neves da, 609
forais (carta de foral), 30-1, 124, 141, 155, 195, 197
foral de Duarte Coelho (1534), 199
França, 23, 32, 46, 59, 68, 117, 120, 202, 288, 296, 306, 323, 388, 522, 696, 768
Franco, Lacerda, 624
Freyre, Gilberto, 147, 222, 389, 777
Fronda, 83
fumo, 89, 95, 215, 339, 676
funcionalismo, 64, 228, 234, 291, 391, 531, 585
funding-loan, política do, 507, 511
Furtado, Celso, 689, 765
Furtado, Francisco José, 441

Gales, príncipe de, 59
Galileu Galilei, 81
Galiza, 72
Galvão, Rufino Enéas Gustavo *ver* Maracaju, visconde de
Gama, Luís, 442, 446
Gama, Saldanha da, 469
Gama, Vasco da, 49, 69-70, 124, 131, 705, 707
Gandavo, Pero de Magalhães, 115, 117, 140, 147, 217, 223
Garcia d'Ávila, barão de, 290
Gaspar da Madre de Deus, frei, 147
getulismo, 674
Gladstone, William Ewart, 349, 389
Glicério, Francisco, 442, 450, 475-6, 506, 521, 525, 527, 537-8, 540-4, 546, 553, 557-9, 563, 565, 567, 572, 653
Goa, 125, 172
Goiás, 208, 385, 460
Góis, Pero de, 154
"Golpe da Bolsa" (1891), 503
Gonzaga, Tomás Antônio: *Cartas chilenas*, 185, 202-5, 242, 244
Gouveia, Diogo de, 120, 123
Gouveia, Velasco de, 392
Governo Provisório, 498, 504, 521, 525, 597, 600, 663, 681, 684, 687
governo-geral, 111, 134, 149, 151, 153, 156, 158-61, 192, 196-8, 201, 267, 276, 311, 323, 393, 453
Grã-Bretanha, 255, 260, 262, 264, 296, 331, 418-9; *ver também* Inglaterra
Graham, Maria, 264
Guanabara, Alcindo, 567
Guanabara, estado da, 13, 509, 512, 644, 784
Guarda Nacional, 201-2, 206, 334, 338, 371, 378-9, 382, 387, 437, 440-1, 452, 455, 464, 475, 480, 482-5, 539, 541, 596
Guerra do Paraguai (1864-70), 306, 364, 428, 439, 465-6, 468, 481-2, 490, 535, 559
Guerra dos Emboabas (MG, 1707-10), 175, 241

Guerra dos Mascates (Pernambuco, 1710-1), 220, 269
Guimarães, Aprígio, 384
Guiné, 91, 95, 115, 148, 190-1, 219
Guizot, François, 323, 347-8, 354, 384, 390
Gusmão, Alexandre de, 192

Haiti, 250
Hanôver, casa de, 349
Hegel, Georg Wilhelm Friedrich, 71, 135, 697
Henrique, o Navegador, d., 73, 78
Herculano, Alexandre, 36, 43, 82, 145
Herval, marquês do, 463
Hobbes, Thomas, 23, 607, 611
Holanda, 101, 221, 236, 243
Holanda, Sérgio Buarque de, 762, 765, 779
homens-bons (*boni-homines*), 194-6, 367
Huber, barão de, 345
Hugo, Vítor, 348

Idade Média, 29, 37, 39-42, 45, 80, 117, 120, 143-4, 148, 172, 207
Igreja católica, 74, 82, 91-2, 207-9, 230, 289, 364, 673; organização eclesiástica do Brasil, 207-8
imperialismo, 124, 145, 227, 345, 348, 358, 362, 638, 648, 661, 705, 780
Império do Brasil, 135, 162, 165, 168, 185, 195, 202, 206-7, 218, 236, 270, 285, 287-9, 295, 301, 305-6, 310, 312, 321, 329-30, 335, 337-8, 350, 358, 365, 369-70, 372-3, 382, 387, 389, 391-2, 405-6, 412, 427-32, 437, 440, 443, 445, 449-51, 454-7, 462-5, 475-6, 479, 481-2, 485, 491, 495-6, 500, 507, 511, 519, 521, 527, 534, 546, 550-2, 564, 595-7, 599, 603, 605, 637, 664, 675, 690, 760, 775-6;
ver também Primeiro Reinado; Segundo Reinado
Império Espanhol, 102, 758
Império Português, 123, 163
Império Romano, 35, 39, 65, 126
Império Visigótico, 27
importações, 12, 229, 398, 410, 412, 417, 419, 505, 508, 510, 657, 689
Inconfidência Mineira (1789), 203, 242, 443
Independência do Brasil (1822), 135, 185, 197, 201, 244, 263, 269, 285-6, 301, 305, 310, 319-20, 324, 329, 335, 338, 346, 367, 382, 387, 400, 409, 506, 760, 768, 786
Índia, 70, 74, 89, 91, 93, 95, 97, 114, 116, 121, 125, 128, 130, 132, 134, 153, 155-6, 190, 200, 216, 243, 250, 453, 500
indígenas, 79, 94, 115-6, 121, 125, 128, 135, 137, 140, 143, 154, 157, 160, 167-8, 170, 173-5, 195-6, 199, 202, 207-12, 225-6, 249, 267, 403, 706
individualismo, 284, 588, 633, 639
indústria: estrangeira, 507; extrativa, 682; nacional, 261, 419, 496, 503
industrialização, 12, 84, 414, 424, 496, 680, 682-3, 685, 688, 765
Inês de Castro, d. (rainha consorte de Portugal), 37, 56
Inglaterra, 23, 32, 37, 45-6, 50, 59, 68, 72-3, 84, 118, 136-7, 220, 232, 234, 236-9, 242-3, 262, 264, 271-2, 331, 346, 354, 356, 358-9, 388, 398, 406, 410, 416, 419, 489, 515, 522, 693-4, 764; *ver também* Grã-Bretanha
Inhomerim, visconde de (Timandro), 256, 285, 337-9, 352, 440, 480, 646
Inquisição, 102, 164, 188, 190, 230, 765; *ver também* Tribunal do Santo Ofício

ÍNDICE REMISSIVO | *811*

Instituto Brasileiro do Café, 682
Instituto do Açúcar e do Álcool, 682
Instituto do Café, 518, 680
integralismo, 665-6
intervencionismo, 12, 512, 515, 589, 643, 645, 662, 688
Irlanda, 118, 136
Isabel, princesa, 521, 603
islamismo, 94
Itabira Iron, 496, 688
Itaboraí, visconde de, 296, 325, 334, 337, 344, 354, 363, 384, 421, 438, 440, 445, 450
Itália, 70, 73, 94, 117, 611, 642

jacobinismo, 278, 531-2, 534-5, 539, 543, 545-6, 706
Jaguaribe, visconde de, 377
jagunços, 618-9
Japão, 46
Jardim da Infância (grupo de deputados), 547, 566-8, 574
Jardim, Silva, 446, 537
jesuítas, 164, 167, 170, 174, 207-12, 389, 392, 444
João I, d. (Mestre de Avis), 11, 17, 23, 51, 57-60, 65-6, 70, 72, 75, 78, 82-3, 121, 339, 366, 690, 693, 699-700, 759, 781, 796
João II, d., 82-3
João III, d., 121, 123, 128, 130-1, 144, 154
João IV, d., 82, 97, 162, 164, 191, 201, 233, 236, 238, 255, 293, 339, 366-7
João V, d., 238
João VI, d., 251, 256, 258, 261, 263, 270, 272-4, 276, 283, 286, 289, 291, 299, 319, 401, 418-9, 480, 686, 707, 782
João, infante d., 56
Joaquim do Amor Divino, frei *ver* Caneca, Frei

Jorge III, rei da Inglaterra, 354
José I, d., 238-9
judeus, 57, 63, 73, 78, 100, 161, 188, 195, 236, 765
julgados (circunscrições judiciais), 29, 37
Junot, Jean Andoche, 220-1, 255
Justiniano, imperador bizantino, 35

Koster, Henry, 203-4, 216, 252-3

Lacombe, Américo Jacobina, 207
Ladário, barão de, 481
Lage, visconde de, 466
latifúndios, 140-1, 144, 161-2, 230, 256, 262, 266, 271, 278, 404-5, 432, 586, 642, 647-8, 786
Lavradio, marquês de, 196, 204-5, 221, 228, 257, 263, 400
Leal, Victor Nunes, 606, 787
Leal, Walfredo, 565
Ledo, Gonçalves, 283
Legião Revolucionária (1930), 655, 660
legistas, 44, 58-60, 65-7, 257, 368
Lei das Sesmarias (1375), 54, 69, 75, 132, 240; *ver também* sesmarias
Lei de Interpretação (1840), 334, 337-8, 370
Lei do Ventre Livre (1871), 449
Lei Saraiva (1881), 377, 385, 453, 472, 595, 602, 619, 764
leis trabalhistas, 685
Leite, Benedito, 565
Lemos, Antônio, 565, 623
Leonor Teles, d. (rainha-mãe), 55-6
Leopoldo I, rei da Bélgica, 361
Léry, Jean de, 119
Levante, 128
liberalismo: brasileiro, 273, 304, 315, 602, 768; econômico, 235, 460, 489,

494, 561, 644, 685, 765, 768, 769; federal, 516, 596; neoliberalismo, 674, 767; republicano, 384; spenceriano, 682
Liga Hanseática, 128
Liga Progressista, 382, 438-9
Lima, Oliveira, 466
Lima, Pedro de Araújo *ver* Olinda, marquês de, 320
Lima, Ruy Cirne, 404
Lima e Silva, Francisco, 303, 305
Lima e Silva, José Joaquim, 303
Lima e Silva, Luís Alves de *ver* Caxias, duque de
Lima e Silva, Manoel da Fonseca, 303
Limpo de Abreu *ver* Abaeté, visconde de
língua portuguesa, 50
Lins de Barros, João Alberto, 648, 655, 660, 663, 680, 685
Lins, Albuquerque, 570
Lins, Ulisses, 605
Lisboa, João Francisco, 195, 197, 371, 378, 380, 383, 390-1
Lisboa, José da Silva *ver* Cairu, visconde de
livre-cambismo, 514
Lobato, Saião, 352
Lobo, Aristides, 442-3, 459, 521, 538, 598
Loewenstein, Karl, 701-2
Lopes, Fernão, 37, 55, 60, 70, 84, 101
Loronha, d. Fernão de *ver* Noronha, d. Fernão de
Luccock, John, 251
Lucena, barão de, 503, 538
Luís XIV, rei da França, 296
Luís XV, rei da França, 296
Luís XVI, rei da França, 273, 283, 296
Luís XVIII, rei da França, 284, 287, 347
Luís Filipe I, rei da França, 296, 347-8
Lusíadas, Os (Camões), 49, 70, 94, 200, 705
Luz, Francisco Carlos da, 469

Macaulay, Thomas, 354
Machado, Alcântara, 171
Machado, Pinheiro, 446, 460, 527, 540, 542, 544, 547, 549, 555, 557-61, 563-72, 574, 576, 578-81, 588, 593, 612-3, 617, 632-3, 650, 653, 659, 667
Maciel, Olegário, 661
maçonaria, 270, 274, 285-6
Madureira, Sena, 469
Magalhães, Fernão de, 131
Malta, família, 565
Manchester (Inglaterra), 250
Manheim, Karl, 108
Manifesto Republicano (1870), 443, 445
Manuel, d., 15, 17, 70, 78, 85, 89, 121, 125, 131, 172, 190, 207
Maquiavel, Nicolau, 23, 44, 83, 106, 338
Maracaju, visconde de, 463, 480-2
Maranhão, 164, 168, 193, 208, 211, 229, 232, 237, 324, 378, 418, 460, 551, 560-1, 565
Maranhão, marquês do (Cochrane), 290, 430
Marcioni, Bartolomeu, 94, 216
Maria I, d., 255, 274, 707
Marinha brasileira, 257, 306, 321, 466, 468-9, 480-2, 524, 526, 529-30, 533--4, 538, 540, 544, 590, 663, 666
Marinha inglesa, 255
Marinho, Saldanha, 381, 425-6, 443, 459, 537
Marshall, John, 334
Martins, Domingos José, 270

Martins, Gaspar da Silveira, 337, 344, 360-1, 381, 391, 442, 445, 455, 472, 477, 480, 559, 604, 625
Martins, Gonçalves, 432
Martins, Oliveira, 125, 144
Martins Júnior, J. Izidoro, 145
Martius, Karl von, 265
Marx, Karl, 694-5, 697-8, 761, 783
marxismo, 15, 18, 23, 41-2, 106, 642, 694-5, 697, 756, 758, 779-81, 787-8
Mato Grosso, 208, 384, 572
Matos, Cunha, 469
Mauá, barão de, 261, 399, 417, 419, 421-2, 425, 429, 431-2, 490, 496, 658, 686
Mauro, Frédéric, 223
Maurras, Charles, 640
Mayrink, Francisco de Paulo, 502
Medeiros, Borges de, 553, 559, 574, 576, 581, 583-4, 593, 603-4, 612, 616, 631-3, 650, 658
Médici, família, 94
Mediterrâneo, 45, 68, 70, 72, 128
meios de produção, 40-1, 129, 411, 647
Melo, Custódio José de, 529, 538
Memórias póstumas de Brás Cubas (Machado de Assis), 228
Mendes, Luis, 230
Mendonça, Salvador de, 443
Meneses, Luís da Cunha, 202, 204
mercantilismo, 16, 33, 46-7, 77-80, 100, 218, 224, 228, 235-7, 332, 402, 533, 696; neomercantilismo, 429; *ver também* comércio
Merêa, Paulo, 123
Mesa de Consciência e Ordens, 191, 198, 208, 259
Mestre de Avis *ver* João I, d.
Methuen, convenção de (1703), 236-7
Metternich Winneburg, príncipe de, 345

Michels, Robert, 104, 700, 759
milícias, 172, 177, 200-4, 206, 210, 227, 249, 263, 265, 270, 273, 290, 305-6, 339, 539-40, 549, 557, 661, 663, 670
militarismo, 249, 465, 476, 487, 521-9, 533, 535-6, 545, 546, 641, 662
Mills, Wright, 700
Minas Gerais, 100, 168, 176-7, 201-2, 205, 253, 261, 270, 273, 275, 278-9, 298, 319, 324, 329, 381, 405, 430, 445, 450, 458, 511-2, 515, 521, 527, 529, 531, 540, 549-50, 553, 558-62, 564-8, 571-2, 574, 578-82, 590, 592, 599, 601, 622-3, 624, 631-2, 649-54, 658-9, 661, 671, 678-9, 686, 766
mineração, 174, 177, 232, 240, 242, 405, 550, 568; *ver também* diamantes; ouro/ economia aurífera; prata
Ministério da Fazenda, 38, 191, 503, 543, 682
Mirabeau, conde de, 300
Miranda, Jorge de, 450
Miranda, Simão de, 113
moçárabes (cristãos arabizados), 28, 49
monarquia: absoluta, 296, 697-8; agrária, 32, 45, 68; constitucional, 285, 293-4, 304, 313; patrimonial, 25, 27, 44, 793; portuguesa, 30, 49-50, 194, 207, 705
Monarquia de Julho (França, 1830 48), 348
monocultura, 142, 147, 222-3, 225, 250-2, 410, 417, 419, 505, 657
Montaigne, Michel de, 23, 115
Monte Alegre, marquês de, 320, 431
Monteiro, Góes, 661-3, 671-2, 674
Montesquieu, barão de La Brède e de, 23, 284, 693-4, 703, 759, 762, 768
Montezuma, 337

Morais, Prudente de, 442, 445, 450, 476, 502, 506, 515, 525, 537-9, 541-4, 546-7, 551, 558-60, 562-3, 574, 649
More, Thomas, 118, 136
Moreira, Delfim, 593, 622
Mosca, Gaetano, 104-5, 700, 759
Mota, Inácio Silveira da, 442, 490
muçulmanos, 49, 94
"mulheres mundanas", 31
Müller, Lauro Severiano, 459, 529, 572
Muniz, Antônio, 617
Muniz, Bráulio, 320
Muritiba, marquês de, 440
Murtinho, Joaquim, 459, 497, 506, 511--2, 514-7
Mussolini, Benito, 640, 647

Nabuco, Joaquim, 225, 298, 309, 333, 337, 345, 378, 382, 384, 386, 390, 393, 401, 414, 442, 445, 455, 458, 473, 479, 482, 700, 704
nacionalismo: antiluso, 638; brasileiro, 641; econômico, 662; industrialista, 520; liberal, 640; popular, 532
nacionalização da economia, 648, 657, 661, 665, 681, 687-8
Napoleão Bonaparte, 255, 274, 296, 407
Napoleão III, imperador, 346, 348, 359, 669, 697-8
Nascimento, Francisco do, 469
nativismo, 297, 302-3
nazismo, 662-3, 669
neoliberalismo, 674, 767
neomercantilismo, 429
Nery, Constantino, 553
Néry, Silvério, 565
Neves, Agostinho da Silva, 378
Neves, Andrade, 468

Neves, João, 651, 655
Niterói, visconde de, 352
Nóbrega, Manuel da, padre, 209
nobreza: burocrática, 104-5, 256; feudal, 144, 407; funcionária, 100, 162, 188, 274; política, 78; territorial, 29-30, 37, 44, 65, 68-9, 73, 144, 188, 406
Nogueira, Artur, 624
Noronha, d. Fernão de, 74, 119, 244
Noronha, d. Garcia de, 131
Noruega, 250
Novais, Francisco de, 216
Novo Mundo, 114, 117, 120, 157, 257

Ocidente, 27, 35, 40-1, 93, 101, 757, 761
oikus, 148
oligarquias, 149, 382, 461, 527, 535, 553, 562, 565, 568, 572, 574-5, 578-9, 586-8, 594, 596, 611, 613, 618-20, 622-3, 627, 633-5, 638-9, 647, 649, 663, 665-6, 669, 672, 701, 786
Olinda, marquês de, 320, 326, 334, 337
Oliveira, Armando Sales de, 667
Oliveira, Cândido B. de, 432
Oliveira, Franklin de, 12
Oliveira, José Simeão de, 529
Ordem de Cristo, 138-9, 191, 207
Ordem Imperial do Cruzeiro, 290
Ordenações Afonsinas, 54, 81-2, 138, 194-5
Ordenações da Fazenda, 82
Ordenações Filipinas, 82-3, 185, 195-6, 231, 240
Ordenações Manuelinas, 82
ordens religiosas, 208-9
organização eclesiástica do Brasil, 207-8
Osório, Fernando, 443
Osório, Manuel Luís (marquês do Herval), 463

Otaviano, Francisco, 381, 422, 432, 441, 472
Ottoni, Cristiano Benedito, 432, 441, 443
Ottoni, Teófilo, 284-5, 304, 323, 327, 336, 343-4, 352, 358, 364, 381, 421, 425, 432, 437, 439, 441
Ourique, Jacques, 469
Ouro Preto, visconde de, 337, 344, 376, 385, 415, 446, 454-5, 468, 472, 475, 479-85, 490-1, 494, 497-9, 502, 518, 543, 686
ouro/ economia aurífera, 33, 71-2, 76, 80, 100-2, 113-4, 119, 121-2, 131, 148, 154-5, 164, 169, 171, 175-6, 193, 199, 202-3, 210, 222, 229, 233-4, 237-41, 243, 250, 261, 274, 329-30, 398, 417, 423, 680

pacto colonial, 179, 221, 232, 236, 243, 255, 262, 264, 271
Pacto de Ouro Fino (1913), 579, 592
pacto social, 284-5, 286
padroado, 207-9, 212
Pais, Álvaro, 56-8, 66, 77
países industrializados, 233, 644
Paiva, Bueno de, 602
Palmela, duque de, 257, 262, 272
Pará, 174, 208, 229, 232, 278, 319, 324, 423, 458, 529, 565, 588, 622-3
Paraguai *ver* Guerra do Paraguai (1864--70)
Paraíba, 232, 405, 505, 565, 581, 601, 650, 765
Paraná, marquês de, 296, 310, 325, 337, 372, 421, 430
Paranaguá, marquês de, 276, 325, 339, 367, 382, 438, 441
Paranhos, José Maria da Silva *ver* Rio Branco, visconde do
Paranhos Júnior, José Maria da Silva *ver* Rio Branco, barão do
Pareto, marquês de, 104-5, 759
parlamentarismo, 296, 300, 305, 309, 325-6, 341, 346-7, 349, 356, 360, 362, 551, 557, 611
Partido Comunista, 642
Partido Conservador, 289, 313, 325-6, 334, 336, 343, 358, 373, 424, 438-9, 447-8, 474, 484
Partido Democrático de São Paulo, 643, 650
Partido Liberal, 326, 343, 357, 382, 423, 425, 438, 441, 443, 447, 449, 454, 484, 489
Partido Libertador do Rio Grande do Sul, 643, 650
Partido Moderado, 304
Partido Republicano Conservador, 547, 574, 613
Partido Republicano Federal, 540, 542--4, 547-8, 558, 576
Partido Republicano Liberal, 547
Partido Republicano Mineiro, 550, 561, 568, 622, 661
Partido Republicano Nacional, 542
Partido Republicano Paulista, 531, 537, 539, 553, 562-3, 624, 653, 655
Partido Republicano Progressista, 653
patrimonialismo, 12, 16-20, 23, 42, 46, 64, 75, 99, 102, 184, 212, 214, 413-4, 519-20, 596, 611, 644, 678, 693, 696-8, 700, 702, 755-63, 765, 767-9, 779, 781, 787, 789-93, 796
patriotismo, 456, 497, 531, 545, 565, 638, 663
Patrocínio, José do, 446, 479
pau-brasil, 71, 74-6, 119-24, 128, 133, 146, 153-4, 201, 217, 228, 232, 235, 244

Paula Sousa, Francisco de, 350
Paz da Holanda (1662), 243
Peçanha, Nilo, 460, 511, 518, 547, 565, 570, 579, 588, 631-2, 633, 650
pedras preciosas, 133, 171
Pedro I, d. (imperador do Brasil), 17, 265, 270, 273, 284, 290, 292-3, 295-7, 299, 301, 306-7, 309, 323-5, 346, 350, 366, 370, 401, 456, 464, 472, 480
Pedro I, d. (rei de Portugal), 37, 56-7, 366-7
Pedro II, d. (imperador do Brasil), 17, 206, 289, 295, 314, 334, 339, 344-6, 350, 357-8, 363, 392, 457, 521, 570, 641, 669, 686, 690, 698-9, 705, 782
Pedro IV, d. (rei de Portugal), 307; *ver também* Pedro I, d. (imperador do Brasil)
Pedro, infante d. (séc. XIV), 78
Peixoto, Carlos, 565, 567-8, 572, 626
Peixoto, Floriano, 321, 459-60, 468, 477, 481, 483, 502-3, 505-6, 511-2, 514, 521, 525, 528-31, 533-5, 538-47, 571-3, 575, 596, 633, 638, 641
Peixoto, Inácio José de Alvarenga, 202
Pelotas, visconde de, 468-9, 481, 529
Pena, Afonso, 511-2, 515-6, 531, 547, 550, 563-70, 573, 575, 649, 676
Península Ibérica, 27, 36, 38, 40, 46, 81, 100, 120, 143
Pereira, José Clemente, 277, 283, 285-6, 325, 337
Pereira, Lafayette Rodrigues, 337, 443, 445, 453
Pernambuco, 124, 143, 147, 153, 155, 166-7, 169, 183, 193, 203-4, 208, 215, 219, 232, 237, 245, 251, 269, 298, 324, 384, 458, 460, 477, 529, 538, 543, 551, 553, 560-1, 565, 572, 576, 593, 605, 612, 615, 617, 623-4, 631, 654-5
Perón, Juan Domingo, 674
Pérsia, 70, 89, 91
Peru, 230
Pessoa, Epitácio, 511, 517, 581-4, 589-91, 593, 617-8, 631-2, 634, 641, 649-50, 677, 680, 687, 706
Pestana, Rangel, 441
peste de 1348, 50
Petrobras, 682
Piauí, 565
Pinheiro, Fernandes, 367-8
Pinheiro, João, 446, 512-5, 565-9, 580, 604, 612, 621, 623, 679
Pinto, Edmundo da Luz, 677
pirataria, 73, 75, 78, 91, 94
Pires Ferreira, família, 565
Pires, Gaspar, 140
Pitt, William, 389
Pizarro, Francisco, 167
Plano de Metas (anos 1950), 12
Plano Siderúrgico Nacional (1940), 682
Poder Moderador, 281, 284, 291, 293-4, 296-8, 304-5, 309-10, 313-4, 320, 323, 326, 335-6, 341, 343, 345-6, 350-4, 356, 358-60, 362-3, 388, 393, 438, 440-1, 443, 448, 455, 521, 532, 636, 768
policultura, lavoura de, 508
Polidoro, 468
"política dos governadores", 320, 453, 457, 460, 487, 527, 537, 549-51, 553, 555, 557-8, 560-2, 564, 567, 571, 574-5, 578, 582, 593, 596, 604, 613, 618, 622, 632, 634, 636, 647, 649, 654, 670
Pombal, marquês de, 79, 238, 257-8
Pompeia, Raul, 542
populismo, 446, 535, 669, 672-3

Porto Alegre, conde de, 468
Portugal, d. Fernando José de (marquês de Aguiar), 257
Portugal, Tomás Antônio de Vila Nova, 257, 272
positivismo, 458, 522, 531, 640
Prado, Antônio, 474
Prado, Eduardo, 522, 706
Prado Júnior, Caio, 765, 777, 780
Prado Júnior, Martinho, 442
prata, 33, 71, 113-4, 119, 121, 148, 154, 171, 210, 229, 234, 274, 423
Prata, rio da, 170
presidencialismo, 553, 555, 568, 578, 580, 591, 641, 645
"préstamos", 29
Prestes, Júlio, 582
Prestes, Luiz Carlos, 642, 647-8, 650, 654, 659, 666
pretorianismo, 535
Primeira Guerra Mundial, 765
Primeira República *ver* República Velha
Primeiro Reinado, 244, 261, 303, 333, 339, 393, 406
privatismo, 516, 605, 678, 682, 764
Proclamação da República (1889), 457, 524, 575, 598, 760
Procópio, Mariano, 432
progressismo, 433
protecionismo, 490, 496, 509, 511, 516, 657-8, 765
protestantismo/ protestantes, 260, 520
Prússia, 533

Queirós, Eusébio de, 331, 337, 344, 412
"queremismo", 674
Questão Militar (1883-7), 468-70, 477, 525, 531, 541
quilombos, 473

Rabelo, Franco, 614, 616-7
Ratcliff, Guilherme, 303
Real Erário, 191, 198, 260
Reforma protestante, 641; *ver também* protestantismo/ protestantes
reformas financeiras (1888 90), 494
Regências, período das (1831-40), 202, 299-300, 305-6, 310, 320, 323-5, 336, 343-4, 350, 365, 382, 443-4, 456, 764, 768
Regimento das Ordenações de D. Sebastião, 171
Regimento de 1608, 191
Regimento de 1702, 241
Regimento de Tomé de Sousa (1548), 140, 161-2, 167, 192, 199, 225, 239
Regimento Diamantino, 235
Rego, Inácio do, 97
Regras, João das, 39, 58-60, 66, 392
Regulamento Alvim, 598, 602
reivindicações operárias, 583, 684
relações raciais/ relações inter-raciais, 127, 137
Renascença, 39, 121, 167
República Velha, 487, 505, 517, 535, 555, 563, 579, 596, 622, 627, 631, 643, 647, 666, 674, 680, 684, 701, 756, 765, 787
republicanismo, 284, 352, 364, 444-5, 449, 451, 559, 583
Restauração (Portugal, 1640), 163, 236, 237, 271
Revolta da Armada (1891-4), 529, 531, 538
Revolução de 1817 (Pernambuco), 251, 265, 270
Revolução de 1930, 496, 671, 756, 760
Revolução de Avis (Portugal, 1383-85), 47, 56, 82, 85, 94, 124, 138, 190, 271; *ver também* Avis, casa/

dinastia de; João I, d. (Mestre de Avis)
Revolução do Porto (1820), 284
Revolução Francesa (1789), 296, 321, 641, 707
Revolução Industrial, 46, 93, 101, 108, 214, 220-1, 232, 234, 236, 238, 242, 244, 255, 262, 406
Revolução Russa (1917), 642
Ribeiro, Demétrio, 498, 538
Rio Apa, barão do, 463
Rio Branco, barão do (José Maria da Silva Paranhos Júnior), 566, 570, 572
Rio Branco, visconde do (José Maria da Silva Paranhos), 337, 344, 374, 384, 432, 439, 448
Rio da Prata, 250
Rio de Janeiro, 192, 196, 206, 251, 256-8, 262, 264, 266, 271-3, 276-7, 283-5, 289, 298, 306-7, 319, 332, 372, 401, 405, 408, 418, 460, 492, 514, 537, 538, 540-1, 553, 601, 612, 650, 678, 775
Rio Grande do Norte, 460, 565
Rio Grande do Sul, 166, 173-4, 202, 204, 206, 222, 224, 227, 279, 298, 324, 381, 430, 445, 450, 456, 458-60, 469, 475, 495, 498, 527, 529, 531, 539-40, 543, 548-51, 553, 559-61, 564-7, 574, 576, 580, 584, 599, 603-4, 609, 625, 631-2, 643, 649-50, 652-5, 659, 666-8, 676, 678-9
Rodbertus, K., 148
Rodrigues Alves, Francisco de Paula, 502-3, 505-6, 511-2, 514-5, 528, 538-9, 544, 547, 550-1, 561-2, 565, 568-70, 580, 584, 591, 631
Roma Antiga, 35, 39
Romero, Sílvio, 125, 144

Rosa e Silva, Francisco de Assis, 459, 553, 560, 565, 570, 572, 576, 602-3, 612-4, 623, 626
Rothschild, casa de, 507, 515, 517, 681
Rousseau, Jean Jacques, 23, 105, 284, 294, 296, 352, 534, 768
Rovelasco, João Batista, 230
Royer-Collard, Pierre Paul, 347

Sá, Mem de, 174
Sabinada (Bahia, 1837-8), 324
Saint-Hilaire, Auguste de, 224, 252, 265
Salazar, António de Oliveira, 662, 673
Sales, Campos, 442, 445, 450, 457, 460, 497-9, 502, 505-8, 511-2, 514-7, 521, 525, 529, 537-9, 543-4, 546-8, 550-2, 558-62, 564, 566-8, 575, 580, 598, 603, 625, 631, 682
Sales, Francisco, 512, 515, 568, 570, 572, 623
Sales, Joaquim, 622
Salgado, Plínio, 653, 655, 666, 668
salvacionismo, 575, 633
Santa Aliança, 271, 272
Santa Catarina, 460, 529, 572, 677
Santo Ofício *ver* Inquisição; Tribunal do Santo Ofício
Santos, Joaquim Felício dos, 441
Santos, José Maria dos, 514
Santos, marquesa de, 299
Santos, Urbano, 580
São Lourenço, barão de, 432
São Paulo, 172, 265, 275, 288, 320, 442, 445, 450, 458, 473, 475, 491, 495, 502, 506, 509, 512, 515, 517, 522, 531, 538, 541, 551, 624, 631, 643, 659, 679
São Vicente, marquês de, 337, 352, 363, 431, 439

Saraiva, José António, 344, 375, 377, 382, 438, 448, 457, 472, 475, 480, 598, 600
Seabra, J. J., 543, 581, 617, 633
Sebastião, d., 171-2, 200, 232, 258
Segundo Reinado, 213, 222, 276, 296, 310, 326, 341, 343, 349, 352, 363, 370, 395, 420, 425, 427, 432, 439, 446, 448, 450-1, 466, 468, 482, 644, 760, 768
Senado, 161-2, 177, 194, 197, 204, 277, 285-6, 291, 294-5, 298-9, 304, 309-10, 313-4, 325-6, 332, 336-7, 343-4, 347-8, 354-5, 360, 363-4, 379, 384, 387, 390, 393, 406, 425-6, 431-2, 437, 440-1, 443, 448, 455, 464-5, 468, 470-1, 521, 544, 546, 548, 557-8, 562-3, 565-7, 579, 603, 614-5
Sérgio, António, 71
Sergipe, 563, 565, 621
Serpa, Justiniano de, 622
sertanejos, 544, 617-9
sesmarias, 54, 69, 75, 132, 138-42, 145, 160, 175, 217, 227-8, 232, 239-40, 403-7, 413
siderurgia, 260-2, 517, 591, 657, 664, 672, 676, 679, 683, 685-8
Sieyès, Emanuel Joseph, 284, 701
Silva, Chica da, 233
sindicalização, 684
Sinimbu, visconde de, 344, 375, 378, 382, 438
Siqueira, Napoleão, 624
Siqueira, Rui Vaz de, 164
Smith, Adam, 128, 416, 695
socialismo, 15, 105, 635, 640, 646, 673, 700, 780
Sociedade Defensora da Liberdade e Independência Nacional, 305
Sodré, Lauro, 529

Sodré-Travassos, pronunciamento militar, 514
Solis, Duarte Gomes, 79
Solon, coronel, 524
Sombart, Werner, 125
Sousa, Baltasar de, 97
Sousa, d. Francisco de, 169
Sousa, d. Luís de, 169
Sousa, Luís de, frei, 131
Sousa, Martim Afonso de, 120-1, 124, 160
Sousa, Paulino de (filho), 491, 494
Sousa, Paulino José Soares de ver Uruguai, visconde do
Sousa, Pero Lopes de, 117
Sousa, Tibúrcio de, 477
Sousa, Tomé de, 140, 156-8, 161-2, 167, 192, 199, 206, 225, 239, 707
Souto, Antônio José Alves, 410
Souza Franco, visconde de, 337, 344
Souza, Luiz Monteiro de, 441
Spix, Johann Baptiste von, 265
Staden, Hans, 119
Subiroff, Ivan, 623

Taine, Hippolyte, 695
Tarasca (oligarquia mineira), 550, 553, 622
Taunay, Afonso de E., 385-6, 409, 465, 481, 492, 499, 636
Tavares, Francisco Muniz, 368
Tavares, Raposo, 174
Távora, Juarez, 648-9, 660-1, 663
Tawney, R. H., 696
Teles, Leonor, d. (rainha-mãe), 55-6
"tenências" (circunscrições administrativas e militares), 29
tenentismo, 535, 645, 662-3, 667, 670, 673
Terceiro Reinado, perspectivas de, 452, 478-9, 484

Tesouro, 33, 72, 130, 132, 172, 257-8, 260-2, 274-5, 328, 392, 395, 397, 401-2, 418, 421, 428, 431-2, 490-1, 499, 503, 505-9, 512, 516, 685, 763
Thiers, Adolphe, 347-8, 354, 358, 390
Tibiriçá, Ana, 508, 515
Tibiriçá, Jorge, 508, 515
Timandro (Francisco de Salles Torres Homem, visconde de Inhomerim), 256, 285, 337-9, 352, 440, 480, 646
Tollenare, Louis-François de, 216, 224, 253, 269
Tordesilhas, linha de, 134
Torres Homem, Francisco Salles de (Timandro, visconde de Inhomerim), 256, 285, 337-9, 352, 440, 480, 646
Torres, Alberto, 450, 496, 513, 589, 638, 639, 687
Torres, José Joaquim Rodrigues *ver* Itaboraí, visconde de
Tourinho, Pedro de Campos, 155
Tovar, Sancho de, 113
Toynbee, Arnold, 108, 793-5
trabalho assalariado, 40, 226
tráfico negreiro, 229, 300, 412, 419
Tratado de Madri (1750), 238
Tratado de Salvaterra de Magos (1383), 56-7
Tratado de Tordesilhas (1494), 170
Tratado de Versalhes (1919), 657
Trautos da Guiné, 190
Travassos, Silvestre, 514
Tribunal do Santo Ofício, 188, 190, 217; *ver também* Inquisição
Triste fim de Policarpo Quaresma (Lima Barreto), 532
Trótski, Liev, 695, 767, 793-4
Trovão, Lopes, 446
Tucídides, 60

Turgot, Anne Robert Jacques, 283
Turquia, 350

União Soviética, 642
urbanização, 509, 606, 620, 644, 669
Uruguai, visconde do, 296, 314, 334-5, 337-8, 344, 352-4, 363, 378, 393, 438, 491
Usodimare, Antoniotto, 230
Utopia (More), 118

Vale do Paraíba, 329, 412, 427, 448-52, 456, 492-3, 495, 498, 505, 510, 519, 678
Vamba (rei visigótico), 38
Vanderley, João Maurício *ver* Cotegipe, barão de
Vargas, Getúlio, 12, 15, 17, 23, 437, 528, 562, 580, 649-50, 652-5, 659, 661, 665-8, 671-4, 676, 678-80, 683, 687, 693, 698-9, 759, 781-2, 796
Varnhagen, Francisco Adolfo de, 124, 147, 158, 261-2, 269
Vasconcellos, Bernardo Pereira de, 296, 298-300, 303, 313, 334, 337, 358, 370, 373, 438, 445
Vasconcelos, Francisco de Paula, 303
Vasconcelos, Mendes de, 79
Vasconcelos, Zacarias de Góes e, 336-7, 343-4, 346, 350, 352, 356-7, 359, 361, 373, 379, 382, 393, 438-42, 448, 466, 476, 480
Veiga, Evaristo da, 298-9, 303, 305, 322, 364, 370, 480
Velho, Domingos Jorge, 168
Velho, Pedro, 565
Vergueiro, Nicolau Pereira de Campos, 303, 305, 307, 313, 350, 352, 367-8
Verney, Luís António, 81
Vespúcio, Américo, 117

Viana, Ferreira, 352, 461
Viana, Luís, 617
Viana, Manuel Nunes, 176
Vianna, Oliveira, 161, 763-4, 786
Vicente do Salvador, frei, 122, 148, 153, 166, 200
Vieira, Antônio, padre, 97, 163-4, 174, 182, 211, 213, 219, 230, 244
Vieira, João Fernandes, 285
Vilhena, Luís dos Santos, 185, 204-5, 226
Villeroy, Augusto Ximeno de, 529
Vinet, Fernão, 216
Vitória, rainha da Inglaterra, 349, 356, 363
Vitório Emanuel, rei da Itália, 666, 671

Wandenkolk, Eduardo, 469, 538
Washington Luís, 517-8, 520, 553, 576, 579-80, 582, 589, 593, 604, 631, 633-4, 641, 643, 646, 649-51, 656, 675-80, 682-4, 687-8
Washington, George, 285, 359, 394, 444
Weber, Max, 12, 15-7, 23, 46, 610, 694-5, 755-9, 761-2, 775, 779, 781-5, 788--92
Whitaker, José Maria, 680
Wied Neuwied, príncipe de, 264

Zacarias, ministro *ver* Vasconcelos, Zacarias de Góes e
Zenha, Eduardo, 139